ハワイ
Hawaii

グレンダ・ベンドゥル
Glenda Bendure

ネッド・フライアリ
Ned Friary

サラ・'サム'・ベンソン
Sara Benson

JN236584

MEDIA FACTORY

ハワイ諸島

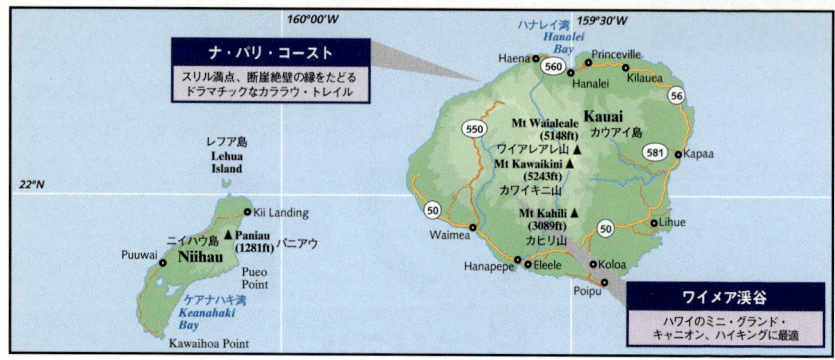

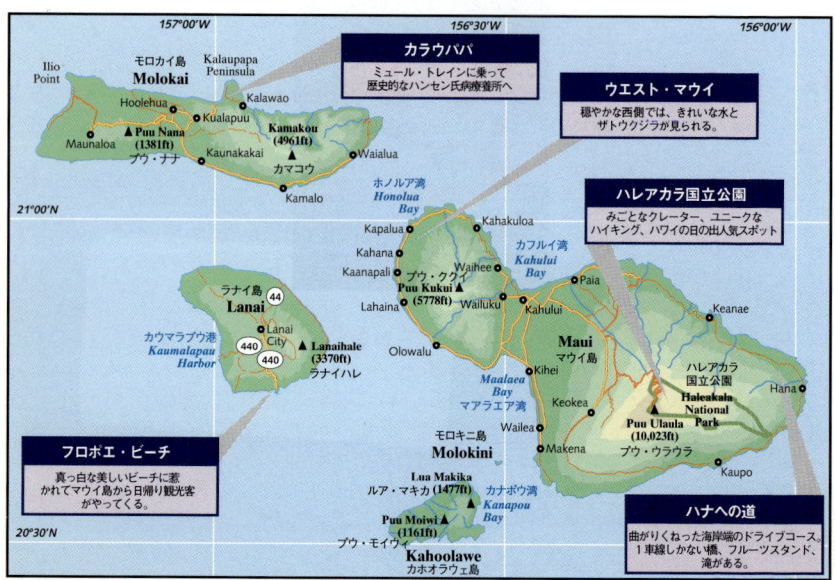

156°00'W
155°30'W
155°00'W
20°00'N
19°30'N
19°00'N
Upolu Point
Hawi
Mahukona
ポロル渓谷
Pololu Valley
Kohala
250
270
Waipio Valley
240
Kauna o Kaleihoohie ▲ (5480ft)
カウナ・オ・カレイホオヒエ
ワイピオ渓谷
19
Honokaa
Kawaihae
Waimea (Kamuela)
ハマクア・コースト
Hamakua Coast
コハラ・コースト
Kohala Coast
Waikoloa
19
190
▲ Mauna Kea (13,796ft)
マウナ・ケア
250
ヒロ湾
Hilo Bay
Hilo
マウナ・ケア
ハワイの最高峰であり、世界有数の天体観測スポット
Kailua-Kona
カイルア湾
Kailua Bay
Kona
Hawaii (The Big Island)
ハワイ島
(ビッグアイランド)
Keaau
Keauhou
Kealakekua
Captain Cook
オラア森林保護区
Olaa Forest Reserve
130
Cape Kumukahi
Pahoa
11
Kealakekua Bay
ケアラケクア湾
コナ・コースト
Kona Coast
▲ Mauna Loa (13,677ft)
マウナ・ロア
Kilauea Caldera
キラウエア・カルデラ
Volcano
Puna
137
Hookena
Hawaii Volcanoes National Park
ハワイ火山国立公園
Pahala
Palima Point
ハワイ火山国立公園
驚くべき溶岩の眺め、活火山の数々、ハイキングやキャンプに最適
Milolii
Kau
Punaluu
11
Naalehu
コナ・コースト
天候に恵まれた白い砂のビーチ、夢のようなリゾート
South Point (Ka Lae)

160°W
159°W
158°W
157°W
156°W
155°W
22°N
21°N
20°N
19°N
Kauai
カウアイ島
Niihau
ニイハウ島
Oahu
オアフ島
モロカイ島
Molokai
ラナイ島 Lanai
マウイ島
Maui
Kahoolawe
カホオラウェ島
太平洋
PACIFIC OCEAN
Hawaii (The Big Island)
ハワイ島
(ビッグアイランド)
0 50 100 km
0 30 60 miles
0 12 24 km
0 7 14 miles
標高
12,000ft
10,000ft
8000ft
6000ft
4000ft
2000ft
1000ft
海面

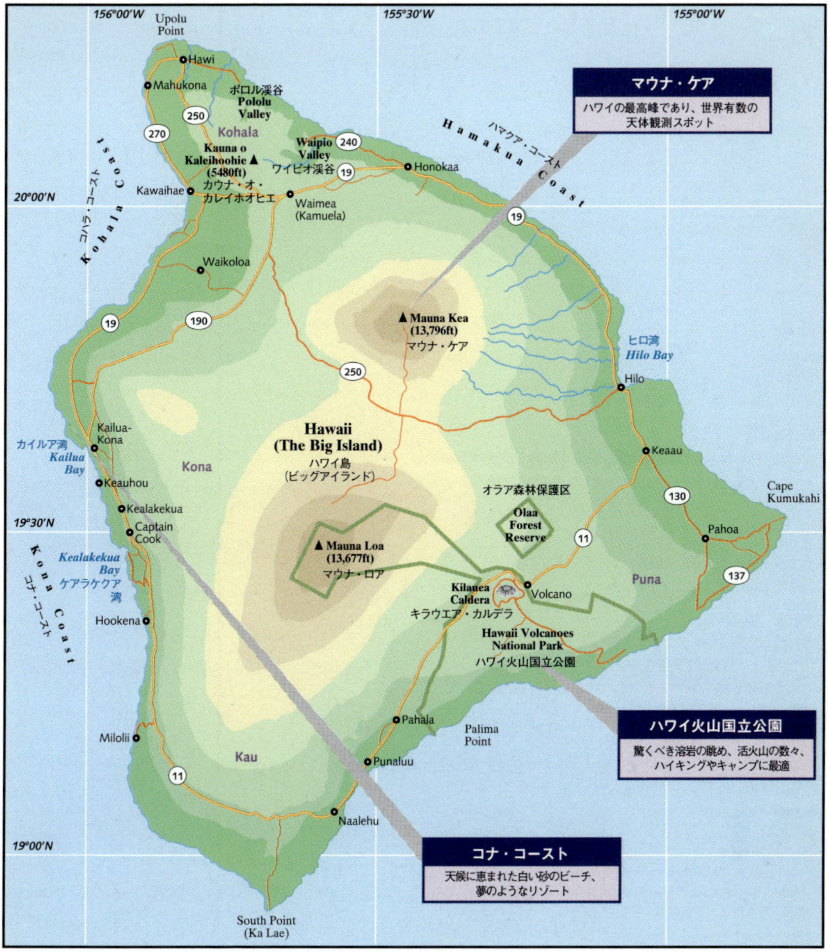

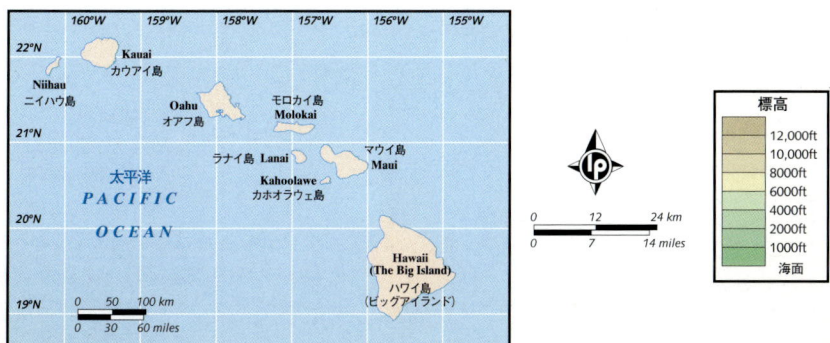

この本は、ロンリープラネット・ガイドブックの
「Hawaii 6th edition／ハワイ第6版」を
メディアファクトリーが翻訳したものである。

原書
Hawaii
第6版-2003年4月
初版-1990年8月

原書発行者
Lonely Planet Publications Pty Ltd ABN 36 005 607 983
90 Maribyrnong St, Footscray, Victoria 3011, Australia

本書
ロンリープラネットの自由旅行ガイド　ハワイ
2003年6月20日　初版第1刷発行

発行者　清水能子
発行所　株式会社メディアファクトリー
〒104-0061東京都中央区銀座8-4-17
Tel: 0570-002-001　Tel: 03-5469-4740（編集部）
印刷・製本　凸版印刷株式会社

乱丁、落丁本はお取り替えいたします。
本書の内容を無断で複製・複写・放送・データ配信することは、かたくお断りいたします。
定価は表紙に表示してあります。
ISBN4-8401-0804-8 C2326
Printed in Japan

本ガイドブックに掲載のほとんどの写真は
ロンリープラネット・イメージズ Lonely Planet Images から
使用許諾を得ることが可能。
w www.lonelyplanetimages.com

表紙写真
プルメリア（別名フランギパニ）の花（プルメリアの混交種）、ハワイ
(Greg Vaughn/Getty Images)

本文・地図 © Lonely Planet Publications Pty Ltd 2003
写真 © 記載の写真家2003

Lonely Planet、Lonely Planet logo、Lonely Planet Images、CitySync、eKnoは
Lonely Planet Publications Ptdの登録商標である。
その他は各所有者の登録商標である。

日本語版編集スタッフ
編集長／小野アムスデン道子
翻訳／（株）トランスワード
編集／ブラムフィールド栄子　清水雄太　ウィンドーズ（株）
校正／澤田順　ブラムフィールド栄子　ウィンドーズ（株）
リサーチ／野村幸子
DTP・レイアウト／市川葉子　ハンター・ブラムフィールド　マリオ・リデントール・モスラレス
　　　　　　　　　ウィンドーズ（株）
表紙・アートディレクション／山田伸哉

原書・本書発行者と
執筆者および翻訳者は
可能な限り正確な情報を
記載するよう
努めているが、
本書の使用により被った
損失、傷害、不都合に
対しては
責任を負うものではない。

Contents - 本文

執筆者		**7**
原書について		**9**
はじめに		**10**
ハワイの魅力		**11**
ハワイについて		**13**
歴史 …………………13	動植物 ………………29	芸術 …………………33
地理 …………………25	政治 …………………32	社会・風習 …………35
地質 …………………25	経済 …………………32	宗教 …………………35
気候 …………………26	住民 …………………32	
エコロジー …………27	教育 …………………33	
基本情報		**37**
ハイライト …………37	写真・ビデオ撮影 …46	治安・トラブル ……51
旅行計画 ……………37	時差 …………………46	緊急のとき …………54
旅行者としての良識 …38	電源について ………46	違法行為 ……………54
観光案内所 …………38	計測単位 ……………47	営業時間 ……………54
ビザ・渡航書類 ……38	ランドリー …………47	祝日・年中行事 ……54
大使館・領事館 ……39	トイレ ………………47	各種教室 ……………57
通関 …………………40	健康 …………………47	仕事 …………………58
お金 …………………40	女性旅行者へ ………49	宿泊 …………………58
郵便・通信 …………41	同性愛の旅行者へ …49	食事 …………………60
参考サイト …………43	身体の不自由な旅行者へ …50	飲み物 ………………63
参考になる本 ………43	高齢の旅行者へ ……50	エンターテインメント …64
参考になる映画 ……45	子供連れの旅行者へ …50	スポーツ観戦 ………64
新聞・雑誌 …………46	知っておきたい組織 …50	ショッピング ………64
ラジオ・テレビ ……46	図書館 ………………51	
アクティビティ		**66**
水泳 …………………66	シュノーケリング …68	マウンテンバイク …71
サーフィン …………66	カヤック ……………68	乗馬 …………………72
ボディサーフィン・ブギーボード …67	釣り …………………68	テニス ………………72
ウインドサーフィン …67	ホエールウォッチング …69	ゴルフ ………………72
ダイビング …………67	ハイキング …………69	スカイダイビング・グライダー …72
スヌーバ ……………68	ランニング …………70	セイリングクルーズ …72
アクセス		**73**
空から ………………73	海から ………………77	ツアー ………………78
交通手段		**80**
飛行機 ………………80	車 ……………………83	船 ……………………85
バス …………………82	自転車 ………………85	タクシー ……………86
モーペッド・オートバイ …82	ヒッチハイク ………85	ツアー ………………86
オアフ島		**87**
歴史 …………………90	地理 …………………90	気候 …………………90

1

動植物 …………………… 90	交通手段 ………………… 104	クアロア …………………… 176
政治 ……………………… 91	ホノルル ………………… 106	カアアワ …………………… 176
経済 ……………………… 91	ホノルルダウンタウン地区 …107	カハナ・バレー …………… 177
住民 ……………………… 91	チャイナタウン ………… 114	プナルウ …………………… 178
オリエンテーション …… 91	アラモアナ・大学エリア …… 117	ハウウラ …………………… 178
インフォメーション …… 92	ホノルルアウトドア …… 120	ライエ ……………………… 179
水泳 ……………………… 93	宿泊 ……………………… 125	マラエカハナ州立レクリエーショ
サーフィン ……………… 95	食事 ……………………… 127	ン・エリア ………………… 180
ボディサーフィン・ブギーボード 95	エンターテインメント … 133	カフク ……………………… 181
ウインドサーフィン …… 96	ワイキキ ………………… **134**	セントラル・オアフ ……… **182**
ダイビング ……………… 96	真珠湾（パール・ハーバー）… **156**	ハイウェイ750 …………… 182
シュノーケリング ……… 97	ハワイ・プランテーション・	ワヒアワ …………………… 183
カヤック ………………… 97	ビレッジ ………………… 158	ノース・ショア …………… **185**
ハイキング ……………… 98	ケアイワ・ヘイアウ州立公園 …159	ワイアルア ………………… 185
ランニング ……………… 98	サウスイースト・オアフ … **160**	モクレイア ………………… 186
サイクリング …………… 99	ダイヤモンドヘッド …… 160	ハレイワ …………………… 186
乗馬 ……………………… 99	ハナウマ・ベイ自然保護地区 161	ワイメア …………………… 190
テニス …………………… 99	ココ・ヘッド地域公園 … 162	ワイアナエ・コースト …… **195**
ゴルフ …………………… 100	マカプウ・ポイント …… 164	カヘ・ポイント …………… 195
スカイダイビング・グライダー 100	ワイマナロ ……………… 165	ナナクリ …………………… 195
ツアー …………………… 100	パリ・ハイウェイ ……… 166	マイリ ……………………… 195
宿泊 ……………………… 101	ウインドワード・コースト … **167**	ワイアナエ ………………… 195
エンターテインメント … 102	カイルア ………………… 168	マカハ ……………………… 196
ショッピング …………… 103	カネオヘ ………………… 173	マカハ北部 ………………… 198
アクセス ………………… 103	ワイアホレ＆ワイカネ … 175	カエナ・ポイント州立公園 …199

ハワイ島（ビッグアイランド） **201**

歴史 ……………………… 203	ケアラケクア湾 ………… 239	カワイハエ ………………… **258**
地理 ……………………… 204	キャプテン・クック …… 241	ノース・コハラ …………… **259**
気候 ……………………… 204	ホナウナウ ……………… 243	ラパカヒ州立歴史公園 …… 259
動植物 …………………… 205	プウホヌア・オ・ホナウナウ国立	マフコナ・ビーチ公園 …… 259
政治 ……………………… 205	歴史公園 ………………… 244	モオキニ・ヘイアウ ……… 260
経済 ……………………… 205	ホオケナ ………………… 245	ハヴィ ……………………… 261
住民 ……………………… 206	ミロリイ ………………… 245	カパアウ …………………… 262
オリエンテーション …… 206	ノース・コナ …………… **246**	マカパラ …………………… 263
インフォメーション …… 206	ホノコハウ港 …………… 246	ポロル渓谷 ………………… 264
アクティビティ ………… 207	ケアホレ・ポイント＆ワワロリ	ワイメア（カムエラ）…… **264**
ツアー …………………… 214	（OTEC）・ビーチ ……… 248	ワイメア周辺 ……………… 269
宿泊 ……………………… 215	オニヅカ・スペース・センター 248	ハマクア・コースト ……… **270**
エンターテインメント … 217	コナ・コースト州立公園 … 248	ホノカア …………………… 270
ショッピング …………… 217	クア湾 …………………… 249	ククイハエレ ……………… 273
アクセス ………………… 217	カウプレフ ……………… 249	ワイピオ渓谷 ……………… 274
交通手段 ………………… 218	キホロ湾 ………………… 251	カロパ州立レクリエーション・
コナ ……………………… **220**	サウス・コハラ ………… **251**	エリア ……………………… 276
カイルア・コナ ………… 220	ワイコロア・ビーチ・リゾート 251	ラウパホエホエ …………… 277
ケアウホウ ……………… 231	マウナ・ラニ・リゾート … 254	コレコレ・ビーチ・パーク … 277
ホルアロア ……………… 234	プアコ …………………… 256	ホノム ……………………… 277
サウス・コナ …………… **236**	ハプナ・ビーチ州立公園 … 256	アカカ滝 …………………… 278
ホナロ …………………… 236	マウナ・ケア・リゾート … 257	ペペエケオ・4マイル・
カイナリウ ……………… 237	スペンサー・ビーチ公園 … 257	シーニック・ドライブ …… 278
ケアラケクア …………… 238	プウコホラ・ヘイアウ … 257	サドル・ロード …………… **278**

マウナ・ケア ……………279	ハイウェイ130 …………303	ハワイ火山国立公園からパハラへ・317
マウナ・ロアの北側面 ……282	火山への道ハイウェイ11 …303	パハラ ………………317
ヒロ …………………283	ハワイ火山国立公園 ……304	プナルウ ……………319
ヒロのダウンタウン ………285	クレーター・リム・ドライブ…306	ウィッティントン・ビーチ・パーク
ヒロ周辺 ………………295	チェーン・オブ・クレーターズ・	……………………320
プナ …………………297	ロード ………………309	ナアレフ ……………320
ケアアウ ………………297	マウナ・ロア・ロード ……311	ワイオヒヌ ……………320
パホア ………………298	ハイキング・トレイル ……311	サウス・ポイント ………321
ラバ・ツリー・ステート・モニュ	火山 …………………314	ハワイアン・オーシャン・
メント ………………300	宿泊 …………………315	ビュー・エステート ………322
カポホ ………………300	食事 …………………316	海への道 ……………323
レッド・ロード（ハイウェイ137)・300	アクセス ……………317	マヌカ州立ウェイサイド・パーク
カラパナ溶岩流 …………303	カウ …………………317	……………………323

マウイ島　　　　　　　　　　　　　　　　　　　　　　　　　　　　　　　　　　324

歴史 …………………324	イアオ・バレー・ロード ……348	パイア …………………394
地理 …………………325	プネネ ………………349	パイアからハイウェイ360へ …398
気候 …………………327	ケアリア池国立自然保護区 …350	ハナへの道 ……………399
動植物 ………………327	マアラエア湾 …………350	ハナ …………………403
政治 …………………328	ウエスト・マウイ …………351	ハナからキパフルへ ……407
経済 …………………328	マアラエアからラハイナまで……351	ピイラニ・ハイウェイ ……409
住民 …………………328	ラハイナ ………………353	アップカントリー ………411
オリエンテーション ………328	ラハイナからカアナパリまで…364	パイアからマカワオへ ……411
インフォメーション ………328	カアナパリ ……………364	マカワオ ………………413
アクティビティ …………329	ホノカワイ ……………369	ハイク …………………415
ツアー …………………336	カハナ ………………370	プカラニ ………………416
宿泊 …………………337	ナピリ …………………371	クラ …………………417
エンターテインメント ……338	カパルア ………………372	ポリポリ・スプリング・ステート・
ショッピング …………338	ノーザン・ビーチ ………374	レクリエーション・エリア……419
アクセス ……………338	カヘキリ・ハイウェイ ……375	ケオケア ……………419
交通手段 ……………339	サウス・マウイ …………377	ウルパラクア・ランチ ……420
セントラル・マウイ ………341	キヘイ …………………377	ハレアカラ国立公園 ……421
カフルイ ………………341	ワイレア ………………386	ハレアカラ・クレーター・
ハレキイ-ピハナ・ヘイアウ州立	マケナ ………………390	ロード ………………422
史跡保護区 …………344	マケナからラ・パルース湾へ…393	火口ハイキング …………424
ワイルク ………………345	イースト・マウイ …………394	宿泊 …………………427

モロカイ島　　　　　　　　　　　　　　　　　　　　　　　　　　　　　　　　429

歴史 …………………429	アクセス ……………436	モロカイ中心部 …………445
地理・地質 ……………430	交通手段 ……………436	カマコウ ………………445
気候 …………………431	カウナカカイ …………437	クアラプウ ……………447
動植物 ………………431	イースト・モロカイ ………441	ホオレフア ……………448
政治 …………………431	カウエラ ………………441	モオモミ・ビーチ …………449
経済 …………………431	カマロ ………………442	カラエ …………………450
住民 …………………431	ウアラプエ ……………442	パラアウ州立公園 ………450
オリエンテーション ………433	カルアアハ ……………442	カラウパパ半島 …………451
インフォメーション ………433	イリイリオパエ・ヘイアウ …443	ウエスト・エンド …………453
アクティビティ …………433	プコオ ………………443	マウナロア ……………454
ツアー …………………434	ワイアルア ……………444	カルアコイ・リゾート ……455
宿泊 …………………435	ワイアルアからハラワへ …444	ウエスト・エンド・ビーチ …457
ショッピング …………436	ハラワ渓谷 …………445	

ラナイ島　459

歴史……459	住民……463	ラナイ周辺……468
地理・地質……461	オリエンテーション……463	マネレ・ロード……468
気候……462	アクティビティ……463	ハイウェイ44&ケオムク・ロード…471
動植物……462	アクセス……464	ノースウエスト・ラナイ……472
政治……462	交通手段……464	マンローの道……473
経済……462	ラナイ・シティ……465	サウスウエスト・コースト……473

カホオラウェ島　475

歴史……475	地理……477	アクセス……478

カウアイ島　479

歴史……479	テニス……491	ハナレイからワイニハへ……531
地理……482	ゴルフ……491	ハエナ……532
気候……482	ツアー……492	ナ・パリ・コースト……535
動植物……483	宿泊……493	サウス・ショア……538
政治……483	エンターテインメント……495	コロア……539
経済……483	ショッピング……495	ポイプ……541
住民……483	アクセス……496	ウエスト・サイド……547
オリエンテーション……483	交通手段……496	カラヘオ……547
インフォメーション……484	イースト・サイド……497	ハナペペ渓谷展望台……550
水泳……485	セントラル・リフエ……497	エレエレ、ヌミラ&ポート・アレン……550
サーフィン……485	ワイルア……505	ハナペペ……550
ブギー・ボード……486	ワイポウリ……513	オロケレ……551
ウインドサーフィン……486	カパア……515	マカウェリ……551
ダイビング……486	カパアからキラウエアへ……517	ワイメア……552
スヌーバ……488	ノース・ショア……519	ケカハ……555
シュノーケリング……488	キラウエア……519	バーキング・サンズ……556
カヤック……488	カリヒワイ……522	ポリハレ州立公園……556
釣り……489	アニニ……522	ワイメア峡谷……557
ハイキング……490	プリンスビル……523	ワイメア峡谷州立公園……557
サイクリング・マウンテンバイク…490	ハナレイ渓谷……526	コケエ州立公園……558
乗馬……491	ハナレイ……527	

ニイハウ島　562

歴史……563	動植物……563	
地理……563	アクセス……563	

北西ハワイ諸島　564

動物……565	レイサン島……566	ミッドウェイ諸島……567
フレンチ・フリゲート・ショールズ…566	ネッカー島&ニホア島……566	

ハワイ語の基礎知識　568

ハワイ語単語集　570

Index　576

本文……576	コラム……586

MAP凡例　588

単位換算表　巻末

Contents - 地図

交通手段
インターアイランド（各島を結ぶ）
航空ルート ………………80

オアフ島
オアフ島 ………………88
ホノルル広域地区 ………92
オアフの水上スポーツ ……94
ホノルルダウンタウン ……108
チャイナタウン …………114
アラモアナ＆大学地区 ……118
タンタラス＆マキキ渓谷 …122
ワイキキ ……………136-37
真珠湾（パール・ハーバー）…157
サウスイースト・オアフ ……161
ウインドワード・コースト ‥169
ワヒアワ ………………184
ノース・ショア …………187
ハレイワ ………………190
ワイアナエ・コースト ……197

ハワイ島（ビッグアイランド）
ハワイ島（ビッグアイランド）‥202
ビッグアイランドの水上スポーツ
 ………………208
カイルア・コナ …………222
ホルアロア ……………236
サウス・コナ …………237
ノース・コナ＆サウス・コハラ ‥250
ノース・コハラ …………260
ワイメア（カムエラ）………265
ハマクア・コースト ………271
ヒロ ………………284
ヒロのダウンタウン ………288
ヒロ周辺 ………………296
プナ ………………298
ハワイ火山国立公園 ………305
カウ ………………318

マウイ島
マウイ島 ………………326
マウイの水上スポーツ ……330
カフルイ ………………342
ワイルク ………………346
ウエスト・マウイ …………352
ラハイナ ………………355
カアナパリ ……………365
ノース・キヘイ …………378
サウス・キヘイ …………380
ワイレア＆マケナ ………386
イースト・マウイ …………395
パイア ………………397
ハナ ………………404
アップカントリー …………412
ハレアカラ国立公園 ………422

モロカイ島
モロカイ島 ……………432
カウナカカイ …………438
ウエスト・エンド・ビーチ ‥457

ラナイ島
ラナイ ………………460
ラナイ・シティ …………466

カホオラウェ島
カホオラウェ ……………476

カウアイ島
カウアイ ………………480
カウアイの水上スポーツ ……487
リフエ地区 ……………498
セントラル・リフエ ………500
ワイルアからカパアへ ………506
ノース・ショア …………520
ハナレイ ………………529
コロア ………………539
ポイプ ………………542
ウエスト・サイド …………548
ワイメア ………………553

ニイハウ島
ニイハウ ………………562

北西ハワイ諸島
北西ハワイ諸島 …………564

目次 - ハワイ MAP INDEX

ハワイ MAP INDEX

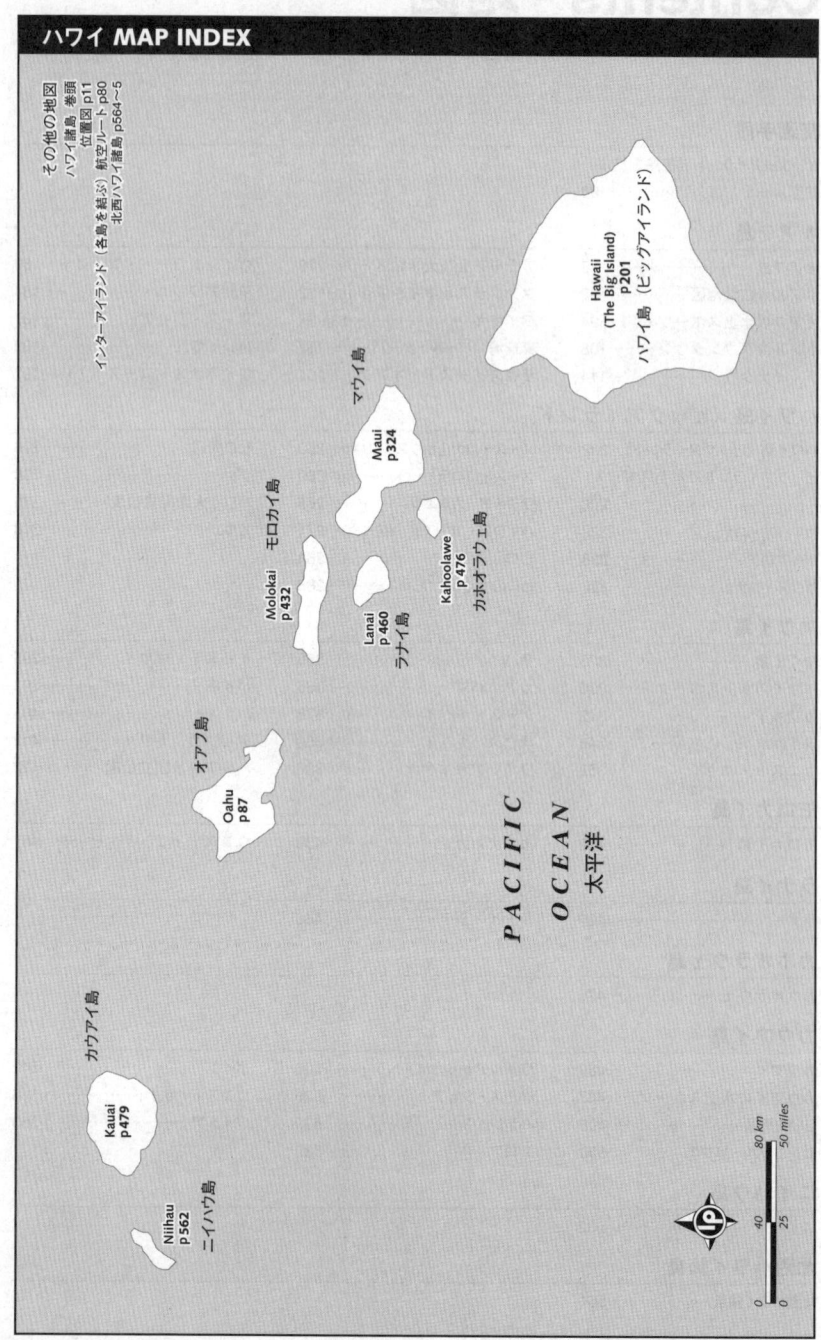

その他の地図
ハワイ諸島 巻頭
位置図 p11
インターアイランド（各島を結ぶ）航空ルート p80
北西ハワイ諸島 p564〜5

執筆者
The Authors

ネッド・フライアリ&グレンダ・ベンドゥル
Ned Friary & Glenda Bendure

ネッドはボストン近郊で育ち、アマーストのマサチューセッツ大学で社会思想学と政治経済学を学んだ。グレンダはカリフォルニアのモハーベ砂漠育ちで、初めての海外旅行先は高校生のときにアメリカン・フィールド・サービス（AFS）の交換留学生として行ったインドだった。

2人はグレンダが大学課程を終えたカリフォルニアのサンタ・クルーズで出会ったのち、旅に出てアジア・太平洋全土を回りながら数年を過ごした。その間、旅の拠点は日本で、ネッドは英語教師、グレンダは月刊誌の編集者として働いた。初めてハワイを訪れたとき、その島々にすっかり心を奪われてしまった彼らは、2週間の休暇を引き延ばして4カ月も滞在している。

ネッドとグレンダは大の島好きだ。彼らはこれまでにミクロネシアの人里離れた砂浜、小さな島バミューダ、現代的なデンマークなど、多くの地域を紹介するロンリープラネットの書籍を執筆してきた。遠くの島を調査していない場合は、故郷のケープコッドでサーフィンをしていることが多いようだ。

サラ・'サム'・ベンソン
Sara 'Sam' Benson

何年も前、サラ・ベンソンはシカゴ大学教養学科を卒業し、その後自然に導かれるままマウイを旅したという。ロンリープラネットに入社してかなりになるが、それ以前にアメリカ国内外で編集者、高校教師、ジャーナリスト、会社経営者として幾つかの仕事を経験する間も決して野生のグアバの味や火山のマナ（物や人に内在する非人格的、超自然的な力）を忘れることはなかった。

執筆者について

執筆者より

ネッド・フライアリ&グレンダ・ベンドゥル このプロジェクトにおいて私たちを助けてくれた次の人々に大変感謝する。キラウエアポイントの野生生物解説者Emilie Travis、ナ・アラ・ヘレ・トレイル&アクセス・プログラム Na Ala Hele Trails & Access Programマネージャーの Curt A Cottrell、ハワイ諸島ザトウクジラ国立海洋保護団体 Hawaiian Islands Humpback Whale National Marine Sanctuary保護プログラムマネージャーのAllen Tom、ハワイ先住民問題事務局 Office of Hawaiian AffairsのLinda Delaney、森林・野生生物課 Division of Forestry & WildlifeのJon Giffin、旅行コンサルタントのTeruo Koike、ホノルル・サイエンス・ティーチャーのTed Brattstrom、海洋生物学者のLisa King。

プロジェクトで、私たちと洞察および経験を共有してくれた友人や旅行者たちにも感謝する。最後に、インスピレーションを与えてくれたHelen Bendure、Bert Webster、Jim&Barbara Kershnerにも感謝の気持ちを込めて、心からアロハという言葉を贈りたい。

サラ・'サム'・ベンソン 私をこのプロジェクトの一員にしてくれたロンリープラネットオークランド事務所に大変感謝している。特に、秘話や専門的なアドバイスを提供してくれた地図製作者、編集者、スタッフ全員に感謝したい。聖人のごとく根気よく協力してくれたNed Friary、Glenda Bendure、Erin Corriganにも大変感謝している。

ロンリープラネットの執筆者Conner Gorryと惜しみなく親切にしてくれた島の人たちすべてに最高のマハロ Mahalo（ありがとう）を贈りたい。健全で清潔で、暖かい、申し分のない我が家のような場を与えてくれた親愛なるロンリープラネットには心から声援を送りたい。また、5年前バックパックのストラップを引っ張って私をハレアカラ・クレーターから連れ出してくれたBlake Macurdy、ありがとう。

原書について
This Book

本書日本語版「ハワイ」の初版は、英語版「ハワイHawaii」の第6版を原書として翻訳したものである。原書の概要の章とオアフ島、カウアイ島、ニイハウ島、カホオラウェ島、北西ハワイ諸島の章の改訂はネッドとグレンダが行った。

マウイ島、モロカイ島、ラナイ島の章の改訂はサムによるものだ。彼女はConner GorryとJulie Jaresの作業をもとにビッグアイランドの章の改訂も行っている。

原書スタッフ

ハワイ Hawaii第6版は、ロンリープラネットのメルボルン事務所でRobert (Bob) ReidとErin Corriganの指示のもと製作された。タイトルを練り上げたのも彼らである。編集はRebecca Chauが指揮をとり、地図はHerman Soがまとめた。中心となって作業を進めてくれたプロジェクトマネージャーのChris LoveとCharles Rawlings-Wayに感謝したい。編集はBethune Carmichael、Peter Cruttenden、Lara Morcombe、デザインおよびレイアウトはKatie CasonとCameron Duncanが行った。表紙デザインはTracey Croom、挿し絵はRuth Askevoldが担当した。ハワイ語の基礎知識の章はQuentin Frayneが作成し、締め切り直前にはBruce Evans、Victoria Harrison、Sally Morgan、Tamsin Wilsonも手を貸してくれた。

情報ありがとう
英語原書の前回版を利用して有益なヒントやアドバイスまた興味深い逸話を寄せていただいた皆様に感謝をいたします。皆様の名前は巻末に掲載されています。

はじめに
Foreword

ロンリープラネットとは

物語はある古いトラベルアドベンチャーとともに始まる。

　トニー&モーリン・ホイーラー夫妻が1972年にヨーロッパ、アジアを横断してオーストラリアに旅行した。当時は陸路をたどる旅行に関する有益な情報は得られなかったので、トニーとモーリンは高まりつつある必要性に応えるべく、初めてロンリープラネット・ガイドブックを発行した。

　キッチンテーブルから始まったロンリープラネットは、メルボルン（オーストラリア）、オークランド（アメリカ）、ロンドン（イギリス）、パリ（フランス）に事務所を構える世界最大の独立系旅行出版社に成長した。

　現在、ロンリープラネットのガイドブックは全世界をカバーしている。さまざまなメディアにおいて書籍および情報のリストは増加しつつあるが、変わらない事柄もある。依然として主な目的は冒険好きな旅行者が世界を探検し、理解を深める手助けをすることにある。

　ロンリープラネットは、旅行者が訪問する地域社会に敬意を払い賢明な消費をすれば、訪問国に積極的な貢献をしたことになると考える。1986年以降、書籍による収入の数%を援助プロジェクトや人権活動に寄付しており、最近では野生生物保護団体にまでその幅を広げている。

概してガイドブックではおすすめの場所すべてを紹介することはできないため、掲載しないからといって必ずしも批判を意味するわけではない。実際、掲載できない理由は多数あり、なかには、単に旅行者の殺到を防ぐためという場合もある。

改訂および読者へのフィードバック

情勢は常に変化しています。物価は上昇し、スケジュールは変更され、評判の良かった場所は悪化し、評判の悪かった場所は倒産するなど、変化しないものなど何もないのです。改善点や悪化点、最近開店した店やずいぶん前に閉店した店など、新しい発見についてお知らせいただければ、次の版をより正確で役立つものにすることができます。

　ロンリープラネットはガイドブックの完全改訂をできるだけ頻繁に（地域により改訂期間は異なるものの、たいていは2年ごとに）行っています。改訂中は、ロンリープラネットのホームページを通して、世界の様々な地域に関する情報を見つけることができます。

　また、ホームページの「ソーン・ツリー Thorn Tree」掲示板や「ポストカード Postcards」セクションをチェックすれば、旅行者から寄せられた未確認とはいえ興味深い情報がご覧いただけます。

　寄せられたご意見についてはロンリープラネットが誠意を持って判断いたしますので、ぜひ英語にて下記のeメールアドレス、もしくはオーストラリアの本社郵送先まで情報をお寄せください。

　投稿者の名前は、適切にガイドブックの新版に掲載します。

　また、最優秀投稿者にはガイドブックを無料でプレゼントいたします。あなたのコメントをガイドブック、ホームページ、デジタル製品などのロンリープラネット商品に掲載することがあります。

　コメントの掲載または名前の公表を希望されない場合はその旨をお知らせください。

ロンリープラネット受付デスク
オンライン：talk2us@lonelyplanet.com.au　www.lonelyplanet.com/japan
エアメール：Locked Bag 1, Footscray, Victoria 3011, Australia

ハワイの魅力

Introduction

ハワイは特別な場所だ。魔力めいた魅力を感じる人や、夢の目的地だという人もいる。ハワイという名を口にするだけで、熱帯のやわらかな風が吹き抜ける。椰子の木の下でゆらゆらと舞うフラダンサー、波を越え猛スピードで進んでいく日焼けしたサーファー、BGMに流れる甘美なスチールギターの調べ、ジンジャーの花の香りなどが思い浮かぶ。

ハワイにいったん足を踏み入れれば、こういった古典的でときには陳腐ですらあるお決まりのイメージが、実際に本当だということが実感できるだろう。ハワイの宴会ルアウでのんびりと夜を過ごしたり、夕焼けのクルーズに出たり、冷えたピニャコラーダを片手にビーチチェアでゆったりとくつろいだりできる。

しかし、ハワイではもっとたくさんのことを発見するだろう。たとえば、ハワイのホスピタリティ精神であるアロハ。活気みなぎる多民族文化。海から沸きあがる真っ赤に熱せられた溶岩、滝の落ちる険しい山腹、豊かに茂った植物といったとてつもなく美しい風景などなど。

ハワイの自然美のすばらしさには疑いの余地はない。マーク・トウェインはハワイを「大平洋に浮かぶもっとも美しい島々」と称した。今日のハワイはトウェインが探検した頃よりはるかに発展しているが、それでもやはり大洋の宝石であることには変わりないのだ。

ハワイ列島は険しくて高く、木々が青々と茂り、壮観な山峡や谷がある。ハワイは真っ白から漆黒までさまざまな色の美しいビーチに囲まれており、どのビーチも一般に開放されている。地形は、低地の砂漠から高山の山頂まで驚くほど変化に富み、不毛の溶岩流から熱帯雨林に至るまであらゆるものがある。

たしかにハワイには当然のような大衆化された観光、高層ホテル群、混み合うビーチといった面がある。しかし、それはハワイのほんの一面にしか過ぎない。旅行者のいない地区や人里離れたビーチもある。カウボーイとロデオの小さな町、健康食品店と小さなカフェが並ぶサーファーの楽園、ギャラリーやワークショップがある小さなアート・コミュニティなどがある。

ハワイは世界最高のサーフィンとウインドサーフィンのスポットであることを誇りとし、

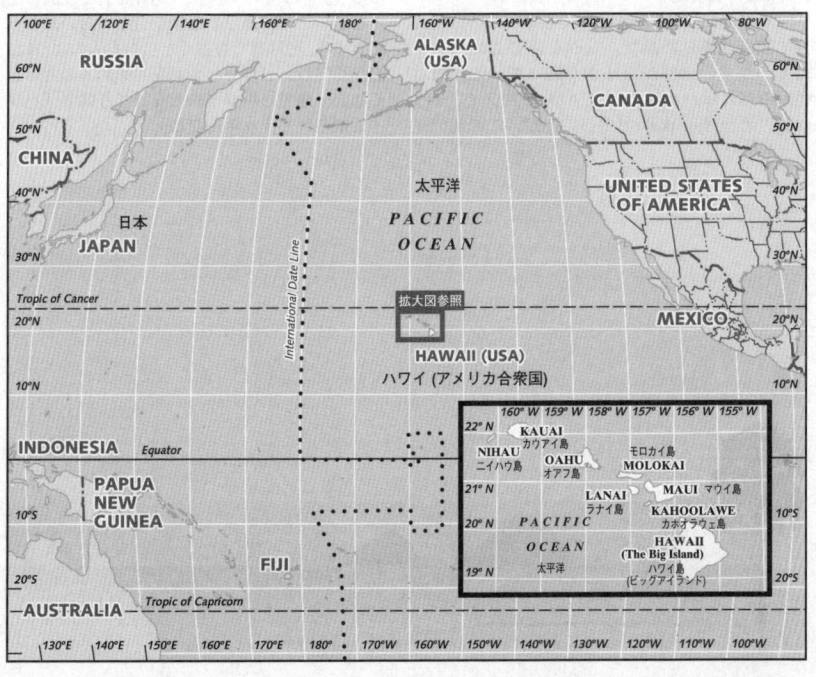

ハワイの魅力

シュノーケル、水泳、ダイビング、カヤック、そのほかのウォータースポーツに絶好の環境を提供している。初めて海に飛び込もうとする初級者であろうと、し烈な競争を求めている上級者であろうと、理想的なコンディションが見つかるだろう。

ビーチの天気は年中快適だ。ハワイの気候は熱帯では珍しく過ごしやすい。これはほぼ絶え間なく貿易風が吹いているためだ。日中のスコールの後は、虹が出ることが多い。

ハワイの6つの主要な島にはすべてすばらしいビーチや景色がある。リーワードコーストは日が照り、乾燥して砂漠のようで、白砂と青緑色の海がある。山が多いウインドワードコーストには、熱帯密林や滝があり、波が寄せては砕けている。高地は涼しく緑豊かで、牧草地や小さな農場が見られる。ハワイ諸島には共通点も多いが、それぞれの島に特徴がある。

オアフ島Oahuは、ワイキキWaikikiがあるもっとも開発が進んだ島で、ハワイにある旅行者用宿泊施設のほぼ半分がここにある。ホノルルHonoluluはハワイの州都であり、立派な博物館や素敵なナイトライフ、交通渋滞といった都会が持つ良い面と悪い面の両方を備えている。ホノルルには安価なエスニック料理からグルメな料理に至るすばらしいレストランがある。また、オアフ島に高のサーフィンスポットがある。

マウイ島Mauiは2番目に大きく、かつ2番目に開発が進んだ島だ。しかし、ここにはまだ手つかずの自然がたくさん残っている。景色がみごとなハナHanaまでの沿岸ドライブやハレアカラHaleakalaでの日の出が、この島での2つのハイライトだ。マウイ島はザトウクジラ・ウォッチングをするのに最高の場所でもある。

ビッグアイランドBig Island（ハワイ島）には、ほかの島にはないものが2つある。それは雪と噴火する火山だ。この島には移住するのに十分な土地があり、牧場労働者、天文学者が住み、伝統的漁村もある。溶岩流にはオルタネィティブ・コミュニティ（新しい価値観の地域）がある。

カウアイ島Kauaiには、小さなグランドキャニオンを思わせる深く刻まれた渓谷と、ナ・パリ・コーストNa Pali Coastの切り立った稜線が続く有名な丘など、ハワイ一緑豊かな風景がある。カウアイ島は、4つの主要な島の中ではもっとも開発が進んでいないので、ハイカー、カヤッカー、そのほかのアウトドア愛好者のメッカとなっている。

モロカイ島Molokaiはハワイ諸島の中でもっともハワイらしい島だ。田園地帯で、生活のペースはゆっくりしており、旅行者もたまに訪れるだけだ。1番小さい島ラナイ島Lanaiは近年、パイナップルに依存したプランテーション経済からデラックスなリゾート地へと自ら変わろうとしている。

全般的にハワイの人々は、おそらくあなたがこれから会うもっともフレンドリーな人たちだろう。ハワイの人々は「話好き」で、島の生活を話したり、島での経験を分かち合いたがったりする。初対面でも古くからの友人のように、温かくフレンドリーな会話をし始めるのも珍しくない。島ではハワイの人々はこう言う「ハワイに来られてラッキーだね」。

ハワイについて

Facts about Hawaii

歴史

ハワイはポリネシア（「たくさんの島」の意）として知られる太平洋の島々が形成する広大な三角圏の北の1角に位置する。あと2つの三角の頂点は、南東のイースター島と南西のニュージーランドである。

最初のポリネシア人移住者の正確な起源はいまだはっきりしていない。従来の説のように東南アジアにその起源があるのか、一部の考古学者の新説のようにメラネシアMelanesiaにその起源があるのか、引き続き議論されていく論点だ。いずれにしても紀元前1000年頃、トンガTongaやサモアSamoaなどの南ポリネシアの島々に移住するため、彼らが移動ルートを東向きにとったのは明らかだ。その後1500年にわたってさらに遠く離れたポリネシアの島々へと移り、最後の移住場所となったのがハワイだ。

考古学的証拠からは、ポリネシア人がマルケサス諸島Marquesas Islandsから初めてハワイ諸島に到着したのは紀元500〜700年の間だとわかる。たとえば、現在無人島であるハワイのネッカー島Necker Islandで発見された古代の石像は、マルケサス諸島で発見された石像と驚くほど似通っているのだ。

タヒチ人移住者の最初の波は、紀元1000年頃ハワイに押し寄せてきて、マルケサス人を征服し、神殿、灌漑路、養魚池などを作らせた。

ハワイの伝説に小さな体のメネフネmenefuneと呼ばれる部族についての話があるが、この部族はマルケサス人のことなのかもしれない。実際、「メネフネmenefune」という言葉はタヒチ語の「追放者」という言葉ととてもよく似ている。

古代のハワイ

古代のハワイ人は単純な精霊信仰を持っていた。大漁、安全な旅、健康な子供に恵まれることなどすべて自然界の精霊との調和の結果とされ、神々へのお供えとして祈りや収穫の一部が捧げられた。

12世紀頃、後期の移住の波に乗って、影響力の強いタヒチ人カフナKahuna（祭礼師）のパアオPaaoがビッグアイランドにやって来た。ハワイ人は崇拝を怠っているとしてパアオは人間の生け贄を神々に捧げる概念を島に取り入れた。一種の神殿であるルアキニ・ヘイアウ luakini heiauを初めて建立し、生け贄の儀式を行ったのだ。パアオはさらにカプKapu制度

古代壁画

古代ハワイ人は文字を持たなかったが、表面がなめらかな溶岩にペトログリフ petroglyph（岩石彫刻）を刻んだ。

ペトログリフは線で描写されたものが多く、それは槍を持った兵士、ほえる犬、鳥、カヌーなどが描かれていた。

中には1列に並んだ記号のようなものがあり、これは重要な行事を記録していたのか、またはカレンダーや家系図を表したものではないかと考えられている。

ハワイ人のペトログリフが何を意味し、どんな目的を持っていたのかは今だに謎となっている。意図的に暗号化しているものもあれば、意味のない落書きだったり駆け出しの画家が描いたようなものもある。

ペトログリフの多くは古代の道に沿って見られ、霊的パワー「マナ mana」が宿ると考えられていた場所に集まっているようだ。

ビッグアイランドにペトログリフはもっとも集中しており、主要道路から外れてほんの数分歩くだけでペトログリフをたくさん目にすることができる。

ハワイについて − 歴史

を確立し、この制度のタブーによって社会生活を厳しく規制していった。

カプは平民がアリイ aliiと呼ばれた王族と同じ物を食べることや、同じ場所を歩くことさえ禁じた。王の影を踏んだ平民は死刑になった。またカプは女性に対してココナツ、バナナ、豚肉、特定の魚を食べるのを禁じた。

更にパアオはハワイの王族の血は薄くなり過ぎているとして、王家に新たな血を入れるためカヒキKahiki（タヒチ）から首長ピリPiliを迎えた。首長のピリと祭礼師長のパアオとで新たな支配層が形成された。彼らの支配はその後700年間続くこととなった。

カメハメハ大王はほかのビッグアイランドの首長と同様ピリの子孫で、カメハメハ大王のカフナ・ヌイ kahuna nui（祭礼師長）はパアオの子孫だ。

ヘイアウ Heiaus
古代ハワイのヘイアウと呼ばれた神殿は、2種類の基本スタイルがあり、どちらも溶岩を使って建てられた。1つは石の壁を地面に直接立てた単純な長方形の囲いで、もう1つは岩を高く積み上げたもっと頑丈な構造で祭壇があった。2種類の神殿跡は今もハワイ全島で目にすることができる。

ヘイアウの内部には祈祷の塔、タブーハウス、ドラムハウスがあった。これらはハワイ原産のオヒアohiaの木で作られ、ピリ草pili grass（バンチグラス）で屋根を葺き、原産のオロナolonaの木の紐で結ばれた。木を彫ってキイkiiと呼ばれたチキスTikis（神像）が作られ、祈祷の塔の周りに置かれた。

ヘイアウは、たいてい豊穣の神ロノや戦いの神クKuに捧げられていた。ク神を祭ったヘイアウは、ルアキニ・ヘイアウluakini heiausと呼ばれ、生け贄の儀式が行われた。

ヘイアウは吉兆の場所に建てられていて、海岸を望む崖の上やマナmana「霊的パワー」が宿ると信じられていた場所が選ばれた。ヘイアウそのものではなくその場所のマナに霊験があると考えられていたので、ヘイアウからマナがなくなると、その場所は捨て去られていった。

マカヒキ The Makahiki
伝説によるとロノ神は虹に乗って天からビッグアイランドのワイピオ・バレーWaipio Valleyにあるヒイラウェ滝Hiilawe Falls上方のパンノキの森に降りて来たとされている。ロノ神はこの絶景の地で美しい王女カイキラニKaikilaniと出会った。2人は恋に落ち、結婚して島からコナ・コーストのキアラカケクア湾Kealakekua Bayに渡った。

1人の首長がカイキラニに恋していると知るとロノ神は怒り狂い、カイキラニを殴り殺

娯楽とゲーム

ホルアレース Holua racingは古代ハワイのもっともエキサイティングなスポーツだった。競技者は幅の狭い木製のそりにうつぶせになって乗り、猛スピードで急な丘の斜面の滑降路を滑り降りた。滑降路はピリ piliの草かティtiの葉（長く艶のある葉をしたハワイ原産の植物）で覆われ滑りやすくしてあり、1〜2マイル（約1.6〜3 km）の距離があった。

ハワイ人は根っからのギャンブル好きで、ホルアレースを始めとして徒競走、サーフィン、そのほかのさまざまな競技に賭けをする。

サーフィンはハワイで生まれたスポーツで、古代も現代と同じように人気があったようで、波が来ると、みんな海に向かった。王族専用のサーフィンスポットや平民用の場所も存在していた。平民が使用したサーフボードはパンノキかコア材で作られ、6フィート（約1.8m）の長さがあった。アリイだけが長いサーフボードのオロ oloを自由に使えた。オロは最長16フィート（約5 m）で、ハワイ原産では最軽量のウィリウィリ wili-wiliの木で作られていた。サーフボードは貴重な所有物で、タパ（木の皮から作られた布）で包み大切にされ、家の天井から吊るされていた。

そのほかにハワイで人気のあったゲームとして、丸い石を2本の杭の間に転がすというボーリングに似たゲームのウル・マイカ ulu maika、大きな木製のダーツを使うモア・パヘー moa paheeがあった。

もっと落ち着いたゲームとして、チェスに似たゲームのコナネ konaneがある。石版に刻み目がつけられ、白い珊瑚や黒い溶岩の小石を駒として使用した。

した。カイキラニは死ぬ間際に自分はロノ神だけを愛していたと告白した。悲しみにくれるロノ神は島をあてどもなくさまよい、出会った男すべてにレスリングやさまざまな競技を挑み続けた。

4カ月後、まだ悲しみの癒えないロノ神はカヌーに乗って船出した。高くそびえるカヌーのマストには見事に織られたニイハウのマットの帆が張られた。この巨大なカヌーにはキアラカケクア湾まで運ぶための40人の人手に必要な大量の食物が積み込まれた。出航の際ロノ神は、いつかまたいろいろなもの（木々や豚、鶏など）を一緒に積んで戻ることを誓った。

ハワイの人々は毎年10月〜翌年2月まで続くマカヒキmakahikiと呼ばれる収穫祭でロノ神のことを思い出す。島対抗でオリンピックのようにさまざまな競技が開催され、競技種目にはアウトリガーカヌーレース、フィッシング、サーフィン、徒競走、レスリング、ホル

ア holua（そり）レースなどがある。戦争時でもマカヒキが行われる4カ月間は戦争は中断され、ロノ神に捧げられる試合やお祭りが続行された。

キャプテン・クック
Captain Cook

ハワイ諸島は西洋によって「発見」された最後のポリネシアの島だ。アフリカや南アフリカ沖を巡って太平洋に入った初期のヨーロッパ人探検者が南半球の探検を中心に考えていたのがその主な理由だ。

伝説の（または悪名高い）イギリスのキャプテン・ジェームズ・クックは約10年を費やして、南太平洋をほぼ探検し海図を作成した。次に大西洋への北西航路の調査のためタヒチから出航した際、彼は偶然にハワイを発見した。

1778年1月18日、クックはオアフ島、カウアイ島、ニイハウ島を発見した。風向きに恵まれ1月19日にクックの船ディスカバリー号 *Discovery* とリゾリューション号 *Resolution* はカウアイのワイメア湾に入った。クックはハワイ諸島をサンドイッチ伯爵に敬意を表してサンドイッチ諸島と名付けた。

クックは島民が外見、言語、文化の面でタヒチの影響を強く受けているのに驚いた。島民はカヌーに乗ってクックの船を出迎え、魚とさつまいもを釘と交換したがった。クックは太平洋のほかの島ではビーズやこまごました装身具を使って物々交換を成功させてきたが、ハワイの島民はこういった役に立たないものには興味を示さなかった。ハワイには金属がなく、釘は島民が交換を望んだ唯一のものだった。

カウアイとニイハウで2週間かけて食料の補給し終えた後、クックは北に向かって航海を続けた。大西洋に抜ける伝説上の航路の発見に失敗したクックはハワイに戻った。偶然にも戻った日は1年前クックが最初に島に到着した日と同じだった。

その際に、クックは残りの島々を発見した。1779年1月17日、クックがビッグアイランドのケアラケクア湾 Kealakekua Bay に入ると、1000ものカヌーがクックの入港を大歓迎した。

翌日上陸したクックは祭礼師長と会い、頭蓋骨が並べられた神殿に案内された。クックが行く先々で島の人々が彼の前で地面にひれ伏し「ロノ」と唱えた。

運命で定められていたのか、クックはマカヒキ祭 *makahiki* の最中に上陸した。船に高くそびえるマストと白い帆、さらに島を時計回りに回って入港した航路、これらすべてがロノ神再現の伝説と合致していた。

祭礼師が実際にクックをロノ神の化身だと信じていたのか、あるいはただ自分たちの権力を誇示し祭りに彩りを加えようとしただけなのか真相はわからない。明らかなのはハワイへの2回の来航が偶然にもマカヒキ祭に重なっていたという事実をクック自身はまったく知らなかったということだ。この歓迎の仕方はハワイでは日常的なことだとクックは思っていた。

クックが島に好印象を持ったのも無理はなかった。島民たちは船員をとても丁重にもてなした。ハワイの男たちは船員をボクシングの試合やそのほかの競技に招待し、女たちは歓迎のダンスを踊ったり、ベッドをともにしたりした。

凍てついたツンドラの中を数カ月もさまよって来た男たちにとって、これはまさに天国だった。

このクックの隊に同行していた芸術家ジョン・ウェバー John Webber は自由に村内を見て回るのを許された。彼が描いた詳細なハワイ原住民、衣服、村の生活の絵は今日、古代のハワイの生活像を知る貴重な資料となっている。

島に到着した数週間後に、船員たちは薪以外の必要品はすべて補給した。薪を集めに山に行く代わりにクックは船員たちにロノ神を祭った神殿から木の柵や木像をかき集めてくるよう命令した。クックはロノ神の化身とみなされていたので、祭礼師たちは船員たちを止めなかった。

2月4日、クック一行はケアラケクア湾から北上しマウイに向かった。途中彼らはビッグアイランドの北西沿岸沖で嵐に遭い、リゾリューション号の前方マストが折れた。マウイに安全な港があるかどうかわからなかったため、クックはケアラケクアに戻りマストを修理することにした。この決断が致命的な誤りとなった。

2月11日、クックがケアラケクア湾に戻るとすぐに島民たちはいつもの通り物々交換をしに現れた。しかし支配者のアリイは船の再来航に驚いた。

マカヒキ祭はもう終わっていた。またクックが再来航したタイミングが悪かっただけでなく、戻り方や船の状態も悪かった。今回クックは時計回りとは反対方向から入り、マストも折れていたのだ。

そして窃盗が深刻な問題となり、カッター船が盗まれた後、クックはケアラケクア湾を封鎖するよう命令し、11名の船員とともに湾の北の大きな村に向かった。クックは大首長カラニオプウを船が戻るまで捕らえておこうとしたのだ。これはクックが太平洋のほかの

島々でも使い、好結果を得ていた戦法だった。

クックが村に向かう途中、湾から出ようとしていたハワイ人のカヌーに向けて別の英国船員が発砲した。クックの部下が気付かないうちにこのカヌーは小首長ノエケマのもとに運ばれ、ノエケマはマスケット銃で撃たれて殺された。

一方クックは、カラニオプウの屋敷に到着し、カラニオプウはクックに従い捕われの身になった。しかし港に戻る際、嘆き悲しむカラニオプウの妻が後を追い、それを見たカラニオプウは突然態度を変え逃げようとした。この最中にノエケマの死が村に伝わり、村人が集まりだした。

流血を避けるためクックはカラニオプウを解放したが、事態は悪化する一方だった。クックは船に戻る際、邪魔をしようとした村人の1人に威嚇発砲をした。これは誤射となり、弾丸がその男の胸に当たってしまった。村人たちが石を投げつけ始めたため、クックは部下に発砲するよう命じた。

太平洋のほかの島々と同様に、トラブルが発生したら部下に数発発砲させれば、原住民は流血を見てすぐに散り散りになって逃げ出すだろうと、クックは目算していた。しかし今回は違っていた。村人たちは怒り狂い、退散するどころか攻撃してきた。

船に戻るクックが滑りやすい岩にさしかかったとき、船員たちは再び発砲して援護した。弾丸を再装填する前にハワイ人の群集はクックに近寄り、彼の頭を殴った。殴られたクックはよろめき浅瀬に倒れ込んだ。村人はここぞとばかりクックを殴り短剣で突き刺した。彼らは代わる代わる短剣を仲間に渡してクックを刺し、共に彼を殺害した。この争いでクックのほかにも4人が命を落とした。

18世紀が生んだ偉大な探検家にして航海士であったキャプテン・クックは、自分が最後に発見したサンドイッチ諸島の岸辺で起きたこの異常な乱闘で流血の最後を迎えた。

クックの死にショックを受けた船員たちは怒り暴れまわった。彼らは村を焼き、村人の2人を打ち首にし、その首を支柱にさらしてボートをこいで湾を渡った。

最終的にカラニオプウは停戦し、バラバラになったクックの遺体は見つかるかぎり集められて、部下の船員たちのもとに返された。クックの頭部は戻ってきたが、その頭皮ははがされていた。これは大首長に対して行う習慣だった。

クックの遺体は軍隊式の葬式で海に埋葬された。ハワイ人も湾にカプをしき、自分たちの埋葬の儀式を執り行った。

2月14日のクックの死の1週間後、2隻の英国船は出航し、オアフ、カウアイ、ニイハウに立ち寄った後、1779年3月15日にハワイ海域を離れた。

クックと船員はハワイ人に大きな代償を残すこととなった。鉄は武器にされ、疫病はハワイ先住民の人口を減らし、初めての混血児たちが生まれたのだ。そして船員が国へ持ち帰った海図と地図はクックらのようにほかの人々も航海に出ることを可能にした。イギリスとヨーロッパではクックらの冒険談と絵が出版され、人々の冒険への憧れを掻き立てた。

クックの船員の中には再び太平洋に戻り探検をした者も何人かいた。その中にはハワイに初めて牛と馬を持ち込んだキャプテン・ジョージ・バンクーバーCaptain George Vancouverやバウンティ号Bountyの船長を務めた悲運のウィリアム・ブレイWilliam Blighの名がある。

カメハメハ大王
Kamehameha the Great

クックが1778年に来航した頃のハワイは、各地区の首長が権力争いをしながら分割支配していた。1791年にビッグアイランドを統一し首長となったカメハメハは、ハワイ諸島全島の統一に乗り出した。

1795年、マウイとモロカイを征服した後、カメハメハはオアフを侵略し、統治下に置いた。

次にカメハメハは彼の支配下にない唯一の島カウアイの侵略を2度企てた。1796年、カメハメハたちを乗せたカヌーは嵐に遭い、カウアイに着く前に引き返さなければならなくなった。

1804年、カメハメハがオアフで再びカウアイ侵略の準備をしていたとき、彼の兵士たちは死に至る熱病(おそらくコレラ)に感染し、侵略の計画は中止となった。このときはカウアイの方に運があったのかもしれない。しかし、カメハメハの権力は無視できないほど強大なものとなり、1810年にカウアイはカメハメハを君主として認める条約に同意した。

白檀貿易
The Sandalwood Trade

ハワイは1780年代半ばまでにアメリカ国商人が北アメリカ~中国間の貿易の中継地とするにぎやかな港となっていた。

1790年代初めにアメリカ人船長たちがハワイに白檀が豊富にあることを発見した。香りの良い白檀の木は中国で珍重されていた。船長たちが白檀に興味を示すと、ハワイの首長は外国の武器と交換に白檀の木を売り始めた。

富をもたらす三角貿易が発展していった。

船はハワイから広東に向かい、白檀と中国の絹と磁器を売買交換し、次にそれをニューイングランドの港に運び高値で売却した。ニューイングランドではハワイで取引される品が船に再び積み込まれた。

当時のハワイの白檀の森は広大だったので、中国人はハワイをタン・ヘオン・シャン（白檀の山）と呼んだ。

白檀の森を保護するために、やがてカメハメハ大王は白檀の森にカプをしき、貿易の全権を支配しようとした。しかし、大王の目論みとは裏腹に利益の大半は船長たちの懐に入った。白檀の支払いには、元値以上の値段がついた商品（初めは大砲やライフル銃、後にヨーロッパの家具などの外国製品）があてられた。

カメハメハ大王は白檀の森がすべて破壊されたり、臣民に負担がかかり過ぎないように気を付けていたが、後継者のリホリホはカプを部分的に解除し、島の首長の参入を許した。首長たちは将来の白檀売却を保証する約束手形にサインし、海外の贅沢品を買い始めた。

膨れ上がる「負債」を返済するため、ハワイのマカアイナナ*makaainana*（平民）は実質上奴隷となることを強制された。白檀を運ぶ人夫はクア・レホ*kua leho*（「分厚い背中の皮」の意）と呼ばれ、白檀の木を背中にティの葉でくくりつけ、運搬馬のようにして運んだ。重い荷物を背負い内陸部から船の待つ海岸まで20マイル（約32km）の距離を運ぶのも珍しいことではなかった。白檀貿易の最盛期に宣教師団は3000人の運送人夫の隊列を目撃したと記録している。

カメハメハ大王の死後わずか数年でハワイの白檀の森は伐採され尽くした。貿易を続けるため無謀な試みが企てられた。オアフの知事ボキBokiはニューヘブリデス諸島New Hebrides（現在のバヌアツVanuatu）に白檀が豊富にあると聞き、1829年500人を引き連れて無計画な遠征をし、白檀を収穫しようとしたが、ボキの船は遭難してしまい、ほかの船も当然のごとくニューヘブリデスで島民の反抗にあった。

1830年8月、やつれきった20名の生存者がホノルル港に帰港した。これまで激動するハワイで名高いリーダーであったボキの悲劇を知ったハワイの人々はホノルルの街で悲しみにくれた。ボキの死は白檀貿易の終焉を告げた。

古代宗教の終焉

1819年カメハメハ大王がビッグアイランドのマカホネ邸宅で死去した。そして息子のリホリホに王位が譲渡されたが、リホリホは王位を継承してカメハメハ2世となるのに積極的ではなかった。王制の実権はカメハメハ大王の21人の妻の中でもっとも寵愛された妻カアフマヌに移った。

カアフマヌ女王は野心的な女性で、女王の権力を制限していたカプと呼ばれる古来のタブー制度の廃止を決心した。カメハメハ大王の死後6ヵ月も満たないうちに、女王は神聖な地カマカホヌKamakahonuで、女性の王族を集めて贅沢な宴会を開いた。厳粛なタブー制度の中でもっとも厳しく禁じられていたのは男が女と一緒に食事することだったが、女王はリホリホを無理やり彼女の隣に座らせ一緒に食事をした。

それ自体は何の変哲もない食事であり、怒った神も現れなかった。この1つの行動で、古来の宗教は600年間伝えられてきたタブーや制約とともに廃止された。ハワイの人々はカプの掟を破ると殺されるのではと恐れる必要がもうなくなったのだ。この直後、神殿や偶像の破壊が怒涛のごとく続いた。

首長やカフナが反抗したが、リホリホはカメハメハ大王が残した軍隊を出動させ、即座にこれを鎮圧した。1つの時代の終焉であった。

宣教師団

1820年4月19日、帆船サディアス号が初のキリスト教宣教師団を乗せてボストンからハワイに着いた。運命のいたずらで宣教師団はカイルウア湾に上陸した。ここはカアフマヌ女王が半年前に古来のハワイ宗教を廃止し祝宴を開いた地カマカホヌのすぐ近くであった。

宣教師団には絶好のタイミングでのハワイ入りだったのだ。古来のハワイ宗教が廃止され、社会全体が精神的に空洞なときにキリスト教が入り込んだのだ。

サディアス号には23名の会衆派教会主義者が乗っていた。彼らはニューイングランドを拠点とする米国海外宣教委員評議会が向こう3年以内に派遣する予定にしていた12のグループの最初のグループで、この第1宣教師団のリーダーがハイラム・ビンガムだった。

宣教師団は、ハワイ王室と友好関係を結びながら内面に入っていった。カアフマヌ女王が重病にかかると、ハイラムの妻シビル・ビンガムが看病し健康を回復させた。直後に女王は感謝の印として安息日に仕事と旅行を禁じる条例を施行した。

当時までハワイには書き言葉はなかったので、ローマ字を使って宣教師はハワイ語を表記し、聖書を翻訳した。宣教師はハワイ人に読み書きを教え、ロッキーマウンテン以西で最初の「アメリカン」ハイスクールを設立した。

宣教師に奨励され、ハワイ人はすぐに西洋の生活様式、衣服、法律を取り入れていった。

リホリホ（カメハメハ2世）
Liholiho (Kamehameha II)

実権はカアフマヌ前女王が握っていたので、1823年11月リホリホは最愛の王妃を連れ、ジョージ王を表敬訪問するためイギリスに出かけた。しかし、この訪問をイギリス側に伝えてはいなかった。

リホリホがロンドンに着くと、イギリスのマスコミは彼が似合わない西洋の衣服を着ていたことや王室の礼儀作法に欠けていたことをあざけり笑い、人種差別的な風刺画を描いた。リホリホがジョージ王と会うことは実現しなかった。ジョージ王に謁見するためにふさわしいマナーを身に付けようとしたのだが、リホリホと王妃は麻疹にかかり1824年6月、イギリスで2人とも死去した。

捕鯨船員

宣教師団がハワイに入って1年経たないうちに、捕鯨船員がハワイの港に来航し始めた。最初はニューイングランドのアメリカ人がほとんどで、ゲイヘッド・インディアンと元奴隷を一緒に連れてきた。船が続々来航するにつれ、さまざまな国籍の男たちがハワイの港にあふれだした。彼らの大半が10～20代で野心に満ちていた。

町は捕鯨船員の給仕をする店が急増し、酒場、売春宿、ホテルも繁盛した。ホノルルとラハイナは活気あふれる港となった。

1825～1870年の間、ハワイは太平洋の捕鯨の中心地だった。捕鯨船員にとってハワイは北極と日本の漁場で捕鯨するのに便利な中継地で、最盛期には毎年500～600隻の捕鯨船がハワイ港に寄港していた。

捕鯨は大金をハワイにもたらし、捕鯨の町には貨幣経済が浸透した。マウイの農夫の多くはじゃがいもを捕鯨船に供給し始めた。一方、牛肉の需要が増えるにつれ、ビッグアイランドの牧場は発展していった。一般のハワイ人でさえも、船から逃げた船員を引き渡すだけでわずかながらの金を稼げたのだ。

ハワイ人自体が捕鯨に長けていた。捕鯨船の船長たちはカナカ*kanaka*（ハワイ原住民）1人につき$200の契約金をハワイ政府に払い、自分たちの船員にした。カメハメハ4世に至っては自ら捕鯨団を結成し、ハワイの旗をはためかせた。

太平洋の捕鯨産業は19世紀半ばに最盛期を迎えたが、その後一転して急速に衰えていった。わずか数年の間に、捕鯨漁場の大半が乱獲され枯渇し、捕鯨船員はやむを得ず遠隔地まで出航して捕鯨をしなくてはならなくなった。その上、1860年になると鯨油の価格が下落した。それは石油産業が台頭し、鯨油より安い照明用の燃料を生産し始めたからだった。

太平洋の捕鯨を破滅に追いやった最後の一撃が1871年に起きた。この時期にしては早い北極の嵐が30隻以上の捕鯨船を突然襲い、船をベーリング海峡北の氷原の中に閉じ込めたのだ。千人以上の船員（半数以上がハワイ人）が救助されたが、船団は壊滅した。

サトウキビプランテーション

コーKo（サトウキビ）はポリネシアからの初期開拓移民によって持ち込まれた。ハワイ人はサトウキビを噛んで果汁を味わったが、砂糖に精製はしていなかった。

ハワイでの砂糖生産は、1802年にラナイの1人の中国人移民が、潰したサトウキビを鉄鍋で煮立てたのが始まりとされている。続いてすぐにほかの中国人が町のパン屋規模のサトウキビ圧搾工場を設立した。

1835年、ボストン出身の青年ウィリアム・フーパーは、砂糖に大きなビジネスチャンスを見出し、ハワイで初めてのサトウキビプランテーションの設立に乗り出した。フーパーはホノルルの投資家ラッド＆カンパニーから彼のビジネスへの投資を引き出すのに成功し、さらにカメハメハ3世とカウアイの土地980エーカー（約4km²）を$300で借りる契約を交わした。フーパーの次のステップは、カウアイの首長（アリイ）と交渉しハワイ人を労働力として雇用する権利を得ることだった。

1830年の半ば頃のハワイはまだ封建的だった。平民は漁業や農業に従事し、各地区の首長の領地内に住んでいた。見返りに、平民は必要時には労働に駆り出されていたため、フーパーは自分のプランテーション用の人手を集める前に、まず首長に金を支払い、首長のもとで労働に縛られているハワイ人を自由にしなければならなかった。

この新プランテーション制度は、作物を育てるのは食料というよりはむしろ利潤を得るためという概念をもたらした。これはハワイに資本主義の到来を告げ、賃金労働をハワイに導入した。

砂糖産業の出現は、捕鯨船が大挙してハワイに押し寄せた頃と時を同じくする。両者はともにハワイの貨幣経済の基盤となったのだ。

1850年代までに、サトウキビプランテーションはマウイ、オアフ、ビッグアイランド、カウアイに設立された。

サトウキビは水が豊富な場所でしか育たないため、プランテーションはハワイで雨が多い地区に限られたが、それでも干ばつと無縁

ではなかった。1856年、11マイル（約18km）の灌漑路が掘られ、干ばつに悩まされていたリフエのサトウキビ畑に山の水を引いた。このカウアイ灌漑路は1つの救済手段として建設されたのだが、その成功を目にしたプランテーション所有者は、サトウキビに不向きな土地も灌漑して利用する可能性を見出した。

1870年代に17マイル（約27km）のハマクア灌漑路がマウイに掘られ、数百万リットルもの水を高地の熱帯雨林から水の乏しいプランテーションに供給する初の送水路が幾つか建設された。この人口送水路によって、乾燥した中央平原は水の潤うサトウキビ畑となった。ハワイでは今日でも1世紀前に建設された何百もの灌漑路や送水路が活用されている。

灌漑に加えて、砂糖業社は運河や鉄道を建設し、サトウキビを畑から砂糖圧搾工場に運んだ。100年間以上、砂糖業はハワイ経済の中心になった。

ハワイの移民

砂糖産業は急速に発展したものの、ハワイ先住民の人口は減少していった。外国人が持ち込んだ伝染病が主な原因だった。

ビジネスを拡大するために、プランテーション所有者は海外に労働力を求め始めた。暑さの中でも長時間働ける移民が必要とされ、移民にとっては低賃金であっても移住はチャンスであった。

1852年、プランテーション所有者は中国から労働者を雇い始めた。1868年には日本から、1870年代にはマデイラやアゾレス諸島からポルトガル人をハワイに連れて来た。1898年にハワイがアメリカに併合されると中国人移民は制限されたため、プランテーション所有者は次にプエルトリコ人と韓国人に目を向けた。プランテーションの労働力としてハワイに移民した最後のグループはフィリピン人だった。フィリピン人の移民は1906年に始まり、1946年まで続いた。

これら6つの人種グループがプランテーションの労働力の大部分を占めたが、ほかにも南洋諸島民、スコットランド人、スカンジナビア人、ドイツ人、ガルシア人、スペイン人、ロシア人が順次やって来た。

それぞれの人種グループが独自の文化、食べ物、宗教をハワイにもたらした。中国式の衣服が日本の着物やヨーロッパ風の帽子などと混ざっていった。十数カ国語が飛び交い、さまざまな人種グループが互いにコミュニケートする手段として独特のピジン英語が発達していった。

労働条件は人種グループや労働期間によってさまざまだった。19世紀末の日本人契約労働者の賃金は$15。併合後、この契約は奴隷契約とみなされ、合衆国法で違法とされた。それでも1930年代まで1日$1の低賃金が当然のこととして続いた。

合計約35万人がハワイに移民し、サトウキビプランテーションで働いた。切れ間なく続く移民の流入によって、プランテーション以外の好条件の働き口を新たに見つけ出す者も出てきた。一定期間だけ働いて貯蓄し帰国する者もいたが、契約終了後はプランテーションから離れて自分の農地を持つ者や、ビジネスを始める者もいた。

コロアKoloa、パイアPaia、ホノカアHonokaaなどのプランテーションの町は製糖工場の周辺に発展していき、労働者相手の床屋、魚市場、酒場、公衆浴場などが建ち並んだ。

主な移民（日本人、中国人、フィリピン人、西欧人）はハワイ原住民より人口が多くなっていき、移民たちはそれぞれの文化を混ぜ合わせてユニークな文化をつくりあげた。この文化はこの先何世代にもわたり、ハワイを特徴づけるものとなるだろう。

カメハメハ3世
Kamehameha III

カメハメハ大王の末っ子カメハメハ3世は、1825年から死去する1854年までの30年間在位した。1840年、カメハメハ3世はハワイ初の憲法を制定した。これは自分の権力を守り、変化する時代に適応していくためであった。新憲法ではハワイ初の州議会を設立し、最高裁判所を設けた。

そのほかにもカメハメハ3世はグレート・マヘレとして知られる土地法を可決し、宗教の自由を認め、男子市民に選挙権を与えた。

ハワイが1度だけ外国政権に「侵略」されたのは、カメハメハ3世の時代のことだ。1843年、ジョージ・ポウレット長官は、イギリスが介入できる土地がわずかしかないことに腹を立て、英国船キャリーズフォート号 Carysfortでホノルルに入港し、オアフを6カ月間占拠した。この短期間で、ポウレットは通りの名前を英国風に変え、財産を没収し、税金を徴収し始めた。

カメハメハ3世は流血を避けるため、英国旗が揚がり、楽団が「ゴッド・セイブ・ザ・クイーンGod Save the Queen（英国国歌）」を演奏するのを黙認した。しかし、ビクトリア女王自身がこれを喜んでいたわけではなかった。この事件を耳にすると、女王はリチャード・トーマス提督を遣わして、ハワイの独立を回復させた。トーマス提督は、現在のホノルルにあるトーマス・スクウェアにハワイの旗を再び揚げさせた。旗が揚がったとき、カ

メハメハ3世は「*Ua mau ke ea o ka aina i ka pono*（大地の生命は正義によって永続する）」と述べた。この言葉はハワイ州のモットーとして今日まで残っている。

グレート・マヘレ
The Great Mahele

1848年、当時影響力の強かった宣教師団の勧めで土地法グレート・マヘレが導入された。このグレート・マヘレによりハワイの土地所有の概念は永久に変えられてしまった。土地は初めて売買の対象となったのだ。

グレート・マヘレにより、これまでハワイ全土を所有していた王は、そのほとんどを没収されたが、島の首長は領地として支配していた土地を取得できた。残りの土地はクレアナ *kuleana* と呼ばれる3エーカー（約1.2ヘクタール）ごとの農業用の土地に分けられ、ハワイ住民にも取得可能な土地になった。自分たちの権利を維持するために首長と平民は税金を払い、土地の登記をしなければならなくなった。

首長の多くは不動産で税金の支払いを行ったが、平民は税金を現金で支払う以外に方法はなかった。この条約はハワイを小さな農場が集まった国家にする狙いがあったが、書類手続きを済ませ、クレアナを手にしたハワイ人は結局数千人にしか過ぎなかった。

1850年土地の購入が外国人に許可されたため、ハワイ人とは違って、西洋人はすぐさまこの機会に飛びついた。やがてハワイ先住民が私有土地所有の概念を理解するようになった頃には、彼らが所有できる土地はもうほとんど残っていなかった。

そのため、不動産の取り扱いに精通した西洋人が数十年の間に、個人用の土地の80％を所有してしまった。クレアナ取得の手続きをしたハワイ人でさえも、実質価値のほんのわずかな額でハオレス *haoles*（白人）に売り渡した者が多かったのだ。

宣教師団がカメハメハ3世のために描いた理想とは裏腹に、突然ハワイ人は土地を失い、町のスラム街を流浪するようになってしまった。皮肉なことに、宣教師団の人々がかなりの広さの土地を手に入れたため、自分の土地を手入れするために多くの人々が教会を去っていった。

グレート・マヘレ実施以前はハワイの平民は土地に関する権利を持っていなかったが、首長の領地内を自由に移動し農業に取り組むことができた。首長の土地を使用する見返りとして、首長には労働奉仕をするか収穫物の一部を提供した。このようにして彼らは農業で生計を立てていたのだが、グレート・マヘレ以降は土地から離されてしまった。

カメハメハ4世
Kamehameha IV

カメハメハ4世の在位は1855～63年と短く混迷した期間であった。カメハメハ4世はヨーロッパの王制のビクトリア王朝を模範にし、女王エマと英国国教会をハワイに設立した。さらに子供には全員ハワイ名とともにクリスチャン名をつける法律を可決した。この法令は1967年まで規範となっていた。

カメハメハ4世の在位中は君主制擁護派と反対派間の闘争が絶えなかった。

カメハメハ5世
Kamehameha V

1863～72年の間在位したカメハメハ5世は、議会ではなく王に権力を集中させる法令を成立させ、選挙権も制限した。この法令は物議を醸した。

カメハメハ5世は悲恋の結果、12世紀まで遡るカメハメハ王家の最後の王となった。子供の頃からカメハメハ5世はバーニス・パウアヒ王女に恋焦がれていたが、彼女は彼のプロポーズを断り、アメリカ人のチャールズ・リード・ビショップのもとに向かった。失恋したカメハメハ5世は独身をつらぬいたが、パウアヒ王女への思いは変わらなかった。彼は死の床でさえもパウアヒ王女に自分の王位を譲ろうとしたが、彼女は辞退した。

独身のカメハメハ5世には王位継承者はいなかったため、1872年に王が死去するとカメハメハ王家は幕を閉じた。その後、王は議会で選出されることになった。

ルナリロ王
Lunalilo

ルナリロ王の在位は短く、1873～74年だった。ルナリロ王の内閣はほぼアメリカ人で組閣され、アメリカとの相互条約締結への道を敷くために使われた。

アメリカはハワイの砂糖の最大の市場であったが、アメリカの砂糖関税が利益の大半を奪っていた。関税を減らすために、プランテーション所有者のほとんどはこの条約の併合に賛成であった。

アメリカ政府は併合案を冷ややかにとらえていたが、海軍基地建設の可能性をオアフに見出し、態度を変えた。1872年にジョン・スコフィールド将軍が真珠湾の戦略上の価値を視察するためハワイに送られた。彼は太平洋最大の軍の停泊地となりうる魅力を認識し、ワシントンに熱の込もった報告をした。

ハワイ先住民は反対運動を起こし、王立部隊は小規模な暴動も起こしたが、やがてハワイの砂糖を無関税とする代わりに真珠湾をア

メリカに譲渡する相互条約が締結された。

カラカウア王
King Kalakaua

1874～91の間在位したデビッド・カラカウア王はハワイ最後の王となった。「陽気な王様」'Merrie Monarch'として知られるカラカウア王だが、彼の時代は混乱の時代であった。

国王選出日に彼は最初の困難を迎えた。選挙結果が公表されると、王位を争った未亡人のエマ王妃の支持者が暴動を起こし、カラカウア王は暴動を鎮圧するため、当時たまたまホノルル港に停泊していたアメリカとイギリスの軍艦に協力を求めた。

就任時は混乱したものの、その後カラカウア王は偉大なハワイ復興者としてハワイを治めていった。王は「みだらな踊り」として宣教師団によって長年禁じられていたフラを復活させ、自ら国家「ハワイ・ポノイ」の作詞もした。そしてこの歌は現在ハワイ州歌となっている。さらに自分たちの国ハワイで少数民族となったハワイ先住民に自治権を保証しようとした。

カラカウア王が初の海外旅行へ出かけたとき、大勢のハワイの人々が涙で見送った。これより以前に島を離れた王カメハメハ2世は、棺に入って戻ってきたからだ。

アメリカ滞在中、カラカウア王はユリシーズ・S・グラント大統領と会見し、アメリカ合衆国国会が拒否していたルナリロ王の相互条約を承認するように説得した。さらにカラカウア王は真珠湾の譲渡を8年間延期させた。カラカウア王は、産業界にとっては相互条約を進展させた英雄、ハワイの人々にとっては生きて戻ってきた英雄として歓迎され帰国したのだった。

カラカウア王は世界周遊に出かけ、インド、エジプト、ヨーロッパ、南西アジアを訪問した。彼は独立ポリネシアン王国としてのハワイはもう長くは続かないと悟っていた。ハワイでの支配力を強めていた西洋の勢力に対抗するため、彼はポリネシアン太平洋王国の創立という無謀な計画を立てた。日本の天皇を訪問した際は、自分の姪のカイウラニ王女と日本の皇太子との結婚の提案さえしたが断られた。

他国の王室を訪問し、各国の華麗な王族にカラカウア王は心ひかれた。帰国後彼は36万ドルを費やしイオラニ宮殿Iolani Palaceを建設し、産業界からは無駄遣いだと非難された。白人の実力者もカラカウア王を、パーティーやルアウ好きの浪費家とみる者が多かった。

カラカウア王が財政難に陥ると、ハワイ経済を支えていたサトウキビ実業家の間での人気が衰えていった。サトウキビ実業家は1887年にハワイ同盟を結成し、カラカウア王制転覆を狙う独自の軍を組織した。ハワイ同盟は王に要求リストを提出し、王の権限を制限する新しい憲法を受け入れるよう求めた。新しい土地法では土地所有者にだけ選挙権を与え、大多数のハワイ人は除外されていた。

1889年7月30日、この新憲法に対して約150人のハワイ人のグループが反旗を翻し、イオラニ宮殿を占拠した。これは反乱を率いたリーダーにちなんでウィルコックスの乱と呼ばれたが、無謀な企てに終わり、反乱は軍に鎮圧された。

カラカウア王は1891年にサンフランシスコで死去した。

リリウオカラニ女王
Queen Liliuokalani

カラカウア王の王位は、彼の妹でオアフの知事ジョン・O・ドミニスの妻、リリウオカラニが継いだ。

リリウオカラニ女王は、1891～93年の間在位し、カラカウア王以上に積極的に君主の権力を強めようとした。女王は1887年の憲法はカラカウア王が違法に強制したものだと非難し、ハワイの最高裁判所は女王の主張を支持した。

1893年1月、女王が王権を復活させる新憲法公布の準備を進めていたとき、武装したハオレhaole（白人）のビジネスマンたちが最高裁判所を占拠し、君主制転覆を宣言した。彼らは初期宣教師団の息子サンフォード・ドールSanford Doleに率いられ、暫定政府を樹立した。アメリカ艦隊がアメリカ市民の土地を守るためにハワイに来航したが、打って変わってこの部隊は宮殿に侵入し、女王に鉄砲を向けた。アメリカ軍に対抗するのは無意味であると悟った女王は流血を避け、軍に屈した。

暫定政府は直ちにアメリカに併合を訴え、一方、女王はアメリカに王政復古を訴えた。ドールの思惑に反し、当時の時勢は女王の方に有利に動いていた。民主党出身の大統領グローバー・クリーブランドが共和党政権に変わって政権に就いたところで、クリーブランド大統領は女王を支援した。

大統領はジェームス・ブロウントを使節として派遣し、事態の調査をさせ、アメリカのとるべき方向を探った。

一方、反乱当時ロンドンにいたリリウオカラニ女王の姪で王位相続人のカイウラニ王女がクリーブランド大統領に助けを求め、この18歳の美しい王女の訴えが大統領の心を動かした。マスコミにも好印象を与え、反乱に加わった者たちは強欲な無教養人とみなされた。

クリーブランド大統領は、アメリカの旗を降ろすように命令し、女王は王権を回復した。しかし、権力を握っていた暫定政府は聞く耳を持たず、クリーブランド大統領が「ハワイ」に干渉してきたとした。

ドールを大統領として1894年7月4日に新政府は共和国を設立した。クリーブランド大統領は当初この動きに反対したが、白人アメリカ人の政府を追放してハワイ先住民の政府と置き換えるのは、今後の大統領自身の政治的立場を悪くする恐れがあることも理解していた。その結果、その後の彼の行動は美辞麗句を並び立てるだけに留まったのだ。

外からの支援をあきらめたハワイ王室擁護者たちが、1895年初めに反乱を企てたが、2週間であっけなく鎮圧された。リリウオカラニ女王は反乱の共謀者であるとして逮捕された。

屈辱的なことに、女王は自分のイオラニ宮殿で裁かれ、王位を剥奪され、ただのジョン・O・ドミニス夫人となった。女王は＄5000の罰金と5年の重労働が課せられたが、後に宮殿内での9カ月の軟禁に減刑された。

リリウオカラニ女王は余生を、宮殿から1ブロック離れた夫の邸宅ワシントン・プレースで過ごした。1917年11月にリリウオカラニ女王が死去すると、ホノルル市民全員が葬儀の列に参加した。ハワイの人々にとってリリウオカラニ女王はいつまでも彼らの女王であったのだ。

ハワイ併合

1898年のスペイン・アメリカ戦争を経て、アメリカは領土拡張主義を取り始めた。

アメリカと新領土のフィリピン諸島の中間にあるハワイは、真珠湾とともにアメリカの戦略上、重要な意味を持つようになった。1898年7月7日アメリカ合衆国国会でハワイ併合が可決され、ハワイは20世紀をアメリカの領土として迎えた。

西洋人がハワイに入ってわずか1世紀で、ハワイ先住民の人口は免疫のない病気のために急減した。1778年のキャプテン・クックの船員が持ち込んだ性病がその始まりであった。次に捕鯨船員がコレラと天然痘を、ハワイの労働力として移住してきた中国人がハンセン病をハワイに持ち込んだ。19世紀の終わりには、ハワイ先住民の人口は約30万人から5万人以下に減少していた。

初期宣教師団の子孫はまず土地を奪い、次に政府を支配した。外国勢力と1度も戦いを交えることなしに、ハワイ人は自分たちの島を失ってしまったのだ。すべてにおいてハワイ先住民にとって、ハワイの併合は歓迎すべきことではなかった。

中国人と日本人も不安材料であった。当初、アメリカ合衆国国会がハワイ併合に消極的であった理由の1つは、ハワイが人種のるつぼであったからだ。すでにアメリカへの中国人移民は制限され、続いて日本人移民が制限されることになった。

労働力不足を補うために、サトウキビプランテーション所有者は急遽7万人の日本人移民をハワイに連れてきた。移民の波がおさまる頃には、ハワイの日本人人口比は40％にまで増加していた。

1870年代にアメリカと相互条約を結んで以来、砂糖生産は10倍に伸びた。土地を支配する者が政府を支配し、アメリカとの密接なつながりを変えなかった。1900年にアメリカ合衆国大統領マッキンリーがサンフォード・ドールを初代ハワイ共和国大統領に任命した。

第1次世界大戦

併合後すぐに、アメリカ海軍は真珠湾に太平洋作戦本部を設立し、アメリカ最大の軍事基地スコフィールド・バラックスSchofield Barracksを建設した。軍はすぐにオアフの経済を支える中心となった。

第1次大戦時ハワイは、さほど戦争の影響を受けなかった。ドイツ人初の戦争捕虜がハワイでアメリカによって「捕らえられた」ことぐらいであった。不幸にも彼らは戦争勃発時ホノルル湾でドイツ砲艦グリアーGrierをドッグに入れていたのだ。

第1次大戦は別の次元でハワイの人々に影響した。ハワイに住み着いたドイツ人船長ハインリヒ・ハックフェルドが、BFエフラーズ＆カンパニーを創立し、ハワイでもっとも成功した商社となった。さらに彼は砂糖業を基盤にラハイナのパイオニア・ミルなどを獲得し、次々に不動産を手に入れていった。しかし彼はこれらすべてを第1次大戦中に失った。

反ドイツの風潮のため、ハックフェルドは所有財産を清算し、アメリカン・ファクターズ社（アムファックAmfac）が彼の土地を取得。名称をリバティー・ハウスに変更した。

パイナップル・飛行機

20世紀の初め、パイナップルはハワイで第2の主要輸出作物となった。サンフォード・ドールのいとこ、ジェームス・ドールはラナイ島を1922年に獲得し、世界最大のパイナップルプランテーションを作りあげた。輸出価値においてはまだ砂糖がハワイでもっとも利益が上がる作物であったが、より大きな労働力を要するパイナップルがやがて雇用に関して

は砂糖を上回った。
　1936年、パン・アメリカン航空が乗客を乗せた第1便をアメリカ本土からハワイに飛ばした。これは航空機産業の画期的な出来事で、太平洋を横断する空の時代の先駆けとなった。これでハワイはアメリカのウエスト・コーストから数時間の距離となったのだ。

第2次世界大戦
1941年12月7日、日本軍戦闘機が真珠湾を奇襲し、アメリカを第2次世界大戦に突入させた。21隻の米軍の軍船が沈没または347機の軍機とともに被害を受け、2500名が命を落とした。

　この奇襲直後、ハワイには戒厳令がしかれ、オアフは米軍基地が置かれた。ハワイではすでに軍事化が進んでいたが、軍事基地の拡張、訓練や武器のテストのために広大な土地が軍のもとに渡った。こういった土地は返還されていないものがほとんどだ。戦争中、オアフには米国太平洋作戦本部の司令部が置かれた。

　真珠湾奇襲後、ハワイの2世（日本人の子孫）に対する風当たりが強くなった。大半はアメリカ本土のように拘留はされなかったが、ハワイの日本人は取調べを受け、宗教的リーダーと日本人のリーダーはアメリカ本土の捕虜収容所に送られた。

　日本語学校は閉鎖され、日本語教師の多くが逮捕された。レストランや公共の場所には日本人子孫の前で不注意に口を開かないようにハワイ住民に警告するポスターが貼られた。2世はハワイ州兵の職から降ろされ、軍に参加するのを禁じられた。

　やがて日系アメリカ人に特別部隊への志願が許された。しかし、アメリカ本土に留まらされ、戦争の間ほとんど活動しなかった。

　戦争が最終局面を迎えたとき、2世に戦闘部隊を結成する機会が与えられた。志願兵が募られると1万人以上の2世が志願し、日系アメリカ人部隊が2部隊結成された。そのうちの1つである第442戦闘部隊は、ヨーロッパ前線に投入され、アメリカ史上もっとも勲章を与えられた部隊となった。

　退役軍人はハワイに戻ると戦争当時に受けた偏見を乗り越え、ほかのアメリカ人と同じ権利を行使していった。彼らの多くは「退役軍人の教育援助法GI Bill（退役軍人の大学進学費用を政府が融資するプログラム）」を使い、大学に進学した。今日、彼らはハワイでもっとも影響力のある弁護士、裁判官、市民リーダーになっている。第442戦闘部隊の退役軍人の中には、戦争で片腕をなくしたハワイのアメリカ合衆国上院議員ダニエル・イノウエ氏がいる。

ハワイの労働組合運動
アメリカ本土を拠点とする過激な国際港湾倉庫労働者組合（ILWU）が1930年代にハワイの労働者たちを組織化し始めた。

　第2次大戦後、ILWUはビッグファイブに対する集中的な政治運動を開始した。ビッグファイブとはハワイ最大の企業で大地主でもあるCブリューワー、キャッスル＆クック、アレキサンダー＆ボールドウィン、テオ・デイビーズ、アムファックの5社で、全社とも砂糖業者から成長した企業だ。

　1949年のILWUの6カ月にわたる港湾でのストライキは、実質的にハワイの港をすべて停止させた。ILWUの組合は続いてプランテーションのストライキを組織し、ハワイの砂糖とパイナップルプランテーションの労働者の賃金を世界最高額とすることに成功した。

　この新しい組合運動はハワイが併合された後、政治の場を牛耳っていた共和党の大地主に対する反対勢力をつくった。

　1950年代、狂信的な反コミュニストの波であるマッカーサシズムがハワイにも打ち寄せ、その結果、ハワイのILWUのリーダー、ジャック・ホールはコミュニストであるとの判決を受けた。

戦後のハワイ
第2次大戦はアメリカの文化と政治の舞台の中央にハワイをこれまで以上に近づけた。

　ハワイ立州化は、長年ハワイの政治の懸案事項であった。ハワイ初の代議士プリンス・ジョナ・クヒオ・カラニアナオレ氏が最初の立州化の議案を1919年に提出してから30年が経過していた。議案は当時のワシントンには冷遇され、ハワイ内にも複雑な思いを抱く者がいた。しかし戦争終了時には、ハワイ住民の3分の2が立州化に賛成という世論調査の結果が出た。

　とは言うものの、立州化を決める政治家、特に人種差別的政策をとるアメリカ南部の州の政治家にとって、ハワイはあまりにも人種のるつぼだった。白人と保守派が優勢なアメリカ合衆国国会にとって、ハワイの複合民族コミュニティーは奇妙で、「アメリカ」として見なすにはあまりに異質だった。

　さらに国会はハワイの労働ストライキの成功やILWUの会員の増加を懸念していた。これらもろもろの要因で1950年代になるまで立州化は本格的に議論されなかった。

立州化
1959年3月アメリカ合衆国国会はついにハワイ立州化の法案を可決した。6月27日ハワイ

ハワイについて - 歴史

ハワイアン・ホームランド

1920年、ハワイ準州国家議員のジョナ・クヒオ・カラニアナオレ王子の支援のもと、アメリカ合衆国国会はハワイアン・ホームズ・コミッション・アクトという条例を可決した。この条例は約20万エーカー（約8万1000ヘクタール）の土地を、当時土地を持たない者が大半であったハワイ先住民の入植用に提供した。これは寛大な図ではあったが、この土地はハワイがアメリカに併合された1898年にハワイ王朝が取り上げられた土地のほんの一部に過ぎなかった。

この法では、ハワイ先住民の血が少なくとも50%流れている者なら、1年間$1で99年間この権利を続行できた。当初40エーカー（約16ヘクタール）の土地は農地用のリースであったが、最近になって4分の1エーカー（約1012m²）が住宅地用として割り当てられた。

ハワイの主な土地はすでに砂糖業者の手にあったので、この法からは除外された。入植用に指定された土地は荒れた地がほとんどであった。

実際、モロカイのカラニアナオレにつくられた最初の入植者村は失敗に終わった。井戸水に塩分が入り、新たに植えた作物が育たなくなってしまったのだ。それでも、ハワイ先住民の多くが入植に成功し、オアフ、ビッグアイランド、カウアイ、マウイ、モロカイに定住した。現在、約6500のハワイ先住民家族が約3万エーカー（約1万2140ヘクタール）の入植地で暮らしている。

ハワイアン・ホームランドの執行は濫用されることが多かった。土地の大半がハワイ先住民ではなく、企業に貸し出された。表向きはハワイアン・ホームランドのプログラムを実行し、収益を生み出すためというものだった。

さらに、連邦、州、郡の政府が自分たちの利益のために、ハワイアン・ホームランドの土地を補償をほとんどあるいはまったくせずに違法に使用した。ルアルアレイ海軍特別保護区だけでも、オアフのハワイアン・ホームランド全体の5分の1を占めている。オアフでは5000人以上のハワイ先住民がハワイアン・ホームランドの待機者名簿に名を載せたままである。それも30年以上待ち続けている者が多い。

で国民投票が行われ、ハワイ住民の90%以上が立州化に賛成した。反対票を投じたのはニイハウ島の投票区だけだった。

61年間準州として扱われたが1959年8月21日に、ハワイはアメリカ50番目の州となった。

ハワイの主権国家運動
Hawaiian Sovereignty

過去数十年来、ハワイの統治権を主張する動き（前世紀の違法行為を正す目的）が、ハワイの政治の強い勢力となってきていた。しかし、どのような形の主権国家にすべきかまとまった意見はまだ出てこなかった。

ハワイを統治する最大グループのカ・ラフイ・ハワイは、アメリカ内にハワイ人の主権国家を形成した。これはアメリカ本土に自分たちの政府と土地を持つアメリカ先住民の300のグループの主権国家と同様のものだった。カ・ラフイ・ハワイはハワイ人のホームランドすべてと併合の際に奪われた王室領地のハワイ先住民への返還を主張している。これらの土地には1893年の王朝転覆時にハワイ王室が支配していた約175万エーカー（約7082 km²）が含まれる。

そのほかのハワイ先住民も自決権を求めている。君主国の復活を望む者や賠償補償金を求める者がいるが、大多数はなんらかの形でのアメリカ合衆国の枠内での主権と自治の実現を望んでいる。

統治権に関する1つの要求が1993年に出された。この年アメリカ合衆国大統領ビル・クリントンが「アメリカが企てた1893年1月17日のハワイ王朝の転覆とハワイ先住民の自決権の奪取をハワイ先住民に謝罪する」法案に調印した。この謝罪法案は「王朝転覆に派生する問題を認知」し、「和解への適切な土台づくり」を約束した。

カ・ラフイは州の立法を導入し、新ハワイ国家建設の中心役となった。ほかにも2つの統治権に関する法案が導入された。この3つの法案を1つにまとめるため、州議会はハワイ統治権諮問委員会を組織し、どのような主権国家の形が良いのかハワイ先住民が決める体制を整えた。

しかし、委員会自体が争いのもととなってしまった。20人の委員全員が州知事によって選ばれ、そのうちの12人しかハワイ先住民の組織からは任命されなかった。この結果、カ・ラフイやネイション・オブ・ハワイなどのグループは、委員会に加わるのを拒否した。

1996年の夏、委員会はハワイ先住民のすべての子孫に向けて郵便による投票で、「ハワイ住民はハワイ先住民の政府のために議員を選ぶべきか」と無記名投票を行った。これは議員の選出や代表会議の開設を拠り所とする主権国家へのプロセスを、ハワイ先住民が支持するのか否かを決定する第1歩となる投票であった。

世界中のハワイ先住民に8万の無記名投票用紙が送られ、約3万の返答があった。73%

が賛成、27％が反対であったが、その内訳はもっと複雑に分かれていた。カ・ラフイのメンバーも含めたハワイ先住民は、このプロセスが投票の資金援助をした州政府寄りのものだとし、投票をボイコットした。賛否両論があった委員会自体も投票後解散し、州は議員選出や議会のために資金援助はしないと宣言した。その後、この資金を非営利団体ハ・ハワイ（元委員会のメンバーを含む）が2年かけて集めた。

1999年、ハ・ハワイは85名の代議士を選出する選挙を行い、統治への道を探るハワイ議会を組織した。しかし、この選挙もボイコットしたグループが多かった。彼らはハ・ハワイの投票は州に操作されており、そのプロセス自体に不備があるとした。結局、実投票率はわずか8.7％で、有効投票者数10万2000人のうちの9000人に満たず、統治権についての協議もされなかった。

その後この問題は法廷に争いの場に移した。2000年2月、ハワイ先住民問題事務局（ハワイ先住民の子孫を社会的および経済的に支援する機関）の理事選挙の選挙権をハワイ先住民の子孫に限定するハワイ州の法律を、米国最高裁判所は違法とした。この裁定では今後の統治権に関する選挙を無効にするなどの広範囲にわたる内容が盛り込まれた。

保守的な最高裁は、ハワイ先住民は人種上のグループであって、アメリカと政治的関係のある部族ではないとした。この理由から非ハワイ先住民の選挙権を認めないこの選挙は差別的なものだとした。

ハワイ先住民は、医療や住宅のサービスなど政府から受けていたさまざまな恩恵がカットされてしまうのではと恐れた。こういった情勢に対してアメリカ合衆国国会のハワイの代議士は、アメリカ本土のアメリカインディアンの大半に与えられている社会的身分と同様に、ハワイ先住民は主権を持つ人民であるとの認識を連邦政府に広めた。この法案はハワイ選出の上院議員ダニエル・アカカ氏によってアメリカ合衆国国会に紹介された。この法案が実施されると、連邦政府はハワイ先住民を認知し、ハワイ先住民に独立政府創立を推進させることになる。

アカカ氏の法案では、ハワイ先住民の国家は、ハワイ州によって承認される前にアメリカ政府によって承認されなければならないとしている。今後この動きは多少の修正がなされるだろうが、世論調査の結果は、ハワイ住民の大多数が国家内国家の形であるならばハワイ先住民の主権国家を支援するとなっている。面白いことに、この主権国家運動に対する支持は血統によって大きくは変わらない。

地理

ハワイ諸島は、北西のキューレ島Kure Atollから南東のビッグアイランドまで1列に1523マイル（2451km）延びている。ビッグアイランドのカ・ラエKa Laeがアメリカの最南端となる。

赤道はホノルルの南1470マイル（2366km）に位置し、主要な島はすべて北回帰線の南にある。ハワイは香港、ボンベイ、メキシコのユカタン半島と同緯度だ。

ハワイの主要8島は、大きい順にハワイ島（ビッグアイランド）、マウイ島、オアフ島、カウアイ島、モロカイ島、ラナイ島、ニイハウ島、カホオラウェ島となっている。全島合わせて6470平方マイル（約1万6757km²）で、この中には3平方マイル（約7.8km²）以内にある沿岸の96の小島が含まれる。

北西のハワイ諸島は、カウアイ沖の西に数千キロにわたって散らばっている。島は10のグループの中に33あり、土地の広さは全島合わせてもわずか5平方マイル（約13km²）以下だ。

ハワイ全体はフィジーより小さく、アメリカのコネチカットよりもやや大きい。

ハワイでもっとも高い山はビッグアイランドのマウナ・ケアMauna Keaで海抜1万3796フィート（約4205m）。ギネスブックGuinness Book of Recordsによると、このマウナ・ケアは海底から測定すると3万3476フィート（1万200m）となり、世界でもっとも高い山になる。マウナ・ロアMauna Loaもビッグアイランドにあり、ハワイで2番目に高い山で1万3677フィート（約4169m）だ。

地質

ハワイ諸島は地球のマントルが裂けてできた巨大な山の先端だ。このマントルは2500万年もの間溶岩を噴出し続けている。マントルのホットスポットは固定しているが、海底は太平洋プレートの一部だ。このプレートは1年に約3インチ（約7.6cm）北西に移動している（このプレートの東の端がカリフォルニアのサンアンドレアス断層San Andreas Fault）。

地球の殻のもろい部分が、ホットスポットの上を通過するとき、溶岩が噴き上がり、海中で山となる。やがてそのうちの幾つかが島として海上に出現する。

新しい火山はホットスポットの北側に順々にできあがっていく。ホットスポットから遠くなるにつれて、火山の勢いは弱まり、ホットスポットから一定の距離に達すると、火山は冷え活動を停止する。

いったん溶岩が止まると、風、雨、波による浸食で、山はゆっくりと削られていく。さらに海底が落ち着くと徐々に土地が沈んでいく。

こうして、北西にあるハワイの島々（ハワイ諸島で最古）は、かつては山地だったところが、今は低く平らな環礁になっており、やがては完全に沈んでしまう。

ハワイの一番南にあるビッグアイランドはいまだに島の誕生過程にある。世界でもっとも活動的な火山キラウエアはホットスポットの真上に位置する。最新の噴火は1983年に始まり、現在も続いている。キラウエアはこれまでに20億立方ヤード（約15億m³）以上の溶岩を噴出し、ハワイの有史以来、最大の火山の爆発となっている。

ビッグアイランドの南東30マイル（約48km）に満たない地点に、ロイヒLoihiと名付けられた海の山があり、すでに海底から1万5000フィート（約4572m）の高さまで盛り上がっている。積み重なっていく溶岩は、1万年以内には海上に現れると予測されている。しかし、火山の活動が急激に強まった場合、1世紀か2世紀のうちに海上に出現することになるだろう。1987年、ウッズ・ホール海洋研究所が小型潜水船アルビン号（前年にタイタニック号の残骸を発見した）で、ロイヒを調査した。調査によるとロイヒの山頂は海面下3117フィート（約950m）であることがわかった。

ハワイの火山はシールド火山で、爆発ではなく溶岩の層がゆっくりと積み重なってできあがったものだ。海上に現れた火山の斜面はなだらかで、表面も比較的なめらかになっている。激しく侵食されるのは長い期間自然にさらされてからである。このようにしてできたカウアイ（主要な島の中では最古）のナ・パリNa Paliの崖は、ハワイでもっとも深く刻まれている崖である。

ハワイの活火山はキラウエアとマウナ・ロアでともにビッグアイランドにある。ビッグアイランドのマウナ・ケア、フアラライ、マウイのハレアカラは休火山で、将来の噴火も起こりうる。そのほかのハワイ諸島にある火山は活動を停止したと考えられている。

気候

全般的にハワイの気候は快適だ。1年を通して北西の貿易風が島中を吹き渡り、さわやかで暖かい。

平均気温は冬と夏とでは約7°F（約4℃）しか違わない。沿岸近くは、日中の平均気温が最高で約83°F（約28℃）、最低で約60°F（約20℃）。

雨がもっとも多くなるのは12～3月。冬は夏の2倍の降水量となるだけでなく、数日間冬の嵐となることがある。夏の雨はにわか雨で済む場合が多い。しかし、だからといってハワイに行くのに冬が適していないというわけではない。天気というのはギャンブルみたいなものだというだけのことだ。

降水量は季節よりも場所によって大きく異なる。たとえば、ビッグアイランドのカイルア・コナでは、1年の数日を除いては海岸で日光浴ができる。その一方で、内陸部からほんの数キロ離れた丘陵地では、午後にはどしゃ降りとなっていることがよくある。

ハワイの標高が高い火山は、北東から吹いてくる貿易風の流れを止め、湿気をたっぷり含んだ雲をせき止める。これがハワイのウインドワード（風上）側に大量の雨をもたらしている。ヒロは年間降水量が130インチ（約3300mm）とアメリカでもっとも降水量が多い街で、ビッグアイランドのウインドワード側に位置している。

反対に、南西からの風や雨が火山で止められてしまうので、リーワード（風下）側は乾

噴火による創造

古代ハワイの人々は、的確に地質学的事実を捉えており、島が誕生した順番もわかっていた。以下は古代ハワイ人のハワイ創造の話だ。

火山と炎の女神であるペレは大地と空が結婚して生まれた。ペレは創造者でありまた破壊者（ヒンズー教のシバ神のような）であった。爆発した火山の溶岩は山となり、その溶岩が流れ出たところはすべて破壊し尽くされてしまった。

ペレは海の女神である嫉妬深い姉のナ・マカ・オ・カハイに家から追い出され、南東に逃れたあとニイハウのクレーターに家を建てた。その後カウアイ、そのほかの島に順番に家を建てていった。ペレは毎回前回よりも深く燃えさかる大地を掘っていき、そのつど姉の海に追いかけられた。

マウイのハレアカラの家を追い立てられた後、ペレはビッグアイランドに渡った。そこで彼女はこれまででもっとも高い山に家を建てた。火山の奥まったところに建てたこの家は、ナ・マカ・オ・カハイからはるかに離れていた。

しかし、それでも海の女神はやって来て、しつこくペレの家をすりへらしていき、海の女神の波は溶岩をくずして、とうとう粉々の砂にしてしまった。

やがてペレは再び移らなければならなくなり、今度は地球上でもっとも活発な火山キラウエアに家をつくった。

燥して天気も良く、海も穏やかになる。リーワード地区は年間10〜25（約250〜630mm）の降水量しかない。

コナ（リーワード側）では、北東の貿易風が方向を変えて南から吹くことがある。海の波のパターンも変わり、シュノーケリングスポットが一転してサーフィンスポットになることがあるが、逆も同様にある。コナの嵐は主に冬に発生し、予測が難しい。

ビッグアイランドのマウナ・ケアMauna Keaとマウナ・ロアMauna Loaの山頂は毎年冬になると雪に覆われる。かつてはマウイのハレアカラHaleakalaにも短期間雪が積もったこともある。ハワイでもっとも寒いマウナ・ケアでこれまでに記録された最低気温は11°F（約−12℃）、最高気温は66°F（約19℃）だ。

エコロジー

ハワイ固有の生態系は外来の動植物によって多大な悪影響を被り続けてきた。放し飼いの牛や山羊による浸食とサトウキビやパイナップルなどの単一作物の栽培によって、ハワイ固有の土地が破壊され、その結果、元々あった表土が海に流失し、沿岸の岩礁を死に至らしめた。観光産業関連の開発も悪影響を与え続けている。中でも壊れやすい沿岸の土地に建設されることが多い大型リゾートホテルとゴルフコースの急増によってもたらされる影響は少なくない。

良い面としては、ハワイには大気汚染を起こす産業がないことが挙げられる。道路脇の看板は禁止されているし、環境に対する意識はアメリカ本国よりはるかに進んでいる。

ハワイには熱帯雨林保護を唱える国際的組織の支部から乱開発からハワイの海岸を守る住民グループまで、150以上の環境保護団体がある。

ハワイ全土を拠点としている団体としてシエラ・クラブSierra Clubのハワイ支部があり、主要な島すべてで、グループが活動している。活動内容は、現地の環境問題に関する政治行動に始まって、ハワイ固有の森林から外来の植物を根絶させる目的で行う週末のピクニックまでと様々だ。

非営利組織アースジャスティス・リーガル・ディフェンス・ファンドEarthjustice Legal Defense Fund（元シエラ・クラブ・リーガル・ディフェンス・ファンドSierra Club Legal Defense Fund）は、ハワイの壊れやすい環境を侵す行為に対して法的手段に打って出る先鋒の組織だ。この組織はグリーンピース・ハワイと協力して、絶滅危惧種のザトウクジラがいる海域でのジェットスキーをハワイ州に禁止させた。環境保護の幾つかの団体

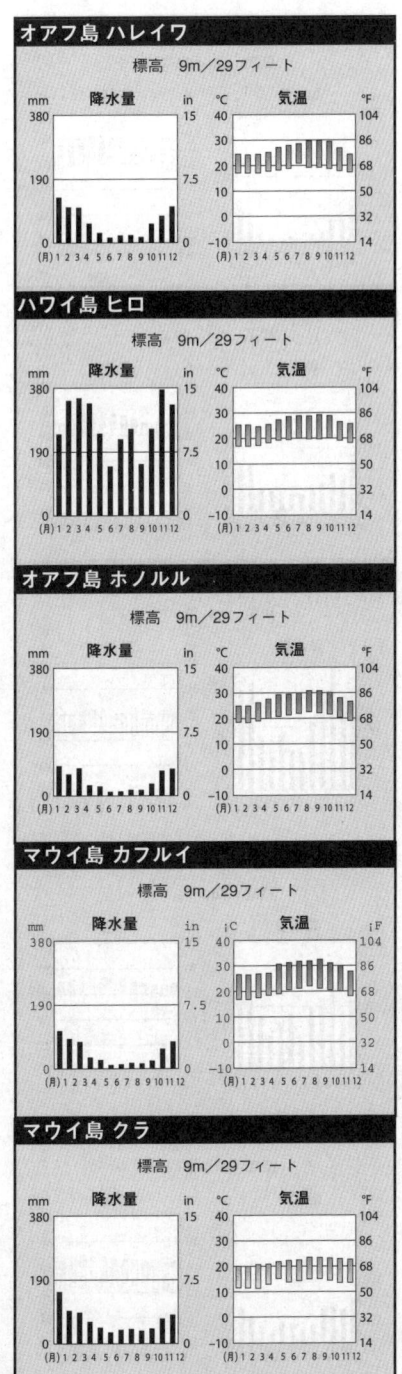

ハワイについて - エコロジー

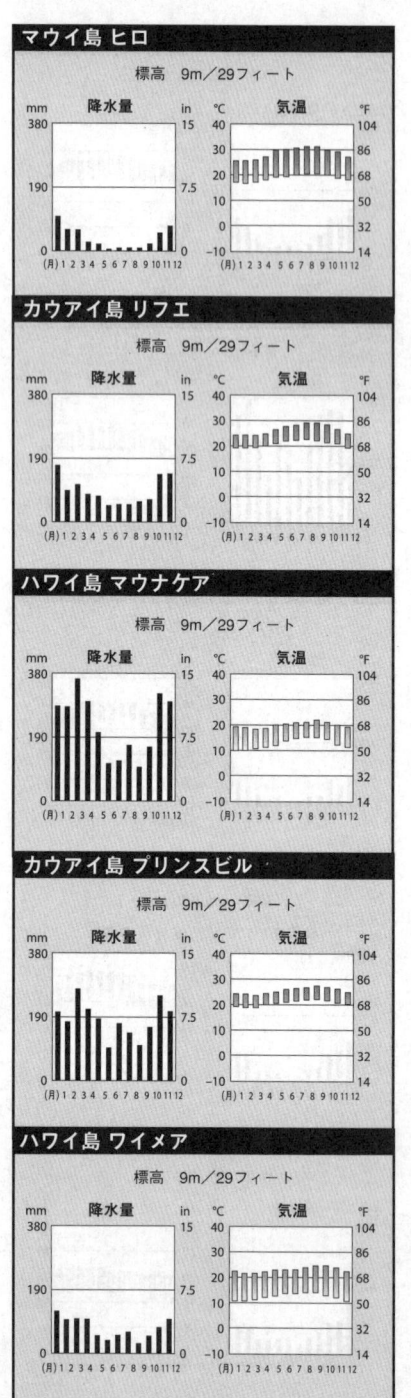

を代表してアースジャスティス・リーガル・ディフェンス・ファンドは、ハワイに最後に残された低地の熱帯雨林を乱開発する恐れのある、ビッグアイランドの地熱力発電の計画を中止させる訴訟を起こした。

ほかにも、ナショナル・ライフル協会とハワイ州を相手どって、狩猟用に島に持ち込まれたムフロン羊をビッグアイランドのマウナ・ケアから駆除するように要請した。なぜならムフロン羊は、ハワイ原産のミツドリ（鳥の一種）であるパリラ*palila*を減少させた主な要因であるからだ。これは画期的な出来事であった。生息地の破壊が、絶滅危惧種の「テイキング」（殺すこと、危害を加えること）にあたるとして、米国絶滅危惧種条例のもとで初めて定義されたケースであったためだ。

さらにアースジャスティス・リーガル・ディフェンス・ファンドは、海洋保護センターCenter for Marine Conservationとウミガメ保護プロジェクトとともに、延縄漁で絶滅危惧種の海がめを殺すのを止めるよう訴えて成功した。そもそも延縄漁船がハワイ海域で漁をするようになったのは1990年代に入ってからで、これは大西洋の魚を捕り尽くしてしまったからだ。延縄漁はメカジキやマグロが対象であったが、網を30マイル（約48km）まで広げ、餌にかかるものは何でも捕獲する何千もの餌針がついていたため、捕獲されたものには海洋哺乳類や何百もの海がめが含まれていた。延縄漁が禁止された2001年時点で東大西洋の成長したレザーバックタートル（ウミガメの一種）の頭数は1980年の25万頭からわずか3000頭に激減していたとアースジャスティス・リーガル・ディフェンス・ファンドは推定している。

ネイチャー・コンサーバンシー・オブ・ハワイNature Conservancy of Hawaiiは独自のアプローチをとっている。広範囲の土地を買い上げたり、ハワイの大地主たちと長期にわたる責務を協議したりして、ハワイの珍しい生態系を守っている。こういったプロジェクトの1つとして、マウイのキパフラ・バレーKipahula Valleyの獲得が挙げられる。州と協力して1万1000エーカー（44.52 km²）の土地を連邦政府に引き渡し、ハレアカラ国立公園の一部にした。

ネイチャー・コンサーバンシー・オブ・ハワイはモロカイでは、カマコウ保護区Kamakou Preserveの熱帯雨林、島の北東の雨が多いペレクヌ渓谷Pelekunu Valley、乾燥した北西海岸のモオモミ砂丘Moomomi dunesを管理している。またオアフのハナウマ・ベイHanauma Bayのクレーター、ルナイの乾燥地帯の森林、絶滅したと考えられていた絶滅危惧種アオ*ao*

（ネベルズミズナギドリNewell's shearwater）のカウアイ内の生息場所も管理している。加えてネイチャー・コンサーバンシー・オブ・ハワイは、場所は明かされていないが、マウイのそこにしか生息しない溶岩チューブに隠れている虫の生態系も管理している。

動植物

ハワイ諸島は、一番近い大陸からも2500マイル（約4023km）の距離があり、世界からもっとも地理的に隔離された場所になっている。

ハワイの海岸に辿り着いたものすべては風や波に乗って大洋を越えて運ばれてきたのだ。たとえば鳥の羽にくっついた種子、流れてきたハラhala（パンダナス）、流木の中の虫の卵などである。火山から誕生した島に最初に辿り着いた生物体は、おそらく空中を何千キロも漂ったシダとコケの胞子であろう。

人間が島に入る前は、ハワイには10万年ごとに1回しか新種の生物が現れなかったと推定されている。ハワイに新たに住み着いた生物は、砂漠から熱帯雨林へ、または海抜0mの地から標高約1万4000フィート（約4267m）の地へとそれぞれの生息地を見つけていった。新しい環境の中にそれぞれの種が適所を見出し、それに合わせて進化していったのだ。

ハワイ固有の動植物の90％以上が、地球上のほかの地では見られないもので、現在でも祖先種と似ているものがいる。たとえば、ネネnene（ハワイ原産のガン）は、同系のカナダガンに似ている。しかし、ネネの足は溶岩を歩きやすいように進化し、水かきのほとんどがなくなっている。一方、ハワイの鳥の大半は進化の度合いが強過ぎて、祖先種をほかの大陸に見つけるのは難しい。

ハワイの鳥は1種から進化したものが多かったのかもしれない。30種以上いるハワイ原産のミツドリがそのように進化したのではと考えられている。

西洋人が島に入ったときには、ハワイには70種の鳥がいた。そのうちの24種が現在では絶滅し、さらに36種が絶滅の危機に瀕している。

生存競争も少なく、捕食動物もほとんどいない環境で進化したハワイ原産の種は、攻撃的な外来の動植物とは張り合えなかった。原産の種は生息環境の破壊にも非常に影響されやすかった。

最初のポリネシアン人が島に入ったとき、彼らは身軽ではなかった。つまり、ポリネシア人は食べ物、薬用植物、鶏、犬、豚などいろいろなものを持ち込んだのだ。

外来種が持ち込まれる速度は西洋人の到来で加速した。キャプテン・クックは山羊、メロン、かぼちゃを島に残していった。次に訪れた西洋人は牛や馬を置いていった。

人間が入る前は、モンクアザラシとコウモリは別としてハワイには哺乳類がいなかった。島に持ち込まれた放し飼いの豚、牛、山羊は自由に草をはんだり餌を探したりしてハワイの傷つきやすい生態系を破壊し、多くの種の植物を絶滅させた。

その上外来の鳴き鳥や狩猟用の鳥が、ハワイ原産の鳥には免疫がない鳥の病気を蔓延させた。浸食、森林伐採、原産の植物と競い合い、原産の植物を締め出した何千もの外来植物、これらがすべて多大な悪影響と損失をもたらしたのだ。

現在、アメリカの絶滅危惧種の25％がハワイの植物と動物だ。約2400種のハワイ原産の植物の半数が絶滅の危機に瀕している。

植物

ハワイの風土は乾燥した砂漠から緑の多い熱帯雨林までと多種多様なため、非常にたくさんの植物が見られる。

もっともよく見られるハワイ原産の木はオヒア・レフアohia lehuaで、溶岩流の跡に最初に生育する植物だ。赤い玉のような花が特徴的で、不毛地帯では潅木として、肥沃な地帯では木として成長する。

ハワイ固有のコアkoaは高い場所でよく見られ、100フィート（約30m）の高さまで成長する。コアの若木はシダのような葉だが、成長すると平らで三日月型の葉になる。ククイkukuiの木は、初期ポリネシア人入植者によって持ち込まれ、ハワイの人たちがろうそくとして使った油っこい実が実る。従って、通称キャンドルナッツツリーとも呼ばれる。薄い銀色の葉をしているので見分けやすい。

海岸沿いには2種類の木が見られる。古代ハワイ人に重宝がられたハラhalaはパンダナスまたはタコノキとも呼ばれた。ハラのとげだらけの葉は屋根ぶきの材料や編み物に使われた。もう1つは椰子の木でニウniuと呼ばれ、サンゴの砂で生育し、1年で約75個のココナツが実る。

キアヴェKiaweは外来種で乾燥した沿岸地区に見られる。キアベはメスキートの1種で木炭用として使われている。しかし、この木にはビーチサンダルなどを簡単に突き抜けてしまうほどの鋭いとげがあるので、海岸を訪れる人にとっては厄介な木だ。

沿岸でよく見られるハワイ固有の植物には以下がある。ポフエフエpohuehue（ビーチモーニンググローリー）は満潮時の水際の砂地に咲くピンクの花。ビーチで見られるナウパカ

naupakaは、楕円形の葉とまるで半分に裂かれたような小さくて白い5枚の花びらの花が咲く潅木。原産のイリマilimaは小さく可憐な黄色い花が咲き、高い場所で生育する。しかし、海岸でもよく見られ、厳しい風に適応するために地を覆うように生育している。

ハワイには5000種以上のハイビスカスが生育している。花は鮮やかだが、たいてい1日咲いているだけだ。生け垣に使われることの多い種類は、赤（またはチャイニーズ）ハイビスカスで、これはハワイに持ち込まれた種だ。一方、原産のハイビスカスもたくさんある。ハウhauの木の花は、咲くときは黄色で時間の経過とともに濃いオレンジ色に変化する。コキオケオケオkokio keokeoはハワイ原産の白いハイビスカスの木で、適度な湿気がある森に生育し、60フィート（約18m）の高さまで成長する。コケオケオケオはハワイで唯一良い香りのするハイビスカスだ。生け垣に使われることの多いそのほかの種類には、ピンク・バタフライ・ハイビスカスがある。ピンク・バタフライ・ハイビスカスは原産の白いハイビスカスと外来のコーラル系ハイビスカスとの混血種と言われている。

言うまでもなくハワイでは、そのほかにもたくさんの熱帯の花が咲いているが、大半が外来種だ。濃い赤色のアンスリウム、鮮やかなオレンジ色のバーズオブパラダイス、カラフルなブーゲンビリア、レッドジンジャー、トーチジンジャー、シェルジンジャー、鮮やかなオレンジや赤の包葉を持つさまざまな種類のヘリコニアである。さらに、そのほかに数百種類のランがハワイには生育するが、その中で4種類以外は外来種だ。

動物
ハワイモンクアザラシ Hawaiian Monk Seal
名前が表している通り、首のあたりが修道士の外衣のようにみえ、群れずに孤独を好む。ハワイモンクアザラシはハワイにだけ生息している。ハワイの言葉ではイリオ・ホロ・カイilio holo kaiと呼ばれ、「海を走る犬」を意味する。

ハワイモンクアザラシは、1500年の間ほとんど姿を変えずに現在に至っている。しかし、前世紀では絶滅の危機に瀕した。幸いなことに、モンクアザラシを移動させて雄と雌の数を繁殖しやすい割合にするなど積極的に保護したおかげで、絶滅からは逃れられたようだ。現在のハワイモンクアザラシは1300匹と推定されている。

人間の干渉に敏感なハワイモンクアザラシは、北西のハワイ諸島で主に繁殖する。しかし近年では、主要なハワイの島の海岸でもモンクアザラシを見られるようになってきており、特にカウアイが多いが、他にもオアフ、マウイ、モロカイの北岸でも見られる。

ハワイモンクアザラシは年間150～175匹が生まれるが、サメやそのほかの捕食動物に襲われるので、完全に成長するまでに至らないのが大半だ。モンクアザラシは岩礁の魚、うなぎ、たこ、ロブスターなどを餌としている。

世界にはほかにも2種のモンクアザラシがいるが、カリビアンモンクアザラシは絶滅し、地中海モンクアザラシは数百匹しか生存していない。

クジラ
ハワイに生息するクジラには、マッコウクジラsperm whale、オキゴンドウfalse killer whale、ユメゴンドウpigmy killer whale、オオギハクジラbeaked whale、カズハゴンドウmelon-head whale、そしてもっとも多いゴンドウクジラpilot whaleがいる。ゴンドウクジラは小さく、群れをなしているが、ほかのクジラ同様沖の深い海を好む。

ハワイ海域を回遊してくるクジラにはナガスクジラfin whale、ミンククジラminke whale、セミクジラright whaleなど数種いる。しかし、ハワイに一番頻繁にやって来るのは人気者のザトウクジラhumpbackだ。

ザトウクジラは5番目に大きいクジラで、長くて白いヒレと頭にこぶがあり、体長は45フィート（約14m）に達し、体重は40～45トンだ。ザトウクジラは大量の水を飲み込み、オキアミや小魚をフィルターのようなヒゲで捕らえるが、1日に1トン近く食べる。

かつては大量に繁殖していたザトウクジラは乱獲され絶滅寸前まで追い込まれ、現在は絶滅危惧種になっている。20世紀初めには推定1万5000頭のザトウクジラが生き残っていた。1966年まで捕鯨は続けられていたが、この年国際捕鯨委員会がザトウクジラの捕獲を禁止した。

北太平洋に生息するザトウクジラは現在約4000頭と考えられている。そのうち推定3分の2がハワイで越冬し、残りはメキシコで越冬する。

ハワイモンクアザラシ

ハワイの公認データ

州の愛称	アロハの州
州の花	プア・アロアロ Pua Aloalo（ハイビスカス）
州の木	ククイ Kukui（キャンドルナットツリー）
州の鳥	ネネ（ハワイガン）
州の海洋哺乳類	ザトウクジラ
州の魚	フムフムヌクヌクアプアア Humhumnukunukuapuaa（四角い形をしたカワハギ）
州のモットー	Ua mau ke ea o ka aina i ka pono（大地の生命は正義によって永続する）
州の歌	カラカウア王が作詞したハワイ・ポノイン
州の旗	1816年にカメハメハ1世によって作成され、旗の左上部に英国旗のユニオンジャックがついている。赤、白、青の8本の縞模様がハワイの主要8島を表している。
州のマーク	州のマークには州のモットーと紋章の盾が組み合わされている。盾の脇にはカメハメハ王が、もう片方にはハワイの旗を持った自由の女神が描かれている。またタロ、バナナの葉、シダ、フェニックス、州となった年号1959が記されている。

ザトウクジラは夏をプランクトンが豊富なアラスカ沖で過ごし、冬に備えて脂肪を増やす。成長したクジラは、冬は何も食べない。11月になるとザトウクジラがハワイにやって来始める。ザトウクジラは暖かい熱帯の海で冬をロマンチックに過ごし、出産期を迎える。妊娠期間は10～12カ月。

母クジラは、出産すると子供と浅瀬で過ごす。これはサメに襲われないようにするためだ。誕生時のクジラの体長は約12フィート（約3.7m）で体重は300ポンド（約136kg）。約半年、母クジラと過ごし、最初の数週間は1日に100ポンド（約45.4kg）体重が増える。

ザトウクジラは、弧を描くように空中をダイブしたり、急に水面に踊り出たり、ヒレで海面を叩いたりなど、びっくりするようなアクロバットショーを見せる。息を吸うときに、ザトウクジラはほとんど全身が海上に出るほどジャンプし、物凄い勢いの水しぶきをあげて海中に戻る。

ザトウクジラが最高のパフォーマンスを見せるのは繁期だ。雌クジラの気をひくため雄クジラ同士が激しくぶつかり合うことが多く、勝ち残るまでに血を流すものさえいる。

ホエールウォッチャーにとって幸運なことに、ザトウクジラは600フィート（約183m）以下の深さの海域を好む。従って海岸から直接クジラを見ることできる場合が多い。ハワイ全島でザトウクジラは見られるが、もっとも頻繁に越冬する場所は、マウイ、ラナイ、モロカイ、カホオラウェの浅瀬である。

クジラは人間と騒音に対してとても敏感で、常に静かな沿岸スポットを探し、人の手が入った場所からは離れる。特にジェットスキーを嫌っているようだ。

ザトウクジラは、海洋哺乳類保護協会 Marine Mammal Protection Actと絶滅種協会 Endangered Species Actのもとに、米国連邦法で保護されている。ザトウクジラから100ヤード（約91.5m）以内（雌と子クジラは300ヤード（約274m））に近づくことは禁止されており、違反すると罰金として2万5000ドルが徴収される。これは水泳、カヤック、サーフィンを楽しむ人すべてに適用され、違反者がこの規則を知らなかったとしても厳格に実施される。

意外にも古代ハワイ人はクジラには興味がなかったようで、クジラを描いた古代アート画のペトログリフやクジラに関する伝説は残されていない。

イルカ クジラ同様イルカは海棲哺乳類でハワイに多く生息する。ハシナガイルカspinner、ハンドウイルカbottle-nose、スレンダービークslender-beaked、マダライルカspotted、スジイルカstriped、シワハイルカrough-toothedなど、さまざまな種類のイルカがハワイ海域では見られる。

イルカは夜行性動物で日中は穏やかな湾に休息に来ることが多い。イルカのところまで泳いで行きたくなるかもしれないが、イルカに近づくのはイルカの休息の邪魔になるのは明らかだ。さらに、海洋哺乳類保護協会の条例に基づき高い罰金を徴収される場合もある。これは現在ハワイで物議を醸している問題で、イルカは人間と一緒にサーフィンを楽しむと主張する者と、海洋哺乳類への干渉を裁く法律を実施したい連邦役員側とで意見が分かれている。

ついでながら、ハワイのメニューの中にあるマヒマヒmahimahiまたは「イルカdolphin」は、海洋哺乳類ではなく魚だ。

国立公園

ハワイには、ビッグアイランドのハワイ火山国立公園Hawaii Volcanoes National Parkとマウイのハレアカラ国立公園Haleakala National Parkの2つの国立公園がある。この2つの公園はアメリカの国立公園の中でも最も珍しい特徴があり、火山のクレーターを中心にして広がっている。両公園とも驚異的な景色を誇り、海抜0mから1万フィート（約3000m）以上の高さ、不毛の溶岩地帯から緑の濃い熱帯雨林、などのさまざまな地形が展開している。さらに独特の動植物も見られる。絶滅危惧種

の鳥ネネneneが生息し、ハワイ原産の植物も見られる。両公園では抜群なハイキング、クレーター横断、キャンプなどが楽しめる。両公園についての詳細は、「ハワイ島（ビッグアイランド）」と「マウイ島」の章を参照。

マウイのラ・ペルーズ湾La Perouse Bayの近くに新国立公園の創設が検討されている。

政治

ハワイには連邦、州、郡の3つの政府がある。州都はホノルルにある。

ハワイは州知事が行政権を行使する典型的な州の政府で、州知事は選挙で選ばれ任期は4年。現在の知事リンダ・リングル氏は、民主党のメイジー・ヒロノ氏との2002年の知事選を小差で勝ち、知事に選ばれた。共和党からの知事は、ハワイが約40年前州となって以来リングル氏で2人目。リングル氏はハワイ初の女性知事である。

州の立法機関は二院制議会で、上院は25人の議員で構成されている。議員は州の25の地区から選ばれ上院の任期は4年、下院は51人で任期は2年。

議会はハワイらしくリラックスしている。定例議会が1月第3水曜日に開かれ、期間は1年でたった60日間。知事によって最長30日間の特別議会が召集されることもあるが、通常は60日間だけだ。

ハワイは4つの郡政府に分けられるが、本国の州とは違い、市政はない。ホノルル市はホノルル郡に属し、ホノルル郡はオアフ全島を統治している。ハワイ郡がビッグアイランド、カウアイ郡がカウアイとニイハウを治め、マウイ郡がマウイ、モロカイ、ラナイを統轄している。

ハンセン病のコロニーがあるモロカイのカラウパパは、カラワオ「郡」と呼ばれているが、実際は郡政府ではなく、ハワイ州の厚生省の管轄下に置かれている。

各郡には郡長と郡議会がある。郡は本国では通常、市が行う警察、消防などを提供している。開発問題はたいてい郡レベルで決定され、郡長の選挙戦でもっとも議論される問題である。

経済

ハワイ最大の産業は観光事業で、州の収入の約3分の1を占めている。ハワイには年間約7百万人の観光客が訪れ、消費額は総計で約110億ドルになるが消費の度合いは人それぞれに違っている。

2番目はアメリカ軍で、ハワイに年間30億ドルを供給している。ハワイはアメリカ国内でもっとも軍事化された州だ。合計すると軍はハワイの土地の約25万エーカー（約1012km^2）を握っている。軍の土地占有率がもっとも高いのはオアフで、島の約25％を軍が保有していて、山の上の小型レーダー基地からアメリカ最大の海軍指令部センターのパールハーバーまで、オアフには軍事施設が100以上ある。

3番目は農業だ。砂糖とパイナップルは、かつてはハワイ経済の基盤となっていたが、最近では急速に縮小されている。1990年代初期まで「パイナップルの島」と呼ばれていたラナイではパイナップル生産が中止された。砂糖はカウアイやマウイでは現在でも生産されているものの、近年ビッグアイランドとオアフからは消えた。今日、両作物の売上高は1億2500万ドルだが、これは10年前の半分以下である。

一方、砂糖とパイナップル以外のさまざまな作物は増え、合わせて約3億2000万ドルの売上高となっている。この中には、ハワイの農家と農園が販売した約7500万ドルの草花が含まれている。さらに、マカデミアナッツは3800万ドルを売り上げている。そのほかの主要作物には、野菜、トロピカルフルーツ、コーヒー、種トウモロコシなどがある。

ハワイはかつての農業型経済から変わりつつある。ハワイの企業の「ビッグファイブ」、アムファク、キャッスル＆クック、Cブリューワー、テオ・デイビーズ、アレキサンダー＆ボールドウィンは、すべて砂糖業から成長した企業だ。ビッグファイブはプランテーションを保持しているが、これは将来ゴルフコースや分譲マンションの開発にあてるためで、少しずつこの目的のために売却されている。最大の買い手は日本人開発会社で、アメリカ国内で日本人が投資する3分の1以上がハワイへの投資となっている。

ハワイの失業率は、5％を中心に前後している。ホノルルでの生活費は本国の平均的都市に比べて20％高いが、賃金は10％低い。ハワイ経済の中でもっとも急成長しているサービス業に従事している者の暮らしは楽ではない。

ハワイ原住民の収入はハワイの中で一番低く、ハイスクール退学率、自殺率、死亡や主な病気の統計でももっとも悪い。さらに、ハワイ原住民はハワイのホームレス率でもかなり高い率を占めている。

住民

ハワイの人口は、121万1500人と推定されている。約87万6100人がオアフに住み、次いで14万8700人がビッグアイランド、11万7800人が

マウイ、5万8300人がカウアイ、7200人がモロカイ、3200人がラナイと続き、そして160人がニイハウに住んでいる。

ハワイには優勢を占める民族はいない。というのも誰もが少数民族に属しているからだ。人口の約42％が「混合民族」で、大多数がハワイ人の血を引いている。残りは白人が約21％を占め、続いて日本人（18％）、フィリピン人（12％）、中国人（4％）の順となっている。純血のハワイ人が約9000人いるが、この数は全人口の1％に満たない。

ハワイでは人種が見事に調和しており、通常結婚で人種が問題になることはない。ハワイの人たちが結婚する際、自分とは違う人種の人と一緒になる確率は50％を越え、ハワイで生まれた子供の大多数がハパhapa（混血）である。

教育

ハワイは公立の教育システムが完全に州によって運営されているアメリカで唯一の州だ。ほかの州では、州または町の教育委員会が予算の優先事項を決めるが、ハワイでは州知事が州全体の予算を設定し、地域のコミュニティーが口をはさむことはできない。

ほかの州と比べて、ハワイの公立教育は惨憺たるものだ。学校の教師（2002年に過去25年間で初めてのストライキを行った）は、給料をハワイの物価に照らし合わせてみると、アメリカではもっとも低賃金労働者にランク付けされる。ストライキの結果、教師の初任給は3万4000ドル（$2万9000ドルからアップした金額）となったが、これはハワイではかろうじて生活できる最低額なので、州では有資格の教師をつなぎとめておくのが困難になってきている。

公立の学校（特に貧民街）は荒廃しているところが多く、暴力やドラッグが問題となっている。公立学校の全学年の生徒のテスト結果は、アメリカのほかの49州の生徒と比べると、下から20％の中の学力になっている。

公立学校に代わり私立教育が盛んになってきているのは無理もない。ハワイでは私立学校に通う生徒の割合がアメリカ内でもっとも高くなっている。現在では約5人に1人の生徒が私立学校で教育を受けている。

もっとも大きい私立学校であるカメハメハ・スクールは、ハワイ先住民の子孫だけが入学でき、プリンセス・バーニス・パウアヒ・ビショップから王室寄付金を受けている。この学校では約5000人の学生が、ハワイアンとしての誇りを身に付けるエリート教育を受けている。

カメハメハ・スクールを経営する民間組織ビショップ・エステートは、ハワイ最大の裕福な地主だ。政治的に任命され、法外な給料を得ていると物議を醸している学校の役員会は、私腹を肥やすため生徒を利用しているとの非難を浴びることが多い。カメハメハ・スクールはハワイ原住民の2％を教育しているに過ぎない。10億ドルを優に越える額の寄付金を受けているので、本来ならば、はるかにもっと多くの生徒を教育できるはずと言える。

優秀で裕福な家庭の生徒を集める私立学校に、公立学校を荒廃させていく原因の一端があると非難する人がいる。公立学校には政治的影響力がほとんどない恵まれない家庭環境の生徒ばかりが集まってしまう、というのがその主な理由だ。

ハワイの学校は2学期制で、1学期は9月の第1週～12月下旬、2学期は1月初旬～6月第1週。

芸術

フラ

ハワイでもっとも独特な原住民の芸術と言ったら文句なくフラを挙げる。この優雅な踊りは、顔の表情と体の動きを組み合わせて物語を伝える。

古代では、歴史的な出来事、伝説、王alii（アリイ）の偉業などをフラダンスで表現した。顔の表情、手の動き、腰の揺らし方、踊りのステップはすべて物語を伝えるために使われた。リズミカルな歌や太鼓のビートに合わせて踊り、精霊の世界とつながる役目を務めた。目の動きが非常に重要で、物語が太陽についてのものだったら、目は上を見つめ、地獄についてのものだったら下を見つめた。フラ・オヘロhula oheloはとても官能的な踊りをするフラの流派で、踊りの動きが性交渉を想起させるものだった。

草のスカートはほんの100年前にミクロネシアから伝わってきたばかりでそれ以前はフラダンサーはタパ布をまとっていた。

宣教師団は、フラダンスをあまりにも卑猥だとして禁止した。カラカウア王がいなかったら、フラは永久に見られなくなってしまっていたかもしれない。「陽気な君主」カラカウア王が19世紀の後半にフラを復活させたのだ。

近年ではフラを学ぼうとする生徒が急激に増えている。学校の運動場や公園などの公共の施設でダンスクラスを開いているところも多く、観光客の見学も歓迎している。ハラウhalau（フラダンススクール）はレッスン料をとって運営しているところが多いが、ホテル、

ショッピングセンター、州政府から支援金をもらい、お返しとして毎週フラのパフォーマンスを実演しているところもある。

ハワイ全土でたくさんのフラのコンテストが開催される。大規模な大会として、毎年6月にオアフで開催されるプリンス・ロット・フラ・フェスティバルPrince Lot Hula Festival、イースターサンデーにヒロで1週間にわたって開催されるメリー・モナーク・フェスティバルMerrie Monarch Festival、フラ発祥の地モロカイで1月に開催されるカ・モロカイ・マカヒキ・フェスティバルKa Molokai Makahiki Festival、5月に開催されるモロカイ・カ・フラ・ピコ・フェスティバルMolokai Ka Hula Piko festivalsがある。

音楽

現代のハワイ音楽はギターが中心になっている。1830年代にスペインのカウボーイが初めてハワイにギターを紹介したが、ハワイの人たちはそれをハワイ独特のギターに作り変えた。1889年、ハワイ原住民のヨゼフ・ケククJoseph Kekukuがスチールギターを考案した。スチールギターはアメリカで生まれた2大楽器の1つで(もう1つはバンジョー)、スチールギターは通常スラックキー・チューニングで演奏され、歌の間中はずっとメロディーを奏でている。

スラックキー・ギターも19世紀にハワイで作られ、近年再び注目を集めている楽器だ。スラックキー・ギターは、従来のチューニングよりも弦をゆるめてチューニングをし、心地よい感情の込もったサウンドを生み出している。ハワイのスラックキー・ギターの名手には、シリル・パヒヌイCyril Pahinui、ケオラ・ビーマーKeola Beamer、レイモンド・ケーンRaymond Kane、デニス・カマカヒDennis Kamakahi、アッタ・アイザックス・ジュニアAtta Isaacs Jr、故ギャビー・パヒヌイthe late Gabby Pahinui、サニー・チリングワースSonny Chillingworthなどがいる。

ハワイ音楽と密接に結び付けられるウクレレは、実際にはポルトガルの楽器ブラギーニャから考え出された。ブラギーニャは、19世紀にポルトガル人がハワイに持ち込んだもので、ハワイの言葉で「ウクレレ」は「飛びはねる蚤」の意味である。

ウクレレとスチールギターはいずれも1930～50年代に広まり、楽天的でロマンチックなハワイの音楽になくてはならない楽器となった。「マイ・リトル・グラス・シャックMy Little Grass Shack」、「ラブリー・フラ・ハンズLovely Hula Hands」、「スイート・レイラニSweet Leilani」などは昔からよく知られた曲だ。30年以上続いたラジオ番組「ハワイ・コールズHawaii Calls」がこれらの曲をワイキキのモアナ・ホテルから世界に向けて流した。その後直ちにこれらの曲は、熱帯のパラダイスの椰子の木の下でゆらゆら踊る美しいフラダンサーのイメージを抱かせるハワイの曲として知られるようになった。トロイ・フェルナンデスTroy Fernandez、レッドウォード・カアパナLedward Kaapanaが今日のウクレレの名手だ。

ハワイ最新のサウンドは、ハワイアンとレゲエの要素を合わせたジャワイアンだ。ジャワイアンで有名なミュージシャンには、ブラダ・ワルタBruddah Waltah、ホアイカネHoaikane、カアウ・クレーター・ボーイズthe Kaau Crater Boys、クラナKulanaがいる。

以下にそのほかの現代ハワイアンポピュラー音楽の代表的ミュージシャンを挙げてみよう。ボーカリスト兼作曲家のヘンリー・カポノHenry Kapono、フォーク、ロック、ハワイの伝統音楽の要素をミックスしたサウンドを聞かせるハパHapa(ケリイ・カネアリイKelii Kanealiiとバリー・フラナガンBarry Flanaganのデュオ)、ギターとウクレレの名手で、ハワイアンサウンドとジャズやアジア音楽の要素を混ぜ合わせたダニエル・ホDaniel Ho、ハワイ伝承歌と詩を合わせて歌うことで知られるカリスマ的ボーカリスト兼フラダンサーのケアリイ・レイシェルKealii Reichelなどである。

視覚芸術(ビジュアルアート)

ハワイの豊かな文化遺産や自然美からインスピレーションを受けた芸術家は大勢いる。

著名なハワイの画家ハーブ・カワイヌイHerb Kawainuiは、古代ポリネシア先住民とカメハメハ大王の生涯を画題にした詳細画を描いている。彼の作品は主に博物館やリゾート地にあるアートギャラリーに展示されている。

そのほかの有名なハワイ原住の芸術家として、ロッキー・カイオウリオカヒヒコロエフ・ジェンセンRocky Kaiouliokahihikoloehu Jensenがいる。彼はハワイの神、古代の首長、ハワイ先住民を題材にして、木彫刻や絵を制作し、マカクmakaku(創造的で芸術的なマナmana<霊的パワー>を彷彿させる神聖なアートを創り出している。

ペッジ・ホッパーPegge Hopperは、くつろいだポーズをとる伝統的なハワイの女性を彼女独特のグラフィックデザイン法と明るい色使いで描いている。彼女の作品はポスターや絵はがきにしてコピー商品が作られている。

ハワイの優れた工芸として陶磁器、ハワイの木から作られたおわん類、ハワイの繊維で編まれたかごなどがある。女神ペレはビック

アイランドの芸術家にインスピレーションを与える対象となっている。芸術家の中には、彫刻の素材として溶解した溶岩を使用する者さえいる。

古代から今日に伝わる伝統工芸の1つに、ハラhala（パンダーヌス）の木のラウlau（葉）を使うラウハラlauhala織がある。葉のふちと中央下にかみそりのように鋭いとげがついているため、織る葉の下準備は大変面倒な作業となる。古代のハワイではラウハラはマットや床を覆うものとして織られたが、今日ではもっぱら帽子、プレースマット、かごなどの小物用に織られる。

ハワイのキルティングも独特だ。パッチワークキルティングは、宣教師団が持ち込んだが、ハワイの人々には余分な布切れはなかったので（近年になってハワイでは西洋の綿布を好んで使うようになった）、布を新たに細かく切って再び縫い合わせるのはばかげていた。その代わりにハワイの女性は大きな布切れを用い、白地に熱帯の植物を配した彼女たち独特のデザインを考え出した。

レイ（人を送迎するときに首にかける花輪）もまた芸術だが、これは一時的（花は長くとってはおけない）なアートだ。今日、観光客にかけられるレイは、インドソケイやチュベローズなどの香りの良い花で作られるが、モキハナmokihanaベリーやマイレmaileの葉で作られた伝統的なレイが昔のハワイでは一般的であった。両方のタイプが今でも作られている。

社会・風習

現代のハワイ文化は、アメリカのほかの州の文化と似ている点が多い。

ハワイの人たちはアメリカ本国の人たちと同じポピュラー音楽を聴き、同じテレビ番組を見る。そしてハワイにも同じようにディスコ、ダンスホール、ロックバンド、クラシック音楽のオーケストラ、ジャンクフード、フランス料理などがある。しかし、本国の影響に飲み込まれずに距離を置き、島の文化を保っているのがハワイのすばらしい点だ。

ハワイの伝統文化だけが、ハワイ社会を構成する要素ではなく、ハワイに移住してきたさまざまな人種の慣習も欠かせない要素となっている。ハワイは、単に西洋と東洋が出合う場所ではなく、2つの文化の優れた点が溶け合い1つになるところが魅力と言える。

1970年代にハワイ伝統文化復興運動が起こり、現在もその活動が続いている。ハワイ語のクラスは活況を呈し、ハワイの言葉を現代の話し方に復活させるのに力を注いでいる。フラダンスのクラスでは、ダンスショーで見られるような派手な腰の動きよりも、手の動きや顔の表情のニュアンスに焦点をあてている。現在は、伝統的な媒体やテーマに戻るハワイの芸術家や職人が増えている。

確かにこれまでツーリストセンターには、レイやルアウなどお決まりのハワイがはびこり、島の文化をパロディー化していた。しかし、観光客にとって幸運なことに、伝統的ハワイ文化への関心の高まりが観光産業に影響を及ぼすようになり、正統的なフラダンスを舞う学生や現代的なハワイのミュージシャンはますます見つけやすくなってきている。

ハワイの人たちは、とてもフレンドリーで親切、そしてのんきな人たちが圧倒的に多い。全般にこちらの接し方によりハワイの人たちも同じように接してくる。しかし、ハワイの人たちが偏見をまったく持っていないわけではなく、外来者に対してそっけない場合があり、特にアメリカ本国からのハオレスhaoles（白人）に対しては恨みを含んだ態度で接する場合がある。無視されたと感じるかもしれないが、オアフのワイアナエ・コーストのような遠隔地の住人になると、けんか腰になる場合もある。従って、行く先々で住人の雰囲気を感じ取るようにしなければならない。

宗教

古代ハワイ宗教には、クKu、ロノLono、カネKane、カナロアKanaloaの4大神がいた。

クは、過去・現在・未来のすべての人間の祖先の神で、男性の神を統率し、妻のヒナHinaは女性の神を支配した。朝、日が昇ると、それはクの神だと言われ、夜、日が沈むと、それはヒナの神だと言われた。陰と陽のように、クとヒナは天地創造の神であった。

慈しみ深い釣りの神、クウラKu-ula（豊かな海のク）、森の神、農耕の神などクを顕現する神がたくさんいた。ハワイの人々は収穫が不作のときはクの神に祈祷した。干ばつやそのほかの災害が起きると、クを鎮めるために寺を建てた。

クの顕現神の中でもっとも恐れられていたのは、クカイリモクKukailimoku（クの神で、土地を奪う）で、カメハメハ大王は戦いの神として崇拝していた。クカイリモク神を祭る寺を建立するときは、お供えものとして食べ物、豚、鶏だけでなく人間の生け贄も捧げられた。

ロノは、自然界をつかさどる神で、雨や豊かな収穫をもたらした。ロノは豊穣と平和の神でもあった。

カネ神は、大地の塵から人間を創り出し、生命を与えた（ハワイの言葉で人間はカネ

kane)。ハワイ族の頭はカネの子孫だと伝えられている。

ク、ロノ、カネが一緒になって地球、月、海を創造した。

4大神のもう1人カナロアは、ほかの神と仲たがいをすることがあった。天と地が別れていたとき、大地の精霊を統率していたのはカナロアだった。中毒性のカバ酒を禁止された精霊は反乱を起こし、カナロアとともに下界に落とされた。下界ではカナロアは死者の支配者となった。

4大神のもとには、40の神がいたがその中でもっともよく知られているのが火山の女神ペレPeleだ。ペレの妹ラカLakaはフラダンスの女神、もう1人の姉妹ポリアフPoliahuは雪の女神だった。

ハワイの人々は森羅万象に神を見た。タパを創る神、カヌーを創る神、サメの神、山の神などがいた。

ハワイの古代宗教には非常に抑圧的な側面があったので、カメハメハ大王の死後やキリスト教が伝来した後は、文化的に忘れ去られることもあった。ハワイの宗教はかつてのような形ではもはや存在していない。しかし現在でも、古代宗教の良い面を取り入れた儀式、たとえば収穫の神ロノを敬う伝統的な儀式マカヒキ*makahiki*などが復活して行われることが多い。

今日のハワイではさまざまな宗教が信仰されている。もっとも多く信仰されているのはキリスト教で、ハワイではカトリック教信仰が圧倒的に多い。面白いことに、キリスト教団（最初にハワイを改宗させた会衆派教会を含む）は、今ではモルモン教徒の約半数、そしてカトリック教徒の10分の1のみとなっている。

ハワイには約100の仏教寺院、数十の神社、約20のヒンズー寺院もある。さらに道教、天理教、ユダヤ教、イスラム教を礼拝する寺院もある。

基本情報
Facts for the Visitor

ハイライト

ハワイは各島それぞれに違った特色があって、たいへんおもしろい。

オアフ島には旅行者によく知られたワイキキ・ビーチWaikiki Beach、パール・ハーバーPearl Harbor、サーフィンで有名なノース・ショアNorth Shoreがある。ホノルルHonoluluのダウンタウンにはアメリカ合衆国唯一の宮殿があり、その隣にはチャイナタウンChinatownがあって多民族社会であるハワイを垣間見ることができる。そのほかに見逃せないのは、すばらしいカイルア・ビーチKailua、東南部の海岸をめぐるシーニックドライブ、ダイアモンド・ヘッドDiamond Headの頂上から見ることのできる眺めである。

マウイ島でのおすすめはハレアカラ山Haleakaraの頂上で日の出を見ること、ハナHanaへの海岸沿いの変化に富んだドライブ、歴史の町ラハイナLahainaの探訪だ。マウイ島には良いビーチが多く、ウインドサーフィンにも最高で、冬期にはホエールウォッチングも楽しめる。

ビッグアイランドと呼ばれる、一番大きなハワイ島ではハワイ火山国立公園Hawaii Volcanoes National Parkにぜひ行きたい。水蒸気の上がる噴火口や溶岩流の跡などに目を見はる。

ワイピオ渓谷Waipio Valleyの田園風景や、滝の流れ落ちるアカカ・フォールズAkaka Fallsの自然の美もすばらしい。ハワイ文明の痕跡が至るところに残っており、中でも避難所としてのほうがよく知られているプウホヌア・オ・ホナウナウPuuhonua o HonaunauのヘイアウHeiaus（古代の神殿）は昔の人々のいわば駆け込み寺であった。岩の彫刻が無数に残る平原も見逃せない。

カウアイ島は自然愛好家のお気に入りで、緑の濃い山の景観、特にナ・パリ・コーストNa Pali Coastとコケエ州立公園Kokee State Parkが知られている。どちらにもよく整備されたハイキングトレイルがある。カウアイ島では、「太平洋のグランドキャニオン」と呼ばれるワイメア渓谷Waimea Canyonが壮観だ。無数の川でカヤックを楽しむこともできる。

モロカイ島の一番の魅力は田舎のライフスタイルとゆっくりした生活のペースだ。ハワイでもっとも長いパポハク・ビーチPapohaku、歴史的なカラウパパKalaupapaのハンセン氏病コロニーまでラバに乗って下るツアー、昔の養魚地が並ぶ海岸線などの見所もある。

ラナイ島には贅沢なリゾートが2カ所あるが、人のあまり行かない探険にぴったりの場所もある。南の海岸にあるすばらしいフロポエ湾Hulopoe Bayではダイビングやシュノーケリングが楽しめる。

旅行計画

いつ行くか

ハワイは1年中いつ行ってもすばらしい所だ。

もっともにぎわう旅行シーズンは冬（12～3月）だが、これはわが家の寒さを逃れて訪れる人が多いからである。基本的にハワイの気候は1年中過ごしやすい。冬は雨が多少多く、夏（6～8月）は少々暑いが、極端ということがなく、1年を通して涼しい貿易風が暑さを和らげてくれる。

費用の点では、春から秋（4～11月）がいいかもしれない。料金が4月1日に下がって、12月半ばまで上がらないホテルがあるからだ。

もちろん、アクティビティによっては最適な季節が決まっている。たとえば、ボードサーフィンなら大きな波が来る冬、ウインドサーフィンならベストな風が吹く夏である。

地図

レンタカー会社が配る案内書には主要道路を示した簡単な地図がある。しかし、あちこち行ってみたいときはロンリープラネットの「ホノルル＆オアフ・シティーマップHonolulu & Oahu City Map」のような詳しい地図が便利だ。

ゴウシャGousha社とランド・マクナリーRand McNally社ではホノルルの詳しい地図の入ったオアフ島の市街図を発行している。アメリカ自動車協会（AAA）ではホノルルのよくできた道路地図およびハワイ全土の地図を発行しており、会員には無料で配布される。ネレスNells社の地図も良いが、なかなか売っていない。

おすすめはレディー・マップブックReady Mapbookシリーズだ。主要8島（ラナイ、モロカイの両島はマウイ島版に含まれている）の島別地図帳スタイルになっており、どの道ももれなく記載されている。この地図帳は＄10程度でハワイの書店で容易に入手できるが、大きさは厚い雑誌ぐらい。道路地図なので地形は入っていない。

ハワイの地形図は米国地理院（USGS）から発行されている。島全体の地図と地域別の詳細な部分図があり、ハワイ火山国立公園の地図もUSGSから出ている。地図は**米国地理院 US Geological Survey**（☎800-435-7627 303-202-4693 🖂earthexplorer.usgs.gov 🏠PO Box 25286, Denver Federal Center, Denver, CO 80225）に注文する。地図は1枚＄4～7、1回の注文ごとに送料が＄5必要。

USGS発行の地図はハワイの以下の場所でも購入できる。カウアイ島ではリフエLihueのカウアイ博物館Kauai Museumとコケエ州立公園博物館Kokee State Park Museum。オアフ島で**パシフィック・マップセンター Pacific Map Center**（☎545-3600 🏠560 N Nimitz, Honolulu）また、ビッグアイランドではハワイ火山国立公園。

ダイビングとシュノーケルをする人におすすめはフランコズ・マップ（＄6.95）。ラミネートで防水した各島の地図シリーズで、シュノーケルとダイビングのスポットがハワイで見られるカラフルな魚の写真とともに示されている。

何を持って行くか

ハワイは気候が快適で服装がカジュアルなので、荷物の準備は一般的に簡単だ。

標高の低い場所では1年中夏で、ショートパンツ、サンダル、Tシャツか綿のシャツというのが普通の昼間の服装になる。もし山に行く予定がなければ、暖かい服としては薄い上着かセーターで十分だ。

荷物は少なく。着いてからハワイのトロピカルなプリントのものを買えばアイランドスタイルを装うことができる。

ハワイではほとんどの場合、男性はアロハシャツと薄手のスラックス、女性は木綿のワンピースが「ドレスアップ」した状態だ。これ以上ドレッシーな服が必要となるのは、ひと握りの最高級レストランだけである。

しかし、ハワイには高地（ハワイでは「アップカントリー」と呼ぶ）や山の部分があり、たいていの人はそこまで足を延ばす。アップカントリーでは海岸より20°F（約10℃）低いことがあり、霧が発生し風が吹くとかなり寒くなる。アップカントリーで過ごす予定があるならば、もう1枚重ねる服を用意する。

ビッグアイランドやマウイ島の山の頂上では温度が零下に下がることがある。標高の高い場所でキャンプをする場合は、寒さに備える必要がある。テント、冬用寝袋、雨の用意、暖かい衣服は欠かせない。

ビーチでのキャンプはまったく別で、必要なのは非常に軽量の綿の寝袋ぐらいだ。公営のキャンプ場ではテントの使用が義務づけられているが、蚊がいるのでちょうどいい。

ハイキング用には靴裏の摩擦が十分あるものを用意する。スニーカーを使う人が多いが、溶岩原を歩くと足首が疲れる。ハイキングをたくさんするつもりの人にはウォーキングシューズの持参をすすめる。

双眼鏡を持って来ればホエールウォッチングやバードウォッチングのときに役立つ。懐中電灯は洞窟の探検に便利だ。シュノーケルの道具もあるといい。しかし、何を持って行くかでそれほど悩むことはない。忘れたものはほとんど何でもハワイで簡単に買える。

旅行者としての良識

ハイキングやキャンプをするとき、持ち込んだものはすべて持ち帰ること。これにはすべてのゴミも含まれる。ハワイの一部は周期的に干ばつになるので、水を無駄にしないことが重要だ。シャワーの時間を短くし、タオルの使用枚数を減らすこと。ハワイではアルミ缶のリサイクルが普通に行われていて、海浜公園を含め公共の場所にはアルミ缶専用回収箱が置いてある所が多い。

観光案内所

現地の観光案内所

ハワイ州政府観光局 Hawaii Visitors and Convention Bureau（☎923-1811、800-464-2924 🖂info@hvcb.org 🌐www.gohawaii.com 🏠2270 Kalakaua Ave, Suite 801, Waikiki, HI 96815）は、ハワイに関する一般的な観光情報を郵送してくれる。

オアフ島、マウイ島、カウアイ島、ビッグアイランド、モロカイ島の観光案内所ではそれぞれの島の情報を提供する。電話番号と住所は各島の章に掲載した。

政府観光局

日本にあるハワイ州政府観光局のオフィスは次のとおり。

ハワイ政府観光局日本支局
 ☎03-3201-0430 03-3201 0433
 🏠100-0005東京都千代田区丸の内3-1-1国際ビル2F

ビザ・渡航書類

ハワイへの渡航条件はアメリカのいずれの州へ入国する場合と同じである。

パスポート

カナダ市民権の適切な証明（写真付きの市民権カードやパスポート）があればよい。カナダ

人を除き、外国人はすべて、有効なパスポートを携行しなければならない。

パスポートの申請　パスポート申請の方法は、下記の書類を揃えて住民登録のある各都道府県の窓口へ提出する。申請から受領までには、通常1～2週間程度かかる。

1、一般旅券発給申請書1通 ― パスポート申請窓口で入手する。有効期限が10年のものと5年のものがあるが、満20歳未満は5年のものしか申請できない。

2、戸籍謄（抄）本1通 ― 申請日前6カ月以内に発行されたもの。

3、住民票1通 ― 本籍の記載があり、申請日前6カ月以内に発行されたもの。

4、写真1枚 ― 縦4.5×3.5cmの縁なしで、無背景（薄い色）。申請日前6カ月以内に撮影されたもの。無帽で正面を向いており、頭頂からあごまでが27±2mmであるなど申請書に記載されている規格を満たしていることが必要。

5、官製はがき1枚 ― 宛先として申請者の住所、氏名を記入。

6、申請者本人の身元を確認できる書類――有効な書類の原本に限る。運転免許証など写真付きのものは1点、健康保険証、年金手帳など写真がないものは2点。

7、旅券を以前取得した人はその旅券。

受領は、指定日以降、申請日から6カ月以内に次のものを持って、必ず申請者本人が受け取る。

　1　申請の時に渡された受領票（受領証）
　2　手数料　10年旅券1万5千円、5年旅券1万円
　　　（12歳未満5000円）
　3　申請の時に提出し、旅券事務所から送付されたはがき

旅行保険

アメリカの医療費は非常に高額であることに注意すること。医療費、荷物の盗難・紛失、旅行日程中に起こるキャンセルや遅延をカバーする旅行保険に加入するのは良い考えである。

保険内容はいろいろで、カバーされる内容は加入した保険により異なるので、保険会社や旅行代理店に詳細を説明してもらおう。スキューバダイビング、オートバイ、パラシュートなど「危険なアクティビティ」をカバーしない保険もあるので、詳細は重要だ。

医者や病院に直接支払いを行う保険もあるが、ハワイの医療機関では治療時点で支払いを要求されることが多い。あとで保険請求をしなければならない場合は、すべての書類を保存しておく。保険の中には問題発生時に直ちに審査ができるように日本のセンターに連絡（コレクトコール）することを求めているものもある。保険内容に救急車や緊急時の日本への空輸費用が含まれるかどうかも確認しておく。

保険にはできるだけ早く加入しておくほうがよい。出発1週間前に加入すると、たとえば、保険加入前に発生したストライキによる飛行機の遅延はカバーされない。

クレジットカードで航空券を購入すると旅行傷害保険が付いてくることがあり、航空券が届かないときに代金を返してもらえることもある。詳細はカード会社やカード発行銀行に問い合わせる。

そのほかの必要書類

アメリカの航空会社はいずれも乗客のチェックインの際に写真付きIDの提示を要求する。

まずパスポートは必要だが、運転免許証と健康保険証または旅行保険カードを持参するとよい。

国際ユースホステル協会（HI）の会員は会員証を持って行くと、オアフ島のHI加盟ホステルに安い料金で宿泊できる。日本での発行については、日本ユースホステル協会（☎03-3288-0260 〒101-0061東京都千代田区三崎町2-20-7 Ⓦwww.jyh.or.jp）へ問い合わせて。

ハワイでは学生割引はあまりないが、学生証があれば一応持って行くこと。博物館やそのほかの観光地でときには割引があるかもしれない。

ダイバーはライセンスのカードを持参する。

コピーしておくもの

重要な書類すべて（パスポートの個人情報とビザのページ、クレジットカード、旅行保険の証書、航空券・バスや列車の乗車券、運転免許証など）は出発前にコピーをとっておく。コピー一部は家に残る誰かに預けておき、もう一部を原本と別にして携帯する。

重要な旅行書類の内容をロンリープラネットのオンライン情報管理サービスTravel Vault（トラベル・ボールト）に保存しておくのも、コピーの紛失に備えて、またはコピーをとるのが面倒な人にはいい考えである。パスワードで保護したトラベル・ボールトは世界中どこからでもアクセスできる。Ⓦwww.ekno.lonelyplanet.comで作っておこう。

大使館・領事館

アメリカ大使館・領事館

日本にあるアメリカ大使館の電話番号と住所は次のとおり。

基本情報 – 通関

アメリカ大使館
☎03-3224-5000 ℻03-3505-1862
🅦 http://usembassy.state.gov/tokyo/wwwhjmain.html
🏠 東京都港区赤坂1-10-5

在札幌アメリカ総領事館
☎011-641-1115 ℻011-643-1283
🅦 http://usembassy.state.gov/sapporo/
🏠 札幌市中央区北1条西28丁目

在大阪・神戸 アメリカ総領事館
☎06-6315-5900 ℻03-6315-5915
🅦 http://www.senri-i.or.jp/amcon/
🏠 大阪市北区西天満2-11-5

在名古屋米国領事館
☎052-203-4011 ℻052-201-4612
🅦 http://usembassy.state.gov/nagoya/
🏠 名古屋市中区錦3-10-33　錦SISビル6F

在福岡アメリカ領事館
☎092-751-9331 ℻092-713-9222
🅦 http://usembassy.state.gov/fukuokaj/
🏠 福岡市中央区大濠2-5-26

在沖米国総領事館
☎098-876-4211 ℻098-876-4243
🅦 http://usembassy.state.gov/naha/
🏠 浦添市西原2564

ハワイにある日本領事館

ハワイには大使館はないが、ホノルルに領事館がある。

在ホノルル日本国総領事館
☎543-3111 ℻543-3170
🅦 www.honolulu.us.emb-japan.go.jp/
🏠 1742 Nuuanu Avenue

通関

米国税法により、21歳以上の人はアルコール1クォート（約0.9リットル）、タバコ200本を免税で持ち込むことが許されている。生の果物や植物の持ち込みは制限されており、動物に対しては厳重な検疫がある。

お金

通貨

米ドルがハワイで使用されている唯一の通貨である。

　1米ドルは100セント（¢）である。コインには1¢（ペニー）、5¢（ニッケル）、10¢（ダイム）、25¢（クォーター）、50¢（ハーフ・ダラー）がある。紙幣には＄1、＄2、＄5、＄10、＄20、＄50、＄100がある。珍しいがちゃんと使えるものは、政府が大量に流通させようとして失敗した＄1コインと人気のない＄2札である。

為替レート

国	単位	ドル
日本	¥100	US＄0.85

（1＄＝117.7円。いずれも'03年5月7日現在）

両替

現金　日本円を所持している場合、ハワイ各所にあるハワイ銀行などの大きな銀行で米ドルに両替できる。

トラベラーズチェック　トラベラーズチェックの大きな利点は盗難や紛失に対する保護である。アメリカン・エキスプレスやトーマスクックのような大きな会社のものは一般的に再発行が迅速である。
　トラベラーズチェックを使用するときは米ドルのチェックが使いやすい。レストラン、ホテル、大部分の店では米ドルのトラベラーズチェックが現金同様に使えるので、米ドルのトラベラーズチェックを持参すれば、銀行で両替したり換金手数料を払ったりしなくて済む確率が高い。
チェック自体とは別の所にチェック番号を控え、使用したものの番号も記録しておくことが、失くした場合のチェック再発行に重要である。
　トラベラーズチェックの盗難・紛失の連絡は、アメリカン・エキスプレスの場合は☎1-800-221-7282（日本語対応）、または1-800-992-3404、トーマスクックの場合は☎800-287-7362へ。

クレジットカード　主なクレジットカードはハワイ各地のレンタカー、大部分のホテル、レストラン、ガソリンスタンド、商店、大きなスーパーマーケットなどで使える。ハワイのレクリエーション施設や観光名所でもたいてい使用できる。ただし、多くのB&B（ベッド&ブレックファスト）や一部のコンドミニアムで、特に賃貸エージェントが取り扱っている所ではクレジットカードでの支払いができない。
ハワイでもっとも広く使えるカードはビザカード、マスターカード、アメリカン・エキスプレスである。ただし、JCB、ディスカバー、ダイナースカードが使える店も結構ある。
　クレジットカード盗難の際の主な日本語対応緊急連絡先は以下の通り。

VISA（カード裏等記載の緊急連絡先が望ましい）
VISA本社　☎1-866-765-9644
アメリカン・エキスプレス　☎1-800-766-0106
JCB　☎1-800-736-8111

ATMs　現金自動支払い機（ATM）もお金にアクセスするもう1つの便利な手段で、自分のいつもの口座からお金が引き出せる。少額の手数料がかかるが、トラベラーズチェックを換金する1％の手数料に比べ安いことが多く、トラベラーズチェックの束を持ち歩く必要がない。

ハワイ銀行やファースト・ハワイアン銀行などの主要銀行ではハワイ全州にATMをたくさん設置しており、主なクレジットカード（マスターカード、ビザ、アメリカン・エキスプレス、ディスカバー、JCB）および提携銀行のATMカードでお金を引き出すことができる。ハワイの大部分のATMではアメリカの2大ATMネットワークであるプラスとシーラスの両システムの銀行カードが利用できる。

ATMは銀行のほか、大きなスーパーマーケット、ショッピングセンター、コンビニエンスストアの多くに設置されている。

国際送金　自分の銀行口座からの送金は誰かにその口座の取り引きを委任しておくと簡単だ。送金先の町の名前、銀行名および支店名を自分の銀行に伝えるか、自分の銀行に適切な銀行のある場所を尋ねる。必要な情報は間違いなく控えること。以下のハワイの2大銀行のホームページでも必要な情報が見つかるかもしれない。ハワイ銀行Bank of Hawaii（Ⓦwww.boh.com）とファースト・ハワイアン銀行First Hawaiian Bank（Ⓦwww.fhb.com）。

旅費
ハワイ旅行の費用にいくらかかるかはそれぞれの旅行スタイルで異なる。かなり安く過ごす人がいる一方、アメリカン・エキスプレスカードの収支が大きく赤に傾く人もいる。

ハワイへの航空運賃は予算の中で通常大きな部分を占めるものの1つである。運賃は特にアメリカ本土からの場合、値段の差が大きいので幾つかの旅行代理店に問い合わせる。また、島と島の航空運賃は片道約$60〜100であるが、切符の買い方で違ってくる。

安くて充実したバスシステムがあるオアフ島以外では、レンタカーなしで島のあちこちを見て回るのは少々困難だ。レンタカーは通常、1週間$150〜200かかる。

キャンプをすればホテルに泊まる必要はない。主要な島にはいずれも低料金の州立および郡立のキャンプ場があり、マウイ島とビッグアイランドではすばらしい国立公園で無料のキャンプができる。

主要8島にはいずれも最低数カ所は$20未満のドミトリーベッドを提供するユースホステルスタイルの宿か、$50前後のB&B（ベッド＆ブレックファスト）もしくは質素なホテルがある。もっと標準的な中級程度のアメニティをもったホテルの場合はこの金額の倍が必要であり、ビーチフロントの高級ホテルだと1泊$150以上をみておく。贅沢なホテル三昧を楽しむ場合は$250前後から上が普通である。ハワイには世界最高のホテルが幾つかある。

しばらく滞在するつもりなら宿泊費を減らす手はある。コンドミニアムを週または月単位で借りると、格安ホテルよりは高いが一般のホテルよりずっと経済的である。その上、部屋も広く、大部分のコンドミニアムはすぐに住める状態で、タオルやビーチマットからキッチンの鍋類まで必要なものがすべて揃っている。コンドミニアムで自炊すると食費がずいぶん節約できる。

ハワイの食料品は島外から運ばれてくるので、アメリカ本土に比べ平均25％高い。近所のレストランの値段はたいていアメリカ本土とほとんど変らない安さなので、ハワイでは外食がお得だ。

チップ
チップの習慣はアメリカのほかの地域と同じである。レストランのウェイターは15％ぐらいを期待しているが、タクシー運転手、美容師などは一般的に10％で十分だ。ホテルのベルボーイには普通カバンの重量により1個につき$1か$2を払うのがふつう。

税金
ハワイでは4.17％の州の販売税が、食事、食料品、レンタカー、宿泊費などほとんどすべてのものにかかる。これに7.24％の宿泊税が付くと、宿泊費には合計11.41％の税金が加えられることになる。旅行者を対象としたものにはそのほかにすべてのレンタカーにかかる1日$3の「道路使用」税がある。

郵便・通信

郵便料金
アメリカ国内あての1オンス（約28g）以下の手紙のファーストクラス・メール（普通郵便）料金は37¢で、1オンス（約28g）増えるごとに23¢ずつ追加される。標準サイズのはがきは23¢だ。ハワイからアメリカ本土までは飛

基本情報 － 郵便・通信

行機で運ばれ、通常、3～4日で届く。
国際航空郵便の料金はカナダ、メキシコあては1オンスまで（約28g）の手紙が60¢、そのほかの国あては80¢である。はがきのカナダ、メキシコあては50¢、ほかの国あては70¢。

郵便を受け取る

ハワイのたいていの郵便局にはc/o General Deliveryとして局留めで郵便物を送ることができる。例外はオアフ島で、ホノルルまたはワイキキの局留めにした郵便はすべてホノルル国際空港の隣の中央郵便局へ配達される。

ジェネラル・デリバリー郵便は普通30日まで保管される。大部分のホテルでも滞在予定客のために郵便物を預かってくれる。

電話

公衆電話はショッピングセンター、ビーチの公園など公共の場所でたやすく見つかる。公衆電話からの市内通話は50¢。同じ島内の2点間の通話は市内通話に、別の島へは長距離通話になる。

公衆電話でハワイの別の島へダイヤル直通電話をかけると、最初の1分が＄1.40、その後は1分ごとに15¢かかる。

大部分のホテルでは客室内の電話からの市内通話に＄1前後の手数料をかける。長距離通話にもかなり高い手数料を取る所が多い。

国際電話 ハワイからダイアル直通国際電話をかけるときは、011＋国番号（日本は81）＋エリアコード（市外局番から0を取った番号。東京03ならただ3のみ）＋電話番号の順でダイヤルする（例外はカナダで1＋エリアコード＋電話番号の順である）。

国際電話についてオペレータに尋ねるときは、0（ゼロ）をダイヤルする。かけたい国の料金と1日のうちでいつが安いかをオペレータが教えてくれる。これらは通話先の国によって違う。

海外からハワイにかけるときのアメリカの

電話エリアコード

ハワイ全島の電話のエリアコードは808である。島内での電話にはエリアコードが不要であるが、別の島にかけるときおよびハワイ州外からかけるときはエリアコードが必要になる。この808のエリアコードは本書に記載した電話番号にはつけていない。

本書中の電話番号のうち800、877、888で始まるものはアメリカ本土からかける場合はフリーダイヤルである。カナダからもフリーダイヤルになることがある。

カントリーコードは1である。ハワイあての通話にはそのあとすべてに808をつけ、それから7桁の電話番号となる。

日本のオペレーターを呼び出してコレクト・コールをする場合は各国際電話会社の専用番号にダイヤルする。

KDDIジャパンダイレクト
☎1-800-543-0051
料金は最初の1分間2,020円、その後1分ごとに390円。

日本テレコムホームダイレクト
☎1-888-244-0041
平日昼間（日本時間）で5分間1480円、夜間休日1360円、深夜1320円。

また、オペレーターを通さずにクレジットカード引き落としでかけることもできる。各国際電話会社の専用番号にダイヤルし、日本語の音声案内にしたがう。その際クレジットカードの暗証番号が必要。

KDDIスーパージャパンダイレクト
☎1-800-433-0081
平日昼間（日本時間）で3分間180円、夜間休日150円、深夜120円。

日本テレコムダイヤルジャパン
☎1-800-919-0043
平日昼間（日本時間）で3分間180円、夜間休日150円、深夜120円。

ケーブル・アンド・ワイヤレスIDC ホームダイヤル
☎1-800-991-0080
平日昼間（日本時間）で3分間180円、夜間休日150円、深夜120円。

国際電話会社の問い合わせ先は以下の通り。

ＫＤＤＩ
☎0057 無料
24時間無休

ケーブル・アンド・ワイヤレス
☎0066-11無料
9：00～21：00（無休）

日本テレコム
☎0088-41無料
9：00～21：00（無休）

ＮＴＴコミュニケーションズ
☎0120-506-506
9：00～21：00（無休）

テレフォンカード ロンリープラネットのイークノeknoグローバルコミュニケーションサービスでは安い国際電話料金を提供している。ただし、市内通話に関しては普通うのフォンカードを使用したほうが得だろう。イークノ

では無料のメッセージサービス、eメール、旅行情報、重要な書類の情報をすべて保存しておけるオンライン情報管理サービスTravel Vault（トラベル・ボールト）なども提供している。加入はオンライン W kno.lonelyplanet.comからできる。ここには24時間カスタマーサービスセンターへの各地域からのアクセス番号も出ている。加入後は各国の最新のアクセス番号といろいろなサービスの最新情報を常にチェックしておきたい。

FAX

大部分のホテルのフロントでFAXを出したり受け取ったりできる。ハワイのあちこちに、キンコズKinko'sのような料金の妥当なFAXサービスを提供するビジネスセンターもある。

eメール・インターネット

旅行中もネットに接続する1つの方法はラップトップコンピュータを持っていくことである。アメリカ国外から来る場合は電源の互換性を確かめる。もし、互換性がない場合はACアダプターとプラグアダプターが必要だ。電話プラグも自宅とは違った形かもしれない。自分のモデムに対応したUS RJ-11電話アダプターを最低持参すること。

アメリカオンライン（AOL）（W www.aol.com）など主要なインターネットサービスプロバイダのアクセスポイントはハワイを含めたアメリカ全土にある。自宅で小さなISPによりメールを使用している場合は、一番いいのは新たにAOLのようなグローバルなISPのアカウントを持つか、一般に提供されたアクセスポイントでメールを読むかである。

ヤフーやホットメールのような無料のeメールアカウントを作っておくとメールを読むことができる。こうしておけばインターネットに接続したコンピュータならどれでも自分のメールにアクセスできる。主な島にはインターネットカフェやキンコズKinko'sのようなビジネスセンターがあり、インターネットに接続したコンピュータを低料金で使用できる。公共図書館にもインターネットに接続したコンピュータがあるが、1台か2台しかないことが多く、たいてい使用希望者が長い列をつくっている。また、利用にはハワイ図書館カードが必要である（本章で後出の「図書館」を参照）。

ラップトップを持っていくときは、モデムをつなぐことのできる電話ジャックが客室にあるかを事前にホテルに確認しておくといいかもしれない。最近は多くのホテルが少なくとも幾つかの客室にデータポートを設置している。

参考サイト

インターネットでサーチを始めるときは、まず**ロンリープラネットのホームページ Lonely Planet website**（W www.lonelyplanet.com）（英語）に行ってみよう。

地球上のたいていの場所への旅行についての簡潔な説明や、旅行者からの絵はがきがある。ソーン・ツリーThorn Tree掲示板でも、出発前に質問したり、帰ってきてからアドバイスしたりできる。旅行関連のニュースやロンリープラネットのガイドブックの内容に関する最新情報も掲載。サブウウウェイsub-wwwayセクションにはインターネットのほかの有用なサイトのリンクがたくさんある。

また、以下はハワイに関するたくさんの情報のリンクがある便利なホームページである。

W www.honoluluadvertiser.com
W www.planet-hawaii.com
W www.alternative-hawaii.com

参考になる本

ハワイとその人々、風景、歴史、文化、独特の動植物について書いた本は数え切れない。以下にそのうち推薦するものを幾つか挙げた。

ハワイの書店にはハワイに関する本が揃っているが、出発前に郵便で注文することもできる。次の会社はハワイの本専門で、頼めばカタログを送ってくれ、オンラインで注文もできる。

ベス・プレス Bess Press
☎ 734-7159、800-910-2377
W www.besspress.com
🏠 3565 Harding Ave, Honolulu, HI 96816

ハワイ大学出版会 University of Hawaii Press
☎ 808-956-8255、888-847-7377 📠 808-988-6052
W www.uhpress.hawaii.edu
🏠 2840 Kolowalu St, Honolulu, HI 96822

ロンリープラネット

本書以外にロンリープラネットではオアフ、マウイ、ビッグアイランドを詳細に解説した各島別のガイドブックを発行している。ロンリープラネットの「ダイビング＆シュノーケリング・ハワイDiving & Snorkeling Hawaii」（英語）はダイビングとシュノーケリングに関する詳細なガイドで該当地域と魚のカラー写真付だ。

アクティビティ・ガイド

John Clark著「*The Beaches of Oahu*」、「*The Beaches of Maui County*」、「*Beaches of the Big*

Island」、「*Beaches of Kauai and Niihau*」は各島の海岸線を詳細に記載、すべてのビーチにおける水の状態、海岸線の地質、地域の歴史を詳述している。

Greg Ambroseの「*Surfer's Guide to Hawaii: Hawaii Gets All the Breaks*」はハワイ諸島のサーフィンのベストスポットを解説。この本はおもしろくて読みやすく、ハワイでサーフィンをするときに必要なすべてが網羅されている。

Kathy Moreyの「*Hawaii Trails*」(ハワイ島について)、「*Kauai Trails*」、「*Maui Trails*」、「*Oahu Trails*」は総合的なハイキングガイドで、詳しい地図とわかりやすい案内がついている。

Craig Chisholm著「*Hawaiian Hiking Trails*」はハワイ州全体の主なハイキングトレイルに関する優れたハイキングガイドで、ルートはUSGSの地図で示してある。

Tom Koch著「*Six Islands on Two Wheels*」はハワイのサイクリングの総合的なガイドである。Kochはハワイに自分の自転車を持参することをすすめる。装備、サイクリングルート、見所についても述べている。

John Alford著「*Mountain Biking the Hawaiian Islands*」はマウンテンバイク愛好者にぴったりのガイドで、各島の一般に開放されたバイク用トレイルを地図と説明付きで紹介している。

Audrey Sutherland著「*Paddling My Own Canoe*」は、著者がモロカイ島北部の孤立して入り組んだ海岸線を単独でカヤック旅行した際の冒険や思ったことについて書いた本。この本によりハワイの大自然の中でのカヤッキングに人気が集まるようになった。

Andrea Gabbard著「*Girl in the Curl: A Century of Women in Surfing*」は今まで忘れられていたワヒネ(女性)サーファーの果たした役割に光を当てた。

自然誌

「*Hawaii: The Islands of Life*」はネイチャー・コンサーバンシー・オブ・ハワイによって保護されている動植物相や景観の非常に美しい写真を収録。文はGavan Dawsによる。

「*The Many-Splendored Fishes of Hawaii*」はGar Goodson著で、低価格の魚類フィールドガイドの中では良書の1つ。説明が適切でカラー図版が170点収録されている。

John P Hoover著「*Hawaii's Fishes: A Guide for Snorkelers, Divers and Aquarists*」はもう少し値段が高めで、収録数のより多い魚類フィールドガイド。ハワイのリーフと海岸付近の230種類以上の魚をすべてカラー写真付きで紹介している。

ハワイの鳥を紹介するポケットサイズのガイドでは、Hawaii Audubon Society発行の「*Hawaii's Birds*」がおすすめ。ハワイ固有の鳥のすべてと導入種の多くについてのカラー写真と説明がある。

より総合的なものでは、Douglas Pratt著「*A Field Guide to the Birds of Hawaii & the Tropical Pacific*」がある。

「*Trailside Plants of Hawaii's National Parks*」はCharles H Lamoureux著で、ハイキングトレイルで見られる草や木を説明。国立公園のハイキングを予定している人は持っていると便利だ。

Warren Lwagner、Derral R Herbst、SH Sohmer共著「*Manual of the Flowering Plants of Hawaii*」では、ハワイの植物相について最近分類された希少種および絶滅危惧種を含めて詳しく説明している。

LR McBride著「*Practical Folk Medicine of Hawaii*」はハワイ原産の多数の薬草とその使用法について説明したものである。

歴史・文化

David Malo著「*Hawaiian Antiquities*」は、1838年にハワイ人が書いたハワイ文化に関する最初の本で、キリスト教の宣教師がやって来る以前のハワイの歴史が詳しい。

歴史の権威Gavan Dawsによる「*Shoal of Time*」は、キャプテンクックのハワイ諸島「発見」から州になるまでの時期に及ぶ総合的でカラフルな歴史書。

「*Hawaii's Story by Hawaii's Queen*」は1897年にリリウオカラニ女王によって書かれたもので、女王自身の半生および1893年に王位を剥奪された顛末についての本である。

「*The Betrayal of Liliuokalani: Last Queen of Hawaii, 1838-1917*」はHelena G Allen著で、女王の生涯だけでなく、ハワイにおける宣教師の活動および外国からの侵略について書かれた洞察に満ちた本である。

モロカイ島のハンセン病患者のコロニーで働いたダミアン神父は多数の本のテーマとなっており、Gavan Daws著「*Holy Man: Father Damien of Molokai*」、John Farrow著「*Damien the Leper*」などがある。

「*The Kumulipo*」はMartha Beckwith著でハワイ創造神話のチャント(詠歌)の翻訳。2077行のチャントは神の世界の闇から始まり、人類の先祖とされるアリイ(ロイヤル)ファミリーの系譜をたどる。

Mary Kawena Pukui、EW Haertig、Catherine ALee共著「*Nana I Ke Kumu* (Look to the Source)」はハワイの伝統文化、社会習慣、信仰に関する情報を集めた全2巻の魅

力あふれる本。

「The Legends and Myths of Hawaii」はデビッド・カラカウア王が語った伝説を集めたもので、ハワイ文化および歴史に関する簡単な解説がついている。

Bob Krauss著「Keneti」はビショップ博物館の考古学者ケネス・「ケネティ」・エモリーの興味深い伝記である。彼は作家ジャック・ロンドンと共に航海し、人類学者マーガレット・ミードと働き、オリンピック選手デューク・カハナモクと一緒にサーフィンをした人物。エモリーは1992年に亡くなったが、太平洋地域の村や寺院の跡を見つけて、これらが永久に消え去る前に記録にとどめることに生涯の大半を費やした。

Patrick Vinton Kirch著「Legacy of the Landscape」は、古代のヘイアウ（石の寺院）や養魚池、ペトログリフを含め、ハワイのもっとも重要な考古学遺跡50カ所について詳述している。

文学書

AGrove DayとCarl Stroven編「A Hawaiian Reader」はフィクションとノンフィクションを合計37編集めた優れたアンソロジー。ジェームズ・クック船長の航海日誌の抜粋から始まる本書には、初期の宣教師やマーク・トウェイン、ジャック・ロンドン、サマセット・モーム、ディビッド・マロ、マーサ・ベックウィズなどの著作が入っている。もし、ハワイに関する本を1冊だけ読むとしたら、この安価なペーパーバックは格好の1冊だ。

果敢な旅行小説家であるPaul Therouxによる「Hotel Honolulu」は、ワイキキに流れ着いてさびれたホテルのマネージャーをする1人のライターの生活をのぞく。おなじみのハワイ風景が随所に現れる。

Sylvia Watanabe著「Talking to the Dead」は、戦後のハワイで日系2世として子供から大人になっていくあり様を描いた秀作。

優れた現代小説をもう1冊挙げるなら、Kiana Davenportの「Shark Dialogues」。歴史小説とラブストーリー、そして創造神話を絡めたこの本は美しい調べにのせて無駄のない文章で書かれている。

「Hawaii」はJames Michenerの意欲的な大河小説で、ポリネシア人の定住者、宣教師やクジラ捕りの渡来、砂糖王の出現、ハワイの多民族社会の形成発展とハワイの変遷をたどる。

参考になる映画

ハワイで撮った作品は多数あり、ハワイの風景をバックに使ったものは無数にある。ハワイの生活を深く掘り下げた数少ない映画の1つに「ピクチャーブライドPicture Bride」（1993年）がある。工藤由貴主演で三船敏郎がゲスト出演したこの映画はオアフ島で撮影、19世紀にハワイの農園に写真結婚でやって来た日本人花嫁の生活の現実を赤裸々に描いた。

部分的にハワイで撮影したものも含めると、古典では、ビッグアイランドで撮影したベティ・グレーブルとビクター・マチュア共演「ソング・オブ・ザ・アイランドSong of the Islands」（1942年）、オアフ島で撮影したバート・ランカスターとデボラ・カー共演「地上（ここ）より永遠（とわ）にFrom Here to Eternity」（1953年）、カウアイ島で撮影したリタ・ヘイワース出演の「雨に濡れた欲情Miss Sadie Thompson」（1953年）、カウアイ島で撮影したミッチ・ゲイナーとロッサノ・ブラッツィ出演「南太平洋South Pacific」（1958年）、ビッグアイランドで撮影したスペンサー・トレイシー出演「老人と海The Old Man and the Sea」（1958年）、カウアイ島で撮影したエルビス・プレスリーとアンジェラ・ランズベリー共演の「ブルーハワイBlue Hawaii」（1961年）、オアフ島とカウアイ島で撮影したジュリー・アンドリュースとマックス・フォン・シドー共演の「ハワイHawaii」（1966年）、オアフ島で撮影したジェイソン・ロバーズ出演「トラ・トラ・トラ！Tora! Tora! Tora!」（1970年）、カウアイ島で撮影したジェシカ・ラングとジェフ・ブリッジズ共演「キングコングKing Kong」（1976年）、カウアイ島で撮影したハリソン・フォード出演の「レイダース 失われた聖櫃（アーク）Raiders of the Lost Ark」（1981年）。

最近のものでハワイをベースにして撮影されたものはスティーブン・スピルバーグ監督の「ジュラシック・パークJurassic Park」（1993年）と「ジュラシック・パークIII Jurassic Park III」（2001年）で、カウアイ島の人里離れた谷で撮影された。不評だったケビン・コスナーの「ウォーターワールドWaterworld」（1995年）はビッグアイランド沖での撮影。「ゆかいなブレディ一家 トラブルinハワイA Very Brady Sequel」（1996年）ではブレディ一家がワイキキに現れた。マシュー・ブロデリック主演の「ゴジラGodzilla」（1998年）ではオアフ島の風の吹きすさぶ海岸でのシーンが使われた。ピーター・オトゥール主演の「モロカイ：ザ・ストーリー・オブ・ファーザー・ダミアンMolokai: The Story of Father Damien」（1999年）はモロカイ島のカラウパパ半島で撮影され、ベン・アフレック主演の「パール・ハーバーPearl Harbor」（2001年）のアクションシーンの多くは空中戦の場面を含めオアフ島で撮影された。

新聞・雑誌

ハワイの主要紙は「ホノルル・アドバタイザーHonolulu Advertiser」で、毎朝発行される。この新聞はハワイ中で販売されているが、ほかの島にもそれぞれ新聞がある。ヒロHiloの「ハワイ・トリビューン・ヘラルドHawaii Tribune-Herald」、カイルア・コナKailua-Konaの「ウエスト・ハワイ・トゥデーWest Hawaii Today」、ワイルクWailukuの「マウイ・ニュースMaui News」、リフエLihueの「ガーデン・アイランドGarden Island」はそれぞれ週6日以上発行されている。

幾つかのアメリカ本土の新聞も広く販売されている。「USAトゥデイUSA Today」、「ウォールストリートジャーナルWall Street Journal」、「ロサンゼルスタイムズLos Angeles Times」などである。大きなホテルのロビーやコンビニエンスストアで見つかる。各種の本が幅広く揃ったボーダース・ブックストアBorders bookstoreでは海外の新聞も手に入る。

「ホノルルHonolulu」と「ハワイHawaii」はハワイに関する一般的な雑誌で、最大の発行部数を誇る。「ホノルル」は月刊で、どちらかというと住民向け。「ハワイ」は旅行者向けの特集記事が多く、年に6回発行される。

無料配布されている多くの旅行者用雑誌は見る価値がある。一般に、簡単な地図とイベント案内、たくさんの広告があり、ハンバーガーからサンセットクルーズまであらゆるものの割引クーポンが付いている。

ラジオ・テレビ

ハワイにはハワイアンミュージック専門局を含めてAMおよびFM局が約50ある。放送内容は局によって大きく異なる。詳しい内容は各島のインフォメーションを参照。

テレビではすべてのアメリカ主要ネットワーク以外に、観光情報、日本語放送などの有線放送のチャンネルがある。アメリカ本土で見られるものはほとんどハワイでも見られる。

ローカル色があるといえば、2チャンネルの夕方のニュースの終りにケオラ&カポノ・ビーマーのスラックキーギターの繊細な調べとシャカ（ハワイの手によるあいさつ）をする人々のクリップが流れることだ。

写真・ビデオ撮影

フィルムと機材

どの島でもフィルムはプリント用もスライド用も容易に入手できる。ハワイに長く滞在する予定なら、現地で現像したほうがよい。熱帯の高温多湿により撮影済みフィルムが変質しやすいので、早く現像したほうが良い写真ができる。

コダックも富士フィルムもホノルルに現像所があり、島のドラッグストアや写真店で出されたフィルムはたいていここに送られる。フィルムの購入や現像が安いのはロングス・ドラッグスLongs Drugsなどだが、旅行者の集まる場所には1時間現像の店もある。

技術的なヒント

カメラは必要なとき以外、直射日光の下に置かないこと。閉め切った車の中は数分でオーブンほどに熱くなる。

砂や水は強烈に光を反射する。背景に明るい光があると対象がぼやける。fストップの調節や偏光フィルターの装着で緩和してみるのもいいが、もっとも効果的なのは、光がやわらぐ早朝や夕方にビーチでの写真を撮るようにすることである。

ビデオ方式

ハワイでビデオテープを買うときは自分のビデオデッキとの互換性を確かめる。北米では日本と同じNTSC方式。

時差

ハワイでは夏時間を採用していない。ハワイで正午のときは、ロサンゼルスで14:00、ニューヨークで17:00、東京は翌日の7:00、である。

ほかの場所が夏時間実施中は、時差が1時間増える。たとえば、4〜10月のハワイの正午には、ロサンゼルスで15:00、ニューヨークで18:00、東京は変わらず翌日の7:00、である。

ハワイでは冬の半ば（12月）の日照時間は約11時間で、夏の盛り（6月）にはほぼ13.5時間である。真冬の日の出は7:00頃、日没は18:00頃。真夏には6:00前に日が昇り、19:00を過ぎてから沈む。

「ハワイ時間」というものもある。ハワイのゆっくりした生活のペースを指す言葉でもあり、約束に遅れることの婉曲表現でもある。

電源について

電気は110／120V、60サイクルだ。たいていのコンセントはアメリカのほかの地域と同じく、平たい2本足の電源プラグ用だが、アース付きのものは3本足のプラグでも差し込める。日本の電圧は100Vなので多少異なる。ドライヤーやシェーバーなどを短時間使用するのは、あまり問題ないようだが、パソコン等

の精密機器には変換器が必要なこともあり、事前に確認しよう。

計測単位
ハワイはアメリカの他州と同じく、メートル法を使用していない。距離の単位はフィート、ヤード、マイルだ。重量の単位はオンス、ポンド、トンである。アメリカの単位に慣れない人のために単位換算表を本書の裏表紙の見返しにつけた。

ランドリー
ホテル、コンドミニアム、ユースホステルの多くにはコイン式洗濯機や乾燥機がある。もしないときは、どの島でもコインランドリーがある。平均的な料金は1回の洗濯が$1、乾燥機も$1。コインランドリーの所在地は各島の章に挙げた。

トイレ
ハワイの衛生水準は非常に高い。公衆トイレは無料で、少なくともアメリカ本土に比べれば簡単に見つかる。ビーチの公園にはほとんどもれなくトイレ（レストルームともいう）がある。大きなショッピングセンターやたいていのホテルのロビーも同様である。ファストフードレストランも使用できるが、本来は客用である。

健康
ハワイは住むにも訪れるにもたいへん健康的な場所である。一番近い工業地帯からでも2500マイル（約4023km）離れているので、火山活動以外の大気汚染とはほとんど無縁だ。ハワイの平均寿命は全米50州でもっとも長く、男性が76歳、女性が81歳である。

深刻な健康問題は少ない。マラリアやコレラなど熱帯特有の病気もほとんどなく、水道水は飲んでも安全だ。ただし、野外の川などの水は沸騰するか浄化する必要がある。

ハワイを含めアメリカに入国するためには特別な予防注射は必要ではない。

ハワイには有毒植物が多いので、食べられるとはっきり分かる植物以外は口に入れてはいけない。

高温多湿に慣れていない人は、疲労しやすく身体の調子が悪くなりやすいことに気づくだろう。ペースを落として、リラックスした「ハワイ時間」に体内時計を合わせ、身体を適応させるようにする。水分を十分に摂取する。

遠出や激しい活動を予定しているときは水を十分携行し、がんばりすぎないこと。

医療問題と治療
ハワイには緊急治療に対応した病院が25カ所ある。モロカイとラナイ両島の医療設備は限られているが、ほかの島には最新の設備と職員の揃った病院がある。しかし、専門治療と深刻な病気のときはハワイの人の多くは島の病院よりホノルルの病院を選ぶようである。

日本語対応の医療機関
日本語に対応できる医療機関も充実しており、24時間対応してくれる所もあるので安心だ。

ワイキキ緊急医療クリニック
☎432-2700
🏠2155 Kalakaua Avenue（ANAビル3階308号室）Beach Walk St.との角

ストラウブ総合病院
☎923-9966（24時間日本語対応）
🏠2222 Kalakaua Avenue #212

上野メディカルクリニック（外科・内科・小児科）
☎926-9911
🏠1777 Ala Moana Blvd. Lobby Level Renaissance Ilikai Waikiki Hotel

デング熱
ハワイで見つかったのは最近であるが、ウィルスによる感染症で蚊によって媒介される。太平洋の熱帯地域で急速に大きな公衆衛生問題の1つとなっているものである。感染者を刺した蚊が健康な人を刺すとウィルス感染が起こり広がる。

デング熱の徴候と症状は突然の高熱、ひどい頭痛、関節と筋肉の痛み、吐き気、嘔吐である。発熱後3～4日で赤い小さな発疹が現れることもある。病気の初期にはインフルエンザなど、ほかの病気と間違えやすい。発病中に鼻血をはじめとして軽い出血が起こることがあるが、致死性の出血熱へと進行しているという意味ではない。

デング熱にかかったと思ったら、できるだけ早く医療機関に行く。デング熱には特効薬はない。アスピリンは出血の危険を増加させるので飲まないこと。

デング熱の予防ワクチンはなく、予防には蚊に刺されないことが重要なので、肌はいつもカバーし、DEET（ジエチルトルアミド）入りの虫除けを使用し、蚊帳を使う。

レプトスピロシス
ハワイへの旅行者はレプトスピロシスに注意が必要だ。これは淡水の池や川にいる細菌で起こる病気である。こ

基本情報 − 健康

結婚の障害

ハワイで同性同士が結婚する？！ 近年、ハワイ州は同性の結婚を合法化する動きによって注目を浴びたので、どんな旅行者でもハワイで結婚式を挙げることができるかのように見える。この論争は連邦レベルにも発展し、米国連邦議会の保守派はハワイで承認される可能性のある変化がほかの州に広がることを防止する法律を制定しようとした。

1996年12月にハワイ州の判事が、同性の結婚を州が禁止するのは性による差別を明確に禁止したハワイ州憲法の平等な保護の条項に違反するとの裁定を下した。1997年7月、ハワイ州は幅広い権利を家族関係におけるパートナーにも与えるアメリカ最初の州となった。同性の結婚に反対している声高な保守派に受け入れられやすいように、この法律は同性のカップル以外にも母と成人した息子、兄弟姉妹など、同棲していても合法的には結婚できない大人のカップルすべてに適用される。登録した人は健康保険から片方が死んだときの権利に至るまで保障される。

ハワイ州議会にとって、家庭内パートナー法は妥協の産物で、同性結婚に対する賛成派と反対派の両方を静かにさせようとするものであった。

しかし、家庭内パートナー法に対して、保守派議員は、「結婚は異性カップルのみに限る」という立法を可能にするハワイ州憲法の改正案を提出した。1998年、この改正案は圧倒的多数でハワイの選挙民によって可決された。進歩派は合衆国憲法の平等な保護の条項に違反するとして州憲法改正の合法性に疑問を出したが、ハワイ州最高裁は憲法改正を支持した。

2000年、バーモント州議会は、ハワイのような全米的な注目とは無縁に静かに、同性カップルに法的な結婚と同様の恩典、保護、責任をほとんどすべて与えるシビル・ユニオン法案を可決したアメリカで最初の州となった。

の病気はネズミ、マングース、野生のブタによって媒介される。

通常、人へ感染するのは、動物の尿で汚染された川で泳いだり、渡ったりした場合で、細菌は鼻や目、口、皮膚の切り傷から体に入る。レプトスピロシスは絵のようにきれいな滝の水を含め、どんな淡水にでも存在し得る。動物の生息場所を流れてきたかもしれないからである。

発症例の多くはハイカーなので、州政府はトレイルの入口にレプトスピロシスに関する警告を掲示している。効果的な予防法の１つは必要以上に流れを渡らず、特に傷口があるときに注意することである。

症状は感染後２〜20日で現れ、発熱、悪寒、発汗、頭痛、筋肉痛、嘔吐、下痢などである。重大な症状には血尿、黄疸がある。症状は数日から数週間続く。この病気で死ぬこともあるが、比較的まれである。

日焼け 赤道に近づくほど大気によって遮られる日光が減少するので、熱帯では日焼けがいつも問題となる。曇った日でも油断してはいけない。雲がある場合でも驚くほど急速に日焼けする。

SPF（紫外線遮断効果）30のサンスクリーン（日焼け止め）を推奨する。水に入るときは防水性のあるサンスクリーンを使用する。シュノーケリングをするときは長く水に入っているつもりならTシャツを着るのも良い方法だ。

色の白い人は熱いハワイの太陽で第２度の火傷を負うことがある。帽子をかぶろう。太陽が一番強いのは10:00〜14:00である。

あせも たくさんかいた汗が皮膚の中にたまることで起こるかゆい発疹である。あせもは暑い気候に到着したばかりの人で毛穴が発汗量の増大に見合うほど広がっていない場合に起こりやすい。暑さに慣れるまでは水を頻繁に浴びるか、エアコンをつけて涼しくする。

熱疲労 水分や塩分の不足で熱疲労が起こることがある。高温状態では徐々に身体を慣らし、十分な水分を取ることを忘れない。塩分が不足すると、疲労、無気力、頭痛、めまい、筋肉のけいれんなどの症状が出る。塩の錠剤で効果のあることがある。嘔吐や下痢のときも水分と塩分が不足する可能性がある。

熱射病 身体の体温調節機能が働かず、体温が危険なレベルまで上昇すると起こり、死に至ることもある重大な病気である。高温状態に継続して長くさらされると熱射病にかかりやすくなる。到着直後は太陽の下での激しい運動（溶岩原を横切る長いハイキングやサイクリングなど）を避ける。

熱射病の症状は発汗量の減少、102°F〜105°F（39℃〜41℃）という高い体温などである。発汗が止まると、皮膚が赤くなる。ズキンズキンするひどい頭痛、協調障害なども起こり、患者は混乱を起こしたり攻撃的になることがある。そのうち、惑乱やけいれんが起こる場合もある。入院が必要であるが、応急処置として日陰に入れて服を脱がせ、濡れ

たシーツかタオルで覆って風を連続的に送るとよい。

真菌感染　緑の濃い熱帯林をつくる気候は皮膚のカビ類や細菌類の繁殖も促進する。暑い気候における真菌感染は手足の指の間や鼠蹊部に起こりやすい。

真菌の感染を防ぐには皮膚を涼しく乾燥状態に保ち、空気の流通をよくする。化繊の代わりにゆったりとした綿の服、靴の代わりにサンダルを選ぶ。感染した場合は感染した部位を殺菌剤や薬用石鹸で毎日洗う。すすいで乾かしたあと、抗真菌パウダーをつける。

切り傷・引っかき傷　皮膚の刺し傷、切り傷は高温多湿のハワイでは炎症を起こしやすく、なかなか治らないことがある。傷口は清潔に保ち、消毒薬で手当てする。傷はカバーしておくが、傷が濡れた状態になる包帯はできれば避ける。

サンゴによる切り傷はさらに感染しやすい。サンゴの小さいかけらが皮膚に埋まることがあるためだ。サンゴが傷口に弱い毒を入れるため、これらの傷は治りが悪いことで知られている。

やっかいな生き物　ハワイには陸生のヘビはいないが、蚊がかなり多く、かまれると痛いムカデもいる。ミツバチや地面に巣を作るスズメバチの類もいる。ハチもムカデと同じく、通常はアレルギー反応を起こす人にだけ危険である（人を刺す海の生物については、本章で後出の治安・トラブルに記載された海の安全を参照）。

ハワイは熱帯なのでゴキブリがたくさんいる。健康にはさして被害を及ぼさないが、食欲を減退させる。キッチン付きのコンドミニアムで一番問題となる。

ハワイには危険な蜘蛛形類が2種類いる。クロゴケグモとサソリだが、あまり多くはいない。

シガテラ中毒　シガテラはシガトキシンをもった魚を食べることで起こる深刻な病気である。この毒素をもった海藻類を草食性の魚類が食べると魚類の体内に蓄積される。シガトキシンの存在を検知する簡単な方法はなく、調理しても減少しない。症状は食べてから3〜5時間で現れる。

シガトキシンはサンゴ礁の魚（レストランで通常はあまり出ない）に多く、ハワイの深い海の魚、マグロ、マカジキ、マヒマヒなどには影響していない。症状は吐き気、胃けいれん、下痢、まひ、顔や手足の指のチクチク感や無感覚、温度の感覚の逆転、すなわち熱いものを冷たく、冷たいものを熱く感じることなどがある。極端な場合は意識不明となり、死に至ることもある。胃が空になるまで吐き、速やかに医療機関で治療を受ける。

女性旅行者へ

女性旅行者がハワイで問題に出くわす確率はアメリカのほかの地域より高いということはない。ロンリープラネットではすべての旅行者、特に1人旅の女性に対してヒッチハイクを避けるようにすすめる。どうしてもという場合は、車に乗っている人をよく観察し、自分が不安を感じる場合はためらわずに断る。キャンプをするときは、多くの人が使っているキャンプ場でし、自分1人しかキャンパーがいないような辺ぴな場所は避ける。あまり使われていないキャンプ場は時に酒盛りの場になることがある。

同性愛の旅行者へ

ハワイは同性愛の人にとっても人気のある旅行地である。ハワイ州にはマイノリティー（少数者）を保護する強力な法制と州憲法によるプライバシーの保障があり、この対象には同意した大人間の性的行為も含まれる。

しかし、同性愛者の行動は特にオアフ島以外ではあまり目立たない。公衆の面前で同性が手をつないだり、そのほかの愛情表現をしたりすることはまれである。ゲイクラブは主にオアフ島のワイキキにある。

以下の情報源が同性愛の旅行者に役立つかもしれない。

ゲイ＆レズビアン・コミュニティセンター　Gay & Lesbian Community Center（☎951-7000　www.glcc-hawaii.org　Box 22718, Honolulu, HI 96823）は、ボランティアで運営されており、地域の同性愛者問題に関する有用な情報源。センターにはサポートグループ、映画の夕べ、図書室がある。

同性愛の問題についての一般的な情報があるよいホームページ　www.gayhawaii.comには、旅行やエンターテインメントから政治まで同性愛者に関するいろいろなリンクが掲載されている。

月刊のゲイ雑誌、オデッセイ Odyssey（www.odysseyhawaii.com）は、ハワイ各地のゲイに協力的な店に無料で置いてある。ハワイのゲイの動向を掲載している。

パシフィック・オーシャン・ホリデーズ Pacific Ocean Holidays（☎923-2400, 800-735-6600　923-2499　Box 88245, Honolulu, HI 96830）は、同性愛の男女を対象としたホリデーパッケージがある。

基本情報 – 身体の不自由な旅行者へ

身体の不自由な旅行者へ

一般的にハワイは身体の不自由な旅行者にフレンドリーな旅行地だ。

ワイキキはアメリカの中では車イスの旅行者に便利な場所の1つとされている。ハワイの大きなホテルの多くには車イスで行くことのできる客室があるし、さらに多数のホテルが設備を改修しているのでさらに便利がよくなる。

障害者委員会 Commission on Persons with Disabilities（☎586-8121🏠919 Ala Moana Blvd, Room 101, Honolulu, HI 96814）は、「アロハ・ガイド・トゥー・アクセサビリティ Aloha Guide to Accessibility」を配布している。車イス使用者のための詳しい旅行ヒントや、一般的な情報が掲載され、主な島の空港へのアクセスなどが説明されている。このガイドは無料で、郵便またはオンライン（🅦www.hawaii.gov/health/dcab）から請求できる。

アクセシブル・バンズ・オブ・ハワイ Accessible Vans of Hawaii（☎871-7785、800-303-3750🏠296 Ahamaha St, Kahului, HI 96732）では、バリアフリーの宿泊施設の予約とアクセシブル・バンのレンタルを行っており、オアフ島とマウイ島で障害者のためのアクティビティを企画する。

障害者旅行改善協会 Society for the Advancement of Travel for the Handicapped（SATH）（☎212-447-7284🅦www.sath.org🏠347 Fifth Ave, Suite 610, New York, NY 10016）は、アメリカ本土にある団体で季刊誌を出しており、障害者の旅行に役立つインフォメーションパンフレットもいろいろ用意している。

高齢の旅行者へ

ハワイは退職者に人気の旅行先であり、老人割引がたくさんある。適用年齢も徐々に下がっている。

たとえば、ハワイ最大のホテルチェーン、アウトリガーでは50歳以上の人すべてに一律20％引きを適用、**全米退職者協会（AARP）**の会員には通常さらに5％の割引をする。この種の割引はほかのホテルにもあるので、忘れずに尋ねる。

エルダーホステルの学習ホリデーの情報もハワイへのアクセスのツアーにある。

子供連れの旅行者へ

ハワイには子連れの家族が楽しめるものがたくさんある。ビーチと各種の水上スポーツ以外に、ハワイには野外活動の機会がたくさんあり、いろんな年齢の子供の喜ぶ観光スポットがある。

小さい子供連れの旅を成功させるには計画と努力が必要だ。盛り沢山にしないこと。大人でさえ、限られた時間にたくさん詰め込むと問題が起きる。旅行の計画を立てるときに子供にも参加させる。どこに行くかを決めるのを手伝っていれば、そこに着いたとき、より興味深く感じられるだろう。

ロンリープラネットの「子連れ旅行 Travel with Children（英語）」には貴重な旅のヒント、おもしろい旅のエピソードなどが詰まっている。

知っておきたい組織

ハワイ州公園局 Division of State Parks（☎587-0300 🅦www.hawaii.gov/dlnr/dsp/dsp.html🏠PO Box 621, Honolulu, HI 96809）キャンプ情報や各公園の簡単な紹介などを載せたハワイ州立公園に関する無料のパンフレットを配布。

シェラクラブ Sierra Club（☎538-6616 🅦www.hi.sierraclub.org🏠Box 2577, Honolulu, HI 96803）ガイド付きハイキングの実施やトレイルのメンテナンス、ハワイ各地の自然保護事業に関与。電話するとハイキング実施予定の録音が聞ける。シェラクラブの活動に関するそのほかの情報は手紙を書くかホームページを見る。

アース・ジャスティス法廷闘争資金 Earthjustice Legal Defense Fund（☎599-2436🅦www.earthjustice.org🏠223 S King St, 4th floor, Honolulu, HI 96813）は、法廷闘争を通してハワイの壊れやすい自然を守るために主要な役割を果たしている。

ネイチャー・コンサーバンシー・オブ・ハワイ Nature Conservancy of Hawaii（☎537-4508 🅦www.tnc.org🏠923 Nuuanu Ave, Honolulu, HI 96817）ハワイのもっとも危機に瀕した生態系を土地の取得を通して保護し、土地所有者に対しては長期契約で土地の保護管理を行っている。ガイド付きハイキングを保護区の幾つかで行っており、中でもモロカイ島のカマコウ Kamakou、マウイ島のハレアカラ地域のワイカモイ Waikamoi が有名。

全米自動車協会 American Automobile Association（AAA）（☎593-2221🅦www.aaa-hawaii.com🏠1270 Ala Moana Blvd, Honolulu）ハワイオフィスはホノルルにあり、AAA会員に対して、ホノルルとハワイの詳細な道路地図を含めたハワイの自動車旅行に関する情報を提供する。会員はレンタカー、航空券、幾つかのホテルや観光アトラクションの割引も受け

ストロング・カレント
（強い潮流）

マン・オー・ウォー
（カツオノエボシ＜電気クラゲ＞）

シャープ・コーラル
（鋭いサンゴ）

ハイサーフ
（高波）

デンジャラス・ショアブレーク
（岸近くまたは岸で砕ける危険な波）

ウェーブ・オン・レッジ
（岩礁上の高波）

られる。会員対象の緊急時の道路サービスとレッカーは☎800-222-4357まで。

　ハワイに来る前にアメリカ本土でAAAに加入するには☎800-564-6222に連絡する。会費は州によって異なるが、だいたい1年目は＄60、2年目以降＄45だ。

図書館

ハワイ州は州全体に公共図書館のネットワークがあって50近くの分館がある。ハワイの図書カードを申請すると旅行者も本を借りることができる。3カ月有効で＄10のビジターカードはその場で発行可能である。総合的なシステムなので、作ったカードがすべての分館で使えるだけでなく、借りた本を別の島の分館で返すこともできる。

　大部分の分館にはハワイに関する充実したセクションがあり、文化、歴史、動植物相に関する本がたくさんある。また、ハワイの日刊紙とウォールストリートジャーナルやUSAトゥディなどアメリカ本土の新聞を置いている所も多い。

　ハワイの公共図書館を利用したインターネットについては、本章で前出のeメール＆インターネットを参照。

治安・トラブル

海の安全

ハワイの旅行者の主な死亡原因は溺死である。毎年平均50人が溺れて死んでいる。

水の状態がよく分からないときは誰かに聞く。ライフガードが近くにいなければ、地元のサーファーがたいてい教えてくれる。彼らにしても、あとで水から引っ張り出す事態になるより、初めに水の状態を教えておくほうがいいからである。よく知らない場所では1人で泳がないのが一番だ。

ショアブレーク　波のうねりが急に深い所から浅い所へ行くと、岸近くや岸でブレークする波が生じる。数フィートの高さの場合は新米のボディーサーファーでもたいていは大丈夫だが、それ以上波が高くなった場合は経験を積んだボディーサーファーでないと危険だ。

　大きなショアブレークは下向きにたたきつける力で強く打つことがある。ふつうは、骨折、首のけが、肩の脱臼、息切れなどが起こるが、水にさらわれた場合は溺れる可能性もある。

リップカレント（離岸流）　リップすなわちリップカレントは、浅い海岸近くから沖に向かって流れる速い水流だ。波が高いときに起こりやすく、寄せて来る波の水が岸近くにたまるとリップが生じる。原理的には寄せる波が引く波より早く来るためである。

　岸近くまで来た水は水路や岬など沖に流れることのできる場所まで海岸線に沿って流れる。泳いでいる人がこの水流に巻き込まれると深い所まで運ばれることがある。

　リップは強力であるが、沖合50～100ヤード（約45～90m）で消える。巻き込まれた場合は流れが力を失うまでついていくか、海岸と並

アンダートウ（引き波）

急斜面のビーチによく起こるアンダートウは、大きな波が返すときに、押し寄せて来る波に直接ぶつかって起こる。沖に向かう水流は斜面を下るにつれて速度を増す。寄せて来る波に当たるとその下にもぐりこみ、アンダートウが生じる。アンダートウに巻き込まれた水泳中の人は水中に引き込まれることがある。パニックにならないことがもっとも肝心だ。流れに身を任せて波の向こうに出るのを待つ。

行して泳いで流れから抜け出ることである。リップカレントに逆行して泳ごうとすると、体力のある泳ぎ手でも消耗してしまうことがある。

ローグ・ウェーブ（異常波浪）

海に背中を向けないこと。波は同じ高さ同じ強さでいつも来るとは限らない。異常に高い「ローグ・ウェーブ」がオアフ島のハナウマ・ベイHanauma Bayの周りのような海岸の岩礁地帯や、カウアイ島のルマハイLumahaiのようなビーチに押し寄せることがある。長い年月の間、数え切れない人々がこれらのビーチから波にさらわれている。

満潮時および嵐や波が高いときには特に注意する必要がある。

見えないからとローグ・ウェーブの存在を信じない人もいるが、いつも見えるとは限らないところが危険なのだ。

サンゴ

サンゴによる怪我は泳いでいる人が荒い波やうねりでサンゴに押し付けられたときに起こる。浅いサンゴ礁でシュノーケリングをするときはダイビング用の手袋をするとよい。また、サンゴ礁の上は歩かない。足を怪我するだけでなく、サンゴ礁も傷める。

クラゲ

水に飛び込む前にはクラゲがウヨウヨしていないかを確かめる。袋のような体と人を刺す触手を持つゼリー状の生き物であるクラゲはハワイでよく見られる。満月の8～10日後にワイキキなど浅い海岸近くの水にやって来たものを見かけることが多い。

クラゲは太陽の下は好きではなく、日が昇って暑くなると、浅い水から移動するので、ビーチに行く人がクラゲに遭遇するのは朝が多い。クラゲに刺された痛みは穏やかなものから激しい痛みまでいろいろで、クラゲの種類による。クラゲの毒にアレルギーのある人でなければ、危険ではない。

カツオノエボシ（電気クラゲ）

カツオノエボシの体は透明な青みがかった袋のような浮きになっていて、ハワイでは通常4～5インチ（約10～13cm）の長さに育つ。地元では「ブルーボトル」として知られているが、ウィンドワードコーストで特に嵐のあとに多い。

カツオノエボシに刺されると非常に痛く、ミツバチに刺されたときに似ているが、多数の刺細胞をもつ触手が束になっているので1回以上刺される可能性が大である。浜辺に打ち上げられて数時間経ったものを触っても刺されることがある。刺されたらすぐ触手を取り除き、パパイヤから抽出したパパインを含む調理用のミート・テンダーライザーをつけて毒を中和する。なければ尿でもよい。胸の痛みまたは呼吸困難など、重大な症状が出たときは直ちに医師の治療を受ける。

魚の刺し傷

ハワイの海で有毒な生物に出くわす確率は低い。しかし、スコルピオンフィッシュやライオンフィッシュを見分けなければいけない。これらは近縁種で、触ると背中の棘で毒を注入する。両方とも浅い水の中にいることもある。

ハワイアン・ライオンフィッシュは育つと長さ10インチ（約25cm）ぐらいになるが、橙と白の縞模様の体と羽のように見える毒のある付属器官があって非常に美しい。サンゴ礁の間を特に夜、ゆっくりと泳ぐ習性がある。スコルピオンフィッシュは見た目の派手さはなく、棘は短く目立たないが、体長6インチ（約15cm）で海底や岩棚の上にじっとしている習性がある。

いずれに刺されても鋭い焼けるような痛みのあと、その部分が無感覚になって、吐き気、頭痛が起こる。刺された部分を我慢できる程度の熱い湯に直ちに入れ（しびれた部分をやけどさせないように注意）、医師の手当てを受けに行く。

コーンシェル（イモガイ）

コーンシェルは中身が空になっていると確信できない限り、触らないこと。生きたコーンシェルを安全に触る方法はない。殻の中から長いモリのような部分を殻の上のどこにでも伸ばして、痛い刺し傷を与える。傷を熱い湯につけて直ちに医師の手当てを受ける。

テキスタイルコーンシェル（タガヤサンミナシガイ）は殻が茶色のダイヤモンド形や三角形で飾られている美しい貝だが、特に毒性が強く、極端な場合には刺されただけで死ぬこともある。

ウニ

ワナすなわちトゲトゲのウニは長く折れやすい棘をもち、皮膚を刺すと折れ、灼熱感としびれを起こす。棘から毒が入って感染

が起こることがある。棘はピンセットを使うか刺された部分を湯にひたして抜くこともできるが、ひどい場合には外科的に除去する必要がある。

ウツボ プヒすなわちウツボ（モレイイール）はサンゴ礁やサンゴ塊のあたりでシュノーケリングをするとよく見かける。ウツボはエラに水を送るために常に口を開けたり閉めたりしているので、実際よりもずっと獰猛に見える。

ウツボは人を攻撃しないが、人がウツボの隠れているサンゴ礁の穴や裂け目に指を差し込んだりすると、追い詰められたと感じて自己防衛行動に出る。ウツボは鋭い歯と強いアゴをもち、手を突っ込むと噛み付かれることがある。

サメ ハワイの海域には35種類以上のサメがいる。その中には攻撃性のないジンベイザメ（ホエールシャーク）やウバザメ（バスキングシャーク）が含まれ、体長50フィート（約15m）にもなることがある。ハワイの海には魚が豊富にいるので、ハワイのサメはお腹がいっぱいで、ほとんどは人に危害を加えない。

サメは好奇心が旺盛で、時にはダイバーを調べに来る。しかし、たいてい確かめただけで行ってしまう。もし、その辺にサメがとどまるようになれば、立ち去ったほうが賢明だ。

めったに遭遇することのないホホジロザメ（ホワイトシャーク）を除き、ハワイの海でもっとも危険なのはイタチザメ（タイガーシャーク）だ。平均体長は20フィート（約6m）で体側に縦の縞がある。イタチザメは好き嫌いがなく、海に浮かんだサーフボードなどの木材でさえ食べてしまうことが知られている。

サメと出くわしたら素知らぬふりで静かに立ち去る。パニックにならないこと。サメは速く動くものに引きつけられる。

海の専門家の中にはサメが攻撃してきたときに、鼻をたたいたり、指を目に突っ込んだりすることをすすめている人がいる。サメが驚いている間に逃げるというものである。サメのいる海に潜るときにこん棒を持っていくダイバーもいる。

濁った水を避ける。大雨のあとはサメが河口を昇ってきたり、河口付近にいたりすることがある。

サメは血に集まる。人を襲った中には、ヤスによる魚採りの際に起こったものがある。突いた魚と寄って来たサメの間に人が巻き込まれてしまうのだ。サメはまた、光るものと鮮やかな赤や黄色に寄って来る。水着の色を選ぶときに役立つかもしれない。

しかし、サメと不幸な出合いかたをするのは非常にまれである。ハワイ大学のシー・グラント・カレッジによれば、ハワイでは1900年〜1990年の間に何もしないでサメに襲われた例は約30件しか知られていない。このうち、襲われた人の3分の1が死亡した。近年、サメの数とサメの攻撃の報告数が増加しており、現在では1年に3件の割で襲われている。

津波 ハワイでは津波は珍しいが、来たときには重大な被害が起こる。

津波は地震、台風、火山爆発などで生じる。ハワイを襲った最大の津波は1946年のもので、アリューシャン列島で起こった地震の結果であった。波の高さは約55フィート（約17m）に達し、村々が洗い流され159人が亡くなった。そのとき以来、ハワイは新しい津波警報システムを導入し、ハワイ各地の電柱に取り付けた黄色いスピーカーから警報が流される。毎月最初の平日の11:45に約1分間鳴らして設備のテストを行っている。

太平洋の反対側で起こった津波はハワイまで何時間もかかるが、ハワイの中の地震や火山の噴火で起こることもある。これらに関しては警報が間に合わないかもしれない。引っくり返らないように何かをつかむほどの地震のときは自然の津波警報と考えたほうがいい。もし、そのとき低い海岸地帯にいたら、直ちに山のほうに逃げよう。

ハワイの電話帳の前についている津波浸水地図には、被害を受けやすい地域と安全な地域が示されている。

盗難・暴力

ハワイはだいたいにおいて比較的安全な場所である。しかし、ハワイは駐車中のレンタカーを対象にした車上狙いが多いことで有名だ。車上狙いをする人々はプロで、数秒でトランクを開けたり、カギをはずしたりして貴重品に到達する。さらに、人気のない場所に車を残して長いハイキングに出かけた場合のみならず、人目があるから安全だと思え込んだ駐車場に停めた場合にも窃盗は起こる。

車から離れるときは貴重品を絶対に置いていかないのが賢明だ。何かの理由でどうしても仕方のないときは駐車する場所に到着する前に、外から見えない所に物を隠す。

車上狙い以外に旅行者が遭遇する面倒の大部分は酔っ払いである。夜のビーチや、若者が酒を飲みに集まるような場所では雰囲気に注意する。

全体的に見て、ハワイでは暴力犯罪の発生はアメリカ本土の主要都市より少ない。しかし、旅行者をよく思わない人もおり、ハワイに流入してくる人もいる。オアフ島はほかの島より犯罪率が高い傾向がある。

緊急のとき

警察も火事も救急車も同じ**ホットラインhotline**☎911である。ハワイの電話帳の表紙見返しには、毒物管理センター、沿岸警備隊、自殺ホットライン、緊急時相談ラインなど、そのほかの重要なサービスの電話番号が載っている。

パスポートをなくした場合はホノルルにある自国の領事館に連絡する。電話帳のイエローページに領事館の電話番号のリストが掲載されている（本章で前出のハワイの領事館も参照）。紛失・盗難のトラベラーズチェックの再発行は**アメリカン・エキスプレス**☎800-221-7282（日本語対応）または**トーマスクック**☎800-287-7362のホットラインに連絡する。そのほかの盗難の場合は保険で請求するつもりなら、必ず警察に連絡して盗難レポートを作ってもらう。

違法行為

ハワイで逮捕されたら、逮捕時から裁判まで弁護士をつける権利がある。また、弁護士を雇う費用がなければ、州が無料で1人つけてくれる。弁護士を雇いたいときは**ハワイ州弁護士会 Hawaii State Bar Association**（☎537-9140）で紹介してくれる。外国人の場合は自国の領事館に電話してアドバイスを得たい場合も考えられる。

ハワイの飲酒年齢は21歳だ。自動車の車内に開封したアルコールのビンを入れておくことは違法であり、公園やビーチでの飲酒も違法である。

飲酒運転は重大な犯罪であり、運転手は捕まれば厳しい罰金刑や刑期などに直面することになる。ハワイでは血中アルコール濃度が0.08％以上で運転していた人は「アルコールの影響下で」運転していたとして、運転免許証をその場で取り上げられる。その後の刑罰の軽重は運転歴によるが、これが初めての違反であったとしても、一律90日の免許停止、アルコール乱用カウンセリング、2～5日間の刑務所入所、$1000以下の罰金などが待っている。

ほかの多くの場所と同じく、ハワイでも医師の処方した以外の麻薬やマリワナ（パカロロ）の所持は違法である。米国税関はドラッグに関して許容度ゼロの方針であり、連邦当局は微量のマリファナを船内で発見しただけでも船舶を没収してしまうことで知られているので、注意すること。

消費者問題では**ハワイ州の商業・消費者問題局 Department of Commerce & Consumer Affairs**が情報を録音で聞ける便利な消費者ホットライン（☎587-1234）を設け、返金や交換、タイムシェアの契約、レンタカーなどについての消費者の権利に関する情報を提供している。

営業時間

ハワイの営業時間は30分前後の差はあるが、通常、月～金曜 8:30～16:30である。街の中心やモールにある店と大規模なチェーンストアは夜や週末も通常開いており、食料品店の中には24時間営業のものもある。

祝日・年中行事

文化の多様性と1年中快適な気候により、ハワイには多種多様な無数の祝日やフェスティバル、イベントがあるようだ。以下のリストにはそのうちのわずかなハイライトだけを示した。

行事の日程は年によって多少変わるので、正確な日付はその地域の新聞や観光局で確かめる。水上スポーツの行事は特に天候と波の状態に左右されるので、スケジュールは流動的である。

1月

元旦 New Year's Day　元日前夜の大晦日には大きな街やリゾートで花火がある。

メルセデス・チャンピオンシップ Mercedes Championship　マウイ島カパルアのプランテーション・ゴルフ・コースPlantation Golf Courseで1月初めに行われ、PGAツアーの幕開けとなる。

ハワイ・ソニー・オープン Sony Open in Hawaii　このPGAツアーゴルフトーナメントはオアフ島のワイアラエ・カンツリー・クラブWaialae Country Clubで1月初旬に開かれる。

旧正月 Chinese New Year
　このフェスティバルは冬至のあとの2回目の新月（1月中旬～2月中旬）のときにライオンダンスや爆竹の音と共に始まる。ホノルルのチャイナタウンが中心であるが、ラハイナLahainaのウィン・ホー寺院Wing Ho Templeでも行事がある。

フラ・ボウル Hula Bowl　伝統的な全米大学オールスター東西対抗フットボールゲームであるフラ・ボウルは、マウイ島の戦争記念スタジアムWar Memorial Stadiumで1月の土曜日に行われる。

カ・モロカイ・マカヒキ Ka Molokai Makahiki　昔のマカヒキ（冬の収穫祭）の現代版はモロカイ島のカウナカカイKaunakakaiで1月中旬に開かれる。この1週間続くお祭りの呼び物は、ハワイの伝統的なゲームやスポーツのトーナメント、アウトリガーカヌーによる釣り大会、ハワイアンミュージックとフラダンスである。

キング牧師誕生日 Martin Luther King Jr Day　1月

の第3月曜日にある全米の祝日。

シニア・スキンズ・ゲーム Senior Skins Game シニアPGAツアーゴルフトーナメントで、ビッグアイランドのマウナ・ラニ・リゾートMauna Lani Resortで1月下旬に開催される。

アラ・ワイ・チャレンジ・カヌー・フェスティバル Ala Wai Challenge Canoe Festival アウトリガーカヌーのフェスティバルがワイキキのアラワイ運河Ala Wai Canalで1月の第3日曜日に行われる。

2月

NFLプロ・ボウル NFL Pro Bowl 全米フットボールリーグの毎年恒例のオールスターゲームは、オアフ島のアロハ・スタジアムAloha Stadiumで2月の初めに行われる。

桜祭り Cherry Blossom Festival 2月いっぱいから3月initially開かれる日本関係のフェスティバル。茶道のデモンストレーション、餅つき、和太鼓などが披露される。催しはオアフ島が中心。

ハワイアン・レディース・オープン Hawaiian Ladies Open このPGAツアーゴルフトーナメントは、オアフ島のカポレイ・ゴルフ・コースKapolei Golf Courseで2月中旬に行われる。

大統領の日 Presidents Day 全米的な祝日で2月の第3月曜日にある。

グレート・アロハ・ラン Great Aloha Run アロハタワーAloha Towerからアロハ・スタジアムまで8.2マイル(約13km)の毎年好評のファンランは大統領の日に行われる。

3月

ホノルル・フェスティバル Honolulu Festival 3月の2回目の週末に開かれるこのフェスティバルでは演劇、ストリートパフォーマンス、タコ作り、日本の踊り、ワイキキの街のパレードなどがある。

セント・パトリックス・デー St Patrick's Day 3月17日のセント・パトリックス・デーにはワイキキのカラカウア・アベニューKalakaua Aveでパレードがある。

プリンス・クヒオ・デー Prince Kuhio Day 3月26日は、ハワイ初の米連邦議会議員となったジョナ・クヒオ・カラニアナオレを記念するハワイ州の祝日。彼の故郷のカウアイ島では、カヌーレース、音楽、踊りなど1週間にわたって行事が続く。

イースト・マウイ・タロ・フェスティバル East Maui Taro Festival 3月の最後の週末に、マウイ島のハナで開かれ、フラダンスやアウトリガーカヌーレース、ハワイの伝統料理が楽しめる。

イースター Easter このキリスト教の祝日は3月または4月にあり、イースターサンデーの前の金曜日であるグッドフライデーには店を閉めるところが多い。

メリー・モナーク・フェスティバル Merrie Monarch Festival ディビッド・カラカウア王にちなんだハワイの伝統を祝うフェスティバルで、ハワイ最大のフラダンスのコンペティションがある。ビッグアイランドのヒロで、イースターサンデーからの1週間行われる。

4月

ウルパラクア・シング The Ulupalakua Thing 4月下旬の土曜日にマウイ島のテデシ・ヴィニヤードTedeschi Vineyardsで開かれる、お祭りのような見本市。マウイ島のトップシェフの面々による料理を食べるチャンスやライブエンターテインメントがある。

インターナショナル・ベッド・レース International Bed Race オアフ島で行われる風変わりな車輪付きベッドの競走で、4月下旬にカラカウア・アベニューをカピオラニ公園Kapiolani Parkまで走る。

5月

メーデー May Day 5月1日にはみながレイを首にかける日。ハワイではレイ・デーとして知られる。幾つかの島ではレイ作りコンペティションが開かれ、オアフ島ではカピオラニ公園でレイ・クイーンを選ぶ。

ダ・カイン・クラシック Da Kine Classic マウイ島のホオキパ・ビーチHookipa Beachで5月の初めにある世界のトップクラスのウインドサーフィン大会。

モロカイ・カ・フラ・ピコ Molokai Ka Hula Piko モロカイ島で5月中旬の1週間にわたり続くフェスティバル。伝統のフラダンス、ハワイ料理、伝統文化のデモンストレーション、聖地の見学などでフラダンスの誕生を祝う。

モロカイ・チャレンジ Molokai Challenge 5月下旬に行われる32マイル(約52km)のカヤックレース。コースはモロカイ島のカルアコイ・リゾートKaluakoi Resortから難しいカイウイ海峡Kaiwi Channelを横切って、オアフ島のココ・マリーナKoko Marinaまで。

ケアウホウ・コナ・トライアスロン Keauhou-Kona Triathlon ビッグアイランドのケアウホウ・ベイKeauhou Bayをスタートする過酷なレース(鉄人レースの半分)には、56マイル(約90km)の自転車競走、13マイル(約21km)のマラソン、12マイル(約19km)の水泳が含まれる。レースは5月の最終日曜日に行われる。

メモリアル・デー Memorial Day 5月の最終月曜日は、戦争で亡くなった将兵を悼む全米的な祝日である。

フィフティース・ステート・フェア 50th State Fair 5月の下旬から6月にかけて週末4回をはさんで、オアフ島のアロハ・スタジアムで続けて開催される催し。各種の展示以外にゲームや子供の乗り物も出る。

6月

パン・パシフィック・フェスティバル Pan-Pacific Festival 6月の最初の週末に開かれる日系アメリカ人のお祭りで、マーチングバンド、扮装したパフォーマーそのほかのエンターテインメントがホノルルの街の中で繰り広げられる。ワイキキのカピオラニ公園までのパレードもある。

キング・カメハメハ・デー King Kamehameha Day 6月11日またはその頃の週末にあるハワイ州の祝日で、ハワイ各地で行事がある。オアフ島ではカメハメハ王の銅像をレイで飾る儀式があり、ホノルルのダウンタウンからカピオラニ公園までのパレードも行われる。ビッグアイランドでは王の故郷カパアウKapaauにある銅像にも同じようにレイがかけられる。

キホアル Kihoalu ハワイアン・スラッキー・ギターのフェスティバルで、マウイ・アーツ＆カルチュラル・センターMaui Arts & Cultural Centerで6月半ばに行われる。

キング・カメハメハ・フラ・コンペティション King Kamehameha Hula Competition これはハワイ有数のフラダンスのコンテストで、ホノルルのブレイスデル・センターBlaisdell Centerで7月の終りに開かれる。

7月

ハワイ・インターナショナル・ジャズ・フェスティバル Hawaii International Jazz Festival 7月中旬に4夜連続でホノルルのハワイ・シアターHawaii Theatreで開催される。地元およびアメリカを代表するジャズミュージシャンが出演する。

プウホヌア・オ・ホナウナウ・カルチュラル・フェスティバル Puuhonua o Honaunau Cultural Festival ビッグアイランドのプウホヌア・オ・ホナウナウ国立歴史公園Puuhonua o Honaunau National Historical Parkで行われる催し。ロイヤルコートと呼ばれる昔のハワイ王朝の人々の再現や、網で魚を取るフキラウ、フラダンス、そして伝統工芸の展示などがある。7月1日頃の週末に行われる。

独立記念日 Independence Day 7月4日の全米挙げての祝日にはハワイ中で花火や数々の行事がある。

ロデオ Rodeos ハワイスタイルのロデオが7月4日に2カ所で開かれる。1つはビッグアイランドのワイメアWaimeaで、ハワイ最大の牛の牧場パーカー・ランチParker Ranchの後援で行われる。もう1つはマウイ島のマカワオMakawaoで行われる。

トランスパシフィック・ヨット・レース Transpacific Yacht Race 奇数年の7月4日には南カリフォルニアをスタートしてホノルルまでの10～14日かけたヨットレースが行われる。このレースは1世紀近くにわたって続いている。

プリンス・ロト・フラ・フェスティバル Prince Lot Hula Festival オアフ島のモアナルア・ガーデンMoanalua Gardensで7月の第3土曜日に行われ、ハワイの主要なフラダンススクールからコンテスト出場者が集まる。

キラウエア・ボルケーノ・ワイルダネス・マラソン＆リム・ラン Kilauea Volcano Wilderness Marathon & Rim Runs ビッグアイランドのハワイ火山国立公園Hawaii Volcanoes National Parkで7月下旬に行われるレース。キラウエア火山Kilaueaの縁を走る10マイル（約16km）レース、キラウエア・イキ・クレーターKilauea Iki Craterへの5.5マイル（約8.9km）レース、カウ砂漠Kau desertを横切る約26.2マイル（42.195km）のフルマラソンがある。世界中から人が集まる。

8月

お盆 Obon 7月と8月にハワイ各地で行われ、日本の盆踊りにより先祖の霊を慰める。8月15日のアラワイ運河での灯籠流しで幕を閉じる。

キ・ホアル・フェスティバル Ki Hoalu Festival アラモアナ・ビーチ公園Ala Moana Beach Parkで開かれる無料のコンサート。ハワイの一流スラックキーギター奏者も出演する。

ハワイアン・インターナショナル・ビルフィッシュ・トーナメント Hawaiian International Billfish Tournament 世界一のカジキ釣りコンテストがビッグアイランドのカイルア・コナで開催される。通常8月の初めから2週間続き、パレードや楽しい催しもある。

オレ・ロングボード・クラシック Ole Longboard Classic マウイ島のロングボードサーフィンのメインイベントで8月中旬にラウニオポコ海浜公園Launiopoko Beach Parkで行われる。

アドミッション・デー Admission Day ハワイ州の祝日で、8月の第3金曜日にハワイが合衆国の州となったことを記念して祝う。

9月

レーバー・デー Labor Day 全米的な祝日で9月の第1月曜日。

アロハ・ウィーク Aloha Week ハワイに関したことすべてを祝う催し。パレード、文化行事、コンテスト、カヌーレース、ハワイアンの演奏などがある。各島により9月中頃から10月初めにわたっていろいろな行事が行われる。

ナ・ワヒネ・オ・ケ・カイ Na Wahine o Ke Kai ハワイにおける毎年恒例の主要な女子アウトリガーカヌーレースで、モロカイ島のカルアコイで日の出にスタートし、40マイル（約64km）離れたワイキキのフォート・デラッシー・ビーチFort DeRussy Beachで終わる。9月末に開かれる。

ハレアカラ・ラン・トゥ・ザ・サン The Haleakala Run to the Sun マウイ島の36.2マイル（約58.2km）

のウルトラマラソン。海抜０ｍのパイアPaiaを夜明けに出発してハレアカラの頂上まで10000フィート（約3000m）を登る。通常、9月の終りまたは10月初めに行われる。

- **コロンブス・デー Columbus Day** 全国的な祝日で10月の第2月曜日にある。
- **ナ・モロカイ・ホエ Na Molokai Hoe** ハワイにおける中心的な男子アウトリガーカヌーレース。レースではモロカイ島を日の出直後にスタートし、ワイキキのフォート・デラッシー・ビーチに約5時間で到着する。オーストラリア、ドイツ、アメリカ本土から参加のチームがハワイのチームと競う。1952年に第1回が開かれて以来、毎年恒例で10月初めに開かれる。
- **鉄人トライアスロン Ironman Triathlon** 究極の耐久レースと多くの人がみなすこのトライアスロンは、世界で最初に始められ、今なお世界でもっとも知名度が高い。2.4マイル（約3.9km）の水泳、112マイル（約180km）の自転車レース、約26.2マイル（42.195km）のマラソンを行う。10月の満月に近い土曜日に、ビッグアイランドのカイルア・ピアKailua Pierをスタートし、ここへ戻る。
- **プリンセス・カイウラニ・コメモレーション・ウィーク Princess Kaiulani Commemoration Week** 10月の第3週は、ハワイの最後の王女を記念してフラのショーやそのほかのイベントがワイキキで行われる。
- **コナコーヒー・カルチュラル・フェスティバル Kona Coffee Cultural Festival** パレード、コーヒー摘みコンテスト、伝統文化の催しなどが1週間続く。ビッグアイランドのカイルア・コナで10月の終りまたは11月の初めに開かれる。
- **エクステラ・ワールド・チャンピオンシップ Xterra World Championship** オフロードのトライアスロン。ハレアカラの斜面を上がる30kmの自転車レース、11kmのトレイルラン、そして1.5kmの遠泳がある。マウイ島で10月の半ばから下旬に行われる。
- **アロハ・クラシック・ワールド・ウィンドサーフィン・チャンピオンシップ Aloha Classic World Windsurfing Championship** プロボードセーリング協会の世界ツアー最後のイベントで、世界のトップ選手が多く集まる。コンテストはマウイ島のホオキパ・ビーチHookipa Beachで10月下旬と11月初めに行われる。

11月

- **エレクション・デー Election Day** 選挙のある年には、11月の第2火曜日はハワイ州の祝日である。
- **復員軍人の日 Veterans Day** 11月11日は、兵役に就いた人々に敬意を払う全米的な祝日である。
- **PGAグランド・スラム・オブ・ゴルフ PGA Grand Slam of Golf** このチャンピオンシップはカウアイ島のポイプPoipuで11月中旬にプレイオフする。
- **ハワイ国際映画祭 Hawaii International Film Festival** 環太平洋およびアジアの国々から集まった約175本の映画がハワイ各地の映画館で上映される。映画祭は11月半ばにオアフ島で始まり、翌週にはほかの島へと続く。
- **カ・フラ・レア・フェスティバル Ka Hula Lea Festival** ハワイ州全体から集まるフラダンスのフェスティバル。11月中旬にビッグアイランドのワイコロアWaikoloaで開催される。
- **トリプル・クラウン・オブ・サーフィン The Triple Crown of Surfing** この3つのプロ競技会では世界のトップサーファーがオアフ島のノース・ショアNorth Shoreにやって来る。イベントは11月に始まり12月まで続き、日程は波まかせである。
- **感謝祭 Thanksgiving** 11月の第4木曜日に祝う全米的な祝日。

12月

- **真珠湾記念日 Pearl Harbor Day** 日本がオアフ島を攻撃した12月7日には、USSアリゾナ記念館USS Arizona Memorialで特別式典が執り行われる。
- **ボーディ・デー Bodhi Day** 12月8日は仏陀が悟りを開いた日で、各地の仏教寺院で儀式が行われる。
- **ホノルル・マラソン Honolulu Marathon** アメリカ第3番目の規模を誇るマラソン。12月の第2日曜日にアロハタワーからカピオラニ公園までの約26マイル（42.195km）のコースで競う。
- **クリスマス Christmas Day** 12月25日は全米的な祝日だ。クリスマスを祝うさまざまな行事やクラフトショーがハワイ各地で12月を通して開かれる。

各種教室

各種コースの開催が盛んなのはハワイ大学（UH）だ。メインキャンパスはオアフ島のマノアManoaにあり、ビッグアイランドのヒロに小さいキャンパスがある。ハワイ大学には全日制コースとサマーコースの両方がある。学部のコースに関するインフォメーション問い合わせ先は、**入学・成績オフィス Admissions & Records Office**（☎956-8975、⌂2600 Campus Rd, Room 001, Honolulu, HI 96822）、大学院コースのインフォメーション問い合わせは、**大学院 Graduate Division**（☎956-8544⌂Spalding Hall, 2540 Maile Way, Room 354, Honolulu, HI 96822）へ。

通常6週間ずつの学期2回からなるサマーコースのカタログ請求先は、**サマーコース事務局 Summer Session office**（☎956-5666、⌂2500 Dole St, Krauss Bldg, Room 1001, Honolulu, HI 96822）から。

基本情報 − 仕事

仕事

アメリカ市民はほかの州と同様にハワイで仕事に就くことができる。観光目的でアメリカに入国した外国人の就職は法律で禁止されている。

アメリカで起こった9月11日のテロによりハワイ経済はかなり低調であり、就職状況はそれほど明るくない。産業の大部分はサービス業関連であり、従業員の多くは最低賃金程度で雇用されている。旅行者の仕事はウェイター、ウェイトレスが普通であるが、若くてエネルギーがあれば、レストランやクラブでの仕事の機会はある。

もし、もっと本格的な「専門職」を希望しているなら、ハワイの労働市場は多様な産業を欠いているうえ、労働者の流動性が低く参入が難しいとされていることに留意を。専門職の空きが出ると、通常、ハワイに長く住んでいる人が採用されている。

インターネットでは、「ホノルル・アドバタイザー」紙の「ヘルプ・ウォンテッド」欄の出ている**w**www.honoluluadvertiser.comが役に立つ。

ハワイの詳しい就職情報は、**ハワイ州労働・労働問題局 State Department of Labor & Industrial Relations** （☎586-8700、830 **w**dlir.state.hi.us🏠830 Punchbowl St, Honolulu, HI 96813)

宿泊

ハワイには多種の宿泊施設がある。B&B（ベッド&ブレックファスト）、ホテル、コンドミニアムなどで、料金もいろいろである。ユースホステルや州立公園のキャビンも数は少ないが、かなり安く泊まれる。

ワイキキではコンドミニアムよりホテルのほうがずっと多いが、キヘイKiheiとコナでは逆転する。ほかの主要な観光地ではホテルとコンドミニアムの数はだいたい等しい。

ハワイ州全体では、ホテルおよびコンドミニアムの客室は75000室以上に及ぶ。オアフ島の宿泊施設は、旅行者の宿泊施設がハワイ中でここにしかなかった20年前には州内の75％を占めていたが、現在はほかの島での開発がフルスピードで進んでいるため、50％となっている。

ハワイの宿泊施設の中にはハイシーズンとローシーズン（ピークシーズンとオフシーズンとも呼ばれる）で料金の違うところがある。ハイシーズンは通常、冬の期間（12月15日～3月31日）である。冬には需要が最大となり、安めに料金を設定した、特に規模の小さなホテルやコンドミニアムはずっと先から予約でいっぱいになる。ローシーズン（4月～12月中旬）には料金が下がり、予約なしで好みの宿泊施設に泊まれる確率が高くなる。

もし、子供連れで旅行するなら、B&B（ベッド&ブレックファスト）や歴史を誇る宿の中には子供を泊めない所があるので注意すること。予約する前に尋ねることが大事。

但し書きのない限り、本書に挙げた料金はシングルとダブルが同料金になる。この料金には宿泊税および販売税の合計11.41％は含まれていない。税はB&Bを含め、すべての宿泊施設の料金に加算される。

予約

予約をすれば希望する日に部屋を確保できるが、予約金が必要なことを覚えておきたい。予約金の送付後、または予約用にクレジットカードの詳細の通知をしたあとは、気が変っても返戻金を受け取るのに条件がある可能性がある。

多くのB&B、ホテル、コンドミニアムは決められた日までにキャンセルの通知をしないと返金しない。ホテルでは3日前までコンドミニアムでは30日前までというのが多いが、これは個々の宿泊施設によって異なる。予約金がまったく返ってこない施設も、予約金の一部が返ってくる施設もある。キャンセルの規則やそのほかの制限について予約金を払う前に理解しておこう。

キャンプ場

ハワイには多数の公営キャンプ場があるが、アメリカ本土にあるキャンプグラウンド・オブ・アメリカ（KOA）タイプの設備の整った私営のものはない。

一般に、国立公園でのキャンプは州立公園より施設がよく、州立公園でのキャンプは郡立公園よりよい。

島内のキャンパーに対しては以前から暴行や多数の窃盗事件が起こっている。暴力事件は大部分のキャンプ場では減少しているが、オアフ島のワイアナエ海岸一帯など荒れた地域のキャンプ場は避けたほうがよい。単独の旅行者、特に女性は十分注意する必要がある。

窃盗に関しては旅行者らしく見えないほうが狙われにくい。貴重品には常に気を配ること。

キャンプする公園が郡立公園の場合は、特に注意深く選ぶ。管理人がいて設備が整いほかのキャンパーもいる所から、道路沿いの宿泊スポットで利用者はたいてい酒を飲むためという所まである。

通常は人口の多い地域から離れるほど問題が起きる可能性は低くなる。泥棒も酔っ払い

もハイキングには強くない。田舎でのキャンプ、だいたいにおいてどの島でも安全である。起こりそうな危険は足首をくじくとか、獲物と人の見分けのつかないハンターや野生のイノシシに遭遇することぐらいである。

以下に挙げた各公園に関する詳しい情報は各島の章にある。

国立公園 ハワイにはキャンプのできる国立公園が2カ所ある。マウイ島のハレアカラ国立公園とビッグアイランドのハワイ火山国立公園である。この2つの公園はハワイでもっともすばらしいキャンプが楽しめる場所だ。ハイキングしてもすばらしい眺めが楽しめる。車で行けるキャンプ場と自然の中のキャンプ場の両方があり、キャンプサイトの数はめったに不足することはない。

州立公園 5つの大きな島の州立公園にはキャンプ場がある。バックパックが必要な自然の中のものから、道路沿いの整備されたものまである。州立公園には管理人がいることが多く、郡立公園より安全だ。

カウアイ島ではコケエKokee、ナ・パリ・コーストNa Pali Coast、ポリハレPolihaleの各州立公園、オアフ島ではケアイワ・ヘイアウKeaiwa Heiau、マラエカハナMalaekahana、サンド・アイランドSand Islandの各州立レクリエーション・エリアおよびカハナ渓谷州立公園Kahana Valley State Park、モロカイ島ではパラアウ州立公園Palaau State Park、マウイ島ではポリポリ・スプリング州立レクリエーション・エリアPolipoli Spring State Recreation Area、ワイアナパナパ州立公園Waianapanapa State Park、ビッグアイランドではカロパ州立公園Kalopa State Park、マッケンジー州立レクリエーション・エリアMacKenzie State Recreation Areaでキャンプができる。

州立公園でキャンプをするには許可証（📖1カ所1泊＄5）が必要。整備されたキャンプ場には通常、ピクニックテーブル、バーベキューグリル、飲用水、トイレ、シャワーがあるが、施設の管理状態はさまざまだ。

1カ所の州立公園での最大宿泊可能日数は5泊。30日を経過しないと同じ公園の新たなキャンプ許可証は発行されない。

許可証の申請には、申込者が18歳以上で、住所・電話番号およびグループの各メンバーのID番号（運転免許証、パスポートなど）が必要。申請はキャンプ開始前の30日以内に行う。先着順で発行されるので、できるだけ早く申請を。計画が変わった場合は必ずキャンセルして、ほかのキャンパーが使用できるようにしよう。

キャンプ許可証は州立公園局のオフィスで扱っている。メインオフィス、**州立公園局Division of State Parks**（☎587-0300📠1151 Punchbowl St, room 131, 郵送先 Box 621, Honolulu, HI 96809📅月～金 8:00～15:30）ではすべての島の予約ができる。
ほかの州立公園オフィスの所在地については各島の章のキャンプを参照。

郡立公園 すべての郡立公園にはキャンプ場があるが、設備はいろいろである。郡立公園の中には、すばらしい白砂のビーチとよい設備のあるものと、役所がトイレを設置して「海浜公園」に変えただけのさしたる魅力のない道路沿い休憩所といったものがある。キャンプができてもキャンプしたいどころか、ビーチを使いたいという気にさえならないこともある。郡立公園のキャンプについての詳細は各島の章を参照。

キャビン

ハワイ州はビッグアイランドのカロパ州立公園、ハプナ・ビーチ州立公園Hapuna Beach State Park、マウナ・ケア州立レクリエーション・エリアMauna Kea State Recreation Area、マウイ島のポリポリ・スプリング州立レクリエーション・エリアとワイアナパナパ州立公園にシンプルなキャビンを設置している。これらの州営のキャビン以外に、営業許可を受けて経営されているキャビンがオアフ島のマラエカハナ州立レクリエーション・エリアとカウアイ島のコケエ州立公園にある。キャビン宿泊の詳細は各島の章を参照。

ユースホステル

ハワイには**国際ユースホステル協会**（HI）加盟ユースホステルが3カ所ある。2カ所はオアフ島にあり、1つはワイキキ、もう1つは数マイル離れたハワイ大学の近くにある。3つ目はビッグアイランドのハワイ火山国立公園に近い小さなユースホステルだ。

それ以外に、ホステルタイプの私営の安く泊まれる宿が近年増えてきている。ほとんどはオアフ島のワイキキにあるが、ほかの島にも幾つかある。ドミトリーベッドは＄20以下で、もっと高い個室がある所も多い。

B&B（ベッド＆ブレックファスト）

ハワイ各地には多数のB&Bがある。普通の家庭の空いた寝室を貸す質素なものからプライバシー重視のロマンチックな隠れ家まで、中には完全に普通の宿泊施設となっているものもある。B&Bは通常＄50ぐらいからで、平均的な料金は＄75に近く、高級なものは＄100～

150である。最低宿泊日数が2泊か3泊のものが多い。1週間以上の宿泊には割引があることもある。B&Bはそれぞれ大きく異なるが、だいたいにおいてハワイではお得な宿泊施設といえる。

ハワイ州には家庭で調理した食事の提供に関して法律による制限があるので、多くのB&Bはコンチネンタルブレックファストしか出さないか、宿泊客が自分で調理できるように食材を用意している。中には公表せずに、調理した朝食を出すところもある。

ハワイのB&Bは小規模で、客室が数室のものが多い。B&Bの主人は昼間は家にいないことが多く、近所や宿泊客を配慮して予約なしの飛び込みを歓迎しない。そのため、B&Bには本書の地図に掲載していない所もある。当日の予約は難しいが、その場合もまず電話をすること。直接訪ねて行かないこと。

本書には直接予約できるB&Bの幾つかを推薦している。そのほかの自宅ベースのB&Bの多くは直接予約を受けず、B&B予約サービスと契約している。これらの代理店の中には一軒家、コンドミニアム、スタジオコテージなどの予約も扱っているものがある。いずれの代理店も事前に少なくとも宿泊料の一部の支払いを必要とし、キャンセル料を取る。以下は定評のある代理店である。

ベッド&ブレックファスト・ハワイ Bed & Breakfast Hawaii (☎822-7771、800-733-1632 📠822-2723 🌐www.bandb-hawaii.com 🏠Box 449, Kapaa, HI 96746) ハワイ州全体をカバーする大きな代理店。

オール・アイランド・ベッド&ブレックファスト All Islands Bed & Breakfast (☎263-2342、800-542-0344 📠263-0308 🌐www.all-islands.com 🏠463 Iliwahi Loop, Kailua, HI 96734) ハワイ各地の民宿の予約。

アフォーダブル・パラダイス・ベッド&ブレックファスト Affordable Paradise Bed & Breakfast (☎261-1693 📠261-7315 🌐www.affordable-paradise.com 🏠332 Kuukama St, Kailua, HI 96734) ハワイ中の手頃な料金のB&Bとコテージの予約。特にオアフ島のものがよく揃っている。

コンドミニアム

コンドミニアムは個人が所有するアパートで、宿泊に必要なものはすべて揃っている。コンドミニアムはホテルの部屋より広く、通常、リビングルームと標準サイズのキッチンがある。洗濯機、乾燥機、ソファベッド、ラナイ（ベランダ）があるものが多い。ホテルと違って大半のコンドミニアムでは毎日の部屋の掃除サービスがない。

フロントデスクを置いてホテル同様に運営しているコンドミニアムもあるが、たいていのコンドミニアムでは代理店を通して予約を取る。長期の滞在や何人かで宿泊する場合には、もっとも安いホテルは別にしてコンドミニアムがたいてい安くつく。しかし、代理店を通して予約するときは3～7日ぐらいの最低宿泊日数が決められており、予約金が必要でキャンセル料が高い。

コンドミニアムでは、週決めまたは月決めの宿泊料になることが多い。一般的に週料金は1泊の6倍、月料金は1週間の料金の3倍である。

コンドミニアムの代理店は通常決まった地域だけを扱うので、各島の章に掲載した。

ホテル

ハワイでもほかの地域と同じく、客室利用率を高めるために、ホテルは正規の標準料金を割り引いて提供することが多い。割引の仕方はホテルによって違い、暇なときに単純に割引料金でお客を増やそうとするものや、大きなチェーンの中には割引の代わりにレンタカーを無料で付けるものもある。ホテルを予約する前にはスペシャルがないかと聞いてみる価値はある。客室とレンタカーのパッケージ料金が「標準」の客室料金を下回ることもある。

自宅近くの旅行代理店でもこれらの特別料金の幾つかを知っていることがあるかもしれないが、もっともお得なものはだいたいにおいてハワイでしか広告されていない。見つけるにはホノルル発行の新聞を見る。日曜日のホノルル・アドバタイザー紙の旅行欄がベストだ。

大半のホテルではどの客室も基本的な造りは同じである。料金は眺めと階数の2つで決まる。オーシャンビューは、ガーデンビューと呼ばれることのある駐車場の見える部屋より50～100%割高となる。階数が上にいくほど料金も上がる。上層階は一般的に静かで、特に交通量の多い道路に面している場合、上層階は静かだ。

本書に記載のフリーダイヤルはアメリカ本土からかける番号で、通常、ハワイからはかからないが、ホテルによっては近隣諸島からはかかることもある。試してみるとよい。

食事

ハワイの食べ物はすばらしい。ハワイに住む多様な民族が多様な料理を生み出した。日本料理、中華料理、スパイシーな韓国料理、ハワイの伝統料理、優れた水準のタイ料理、ベトナム料理などのあらゆる種類が揃っている。

外食に大金をかけることはできるが、そうする必要はない。安くておいしい近所のレストランがどの島にも見つかるからだ。

ハワイにも有名なシェフが経営するいろいろなグルメ専門のレストランが、伝統的なフランス料理を含めて多数ある。これらのレストランの幾つかは最高級ホテルの中にあるが、成功したシェフは自分の店を持つことが多い。

伝統から脱したシェフの多くは「パシフィックリム（環太平洋）」料理とか「ハワイ・リージョン（地域）」料理と呼ばれる料理を専門とする。これはハワイの新鮮な食材を使って、ハワイの多民族性を色濃く反映させたものだ。たとえば、淡水エビのグリルにタロイモのフライドポテトを添えたものや、マグロを中華鍋で炒めて島の野菜を添えたものとか、ジンジャー入りのパッションフルーツソースで食べる北京ダックなどの斬新な組み合わせに象徴される。

どの島でも新鮮な魚が容易に手に入る。シーフードは観光客向けのレストランでは一般的に高いが、近所のレストランでは妥当な値段のことが多い。

フルーツ

ハワイには果物が豊富にある。アボカド、バナナ、ブレッドフルーツ、スターフルーツ、ココナツ、グァバ、ライチ、マンゴー、パパイヤ、パッションフルーツ、パイナップル。甘いカウオレンジはビッグアイランドで栽培されている。

モロカイ島のスイカはハワイ中に有名なので、航空会社は特別な規則を作って、モロカイ島から乗客によって持ち出されたスイカが飛行機の通路を転がるのを防止しなければならなかった。

時には野生の果物がトレイルのそばに実っていることがある。ストロベリーグァバ、普通のグァバ、シンブルベリー（クロミキイチゴ）、マウンテンアップル、メスリープラム、オヘロベリーなどである。

ハワイ料理

特別な行事のときの伝統的なハワイのご馳走は、ルアウ。地域で行われるルアウは現在のハワイにおいても赤ん坊の洗礼式のときなどにまだ広く行われている。これらのルアウは観光用のルアウと違って、昔どおりの精神的な意味をもつ家族の集まりなので、短期の旅行者が招かれるとしたら幸運である。

ルアウのメインコースはカルアピッグだ。これは地面に穴を掘ったイムというオーブンで焼いたもので、火を起こして穴の中の石を熱くしてイムを準備する。石が真っ赤に焼けると水気のしたたるバナナの茎と緑のティーリーフと呼ばれる葉で石を覆う。腹部を開けて熱い石を詰めたブタを穴に入れ、回りにティーリーフとバナナの葉で包んだ食物を置く。この上をさらにティーリーフで覆い、マットを置いて最後に土をのせて熱を封じ込める。このやり方で調理したものはすべてカルアと呼ばれる。

食べ物の量により調理には4～8時間かかる。ホテルのルアウの中にはまだこの伝統的な方法でブタを野外で焼く所があり、朝行くとブタを埋めるところを見ることができる。

ポイを作るのには湿生のタロイモを使う。ポイは蒸したタロイモをつぶして作るペーストだ。水を加えてプディング状にするが、柔らかさは指1本、2本、3本と表される。これはポイをボウルからすくって口に運ぶのに指が何本いるかということである。ポイはたいへん栄養価が高く、消化もよいが、慣れないとなじみにくい味だ。時に発酵させて風味を増加させる。

ラウラウは魚、ポーク、タロなどをティーリーフで包んで蒸したもの。ロミサーモン（ロミロミサーモンともいう）は生のサーモンの薄いスライスをさいの目切りのトマトやネギとマリネしたもの。

そのほかのハワイの食べ物には焼いたウル（ブレッドフルーツ）、リム（海藻）、オピヒ（干潮時にサンゴ礁からとる小さなカサガイ）、ピピカウラ（ビーフジャーキー）などがある。ハウピアはハワイの食事のあとの典型的なデザートだが、ココナッツクリームをコーンスターチなどの澱粉で固めて作る固めのプディングだ。

地元の魚

地元で獲れる魚のうちでもっとも人気のあるものは以下のとおり。

ハワイ名	一般名
アヒ	キハダマグロ
アク	カツオ
アウ	カジキ
カク	バラクーダ
マヒマヒ	「ドルフィン」と呼ばれる魚（哺乳類ではない）、シイラ
マノ	サメ
オナガ	キンメダイ
オノ	カマスサワラ
オパ	ムーンフィッシュ（マンボウの仲間）
オパカパカ	ヒメダイ
パピオまたはウルア	アジの一種
ウフ	ブダイ
ウク	フエダイ

基本情報 – 食事

熱帯の恵み

パイナップル

ハワイでナンバーワンの果物はパイナップルだ。大部分のハワイ産パイナップルは皮の滑らかなカイエンヌタイプで、重さが5ポンド（約2kg）ぐらいある。

パイナップルは果物の中では珍しく、収穫後は熟成が止まる。1年を通して収穫されるが、日の長い夏のものがもっとも甘い。

パパイヤ

パパイヤには幾つかの品種がある。イチゴ色の果肉で小さめのソロ種は食料品店にあるパパイヤではもっともおいしい中に入る。パパイヤの味は主として生産地で決まる。

ビッグアイランドのプナPunaのカポホ地域Kapoho areaやオアフ島のカフク地域Kahuku areaのものなどが良いとされる。パパイヤはカルシウムとビタミンAとCが豊富に含まれており、1年を通して収穫される。

マンゴー

ハワイの特に人里離れた谷には樹齢のいった大きなマンゴーの木がたくさんある。みずみずしい楕円形の果実は直径約3インチ（約8cm）、長さ4〜6インチ（約10〜15cm）。実は初め緑色で、熟すにしたがってアプリコットのような色になる。

マンゴーはビタミンAとCが豊富。ピリー種とヘイドン種は普通の野生のものより繊維が少ないので人気のある品種だ。マンゴーはもっぱら夏の果物である。

アボカド

ハワイの主なアボカドの品種には次の3つがある。夏〜秋に熟す皮の滑らかなウェストインディーズ、冬〜秋に熟す皮がザラザラのグァテマラン、小型で皮の滑らかなメキシカン。

現在、ハワイで栽培されているアボカドはこの3つの品種の交配種が多い。ハワイのアボカドはカリフォルニアで栽培されているものより大型で水分が多い傾向にある。

スターフルーツ

カラムボラすなわちスターフルーツは星のように5つの稜があり、透明な黄緑の果実だ。ジューシーでシャリシャリした果肉は皮をむかずに食べられる。

グァバ

普通のグァバは黄色くライムのような形で、直径約2〜3インチ（約5〜8cm）。果肉は水気がありピンクで種が多いが、種ごと食べられる。酸っぱいグァバも熟すにしたがい甘くなる。ビタミンCとナイアシンが多く、道路やトレイル沿いによく生えている。

リリコイ（パッションフルーツ）

パッションフルーツは美しい花をつける蔓性植物で、小型の丸い実ができる。分厚い果皮は通常紫か黄色で、熟すとしわが寄る。中の果肉は種があるが、ジューシーで少し酸っぱい。ヌルッとした食感がはじめ嫌いな人もいるが、慣れるとやめられなくなる。

マウンテンアップル

マウンテンアップルは小型の楕円形の果実で長さは2インチ程度（約5センチ）。グァバの類縁種だが、果実はまったく異なり、シャリシャリした白い果肉とピンクの皮がある。夏に実がなり、トレイル沿いによく見かける。

オヘロ

オヘロは溶岩地帯によく生えている背丈の低い、やぶになる実。オヘロはクランベリーの類縁種で、酸っぱさも粒の大きさも似ている。実は赤や黄色でジャムやパイに使う。

ブレッドフルーツ

ハワイのブレッドフルーツは丸くて緑の大型の果実だ。炭水化物の点ではジャガイモと並び、同様に調理される。昔のハワイでは、多くの太平洋諸島と同じくブレッドフルーツが伝統的な主食の1つだった。

ハワイでは食物の調理にティーリーフが欠かせない。包んだり、包んで調理したり、料理をのせたりと、生分解性のアルミホイルとペーパープレートの機能を兼ね備えている。

多くの旅行者がハワイの伝統料理を味わう機会といえば高価なルアウか、幾つか冒険的なホテルのビュッフェで出されているポイを一口食べる程度にとどまっている。

地元料理

「ローカル」と呼ばれる独特のスタイルの料理がある。1皿に盛ったランチで、2盛りのライス、マカロニサラダ1盛りに、ビーフシチュー、マヒマヒまたは照り焼きチキンがのっていて、たいてい箸で食べる。ブレックファストのプレートには缶詰のハムであるスパムと、卵やキムチなどがのるが、常に2盛りのライスが付く。

ほかの人気料理はロコ・モコで、これはライスの上にハンバーグと目玉焼きをのせ、その上からたっぷりお玉にいっぱいのブラウングレービーをかけたものである。

これらのローカルスタイルの食事はダイナーやランチ用ワゴン車で売る定番だ。炭水化物や脂肪にグレービーがいっぱいかかっていたら、それはおそらく地元料理である。

スナック

スナックやオードブルの類をププと呼ぶ。ゆでたピーナツ、醤油味のかきもち、刺身などがよくあるププだ。

ポケ 地元の人の好物ポケとは、生の魚に醤油、油、唐辛子、ネギ、海藻を加えてマリネしたもの。いろいろな種類があるが、中でもセサミ・アヒはおいしい。どれもビールのおつまみに最適。

クラックシード クラックシードは中国のスナックフードで甘いもの、酸っぱいもの、塩辛いもの、それらが組み合わさったものなどがある。プラムやアプリコットなどのドライフルーツが主たる材料で、もっとエキゾチックなものは甘く酸っぱい小さなチェリーの種、マンゴーのピクルス、酸っぱくて人気のあるリーヒンムイが入っている。クラックシードショップはスルメや炒ったエンドウ豆、ジンジャーの砂糖漬け、ビーフジャーキー、ロックキャンデーなども売っている。

シェーブアイス アメリカ本土のスノーコーンに似ているが、それよりおいしいシェーブアイスはパウダースノーのように細かく削った氷を紙のコーンに詰めて甘いフルーツ味のシロップをかけたもの。地元の人の多くは、底にアイスクリームやつぶあんを入れたものが好きで、子供はいろんな色のシロップをかけたカラフルなレインボーシェーブアイスを喜ぶ。

食料品店

食料品店で材料を買って自分で食事を作ると食費を節約できる。キッチン設備がなくても大丈夫。ハワイの食料品店にはたいていデリカテッセンコーナーがあり、フライドチキンやハムから新鮮なポケやサラダまで、テイクアウトできる調理済み食品が揃っている。

スーパーマーケットで最初に買い物をするときには、メンバーシップカードを手に入れると節約できる。アメリカのほかの地域と同じく、ハワイの大きなスーパーマーケットチェーンも2段階価格制度を始めた。メンバーは安い価格で購入でき、それ以外の人は高い価格を払うというシステムである。この2つの価格の差はけっこう大きいことがある。これに関して広告はしていないが、店で尋ねるとその場でこの無料のメンバーシップカードを入手できる。

飲み物

ノンアルコール

水道水は飲んでも安全だが、川などの水は沸騰させなければいけない。

グァバ・オレンジやパッションフルーツなどハワイ産フルーツジュースの缶はたいていの店にある。ハイキングに行くのに飲み物を何本かデイパックに入れて持って行くというときは、炭酸飲料でなくジュースがよい。振られても爆発しないし、冷たくなくてもおいしい。

アルコール

ハワイの飲酒年齢は21歳だ。食料品店はみなアルコールを売り、小さな店でも売っている。20代初めの人、あるいは若く見える人はアルコールを購入する際に、運転免許証、パスポートあるいは同様の写真付きIDを見せる必要がある。

マウイ島のワイナリーであるテデシ・ヴィニヤードTedeschi Vineyardsでは飲んでみる価値のあるおいしいパイナップルワインを作っている。

オアフ、カウアイ、ハワイ各島のビールのミニブリューワリーではイギリス風、ドイツ風のエールとラガーができる。だいたいはブ

リューワリーの中でだけ販売しているが、ビッグアイランドのコナ・ブルーイング・カンパニーKona Brewing Companyはエールを食料品やレストランに出荷している。

そのほかには、フルーツで飾って小さな傘をさしたクールなトロピカルドリンクがある。ビーチサイドバーでよく見かけるものだ。人気のベストスリーはラム、パイナップルジュース、ココナツクリームを混ぜたピナコラーダ、ラム、グレナディンシロップ、レモンジュースにパイナップルジュースを合わせたマイタイ、そしてブルーキュラソーで色をつけたウォッカベースのブルーハワイだ。

エンターテインメント

ハワイでは多種のエンターテインメントが盛んで、ナイトライフがつまらなくなる心配はない。本土の有名なミュージシャンはハワイホリデーが好きで、アリシア・キーズ、ジュエル、ジャネット・ジャクソン、ジミー・ビュッフェ、スティングなどが最近、ツアーでハワイに来た。スターは人が集まる所で遊ぶ傾向があるので、人気スターを見たければオアフ島かマウイ島がいい。

大きな4島では地域劇団の上演や各種の文化行事、時には映画祭などがある。オアフ島とマウイ島には交響楽団もある。

ルアウは大きな島のいずれでも経験できる。たいていフラダンスや音楽にトロピカルドリンク、ブタの丸焼きをメインにしたビュッフェスタイルのディナーという大きなパーティーのようなものだ。大部分は大きなリゾートホテルの野外で行われるので、興味のある人はのぞき見をすることができる。もし気に入れば、翌日来て楽しめばいい。

ナイトクラブの様子は島によって違う。もっともにぎわうのはワイキキで、人気のダンススポットが数カ所ある。そのほかの島の中でナイトライフが一番充実しているのはマウイ島だが、ビッグアイランドやカウアイ島でもナイトライフはそこそこに楽しめる。ラナイ島やモロカイ島へ行く場合はおもしろい本を持っていったほうがよい。

ハワイアンのエンターテインメントもたくさんある。現代的なハワイアン、スラックキーギターの演奏、フラダンスのショーなどだ。エンターテインメントに関する詳細は各島の章を参照。

スポーツ観戦

隔離された位置と比較的少ない人口が原因で、ハワイにはメジャーなリーグスポーツのチームがない。しかし、ハワイのアロハ・スタジアムでは全国的に中継されるフットボールの試合が毎年冬に幾つか行われる。NFLプロ・ボウル、ナショナル・フットボール・リーグのオールスターゲーム、そして全米大学オールスター東西対抗ゲームであるフラ・ボウルだ。入場券の情報は**アロハ・スタジアム Aloha Stadium**（☎486-9300）へできるだけ早く問い合わせる。

ハワイの観戦スポーツでもっとも人気のあるものは本土からの移入品だけではない。サーフィン、ブギーボード、ウインドサーフィンのコンテストには世界のトップ選手が参加し、観衆が詰めかける。

特定のスポーツイベントの情報は、本章で前出の「祝日・年中行事」を参照。

ショッピング

ハワイには優れた工芸品を作る人々が多く、どの島でも質のよい工芸品が簡単に見つかる。

木工職人はコアなど木目の美しいハワイ原産の堅木を使ったボウルやひょうたんのカラバシュを作る。ハワイのボウルは過剰に装飾的ではなく、木目の美しさを引き出すように形作られている。ボウルが薄くて軽いほど、技術的に難しく工芸品としての価値も高くなる。

ハワイの島々には優れた陶工もおり、その中には日本の様式や美意識の影響を受けた人も多い。特に楽焼の良いものがハワイ各地で手頃な価格で手に入る。

ラウハラはタコノキの葉で、かつてはハワイの人々が寝るために編んで作ったマットの材料であったが、現在はテーブルマット、帽子、バスケットなどが作られている。

ミュージックショップでは伝統的なハワイアンや現代的なハワイアンミュージックを販売している。ノーズフルート、ひょうたんのマラカスなどフラダンスの際に使う楽器はハワイ固有のものであり、おもしろい土産となる。

ニイハウ貝のレイはニイハウ島の海岸に打ち上げられた小さな貝殻で作った首飾りで、ハワイの土産でもっとも珍重されるものの1つだ。非常に凝ったものは数千ドルすることもある。

ハワイ風の衣類はカラフルで涼しい。アロハシャツの高級なものは薄手の綿を使い、抑えた色使い（布地の裏にプリントしたような色調）だ。女性はムームーが気に入るだろう。ゆったりとして快適な裾の長いハワイスタイルのドレスだ。

土産には食べ物も人気がある。マカダミアナッツの缶入りまたはマカダミアナッツ入り

のチョコレートが定番。コナコーヒーやマカダミアナッツバター、リリコイまたはポハ（グズベリー）のジャム、マンゴーチャツネなど、すべて手軽なかさばらない土産となる。

　パイナップルは土産には適さない。重くてかさばるだけでなく、ハワイでなくても安く売っている。

　日本食が好きな人にとってハワイは、ほかでは見つけにくい食材を購入するのにぴったりの場所かもしれない。大部分の食料品店には海苔や餅、梅干しなど豊富な品揃えが並ぶ。

　ランやアンスリウム、プロテアは飛行機でまっすぐ家に帰る場合はいい土産となる。プロテアは10日ほどそのままで保ち、そのあとはドライフラワーにできる。ただし、外国からの旅行者は事前に航空会社に尋ねること。農産品の国内への持ち込みに関してはたいてい制限がある。

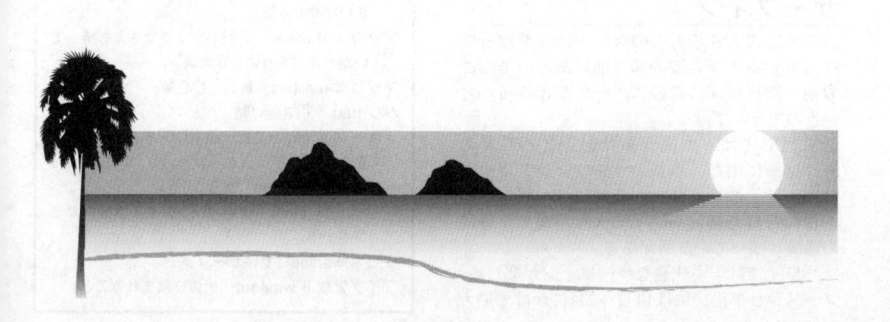

アクティビティ

Activities

ハワイを訪れる前にあらかじめ準備が必要なアクティビティはほとんどない。たいていの場合、ハワイに来てから何をするか考え、その場で決めればよい。

インストラクション、装備のレンタル、各アクティビティに適した場所についての詳細は各島の章を参照。

水泳

ハワイはすばらしいビーチに恵まれており、1つ1つのビーチに1回行くだけでも、1年はゆうにかかってしまうだろう。

ハワイの海岸地区は、ノースショア、サウスショア、リーワード（ウエスト）コースト、ウインドワード（イースト）コーストの4つに分けられる。それぞれの海のコンディションには特徴があり、季節によって大きく左右される。しかし、一方が荒れているときは、他方ではたいてい穏やかな海となっているので、泳ぐのに適した場所を見つけることが一年を通して可能だ。一般的に、冬に泳ぐのにもっとも適した場所はサウスショアで、夏はノースショアだ。

どの島のビーチが1番良いかという問いにはいろいろ意見が分かれるが、マウイ島だという人が多い。確かにマウイ島は長く続く砂の海岸に豊かにふちどられている。一方、ビッグアイランド（ハワイ島）は溶岩の海岸線が続いており、マウイ島を有名にしたような数キロにわたるビーチはない。それにひきかえ、ビッグアイランドのビーチは砂がたい積した小浜を特徴とし、さながら黒い溶岩と青緑色の海に囲まれた白砂の小さなオアシスのようであり、なかには息を呑むほど美しいものもある。

サーフィン

ハワイはさえぎるもののない大西洋を渡って打ち寄せる主な大波の通り道にあるので、この地で数百年前にこのスポーツが起こったというのもうなずける。

古代でさえ、大波が来たとき、ハワイの人々は海に出た。今日のサーフィンスポットの中には、波に立ち向かう前にサーフィンの神様に祈るためにハワイの人々が建てた寺院の遺跡が残っている所がある。

ハワイでは年中快適なサーフィンが楽しめ、ノースショア沿いには11月〜2月にかけて最大の波が打ち寄せる。サウスショア沿いに寄せる夏の大波は、冬のノースショア沿いほど頻度が多くなく、大きくない。

オアフ島のノースショアはハワイでもっとも盛んにサーフィンが行われ、世界中のトップサーファーを魅了しているスポットだ。国際的なサーフィン競技会もここで開催される。ワイメアWaimea、サンセットビーチSunset Beach、バンザイ・パイプラインBanzai Pipelineの冬の波は、高さ30フィート（約9m）に達し、伝説が生まれるような波のコンディションとなっている。ワイキキにはオアフ島では最高のサウスショアのサーフィンスポットがある。

オアフ島ほど知られてはいないが、マウイ島とカウアイ島にも格好のサーフィンスポットがある。特に冬のノースショア沿いにある、マウイ島のホノルア・ベイHonolua Bayとカウアイ島のハナレイ・ベイHanalei Bayは2大ベストスポットとして知られている。ビッグアイランドとモロカイ島Molokaiには特筆すべきところはないが、両島ともサーフィンは可能だ。

「ハワイ・サーフィン・ニュースHawaii Surfing News」 W www.holoholo.org/surfnews

サーファー言葉

サーファーには彼ら独特の言葉がある。ハワイでサーフィンをすると、以下のような言葉を耳にするだろう。

ブラ brah　友達、サーフ仲間
ダ・キネ da kine　申し分ない、最高の波
グーフィー・フッティング goofy-footing　右足を前に出してサーフィンする。
カハ kaha　ボード・サーフィンを意味する伝統的ハワイアンのことば。
カハ・ナラ kaha nalu　ボディサーフィン
ケイキ・ウェイブス keiki waves　子供向けの小さい穏やかな波。
マッカー macker　大型トラックでさえも持っていかれてしまうような大波。
マリヒニ malihini　新人、初心者
パウ pau　引き揚げ時
スネーク snake　盗む。由来は「あいつが俺の波をスネークする（かっぱらう）"that dude's snaking my wave"から。
スティック stick　現地のスラングで意味はサーフボード。
ワヒネ wahine　女性サーファー
ワイプアウト wipeout　大波に飲まれること。

はサーフィン関連ホームページの決定版で、波のコンディションからイベントまでのあらゆるサーフィン情報が満載されている。

ボディサーフィン・ブギーボード

カウアイ島のブレンネックBrenneckeのビーチと、ビッグアイランドのカイルア・コナKailua-Konaのホワイト・サンズ・ビーチWhite Sands Beachは、ボディサーフィンとブギーボードをするには最高のスポットだ。マウイ島のサウスコーストのキヘイKiheiにあるビーチは、波が正常のときは申し分のないコンディションとなる。オアフ島のサンディ・ビーチ・パークSandy Beach Parkとマカプー・ビーチ・パークMakapuu Beach Parkはボディサーフィンにはうってつけのスポットだ。一方、ワイキキのカパフール・グロインKapahulu Groinはブギーボーダーに適した場所である。

ウインドサーフィン

マウイ島は世界でもっとも盛んにウインドサーフィンが行われ、パイアPaia近くのフーキパ・ビーチHookipa Beachでは世界トップクラスのウインドサーフィン競技会が開催される。死に戦いを挑むようなフーキパの海のコンディション（危険な岸でのブレークやかみそりのように鋭い珊瑚も含めて）に対応できるのは、百戦錬磨のウインドサーファーだけだ。しかし、マウイ島にはキヘイKiheiなどの初心者向けの穏やかなスポットもある。

あらゆるレベルに適したオアフ島のカイルア・ビーチKailua Beachには大勢のウインドサーファーが集まる。このビーチには絶好の貿易風が年中吹き、湾内には波が静かなスポットと波立つスポットの両方がある。

マウイとオアフ両島はハワイ諸島の中でずばぬけてウインドサーフィンに向いているが、カウアイ島にも絶好のウインドサーフィンスポットがある。もっとも知られているのはノースショアのアニニ・ビーチAnini Beachで、初心者にも上級者にも適している。

ハワイは年中ウインドサーフィンに良好なコンディションが続くが、冬は波が静かな場合がある。通常、最高の風が吹くのは6〜9月だ。

主要な島では装備がレンタルでき、レッスンも受けられる。本格的なウインドサーフィン愛好者向けにはパッケージツアーの手配が可能で、これにはウインドサーフィン装備のレンタル、宿泊が含まれる。さらにカーレンタルや航空運賃が含まれる場合もある。

ダイビング

ハワイの海中の世界は目の覚めるほど美しく、年中ダイビングに適している。海の透明度は高く、海水の温度は72〜80°F（22〜26℃）だ。通常のコンディションで、リーワードコーストではほぼ1年を通して最高のダイビングが楽しめ、ノースショアでは夏が1番良い。

ハワイ周辺の海洋生物は最高に素晴らしく見応えがある。約700種類の魚がハワイの海に生息し、このうちの約3分の1が世界でここだけに生息している。ダイバーは、スピナー・ドルフィン（ハシナガイルカ）、グリーンシー・タートル（アオウミガメ）、マンタ・エイ、モレイ・イール（ウツボ）などに出会うことがある。ダイバーが海中でザトウクジラを目にするのはまれだが、歌声（鳴き声）を耳にすることはよくある。

ハワイの海中には洞窟、峡谷、溶岩トンネル、絶壁、沈没船があり、さまざまな種類のカラフルな海綿動物や黒珊瑚をはじめとする宝石のような珊瑚が見られる。

4つの主要な島ではどこもすばらしいダイビングができる。ダイビングするにはどの島がベストか？　実際のところ、この問いに同じ答を返すダイバーは二人はいないだろう。ダイビングに何を求めるかによっても、どこが最高なのかは大きく異なってくる。

たとえばオアフ島はほかの島と比べて透明度は高くないが、レックダイビング（沈船へのダイビング）するには最高の場所だ。一方、ビッグアイランドは透明度が非常に高く、トンネルや洞穴で蜂の巣状になった美しい溶岩群などもっともドラマチックな海中の地形が見られる。

マウイ島にはほかの島にはないものがある。見事な珊瑚礁が沖の島まで続いているのだ。カウアイ島もダイビングに適しているが、天候が非常に変わりやすい。海が荒れた場合（冬のカウアイのノースショア沿いなど）は、近づけなくなるダイビングスポットが多い。

ハワイの島にはどこも評判の良いダイビングショップがある。ダイバーはスイムスーツとダイバーライセンスカードのほかは何も持ってこなくてもよい。

ダイビング未経験なら、ハワイはダイビングに初挑戦するにはもってこいの場所だ。ダイブオペレーションの多くが、初心者向けに「トライ・スキューバ」コースを開いている。このコースでは簡単な指導に続いて、浅瀬またはボートからダイビングを体験する。このスポーツにとことんのめり込みたい人には、フル・オープンウォーターライセンスのコースを提供しているショップもたくさんあり、

取得には通常約1週間かかる。ダイブオペレーションが多く集まるオアフ島とビッグアイランドのコナ・コーストKona Coastは特に初心者がダイビングを学ぶには適した場所だ。

スヌーバ

海中を見てみたいけど、ダイビングコースに挑戦するほどでもないという人には、シュノーケリングとダイビングの両方の要素を兼ねたスヌーバがおすすめだ。スヌーバのダイバーは、海上に浮かぶゴムボートの空気タンクから延びた長いエアーホースを通して息を吸う。ダイバーは水中マスクとウエイトベルトをつけるだけで、ホースが届く範囲ならどこまでもダイビングが楽しめる。

すべてのスヌーバの講習プログラムでは、必須のマスククリアや耳抜きの方法など、初歩的な説明が行われる。ダイブ中は、インストラクターが一緒に潜る。通常は、格好のダイビングスポットを探すことができるので、ボートからスヌーバを体験するのがベストだが、海岸からもスヌーバは可能だ。

スヌーバで、手軽に海中の世界を体験できる。スヌーバ体験後はきっともっと本格的なダイビングがしたくなることだろう。

シュノーケリング

ハワイを訪れたら、海中に広がる世界をのぞく機会を逃してはならない。シュノーケリングの長所は、高額な装備や特別な技術を必要としないことだ。深く潜らなくても海中の世界が楽しめる場所も多い。沈泥の海岸線をもつモロカイ島以外は、どの島にもシュノーケリングに適した場所がたくさんある。

水中マスクとシュノーケルを着用すれば、海岸は見事な水中水族館に早変わりする。ハワイのシュノーケリングサイトの多くでは、美しい珊瑚の庭や岩礁に生息する多種多様な魚が見られる。ハワイ沿岸の水域にはチョウチョウウオだけでも約20種類が生息し、少し名前を挙げただけでも、岸に近い珊瑚を食べる虹色のパロットフィッシュ（ブダイ）、赤と緑のベラ、鮮やかな黄色のニザ鯛、奇妙な形のカワハギ、フグなどがいる。

カヤック

カヤックはハワイで人気が高まってきており、新たに紹介された初心者向きの安定したカヤックがその人気に拍車をかけた。

これまでのところ、もっとも人気のあるカヤックスポットはカウアイ島で、美しい自然が見られる川でのカヤックや、壮観なナ・パリ・コースト沿いのシーカヤックの両方が楽しめる。冬は島の北側の海が荒れるため、カウアイ島でのシーカヤックは北に比べ壮観さではやや劣るが快適なカヤックを楽しめる南側に移動する。

シーカヤックはマウイ島のキヘイKiheiからラ・ペルーズ湾La Perouse Bayにかけての島の南西側の沿岸でも楽しめる。ここは冬になるとホエールウォッチングができるすばらしいエリアとなる。

カウアイ島とマウイ島では、ガイド付きツアーに参加するか、自分でカヤックをレンタルして漕ぎ出せる。

オアフ島では、もっとも人気のあるカヤックスポットはカイルア地区で、ここではカヤックをビーチでレンタルして、湾を越えて無人島まで漕いで行ける。ワイキキのフォート・デラッシー・ビーチFort DeRussy Beachでもカヤックのレンタルができる。

ビッグアイランドでは主にケアラケクア湾Kealakekua Bayでカヤックができる。ここにはイルカがたくさん生息し、すばらしいシュノーケリングスポットとなっている。またキャプテン・クック終焉の地点を示したモニュメントもある。

開発の手が入っていないモロカイ島のノースショアには、世界一高い海の崖がある。見過ごされているが、孤独なカヤックを求める人にとってはここを凌ぐところはほかにない。海が穏やかな夏だけがカヤックに適している。島のこの地区を探検するには約5日かかり、気の弱い人には向かない。

釣り

ハワイでは世界最高の遠洋フィッシングが楽しめる。スポーツフィッシングの対象魚としてはパシフィックブルーマーリン（クロカジキ）、ブラックマーリン（シロカジキ）、イエローフィンツナ（キハダマグロ）、ワフー（カマスサワラ）、マヒマヒ（シイラ）などがある。

ビッグアイランドのコナ地区では、世界記録級のパシフィック・ブルーマーリンが釣り上げられている。当然のことながら、コナはハワイでもっともフィッシングボートチャーター業が盛んである。ボートのチャーターはほかの島でもできる。

ハワイでは、海釣りに加えて、カウアイ島のコケエKokee、オアフ島のワヒアワWahiawaとヌーアヌNuuanu、ビッグアイランドのワイアキWaiakiaの4カ所に淡水釣りエリアがある。レインボートラウト（ニジマス）、ラージマウスバス（オオクチバス）、スモールマウス

バス（コクチバス）、ブルーギル、チャネルキャットフィッシュ（アメリカナマズ）、ティラピア、鯉などが放流されている。淡水釣りにはライセンスが必要で、非居住者は週＄10または月＄20（65歳以上は無料）で入手できる。

海釣りでは、釣る量が個人で消費する範囲ならばライセンスは要らない。しかし、ウラ（イセエビ）、クラブ（蟹）、オクトパス（たこ、（ハワイの言葉でヘエ。タコまたはスクイッドとも呼ばれる）、オピヒ（カサガイの1種）、リム（海藻）、特定された種類の魚には、時期やサイズの制限やそのほかの規制がある。貝やカキをとるのは禁止されている。

無料の小冊子、ハワイ・フィッシング・レギュレーション Hawaii Fishing Regulationsやフレッシュウォーター・フィッシング・イン・ハワイ Freshwater Fishing in Hawaiiが**水産資源局 Division of Aquatic Resources**（☎587-0100 1151 Punchbowl St, Room 131, Honolulu, HI 96813）で入手できる。水中資源局では各種ライセンスを発行している。

ホエールウォッチング

ハワイ海域には、マッコウクジラ、オキゴンドウ、ゴンドウクジラ、オオギハクジラが生息しており、ホエールウォッチングができる。しかし旅行者を魅了してやまないのはこれら年間を通して現地にいるクジラではなく、回遊してくるザトウクジラだ。ザトウクジラは海中から潮を噴き上げたり、ヒレや尻尾で海面をはたいたり、弧を描くダイブをしたりと、目をみはるような曲芸を見せてくれる。

北太平洋には4000頭のザトウクジラが生息するとされているが、そのうちの約3分の2がハワイ海域で越冬するので、旅行者はほかでは見られないすばらしいホエールウォッチングの機会に恵まれる。

ザトウクジラは、11月頃にハワイにやってき始め、大半は1～3月までハワイ海域にいるが、中には5月後半まで留まるものもいる。ザトウクジラは600フィート（約183m）以下の深さの海を好むので、ハワイ沿岸のかなり近くまでやってくる。ハワイの各島でザトウクジラが見られることがときおりあるが、大多数はマウイ島、ラナイ島、モロカイ島、カホオラウェKahoolawe間の浅い海域に群れをなしている。ビッグアイランドのコナ海岸もザトウクジラが好む場所で、モロカイ島の西10マイル（約16km）のペンギン・バンクPenguin Bankも同様だ。

クジラを海岸から直接見ることができる場合もあり、もっとも可能性が高いのはマウイ島の西海岸である。もっとクジラに近づくには、ホエールウォッチング・クルーズを利用する。このクルーズはホエールウォッチングの時期に主要な島すべてから運航されている。そのほかには、海岸沿いのカヤックや、ザトウクジラがいる主なテリトリーを通過するマウイ～ラナイ島間またはマウイ～モロカイ島間のフェリーに乗船する手もある。

ハイキング

ハワイにはさまざまな島があると同様に、ハイキングの機会は驚くほど多岐にわたっており、砂漠のトレッキング、熱帯雨林ウォーク、ビーチの散歩、雪の稜線トレイルなどが楽しめる。

ハワイでは開発が進んでいるにもかかわらず、未だに自然の状態が残っているのに驚かされる。こういったところでは、数日間歩いても誰にも会うことはない。

ナ・アラ・ヘレ

ハイカーやナチュラリストなら、ハワイの森林野生生物局 Division of Forestry & Wildlifeに所属する団体、ナ・アラ・ヘレの活動に興味をもつはずだ。

ナ・アラ・ヘレは、ハワイの自然環境と文化遺産の保護活動の一部として、一般人のトレイルへの立ち入りを記録する目的で設立された。ハワイ州全土で、ナ・アラ・ヘレは、個人の土地所有者や軍と交渉して、立ち入りを制限されていた地区の規制を解いたり、荒れ果てたトレイルを整備したりした。

ナ・アラ・ヘレ・トレイルの活動とともに、ナ・アラ・ヘレのロゴがついた標識（ハイキングしている黄色い古代人物画が描かれた茶色の標識）がますます多くのスタート地点に立てられるようになった。

ナ・アラ・ヘレの本部は森林野生生物局 Division of Forestry & Wildlife ⓦ www.hawaiitrails.org 567 S King St, Suite 132, Honolulu, HI 96813）にある。このホームページにはトレイルの地図が島ごとに便利に分類されている。

アクティビティ－ランニング

ハイキングの種類はさまざまで、1時間以内で歩ける家族向けの自然散策から、自分の食料、水、用具をバックパックに詰めた数日間の山歩きなどがある。

ハワイでの最高のハイキングは、カウアイのナ・パリ・コーストでのハイキングだ。ここにはカララウ・トレイルKalalau Trailが、古代のハワイの人々が歩いた道にしたがって、ハワイでもっとも見事に刻まれた海岸の崖沿いに続いている。このトレイルは緑豊かな谷まで下っていき、谷ではキャンプや、滝や遺跡を探検できる。

ビッグアイランドのハワイ火山国立公園は、世界で1番活発な活火山と世界最大の山群があることで知られている。公園では、蒸気が上がる火口まで下っていったり、雪に覆われたマウナ・ロアMauna Loaの山頂まで登ったりといったすばらしいハイキングが体験できる。

マウイ島のハレアカラ国立公園の火山は休火山だが、度肝を抜かれる世界最大の火口がある。カルデラへのハイキングは半日かかり、カルデラ床を横断するハイキングは3～4日かかる。

ビッグアイランドのワイピオWaipioのような古代の渓谷へのハイキングトレイルもある。マウイ島とビッグアイランドでは、数百年間にわたり人の足で溶岩を踏み固めてできたキングス・トレイルKing's trailsを歩くことができる。

どの島にもパノラマ的な景色が楽しめる稜線トレイルがあり、さらにひとけのないビーチや滝へのトレイルもある。自然保護区を通るトレイルがある島が多く、ハワイ特有の植物や鳥が観察でき、孤独を思う存分楽しめる。

主要な島ではガイド付きハイキングを提供している組織があり、もっとも活発に活動しているのは、**シエラ・クラブ Sierra Club** www.hi.sierraclub.orgで、支部がオアフ島、マウイ島、カウアイ島、ビッグアイランドにある。現地の新聞にハイキングの予定が掲載されている。

安全

ハワイのハイキングトレイルは、川渡りが必要な小さな峡谷がある険しく狭い谷間へと入っていく場合が多い。もっとも重要なルールは、水かさが増え始めたら、鉄砲水の危険が迫ってくるかもしれないので、渡るには安全ではない。それだけではなく、高いところに上り、水が引くのを待つこと。

鉄砲水と落石が、トレイルではもっとも危険だ。落差の高い滝の下で泳ぐときは、上から岩が落下してくるかもしれないので用心する。険しい崖のふちにも注意を。ハワイの崖の岩はもろい。

ハワイでは日没後すぐに真っ暗になる。尾根上のトレイルで、何の準備もせずに暗闇を迎えるのは危険だ。万が一のため、ハイキングをするときは、懐中電灯を携行するとよい。長ズボンを着用するとトレイルを覆ううっそうと茂った雑草から足が守れる。たいていのハイキングでは頑丈で滑りにくい靴が好ましい。ハワイのトレイルは雨が降るとかなり滑りやすくなるので、ハイキングステッキを持っていくと役に立つ。

ハワイには蛇やツタウルシ、ウルシ、危険な野生動物などはいない。奥地で大きなイノシシに出くわす可能性がわずかにあるが、追い詰めなければ大丈夫だ。

ランニング

ハワイの住民はアウトドア派で、ランニングとジョギングは島中で人気のあるアクティビティだ。「ファンラン」からトライアスロンまでの100以上のロードレースが毎年ハワイで開催されている。

ハワイ最大のレースはホノルル・マラソンで、近年この大会は急成長し、アメリカで3番目に大きなマラソン大会となっている。12月中旬に開催されるこの大会では、参加資格は問わず、2万5000人の参加者の約半数がマラソンに初めて挑むランナーだ。詳細は、封筒に自宅の住所を書き、切手を貼って**ホノルル・マラソン協会** Honolulu Marathon Association（☎734-7200 www.honolulumarathon.org 3435 Waialae Ave, No 208, Honolulu, HI 96816）に送る。ホームページからは参加申し込み用紙がダウンロードできる。

さらに言うまでもないが、世界に知られた鉄人トライアスロンが10月にビッグアイランドのコナで開催され、マラソン、遠泳、長距離サイクリングを組み合わせたレースが競われる。

そのほかの参加者の多いレースには、毎年2月にホノルルで開催される8.2マイル（約13.2km）の愉快なファンランのグレート・アロハ・ファンランGreat Aloha Fun Run、2月後半にオアフ島周辺で開催される134マイル（約216km）のリレーレースのオアフ・ペリミター・リレーOahu Perimeter Relay、7月にビッグアイランドのハワイ火山国立公園で開催され、マラソンと短距離が競われるキラウエア・ボルケーノ・ワイルダネス・マラソン&リム・ランKilauea Volcano Wilderness Marathon & Rim Runsがある。

隔月発行の総合雑誌 「ハワイ・レースHawaii Race」（1538-0330 www.hawaiirace.com）には、ハワイ全土のレース予定、参加資格詳細、主要レースへの参加用紙が含まれ

鉄人トライアスロン

有名な鉄人トライアスロンが、太陽輝くビッグアイランドのコナ・コーストで毎年10月に開催される。スタートとゴールはカイルア・コナ Kailua-Konaの埠頭だ。この大会は満月に1番近い土曜日に開かれるため、遅くまで日が明るく、参加者は安全にレースを終了できる。

2.4マイル（約3.9km）の水泳、112マイル（約180km）のサイクリング、26.2マイル（約42.2km）のマラソンが組み合わされた過酷なノンストップのレースで、世界のトップトライアスロン選手が参加する。競技者にはレース終了までに17時間が与えられるが、一流選手はおよそこの半分の時間でゴールする。現在の男子記録は、1996年ベルギーのラク・バン・リアーデ選手が記録した8時間04分、女子記録は、1992年アメリカのポーラ・ニュービー・フレイジャー選手が記録した8時間55分だ。

賞金総額は＄32万5000で、男子と女子の優勝者にはそれぞれ＄7万が渡される。

鉄人トライアスロンは1978年にわずか15人が参加して始まった。翌年、この大会はスポーツ・イラストレイテッド Sports Illustratedマガジンに「変人レース」として紹介された。1980年までにはこのレースはABCテレビのワイド・ワールド・スポーツ Wide World Sportsで中継されるほどの参加者を集めた。その後は人気がうなぎ上り。

今日では、約5万人のトライアスロン選手が、この大会の定員1500名のエントリー資格を得るために世界中で予選を戦う。この大会にはアメリカの各州、カナダの各地方、そのほか約50カ国から選手が参加する。

コナのコンディションは厳しいため、この大会は究極の忍耐テストとなっている。その厳しさはトライアスロンの基準から見てもかなりのものだ。溶岩地帯から発する熱は通常100°F（38℃）を超え、脱水と熱による消耗がもっとも困難な試練となる。競技者の多くは、環境に慣れるためにレースの1週間前に現地入りする。レース当日は、およそ7000人のボランティアが、140マイル（約225km）のコース沿いに出て、競技者に水を供給する。全部で約1万2500ガロン（約4万7320リットル）の水が手渡され、これは競技者1人につき8ガロン（約30リットル）以上の水ということになる！

参加資格など、このレースについての詳細は、鉄人トライアスロン世界選手権 Ironman Triathlon World Championshipの公式ホームページ（w www.ironmanlive.net）を参照のこと。

ている。ハワイでは無料で入手できる。アメリカ国内では＄15、国外では＄24で年間購読できる。

マウンテンバイク

マウンテンバイクはハワイで人気が高まってきており、今日ではハワイの主な島ならどこでもマウンテンバイクのレンタルができる。道路をサイクリングするのは、自転車専用道が不足しているものの問題ではない。しかし、道路から離れて小道に入ると少し事情は変わってくる。というのは、公共の森やトレイルへのバイクでの立ち入りは制限されているからだ。

マウイ島では、ほんの数年前までマウンテンバイクによるオフロードのトレイルへの立ち入りは許可されていなかった。しかし、マウイ・マウンテンバイク・クラブがハワイ州と交渉し、ポリポリ・スプリング州レクリエーション・エリア Polipoli Spring State Recreation Areaとカウラ森林保護区 Kula Forest Reserveのハイキングトレイルの一部をマウンテンバイクに開放する同意を得た。その代わりに同クラブはトレイルの整備に協力することになった。

ビッグアイランドは広大なので、たくさんのエリアがマウンテンバイクに使用でき、この島ではマウンテンバイク・トレイルマップ発行のための基金を設けている。トレイルには、45マイル（約72km）のマナ・ロード・ループ Mana Rd loop（マウナ・キア Mauna Kea周辺を周回する）と、コナ・コーストのパインツリー Pine Treesまでの6.5マイル（約10.5km）のビーチトレイルなどがある。

カウアイ島では、州の森林局が18のトレイルをマウンテンバイクに開放した。トレイルには、13マイル（約21km）のパワーライン・トレイル Powerline Trail、ワイルア Wailuaからプリンスビル Princevilleの絵のように美しい尾根沿いを走るルート、ワイメア・キャニオン・トレイル Waimea Canyon Trailがある。

人口密度が高いオアフ島では、マウンテンバイクはハイカーとかち合うことが多く、立ち入りできるルートは少ない。タンタラス・トレイル Tantalus trailsでは、マウンテンバイクは、タイヤの跡がトレイルの浸食を引き起こすので禁止されている。しかし、車にも開放されている舗装されたタンタラス・ドライブは、人気のあるマウンテンバイクのルートとなっている。

マウンテンバイクに開放されているすばらしいオアフ島の森林トレイルとして、マウナウィリ・トレイル Maunawili Trailがある。このトレイルは、ヌアヌ・パリ展望台 Nuuanu Pali Lookoutとウインドワード・コーストのワイマナロ Waimanaloを結ぶ10マイル（約16km）のコースだ。

乗馬

主な島ではすべて乗馬ができる。乗馬はたいてい丘陵の牧草地を通り、山と海のすばらしい眺めが楽しめる。マウイ島では、ガイドが馬を引いて砕けやすい噴石のトレイルを下っていき、ハレアカラ火口の奥まで入っていくというほかにはない乗馬が体験できる。

テニス

ハワイ中どこでもテニスをする機会に恵まれている。ハワイ島にはすべて、無料で使用できる公共のテニスコートがあるが、ラケットとボールは持参しなければならない。

大規模リゾートホテルではテニスができる所が多く、ホテルのテニスクラブでラケットとボールのレンタル、コートの時間貸しし、さらにテニスレッスンも提供している。小規模ホテルにもテニスコートのあるところはあるが、通常はホテルの宿泊客用だ。ワイキキのホテルにはテニスコートはないだろう。スペースが貴重なワイキキでは、テニスコートが作れるような小さな土地にも、実際には高層ビルが建っている!

ゴルフ

パラダイスでティー・ショットをしたいなら、ここハワイには80以上のゴルフコースがある。州が運営する手頃の料金のコースから、アメリカでトップクラスのコースまで、さまざまだ。

その中からいくつかのすばらしいコースを紹介しよう。ビッグアイランドの漆黒の溶岩流を背景に造られたフランシス・イイ・ブラウン・コースFrancis Ii Brown course、カウアイ島のハナレイ湾の景色が見渡せるプリンスビルズ・プリンス・コースPrinceville's Prince Course、山腹にあるコーラウ・ゴルフ・コースKoolau Golf Course(ゴルフダイジェストGolf Digestでオアフ島1のコースと称された)、ウエストマウイにあるアーノルド・パーマー設計によるカパルア・ベイ・コースKapalua Bay Course(ティーグラウンドがカパルア湾の片側、グリーンが反対側にある)、リトル・モロカイにはリゾートクラスのコースはないが、ラナイ島には最高のコースが2つある。1つは、美しいフロポエ湾Hulopoe Bayを見渡すマネレManeleコースで、もう1つはラナイ市上に続く丘陵にあるコエレKoeleコースだ。

スカイダイビング・グライダー

スカイダイビングとグライダーが、オアフ島のノースショアにあるデリンガム飛行場Dillingham Airfieldで体験できる。スカイダイビングでは、約1時間の指導を受けた後、すぐにあなたの腰と肩はもう1人のスカイダイバーに結びつけられる。上空1万3000フィート(約4000m)の飛行機から2人で飛び降り、始めの1分間は自然落下、それからパラシュートが開いて約10~15分間のダイビング。そこには、忘れられそうもない景色が広がる!

グライダーはスカイダイビングよりも控えめだが、それでもやはり鳥になったようなすばらしい眺めが楽しめる。飛行機でグライダーを牽引してもらい、上空でリリースしてもらう。その後はグライダーを操縦してゆっくりと、静かに、地上まで降りてくる。

セイリングクルーズ

クルーズ選びに困ることはまずない。夕焼けのクルーズ、ディナークルーズ、主な観光スポットからのパーティーボートなどさまざまある。オアフ島のホノルル、マウイ島のラハイナLahainaのようなにぎやかな場所では、業者間の競争が激しいのでびっくりするような選択も可能だ。細かい点までこだわりたい人は、ドック沿いを歩いて、好みの船を探し出すのが最善の策だ。もっともロマンチックで静かなのは、風力で航行するカタマラン船でのセーリングだろう。

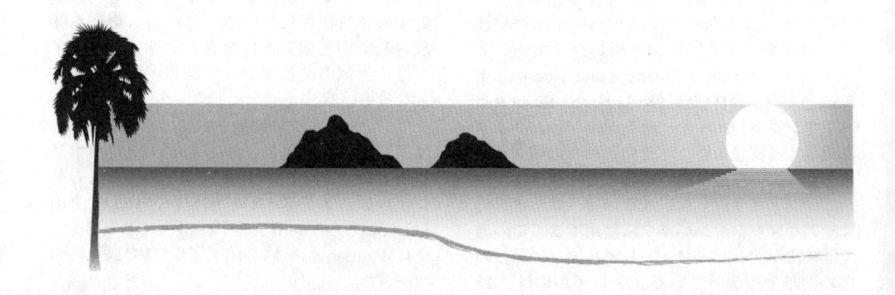

アクセス

Getting There & Away

空から

ほぼハワイの旅行客はすべて飛行機で到着する。ハワイは太平洋空路の拠点となる空港であり、アメリカ本土とアジア、オーストラリア、ニュージーランド、南太平洋間の中間地点に位置する。通常これらのルートを利用する場合、ホノルルで飛行機を降りて一時休憩（ストップオーバー）することができる。ほぼすべての国際線と大部分の国内線はホノルル国際空港Honolulu international airportへ到着する。空港については、オアフ島Oahuの章のアクセス、ホノルル国際空港を参照。

航空会社

下記の航空会社が、オアフのホノルル国際空港まで定期便を運航している。7桁の数字はオアフ内の電話番号で、800で始まる番号はフリーダイヤル。

エア・カナダ Air Canada	☎800-776-3000
ニュージーランド航空 Air New Zealand	☎800-262-1234
全日空 All Nippon Airways	☎800-235-9262
アロハ・エアライン Aloha Airlines	☎800-554-4833
アメリカウエスト航空 America West Airlines	☎800-235-9292
アメリカン航空 American Airlines	☎800-223-5436
中華航空 China Airlines	☎955-0088
コンチネンタル航空 Continental Airlines	☎800-523-3273
デルタ航空 Delta Air Lines	☎800-221-1212
ハワイアン航空 Hawaiian Airlines	☎800-367-5320
日本航空 Japan Airlines	☎521-1441
大韓航空 Korean Air	☎800-438-5000
ノースウエスト航空 Northwest Airlines	☎800-225-2525
カンタス航空 Qantas Airways	☎800-227-4500
シンガポール航空 Singapore Airlines	☎800-742-3333
ユナイテッド航空 United Airlines	☎800-241-6522

チケットを買う

多数の航空会社がハワイへ乗り入れており、料金設定もさまざまだ。最寄りの旅行会社や航空会社で簡単に済ますより、まずは何軒かの会社を回って調べるのが得策だ。

航空運賃は常に変動する。利用する時期や曜日、滞在期間、変更や払い戻しが可能かといったチケットの融通性により大きく変わってくる。とはいえ、料金を決める決定的な要素は需要だ。シーズンにかかわらず利用客が少ない時期は、航空会社は空席を埋めるために料金を下げる。

航空会社は独自の必須条件および制約を規定しており、それらもまた頻繁に変更される。最新の情報については、インターネットで旅行ページをチェックするか、情報に詳しい旅行会社を訪ねてみるか、手っ取り早く各航空会社に電話で問い合わせて料金を比較してもよい。

問い合わせの際は、一番安い料金を尋ねること。旅行会社が、必ずしも一番安い料金を最初に提示するとは限らないからだ。割安料金で利用できる座席数は限られている。通常旅行会社は、予約を入れる時点で予約可能な中で一番安い料金を提示するだろうが、それは航空会社が設定している中でもっとも安い料金かもしれないし、そうでないかもしれない。利用までにかなり日数があり搭乗日に多少融通がきくようであれば、割安な価格で座席を得ることができるだろう。

日本から

日本からホノルルへ直行便を運航しているのは、日本航空（成田、関西、名古屋、福岡、札幌、仙台発）、全日空（成田、関西発）ノースウエスト航空（成田、関西発）、ユナイテッド

注意事項

本章に記載の情報は変更される可能性が大いにある。国際線の料金は変動が激しく、路線の新設および廃止、スケジュールの変更、特別割引の設定および廃止、規約、ビザ条件の変更もありえる。航空会社や政府は、料金システムや規定をできるだけ複雑にすることをまるで楽しんでいるかのようだ。航空券および料金の適用範囲については、直接航空会社や旅行会社に連絡し確認すること。また旅行業界はとても競争が激しいため、いろいろな企画や特典も用意されていることがある。

要は、できるだけ多くの航空会社または旅行会社に相談し的確な情報を得てから、苦労して得たお金は使うこと。本章に記載の情報はあくまで参考とし、最新情報は自分で検索することに取って代わるものではありません。

☎TEL　Ｗ WEBサイト　🏠住所

アクセス－空から

航空（成田、関西発）、チャイナエアライン（東京発）の5社。便数は豊富だが、どの航空会社も日本出発時刻が夕方〜夜に集中しており、現地時間で同日の午前中に到着することになる。所要時間はいずれも差がなく約7時間。エアライン間の料金を比較すると、格安チケットの場合はチャイナエアラインが最も安い。成田から週5便の運航で毎日飛んでいるわけではないが、他のエアラインに比べて1〜2万円は安く設定されている。PEXチケットなら日系に割安感がある。特にシーズンによっては格安チケットよりも安い場合がある。便数やスケジュールは変動が頻繁にあるので確認を。

離島については、日本航空が成田ーコナ（ハワイ島）間に経由便を週7便運航しているほか、アロハ航空、ハワイアン航空がホノルルーハワイ諸島間を1〜2時間に1本程度の割合で結んでいる。ハワイ国内線は時期や条件によって割安なクーポンを利用できることがあるので、詳細は各航空会社に問い合わせを。

日本航空
- ☎0120－255－931
- http://www.jal.co.jp

全日空
- ☎0120－029－333
- http://www.ana.co.jp/

ノースウエスト航空
- ☎03-3533-6000（東京23区以外0120-120747）
- http://www.nwa.co.jp/

ユナイテッド航空
- ☎0120-114-466
- http://www.unitedairlines.co.jp

チャイナエアライン
- 東京 ☎03-5520-0333
- 名古屋 ☎052-202-7117
- 福岡 ☎092-471-7788
- 沖縄 ☎098-863-1013
- http://www.china-airlines.co.jp/

ハワイアン航空
- ☎03-3214-4774（東京23区以外 0120-486-720）
- http://www.int-acc.or.jp/hawaiianair/

アロハ航空
- ☎03-3216-5877　☎06-6341-7241
- http://www.alohaair.co.jp/

世界一周チケット Round-the-World Ticket

複数の航空会社の路線を組み合わせて利用できるこの世界一周Round-the-World-Ticket（RTW）チケットは、ハワイから遠く離れた場所から出発し、ハワイとその他の場所を訪れるつもりならかなりお得だろう。

RTWチケットは複数の航空会社便を組み合わせたもので、決められた経路内であれば希望の場所まで利用できる。ただし後戻りはできず、一定方向に旅行を進めていかなければならない。通常、最初の区間は前もって予約が必要。ストップオーバーの回数に制限があることもあり、チケットの有効期間は通常6カ月または1年間となっている。多くの航空会社は、アメリカまたはカナダ国内での利用を3フライトまたは4フライトに制限している。航空会社によっては人気路線（ハワイ〜東京間など）はすべて除かれていることもある。

通常、チケットは14日前までに購入しなければならない。チケット購入後、日程の変更はたいてい手数料なしでできるが、経路変更による再発行は追加料金が必要となる。航空会社と行き先の組み合わせは無数にある。ホノルルは太平洋上の中心地であるため、ほとんどのRTWチケットにハワイを組み込むことができる。

英国航空British Airwaysやカンタス航空Qantas Airwaysは、ユニークなRTWチケットを数種類設定している。そのチケットでは、南太平洋および中央太平洋地域、アジア、ヨーロッパをカバーする路線を組み合わせることができる。1例であるワンワールド・エクスプローラーOne World Explorerは、訪れる大陸の数により料金が設定されている。最低4大陸を訪れることが条件で、1大陸につき4回のストップオーバーが可能となっている。1カ所につきUS＄150の追加料金を支払えば、ストップオーバーが追加できる。このタイプのワンワールド・エクスプローラーの料金はアメリカでUS＄3700、イギリスで£950、日本からはエコノミー料金で3大陸を訪れる場合¥29万8000、4大陸の場合は¥32万9000となっている。

次に同程度のチケットというと、英国航空とカンタス航空により設定されているグローバル・エクスプローラーGlobal Explorerがある。飛行マイル数により料金が設定され、2万6000マイル分利用できる。グローバル・エクスプローラーの利点は、提携航空会社の便も利用できることだ。たとえば、グローバル・エクスプローラーでは、オーストラリアからヨハネスブルグまで南アフリカ航空South African Airwaysを利用できるが、ワンワールド・エクスプローラーでは不可能だ。とはいえ、カンタス航空はアメリカン航空とコードシェア提携をしているので（つまりニューヨークからロサンゼルスまでカンタス航空のチケットクーポンを使用して、同航空の便名のフライトを同航空を通じて予約できるが、実際その便はアメリカン航空が運航している）、ワンワールド・エクスプローラーもグローバル・エクスプローラーも、アメリカ国内で使用可能である。

英国航空とカンタス航空のRTWチケットは

人気もあり信頼もできるが、ほかにも多数の航空会社が提携し同様の発券を行っている。情報に精通している旅行会社に、現在販売されているチケットについて尋ねてみるとよい。

サークルパシフィック・チケットについて
環太平洋地域内を広範囲に旅行することができ、ハワイでストップオーバーも可能なチケット。一定方向に旅行する代わりに出発点に向かって環太平洋地域をぐるりと戻ることができる。このチケットでは太平洋地域の都市から旅行を開始し終了するため、太平洋地域に住む旅行者にとってはもっとも実用的である。

サークルパシフィック・チケットでは、1つの航空会社または提携する2つの航空会社を利用でき、環太平洋路線でストップオーバーが可能だ。ただ単にA地点からB地点まで利用するというより、太平洋や東アジアを広範囲にわたって周遊でき、ルートはさまざまである。ただし、同一方向に回らなければならない。

日本発着のサークルパシフィックチケットに、「スターアライアンス サークルパシフィック運賃」がある。料金は飛行マイル2万2000マイルまででエコノミークラス30万円、ビジネスクラス55万円、ファーストクラス80万円。全日空、エアカナダ、ニュージーランド航空、シンガポール航空、タイ国際航空、ユナイテッド航空、ヴァリグ・ブラジル航空の7社が利用できる。日本出発の場合、エリアの移動は(1)東アジア→北米→オセアニア(時計周り) (2)東アジア→オセアニア→北米(反時計周り)の2通りが可能で、ストップオーバーは最低3回必要だが、上限はない。フライトは最大28区間を利用できる。例えば東京 → ホノルル → ロサンゼルス → シドニー → シンガポール → 東京といったルートが可能。旅行日数は最初の国際線移動から数えて7日以上必要、有効期間は6ヶ月で、出発の7日前までの購入が条件となる。それぞれのエリアで旅行可能な国が決まっているので、詳細はスターアライアンスのホームページ W http://www.staralliance.jp/product/product05.htmlで確認を。

ハワイからの格安料金 ハワイでは、太平洋地域のほぼ全地域に向かう格安航空券を見つけることができるだろう。料金は時期、航空会社、需要により変わるが、ロサンゼルス、サンフランシスコまでの往復料金はおよそUS＄300、東京はUS＄450、香港はUS＄500、北京、サイゴン、シドニーはUS＄700、バリはUS＄750といったところである。

目的地が決まっていないなら、その場で格安料金を見つけることも可能だ。ホノルル・アドバタイザー―Honolulu Advertiserの日曜日版旅行ページには、旅行会社による海外格安航空券の広告が多数掲載されている。

下記が格安航空券を専門に取り扱っている大手旅行会社である。**キングス・トラベル King's Travel** （☎593-4481 W www.reallycheapfares.com ☗725 Kapiolani Blvd, Honolulu）、**パンダ・トラベル Panda Travel** （☎734-1961 ☗1017 Kapahulu Ave, Honolulu）、**ロイヤル・アドベンチャー・トラベル Royal Adventure Travel** （☎732-4646 ☗126 Queen St, Honolulu）。

特別な要望がある旅行者

ベジタリアン・ダイエットメニュー、乳児連れ、特別な配慮を要する健康状態など、特別な手配が必要な場合、航空会社にできるだけ早く連絡しよう。必要な手配を整えてもらえる。リコンファーム（予約の再確認）時や空港でのチェックイン時にはもう一度確認すること。予約前に航空会社に問い合わせて、要望に対応してもらえるか確認してもよい。

ホノルル国際空港を含めたいていの国際空港は、必要に応じてチェックインカウンターから飛行機までカートや車いすの貸し出し（介助人付き）を行っている。スロープ、エレベーター、車いすで利用可能なトイレや公衆電話などの設備も整っている。一方、機内のトイレは障害のある乗客にとっては問題となることがよくある。なるべく早い時点で航空会社、場合によっては担当医と相談するのがよい。

一般に2歳未満の幼児の料金は、座席を使用しなければ普通料金の10％である（航空会社によっては無料）。無料委託手荷物のサービスは適用されない。事前に申し込みをしておけば、航空会社が「スカイコット（ベビーベッド）」、ベビーフード、おむつを用意してくれる。2歳から12歳の子供は、通常普通料金の半額または3分の2の料金で座席の利用ができ、無料委託手荷物のサービスも適用される。

出国税

アメリカの空港税や空港使用料は通常、アメリカ国内または海外での購入にかかわらず、チケット購入時に支払うようになっている。

フライト予約時に、乗り換えの少ないものは料金が安いことに気付くかもしれない。これは空港使用料は着陸ごとに加算されるからだ。たいていの場合、アメリカの空港を利用するときは、乗り換えでもストップオーバーでも、使用料として1回＄2〜＄3がチケット料金に加算される。

9月11日のテロ以降に制定された空港保安税も必要となる。アメリカの空港から出国する場合は＄2.50で、表面的には出国する乗客に、

より徹底した審査を実施するためとされている。

チケットに含まれるそのほかの料金には、アメリカから海外へ出国する乗客すべてに課せられる＄6の出国税や、海外からアメリカへ入国する乗客すべてに課せられる＄6.50の北米自由貿易協定税North American Free Trade Agreement（Nafta）taxがある。

ハワイから出発するときに支払わなければならないハワイ特定の税金はない。

アメリカ本土から

本土の主要都市からホノルルまでの便を運航している航空会社間の競争が激しいため、時期にかかわらずどの航空会社の便でも格安で利用することは可能だ。「パッケージ」全部は必要ないかもしれないが、パッケージツアーを販売する会社により格安の航空運賃が設定されていることもある。地元の旅行会社をチェックしてみよう。本章後述のツアーも参照のこと。

アメリカ本土からハワイまでの最低往復料金は通常、東海岸からだと＄700〜＄1100、西海岸からだと＄350〜＄650程度となっている。東海岸から出発する場合は、サウスウエスト航空など料金の低い航空会社が運航する西海岸までの便と、西海岸からハワイまでの便の2便に分けたほうが安くなることもある。

条件は異なるが、料金がもっとも安くなる便は通常、週半ばの便であったり、事前購入が必要だったりさまざまな制約がある。たいていこういったチケットは変更や払い戻しはできない。国際便の場合はまず無理だろう。（だが、ほとんどの航空会社は医療にかかわる緊急事態は配慮してくれる。）

アメリカ本土からの便の多くはホノルル着であるが、マウイMaui、カウアイKauai、ビッグアイランドBig Islandへの直行便もある。島により運航状況は異なる。本土からカウアイへの直行便を運航しているのは、大手のユナイテッド航空のみだが、本土とマウイ間は航空会社数社が運航している。

下記の航空会社が、アメリカ本土東海岸および西海岸からホノルルまでの便を運航している。

アメリカン航空 American Airlines	☎800-433-7300
コンチネンタル航空 Continental Airlines	☎800-525-0280
デルタ航空 Delta Air Lines	☎800-221-1212
ノースウエスト航空 Northwest Airlines	☎800-225-2525
TWA（トランスワールド航空） TWA	☎800-221-2000
ユナイテッド航空 United Airlines	☎800-241-6522

農業検疫

ハワイからアメリカ本土へ出発する場合、すべての荷物と機内持込手荷物は農業検査官によるX線検査を受けることになっている。クチナシ、ジェード・バイン（ヒスイカズラ）、バラは、レイに含まれているものでも持ち出しは禁止されている。ただし、そのほかの生花や葉はほとんどが許可されている。パイナップルやココナツの本土への持ち込みは許可されているが、そのほかのフルーツや野菜の持ち込みは禁止されている。そのほか本土への持ち込みが禁止されているものは、鉢植えの植物、生のコーヒー豆、サボテン、サトウキビなど。輸出許可のラベルが貼付されている種、フルーツ、植物の持ち出しについては問題はない。

ハワイアン航空 Hawaiian Airlines（☎800-367-5320 w www.hawwaiianair.com）は西海岸からハワイまでの便を運航している。ロサンゼルス、シアトル、ポートランド、サンフランシスコ、サンディエゴ、サクラメント〜ホノルル間は直行便。ロサンゼルス、サンフランシスコ、シアトル〜マウイ間も直行便がある。

アロハ航空 Aloha Airlines（☎800-367-5250 w www.alohaairlines.com）は島と島を結ぶ航空会社で、西海岸からハワイまでの便を運航している。ラスベガス、オークランド、オレンジカウンティ〜ホノルル間を運航。オークランド、ラスベガス、オレンジカウンティ〜マウイ間、オークランド、ラスベガス〜コナKona間の便も運航している。また**エア・テック Air Tech**（☎212-219-7000 w www.airtech.com）ではスペースアベイラブル・フライトパスSpaceAvailable FlightPassを販売している。西海岸とハワイ間のフライトにはもっとも安くなる方法だ。キャンセル待ちで片道＄119というかなりお得な料金。出発までに2日から4日の余裕があるなら、格安料金で座席が獲得できるだろう。現在はオークランド〜ホノルル、リフエLihue、コナ、マウイ間のみとなっている。

西海岸からハワイ間の飛行時間は5時間半、東海岸からは11時間。

カナダから

エア・カナダがバンクーバー〜ホノルル間、バンクーバー経由でそのほかの都市とホノルル間の便を運航している。ホノルルまでの往復料金は、バンクーバーからがおよそC＄600、カルガリーCalgaryやエドモントンEdmontonからがC＄750、トロントTorontoからがC＄1200となっている。これは週半ばに利用した場合の料金で、通常30日または60日有効となっており、事前購入が必要。

海から

クルーズ船

最近では、ハワイを含むツアーを実施するクルーズ船も少しだがある。多くは「リポジショニングツアーrepositioning tour」と呼ばれている。というのもこれらは一般に、4月、5月、9月、10月にハワイを訪れ、そのほかの時期は夏はアラスカ、冬はカリブを訪れるからだ。

アメリカ連邦法により、外国籍の船がアメリカ内の港間のみを航海するクルーズを実施することは禁止されているため、ハワイへのクルーズ旅行には外国の港への寄港も含まれる。

こうしたクルーズは10日から12日間のものがほとんどで、2人部屋利用で1人の料金は1日当たりおよそUS＄150である。ディスカウントやプロモーション料金によりUS＄100未満まで下がることもある。出発地までの往復航空運賃が別途必要となる。

典型的なクルーズ船で過ごす休暇は究極のパッケージツアーだ。どれにするかの選択はすんなりとはいかないが、クルーズ自体にはほとんど計画は必要ない。ただ代金を支払って、参加するだけだ。これが多くの人にとってクルーズの魅力となっている。覚えておかなければならないのは、ほとんどの時間を海の上で過ごすということだ。つまり、旅行日数は同じぐらいでも、飛行機でハワイを訪れる旅行者に比べて島内で過ごす時間は明らかに少ない。

クルーズ旅行には部屋、食事、エンターテインメント、移動に関するすべての料金が含まれるため、かなりいい価格にはなるだろう。安上がりな個人旅行に比べると、クルーズ旅行は高いことは間違いないが、航空運賃と高級リゾートホテルの費用などを含む一般的なパッケージツアーに比べると、必ずしも高いとは限らない。

クルーズ旅行が初めてなら、乗船前に次のような質問が沸いてくるだろう。陸でどれだけ過ごすのか？ 乗員と乗客の割合は？ 船の大きさは？ 部屋のサイズや場所は？ アクティヴィティや無料ベビーシッターなどのサービスにはどのようなものがあるのか？

クルーズ船の無料パンフレットはほとんどの旅行会社で入手でき、船や船室の写真も掲載されている。パンフレットは船会社に直接連絡して入手することもできる。

たいていのハワイクルーズには、ホノルル、マウイ、カウアイ、ビッグアイランドでの滞在が含まれている。

プリンセス・クルーズ
Princess Cruises
☎800-568-3262
w www.princess.com
もっとも多くツアーを実施しており、多様なオプションを備えている。ホノルル〜タヒチ間、ホノルル〜カナダのバンクーバー間のツアーを主に実施している。

ロイヤルカリビアン・クルーズライン
Royal Caribbean Cruise Line
☎800-327-6700
w www.royalcaribbean.com
主にメキシコのエンセナダEnsenadaやバンクーバーからホノルルまで運航している。

ホランドアメリカ・クルーズライン
Holland America Cruise Line
☎800-426-0327
w www.hollandamerica.com
主にカリフォルニアのサンディエゴやバンクーバーからホノルルまで運航している。

ノルウェージャン・クルーズライン
Norwegian Cruise Line
☎800-327-7030
w www.ncl.com
主にはホノルル〜キリバスKiribati間を運航。バンクーバーやメキシコのエンセナダから出発する便もある。

ヨット

ハワイに向かうたいていのプライベートのヨットは、ホノルルへと向かう。しかし毎年、少数の船がビッグアイランドから南太平洋に向かって西へと進む。個人のボートがなく、クルーとして乗り込みたいと思うなら、春の早い時期にホノルル港やビッグアイランドのカワイハエKawaihaeにあるドックを当たり、船長に交渉してみるとよい。クルーとしての経験があり、ハワイ〜アメリカ本土間またはハワイ経由アメリカ〜南太平洋間の航海を探すなら、船長やクルー関連のホームページをチェックしてみよう。

ボートクルー・ネット
Boatcrew.net
w www.boatcrew.net
うまくまとめられているホームページで、本土の港を出航する船のデータベースがある。メンバーの会費は月＄10、年＄100。

セーリング・サンフランシスコ
Sailing San Francisco
w www.sfsailing.com
サンフランシスコ・ベイ・エリアから出航する船の船長の一覧表が掲載されている。長距離の巡洋船の情報も載っている。

ラチチュード38
Latitude 38
w www.latitude38.com
クルーを募集している船長の情報が載ってい

ツアー

たくさんのパッケージツアーがある。単に航空券と宿泊のみの基本的なツアーからレンタカーや観光ツアー、そのほかさまざまなアクティヴィティを含んだツアーもある。

　旅行日数が限られているなら、パッケージツアーがもっとも安くあがる方法になることもある。ツアー企画会社は、かなり安い価格で飛行機とホテルを仕入れるため、同じ便やホテルを別々に個人で手配するよりはパッケージツアーはかなり安くなる。特に短期間でハワイを訪れるなら、パッケージツアーは経済的で、時には単独の飛行機代にほんの少し追加したぐらいの金額に収まるということもある。

　料金はさまざまだが、飛行機とベーシッククラスのホテルを含む1週間のツアーは、2人部屋利用の場合で、アメリカ西海岸からはおよそ$550から、東海岸からはおよそ$900以上である。

　高級ホテルを希望するなら、価格はすぐに2倍へと跳ね上がるだろう。

　下記はアメリカ全土に支店をもち、広範囲のネットワークを持つ会社である。**プレザント・ハワイアン・ホリデイズ Pleasant Hawaiian Holidays**（Ⓦwww.pleasantholidays.com）、**アメリカン・エクスプレス American Express**（Ⓦtravel.americanexpress.com）、**リバティ・トラベル Liberty Travel**（Ⓦwww.liberty.com）。

　そのほかにもパッケージツアーを取り扱う会社はたくさんある。地元の新聞の日曜版旅行セクションをチェックしたり、地元の旅行会社のパンフレットを見て、どのようなツアーが実施されているか調べてみよう。ハワイ内の島めぐりツアーについては、交通手段の章を参照のこと。

特殊ツアー

典型的なパッケージツアーに加えて、研究や環境保護を目的としたツアーでハワイを訪れることも可能だ。

アースウォッチ・インターナショナル
Earthwatch International
☎800-776-0188 📠978-461-2332
Ⓦwww.earthwatch.org
🏠3 Clock Tower Place, Suite 100, PO Box 75, Maynard, MA 01754

自然科学や環境保護関連のプロジェクトに従事するボランティアを世界中に派遣している。ハワイにおけるプロジェクトでは、山中にある川の再生や、ザトウクジラのリサーチの補助といった活動に力を入れている。料金は、2週間のプログラムでおよそUS$2000。食費と宿泊費は含まれているが、航空運賃は含まれていない。

エルダーホステル
Elderhostel
☎617-426-8056、877-426-8056
Ⓦwww.elderhostel.org
🏠75 Federal St, Boston, MA 02110

非営利団体で、55歳以上の人を対象にした教育プログラムを実施している。この団体はヨーロッパのユースホステルやスカンジナビアのフォークスクールが原点となっている。広範囲にわたるプログラムが進行中で、ヒロHiroのライマン邸記念博物館Lyman House Memorial Museumやボルケーノ・アート・センターVolcano Art Centerと共同で行っているものや、ハワイ・パシフィック大学Hawaii Pacific Universityと提携し、ハワイ全土で活動しているものもある。プログラムの多くはハワイの人々や文化を対象としているが、自然環境を探求しているものもある。料金は1週間のプログラムでおよそ$650、2週間で$1300となっており、宿泊費、食費、受講料が含まれる。航空運賃は別途必要。

ボランティア・プログラム

ナショナル・パーク・サービス National Park Service（Ⓦwww.nps.gov/volunteer）では、ビッグアイランドにあるハワイ火山国立公園Hawaii Volcanoes National Parkやマウイにあるハレアカラ国立公園Haleakala National Parkで働くボランティアプログラムを実施している。インフォメーションデスクのスタッフ、ガイドハイクの案内役、捕食性動物の捕獲、絶滅の危機に瀕した鳥類やウミガメ類の監視、繁殖性植物の抑制など仕事の内容はさまざまだ。

　競争は激しく、何百という応募者の中から毎年選ばれるのはおよそ25名のみである。自然科学や救急法の知識がある人が望ましい。3カ月から6カ月間（週に40時間）拘束される。ボランティアには給料は支払われず、航空運賃に対する補助もないが、バラックタイプの宿泊施設の提供と、1日$10が食費の補助として支給される。

問い合わせは書面で**ボランティア・イン・パーク Volunteers in Parks**（ハワイ火山国立公園 Hawaii Volcanoes National Park ☎808-985-6092 🏠PO Box 52, Hawaii National Park, HI 96718 ・ ハレアカラ国立公園 Haleakala National Park 🏠PO Box 369, Makawao, HI 96768）まで。

スチューデント・コンサベーション・アソシエーション Student Conservation Association（☎603-543-1700 ℻603-543-1828 Ⓦwww.sca-inc.org ⌂PO Box 550, Charlestown, NH 03603）は毎年数名をボランティアとしてマウイにあるハレアカラ国立公園に派遣している。期間は3カ月から6カ月。環境修復の補助から通訳アシスタントまで仕事はさまざまだ。ハワイまでの往復航空運賃、少額の給付金、宿泊施設が提供される。18歳以上の高校卒業資格保持者なら誰でも応募できるが、学位保持者で、野生生物や生物学、動物学の知識を有し、IBM互換コンピュータを使ったことがありデータ処理の経験者が望ましい。

交通手段

Getting Around

飛行機

フェリーがマウイ島～ラナイ島・モロカイ島間でしか運航されていないため、ハワイの島々を移動するには、たいてい飛行機を利用することになる。

各島を結ぶインターアイランド便がある主要な飛行場としては、ホノルルHonolulu（オアフ島）、リフエLihue（カウアイ島）、カフルイKahului（マウイ島）、コナKonaとヒロHilo（ともにビッグアイランド）がある。

民間定期航空便がある小規模な飛行場としては、ラナイ島、モロカイ島（フーレフアHoolehua）とカラウパパKalaupapa（ともにモロカイ島）、カパルア・ウエスト・マウイとハナ（ともにマウイ島）、ワイメア・コハラWaimea-Kohala（ビッグアイランド）がある。

アロハ・エアラインAloha Airlinesとハワイアン・エアラインHawaiian Airlinesがインターアイランド便を就航している2大航空会社だ。両社とも主要な5つの島の間を、ジェット機によるフライトで頻繁に結んでいる。

小規模な飛行場では、プロペラ機を使ったコミューター航空会社が利用できる。アイランド・エアーIsland Air（アロハ・エアラインの姉妹会社）は、大手のコミューター航空会社で、広範囲にわたるフライトを提供している。

航空運賃

インターアイランド便では各社がしのぎを削っており、運賃は各社の競争を反映して大きく上下することが多い。

3大航空会社のハワイアン・エアライン、アロハ・エアライン、アイランド・エアーのスタンダード片道料金は＄76～105で、利用するフライトによって異なる。もっとも料金が下がるのはたいてい朝早いか午後の遅い時間のフライトだ。

さらに、販売促進を目的とした格安料金が利用できる場合がある。たとえば、＄55の「フレックスフェアflex fare」は、7日前の予約が必須条件だが、フライト当日のフライト時間については多少融通がきく。スタンダード料金と違い、フレックスフェアは払戻しできない。

クーポン　正規料金の航空券を購入する代わりに、割引クーポンを利用すると大変お得な場合がある。クーポンは航空券同様に使用できる。

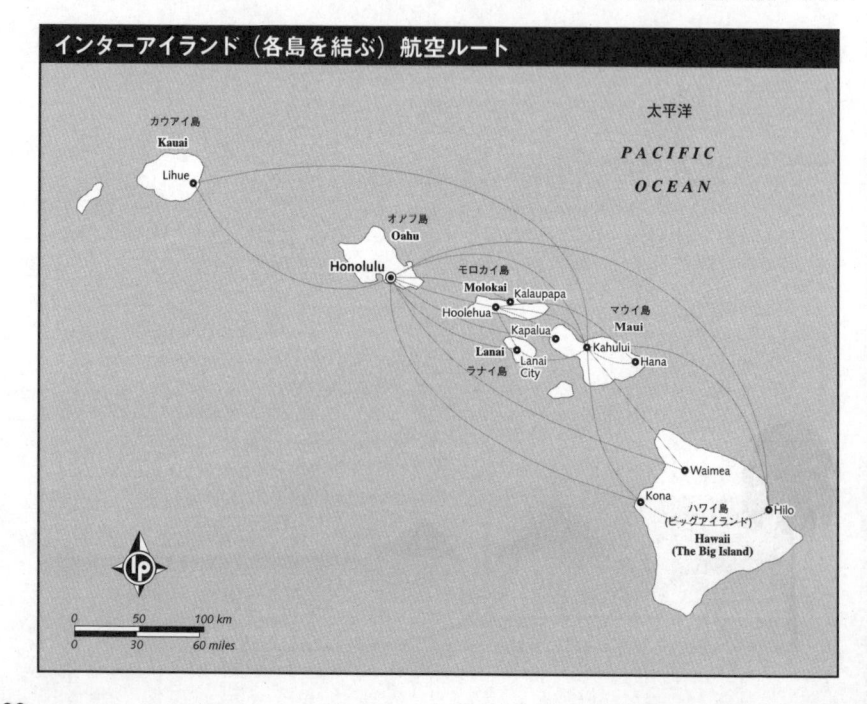

事前に購入する必要はなく、購入する前に予約できる。

アロハ・エアラインでは空港カウンターでお得なクーポンを取り扱っている。$376のクーポンブックには、アロハ・エアラインを使っての各島間のフライトなら無制限に利用できる6枚のクーポン券が含まれている。同様に、アロハ・エアラインと姉妹会社のアイランド・エアーのフライトに有効な6枚組のクーポンブックが$475で販売されている。

ハワイアン・エアラインも同社が運航するインターアイランド便の2地点間のフライトに有効な6枚組のクーポンブックを販売している。このクーポンブックは空港のチケットカウンターで直接購入すると$408である。

アロハ・エアラインとハワイアン・エアラインのクーポンブックは、何人かで使用できる。たとえば、1冊のクーポンブックを、夫婦が各片道フライトに2人で3回ずつ使用できるし、6人家族がホノルル～マウイ間の片道フライトに使用することもできる。

航空会社から直接クーポンブックを購入する以外に、ハワイ各島のディスカウント旅行代理店からバラでクーポンを購入する方法がある。価格はさまざまで、$60～65の場合が多い。

ハワイアン・エアラインでもクーポンのバラ売りをしており、ハワイ銀行Bank of HawaiiのATMで1枚$67で販売している。このATMはホノルル空港のインターアイランド・ターミナル（バーガーキングの向かい側）と、ハワイ中のセブン-イレブンのお店にある。利用するにはクレジットカードと暗証番号が必要となる。旅行者の間では、このATMを使った販売は好評だが、自分たちのビジネスを失いたくない旅行代理店には不評だ。オアフのある代理店がATMでの販売が連邦銀行法に抵触するとして中止させようとしたが失敗した。

エアパス　アロハ・エアラインとハワイアン・エアラインではエアパスを販売しており、所定の連続する日数について、無制限にフライトが利用できる。ただし、1日に最大4回までという制限がある。パスは払戻しができず、紛失または盗難の場合も返金されない。

アロハ・エアラインは7日間のアイランドパスも販売しており、アロハ・エアラインとアイランド・エアーが運航するハワイ諸島間のルートなら1週間有効で、無制限に利用できる。価格は$321。予約はできるが必須ではない。このパスはハワイ到着後に購入でき、旅程を決める必要はない。

ハワイアン・エアラインも同様のパスを販売しており、5日～2週間の中から有効日を各自で選べる。このパスの価格は、5日間$324、1週間$355、10日間$419、2週間$479。

その他の割引　アロハ・エアラインでは、アメリカ自動車協会（AAA）の会員には、すべてのインターアイランドフライトのスタンダード料金から25％の割引サービスをしている。姉妹会社のアイランド・エアーも同様の割引を2地点間のフライト（乗換えの必要がないフライト）に提供。割引料金は、AAAのカード保有者でカードを携帯している旅行者に適用される。

そのほかにもさまざまな割引が利用できる場合があるので、予約をするときは常にどのような販促サービス料金が提供されているのか問い合わせること。

インターアイランドの航空会社

ハワイアン・エアライン Hawaiian Airlines
1日に150以上のフライトがあるハワイアン・エアライン（🌐www.hawaiianair.com）は、DC9機でホノルル、リフエ、カフルイ、コナ、ヒロ、モロカイ、ラナイを結ぶ。ハワイアン・エアラインの予約電話番号は次の通り。

ハワイの各島	☎800-882-8811
オアフ	☎838-1555
アメリカ本土とカナダ	☎800-367-5320
日本	☎03-3214 4774

アロハ・エアライン Aloha Airlines　737機で、ホノルル、リフエ、カフルイ、コナ、ヒロを結ぶ。**アロハ・エアライン**（🌐www.alohaairlines.com）では、インターアイランドフライトが1日約200便予定されている。アロハ・エアラインの電話予約番号は以下の通り。

ビッグアイランド	☎935-5771
カウアイ	☎245-3691
マウイ	☎244-9071
オアフ	☎484-1111
アメリカ本土とカナダ	☎800-367-5250
大阪	☎06-6341 7241
東京	☎03-3216 5877

アイランド・エアー Island Air　18人乗りデハビラント・ダッシュDeHavilland Dash 6機か37人乗りのダッシュ8機が運航。アイランド・エアー（🌐www.islandair.com）は、ハワイの小規模な飛行場で営業している。プロペラ機はジェット機よりも低空を飛ぶので、眺めが良い場合が多い。アイランド・エアーの予約はアロハ・エアラインにしても可能だ。

アイランド・エアラインには、ホノルル、モロカイ、カラウパパ、カフルイ、ハナ、カパラ・ウエスト・マウイ、ラナイを結ぶフラ

イトがある。このうち遠隔地へのフライトは1日2便しかないが、人気の高いルートでは1日約8便のフライトがある。アイランド・エアラインの電話予約番号は以下の通り。

ハワイの各島	☎800-652-6541
オアフ	☎484-2222
アメリカ本土	☎800-323-3345

その他の航空会社 そのほかのコミューター航空会社では飛行機を1機しか所有していない会社もあり、出入りが激しい。フライトスケジュールは変動しやすく、事前にフライトの予約がない場合は、キャンセルされることが多いので気をつけよう。

パシフィック・ウイングス
Pacific Wings
☎873-0877（マウイ）　☎575-4546（そのほかのハワイの島とアメリカ本土から）
Ⓦ www.pacificwings.com
オアフ、マウイ、モロカイ、ラナイ島間に定期便があり、カウイとビッグアイランドへはチャーター便が利用できる。行き先によってフライトの便数はさまざまで、ラナイ市のような利用者が少ないところでは1日1便だが、ホノルルへは毎日数十便が行き来している。パシフィック・ウイングスは、マウイ島のハナとカパウラ、ビッグアイランドのワイメア、モロカイ島のフーレフアなど、ほかの航空会社が営業していない飛行場で営業していることが多い。料金はさまざまだが、販促クーポンではホノルルまでの片道が＄50。さらにマウイ～モロカイ島間の往復がわずか＄50という信じられない料金を提供している。

パラゴン・エアー
Paragon Air
☎244-3356（マウイ）　☎800-428-1231（そのほかのハワイの島とアメリカ本土から）
Ⓦ www.paragon-air.com
6人乗りのプロペラ機が運航しており、午前中に出発し、午後に戻ってくる場合が多い。予約が必要で、席はすべて窓側席。特別往復料金では、マウイとそのほかの飛行場（ラナイやモロカイなど）との間の料金が＄80まで下がる。一方、通常の往復料金は、マウイからはハナ、ラナイ、ビッグアイランドのコナのいずれも＄110。

モロカイ・エアー・シャトル
Molokai Air Shuttle
☎545-4988（オアフ）　☎567-6847（モロカイ）
5人乗りのパイパー機がホノルル～モロカイ間を飛ぶ。以前は利用者がフライトに十分な人数だけ集まれば運航していたが、現在では予約が必要。ほかの航空会社と違って、モロカイ・エアー・シャトルの料金は旅行者と現地の人が同じ価格に設定されている。往復料金はわずか＄65で、ほかの競合社のほぼ半額。難点は、ホノルル側では車（またはタクシー）が必要だという点だ。これはモロカイ・エアー・シャトルがホノルル飛行場の裏側、ラグーン・ドライブLagoon Drのはずれにあるからだ。

バス

オアフ島には、ザ・バスThe Busと呼ばれる優れた公共のバスシステムがあるので、車がなくても簡単にオアフ島内を回れる。ザ・バスを利用すれば、オアフ島内ならほとんどどこにでも行ける。バスの本数は多く、時間通りに運行している。料金は行き先にかかわらず1回わずか＄1.50。

ビッグアイランドの公共バスサービスは、コナ～ヒロ間とヒロ～ハワイ火山国立公園間に限られている。ほかにも2、3の路線がヒロ地区にあるが、主に通勤者用で、本数も少ない。これらのバスは主要な町に行くにはよいが、観光目的で短時間にあちこち移動するのには向かない。

カウアイ島には州運営の公共バスがあるが、本数は限られている。旅行者は島の主な町と北のハナレイHanaleiの村まで行けるが、このバスではワイメア渓谷Waimea Canyonやキラウエアの灯台などの有名観光スポットには行けないことが多い。

マウイ島には州運営のバスはない。しかし、民間経営の「ショッピング・シャトル」バスサービスが、ワイレア・キヘイ地区Wailea-Kihei area～カパルア湾Kapalua Bayの間を、マアラエアMaalaea、ラハイナLahaina、カアナパリKanapali経由で運行している。この低料金のバスを利用すると、観光客に人気が高い地区にいとも簡単に行ける。しかし、長距離のルートになると本数が減り、料金も高くなるし、連絡も悪くなる。ワイレア、カアナパリ、カパルア周辺には、リゾートを結ぶ無料のシャトルもある。カフルイ空港Kahului airport、セントラル・マウイCentral Maui周辺、イースト・マウイEast Maui、奥地には公共の交通手段はない。

モロカイ島にはバスサービスがないが、ミュール・トレイン（ラバに乗っての山道散策）がある！

上記のサービスに関する詳細は、各島の章の交通手段を参照。

モーペッド・オートバイ

ハワイではオートバイはほとんどレンタルされていないが、代わりにモーペッドが交通手段になっているところがある。州の法律でモ

ーペッドは1人用車両と定めており、歩道や高速道路での走行は禁じられている。モーペッドは常に1列で走行し、時速は30マイル（約48km）を越えてはならない。ハワイでは、モーペッドの排気量は最大2馬力（50cc）に制限されている。モーペッドを運転するには、有効な運転免許証が必要。ハワイ住民は15歳からモーペッドを運転できるが、州外の住民は18歳以上でなければならない。

車

ハワイでは18歳から車の運転ができるが、カーレンタル会社ではたいてい年齢制限をもっと上に設定してある。25歳以下の場合は、事前にカーレンタル会社にコンタクトし、制限や追加料金などに関する会社の方針を問い合わせる。

「道路および自動車輸送に関する国連会議」参加国（世界すべての国をほぼ網羅）が発行する有効な運転免許証があれば、ハワイ州では法的に車の運転ができる。

しかし、最近カーレンタル会社は英語で書かれた有効な国際運転免許証しか認めないようになってきている。もしくは、大半のカーレンタル会社で、国際免許証と一緒に自国の運転免許証の提示を求めてくる。

ガソリンはアメリカ本国よりも約25％高く、レギュラーの無鉛ガソリンは1ガロン（約3.8l）につき約＄2。

注意を1つ。ハワイのハイウェイのストリート名は一風変わったものが多いが、パターンがある。たとえば4-734クヒロ・ハイウェイKuhio Hwyのようにハイフンでつながれた番号をよく目にすることだろう。この左側の番号は、郵便局が使うその地区の番号で、右側はその地区での通りの番地となっている。これらの番号は数字の大きさの順序にしたがっている。すなわち4-734は、4-732と4-736の間に来る。しかし、ハイウェイをドライブしていると当惑させられることがある。というのは、新しい地区に入って、4-736から急に5-002に飛ぶことがあるからだ。

交通ルール

アメリカのほかの州と同様、車は右側通行。

赤信号では、完全に停止して対向車に道を譲ってから、交差点にターン禁止の標識がない限り、右に曲がることができる。

ハワイ州ではドライバーと助手席の人にシートベルトの着用が義務付けられている。さらに州の規則では、3歳以下の子供にはチャイルドセーフティーシートの使用が義務付けられている。一方、4歳児はセーフティーシートまたはシートベルトによって安全を確保しなければならない。カーレンタル会社のほとんどがチャイルドセーフティーシートを貸し出しており、たいてい1日約＄5。しかし、いつも利用できるとは限らないので、事前に予約するのが好ましい。

制限速度は標示されており、強制力がある。スピード違反で検挙された場合は、違反チケットが切られる。警官が注意するだけの場合はめったにない。見慣れない型や色をした覆面パトカーに気をつけよう！

安全上やむを得ない場合以外にクラクションを鳴らすのは、ハワイではマナー違反とみなされる。

レンタカー

レンタカーはハワイ全島で利用できる。レンタル会社の大半が日単位のレンタル料よりも週単位のほうをかなり割安に設定している。小型車の場合、走行距離が無制限の日単位の料金は＄30〜50だが、週単位だと＄150〜250になることが多い。これは事前予約した場合の価格だということに注意。予約していなかった場合は、もっと高い料金を払わなければならないことが多い。

レンタル料はレンタル会社によってやや異なり、各社においても季節、予約の時期、販促割引などによって異なる。自動車クラブ、フリークエント・フライヤー・プログラム、旅行クラブなどに所属している人の場合、割引してもらえることがあるので、必ず問い合わせよう。

車をレンタルするときに注意しなければならないことが1つある。中型車や大型車のレンタル料は、週単位だと小型車の料金よりほんの数ドル高いだけの場合が多い。さらに割引サービスはエコノミーサイズの車を除くことがあるので、車が大きいほうがレンタル料の割引率が良くなる場合が多い。

いつの場合も、レンタル会社のどこかがもっ

ハイウェイはどこ？

ハワイでは「ハイウェイ」という言葉は、かなり大ざっぱに使われている。ほとんどの道路がハイウェイと呼ばれており、中にはわき道や舗装もされていないような道さえハイウェイと呼ばれていることがある。

この本では、実際使われているハイウェイの番号を紹介している。これはこの番号が現地の標識に書かれているからだ。しかし道をたずねる場合は、島の住民はたいてい道路を名前で呼んでおり、番号など気にしていない人が大半だということを覚えておこう。自分たちが暮らしているところの道路の番号さえわからない住民がたくさんいる。

とも安いレンタル料を提供しているので、よく見て回れば得をする。割引率について営業所で交渉するとき、最初に提示される額がもっとも安いとは限らないことに気をつけよう。

島に来る前に予約をしたほうが賢明だ。予約なしでレンタル会社のカウンターに行くと、高い料金に甘んじなければならなくなるだろう。週末を含む繁忙期になると、車はすべて予約済みとなる可能性がある。ハワイでの休暇に車を使って楽しもうと計画したのに、ハワイに来てみたら、車が1台も利用できないなんてことになったら大変だ！

予約の利点はほかにもある。下級クラスの車を予約したが、当日営業所にそのクラスの車が残っていなかった場合、上級クラスの車へのアップグレードは無料となる。

日単位の場合、車は24時間レンタルなので、2日にわたっての使用が可能だ。つまり、正午に借りて午後ずっとドライブし、翌日の午前に返却する前に、昨日とは別の場所までドライブに出かけることができる。さらに、返却には1時間の猶予時間があるレンタル会社が多い。

ハワイでは通常レンタル料の中に走行距離は無制限のサービスが含まれている。しかし、レンタルした営業所とは別の営業所に返却する場合、たいてい追加料金や走行距離に応じた料金が別途徴収される。

主要なクレジットカードがあるとレンタルの手続きは非常に簡単。カードを持っていないと車を貸さないレンタル会社があり、一方、現金かトラベラーズチェックでの支払いや約＄300の手付金を要求するレンタル会社もある。実際に就労証明書やクレジットチェックが必要なところがある一方、このようなチェックはしないが、営業所長が車を貸すか貸さないか決める権限をもっているところもある。クレジットカードなしで車をレンタルする場合は、前もってしっかりと計画をたてるのが賢明だ。

キャンプ場を島の滞在先にする人をひどく嫌うカーレンタル会社が多いことも知っておこう。レンタル契約条件の中に「キャンプでの使用禁止」を加えているところもある。レンタル会社の大半は、滞在先の名称と電話番号を記入するよう要求してくる。

大半のレンタル会社が、舗装されていないようなダートロードでのレンタル車の使用を正式に禁止している。

レンタル料に加えて、州の税金が1日＄3課せられる。

レンタル代理店 以下がハワイで営業している国際的なレンタル会社で、世界各地の代理店から予約ができる。通話料無料の番号はアメリカ本土からのみ有効。

アラモ
Alamo
☎800-327-9633
W www.goalamo.com
コナ、ヒロ、カフルイ、リフエの各空港にあり、ホノルルとカパルア・ウエスト・マウイ空港近くにもある。

エイビス
Avis
☎800-321-3712
W www.avis.com
オアフ島、マウイ島、カウアイ島、ビッグアイランド、ワイキキ周辺に4カ所。少なくとも2つの島に行く予定ならば、エイビスのマルチアイランドというサービスが便利。諸島内で5日間以上レンタルすると、割引料金で車がレンタルできる。

バジェット
Budget
☎800-527-0700
W www.budget.com
オアフ島、カウアイ島、モロカイ島、マウイ島、ビッグアイランド、そのほかハワイ周辺に約35店。

ダラー
Dollar
☎800-800-4000
W www.dollarcar.com
オアフ島、カウアイ島、モロカイ島、マウイ島、ビッグアイランド、ワイキキに多数。25歳以下にも車をレンタルする会社の1つだ。

ハーツ
Hertz
☎800-654-3131
W www.hertz.com
オアフ島のメイン空港、マウイ島、カウアイ島、ビッグアイランド、カパウラ・ウエスト・マウイ空港にある。

ナショナル
National
☎800-227-7368
W www.nationalcar.com
オアフ島、カウアイ島、マウイ島、ビッグアイランド、ワイキキの2～3カ所にある。

ハワイにはその他にもたくさんの小規模レンタル代理店があるが、小規模だから良いということはない。たいてい大規模なレンタル会社のほうが、新しくて信頼のおける車を貸し出しており、もめごとも少ない。

保険 ハワイのレンタル会社のレンタルは賠償責任保険付きで、対人や対物事故を起こし

た場合に適用される。しかし、レンタル車への損傷には適用されない。このため車両損害補償制度（CDW）が各代理店で利用でき、CDWの料金はたいてい1日約＄15。CDWはそれ自体が保険ではなく、むしろレンタル会社が、車の損傷についての責任をあなたには問わないという保障だ（例外あり）。CDW付きのレンタルを申し込まずに車が損傷した場合はその責任を問われ、最高で車両価格の全額を支払わなくてはならなくなる。車が損傷し、レンタル会社との間にトラブルが生じた場合、州の商業・消費者局 Department of Commerce & Consumer Affairs（☎805-587-1234、内線7222）に電話すれば、法律上の権利についての情報が録音で聞ける。

自国で車両損害保険に加入している場合は、ハワイでレンタルした車の損傷にも適用される場合があるので、旅行に出かける前に、保険会社に問い合わせをすること。

車のレンタルに、ビザVisaやマスターカードMasterCardの「ゴールドカード」といったクレジットカードを使った場合、CDW付きレンタルを申し込まなくても、車両損害保険の賠償金を補償している場合が多い。あなたのカードがそうでないのなら、補償してくれるカードに変えたほうがいいかもしれない。旅行に出かける前にカードの詳細情報をクレジットカード会社に問い合わせてみよう。15日以上のレンタルまたはジープ、バン、4WDなどの普通車以外のレンタルには、クレジットカードでの補償は適用されない場合があるので気をつけよう。

自転車

厳しい暑さ、強い向かい風、やっかいな交通事情などをものともしない恐れ知らずの旅行者には、ハワイを見て回る冒険的な方法として、自転車がある。

ハワイの島はどこもサイクリングが可能だが、海岸沿いの道から離れると非常にきつい登りとなる場合が多くなる。このため、ハワイ中を自転車で回るのは、体調が万全のサイクリスト向けのオプションといえる。

ハワイではサイクリングに適した道路の建設が遅れている。現在、自転車専用道が併設された新しい道路が2〜3カ所あるが、きわめてまれだ。ハワイの道路は狭いこともあって、海岸沿いの主要道路は交通が激しい。

ハワイではどこの島にも自転車レンタルの店がある。

ハワイまで自分の自転車を持ち込む場合は、インターアイランドフライトで運送できる。料金は＄20。自転車は空港カウンターで持ち物と同様にチェックされる。しかし、前もってハンドルやペダルを発泡ビニールシートでくるんだり、ハンドルを横付けにしたり、ペダルを取り除くなど、運送しやすくしておく必要がある。

ハワイのサイクリング情報は、各島の「アクティビティ」と「交通手段」の章を参照。「アクティビティ」の章の「マウンテンバイク」も参照のこと。

ヒッチハイク

ヒッチハイクは世界のどこの国でも安全が保障されておらず、ロンリープラネットではヒッチハイクをすすめない。ヒッチハイクをする旅行者は、わずかかもしれないが命にかかわる潜在的な危険性があることを理解しておくべきだ。どうしてもヒッチハイクを選ぶなら、ペアで行動したほうが安全だ。必ず前もって行き先を第3者に伝えておき、常に荷物は軽くし、ドアの側に座ること。

船

フェリー

ハワイでインターアイランド旅客フェリーが運航しているのは、マウイ〜ラナイ島間とマウイ〜モロカイ島間だけだ。マウイ島からはパイオニア・インPioneer Inn前のラハイナ港の公共埠頭から出航している。事前予約を勧めたい。

エキスペディションズ
Expeditions
☎808-661-3756、800-695-2624
ⓦ www.go-lanai.com
24人乗り旅客フェリーを毎日5便、マウイ〜ラナイ島間で運航。飛行機よりはるかに低料金なだけでなく、冬は航行中にホエールウォッチングができるチャンスもかなりある。フェリーはラハイナ港を6:45、9:15、12:45、15:15、17:15に出て、それぞれ1時間後に、フロポエ・ビーチHulopoe Beachから至近距離にあるマネレ湾Manele Bayに到着。ラナイ島からの帰りの出港時間は8:00、10:30、14:00、16:30、18:45。片道料金は大人＄25、子供＄20。切符はラハイナ埠頭にあるオフィスで購入できる。ラナイ島からの場合は乗船後に購入する。

モロカイ・プリンセス
Molokai Princess
☎808-667-6165、800-275-6969
ⓦ www.molokaiferry.com
マウイ〜モロカイ島間にある、荒れてスリル

満点の「パカロロ海峡Pakalolo Channel」を少なくとも1日に1便運航している。もっぱら乗客はサンデッキに出て、ビールを飲んだり、波のしぶきを浴びてずぶ濡れになったりしている。濡れるのがいやなら、自分の持ち物は船の下にしまっておこう。この船の全長は100フィート（約31m）で、90分間の船旅になっている。

ラハイナからは毎日17:15に出港し、月水金土曜には7:30にも出ている。船はカウナカカイからは月～土曜5:30、日曜15:30、月水金土曜14:30に出る。片道料金は大人＄42.40、子供＄21.20。6枚組の片道クーポンブック＄185。

クルーズ船

ノルウェージャン・クルーズ・ライン
Norwegian Cruise Line
☎800-327-7030
W www.ncl.com

ハワイ諸島の端から端までを周遊クルーズするただ1つの会社。しかし外国登録船なので、キリバス共和国までも巡航する。7日間のインターアイランド・クルーズでは、キリバス共和国、マウイ島（カフルイ・ハーバー）、カウアイ島（ナウィリウィリ・ハーバー）、ヒロ、ホノルルに立ち寄る。これよりも長い10日や11日の船旅には、ビッグアイランドのコナが含まれる。7日間クルーズの料金は特別室の＄800からオンボードビラの＄2万5000まで。

ハワイ以外から始まるクルーズの情報は、「アクセス」の章の「クルーズ船」を参照。

タクシー

主要な島ではすべてタクシーが利用できる。料金は乗客数に関係なく走行距離で決まる。料金はさまざまで、地区ごとに設定されているが、平均して5マイル（約8km）につき約＄10。

ツアー

日帰りツアー

多数の会社が、各島で半日や1日の観光バスツアーを提供している。さらにホエールウォッチング・クルーズ、ハレアカラまでの自転車ツアー、ラナイ島へのシュノーケリング・トリップ、コナ・コースト沿いのボートクルーズなどの冒険的ツアーも簡単に利用できる。

これらのツアーはすべてハワイ到着後に予約できる。詳細は各島の「アクティビティ」と「ツアー」の章を参照。

1泊ツアー

ハワイ滞在中に別の島も訪れたいが1日か2日しか余裕がない場合は、「オーバーナイターズovernighters」を利用してみるといいだろう。オーバーナイターズでは近隣諸島へのミニツアーを提供しており、往復航空運賃、カーレンタル、ホテルがパッケージに含まれる。

料金は宿泊施設によるが、2人部屋1泊が1人につき＄140～。日数の追加料金は1日につき1人約＄65。

エアーパスを持っている人には、パッケージ代から航空運賃を引いてくれる。しかし部屋代とカーレンタルだけなら、ホテルが直接提供しているパッケージのほうがお得な場合が多い。

オーバーナイターズを専門にする主要な会社は以下の通り。**ロバーツ・ハワイ Roberts Hawaii**（オアフ ☎523-9323 近隣諸島とアメリカ本土から ☎800-899-9323 W www.robertshawaii.com） **プレザント・アイランド・ホリデイズ Pleasant Island Holidays**（オアフ ☎922-1515 近隣諸島から ☎800-654-4386 W www.pleasantholidays.com）

ヘリコプターツアー

主要な島にある各社からヘリコプターツアーが利用でき、火山噴火口上空、海岸沿いの絶壁、さらには地上からは行くことができない滝などの驚くほどすばらしい場所までヘリコプターで行ける。料金は行き先とフライト時間の長さによってさまざまだが、30分のツアーは平均して1人につき＄125。午前中のフライトは天気がよく、上空の状況もよい場合が多い。しかし曇り空となることもあるので、天気予報には注意すること。

ヘリコプターのフライトを予約するときは、あらかじめ問い合わせる内容を考えておこう。たとえば、ヘリコプター内の座席はすべてが窓側ではないことに注意。典型的な座席の配列は、2人がパイロットの隣、その後ろに4人となっている。そのため後部座席の中央の2人は、パンフレットにうたってあるような写真を撮るチャンスはない。これはただ景色を見るための飛行で、十分に景色を満喫できない。しかも、景色を見に外には出られない！たいてい座席は乗客の体重に応じて決めるので、大金を払ってヘリコプターツアーに参加するならば、前もって座席がどこになるのか確認しておくことをすすめる。

オアフ島

Oahu

ハワイと考えると、真っ先に思い浮かぶのは、ワイキキWaikiki、パール・ハーバーPearl Harbor、サンセット・ビーチSunset Beachなどの、オアフ島Oahuにある有名な観光名所だろう。

ハワイ諸島の中でオアフ島はもっとも開発が進んでおり、そのため、長い間「集いの場」というあだ名がつけられていたのも不思議ではない。オアフ島にはハワイ州人口の約75％が集中しており、ハイウェイや高層ビル、人ごみであふれる大都会だ。日常生活から完全に切り離されたバケーションを希望する場合には、近隣諸島のいずれかを訪れることをおすすめする。

しかし、これだけ開発が進んでいるにもかかわらず、オアフ島は美しい景色を失っていない。オアフ島には縦溝が刻み込まれた山々、アクアブルーの湾、パイナップル畑で覆われた渓谷がある。

そればかりではなく、すばらしいビーチもある。ワイキキの東にあるハナウマ・ベイHanauma Bayは島でもっとも人気のシュノーケリングスポットであり、ノース・ショアNorth Shoreはハワイのサーフィンの中心地になっている。またカイルアKailua（島のウインドワード＜風上＞側）はハワイでもっとも人気のあるウインドサーフィンビーチだ。

ホノルルHonoluluは東洋と西洋が交じり合った興味深い現代都市である。中国の提灯行列があったり、伝統的なフラダンスからバレエ、博物館に至るまで文化的催し物がある。ホノルルはアメリカで唯一の王宮や、すばらしい街なかのビーチ、公園があり、丘の上からは見事な景色を望むことができる。そればかりか、エスニックレストランも多数あり、食の点でも満足させてくれる。

オアフ島はハワイで最も物価が安い島でもある。安い路線バスネットワークが島中を網羅しているおかげで、自前で車を用意しなくても移動が容易なのはオアフ島だけだ。オアフには、ユースホステルやYMCA、YWCAを含む、ハワイ最安値の宿泊施設も幾つかある。

オアフ島のホテルや旅行客用施設のほとんどはワイキキにある。ワイキキはマイアミ・ビーチMiami Beachと東京を混ぜたような街だが、人口密度では後者に匹敵する。ワイキキだけでも十分に楽しめるが、ハワイをより深く知りたければ、ワイキキから外に出てみる必要がある。ホノルルのチャイナタウンChinatownのにぎやかなマーケットを散歩したり、タンタラスTantalusの閑静な山道沿いを歩き、サーファーの天国、ハレイワHaleiwaにも足を延ばしてみよう。

ハイライト

- 夜景が瞬き、波が浜辺に打ち寄せるワイキキ・ビーチを散歩
- ハワイに新設されたハワイ州立美術館 Hawaii State Art Museumを訪ねる
- プロサーファーがノース・ショアのバンザイ・パイプライン Banzai Pipelineで波に乗るのを見物
- パール・ハーバーの軍事記念館で歴史を回顧
- カイルア・ビーチ沖ターコイズブルーの海でウインドサーフィン

その他の地図
オアフ p88～89
オアフの水上スポーツ p94

North Shore ノース・ショア p187
ウィンドワード・コースト Windward Coast p169
ハレイワ Haleiwa p190
ワヒアワ Wahiawa p184
Waianae Coast ワイアナエ・コースト p197
Southeast Oahu サウスイースト・オアフ p161
ホノルル広域地区 p92 Greater Honolulu
タンタラス＆マキキ渓谷 p122 Tantalus & Makiki Valley
パール・ハーバー Pearl Harbor p157
チャイナタウン Chinatown p114
Downtown Honolulu ホノルル ダウンタウン p108
Ala Moana & University Area アラモアナ＆大学地区 p118
Waikiki ワイキキ p136～137

オアフ島

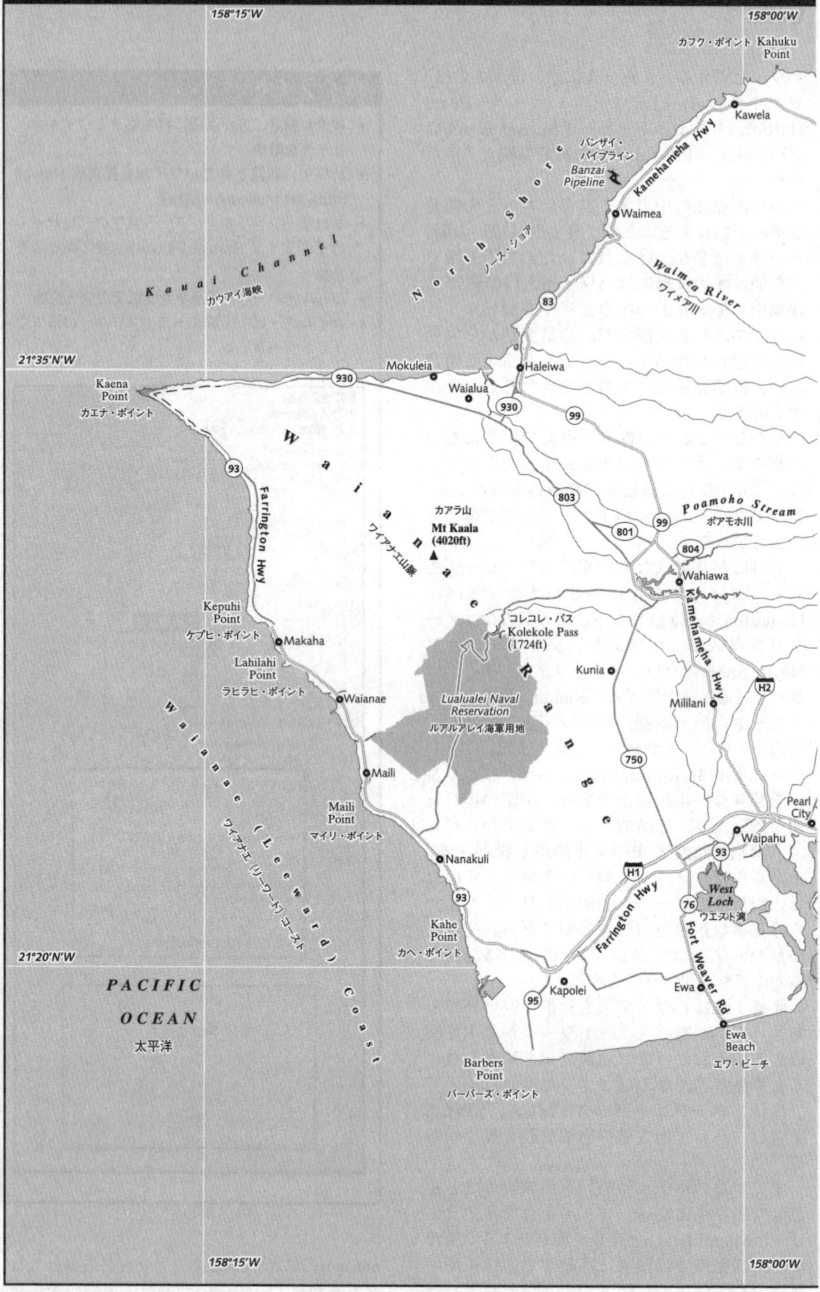
158°15'W
158°00'W
カフク・ポイント Kahuku Point
Kawela
バンザイ・パイプライン
Banzai Pipeline
Kamehameha Hwy
Waimea
North Shore
ノース・ショア
Waimea River
ワイメア川
Kauai Channel
カウアイ海峡
21°35'N'W
Kaena Point
カエナ・ポイント
Mokuleia
Haleiwa
Waialua
930
83
99
93
803
801
804
Farrington Hwy
Waianae Range
ワイアナエ山脈
カアラ山
Mt Kaala (4020ft)
Poamoho Stream
ポアモホ川
Wahiawa
Kepuhi Point
ケプヒ・ポイント
Makaha
コレコレ・パス
Kolekole Pass (1724ft)
Kunia
Mililani
H2
Lahilahi Point
ラヒラヒ・ポイント
Waianae
Lualualei Naval Reservation
ルアルアレイ海軍用地
750
Maili
Waianae (Leeward) Coast
ワイアナエ（リーワード）コースト
Maili Point
マイリ・ポイント
Pearl City
Waipahu
Nanakuli
H1
West Loch
ウエスト湾
76
Kahe Point
カヘ・ポイント
Fort Weaver Rd
21°20'N'W
PACIFIC OCEAN
太平洋
95
Kapolei
Ewa
Ewa Beach
エワ・ビーチ
Barbers Point
バーバーズ・ポイント

オアフ島

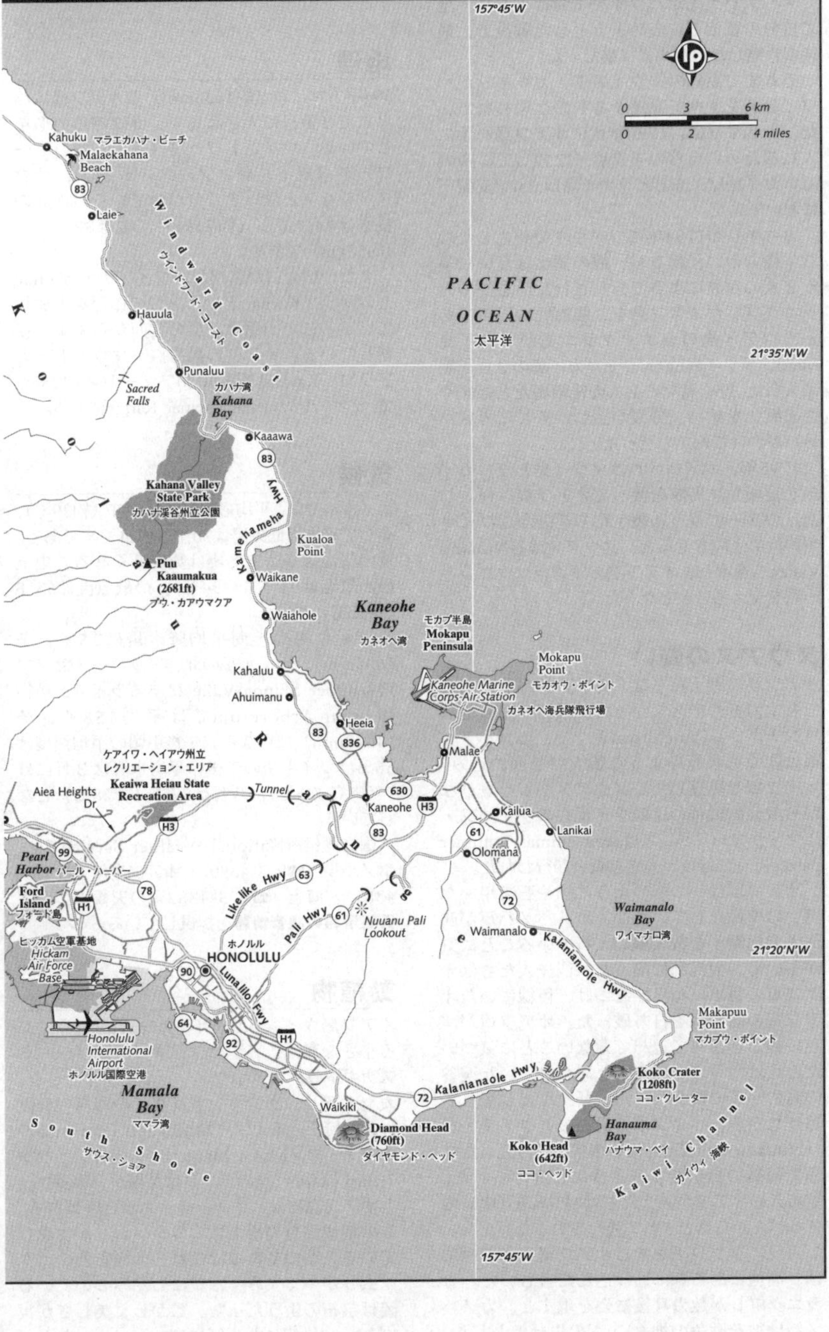
157°45'W
0 3 6 km
0 2 4 miles
Kahuku
マラエカハナ・ビーチ
Malaekahana Beach
83
Laie
Windward Coast
ウインドワード・コースト
PACIFIC OCEAN
太平洋
21°35'N'W
Hauula
Punaluu
Sacred Falls
カハナ湾
Kahana Bay
Kaaawa
Kahana Valley State Park
カハナ渓谷州立公園
Kamehameha Hwy
Kualoa Point
Puu Kaaumakua (2681ft)
プウ・カアウマクア
Waikane
Waiahole
Kaneohe Bay
カネオヘ湾
モカプ半島
Mokapu Peninsula
Mokapu Point
モカオウ・ポイント
Kaneohe Marine Corps Air Station
カネオヘ海兵隊飛行場
Kahaluu
Ahuimanu
Heeia
836
Malae
Koolau Range
ケアイワ・ヘイアウ州立
レクリエーション・エリア
Keaiwa Heiau State Recreation Area
Aiea Heights Dr
Tunnel
630
Kaneohe
H3
Kailua
Lanikai
61
Olomana
Pearl Harbor
パール・ハーバー
99
Ford Island
フォード島
H1
78
Likelike Hwy
63
Pali Hwy
Nuuanu Pali Lookout
72
Waimanalo Bay
ワイマナロ湾
Waimanalo
Kalanianaole Hwy
21°20'N'W
ヒッカム空軍基地
Hickam Air Force Base
ホノルル
HONOLULU
90
Luna lilo Fwy
64
92
Honolulu International Airport
ホノルル国際空港
Makapuu Point
マカプウ・ポイント
Koko Crater (1208ft)
ココ・クレーター
Mamala Bay
ママラ湾
Waikiki
Diamond Head (760ft)
ダイヤモンド・ヘッド
Koko Head (642ft)
ココ・ヘッド
Hanauma Bay
ハナウマ・ベイ
Kaiwi Channel
カイウィ海峡
South Shore
サウス・ショア
157°45'W

歴史

カメハメハ大王がハワイを1つにまとめ、全て自分の統治下に収めようとした戦役で、最後に攻略したのがオアフ島だった。

それまで高齢のマウイの王、カヘキリがハワイ諸島をすべて掌握するものと思われていた。カヘキリは、1780年代にオアフ島を手に入れるために自らのまま息子を殺して、隣のモロカイ島Molokaiとラナイ島Lanaiを支配下においていた。

カヘキリが1794年にワイキキで死亡したのち、権力争いが起こり、彼の領土は互いに争う2人の親族によって分割された。息子のカラニクプレがオアフ島を、腹違いの兄弟であるカウアイ島のカエオクラニ王がマウイ島Maui、ラナイ島Lanai、モロカイ島の3島を手に入れた。野心満々の2人の後継者たちはすぐさま戦いを始め、分裂が生じ、そこにカメハメハがつけこんだのだった。

1795年、カメハメハはマウイ島とモロカイ島を征服し、海峡を渡ってオアフ島へ侵入した。カヌーに乗った戦士たちを静かなワイキキの浜に上陸させると、ヌウアヌ渓谷Nuuanu Valleyへ進軍し、オアフ島の王カラニクプレと一戦を交えることとなった

ヌウアヌの闘い

オアフ島の戦士たちは、カメハメハ軍にはとても太刀打ちできなかった。最初の激戦地はパンチボウルPunchbowl近くで、カメハメハ軍はすぐさま砦のような噴火口を囲い込み、オアフ軍を駆逐した。ヌウアヌ渓谷を登りながら散発的に戦いは続き、現在のクイーン・エマ・サマー・パレスQueen Emma's summer palace近くで最後の大きな戦いが行われた。

オアフ軍はいつものように槍や石を用いた闘いの準備をしていたが、カメハメハ軍が西洋人の狙撃手を数人雇い入れていることに気がついて、大混乱に陥った。西洋人たちはオアフ軍の将軍にねらいをつけ、稜線にいたオアフ軍の防衛線を打ち破った。オアフ軍が渓谷に押し込まれて退却できないことに気づいたときは、今まで利点だと思われていた渓谷の高さが死の罠となった。断崖をよじ登って逃げながら、オアフ軍は現在のヌウアヌ・パリNuuanu Pali展望台沿いの狭い切り立った岩棚で最後の抵抗をするように仕向けられた。数百人のオアフ軍兵士たちはパリpali（崖）のてっぺんから落とされて死んでいった。

カラニクプレ王を含むオアフ軍兵士の中には、高地にある森に逃げ込んだ者もいた。カラニクプレが数カ月後に姿を現すと、カメハメハは彼を戦争の神クKuへの生け贄とした。カメハメハのオアフ島征服はハワイ人同士が戦った最後の戦争となった。

地理

594平方マイル（約1538km²）のオアフ島はハワイで3番目に大きな島で、ほぼ四角い形をしている。ウインドワード（風上）側、リーワード（風下）側、ノース・ショア、サウス・ショアとはっきり分かれている。南北の長さは44マイル（約71km）、幅は33マイル（約53km）である。

2つの噴火口が隆起し、ワイアナエWainaeとコオラウKoolauという2つの山脈を形成している。この山脈は、島の北西から南東を横断している。オアフの最高点、マウント・カアラMt. Kaalaは標高4020フィート（1225m）で、ワイアナエ山脈Waianae Rangeにある。

気候

ホノルルでは、平均最高気温は84°F（約29℃）、そして平均最低気温は70°F（約21℃）である。夏の気温は高めで冬場は数度低くなる。史上最高気温は94°F（約34℃）、最低気温は53°F（約12℃）だった。

ワイキキの年間平均降水量は25インチ（635mm）。ホノルルの北、アッパー・マノア渓谷upper Manoa Valleyにあるライアン植物園Lyon Arboretumでは平均158インチ（4013mm）にもなる。午後中頃の平均湿度は56％。ワイキキの午後の平均水温は3月には77°F（約25℃）、8月は82°F（約28℃）となっている。

国立測候所National Weather Serviceでは、ホノルル（☎973-4380）、オアフ全体（☎973-4381）、海上（☎973-4382）の天候について**天気予報の録音情報**を提供している。

動植物

オアフ島ウインドワード・コースト近くにある小さな島は、アジサシ、クロアジサシ、ミズナギドリ、コアホウドリ、ネッタイチョウ、カツオドリ、グンカンドリなどの海鳥の鳥獣保護区域だ。モカプ半島Mokapu Peninsula沖のモク・マヌMoku Manu（バード・アイランドBird Island＜鳥の島＞）は品種が一番多い。

オアフ島には、アチャティネラと呼ばれる、この地域固有の樹上性のカタツムリが生息している。かつて森にはこれらの極彩色のカタツムリが多くすみ、木葉にしがみついている姿は宝石のようだった。しかし、美しさが災いし、20世紀になる頃には、ハイカーたちが

ごっそり採集していった。さらに打撃となったのは、生息地の森林乱伐と、共食いカタツムリや天敵となるネズミの登場だった。41種類あったアチャティネラのうち、残ったのはわずか19種だった。それも現在ではすべて絶滅の危機に瀕している。

　白い尻をした茶色っぽい鳥エレパイオ（ハワイヒタキ）と黄緑色の小型鳥アマキヒ（ハワイミツスイ）はオアフ島で最もよく見かける、森林に生息する鳥だ。活発な赤いアマキヒの一種、アパパネ（アカハワイミツスイ）や鮮やかな朱色のイイヴェはそれほど多くは見かけられない。

　そのほかの唯一森林に生息する鳥、オアフキバシリはすでに絶滅している可能性がある。この黄色っぽい小型の鳥はアマキヒと姿が似ているため、はっきりと特定するのは困難だ。オアフキバシリが最後に目撃されたのは1985年で、ポアモホ・トレイルPoamoho Trailだった。

　都市部でもっともよく見かけるのは、ドバト、ハト、コウカンチョウ、どこにでもいるカバイロハッカなど。インドから入ってきたカバイロハッカは茶色の「眼鏡をかけたような」鳥で、けたたましい集団を構成している。持ち込まれた狩猟鳥としては、キジ、ウズラ、シャコなどがある。

　オアフ島の山間の谷には猪や山羊が生息している。フサオワラビーが1916年に誤って放され、カリヒ渓谷Kalihi Valleyに生息している。めったに目にすることはないが、ワラビーは原産国オーストラリアでは絶滅した亜種と考えられているので、動物学者たちにとっては興味の対象となっている。

　オアフ島にはすばらしい植物園もある。フォスター植物園Foster Botanical Garden（ホノルルのチャイナタウン端）とライアン植物園Lyon Arboretum（ホノルルの北東、マノア滝Manoa Fallsのすぐ南）で、珍しいハワイ原産の熱帯植物がある。中には野生種はすでに絶滅しているものもある。

政治

「ホノルル市、ホノルル郡City & County of Honolulu」とは、オアフ島全体を単一の行政単位とする便宜的な名称である。

　厳密な法解釈によれば、ホノルル市とホノルル郡には、カウアイ島Kauaiからクレ環礁Kure Atollの1300マイル（約2100km）の間に広がる北西ハワイ諸島Northwestern Hawaiian Islandsが含まれている。

　ハワイのそのほかの郡と同じように、市町村自治体は存在していない。オアフ島は市長と4年の任期で選出される9人制議会が統治している。

経済

オアフ島の失業率は5％前後で、観光が主たる経済となっており、オアフ島の労働人口の約30％を占めている。次に多いのが軍などの政府関連雇用だ。これが全体の22％を占めている。

　オアフ島の20％はいまだに農業用地として使用され、そのほとんどがパイナップル畑となっている。

　砂糖栽培は1996年に全くなくなった。ノース・ショア、ハレイワ、ワイアルアWaialuaなどでは、かつてのサトウキビ畑でコーヒーの木を栽培している。

住民

オアフ島の人口は87万6000人で、そのうち約半分がホノルルに住んでいる。そのほかに人口の多いのは、パール・シティPearl City、カイルアKailua、カネオヘKaneohe、カポレイKapoleiなどである。

　オアフ島の民族構成は20％が日本人、19％が白人、20％がハワイ人との混血（純血のハワイ人は1％未満）、19％がハワイ人以外との混血、12％がフィリピン人、5％が中国人で、そのほかにも無数の太平洋系、アジア系少数民族が住んでいる。

オリエンテーション

オアフ島を訪れる人のほとんどが、島内唯一の民間飛行場、ホノルル国際空港に到着する。空港はホノルル地区の西側、ワイキキから9マイル（約14.5km）にある。

　島内を移動する際に必要となるのが、オアフ島サウス・ショアの主要フリーウェイ、H1だ。H1は、島の南東側を走るハイウェイ72、ウインドワード・コースト側の海岸につながるパリ・ハイウェイPali Hwy（61）とリケリケ・ハイウェイLike Like Hwy（63）、ワイアナエ（リーワード）コーストWaianae Coastに続くハイウェイ93、H2、島の中央部を通ってノース・ショアに出るハイウェイ99と750にそれぞれ接続している。

　ちなみに、H1はインターステートフリーウェイ（アメリカ国内州を結ぶフリーウェイ）に指定されている。太平洋の真ん中にある島で構成されている州にある道路を指すにはおもしろい表現だ。

　朝のラッシュアワー時にはホノルル方面が混雑し、夕方にはホノルルからの車線が渋滞

オアフ島 - インフォメーション

ホノルル広域地区

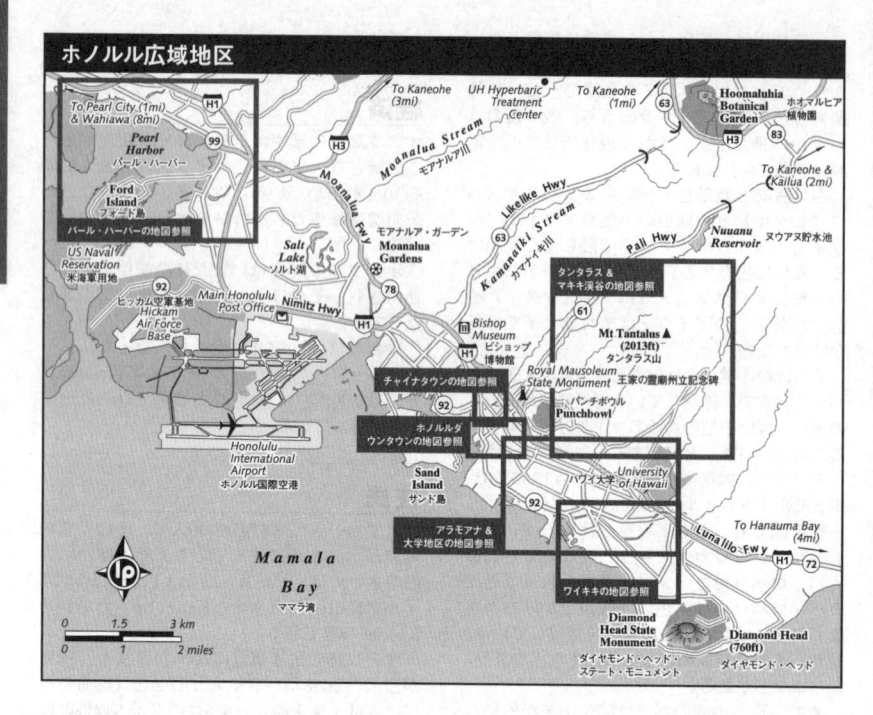

する。

オアフ島で道を尋ねると、ハワイ全体で使用されるマヌカmanuka（内陸）、マカイmakai（海側）に加えて、名所旧跡を使って表現される。「エワEwa」（ホノルルの西の地域）または「ダイヤモンド・ヘッドDiamond Head」（ホノルルの東）へと言われれば、その地域のある方向を目指せということを意味しているに過ぎない。

地図

旅行客向け無料雑誌には簡単な島の地図が掲載されているが、レンタカーで島内を探検したい、ホノルルで過ごしたいなどの場合には、きちんとした道路地図を手に入れるほうがいいだろう。

アメリカ自動車協会 American Automobile Association（AAA）（☎593-2221 ☎1270 Ala Moana Blvd, Honolulu）ではホノルルとオアフ島の、役に立つ道路地図を発行している。AAAまたは関連自動車協会の会員は、AAA事務所または地元の関連団体から出発前に無料地図を入手しておこう。AAA会員でない場合には、オアフ島内のどこのコンビニエンスストアでも、似たようなランド・マクナリーRand McNallyの道路地図を購入することができる。

すべてを網羅した地図としては、200ページにおよぶ「ブライアンズ区分地図オアフBryan's Sectional Maps Oahu」があるが、ほとんどの旅行客には必要のないほど詳しく記載されている。これには、島内のほぼすべての街路が掲載され、索引が付けられている。

インフォメーション

観光案内所

ハワイ観光局 Hawaii Visitors and Convention Bureau（HVCB）（☎923-1811, 800-464-2924 @info@hvcb.org ☎2270 Kalakaua Ave, Suite 801, Waikiki, HI 96815）では、オアフ島やそのほかのハワイに関する旅行客向けの一般情報を郵送してくれる。

旅行客向けパンフレットを直接もらいに行く場合には、ワイキキ・ショッピング・プラザWaikiki Shopping Plaza内にある、**HVCBビジター・インフォメーション・オフィスHVCB visitor information office**（☎924-0266 ☎2250 Kalakaua Ave, Suite 502, Waikiki ☎月～金 8:00～16:30、土・日 8:00～12:00）へ。

お金

オアフ島全体には約150の銀行があるので、大きな町で銀行を探すのはさほど難しいことではない。ハワイ最大の銀行、**ハワイ銀行 Bank** of Hawaiiは空港やワイキキ中心部に支店がある。ほかにもオアフ内ならば、中心部やショッピングセンターに銀行やATMがすぐに見つかる。

郵便

オアフ島には郵便局が35カ所ある。**ホノルル中央郵便局 main Honolulu post office**（☎3600 Aolele St ◎月〜金 7:30〜20:30、土 8:00〜16:30）はホノルルの中心ではなく、空港の北側、ハワイ諸島間の飛行機が発着するターミナルの向かいにある。

ホノルルで局留め郵便を受け取る場合には、すべて中央郵便局で受け取らなければならない。ワイキキ郵便局またはその他のホノルル内の支局宛てに送られた局留め郵便は、中央郵便局に送られるか、送り主に戻される。ホノルルで郵便を受け取る場合には、宛先は次のとおり。
c/o General Delivery, Main Post Office, 3600 Aolele St, Honolulu, HI 96820-3600。

新聞・雑誌

ホノルルの二大紙であるホノルル・アドバタイザーHonolulu Advertiser（Ⓦwww.honoluluadvertiser.com)、ホノルル・スター・ブレティンHonolulu Star Bulletin（Ⓦwww.starbulletin.com）は共に日刊紙で、オンライン上から閲覧できるホームページもある。

オアフ島にはそのほかにも多くの週刊紙があり、その多くは島内のどこでも無料で手に入れることができる。旅行者にとって最も役に立つのは、ホノルル・ウィークリーHonolulu Weekly（Ⓦwww.honoluluweekly.com）で、これはエンターテインメントセクションが充実した新聞だ。空港やワイキキ全域で旅行客向け無料雑誌が多数手に入る。これらも旅行者にとっては格好の情報源だが、そのほとんどは有料広告。ディス・ウィーク・オアフ This Week Oahuとスポットライツ・オアフ・ゴールドSpotlight's Oahu Goldには大抵お得な割引券が付いている。

ラジオ・テレビ

オアフ島には約30の民間AM、FMラジオ局があるだけでなく、公共ラジオ局が3局ある。Da KINE（105.1FM）局はクラシックハワイアンの専門局になっている。ハワイ公共ラジオはKHPR（88.1FM）、KKUA（90.7FM）およびKIPO（89.3FM）で放送している。

ネットワーク系のテレビ局が十数局、ケーブルテレビ局は多数ある。チャンネル10と11は旅行客向け情報や旅行客向けの広告を主に放映している。

書店

オアフ島にはハワイアナに関する書籍、旅行ガイド、一般的な小説などの本を豊富に揃えた書店が多数ある。**ボーダーズ Borders、バーンズ・アンド・ノーブル Barnes & Noble、ウォルデンブックス Waldenbooks**などの全米規模のチェーン店はオアフ島全域の主なショッピングモールに店舗がある。

図書館

ハワイ州全域にまたがる図書館制度において、本館となるハワイ州立図書館がホノルルダウンタウン、イオラニ宮殿の隣にある。ワイキキ、カイルア、カネオヘをはじめとして、オアフ島全体にそのほかに21の公共図書館がある。

医療機関・緊急対応

緊急時には☎911にかけて、警察、消防署、救急車に通報する。

オアフ島には、**クイーンズ医療センター Queen's Medical Center**（☎538-9011 ⌂1301 Punchbowl St, Honolulu）と**ストラウブ診療所・病院 Straub Clinic & Hospital**（☎522-4000 ⌂888 S King St at Ward Ave, Honolulu）のような24時間体制の医療機関が幾つかある。

キャッスル医療センター Castle Medical Center（☎263-5500 ⌂640 Ulukahiki St）は、カイルアにある24時間体制の医療機関。

UH高圧治療センター UH Hyperbaric Treatment Center（☎587-3425 ⌂347 N Kuakini St, Honolulu）には、潜水病にかかったダイバーたちが運び込まれる。

自殺、緊急事態ホットライン suicide and crisis line（☎521-4555）は、24時間体制で運用されている。

水泳

オアフ島は混雑したリゾートから静かな隠れた入り江まで、さまざまな白い砂浜に囲まれている。島内には50以上のビーチ・パークがあり、そのほとんどにトイレ、シャワーが付いている。そしてその約半分ではライフガードが監視している。

オアフ島の4辺にある海岸は、季節によってそれぞれ海の様子が異なる。たいていの場合、一方の海が荒れれば他方は穏やかなので、1年中泳ぐことができる。

オアフ島のサウス・ショアはバーバーズ・ポイントBarbers Pointからマカプウ・ポイントMakapuu Pointまでを指し、広々とした白砂の**ワイキキ Waikiki**や**アラモアナ Ala Moana**など、島内のもっとも混雑したビーチがある。

オアフの水上スポーツ

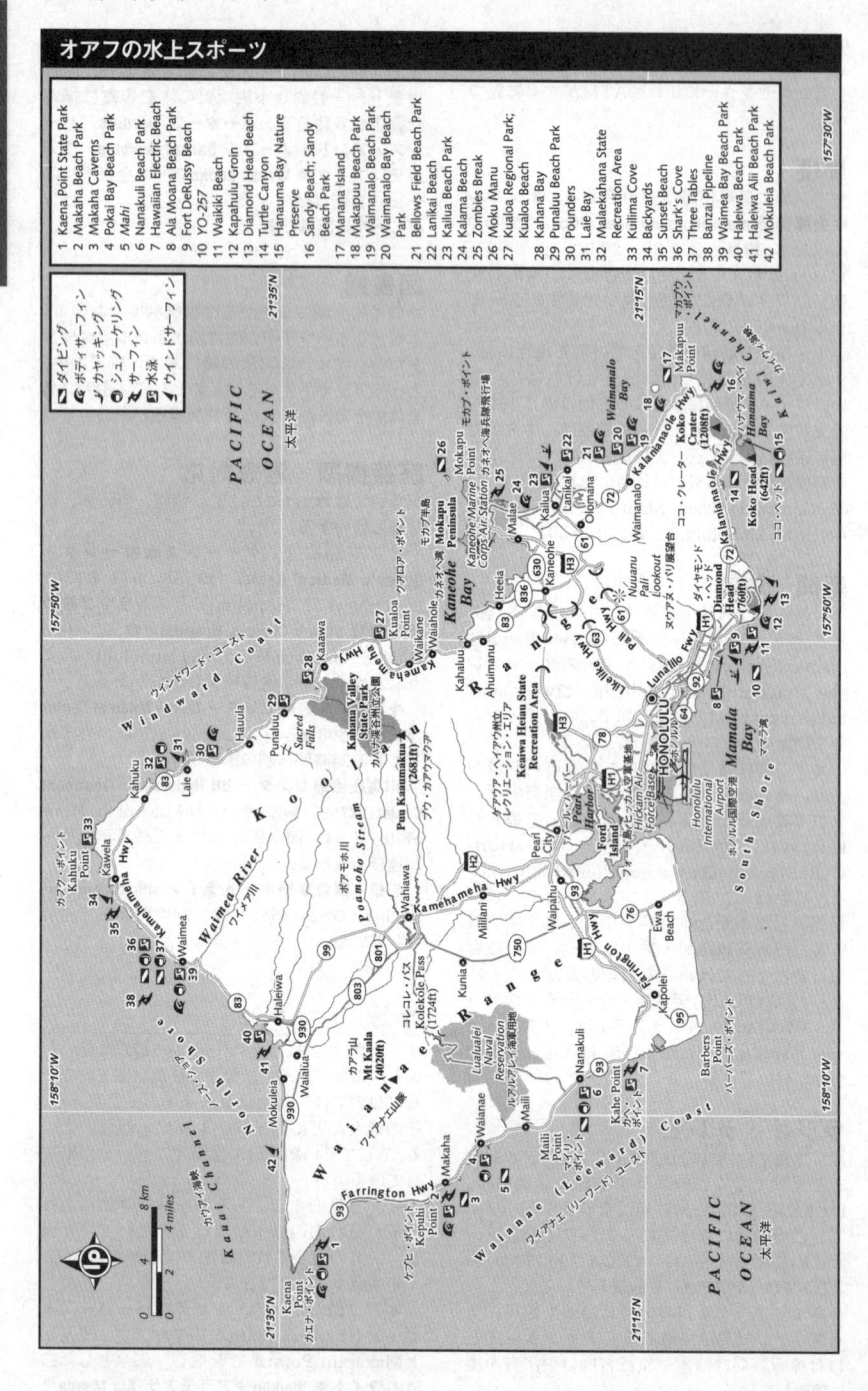

1. Kaena Point State Park
2. Makaha Beach Park
3. Makaha Caverns
4. Pokai Bay Beach Park
5. Mahi
6. Nanakuli Beach Park
7. Hawaiian Electric Beach
8. Ala Moana Beach Park
9. Fort DeRussy Beach
10. YO-257
11. Waikiki Beach
12. Kapahulu Groin
13. Diamond Head Beach
14. Turtle Canyon
15. Hanauma Bay Nature Preserve
16. Sandy Beach; Sandy Beach Park
17. Manana Island
18. Makapuu Beach Park
19. Waimanalo Beach Park
20. Waimanalo Bay Beach Park
21. Bellows Field Beach Park
22. Lanikai Beach
23. Kailua Beach
24. Kalama Beach
25. Zombies Break
26. Moku Manu
27. Kualoa Regional Park; Kualoa Beach
28. Kahana Bay
29. Punaluu Beach Park
30. Pounders
31. Laie Bay
32. Malaekahana State Recreation Area
33. Kuilima Cove
34. Backyards
35. Sunset Beach
36. Shark's Cove
37. Three Tables
38. Banzai Pipeline
39. Waimea Bay Beach Park
40. Haleiwa Beach Park
41. Haleiwa Alii Beach Park
42. Mokuleia Beach Park

- ダイビング
- ボディサーフィン
- シュノーケリング
- サーフィン
- 水泳
- ウインドサーフィン

ウインドワード（風上）側はマカプウ・ポイントからカフク・ポイントKahuku Pointまで。美しい**カイルア・ビーチ・パーク Kailua Beach Park**はオアフ島でもっとも人気のあるウインドサーフィンスポットであるだけでなく、遊泳にも適し、ウインドワード側では何にでもぴったりのおすすめビーチだ。ウインドワード側にある、そのほかにおすすめのビーチは、**ワイマナロ湾Waimanalo Bay**（南東）、**クアロア・ポイント Kualoa Point**、**マラエカハナ Malaekahana**など。

ノース・ショアとはカフク・ポイントからカエナ・ポイントKaena Pointを指す。ノース・ショアは冬になると見事な波が立つが、夏期には湖のように凪になることがある。**ハレイワ Haleiwa**、**ワイメア Waimea**、**サンセット・ビーチ Sunset Beach**などのすばらしい砂浜が広がっている。

リーワード（風下）にあるワイナナエ・コーストはカエナ・ポイントからバーバーズ・ポイントまで広がっている。オアフ島でもっとも湿度の低い日当たりのいい海岸で、白い砂浜が延々と続いている。こちら側でもっとも人気があるビーチは**マカハ Makaha**だ。冬になると大波が出るが、夏は遊泳に適している。

サーフィン

オアフ島では、サーフィンポイントが594カ所指定されている。これはハワイのそのほかの島の2倍にあたる数だ。冬になると、ノース・ショアはハワイ最大の波を受け、そのうねりは20フィート（約6m）から30フィート（約9m）に達する。**バンザイ・パイプライン Banzai Pipeline**や**サンセット・ビーチ Sunset Beach**などがあり、世界有数のサーフィン競技会も開催される。ワイナナエ・コーストの**マカハ・ビーチ Makaha Beach**も冬の間、サーフィンに適している。

夏になると、サウス・ショアにサーフィンの季節が巡ってくる。**ワイキキ**や**ダイヤモンド・ヘッド Diamond Head**にはすばらしい波がやって来る。

オアフ島にはサーファー向けの電話サービスが2つある。**サーフ・ニュース・ネットワーク Surf News Network**（☎596-7873）は1日に数回更新されるサーフィンの録音情報を流し、風、波の高さ、潮などについて情報を提供している。**国立測候所 National Weather Service**（☎973-4383）も潮と波の状態について録音情報を提供している。

一番役に立つホームページは**ハワイ・サーフィン・ニュース Hawaii Surfing News**（Wwww.holoholo.org/surfnews）だ。波の状態からサーフィン関連イベントの予定まで、ありとあらゆる情報が満載されている。

ノース・ショアにある**ハワイ郡立ハレイワ・サーフ・センター Haleiwa Surf Center**（☎637-5051 🏠Haleiwa Alii Beach Park）では、9月から4月の週末の9:00から11:00まで、無料でサーフィンレッスンを行っている。サーフボードのレンタルも可能。水着と日焼けローションだけ持参しよう！

サーフンシー
Surf-N-Sea
☎637-9887
🏠62-595 Kamehameha Ave
ハレイワ（同じくノース・ショア側）のサーフボードレンタルショップ。最初の1時間は＄5、それ以降は1時間につき＄3.50または1日＄24。さらに、サーフンシーでは、2時間＄65でサーフィンレッスンを行い、ボードも貸してくれる。ここでは新品、中古のサーフボードの販売も行っている。

ワイキキでは、サーフィンレッスンはカラカウア・アベニューKalakau Avenueのクヒオ・ビーチ・パークKuhio Beach Parkにある**ビーチスタンド beach concession stands**で申し込むことができる。プライベートレッスンは1時間につき平均＄40。2人以上の場合には1人につき＄30に下がる。ワイキキのビーチスタンドでは、1時間＄8または1日＄25でサーフボードもレンタルしている。

プラネット・サーフ
Planet Surf
☎638-5648
🏠2570 Kalakaua Ave, Waikiki
アストン・ワイキキ・ビーチ・ホテルAston Waikiki Beach Hotelにある。ワイメアのププケア・ビーチ・パークPupukea Beach Park向かいにある**プラネット・サーフ Planet Surf**（☎638-1110）ではサーフボードのレンタルは24時間につき＄17～20。

ゴー・ナッツ・ハワイ
Go Nuts Hawaii
☎926-3367
🏠159 Kaiulani Ave
ワイキキにあるこの店でも24時間につき＄17～20でサーフボードをレンタルしている。

ボディサーフィン・ブギーボード

オアフ島の南東、**ワイマナロ・ビーチ・パーク Waimanalo Beach Park**と隣の**ベロウズ・フィールド・ビーチ・パーク Bellows Field Beach Park**は波が穏やかで、ボディボード初心者にはぴったり。

熟練ボディサーファー向けの人気の（非常に危険な）スポットならば、オアフ島南東の

サンディ・ビーチ・パーク Sandy Beach Parkとマカプウ・ビーチ・パーク Makapuu Beach Parkがある。そのほかに最高の波が来るのはワイアナエ・コーストのマカハ Makaha、ノース・ショアのワイメア湾 Waimea Bay、カイルアのカラマ・ビーチ Kalama Beach、ウインドワード側のライエLaieのパウンダーズ Poundersなどがある。

ワイキキでもっとも人気のあるボディボードスポットはカパフル・グロイン Kapahulu Groinだ。

ブギーボードを思う存分楽しみたければ、買ったほうがいいだろう。しかし、ボードをレンタルできる場所はたくさんある。

ワイキキ・ビーチのビーチスタンドでは、ブギーボードを1時間＄6、1日＄20でレンタルしている。

さらに安く借りたいならば、プラネット・サーフ Planet Surfでは1日＄10でレンタルできる。詳細については前出の「サーフィン」を参照。

ハレイワのサーフンシー Surf-N-Seaでは最初の1時間は＄4、2時間目以降は1時間につき＄4でブギーボードをレンタルしている。この詳細についても前出の「サーフィン」を参照。

カイルア・セールボート・アンド・カヤック
Kailua Sailboats & Kayaks
☎262-2555
🏠130 Kailua Rd
カイルア・ビーチ・センター内。半日＄12でブギーボードがレンタルできる。

ウインドサーフィン

カイルア湾 Kailua Bayはオアフ島一番のウインドサーフィンスポットだ。一年中強い貿易風が吹き、入り江内の場所によって穏やかな所と、波が立つ所とがある。月曜から金曜日と、土曜日の午前中はウインドサーフィンショップがカイルア・ビーチ・パークにバンを設置し、ボードのレンタルやウインドサーフィン教室を行っている。ウインドサーフィンを始めるには格好の場所になっている。

そのほかのウインドサーフィン向けのスポットとしては、スピード、ジャンプにはダイヤモンド・ヘッド・ビーチ Diamond Head Beach、オープンウォーターのクルーズにはライエ湾 Laie Bay、一貫してノース・ショア・ウインドを受けるにはモクレイア・ビーチ・パーク Mokuleia Beach Parkがいい。サンセット・ビーチ沖のバックヤーズ Backyardsは、島でもっとも高い波がやって来るサーフィンスポットだ。ワイキキでは、フォート・デラシー・ビーチ Fort DeRussy Beachがウインドサーフィンの中心になっている。

ナッシュ・ハワイ
Naish Hawaii
☎262-6068、800-767-6068
🏠155A Hamakua Dr, Kailua
ウインド・サーフィンチャンピオンのロビー・ナッシュがカイルアのダウンタウンに店を構え、カイルア・ビーチに装備一式を届けてくれる。レンタル料はボードやリグによって異なる。初心者向けは2時間で＄20または1日＄30。中級または上級者向けは半日＄35、1日＄45。ナッシュ・ハワイでは3時間の初心者向けグループレッスンを＄35で開催している。1時間半のプライベートレッスンは＄55。これには2時間のボード使用料も含まれている。

大手レンタルショップ、カイルア・セールボーズ・アンド・カヤックス Kailua Sailboards & Kayaks（☎262-2555 🏠130 Kailua Rd）でのレンタル料金は次のとおり。初心者向け装備一式半日＄29、1日＄39、1週間＄160。高性能ボードは半日＄39、1日＄49、1週間＄199。3時間のグループレッスンは＄49。この店ではワイキキからの送迎、レッスン、ギアを含むパッケージを＄69で提供している。

ワイキキ・パシフィック・ウインドサーフィン
Waikiki Pacific Windsurfing
☎949-8952
フォート・デラシー・ビーチのプライム・タイム・スポーツ・スタンドPrime Time Sportsにあるこちらのレンタルショップでは、1時間＄25、半日＄50でウインドサーフィン装備一式を貸し出している。＄15加算すれば、1時間のレッスンを受けられる。

ハレイワでは、サーフンシー Surf-N-Seaが最初の1時間は＄12、それ以降は1時間につき＄8でウインドサーフィン装備をレンタルしている。2時間のウインドサーフィンレッスンは＄65。サーフンシーの連絡先詳細については前出の「サーフィン」を参照。

ダイビング

オアフ島近辺では、営利を目的とした海上アクティビティが盛んだ。その結果として、オアフ島のサンゴ礁は近隣諸島ほどきれいではない。すばらしいサンゴと透明な海を観たければ、ハワイ島のコナKona側など、オアフをはるかにしのぐ場所がある。

しかし、オアフ島周辺の浅い海にもダイビングに適したサンゴ礁が何カ所かある。そのうえ、沈没船ダイビングではオアフ島がハワイで一番だ。

夏のダイビングスポットには、ノース・ショアのスリー・テーブルズ Three Tablesやシャークズ・コーブ Shark's Cove、ワイアナエ・コー

ストの**マカハ洞穴 Makaha Caverns**の洞窟や岩礁がおすすめだ。サウス・ショアでは、ハナウマ・ベイは年間を通じて海が穏やかで、湾の外海には海洋生物が豊富に生息している。ハナウマとホノルルの間にはそのほかにも人気のダイビングスポットが多々あり、冬には格好のダイビングスポットとなる。

人口サンゴ礁を作り出すために故意に沈められた沈没船で人気があるのは、ワイアナエ沖に沈んでいる165フィート（約50m）の海洋調査船**マヒ Mahi**号と、ワイキキの西に沈められた110フィート（約34m）の海軍船、**YO-257**だ。どちらも水深60フィート（約18m）から100フィート（約31m）地点にあり、色鮮やかなサンゴや海綿の居住地となり、中級ダイバーには格好のダイビングスポットになっている。

認定ダイバー用の2タンクダイビングは約$90から$100。以下の5点はすべてPADI(潜水指導員協会)公認の5（ファイブ）スター・オペレーションである。

アーロンズ・ダイブショップ Aaron's Dive Shop（☎262-4158 @aarons@aloha.com 🏠307 Hahani St, Kailua）

ブリーズ・ハワイ・ダイビング・アドベンチャー Breeze Hawaii Diving Adventure（☎735-1857 @aloha@breezehawaii.com 🏠3014 Kaimuki Ave, Honolulu）

ダイブ・オーソリティ・ホノルル Dive Authority-Honolulu（☎596-7234 🏠333 Ward Ave, Honolulu）

ハワイアン・アイランド・アクアティックス Hawaiian Island Aquatics（☎622-3483 🏠1640 Wilikina Dr, Wahiawa）

オーシャン・コンセプツ Ocean Concepts（☎696-7200 @ocw@oceanconcepts.com 🏠85-371 Farrington Hwy, Waianae）

サウス・シー・アクアティックス South Sea Aquatics（☎922-0852 @ssa@aloha.net 🏠2155 Kalakaua Ave, Honolulu）

シー・イン・シー・スキューバ See In Sea Scuba（☎528-2311 @info@divehawaii.com 🏠670 Auhai St, Honolulu）

ワイキキ・ダイビング・センター Waikiki Diving Center（☎922-2121 @info@waikikidiving.com 🏠424 Nahua St, Honolulu）

シュノーケリング

シュノーケリングをするならば、1年を通じてサウス・ショアの**ハナウマ・ベイ Hanauma Bay**が一番の人気スポットと言える。夏には、ノース・ショアの**ププケア・ビーチ・パーク Pupukea Beach Park**もシュノーケリングには格好だが、ハナウマ・ベイほどにぎやかではない。

シュノーケリングを存分に楽しみたければ、自分用の道具を買ったほうが安いかもしれない。数回やってみたいだけならば、1日または1週間単位でレンタルできる所はたくさんある。

プラネット・サーフ Planet Surfでは1日$5、1週間$20でシュノーケリングセットをレンタルしている。プラネット・サーフの連絡先詳細については、前出の「サーフィン」を参照。

シュノーケル・ボブズ Snorkel Bob's（☎735-7944 🏠702 Kapahulu Ave, Waikiki）では道具の品質により、1日につき$4〜9、1週間では$10〜30でシュノーケルセットが借りられる。

ハレイワの**サーフンシー Surf-N-Sea**（☎637-9887 🏠62-595 Kamehameha Hwy, Haleiwa）では、シュノーケルセットがレンタルでき、半日$6.50、24時間$9.50。

カイルアの**カイルア・セールボーズ・アンド・カヤックス Kailua Sailboards & Kayaks**（☎262-2555 🏠130 Kailua Rd, Kailua）は1日$12で、ハナウマ・ベイの**ビーチスタンド**ならば、1日$6でシュノーケルセットをレンタルできる。

カヤック

カイルア・ビーチ Kailua Beach沖にはパドリング（櫂でこぐこと）して行くことのできる近距離に無人島が幾つかある。オアフ島でカヤックをするにはここが一番人気となっている。

混雑した**ワイキキ**はカヤックに適した場所ではないが、ビーチにはカヤックをレンタルできる所が幾つかある。混雑するワイキキ中央部ではなく、人の少ないフォート・デラシー側で遊ぼう。

本書に記載したカイルアのショップなら、ビーチでカヤックをピックアップするように手配できる。

ツーグッド・カヤックス・ハワイ Twogood Kayaks Hawaii
☎262-5656
🏠345 Hahani St, Kailua
1人乗り用カヤック半日$25 全日$32、2人乗り用カヤック半日$32 全日$42

カイルア・セールボード・アンド・カヤックス Kailua Sailboard & Kayaks
☎262-2555
🏠130 Kailua Rd, Kailua
ツーグッドと同じ料金で1人乗り、2人乗りカヤックをレンタルできる。それだけでなく、ワイキキからの送迎、カヤックレンタル、ランチを含むパッケージも行っている。毎日8:00にワイキキを出発し、15:00に戻る。

オアフ島 - ハイキング

ワイキキ、フォート・デラシー・ビーチの**プライム・タイム・スポーツ Prime Time Sports**（☎949-8952）では、1人乗り用カヤックを1時間$10、2人乗り用を$20でレンタルできる。

ハイキング

ダイヤモンド・ヘッド Diamond Headのクレーターから頂上まで0.75マイル（約1.2km）の**ダイヤモンド・ヘッド・トレイル Diamond Head Trail**は、オアフ島で最も人気があるハイキングコースだ。ワイキキから容易に行けて（本章後出「南東オアフ」の「ダイヤモンド・ヘッド」を参照）、登りきるとホノルルを一望に見わたせるすばらしい景色が拝める。

もう1つのすばらしい近距離ハイキングコースには、ワイキキから数マイル（約3～4km）北にある**マノア滝トレイル Manoa Falls Trail**がある。閑静な道は閉鎖された植物園の高い木々の間を抜け、滝に至る。

タンタラス Tantalusと**マキキ渓谷 Makiki Valley**にはホノルルで最も広範囲なトレイルネットワークがあり、ホノルルや周囲の渓谷がよく見える。驚くことに、町の喧騒からわずか2マイル（約3.2km）しか離れていないのに、この青々とした森林保護区は原始のままの姿を残し、その静けさを味わうことができる。

ホノルル北西のケアイワ・ヘイアウ州立公園 **Keaiwa Heiau State Park**では、**アイエア・ループ・トレイル Aiea Loop Trail**が尾根沿いに4.5マイル（約7.2km）続き、パール・ハーバー、ダイヤモンド・ヘッド、クーラウ・レンジ Koolau Rangeなどを望める。

カエナ・ポイント・トレイル Kaena Point Trailは、オアフ島の最西端にある自然保護地域を通る景色のいい海岸線のハイキングコースになっている。同地区にはさらに長距離の森林を抜けるトレイルもある。

ウインドワード（風上）側では、**マカプウ・ポイント灯台 Makapuu Point Lighthouse**まで1時間の心地よいハイキングコースがある。

ヌウアヌ・パリ展望台 Nuuanu Pali Lookout（ホノルル分水嶺森林保護地区内）から、たくさんの**ビーチ**を過ぎ、**ホオマルヒア植物園 Hoomaluhia Botanical Garden**を抜ける短い散歩道もある。

これらのコースやそのほかのハイキングコースの詳細については、本章の各セクションを参照。

ガイド付ハイキング

ホノルル・スター・ブレティン *Honolulu Star-Bulletin*やホノルル・アドバタイザー *Honolulu Advertiser*の金曜版に、ハイキングクラブのピクニックのお知らせが掲載されている。

これらのピクニックに参加すれば、環境保護に関心を持っている住民と知り合い、一緒にハイキングに出かけることができる。また、このようなクラブは、個人ハイカーには公開されていない入場禁止保護地区への入場許可書を持っていることがある。丈夫な靴を履き、長時間のハイキングの場合にはランチと水を持参しよう。

シエラ・クラブ Sierra Club（☎538-6616 Ⓦwww.hisierraclub/org）では、土、日曜日にハイキングやそのほかのピクニックを主催している。2マイル（約3.2km）の気楽なハイキングから、体力を必要とする10マイル（約16km）のトレッキングまでさまざまだ。ハイキングは通常、8:00にクロスローズ教会（🏠2510 Bingham St, Honolulu）から出発する。参加費は$3。

ハワイ・オーデュボン協会 The Hawaii Audubon Society
☎528-1432
Ⓦwww.hawaii-audubon.50megs.com

月に1度、たいていは週末にバードウォッチングハイキングを主催している。希望寄付金は$2。双眼鏡と、「ハワイの鳥 *Hawaii's Birds*」のコピーを持参することをすすめる。

マキキMakikiの森林ベースヤードキャンプにある**ハワイ・ネイチャー・センター Hawaii Nature Center**（☎955-0100）の植物学者がほぼ毎週土曜日か日曜日にハイキングを主催している。非会員の参加費は$8。トレイルは2.5マイル（約4km）のマキキ・ループ・トレイル Makiki Loop Trailから、オアフの最高点マウント・カアラMt Kaalaを登る6マイル（約10km）の困難なものまで、さまざま。要予約。

ランニング

オアフの人々はジョギング好きだ。ホノルルは世界のほかのどこよりも人口あたりのジョギング愛好者が多いと推定される。**カピオラニ・パーク Kapiolani Park**と**アラモアナ・パーク Ala Moana Park**は2大人気スポットになっている。ダイヤモンド・ヘッド・クレーターの周囲にもよく踏み固められた4.8マイル（約7.7km）のコースがある。

オアフ島では、1マイル（約1.6km）のアマチュアマラソンや5マイル（約8km）のジョギングから、マラソン、バイアスロン、トライアスロンの競技会まで、年間約75のロードレースが開催される。開催日、時刻、連絡先など、ランニングイベントの年間予定を知りたい場合には、**公園・レクリエーション部 Department of**

Parks & Recreation（ホノルル郡、ホノルル市 ⌂650 S King St,Honolulu, HI 96813）に手紙で要請するか、Ⓦwww.co.honolulu.hi.us.でスケジュールを確認しよう。

オアフでもっとも有名なレースは**ホノルルマラソン Honolulu Marathon**だ。ホノルルマラソンはあっという間にアメリカで3番目に大きなマラソン大会になってしまった。12月半ばに開催されるこのマラソン大会は無料で参加できる。2万5000人の参加者のうち、約半分は初めてマラソンコースを走るものと思われる。詳細については、返送用宛名を記入した切手付き封筒を**ホノルルマラソン協会 Honolulu Marathon Association**（⌂3435 Waialae Ave, No208, Honolulu, HI 96816）宛てに送る。Ⓦwww.honolulumarathon.orgで参加申込書をダウンロードすることもできる。公園・レクリエーション部は、ほぼ毎日曜日、カピオラニ・パーク・バンドスタンドで**ホノルル・マラソン・クリニック Honolulu Marathon Clinic**を7:30から開催している。このクリニックは無料で、初心者からベテランランナーまで誰でも参加できる。ランナーは自分の走る速度に合ったグループに参加する。

サイクリング

オアフ島を自転車で1周することは可能だが、特にホノルル地区など、激しい車の通行を覚悟して進まなければならない。ハワイ州運輸省ではバイク・オアフ*Bike Oahu*という地図を発行し、新米のサイクリスト向けや熟練者向けのサイクリングルートおよび自転車に向かないルートなどを個別に掲載している。この地図はワイキキのHVCBビジター・インフォメーション・センター（前出の「観光案内所」を参照）やバイクショップで手に入れることができる。

バイク・ショップ
The Bike Shop
ホノルル店
☎596-0588
⌂1149 S King St, Honolulu
カイルア店
☎261-1553
⌂270 Kuulei Rd, Kailua
ホノルルとカイルアに店舗がある。良好な状態にあるバイクを1日＄16でレンタルでき、ヘルメットも料金に含まれている。

プラネット・サーフ
Planet Surf
ワイキキのアストン・ワイキキ・ビーチ・ホテルAston Waikiki Beach Hotelの店
☎638-5648

⌂2570 Kalakaua Ave
ワイメアのププケア・ビーチ・パークPupukea Beach Park向かいの店
☎638-1110
1日＄10でバイクをレンタルしている。

ワイキキにある、**ゴー・ナッツ・ハワイ Go Nuts Hawaii**（☎926-3367 ⌂159 Kaiulani Ave）は1日＄15でバイクを貸し出している。

ワイキキには、そのほかにも**ブルー・スカイ・レンタルズ Blue Sky Rentals**（☎947-0101 ⌂1920 Ala Moana Blvd）や、ロイヤル・ハワイ・ショッピング・センターの南側にある**ココナツ・クルーザー Coconut Cruisers**（☎924-1646 ⌂2301 Kalakaua Ave）などがあり、どちらも1日＄20でバイクをレンタルしている。

ハワイ自転車連盟 Hawaii Bicycling League（☎735-5756 Ⓦwww.hbl.org）は、ほぼ毎週土、日曜日に、10マイル（約16km）のコースや60マイル（約97km）のトレッキングなどのサイクリングを開催する非営利団体。一部のコースは舗装道路のみだが、オフロード部分を含むコースもある。参加は無料で、誰でも参加できる。ヘルメットの着用が義務付けられている。

乗馬

オアフ島ウィンドワード側で、乗馬が楽しめるのは以下の3カ所だ。

コリア・トレイルズ
Correa Trails
☎259-9005
⌂41-050 Kalanianaole Hwy, Waimanalo
クーラウ山脈Koolau Range（オアフ島南東）に沿って1時間のガイド付トレイルを行っている。景色が美しく、＄50の料金にはワイキキからの送迎も含まれている。

クアロア・ランチ
Kualoa Ranch
☎237-8515
⌂Kamehameha Hwy, Kualoa
クアロア公園Kualoa Regional Park向かい。クーラウ山脈ふもと沿いに1時間＄35、1時間半＄49の乗馬コースを提供している。

タートル・ベイ・リゾート
Turtle Bay Resort
☎293-8811
⌂57-091 Kamehameha Hwy, Kahuku
45分の乗馬コース料金は＄35、1時間半のサンセットライドで＄65。カフクにある。

テニス

オアフ島には郡営テニスコートが182面ある。ワイキキに滞在しているならば、**アラモアナ・**

ビーチ・パークAla Moana Beach Parkにあるナイター設備付き10面コートが便利。カピオラニ公園のダイヤモンド・ヘッド側ならば、ナイター設備のない**ダイヤモンド・ヘッド・テニス・センター Diamond Head Tennis Center**に10面ある。ワイキキ水族館向かいの**カピオラニ公園 Kapiolani Park**にはナイター設備付コートが4面。24時間利用可能な郡営テニスコートの利用料は無料。利用は先着順。

カフクの**タートル・ベイ・リゾート Turtle Bay Resort**（☎293-8811）にはコートが10面あり、料金は1人につき1日＄12。1時間のプレイが保証されている。リゾートにはプロショップもあり、レッスンも行っている。

ゴルフ

オアフ島には18ホールの公営ゴルフ場が5カ所ある。**アラ・ワイ・ゴルフ・コース Ala Wai Golf Course**（☎733-7387 ⛳Kapahulu Ave）はアラワイ運河Ala Wai Canalの内陸側にあり、ワイキキに近い。**パリ・ゴルフ・コース Pali Golf Course**（☎266-7612 ⛳45-050 Kamehameha Hwy, Kaneohe）、**テッド・マカレナ・ゴルフ・コース Ted Makalena Golf Course**（☎675-6052 ⛳Waipio Point Access Rd, Waipahu）、**エヴァ・ビレッジ・ゴルフ・コース Ewa Villages Golf Course**（☎681-0220 ⛳Ewa）、**ウエスト・ロッチ・ゴルフ・コース West Loch Golf Course**（☎675-6046 ⛳91-1126 Okupe St, Ewa Beach）。

これらの公営ゴルフ場での18ホールのグリーンフィーはいずれも1人＄42。ガソリンエンジン付カートを借りた場合には＄16プラスになる。どこの公営コースの予約も☎296-2000に電話し、指示されるとおりに録音システムに従って情報をキー入力する。住民以外は3日前、住民の場合には1週間前から予約を受け付けている。

「世界でもっとも混雑している」と言われているアラ・ワイ・ゴルフ・コースはワイキキの近くにある、唯一の公営コースだ。利用者は1週間前に予約を取れる地元ゴルファーがほとんどを占め、住民以外のゴルファーが予約を取るのは難しい。しかし、待つのも構わないという場合には、ゴルフ場へ行き、キャンセル待ちリストに名前を書いておこう。グループ全員がゴルフ場で待っていれば、その日のうちにはプレイできるだろう。クラブを持参していない場合には＄25でレンタルできる。

オアフ島にはそのほかにも会員専用のプライベートコース、プレイに＄100以上かかるリゾートコース、軍関係者だけが利用できる軍営コースなど、約25のゴルフ場がある。

スカイダイビング・グライダー

スカイダイビングとグライダーはノース・ショアのモクレイアMokuleiaにあるディリンガム飛行場Dillingham Airfieldで行っている。割引を行っている場合もあるので、特別料金や販促キャンペーンについて必ず尋ねよう。

約＄200支払えば、**スカイダイブ・ハワイ Skydive Hawaii**（☎637-9700）で、腰と肩にスカイダイバーが張り付いた形で1万3000フィート（約3962m）の高度にある飛行機から一緒に飛び出し、1分間のフリーフォールを楽しんだあと、パラシュートで10分かけて降下、着陸できる。基本教習を含む全課程は約1時間半で終了する。参加者は最低18歳以上で、体重は200ポンド（約91kg）以下。ベテランスカイダイバーならば1人でジャンプすることもできる。天候が良好であれば、飛行機は毎日飛んでいる。

グライダー・ライズ
Glider Rides
☎677-3404

エンジンを搭載していないパイロット付のグライダー機で20分のフライトを行っている。グライダーは飛行機に牽引され、切り離されてゆっくりと地上に滑空してくる。天候が良ければ、フライトは毎日10:30から17:30の間で、料金は1人＄100、2人ならば＄120。

ソアー・ハワイ
Soar Hawaii
☎637-3147

グライダー飛行がもっとも安くできる。20分のフライトで1人につき＄35。スリルを求める人には、連続横転、急降下、急上昇反転飛行など、アクロバット飛行（＄110）も行っている。忘れられないフライトとなること請け合い。

ツアー

バンやバスでの観光ツアーは**E ノア・ツアーズ E Noa Tours**（☎591-2561）、**ポリネシアン・アドベンチャー・ツアーズ Polynesian Adventure Tours**（☎833-3000）、**ロバーツ・ハワイ Roberts Hawaii**（☎539-9400、800-831-5541）などで行っている。

いずれの3社もさまざまなツアーがある。たとえば、1日島内観光は通常、大人＄55、子供＄30。島内観光には、ダイヤモンド・ヘッド・クレーター、オアフ島南東部の観光名所、平等院Byodo In、サンセット・ビーチ Sunset Beach、ワイメア滝公園Waimea Falls Park、ワイキキへ戻る途中のオアフ島中央部のパイナップル畑ドライブなどが含まれてい

る。ワイメア滝公園の代わりに、ライエLaieにあるポリネシアン文化センターPolynesian Cultural Centerを訪れるツアーもある。

　1日島内1周ツアーの約半額で、半日ツアーも開催している。人気が高いのは、ホノルルダウンタウンの観光名所、パンチボウル・クレーター、戦艦アリゾナ記念館USS Arizona Memorialを回るツアーだ。

ワイキキ・トロリー

ワイキキとホノルルの主な観光名所を結ぶトロリースタイルのオープンエアーバスが数種類運行している。どちらも好きなだけ乗り降りができるパスを販売し、決められたルートに沿って運行している。

　レインボー・トロリー Rainbow Trolley（☎539-9495）は料金も安く、使いやすい。ワイキキのカラカウア・アベニューKalakaua Avenueを出発し、ホノルル動物園を過ぎて、クヒオ・アベニューKuhio Avenue沿いに戻り、アラモアナ・センター、ワード・センターWard Center、イオラニ宮殿Iolani Palace、ホノルル美術館Honolulu Academy of Arts、チャイナタウン、アロハ・タワー・マーケットプレイスAloha Tower Marketplaceまで続いている。トロリーは毎日8:30頃から22:00頃まで各停留所に約20分間隔でやって来る。大人1日パスが$10、2日パス$18、4日パス$30。子供（12歳未満）は同じく$5、$8、$10。

　ワイキキ・トロリー Waikiki Trolley（☎593-2822）は料金が高く、さまざまなルートがあるので使いづらい。幹線である「レッド・ラインRed Line」には停車場が約20数カ所あり、そのほとんどがレインボー・トロリーのルートと並行している。8:30から16:30まで20分間隔で毎日運行し、1日乗車券は大人が$18、子供は$8。

クルーズ

アラモアナ・ビーチ・パークのすぐ西側にあるケワロ湾Kewalo Basinから、サンセットクルーズ、ディナークルーズ、パーティボートがほぼ毎日、数えきれないほど出発している。料金は$25～$100。ディナークルーズの場合には、平均で約$65。多くのクルーズでは、ワイキキへの送迎が料金に含まれ、さまざまな値引きや特別料金を設定している。最新の特別料金については、無料の旅行客向け雑誌で確かめよう。

　ナバテック・クルージズNavatek Cruises（☎973-1311）では、揺れを最小限にするように設計された流線型のハイテクのカタマランに乗るさまざまなクルーズを提供している。興味を引くのは、1月から4月まで運航している2時間のホエールウォッチングクルーズ（$45）だ。毎日8:30と12:00に出発する。ボートはアロハ・タワーAloha Towerの南350ヤード（約320m）にある、「ピア6 Pier 6（桟橋6）」から出発する。

　マヌ・カイ Manu Kai（☎946-7490）など、ワイキキ・ビーチから出発する小型カタマランも幾つかある。これらはデューク・カハナモクDuke Kahanamoku像の裏に停泊している。料金は1時間のクルーズで$10。シェラトン・ワイキキSheraton Waikiki前のグレイズ・ビーチGray's Beachから出発する**マイ・タイMai Tai**（☎922-5665）は1時間半のクルーズで$20、より長時間のサンセットクルーズは$30。

　アトランティス・サブマリンズ Atlantis Submarines（☎973-9811）は、100フィート（約30m）の深度まで潜る48人乗り、長さ65フィート（約20m）の観光用潜水艦を運航している。このクルーズは、潜水艦へのボート送迎を含めて1時間45分。約45分は、ダイビングスポット用に意図的に沈められている1艘の船と2機の飛行機の周囲を航行する。ツアーは毎日11:00と15:00にヒルトン・ハワイアン・ビレッジHilton Hawaiian Villageを出発する。11:00、15:00の出発については大人$90。それ以外の出発については$60。12歳以下の子供はすべて$40。

宿泊

オアフ島にある4万の客室のうち約90％はワイキキに集中している。オアフ島のリゾートホテルのうち、ホノルルにないのはわずか2つだ。

　ワイキキ・ホノルル地区の宿泊にはさまざまな選択肢がある。もっとも安く泊まれるのは、ハワイ州が運営する2カ所のユースホステルと幾つかのホステルタイプの民間宿泊施設だ。どれも$20未満で大部屋タイプ。それ以外には、$30でYMCAやYWCAに宿泊できる。低料金のワイキキ地区ホテルは最低$50。ワイキキには宿泊料の高いホテルだけでなく、$75から$125の中級ホテルもたくさんある。

　アウトリガーOutriggerなどの大手チェーンホテルは客寄せのために、予約時に希望すれば無料でレンタカーを借りることができる。独立系ホテルでも、レンタカーを無料で提供する場合がある。ホテル予約時に尋ねても無駄にはならない。レンタカーを借りる予定ならば、かなりの節約になる。

キャンプ場

多数の郡立ビーチパーク、植物園、4カ所の州立公園でキャンプを行うことが認められている。

オアフ島 − エンターテインメント

オアフ島の郡営、州営キャンプ場はすべて水・木曜日の夜は閉鎖される。表向きはメンテナンスが目的だが、キャンプ者の定住を防ぐ意味もある。

数万人の旅行者が毎年、問題なくキャンプ場を利用しているが、オアフ島はほかの島よりも事件の発生件数が多いことでも有名だ。道路際やビーチフロントのキャンプ場で窃盗事件は珍しくない。ワイアナエ海岸沿いのキャンプはすすめられない。

州立公園

キャンプはグレーター・ホノルルGreater Honolulu地区のスタンド島Stand Islandとケアイワ・ヘイアウKeaiwa Heiau、ウインドワード側ではマラエカハナ州立レクリエーション・エリアMalaekahana State Recreation Area、カハナ・バレー州立公園Kahana Valley State Parkにおいてのみ、許可制で認められている。

内陸の公園ならばケアイワ・ヘイアウがおすすめだが、海岸沿いの州立公園ならば、マラエカハナ州立レクリエーション・エリアが一番だ。

各公園ともキャンプは1カ月に5泊までに制限されている。1晩につき1サイト$5。許可申請はキャンプ日の30日前からできる。申請は**州立公園局 Division of State Parks**（☎587-0300 🏠State Office Building, 1151 Punchbowl St, room 131、郵送先はBox 621, Honolulu, HI 96809 ◐月〜金 8:00〜15:30) まで。

郡営ビーチパーク

無料でキャンプができるビーチパークもあるが、許可が必要。

郡有地でのキャンプ許可は郵送ではなく、ホノルルダウンタウンのキング・ストリートKing Streetとアラパイ・ストリートAlapai Streetの角にある、ホノルル市庁舎内**公園・レクリエーション部 Department of Parks & Recreation**（☎523-4525 🏠650 S King St) で手に入る。受付時間は7:45から16:00。

アラモアナ・センター **Ala Moana Center**内などにある市庁舎分室（☎973-2600) でも許可証を入手することができる。月曜日から木曜日は9:00〜16:30、金曜日は9:00〜15:45、土曜日は8:00〜16:00。市庁舎分室はそのほかにも、カイルア、カネオヘ、ワヒアワWahiawaにある。

郡有地でのキャンプは金曜日8:00から水曜日の8:00まで可能。ただし、ベローズ・フィールド・ビーチ・パークBellows Field Beach Parkは週末のみ。

バックカントリーキャンプ場

ハワイ州森林局では、ウインドワード側のハウウラを含む一部の谷や尾根のトレイル沿いにバックカントリーキャンプを行うことを認めている。

バックカントリーキャンプを行う場合には、必ず**森林・野生生物局 Division of Forestry & Wildlife**（☎587-0166 🏠1151 Punchbowl St, room 325,Honolulu, HI 96713 ◐月〜金 7:45〜16:15）の許可が必要となる。手数料は不要。

キャンプ用品店

バイク・ショップ The Bike Shop（☎596-0588 🏠1149 S King St, Honolulu) では、インナーフレームバックパック、2人用の軽量テントをレンタルしてくれる。どちらもレンタル料は3日間まで$35、1週間ならば$70。

オマール・ザ・テント・マン Omar the Tent Man
☎677-8785
🏠94-158 Leoole St, Waipahu

パール・ハーバー西のこの店では、寝袋やアウターフレームバックパックを3日間まで$15、1週間ならば$20、ストーブやランプを3日間まで$14、1週間ならば$18でレンタルしている。4人用のキャビンテントは3日間まで$52、1週間$57。

エンターテインメント

オアフ島にはビーチ脇のフラダンスショーや伝統的なハワイアン音楽から、観劇、ロックコンサートまでさまざまなエンターテインメントが活発に行われている。オアフ島のエンターテインメントのほとんどはワイキキで開催され、次にホノルル中心部に多い。

最新のエンターテインメント情報を手に入れるには、無料のホノルル・ウィークリー*Honolulu Weekly*とホノルル・アドバタイザー*Honolulu Advertiser*の金曜版をチェックしよう。詳細はエンターテインメント欄に項目別に掲載されている。フェスティバルやフェア、スポーツイベントについては、「基本情報」の「休日・年中行事」欄を参照。

ルアウ
Luaus

オアフ島で行われている一般客向けルアウには、**パラダイス・コーブ Paradise Cove**（☎973-5828）と**ジャーメーンズ・ルアウ Germain's Luau**（☎949-6626) がある。どちらも、形式的な大がかりなもので、バーバーズ・ポイントBarbers Point地区の近くで毎晩行われている。料金はどちらも約$50。料金にはワイキキのホテルからの送迎(片道約1時間)、ビュッフェ式ディナー、ドリンク、ポリネシアンショーやにぎやかなパーティが含まれている。子供は

半額。

高額ではあるが混雑していないルアウが月曜日に、ワイキキの**ロイヤル・ハワイアン・ホテル** Royal Hawaiian Hotel（☎931-7194 🏠2259 Kalakaua Ave）で開催されている。料金は大人＄81、5歳から12歳までの子供は＄48。

大人数のツアーグループが参加する場合には、すぐに売り切れてしまうので、いずれのルアウも事前に予約することが望ましい。

ショッピング

ホノルルはデザイナーズブランドからジュエリーなどを販売する高級ブティックが林立する、大規模なコスモポリタンシティだ。一般的な民芸品については、市内の公園で定期的に開かれるクラフトショーで購入するのが一番安い（予定については新聞をチェックしよう）。

お決まりの土産品ならば、フィリピン製の貝殻の壁掛け、椰子の実の彫り物から、安っぽい貝殻アクセサリーや木製のティキ像にいたるまで、ポリネシアン民芸品の模造品を販売する店が幾つかある。このような店がもっとも多く集まっているのは、ワイキキの**インターナショナル・マーケット・プレイス** International Market Placeだ。

さらに、ワイキキには水着やTシャツを売る店、コンビニエンスショップがあちこちにある。ビーチマットや日焼け止めを買うには、どこでも見かける**ABCディスカウントストア** ABC discount storesが格安だが、人気の土産品であるマカダミアナッツにはそこそこの値段がついている。パール・ハーバー近くのアロハ・スタジアムAloha Stadiumで開かれる**アロハ・スタジアム・スワップ・ミート** Aloha Stadium Swap Meet（☎486-1529）には1500の店が並び、水・土・日曜の5:00から15:00まで開いている。フリーマーケットまでの一般客向け**シャトルバス**（予約☎924-9292、479-3347）がワイキキのホテルまで買い物客を送迎している。料金は往復＄6。

ハワイ土産

アラモアナ地区にある、**フラ・サプライセンター** Hula Supply Center（☎941-5379 🏠2346 S King St）では、羽毛のレイ、ひょうたんマラカス、フラダンス用腰蓑などを販売している。ハワイアン演奏者やフラダンサー向けだが、中にはおもしろい土産品もあり値段も手頃。**カマカ・ハワイ** Kamaka Hawaii（☎531-3165 🏠550 South St, Honolulu）は、オアフ島で作られた手製のウクレレを専門に販売しているが、＄500近くと値が張る。ホノルルダウンタウンのアロハ・タワー・マーケットプレイス内にある**ハワイアン・ウクレレ・カンパニー** Hawaiian Ukulele Co（☎536-3228）では、輸入物だが、安価なウクレレを販売。価格は＄80から。

ハワイアン音楽のCDやカセットのお土産も喜ばれる。クラシック、コンテンポラリーどちらもすばらしいコレクションが見つかる。**ボーダーズ** Borders（ホノルルのワード・センター内）やアラモアナ・センター北の**タワー・レコード** Tower Records（☎941-7774 🏠611 Keeaumoku）にもハワイ音楽コーナーがある。どちらも購入前にさまざまなCDを試聴できる。

アクセス

ハワイへのフライトの大半が、オアフ島唯一の民間飛行場であるホノルル国際空港Honolulu International Airportに着陸する。オアフ島へのフライトに関する情報については本書で前出の「アクセス」を参照。ホノルルは主な近隣諸島へのフライトのハブ空港の役目も果たしており、近隣諸島には頻繁にフライトがある。近隣諸島へのフライトの詳細についても、本書前出の「アクセス」を参照。

ホノルル国際空港
Honolulu International Airport (HNL)

ホノルル国際空港（☎836-6413）は、大規模な改修、拡張工事が行われた最新鋭の空港で、混雑しているものの移動はさほど困難ではない。空港にはファーストフードレストラン、ラウンジ、新聞販売所、雑貨店、レイの売店、ギフトショップ、免税店、24時間体制で看護婦が待機する診療所などが揃い、しかるべきサービスはすべて整った空港だ。

ビジターインフォメーションブース、レンタカーカウンター、ホテルへの無料電話は手荷物受取所内にある。ウィキウィキWiki Wikiと呼ばれる無料のシャトルバスで、メインターミナルと近隣諸島へのフライト用ターミナルを結び、空港内のどんな離れた場所にも移動できる。メインロビー前（2階）または近隣諸島行きゲート前でバスに乗車することができる。

両替が必要な場合には、国際線到着エリアや中央出発ロビーの理髪店隣など、空港のいたるところにトーマス・クックThomas Cookがカウンターを設置している。理髪店の反対側には、アメリカン・エクスプレスAmerican ExpressのATMがある。急ぎでなければ、ターミナル1階の手荷物引取り所「D」から道路を挟んで反対側にあるハワイ銀行Bank of Hawaiiならば、両替手数料が節約できる。

オアフ島 - 交通手段

フライトまでの時間をもてあましている場合には、メイン出発ロビーの太平洋航空宇宙博物館Pacific Aerospace Museum（無料）で航空に関するマルチメディア展示が行われているので寄ってみるのもよい。コンコースレベルには見事な庭もある。

交通手段

オアフ島では、路線バス、個人の車を問わず、移動は難しくはない。月曜日から金曜日の7:00から9:00、15:00から18:00のラッシュアワー時には、ホノルルの交通は非常に混雑する。この時間帯のH1の双方向とパリPali、リケリケLike-like両ハイウェイの朝のホノルル方面、午後のホノルルからの車線は混雑するものと予想しておこう。ラッシュアワー時に空港へ向かう場合には十分に時間の余裕を持とう。

空港へのアクセス

空港からワイキキまでは、路線バス、空港シャトルバス、タクシー、レンタカーなどを利用する。空港からワイキキまでのタクシー料金は約＄25。主なレンタカー会社は空港の手荷物受取所にカウンターまたは無料電話を設置している。空港からワイキキまでの最もわかりやすい道は、ニミッツ・ハイウェイNimitz Highwayからそのままハイウェイ92に乗り直接ワイキキに入るのではなく、アラモアナ・ブルバードAla Moana Blvd.で下りる。このルートは地元の車も多いが、道を迷う心配はない。

ワイキキへ急ぐ場合には、代わりにH1フリーウェイ東行きにのるとよい。

ワイキキから空港へ戻る場合には、H1とハイウェイ78の二手に分かれるインターチェンジの標識表示が不十分なので気をつけよう。その時点で右車線にいなければ、ハイウェイ78に乗ったまま行き過ぎてしまう可能性がある。渋滞にぶつからなければ、H1経由でワイキキから空港まで所要時間は約20分。

バス　空港とワイキキ間には路線バス19番と20番が運航し、約1時間かかる。料金は＄1.50。バスは、月曜日から金曜日までは5:00から23:15まで、週末は23:45まで。約20分間隔で運行している。バス停留所はターミナル2階、航空会社カウンター前の道路中央分離帯にある。停留所は2カ所あるが、ロビー4前の最初の停留所で待つほうがいい。持ち込める荷物はひざに載せるか座席の下に置くことができる範囲のものに限られる。座席の下は飛行機の座席の下と同じ広さ。路線バスの詳細については、次の「バス」を参照。

シャトル　スーパー・シャトルSuper Shuttle（☎841-2928, 877-247-8737）、リライアブル・エクスプレスReliable Express（☎924-9292）、エアポート・ブルー・ラインAirport Blue Line（☎737-7407）など、空港とワイキキのホテル間にシャトルサービスを提供している民間企業が幾つかある。乗車時間は平均45分だが、ホテル到着までに何人の乗客を降ろすかによって時間も変わってくる。乗り場は1階手荷物受取所前の道路中央分離帯。

料金は片道＄6、往復＄10。空港からワイキキまでは予約は不要。空港へ戻る場合には少なくとも数時間前に電話で予約する。シャトルバスは6:00から22:00まで運行。

バス

ザ・バス　The Bus（www.thebus.org）と呼ばれるオアフ島の路線バスシステムは広い地域を網羅し、使いやすい。ザ・バスには約80のルートがあり、全路線を合わせるとオアフ島のほとんどをカバーしている。バスに乗って、カイルアのウインドサーファーたちやサンセット・ビーチのサーファーを見物したり、チャイナタウン、ビショップ博物館Bishop Museumの見学、またハナウマ・ベイでシュノーケル、ダイヤモンド・ヘッドにハイキングへ行くこともできる。しかし、オアフ島の主な観光スポットの幾つかはバスでは行けないことも確かだ。ザ・バスはヌウアヌ・パリ展望台には止まらないほか、タンタラスのグリーンベルトやワイアナエ・コーストのカエナ・ポイントまでは行かない。

バスは標識のある停留所にしか停車しない。バスによっては同じ番号でも行き先が異なることがある。目的地はバスの正面に掲示された番号横に表示され、通常、往復ともに同じ数字をつけている。たとえば、8番のバスはワイキキの中心へ向かうが、ワイキキからアラモアナへも行く。乗る前には、バスに表示されている数字と目的地を確認しよう。

わからない場合には、運転手に尋ねよう。バスの利用者は道に不案内な旅行者が多いので、運転手はおおむね辛抱強く親切だ。

全般的にバスはきちんと整備されている。どちらかというと近代的すぎる。新型バスには空調があり、窓が開かない。ときに温度の調節が効かず、バスの運転手は上着を着て寒さをしのいでいる！　現在のところ、バスの約半数に車椅子用の昇降機が装備され、すべてのバスにサイクリストが無料で使用できるバイクラックが付いている。

ザ・バスは確かに便利だが、東京ほどではない。バスの運行に合わせていたら、「ハワイ時間」で動くはめになり、ひどくのんびりして

しまうだろう。スケジュールどおりの運行でないうえに、交通渋滞にはまり、人であふれるバス停を満員になったバスが次から次へと通過していくこともある。土曜日の夜、アラモアナからワイキキの途中でバスを待つのは、忘れられない思い出になるかもしれない。

それでも、ザ・バスはたいていの場合、目的地には到着するし、1日に予定を詰め込み過ぎない限り、非常にお得な交通手段だ

料金 片道乗車料金はすべて大人＄1.50、6歳から18歳までの子供と65歳以上の老人は75￠。6歳未満の子供は無料。料金は硬貨または1ドル札で支払うようにしよう。バスの運転手は両替してくれない。

目的地まで2台以上のバスに乗らなければならない場合には、「トランスファー」と呼ばれる乗り換え券が無料で渡され、2時間有効のスタンプが押される。必要ならば、乗車のときにもらっておこう。

4日間連続無制限乗り放題のビジターパスは、どこのABCストアでも購入でき、＄15。

月決め料金で無制限に乗車できるマンスリー・バスパスは＄27。市庁舎分室、セブン・イレブン・コンビニエンスストア7-Eleven convenience stores、フードランドFoodland、スターStarなどのスーパーマーケットで購入できる。

シニア（65歳以上）や年齢を問わず身体障害のある人は、2年間無制限で乗車できる＄25のバスパスがある。シニア用パスは誕生年月日が記載された身分証明書を提出すれば、市庁舎分室で発行してもらえる。

時刻表・インフォメーション バスの時刻表はルートによって異なる。多くは毎日5:30から20:00まで運行しているが、ワイキキを通る路線などの幹線ルートは真夜中近くまで運行している。

ザ・バスにはとても便利な**電話サービス**（☎848-5555 ◐5:30〜22:00）がある。現在地と目的地さえわかっていれば、職員がどのバスに乗るべきかだけでなく、次のバスが何時に来るかまで教えてくれる。同じ番号で、聴覚に障害がある人向けのTDDサービスも提供している。また車椅子で乗れるバスについての情報も聞ける。

アラモアナ・センターを含むすべての市庁舎分室で、印刷された個々のルートの時刻表を無料でもらえる。また、ホノルルダウンタウンにあるハワイ州立図書館Hawaii State Library、ワイキキのリリウオカラニ・アベニューLiliuokalani Avenueとカラカウア・アベニュー角にあるマクドナルドMcDonald'sでも時刻表が手に入る。

時刻表を手に入れるときには、無料の路線系統地図も必ずもらおう。オアフ島全体のルートを地図で示した便利な小冊子で、ルートに対応するバスの番号も表示されている。

頻繁に利用するルート 8、19、20、58番バスはワイキキとホノルルの交通の中心であるアラモアナ・センターを結んでいる。1日中、どれかのバスが数分おきに運行しているので、時刻表を確かめるまでもない。アラモアナからは、島中のさまざまなポイントへ向かう広範囲なバスネットワークに接続している。

2、19、20番バスはワイキキとホノルルダウンタウンを結んでいる。たいていは10分間隔にバスが来る。

4番バスはワイキキとマノアのハワイ大学University of Hawaii at Manoaを10分間隔で結んでいる。

車
バジェット Budget（☎537-3600）、ナショナル National（☎831-3800）、ハーツ Hertz（☎831-3500）、エイビス Avis（☎834-5536）、ダラー Dollar（☎831-2330）はいずれも、ホノルル国際空港内にカウンターが、空港敷地内にレンタカー置き場がある。アラモ Alamo（☎833-4585 ◐cnr Nimitz Hwy & Ohohia St）は、空港ターミナルから約1マイル（約1.6km）北東の空港外にオフィスがある。

自分だけのツアーを組んでみよう

アラモアナ・センターを出発点として、安上がりにバスで1日かけて島を1周することも可能だ。52番のワヒアワ・サークル・アイランド・バス Wahiawa Circle Island Busは時計回りにハイウェイ99を北上し、ノース・ショア沿いにハレイワに向かう。オアフ島の北端、タートル・ベイ・リゾートで55番へと表示を変え、ウインドワード側の海岸をカネオヘに向かい、パリ・ハイウェイを南下して、アラモアナへ戻ってくる。55番のカネオヘ・サークル・アイランド・バス Kaneohe Circle Island busは同じルートを逆に回る。どちらのバスも毎日5:00から23:00頃まで30分おきに運行している。サークルアイランドルートにノンストップで乗車した場合には、約4時間かかる。

ワイキキ近くのツアーなら、58番のバスに乗ってオアフ南東部をぐるりと回り、シー・ライフ・パーク Sea Life Parkを目指そう。次に57番バスでカイルアへ北上し、ホノルルへと戻る。

バスを乗り換えなければならないので、最初に乗車する際に、乗り換え券を運転手からもらっておこう。ルート沿いに下車して辺りを探検したい場合には、また＄1.50払って再乗車する。

ホノルル

オアフ島内の所要運転時間

実際の所要運転時間は交通事情によって異なるが、オアフ島内の観光ポイントへのワイキキからの距離と平均運転時間は以下のとおり。

目的地	距離 マイル/km	時間（分）
ハレイワ Haleiwa	29/47	50
ハナウマ・ベイ Hanauma Bay	11/18	25
ホノルル空港 Honolulu Airport	9/14	20
カエナ・ポイント州立公園 Kaena Point State Park	43/69	75
カイルア Kailua	14/23	25
ライエ Laie	34/55	60
マカハ・ビーチ Makaha Beach	36/58	60
ヌウアヌ・パリ展望台 Nuuanu Pali Lookout	11/18	20
シー・ライフ・パーク Sea Life Park	16/26	35
サンセット・ビーチ Sunset Beach	37/60	65
戦艦アリゾナ記念館 USS Arizona Memorial	12/19	30
ワイメア Waimea	34/55	60
ワイパフ Waipahu	16/26	30

＊km換算は概算

アメリカ以外のレンタカー会社もワイキキにたくさんの支店があり、その多くは大型ホテルのロビー内にある。一般的なレンタカー情報や無料電話番号は本書で前出の「交通手段」を参照。

モーペッド

モーペッドも移動手段の1つだが、街中で車の間を抜けていく経験がある人に向いている。

ブルー・スカイ・レンタルズ
Blue Sky Rentals
☎947-0101
⌂1920 Ala Moana Blvd
イン・オン・ザ・パーク・ホテルInn on the Park Hotelの1階にある。ワイキキでモペッドをレンタルするのにもっとも信頼がおける店。料金は8時間＄23、24時間で＄30。

タクシー

タクシーにはメーターがあり、初乗り料金＄2.25から始まり、そこから30¢づつ加算され1マイル（約1.6km）につき＄2.40の割合で、追加されていく。スーツケースやバックパックが増えるたびに40¢が加算される。

空港や大きなホテルではタクシーはすぐにつかまるが、それ以外では一般的に見つけにくい。電話で呼ぶ場合には、**ザ・キャブ The Cab**（☎422-2222）、**チャーリーズ Charley's**（☎955-2211）、**シティ・タクシー City Taxi**（☎524-2121）を頼もう。

ホノルル
Honolulu

1793年、英国のフリゲート艦バターワース*Butterworth*号が外国船として初めて現在のホノルル港Honolulu Harborに入港した。艦長のウィリアム・ブラウンはこの港をフェア・ヘブンFair Haven（好ましい避難港）と命名した。その後、この港を訪れた船はここをブラウンの港Brown's Harborと呼んだ。しかし、時が経つにつれて、「守られた入り江」を意味するホノルルという名前がこの港とハワイアンがかつてコウKouと呼んでいた隣接する海沿いの地区の両方を指す呼び名になった。

ホノルルに立ち寄る外国船が増えるにつれ、萱葺きの家が集まって港の横にぽつぽつと村ができ始め、ハワイ貿易の中心となった。

1809年、カメハメハ1世が王宮を近くのワイキキからホノルルに移した。現在、ホノルルダウンタウンのベセル・ストリートBethel Street南端にあたるところにカメハメハ王は屋敷を建て、港を出入りする貿易船を監視した。この港から、ハワイの白檀が広東に運ばれ、それと引き換えに武器や贅沢品を持ち帰り、カメハメハ王はそれを港のそばにある倉庫に詰め込んだ。

1820年代、捕鯨船が食料、酒、女を求めてホノルルに立ち寄るようになった。と同時に、キリスト教宣教師が、人々の魂を救済するために上陸するようになった。どちらも現在にその足跡を残している。今もダウンタウンホノルルにオフィスのある、「ビッグ・ファイブBig Five」は、19世紀末までハワイ交易のほとんどを牛耳っていた。アレキサンダー、ボールドウィン、クック、ドールなどの名前を連ねたこのビッグ・ファイブの取締役名簿が、最初に到着した宣教師船の乗客名簿と合致するのは決して偶然ではない。

捕鯨船の残したものはそれとは違う。ホノルルダウンタウンの港から数ブロックのホテル・ストリートには、バーやストリップ小屋が建ち並び、いまだにホノルルの歓楽街にな

っている。
　1900年代初めには、ホノルルは成長著しいコスモポリタンシティに変貌していた。しかし、港から広がるダウンタウン地区が街の中心であることには変わりなかった。
　現在では、ホノルルはハワイ唯一の大都市で、人口は約40万人、州のビジネス、文化、政治の中心になっている。そして1845年以来ハワイの首都でもあり、ホノルル国際空港とホノルル港はハワイで最も出入りの激しい玄関口である。
　ホノルルには太平洋全域のさまざまな民族が住んでいる。少数民族が多く、多数派の民族は存在しない。ホノルルの民族の多様性はどこの街角でも見受けられる。ベトナム人のパン屋の隣に寿司屋があり、中国風仏教寺院の角を曲がればカトリック教会があるという具合だ。
　主な連邦、州、郡のオフィスや州の歴史的建物はホノルルダウンタウンに集中している。

ホノルルダウンタウン地区
Downtown Honolulu

ホノルルダウンタウン地区には、スマートな高層ビルと立派なビクトリア様式の建物が並び、過去と現在が混在している。建築面から見ると、この地区には、19世紀の王宮、近代的な州政庁舎、ニューイングランド様式の宣教師教会、スペイン風の市庁舎が向かい合い、目を見張る配置となっている。
　ダウンタウン地区は、とりわけハワイの歴史や文化に関心が深い人にとっては、歩き回るのにふさわしい場所となっている。ワイキキからイオラニ宮殿方面を目指すならば、2番のバスが最も本数が多くて便利。ワイキキから直接、アロハ・タワー・マーケットプレイスかハワイ・マリタイム・センターHawaii Maritime Centerを目指す場合には、19か20番のバスに乗ろう。
　アロハ・タワーの前とハワイ・マリタイム・センター横のピア6にある便利な駐車場は3時間まで＄4。店やレストランで承認をもらえば、料金は＄2に下がる。週末は1日＄2。

インフォメーション
お金　ファースト・ハワイアン銀行 First Hawaiian Bank（☎526-0232 ⌂First Hawaiian Center, 999 Bishop St ◉月～木 8:30～16:00、金 8:30～18:00）は、ダウンタウンにあるので便利。

郵便　ホノル郵便局 Honolulu post office（☎800-275-8777 ⌂335 Merchant St ◉月～金 8:00～16:30）のダウンタウンオフィスはオールド・フェデラル・ビルOld Federal Building内。

書店　在庫の豊富な書店、**ベストセラーズ Bestsellers**（☎528-2378 ⌂1001 Bishop St）は、旅行ガイド、小説、地図の品揃えがいい。

図書館　イオラニ宮殿に隣接する**ハワイ州立図書館 Hawaii State Library**（☎586-3500 ⌂478 S King St ◉月・金・土 9:00～17:00、火・木 9:00～20:00、水 10:00～17:00）本館の中央中庭にはさんさんと陽光が降り注ぐ。館内には閲覧可能な雑誌が多数ある。

徒歩ツアー
ホノルルダウンタンの美しい建物はすべて至近徒歩圏内にある。
　歴史的にも地理的にもこの地区の中心である**イオラニ宮殿 Iolani Palace**から歩き始めるのがいいだろう。**州政庁舎 state capital**へ向かう途中に宮殿裏にある**リリウオカラニ女王像 statue of Queen Liliuokalani**を通り過ぎる。裏から議事堂に入り、**戦争記念碑 war memorial**に面したＳ・ベレタニア・ストリートS Beretania Streetに出よう。Ｓ・ベレタニア・ストリートを左に曲がると、**ワシントン・プレイス Washington Place**と**聖アンドリューズ教会 St. Andrew's Cathedral**があり、そこを通り過ぎてリチャード・ストリートRichard Streetへ戻る。1928年に建設された5階建ての優美な**No 1 キャピトル・ディストリクト No.1 Capitol District**前を通過。ここには現在では**ハワイ州立美術館 Hawaii State Art Museum**がある。さらに歩くと、1927年に、カリフォルニアのウィリアム・ランドルフ・ハースト・サン・シメオン邸を設計した長命な建築家ジュリア・モーガンの手による**YWCA**が見えてくる。
　右折してＳ・キング・ストリートS King Streetに入ると、**ファースト・ハワイアン・センター First Hawaiian Center**が見える。ここには必見のアートギャラリーがある。ビショップ・ストリートBishop Streetを左折し、**アレキサンダー＆ボールドウィン・ビル Alexander & Baldwin Building**（1929年）前を行く。ビル正面にはトロピカルフルーツ、ハワイの魚だけでなく、繁栄と長寿を表す漢字が書かれ、摩訶不思議な印象を与えている。
　左折してクイーン・ストリートQueen Streetに入ると、1929年に建築されたイタリアルネッサンス様式の4階建て、**ディリンガム・ビル Dillingham Building**が見える。現在では、隣の30階建ての**グロスヴェナー・センター Grosvenor Center**の光沢のある反射ガラスにその姿が映っている。まさに対照的な構図だ。

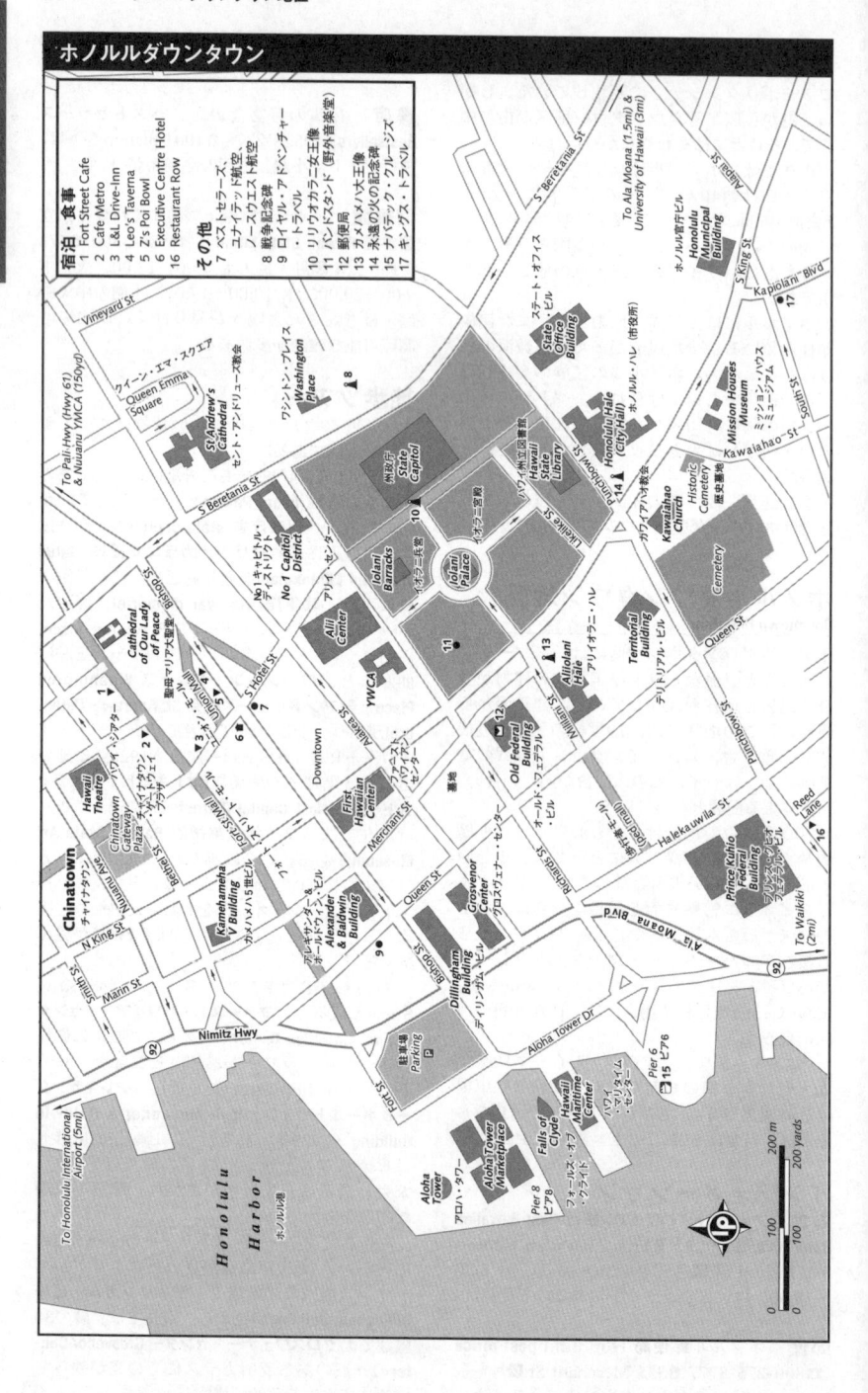

ホノルル － ホノルルダウンタウン地区

ホノルルダウンタウン

宿泊・食事
1 Fort Street Cafe
2 Cafe Metro
3 L&L Drive-Inn
4 Leo's Taverna
5 Z's Poi Bowl
6 Executive Centre Hotel
16 Restaurant Row

その他
7 ベストセラーズ、ユナイテッド航空
8 戦争記念碑
9 ロイヤル・アドベンチャー・トラベル
10 リリウオカラニ王像
11 カメハメハ大王像
12 郵便局
13 永遠の火の記念碑
14 セントアンドリュー大聖堂 (野外音楽堂)
15 ナバテック・クルーズ
17 キングス・トラベル

マーチャント・ストリートMerchant Streetを通って南下すると、スペイン植民地様式の**オールド・フェデラル・ビル Old Federal Building**、**アリイオラニ・ハレ Aliiolani Hale**、**カメハメハ大王像 statue of Kamehameha the Great**がある。そのすぐ向こうに見えるのが、由緒ある**カワイアハオ教会 Kawaiahao Church**と**ミッション・ハウス・ミュージアム Mission Houses Museum**と続いている。

イオラニ宮殿へ戻る途中、パンチボウル・ストリートPunchbowl Street沿いにある古典的な年代物の建物を2つ見学しよう。市庁舎である**ホノルル・ハレ Honolulu Hale**と堂々たる柱が正面に立つ**ハワイ州立図書館 Hawaii State Library**である。

イオラニ宮殿
Iolani Palace

イオラニ宮殿（☎522-0832 ツアー大人＄20子供＄5、15分おきに出発 火~土 9:00~14:30）は見逃せない観光名所だ。この場所ほど転換期にあった19世紀ハワイの歴史的重要性を感じることのできる場所はない。19世紀ハワイでは、王族が栄え、税金を納める白人の企業社会は憤慨し、陰謀や裏切りが今にも勃発しかねない状況だった。イオラニ宮殿では、君主や君主の転覆を謀る者たちによる悲喜こもごもの事件が続発し、かつてここにいた人々の霊が感じられるような気になる。

米国唯一の王宮であるイオラニ宮殿には、1882年から1891年までカラカウア王とカピオラニ王妃が、その後2年間はカラカウア王の後継者であるリリウオカラニ女王が住んでいた。1893年にハワイの王制が廃止され、王宮は、初めは共和国の、次に自治領の、最終的にはハワイ州の議事堂として使用された。

1969年に現在の州庁舎が建設され、議会は狭苦しい王宮から移転した。議会が移転する頃には、イオラニ宮殿は見る影もなくなっていたため、長い時間と数百万ドルの費用をかけた困難な改修工事により、王宮はかつての栄光を取り戻し、1978年に博物館として開館した。現在では、見事に磨き上げられた木の床を保護するために、見学者は靴にカバーをつけることを義務付けられている。

赤と金で飾られた**玉座の間**には王と王妃の使用していた玉座が置かれ、宮殿の中心となっている。絢爛豪華な儀式が行われただけでなく、カラカウア王はここでポルカ、ワルツ、バージニア・リールなどのお気に入りの西洋式ダンスを夜通し踊り明かした。この広間で起こった出来事は楽しいことばかりではない。アメリカ人実業家により玉座から追われて2年後、リリウオカラニ女王は王宮に連れ戻され、玉座の間において反逆の罪で裁かれた。ハワイの人々に屈辱を味わわせようとする動きに巻き込まれた女王は、かつての住まいであるイオラニ宮殿で囚人として9カ月を過ごした。

宮殿内部は約1時間のガイド付ツアーに参加しなければ見学できない。5歳未満の子供は入場不可。

王宮の維持費が高くつくためツアーは安くはないが、このユニークな歴史の現場をぞろぞろ歩くだけの価値はある。その場でツアーに参加することもできるが、事前に電話予約したほうがよい。

宮殿敷地　昼間は無料で一般に公開されている宮殿敷地には長い歴史がある。イオラニ宮殿建設前には、この地には今ほど華美ではない屋敷が建ち、30年（1825~54年）にわたってハワイを治めたカメハメハ3世が使用していた。そして古代には、この地はハワイ人の神殿があった。

宮殿の見学切符売り場窓口やギフトショップには、かつて騎乗近衛兵**兵舎**があった。中世の砦の最上階を切り取り、地面に置いたような形をしている。

敷地内の**ドーム型のパビリオン domed pavilion**は当初1883年のカラカウア王戴冠式のために建設されたものだが、現在では知事就任式と金曜日午後のロイヤル・ハワイアン・バンドコンサートに使用されている。

カメハメハ2世とカママル王妃の遺骸がヌウアヌにある王家の霊廟Royal Mausoleumに移される1865年までは、鋼鉄のフェンスに囲まれた**芝生の丘 grassy mound**は王家の墓だった。宮殿と州政府舎の間にある巨大な**ベンガルボダイジュ**はカピオラニ王妃が植樹したものと伝えられている。

リリウオカラニ女王像
Queen Liliuokalani Statue

ハワイ最後の女王の像はイオラニ宮殿と州政庁舎の間に立っている。かつてリリウオカラニが住み、その後20年以上にわたって幽閉されていたワシントン・プレイスに面している。青銅の像は、リリウオカラニが1893年に書いたハワイの憲法を手にしている。この憲法を恐れ、アメリカ人事業家たちは女王を廃位した。アロハ・オエ*Aloha Oe*は女王が作曲した有名な歌（ハワイ王家口伝の）であり、クムリポはハワイの創世神話、叙事詩である。

州政庁舎

ハワイ州政庁（☎587-0666 415 S Beretania St）はありきたりの金色の館ではない。1960年代に建設されたこの建物は、壮大にも「テ

ホノルル - ホノルルダウンタウン地区

ハワイの新しい宝

オアフ島を訪れる際に見逃せないポイントが増えた。ハワイ州立美術館 Hawaii State Art Museum（☎808-586-0900 w www.state.hi.us/sfca ♠250 S Hotel St 🈚入場無料 ⊙火〜土 10:00〜16:00）である。2002年に開館したこの美術館は、アーチスト、文化団体、州政府の何年にもわたる労力が結実した。当美術館では、1959年にハワイが州に昇格して以来、ハワイ諸島に住んだことのある芸術家の作品を展示している。美術館を見学に訪れた人はすぐさま、ハワイ州の特徴的な景色と伝統がアーチストたちにとってすばらしいインスピレーションの源泉であることに気がつくだろう。

そのコレクションによりハワイ州立美術館は、アメリカにおける中規模美術館としては最高に位置づけられている。絵画から写真、彫刻など作品が多岐にわたるだけではなく、美術館全体のデザインやコレクションの構成などが素晴らしい。作品は、島の伝統、社会問題、ハワイの伝統遺産だけでなく、陸や海の澄んだ美しさなど、互いに関連しあったテーマに沿って陳列されている。説明書きには展示品として選ばれた理由が詳細に記され、ハワイがアジア、太平洋、アメリカ文化の合流点であることが歴然としている。学芸員は島の魂と人々の心をうまく捉えている。ある観覧者は開館日にこう言った。「美しい彫刻を見て、作者を知り、絵画に隣人を見いだす」

イオラニ宮殿近く、未来の州政庁舎向かいという一級の立地に1928年に建設された旧YMCAビルは、建物そのものも芸術作品の1つになっている。美術館は現在、建物の2階に収容されている。将来的には、美術館は全5階に拡張され、ハワイ州の5000点におよぶコレクションの多くが展示されることになる。残念ながら、見学者は気持ちよさそうな、中庭のプールに飛び込むことはできない。このプールは第2次世界大戦中、陽気な兵士や水兵たちの憩いの場だった。

壮麗な階段を上っていくと、ポリネシア人を初めてハワイに乗せてきたと言われるカヌーの模型が見えてくる。カヌー模型の向こうには、ハワイでは急速に偶像的地位を得つつあるハーブ・カワイヌイ・ケーンのハワイの発見 The Discovery of Hawaiiが展示されている。初めてのカヌーの旅で波を乗り越え、噴火する火山を目にして畏れおののく航海者たちを描いている。

美術館見学にはたっぷり1時間以上はかかるが、気の利いた入場方針（無料！）のおかげで、宮殿見学後に立ち寄り、360点の展示作品のうち幾つかを見て、残りは別の機会に鑑賞することもできる。展示品のハイライトには次のようなものもある。

- ハック・マゼレット・ルキーエンスによる一連のペン画は、観光や軍の存在、変化する経済や人口の増加によって激変する前の1920年代ハワイの生活のリズムを捉えている。
- 階段に残された靴の彫刻は、誰でもが履物を脱ぎ、くつろぐことのできるハワイの歓迎の心、エ・コモ・マイ E Komo Maiを表している。作者のジョージ・カフモキオはスラックキーギターの演奏で知られている。
- 浪人侍 Ronin Samuraiは、伝統的な日本の絵画手法を用いて観光主義を皮肉った、マサミ・テラオカによる1982年の連作の1つだ。この作品では、侍と芸者がハナウマ・ベイでシュノーケリングをしているところが描かれている。
- カホオラウェ・ルーム Kahoolawe Roomはアン・ミウラが、近くのカホオラウェで海軍の爆弾実験が行われるたびに、マウイMaui島の家で感じたことを描いた衝撃的な絵だ。
- マーク・ハマサキの写真は社会批評がテーマとなった連作だ。この作品は必ずしも政府を支持しているものではない。1980年代に容赦なく自然を破壊したH3ハイウェイの建設が、白黒だけの写真で描かれている。プロジェクトを記録するためにハマサキを雇ったハイウェイ建設業者は予想以上の価値のあるものを手に入れることになった。
- 年齢を問わず、子供は「Introducing Ruddy Spuddy」が好きだ。この作品は作者サリー・フレンチが思いがけずカリフォルニアのジャガイモ農家を相続したときに見舞われた混乱をおもしろおかしく描いている。
- ジーン・シャーロットの「ドラマー The Drummer」は1979年に死亡するまで、長くハワイに滞在した画家による傑作だ。音楽に夢中になっているハワイのドラマーを描いた作品で、絵の中から音楽が聞こえてくるような気分になる。

美術館の一部は輪番制の特別展に割り当てられているので、いつ訪れても思いもかけない作品に出会う可能性がある。

ライアン・バー・バークモース Ryan Ver Berkmoes

ーマ」設計を目指していた。
　2つの中央議場は火山を表す円錐形をしている。円形広場は心地よい貿易風を取り込むために開け放したままになっている。天井を支える柱は椰子の木を表していて、建物全体がハワイを取り巻く海洋を象徴する大きな人工池で囲まれている。見学者は自由に円形広間を通り抜け、見学者用窓から2つの議場を見学することができる。
　政庁舎の前には**ダミアン神父像 statue of Father Damien**がある。1873年にモロカイ島のライ病患者たちとともに働くことを志願したベルギー人聖職者だ。神父は16年後、49歳で死亡した。様式化された像はベネズエラ人アーチスト、マリソル・エスキュバーの作である。
　S・ベレタニア・ストリートを挟んで州政庁舎の真向かいにあるのが、永遠のたいまつを表す彫刻で、**戦争記念碑 war memorial**として第2次世界大戦で死んだ兵士たちに捧げるためにつくられた。

ホノルル美術館
Honolulu Academy of Arts

ホノルル美術館（☎532-8700　🏠900 S Beretania St　📖大人＄7、老人・学生＄4、13歳未満の子供無料　🕐火〜土 10:00〜16:30、日13:00〜17:00）は、アジア、ヨーロッパ、太平洋地域のアートコレクションだけで構成した異例の美術館。ハワイ唯一の総合的な美術館で、4万点近くの芸術作品を収蔵している。
　美術館正面は古代ギリシャ建築の影響が強く、一列に並んだ中庭から約30の回廊に分かれている。静謐な仏像から勇猛な武士の甲冑にいたるまで多岐にわたる品を展示している、すばらしいアジア展示室は見逃せない。アメリカで最も優れたアジアアートコレクションとみなされ、中国と日本の美術作品にほぼ同等の重点を置いている。特にすばらしいのは、著名な日本人画家狩野元秀が描いた洛中洛外図 Scenes of Kyoto や、多数の明朝のコレクションを見ることができる。
　その中には、明朝の絵画様式に大きな影響を与え、構図技法を確立したと言われる沈周の作品が含まれている。
　2001年には、見事な現代作品を集めたヘンリー・R・ルース・パビリオン Henry R Luce Pavillion が開館し、展示スペースが1万平方フィート（約930m²）拡大された。上階にはハワイの工芸品やハワイ文化を反映させた絵画が、1階には、ヘンリー・ムーアやジョージ・オキーフなどのモダニズムの第一人者による作品をはじめとするモダンアートが展示されている。
　19、20世紀のヨーロッパ芸術作品としては、アンリ・マチス、ポール・セザンヌ、クロード・モネ、ポール・ゴーギャン、ヴィンセント・ヴァン・ゴッホ、カミーユ・ピサロなどの絵画が部屋いっぱいに展示されている。そのほかにも、ピーター・デ・ホッチ、サー・トーマス・ローレンス、カーロ・ボナヴィアなどの16世紀から18世紀ヨーロッパのアーチストの見事なコレクションや14世紀イタリアの聖母子像の油絵が数点収蔵されている。
　パシフィック地域の展示品には、パプア・ニューギニアの儀式用の彫刻、戦闘用の棍棒、仮面やミクロネシアの装飾品、航海用の棒グラフなどがある。美術館にはこのほかにインドの彫刻作品や小立像、アフリカの部族の子宝像や儀式用の彫刻などが展示されている。
　噴水のある中庭を見渡すギフトショップとランチを食べられるすてきなカフェがある。ワイキキから出発する2番バスが美術館正面に停車する。美術館の裏手にはメーター制の駐車場もある。

ハワイ・マリタイム・センター
Hawaii Maritime Center

ハワイ・マリタイム・センター（☎536-6373　🏠Pier 7　📖大人＄7.50、6歳以上の子供＄4.50、6歳未満の子供無料　🕐8:30〜17:00）はアロハ・タワー近くにあり、ハワイの海洋関連の歴史を知るには格好の場所。キャプテン・クックの来航から現代のウインドサーフィンにいたるまで、ほかで見られないような貴重な話題を含め、すべてを網羅している。
　マトソン社定期船の個室を再現したものや、海岸にロイヤル・ハワイアン・ホテル Royal Hawaiian Hotel とモアナ・ホテル Moana Hotel、ダイヤモンド・ヘッドしかなかった頃のワイキキの写真など、昔の観光業に関するおもしろい展示品がある。どちらのホテルも航海で運ぶ乗客を宿泊させるために1900年代初頭にマトソン社が建設したものだった。皮肉なことに、1959年にマトソン社がホテルをシェラトン・チェーンに売却した直後に、ジェット機時代が到来し、ハワイの州昇格によって活気のなかった観光業に一気に勢いがついた。
　マリタイム・センターには、世界で唯一残っている4本マスト、4式帆装船、フォールズ・オブ・クライド Falls of Clyde 266フィート（約81m）が展示されている。1878年にスコットランド Scotland のグラスゴー Glasgow で建造されたフォールズ号は、かつてヒロ Hilo とサンフランシスコ San Francisco 間の砂糖と乗客の搬送に使用された。のちに、石油タンカーに改造されたが、最終的には解体されてはいけとなった。1963年、バンクーバー Vancouver 沖に防波堤を築くために沈船させられる直

前、ハワイ人グループが募金運動で資金を募り、船を救った。フォールズ号は最終的にホノルルに運ばれて修復され、現在では国定史跡として登録されている。見学者はデッキを歩き、貨物倉に下りることができる。

センターにはそのほかにも、60フィート（約18m）の二重船体カヌー、ホクレア号 *Hokulea* も展示されている。これは、ポリネシア人が移住して来るときに使用したボートを模して建造されたものだ。ホクレア号はかつてポリネシア人船乗りたちがやってきた航路をたどり、波紋や星の位置など伝統的な航海術だけを用いて、ハワイから南太平洋まで何度か航海を経験している。

アロハ・タワー
Aloha Tower

1926年にダウンタウン地区端に建てられた10階建てのアロハ・タワーはホノルルの歴史的建造物であり、長年にわたり街で一番高いビルだった。ハワイを訪れるすべての旅行者が海路に頼っていた時代には、戦前のハワイの象徴である、「アロハ」と書かれた四角柱の時計塔が必ず旅行者を出迎えた。

現在では、クルーズ船はいまだにタワー下のターミナルで乗客を降ろす。ターミナルの窓からのぞいてみれば、ホノルルの往時を描いた色鮮やかな壁画が見える。

アロハ・タワー最上階の**展望台 observation deck**（☎537-9260 ❏Pier 9 ❏入場無料 ❏9:00〜日没）からは、ホノルルの広大な商業港を360度すべて眼下に収めることができる。注：最上階へはエレベーターを使用しないと上れないが、故障していることがある。また海に面した近くのレストランなら、どれでも同じ景色が見られる。

タワーの下には、アロハ・タワー・マーケットプレースで、売店や店舗、レストランが多数入居しているショッピングセンターになっている。

セント・アンドリューズ教会
St Andrew's Cathedral

英国国教会の壮麗な装飾に引かれたカメハメハ4世は、ハワイに自分たちの教会を建設することを決意した。王とその妻、エマ王妃は1858年にハワイ英国国教会を創設した。

1867年、ついにカメハメハ5世が教会の礎石を置いた。カメハメハ4世はその4年前のセント・アンドリューズ・デーに死亡しており、教会の名称はこれにちなんでつけられた。

セント・アンドリューズ教会（☎524-2822 ❏cnr Alakea & S Beretania Sts ❏9:00〜17:00）の建築はフランスゴシック様式。使用されているやガラスは英国から運ばれた。最大の特徴は床からひさしまで達する西側正面の壮麗な手製のステンドグラス窓だ。ガラスの右側には、ビクトリア女王によってハワイに送られた最初の主教トマス・スターリー牧師とカメハメハ4世、エマ王妃が並んでいる。

カワイアハオ教会
Kawaiahao Church

オアフ最古の教会、カワイアハオ教会（❏cnr Punchbowl & King Sts ❏観覧無料 ❏8:00〜16:00）は、最初の宣教師たちが1820年に到着してからまもなく草葺き屋根の教会を建造した跡地に建設されている。初代の教会はハラ（パンダナス）の葉で編んだラウハラという敷物に300人が座れる堂々たる建物だった。

それでも、草葺き屋根は宣教師たちの思惑に合わず、彼らは簡素なゴシック建築の影響を受けた典型的なニューイングランド様式会衆派教会を設計した。

1842年に完成した教会は、1つが約1000ポンド（約454kg）もあるサンゴの板を1万4000枚使用して造られた。ハワイ人潜水夫たちがホノルルの海中にあるサンゴ礁からこれらの巨大なサンゴの板を削り取り、4年の歳月をかけての大事業だった。

時計塔はカメハメハ3世が寄付したもので、1850年に設置された古い時計がいまだに正確に時を刻んでいる。カヒリ（羽毛のようなもの）とベルベットの詰め物が使われた後部座席は王族用。現在でも王族の子孫専用となっている。

カメハメハ5世の後継者、**ルナリオ王の墓 tomb of King Lunalilo** は教会の正面入口にある。ルナリオはわずか1年の治世の後、1874年に39歳で死亡した。

教会裏手にある**墓地**見学も一興だ。植民地時代の重要人物の墓碑銘が建ち並んでいる。植民地時代の宣教師たちの墓石は、リリウオカラニ女王廃位後、最初のハワイ自治領総督となった悪名高いサンフォード・ドールなど、主だった西洋人の墓と並んでいる。

ミッション・ハウス・ミュージアム
Mission Houses Museum

ミッション・ハウス・ミュージアム（☎531-0481 ❏553 S King St ❏ツアー大人$10 子供$6 ❏出発時間 火〜土 10:00、11:00、13:00、14:00）では、サンドイッチ諸島宣教本部Sandwich Islands Missionがかつて使用していた建物が3軒保存されている。手製のキルトを寝台や客間の長椅子にかけ、鉄の料理用深鍋を石でできた暖炉に入れるなど、内装は時代に忠実に再現されている。

ホノルル－ホノルルダウンタウン地区

オアフ島

最初の宣教師たちがボストンBostonを出発したときの荷物は鞄だけではなかった。現在では**フレームハウス Frame House**と呼ばれるプレハブの木造家屋を、南米最南端の岬ケープ・ホーンHornを回ってはるばる運んでいたのは驚きだ！寒いニューイングランドの冬の風にも耐えるように設計されたこの家の窓は小さく、ホノルルの涼しい貿易風を締め出したため、2階建てのこの家は蒸し蒸しして暑くるしかった。1821年に建設されたこの家はハワイ最古の木造建築になっている。

サンゴの塊でできた**チェンバレン・ハウス Chamberlain House**は、かつての宣教師たちの貯納庫だ。ホノルルには当時ほとんど店がなかったため、貯納庫は必需品だった。2階には帯鉄の付いた樽と食器でいっぱいの木箱、レヴィ・チェンバレンが収支を記入するのに用いた机とペンがある。机の上に置かれた出納帳が示すとおり、わずかな手当てで暮らしている宣教師の家族のために食料や備品を購入、保管、支給する役目をレヴィは与えられていた。

印刷所 Printing Officeには、ハワイ語で聖書を印刷するのに用いられた鉛活字の印刷機が置かれている。ガイド付きツアーでは、すべてを見学するのに約1時間かかる。

アリイオラニ・ハレ
Aliiolani Hale

アリイオラニ・ハレ（天の王の家）はハワイ王朝が建設した最初の大規模な政府用建造物だ。1874年に建設されたこの建物には、ハワイの最高裁判所と州立法府が収容されている。もともとはオーストラリア人の建築家トーマス・ロウが王宮とするために設計したものだったが、王宮として使用されることはついになかった。

1893年1月、サンフォード・ドールが暫定政府の設立とハワイ王制の廃止を宣言したのは、このアリイオラニ・ハレの階段だった。

アリイオラニ・ハレの前には、1880年代にイタリアのフィレンツェで鋳造された堂々たる**カメハメハ大王像 statue of Kamehameha the Great**が立っている。カメハメハ王を記念する州の祝日である6月11日には毎年、王の像に儀式服と12フィート（約4m）のレイが幾重にもかけられる。

ホノルル・ハレ
Honolulu Hale

タイル屋根、装飾の付いたバルコニー、アーチ、柱などがある、通称ホノルル・ハレ（☎523-2489 ⌂530 S King St）と呼ばれる市庁舎は、スペイン風の建築様式を取り入れている。1927年に建設されたこの建物には、当時のホノルルで最も有名だった建築家C・W・ディッキーの頭文字がつけられている。国定史跡となっているこの建物には、興味深いフレスコ画やコンサートや芸術展示会に使われることもあるオープンエアの中庭がある。

正面芝生の上に、9月11日に本土で起こったテロリスト攻撃による犠牲者を偲ぶ**永遠の火の記念碑 eternal-flame memorial**が建立された。

ワシントン・プレイス
Washington Place

1846年に米国人船長ジョン・ドミニスが建てた州知事官邸のワシントン・プレイスは、堂々たる木々に囲まれた植民地様式の大きな建物だ。同じくジョンと呼ばれる船長の息子はオアフ島の知事となり、ハワイ人の王女と結婚した。彼女が後にリリウオカラニ女王となった。王位から追われると、リリウオカラニはワシントン・プレイスに幽閉され、1917年に死亡した。

ワシントン・プレイスの左側、歩道近くにある銘板には、リリウオカラニが作曲した歌、アロハ・オエ Aloha Oeの歌詞が刻まれている。

ファースト・ハワイアン・センター
First Hawaiian Center

ファースト・ハワイアン銀行First Hawaiian Bank本店。コンテンポラリー美術館と協力して運営されている一見の価値のある**ギャラリー**（☎526-0232 ⌂999 Bishop St 無料 月～木 8:30～16:00、金 8:30～18:00）がある。

ギャラリーには現代ハワイアンアートの優れた作品が期間を区切って展示されている。

建物そのものもハワイで最も高い高層建築になっている。著名なニューヨークのガラスアーチスト、ジャミー・カーペンターのデザインによるガラス壁には、185のプリズムが入り、4階分の高さを誇る特徴的な建物である。

漢方の力

チャイナタウンの漢方医は、漢方薬でいっぱいになった小さな木の引き出しで埋め尽くされた壁に囲まれ、内科医と薬剤師を兼ねている。患者を診たて、脈を計り、症状を聞いてから、開ける引き出しを決め、漢方薬を混ぜ、家に持ち帰って煮出せるように包んでくれる。陰陽の力のバランスをとることが目的だ。漢方薬局はチャイナタウンのカルチュラル・プラザCultural Plazaやノース・キングストリート、マウナケア・ストリートMaunakea Street沿いにある。

ホノルル - チャイナタウン

チャイナタウン
CHINATOWN

チャイナタウンを歩くとアジアへ旅しているような気分になる。中国人が圧倒的に多いにもかかわらず、ベトナム、タイ、フィリピンの影響も見られる。

チャイナタウンは喧騒が渦巻き、いつもにぎわっている。香港の裏通りに続いているのかと思うほど市場に活気がある。火を吐く龍が身体を丸めて、ハワイ銀行の外にある赤い柱を登っている。安くておいしいエスニックレストランも多い。刺青を入れたり、漢方薬の処方、また月餅をかじったり、熱々のベトナム風スープをすすることもできる。寺院、神社、製麺工場、アンティークショップ、アートギャラリーを探検しよう。

チャイナタウンの特にダウンタウン側は再開発が進んでいる。洒落たイメージをつくっているものの1つに、S・ホテル・ストリートとS Hotel Streetとベセル・ストリートの角にある新しい「通路」がある。この通路には小さな公園、大理石でできた2頭の獅子、新築の高層ビル群がある。徐々に高級化が進んではいるものの、チャイナタウンにはいまだに裏面の部分もある。ほんの1ブロック離れたS・ホテル・ストリートでは、25¢で「ビデオ覗き見Video peeps」と書かれた看板がある薄暗い入口や、リスク劇場Risque Theatre、失楽園Paradise Lostなどの下品なナイトスポットが軒を構えている。

チャイナタウンの食事については、ホノルルの末尾に記載している。

歴史

働き続けてサトウキビプランテーションとの契約から解放された中国移民たちは、1860年代にチャイナタウンに定住し、小さな店を始めた。

チャイナタウン

食事
- 4 Lee Ho Fook Restaurant
- 6 Legend Vegetarian Restaurant
- 8 To Chau
- 9 Cur Long
- 10 Ba Le
- 11 Yat Tung Chow Noodle Factory
- 15 Shung Chong Yuein
- 18 Zaffron
- 21 Krung Thai
- 23 Indigo

その他
- 1 観音寺
- 2 出雲大社
- 3 道教寺院
- 5 孫文像
- 7 ハレ・パウアヒ
- 12 主要バス停
- 13 ウォー・ファット
- 14 シンディズ・レイ・ショップ
- 16 ハワイ銀行
- 17 アロハ・アンティーク
- 19 ラムゼー・ギャラリーズ
- 20 中国商工会議所
- 22 ビトレ・ファイン・アート
- 24 ライ・フォン・デパートメント・ストア
- 25 ベビー・ホッパー・ギャラリー
- 26 ハワイ・パシフィック大学

ホノルル－チャイナタウン

1899年12月、この地区に腺ペストが発生した。ごちゃごちゃとした街に住み着いていた7000人の中国人、ハワイ人、日本人は交通を遮断され、逃げられなくなってしまった。ペスト患者が増えるにつれ、公衆衛生局Board of Healthは感染者の家を人為的に焼却することを決定した。1900年1月20日、消防隊がベレタニア・ストリートとヌウアヌ・アベニューの角にある建物に火をつけた。風がすぐさま火の手を大きくし、手のつけようがなくなった火は海岸方向にまたたく間に広がっていった。さらに間の悪いことに、ペスト地区内に駐在していた見張りの警察官が、隔離されていた住人が避難するのを止めようとしたため被害が大きくなった。チャイナタウンの約40エーカー（約16ヘクタール）がその運命の日、灰燼に帰した。

この火事は偶然ではないと考えた者もいた。その前年、米国のハワイ併合に伴い、中国人のハワイへの移民が停止されていたうえ、チャイナタウンそのものが成長著しいダウンタウン地区と境を接する一等地にあったからだ。

このような逆境にくじけることなく、中国人は灰の中から新しいチャイナタウンを築いた。

1940年代、何千人もの米兵が硫黄島Iwo Jimaやガダルカナル島Guadalcanalに送り込まれる前に、チャイナタウンを闊歩した。多くの米兵がチャイナタウンの売春宿やビリヤードホール、刺青屋で最後の自由な日々を過ごした。

インフォメーション

ハワイ銀行 **Bank of Hawaii**（☎532-2480 ▲101 N King St 月～木 8:30～16:00、金 8:30～18:00）は、チャイナタウン西側にある。

チャイナタウン、カルチュラル・プラザ内には、郵便局（☎800-275-8777 ▲River St 月～金 9:00～16:00、土 9:00～12:00）の分局がある。

オリエンテーション

チャイナタウンはホノルルのダウンタウンのすぐ北、ホノルル港、ベセル・ストリート、ヴィンヤード大通りVineyard BlvdとリバーストリートRiver Streetに囲まれした地区を指す。

チャイナタウンは一方通行道路が多く、車が渋滞し、駐車も困難なことがある。そのため、チャイナタウンへ行くには車よりもバスがいいだろう。ヌウアヌ・アベニューNuuau Aveのチャイナタウン・ゲートウェイ・プラザChinatown Gateway Plazaとマウナケア・ストリート27番の北側にあるノース・ベレタニア・ストリートN Beretania Stのハレ・パウアヒ・コンプレックスHale Pauahi complexには駐車場がある。ノース・ホテル・ストリートN Hotel Stはバス以外通行不可なので注意しよう。

ワイキキからバスでチャイナタウンへ行くには、チャイナタウン中心のノース・ホテル・ストリートN Hotel Stまで2番バスに乗るか、20番バスに乗ってチャイナタウン西端のリバー・ストリートRiver Stで下りる。

オアフ・マーケット
Oahu Market

チャイナタウンの中心にあるオアフ・マーケット（▲cnr Kekaulike & N King Sts）は、にぎやかな青空マーケットだ。豚の頭、生姜、新鮮なタコ、ウズラの卵、マグロの切り身、ジャスミンライス、インゲン、くらげの塩漬けなど、中華料理を作るために必要なものがすべて並べられている。

オアフ・マーケットは1904年から続いている。1984年、テナントが会社組織を編成し、市場を自分たちで購入し、開発業者の手に落ちるのを防いだ。現在では、活気のあるマウナケア・マーケットプレイスの追い上げが激しい。新しく大きいうえに、温かい食事が食べられるコーナーがあるからだ。

製麺工場
Noodle Makers

チャイナタウンにある数軒の製麺工場をのぞいてみれば、白い小麦粉の粉が雲のように辺りに立ちこめ、薄く延ばされた麺生地がローラーのまわりを回り、麺となって出てくるのが見えるだろう。そんな中で目にとまりやすいのが、**ヤット・ツン・チャウ製麺工場 Yat Tung Chow Noodle Factory**（☎531-7982 ▲150 N King St）だ。こちらでは細い金糸のようなものから、太いうどんまで9種類の麺を作っている。

マウナケア・ストリート
Maunakea St

ウォー・ファット **Wo Fat**（☎521-5055 ▲cnr N Hotel & Maunakea Sts）は、正面から見ると中国風寺院のような古いレストラン。1900年の大火直後に建てられたチャイナタウン最古のビルの1つ。

小腹がすいた程度なら**シュン・チョン・ユーエン Shung Chong Yuein**（☎521-0952 ▲1027 Maunakea St）へ。昔ながらの中国風菓子屋ではおいしい月餅、アーモンドクッキーやペーストリーなどを格安で販売している。ここでは、砂糖漬けの生姜やパイナップル、カボチャ、レンコンなども売っている。

道路を挟んで向かいにある**シンディズ・レイ・ショップ Cindy's Lei Shop**（☎536-6538 ▲1034 Maunakea St）は親切な店で、ランやプルメリアなどの一般的な植物だけでなく、マイレ（ハワイ原産の蔓植物）、ランタンイリマ（ハ

115

ワイ原産の地被植物)、ミクロネシアジンジャーなどで作ったレイを販売している。

アンティーク&アート

チャイナタウンには興味深いアートギャラリーやアンティークショップが数軒ある。**ペギー・ホッパー・ギャラリー Pegge Hopper Gallery**（☎524-1160　🏠1164 Nuuanu Ave）ではペギー・ホッパーの作品を展示。豊満なハワイ人女性をモデルとしたホッパーのプリント作品はハワイのいたるところで見かけられる。近くには**ピトレ・ファイン・アート Pitre Fine Arts**（☎521-5773　🏠1111 Nuuanu Ave）があり、興味深いコンテンポラリーアートを多数取り揃えている。ほかに特筆すべきギャラリーとして**ラムゼー・ギャラリーズ Ramsay Galleries**（☎537-2787　🏠1128 Smith St）がある。ラムゼーによるペンとインクを使った精密画や、そのほかの地元のアーチストによるすばらしい作品を期間限定で展示している。

アンティークに興味があるのなら、**アロハ・アンティーク Aloha Antiques**（🏠942 Maunakea St）を物色してみよう。20人ぐらいの業者が50年代の収集品だけでなく、ジュエリー、アールデコ様式の品、アジア陶器など東西折衷コレクションを販売している。**ライ・フォン・デパートメント・ストア Lai Fong Department Store**（🏠1118 Nuuanu Ave）でも、絹の中国服、オリエンタル磁器、20世紀前半にさかのぼるハワイの古い絵はがきなど、さまざまなアンティークや小物を販売している。

チャイナタウン・カルチャラル・プラザ
Chinatown Cultural Plaza

この一画のほとんどを占めているこの建物は、N・ベレタニア・ストリート、マウナケア・ストリート、リバーズ・ストリートに隣接している。現代的なこの複合ビルにはチャイナタウンの古びた店舗のにおいは失われているが、仕立て屋、鍼治療師、書家などが旅行代理店やレストランと肩を並べているのを目にすると、チャイナタウンの本質は失われていないと感じることができる。小さな中庭では、高齢の中国人が香を焚き、観音像にマンゴーを捧げている。

リバー・ストリート歩行者モール
River St Pedestrian Mall

リバー・ストリート歩行者用モールでは、ヌウアヌ川 Nuuanu Stream 沿いにカバーに覆われたテーブルを置き、老人たちが麻雀やチェッカーに興じている。中国の革命指導者孫文の**像**は、ノース・ベレタニア・ストリート近くの歩行者用モール外れで見守っている。

モール沿いには、見かけは奇麗とは言えないがおいしい食事を出す家族経営の食堂やチャイナタウン最大のベジタリアンレストランなど、飲食店が数軒入居している。リバー・ストリートはフォスター植物園入口で終わる。

道教寺院
Taoist Temple

1889年に建立されたルム・サイ・ホー・トン協会 Lum Sai Ho Tong Society は、中国民族の文化的アイデンティティを保持するためにハワイ在住の中国系移民が設立した100以上の協会の1つだ。この協会は黄河西側の地域からやって来たルム一族のもので、協会には一時4000人以上が所属し、現在でもホノルルの電話帳にはルム姓が1000近くも掲載されている。

協会の道教寺院（🏠cnr River & Kukui Sts）は女神ティン・ハウ Tin Hau に捧げられたもので、父親が溺死するところを救ったルム家の子供が女神に祭られた。多くの中国人が船旅のときに彼女の幻影を見たという。寺院は普段は一般公開されていないが、外側から建物を楽しむことはできる。

出雲大社
Izumo Taisha Shrine

出雲大社（☎538-7778　🏠215 N Kukui St　🕐9:00～17:00）は1923年に日系移民が建設した小さな木造の神社で、道教寺院と川をはさんで対岸にある。第2次世界大戦中、神社はホノルル市に没収され、1962年にやっと信者の手に戻された。

ちなみに、祭壇近くに置かれている100ポンド（約45kg）の米は健康を象徴している。また、神社の入口で鈴を鳴らすと、参拝者が清められると考えられている。

フォスター植物園
Foster Botanical Garden

フォスター植物園（☎522-7066　🏠180 N Vineyard Blvd　💰大人＄5、子供＄1　🕐9:00～16:00）は、チャイナタウン北端にあるオアフ島の主要な植物園だ。

ドイツ人植物学者ウィリアム・ヒルブランドがカラマ王妃から5エーカー（約2ヘクタール）の土地を購入して植えた植物が、現在、敷地中央にそびえ立っている。トーマス・フォスター船長は1867年にこの屋敷を購入し、敷地内に木を植え続けた。1930年代、庭園はホノルル市に寄贈された。

現在では熱帯植物が集められた14エーカー（約5.7ヘクタール）の見事な庭園は、椰子、プルメリア、毒性植物など、植物の種類ごとに配置されている。ナツメグやオールスパイス、

ホノルル－アラモアナ・大学エリア

シナモンが木に成っているところを見たければ、**エコノミック・ガーデン economic garden**を歩いてみよう。このコーナーにはゴールドツリーを50フィート（約15m）も這い上がる黒胡椒の蔦や、バニラの蔦、そのほかのハーブやスパイスもある。

ハーブ・ガーデン herb gardenはかつてオアフで最初の日本語学校があった場所だ。多くの日系移民は子弟をここに通わせ、日本語の読み書きを習わせ、文化的同一性を保ち、帰国の夢を捨てなかった。パール・ハーバー爆撃中、大砲の流れ弾が子供たちですし詰めの教室で爆発した。この事件を追悼する記念碑がある。

公園の反対側にある**野生蘭庭園 wild orchid garden**は至近距離から写真を撮るには格好の場所だ。

フォスター植物園には珍しい植物がたくさんある。たとえば、東アフリカのギガシフォン・マクロシフォンは夜になると白い花を咲かせるが、野生種は絶滅したと考えられている。珍種のため通称はない。

オアフ島の奥ヌウアヌ渓谷でずっと昔に採集されたハワイ原産のロウル椰子も野生種はすでに絶滅している可能性がある。植物園にあるチクルの木、ニュージーランドカウリマツ、エジプトドームヤシはアメリカ最大と言われている。ホウガンの木、ソーセージの木、重さ50ポンド（約23kg）の実（頭上注意！）をつけるオオミヤシなど珍しい植物もある。

植物には説明書きがつけられているうえに、ガイドなしツアー用の無料パンフレットが入口に置かれている。月～金曜の13:00から、ボランティアガイドが１時間の徒歩ツアーを開催している。参加費は入場料に含まれる。

観音寺
Kuan Yin Temple

フォスター植物園入口近くにある観音寺（☎533-6361 🏠170 N Vineyard Blvd 🕐日の出から日没まで）は、緑の瓦屋根を載せた真っ赤な仏教寺院。飾り立てた内部には彫刻が施され、香の甘い香りが立ちこめている。

この寺院は慈悲の女神観音菩薩に捧げられている。祈願所で一番大きいのも観音像だ。信者たちは紙で作った「お金」を燃やし、繁栄と幸運を祈り、祭壇には切花や果物などの供物が置かれている。ピラミッドのように積み上げられている大きな柑橘類の果物はザボンだ。たくさんの実をつけるところから、多産の象徴とみなされている。

多民族にまたがるホノルルの仏教信者はこの寺院で祈る。見学する場合には、邪魔にならないように注意しよう。

ツアー

チャイナタウンの徒歩ツアーを開催している団体は２つある。しかし、チャイナタウンは個人で歩いても十分に楽しいが、集団で引っ張りまわされるのも、いかにも旅行客という気分が味わえることも覚えておこう。一方で、ガイドは史実に基づいた見識を披露し、ツアーに入らなければ足を踏み入れることもなかったような場所に連れて行ってくれることもしばしばある。

次のどちらの場合にも、ツアーの参加費は＄５。予約は不要。当日その場で参加できる。

ハワイ・ヘリテージ・センター
The Hawaii Heritage Center
☎521-2749
金曜日9:30から11:30までチャイナタウンの徒歩ツアーを主催。スミス・ストリートSmith Street1128番地のラムゼー・ギャラリー前歩道に集合。

中国商工会議所
The Chinese Chamber of Commerce
☎533-3181
🏠42 N King St
火曜日9:30から12:00まで、チャイナタウンツアーを主催。参加費＄５。商工会議所集合。

アラモアナ・大学エリア
ALA MOANA & UNIVERSITY AREA

アラモアナとは「海への道」を意味する。アラモアナ大通り（Hwy 92）はニミッツ・ハイウェイと空港、ホノルルダウンタウンやワイキキと結んでいる。アラモアナはワイキキのすぐ西側の地域も指す。ここにはホノルル最大のビーチも含まれる。

インフォメーション

お金　ハワイ銀行 Bank of Hawaiiの支店が大学近く（☎973-4460 🏠1010 University Ave）とアラモアナ・センター北側（☎942-6111 🏠1441 Kapiolani Blvd）にある。

郵便　アラモアナ・センター１階内陸側に郵便局（☎800-275-8777 🏠1450 Ala Moana Blvd 🕐月～金 8:30～17:00、土 8:30～16:15）の分局がある。

eメール・インターネット
マノアのハワイ大学近くにあるカジュアルなサイバーカフェ、**コーヒー・コーブ Coffee Cove**（☎955-2683 🏠2600 S King St 🕐月～金 7:00～23:00、土日 10:00～23:00）では、15分につきわずか＄1.25でインターネットにアクセスできる。

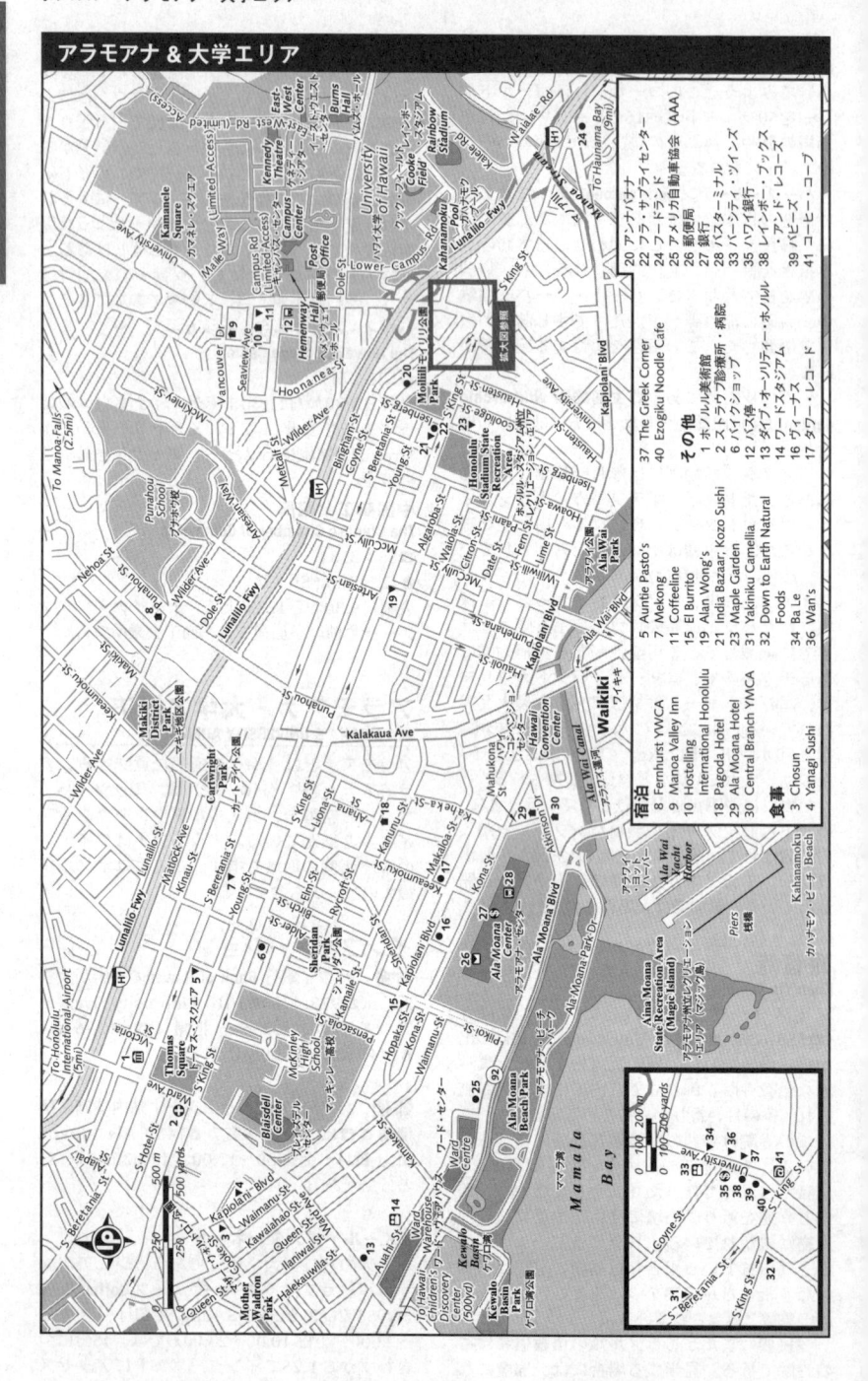

ホノルル－アラモアナ・大学エリア

アラモアナ＆大学エリア

20	アンナバナナ
22	ブラ・ブラブライ・センター
24	フードランド
25	アメリカ自動車協会 (AAA)
26	郵便局
27	銀行
28	バスターミナル
33	バーシティ・ツインズ
35	ハワイ銀行
38	レインボー・ブックス・アンド・レコーズ
39	ハピーズ
41	コーヒー・コーブ

37	The Greek Corner
40	Ezogiku Noodle Cafe

その他
1	ホノルル美術館
2	ストラウブ診療所・病院
6	バイクショップ
12	バス停
13	ダイビーオーソリティ・ホノルル
14	フードスタジアム
16	ヴィーナス
17	タワー・レコード

食事
5	Auntie Pasto's
7	Mekong
11	Coffeeline
15	El Burrito
19	Alan Wong's
21	India Bazaar; Kozo Sushi
23	Maple Garden
31	Yakiniku Camellia
32	Down to Earth Natural Foods
34	Ba Le
36	Wan's
3	Chosun
4	Yanagi Sushi

宿泊
8	Fernhurst YWCA
9	Manoa Valley Inn
10	Hostelling International Honolulu
18	Pagoda Hotel
29	Ala Moana Hotel
30	Central Branch YMCA

オアフ島

118

ホノルル－アラモアナ・大学エリア

書店 大学周辺には役に立つ書店が何軒かある。**UHマノア・キャンパス・ブックストア UH Manoa Campus Bookstore**（☎956-4338 ⌂2465 Campus Rd）はキャンパス・センター内。**レインボー・ブックス・アンド・レコーズ Rainbow Books & Records**（☎955-7994 ⌂1010 University Ave）では新書および古書の両方を取り扱っている。

アラモアナ・センター
Ala Moana Center

アラモアナ・センターは約200の店舗を擁するハワイ最大のショッピングセンターだ。オアフ島以外に住むハワイの住人がホノルルに買い物に来るときには、アラモアナを目指して来る。モールで1日過ごそうとする旅行客も、大抵ここにやってくる。アラモアナ・センターはホノルルのメインバスターミナルでもある。数万人の乗客が毎日乗り換えに利用しているので、行くつもりはなくても、結局行くはめになることが多い。

アラモアナにはシアーズSears、メーシーズMacy's、ニーマン・マーカスNieman Mercusなどのような一般的なモールのアンカーストア（メインになる大型店）だけでなく、専門店も多く収容されている。オアフ島民に人気なのが**クラック・シード・センター Crack Seed Center**だ。ここでは、マンゴーピクルス、ショウガの砂糖漬け、干しイカ、バンザイミックス（あられ、ナッツ、乾燥した魚）などをガラス瓶から好きなだけ自分で取り出すことができる。

そのほか、**航空会社事務所**、**銀行**、**市庁舎分室**（バス時刻表が手に入る）、**スーパーマーケット**、さまざまなエスニック・ファーストフード売店のある**フードコート**もある。

ワイキキから車でアラモアナ・センターへ行くには、アラモアナ大通りを西へ向かう。ワイキキとアラモアナ・センター間は8、19、20、58番バスが運行している。

アラモアナ・ビーチ
Ala Moana Beach

アラモアナ・センターの向かいにあるアラモアナ・ビーチ・パークはワイキキよりはるかに喧騒の少ない最高のシティパークだ。アラモアナ・ビーチ・パークには1マイル（約1.6km）近くの金色の砂浜が広がっている。海岸との間には木陰のある広々とした芝生地帯があるため、アラモアナ大通りの車の騒音は聞こえない。

ホノルルの住民は仕事が終わったあとのジョギングに、バレーボールに、週末のピクニックにとアラモアナ・ビーチへやって来る。公園にはビーチ施設が完備しているだけでなく、ソフトボール場、テニスコート、無料駐車場もある。人が多く集まるにもかかわらず、十分な広さがあるので、決して混雑しているとは感じない。

アラモアナは遊泳に適し、遠泳する人たちにもぴったりだ。しかし、ビーチの全長に広がっている深い水路に気づかないと、泳ぎの下手な人は干潮時におぼれる恐れがある。以前はボート用の水路だった所が、何の前触れもなく背が届かない深さになっていたりする。距離を測りたい場合には、ワイキキ側のライフガード監視台から3、4番目のライフガード監視台の途中にある水中の白い柱までが500メートル。

公園の東側から突き出している43エーカー（約17ヘクタール）の半島が、俗にマジック・アイランドMagic Islandとして知られている**アイナ・モアナ州立レクリエーション・エリア Aina Moana State Recreation Area**だ。学校がある時期は、高校のアウトリガーチームが夕方になるとよく練習している。マジック・アイランド周辺は散歩にはぴったりなところ。隣接したアラワイ・ヨット・ハーバーAla Wai Yacht Harborをヨットが出入りし、夕方の景色が美しい。夏には格好のサーフィンスポットになる。

ワイキキからバスに乗れば、8番、20番バスがアラモアナ大通りを挟んでビーチパークの正面に停まる。

ハワイ・チルドレン・ディスカバリー・センター
Hawaii Children's Discovery Center

ハワイ・チルドレン・ディスカバリー・センター（☎524-5437 ⌂111 Ohe St 🚹大人＄8、子供2～17歳＄6.75、子供2歳未満無料 🕐火～金 9:00～13:00、土・日 10:00～15:00）は雨の日に子供を連れて行くのにぴったりの場所だ。

体験型の子供向け博物館は海沿いの焼却炉跡地にあるが、ビルの中央から空に向かってそびえ立つ煙突以外には、さえない過去を思い出させるものは一切残っていない。周辺地区をレクリエーション用途に復活させつつある野心的な再開発計画の中心となる3万7000平方フィート(約3437m²)の博物館は、新しく建造された30エーカー（12ヘクタール）の水辺の公園に隣接している。年齢の高い子供たちの興味を引く展示品もあるが、展示内容は主に12歳以下の子供向け。

博物館は3階分を使用して5つのセクションに分けられている。入口近くの**ザ・トイ・ボックス The Toy Box**（おもちゃの箱）では人形劇ビデオを見せ、子供たちにセンターを紹介している。ファンタスティック・ユーFantastic Youでは人体を探検し、子供たちが胃などの模

型を歩いて回ることができる。従来の方法による展示は、**ユア・タウン Your Town**（あなたの町）コーナーにある。ここでは子供たちはバーチャル消防車を運転し、銀行員やテレビインタビュアーを演じることもできる。残りの2つのコーナー、**ハワイアン・レインボー Hawaiian Rainbows**（ハワイの虹）と**レインボー・ワールド Rainbow World**（虹の世界）では、特にハワイの生活を取り上げ、子供たちが船を操縦し、イルカと泳ぎ、ハワイ社会を構成しているさまざまな民族の伝統的民族衣装を着ることができる。

ワイキキからは8番または20番バス。アラモアナ大通りAla Moana Blvd沿いの最寄りのバス停から博物館まで徒歩5分。

ハワイ大学(UH)マノア校
University of Hawaii at Manoa
☎956-8111
⌂cnr University Ave & Dole St

ハワイ全州にまたがって分校を持つハワイ大学の中央キャンパス。ホノルルダウンタウンの東、ワイキキの北2マイル（約3km）にある。

ハワイ大学は天文学、地球物理学、海洋科学、ハワイ・太平洋地域研究に秀で、キャンパスには太平洋全域の島から学生が集まっている。学生数は約1万7000人。90にのぼる研究分野で学位を取得することができる。

無料の学生新聞カ・レオ・オ・ハワイ**Ka Leo O Hawaii**は講演会、演奏会やそのほかのキャンパスで開催されるイベントを掲載している。大学図書館もしくはキャンパス周辺で手に入る。

キャンパス・ツアー バスで行く場合には、ワイキキから4番バス。6番バスはハワイ大学とアラモアナ間で運行。

キャンパス・センター内**インフォメーション・センター Information Center**（☎956-7235）のスタッフからキャンパス地図をもらおう。ここでは大学に関する質問に何でも答えてくれる。大学の歴史や建築物に焦点を当てた1時間の無料**徒歩ツアー**は月・水・金曜日の14:00にキャンパス・センターを出発する。ツアーに参加するには、ツアー開始10分前に集合すること。

イースト-ウエスト・センター East-West Center

ハワイ大学キャンパスの東側にあるイースト-ウエスト・センター（☎944-7124 ⌂1777 East-West Rd）は連邦政府が資金を出して、1960年に米国議会がアジア、太平洋、米国の人々の相互理解を深めるために設立された教育機関。約2000人の研究者や大学院生がセンターで働き、開発政策や環境、そのほかの太平洋地域関連問題を研究している。

イースト-ウエスト・センター内にある**バーンズ・ホール Burns Hall**（☎944-7111 ⌂cnr Dole St & East-West Rd 無料 ◯月～金 8:00～17:00、日 12:00～16:00）では、アジアのアートや文化に関する期限付の展示が開催されている。センターではそのほかにも、コンサートやセミナーなど一般向けの多文化プログラムを催していることがある。

ホノルルアウトドア

アッパー・マノア渓谷
Upper Manoa Valley

大学の内陸側にあるアッパー・マノア渓谷はホノルル北の丘陵地帯にある森林保護区まで続いている。渓谷に入るには、高級住宅街を抜けていくと、マノア滝、ライアン樹木園へと続くトレイルの起点に着く。**マノア滝トレイル Manoa Falls Trail**は、街からほんのわずかな距離にあることを考えると、本当に美しいコースだ。岩だらけの小川の上を0.75マイル（約1.2km）進むと、滝の所でトレイルが終わり、約30分のコースになっている。

湿った緑の草、苔に覆われた石、木の幹に囲まれていると、街から遠く離れた鬱蒼とした熱帯雨林を歩いているような気分になる。聞こえてくるのは鳥の鳴き声と、小川のせせらぎ、滝を落ちる水の音だ。柔らかなスポンジのような赤っぽい樹皮の背の高いロブスターユーカリ、咲き誇るオレンジ色のムラサキクシラン、古い家屋の木製扉のような音を立ててきしる背の高いさまざまな木々。多くはかつてこの土地を賃借していたライアン植物園が植えたものだった。野生のムラサキランやレッドジンジャーが滝の近くに成育し、辺りの静謐さがひとしお強く感じられる。滝の傾斜は急で、水は約100フィート（約30m）ほぼ垂直に小さな浅い淵に落下していく。淵は泳げるほどの深さはないうえ、時折石が落ちてくるので、いずれにしても遊泳はすすめられない。

トレイルは通常少しばかりぬかるんでいるが、雨が降ったばかりでなければ、それほどひどくはない。突き出している木の根っこに足を引っ掛けないように注意しよう。急ぎのときは特に、足首をくじく可能性がある。固い粘土層は急斜面では滑りやすいのでゆっくりと散歩を楽しもう。

マノア滝から約75フィート（約23m）手前、金網フェンスの左側から目立たないトレイルが始まる。アイフアラマ・トレイル**Aihualama Trail**は少し登っていくだけでマノア渓谷を見

わたすことができるので、わずか15分横道にそれるだけなら十分に行く価値がある。

約5分歩くと、巨大なバンヤンノキの古木がある竹林に入る。風が吹くと、竹は不気味にカタカタという音を立てる。そのときの気分次第でうっとりすることもあれば、ぞっとすることもある。人を引きつける林だ。

マノア滝トレイルに戻るもよし、さらに1マイル（約1.6km）先のパウオア・フラットPauoa Flatsを目指すのもいい。パウオア・フラットからはタンタラスのプウ・オヒア・トレイルPuu Ohia Trailへと続く。

ライアン樹木園 Lyon Arboretum

マノア滝トレイルを歩いた後に、道沿いの植物の名前を知りたければ**ライアン樹木園**（☎988-0465 ♠3860 Manoa Rd ■入場料＄2.50 ◎月〜土 9:00〜15:00）へ行こう。

樹木園の名前の由来となっているハロルド・ライアン博士はハワイに1万の外国産の植物を紹介した功績がある。その約半分は、ハワイ大学マノア校が援助しているこの193エーカー（約78ヘクタール）の樹木園にある。きちんと造園された熱帯植物庭園ではないが、樹木が大半を占め、同種の植物を半自然状態に集めた完成された樹木園だ。

ハワイの伝承民族植物園には、マウンテンアップル、パンの木、タロイモ、初期のポリネシア人定住者が持ち込んだサトウキビであるコー、チョウチンの油を製造するのに用いられていたククイ（ククイノキ）、古代は医療目的に、西洋人到来後は密造酒を製造するために使用されたセンネンボクなどが植えられている。

多数ある樹木園内の短距離トレイルの中でもおすすめなのが、**インスピレーション・ポイント Inspiration Point**を登っていく20分コースだ。ここからは、渓谷を取り囲む丘陵地帯を見わたせる。道中、心地よさそうな石のベンチやたくさんの鳥の鳴き声など、すばらしい道しるべに出会うだろう。コースは輪を描きながらシダ、アナナス、マグノリアを抜け、仏陀が悟りを開いたときにその頭上を覆っていたという天竺菩提樹の末裔など、大きな木を通り過ぎていく。

レセプション・センターの親切なスタッフから園内地図や樹木園のワークショップ、子供向けプログラムに関するインフォメーションを手に入れることができる。無料の**ガイド付ツアー**（予約☎988-0465）は土曜日13:00と火曜日10:00。

アクセス アラモアナ・センターから5番のマノア渓谷行きバスを終点マノア・ロードとクムオネ・ストリートKumuone Street交差点まで乗る。そこから、マノア・ロードの終点まで10分歩くと、マノア滝トレイルの起点だ。ライアン樹木園はトレイル起点左にある短い車道の終着点にある。

車で行くには、マノア・ロードの終点まで行こう。トレイル出発点にも駐車する場所はあるが、安全とはいえないので、車中に貴重品は残さないようにしよう。樹木園入場者のみが利用できる駐車場がライアン樹木園に隣接している。

タンタラス＆マキキ渓谷
Tantalus & Makiki Valley

ホノルルダウンタウンからわずか2マイル（約3km）の所から、狭いつづら折の道路がタンタラスとマキキ渓谷の青々とした森林保護区を登っている。この道路は2013フィート（約614m）のタンタラス山のほぼ山頂まで続き、その途中の山斜面には高級住宅が点々と潜んでいる。

道路は続いているものの、西側はタンタラス・ドライブ、東側はラウンド・トップ・ドライブRound Top Driveと名称が変わっている。ホノルル最高の景色が臨める8.5マイル（約13.7km）のドライブでは、眼下にすばらしい街の眺めが広がる。

道はうねうねとして狭く急だが、きちんと整備されている。びっしりと生い茂った熱帯植物の中には、竹、ショウガ、葉の大きなタロイモ、かぐわしいユーカリの木がすぐに見つかる。蔦が電柱のてっぺんまで這い上がり、電線を伝っている。

タンタラス・ドライブとラウンド・トップ・ドライブの間と森林保護区全域にハイキングコースがはり巡らされ、どちらの道路からもトレイルへの入口はたくさんある。トレイルはめったに混雑しない。アクセスのよさを考えると、これは驚くべきことだ。おそらくドライブコース自体が非常にいいので、たいていの人は車の見晴らしのいい展望台と車の往復ぐらいしか歩かないのだろう。

森林保護区南のマキキ・ハイツMakiki Heightsはホノルルで最も高級な住宅街の1つであり、現代アートの美術館もある。マキキ・ハイツまではバスが運行しているが、タンタラス・ラウンド・トップ・ループドライブTantalus-Round Top loop drive周辺にバスはない。

プウ・ウラカア州立公園 Puu Ualakaa State Park

プウ・ウラカア州立公園（◎夏 7:00〜19:45、冬 7:00〜18:45）からは信じられないほど美しいホノルルの全景を臨むことができる。公園入口はマキキ・ストリートからラウン

タンタラス&マキキ渓谷

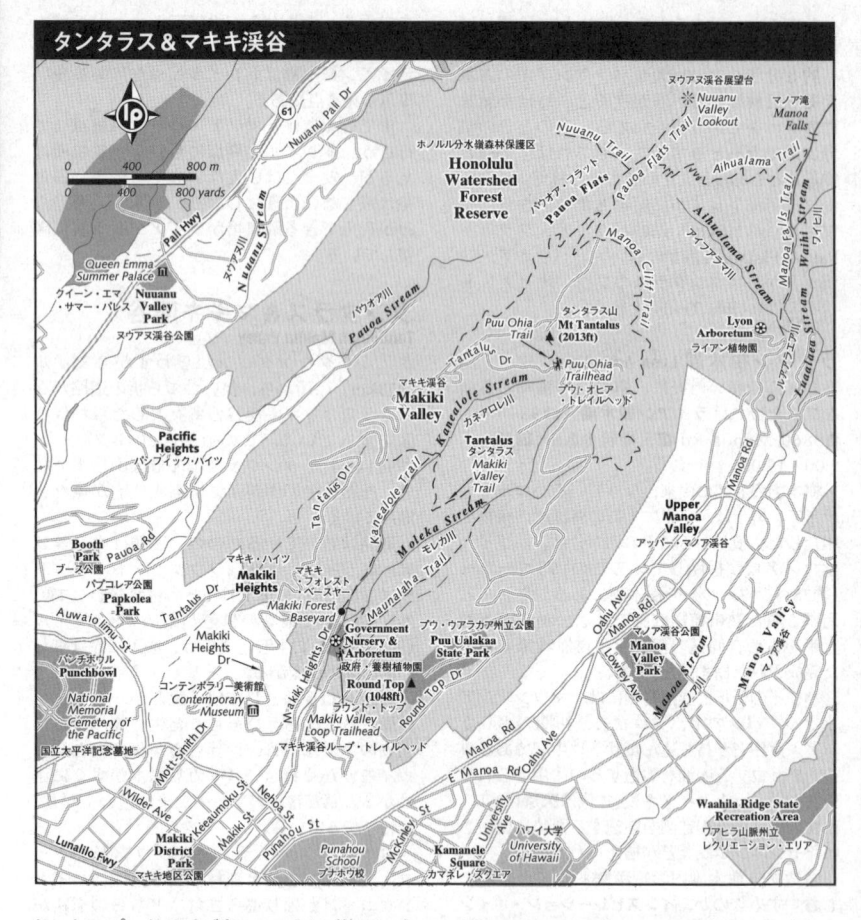

ド・トップ・ドライブを2.5マイル（約4km）登った所にある。展望台まで半マイル（約800m）。道が二またに分かれたら左へ。

展望台からの広々とした見晴らしは、左端はカハラやダイヤモンド・ヘッドから、ワイキキ、ホノルルダウンタウンを過ぎて、右端のワイアナエ山脈まで続いている。南東では、スポーツスタジアムのおかげでハワイ大学マノア校をすぐに識別できる。南西では盛り上がった緑色のパンチボウル・クレーターがはっきりと見える。海岸際には空港が、その向こうにはパール・ハーバーが見える。

写真を撮るのならば、昼間がいい。しかし、街に沈む夕陽を見るにも最高のロケーションだ。日没30分前に来て、闇に覆われる前の小高い山々を観賞しよう。

現代美術館 Contemporary Museum 快適な現代アートの美術館の現代美術館（☎526-0232

↑2411 Makiki Heights Dr 図大人＄5、老人・学生＄3、13歳未満の子供無料 ◎火～土 10:00～16:00、日 12:00～16:00）は、3.5エーカー（約1.4ヘクタール）の庭園を擁する屋敷内にある。

邸宅は1925年にチャールズ・モンターギュ・クック夫人のために建てられたものだ。クック夫人のもう1つの家の跡地には現在ホノルル美術館がある。熱烈な芸術のパトロンであり、有力な新聞社の相続人でもあるクック夫人はどちらの美術館の設立にも重要な役割を果たした。

本館ではアメリカ内外のアーチストによる絵画、彫刻やそのほかの現代芸術作品の企画展を行っている。芝生の上に建てられた新館には、美術館で最も高い評価を受けている作品が展示されている。ラベルの1925年のオペラ「子供と魔法L'Enfant et les Sortilèges」の舞台セットに基づいてデビット・ホックニーが製

作したすばらしい舞台装置や衣装だ。

13:30のガイド付ツアーには入場料込み。ランチと飲み物が取れるカフェがある。美術館はモット・スミス・ドライブMott-Smith Drとマキキ・ハイツ・ドライブの交差点近くにあり、ホノルルダウンタウンから15番バスで行ける。

マキキ渓谷ループ・トレイル Makiki Valley Loop Trail タンタラス・エリアの3つのハイキングコース、マウナラハ・トレイルMaunalaha Trail、カネアロレ・トレイルKanealole Trail、マキキ渓谷トレイルを合わせると、2.5マイル（約4km）の人気のハイキングコースで、マキキ渓谷ループ・トレイルになる。このコースの起点と終点はハワイ最初の州立養樹場と樹木園だ。途中、緑豊かな多様な熱帯林を通る。この養樹場では数万本の木が育てられ、19世紀にマキキ渓谷やハワイのその他の地区で切り倒されていったビャクダンの森に取って代わった。

マウナラハ・トレイル Maunalaha Trailはマキキ・フォレスト・ベースヤード駐車場下の休憩所を起点としている。最初に橋を渡り、タロイモ畑を過ぎて、マキキ渓谷の東尾根を登り、シマナンヨウスギ、竹、かぐわしいオールスパイスやユーカリの木を過ぎて行く。道中、数カ所で美しい景色を眺める。

0.75マイル（約1.2km）行くと、四辻に出る。左に曲がると、**マキキ渓谷トレイル Makiki Valley Trail**に続いている。トレイルは小さな渓谷を通り抜け、ショウガ畑のあるせせらぎを渡る。モレカ川近くで、マウンテンアップル（オールスパイスとグアバの親戚）の林を抜けていく。マウンテンアップルは春に花が咲き、夏に実がなる。食用のイエローグアバとストロベリーグアバもトレイル沿いに生えている。街のすばらしい景色が所どころ眼下に見える。

カネアロレ川を渡ると**カネアロレ・トレイル Kanealole Trail**が始まり、小川沿いに0.75マイル（約1.2km）離れたベースヤードに戻る。トレイルはハトムギの畑を通過していく。背の高いこの草の雌花の苞葉はビーズのような形をして、よくレイに用いられる。カネアロレ・トレイルはぬかるみになることが多いので、滑りにくい靴を履き、杖を持って行こう。

マキキ・フォレスト・ベースヤードMakiki Forest baseyardへ行くには、マキキ・ストリートを左に曲がり、マキキ・ハイツ・ドライブを0.5マイル（約800m）登る。道路が急カーブしている所で、緑のゲートを抜けて真っすぐマキキ・フォレスト・レクリエーション・エリアMakiki Forest Recreation Areaに入り、ベースヤードまで行こう。事務所手前右に駐車場がある。

ダウンタウンとパシフィック・ハイツを結ぶ15番バスでも行くことができる。モット・スミス・ドライブとマキキ・ハイツ・ドライブの交差点で降り、マキキ・ハイツ・ドライブ沿いにベースヤードまで歩こう。バス停からトレイル起点までは1マイル（約1.6km）だ。

もうひとつのコースは、マキキ渓谷トレイルだけを歩く。マキキ・ハイツ・ドライブとの交差点から2マイル（約3.2km）タンタラス・ドライブを行くとこのトレイルに出る。急カーブを曲がったら、トレイル起点を示す木の標識を右手に探そう。このルートは同じ道を引き返すこともできれば、途中でほかのトレイルに合流することもできる。

プウ・オヒア・トレイル Puu Ohia Trail プウ・オヒア・トレイルは、パウオア・フラッツ・トレイルPauoa Flats Trailと合わせると、ヌウアヌ貯水池Nuuanu Reservoirと渓谷を見下ろす展望台へ続いている片道2マイル（約3.2km）の難コースだ。

トレイル起点はマキキ・ハイツ・ドライブの交差点を左折して3.6マイル（約5.8km）行ったタンタラス・ドライブの頂上。トレイル起点の反対側に広い脇道があり、ここに駐車できる。

プウ・オヒア・トレイルは補強された丸太の階段から始まり、ショウガやタケの茂みや分水嶺を保護するために植樹された成長の早い美しいユーカリの林を通過する。約0.5マイル（約800m）登ると、トレイルはタンタラス山頂上2013フィート（約614m）（プウ・オヒア）に到着する。

トレイルはマウント・タンタラスから取り付け道路に続く。この道路の行き止まりまで行くと電話会社の建物がある。トレイルは建物の右側から延びている。

さらにトレイルを歩いて行くと、**マノア・クリフ・トレイル Manoa Cliff Trail**に接続している。左に行くと、すぐにもう1つ四辻があり、ここで右折すると、**パウオア・フラッツ・トレイル Pauoa Flats Trail**に出る。トレイルはパウオア・フラッツを過ぎて、展望台まで続いている。フラッツ付近はぬかるむことがあるので、地表に出ている木の根に足を取られないように注意しよう。

展望台に出るまでにはトレイル起点を2カ所過ぎる。最初に左手に出てくるのが**ヌウアヌ・トレイル Nuuanu Trail**だ。このトレイルはアッパー・パウオア渓谷の西側に沿って0.75マイル（約1.2km）続き、ホノルルやワイアナエ山脈が見わたせる。

2つめの**アイフアラマ・トレイルAihualama Trail**

は少し先の右手にある。竹やぶや巨大なベンガルボダイジュの下を抜け1.25マイル（約2km）行くと、マノア滝に出てくる。このルートを通るなら、マノア滝トレイルをさらに約1マイル（約1.6km）下り、マノア・ロード終点に出れば、街へ行くバスに乗ることができる（「アッパー・マノア渓谷」を参照）。

パンチボウル
Punchbowl

パンチボウルはボウル型をした、長期間活動を休止している活火山のクレーター跡だ。標高500フィート（約153m）にあるこのクレーターはダウンタウン地区から北1マイル（約1.6km）にあり、ホノルルの町やダイヤモンド・ヘッド、その向こうにある太平洋がよく見わたせる。

古代ハワイ人はこのクレーターをプオワイナPuowaina「人間の生け贄の丘」と呼んだ。クレーターのある場所にはヘイアウ（古代の石造の神殿）があり、カプ（タブー）を犯したものの遺骸がパンチボウルに運ばれ、ヘイアウの祭壇の上で火葬されたと考えられている。

現在では、ここには115エーカー（約47ヘクタール）の**国立太平洋記念墓地** National Memorial Cemetery of the Pacific（☎532-3720 ⌂2177 Puowaina Dr ⏎無料 ⏰10〜2月 8:00〜17:30、3〜9月 8:00〜18:30）がある。神をなだめるために生け贄となったハワイ人たちの遺骸は、その多くが第2次世界大戦の戦没者である2万5000人以上の兵士たちとともにクレーターの底に横たわっている。

2度の世界大戦を取材し、第2次世界大戦の最後に伊江島において機関銃掃射により死亡した著名な戦争特派員アーニー・パイルの遺体はD地区109号墓標の下に眠っている。左へ向かって5つ目のD-1は、エリソン・オニヅカ宇宙飛行士の墓標だ。オニヅカはハワイ島出身で、1986年にスペースシャトル『チャレンジャー*Challenger*』の事故で死亡した。彼らの眠っている場所を示す花崗岩板の墓標は、墓地にあるほかの墓標となんら違いはない。

墓地の裏にある巨大な記念碑には太平洋を囲む諸地域を表す大理石でできた中庭が8つある。この中庭には第2次世界大戦と朝鮮戦争で行方不明になった2万6289人の米国人兵士の名前が記されており、新たに追加された2つの小さい中庭には、ベトナム戦争で行方不明となった2489人の兵士の名前が刻まれている。

ホノルル市を見わたすには、記念碑の南にある展望台まで歩いて10分だ。パンチボウルへ車で行くには、H1からパリ・ハイウェイに乗る。パリ・ハイウェイに乗るとパンチボウルと標示された出口があるが、その標識はすぐに出てくるので注意しておこう。出口からは、標識に従って狭い通りを抜けていく。墓地まではすぐだ。

バスならば、ワイキキから2番バスに乗り、ホノルルダウンタウンのベレタニア・ストリート、アラパイ・ストリートAlapai Streetで降り、15番バスに乗り換える。降りる場所については運転手に尋ねよう。バス停からパンチボウルまでは徒歩約15分。

ロイヤル・モザリアム（王家の霊廟州立記念碑）
Royal Mausoleum State Monument

ロイヤル・モザリアム（⌂2261 Nuuanu Ave ⏎無料 ⏰月〜金 8:00〜16:30）にはカメハメハ2世、3世、4世だけでなく、デビッド・カラカウア王やハワイ最後の王、リリオカラニ女王の遺骸がある。しかしカメハメハ大王の遺体がないことに誰もが気づくだろう。彼はハワイの古代宗教にのっとって秘密の場所に埋葬されている最後の王だ。

霊廟だった建物は通常は鍵がかかっているが、現在では礼拝堂として使われており、棺は近くの地下納骨堂に置かれている。カメハメハ1世のイギリス人の親友ジョン・ヤングやバーニス・パウアヒ・ビショップ王妃の夫、アメリカ人のチャールズ・リード・ビショップなど有名人の墓もある。

王家の霊廟はヌウアヌ・アベニューがパリ・ハイウェイにぶつかるすぐ手前にある。ワイキキからヌウアヌ・ダウセットNuuanu Dowsett行き4番のバスに乗っても行ける。

ビショップ博物館
Bishop Museum

ビショップ博物館（☎847-3511 ⌂1525 Bernice St ⏎大人＄15、子供4〜12歳＄12、4歳未満無料 ⏰9:00〜17:00）はポリネシア人類学博物館としては世界最高だが、展示が少しばかり素っ気ない。

メインギャラリーである**ハワイアン・ホール Hawaiian Hall**は展示が3階にまでわたり、ハワイの文化史を取り上げている。1階は西洋人と出会う前のハワイをテーマとし、実物大のピリナット葺きの家、寺院の彫刻、サメの歯がついた戦争用棍棒などが展示されている。

博物館の最も見応えある所蔵品の1つは、かつてカメハメハ大王が身につけた羽根で作った上着だ。絶滅したマモ鳥の黄色い羽だけで作られている。マモとは上尾羽だけが黄色い、真っ黒な鳥だ。この上着を作るためだけに約8万羽のマモを捕獲して、羽を抜き、また放した。1羽の鳥で採れる羽根がどれほどわずかかを知るには、リリウオカラミ女王展示の左にある、近

くのマモの剥製を見てみよう。
　2階は19世紀ハワイが感化を受けたさまざまな事物を取り上げている。ここでは、伝統的なタパ布で作った衣服、宣教師の影響を受けたキルト作品やアメリカ人商人が島へもたらした物々交換品、小型の鯨も展示されている。

　最上階は現在のハワイを構成しているさまざまな民族に関する展示品がある。ハワイの社会を表しているかのように、武士の甲冑、ポルトガルの祭り用衣装、道教の占い棒、ヤシの実で作ったハワイアン・ウクレレなど、すべての民族のものが少しずつ揃っている。圧巻は、天井から吊り下げられた55フィート（約17m）の鯨の骨標本だ。

　本館と分かれた小ギャラリー**カヒリ・ルームKahili Room**では、ハワイ王族の肖像画のほか戴冠式や王族の葬式で使用された鳥の羽根のついた杖、カヒリが展示されている。そのほかの展示品としては、ポリネシア、ミクロネシア、メラネシア文化関連のものがある。

　博物館の現代棟、**キャッスル・ビルCastle Building**では、期間限定の博物学関連展示品が収容されている。中には子供向けの対話型の展示品もある。博物館には、オアフ唯一の**プラネタリウム**があり、上映は11:30、13:30、14:30、15:30。観覧料は博物館の入場料に含まれている。

　ロビー近くにあるギフトショップでは、ほかのどこでも容易には見つからない太平洋地域関連の書籍や、すばらしいハワイの工芸品や土産品が販売されている。軽食売店が16:00まで開いている。

　ワイキキもしくはホノルル・ダウンタウンからビショップ博物館へバスで行くには、スクール・ストリートSchool Street行き2番のバスに乗り、カパラマ・ストリートKapalama Streetで降り、バーニス・ストリートで右折する。車で行く場合には、H1を出口20Bで下り、ホフテイリング・ストリートHoughtailing Streetを内陸方向に進み、左折してバーニス・ストリートへ。

宿泊 - 低料金

アラモアナ・大学周辺
Ala Moana & University Area

ホステリング・インターナショナル・ホノルル
Hosteling International Honolulu
☎946-0591 ℻946-5904
@ayhaloha@lava.net
🏠2323A Seaview Ave
🛏ドミトリーベッド 非会員＄17、会員＄14、客室 非会員＄44、会員＄38

⊙受付 8:00～12:00、16:00～24:00
この地域の中でも閑静な住宅街にある小さいが客足の絶えないユースホステル。2段ベッドのドミトリー（大部屋）は7室あり男女別室で43人まで宿泊できる。そのほか2人部屋が2室ある。ホステリング・インターナショナル（HI）の会員でない場合は最長3泊までしかできない。HIの会員にはその場でもなることができ、費用はアメリカ人＄25、そのほかの旅行客＄18。テレビラウンジ、ゲスト用キッチン、ランドリールーム、ロッカーなどがある。掲示板にはたくさんの案内があり、着いたばかりでも簡単に情報を収集できる。

セントラルYMCA
Central Branch YMCA
☎941-3344 ℻941-8821
🏠401 Atkinson Dr
@centralymca@yahoo.com
🛏S＄30 W＄41、バス付S&W＄53

アラモアナ・センターAla Moana Centerの東側で、ワイキキのすぐそばという好立地にある。客室は全部で114室。バス共同の客室は男性専用で、こぢんまりとしていて学生寮の部屋に似ている。バス付の客室のほうはややランクは上だが同じくこぢんまりとした造りになっている。こちらは男女とも利用できる。宿泊客にはサウナ、プール、ジムを無料で利用できるという特典付。コインランドリー、テレビラウンジ、軽食堂などがある。

ファーンハーストYWCA
Fernhurst YWCA
☎941-2231 ℻949-0266
@fernywca@gte.net
🏠1566 Wilder Ave
🛏ベッド＄15、個室＄30

大学から西へ1マイル（約1.6km）ほど行った所にある女性専用の宿泊施設。旅行客も宿泊可能だが、必要であれば女性に一時的な住居として部屋を提供しているため、宿泊客のほとんどは現地の人たちだ。何週間も満室が続くこともある。60室ある各客室にはシングルベッドと鍵付クローゼットが2つずつ置かれ、バスルームは2部屋で共用。料金は朝食・夕食込み。週末は含まれないが、簡易キッチンがある。支払いは前払いで、宿泊するにはYWCAの会員でなければならない（会費は年＄30）。毛布は＄20で借りることができるが、持参したものを使ってもよい。ランドリールーム、テレビルーム、小さなプールなどがある。

ホノルルダウンタウン地区

ヌウアヌYMCA
Nuuanu YMCA
☎536-3556

🏠1441 Pali Hwy
客室 1日＄30、1週間＄160

パリ・ハイウェイPali Hwyとヴィンヤード大通りVineyard Blvdの交差点にある。ほとんどの客室は長期滞在用だが、1日または1週間単位で借りることができる客室もある。男性のみの利用に限られる。客室は小さく質素で、シングルベッド、机、椅子という必要最小限の家具のみ置かれている。バスルームは共同。宿泊客はテレビラウンジ、ウエイトトレーニングルーム、プールを利用できる。

宿泊 - 中級

アラモアナ＆大学周辺
Ala Moana & University Area

マノア・バレー・イン
Manoa Valley Inn
☎947-6019、📠946-6168
✉manoavalleyinn@aloha.net
🏠2001 Vancouver Dr
客室＄99、バス付客室＄140～190

ハワイ大学マノア校すぐそばの、静かな脇道に面している。昔の面影そのままに修復されたビクトリア朝様式の建物で、国家歴史登録財団National Register of Historic Placesに指定されている。共有スペースと8つの客室にはアンティーク家具が置かれ、全体はコロニアル調の造りになっている。この宿は主要な観光地以外の場所でゆっくりと過ごしたいという人におすすめだ。料金にはコンチネンタルブレックファスト（朝食）が含まれる。

パゴダ・ホテル
Pagoda Hotel
☎941-6611、800-367-6060、📠955-5067
✉hthcorp@worldnet.att.net
🏠1525 Rycroft St
客室＄110、ワンルーム型＄115

アラモアナ・センターの北に位置し、2棟に分かれたホテル。ホテル棟（フロントやロビーがある棟）の客室は静かで、エアコン、テレビ、冷蔵庫などの必要な設備が整っている。併設するアパートメントコンプレックスにも簡易キッチンの付いたワンルーム型の客室がある。ただし、特に夜遅くチェックインする人はホテル棟との距離を不便に感じるだろう。このホテルの特徴は鯉の池があるレストラン。それ以外に特筆すべきことはないが、にぎわうワイキキ地区にひとつ飛びで行けるのが魅力的だ。

空港付近

どうしてもホノルル国際空港付近に宿泊したい場合、交通量の多いハイウェイ沿いの航空路下に3軒のホテルがある。いずれも空港とホテル間の24時間無料送迎シャトルサービスを行っている（所要時間約10分）。

ベスト・ウェスタン・プラザ・ホテル
Best Western Plaza Hotel
☎836-3636、800-528-1234、📠834-7406
✉plazahotel@aloha.net
🏠3253 N Nimitz Hwy
客室＄109

心地よい274室の現代的なホテル。客室にはキングサイズのベッド1台かダブルベッド2台が置かれ、テレビと冷蔵庫を完備している。この点では空港付近のホテルで最も快適だ。唯一の弱点はホテル正面付近の高架道路の騒音。できれば反対側の部屋をリクエストしたい。プール、ラウンジ、レストラン、禁煙ルームあり。手頃なファーストフードの店が集まるニミッツ・マート・センターNimits Mart centerは徒歩圏内だ。

ホノルル・エアポート・ホテル
Honolulu Airport Hotel
☎836-0661、800-800-3477、📠833-1738
✉info@honoluluairporthotel.com
🏠3401 N Nimitz Hwy
客室＄115

ロジャース大通りRodgers Blvdの角にある。4階建てホテルの全308室は少々狭いまいが、以前はホリディ・インだったため、ラウンジ、プール、レストランなどの通常設備が整っている。禁煙ルームあり。正規料金で宿泊すればレンタカーが無料になるルーム・アンド・カー・ディールのような割引プランも通常提供している。

パシフィック・マリーナ・イン
Pacific Marina Inn
☎836-1131、800-548-8040、📠833-0851
✉pacific_marina_inn_2000@yahoo.com
🏠2628 Waiwai Loop
客室＄90

空港から東へ1マイル（約1.6km）離れた工業地域に位置するが、騒音は最も少ない。3階建てのモーテル形式。小さくて簡素な客室にはテレビ、エアコン付。プールもある。1泊＄65の「エアポート・スペシャル」プランが頻繁に提供されているので、空港の荷物受け取り場にある専用電話で問い合わせてみよう。

宿泊 - 高級

アラモアナ
Ala Moana

アラモアナ・ホテル
Ala Moana Hotel
☎955-4811、800-367-6025、📠944-6839

@amh.resv@gte.net
🏠410 Atkinson Dr
客室$155〜225

ワイキキの西、アラモアナ・センターの上手にそびえる。全1169の客室は、チェーンホテルと同様、テレビ、エアコン、小型冷蔵庫、室内金庫を備えている。客室料金は、シティビューの低層階ほど安く、高層階になると高くなる。35階のオーシャンビューの客室は最も料金が高い。このホテルはビジネス客に人気があるが、特に航空会社のクルーの1泊のみの利用が多い。

ホノルルダウンタウン地区

エグゼクティブ・センター・ホテル Executive Centre Hotel（☎539-3000、800-922-7866 FAX523-1088 @res.exc@aston-hotels.com 🏠1088 Bishop St 料金$170〜250）はダウンタウンで唯一のホテルでビジネス客向き。全116室のスイートは、電話3台、ボイスメール、テレビ2台、冷蔵庫、室内金庫などの近代的設備が整い広くて快適です。ホテルが高層ビルの上階に位置しているので、ほとんどの部屋から美しい街の景色を眺めることができる。料金の高い部屋はオーシャンビューで、キッチン設備付。フィットネスセンター、温水ラッププール、秘書サービス付ビジネスセンター、ラップトップコンピュータのレンタルあり。料金にはコンチネンタルブレックファスト（朝食）と朝刊が含まれる。

食事

ホノルルには多民族性を反映したさまざまなレストランが存在する。うまく探せばかなり手頃な店が見つかるだろう。観光地から離れた地元の人々が行く店を見つけるのがコツだ。

アラモアナ・大学周辺
Ala Moana & University Area

ハワイ大学マノア校周辺には言うまでもなく、手頃な値段のエスニックレストラン、コーヒーショップ、健康食品店などの興味深い店が集まっている。以下の店はすべて、S・キング・ストリートS King St、S・ベレタニア・ストリートS Beretania St、ユニバーシティ・アベニューUniversity Aveの3つの道路の交差点から徒歩10分以内にある。

バビーズ
Bubbles
🏠1010 University Ave
月〜木12:00〜24:00、金・土12:00〜翌1:00、日12:00〜23:30
シングルコーン$2.65

ベレタニア・ストリートの角にあるホームメイドアイスの店。パパイヤ・ジンジャーなどのおいしいトロピカルアイスがある。

バ・レ
Ba Le
🏠1019 University Ave
月〜土7:00〜19:30
スナック$1〜5

地元のベトナムベーカリーカフェ。ヌードル、サラダなどのベトナム料理のほか、手頃な値段のフレンチロール、クロワッサン、サンドイッチがおすすめ。

コーヒーライン
Coffeeline
🏠cnr University and Seaview Aves
1品$3〜6
月〜金7:00〜15:45、土8:00〜12:00

おいしいコーヒーとベジタリアン料理が食べられる、学生行きつけのカジュアルな店。「スローフード」が自慢のこの店には、ベジタリアンスープや「ビック・ヒッピー」サンドイッチ、栄養たっぷりのサラダ、ほうれん草のラザニアなど温かい1品料理もある。1日中ブルースやジャズが流れ、オルターナティブ（新価値の追求）関連の雑誌もたくさん置いている。

えぞ菊・ヌードル・カフェ
Ezogiku Noodle Cafe
🏠1010 University Ave
1品$5〜7
11:00〜23:00

ラーメン、カレー、チャーハンなど日本でおなじみの料理が食べられる。特に印象的なものはないがかなり値段が安く、これらに餃子をプラスしたランチセットなどもある。

ダウン・トゥ・アース・ナチュラル・フーズ
Down to Earth Natural Foods
☎947-7678
🏠2525 S King St
7:30〜21:00

ホノルルで自然食品を取り扱っている一番大きなスーパー。買い物に最適で、インドのチャパティから地元の有機食材まで豊富に取り揃えている。ベジタリアン向けのサラダバー付のデリカテッセンもあり、練りゴマ入り豆腐団子、ベジタブルカレーなどの温かい1品料理など1ポンド(約450g)あたり$6で買うことができる。

ワンズ
Wan's
🏠1023 University Ave
1品$6〜10
10:30〜15:30、17:00〜22:00

家族経営の小さなタイ料理レストラン。非常にこぎれいにしてあるすてきなレストランだ。メニューが豊富でベジタリアン料理もたくさんある。ペナンカレー、イエローカレーなど

ホノルル－食事

おいしいカレーがたくさんあるが、辛い物好きには「ワンズ・イービル・タイWan's Evil Thai」と呼ばれる辛くスパイシーなレッドカレーがおすすめ。

インディア・バザール
India Bazaar
🏠2320 S King St
🍴食事＄7
🕐11:00～19:30

ショッピングプラザ内にあり、インド料理を安く味わえる小さなカフェ。ここのプレート料理は野菜または鶏肉のカレーと、スパイスの利いたライスを盛り付けている。サイドメニューとして＄1未満でパパダム、チャパティ、ライタが注文できる。

小僧寿し
Kozo Sushi
🏠2334 S King St
🍴食事＄5～7
🕐月～土 9:00～19:00、日 9:00～18:00

インディア・バザールと同じコンプレックスにあり、安くておいしい寿司を提供する地元のチェーン店。セットメニューと1品料理があり、1番人気は新鮮なツナロール、カリフォルニア巻、カニとアボガドのロールだ。テイクアウトが中心だが、テーブル席も数席ある店内で食事もできる。

メイプル・ガーデン
Maple Garden
☎941-6641
🏠909 Isenberg St
🍴メイン＄6.50～10
🕐11:00～14:00、17:30～22:00

S・キング・ストリートS King Stのすぐ近くに位置し、おいしい四川料理を手頃な価格で食べられる地元の人気レストラン。ベジタリアン、牛肉、豚肉、鶏肉、カモ、シーフード料理が豊富にあり、この店の名物は、辛味の利いたナスのガーリックソース炒め、エビのブラックビーンソース炒め、スモークした四川ダックなど。お昼にはたった＄6でプレートに数品の料理がのったランチが味わえる。

ザ・グリーク・コーナー
The Greek Corner
☎942-5503
🏠1025 University Ave
🍴メイン＄10～12
🕐月～金 11:00～13:30、毎日 17:00～21:30

大学にも近いことから、街のおしゃれな地域にあるほかの店よりも安い値段でおいしいギリシャ料理を食べられる魅力的なレストラン。羊肉のケバブ、ムサカ、ぶどうの葉包みご飯など、人気の定番メイン料理にはギリシャサラダ、ライス、ピタパンが付いてくる。ベジタリアン向けの料理も肉を使った料理と同じくらい豊富だ。

焼肉カメリア
Yakiniku Camellia
☎946-7595
🏠2494 S Beretania St
🍴ランチビュッフェ＄10、ディナービュッフェ＄15.75
🕐ランチ 11:00～15:00、ディナー 15:00～22:00

食べ放題のおいしい韓国ビュッフェの店。食材の質も良く、食欲のある人にはもってこいの店だ。鶏肉、豚肉、牛肉の中から好きな肉を選び、自分のテーブルで焼くのが人気。18種類の漬け物、味噌汁や海藻スープ、サラダ、新鮮な果物がある。キムチを選ぶときは、キムチが赤ければ赤いほど辛いことをお忘れなく。韓国語の新聞も自動販売機で販売されており、すべてが本格的だ。

オールド・スパゲティ・ファクトリー
Old Spaghetti Factory
🏠1050 Ala Moana Blvd
🕐月～金 11:30～14:00、17:00～22:00、土 11:30～22:30、日 16:00～21:30

ワード・ウェアハウスWard Warehouse内にあり、海の見える店としてはほかにない安さが自慢の家族向けチェーン店。ぎっしり埋め尽くされた骨董品、ティファニーのステンドグラス、昔の路面電車まであり手の込んだ飾りつけをしている。ランチにはトマトソーススパゲティ（＄4.10）、アサリスパゲティ（＄5）、ミートボールスパゲティ（＄6）などがあり、すべての料理にパンとちょっとしたサラダが付いてくる。ディナーはランチに比べると1ドルほど高め。料理は普通で値段も妥当だ。周りはおもしろい物で埋め尽くされており、子供連れには楽しい場所である。

メコン
Mekong
🏠1295 S Beretania St
🍴前菜＄4～7、メイン＄7～10
🕐月～金 11:00～14:00、毎日 17:00～21:30

ホノルルで最も古いタイ料理レストランの1つ。小さくて気取らないこの店は、おいしい料理を手頃な値段で食べることができるので定評がある。春巻や麺類は絶品で、カレーは野菜カレーと肉入りカレーとも種類が豊富だ。

エル・ブリトー
El Burrito
🏠550 Piikoi St
🍴1品＄8～10
🕐月～木 11:00～20:00、金・土 11:00～21:00

アラモアナ・センターAla Moana Center近く。メキシコシティーの裏通りにあるような雰囲

気のレストラン。12脚ほどのテーブルがひしめき合うような狭苦しい店構えだが、本格的なメキシコ料理を出している。ここで食事をしている人たちの間では、英語と同じようにスペイン語のおしゃべりも飛交っているだろう。夕食どき（特に週末）には、行列を覚悟して行ってみよう。

アンティ・パストス
Auntie Pasto's
- 1099 S Beretania St
- 前菜＄5〜10、メイン＄8〜12
- 月〜金 11:00〜22:30、土・日 16:00〜23:00

人気のイタリアンレストラン。パスタが自慢で、ナスのパルメザン風に代表されるようなベジタリアン向けパスタが多数揃う。シーフードと肉も十分な品揃えだ。旅行客にはあまり知られていないが、大勢の人々を引きつける人気スポットで、特に週末には席が空くのを待たなくてはならないだろう。

チョースン
Chosun
- 725 Kapiolani Blvd
- 食事＄6〜12
- 11:00〜23:00

人気のある家族経営の韓国料理店。メニューが豊富で価格も手頃だ。この店の自慢はさまざまな方法で調理されたカモ料理。辛いスープのユッケ・ジャンyook gae jangから土鍋でゆっくりと焼いてライスやフルーツ、ナッツなどを詰めたクレイポット・ロースト・ダックclay-pot roast duckまで揃っている。

パゴダ・レストラン
Pagoda Restaurant
- ☎941-6611
- 1525 Rycroft St
- 朝食＄4〜9、ランチビュッフェ＄11、ディナービュッフェ＄19〜21
- 朝食月〜土 6:30〜11:00、ランチ月〜金 11:00〜14:00、ディナー16:30〜21:30

パゴダ・ホテルPagoda Hotel内のレストラン。鯉のいる池と情緒ある庭園を眺めながら食事ができる。朝食のメニューは豊富で、ランチビュッフェは日本食からアメリカ料理まで揃う。洒落たディナービュッフェはプライムリブ、カニ足、刺身、サラダバーにデザートバーまで付いたごちそうである。

パビリオン・カフェ
Pavilion Cafe
- ☎532-8734
- 900 S Beretania St
- 1品＄8〜13
- 火〜土 11:30〜14:00

ホノルル美術館Honolulu Academy of Arts内にある高級カフェ。美しい中庭でミュージアムの噴水を見ながらの食事。このカフェの自慢はグルメ向けのサラダとサンドイッチである。それに加えて、一風変わった日替わりパスタも作っている。安らげる心地よい空間で、芸術家気分に浸ることができる。ミュージアムで特別展がある時には特に予約をすすめる。

柳寿司
Yanagi Sushi
- ☎537-1525
- 762 Kapiolani Blvd
- 寿司単品＄2〜5、食事＄10〜20
- 毎日 11:00〜14:00、月〜土 17:30〜翌2:00、日 17:30〜22:00

ホノルルで遅くまで食事が楽しめる人気店の1つ。ここの寿司は一流だが、それだけではなく、本格的な日本料理が各種揃っている。22:30以降の特別料理「レート・バードlate birds」（＄8）は尋ねてみる価値あり。

ワード・センター Ward Centre
ワード・センター（1200 Ala Moana Blvd）ではショッピングと食事が楽しめる複合施設。一流の食事スポットが幾つかある。

カカアコ・キッチン
Kaka'ako Kitchen
- 食事＄6〜9
- 月〜土 7:00〜22:00、日 7:00〜17:00

ワード・センターの北西角に位置する。低価格ですばらしい料理を提供している。高級レストランで知られる3660オン・ザ・ライズ3660 On the Riseの姉妹店で、カカアコはそこと同じ新鮮な食材を使い、同じように独創的な才能を発揮しているが価格は安い。だが、ここでは食事はプレート・ランチスタイルになっており、発泡スチロールのプレートに玄米と有機サラダを添えて出している。地元人気の醤油チキンをはじめ、ほかのものからも選ぶことができ、軽く炒めたマヒマヒ（これはおすすめ！）や生姜酒に漬けたアヒ（キハダマグロのツナ）ステーキといった通な一品も注文できる。テラス席で食べてもいいし、テイクアウトして通りを渡ったアラモアナ・ビーチでのピクニックもおすすめだ。

コンパドレス
Compadres
- ☎591-8307
- 前菜＄5〜8、1品＄10〜20
- 月〜木 11:00〜23:00、金・土 11:00〜24:00、日 11:00〜22:00

ワード・センターの上階。いつもにぎわっているメキシコ料理店。大勢の人たちを引きつけ、地元の人気店投票で数々の賞を得ている。定番のエンチラーダやファヒータ、タコはもちろん、それだけではなく、スパイシーなピ

ホノルル － 食事

ーナッツを使ったタイ風ケサディーヤのような変わった無国籍料理も出している。

ブリュー・ムーン
Brew Moon
- ☎593-0088
- スナック＄6～9、ランチ＄12、ディナー＄18
- 11:00～翌1:00

今はやりの活気あふれた場所。自家製エールビールをつくっており、低カロリーの「ムーンライトMoonlight」ビールから銅色の「ハワイ・ファイブHawaii 5」モルツまで種類も豊富に揃っている。6種類のビールを24オンス（約710ml）サンプラーで試飲（＄6）するという方法も楽しめる。スナックは品揃えが幅広く、イカのフライやピザ、サンドイッチなどがある。ランチやディナーではジャンバラヤ・チキンや魚のソテーなどの食事もとることができる。

キンケイズ・フィッシュ・チョップ・アンド・ステーキハウス
Kincaid's Fish, Chop & Steak House
- ☎591-2005
- 1050 Ala Moana Blvd
- ランチ＄10～15、ディナー＄18～30
- 11:00～22:00

ワード・ウェアハウスWard Warehouse内にある。おいしい食事を楽しめて海が見える、洗練された高級感漂う場所。ダウンタウンのビジネスマンたちに人気のランチスポットで、レストランの自慢は独自のシーフードとステーキだ。スープからデザートまで付いた「アーリーバードearly bird」は17:00から18:00まで注文でき、＄19でメインを幾つか楽しめる。

ホノルルダウンタウン地区
Downtown Honolulu

ダウンタウンの北側に安いレストラン街がある。イオラニ宮殿から軽く歩ける距離だ。大学生がますますこの地域に移り住むようになり、さまざまな種類のレストランが増え続けているので選択肢に事欠かない。

フォート・ストリート・カフェ
Fort Street Cafe
- 1152 Fort St Mall
- 1品＄4～6
- 月～金 7:00～19:00、土 7:00～16:00

安いアジア風プレートランチ（たとえばベトナム風フォースープや麺類）を目当てにここにやって来る学生たちでいつも混雑している。

エル・アンド・エル・ドライブイン
L&L Drive-Inn
- 116 S Hotel St
- 1品＄5
- 月～土 8:00～18:30

地元のチャイニーズファーストフードの店。ランチタイムには、蒸し器から熱々の酢豚、ブロッコリチキン、揚げ麺といった料理を提供し、活気を帯びている。

ジーズ・ポイ・ボウル
Z's Poi Bowl
- 1108 Bishop St
- ランチ＄4～6
- 月～金 6:30～14:00

ちょっぴり狭苦しい店。伝統的なハワイ料理のプレートランチ（テイクアウト）が呼び物だ。一般的なプレートには、カルア・ピッグ（地下のかまどで焼いたブタの伝統料理）、ロミ（生のまま四角く切ってマリネにしたサーモン）、ポイ、ライスなどが盛られている。

レオス・タベルナ
Leo's Taverna
- 1116 Bishop St
- 1品＄4～8
- 月～金 8:00～18:00、土 10:00～15:00

評判のギリシャレストラン。メニューが豊富。ベジタリアンはファラフェル、ギリシャサラダ、ぶどうの葉包みご飯などから選ぶことができる。肉を食べる人には、ケバブ、ムサカ、牛肉または子羊の肉をマリネにしたおいしいジャイロズがある。

カフェ・メトロ
Cafe Metro
- 1130 Fort St Mall
- 食事＄6～12
- 月～土 9:00～18:00

テキサス風メキシコ料理を専門とする居心地のよいカフェ。タコス、エンチラーダ、チリ・リエーノ（チーズを詰めたシシトウ）のような定番料理が食べられる。すべてにライスと豆が添えられ、サラダやシュリンプスキャンピなども付いている。

サンセット・グリル
Sunset Grill
- ☎521-4409
- cnr Ala Moana Blvd & Punchbowl St
- ランチ＄10程度、ディナー＄20程度
- 月～金 11:00～23:00、土 17:00～23:00

レストラン・ロウRestaurant Row内にある。ディナーでは新鮮な魚やパスタ、肉のグリルなどが、ランチでは創作サラダやサンドイッチなどさまざまなメニューが味わえる。おいしい食べ物もさることながら、ここでの自慢は広範囲におよぶワインリストであり、グラスワインの種類も豊富だ。

アロハ・タワー・マーケットプレース Aloha Tower Marketplace
ダウンタウンのすぐ西にあるウォーターフロントの複合施設。時計塔が目

印。ホノルルで最もトレンディなシーサイドレストランが自慢だ。

カポノズ
Kapono's

- スナック＄6〜10
- 11:00〜24:00

マーケットプレースのウォーターフロントの路面にある。ハワイアンが楽しめる注目の場所で、酒やちょっとした食事をとるのにもよい。メニューは、スナック類、サンドイッチ、イカのフライなど。この店では＄2で生ビールが飲めるハッピーアワー（サービス・タイム）が11:00から20:00までと長時間。18:00〜21:00には毎晩ハワイアン・ライブが楽しめる。

ゴードン・ビアーシュ・ブルワリー・レストラン
Gordon Biersch Brewery Restaurant

- ☎599-1405
- 1st floor
- メイン＄10〜23
- 月〜金 10:30〜22:00、土・日 10:30〜23:00

海岸沿いにあり、お酒を飲むのに最適なスポットの1つ。ハワイで最初の最も成功している地ビールメーカーのレストラン。サンフランシスコの自家醸造ビールを出すパブのもとになった。ドイツの数世紀にもわたる純度規定にのっとり製造された新鮮なラガービールが呼び物。食べ物もまたすばらしい。ププ（ローカルスタイルの前菜）、創作サラダ、サンドイッチ、ピザは、＄10未満で食べられる。メインは名物パスタやシーフードグリル。水曜から土曜の晩にはライブ・エンターテインメントが催される。

ビッグ・アイランド・ステーキ・ハウス
Big Island Steak House

- ☎537-4446
- ランチスペシャル＄7〜12、ディナー＄15〜25
- 11:00〜22:00

水辺の眺めが美しい、感じのよいステーキレストラン。分厚いジューシーなステーキ専門店。そのほかに焼魚やベビー・バック・リブ、バーベキューチキンも食べられる。

チャイズ・アイランド・ビストロ
Chai's Island Bistro

- ☎585-0011
- 前菜＄8〜12、ランチ＄12〜20、ディナー＄28〜45
- 月〜金 11:00〜16:00、16:00〜22:00

ワイキキの人気タイ料理レストラン、シンハSinghaの姉妹店。注目はレストラン・アワードを受賞しているパシフィック・リムの郷土料理。パリッとしたカモ肉の春巻、マカデミアナッツをまぶしたプロウン、ブランディ・ソースを絡めたモンゴリアン・ラムなどが有名だ。値段が高めで海辺の景色は見えないが、料理とエンターテインメントはすばらしい。ハワイを代表する大物アーチストたちが毎晩ここで演奏する。

チャイナタウン
Chinatown

地元の人が食事をする典型的な場所なら、**マウナケア・マーケットプレース Maunakea Marketplace**（🏠N Hotel St 7:00〜15:30）のフードコートへ行くとよい。小規模経営の屋台が20ほどあり、中国、タイ、ベトナム、韓国、日本の家庭料理が楽しめる。＄5出せば、中央の通路にぎっしりと並べられた小さな木のテーブルで食べごたえのある食事がとれる。

バ・レ
Ba Le

- 🏠150 N King St
- スナック＄1〜5
- 月〜土 6:00〜17:00、日 6:00〜15:00

素早くお金のかからない軽食をとるのによい店。歯ごたえのよい人参や大根、コリアンダーなどを挟んだピリッとするベジタリアンサンドイッチは、たったの＄2.25。従来の肉の入ったサンドイッチはこれより＄1高い。コーヒー党には、甘くて濃いミルク入りのフレンチ・コーヒーがある。ホットでもアイスでも可。おいしいクロワッサンやエビ春巻き、タピオカプディングもある。

クラン・タイ
Krung Thai

- 🏠1028 Nuuanu Ave
- 食事＄4〜5
- 月〜金 10:30〜14:00

お得なタイ・レストランでチャイナタウンの端にある。ランチのみの営業だが、30分間のビジネス業界の昼休憩に対応するため、食べ物は蒸気で温められたトレイに用意されている。ブロッコリと牛肉の炒め物や鶏肉のカシューナッツ炒め、ナスのにんにく炒めなどたくさんある温かいメインから選択できる。ライス付。裏庭にテーブルがあるので、座って食事も楽しめる。

ト・チャウ
To Chau

- 🏠1007 River St
- 8:00〜14:30

ベトナム料理のレストラン。おいしい牛肉のスープに春雨と薄切りの牛肉が入っているフォーが絶品。生のバジルとホット・チリペッパーの入った小皿が付いてくるので、好みによって加える。スープ1杯（＄4〜5.20）だけでも食事として十分だが、エビ春巻き（＄3）も美味。ライス料理もあるが、みんなこのスープを目当てに来店する。とても人気があるの

ホノルル － 食事

カー・ロン
Cur Long
🏠1001 River St
🍴1品＄4〜7
🕐8:00〜20:00

ト・チャウの列におじ気づいた場合、その代わりに行くとよいレストラン。比較的広く雑然としているが近代的。ここもフォーが専門で美味。このほか、メニューには少しではあるがベトナム風の麺類やライス料理もある。

リー・ホー・フック・レストラン
Lee Ho Fook Restaurant
🏠Chinatown Cultural Plaza
🍴1品＄4-6.50
🕐10:00〜20:00

リバー・ストリート・モールRiver St mallにある。小さな家族経営の店で6テーブルしかないが、この周辺で最も安価な中華料理の店。驚くことに、メニューにはおいしいかた焼きそばから牛肉のオイスターソース炒めやエビのブラックビーンソース炒めまで、100近くの料理が並ぶ。試してみる価値あり。

レジェンド・ベジタリアン・レストラン
Legend Vegetarian Restaurant
🏠Chinatown Cultural Plaza
🍴1品＄7〜12
🕐木〜火 10:30〜14:00、17:30〜21:00

健康指向の中華料理の食事スポット。不適当な名前の料理（ベジタリアン酢豚）が幾つかあるが、想像豊かに豆腐や麩を使って肉や魚介類の風味と食感を再現している。このレストランでは100％野菜しか使用していない。メニューは革新的で数も多い。いつも多くの人で混んでいる。

ザフロン
Zaffron
🏠69 N King St
🍴ランチ＄8、ディナー＄13
🕐月〜土 11:00〜14:00、水〜土17:00〜21:00

チャイナタウンの南西に位置する。手頃な値段のインド家庭料理を求めている人には最適。このこぢんまりとした家族経営のレストランでは、十分な量があるいろいろなランチセットを出している。夕食時にはビュッフェ形式になる。ベジタリアン用のメイン、タンドリ・チキン、肉か魚のカレーから選択できる。各ランチプレートには、ライス、ナンと数多くのサイドディッシュが含まれる。

インディゴ
Indigo
📞521-2900

🏠1121 Nuuanu Ave
🍴前菜＄6〜10、ディナー＄16〜26
🕐火〜金 11:30〜14:00、火〜土 18:00〜21:30

くつろげる屋外の庭があり、最新のおいしいアジア太平洋料理が楽しめる。チャイナタウンとダウンタウンの境目に位置し、ハワイ・シアターHawaii Theatreの裏手にある。観劇者に人気の夕食スポット。ここの得意料理は、アヒロールのてんぷらや山羊のチーズのワンタンなど独創的な点心である。ディナーはマンゴーソースを絡めたリブやサーモンの生姜味噌風味などがおすすめだ。ランチでは、ベジタリアン用のグルメ・ピザ（＄9）や北京ダック、さまざまなスパイシーチキンが人気。

ホノルルのそのほかの場所

ヘイル・ベトナム
Hale Vietnam
🏠1140 12th Ave
🍴メイン＄6〜10
🕐11:00〜22:00

繁華街からはかなり離れたカイムキKaimuki地区に位置するが、地元の人に絶大な人気のあるおいしいベトナム料理の店。値段もお手頃。1皿目には生のバジルやミント、豆腐、ヤムイモを一緒にライス・ペーパーで巻いた生春巻き（＄4.25）がおすすめ。イエローカレーも美味で、ベジタリアン、牛肉、鶏肉のバリエーションがある。このレストランは、ワイキキWaikikiから北東へ3マイル（約4.8km）のワイアラエ・アベニューWaialae Aveを12thアベニューで南に曲がり100ヤード（約92m）進んだ所にある。

3660 オン・ザ・ライズ
3660 On the Rise
📞737-1177
🏠3660 Waialae Ave
🍴前菜＄10、メイン＄19〜26
🕐火〜日 17:30〜21:00

ホノルルの流行に敏感でトレンディなレストラン。ヨーロッパとハワイの料理がブレンドされた「ユーロ・アイランド」料理が楽しめる。前菜ではエスカルゴ、スパイシーなクラブ・ケーキ、スペシャル・サラダなどを味わえる。メイン料理では、ハワイのティ・リーフで包んで蒸したフエダイや、細かくだいたマカデミアナッツをまぶしたラム、ブラック・アンガスのガーリック・ステーキなどが有名。ワイキキから3マイル（約4.8km）北東、12thアベニューと13thアベニューの間のワイアラエ・アベニューWaialae Aveにある。

アラン・ウォンズ
Alan Wong's
📞949-2526

🏠1857 S King St
🍴前菜＄8〜12、メイン＄26〜32
🕐17:00〜22:00

ハワイ最高級レストランの1つ。高価なハワイアン郷土料理を得意とするエネルギッシュなレストラン。シェフのウォン氏はハワイ島のマウナ・ラニ・リゾートMauna Lani Resortの専属シェフとして絶賛を受けたのちに独立を果たした。ここでは新鮮な地元の食材を使ったシェフの創作料理が楽しめる。前菜ではアヒの天ぷら、メインではウォン氏のお墨付きの1品、細かく刻んだしょうがで味付けしたオナガ（バラフエダイ）などの新鮮なシーフード料理が呼び物だ。毎晩5皿を含む「お試しメニュー」（＄65）も用意されている。予約して行くほうがよい。

エンターテインメント

ホノルルのエンターテインメントは、数はそれほど多くないが非常に活発だ。ほとんどが大学とアロハ・タワー・マーケットプレ周辺に集中している。最新のエンターテイメント情報は、街の至る所でたやすく手に入るホノルル・ウィークリー*Honolulu Weekly*でチェックできる。

演劇とコンサート

ホノルルには交響楽団、オペラ会社、バレエ団、室内楽団、数多くの地方劇団がある。

ハワイ劇場
Hawaii Theatre
☎528-0506
🏠1130 Bethel St

美しく修復された歴史的建造物で、チャイナタウン端に位置する。ここはダンス、音楽、演劇の主要会場でパパやホオケナといった現代のトップハワイアンミュージシャンの演奏からモダンダンス、フィルムフェスティバルまで幅広く鑑賞できる。

ブレイズデル・センター
Blaisdell Center
☎591-2211
🏠777 Ward Ave

コンサート、ブロードウェイのショー、ファミリーイベントが開催されている。ホノルル・シンフォニー、アイス・カペイド、アメリカバレエ劇団、時にはスティングなどの有名ミュージシャンによるパフォーマンスを楽しめる。

ホノルル美術館内にある**アカデミー・シアターAcademy Theatre**（☎532-8768 🏠900 S Beretania St）と、ハワイ大学マノア校に隣接している**イースト-ウエスト・センター East-West Center**（☎944-7111）では、多文化的な演劇やコンサートが鑑賞できる。

映画

ホノルルには最新上映の映画が見られる映画館が幾つかある。**ワードスタジアム16 Ward Stadium 16**（☎594-7000 🏠1020 Auahi St）はスクリーンが16あるオアフ島最大の映画館。**レストラン・ロー・ナイン・シネマ Restaurant Row 9 Cinemas**（☎526-4171 🏠500 Ala Moana Blvd）はダウンタウンのレストラン・ロー・コンプレックスRestaurant Row complexにある映画館で、スクリーンが9つある。

バーシティ・ツインズ
Varsity Twins
☎973-5833
🏠1006 University Ave

ハワイ大学マノア校近くにある映画館。普段は2つのスクリーンで外国映画、美術映画などを上映している。

アカデミー・シアター
Academy Theatre
☎532-8768
🏠900 S Beretannia St

ホノルル美術館内にあるこの映画館では、アメリカの自主映画、外国映画、短編ものの前衛映画が上映されている。

音楽・ダンス

アンナバナナ
Anna Bannanas
☎946-5190
🏠2440 S Beretania St

大学からそれほど遠くない活気のあるダンスクラブ。木〜日曜の21:00〜翌2:00にはブルース、スカ、レゲエのバンドが登場する。

カポノ
Kapono's
☎536-2161
🏠Aloha Tower Marketplace

火〜土曜の21:00〜翌2:00にはジャズ、ロックのライブミュージックのほか、クラブの名前の由来となったハワイのトップクラスの看板ミュージシャンであるヘンリー・カポノのライブも見ることができる。

ゴードン・ビアーシュ・ブルワリー・レストラン
Gordon Birsch Brewery Restaurant
☎599-4877
🏠Aloha Tower Marketplace

人気のあるウォーターフロントの地ビールレストラン。火〜土曜の21:00〜24:00にはR＆B、コンテンポラリーハワイアン、ソフトロックのライブを楽しめる。

ルーモアズ
Rumours
☎955-4811
🏠410 Atkinson Dr

ワイキキ − オリエンテーション

アラモアナ・ホテル内にあり、木～土曜の21:00～翌4:00にはレコードに合わせてダンスが楽しめる。木曜はラテン、金曜はトップ40、土曜はヒップホップとR&Bが流れる。

ヴィーナス
Venus
☎951-8671
🏠1349 Kapiolani Blvd
アラモアナ・センター北に位置する人気のゲイバー。ダンス、DJ、メイル・レビュー（男性のストリップ・ショー）あり。

無料のエンターテインメント

8月を除いた毎週金曜日の12:00～13:00まで、イオラニ宮殿芝生広場の野外ステージでは**ロイヤル・ハワイアン・バンド** Royal Hawaiian Bandの演奏を聞くことができる。

アラモアナ・センター Ala Moana Centerのセンターステージでは、フラダンス、ゴスペルグループ、バレエ団、地元バンドなどのフリーパフォーマンスが行われている。ほとんど毎日イベントがあるので、アラモアナ・センターの無料ショッピング・マガジンでスケジュールをチェックしよう。

メイヤーズ・オフィス・オブ・カルチャー・アンド・アーツ Mayor's Office of Culture & Arts（☎527-5666）は、無料のパフォーマンスや美術展、音楽イベントなどさまざまなイベントを後援している。このオフィスは、ストリート・ミュージシャンの公園での演奏からホノルル周辺のさまざまな地域でのバンドコンサートまで、幅広い活動をサポートしているので、最新イベントを電話で問い合わせてみよう。

ワイキキ
Waikiki

ワイキキがこれほど人気の観光地になったのにはもちろん理由がある。ワイキキには海岸に近いというすばらしいロケーション、1年を通じて温暖な気候、人を飽きさせないたくさんのアクティビティがあるからだ。

かつてはハワイ唯一の観光地だったワイキキには、全州の半数近くのホテルがあり、魅力的な白い砂浜のビーチ沿いに建てられた高層ホテル群が驚くほど密集している。

ワイキキはいつも日本や北米からのツアー客で混雑している。長さ1.5マイル（約2.4km）、幅0.5マイル（約0.8km）ほどのエリアに日々住民2万5000人と旅行客6万5000人が集中している。ワイキキには450のレストランと350のクラブやバー、そして数え切れないほどの店がひしめいている。ホテルやコンドミニアムの部屋数は計3万4000にもおよぶ。

昼間はワイキキ・ビーチが中心の人々の活動の場も、夜はストリート沿いへと移る。ウィンドーショッピングを楽しむ人々やタイムシェア物件の客引き、ストリートパフォーマーが思い思いに活動し、通り沿いのクラブやホテルのラウンジからは、甘美なハワイアンミュージックやロックなど、さまざまな音楽が流れてくる。

ワイキキ・ビーチで見る夕焼けは実に美しい。ワイキキのシンボル、ダイヤモンド・ヘッドを背景に、夕日はヨットの間に沈んでゆく。ダイヤモンド・ヘッドはランドマークとして方位を表す標識として利用されている。地元の人々は「東へ行く」と言う代わりに「ダイヤモンド・ヘッドへ向かう」という表現をする。

オリエンテーション

ワイキキは2辺をアラワイ運河Ala Wai Canalに、1辺を海に、もう1辺をカピオラニ・パークKapiolani Parkに囲まれている。

3本の並行する道路がワイキキで交差している。ビーチ沿いの道路、カラカウア・アベニューKalakaua Aveはデビッド・カラカウア王にちなんで名づけられたもので、バス通り、クヒオ・アベニューKuhio Aveは、ジョナ・クヒオ・カラニアナオレ王子の名に由来するもの。アラワイ大通りAla Wai Blvdは、アラワイ運河沿いを走っている。

カラカウア・アベニューは複数車線の一方通行の道路で、路線バスの走行は禁止されている。そのため流れはかなりスムーズ。車はかなりのスピードで走っているため、歩行者は注意が必要だ。

混雑する歩道を避けて、ビーチを歩くのも選択肢の1つ。砂浜や防潮壁沿いに進めば、ワイキキの端から端までを歩くことができる。暑くて混雑がひどい日中を避ければ、かなり快適な散歩が楽しめる。夜のビーチを歩くのもかなりロマンチック。暗闇に建物の輪郭が浮かび上がり、波の音が聞こえる。

インフォメーション
観光案内所 Tourist Offices

ハワイ観光局が運営する**ビジター・インフォメーション・オフィス** visitor information office（☎924-0266 🏠2250 Kalakaua Ave, Suite 502 📅月～金8:00～16:30、土・日 8:00～12:00）のオフィスはワイキキ・ショッピング・プラザ内にある。

「ディス・ウィーク・オアフThis Week

高層ビルに姿を変えた水田

19世紀初頭、ワイキキの大部分は湿地帯だった。養魚池は50エーカー（約20ヘクタール）以上を占め、タロイモ畑や水田が広がっていた。高地であるマノアやマキキの渓谷から豊富な水が流れ込み、ワイキキはオアフで最も肥沃な農地の1つだった。

観光がスタートしたのは1901年、ワイキキ・ビーチ初の本格的ホテルとして、モアナ・ホテルがオープンした年だ。路面電車が敷設されワイキキとホノルルの中心街を結び、市民たちがビーチに押し寄せた。その直後、湿地だったワイキキでは厄介な蚊が大量発生する問題が起き、海水浴客はワイキキの「湿地の」衛生管理に関する嘆願書を提出した。

1922年、ワイキキを流れる川の流れを変えるため、アラワイ運河が掘削された。農夫たちが排水のためにアラワイ運河を使用するようになり、古いワイキキの街並みは消え去った。珊瑚の破片で池が埋め立てられ、ハワイで最も高価な土地が誕生することになる。観光客が水牛たちに取って代わったのは、それからすぐのことだった。

1950年までに、ワイキキのホテルの部屋数は1400室にまで拡大した。この頃はまだ、サーファーたちは車でビーチに乗り入れ、砂浜に車を停めることもできた。観光ブームが本格化したのはその後で、1968年にはワイキキにあるホテルの部屋数は1万3000室を数え、1988年にはその数は2倍以上に増加した。

使える土地がなくなり、ブームは終了した。ビルの高層化という、必死の試みが始まる中で、混雑するカラカウア・アベニュー沿いの商業化を免れた小さな土地に建つ聖オーガスティン・カトリック教会も以前、もう少しで東京の不動産開発業者に4500万ドルで売却される所だった。しかし、地元住民による反対運動が起こり、バチカンに契約無効を求める嘆願書が出されるなど、大騒動が繰り広げられ、教会はそのままの形を留めることになった。この場所に教会以外の建物が建つなど考えられないことだった。

Oahu」、「スポットライツ・オアフ・ゴールド Spotlight's Oahu Gold」、「ベスト・オブ・オアフ Best of Oahu」など、観光用の無料の雑誌がワイキキの各交差点やホテルのロビーなどで配られている。

お金 ワイキキには**ハワイ銀行 Bank of Hawaii**（☎543-6900 ☎2220 Kalakaua Ave ◉月～木 8:30～16:00、金 8:30～18:00）と、有名なアーチスト、ジャン・シャローが描いたハワイ風の壁画が飾られている**ファースト・ハワイアン銀行 First Hawaiian Bank**（☎943-4670 ☎2181 Kalakaua Ave ◉月～木8:30～16:00、金8:30～18:00）がある。

ATMはこれらの銀行に加えてワイキキ市内や近郊の銀行以外の場所にも設置されている。

郵便 ワイキキ郵便局（☎973-7515 ☎330 Saratoga Rd ◉月・火・木・金 8:00～16:30、水 8:00～18:00、土 9:00～13:00）はワイキキの中心部に位置する。

eメール＆インターネット フィッシュボウル・インターネット・カフェ **Fishbowl Internet Cafe**（☎922-7565 ☎2463 Kuhio Ave ◉8:00～翌1:00）と**eカフェ e-c@fe**（☎926-3299 ☎445 Seaside Ave ◉9:00～翌1:00）では10分につき$1でインターネットにアクセスできる。

書店 以下の店 **ウォルデンブックス Waldenbooks**（☎922-4154 ☎Waikiki Shopping Plaza, 2270 Kalakaua Ave）、**ベストセラーズ Bestsellers**（☎953-2378 ☎Hilton Hawaiian Village hotel, 2005 Kalia Rd）ではハワイ関連の本、ガイドブック、ペーパーバック小説などが購入できる。

図書館 ワイキキ-カパフル公共図書館 **Waikiki-Kapahulu Public Library**（☎733-8488 ☎400 Kapahulu Ave ◉月～土 10:00～17:00）は小規模な図書館だが、アメリカ本土とホノルルの新聞が置いてある。

ランドリー ワイキキにある宿泊施設の多くは、敷地内にランドリー施設がある。もしなければ、6:30～22:00まで使用可能な**ワイキキ・ランドロマッツ Waikiki Laundromats**（☎926-2573・オハナ・ワイキキ・ホブロンOhana Waikiki Hobron; ☎343 Hobron Lane ● オハナ・コーラル・シーOhana Coral Seas; ☎250 Lewers St ● アウトリガー・ワイキキOutrigger Waikiki; ☎2335 Kalakaua Ave）の公共コインランドリーへ。

駐車 ワイキキで安い駐車場を探すのは至難の業だ。多くのホテルは宿泊客に1日あたり$10～15で駐車場を提供している。

ワイキキの郊外には無料の駐車場がある。ワイキキの西端にあるアラワイ・ヨット・ハーバーAla Wai Yacht Harborには、公共の広い駐車場があり、24時間以内なら無料で利用できる。

ワイキキの東端、カピオラニ・パークKapiolani Parkのモンサラット・アベニューMonsarrat Ave沿いにも広い駐車場がある。駐車料金は無料で、時間制限もない。

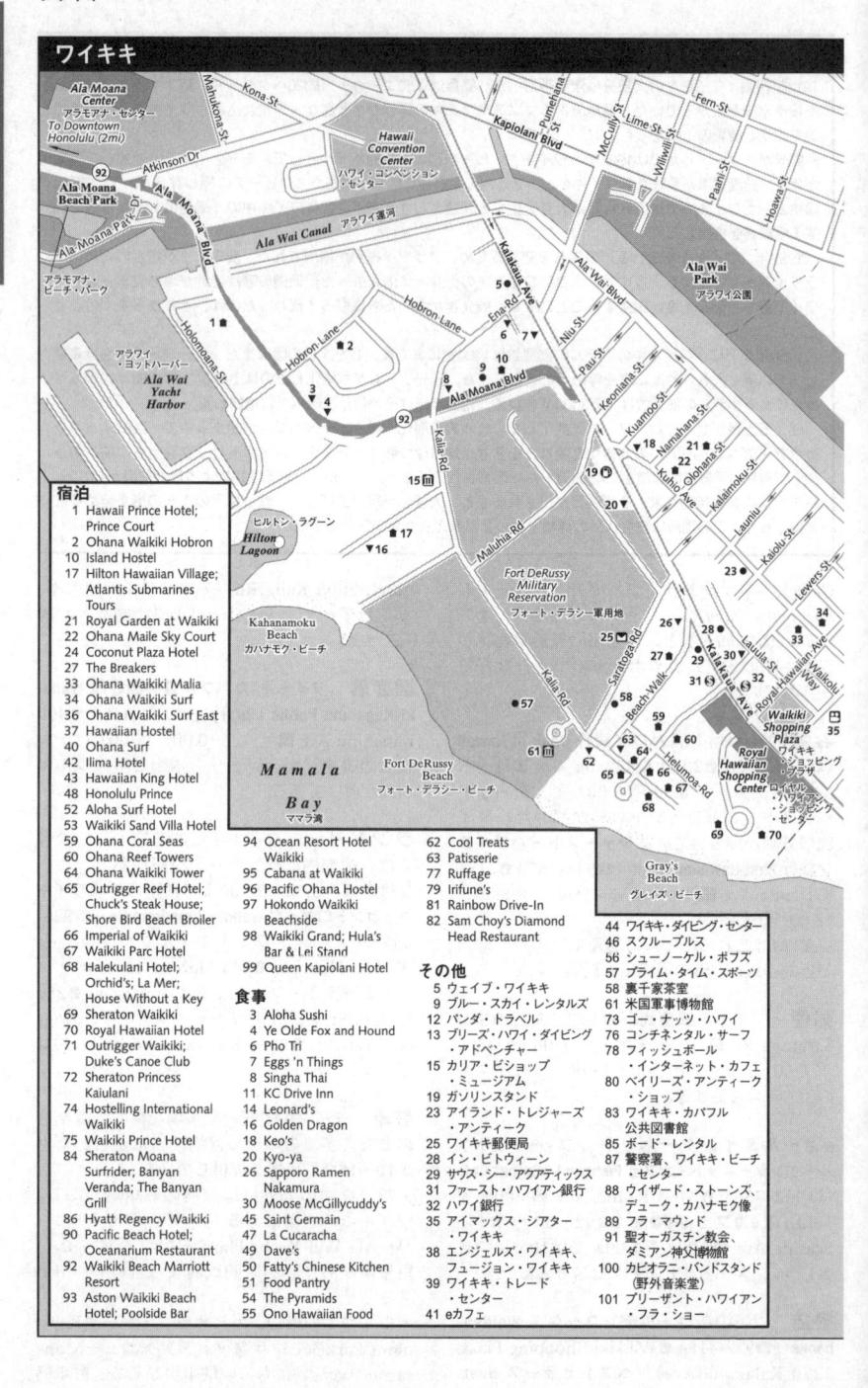

ワイキキ

宿泊
1　Hawaii Prince Hotel; Prince Court
2　Ohana Waikiki Hobron
10　Island Hostel
17　Hilton Hawaiian Village; Atlantis Submarines Tours
21　Royal Garden at Waikiki
22　Ohana Maile Sky Court
24　Coconut Plaza Hotel
27　The Breakers
33　Ohana Waikiki Malia
34　Ohana Waikiki Surf
36　Ohana Waikiki Surf East
37　Hawaiian Hostel
40　Ohana Surf
42　Ilima Hotel
43　Hawaiian King Hotel
48　Honolulu Prince
52　Aloha Surf Hotel
53　Waikiki Sand Villa Hotel
58　Ohana Coral Seas
60　Ohana Reef Towers
64　Ohana Waikiki Tower
65　Outrigger Reef Hotel; Chuck's Steak House; Shore Bird Beach Broiler
66　Imperial of Waikiki
67　Waikiki Parc Hotel
68　Halekulani Hotel; Orchid's; La Mer; House Without a Key
69　Sheraton Waikiki
70　Royal Hawaiian Hotel
71　Outrigger Waikiki; Duke's Canoe Club
72　Sheraton Princess Kaiulani
74　Hostelling International Waikiki
75　Waikiki Prince Hotel
84　Sheraton Moana Surfrider; Banyan Veranda; The Banyan Grill
86　Hyatt Regency Waikiki
90　Pacific Beach Hotel; Oceanarium Restaurant
92　Waikiki Beach Marriott Resort
93　Aston Waikiki Beach Hotel; Poolside Bar
94　Ocean Resort Hotel Waikiki
95　Cabana at Waikiki
96　Pacific Ohana Hostel
97　Hokondo Waikiki Beachside
98　Waikiki Grand; Hula's Bar & Lei Stand
99　Queen Kapiolani Hotel

食事
3　Aloha Sushi
4　Ye Olde Fox and Hound
6　Pho Tri
7　Eggs 'n Things
8　Singha Thai
11　KC Drive Inn
14　Leonard's
16　Golden Dragon
18　Keo's
20　Kyo-ya
26　Sapporo Ramen Nakamura
44　Moose McGillycuddy's
45　Saint Germain
47　La Cucaracha
49　Dave's
50　Fatty's Chinese Kitchen
51　Food Pantry
54　The Pyramids
55　Ono Hawaiian Food
62　Cool Treats
63　Patisserie
77　Ruffage
79　Irifune's
81　Rainbow Drive-In
82　Sam Choy's Diamond Head Restaurant

その他
5　ウェイブ・ワイキキ
9　ブルー・スカイ・レンタルズ
12　パンダ・トラベル
13　ブリーズ・ハワイ・ダイビング・アドベンチャー
15　カリア・ビショップ・ミュージアム
19　ガソリンスタンド
23　アイランド・トレジャーズ・アンティーク
25　ワイキキ郵便局
28　イン・ビトウィーン
29　サウス・シー・アクアティックス
31　ファースト・ハワイアン銀行
32　ハワイ銀行
35　アイマックス・シアター・ワイキキ
38　エンジェルズ・ワイキキ、フュージョン・ワイキキ
39　ワイキキ・トレード・センター
41　eカフェ
44　ワイキキ・ダイビング・センター
46　スクルーブルス
56　シュノーケル・ボブズ
57　プライム・タイム・スポーツ
58　裏千家茶室
61　米国軍事博物館
73　ゴー・ナッツ・ハワイ
76　コンチネンタル・サーフ
78　フィッシュボール・インターネット・カフェ
80　ベイリーズ・アンティーク・ショップ
83　ワイキキ・カパフル公共図書館
85　ボード・レンタル
87　警察署、ワイキキ・ビーチ・センター
88　ウイザード・ストーンズ、デューク・カハナモク像
89　フラ・マウンド
91　聖オーガスチン教会、ダミアン神父博物館
100　カピオラニ・バンドスタンド（野外音楽堂）
101　プリーザント・ハワイアン・フラ・ショー

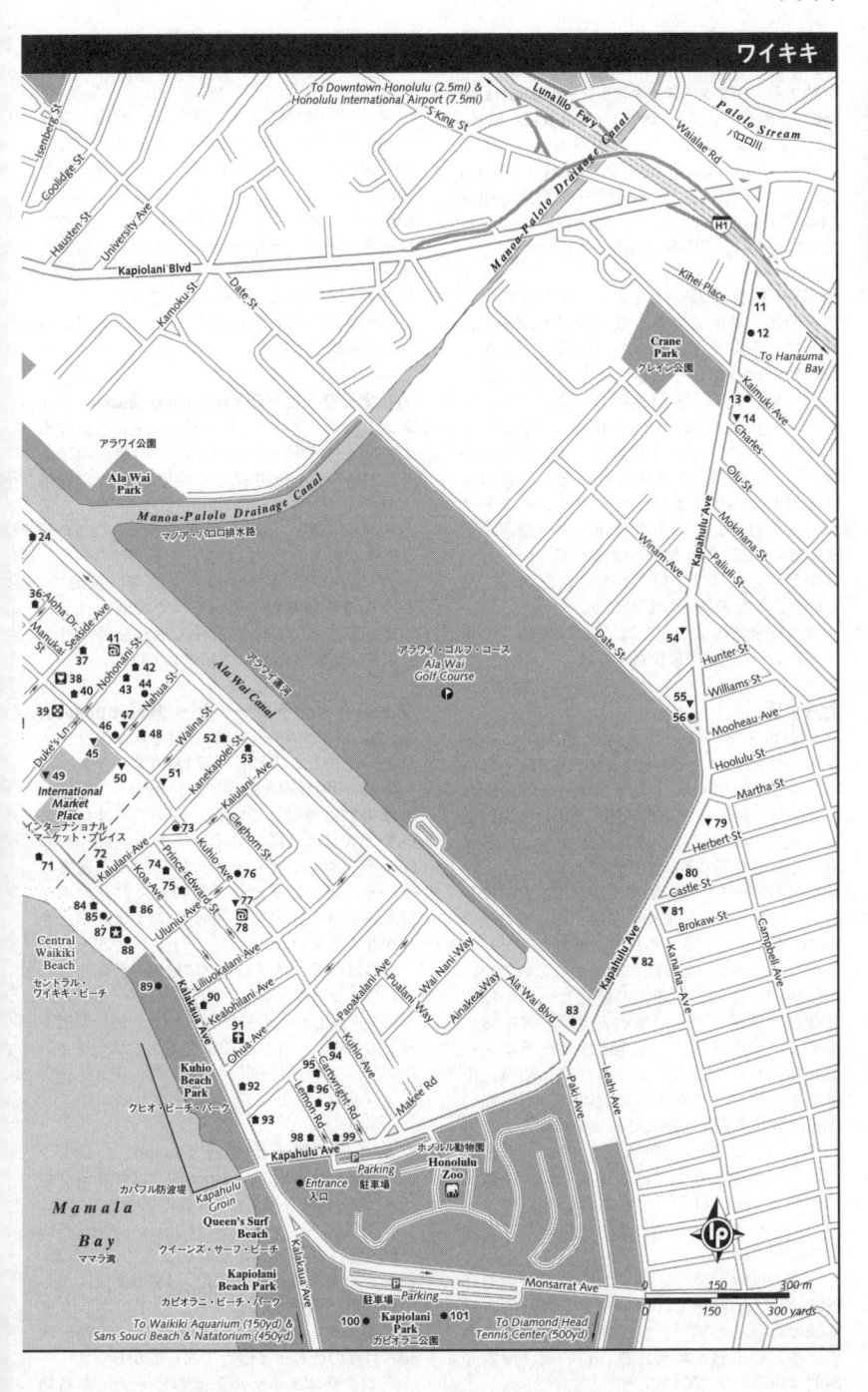

ワイキキ

オアフ島

ワイキキ

To Downtown Honolulu (2.5mi) & Honolulu International Airport (7.5mi)
Lunalilo Fwy
Palolo Stream
パロロ川
S King St
Waialae Rd
Isenberg St
Coolidge St
Hausten St
University Ave
Kapiolani Blvd
Kamoku St
Date St
Manoa-Palolo Drainage Canal
H1
Kihei Place
11
12
Crane Park
クレイン公園
To Hanauma Bay
Kaimuki Ave
13
14
Charles
アラワイ公園
Ala Wai Park
Manoa-Palolo Drainage Canal
マノア・パロロ排水路
Olu St
Mokihana St
Kapahulu Ave
Paliuli St
Winam Ave
Date St
24
36 Aloha Dr
Seaside Ave
Manukai St
41
Nohonani St
37
42
アラワイ・ゴルフ・コース
Ala Wai Golf Course
38 40 43 44
Nahua St
39
46 47
Duke's Ln
45
48
Hunter St
54
Walina St
52
Williams St
49
50 51
Kanekapolei St
53
55
International Market Place
インターナショナル・マーケット・プレイス
Kaiulani Ave
Ala Wai Canal
アラワイ運河
Mooheau Ave
Hoolulu St
56
73
Cleghorn St
Martha St
71
72
74 Prince Edward St
Kuhio Ave
76
79
84 85
Koa Ave
75
77
Castle St
86
Uluniu Ave
78
80
87
Liliuokalani Ave
Papaokalani Way
Pualani Way
Amakea Way
Ala Wai Blvd
81
88
Kealohilani Ave
Kuhio Ave
Wai Nani Way
Brokaw St
89
Kapahulu Ave
Kanaina Ave
Campbell Ave
Central Waikiki Beach
セントラル・ワイキキ・ビーチ
90
82
91
Kalakaua Ave
Ohua Ave
83
Kuhio Beach Park
クヒオ・ビーチ・パーク
92
95 94
Leahi Ave
Paki Ave
93
96
Kanaina Ave
97
Lemon Rd
98 99
Kapahulu Ave
Parking
駐車場
Entrance
入口
Honolulu Zoo
ホノルル動物園
カパフル防波堤
Kapahulu Groin
Makee Rd
Queen's Surf Beach
クイーンズ・サーフ・ビーチ
Mamala Bay
ママラ湾
Kapiolani Beach Park
カピオラニ・ビーチ・パーク
Kalakaua Ave
Parking
Monsarrat Ave
0 150 300 m
0 150 300 yards
To Waikiki Aquarium (150yd) & Sans Souci Beach & Natatorium (450yd)
100 Kapiolani Park 101
カピオラニ公園
To Diamond Head Tennis Center (500yd)

ワイキキービーチ

医療機関・緊急のとき 緊急時には、警察、消防、救急車の**ホットライン**（☎911）に電話する。**ドクターズ・オン・コール Doctors on Call**（医療サービス）（☎971-6000 ⌂120 Kaiulani Ave）は、シェラトン・プリンセス・カイウラニ・ホテルSheraton Princess Kaiulani Hotel内にあるレントゲン設備や診察室が整う24時間対応のクリニック。健康保険に加入していない場合、初診料は最低＄110かかる。

治安・トラブル タイムシェア物件の強引な客引き・詐欺に対する取り締まりが強化され、ワイキキではこれらの犯罪はほとんど見かけなくなった。しかし、完全になくなったわけではなく、客引きの内容は「アクティビティ・センターactivity center」に形態が変化した。「レンタカー1日＄5」の看板を見かけたら、それは詐欺の可能性がある。客引きは、無料のハワイ風ディナーやサンセットクルーズなど、いろいろな誘いの声を投げかけてくる。「気に入らなければ帰っていい」というのが決めゼリフ。何ごとも「自己責任」だということを頭に入れておこう。

海の安全情報については、「基本情報」の章「治安・トラブル」を参照のこと。

ビーチ

ワイキキ・ビーチと言えば、通常、ヒルトン・ハワイアン・ビレッジHilton Hawaiian Villageからカピオラニ・パークKapiolani Parkまで続く、長さ2マイル（約3.2km）の白い砂浜を指す。エリアは、さらに細かく分けられて、それぞれ別の名前や特徴がある。

早朝のビーチでは、散歩やジョギングを楽しむ人の姿が見られ、驚くほど静かだ。日の出の頃に、ダイヤモンド・ヘッドに向かってビーチを歩くのは神秘的な体験になるかもしれない。

午前の半ばまでに通常の観光ビーチの様相となり、ブギーボードやサーフボードを貸し出す小さな店が開く。双胴船がビーチに入ってきて、＄15でクルージングが楽しめる。正午までにはビーチはさらに混雑し、海岸沿いを歩けば必ず誰かを踏んでしまうほどだ。

ワイキキに広がる美しい白い砂は、もともとここにあったものではない。ビーチに敷かれた何トンもの砂のほとんどは、モロカイ島のパポハク・ビーチから長い年月をかけて運ばれてきた。

沿岸の開発が進み、地主たちは所有地を守るために、防潮壁や沖合いの塀を無計画に建て続けた。その結果、ワイキキでは自然の力による砂の堆積が阻害され、長い間、浸食が深刻な問題になっている。

ビーチではいまだに外部から運ばれた砂で補充されているが、波に洗われ海へと流れ、海底や窪地を埋めて、打ち寄せる波を変化させる。

ワイキキはほぼ年間を通じて、遊泳、ブギーボード、サーフィン、セーリングといったマリンスポーツが楽しめる。5～9月には夏の波が押し寄せるため、水泳にはちょっと波が荒いが、サーフィンには最高のシーズンだ。ワイキキ・ビーチはシュノーケリングには不向き。シュノーケリングを楽しみたいなら、サンズ・ソウシSans Souciに行こう。

ビーチのあちこちにはライフガードがいるし、シャワーもある。

カハナモク・ビーチ Kahanamoku Beach ヒルトン・ハワイアン・ビレッジの正面に位置するカハナモク・ビーチはワイキキの最西端にある。サーファーと水泳の名手で1912年に開催されたオリンピックの100mフリースタイルで金メダルに輝き、後にハワイの名士となったデューク・カハナモクにちなんで名づけられた。

カハナモク・ビーチは、一方を防波堤で、もう一方を桟橋で守られて、その間にはサンゴ礁が広がっている。遊泳に適した静かなエリアで、砂底は緩やかに傾斜している。

フォート・デラシー・ビーチ Fort DeRussy Beach ワイキキ・ビーチで最も人が少ないエリアの1つ。このビーチは1800フィート（約549m）の境界線を挟んで、フォート・デラシー軍用地に隣接している。ハワイのほかのビーチと同じように公共のビーチだ。連邦政府がライフガードやシャワー施設などを運営している。豊かに広がる芝生の上にヤシの木が影を落とすおかげで、焼けるような砂の上を歩かなくてすむ。

波は静かで、スイミングに最適。波が良ければ、ウインドサーフィンやブギーボード、サーフィンを楽しむ人たちが見られる。毎日開店する2カ所のビーチ小屋ではウインドサーフィン用具や、ブギーボード、カヤック、シュノーケリングセットなどをレンタルしている。

グレイズ・ビーチ Gray's Beach ハレクラニ・ホテルHalekulani Hotelのそばにあるグレイズ・ビーチは、1920年代にこの場所にあった、グレイズ・バイ・ザ・シーGray's-by-the-Seaという小さなホテルにちなんで名づけられた。このビーチの延長線上には、1930年代に美しい低層邸宅をホテルにした、もとのハレクラニがあった。現在のように背の高い建物に改装されたのはもっと最近になってからだ。

ハレクラニ・ホテル正面のビーチにある防潮壁は、水際にあまりにも近いためホテル前

の砂浜は完全に海に沈んでいることが多い。
　ハレクラニ・ホテルとロイヤル・ハワイアン・ホテルの間のビーチはシーズンごとに幅（広さ）が変化する。ハレクラニの前のビーチは静かで浅い。

セントラル・ワイキキ・ビーチ Central Waikiki Beach　ロイヤル・ハワイアン・ホテルとワイキキ・ビーチ・センターの間は、この区間で最も混雑したビーチだ。日光浴に寝そべるのにちょうどいい砂浜が広がっている。
　緩やかに傾斜する遠浅のビーチは遊泳向きだが、たくさんのカタマランボート（双胴船）、サーファー、水遊びする人たちで海は混雑している。目をしっかり開けて気をつけよう。
　ワイキキで最も有名なサーフィンポイント、クィーンズ・サーフ Queen's Surfとカヌーズ・サーフ Canoe's Surfはこの沖合いにある。

ワイキキ・ビーチ・センター Waikiki Beach Center　ハイアット・リージェンシー・ワイキキの向かい側にはワイキキ・ビーチ・センターがあり、トイレ、シャワー、警察署、サーフボード用ロッカー、レンタルショップなどが揃っている。
　警察署の隣、ダイヤモンド・ヘッド側に横たわる4つの石、**ウイザード・ストーンズ・オブ・カパエマフ Wizard Stones of Kapaemahu**（カパエマフの魔法使いの石）は、不思議な癒しのパワーを操る4人の魔法使いの力が込められているとされている。伝説によると、はるか昔カパエマフ、キノヒ、カプニ、カハロアという4人の魔法使いがタヒチからハワイを訪れ、自分たちの霊力をこれら4つの石に残し、タヒチへ戻ったという。
　これらの石の東側に、ハワイで最も活躍したスポーツ選手、サーフボードを抱えた青銅の**デューク・カハナモク像 Statue of Duke Kahanamoku**（1890〜1968）がある。ワイキキに住んだデューク・カハナモクはオーストラリアのシドニーからニューヨークのロックアウェイ・ビーチまで、世界各地でサーフィンの技を披露して、サーフィンを広めたことから「近代サーフィンの父」と呼ばれる。地元のサーファーたちは「海を愛したデュークが、なぜ海を背にして立っているのか」と反発し、この像の向きをめぐって論争が繰り広げられた。その結果、市当局は像をできるだけ道路の近くへ、つまり海から遠くへと移したのだった。

クヒオ・ビーチ・パーク Kuhio Beach Park　公園の東端はカパフル防砂堤 Kapahulu Groinに接している。壁で囲まれた排水溝の流れに沿って遊歩道が海へと突き出ている。

　カパフル防砂堤から低い防波堤がビーチと並行に1300フィート（約396m）続く。この防波堤は砂による浸食を防ぐために造られた。その過程で、ここにはほぼ囲われた状態の2つの遊泳場ができあがった。地元の子供たちは「ザ・ウォール」と呼ばれる防波堤の上を軽々と歩いているが、滑りやすく波も荒いため、初心者には危険。
　カパフル防砂堤に近いほうの遊泳場は、水泳に最適。防波堤付近の水深は5フィート（約1.5m）またはそれ以上。循環が悪いため海水は汚れており、日焼けオイルが海水面に膜を作るのがわかるほどだ。「深い穴に注意 Watch Out Deep Holes」と書かれたサインがあるのは、水が渦を巻いて砂底に穴ができることがあるからだ。泳げない人は思いがけない深みに急に足を取られることがあるので深い場所では注意したほうがいい。
　クヒオ・ビーチ・パークは、このビーチに屋敷を構えたクヒオ王子にちなんで名づけられた。彼の邸宅はビーチを拡大するために、1936年、彼の死から14年後に取り壊された。午後になると遊歩道の小屋に集まり、チェスやクリベッジ（トランプ遊びの一種）をする地元の人たちや、防砂堤の近くでブギーボードを楽しむ子供たちの姿が見られる。観光客の影響があるにせよ、ビーチのこの一帯は、やや地元色が強い。
　市当局は最近、何百万ドルもかけてクヒオ・ビーチ・パークの前にあるカラカウア・アベニューの車線の1つを移動させて、ビーチを広げ、芝生を植え、噴水や庭園、フラダンス用ステージを造った。ぶらぶらと散歩するには最適の場所だ。

カパフル防砂堤 Kapahulu Groin　ワイキキでいま最も熱いブギーボードのメッカ。波が高いときには、何十人という人々がブギーボードを楽しむ姿が見られる。そのほとんどが十代の若者だ。
　ブギーボードを操る子供たちは壁に向かって波に乗り、最後の瞬間にくるりと向きを変え、それを見ている観光客たちからは「おお、すごい！」といった感嘆の声があがっている。カパフル防砂堤は夕日の美しい場所としても知られる。

カピオラニ・ビーチ・パーク Kapiolani Beach Park　カパフル防砂堤からワイキキ水族館を過ぎてナタトリアムまで延びているのが、カピオラニ・ビーチ・パークだ。
　クィーンズ・サーフ Queen's Surfはカピオラニ・ビーチ中央の広いエリアを指す。小屋の前のエリアは、ゲイの間では有名なビーチ。

水泳に適した砂底だが、クィーンズ・サーフとカパフル防砂堤の間は浅く、壊れたサンゴがたくさん落ちているので足を傷つけないよう要注意。

カピオラニ・ビーチ・パークはリラックスできる場所だ。ワイキキのホテル群正面のビーチのように観光客であふれるようなことはない。週末には地元の家族連れがピクニックに訪れ、大人たちがバーベキューの準備をしている間、子供たちは海辺で遊んでいる。

クィーンズ・サーフの小屋にはトイレやシャワーがある。沖合いのサーフィンスポットは「パブリックスPublic's」と呼ばれ、冬には絶好の波が押し寄せる。

ナタトリアム Natatorium ナタトリアムはカピオラニ・ビーチ・パークの端、ダイヤモンド・ヘッド側に位置する長さ100mの海水プール。第1次世界大戦後、戦死した兵士たちを追悼するために建てられた。かつて、オアフにオリンピックを招致しようという動きがあった時にはこのプールが中心的役割を果たした。最終的にはオリンピックがここで開かれることはなかったが、この海水プールでトレーニングを積んだジョニー・ワイズミュラーとデューク・カハナモクの2選手が金メダルを獲得した。

ナタトリアムは米国歴史遺産登録財National Register of Historic Placesに指定されている。市当局は最近1100万ドルという大金をかけて外観の修復を行ったが、プールを通常状態で使えるような補修を怠った。もう資金が尽きてしまったため、プールが再び使用される日が訪れるかどうか疑わしい。

サン・ソウチ・ビーチ Sans Souci Beach ニュー・オータニ・カイマナ・ビーチ・ホテル近くのサン・ソウチ・ビーチでは、観光客でにぎわう喧騒とは一線を画した小さな砂浜が続く。そんな静かな所だが、屋外シャワーやライフガードの詰め所などがきちんと整っている。

地元の人の多くがこのビーチでの水泳を日課にしている。浅いサンゴ礁が海岸近くに広がり、波が穏やかな保護水域のためシュノーケリングに適している。サンゴ礁を横切るカプア水路沿いではより多くのサンゴが観察できる。ここで泳ぐ時は、水路に引き込まれないように潮の流れに注意しよう。ひと泳ぎする前にライフガードに海の状態を尋ねてみるといい。

歴史に残るホテル

ワイキキには歴史にその名を残すホテルが2つある。ロイヤル・ハワイアン・ホテルとモアナ・ホテル（現シェラトン・モアナ・サーフライダー）だ。歴史の面影を残す、ぜひ訪れてみたいホテルはアメリカの史跡に登録されている。いずれもカラカウア・アベニュー沿いにあり、徒歩で行ける。

ピンク色のムーア式建築物、**ロイヤル・ハワイアン・ホテル Royal Hawaiian Hotel**に足を踏み入れると、かつてルドルフ・バレンティノが絶大な人気を誇り、ハワイ旅行には豪華客船が使われていた、ロマンチックな時代の思い出にひたることができる。建物内部の高い天井とシャンデリア、ローズ色で統一されたインテリアなどあらゆるものが優美な雰囲気を醸し出している。

修復された**シェラトン・モアナ・サーフライダー Sheraton Moana Surfrider**は古いプランテーション・インの雰囲気を今に伝えている。ロビーから2階に続く階段にはホテル初期の記録が展示されている。ラジオ番組「ハワイ・コールズHawaii Calls」の台本やホテルの歴史を物語る写真が飾られているほか、短いビデオが上映されている。月・水・金曜の11:00からと17:00から、1時間のモアナの歴史ツアーが開催される。参加する場合はロビーに集合すればよく、事前の予約は必要ない。

フォート・デラシー軍用地
Fort DeRussy Military Reservation

フォート・デラシーは米軍の保養施設として使用されている。ハワイが米国に併合されてから数年後に米軍がワイキキの多くの土地を手に入れる以前は、この辺りはジメジメとした湿原で、ハワイの王族のカモ猟の場になっていた。所有地に建つハレ・コア・ホテルHale Koa Hotelは軍関係者向け宿泊施設だが、そばにはフォート・デラシー・ビーチに抜ける公道と軍事博物館がある。軍用地内のカリア・ロードとカラカウア・アベニューを結ぶ歩道も公道である。

ハワイ米国軍事博物館（ハワイ） US Army Museum of Hawaii 1911年、沿岸の砲台としてフォート・デラシーに建てられた鉄筋コンクリート造りのランドロフ砲台跡地に造られた陸軍博物館（☎955-9552 無料 火～日10:00～16:15）。かつては砲台には、11マイル（約18km）の射程距離を有する直径14インチ（約36cm）の大砲が2台あった。大砲は毎発砲後、弾薬の再装填のためコンクリート壁内に後退し、55トンの鉛の平衡おもりが砲架を元の位置に押し戻す仕組みになっていたため、発砲時には、周囲にあるものが揺れるほどの威力だったという。

砲台には現在、古代ハワイ人が使っていたサメの歯のこん棒や、第2次世界大戦で使われた戦車など、さまざまな武器のコレクションが陳

列されている。ハワイの軍事面での歴史を物語るジオラマや縮尺模型、写真なども並んでいる。カメハメハ大王や第2次世界大戦でハワイの役割などに関する展示物も飾られている。

ビショップ博物館（カリア）
Bishop Museum at Kalia

ホノルルの西側にあるビショップ博物館の本館に行く時間がなければ、ヒルトン・ハワイアン・ビレッジ内にあるこの博物館（☎947-2458 🏠2005 Kalia Rd 💰大人＄11.95 子供＄9.95 🕘9:00～17:00）を訪れてみるといい。

展示規模は大きくないが、内容は豊富。石おの、髪飾り、羽毛で覆われたケープ、ピリで造られた帽子のレプリカ、デューク・カハナモクの10フィート（約3m）の木製のサーフボードなどハワイ工芸品や、ハワイの王朝時代に関する興味深い展示品、ポリネシア人たちの移住やリゾート地ワイキキの発展の様子などを物語る展示物が並ぶ。

オーシャナリウム
Oceanarium

パシフィック・ビーチ・ホテル Pacific Beach Hotel（🏠2490 Kalakaua Ave）には、28万ガロン（約106万ℓ）もの水をたたえた、3階建ての高さに相当するオーシャナリウム（巨大水槽）がある。ホテル内の2つのレストランでは、オーシャナリウムを背景に食事をすることができるほか、ホテルロビーからでも眺めることができる。毎日12:00、13:00、18:30、20:00には、ダイバーたちが水中に潜り、熱帯魚に餌をやる。

ダミアン神父博物館
Damien Museum

カラカウア・アベニューとオフア・アベニューの角にある聖オーガスティン教会は、ホテルが建ち並ぶエリアの真ん中に位置する、小さいながらも静かで安らかな場所だ。教会の裏側の2番目の質素な建物が、ダミアン神父博物館（☎923-2690 💰無料 🕘月～金9:00～15:00）だ。誉れ高いベルギー出身のダミアン神父は、モロカイ島のライ病患者と生活を共にし、一生を捧げたことで知られる。その生活を紹介するビデオや興味深い歴史的写真が見られるほか、ダミアン神父の遺品などが展示されている。

アラワイ運河
Ala Wai Canal

ワイキキの北端に位置するアラワイ運河沿いでは、毎日明け方になるとジョギングやウォーキングに励む人たちの姿が見られる。午後遅くには、アウトリガー付カヌーのチームが運河やアラワイ・ヨット・ハーバー付近で練習する風景が見られ、撮影スポットとしても知られる。

カピオラニ・パーク
Kapiolani Park

およそ200エーカー（約81ヘクタール）のカピオラニ・パークはワイキキのダイヤモンド・ヘッドの端にあり、1877年にカラカウア王がホノルルの人々へ寄贈したものである。ハワイ初の公立公園の名はカラカウア王の妻であるカピオラニ王妃にちなんだもの。

当初は競馬やバンドコンサートがこの公園最大の呼び物だった。競馬場はもうないが、コンサートなどは続けられており、カピオラニ・パークは今も地域活動の開催の場となっている。

公園内にはワイキキ水族館Waikiki Aquarium、ホノルル動物園Honolulu Zoo、カピオラニ・ビーチ・パークKapiolani Beach Park、プレザント・ハワイアン・フラ・ショー会場Pleasant Hawaiian Hula Show ground、カピオラニ・バンドスタンドKapiolani Bandstand（野外音楽堂）、ワイキキ・シェルWaikiki Shellという交響曲、ジャズ、ロックなどのコンサートが開催される野外の階段式コンサート会場があるほか、運動場、テニスコート、広大な芝生地、高く伸びたバニヤンツリーもある。

日曜日の午後にロイヤル・ハワイアン・バンドRoyal Hawaiian Bandがカピオラニ・バンドスタンドで無料コンサートを上演している。ダンスコンクールやハワイ音楽のコンサートなど、年間を通じてさまざまな活動がこの野外音楽堂で開催される。

ワイキキ水族館 Waikiki Aquarium このおもしろい水族館（☎923-9741 🏠2777 Kalakaua Ave 💰大人＄7、子供13歳以上＄3.50、12歳以下無料 🕘9:00～17:00）が造られたのは1904年だが、つい数年前に300万ドルをかけて改築したばかりだ。楽しい対話式ディスプレーが幾つかと見応えのあるシャークギャラリーがあり、入館者は14フィート（約4m）のウインド越しに旋回するリーフシャークを見ることができる。

この水族館ではシュノーケリングやダイビングで見かけるさまざまなサンゴや魚を確認できる。水槽内では波打ち際、シェルタードリーフ、ディープリーフ、エンシェントリーフなどで見られるものを含む、ハワイのさまざまなサンゴ礁の生物を再現している。ビアデッド・アーマーヘッドbearded armorhead（ヒゲ付きかぶとの意味）、スリング・ジョウド・ラスsling-jawed wrasse（ギチベラ）とい

ワイキキ – 宿泊

る名前がついているハワイの珍しい魚や、モレイールmoray eels（ウツボ）、ジャイアント・グルーパーgiant grouper（ハタ）、そして光の波動でうねるコブシメflash-back cuttlefishなどがいる。

ハワイの海洋生物に加えて、太平洋の生態系の展示も見ることができる。1985年、この水族館では初めて捕獲したパラオオウムガイの繁殖に成功した。らせん状の空洞の殻をもつこのオウムガイは南太平洋セクションで見ることができる。ジャイアント・パラオ貝にも注目したい。1982年に孵化した時は10セント硬貨ほどの大きさだったが、今では2フィート（約61cm）を超え、アメリカ最大にまで育っている。

この水族館には屋外水槽もあり、2頭の珍しいハワイアン・モンク・シールが見られる。

ホノルル動物園 Honolulu Zoo 立派な都市動物園に格上げされた42エーカー（約17ヘクタール）のホノルル動物園（☎971-7171 大人＄6、子供6～12歳＄1 ◯9:00～16:30）には300種類の生き物が飼育されている。おすすめは野生環境を再現したアフリカのサバンナセクションで、ライオン、チーター、シロサイ、キリン、シマウマ、カバ、サルなどがいる。この動物園にはほかにも興味深い爬虫類セクション、ハワイ固有の鳥も含む厳選された熱帯鳥類のセクション、小動物に触れることのできるペット園もある。

プレザント・ハワイアン・フラ・ショー
Pleasant Hawaiian Hula Show ワイキキ・シェルWaikiki Shell近くで上演されるこのショー（☎945-1851 ◆2805 Monsarrat Ave 無料 ◯火～木 10:00～11:00）はフラダンサー、ティ・リーフのスカート、ウクレレの写真に撮影のチャンスが盛り込まれている。伴奏を務めるのは、以前ロイヤル・ハワイアン・ホテルで演奏していた年配の女性たちだ。

かつてはコダック・フラ・ショーとして知られていたもので、お決まりの絵ハガキで見られる、ダンサーが「ハワイHawaii」や「アロハAloha」をかたどった文字を掲げているあの光景だ。全体的にかなり観光客向けで懐古的ではあるが、面白いし無料だ。

宿泊

ワイキキのビーチ沿いのメイン通りにあるクラカウア・アベニューKalakaua Aveには1泊＄200以上の高層ホテルが並ぶ。リゾート地ではよくあることだが、こういったホテルはパッケージツアーで利用されるのが中心で、個人の旅行者には割高になっている。

アート・イン・ザ・パーク

すばらしい芸術品を安く手に入れたいなら、ここへ。島のアーチストから直接絵画を購入する最良の方法は、市が後援する「アート・イン・ザ・パークArt in the park」プログラムを利用することだ。カピオラニ・パークのモンサラット・アベニューMonsarrat Aveにあるホノルル動物園南側で催される。30年間、毎週末地元のアーチストたちが動物園のフェンスに絵画を掛けている。

芸術作品が展示されるのは、週末の10:00から16:00と火曜日の9:00から正午まで。非公式の野外イベントなので雨天には開催されない。ハワイのすばらしい画家の多くはこのフェンスから生まれており、ここでよい買い物ができるかもしれない。

裏通りの小さな宿屋のほうが一般的に割安になっている。クヒオ・アベニューKuhio Aveやアラワイ運河Ala Wai Canal周辺には、ビーチ沿いのホテルと同様にすばらしいが料金は半額のホテルもある。ビーチまで10分程度歩くのが気にならないなら節約できる。

多くのホテルでは部屋の造りは同じでも景色が違い、一般的に言うと上層階になるほど部屋の料金は高くなる。景色に追加料金を払うのだから、先に部屋を見せてもらいたいところだ。というのも、ワイキキではホテルが「オーシャンビュー」と銘打つ場合でも事実の記載を義務付ける法律は守られていないからだ。「オーシャンビュー」が本当のこともあれば、高層ホテルの間から海がかすかに見えるだけという場合もある。

ワイキキではコンドミニアムの数よりもホテル部屋数のほうが多い。ワイキキのコンドミニアムのほとんどが長期滞在者で一杯で、近くの島々のように休暇用の賃貸代理店が急増することもない。ワイキキでコンドミニアムを探す最良の方法は、掲載数は少ないが新聞の「バケーションレンタルVacation Rental」欄を探すことだ。

宿泊 - 低料金

ユースホステル ワイキキ周辺にはHI（国際ユースホステル連盟会員）ユースホステルに加え、個人経営のユースホステル形式のドミトリー宿泊施設が数件ある。こういった宿泊施設はバックパッカーや各国からの旅行者が利用している。門限やそのほかの制約はないが、例外として幾つかの施設では地元住民ではないことを確認するために、パスポートや次の目的地が明記されたチケットの提示を求められることがある。

個人経営のユースホステルは、経営者やスタッフが変わればユースホステルの水準も変

わるので波があるようだ。こういった状況なので安全策を講じる意味で、最初の数日はHIユースホステルか格安のホテルを予約しておくことをおすすめする。個人経営のユースホステルでは支払い前に返金の方針を確認すること。1週間以上滞在すれば割引になり、その場合は先払いが必要かつ返金しないという場合があるからだ。

ホステリング・インターナショナル・ワイキキ
Hostelling International Waikiki
☎926-8313 FAX922-3798
e ayhaloha@lava.net
🏠2417 Prince Edward St
💰ドミトリーベッド＄17、W＄42
⏰事務所 7:00～翌3:00

60ベッドのホステルは、ワイキキ・ビーチWaikiki Beachから数ブロック離れた所にある。ほかのワイキキのユースホステルと同じく、古くて低層のアパート形式だ。客室は以前リビングルームだった部屋をユースホステル用に改造し、簡易ベッドを入れたもの。ドミトリーのほかには、小さな冷蔵庫とバスルームが付いた2人用の部屋が5つある。宿泊は最長7泊で、会員でなければ＄3の追加料金がかかる。その場でHI会員になることも可能で、アメリカ人は＄25、そのほかの旅行者は＄18必要。ほかのHIユースホステルと違い、閉め出しや門限はなく、ゲストキッチンも終日使える。予約なしで泊まれることもあるが、ハイシーズンには2～3週間前の予約が必要。

ハワイアンホステル
Hawaiian Hostel
☎924-3303 FAX923-2111
e info@Hawaiianhostel.com
🏠419 Seaside Ave
💰ドミトリー 6ベッド＄15、2ベッド＄17、客室＄40

古い2階建てのアパート形式のビルはシーサイド・アベニューの裏路地にある。

大した施設ではないが旅行者をひきつける雰囲気があり、値段も安い。ドミトリーのほかに2人まで使える個室があり、テレビと小さな冷蔵庫が付いているが、風呂は共同。屋外の中庭、ゲストキッチン、ランドリー設備がある。宿泊者用のインターネットが使えるパソコンが2台あり、30分＄3で利用できる。ワイキキ・ビーチまでは徒歩で10分。

パシフィック・オハナホテル
Pacific Ohana Hostel
☎921-8111 FAX921-8111
🏠2552 Lemon Rd
💰ドミトリーベッド＄16.75、準個室＄36、個室＄50

新しくて期待できるユースホステル。小さなアパートをそのまま引き継ぎ、うまく部屋を改造している。ドミトリーにはベッドが4つある。準個室には専用のベッドルームがあるが、ドミトリーを通らなければならず、風呂も共同。自分のスペースが欲しいなら基本的にワンベッドルームのアパート式の部屋になっている個室がおすすめ。ゲストラウンジには台所とテレビがある。

ホコンド・ワイキキ・ビーチサイド
Hokondo Waikiki Beachside
☎923-9566 FAX923-7525
e hokondo@aol.com
🏠2556 Lemon Rd, Suite B101
💰ドミトリーベッド＄20～25、個室＄55～78

小さなコンドミニアムコンプレックスの一方の建物をホテル形式の宿泊施設へ改装したもので、ドミトリーと個室の両方がある。各客室には冷蔵庫、調理コンロとバスルームがある。簡素ではあるが、そのほかの多くの個人経営ユースホステルに比べ清潔さでは高水準を維持している。

アイランド・ホステル
Island Hostel
☎FAX942-8748
🏠1946 Ala Moana Blvd
💰ドミトリーベッド＄16.75、個室＄50

ワイキキの西端のかなり古いアパート・ビル内にある。客室は小さめだがテレビ、ホットプレートとバスがある。共同の部屋は狭く感じられるが、いい方に考えれば最大4人での利用なので悪くもない。ほかのユースホステルに比べて海からは少し遠めだが、歩いて行ける距離にあり、ワイキキでもこちら側のビーチはそれほど込んでいない。

ホテル

ワイキキ・プリンス・ホテル
Waikiki Prince Hotel
☎922-1544 FAX924-3712
🏠2431 Prince Edward St.
💰客室＄50、キッチン付＄60

かなり低価格のこのホテルの客室数は24。6階建てビルで、ホステリング・インターナショナル・ワイキキHostelling International Waikikiの隣にある。客室はシンプルだが、明るい内装が施され、エアコン、テレビと浴室付。たった＄10追加するだけで、キッチンと少し広めのスペースのある部屋を選べる。週単位で宿泊すれば、7泊目が無料。ビーチまでは徒歩数分でいける。

コンチネンタル・サーフ
Continental Surf
☎922-2232、800-922-7866 FAX922-1718
e continentalsurfhotel@hawaiirr.com

ワイキキ－宿泊

🏠2426 Kuhio Ave.
🛏客室＄59、キッチン付＄68
140ある客室は壁を塗り替えたばかりで、ほかの設備もまずまず。すべての客室にエアコン、ケーブルテレビと冷蔵庫がある。スタンダードの客室とキッチン付客室とも広さが同じためキッチン付客室は少し狭く感じられるが、L字型の間取りが気にならなければ自炊して節約できる。クヒオ・アベニューKuhio Aveを通る車の騒音がうるさいかもしれないが、21階あるホテルなので上層階を希望すればほとんど騒音は気にならないだろう。

宿泊－中級

ハワイアン・キング・ホテル
Hawaiian King Hotel
☎922-3894、800-545-1948
📧winston@iav.com
🏠417 Nohonani St
🛏客室409室、ローシーズン＄75～105、ハイシーズン＄95～125
パトリック・ウィンストンが経営するこのホテルには居心地の良い18部屋がある。各部屋にはクイーンサイズのベッドが1つかツインサイズのベッドが置かれている。リビングルーム、テレビ、エアコンと天井ファン、ラナイとキッチン付。古い建物だが客室には金がかけられており、どの部屋も気の利いた内装で高級感がある。改装されていない数室は、古くはいるものの悪くはなく＄49と低価格。中庭にプールがある。値引きについてパトリックに聞いてみること。タイムリミットとの兼ね合いで空き部屋の価格をたまに下げることがある。4泊以上が条件となっている。

ホノルル・プリンス
Honolulu Prince
☎922-1616、800-922-7866 📠922-6223
📧info@aston-hotels.com
🏠317 Nahua St.
🛏オフシーズン＄75 ハイシーズン＄85
アストン・チェーンAston chainのエコノミーホテルで、ケーブルテレビ、エアコンと冷蔵庫といった設備が整っており、妥当な選択といえる。最低料金の客室は窮屈だが、＄10追加すればダブルベッドが2つ、ソファーベッドが1つとラナイが付く広めの「贅沢」を味わえる。

ココナツ・プラザ・ホテル
Coconut Plaza Hotel
☎923-8828、800-882-9696 📠923-3473
📧info@Aston-hotels.com
🏠450 Lewers St.
🛏客室＄85、ワンルーム型＄100
アストン・チェーンAston chainの静かなホテルで80部屋ある。アラワイ大通りAla Wai Blvdの近くにある。客室は現代風に内装され設備はすべて整っているが、大したことはない。しばしば上記料金の約3分の1の価格で販売促進を行っており、これはかなり低料金の選択といえるだろう。

ワイキキ・サンド・ビラ・ホテル
Waikiki Sand Villa Hotel
☎922-4744、800-247-1903 📠923-2541
📧reserve@waikiki-hotel.com
🏠2375 Ala Wai Blvd
🛏客室 ローシーズン＄93、ハイシーズン＄106、ワンルーム型 ローシーズン＄156、ハイシーズン＄166
アラワイ運河Ala Wai Canal沿いに建つホテル。親身のサービスで若い日本人ツアー客に人気が高い。ホテル内にはおしゃれなプールもあり、ロビーにはインターネット接続のコンピュータも設置され、宿泊客は無料で利用できる。客室はこぢんまりしているが、ほとんどの室内にはダブルベッドとツインベッド両方が設置されている。テレビ、冷蔵庫、ラナイは全室完備。すばらしい眺めを楽しみたい場合は角にある客室を申し込むといい。ワンルーム型は簡易キッチン付きで、4人まで宿泊可能だ。

アロハ・サーフ・ホテル
Aloha Surf Hotel
☎923-0222、800-922-7866 📠924-7160
🌐www.aston-hotels.com
🏠444 Kanekapolei St
🛏客室 ローシーズン＄95、ハイシーズン＄110
サーフィンをテーマにした明るい雰囲気のホテルは最近改装されたばかり。ロビーは華やかだが200ある客室はこぢんまりしていて料金も標準的。各室内には小型冷蔵庫、テレビ、室内金庫が完備されている。ホテル内には小さいながらプールもある。

ブレーカーズ
The Breakers
☎923-3181、800-426-0494 📠923-7174
📧thebreakers@aloha.net
🏠250 Beach Walk
🛏ワンルーム型＄94～100、ダブルスイート＄135、クオードスイート＄151
プールのある中庭を囲むように建つ古いホテルには64室ある。周囲に高層ホテルが建ち並ぶ中で、ポリネシアン・スタイルのホテルは昔にタイムスリップした気分にさせてくれる。ワンルーム型は質素な雰囲気だが居心地が良い。各室内には、ダブルベット、シングルベッド、簡易キッチンが設置されている。さらに＄6追加するだけで、ラナイ付きの2階の客室に宿泊できる。広々としたスイートは、

トロピカルフルーツ

シェーブアイス

ブルー・ハワイ

アヒ（キハダマグロ）のリム（海藻）、ネギ、チリ添え

USSアリゾナ記念館（オアフ島）

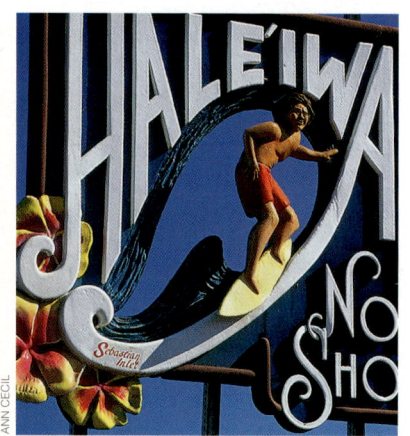

ノース・ショアのウェルカムサイン（ハレイワ）

日本画をモチーフにした壁画（ホノルル）

ワイキキの海岸線

クイーンサイズのベッドがある独立したベッドルームと、ツインベッド2台とフルキッチンが設置されたリビングルーム（ワンルーム型に似ている）からなる。エアコン、テレビ、室内金庫は全室完備。

オーシャン・リゾート・ホテル・ワイキキ
Ocean Resort Hotel Waikiki
☎922-3861、800-367-2317 ℻924-1982
📧res@xoceanresort.com
🏠175 Paoakalani Ave
💰スタンダードルーム＄98、デラックスルーム＄140

かつてクオリティ・インだったこのホテルには割安パックツアーの観光客が数多く宿泊している。とはいえ、451ある客室はエアコン、ケーブルテレビ、冷蔵庫、室内金庫が完備され、高級リゾートホテルと同じような快適さを提供している。リクエストすれば禁煙室の利用も可能だ。ホテル内にはプールが2つある。広々としたデラックスルームは高層階に位置し、全体的に静かな雰囲気となっている。ローシーズンには＄60という格安料金で予約なしの当日客に提供することもある。このクラスのホテルではベスト料金といえる。

インペリアル・オブ・ワイキキ
Imperial of Waikiki
☎923-1827、800-347-2582 ℻923-7848
🌐www.imperialofwaikiki.com
🏠205 Lewers St
💰ワンルーム型＄109、スイート＄139～

使用していない客室を貸し出すユニークなタイムシェア方式のホテル。超高級ホテルのハレクラニ・ホテルHalekulani Hotelの真向かいという好立地にあり、ビーチへも徒歩わずか2分だ。ワンルーム型は収納式ダブルベッド、クイーンサイズのソファーベッド、電子レンジ、冷蔵庫が完備されている。1ベッドルームスイートは簡易キッチンが付き、クイーンサイズのベッドが設置されたベッドルーム、収納式ベッドとクイーンサイズのソファーベッドが設置されたリビングルームからなる。ホテル内にはプールがあり、フロントデスクは24時間対応となっている。

クイーン・カピオラニ・ホテル
Queen Kapiolani Hotel
☎922-1941、800-367-2317 ℻922-2694
📧res@queenkapiolani.com
🏠150 Kapahulu Ave
💰客室＄125～、オーシャンビュー＄175

ワイキキの中でも静かなダイヤモンド・ヘッド側Diamond Head側に建つ19階建てのホテル。壮麗さをテーマとして建てられた古いホテルで、シャンデリアが飾られた天井は高く、ホテル内にはハワイ王族の肖像画が展示されている。スタンダードルームは客室によって広さに差があり、とても快適に過ごせる客室もあれば、かなり窮屈に感じる客室もある。クローゼットの広さほどの空間が不要な時は、クイーンベッド1台ではなくツインベッド2台が設置されている客室を希望するとよい。オーシャンビューの客室にはラナイ付きで、ダイヤモンド・ヘッドのすばらしい眺めを遮られることなく一望できる。

イリマ・ホテル
Ilima Hotel
☎923-1877、800-801-9366 ℻924-8371
📧mail@ilima.com
🏠445 Nohonani St
💰S＄129～165 W＄139～175

ワイキキでも比較的静かな地区に建つホテルはビーチから徒歩10分ほどの所にある。99ある全客室は明るくゆったりとしており、広いラナイ、ダブルベッド2台、趣のある籐製家具、フルキッチン完備。客室そのものは同じだが、フロアによって宿泊料金は異なる。スタッフは親切。ホテル内には小さな温水プールがあり、フィットネスルームも設置されている。ビジネス客に人気があり、リピーターも多い。市内電話や駐車場の無料サービスがあるが、こうしたサービスはワイキキでは珍しい。

ニュー・オータニ・カイマナ・ビーチ・ホテル
New Otani Kaimana Beach Hotel
☎923-1555、800-356-8264 ℻922-9404
📧rooms@kaimana.com
🏠2863 Kalakaua Ave
💰客室＄135 ワンルーム型＄160

ワイキキの中でも静かなダイヤモンド・ヘッド側にあり、サン・スーシー・ビーチSans Souci Beachの正面に建つホテル。リピーターも多いホテルで、125ある客室は簡素だが居心地が良い。エアコン、テレビ、冷蔵庫、ラナイは全室完備。ワンルーム型にはさらに簡易キッチンが付く。

カバナ・アット・ワイキキ
Cabana at Waikiki
☎926-5555、877-902-2121 ℻926-5566
🌐www.cabana-waikiki.com
🏠2551 Cartwright Rd
💰スイート＄135～175

ゲイコミュニティ向けのホテルで、ワイキキにあるにぎやかなゲイバー、フラHulaからわずか数分の場所に建つ。15ある客室はクイーンサイズのベッド、クイーンサイズのソファーベッド、フルキッチン、ラナイ、テレビ、ビデオデッキ完備。宿泊料金にはコンチネンタルブレックファスト（朝食）、8人用ホットタブや男性専用スポーツクラブの利用料が含まれる。

ワイキキ－宿泊

アストン・ワイキキ・ビーチ・ホテル
Aston Waikiki Beach Hotel
☎922-2511、800-922-7866 ℻923-3656
Ⓦwww.astonwaikiki.com
🏠2570 Kalakaua Ave
🛏客室＄140、オーシャンビュー＄245

3000万ドルかけて改装したばかり。通りを挟んで反対側にある巨大なマリオットホテルを真似ているかのようなホテルだ。713という客室はマリオットホテルに匹敵するが、料金は格安。最もお得なのは本館裏に建つ別館マウカタワーMauka Towerで料金がかなり安いうえに本館よりも部屋は広くて静かだ。価格交渉すれば通常価格の半値程度になることもある。

ロイヤル・ガーデン・アット・ワイキキ
Royal Garden at Waikiki
☎943-0202、800-367-5666 ℻946-8777
✉rghresv@aol.com
🏠440 Olohana St
🛏客室＄150〜250

手入れの行き届いた中規模サイズのホテル。快適な220の客室がある。各客室の内装は異なるが、全室ともエアコン、テレビ、室内金庫、ラナイ付。料金は最下層フロアが最も安価で階が上がるにつれて高くなる。大理石のロビーは豪華で、プールは2つ、ジムもある。

アウトリガー・アンド・オハナ・ホテルズ
Outrigger & Ohana Hotels　ここ数年、ワイキキの平均的なホテルを買収しては一新させてきたホテルチェーンがアウトリガー（☎303-369-7777　℻303-369-9203　☎800-688-7444米国・カナダから　☎1-800-688-74443オーストラリア、ニュージーランド、ドイツ、イギリスからⓌwww.outrigger.com）である。このチェーンのホテルには2種類あり、オハナOhanaでは格安なホテル、アウトリガーOutriggerでは高級ホテルを展開する。全体的に見てホテルは盛況で、低料金で高水準のサービスを提供している。とりあえず電話してみよう。ワイキキにあるホテルの25％の空き状況がチェックできる。

予約時はプロモーション用価格について聞いてみること。オハナ・ホテルズOhana hotelsでは頻繁に「シンプル・セイバー・レートSimpleSaver Rate」という宿泊料＄69の割引価格を提供しており、このクラスのホテルではかなりお得だ。アウトリガー・ホテルズOurrigger hotelsでも同様に1泊約＄150の「ベスト・バリュー・レートBest Value Rate」を提供している。またオハナ、アウトリガー共通の「フリー・ライドFree Ride」は通常価格で予約するとレンタカーが無料になるもの。ほかにも5連泊客に向けたプログラムの「フィフス・ナイト・フリーFifth Night Free」もある。

50歳以上の旅行者でAAA（アメリカ自動車連盟）やAAC（カナダ自動車連盟）の会員であれば、通常料金の25％オフで利用可能だ。

両チェーンホテルの全室にエアコン、電話、ケーブルテレビ、室内金庫、冷蔵庫完備されている。

オハナ・マイレ・スカイ・コート
Ohana Maile Sky Court
☎947-2828
🏠2058 Kuhio Ave
🛏客室＄109 簡易キッチン付＄119

ビーチから離れているのが気にならなければ、オハナ・ホテルの中ではお得なホテルの1つ。客室数596の高層ホテルには感じの良いロビーがあり、食事、買い物、娯楽に便利な中心地に位置する。閉所恐怖症でない限り、快適だろう。

オハナ・ワイキキ・サーフ・イースト
Ohana Waikiki Surf East
☎923-7671
🏠422 Royal Hawaiian Ave
🛏ワンルーム型＄129 スイート＄179

オハナ・ワイキキ・サーフOhana Waikiki Surfの1ブロック北にある。自炊を考えているならおすすめのホテルで、102ある客室すべてに簡易キッチンが付いている。ワンルーム型も1ベッドルームのスイートも広く、ほとんどの部屋にキングサイズかダブルベット2台分のサイズのソファーベッドがある。設備に関しては、多くの割高なアウトリガーホテルよりも上質。格安な理由はビーチから遠いこと、もともとはマンションを改築したものであるため、レストランやロビーがないことにある。

オハナ・ワイキキ・マリア
Ohana Waikiki Malia
☎923-7621
🏠2211 Kuhio Ave
🛏客室＄129 スイート＄189

客室数327の高層ホテルは、オハナ・ワイキ・サーフ・ホテルOhana Waikiki Surfの向かい側にある。客室は居心地が良く小さな椅子が1脚置かれたラナイがあり、部屋のほとんどにダブルベットが2台設置されている。車椅子対応の部屋もある。裏側の高層階は静かで、料金は階数とは関係なく均一。

オハナ・リーフ・タワーズ
Ohana Reef Towers
☎924-8844
🏠227 Lewers St
🛏客室＄129、簡易キッチン付＄139

ビーチに近く、479ある客室は過ごしやすくて設備も良い。簡易キッチン付の部屋には調理設備はもちろんソファーベッドもある。

宿泊 - 高級

ここで紹介するホテルは最高級の設備を誇るもので、ホテル内にはレストランがある。すべてのホテルがビーチに面しているか、ビーチから1本通りを挟んだすぐの場所にありプールも完備している。

シェラトン・プリンセス・カイウラニ
Sheraton Princess Kaiulani
☎922-5811、800-325-3535 FAX923-9912
W www.sheraton-hawaii.com
🏠120 Kaiulani Ave
客室$165〜

シェラトンホテルの中でも最高級のこのホテルはワイキキにある。1950年代ワイキキをミドルクラス（中流の一般の人達）の観光地にすることに尽力したマトソン・ナビゲーションによって建設されたワイキキでは歴史あるホテルの1つ。外観は巨大なアパートメントコンプレックスのようだが内装はすばらしく、1150ある客室はモダンで魅力的だ。観光客でにぎわうワイキキの中心地にあり、ビーチからは通りを挟んですぐ。

ワイキキ・パーク・ホテル
Waikiki Parc Hotel
☎921-7272、800-422-0450 FAX923-1336
W www.waikikiparc.com
🏠2233 Helumoa Rd
客室$190、オーシャンビュー$270

泊まるだけの価値ある高級ホテル。派手さはないが格調高い空気が漂う。部屋の広さは標準的だが、セラミックタイル張りの床、ラナイへと続く格子戸、バスタブなど、細部まで心配りがしてある。朝食付きで駐車場利用料金と室料が通常料金の30％オフになる3泊以上からの「パーク・サンライズ」パッケージなど、さまざまな特別パックが用意されている

アウトリガー・リーフ・ホテル
Outrigger Reef Hotel
☎923-3111
🏠2169 Kalia Rd
客室$220、オーシャンビュー$350

883室ある海辺のホテル。これという特徴はないが客室は立派で、たいていの一流設備は揃っている。車椅子で利用できる部屋や、禁煙者専用フロアもある。

アウトリガー・ワイキキ
Outrigger Waikiki
☎923-0711
🏠2335 Kalakaua Ave
客室$230、オーシャンビュー$335

アウトリガーチェーンのビーチフロントのホテル。530室あるこのホテルでは現代的な設備が整っている。景色の良さに応じて料金は高くなる。ビーチ・イベント、海辺で味わう食事など、長く広がる美しいビーチでのアクティビティが多数用意されている。

ワイキキ・ビーチ・マリオット・リゾート
Waikiki Beach Marriott Resort
☎922-6611、800-367-5121 FAX921-5222
W www.marriothotels.com
🏠2552 Kalakaua Ave
客室$260、オーシャンビュー$310

1308室あるワイキキの大型ホテルの1つは、ビーチに面して高層ビルのようにそびえ建っている。最近所有者が変わって改装されたばかりなので、すべてがピカピカで新しい。基本料金から大幅割引されることが頻繁にある。

シェラトン・モアナ・サーフライダー
Sheraton Moana Surfrider
☎922-3111、800-325-3535 FAX923-0308
W www.sheraton-hawaii.com
🏠2365 Kalakaua Ave
客室$265、オーシャンビュー$420

コロニアル調好きには最適。1901年に建てられたハワイで初のビーチフロントのホテル。5000万ドルもの費用をかけ、車寄せスペースの円柱に至るまで歴史的な雰囲気を残した復元工事が行われた。本館の両側に近代的なウィングを配しているものの、建設当初の面影は今も色濃く残っている。農園主の邸宅を思わせる天井の高いロビーは開放的で、ハワイの手工芸品がふんだんに飾られている。本館の客室は19世紀初めの外観を再現したものになっている。5階はコア、6階はチェリーウッドというように、フロアごとに家具調度品に使用される木の材質が異なる。テレビと冷蔵庫はクローゼットの中にすっきりと収まっている。

シェラトン・ワイキキ
Sheraton Waikiki
☎922-4422、800-325-3535 FAX922-9567
W www.sheraton-hawaii.com
🏠2255 Kalakaua Ave
客室$280、オーシャンビュー$450

由緒あるロイヤル・ハワイアン・ホテルRoyal Hawaiian Hotelの反対側にそびえ建つ1850室ある大型ホテル。常に客でにぎわうロビーには、フランスのブランドやデザイナーズブランドの高価な宝石店や高級ブティックが出店しており、東京の高級ショッピングセンターを思わせる。

ハイアット・リージェンシー・ワイキキ
Hyatt Regency Waikiki
☎921-6026、800-233-1234 FAX923-7839
W www.hyattwaikiki.com
🏠2424 Kalakaua Ave
客室$265、オーシャンビュー$360

1230室ある40階建てのツイン・タワーがひと

ワイキキ－食事

際目立つ。1フロアには多くても18室しかないので、ほかのホテルに比べて静かでゆとりを重視した高級感が漂う。客室は感じのよい落ち着いた内装。小さいが美しい熱帯雨林のオアシスが造られている1階の吹き抜けスペースには滝が流れ落ち、植物が繁っている。

ヒルトン・ハワイアン・ビレッジ
Hilton Hawaiian Village
☎949-4321、800-445-8667 ℻947-7898
W www.hawaiianvillage.hilton.com
⌂2005 Kalia Rd
客室＄300、オーシャンビュー＄405

高層タワーに客室数約3000を誇るハワイ最大ホテル。団体旅行のメッカで、実際のところこのホテルだけでパッケージツアー街になっていて、ホテルから外に出たいと思わない人に必要なものはすべて揃っている。にぎわいのあるこのホテルは、大きさにもかかわらず評判を保っている。もちろん、ホテルはすばらしいビーチ沿いにあり、おすすめの一流レストランも揃っている。

ハレクラニ・ホテル
Halekulani Hotel
☎923-2311、800-367-2343 ℻926-8004
W www.halekulani.com
⌂2199 Kalia Rd
客室＄325、オーシャンビュー＄440、スイート＄720

ワイキキの高級ホテルとしてかなり有名。456室ある部屋は、華やかさはないが上品で落ち着いた雰囲気。大理石製の洗面台や広々としたバルコニーがあり、バスローブや生花などのサービスが受けられる。スタッフのサービスも行き届いている。チェックインに並ばなくても部屋の中で手続きできるのもハレクラニならでは。「コンデ・ナスト・トラベラーCondé Nast Traveler」誌では環太平洋ホテルベスト10、「トラベル・アンド・レジャーTravel & Leisure」誌ではワールドベストサービスのベスト10にランクインするなど、これまで数々の賞に輝いている。

ロイヤル・ハワイアン・ホテル
Royal Hawaiian Hotel
☎923-7311、800-325-3535
℻924-7098
W www.Sheraton-hawaii.com
⌂2259 Kalakaua Ave
ヒストリック・ウイング（旧館）＄345～、タワー（新館）＄550～

現在、シェラトンSheratonが所有するこのホテルは、ワイキキWaikiki初の豪華ホテルとして建てられたもの。近代的な高層建築群に囲まれて影が薄いとはいえ、ピンク色のムーア風建物は今もなお落ち着きと優雅さのある美しい場所で、魅力にあふれている。由緒ある旧館はクラシック風な趣をとどめており、幾つかの部屋からは閑静な中庭を望むことができる。この旧館は予約もしやすい。と言うのも、ほとんどの客は海を眺めることのできる近代的な新館を好むからだ。

カハラ・マンダリン・オリエンタル
Kahala Mandarin Oriental
☎739-8888、800-367-2525 ℻739-8800
W www.mandarin-oriental.com
⌂5000 Kahala Ave
客室＄310、オーシャンビュー＄500、プレジデンシャルスイート＄3650

ダイヤモンド・ヘッドDiamond Headの東、瀟洒なたたずまいのカハラKahala地区にある超豪華ホテル。いわゆる金持ちや著名人御用達のホテルで、ワイキキの喧騒から逃げ出したい時に車で10分ほどのこのホテルが利用されている。宿泊名簿には歴代ハワイ王やイギリスのチャールズ皇太子、スペインのファン・カルロス国王、過去7代のアメリカ大統領も名を連ねる。ホテルは静かに広がる専用ビーチと、一般立入禁止のラグーン（礁湖）があり、客室にあるラナイのすぐ向こうでイルカが泳ぐ姿が見られる。

食事 - 低料金

パティセリ
Patisserie
⌂2168 Kalia Rd
🕒6:00～21:00

オハナ・エッジウォーター・ホテルOhana Edgewater Hotelのロビーの中にあり、手頃な価格のおいしいパンを揃えている。店の中で食事をとりたければ、ちょっとした腰かけスペースがあり、ドーナツ、ペストリーのほかにシンプルな朝食やサンドイッチ（＄5未満）をとることができる。

クール・トリーツ
Cool Treats
⌂2161 Kalia Rd
🕒10:00～20:00

グレイズ・ビーチGrey's Beachにある喫茶店。冷たいトロピカルフルーツのスムージーやアイスクリームは＄3程度。

デイブス
Dave's
⌂2330 Kalakaua Ave
🕒10:00～21:00

インターナショナル・マーケットプレースInternational Market Placeにある地元の人気店で、アイスクリーム通も満足だろう。有機原料を使用したトロピカル風味のアイスクリームはアイランドメイドだ。

セイント・ジャーメイン
Saint Germain
🏠 2301 Kuhio Ave
🍴 スナック＄5
🕐 7:00〜21:00

新しくできたフレンチ・ベーカリーで、おいしいクロワッサンはもちろん、スープ、サラダ、たっぷりのサンドイッチを出してくれる。すべてのサンドイッチは、パリパリで香ばしいバゲットやその他のパンの中から決め、野菜だけを使ったものや肉類と種類が豊富なフィリング(具)を選ぶと、その場で作ってもらえる。

ファティス・チャイニーズ・キッチン
Fatty's Chinese Kitchen
🏠 2345 Kuhio Ave
🕐 10:30〜22:30

ミラマー・ホテルMiramar Hotel西側の路地にある小さな食堂。この界隈を見わたす限りでは最も安く食事をさせてくれる店だ。ライスか五目焼きそばに温かいメインが付いてわずか＄3.50。メインを1品追加するごとに＄1プラスとなる。店はまさに地元の食堂といった感じで、長いカウンターにたくさんの椅子が並び、料理人がその向かい側で調理する。

アロハ・スシ
Aloha Sushi
🏠 1178 Ala Moana Blvd
🕐 9:00〜21:00

ディスカバリー・ベイ・センターDiscovery Bay Centerの中にある、楽しくて型破りなファーストフードの店だ。バラエティ豊かな寿司はほぼビッグマックと同価格。好みに合わせて組み合わせるか、あらかじめ決められたランチ弁当を注文する。どちらを選ぶにしろ、＄5程度でまあまあな料理をテイクアウトできる。

エッグスン・シングス
Eggs'n Things
🏠 1911 Kalakaua Ave
🍴 1品＄3〜8
🕐 23:00〜翌14:00

終夜にぎやかなこの店はワッフル、パンケーキ、クレープ、オムレツといったバラエティ豊かな朝食メニューが自慢。一番人気は5:00〜9:00の間＄3で出されている「アーリー・ライザーearly riser」で、卵2個にパンケーキ3枚が付いた豪華版だ。

ラファジ
Ruffage
🏠 2443 Kuhio Ave
🍴 スナック＄4〜6
🕐 月〜土 9:00〜19:00

小さな健康食品店で、簡単な食事ができるカウンターもある。豆腐オムレツ、肉を使わないブリトー、サンドイッチ、スムージーといった体にやさしいベジタリアン料理を作ってくれる。

フォー・トリ
Pho Tri
🏠 478 Ena Rd
🍴 スープ＄6
🕐 10:00〜22:00

ワイキキの西にある小さな家族経営のレストラン。フレッシュ・ハーブで香味づけした栄養満点のベトナムのスープ麺、ボリューム満点のフォーが専門だ。スープという気分でない時はシンプルだが、食べ応えのあるご飯料理をフォーと同じ値段で出してくれる。

ムース・マッギリカディーズ
Moose McGillycuddy's
🏠 310 Lewers St
🍴 スナック・メイン＄6〜12
🕐 7:30〜21:00

夜のダンススポットとしておそらく最もよく知られているこの店は、手頃なレストランでもある。とびきりの朝食メニューは卵2個、ベーコン、トーストの「アーリーバードスペシャルearly-bird special」。＄1.99で11:00まで出されている。そのほかにハンバーガー、サラダ、メキシコ料理やステーキもある。

エ・オールド・フォックス・アンド・ハウンド
Ye Olde Fox and Hound
🏠 1178 Ala Moana Blvd
🍴 1品＄4〜10
🕐 10:00〜23:00

ディスカバリー・ベイ・センターの地下にある英国スタイルのパブ。コーニッシュパイ、シェパードパイといったようなパブ料理が食べたくてたまらない時はこの店がおすすめだ。アフタヌーン・ハッピー・アワー（午後のサービスタイム14:00〜18:00）にはワイキキで一番安い1杯＄1という価格でビールを飲ませてくれる。

サッポロ・ラーメン・ナカムラ
Sapporo Ramen Nakamura
🏠 2141 Kalakaua Ave
🍴 1品＄7〜10
🕐 11:00〜24:00

本物の日本の味にこだわったラーメン専門店。おいしい餃子をトッピングしたデリシャス・バージョンを含め豊富なメニューが揃う。店はまるで東京近郊の食堂といった雰囲気だ。客は小さなU字カウンターを囲んで座り、日本語で話をしている。

カパフル・アベニュー Kapalulu Ave　ワイキキの動物園のそばに端を発し、H1フリーウェイH1 Fwyまで延びるカパフル・アベニュー沿いにはすばらしい地元レストランが何件かある。

ワイキキ – 食事

レオナーズ
Leonard's
- 933 Kapahulu Ave
- ペストリー65¢～$1
- 6:00～21:00

ポルトガル風のパン屋。ホノルル中に名を知られるマラサダmalasadaは砂糖を生地に巻き込んで揚げた菓子の一種で、熱々でいただく。穴のあいていないドーナツといったところ。おすすめはハウピア・マラサダhaupia malasadaというココナツクリームの入ったもの。クセになる味。

KCドライブイン
KC Drive Inn
- 1029 Kapahulu Ave
- スナック$2～5
- 6:00～23:30

フリーウェイのそばにある、1930年代から地元で愛されている店。有名なメニューにオノ・オノ・モルツOno Ono malts（チョコレートとピーナツバターをブレンドしたものでリーゼズのピーナツ・バター・カップを溶かしたような味）とワッフル・ドッグ（ホットドッグをワッフル生地で包んだもの）がある。手頃な値段の朝食やランチセット、バーガー類、サイミンsaimin（汁そば）などもある。店内で食べてもいいし、テイクアウトもできる。

レインボー・ドライブイン
Rainbow Drive-In
- cnr Kapahulu & Kanaina Aves
- 7:30～21:00

ワイキキ中心からごく近く、歩いても行ける店。一般的なファーストフードと同じくらい地元の料理も揃う。

オノ・ハワイアン・フード
Ono Hawaiian Food
- 726 Kapahulu Ave
- 食事$8～10
- 月～土 11:00～19:45

伝統的なハワイアン料理をハワイアン・スタイルで出してくれる店。シンプルで小さな店内には、年代物のテーブルが置かれとスポーツ用品が飾られている。ディナー時には入店待ちの人が歩道に列をつくる。おすすめはカルア・ビッグプレート。付け合せにロミ・サーモン、ピピカウラというビーフ・ジャーキー、ハウピア・ココナツ・プディング付で、さらにライスかポイを選べる。地元料理を食べたいならオノ以上の所はないだろう。

イリフネズ
Irifune's
- 563 Kapahulu Ave
- ランチ$7、ディナー$10～14
- 火～土 11:30～13:30、17:30～21:30

日本の民芸品が飾られた愛想の良い店だ。この店の創作料理には、豆腐とチーズを包んだベジタリアンギョーザ（$3.50）もある。ディナーにおすすめなのがタタキ・アヒで、おいしく新鮮なマグロの表面だけを焼いて中は刺身状の生のもの。また天ぷらと刺身に好みの品を組み合わせたコンビネーションディナーを注文してみるのもいい。アルコールはないが、ビールの持ち込みができる。ここを利用する旅行者は少ないが、地元の人には人気の店で、ディナー時には待たなければならないこともある。待つだけの価値は十分ある。

ザ・ピラミッズ
The Pyramids
- ☎737-2900
- 758 Kapahulu Ave
- ランチビュッフェ$9、ディナー$13～18
- 月～土 11:00～14:00、17:30～22:00、日 17:00～21:00

雰囲気のあるエジプト料理店で、ここのランチビュッフェは絶品。ビュッフェのメニューにはギリシャ風サラダ、ファラフェル（味付き野菜を平たいアラブのパンに挟んだもの）、タヒニ（練りゴマ）のほか、タブーレ（中東風サラダ）やシュワーマ（スパイシーな肉の串焼き）などがある。ディナーはア・ラ・カルト式で、メインはシシカバブやムサカ、ラム肉のマリネなどから選べる。夜はベリーダンスがある。

食料雑貨店 ワイキキで食料雑貨品を買うのに最適なのはフード・パントリーFood Pantry（2370 Kuhio Ave）だ。チェーン店のスーパーより高いが、スーパーはワイキキ郊外にしかないし、ワイキキに多数あるコンビニよりは安い。

車がなくても利用できるワイキキ郊外のスーパーのうち、最も手軽なのはアラモアナ・センターAla Moana CenterにあるフードランドFoodlandだ。車があればワイキキの北、SキングストリートS King Stとカピオラニ・ストリートのKapiolani Stの東側交差点近辺にあるフードランドFoodlandもおすすめ。

食事 - 中級

ザ・バンヤン・グリル
The Banyan Grill
- ☎922-3111
- 2365 Kalakaua Ave
- スナック$5～13
- 15:00～22:00

屋外のグリル。高級ホテル、シェラトン・モアナ・サーフライダー・ホテルSheraton Moana Surfriderのビーチとプールを結ぶ中庭にある。シェフが調理するのをバーベキューピット越

しにラウンジチェアに座って眺めることができる。シンプルだが味は良い。メニューにはベビーバック・リブ、照り焼きチキン、エビの網焼きなどがある。歴史のあるホテルに枝を広げるバニヤンツリーの下というロケーションがとりわけ魅力的でだ。富豪や有名人に混じってリラックスして食事を楽しむことができるうえ、財布の中身を心配しなくてもいい。

ショアー・バード・ビーチブロイラー
Shore Bird Beach Broiler
☎922-2887
🏠2169 Kalia Rd
🍴朝食ビュッフェ＄8、ディナー＄9〜20
🕐7:00〜11:00、16:30〜22:00

アウトリガー・リーフ・ホテルにあるこの店では、ビーチでの食事を手頃な価格で楽しめる。この屋外レストランの片側には大きな共同グリルがあり、自分で魚やステーキ、チキンなどをバーベキューにする。食事にはサラダやチリ、ライス、新鮮なフルーツなどを自分で選べるビュッフェ・バーが付く。18:00までに席についてディナーを始めるなら、沈んでゆく夕日を眺めることができるだけでなく、早い時間の割引価格も利用できる。人気のある店なので早めに行かないと待つことになる。しかし、名前が呼ばれるまでビーチに繰り出すこともできるので、待つとしてもそれほど苦にならないだろう。ショアー・バードには朝食ビュッフェもあるが、ディナーを選んだほうが断然お得だ。

デュークス・カヌー・クラブ
Duke's Canoe Club
☎922-2268
🏠2335 Kalakaua Ave
🍴朝食＆ランチビュッフェ＄10、ディナー＄15〜25
🕐7:00〜22:00

アウトリガー・ワイキキ・ホテルOutrigger Waikiki hotelにあるワイキキで一番人気の海辺のレストラン。この人気店は、伝説のサーフィンの名手、デューク・カハナモクと以前ここにあったアウトリガー・カノエ・クラブにちなんで名づけられた。朝食ビュッフェでは注文に応じてオムレツを作ってくれ、新鮮なフルーツやおいしいペーストリーが出されるが、ランチビュッフェはサラダバーとチキンやマヒマヒといった温かい料理が中心だ。新鮮な魚とステーキが特徴のディナーにはパスタ料理、フルーツとマフィンが付くグランド・サラダ・バーがある。夜にはハワイアンミュージックが演奏される。

ラ・クカラチャ
La Cucaracha
☎922-2288
🏠2310 Kuhio Ave
🍴1品＄8〜15
🕐14:00〜24:00

ワイキキの中心部に、本格的な家族経営のメキシカンレストランがあるとは驚きだ。料理はすばらしい。ライスや豆などもある一品料理にはコリアンダーやライムのソフト・タコスからサルサ・ヴェルデsalsa verde（緑のソース）がたっぷりかかったメキシカン・スタイルのステーキがある。ステーキは、強いマルガリータを飲みながら味わってみよう。

オーシャナリウム・レストラン
Oceanarium Restaurant
🏠2490 Kalakaua Ave
🍴朝食ビュッフェ＄13、ランチ＄8、ディナー＄13〜26
🕐7:00〜22:00

パシフィック・ビーチ・ホテルPacific Beach Hotel内にある。標準的なホテルの料理を出す店だが、独特な眺めを楽しめる。見事なサメやエイなどもいる、カラフルな熱帯魚でいっぱいのすばらしい3層の水槽をレストランのダイニング・ルームが取り囲んでいる。朝食では、ワッフルまたはフレンチ・トーストが＄7で、フル・ビュッフェも利用可能。ディナーのメインは、パスタからロブスターまで幅広い。ランチはバラエティに富んだサンドイッチが特徴。

チャックス・ステーキ・ハウス
Chucks Steak House
☎923-1228
🏠2335 Kalakana Ave
🍴ディナー＄17〜25
🕐17:00〜22:00

アウトリガー・ワイキキ・ホテルの2階にあるこの店で日が沈む海のすばらしい光景を眺められるだけでなく、早い時間に行けば特別割引もある。17:00から18:00までは照り焼きチキンやマヒマヒの網焼きのディナーが＄13、各種マイタイmaitai（ラムで作ったカクテル）が1杯たったの＄2.50で飲める。通常のメニューにはステーキやシーフードも。すべての料理にはシンプルだが新鮮なサラダバーが付いており、一般的な野菜に加えてパイナップルやレモンのスライスが並ぶ。

田中オブ東京
Tanaka of Tokyo
☎922-4702
🏠2250 Kalakaua Ave
🍴ランチ＄10〜15、ディナー＄16〜36
🕐月〜金11:30〜14:00、毎日17:30〜22:00

ワイキキ・ショッピング・プラザWaikiki Shopping Plaza内にある楽しい店。店内のU型鉄板焼きテーブルにはセントラル・グリルが

あり、シェフが「空飛ぶナイフflying knife」を巧みに使い客の前で見事に調理していく。食事はサラダ、みそ汁、ご飯、食前酒、デザート付のセットコースだ。ディナーの値段は、チキンからロブスターまでの何をメインにするかで決まる。2人で行けば1人分は半額になるクーポンが観光客用のフリー・マガジンに付いているのでチェックしよう。

シンハ・タイ
Shingha Thai
☎941-2893
🏠1910 Ala Moana Blvd
🍴メイン＄12〜25
🕐16:00〜23:00

このレストランでは受賞もののタイ料理が出され、毎晩19:00〜21:00にはタイのダンサーがパフォーマンスを行う。まずは、エビサラダと辛くて酸っぱいトム・ヤム・スープ（各＄10）がこの店のおすすめ。メインにはバラエティに富むスパイシーカレーやめん料理のほか、ジンジャー・チリソースで焼いたハワイアンロブスターテールのような高級品もある。

ケオス
Keo's
☎922-9355
🏠2028 Kuhio Ave
🍴メイン＄10〜18
🕐17:00〜23:00

ワイキキにあるもう1軒の一流タイ・レストランでおいしい料理を出す。ケオスは長年にわたり、ジミー・カーターやキアヌ・リーブスといったハワイを訪れる有名人のお気に入りとなっているが、地元にも熱烈なファンが多い。店のオーナーのケオ・サナニコンはオアフ農園で有機栽培で育てたハーブを料理の香辛料としてふんだんに使っている。この店の自慢料理、イビル・ジャングル・プリンスは、バジルとココナツミルクを使ったスパイシーカレーで、野菜、チキン、ビーフ、エビの中から選択できる。難を言えば、場所が人通りの多いクヒオ通りに面しているためうるさいことだ。

食事 - 高級

ゴールデン・ドラゴン
Golden Dragon
☎946-5336
🏠2005 Kalia Rd
🍴前菜＄7〜10、メイン＄15〜30
🕐火〜土18:00〜21:30

ヒルトン・ハワイアン・ビレッジホテルHilton Hawaiian Village hotelの中にある最高級中国料理店で、料理もオーシャンビューもすばらしい。多彩なメニューの中には高価な特別料理もあるが、おいしい広東風ローストチキンやパリッとした香ばしいレモンチキンなど、多くの一品料理は＄20未満。

サム・チョイズ・ダイヤモンド・ヘッド・レストラン
Sam Choy's Diamond Head Restaurant
☎732-8645
🏠449 Kapahulu Ave
🍴＄20〜30
🕐17:30〜21:30

動物園の北にあり、現代的な内装を施した店でハワイの郷土料理を出している。同じような料理を専門とするほかのレストランと違い、チョイのメインはすべてボリュームたっぷりで、しかもスープ・サラダ付だ。人気料理にはシーフード・ラウラウや魚のカニ肉詰めがある。メニューには前菜があまり載っていないが、メインのボリュームがかなりあるので、たいていのディナーは前菜なしで済む。

プリンス・コート
Prince Court
☎956-1111
🏠100 Holomoana St
🍴ディナービュッフェ 平日＄30 週末＄39
🕐月〜金11:30〜14:00、毎日17:00〜21:00

行くだけの価値がある店。ハワイ・プリンス・ホテルの3階にあるおしゃれで今風のレストランでは、ヨットハーバーの美しい眺めとアジアや西洋の料理が楽しめる。どのビュッフェにも温かいメインや冷たいメイン、点心、新鮮な魚、サラダ、食欲をそそるデザートが並ぶ。ディナー時にはさらにカニ足、刺身やスモークサーモンなどの海鮮料理も並ぶ。

バニヤン・ベランダ
Banyan Veranda
☎922-3111
🏠2365 Kalakaua Ave
🍴4コースディナー＄40
🕐17:30〜21:00

シェラトン・モアナ・サーフライダーSheraton Moana Surfrider内、ホテルの歴史ある中庭のベランダという、とても恵まれた位置にある。毎晩変わるメニューは、フランス料理や太平洋風料理の影響を受けた料理が特徴。ディナーをとりながらハワイの音楽やフラダンスが楽しめる。きっとロマンチックな夜を過ごせることだろう。

オーキッド
Orchid's
☎923-2311
🍴ビュッフェ＄38
🕐9:30〜14:30

ハレクラニ・ホテルHalekulani Hotelにあり、日曜日にはオアフの最高のブランチ・ビュッ

フェが楽しめる。刺身、寿司、プライムリブ、スモークサーモン、子豚の蒸し焼き、サラダや果物がずらりと盛り付けられ、豪華なデザートバーもある。美しい海の眺め、テーブルに飾られたランの花、フルートとハープの二重奏など、配慮が行き届いている。予約しておかないと長時間待つことにもなりかねない。

京屋
Kyo-ya
☎947-3911
🏠2057 Kalakaua Ave
🍴ランチ$14～20、ディナー$30～55
🕐月～土11:00～13:30、毎日17:30～21:00

着物姿のウェイトレスがいる純日本風レストランで、ワイキキでは最高の日本料理が味わえる。メニューは盛りだくさんで8ページもある。おすすめは懐石料理。伝統的な京都風の料理では小ぶりの一品料理が数多く出される。食器と盛り付けはともに上品だ。現地の人の間では、特別な日に出かけたい店として評判の日本料理店。

ラ・メール
La Mer
☎923-2311
🏠2199 Kalia Rd
🍴メイン$30～45、ディナー 4コース$80、6コース$105
🕐18:00～21:30

ハレクラニ・ホテル内にあるこの店は、多くの人の間ではハワイではこれ以上のディナー・レストランはないと評判だ。プロバンス風に重点を置いた新古典的フランス料理のメニューが揃い、2階からの海の眺めは格別。フォーマルなレストランなので、男性はジャケットの着用（借りることもできる）が必要。メニューは毎日変わるが、おおむねキャビア、ブイヤベースやヒレ肉を添えたアヒ*ahi*のようなメニューが特徴。

エンターテインメント

ワイキキは楽しい！観光地、渋滞、センチメンタルな歌、ロマンスにくつろぎと何でもある。ワイキキでは、誰もが思いのままにいろいろな時間を楽しむことができる。夜通し踊れる熱気に満ちたダンスクラブもあれば、カクテルグラスを手にしてハワイアンミュージックを聞きながらビーチでリラックスすることもできる。ゲイもそうでない人も関係なくワイキキはホノルルの娯楽の中心になってきている。やりたいことが見つからないということはないだろう。

最新のスケジュールについては、無料のツーリストマガジンや現地の新聞をチェックすると良い。

ハワイアンミュージック・フラダンス ワイキキには、ビート調のドラムに合せたポリネシアンショーからスラックキーギターでゆったりとした曲の演奏に合わせて踊るフラダンサーのデュオまで、多くのハワイスタイルのエンターテインメントがある。

ワイキキにはオアフ最高のフラダンスグループの音楽やダンスを無料で見ることができる所が2～3カ所ある。

最も見応えがあるショーは市が主催する**クヒオ・ビーチ・トーチライティング・アンド・フラショー Kuhio Beach Torch Lighting & Hula Show**（🕐月～木18:30、金～日18:00）で、クヒオ・ビーチ・パークのフラダンス会場で行われる。**インターナショナル・マーケットプレース International Market Place**（🏠2330 Kalakaua Ave）のフードコートでも、ほぼ毎夜19:30から無料のフラダンスショーが行われている。

アウトリガー・ワイキキ・ホテルの海辺の中庭にある**デュークス・カヌー・クラブ Duke's Canoe Club**（☎922-2268 🏠2335 Klakaua Ave）は、現代のハワイアンミュージックが演奏される場所としてよく知られている。毎日16:00～18:00と22:00～深夜まで行われる催しには有名人も参加し、週末の午後にはカペナやヘンリー・カポノなどの人気者が登場する。かなり楽しめるのでお見逃しなく。

バニヤン・ベランダ Banyan Veranda（☎922-3111 🏠2365 Kalakaua Ave）ではシェラトン・モアナ・サーフライダーに昔からあるバニヤンツリーの下で音楽を聴くことができる。ここは1935年に開局以来、40年間にわたり続いたラジオ番組、「ハワイアン・コールズ」が全米に向けて放送された場所でもある。スケジュールは変更されるが、通常17:30～20:30までハワイアン音楽とフラダンスのパフォーマンスが行われ、引き続き22:30までクラシック演奏がある。

ハウス・ウィズアウト・ア・キー House Without a Key（☎923-2311 🏠2199 Kalia Rd）は日没を眺めながらカクテルを楽しめるハレクラニ・ホテルの屋外バー。ハワイアン音楽や元ミスハワイによるフラダンスがあり、年配の洗練された人たちが夜ごと集う。

ロイヤル・ハワイアン・ホテル Royal Hawaiian Hotel（☎931-7194 🏠2259 Kalakaua Ave 🍴大人$81、子供5～12才$48 🕐月18:00～20:30）ではビーチサイドでルアウ（ハワイ式宴会）が開かれる。料金にはバー、ビュッフェスタイルのディナー、ポリネシアンショーが含まれる。

ダンスクラブ

ワイキキの最先端のダンスクラブ、**ウェイブ・ワイキキ Wave Waikiki**（☎941-0424 🏠1877

ワイキキ – エンターテインメント

Kalakaua Ave $ 5 21:00〜翌4:00）では、トランス、ヒップホップ、ファンク、オルターナティブ・ミュージックに力を入れている。21歳未満は入場不可。

スクループルス
Scruples
☎923-9530
🏠2310 Kuhio Ave
$ 5
20:00〜翌4:00

にぎやかなディスコスタイルの、ワイキキでもトップ40に入るダンスクラブ。ワイキキ中心部にあり。18歳未満は入場不可。

ムース・マッギリカディーズ
Moose McGillycuddy's
☎923-0751
🏠310 Lewers St
無料
月〜土 21:00〜翌1:00

生バンドが演奏する騒々しい場所。演奏曲目のほとんどは80年代、90年代のロックとトップ40。21歳未満は入場不可。

ザンザバー・ナイトクラブ
Zanzabar Nightclub
☎924-3939
🏠2255 Kuhio Ave
$ 5
21:00〜翌4:00

ワイキキ・トレード・センターWikiki Trade Centerの中にあり、毎晩何か行われる。ダンスはいつもあるが、音楽はテクノ、トランスからトップ40まで、日によって変わる。21歳未満は入場不可。

バー
日光浴の最中に冷たいトロピカルドリンクを楽しむのに良いのは、アストン・ワイキキ・ビーチ・ホテル内にある**プールサイド・バー The Poolside Bar**（☎921-6264 🏠2570 Kalakaua Ave）だ。

ココナツ・ウィリーズ・バー
Coconut Willy's Bar
☎923-9454
🏠2330 Kalakaua Ave

インターナショナル・マーケットプレース内にある。少々騒がしいが人間観察にはもってこいの場所。夜間のイベントも盛りだくさん。

エ・オールド・フォックス・アンド・ハウンド
Ye Olde Fox and Hound
☎947-3776
🏠1178 Ala Moana Blvd

ディスカバリー・ベイ・センターの地階にあるイギリス風パブ。大型スクリーンでスポーツ中継を流している。ビールがワイキキで一番安い。

タイニーバブルズ

1960年代のノスタルジアにひたってみたいなら、ここ！歌と楽しいジョークをステージに持ち込める人といえば、やはりドン・ホーだろう。この洒落たホノルルのミュージシャンは、1962年以来ワイキキの観光客を楽しませてきた。オルガンの前に座り、冗談を飛ばして観客としゃべり、「タイニーバブルズ」や「アイル・リメンバーユー」などの古典的とも言えるポップヒット曲を歌って、彼独特の味を醸し出している。

ザ・ショー The show（☎923-3981 🏠2300 Waikiki Beach-comber Hotel, 2300 Kalahaua Ave 入場料 $ 32 日〜木20:00）では1週間に5夜上演されており、入場料にはカクテルが含まれる。

ハリーズ・バー
Harry's Bar
☎923-1234
🏠2424 Kalakaua Ave

ハイアット・リージェンシー・ワイキキ内にある。小さな傘の飾りのマドラーでカラフルなトロピカルドリンクを混ぜるのは楽しいし、ノンアルコールのスムージーもおいしい。ハワイアンエンターテインメントは通常、夕方行われる。

ゲイ向け
ワイキキ・グランド・ホテル2階にある**フラズ・バー・アンド・レイ・スタンド Hula's Bar & Lei Stand**（☎923-0669 🏠134 Kapahulu Ave 10:00〜翌2:00）はワイキキのゲイのメッカ。屋外のバーはゲイたちが集い、ダンスや酒を楽しむことでも有名。オーシャンビューも楽しめる。

そのほかのワイキキのゲイスポットは次のとおり。**アングルス・ワイキキ Angles Waikiki**（☎926-9766 🏠2256 Kuhio Ave）はダンス、ビリヤードやテレビゲームができるナイトクラブ。**フュージョン・ワイキキ Fusion Waikiki**（☎924-2422 🏠2260 Kuhio Ave）ではカラオケや女装ショーがある。**イン・ビトウィーン In-Between**（☎926-7060 🏠2155 Lauula St）はカラオケのできるゲイバーで翌朝2:00まで開いている。

上記4カ所すべての店は、ゲイとレズビアンの両方自由に入れるが、イン・ビットイーンは圧倒的にゲイが多く、エンジェルズとフュージョンはほぼ半々のようだ。

映画
ワイキキ・シアター Waikiki Theatres（☎971-5133 🏠Seaside & Kalakaua Aves $ 7.50）には封切り映画を上映する3つのスクリーンがある。

アイマックス・シアター・ワイキキ
IMAX Theatre Waikiki
☎923-4629
🏠325 Seaside Ave
💰 $ 10
70フィート（約21m）のワイドスクリーンで40分間上映されるのはハワイの美しい風景。立体ビジュアル動画の効果により、ヘリコプターに乗って島周辺を急上昇する疑似体験ができる。

無料のエンターテインメント　夕日を見ながらワイキキ・ビーチを散歩するのもいいし、ビーチフロントホテルで行われる野外のハワイアンショーを見るのも楽しい。シェラトン・モアナ・サーフライのバニヤン・ベランダで演奏しているミュージシャンのそばを通り過ぎて、デューク・カヌー・クラブDuke's Canoe Clubのビーチサイドで演奏するバンドを見たり、シェラトン・ワイキキでプールサイドのパフォーマンスを眺めるなどほかにもたくさんある。

ロイヤル・ハワイアン・バンド Royal Hawaiian Band（◎日 14:00〜15:00（8月を除く））はカピオラニ・パークKapiolani Parkの野外ステージで演奏している。観客が手をつないでリリウオカラニ女王のアロハ・オエをハワイ語で合唱しながら終わる、ハワイの真髄といった情景だ。

カピオラニ・パーク・バンドスタンドでは、無料の**フライデー・バンドスタンド・コンサートFriday Bandstand Concerts**が毎週金曜の17:30〜18:30に行われる。一流のスラックキーギター奏者からブルースやジャズのバンドまで、さまざまなハワイのグループが毎週パフォーマンスを行っている。

ロイヤル・ハワイアン・ショッピング・センターRoyal Hawaiian Shopping Center（☎922-0588 🏠Kalakaua Ave）の噴水広場では無料のイベントを行っている。毎晩18:00よりトーチ・ライティング・セレモニー（松明を使ったショー）が行われ、続いて30分間のポリネシアンショーが行われる日もある。

日中はショッピングセンター主催のさまざまなアクティビティが行われている。フラレッスン（◎月・金10:00〜）、レイ・メーキングレッスン（◎月・水11:00〜）、ウクレレレッスン（◎火・木10:00〜、月・水・金11:30〜）はすべて無料で、時間は1時間程度。

ハワイ文化を学びながら運動したいなら、無料の**ワイキキ・ヒストリック・トレイル Waikiki Historic Trail**の徒歩ツアーに参加するといい。ネイティブハワイアンのガイドによるこの90分の徒歩ツアーでは、昔のハワイの王族がワイキキで遊びを楽しんでいた時の歴史的な裏話のような興味深い話を随所で聞くことができる。ツアーは月曜から金曜までの9:00に、クヒオ・ビーチ・パークKuhio Beach Parkのデューク・カハナモク像の前から出発。

サンセット・オン・ザ・ビーチ Sunset on the Beachは土曜と日曜の夕方にクイーンズ・サーフ・ビーチQueen's Surf Beachで無料で行われる市主催のビーチパーティー。ビーチで16:00からハワイのバンドが演奏を行い、辺りが暗くなると設置された巨大スクリーンで映画が上映される。エルビス・プレスリーのブルーハワイ*Blue Hawaii*のような島に関連した映画や、有名なハリウッド映画、スターウォーズ*Star Wars*シリーズが上映されることもある。とても楽しいひとときとなるだろう。

そのほかのワイキキの無料観光スポットは（詳細は本章前出の「無料のエンターテインメント」を参照）プレザント・ハワイアン・フラ・ショーPleasant Hawaiian Hula Show、ダミアン・ミュージアムDamien Museum、オーシャナリウムOceanarium、アメリカ陸軍博物館US Army Museum、歴史的に有名なシェラトン・モアナ・ホテルSheraton Moana Hotelの見学など。

もちろん毎晩行われる**フラ・ショー**も忘れてはならない（詳細は前出の「ハワイアンミュージック・フラダンス」を参照）。

ショッピング

ワイキキには土産物店や、水着、Tシャツなどを扱う店があふれており、すぐに立ち寄れるコンビニエンスストアやおしゃれなブティックなども多い。

ABC・ディスカウント・マート ABC Discount Martsはどこへ行っても見つけることができる店。あらゆる道の曲がり角にあるといってもよいほどだ。ビーチマットや日焼け止め、雑貨など、旅の必需品を一番安く手に入れることもできる。

安い土産物を買いたいなら**インターナショナル・マーケットプレース International Market Place**（☎923-9871 🏠2330 Kalakaua Ave）がおすすめ。ワイキキの中心部にある葉の生い茂るバンヤンノキの下にある。100ほどの売店で貝殻のネックレスや冷蔵庫のマグネットからTシャツやサロン（腰布）まで、あらゆる品物が売られている。

ロイヤル・ハワイアン・ショッピング・センター Royal Hawaiian Shopping Center（☎922-0588 🏠Kalakaua Ave）はワイキキ最大のショッピングセンター。宝石店、デザイナーブランド服の店、ハワイらしいギフトショップがたくさんある。**リトル・ハワイアン・クラフト・ショップ**

真珠湾（パール・ハーバー）－USSアリゾナ記念館

Little Hawaiian Craft Shop（☎926-2662）にはククイナッツkukui-nutのキーホルダーやキルトパターン・キットから、質の良いコア材の容器まで幅広い種類の地元工芸品が揃っている。

ベイリーズ・アンティーク・ショップ Bailey's Antique Shop（☎734-7628 ♠517 Kapahulu Ave）はアンティークや古着のアロハシャツの店。この島一番の品揃えで、博物館といってよいほどだ。ぜひ行って見学してみてほしい。

アイランド・トレジャーズ・アンティーク Island Treasures Antique（☎922-8223 ♠2145 Kuhio Ave）は宝石や年代物のガラス製品、昔のポスター、アジア陶磁器など、ありとあらゆる種類のアンティーク雑貨を集めた店。

癒しのひと時

裏千家ハワイ財団 Urasenke Foundation of Hawaii（☎923-3059 ♠245 Saratoga Rd）では水曜と金曜に茶会の実演が行われており、サラトガ通りの喧騒にちょっとした平穏をもたらしてくれる。着物を着た生徒が本格的な茶室の畳の上で茶道を披露するだろう。参加すると瞑想的な体験をすることができるだろう。

費用は$3で抹茶と茶菓子がふるまわれる。見学は無料。実演は10:00から始まり、45分程度行われる。予約も可能だが、必ず必要というわけではない。入口で靴を脱がなくてはならないため、靴下を履いて行くとよいだろう。

真珠湾（パール・ハーバー）
Pearl Harbor

真珠湾は、アメリカの第2次世界大戦参戦のきっかけとなった攻撃が行われた場所として世界的に有名である。湾は米軍基地で囲まれているが、第2次世界大戦に関する観光スポットが3カ所あるため、当時の歴史に興味があるならばぜひ訪れたい。まず初めに訪問したいのが、最も有名なアリゾナ記念館USS *Arizona* Memorialだ。ほかの2カ所は、アリゾナ記念館に隣接するボウフィン潜水艦博物館・公園USS *Bowfin* Submarine Museum & Parkと、第2次世界大戦終結の印として日本の降伏文書をダグラス・マッカーサー将軍が受理した戦艦ミズーリBattleship *Missouri*だ。

真珠湾周辺地域でもう少し落ち着いた静かな場所を求めるなら、控え目な名所ではあるが古代の儀式用神殿とハイキングコースのあるケアイワ・ヘイアウ州立公園Keaiwa Heiau State Park、かつてサトウキビプランテーションで働いていたさまざまな民族の生活様式を今に伝えるハワイ・プランテーション・ビレッジHawaii's Plantation Villageの2カ所を挙げておこう。

USSアリゾナ記念館
USS *Arizona* Memorial

毎年150万人以上が「真珠湾を忘れるな remember Pearl Harbor」として、ここUSSアリゾナ記念館を訪れる。国立公園局が運営しており、ハワイで最も訪問者の多い観光スポットだ。

ビジターセンター（☎422-2771、24時間録音情報 ☎422-0561）入館料無料 サンクスギビング、クリスマス、元旦を除く7:30～17:00)には博物館、映画館と沖合いに沈むUSSアリゾナの上に建つ記念館が含まれる。公園局では、真珠湾攻撃の短いドキュメントフィルム上映と記念館へのボート送迎を含む75分間の見学プログラムを行っている。

1962年に建てられた184フィート（約56m）の記念館は、沈んだアリゾナには直接触れてはいないがその真上にある。記念館には船の鐘と、船上で戦死した人々の名前が刻まれた壁がある。当時アリゾナに乗船していた兵士の平均年齢は19歳だった。

記念館から、海面下8フィート（約2.5m）のところに戦艦の姿を確認できる。船は海底40フィート（約12m）に横たわっており、今でも毎日1～2ガロン（約4～8リットル）の油が漏れ出している。攻撃からの素早い回復と戦闘準備のため、アメリカ海軍は犠牲者を沈没した艦内に残すという選択を取った。今でも彼らは船を墓場とし、海底に眠っている。

真珠湾攻撃の生存者が歴史の証言者としてボランティアをしており、攻撃当時の経験談を見学者に語ってくれることもある。

ほかにも、日本とアメリカ両国の軍保管文書から見つかった興味深い写真を展示する小さな博物館があり、真珠湾の攻撃前、攻撃中、攻撃後を見ることができる。中にはハーバード大学に留学した優秀な戦略家、そして真珠湾攻撃の発案者である山本五十六提督の写真もある。彼はアメリカとの戦争には反対だった。攻撃のあと山本はその成功を味わうよりも、日本が「眠れる巨人を呼び起こし、奮い立たせる結果を招いたも同然」ではないかと恐れたという。

見学プログラムは天候が良ければ8:00（夏季は7:45）～15:00の間、15分おきに到着順で行われる。着いたらまずインフォメーションブースでチケットを受け取ること（団体で

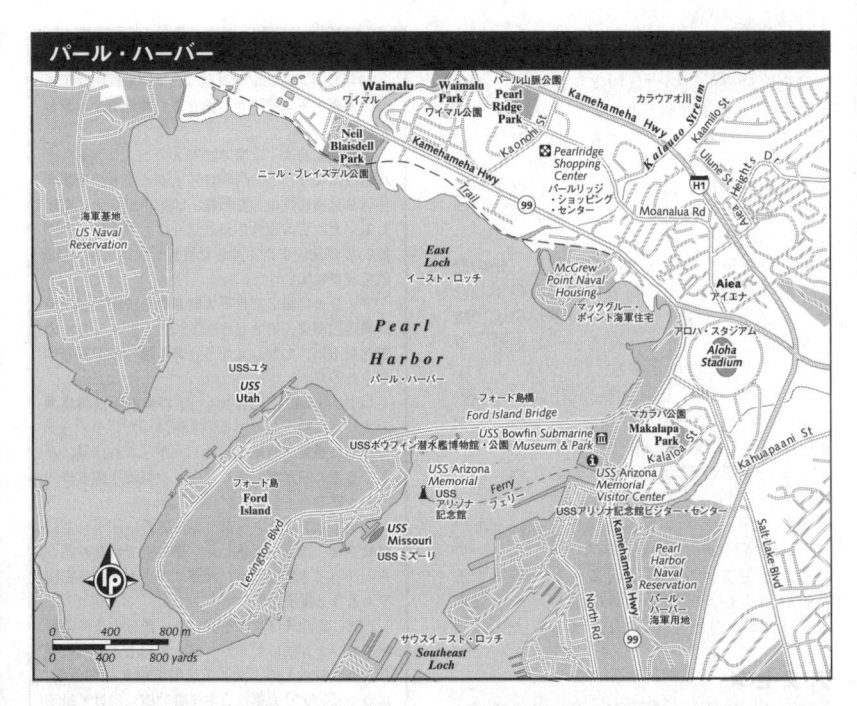

真珠湾（パール・ハーバー）－USSボウフィン潜水博物館・公園

も必ず各自が受け取ること）。チケットに印刷された番号がツアー開始時間に対応している。

通常、午前中は待ち時間が短くて済む。込み始める前に到着すれば30分も待たないだろうが、事情により数時間待ちになることもある。夏季に最も混雑し、1日平均4500人がツアーに参加するため昼までに当日のツアーチケットがなくなることもある。

各博物館への入場、海軍によるボートでの送迎のすべてが無料で、記念館を含む全施設がバリアフリーになっている。簡単な食事ができるスナックバーと土産物や本を販売する店もある。

USSボウフィン潜水艦博物館・公園
USS *Bowfin* Submarine Museum & Park

アリゾナ記念館のツアー開始まで1～2時間あるなら、隣接するUSSボウフィン潜水艦博物館・公園USS Bowfin Submarine Museum & Park（☎423-1341 公園入園料無料、潜水艦・博物館 大人＄8 子供＄3 8:00～17:00）に寄るのも一案だ。

第2次世界大戦時の潜水艦USSボウフィンと、初期型から原子力型への潜水艦発達の足跡を展示する太平洋潜水艦博物館がある。

1943年5月に就役したUSSボウフィンは、戦時中に44隻の船を太平洋で撃沈した。見学者は潜水艦内を、展示物に応対して自動再生する30分の説明テープ（入館料に含まれる）を聞きながら、各自見て回ることができる。

公園は入場無料で、ミサイルや魚雷が点在し、潜望鏡、日本の特攻式魚雷「回天」も展示されている。

「回天」は外見そのままの、1人乗りの魚雷だ。日本の本土決戦が近づく中、回天は敵の侵攻を防ぐ最後の手段として開発された。神風特攻隊の海軍版であり、魚雷が発射される前に義勇兵が乗り込み、そして標的に向け操舵した。これにより1944年11月、ウルシー環礁Ulithi Atoll沖で米軍のUSSミシシネワUSS *Mississinewa*が撃沈されている。

戦艦ミズーリ記念館
Battleship *Missouri* Memorial

1998年に任務を終えたUSS戦艦ミズーリUSS Missouri（☎973-2494 セルフガイドツアー大人＄14、子供＄7、グループツアー大人＄20、子供＄13 9:00～17:00）は愛称を「マイティー・モーMighty Mo」という。艦は、真珠湾にある第2次世界大戦記念施設の3つ目の要素として、非利益団体USSミズーリ記念協会USS *Missouri* Memorial Associationによってフォード島に運びこまれた。

真珠湾（パール・ハーバー）－ハワイ・プランテーション・ビレッジ

全長887フィート（約270m）のミズーリは、第2次世界大戦の終結間近に進水した戦艦で、硫黄島と沖縄の決戦では旗艦を務めた。1945年9月2日、戦争終結となった日本の降伏文書調印がこの戦艦のデッキで執り行われた。ミズーリは現在、海に沈むアリゾナから数百ヤード離れた所に係留されており、両艦で歴史を間に挟むユニークなブックエンドのようになっている。

船のツアーはおよそ2時間かかる。船の歴史に関する展示のある将校用船室を見学したり、ダグラス・マッカーサー将軍が日本の降伏を受諾したデッキを歩くことができる。グループツアーに参加すると、「コンバット・エンゲージメント・センターcombat engagement center」で海軍の戦闘シミュレーションを見学できる特典がある。

フォード島は現役の軍事施設のため、車で直接入ることはできない。その代わりトローリーバスが、チケットの販売されているボウフィン公園Bowfin Parkとミズーリをつないでいる。歴史ファンならばミズーリを見学する価値はあるが、時間や予算に限りがあるならばアリゾナ記念館を訪れるほうがいいだろう。

アクセス

アリゾナ記念館ビジターセンターとボウフィン公園は、カメハメハ・ハイウェイKamehameha Hwy（ハイウェイ99）をアロハ・スタジアムのすぐ南にある真珠湾海軍用地Pearl Harbor Naval Reservationで下りたところにある。ホノルルからの場合、H1ウエストH1 westに乗り、15A出口（スタジアム／アリゾナ記念館Stadium/Arizona Memorial）で下りる。ハイウェイの標識は真珠湾方面ではなく、USSアリゾナ記念館方面に従うこと。ビジターセンターには大きな無料駐車場がある。

公共バスでも簡単にアクセスできる。バス42番エワ・ビーチ行Ewa Beachがワイキキからビジターセンターへの1番早いバスで、約1時間かかる。バス20番も同じルートを走っているが、空港で停車時間をとるため15分余分にかかる。

民間会社のアリゾナ記念館シャトルバスArizona Memorial Shuttle Bus（☎839-0911）とハワイ・スーパー・トランジットHawaii Super Transit（☎841-2989）が1日数回、ワイキキのホテルを回っている。ビジターセンターまでのバン乗車料金は、片道＄3 往復＄5で、40分ほどかかる。

ケワロ湾Kewalo Basinとケワロ・コーストKewalo coastから真珠湾への＄25のプライベートボートクルーズもある。ただし、ビジターセンターには停まらないため、アリゾナ記

奇襲攻撃？

1941年12月7日、350機を越す日本軍戦闘機がアメリカ海軍太平洋艦隊が本部を置く真珠湾を攻撃した。

2時間におよぶ攻撃で2335人のアメリカ軍兵士が犠牲になり、その内の1177人がまともに攻撃を受け9分後に沈没した戦艦、USSアリゾナに乗船していた。この運命の日、ほかにもアメリカの艦船20隻が沈没または深刻な被害を受け、347機の航空機が破壊された。

アメリカの第2次世界大戦参戦を決定づけた真珠湾の攻撃は、アメリカ艦隊にとってまったくの驚きだった。しかしながら、ある種の事前警告はあったのだ。

12月7日6:40、USSウォードは潜水艦が真珠湾の入り江に接近しているのを確認した。ウォードは直ちに爆雷で攻撃し撃沈したが、これは湾に潜入するため日本軍が送り込んだ小型潜水艦5隻のうち1隻であったことが判明した。

7:20、オアフ島ノース・ショアのレーダー基地が航空機の接近を報告した。機は東ではなく西から向かってきていたが、米軍は本土からの航空機であろうと推測していた。

7:55、真珠湾は攻撃を受けた。数分のうちに戦艦アリゾナは炎に包まれ、兵士を船上と船内に残したまま沈没した。そして攻撃開始から15分後、ようやくアメリカ軍は日本軍戦闘機に向けて対空砲を発射し始めたのだった。

念館を見学することはできない。

ハワイ・プランテーション・ビレッジ
HAWAII'S PLANTATION VILLAGE

☎677-0110
94-695 Waipahu St, Waipahu
入場料 大人＄7 子供＄4
月〜金 9:00〜16:00、土 10:00〜16:00

真珠湾の5マイル（約8km）北東にあり、ハワイの持つ多民族文化遺産を見学できる。

ここには30の住居と建築物があり、20世紀初頭にプランテーションがあった典型的な村が再現されている。住居には、サトウキビプランテーションで働いていた8つの異なる民族 – ハワイ、日本、沖縄、中国、韓国、ポルトガル、プエルトリコ、フィリピン – のライフスタイルを表す年代ものの品々が置かれている。中国の厨房（1909年）はもともとこの場所にあったもので、日本の神社（1914年）は移転されてきた。そのほかの建築物は当時の原物に忠実に復元されている。

1時間のガイドツアーは、月〜金曜の9:00

真珠湾（パール・ハーバー） - ケアイワ・ヘイアウ州立公園

手荷物は残して

2001年9月11日のニューヨークテロ事件に伴い、新しいセキュリティ規制がアリゾナ記念館とミズーリ記念館に設定された。見学者がこれらの場所に持ち込める物には、厳しい規制がある。

アリゾナ記念館ビジターセンターおよび両方の戦艦ツアーには、ハンドバッグ、カメラケース、ウエストポーチ、バックパック、おむつ用バッグ、ショッピングバッグなどを含む入れ物を持ち込むことはできない。12インチ（約30cm）より大きなカメラおよびビデオカメラの持ち込みも禁止されている。これらの物が検査対象になるのではなく、持ち込みが完全に禁止されているのだ。

バスで来た場合、ロッカーなど個人の手荷物を預けるところはない。車の場合、トランクに入れておくことができるが、これに対し公園局は車上狙いの危険性を指摘している。そのため、真珠湾でこれらの場所を訪れる際には事前に計画を立て、持ち物は滞在先に置いて出かけるのが得策だ。

～15:00に1時間ごとに行われ、土曜のみ10:00スタートとなる。

ワイパフは、オアフ島にあったプランテーションタウンの最後の1つだ。1995年まで稼動していた製糖工場の廃墟がビレッジの真上にある小高い丘にひっそりとたたずんでいる。このような回りの環境が特に当時を思い起こさせる。ツアーの開始を待つ間、ロビー脇にある小さな博物館を見学するとよい。このビレッジ全体が、各民族のコミュニティーによって作られた質の高い製作物なのだ。

アクセス方法は車の場合、H1フリーウェイを7番出口で下り、パイワ・ストリートPaiwa Stで左折する。次にワイパフ・ストリートWaipahu Stを右折し、製糖工場を過ぎるとビレッジは左手にある。バスの場合、42番がワイキキとワイパフの間を昼間は30分おきに運行しており、ビレッジまで約1時間15分かかる。

ケアイワ・ヘイアウ州立公園
KEAIWA HEIAU STATE PARK

真珠湾の3マイル（約4.8km）北北東のアイエアAieaにある334エーカー（約135ヘクタール）この州立公園（☎483-2511 🏠Aiea Heights Dr 🆓入園無料 ⏰7:00～日没）には、古代の治療用神殿、キャンプ場、ピクニック施設、ハイキングコースがある。

公園の入口には、縦100フィート（約30m）、横160フィート（約49m）、平屋根で石造りの**ケアイワ・ヘイアウ Keaiwa Heiau**が建っている。1600年代に建てられたもので、カフナ・ラパウ（薬草を使い治療する人）が使用した。カフナは数百種類の薬草を使い、その多くをヘイアウの周囲で栽培していた。今でもここで、心臓病の治療に使われた刺すような香りの黄色い果実をつけるノニ（ヤエヤマアオキ）、便秘薬として効果のある実をつけるククイの木、実がひびわれに効くパンの木、解熱のため病人に貼り付けられたセンネンボクの葉を見つけることができる。薬草に薬効があっただけでなく、ヘイアウ自体に生命を維持するエネルギーがあり、カフナは両方の効力を引き出すことができると考えられていた。

今でも人々は癒しを願うとき、ヘイアウに供え物をする。ロザリオ、ニューエイジクリスタル、酒などが、花のレイやセンネンボクの葉で包まれた石の横に置かれ、ハワイ文化の多様性を表している。

ホノルルからケアイワへのアクセス方法は、ハイウェイ78で西に向かい、スタジアム／アイエアStadium/Aiea分岐路からモアナルア・ロードMoanalua Rdに乗り、2つ目の信号アイエア・ハイツ・ドライブAiea Heights Drで右に曲がる。住宅街を2.5マイル（約4km）ほど行くと公園がある。

アイエア・ループ・トレイル
Aiea Loop Trail

行course4.5マイル（約7.2km）のアイエア・ループ・トレイルは、公園の頂上にあるトイレ脇からスタートし、0.3マイル（約500m）下にあるキャンプ場に出る1周コースだ。道はユーカリの林を抜け、尾根沿いに延びている。

ほかにも硬質樹木やシマナンヨウスギ、食用グアバ、赤いフワフワした花をつけるハワイ原産のオヒア・レフアが生えている。道沿いに見られる真珠湾、ダイヤモンドヘッド、クーラウ山脈の景観はすばらしい。3分の2ほど行ったところで、1943年に墜落したC-47型輸送機の残骸が東尾根の葉陰に垣間見れる。

キャンプ

公園は100人のキャンパーを収容することができ、ほとんどのサイトにピクニックテーブルとバーベキューグリルが備えられている。サイト同士がくっつき合ってはいないが、オープンにしてあるためプライバシーはあまりない。

冬にキャンプをする場合、高度880フィート（約268m）のこの場所は雨が多いため、防水機能の付いたキャンプ用品が必要だ。公園内にはトイレ、シャワー、飲料水が完備されている。正面ゲート脇には管理人住居があり、ゲートは保安のため夜間は施錠される。

オアフ島の公共キャンプ場では、水曜と木

曜のキャンプは禁止されており、前もって許可を取得する必要がある。詳細については、本章に前出の「宿泊」の「キャンプ」を参照。

サウスイースト・オアフ
Southeast Oahu

クーラウ山脈の端をカーブしながら走るサウスイースト・コースト沿いには、オアフ島で最も風景のすばらしい場所が幾つかある。ダイヤモンドヘッドDiamond Head、ハナウマ・ベイHanauma Bay、島でもっとも有名なボディサーフィンのビーチといった場所がワイキキから車で20分だ。

ダイヤモンドヘッドの東で、H1はカラニアナオレ・ハイウェイKalanianaole Hwy（ハイウェイ72）に変わり、高級なカハラ住宅街、ショッピングセンター、山間の谷に広がる住宅開発地を通り過ぎる。

ハイウェイはアップダウンしながら、海岸の景色が美しいココ・ヘッドKoko Headエリアとマカプウ・ポイントMakapuu Pointの周囲を曲がりくねって走る。力強くそびえる岩層や火山噴火口、溶岩の海食崖があり、地質学的に見てもすばらしいエリアだ。

ダイヤモンドヘッド
DIAMOND HEAD

ダイヤモンドヘッド（入場料＄1　6:00〜18:00）は、オアフ島の火山活動のほとんどが停止してから長時間が経過したのち、地表深くで起こった蒸気の爆発によって形成された、円錐状の凝灰岩と噴火口からできている。ワイキキの背後に位置するため、太平洋でもっとも知られたランドマークの1つになっている。標高は760フィート（約232m）。

ハワイの人々からはレアヒLeahi（マグロの額）と呼ばれ、山頂にはルアキニ・ヘイアウluakini heiau（人身御供用神殿）が建てられていた。しかし、1825年にイギリス人航海士たちがここで日の光を浴びて輝く方解石を見つけ、それをダイヤモンドと間違えて以来、ダイヤモンドヘッドと呼ばれている。

1909年にアメリカ陸軍が火口の端にルーガー砦を築き始めた。入り組んだトンネルが造られ、縁に砲台や地下壕、監視所が置かれた。第2次世界大戦中に砦はさらに強化されたが、ついに1度も攻撃に使用されず沈黙の番人となっている。

ダイヤモンドヘッドはピクニックテーブル、トイレ、飲料水を完備した州の記念物で、トレイルをハイキングし火口の縁からパノラマビューを楽しむのがここを訪れる1番の目的となっている。

ダイヤモンドヘッド・トレイル
Diamond Head Trail

山頂までのトレイルは、火口沿いに置かれた軍の監視所への道として1910年に造られた。

高度差560フィート（約171m）というかなり険しい道だが、頂上まで0.75マイル（約1.2km）しかないので、さまざまな年代の人々がハイキングしている。往復約1時間かかる。トレイルには木陰などはなく暑いため、飲み物を持参したほうがよい。

トレイルを歩き始めると、山頂が前方の左11時の方向に見える。

クレーターの表面は乾燥していて、キアヴェkiawe（マメ科の植物メスキートの一種）、コアの木、雑草、野生の花が生い茂っている。小さな山吹色の花はハワイ原産のイリマで、オアフ島を代表する公式の花に指定されている。

20分ほど登ったところで、暗くて長いトンネルに入る。トンネルはカーブしているため、出口に近づくまで光は見えない。やや気味悪い感じもするが、天井は頭をぶつけずに歩けるほど高く手すりもあり、暗闇で影を見分けられるぐらいには目が慣れてくるだろう。しかし公園側は、事故防止のため懐中電灯を携帯するようアドバイスしている。

このトンネルが長い登頂のクライマックスかのように思えるが、外に出るとすぐに99段の急な階段にぶつかる。もう少しの辛抱だ。あとは短いトンネルと、狭いらせん階段のある真っ暗な壕、トレイルにある全271段の階段の最後があるだけだ。頂上には急勾配になっている場所があるので、注意が必要。

頂上からは、南東の海岸からココ・ヘッドKoko Headとココ・クレーターKoko Crater、リーワードコーストleeward coastからバーバーズ・ポイントBarbers Pointそしてワイアナエ山脈Waianae Mountainsまで、360度のすばらしい景色が楽しめる。眼下にはカピオラニ公園Kapiolani Parkとワイキキ・シェルWaikiki Shellが見える。灯台やサンゴ礁、ヨットのほか、時にはダイヤモンド・ヘッド・ビーチで波を待つサーファーの姿まで見ることができる。

ワイキキからダイヤモンドヘッドへは、バス22番か58番を利用する。どちらも1時間に2本ほど運行しており、バス停から駐車場入口まで徒歩20分かかる。ワイキキから車で来る場合、モンサラット・アベニューMonsarrat Aveからダイヤモンドヘッド・ロードDiamond Head Rdに乗り、カピオラニ・コミュニ

ダイヤモンド・ヘッドとワイキキ

サーフィンコンテスト（バンザイ・パイプライン、オアフ島）

デューク・カハナモク像（オアフ島）

アウトリガーカヌー（ワイキキ）

ハワイアンハイビスカス

イエローハイビスカス

トロピカルブーケ

アナナス

サウスイースト・オアフ

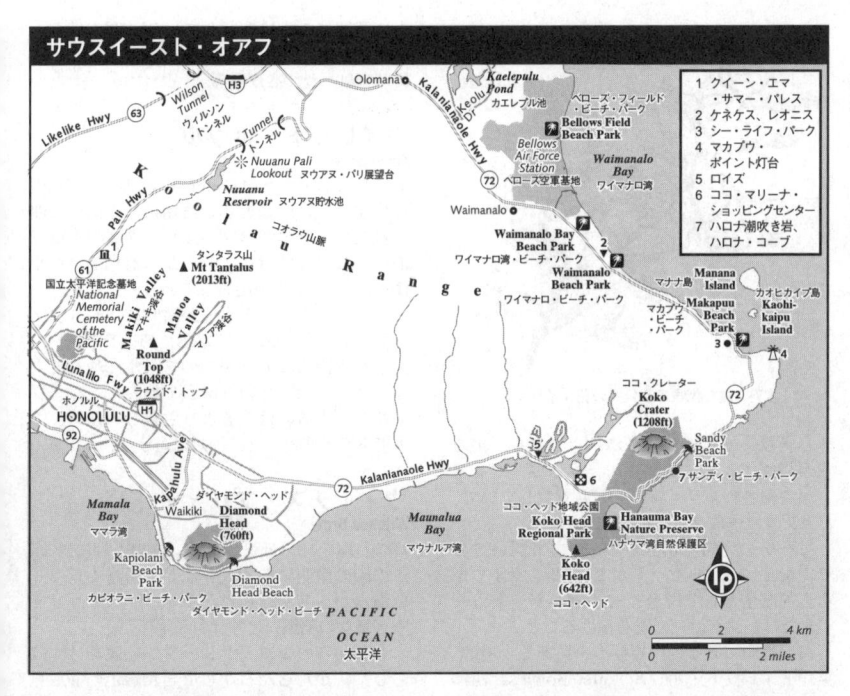

Map labels:
1 クイーン・エマ・サマー・パレス
2 ケネケス、レオニス
3 シー・ライフ・パーク
4 マカプウ・ポイント灯台
5 ロイズ
6 ココ・マリーナ・ショッピングセンター
7 ハロナ潮吹き岩、ハロナ・コーブ

ティー・カレッジKapiolani Community Collegeを過ぎたら右折。

ダイヤモンドヘッド・ビーチ
Diamond Head Beach

ダイヤモンドヘッド・ビーチはサーファーとウインドサーファーの両方を魅了している。海の状態は中級から上級のウインドサーファーに向いており、波が高い時はサーフィンに絶好の場所となる。ビーチにはシャワー以外の設備はない。

風と波が良好でないとほかに特別何もないが、多くの人々はドライブ目的でこの方面にやって来る。ワイキキからは、カラカウア・アベニューKalakaua Aveをダイヤモンドヘッド・ロードDiamond Head Rdまで走ったところで、灯台の裏側に駐車場がある。東に歩くと、駐車場の外れを過ぎたところにビーチまで延びる舗装された小道がある。公共交通機関を利用する場合は、バス14番がワイキキから1時間に1本ほど出ている。

ハナウマ・ベイ自然保護地区
HANAUMA BAY NATURE PRESERVE

「曲がった湾 Curved Bay」を意味するハナウマHanauma（☎396-4229 入場料大人＄3 子供無料 11～3月 水～月 6:00～18:00、4～10月 水～月 6:00～19:00）は、サファイアとターコイズ色の海がごつごつした火山環に囲まれた幅広の保護湾だ。

かつてはここでの釣りが盛んだったため、1967年に海洋生物保護区域に指定された時には魚はほぼ捕りつくされていた。現在、魚は食用以外の目的で保護されており、何千匹もの群れになり泳ぎ回っている。

展望台から湾全体に広がるサンゴ礁の全容を見ることができる。光り輝く銀白色の魚の群れ、明るい青色のブダイのほかウミガメにも合えるかもしれない。もっとカラフルな景色が見たければ、ゴーグルを付けて海に潜り、水面下で見学しよう。

魚はたくさんいるとはいえ、ハナウマの本来あるべき姿からはほど遠い。人間に親しまれすぎているのだ。年間百万人を越える人々がここを訪れ混雑し、この湾の利用過多が害を及ぼしている。浅瀬のサンゴは人々によってダメージを受けてしまった。

しかし、間違いを正すための努力も行われている。各自にできることとして、サンゴを踏まないよう気をつけること。シュノーケリングをしながら魚に餌付けするのは、湾に凶暴な魚を呼び寄せるため、現在ハナウマでは禁止されている。その結果、より自然に近い魚類のバランスが保たれるようになった。

サウス・イースト・オアフ－ココ・ヘッド地域公園

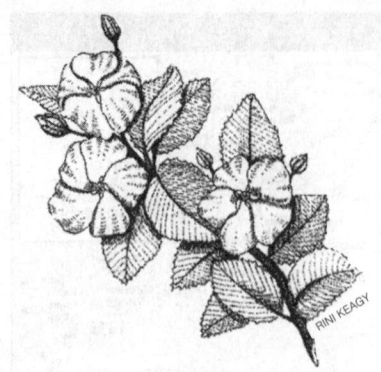

オアフ島を代表する公式の花「イリマ」

ハナウマは郡のビーチパークであり、州の水中公園でもある。軽食店、シャワー、トイレが完備され、ライフガードも常駐していて、バリアフリーになっている。

ビーチの売店は8:00〜16:30まで開いており、シュノーケルセットが＄6でレンタルできる。保証金として現金＄30、クレジットカードまたはレンタカーの鍵を預けること。

湾の両側にある低い岩棚沿いにある小道は、東がトイレット・ボウルToilet Bowlへ、西はウィッチズ・ブリューWitches Brewへ続いている。風が強く寄せ波の高い日は小道のゲートが閉鎖され、岩棚へは進入禁止となる。ほかの日は岩棚づたいに歩けるが、満潮時に岩棚が波をかぶることがあり、また荒波はいつ起こるかわからないため注意が必要だ。

オアフ島のどのビーチよりもハナウマに人々が集まる。訪れる人の数が多いため、それだけ多くの人がこれまでにトイレット・ボウルでおぼれたり、岩棚で波にさらわれ死亡している。

ハナウマ・ベイはワイキキからハイウェイ72で10マイル（約16km）ほどの所にある。駐車場は昼までに満車になることもあるので、早く着くほどよい。駐車料金は１台につき＄1だが、停める場所がなければ返金される。

ビーチ・バスBeach Busと呼ばれるバス22番が、ハナウマ・ベイまで運行している（シー・ライフ・パークSea Life Parkにも停まる）。月〜金曜は、最初のバスがワイキキのクヒオ・アベニューKuhio Aveとナマハナ・ストリートNamahana Stの角から8:15と9:15に発車し、その後は15:55まで毎時55分に発車、最終バスは16:25となる。ビーチ・バスは動物園そばのモンサラット・アベニューMonsarrat Aveとカラカウア・アベニューKalakaua Aveにも停まるが、ここに着くまでに満員になってしまうことが多い。ハナウマ・ベイからワイキキ行きのバスは、11:10〜17:40の間少なくとも１時間に１本は運行している。週末はバスの本数が増えるが（およそ１時間に２本）、運行時刻にバラつきがある。

トイレット・ボウル
Toilet Bowl

トイレット・ボウルToilet Bowlは、湾の左側を先端まで15分ほど歩いた所にある溶岩に囲まれた小さな自然のプールだ。海底の水路で海につながっており、そこから海水がボウル(鉢形のくぼみ)に流出入している。

水が流れ出るとき水位が瞬時に４〜５フィート（約1.2〜1.5m）下がるため、そのスリルを味わうために人々がこのプールにやって来る。ボウル周辺の岩は滑って掴みにくく、プールから出るのは入るよりも難しいため、１人でトライすることは絶対に避けたい。

ウィッチズ・ブリュー
Witches Brew

湾の右端を10分ほど歩くと、岩場の岬に出る。この岬の南側にある入り江が、渦巻く荒々しい海水から名づけられたウィッチズ・ブリュー（魔女の薬鍋）と呼ばれる場所だ。

ここからのココ・クレーターの眺めはすばらしく、かんらん石からできた緑色の砂も見つけることができる。

シュノーケリング

ハナウマでは１年中シュノーケリングが楽しめる。

キーホールと呼ばれるサンゴ礁の真ん中にある大きな砂場が、シュノーケリング初心者には最適だ。最も深いところは水深10フィート（約3m）あるが、サンゴ礁の周辺はかなり浅いため、ダイビング用手袋があれば持参したほうが良い。キーホールエリアはしっかりと守られており、スイミングプールのように穏やかだ。

シュノーケリング上級者は、もっと大きなサンゴや魚が見られ、人が少ない岩礁の外のほうが楽しめる。行き方は標識に従うか、ビーチの南西端にいるライフガードに尋ねること。海流の向きのため沖に出るほうが戻るよりも簡単ということを覚えておきたい。海が荒れている時や波立っている時に岩礁の外で泳ぐのは危険だ。海流が早いだけでなく、海底の砂がかき混ぜられ視界が悪いため何も見えなくなってしまう。

ココ・ヘッド地域公園
KOKO HEAD REGIONAL PARK

ハナウマ・ベイHanauma Bay、ココ・ヘッドKoko Head、ハロナ・ブローホールHalona

サウス・イースト・オアフ－ココ・ヘッド地域公園

Blowhole、サンディ・ビーチSandy Beachそしてココ・クレーターKoko Craterを含むココ・ヘッド地域全体が郡の地域公園だ。

コンドミニアム、住宅、ショッピングセンター、マリーナ、ゴルフコースという広大なエリアを、緻密な計画に従い開発したハワイ・カイHawaii Kaiがココ・ヘッドを後援している。

ココ・クレーターとココ・ヘッドは、1万年前にオアフ最後の火山活動によってつくられた円錐形の凝灰岩だ。

ココ・ヘッド
Koko Head
ココ・ヘッドはハナウマ・ベイの南西側の高台を形成している。ココ・クレーターとは異なる場所だ。

642フィート（約196m）の頂上には2つの噴火口に加えレーダー施設がある。頂上に通じる1マイル（約1.6km）の道に一般の旅行客は入ることはできない。

ネイチャー・コンサーバンシーが2つの噴火口のうち、大きく浅いイヒヒラウアケア噴火口の内部を保護、保存している。噴火口には春になると一時的に水の溜まる珍しい池や、シダの希少種マーシリア・ビローサ（クローバーに似ている）が生えている。ここにはガイド付でのみ入ることができる。グループに関する情報や週末の保護エリア見学に関する問い合わせは、**ネイチャー・コンサーバンシー Nature Conservancy**（☎537-4508、🏠923 Nuuanu Ave, Honolulu）まで。

ハロナ・ブローホール・エリア
Halona Blowhole Area
ハナウマを0.75マイル（約1.2km）ほど過ぎた所に、海沿いのひときわ目を引く岸壁の連なりと寄せては砕ける波が見られる**展望台**がある。

ここより1マイル弱（約1.6km弱）行ったところが、**ハロナ・ブローホール Halona Blowhole**（潮噴き穴）の駐車場になっている。海水が岩に開いた水中トンネルを通り、岩棚に開いた穴から噴き出すという仕組みだ。水が噴き出る前に、トンネル内の空気が勢いよく流れ込む海水によって押し出されて鳴る噴き出し音が聞こえる。噴き出しかたは海の状態によるため、拍手喝采するほどの時もあれば、ほとんどわからない程度の時もある。

駐車場の右側には小さなビーチ、**ハロナ・コーブ Halona Cove**がある。ここで1950年代の映画、「地上より永遠に*From Here to Eternity*」の中のバート・ランカスターとデボラ・カーのラブシーンが撮影された。

ブローホールのすぐ手前のハロナ・ポイントには、小さな**ストーン・モニュメント stone monument**（石碑）がある。日本人漁師が海で亡くなった仲間を弔うために建てたものだ。

サンディ・ビーチ
Sandy Beach
サンディ・ビーチは、ライフガードの救助件数と首を折った人の数で見るとオアフ島で最も危険なビーチの1つだ。激しい大波、強い引き波や離岸流が特徴だ。

しかし、この大波が乗り方を心得たボディサーファーにとても人気があり、ボディサーファーが透明の波に翻弄される様子を見物する人々にも同じくらい人気がある。

サンディ・ビーチは幅広で長く、もちろん砂がたくさんあり、日光浴を楽しむ人々と若いサーファーたち、見物者でにぎわっている。波が高い時、ボードサーファーはビーチの左側に集まる。

ビーチに赤い旗が立てられたときは、海の状態が危険であることを示している。たとえ旗が立っていなくても、海に入る前にはライフガードに確認を取ったほうがよい。

海を楽しむばかりではない。陸側の駐車場にある草地では、人々が空のスリルを見物している。ここはハングライダーの着陸地点であり、凧あげにも人気のスポットなのだ。

ビーチにはトイレとシャワーが完備されている。バス22番がビーチの前に停車する。駐車場にある軽食販売ワゴン車、**ローカル・シェフ Local Chef**（🕐11:00〜16:00）では安いハンバーガーやプレートランチなどを販売している。

ココ・クレーター
Koko Crater
ハワイアンの伝説によると、ココ・クレーターは豚の神カマプーアを誘惑しペレから遠ざけるために、ペレの姉妹カポがビッグアイランドからこの地に送ってきたヴァギナの印影であると言われている。

噴火口の内側には**植物園 botanical garden**（🎫入園料無料 🕐9:00〜16:00）があり、郡が管理している。乾燥地帯に生えるプルメリア（キョウチクトウ科の木）、オレアンダー（セイヨウキョウチクトウ）、サボテンなどの植物を見ることができる。アクセス方法は、ハイウェイ72を下りた所、サンディ・ビーチ北端の反対側にあるケアラホウ・ストリートKealahou Stに乗る。0.5マイル強（約800m）行ったところで1車線の道を左に曲がり、ココ・クレーター・ステイブルズKoko Crater Stablesを過ぎてさらに0.3マイル（約480m）行くと植物園がある。

163

食事

ルナリロ・ホーム・ロードLunalilo Home Rdとハイウェイ72の角にあるココ・マリーナ・ショッピングセンターKoko Marina Shopping Centerには、ファーストフードから水辺のレストランまで多数の店があり、このエリアで食事をするのに1番良い場所になっている。

ホール・イン・ワン・ベーグルズ＆ジュース・ラッシュ Whole In One Bagels & Juice Rush（7:00～19:00）には、フレッシュジュースとバラエティ豊富なおいしいベーグル、手頃な値段のベーグルサンドがある。**小僧寿し Kozo Sushi**（9:00～19:00）の持ち帰り用の寿司は、地元の人々が好んでビーチピクニックに持って行く。15個入りのランチボックスがたったの＄5だ。**ヤミー・コリアン・バーベキュー Yummy Korean BBQ**（料理＄7 10:00～19:00）でおいしいバーベキュー・プレートランチを出す。水辺のテーブルでも楽しめる。**バビーズ Bubbies**（12:00～21:00）はホームメイドアイスクリームの店。

ロイズ
Roy's
☎396-7697
🏠Hawaii Kai Corporate Plaza, Hwy 72
前菜＄8～10、メイン＄20～30
月～金 17:30～22:00、土・日 17:00～22:00

南東オアフでもっとも高級な店。シェフのロイ・ヤマグチは、新鮮な地元の食材にヨーロッパ、ポリネシア、アジア各料理のエッセンスを取り入れた、ハワイの地方料理人気の重要な立役者だ。中でもすばらしいメインディッシュは、表面を香辛料で覆い外はこんがり、中はレアに焼いたアヒにわさびソースを添えたもの。デザートにはチョコレートスフレの贅沢な味わいを。料理は見た目も美しくサービスも行き届いているため、特別な日の外食に最適だ。料理に合う手頃な値段のワインの品揃えも良い。予約をしたほうがよく、その時に夕日の見えるテーブルをリクエストするのを忘れずに。

マカプウ・ポイント
MAKAPUU POINT

サンディ・ビーチSandy Beachから北に約1.3マイル（約2km）、高さ647フィート（約197m）のマカプウ・ポイントとその湾岸にある**灯台**がオアフ島の最東端だ。灯台へ続く長さ1マイル（約1.6km）の業務専用車道は、一般車の乗り入れは禁止されているが、ゲートを過ぎてすぐのハイウェイを下りた所に車を止めて、そこから徒歩で入ることができる。道はきつくはないが上り坂で、この辺り一帯は暑く風が強いことがある。道の途中と灯台の展望台からの沿岸の眺めはすばらしい。冬には沖合いに鯨が見えることもある。

ハイウェイに戻りさらに3分の1マイル（約530m）走ると、眺めの良い**道沿いの展望台**があり、そこから白砂と黒い溶岩に縁取られたアクアブルーの海が広がるマカプウ・ビーチMakapuu Beachを見下ろせる。ハンググライダーが断崖から飛び立つ光景が加われば、さらに見応えがある。この断崖はオアフでも最高のハンググライダーのポイントとなっている。

展望台から沖合に見える2つの島のうち、大きいほうが**マナナ島 Manana Island**、別名ラビット島Rabbit Islandだ。この島の古い火山性クレーターには、野生のウサギとくさび形の尾を持つ穴居性のミズナギドリが生息している。かなり密に共存しており、同じ穴を共有することさえある。島はどことなくウサギの頭のように見え、想像力を働かせれば、耳がうしろに折れているように見えるかもしれない。うまく想像できなければ、クジラを思い浮かべてみてもよい。

その前方にある小さいほうの島が**カオヒカイプ島 Kaohikaipu Island**だ。ここでは想像力を働かせるまでもなく、見えるものは平坦な島だけだ。

2つの島の間にはサンゴ礁があり、ときにダイバーが探査することもあるが、そのためにはボートが必要になる。

マカプウ・ビーチ・パーク
Makapuu Beach Park

マカプウ・ビーチMakapuu Beachは、高さ12フィート（約3.7m）を超える波が打ちつける、オアフ島でも指折りの冬のボディサーフィンのメッカだ。島内で最高のショアブレイク（岸近くで崩れる波）も見られる。サンディ・ビーチ同様、マカプウは、荒波の状況や危険な潮流にも対処できる、熟練のボディサーファー専用のビーチで、サーフボードは禁止されている。

夏には、波の影響がなくなり水面は穏やかで遊泳に向いている。

ビーチはシー・ライフ・パークSea Life Parkの反対側にあり、断崖を背に灯台が視野に入ってくる美しい環境の中に位置する。2種類のハワイ原産の植物、ナウパカがビーチのそばに、黄橙色のイリマが駐車場の脇に見事に生い茂っている。

シー・ライフ・パーク
Sea Life Park

ハワイ唯一の海洋公園がシー・ライフ・パークSea Life Park（☎259-7933 🏠41-202 Hwy 72 大人＄24、子供（4～12歳）＄12、子供（3歳以下）無料 9:30～17:00）だ。

ウミガメ、ウナギ、トビエイ、シロシュモクザメ、サンゴ礁で見られる何千匹もの色とりどりの魚を収容する巨大な30万ガロン（約1136m³）の水槽が呼び物。深さ18フィート（約5.5m）の水槽を囲むらせん状のスロープを歩けば、さまざまな深さから魚を観察できる。

テーマパークの通常のエンターテインメントとして、芸達者な大西洋バンドウイルカを呼び物にしたショーもある。イルカが尻尾で歩き、フラダンスをし、「美しい島娘」を乗せて泳ぐなど、一般受けする内容になっている。

カリフォルニアアシカがいる大プールや、ゴマフアザラシがいる小さめのプールもある。別のセクションには、珍しいハワイアンモンクアザラシもいるが、その大半は大自然の中で見捨てられているところを救助されたアザラシの子だ。成長したら自然の居住環境へと戻される。園内にはペンギンの生息地、ミドリウミガメが住むカメのラグーン（池）、アカアシカツオドリ、アホウドリ、大きなグンカンドリなどが生息する海鳥の保護区域もある。

メイン駐車場では＄3の駐車料金がかかるが、料金所を過ぎて「追加駐車場additional parking」の看板がある場所まで行けば、駐車料金はかからない。

入場料を払わなくても公園のカフェは利用できるので、そこからアザラシやアシカのプールを無料で見物できる。

22番（ビーチ・バスBeach Bus）、57番（カイルア／シー・ライフ・パークKailua/Sea Life Park）、58番（ハワイ・カイ／シー・ライフ・パークHawaii Kai/Sea Life Park）のバスはすべてこの公園に停車する。

ワイマナロ
WAIMANALO

ワイマナロ・ベイWaimanalo Bayにはオアフ島最長のビーチがあり、白砂がマカプウ・ポイントからワイレア・ポイントWailea Pointまで5.5マイル（約8.9km）続く。沖に向かって約1マイル（約1.6km）離れた所にある長いサンゴ礁は、かなりの大波でも打ち砕き、海岸線を守っている。

ワイマナロには3つのビーチパークがあり、いずれもキャンプ施設が整っている。この地域は安全面には多少問題があるが、眺めはすばらしい。

ワイマナロ・ビーチ・パーク
Waimanalo Beach Park

ワイマナロ・ビーチ・パークには、柔らかい白砂が魅力のビーチがあり、遊泳には最適。

ここは市街地区にある郡立公園で、草が茂ったピクニック場、トイレ、脱衣所、シャワー、野球場、バスケットボールやバレーボール用コート、運動場が整備されている。道路近くの空きスペースでキャンプすることも可能（キャンプの許可の取り方についての情報は、本章前出の「宿泊・キャンプ」を参照）。

公園にはアイアンウッド（アメリカシデ）が植えてあるが、北にあるほかの2つの公園よりは全体的には開放的だ。コオラウ山脈の低山側にある扇形の丘陵は公園の内陸側にそびえ、そこからマナナ島とマカプウ・ポイントが南に見える。57番のバスが公園入口に停車する。

ワイマナロ湾ビーチ・パーク
Waimanal Bay Beach Park

この郡立公園は、ワイマナロ・ビーチ・パークから北に約1マイル（約1.6km）のところにあり、ワイマナロ湾で最大の波が打ち寄せるため、ボードサーファーやボディサーファーにかなり人気がある。

地元の人はこの公園をシャーウッドの森Sherwood Forestと呼ぶ。というのも昔はよくここに不良や車上荒らしがたむろしていたからだ。公園ではいまだにこの悪評を拭い去れていないので、持ち物には十分注意が必要。

公園自体は、アイアンウッドが木陰をつくるキャンプサイトもビーチサイドにあり、かなり魅力的だ（キャンプの許可の取り方についての情報は、本章前出の「宿泊・キャンプ」を参照）。ライフガードステーション、バーベキューグリル、飲料水、シャワー、トイレなどもある。

57番のバスが公園前の大通りで停車するので、そこから3分の1マイル（約530m）歩くと、ビーチやキャンプ場に着く。

ベロウズ・フィールド・ビーチ・パーク
Bellows Field Beach Park

ベロウズ空軍基地に面するビーチは週末のみ開放され（⊙金12:00〜月8:00）、一般人もビーチでキャンプを楽しむことができる。この細長いビーチは、きめ細かい砂に恵まれ、うしろにはアイアンウッドが続く自然の背景が控

えている。小さめのショアブレイクは初心者のボディサーファーやボードサーファーに向いている。

ライフガードが配置されていて、シャワー、トイレ、飲料水もある。50のキャンプサイトが木立ちの間に用意されている。軍用地ではあるが、キャンプの許可を出すのは郡の公園・レクリエーション局Department of Parks & Recreationだ。許可の取り方については、本章前出の「宿泊・キャンプ」を参照すること。

主な入口は、ワイマナロ・ベイ・ビーチ・パークから北に0.25マイル（約400m）の所にある。57番のバスが入口道路の前で停車し、そこからビーチまでは1.5マイル（約2.4km）だ。

食事

ワイマナロ・ビーチ・パークからすぐ北、ハイウェイ72を郵便局の近くまで走ると、地元のレストラン、**ケネケス Keneke's**（ランチ＄5）と、ピザや軽食のベーカリー、**レオニス Leoni's**がある。**食品市場 food marts**や**ファストフードレストラン fast-food eateries**は、ワイマナロ・ベイ・ビーチ・パークのすぐ南と、ベローズ・フィールドから北に約1マイル（約1.6km）のショッピングセンターにある。

パリ・ハイウェイ
PALI HIGHWAY

パリ・ハイウェイ（ハイウェイ61）は、眺めの美しいコオラウ山脈Koolau Rangeを通ってホノルル・カイルア間を走る。見晴らしのよい小さなハイウェイで、激しい雨が降ると山のくぼみや裂け目を伝って、雨水があちらこちらから細長く流れ落ちる。

カイルアの住民の多くがパリ・ハイウェイを通って山越えして通勤しているため、ホノルル方面の交通量は午前中が多く、また郊外方面の交通量は午後が多くなる。とはいえ、旅行者にとってはさして問題ではない。ほとんどの日帰り旅行者は、交通量の多い方面とは反対方向に向かうからだ。公共のバスがパリ・ハイウェイを運行しているが、ヌウアヌ・パリ展望台Nuuanu Pali Lookoutで停車するバスはない。

4マイルマーカーを過ぎたあたりで右側を見上げると、深さ約15フィート（約4.6m）のノッチ（切り込み）がパリの頂上に2カ所あるのがわかる。これらのノッチは、カメハメハ1世が大砲の据え付け用台座として掘ったものといわれている。

ホノルルとオアフのウインドワード（風上側）間をつなぐ最初のルートは、断崖を越える、大変危険な曲がりくねった大古の歩道を通るものだった。1845年に道は馬が通れる幅に拡張され、その後丸石を運搬する道路になった。

1898年には現在**オールド・パリ・ハイウェイ Old Pali Hwy**と呼ばれる道が同じルートで建設された。しかし、コオラウ山脈を貫通するトンネルが爆破されたのち、1950年代には使用されなくなり、現在の多車線のパリ・ハイウェイが開通した。

オールド・パリ・ハイウェイの環状線（ヌウアヌ・パリ・ドライブNuuanu Pali Dr）は現在でも車の通行が可能で、ヌウアヌ・パリ展望台からさらに1マイル（約1.6m）その道を徒歩で探索できる。

クイーン・エマ・サマー・パレス
Queen Emma Summer Palace

カメハメハ4世の妃、エマ女王が別荘として使用した宮殿（☎595-3167 ⌂2913 Pali Hwy 💰大人＄5 子供＄1 ⏰9:00～16:00 祝日休み）。

エマはハワイ王族の血を4分の3、4分の1はイギリス人の血を受け継いでいる。捕虜となった後にカメハメハ1世の友人兼助言者となったイギリス人の船員、ジョン・ヤング

の孫にあたる。この宮殿は、ジョン・ヤングが統治したビッグアイランドBig IslandのカワイハエKawaihaeにあったジョン・ヤングの邸宅にちなんで、ハナイアカマラマHanaiakamalamaとしても知られている。

ヤング家の没後、宮殿はエマ女王に残された。女王はたびたびダウンタウンにある自宅を抜け出し、この涼しい別荘で時間を過ごした。古い南部のプランテーションの家にもどこか似ていて、円柱のポーチ、高い天井、風を入れるためのよろい張りの窓がある。

1885年にエマが亡くなってからこの宮殿は忘れ去られ、1915年にはこの土地を公園に変えるために解体される予定だった。初期の宣教師の子孫がメンバーの女性グループ、ハワイの娘Daughters of Hawaiiがこの宮殿を救い、現在では博物館として運営している。

エマの5軒の家から収集されたその時代の調度品で飾られる宮殿の内部は、エマ女王の時代の様子を留めている。特別な趣のある品々には、ビクトリア女王時代の陶磁器一式を陳列する大聖堂の形をしたコア材の飾り棚、エマが身に付けていた虎の爪のネックレス、インドのマハラジャからの贈答品、かつてハワイ王族が身にまとった羽毛のクロークとケープなどがある。

クイーン・エマ・サマー・パレスは、パリ・ハイウェイの2マイルマーカーの所にある。バスを利用するなら、ワイキキから15分間隔で出ている4番ヌウアヌ・ドウセットNuuanu Dowsettのバスに乗る。前もって行き先を運転手に告げておけば、乗り過ごす心配がない。

ヌウアヌ・パリ街道
Nuuanu Pali Drive

緑の森の木陰を抜けて眺めのよい側道の旅をしたいなら、クイーン・エマ・サマー・パレスを過ぎて約0.5マイル（約800m）、パリ・ハイウェイを下りてヌウアヌ・パリ街道へ入るとよい。この長さ2マイル（約3.2km）の道路は、パリ・ハイウェイと平行して走り、ヌウアヌ・パリ展望台の手前でパリ・ハイウェイと合流するので、この側道ループを走ったからといって何も見逃すものはないし、実際のところはまったくその反対だ。

街道は、林冠を形成する成長した木々の間を通る。垂れ下がるブドウの蔓や巻きつくフィロデンドロン（サトイモ科のつる植物）が頭上を覆う。ヌウアヌ・パリ街道沿いの青々と茂った植物には、枝から多数の気根が出るベンガルボダイジュ、熱帯のアーモンドの木、竹の木立、ホウセンカ、キダチチョウセンアサガオ、大きな黄金の花が咲く背の高い蔓ブドウのゴールデンカップなどがある。

ヌウアヌ・パリ展望台
Nuuanu Pali Lookout

絶対に見逃してほしくないのが、1200フィート（約366m）の高さからウインドワード・コーストを広く一望できるヌウアヌ・パリ展望台だ。展望台の正面にはカネオヘKaneoheへ、右にはカイルアKailua、またはるか左遠方にはモコリイ島Mokolii Islandとクアロア公園Kualoa Parkにある海岸沿いの養魚池が見える。

オアフのウインドワード側にあたるためパリpaliを通り抜ける風は非常に強く、時には体が風に押されて傾くこともある。ジャケットを持っていてよかったと思うほど寒くなる。

1795年、カメハメハ1世はオアフ島侵略時、オアフ軍をヌウアヌ・トレイルNuuanu Trailまで敗走させた。オアフ軍はこの険しい断崖で最後の瞬間を迎え、カメハメハ軍に追い詰められた何百人もの戦士がパリpaliから身を投げた。100年後、オールド・パリ・ハイウェイOld Pali Hwyの建設時には500以上もの頭骨が断崖のふもとで見つかった。

もう使用されなくなったオールド・パリ・ハイウェイは、展望台の右側から曲がりくねって下り、約1マイル（約1.6km）先にある現在のハイウェイ付近の防壁で突然途絶えている。ほとんどの人がここに道があることに気づかないし、ましてや敢えて下ってみる人はいない。すてきな散歩道で、片道約20分。振り返ってぎざぎざとしたコオラウ山脈と谷の向こう側を見わたすと、すばらしい眺めだ。

ハイウェイに戻る際、駐車場出口の標識を見逃しやすく、直感に頼ると必ず誤った方向に向かってしまう。駐車場から出て、カイルア方面は左へ、ホノルル方面は右へ向かうこと。

ウインドワード・コースト
Windward Coast

島の東側にあるウインドワード・オアフは、コオラウ山脈沿いに沿って延びる。山々がおぼろげに見える内陸は美しく、扇状地や深い渓谷がある。ところどころで山が海岸にかなり接近しているため、ハイウェイを海に押し込めるのではないかと思えるほどだ。

ウインドワード・コーストは、北はカフク・ポイントKahuku Pointから南のマカプウ・ポイントまで続く。（マイマナロWaimanaloからマカプウ地域については、「サウスイースト・オアフSoutheast Oahu」を参照）

2つの主要な街はカネオヘKaneoheとカイ

ウインドワード・コースト − カイルア

ルアKailuaで、どちらも約10マイル（約16km）離れたホノルルへ通勤する人々のベッドタウンになっている。

カネオヘ北部のウインドワード・コーストは、のどかな農村で、多くのハワイ人が土を耕し、パパイヤ、バナナ、野菜の小農園で生計を立てている。島のウインドワード側は、一般的に島のほかの部分より雨が多く、植物はみずみずしい緑色をしている。

ウインドワード・コーストは、北東の貿易風にさらされているので、ウインドサーフィンからヨットまで帆を必要とするどんなアクティビティにも最適な場所だ。

ウインドワード・コーストの多くの場所は、沈泥が多いため水泳には適さないが、幾つか魅力的な遊泳用ビーチがあり、中でもカイルア、クアロア、そしてマラエカハナMalaekahanaが有名。泳ぐときには、嵐のときに流されてくることがある毒のある刺胞を持つカツオノエボシ（電気クラゲ）に注意すること。

この海岸沿いに見える沖合の小島のほとんどが、鳥の保護区域として保たれている。これらの小島は、マングース、猫、そのほかの捕食動物の移入によって、すみかとしていた島から追い払われてしまった地面に巣を作る海鳥にとってなくてはならない生息地だ。

2つのハイウェイが、セントラル・ホノルルからウインドワード・コーストへとコオラウ山脈を通り抜ける。パリ・ハイウェイ（ハイウェイ61）は、真っすぐカイルアの中心部へ延びる。リケリケ・ハイウェイLikelike Hwy（ハイウェイ63）はカネオヘへ直結する。パリ・ハイウェイのような眺望ポイントはないが、ある意味、よりドラマチックといえよう。カネオヘからのドライブで、おとぎの国の高い山へと真っすぐ進んでいるような錯覚にとらわれる。すると突然トンネルを抜けてホノルル側へと出て、このドラマは一瞬にして消え去る。

コオラウ山脈を通ってオアフのウインドワード側へ向かうとき、またはオアフのウインドワード側から来るときは、ホノルルからはパリ・ハイウェイを通り、帰りにはリケリケ・ハイウェイを通れば、両方の良いところが楽しめる（この街道の詳細については「パリ・ハイウェイ」を参照）。

カイルア
KAILUA

古代、カイルア（2つの海の意）は伝説の場所だった。そこは山の尾根、島の最初のメネフネス（伝説上の小人）、幾人ものオアフの首長などに変身したある巨人の郷と言われる。小川の多い農地、魚が大量に獲れる漁場、保護されたカヌー上陸場が豊富にあるカイルアは、かつてこの地域の政治的、経済的な中心地だった。この地域は少なくとも3つのヘイアウheiausを援助していたが、そのうちの1つ、ウルポ・ヘイアウUlupo Heiauは現在でも訪れることができる。

カイルアは、人口3万6500人のウインドワード側オアフ最大の街だ。内陸部は一般的な郊外の集落にすぎないと思うかもしれないが、カイルアの海岸線は何十マイルも続く美しいビーチで優美に飾られ、その大部分が公園として、残りが海に面した住宅である。

カイルアは、昔からウインドサーフィンのメッカとして有名だが、今日ではカヤック人口も増えている。街のサイズの割に、ここにはかなりバラエティに富んだレストランがある。地元の人と観光客のバランスもちょうどよく、観光客であふれかえっているワイキキの代わりに、ここですがすがしいひとときを過ごすのもよいだろう。

インフォメーション

カイルアには幾つか銀行があり、**ハワイ銀行 Bank of Hawaii**（☎266-4600 **🏠**636 Kailua Rd **🕐**月～木 8:30～16:00、金 8:30～18:00）は街の主要道路沿いにある。

カイルア郵便局 Kailua post office（☎266-3996 **🏠**335 Hahani St **🕐**月～金 8:00～16:30、土 8:00～14:00）は街の中心部にある。

スティア・クレイジー・ドット・コム Stir Crazy.com（☎261-8804 **🏠**45 Hoolai St **🕐**月～金 7:00～20:00、土 8:00～18:00）では15分につき＄2.50でインターネットにアクセスできる。

カイルア・ビーチ・パーク
Kailua Beach Park

カイルア湾の南東端に位置するカイルア・ビーチ・パークには、驚くほど美しく輝く白砂が広がっていて、長く広々としたビーチと美しい青緑色の海がある。公園は、長めの散歩、家族との遠出、あらゆる種類のウォーターアクティビティの場としてにぎわう。

カイルア湾は、オアフでも人気の**ウインドサーフィン**のスポットになっている。岸に吹く貿易風はかなり強く、カイルアでは年中ウインドサーフィンを楽しめる。湾周辺で場所が違えば、海水の状況も異なり、ジャンプやサーフィンに適するところもあれば、静水域でのセーリングに適したところもある。

ナイシュ・ハワイ Naish Hawaii（☎262-6068、800-767-6068 **🏠**155A Hamakua Dr, Kailua）と**カイルア・セイルボード・アンド・カヤック Kailua Sailboards & Kayaks**（☎262-2555 **🏠**130 Kailua Rd）はどちらもウインドサーフィン会社で、

ウインドワード・コースト

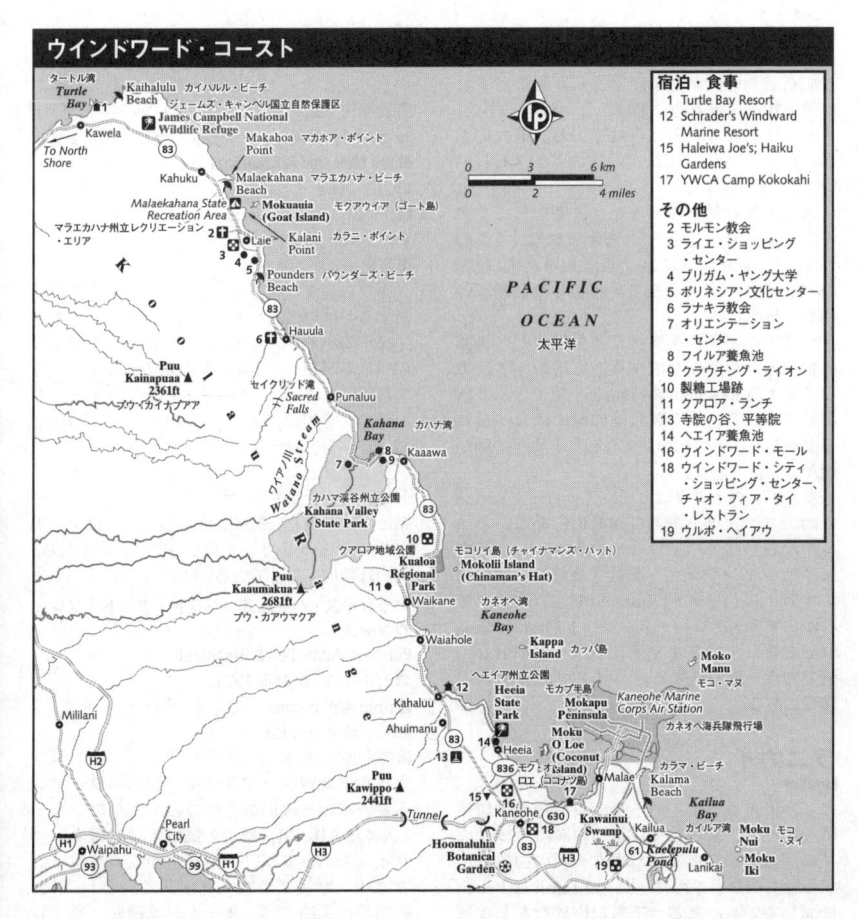

宿泊・食事
1 Turtle Bay Resort
12 Schrader's Windward Marine Resort
15 Haleiwa Joe's; Haiku Gardens
17 YWCA Camp Kokokahi

その他
2 モルモン教会
3 ライエ・ショッピング・センター
4 ブリガム・ヤング大学
5 ポリネシアン文化センター
6 ラナキア教会
7 オリエンテーション・センター
8 フイルア養魚池
9 クラウチング・ライオン
10 製糖工場跡
11 クアロア・ランチ
13 寺院の谷、平等院
14 ヘエイア養魚池
16 ウインドワード・モール
18 ウインドワード・シティ・ショッピング・センター、チャオ・フィア・タイ・レストラン
19 ウルポ・ヘイアウ

月曜から金曜と日曜の朝、ビーチパークでのレッスンやサーフボードのレンタルを行っている。

カイルア・ビーチは遠浅の海で、通常波は穏やかだ。遊泳には年中適しているが、日光浴が目的の人は、ウインドサーファーには喜ばれる風がビーチの砂も吹き上げることになるので注意しよう。公園には、トイレ、シャワー、ライフガード、スナックショップ、バレーボール用コート、アイアンウッドが木陰をつくる草の茂った広大なエリアもある。

砂州で運河の水が湾へ流れ込めなくなることもあるカエレプル運河 Kaelepulu Canalが公園を2つのセクションに分断している。運河の西側を中心にウインドサーフィンが行われ、東側には小さなボート用スロープがある。

カラマ・ビーチ Kalama Beachは、公園の真北にあるあまり手入れされていないビーチだ。波が穏やかなので初心者のボディサーファーには好適。サーファーはたいてい**カポホ・ポイント Kapoho Point**のあるカイルア湾の北端、あるいはさらに遠くの**ゾンビーズ Zombies**と呼ばれる断層を目指して進む。

島の沖合いにある**ポポイア島 Popoia Island**（フラット島）は鳥の保護区域だが、島への上陸が許されておりカヤックが盛んだ。

カイルア・ビーチ・パークに行くには、アラモアナ・センターから56番または57番のバスに乗り、カイルアで70番に乗り換える。車で行くならカイルア・ロードKailua Rdをひたすら走ること。この道はパリ・ハイウェイ（ハイウェイ61）の終点から始まり、街中を主要道路として通り、ビーチで終点となる

ウルポ・ヘイアウ
Ulupo Heiau

ウルポ・ヘイアウは、石を積み上げた高さ30フィート（約9.1m）、長さ140フィート（約

43m）というかなり大きな屋根のない祭壇を持つ神殿だ。伝説によるとその建造は、ハワイの石造物の大半を手がけ、しかもそれぞれの建造物を一夜で造り上げたといわれる小人、メネフネによると考えられている。それにふさわしく、ウルポとは、「一夜のインスピレーション」を意味する。

人間の生け贄を捧げるときに使用したルアキニluakiniと同じタイプと考えられているこのヘイアウheiauの前には、西洋人の渡来以前、18世紀のこの場所の様子を再現した芸術家の作品がある。

ヘイアウの頂きを横切る道を歩くと、絶滅危惧種の水鳥が住む広域な生息地の1つ、**カワイヌイ沼 Kawainui Swamp**を一望できる。伝説によると昔、沼の養魚池の底には食べられる泥があり、モオmo'o、すなわちトカゲの精が棲んでいたという。

ウルポ・ヘイアウはカイルア・ロードKailua Rdから1マイル（約1.6km）南にある。ホノルルからパリ・ハイウェイを北上し、ハイウェイ72ジャンクションを過ぎた最初の道のウルオア・ストリートUluoa Stで左折する。それからマヌ・アロハ・ストリートManu Aloha Stで右折し、マヌオオ・ストリートManuoo Stでもう一度右折する。ヘイアウはYMCAの裏側にある。

ラニカイ
Lanikai

カイルア・ビーチ・パークの東に続く湾岸道路を走ると、まもなく住宅街の隣町、ラニカイに到着する。街は、パウダー状の白砂が広がる魅力的なラニカイ・ビーチLanikai Beachに面している。と言っても白砂はなんとか残っている程度だ。岸のすぐそばに建てられた家々を守るために擁壁を造った結果、砂の大半は洗い流されてしまった。

海は遠浅で波は穏やかなので、カイルアと同様、安全に泳げる条件が揃っている。双子の**モクルア島 Mokulua Islands**がビーチ正面の沖合に浮かぶ。

カイルア・ビーチ・パークから、道は一方通行のアアラパパ・ドライブAalapapa Drとなり、2.5マイル（約4km）のループ道を経て、モクルア・ドライブMokulua Drに戻る。モクルア・ドライブからビーチへ通じる狭い歩道は11本ある。広々したビーチを堪能するには、クアリマ・ドライブKualima Drの反対側の道か、その隣にある3本の道のどれかを進むとよい。

宿泊

カイルアにはホテルはないが、ビーチに面した家具付のコテージ、ワンルーム型の宿泊施設、個人経営のB&B（ベッド＆ブレックファスト）が多くある。大多数は予約機関への問い合わせになるが、以下では直接オーナーに予約を申し込める。

マヌ・メレ・ベッド・アンド・ブレックファスト
Manu Mele Bed & Breakfast
☎262-0016
📧manumele@pixi.com
🏠153 Kailuana Place
🛏客室 $70〜80

イギリス生まれのキャロル・アイザックスが経営するのは現代的な家の魅力的な2部屋。大きいほうのハイビスカスの部屋にはキングサイズのベッドがあり、小さいが満足のゆくマツリカの部屋にはクイーンサイズのベッドがある。それぞれ、専用の出入口、バスルーム、冷蔵庫、電子レンジ、コーヒーメーカー、エアコン、シーリングファン、ケーブルテレビ付。フルーツと焼いたパン類の入ったバスケットが1日目の朝に届けられる。最低2泊から。家にはプールがあり、歩道を歩けばすぐビーチへと出られる。室内は禁煙になっている。

パラダイス・パームズ・ベッド・アンド・ブレックファスト
Paradise Palms Bed & Breakfast
☎254-4234 📠254-4971
📧ppbb@pixi.com
🏠804 Mokapu Rd
🛏客室 $70〜75

カイルア北西端、マリリン／ジム・ワーマン夫妻の家のそばにある2つの小さなワンルーム型のB&B。宿泊料金の高い部屋にはキングサイズのベッドが、宿泊料金が安い部屋にはクイーンサイズのベッドがある。それぞれ、専用の出入口、バスルーム、冷蔵庫、電子レンジ、コーヒーメーカーのある簡易キッチン付。室内にはケーブルテレビ、シーリングファン、エアコン、電話も設置されている。到着日には、焼きたてのパン、フルーツ、コーヒーで迎えてくれる。禁煙。最低3泊から。通りのすぐ向かいには、食料品店やファーストフードのレストランがある。

シェフィールド・ハウス
Sheffield House
☎262-0721
📧rachel@sheffieldhouse.com
🏠131 Kuulei Rd
🛏客室 $75〜95

カイルア・ビーチから徒歩数分。ポール／レイチャル・シェフィールド夫妻が貸し出す居心地のよい2部屋。車椅子でも利用できるバスルーム付きの客室と、クイーンサイズのベッドとクイーンサイズの布団が敷けるスペースが別にある、料金の高い1ベッドルームの

スイートもある。それぞれの部屋には、専用の出入口、バスルーム、テレビ、電子レンジ、トースター、コーヒーメーカー、小型冷蔵庫、シーリングファンが付いている。シェフィールド夫妻には小さな子供が3人いるので、子供は大歓迎だ。最低3泊から受け付け、滞在初日にはペーストリーの入ったバスケットとコーヒー、紅茶でもてなしてくれる。

パパイヤ・パラダイス・ベッド・アンド・ブレックファスト
Papaya Paradise Bed & Breakfast
☎/📠261-0316
📧kailua@compuserve.com
🏠395 Auwinala Rd
🛏S・W $85 トリプル $100

カイルア・ビーチから徒歩15分の所にある。陸軍を退役後ほとんどの時間を家で過ごすボブ/ジャネット・マーツ夫妻は、家に隣接する2部屋を貸している。クイーンサイズのベッドとキャスター付ベッドのある部屋、そしてツインベッドが2つ置かれた部屋がある。それぞれ専用の出入口、バスルーム、電話、エアコン、シーリングファン、テレビ付。料金にはコンチネンタルブレックファスト（朝食）が含まれる。宿泊者は冷蔵庫、電子レンジ、プールを利用でき、ブギーボードやシュノーケリングの道具を無料で貸してもらえる。通常3日以上の滞在から受け付ける。

カイルア・トレイドウインド
Kailua Tradewinds
☎262-1008
📧kailua@compuserve.com
🏠391 Auwinala Rd
🛏S・W $80 トリプル $90

パパイヤ・パラダイスの隣に建つマーツ夫妻の娘、ジョナ・ウイリアムズの家にある2室の休暇用貸し部屋。朝食は付いていないが、各部屋には冷蔵庫、電子レンジ、コーヒーメーカー、専用の出入口、キングサイズのベッドまたはツインベッドが2つ、テレビ、電話が設置されている。1つの部屋にはダブルの布団も用意されている。プールもあり、宿泊者用にビーチ用品が備えられている。最低3泊から。

アカマイ・ベッド・アンド・ブレックファスト
Akamai Bed & Breakfast
☎📠261-2227、800-642-5366
📧akamai@aloha.net
🏠172 Kuumele Place
🛏客室 $85

カイルア・ビーチから徒歩約10分。個人の家に客室として貸されている感じのよいワンルーム型の部屋が2室ある。それぞれ、冷蔵庫、電子レンジ、コーヒーメーカー、小さめのバスルーム、ケーブルテレビ、専用の出入口が付いた部屋は、それぞれ現代的で居心地がよい。どちらの部屋も、キングサイズのベッドとソファーベッド付だ。料金にはフルーツバスケットと朝食も含まれる。ランドリー室（1回 $1）もあり、プール付の静かな中庭もある。最低3泊から。喫煙は戸外に限られる。

ハワイズ・ヒドン・ハイドアウエイ
Hawaii's Hidden Hideaway
☎262-6560 📠262-6561
📧hhhideaway@yahoo.com
🏠1369 Mokolea Dr
🛏スタジオ $95 スイート $135

ラニカイ・ビーチから1ブロック離れた高級住宅街にあり、ゲストルーム3室で構成される。それぞれ、専用の出入口、専用バスルーム、ラナイ、簡易キッチン付。夕暮れ時の読書にふさわしいハワイの本のコレクション、ゲストへのビーチ用品の無料貸し出しなどがあり、すてきな雰囲気が漂う。スイートには、クイーンサイズの天蓋付ベッドとジャグジーが設置されていて、ハネムーンのカップルやロマンスの始まりを求める人には楽しい場所になるだろう。全室にペーストリー、フルーツ、コーヒーが置かれている。最低3泊から。全室禁煙。

バケーション・レンタルズ
以下の賃貸業者はカイルアを本拠地とし、50軒以上の物件の予約を手がける。

アフォーダブル・パラダイス・ベッド・アンド・ブレックファスト
Affordable Paradise Bed & Breakfast
☎261-1693 📠261-7315
🌐www.affordable-paradise.com
🏠332 Kuukama St, Kailua, HI 96734
🛏客室 $45〜、コテージ $60〜、コンドミニアム $80〜

カイルア地域の宿泊予約ができる。

オール・アイランド・ベッド・アンド・ブレックファスト
All Islands Bed & Breakfast
☎263-2342、800-542-0344 📠263-0308
🌐www.hawaii.rr.com/allislands
🏠463 Iliwahi Loop, Kailua, HI 96734
🛏客室 $65〜75、スタジオ $75〜85、コテージ $85〜95

ここでもカイルア地域の宿泊予約ができる。

パッツ・カイルア・ビーチ・プロパティーズ
Pat's Kailua Beach Properties
☎261-1653 📠261-0893
🌐www.10kvacationrentals.com/pats
🏠204 S Kalaheo Ave, Kailua, HI 96734
🛏ワンルーム型1日 $70・1ヶ月 $1700、家1軒1日 $500、1ヶ月 $1万2000

ビーチ沿いや周辺に数十軒の不動産を扱う。

ウインドワード・コースト − カイルア

2人泊まれる小さなワンルーム型から10人以上で利用できる5ベッドルーム付のビーチに面した大きな家まで、種類は豊富だ。

食事
ビーチ周辺　ビーチへの道の途中にあるコーヒーが飲める場所は**カラパワイ・マーケット** Kalapawai Market（❏305 S Kalaheo Ave ⏰6:00〜21:00）だ。12オンス（約370g）のカップ1杯＄1で飲める新鮮なビールが各種揃っている。テイクアウトできるおいしいベーグル、ボリュームのあるサンドイッチなどの軽食、厳選されたワインやビールもある。

カイルア・ビーチ・レストラン
Kailua Beach Restaurant
❏130 Kailua Rd
🍴食事＄5〜7
⏰7:00〜21:00

カイルア・ビーチ・センターKailua Beach Centerにあり、安くておいしい料理を提供する飾り気のない店。サーファーが1日の始まりに食べるベーコン、トースト、オムレツ付きの朝食（＄3.75）は10:30まで出されている。ほかの時間帯にはバラエティ豊かな本格的中国料理をふるまう。

アイランド・スノウ
Island Snow
❏130 Kailua Rd
⏰10:00〜18:00

この店もカイルア・ビーチ・センターにある。ダカインレモンやバンザイバナナなどのトロピカル風味のかき氷が人気。

バズズ
Buzz's
☎261-4661
❏413 Kawailoa Rd
🍴ランチ＄7〜10、ディナー＄14〜24
⏰11:00〜14:30、17:00〜22:00

カイルア・ビーチ・パークの向かい側にある。できたてのフィッシュサンドイッチ、フライドポテト付バーガー、シーザー風またはタイ風チキンサラダなどのランチがあるが、夕方はステーキハウスとしてとても人気があり、良質でボリューム満点のステーキが味わえる。どのディナーを選んでもサラダバーが利用できる。クレジットカードは利用できない。

中心街　以下のレストランはいずれも街の中心部にあり、1マイル（約1.6km）以内に集中している。

アグネス・ベイク・ショップ
Agnes Bake Shop
❏46 Hoolai St
⏰火〜日 6:00〜18:00

全粒粉のパン、安いペーストリー、食欲をそそるポルトガル風マラサダスなどをつくる小さいがすてきなベーカリー。マラサダスは約10分でできる揚げたてを出してくれ、1つ60¢だ。店ではコーヒー、紅茶、ポルトガル風ビーンスープも売っており、飲食できるカフェテーブル席が5、6席用意されている。

シスコス・カンチーナ
Cisco's Cantina
❏131 Hekili St
🍴1品＄10
⏰日〜木 11:00〜22:00、金・土 11:00〜23:00

豊富なメニューを手頃な値段で提供する、気取りのないメキシカン料理の店。コンビネーションプレートのほか、ライスとビーンズ添えのシングルタコス（＄6）やエンチラーダ（＄8）もある。

ボストンズ・ノース・エンド・ピザ
Boston's North End Pizza
☎263-7757
❏29 Hoolai St
🍴ピザ＄12〜18
⏰月〜金 11:00〜20:00、土・日 11:00〜21:00

絶品のピザが味わえる。ホールサイズのピザのほかには、トッピングにより値段が変わるが、19インチピザの4分の1サイズのビッグスライスを＄3〜＄4.75で売っている。ほうれん草と生ガーリックのバージョンがおすすめ。

ジャロンズ
Jaron's
☎261-4600
❏201 Hamakua Dr
🍴ランチ＄7〜12、ディナー＄10〜20
⏰月〜土 11:00〜16:00、日〜木 16:00〜21:00、金・土 16:00〜22:00

派手に装飾されたおすすめのお店には豊富なメニューが揃う。ランチは、おいしいタタキ風アヒサラダ、スープ付の各種サンドイッチなどから選べる。ディナーメニューは、パスタ、採れたての魚料理、ステーキ料理が人気で、いずれもグリーンサラダが付く。

アサジオ
Assaggio
☎261-2772
❏354 Uluniu St
🍴ランチ＄7〜10、ディナー＄10〜20
⏰火〜土 11:30〜14:30 & 17:00〜21:30

いわゆる高級住宅街にあるが、おいしいイタリア料理を手頃な値段で提供している。メニューは幅広く、ガーリックをふんだんに使ったおいしい自家製スペシャル料理のチキンアサジオを始め、パスタ、シーフード、肉料理が50種類以上揃う。

チャンパ・タイ
Champa Thai
☎263-8281
⌂306 Kuulei Rd
1品＄7〜10
月〜金 11:00〜14:00、毎日 17:00〜21:00

ウインドワード・コーストでナンバーワンのタイ料理の店。ココナツミルクとシュリンプ入りのピナンカレーは絶品だ。おいしいヌードル料理、タイ風サラダもある。

ルーシーズ・グリル
Lucy's Grill
☎230-8188
⌂33 Aulike St
前菜＄7〜12、メイン＄16〜26
火〜土 17:00〜22:00

壁にはサーフボードが飾られ、メニューはシーフードが中心の海をテーマにした店。スペシャル料理は、パパイヤサルサ付の鮮魚入りタコス、殻付き牡蠣、四川風味のクルマエビなど。チキンやビーフを使った創作料理も数種ある。料理はおいしく、楽しい場所だ。

ダウン・トゥー・アース
Down To Earth
⌂201 Hamakua Dr
8:00~21:00

大量のグラノーラ、オーガニック製品からビタミン、ハーブ補助食品まで、思い浮かぶ物はほとんどすべてが揃う自然食の大型店。すぐそばには従来型のスーパーマーケット、**セーフウェイ Safeway**（⌂200 Hamakua Dr 24時間）がある。

カネオヘ
KANEOHE

カネオヘは、ウインドワード・オアフで2番目に大きい人口3万5000人の街だ。カネオヘ湾は、モカプ半島Mokapu Peninsulaからカネオヘの7マイル北にあるクアロア・ポイントKualoa Pointまで広がるハワイ州最大の湾であり、サンゴ礁で守られたラグーンだ。沿岸の大部分に沈泥があるため遊泳には適さないが、貿易風がほぼ常時湾を吹き抜けるのでセーリングには理想的。

2本のハイウェイがカネオヘを南北に走る。カメハメハ・ハイウェイ（ハイウェイ836）は湾岸寄りにあり、**ヘエイア州立公園 Heeia State Park**のそばを通る。内陸寄りを走るカヘキリ・ハイウェイは、リケリケ・ハイウェイと交差し、平等院Byodo-In templeを過ぎて北へと続く。2本のハイウェイはカネオヘから数マイル北で合流し、1本のカメハメハ・ハイウェイ（ハイウェイ83）となる。

カネオヘ海兵隊飛行場Kaneohe Marine Corps Air Stationがモカプ半島の大半を占める。H3フリーウェイは飛行場のゲートが終点となる。

ホオマルヒア植物園
Hoomaluhia Botanical Garden

ホオマルヒア（☎233-7323 ⌂45-680 Luluku Rd 入場無料 9:00〜16:00）は群で最新かつ最大規模の植物園。広さ400エーカー（約162ヘクタール）の庭園は、カネオヘの高台にある。園内には世界中の熱帯地域からの樹木群が見られる。

美しいパリpali（崖）を背景にした、平穏でみずみずしい緑があふれる場所だ。ホオマルヒアは造園により美化された花園というより、むしろ、自然を保護してできた庭園だ。園内を網状に広がる**トレイル**は曲がりくねりながら、32エーカー（約13ヘクタール）の湖（遊泳禁止）まで続く。

ビジターセンター visitor centerは小さいが、動植物、ハワイの民族植物学、園の歴史に関する興味深い展示がある。この園は、もともと下方にある谷を洪水から守るためにアメリカ陸軍工兵隊によって造られた。

庭園は、カメハメハ・ハイウェイを2.25マイル（約3.6km）下った、パリ・ハイウェイから始まるルルク・ロードLuluku Rdの終点にある。55番と56番のバスが、ルルク・ロードの始点の反対側にあるウインドワード・シティ・ショッピング・センターWindward City Shopping Centerで停車する。ハイウェイからルルク・ロードを1.5マイル（約2.4km）北上するとビジターセンターがあり、ビジターセンターから庭園の一番遠いところまではさらに1.5マイル（約2.4km）あるので、バスを利用する場合、多少歩くことを覚悟しよう。

ガイド付で2時間の**ネイチャーハイキング nature hikes**が、土曜の朝10:00からと日曜の13:00から行われる。ぎりぎりで参加できることもあるが、事前に申し込みの電話をしたほうがよい。

キャンプ ホオマルヒア公園Hoomaluhia Parkでは、木曜から月曜の夜までキャンプが可能だ。管理人が駐在し、夜になるとキャンプをしない人が入れないようにゲートを閉めるので、この公園はオアフでもっとも安全なキャンプ場の1つだ。郡のほかのキャンプ場同様、使用料は無料。事前に市役所分所で許可を取るか、9:00から16:00の間に公園に行って許可をもらってもよい。直接公園に行くなら、まず電話をして空きスペースがあるか確認すること。キャンプの許可の取り方につい

ウインドワード・コースト-カネオヘ

ては本章前出の「宿泊・キャンプ」を参照。

寺院の谷・平等院
Valley of the Temples & Byodo-In

寺院の谷 Valley of the Temples（☎239-8811 大人＄2 子供＄1 8:00～17:00）はハイク・ロードHaiku Rdから北へ1.5マイル（約2.4km）、カヘキリ・ハイウェイKahekili Hwyを下りてすぐの美しい背景の中にある宗派を超えた共同墓地。旅行者にとって一番の魅力が「平等の寺」平等院だ。これは日本の宇治にある900年の歴史を持つ同名の寺を模したもので、1968年に日本人のハワイへの移民100周年を記念して建立された。

平等院はコオラウ山脈と対峙して建てられている。緑に覆われ、溝が縦に刻まれた断崖を背景にした朱塗りのお堂は、まるで美しい絵のようで、特にパリpaliに霧がかかっているときには格別だ。

この寺は神話の不死鳥を象徴していて、本堂にはハスに座った高さ9フィート（約2.7m）の金色の漆塗りの大仏が安置されている。野生のクジャクが境内のあちこちを歩き回り、寺院上部の欄干にその尾羽を垂らす。

寺の前にはコイの池があり、ウシガエルが泳ぎ、ハトがクークー鳴いている。池のそばには重さ3トンの真鍮の釣鐘があり、鳴らした人に平穏と幸福をもたらすと言われている。

すべてがとても日本的で、道を下ってすぐのところにあるギフトショップでは、おちょこ、だるま、幸せを呼ぶ釈迦像などが売られている。成田空港に到着せずして日本に行けたかと思うほど、この情景は日本を思わせる。

帰り道、丘の頂上に建つ十字架のある広大壮麗な墓へ立ち寄って、全景を楽しむのもよいだろう。

平等院行きのバスはないが、55番のバスでカヘキリ・ハイウェイ沿いの墓地入口近くで降りる。そこから寺までは3分の2マイル（約1km）だ。

ヘエイア州立公園
Heeia State Park

ヘエイア州立公園は、カメハメハ・ハイウェイを下りてすぐのケアロヒ・ポイントKealohi Pointにある。見晴らしがよく、右手にヘエイア養魚池Heeia Fishpond、左手にヘエイア・ケア港Heeia-Kea Harborが見える。

西洋と接触を持つ前は、王族のために魚が飼育されていた石壁の養魚池は、オアフ島の湾岸沿いに多く見られた。**ヘエイア養魚池 Heeia Fishpond**は、壁を伝い、岩間に根をはる侵襲性のマングローブに損なわれることなく、驚くほど当時のまま残存している。

養魚池から南東へすぐの沖合に浮かぶ**ココナツ島 Coconut Island**は、かつては王室のレクリエーションの地だった。島の名は、バーニス・パウアヒ・ビショップ王妃によって島に植林されたココナツの木にちなんで名づけられた。1930年代にはクリスチャン・ホームズの所有地だった。彼は、島の水底をさらい、島の大きさを2倍の25エーカー（約10ヘクタール）に広げたフライシュマン・イーストからこの島を相続した。戦争中、島は保養休暇施設として使用された。エアブラシで描かれたようなココナツ島の一場面は、テレビ番組、「ギリガン君SOS Gilligan's island」のオープニングシーンで使われた。現在では、ハワイ大学マノア校海洋生物学ハワイ研究所が島の主要部分を占め、残りが個人所有となっている。

宿泊

YWCAキャンプ・ココカヒ
YWCA Camp Kokokahi
☎247-2124 247-2125
kokokahi@gte.net
45-035 Kaneohe Bay Dr
テントサイト＄8、キャビンS＄25、W1人あたり＄16

低料金を選ぶならカネオヘの中心地から北東へ1.5マイル（約2.4km）のここへ。キャンプはグループ優先だが、個人の旅行者も受け入れる。宿泊施設はシンプルで、すべてを自分のものにできる小さなキャビンまたはシングルベッド2つ付のダブルキャビンを選ぶか、あるいは自分のテントを張るかだ。シーツ類は、1泊につき＄5で貸し出しており、宿泊客はキッチン、ラウンジ、ランドリー施設を利用できる。キャンプ場からはカネオヘ湾Kaneohe Bayが見わたせるが、沈泥のため遊泳はできない。しかし、キャンプ場には温水プールがある。留意点は2点。1点は、急に行くと空きがない場合もあるので、事前に電話して予約をしておくこと。もう1点は、事務所が5時に閉まる前にチェックインできるように計画を立てること。56番のバス（アラモアナ・センターAla Moana Centerから1時間15分）がすぐ正面に停まる。

アリイ・ブラフス・ウインドワード・ベッド＆ブレックファスト
Alii Bluffs Windward Bed & Breakfast
☎235-1124、800-235-1151
donm@lava.net
46-251 Ikiiki St
客室 ＄60～75

ヨーロッパの家具、油絵、珍しいコレクション類が数多く飾られた居心地のよい家のベッドルーム2室。ビクトリアの部屋にはダブル

ベッドが1つあり、宿泊料金が安いサーカスの部屋にはツインベッドが2つ設置されている。どちらの部屋も専用バスルーム付。ホストのドン・ムンロとニューヨークでファッションデザイナーをしていたパートナー、デが家の中を案内してくれる。ビーチタオルと冷蔵庫が利用でき、朝食と午後の紅茶は料金に含まれる。小さなプールがあり、カネオヘ湾を一望できる。

シュレイダーズ・ウインドワード・マリーン・リゾート
Schrader's Windward Marine Resort
☎239-5711、800-735-5711 ℻239-6658
🏠47-039 Lihikai Dr
🛏1ベッドルーム$100〜、2ベッドルーム$160〜

住宅街の中に建つ、低い木造の建物内に57の客室がある。名前とは違って、雰囲気はリゾートというよりむしろモーテルだ。利用者の多くが家族連れの軍人のため、シュレイダーズではカネオヘ海兵隊基地Kaneohe Marine Corps Baseまで無料送迎を行っている。全客室に、冷蔵庫、電子レンジ、テレビ、エアコン、電話が付いている。

食事

早くて安い店を探しているなら、町に2つある主要ショッピングセンター、**ウインドワード・シティ・ショッピング・センター Windward City Shopping Center**（🏠45-480 Kaneohe Bay Dr）と**ウインドワード・モール Windward Mall**（🏠46-056 Kamehameha Hwy）に行くとよい。どちらも豊富な種類の食べ物を安価で提供している。

チャオ・フィア・タイ・レストラン
Chao Phya Thai Restaurant
🏠45-480 Kaneohe Bay Dr
🍴1品$6〜9
🕐月〜土11:00〜14:00、毎日17:00〜21:00

ウインドワード・シティ・ショッピング・センターにある。グリーンパパイヤサラダ、パッタイ（炒めライスヌードル）、カレーなど、おいしいタイ料理を出す家族経営のレストラン。アルコールは置いてないが、持ち込みはOK。

ジアズ・カフェ
Zia's cafe
☎235-9427
🏠45-620 Kamehameha Hwy
🍴1品$7〜12
🕐月〜金11:00〜22:00、土・日16:00〜22:00

カネオヘの主要商店街にあり、おいしいイタリア料理を良心的な値段で提供する。ムラサキガイのマリナラ、野菜のラザニア、スキャ

魚の養殖

古代ハワイ人は多くの湾岸養魚池を利用し、かなり発達した水産養殖業を行っていた。

本来、養魚池は基本的に2種類あった。1つは沿岸にあり、普通は淡水気になるほど海に近かったが、海からは完全に閉ざされていた。これらの沿岸の池には稚魚が補充され、池の塩分が異なることを利用して、池の中をいくつかに分けてさまざまな違う種類の魚を養殖していた。

もう1種類は、海岸線沿いの養魚池で、ビーチに平行して長く石壁を積み上げ、両側からつっかえで保持するように造られた。これらの石壁の池にマカハ makahaという水門を造り、稚魚が泳いで入り込めるが、成長した魚はそこからは出られないようにした。池の魚はいつでも簡単に網で採れるようになっていた。

これらの養魚池で一般的に養殖されていた魚はアマアマ amaama（ボラ）とアワ awa（サバヒー）だった。ほとんどの養魚池はアリイ alii（首長）の食用として厳しく制限され、一般人は養魚池で養殖された魚を食べることは許されなかった。

現在ではもう使用されていないが、これらの養魚池の跡は、今日でもハワイ諸島の湾岸に多く点在している。

ンピとおいしいシュリンプのシーザーサラダなど、必ず気に入るものが見つかる。

ハレイワ・ジョーズ
Haleiwa Joe's
☎247-6671
🏠46-336 Haiku Rd
🍴前菜$6〜10、メイン$12〜20
🕐月〜木17:30〜21:30、金・土17:30〜22:30

ハイク・ガーデンHaiku Gardensにあり、コオラウ山脈のふもとにこぢんまりとしたユリの池という、ロマンチックで美しい戸外の風景を眺めることができる。レストランの自慢は、アヒの春巻き類、ココナツシュリンプのてんぷら、チキンサテイ、ボリューム満点のステーキなど、最高の環太平洋地域料理だ。夜になると庭がライトアップされる。昼間に立ち寄って、ハイク・ガーデンの景観のよい庭を15分かけて散歩してみるのもよい。カメハメハ・ハイウェイから来るなら、ウインドワード・モールを過ぎてすぐのハイク・ロードHaiku Rdで西に曲がり、カヘキリ・ハイウェイKahekili Hwyを交差後、さらに0.25マイル（約400m）ハイク・ロードを進む。

ワイアホレ&ワイカネ
WAIAHOLE & WAIKANE

カネオヘの北部の地域は、美しいビーチ、楽しいハイキングの機会、すばらしい景色を持

つ、のどかな田舎の雰囲気が漂う場所だ。実際あまり広くはない2車線道路のカメハメハ・ハイウェイが湾全体を走り、それが小さな町沿いではメインストリートとして広さは2倍になる。

ワイアホレとワイカネからが、のどかなオアフの始まりだ。この地域には、家族経営のランの苗木畑やココナツ、バナナ、パパイヤ、レモンの小農場などが多く見られる。

第2次世界大戦中には、ワイカネ渓谷Waikane Valleyのかなりの地域が軍事訓練や標的練習のために借用され、その使用は1960年代まで続いた。政府は、この地には未処理の不発弾が多く残存するので、持ち主である家族に返還できないと主張している。これが地元住民との今なお続く論争の原因であり、地元住民は谷の内部のほとんどが立入禁止のままであることに憤慨している。

クアロア
KUALOA

クアロア地域公園
Kualoa Regional Park

クアロア・ポイントにある広さ153エーカー(約62ヘクタール)のクアロア地域公園は、その南西の境界がモリイ養魚池と接する郡立公園だ。公園の南西を走る道路からは、木々の間から養魚池が湾の中のくっきりした緑の線のように見える。

クアロアは感じのよいビーチパークで、回りの景色もすばらしい。道路の反対側におぼろげに見える絶壁をなす山々は、その姿のとおり「絶壁断崖」を意味するパリクPali-kuと呼ばれている。霧がかかると、まるで中国の水墨画を見るようだ。

主な沖合の島はモコリイ Mokoliiだ。語り手によっていろいろな説があるが、ハワイの伝説によるとモコリイはたちの悪いトカゲ、あるいはイヌの尻尾で、神によって殺され海に投げ込まれたといわれる。中国人労働者のハワイへの移住後、この円錐形の島は「中国の帽子」を意味するハワイ語、パパレ・パケPapale Pakeとも呼ばれるようになった。

アプア池 Apua Pondは、岬にある広さ3エーカー(約1.2ヘクタール)の淡海水の沼で、絶滅危惧種のアエオ(ハワイセイタカシギ)が生息する。公園の先にあるビーチへと下っていくと、モリイ養魚池 Molii Fishpondが少し見えるが、ここからではあまり見晴らしはよくない。岩壁はマングローブ、ミロ(自生の緑陰樹)、少量の雑草に覆われている。

公園は大部分が開けた芝生で、数本のヤシの木が細長いビーチに木陰をつくる。海は遠浅なので安心して遊泳できる。ピクニックテーブル、トイレ、シャワーなどがあり、ライフガードもいる。金曜から火曜の夜までキャンプが可能だが、郡の許可が必要。キャンプの許可のとり方についての情報は、本章前出の「宿泊・キャンプ」を参照。

クアロア・ランチ
Kualoa Ranch

クアロア地域公園から続く道の向こう側にある緑の斜面で牧草を食べている馬は、クアロア・ランチ(☎237-8515)所有の馬だ。見晴らしのよい牧場の一部は、映画ジュラシック・パークとゴジラの背景として使われた。牧場では、乗馬、射撃、ワイキキからのシャトルバスでやって来る日本人旅行客に人気の「映画舞台バスツアーmovie set bus tour」など、あらゆる種類のアクティビティが揃っている。

1850年代、カメハメハ3世はこの土地のうちの625エーカー(約253ヘクタール)を王の助言者の1人となった使節団の医師、ジュッド医師に$1300で貸与した。ジュッドはこの土地にサトウキビを植え、それを運ぶための用水路を造り、畑で働かせるために中国人労働者を引き入れた。製糖工場は、数十年間はかろうじて操業されてきたが、アメリカ本土に製糖市場を開放する相互条約が結ばれる前に閉鎖された。

ビーチパークから北へ0.5マイル(約800m)の道路沿いに、今でも石の煙突、砕けた壁などの工場跡が見られる。

カアアワ
KAAAWA

カアアワ地区では、湾岸に接近した道路のすぐ内側をパリpaliが通り、断崖のふもとと道路の間には家が数件、軒を接しながら辛うじて建つスペースしかない。

近郊のスワンジー・ビーチ・パーク Swanzy Beach Parkは、主に漁師が使う狭いビーチで、岸壁に面している。

公園から道路を挟んだ反対側には、コンビニエンスストア、ガソリンスタンド、小さな郵便局がある。そして、これだけが町の商業の中心になっている。

クラウチング・ライオン
Crouching Lion

クラウチング・ライオンは、27マイルマーカー(標識)のすぐ北に立つ同じ名前のレストランの裏手にある岩だ。

ハワイの伝説では、火山の女神ペレPeleと妹

のヒイアカHiiakaの間でおきた嫉妬による争いの際に、あるタヒチの半神半人が、山にくっつけられてこの岩ができたものといわれている。身を自由にしようとかがみこむ姿勢を取った瞬間、石に変わってしまった。

彼を見つけるには、**クラウチング・ライオン・イン Crouching Lion Inn**の看板を背にして海に向かい、ココナツの木の左側を真っすぐに見上げると、うしろの断崖の上にあり、その姿がライオンに似ていると言う人もいる。

この店はこの地域で腰掛けて食事のできる主要なレストランで、ランチにはサンドイッチ、サラダ、ホットプレート数種を＄8〜＄10で提供する。ディナーの価格はこの約2倍だが、通常それより安いアーリーバードスペシャルもある。

右手にある店を過ぎて北上を続けると、**フイルア養魚池 Huilua Fishpond**が湾岸沿いに垣間見られる。

カハナ渓谷
Kahana Valley

かつてハワイの島々は、山から海へと達するパイの形をしたアフプアアahupuaaという土地区分に分割されていた。そこにはハワイ人の生活に必要なものはすべて揃っていた。長さ4マイル（約6.4km）幅2マイル（約3.2km）のカハナ渓谷が、ハワイで唯一政府が所有するアフプアア ahupuaaだ。

カハナは雨の多い谷で、年間降水量は、海岸沿いで約75インチ（約1905mm）、山地で300インチ（7620mm）におよぶ。西洋人の渡米以前には、カハナ渓谷では湿地を好むタロイモが栽培されていた。考古学者により、生い茂る草に覆われた130を超える段々畑の跡、用水路に加え、ヘイアウheiau、豊魚を祈願するための祭壇、多くの住居跡などが発見されている。

20世紀初期には、この地域でサトウキビが栽培され、小さな鉄道で北方にあるカフク製糖工場Kahuku Millまで運搬していた。第2次世界大戦中、カハナ渓谷の高地は軍が徴用し、ジャングル戦を想定した軍事訓練に使用された。1965年、谷を開発から守り、保存するため、州はカウアイ島Kauaiのロビンソン家（ニイハウ島Niihauのオーナー）からカハナ渓谷を買い上げた。

およそ30世帯のハワイ人家族が谷の低地で生活している。谷の高地は開発されないまま残り、週末になると地元の猟師が主に野生の豚狩りに出かけている。

カハナの遺跡の多くは、谷の深いところにあり近づくことはできないが、カハナ湾Kahana Bayにある公園の見どころの、**フイルア養魚池 Huilua Fishpond**が主要道路から見える。ビーチへと下っていけば訪れることもできる。

カハナ渓谷州立公園
Kahana Valley State Park

カハナ渓谷州立公園の入口は、クラウチング・ライオン・インから北に約1マイル（約1.6km）の所にある。

州がカハナを買い上げたとき、家屋や長い間谷に住んでいた人々をも州に属させた。人口の少なさに頭を悩ませている田舎から住民を立ち退かせるよりむしろ、州は140人の居住者をその地にとどまらせる計画を立てた。そのコンセプト（概念）は、最終的には居住者が通訳ガイドを担う「リビング・パークliving park」にこれらの家族を組み込むことだった。公園の開発はゆっくり進んだが、数十年かけた入念な計画と交渉の末、この「リビング・パーク」の概念は少しずつ前進を始めている。今では公園の入口付近には簡素なオリエンテーション・センターがあり、学生や地元の団体向けツアーを行っている。

個人の旅行者向けのツアーはないが、自分で自由に谷を散策できる。**オリエンテーション・センター Orientation Center**（☎237-7766 ◯月〜金 7:30〜16:00）ではマップがもらえ、トレイル状況の最新情報が聞ける。トレイルは濡れていると滑りやすいことに注意すること。ここはオアフ島でもっとも雨が多い側だ。

公園で一番歩きやすいトレイルは、オリエンテーション・センターを始点とする1.25マイル（約2km）の**カパエレエレ・コア・アンド・ケアニアニ・ルックアウト・トレイル Kapaeleele Koa and Keaniani Lookout Trail**だ。昔の鉄道ルート沿いを走り、カパエレエレ・コアKapaeleele Koaと呼ばれる豊漁祈願のための祭壇を過ぎ、古代、湾内の魚の群れを見つけるために使用した展望台、ケアニアニ・キロKeaniani Kiloに続く。その後トレイルは湾へ下り、ハイウェイに沿って公園入口へと戻る。

神聖な地

古代、クアロアはオアフ島でもっとも神聖な場所の1つだった。首長がそこにたたずむと、海を通り過ぎるカヌーはその帆を下げ敬意を表した。そして首長の子供たちはここで育てられた。また、カプ kapu（タブー）を破った者や脱走兵が刑の軽減を求めて逃げ込む場所でもあった。ハワイ人にとって非常に重大な意義をもつことから、クアロア地域公園は世界歴史遺産に登録されている。

雨林の中を歩きたいなら、熱帯植物の中を通り抜ける2.5マイル（約4km）のループ道、**ナコア・トレイル Nakoa Trail**がある。このトレイルでは、何度か小川を渡り、途中で天然のプールのそばを通る。しかし、ナコタ・トレイルの始点はオリエンテーション・センターより1.25マイル（約2km）内陸寄りにあるので、合計5マイル（約8km）の距離を歩くことになる。

公園は、一列に木が並ぶビーチと養魚池のある**カハナ・ベイ Kahana Bay**を取り囲む。湾は深くて狭く、サンゴ礁で守られているビーチは遠浅の砂地で、安心して遊泳できる。

ビーチサイドの**キャンプ場**は10カ所あるが、主に島の家族連れが使用するので、旅行者には場所争いになるかもしれない。キャンプは州の許可があれば可能だ。許可についての詳細は、本章前出の「宿泊・キャンプ」を参照。

プナルウ
PUNALUU

プナルウは、建物もまばらなあまり旅行者の興味をかきたてることのない海辺の集落だが、落ち着いた雰囲気の宿泊場所が幾つかあり、感じのよいビーチもある。

プナルウ・ビーチ・パーク Punaluu Beach Parkには細長いビーチがある。沖合いにあるリーフが、ほとんど嵐のような天候のときでも浅い沿岸の海域を守ってくれるので、遊泳には最適だ。しかし、ワイオノ川Waiono Streamの流れが速いときや波が高いときには、川の河口付近と川が流れ出る海峡では流れが急になるので注意すること。

宿泊・食事
パッツ・アット・プナルウ Pat's at Punaluu（☎293-2624　🏠53-567 Kamehameha Hwy）は136室あるコンドミニアム。主に居住向けでやや古く、あまり手入れがされていないが、海辺に立地し、海に面した部屋があるという利点もある。フロントはないが、不動産業者が賃貸の管理をしており、中にはコンドミニアムの掲示板に物件を提示している業者もある。

ポール・コメアウ・コンド・レンタルズ Paul Comeau Condo Rentals（☎467-6215　📠293-0618　🏠PO Box 589, Kaaawa, HI 96730　🛏ワンルーム型＄80、1ベッドルーム＄100、3ベッドルーム＄180）ではパッツ・アット・プナルウの客室を数件扱う。最低3泊から。

プナルウ・ゲストハウス Punaluu Guesthouse
☎946-0591
🏠53-504 Kamehameha Hwy

🛏1人につき＄22
プナルウの中心部にある建物で、ホステリング・インターナショナル・ホノルルのオーナーが所有する。2部屋しかないアットホームな感じの宿で、前もってホステル側が宿泊希望者を選別する。したがってプナルウ・ゲストハウスに宿泊したいなら、まずホノルルにあるホステルへ行き、そこのスタッフ面接のうえ推薦してもらう必要がある。共同バスがあり、宿泊者はキッチンを使用できる。

アヒズ Ahi's
☎293-5650
🏠53-146 Kamehameha Hwy
🍴食事＄8～15
🕐月～土 11:00～21:00

25マイルマーカーから北へ3分の1マイル（約500m）にあるプナルウ唯一のレストラン。エビ料理が中心で、シュリンプスキャンピ、シュリンプのてんぷらなど、新鮮なエビをさまざまな調理法で仕上げる。

ハウウラ
HAUULA

ハウウラは小さな湾岸の町で、背後には丘が連なりシマナンヨウスギが堂々とそびえ立つ美しい景色が広がる。町の北方には保安林があり、その中を通る数本のハイキングトレイルがなかなかいい。

町の主なランドマークは、**ラナキラ教会 Lanakila Church**（1853年）の石の廃墟で、ハウウラ・ビーチHauula Beachの反対側の丘にあり、その隣には新しくできたハウウラ会衆派教会Hauula Congregational Churchが建っている。

町の正面にあるビーチはあまり遊泳には適さないが、大波がやってくると地元の子供たちが波乗りを楽しむ。ビーチは実際にはキャンプが可能な郡立公園だが、ここでキャンプするのはほとんど地元の家族連れだ。キャンプの許可についての情報は、本章前出の「宿泊・キャンプ」を参照。

トレイル
森林・野生生物局Division of Forestry & Wildlifeが、ハウウラ北部の保安林内にある2本のトレイルを管理している。2本のトレイルは同じ入口から始まり、ともにコオラウ山脈の低地にある美しい丘へと向かう。

ハウウラ・ループ・トレイル Hauula Loop Trailは、景観のよい2.5マイル（約4km）のハイキング道だ。植林された森林内部、海、ハウウラの町を広く見わたしながら、幾つか峡谷を渡り

尾根に沿って登る。このトレイルは、保安林に入るとすぐに右に折れ、オヒアの木、アイアンウッド、高くそびえるシマナンヨウスギの木立などがこんもりと茂る、自生の植物群の中を通り抜ける。ハイキングの所要時間は約2時間。

マアクア・リッジ・トレイル Maakua Ridge Trailは、保安林に入って約半マイル（約800m）の所から左に向かって始まる。2.5マイル（約4km）のループ道で、雨が降ったときにできる溝を幾つか出入りしながら登り、狭いマアクア尾根Maakua Ridge沿いを通る。トレイルの大部分は視界がよく乾燥しているが、アカシアの木の茂みの中など、まるでトンネルの中をくぐるような見通しの悪い場所もある。尾根の頂きから湾を眺め、道沿いにハウウラの町を見わたせる。所要時間は約2時間半。

道標が立てられた両トレイルの起点は、カメハメハ・ハイウェイKamehameha Hwyから約0.25マイル（約400m）北上したハウウラ・ホームステッド・ロードHauula Homestead Rdのカーブにある。ハウウラ・ホームステッド・ロードは、町の中心にあるハウウラ・ビーチ・パークHauula Beach Parkの北端に沿って走る。

マアクア・リッジ・トレイル沿いではバックカントリーキャンプが可能だ。キャンプ情報、トレイルマップ、キャンプに必要な要件については、**森林・野生生物局 Division of Forestry & Wildlife**（☎587-0166）に問い合わせること。

ライエ
LAIE

ライエは古代のプウホヌアの地、つまりカプ戒律・掟を破った者や負傷した兵士が逃げ込む場所だったと考えられている。現在はハワイのモルモン教団コミュニティの中心地だ。

モルモン教の使節団が初めてハワイにやって来たのは1850年のことだった。ラナイ島LanaiにハワイのI「ジョセフの町City of Joseph」を造る計画が土地スキャンダルのさなか失敗に終わった後、モルモン教徒はライエに移った。1865年には、この地域の6000エーカー（約2430ヘクタール）の土地を購入し、徐々に影響力を広げていった。

1919年、モルモン教徒は、ソルトレークシティにある**寺院**の小型版の会堂をコオラウ山脈のふもとに建設した。広い遊歩道の終点にある威厳あふれる会堂は、ウインドワード・コーストにあるどの建物とも異なっている。モルモン教の信条について語る熱心なガイドのいるビジターセンターがあるが、旅行者は会堂内部に立ち入りできない。

近くには**ブリガム・ヤング大学 Brigham Young University**ハワイ分校があり、奨学金制度に引かれて太平洋諸島から学生が集まってくる。

インフォメーション
ライエ・ショッピング・センターLaie Shopping Center（🏠55-510 Kamehameha Hwy）はポリネシア文化センターPolynesian Cultural Centerから北へ約半マイル（約800m）の所にあり、**ハワイ銀行 Bank of Hawaii**（☎293-9238 ◎月〜木8:30〜16:00、金 8:30〜18:00）と**郵便局**（☎293-0337 ◎月〜金9:00〜15:30、土9:30〜11:30）がセンター内にある。コインランドリーの店、**ライエ・ウオッシャレット Laie Washerette**（☎293-2821 🏠55-510 Kamehameha Hwy ◎月〜土 6:00〜20:00）もセンター内にある。

ポリネシア文化センター
Polynesian Cultural Center

ポリネシア文化センター Polynesian Cultural Center（PCC）（☎ 293-3333 🎫大人＄35、子供（5歳〜11歳）＄20 ◎月〜土 12:30〜21:00）はモルモン教会に所属する非営利組織。42エーカー（約17ヘクタール）の広さがあり、年間約90万人の旅行者が訪れる。オアフ島でアリゾナ記念館USS Arizona Memorialの次に人気の施設だ。

公園には7つのテーマ・ビレッジがあり、それぞれサモア、ニュージーランド、フィジー、タヒチ、トンガ、マルケサス、ハワイを表現している。「ビレッジ」には、忠実に復元された住居、神殿、撚り紐や手彫りの柱を使って精巧に造りあげた多くの建物がある。住居には織物、タパ布、羽毛を使った手芸品などが展示されている。民族衣装をまとったポリネシアの血を引く人々が、すりつぶして作るポイ料理、ココナツの葉を使った編物、ダンス、ゲームなどを実演する。

昔の伝道所を復元したものや、19世紀半ばにポリネシア各地で見られた布教教会を再現した建物もある。

ここで働く人々の多くが太平洋諸島出身のブリガム・ヤング大学（BYU）の学生で、PCCでの仕事で学費を稼いでいる。愛想のよい通訳とおしゃべりしながら散策したり、工芸品作りに夢中になっていると、あっという間に2、3時間が過ぎてしまう。

入場料には、公園内を通る曲がりくねった水路を進むボートの乗船費用も含まれる。たとえば、14:30開演のお決まりともいえる水上ショー、ロング・カヌー・ページェントPageant of the Long Canoes、モルモン寺院やBYUのキャンパスを訪れる45分間のワゴン車でのツアー、

センターのIMAXシアターで上演される映画、歌と踊りのイブニングポリネシアンショーなどだ。ポリネシアンショーは19:30から21:00まで行われ、楽しめる内容だ。本当の部分もあれば、ハリウッド映画のような部分もあり、苦心して造りあげたセットと衣装を使った熱心な大学生の作品といった感じだ。

上記のアクティビティにビュッフェ形式のディナーがついた、大人＄49、子供＄32のビュッフェパッケージもある。

PCCには興味深い催しが多くあるが、かなり観光客向けで、入場料金も割高であることを考えるとあまりおすすめとはいえない。

ビーチ

マラエカハナ州立レクリエーション・エリアMalaekahana State Recreation Areaとライエ・ポイントLaie Pointの間にあり、ライエの町に面する長さ1.5マイル（約2.4km）のビーチには、サーファー、ボディサーファー、ウインドサーファーが集まる。

パウンダーズ Poundersは、PCCのメインエントランスから南に0.5マイル（約800m）のところにあり、ボディサーフィンにうってつけのビーチだ。しかし、ビーチの名前が示すとおり、容赦ないショアブレイクが襲う。冬の潮流は強い。通常は古い荷揚げ場付近の海域が最も波が穏やかだ。夏の遊泳にはおおむね適している。ビーチは砂浜だ。

ライエ・ポイント Laie Pointからは、南側の山々と沖合に浮かぶ小さな島々の美しい景色が望める。左手にある穴の見える島はククイホオルアKukuihoolua、別名プカ・ロックPuka Rockだ。ライエ・ポイントに行きたいなら、アネモク・ストリートAnemoku Stをライエ・ショッピング・センターLaie Shopping Centerとは逆の海方面に向かって進む。それからナウパカ・ストリートNaupaka Stで右折し、終点まで真っすぐ走ること。

宿泊・食事

ライエ・イン
Laie Inn
☎293-9282、800-526-4562 ⨳293-8115
✉laieinn@hawaii.rr.com
⌂55-109 Laniloa St
客室＄89

ポリネシア文化センターのすぐそば。中庭のプールを囲む49の客室がある２階建てのモーテル。特別なものはないが十分快適で、各部屋にラナイ、ケーブルテレビ、エアコン、小型冷蔵庫が付く。料金にはコンチネンタルブレックファスト（朝食）も含まれる。

ライエ・チョップ・スエイ
Laie Chop Suey
⌂55-510 Kamehameha Hwy
１品＄5〜7
月〜土 10:00〜20:45

ライエ・ショッピング・センターにあり、標準的な中華料理を出す地元のレストラン。

ライエ・ショッピング・センターには食料品店や一般的なハンバーガー、サンドイッチ、ピザを売るファーストフードのチェーン店も２、３入っている。

マラエカハナ州立レクリエーション・エリア
MALAEKAHANA STATE RECREATION AREA

マラエカハナ・ビーチMalaekahana Beachは、北のマカホア・ポイントMakahoa Pointと南のカラナイ・ポイントKalanai Pointの間に広がる美しい浜辺だ。細長い砂浜のうしろにはアイアンウッドの林が続く。冬には力強い潮流が見られることもあるが、遊泳にはほぼ年中適している。家族連れに人気のこのビーチは、ボディサーフィン、ボードサーフィン、ウインドサーフィンなど、多くのほかのウォーターアクティビティにも適している。この州立公園の主要エリアであるカラナイ・ポイントは、ライエから北に１マイル（約1.6km）弱の所にあり、ピクニックテーブル、バーベキューグリル、キャンプ場、トイレ、シャワーなどの設備が整っている。

モクアウイア Mokuauia（ゴート島Goat Island）は、すぐ沖合に浮かぶ州の鳥類保護区域だ。すてきな砂浜の入り江があり、遊泳やシュノーケリングに適している。島まで歩いて渡ることも可能。干潮で波が穏やかなときがよいが、必ずライフガードに波の状態を確認し、渡っても大丈夫かアドバイスを求めること。浅瀬のサンゴとウニにも気をつけよう。

ビーチから離れた所や、ゴート島までシュノーケリングすることもできる。島のウインドワード側になっている部分では、流れが早い離岸流が発生することがあるので注意が必要。

キャンプ

マラエカハナには、ウインドワード・コースト北端で最高のキャンプ場がある。州立公園の許可があれば、公園の主要エリアのカラナイ・ポイントでテントを張ることができる。許可の取り方についての情報は、本章前出の「宿泊・キャンプ」を参照。

田舎風のキャビンのレンタルもできるし、公園のマカホア・ポイントのエリアなら許可

なくキャンプすることも可能だ。このエリアには、公園のメインエントランスから北に0.75マイル（約1.2km）のカメハメハ・ハイウェイを下りた所にある別の入口から入れる。**フレンズ・オブ・マラエカハナ Friends of Malaekahana**（☎293-1736）テントサイト1人＄5、4人用キャビン 月〜木＄55・金〜日＄66、8人用キャビン 月〜木＄66・金〜日＄80）は文化保存に貢献する地元の非営利団体で、この公園のはずれで管理している。19:00から翌7:00まで車用のゲートは閉鎖されるので、比較的安全に過ごせる場所だ。

カフク
KAHUKU

カフクは小さな木造の家が道路沿いに並ぶ、かつての砂糖の町だ。町の中心にある工場は、1890年から1971年に閉鎖されるまで砂糖を生産していたカフク・プランテーションKahuku Plantationが所有していた。操業はかなり小規模だったため、ハワイにあるもっと大規模な工場との機械化競争の流れについていけなかった。工場閉鎖により、カフク経済も急激に落ち込み、不況は現在まで続いている。

新しくできたショッピングセンターが、今ではカフクの古い製糖工場を再利用していて、小さな店が古い機械を取り囲んでいる。観光客が製糖工場の仕組みを目で見てわかるように、工場の巨大な歯車装置、はずみ車、配管などが鮮やかな色で塗られている。蒸気システムは赤、サトウキビの搾汁システムはライトグリーン、油圧システムはダークブルー、といった具合だ。映画モダン・タイムス*Modern Times*の一場面、チャーリー・チャップリンが巨大な歯車に挟まっているのが目に浮かぶようだ。

センターは大盛況とはいえないが、地元のプレートランチのレストラン、食品市場、ガソリンスタンド、郵便局、銀行、ほかに数軒の店が入っている。

ビーチ
浅瀬の**クイリマ入り江 Kuilima Cove**、別名ベイ・ビュー・ビーチBay View Beachの正面にはカフク唯一のホテル、タートル・ベイ・リゾートTurtle Bay Resortが建つ。このすばらしい白砂のビーチはサンゴ礁に守られ、この地域で最高の遊泳場所の1つだ。シュノーケリングにちょうどいいサンゴ礁もいくつか点在している。主にリゾート客が利用するが、入り江は誰でも自由に出入りできる。

ホテルの守衛室前の右手には、ビーチへ出向く人用の駐車スペースがあるので、ここに車をとめて10分歩けばビーチに到着する。

カイハルル・ビーチ Kaihalulu Beachは、背後にはアイアンウッドの林が続く美しいカーブを描く白砂のビーチだ。海岸線の溶岩棚と岩の多い海底のため遊泳には向かないが、ビーチを散歩するには好ましい。東へ約1マイル（約1.6km）歩くとカフク・ポイントに着く。地元の漁師は、岸からは投網を投げ、岸の投げ釣りポイントからは釣り竿で魚を釣る。ビーチのすぐ内陸側にある未舗装の道は、馬用のトレイルとしても使用されている。

ビーチへ行くなら、タートル・ベイ・リゾートに入り、守衛室の前で右へ曲がって線の引かれていない駐車場に入る。ビーチへ行く人は無料で駐車できる。ビーチまでは歩いて5分。駐車場に隣接する野原から始まる歩道を東へ向かって歩くだけだ。ビーチにはトイレもない。

ジェームズ・キャンベル国立自然保護区
James Campbell National Wildlife Refuge

この自然保護区は、ハワイの4種類の絶滅危惧種の水鳥、ハワイオオバン、ハワイセイタカシギ、ハワイカモ、ハワイバンが生息する、珍しい淡水の湿原だ。

セイタカシギの巣作りの時期（通常2月半ばから7月）には、保護区は立入禁止になり、誰も立ち入ることはできない。それ以外の時期なら、保護区のスタッフによるガイドツアー（木曜の16:00〜17:30、土曜の15:30〜17:00）に参加すれば訪れることができる。ツアーは無料だが、予約が必要。☎637-6330に電話で予約ができる。

保護区には道標が立てられており、タートル・ベイ・リゾートから南東に約1マイル（約1.6km）の所にある。

宿泊
タートル・ベイ・コンドス
Turtle Bay Condos
☎293-2800 ℻293-2169
✉trtlbayest@aol.com
⌂PO Box 248, Kahuku, HI 96731
ワンルーム型＄95、ロフト付＄105、アパート式 1ベッドルーム＄115、2ベッドルーム＄160

クイリマ不動産が扱う客室。タートル・ベイ・リゾートの正面に建つ近代的なコンドミニアムコンプレックスで、客室にはそれぞれ、設備の整ったキッチン、洗濯乾燥機、テレビ、電話、ラナイが付いている。1週間の料金は1日料金の6倍。1カ月分の料金は1週間料金の2.5倍。加えて、清掃料が＄50〜75別途かかる。コンプレックスには、2面のテニスコートと5つのプールなどの施設がある。

セントラル・オアフ – ハイウェイ750

タートル・ベイ・リゾート
Turtle Bay Resort
☎293-8811、800-203-3650 ℻293-9147
@res@turtlebayresort.com
⌂57-091 Kamehameha Hwy
客室 $139〜295

タートル湾Turtle Bayとクイリマ入り江の間にあるクイリマ・ポイントに建てられた、ウインドワードとノース・ショア唯一のリゾートホテル。485室すべてがオーシャンビューの部屋で、高級ホテルにふさわしい設備が整う。タートル湾は必要なものを完備したリゾートで、レストラン数軒、ゴルフコース2つ、プール2つ、馬小屋、テニスコート10面がある。

食事

ジョバンニズ・シュリンプ
Giovanni's Shrimp
◯10:30〜18:30

カフク製糖工場のすぐ南のハイウェイ沿いに停まるトラックが店舗。エビ好きな人にはおすすめだ。地元の人にも、週末ホノルルから訪れる観光客にも人気。おいしいシュリンプスキャンピ、レモンバター網焼きシュリンプ、ホット・スパイシーシュリンプから選べる。0.5ポンド（約227g）のジャンボシュリンプにスプーン2杯分のライスが付いたものが $11。座って食べられる屋根カバー付のピクニック場もある。

タートル・ベイ・リゾートには、食べ放題で、すばらしいオーシャンビューが自慢のレストランが数軒入っている。ロビー横にある**ベイ・ビュー・ラウンジ Bayview Lounge**（☎293-8811 内線6512）では、シンプルなイブニングビュッフェを用意している。ピザとパスタが並べられる夜もあれば、タコスバーとバーベキューの夜もある。ビュッフェは毎晩17:30から20:30までの営業で、料金は大人 $12、子供 $8だ。ホテルの**シー・タイド・ルーム Sea Tide Room**（☎293-8811 内線6504）では、日曜の10:00から14:00まで、新鮮なエビ料理、寿司、肉料理、オムレツ、サラダ、デザートなど、バラエティに富んだランチビュッフェを提供している。料金は大人 $22、子供 $12.50だ。

セントラル・オアフ
Central Oahu

セントラル・オアフはワイアナエ山脈Waianae Mountainsを西に、コオラウ山脈Koolau Rangeを東に置いた、2つの峰をつなぐ山の背の部分にあたる。

ホノルルから北に向かい、オアフ島の中央部の特徴を濃く漂わせたワヒアワWahiawaの町へは3本のルートがある。フリーウェイH2のルートを使えば最短時間で到着できる。ハイウェイ750は距離が一番長い代わりに、景観の点では最も良い。もう1本のハイウェイ99は、近代的でこれといった特徴のない住宅地であるミリラニMililaniを通っており、生活道路といったところだろう。

ほとんどの人にとって、セントラル・オアフはノース・ショアNorth Shoreへと向かうときにだけ目を向ける土地といえる。もし、時間に追われているのならそれも仕方がないことだ。沿道には大して珍しい景色も見当たらない。ワヒアワはこの地域の商業的な中心地であり、どちらにしてもそう長居する場所ともいえない。

ワヒアワからはルートが2本あり、ハイウェイ803（カウコナフア通りKaukonahua Rd）とハイウェイ99（カメハメハ・ハイウェイKamehameha Hwy）はともにパイナップルの果樹園地帯を通り抜けてノース・ショアに向かう。ハイウェイ803は99に比べてモクレイアMokuleiaまでの道のりが多少短く、ハレイワHaleiwaまではどちらもほぼ同じ距離になる。それぞれに景色の良い道路なので、もしも島を1周するのでなければ、行きと帰りで道を変えてみるのも良いだろう。

ハイウェイ750
HIGHWAY 750

ハイウェイ750（クニア通りKunia Rd）はセントラル・オアフを通る数マイルの道だが、もし時間がとれるなら1度通ってみる価値はある。フリーウェイH1を走り、H1とH2の分岐点から3マイル（約4.8km）西に進んでクニア（ハイウェイ750）へと入る。

ハイウェイ750に入って初めの1マイル（約1.6km）は変哲もない郊外の風景だが、その後、道はプランテーションの地域へと入っていく。ワイアナエ山脈のふもとに沿って走る道では、完璧な農業地帯であることを思わせる田舎の景色がスコフィールド軍用地Schofield Barracks Military Reservationまで延々と続く。

2マイル（約3.2km）進むとガースト・シード社Garst Seed Companyのトウモロコシ畑の連なりが見えてくる。ここではトウモロコシが年に3度生育し、これにより、アメリカ本土で通常レートの3倍の価格で売れるハイブリッド・トウモロコシの種子作りを可能にしている。トウモロコシの実には小さな袋がかぶせられていて、ほかの花から受粉しないようになっている。

もう少し北に進むと、ハワイで最も美しいパイナップル畑の1つが始まる。ここにはビルや開発は一切ない。パイナップルの茎の長くて緑色の筋が、赤い大地を覆ってずっと山のかなたまで続いているのが見える。

ハワイ・カントリー・クラブHawaii Country Clubを通り過ぎたら右側をぜひ見てほしい。ここからはホノルルからはるかダイヤモンド・ヘッドDiamond Headまでが一望できる。

クニア
Kunia

クニアはパイナップル畑の真ん中にある小さな町で、デルモンテ社に雇われた農作業員の居住区である。もし、今日のプランテーションがどういったものかを見たいのなら、ハイウェイ750から西に向かうクニア・ドライブKunia Drに入ると良い。1.25マイル（約2km）の道がループを描きながらクニアの町を通り抜けている。

建ち並んでいる家々は灰緑色をした木造で、屋根は波状のトタンで葺いてあり、低い支柱の上に建てられている。小さな庭には住民が丹精込めて育てたブーゲンビリアをはじめ色とりどりの花が咲き乱れ、パイナップル畑のほうから吹く風が赤い砂埃を巻き上げる中に、鮮やかな色彩をふりまいている。

クニア・ドライブがハイウェイと交差しているのは、ハイウェイ750とフリーウェイH1の交差点から北に5.5マイル（約8.8km）の所（近くに商店と郵便局がある）で、6マイルマーカー（標識）がある。

コレコレ・パス
Kolekole Pass

コレコレはワイアナエ山脈の中にある峡谷で、かつて日本の戦闘機が真珠湾Pearl Harborを爆撃した際に通った場所である。爆撃から30年後、大ヒットした戦争映画「トラ・トラ・トラTora! Tora! Tora!」で戦闘機が飛んでゆくシーンが再現されたので、この景色はきっと見覚えがあるかもしれない。

コレコレ・パスは標高1724フィート（約525m）にあり、アメリカ陸軍スコフィールド陸軍基地の上部になる。軍が警戒態勢に入っていないときだけ登って行くことができる。

ハイウェイ750から峠に至るには、ハイウェイ99との交差点から南に約3分の1マイル（約531m）の所にあるフート・ゲートFoote Gateを通る。ゲートを抜けた後、左側の最初の角を曲がってロードA（Road A）に入る。続いて右側の1本目の道をリーマン通りLyman Rdに曲がる。道は兵舎やゴルフコース、銃剣攻撃コースを経て5.25マイル（約8.45km）続く。山頂には大きな白い十字架があってかなり遠くから見えるが、駐車場は山頂とは反対側にある。

山頂に向かって5分ほど歩いたところで道は終わるが、そこにはワイアナエ・コーストWaianae Coastを直に見下ろせる、すばらしい景色が待っている。ハワイの伝承によると、山頂の尾根に大きく突き出した岩は、コレコレという女性が姿を変えたものだという。コレコレはこの道を永久に守りたいと願って岩になった。コレコレ岩と並んで幾つか岩が見られるが、その中の1つは山頂の丸いくぼみから転がり出てきたものである。くぼみはギロチンのために作られたような形をしているため、新たな「伝説」が加わった。コレコレ岩は、戦いに敗れた支配者や兵の首をはねるための斬首台として用いられたというのだ。軍用施設が道の両側にあるということが、おそらく伝説にいくらか影響を与えたのだろう。

コレコレ・パスのすぐ西側を自動車道が走っていて、ルアルアレイ海軍基地Lualualei Naval Reservationを通ってワイアナエ・コーストWaianae Coastに至っているが、ここは通行が禁止されている。この海軍基地は核兵器の貯蔵所になっており、一般人は入ることができない。

ワヒアワ
WAHIAWA

ワヒアワとはハワイ語で「うるさい場所place of noise」という意味である。兵士の町として、ハワイで最大規模のスコフィールド軍用地の片隅にある。ファーストフード店としてまず頭に浮かぶであろう店はすべてワヒアワの中心部で見つかる。入れ墨屋や質屋が町の顔といったところで、もし何か楽しみを求めるのなら荒んだ感じのバーが数件ある。

町を通り抜けて植物園やヒーリング・ストーンhealing stones、ロイヤル・バースストーンroyal birthstonesに向かうには、カメハメハ・ハイウェイKamehameha Hwy（町の前後はハイウェイ99だが、町を通る間はハイウェイ80と呼ばれる）を使う。ワヒアワ周辺を避けるのならハイウェイ99をそのまま進めばよい。

ワヒアワ植物園
Wahiawa Botanical Garden

カメハメハ・ハイウェイから東に1マイル（約1.6km）の所にあるこの植物園（☎621-7321 ⌂1396 California Ave 入場無料 ◑9:00～16:00）は、1920年代に設立された当初は、ハワイ砂糖栽培組合Hawaii Sugar Planters' Associationの林業試験場だった。現在は、小道や古い巨木、木々の茂った谷などのある面

セントラル・オアフ - ワヒアワ

積27エーカー（約11ヘクタール）の郡立公園となっている。

コンクリートだらけのワイキキから抜け出してみようと思ったら、最初に行く場所としてここはおすすめだ。熱帯林の中にすっぽり身を沈めてみるのが心地よい。樹齢70年のシナモン、チクル、オールスパイスといった珍しい植物が1カ所に集められていて、木生シダ、ロウリャシそのほかのハワイ原産の植物はまた別の場所に植えられている。

ビジターセンターに置いてある無料のパンフレットには、それ以外の植物についての解説も載っているのでもらっていこう。

ヒーリング・ストーン
Healing Stones

観光局の担当者によって風変わりな風景に指定されてもおかしくない。というのも大理石でできた小さな「聖堂temple」に収められている「ヒーリング・ストーンHealing Stones」は、メソジスト教会の隣という光景だ。場所はカリフォルニア・アベニューCalifornia Ave沿いで、カメハメハ・ハイウェイとの交差点から0.5マイル（約800m）西にある。

幾つかある中で中心となる石は、ハワイの偉大な首長の墓石であったと考えられている。首長の本当の埋葬地は1マイル（約1.6km）離れた原野にあるが、墓石は大分前に今ある場所に移された。1920年代になって、石には癒しの力があると信じられるようになり、一時は何千人もの人が訪れた。あとになって墓所を敷地として住宅や教会が建てられたが、石は道端に残された。

現在は、インドにルーツを持ち、ハワイ人とインド人との間に霊的なつながりがあると信じる団体が聖堂を訪れている。そのため、花や小さなゾウの置物などが石の周囲に置かれているのを見かけるかもしれない。しかし、本当におもしろいのは、この場所よりも実はエピソードの方である。

ロイヤル・バースストーン
Royal Birthstones

クカニロコKukanilokoと呼ばれる、王の妃たちの出産場所であった一群のロイヤル・バースストーンがワヒアワのすぐ北方にある。石の起源は12世紀にさかのぼると考えられている。伝承では、出産のとき、母親が石に対して正しい角度で横になっていると、生まれてくる子供が神の祝福を受けられるという。実際にオアフ島の首長たちの多くはこの場所で誕生している。

記録では、こういった石のある場所はハワイには2カ所しかなく、もう1カ所はカウアイ島Kauaiである。石に描かれたペトログリフ（岩石彫刻）の多くはあとになって彫られたものだが、侵食の跡がある円形のパターンは12世紀のものである。

町からの道は、カメハメハ・ハイウェイがカリフォルニア・アベニューと交差してから0.75マイル（約1.2km）北に進み、ホィットモア・アベニューWhitmore Aveのちょうど反対側、向かって左にある赤いでこぼこ道に入る。パイナップル畑を抜け、ユーカリとココナツの林の中を進んで道を0.25マイル（約400m）下ると、州指定遺跡の看板が立ったバースストーンがある。雨が降っている日には注意。赤土が車のタイヤにこびりつき、舗装道路に戻ったときに、まるで氷の上をドライブしている時のようにスリップすることがある。

パイナップル・バラエティー・ガーデン
Pineapple Variety Garden

デルモンテ社がデモンストレーション用のパイナップル園を持っている。場所はハイウェイ99と80との交差点にある三角地帯の中である。

スムース・カイエンという、市販用にハワイで栽培されているパイナップルがあるが、苗が生長していく様子がわかるよう、さまざまな段階で見られるようになっている。パイ

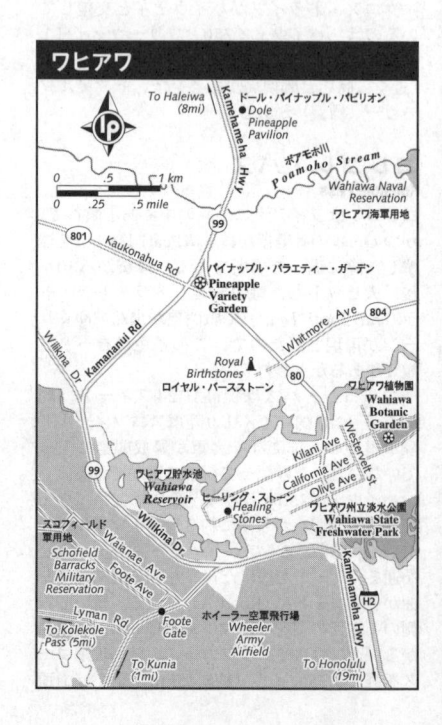

ナップルの苗木は果実をたった2個しかつけず、初めての実は大体2年で成熟する。

そのほかに、オーストラリア産、フィリピン産、ブラジル産の市場用パイナップルも見ることができ、実に見事なブロメリアbromeliad（熱帯の植物）も何種類も植えられている。

道端に車を停め、いつでも自由に園内を見て歩くことができる。

ドール・パイナップル・パビリオン
Dole Pineapple Pavilion

ドール・パイナップル・パビリオン（☎621-8408 🏠64-1550 Kamehameha Hwy 📷9:00~17:30）はハイウェイ99沿いにある。ハイウェイ80との交差点から北に1マイル（約1.6km）足らずのところである。オアフ島のパイナップルカントリーの中心にあるこの観光地には、にぎやかな土産物店、幾つかのシンプルなブロメリア園、広大なハイビスカスの生垣で作った迷路がある。通りの反対側にはドール社の果樹園が広がり、パイナップル畑が一面何マイルも続いている。

園内の土産物店では、パイナップルジュース、パイナップルシャーベット、パイナップルペストリー、持ち帰り用に箱詰めしたパイナップルを販売している。値段はやや高めかもしれないが、ブロメリア園にはただで入れるし、車から降りて体を動かすにはちょうど良い場所といえる。

それでも物足りないなら、「世界最大の迷路world's largest maze」（大人＄5 子供＄3）を歩いてみるのもよい。広さがほぼ2エーカー（約0.8ヘクタール）あり、迷路の長さは1.7マイル（約2.7km）もある。ただ本当のことを言えば、単調と感じるかもしれない。たいていの人は15分から30分くらいで出口に到達している。

ノース・ショア
North Shore

オアフ島のノース・ショアといったらサーフィン、そして恐怖を覚えるほど大きな冬の波である。サンセット・ビーチSunset Beach、バンザイ・パイプラインBanzai Pipeline、ワイメア・ベイWaimea Bayは、それぞれが最も有名なサーフスポーツのメッカで、世界のトップサーファーを魅了してやむことがない。

ノース・ショアのそのほかのサーフブレイクはあまり知られていないかもしれないが、たとえばヒマラヤHimalayasやアバランチAvalancheは、初心者には歯が立たない場所である。

オアフ島に最初に住み着いたポリネシア人は、豊富な漁場や涼しい貿易風、程よい降雨に誘われてノース・ショアの方に移動していったと考えられている。モクレイアMokuleia、ハレイワHaleiwa、ワイメアWaimeaの周辺には、かつては相当な規模の集落があり、いまでも高地の谷には打ち捨てられたタロイモ畑が残っている。

1900年代の初めにはオアフ鉄道不動産会社Oahu Railroad & Land Companyがカエナ・ポイントKaena Point周辺およびノース・ショアの海岸線に沿って鉄道を引いていた。ホノルルと結ばれたことで、ビーチ好きの人たちが初めて町からこの地域を訪れるようになった。ホテルや民間のビーチハウスが林立したが、1940年代に鉄道が廃止されると、ホテルは撤退してしまった。今でも多くの海岸に沿って使われなくなった線路の一部が残っている。

ワイキキのサーファーたちがノース・ショアの波に乗り始めたのは1950年代に入ってからのことで、数年遅れてサーフィン競技会の最盛期がやってきた。今日最大のサーフィン大会といえばトリプル・クラウンTriple Crownで、初冬に開かれる3つの主要なサーフィン大会を指すが、賞金は6桁（数十万ドル）にも達するという。

サーフィン好きはレストランでも幅を利かせ、たとえばオムレツの名前が「パンピング・サーフPumping Surf」とか「ワイプ・アウトWipe Out」だったりする。波が高くなってくるとノース・ショアの人口の半分は海岸に出て行ってしまう。冬、週末になるとホノルルから多くの車が列を連ね、サーファーたちのパフォーマンスを見物に来る。渋滞を避けたいのなら、ノース・ショアに行くのは平日にしたほうが良いだろう。

ワイアルア
WAIALUA

ワイアルアはかつてのプランテーションの町で、ハレイワHaleiwaの約1マイル（約1.6km）西に位置している。1996年に閉鎖になった、埃をかぶったワイアルア製糖工場Waialua Sugar Millを中心に広がっている。この工場はオアフ島で最後の市場用砂糖の生産を行っていた。

ワイアナ地域はいまだに経済が不調なままで、周辺の多くの地域では野生のサトウキビが生えるがままになっているが、新しくコーヒーが植えられている場所もあり、労働集約型の農業を行う新たな職場が生まれつつある。ワイアルアに向かう坂道を降りていく途中で、コーヒーの木がきっちりと並んで植えられている様子を見ることができる。

ノース・ショア－モクレイア

かつての製糖工場の場所が現在はコーヒー生産の本部として使われていて、選別・乾燥用の棚にコーヒー豆がびっしりと置かれている。そのあたりをぶらついても良いが、ビジターセンターが閉鎖されているため、特に見るべきものは多くない。

この眠ったような町でほかに立ち寄る場所としては、古い建物が2棟ある。おもしろいのは地元の酒場シュガー・バーSugar Barで、製糖工場のそばの、以前ハワイ銀行Bank of Hawaiiだった建物を使っている。

モクレイア
MOKULEIA

ファリントン・ハイウェイFarrington Highway（Hwy 930）は、トンプソン・コーナーThompson Cornerから始まり、ディリンガム飛行場Dillingham Airfield、モクレイア・ビーチMokuleia Beachまで西に向かって延びている（この道と、ワイアナエ・コーストWaianae Coastに沿った道路とは、両方ともファリントン・ハイウェイと呼ばれているが、つながっているわけではなく、どちらもカエナ・ポイントKaena Pointまで約2.5マイル＜約4km＞のところで行き止まりになっている）。

モクレイア・ビーチは、カイアカ湾Kaiaka Bayからカエナ・ポイントの間にある、長さ6マイル（約9.6km）の白い砂浜である。兵士や地元の人がここを通るが決して混雑することはなく、どちらかといえば「奥地boonies」といった感じがする。モクレイア・ビーチ・パークMokuleia Beach Parkにしかビーチ設備はなく、最も近くにある商店はワイアルアWaialuaまで行く必要がある。

ディリンガム飛行場 Dillingham Airfieldはグライダーやスカイダイビングの出発地となっている。詳細は本章前出の「アクティビティ」を参照。

飛び込む前に・・・
ハレイワ・ビーチ・パークHaleiwa Beach Parkを除き、ノース・ショアの海岸はどこも、冬泳ぐのには最悪のコンディションという悪名が高い。海岸全体に沿って強い海流があるため、湖のように波1つないとき以外は水泳やシュノーケリングには危険が伴う。

夏の間は、ノース・ショアの波は全体的に非常にゆったりと穏やかになる。ププケア・ビーチ・パーク Pupukea Beach Parkが絶好のシュノーケリング・ダイビングスポットとなり、冬の波で世界的に有名なワイメア・ベイも水泳やシュノーケリングにもってこいの人気の場所に変わる。

モクレイア・ビーチ・パーク
Mokuleia Beach Park

ディリンガム飛行場の反対側にある。広い草原があり、ピクニックテーブルやトイレ、シャワーが備えてある。キャンプをするには郡の許可が必要。手続き方法は、本章前出の「宿泊」の「キャンプ」を参照。

モクレイアには砂地が多いが、海岸線の多くは棚状の溶岩層になっている。いつも風があるので、ウインドサーファーに人気が高く、特に春と秋がおすすめだ。冬には危険な海流となる。

モクレイア・アーミー・ビーチ
Mokuleia Army Beach

ディリンガム飛行場の西端から道路を挟んだ反対側にあり、モクレイアの海岸では最も広い砂浜である。かつては軍関係者のみに立ち入りが制限されていたが、現在は誰でも入ることができる。ただし長いこと手入れがされないままになっており、トイレなどもない。

浜は堤防などがなく、波がとても荒い。特に冬の波は高くなる。サーフィンができるときもある。

アーミー・ビーチからカエナ・ポイント
Army Beach to Kaena Point

アーミー・ビーチから1.5マイル（約2.4km）進むと、アクアブルーの水をたたえた白い砂浜に着く。たいてい誰かしらが浜釣りをしており、時には地元の人がキャンプをしているのが見える。

低木が生えた斜面がワイアナエ山脈のふもとへと続いている。海岸線は荒々しく、風にさらされている。寂しいだけではなく荒廃した感じがして、ここは意識して訪れる必要はないだろう。

道路が途切れた所から、州立公園を目指して2.5マイル（約4km）歩くと、カエナ・ポイントに行くこともできるが、反対側からの方がおもしろい（詳細は「ワイアナエ・コースト」の「カエナ・ポイント州立公園」参照）。

ハレイワ
HALEIWA

オアフ島を1周する日帰りの行楽客のほとんどにとって、ハレイワがノース・ショアへの入口であり、娯楽の中心地となる。

2300人の町の人口は民族的に実にさまざまで、何世代にもわたってハレイワに住む家族や、つい最近町に移ってきたサーファー、ア

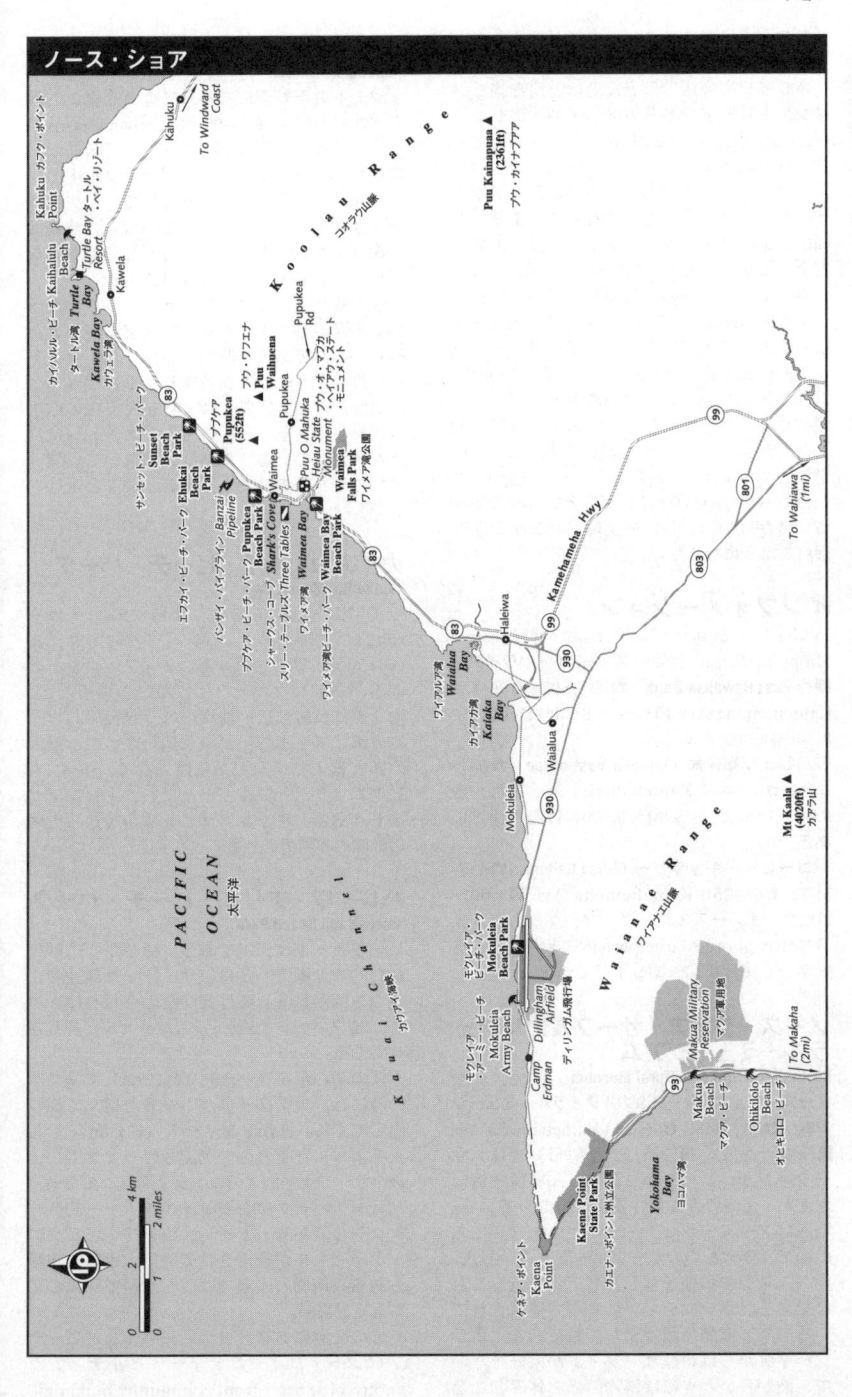

ノース・ショア

ノース・ショア－ハレイワ

ーチスト、いわゆるニューエイジの人たちが入り混じって住んでいる。

ハレイワの商店のほとんどは、町を貫くメインストリートであるカメハメハ・アベニューKamehameha Ave沿いにある。2つのビーチパークに挟まれたボートハーバーは、絵のように美しい眺めである。その南側は冬期のサーフィンスポットとして有名で、また、北側は、ノース・ショアでは1年を通して最も安全に泳げる地域として知られている。

ボートハーバーの脇に流れ出ているのがアナフル川Anahulu Riverで、アーチがとても美しいことから名づけられたレインボー・ブリッジRainbow Bridgeが架かっている。1832年、ジョン・エマーソンとウルスラ・エマーソンが初めての宣教師としてノース・ショアを訪れた。川沿いに草の家と教会学校をつくり、学校をハレイワと呼んだ。大きなイワ*iwa*（グンカンドリ）のハレ*hale*（家）という意味である。時が経つにつれ、村全体がハレイワと呼ばれるようになった。

インフォメーション

ハレイワ・ショッピング・プラザHaleiwa Shopping Plazaの北側に**ファースト・ハワイアン銀行 First Hawaiian Bank**（☎637-5034 ⌂66-135 Kamehameha Ave ◐月～木 8:30～16:00、金 8:30～18:00）がある。

ハレイワ郵便局 Haleiwa post office（☎637-1711 ⌂66-437 Kamehameha Ave ◐月～金 8:00～16:00、土 9:00～12:00）は町の南方にある。

コーヒー・ギャラリー Coffee Gallery（☎637-5571 ⌂66-250 Kamehameha Ave ◐8:00～20:30）はノース・ショア・マーケットプレイスNorth Shore Marketplace内にあり、インターネット接続が10分間＄1でできる。

ノース・ショア・サーフ＆カルチュラル・ミュージアム
North Shore Surf & Cultural Museum

ノース・ショア・サーフ＆カルチュラル・ミュージアム（☎637-8888 ⌂66-250 Kamehameha Ave ◉任意（寄付） ◐午後はほぼ毎日）では、サーフィンがハレイワの生活にどんなに密接にかかわってきたかがわかるようになっている。場所はノース・ショア・マーケットプレイスの中で、年代ものサーフボードや古い写真、サーフィンの模様を写したビデオを見ることができる。ボランティアによって運営されているので、開館時間はまちまちである。ボランティアたちは当然サーフィンが大好きなので、波が良いときには博物館はお休みのこともある。

リリウオカラニ教会
Liliuokalani Church

マツモトの反対側にある。プロテスタント教会（☎637-9364 ⌂66-090 Kamehameha Ave）で、リリウオカラニ女王にちなんだ名前がつけられている。女王は夏の間アナフル川の岸に滞在し、教会の礼拝に参加していた。教会自体は1832年に設立されたが、現在の建物は1961年のものである。1940年代の終わり頃まで礼拝は全部ハワイ語で行われていた。

最も興味深いのは、1892年にリリウオカラニ女王が教会に贈った7つの文字盤がついた珍しい時計である。時間、日付、月、年、そして月の満ち欠けを表示するようになっている。時計の主文字盤には、時を表す12の数字の代わりに女王の名前のアルファベット12文字が置かれている。教会は朝はたいてい開いているし、その他でも聖職者がいるときはいつでも開いている。

カイアカ・ベイ・ビーチ・パーク
Kaiaka Bay Beach Park

カイアカ・ベイにあり、面積が53エーカー（約21ヘクタール）、ハレイワの約1マイル（約1.6km）西に位置する。アイアンウッドの木陰がありピクニックには最適の場所だが、泳ぐのには町に近い海岸のほうが良い。カイアカ湾には2本の川が流れ込んでいて、豪雨のあとは入り江が泥だらけになる。トイレ、ピクニックテーブル、シャワー、キャンプサイトがある。キャンプサイトは金曜から火曜日の間のみ利用できる。

ハレイワ・アリイ・ビーチ・パーク
Haleiwa Alii Beach Park

サーファーには天国である。穏やかな白砂の魅力的な公園で、冬にはサーフィン競技会が幾つも開かれる。冬は北からのうねりによって、20フィート（約6m）もある大波が押し寄せてくる。

波の高さが5フィート（約1.5m）に満たない時には、大勢の子供がボードを抱えて繰り出してくる。波が6フィート（約1.8m）を超えるようになると強い潮流も伴ってきて、上級のサーファー向きのコンディションになる。

ビーチパークは面積が20エーカー（約8ヘクタール）あり、トイレ、シャワー、ピクニックテーブルが整備されている。水難監視塔もある。南側の浅瀬では波も静かで泳ぐのにちょうど良い。

この公園にあるノッティーパイン・ビーチフロント・コミュニティー・ビルディングknotty-pine beachfront community buildingには見覚えがあるかもしれない。テレビのシリ

ーズ番組、ベイウォッチ・ハワイ*Baywatch Hawaii*の中でライフガードステーションとして使われていたからだ。1999年に始まり2001年に終了したが、番組がハワイで撮影されるときはこの公園が主に使われていた。

ハレイワ・ビーチ・パーク
Haleiwa Beach Park

ワイアルア・ベイの北側に位置している。海岸が浅い砂洲と防波堤に囲まれているため、水はいつも穏やかで、北側からのうねりが湾の中に入ってくるとき以外は、波もほとんど立たない。

海岸はハレイワで一番人気というわけではないが、面積13エーカー（約5.3ヘクタール）の郡立公園の方はビーチ用の施設が完備していて、バスケットやバレーボール用のコート、トレーニング場、ソフトボール場もある。カエナ・ポイントを眺めるのにも良い場所だ。

宿泊

サーフハウス・ハワイ
Surfhouse Hawaii
☎637-7146
Ⓦwww.surfhouse.com
⌂62-203 Lokoea Place
￥テントサイトＳ＄9 Ｗ＄15、ドミトリー＄15、コテージ＄45

バックパッカーにぴったり。ハレイワの北部に位置し、2エーカー（約0.8ヘクタール）の広さがあり、3つの宿泊方法から選べる。シトラスの林の中にあるテントサイトが8つ、ベッドが6台備わった簡素なドミトリースタイルのキャビン、専用の小さな庭を見下ろすプライベートコテージだ。調理用施設は宿泊者なら誰でも使うことができる。水上スポーツ用具のレンタルもでき、もしテントを持っていなくても、わずかな料金を支払えば何とかなる。場所は、レインボー・ブリッジのす

ぐ北側にある脇道沿いにあり、町の中心部からも浜からも歩いて行ける距離にある。フランス語が通じる。

ハレイワにあるほかのキャンプ場としては、**カイアカ・ベイ・ビーチ・パーク Kaiaka Bay Beach Park**がある。金曜から火曜日の夜までのキャンプ許可は郡から出されるので、詳細は「基本情報」の「宿泊」の「キャンプ」を参照のこと。

追加情報として、時により住民が自宅の部屋を貸してくれることがある。セレスティアル・ナチュラル・フーズCelestial Natural Foodsまたはハレイワ・スーパー・マーケットHaleiwa Super Marketの掲示板に張り出される貸室情報room-for-rentで探すことができる。

食事

カフェ・ハレイワ
Cafe Haleiwa
⌂66-460 Kamehameha Ave
￥朝食＄3～6、ランチ＄5～8
🕐7:00～14:00

フォーマイカ製のテーブル、サーフィンの記録写真が飾られた、簡素な感じのカフェ。安くておいしい料理を出すので、地元のサーファーだけでなく日帰りの旅行客もよく立ち寄っている。朝食メニューの中では、たっぷりのブルーベリーパンケーキ（＄3.50）がすばらしい。ランチはサンドイッチとメキシコ料理が中心になる。

コーヒー・ギャラリー
Coffee Gallery
⌂66-250 Kamehameha Ave
￥スナック＄2～6
🕐8:00～20:30

ノース・ショア・マーケットプレイス内にある。くつろいだ雰囲気で、コーヒー、ペストリー、サンドイッチがおいしい。

クア・アイナ
Kua Aina
⌂66-214 Kamehameha Ave
￥スナック＄4～7
🕐11:00～20:00

ノース・ショアでは1番のハンバーガーとフィッシュサンドイッチを出す店として有名。

コロズ
Cholo's
☎637-3059
⌂66-250 Kamehameha Ave
￥前菜＄3～5、料理＄7～11
🕐8:00～21:00

メキシコ料理店で、ノース・ショア・マーケットプレイス内にある。おすすめは、新鮮なアヒ入りタコスで単品＄4、ライスとビーンズ付＄7。一般的なメキシコ料理やコンビネーシ

クールなご馳走

島1周のドライブを完璧なものにしたければ、マツモト Matsumoto's（⌂66-089 Kamehameha Ave 🕐8:30～18:00）のシェーブアイス（かき氷）ははずせない。店はハレイワの町の真ん中にある、トタン屋根のジェネラルストアである。

ハワイ式のシェーブアイスは、アメリカ本土のスノーコーン同様、甘いシロップがかかっているが、味は断然こちらのほうがおいしい。カキ氷のきめが細かいのがその理由。値段は、小さいシェーブアイスにフレーバーシロップをかけて＄1。とても大きなシェーブアイスの上にアイスクリームとつぶあんをのせると＄2。

ハレイワ

宿泊・食事
- 2 Surfhouse Hawaii
- 3 Haleiwa Joe's
- 4 Matsumoto's
- 8 Kua Aina
- 12 Celestial Natural Foods
- 13 Cafe Haleiwa

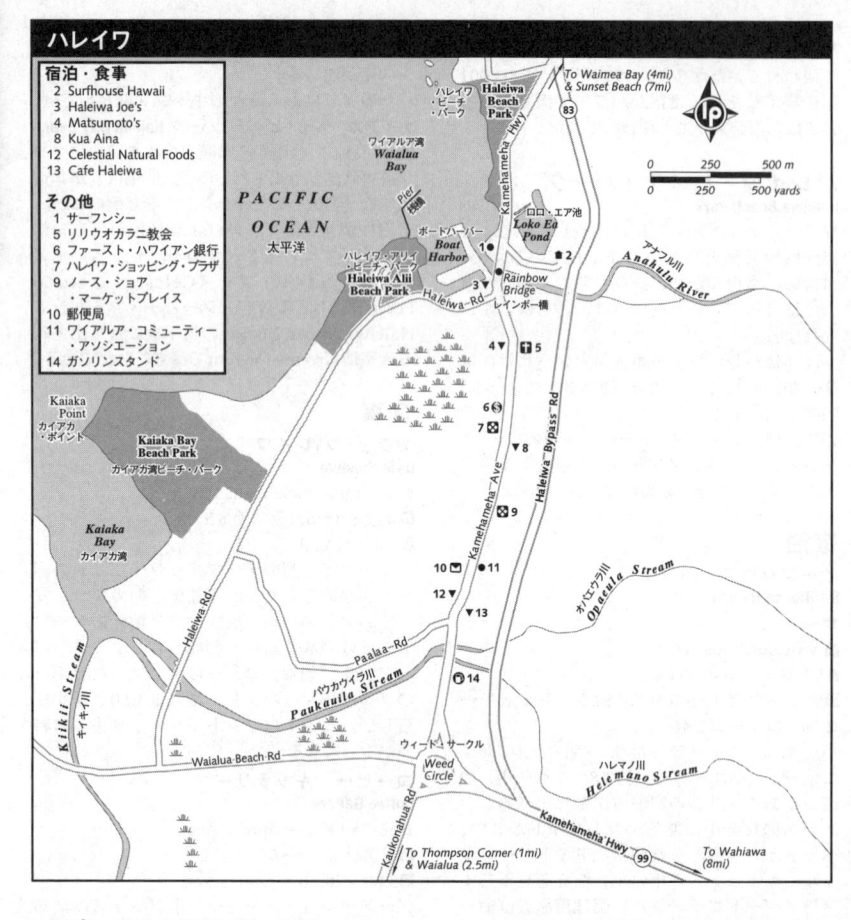

その他
- 1 サーフンシー
- 5 リリウオカラニ教会
- 6 ファースト・ハワイアン銀行
- 7 ハレイワ・ショッピング・プラザ
- 9 ノース・ショア・マーケットプレイス
- 10 郵便局
- 11 ワイアルア・コミュニティー・アソシエーション
- 14 ガソリンスタンド

ョンプレートももちろん出している。

ハレイワ・ジョーズ
Haleiwa Joe's
☎637-8005
🏠66-001 Kamehameha Ave
🍴前菜$5～10、ランチ$8～15、ディナー$14～20
🕐11:30～21:30

おいしくて、海岸沿いという場所も良い。魚料理を頼んで失敗ということは絶対にない。魚は文字通りすぐ隣の港に荷揚げされたものが入ってきている。特に、刺身、スパイスをまぶして焼いたアヒ、ぷりぷりのココナツシュリンプは人気がある。ほかにチキンやステーキも出している。間違いなく、こここそノース・ショアの高級レストラン第1位である。

ハレイワ・スーパー・マーケット Haleiwa Super Market（🏠66-197 Kamehameha Ave 🕐月～土 8:00～20:00、日 8:30～17:30）はハレイワ・ショッピング・プラザにあり、一般的な食材を扱っている。**セレスティアル・ナチュラル・フーズ Celestial Natural Foods**（🏠66-443 Kamehameha Ave 🕐月～土 9:00～18:30、日 10:00～18:00）には健康食品が豊富。ベジタリアン・デリカテッセンも入っている。

ワイメア
WAIMEA

ワイメア渓谷WaimeaValleyには、かつてかなり大勢の人が住んでいた。低地にはタロイモの段々畑が作られ、渓谷の斜面には住居が点々と建てられて、ヘイアウ*heiau*とともに山の尾根に向かって広がっていた。ハワイのほかの地域で採れるものはほとんど耕作されていて、ハワイの王族に好まれた珍しいピンク色をしたタロイモも作られていた。

ワイメア川は、現在は浜にさえぎられているが、もともとは入り江に直接流れ込んでおり、川の上流にある村へとカヌーが通う通り道になっていた。何世紀も前に、ここではサーフィンが非常に盛んに行われていた。古代ハワイ人が長い木の板を使ってワイメアの大波に乗り、楽しんだのだった。

1779年にキャプテン・クックの船団が水を補給するためここに立ち寄った。キャプテン・クックはこの直前にビッグアイランドで死を遂げていたが、ワイメア渓谷は非常に美しく、この世のものとも思われない景色であると航海記録に残されている。

しかし、西欧との接触によってもたらされたのは、過酷なものだった。渓谷の上流で進められた木材の伐採やプランテーションの建設が森林の荒廃を招き、1894年、ワイメアは壊滅的な洪水に見舞われることになった。水害に加え、このとき渓谷から押し流された膨大な量の土泥によって、ワイメアの海岸は跡形もなくその形を変えてしまった。洪水の後、住民のほとんどは村を捨てて渓谷を去り、再び戻ることはなかった。

ワイメア湾・ビーチ・パーク
Waimea Bay Beach Park

ワイメア湾は内陸に深く入り込んでいて、ターコイズブルーの海水と白砂の広い海岸が1500フィート（約457m）に渡って広がる美しい湾である。古代ハワイ人は、ここの水が神聖なものであると信じていた。

ワイメア湾は季節によってその印象が一変する。夏は湖のように穏やかで平らな波を見せているが、冬になると荒々しく信じられないほどの大波が押し寄せ、オアフ島でも最もたちの悪い、強い離岸流が現れる。ワイアナはハワイでもその波の大きさで有名であり、国際競技会中にサーファーが乗った波の高さの最高記録を持っている。サンセット・ビーチSunset Beachに激しい北のうねりが見られるようになると、高さ35フィート（約10m）にもなる波に乗る、自殺行為すれすれのワイメアサーファーのパフォーマンスを見ようと、多くの観客が押し寄せてくる。

冬、穏やかな日にはブギーボーダーたちが大勢海に出ているが、波が少し荒くなってくると皆岸に引き上げていく。ここでの冬の水上スポーツは初心者にはおすすめできない。

波が穏やかで泳ぎやシュノーケリングが楽しめるのは、6月から9月の間だけといえる。

ワイメア・ベイ・ビーチ・パークはノース・ショアの海岸では最も人気がある。シャワー、トイレ、ピクニックテーブルが備えてあり、ライフガードが常駐している。

ププケア・ビーチ・パーク
Pupukea Beach Park

ハイウェイに沿った長い海岸で、左にスリー・テーブルズThree Tables、右にシャークズ・コーブShark's Coveがある。中ほどにはオールド・クォーリーOld Quarryがあって、ぎざぎざになった岩の連なりや、引き潮のときには潮溜まりが見られる。群青色の水、変化に富んだ海岸線、溶岩と白砂が入り混じった様子など、とても景観の美しい海岸である。岩や潮溜まりを探索してみたいと思うだろうが、注意してほしい。岩はとても鋭く、ちょっと滑っただけでも深い切り傷になる可能性がある。

ププケア・ビーチ沖は海洋生物保護区に指定されている。

オールド・クォーリーの前にはシャワーとトイレがある。海岸の入口は古いガソリンスタンドの向かい側にあり、52番のバスで行くとちょうどバス停がある。シュノーケリングやほかの水上スポーツ用品のレンタルは、フードランド・スーパーマーケットFoodland Supermarketの隣、プラネット・サーフPlanet Surfで行っている。

スリー・テーブルズ Three Tables ププケア・ビーチの西端にあり、海面から岩棚が姿を見せていることからこの名が付いた。夏、波が穏やかなときには、シュノーケリングやダイビングには最適な場所である。シュノーケリングでテーブルの周辺を見ても楽しいが、実はすばらしいサンゴや魚、小さな洞窟、溶岩洞、溶岩アーチなどはもっと深い場所に行かないと見ることができない。ここのシーズンは夏に限られる。冬になると海岸と岩棚との間に離岸流が起きて非常に危険になる。鋭い岩とサンゴに注意のこと。

シャークズ・コーブ Shark's Cove この入り江は、外から見ても水面下から見ても共に美しい。サメの入り江という名前はただのしゃれで、実際にサメが問題になることはない。

夏になるとこの辺りの海はとても波が静かで、シュノーケリングや水泳、特に洞窟ダイビングのスポットとしてオアフ島でも一番の人気がある。かなりの人数のダイビング初心者がここでトレーニングを受ける一方、上級ダイバーは海中洞窟でスリルを味わうことができるだろう。

まず泳いで入り江から出たら、右に回りこんでいくと洞窟がある。洞窟の中は非常に深く、迷路のように複雑なものもあるので注意が必要である。洞窟内での水難事故も多く起きている。

入り江の右側の岬の突端に、巨大な丸石が幾つか見られる。火山の女神ペレPeleが従者に褒美として永遠の命を与え、石に変えたものだという。

エフカイ・ビーチ・パーク
Ehukai Beach Park

なぜ大勢の人々がエフカイに集まるかといえば、その理由は、公園に向かって左側、数百フィートの所に発生する世界にその名をとどろかすバンザイ・パイプラインBanzai Pipelineで繰り広げられるプロのサーファーたちのパフォーマンスを見るためである。パイプライン(筒状に弧を描いた大波)は浅いサンゴ礁の上でブレイク(崩落)するのだが、死を恐れていてはここでのサーフィンはできない。

エフカイ・ビーチでは、大勢のボードサーファーやボディサーファーたちが、冒険とも言える大きなうねりを待って勇気を奮い立たせている。夏は一転して波がとても穏やかになるので、泳ぐのに良いコンディションとなる。

エフカイ・ビーチ・パークへの入口は、サンセット・ビーチ小学校Sunset Beach Elementary Schoolの向かい側にある。ビーチにはライフガードがおり、トイレ、シャワーの設備がある。

サンセット・ビーチ・パーク
Sunset Beach Park

9マイルマーカーのすぐ南側にあって、水中で行うスポーツがメインの場所とはいえ、美しい白砂の海岸で日光浴をする人の姿も多く見られる。このビーチはオアフ島でも典型的な冬期のサーフスポットとして有名であるが、そのとてつもない大波と破壊的なブレイクは広く知られている。

冬の間あまりにも波が荒いために、シーズン終了の頃には、海岸線が削り取られて急な崖のような状態になる。これが夏の間に砂が戻ってきて、再び平らな海岸線へと姿を変えるのである。

冬期のうねりは強力な波を送り出してくる。たとえ夏の間大波が静まるといっても、泳ぐ際には海岸に沿って流れる潮流の危険性をいつも頭においておく必要がある。海岸にはトイレ、シャワー、水難監視塔がある。

バックヤードBackyardsとは、海岸の北端にあるサンセット・ポイントSunset Point沖に砕ける波のことを言うが、トップサーファーの憧れの地である。浅いサンゴ礁と強い潮流が入り混じった海域で、同時にオアフ島で最も波の荒いセーリングスポットとしても知られている。

プウ・オ・マフカ・ヘイアウ
Puu o Mahuka Heiau

プウ・オ・マフカ・ヘイアウ・ステート・モニュメントPuu o Mahuka Heiau State Monumentは、ワイメアの上の方にある崖上に築かれた長くて低い石垣で、段状の神殿跡である。オアフ島で最大のヘイアウheiauであり、伝説のメネフネによって建設されたものと考えられている。

テラス状になった石垣は2フィートほど(約60cm)の高さがあるが、ヘイアウの殆どの部分は繁茂する植物に覆われている。神殿を建てるのには最適の場所だったと思われるが、ここはまた景色を眺めるために訪れる価値のある場所でもある。日没を見るためには絶好の場所といえるだろう。

駐車場からヘイアウの左脇を通り斜面を登っていくと、ワイメア渓谷Waimea Valleyとワイメア湾Waimea Bayが眺められる。そして西に目を向けると、はるかカエナ・ポイントKaena Pointまでを見渡すことができる。

ヘイアウへの道は、まずフードランド・スーパーマーケットFoodland supermarketの所からププケア通りPupukea Rdに入る。0.5マイル(約800m)ほど進むとヘイアウという入口の表示があるので、そこから0.75マイル(約1.2km)走る。途中、ププケア・ビーチ・パークPupukea Beach Parkがよく見える。

ワイメア・フォールズ・パーク
Waimea Falls Park

ワイメア・フォールズ・パークワイメア・ベイ・ビーチ・パーク(☎638-8511 ⌂59-864 Kamehameha Hwy 大人$24、4~12歳の子供$12、4歳未満 無料 10:00~17:30)は、ワイメア・ビーチ・パークWaimea Bay Beach Parkとは道路を挟んで反対側にある。植物園と文化のテーマパークの両方を併せ持っている。

滝に向かってワイメア渓谷Waimea Valleyを登って行く0.75マイル(約1.2km)の道が、公園のメインの道となる。道沿いには、広大な自然植物園があり、テーマ毎に分かれていて、たとえば、ジンジャー、ハイビスカス、ヘリコニア、自生の食用植物、薬用植物という具合になっている。全体で約6000種類もの植物があり、その中にはめったに見られないものや絶滅が危惧されるものも含まれている。

さらに公園内には何百年も前にさかのぼる古い石の台座や土手も残され、古代ハワイ人が住んでいた、草葺き屋根の住居も復元されている。伝統的なフラダンスやゲーム、そのほかのショーが日中、絶えず行われている。また1日に数回、高さ60フィート(約18m)

の崖から滝つぼに飛び込むダイビングのパフォーマンスもあり、みている者はスリルを味わえる。

渓谷の自然美、そして民族色豊かな遺産はとてもよく保存されていて感心するが、入場料はちょっと高すぎるのではないだろうか。多少負担を軽くするためには、午後3時以降に入場するとよい（大人＄14 子供＄7）。まだまだ最後のダイビングショーには間があるし、園内を歩き回るのにも十分である。ただし、このほかのアクティビティも、と欲張るのには時間的にちょっと無理が出てくるかもしれない。

52番のバスが、ハイウェイの公園前で止まる。バス停から公園の入口まで0.5マイル（約800m）である。

宿泊

バックパッカーズ
Backpackers
☎638-7838 ℻638-7515
Ⓦ www.backpackers-hawaii.com
🏠 59-788 Kamehameha Hwy
💰 ドミトリー＄15〜20、客室＄45〜65、ワンルーム型＄80〜114、キャビン＄110〜200

スリー・テーブルズThree Tablesの反対側にあり、宿泊客にはサーファーが多い。長年にわたって営業しており、宿泊施設間にはあまり違いがないが、全体にビーチハウスのカジュアルさを持っている。メインハウスには＄15で泊まれる2段ベッドがあり、その裏側にある3階建ての建物には最も安く泊まれる部屋がある。どちらもバスルーム、台所は共用である。しつらえは簡素で家具も古びた感じではあるが、波が砕け散る場所の近くに、というのならこれで十分であるし、財布への負担も軽くてすむ。

ワンルーム型の部屋は道路を挟んで浜辺に建てられた小さな建物の中にある。8室あり、それぞれにテレビ、台所があり、そして圧倒的な景色が味わえる。1階には＄20のドミトリーベッドが、また最上階にはレンタル用のワンルーム型の個室がある。さらにキャビンは道路から数百ヤード内陸側に建てられ、必要なものはすべて揃っていて、4人から8人用。

シャークス・コーブ・レンタルズ
Sharks Cove Rentals
☎779-8535 ℻638-7980
📧 info@sharkcoverentals.com
🏠 59-672 Kamehameha Hwy
💰 ドミトリー＄25、客室＄50〜60

ププケア・ビーチ・パークPupukea Beach Parkから道路を挟んで反対側にあって、隣り合って立つ2棟の建物にベッドルームがそれぞれ3室ずつある。片方の建物には2段ベッドがしつらえてあって、1室には2人しか泊まれないため比較的静かである。もう片方には居心地の良い寝室が3室ある。宿泊費が高い部屋にはテレビと冷蔵庫が備えられている。宿泊客は、設備の整ったキッチン、ケーブルテレビが置かれたリビングルーム、洗濯機、乾燥機を共用で使うことができる。歩いて行ける距離に食料雑貨店がある。

アイアンウッズ
Ironwoods
☎293-2554 ℻293-2603
🏠 57-531 Kamehameha Hwy
💰 ワンルーム型1日＄70/1週間＄450

サンセット・ビーチSunset Beachから北に2マイル（約3.2km）、経営者アン・マクマンの浜辺の家の敷地内にある。ワンルームの客室には専用の入口があり、キングサイズのベッド1台（またはツインベッドが2台）がロフトに置かれ、ベッドルームには角度の急なはしごを上って行くようになっている。階下にはケーブルテレビ、バスルーム、簡易キッチンがあり、シングルベッドとしても使えるカウチが置かれている。宿泊費には簡単な朝食の代金も含まれていて、3泊以上の滞在となる。客室は2人用となっているが、家族連れなら3人でも大丈夫。道路に近いため車の音が聞こえそうだが、案外波の音に消されて気にならない。家から数歩で、そこはもう浜辺である。アンは少しならドイツ語がわかる。

ウル・ウェヒB&B
Ulu Wehi B&B
☎/℻ 638-8161
📧 tj4dogs@aol.com
🏠 59-416 Alapio Rd
💰 客室＄85

ププケア・ビーチPupukea Beachから1.5マイル（約2.4km）丘を登った所にある。経営者のティナ・ジャンセンと夫でフランス人のバーニー・モリアツは、自宅で小さな託児所を開いている。シンプルなワンルーム型客室には、ダブルベッドとシングルベッドが各1台と電子レンジ、冷蔵庫、トースター、コーヒーポットが置かれている。トイレとシャワーは建物のうしろにある簡素なバスハウス内にある。平日は宿泊費が＄10割引になる。宿泊費の中に朝食も含まれていて、庭で採れたトロピカルフルーツ、ホームメイドのパンやケーキが出される。裏庭には75フィート（約23m）の練習用プールがあり、プールサイドのバーベキュー場は、宿泊客なら自由に使うことができる。禁煙。

ケ・イキ・ビーチ・バンガロー
Ke Iki Beach Bungalows
☎638-8229, 866-638-8229
info@keikibeach.com
59-579 Ke Iki Rd
道路側 1ベッドルーム ローシーズン＄60・ハイシーズン＄80、海岸側 1ベッドルーム ローシーズン＄130・ハイシーズン＄150、海岸側 2ベッドルーム ローシーズン＄165・ハイシーズン＄195

ププケア・ビーチ・パークのすぐ北側、美しい白砂の海岸に面して、改築済の10棟のアパートメントが建っている。客室は、トロピカルフラワーの柄の装飾や籐のいすなどで居心地よく整えられている。それぞれの客室には、設備の整ったキッチン、テレビ、電話が備えられ、またバーベキュー場、ピクニックテーブル、ココナツの木にゆったりと繋がれたハンモックを自由に使うことができる。ロケーションはこれ以上望めないほどで、海岸側の客室は砂浜に面しているし、道路側の客室からでもほんの1分で波に触れることができる。

ノース・ショア・バケーション・ホームズ
North Shore Vacation Homes
☎638-7289, 800-678-5263 638-8736
luckyc@rr.com
59-229C Ke Nui Rd
2ベッドルーム ローシーズン＄145・ハイシーズン＄165、3ベッドルーム ローシーズン＄195〜220・ハイシーズン＄225〜245

サンセット・ビーチとタートル湾Turtle Bayに挟まれた1エーカー（約0.4ヘクタール）の敷地に、4棟のすてきなビーチサイドハウスが並んでいる。最も宿泊料が安いユニットには、2つのベッドルーム、バスルーム1室、リビングルーム、ソファーベッド1台があり、4人までなら快適に過ごすことができる。ほかの3ユニットには、3つのベッドルーム、バスルーム2室があり、6人までOKとなっている。各室に設備の整ったキッチン、洗濯機、乾燥機、ケーブルテレビ、ビデオ、そして海を見わたせる広いデッキが付いている。基本的には7泊からの受付となるが、時によりもっと短い滞在でも受け入れることがある。

また、ププケア・フードランドPupukea Foodlandの掲示板を見ると、ルームメイト募集や臨時のバケーション用貸家の情報が張り出されている。もし、しばらく滞在することを考えているのなら、見ておくだけの価値はある。

食事
フードランド
Foodland
59-720 Kamehameha Hwy
6:00〜22:00
ププケア・ビーチ・パークの向かい側にあるスーパーマーケット。食品の価格が手頃で種類も豊富なノース・ショアでは1番の店といえる。デリカテッセンもあり、海岸でのピクニックにぴったりの安くておいしいフライドチキンなどが売られている。

スターバックス
Starbucks
59-720 Kamehameha Hwy
5:30〜20:00
フードランド内にあり、コーヒー、ブラウニー、スコーン、マフィンが食べられる。ここで食べたくないなら、フードランドで安いパンなどを見つけることもできる。

ザ・ハット
The Hut
スナック＄5〜7
11:00〜19:00
小さな白いトレーラーがフードランドからハイウェイを北に100ヤード（約90m）走った所に停めてある。ハンバーガー、フィッシュサンドイッチ、チキンのテリヤキプレートがおいしい。座って食べられるように幾つかテーブルが出されているので、道路越しに海岸の景色を眺めながらの食事が楽しめる。

サンセット・ピザ
Sunset Pizza
☎638-8497
59-176 Kamehameha Hwy
ピザ＄9〜18
7:00〜21:00
サンセット・ビーチ・パークの向かい側にある。安くておいしい。ミートボールサブが＄5、ピザの1スライスが＄3。ピザはすべてオーダーを受けてから焼くので熱々が食べられる。

ワイアナエ・コースト
Waianae Coast

ワイアナエ（リーワード）コーストWaianae (Leeward) Coastは不毛な土地で、オアフ島のリーワードに位置している。1793年、イギリスのキャプテン・ジョージ・バンクーバーが最初の西洋人としてここに碇を下ろした。ここで見たものはわずかに漁師の小屋があるだけのやせた荒れ野だった。わずか2年後の1795年、カメハメハがオアフ島を征服し、島内のもともとの住民から追われたオアフ人がワイアナエ・コースト沿いに住み着き、その数を増やしていった。オアフ島の西の端、この隔離された場所が、避難民の新たな定住地となった。

今日になっても、ワイアナエ・コーストは島のほかの部分から切り離されたままである。旅行者もめったにここに来ることがない。ワイアナエ・コーストには土産物店も観光バスも見当たらない。マカハMakahaにサーファーを見に行く以外に、ここに立ち寄ってみても見るべきものはほとんどない。

ここには開発に抵抗してきた歴史があり、よそ者を歓迎しない気風がある。これまで、ここを訪れた人は暴行や強盗のターゲットにされてきた。今でも自動車やキャンプ場で盗難が起きるし、以前ほどではないにせよ、観光客に自分たちの土地を荒らされたくないという気持ちを持つ人達がいる。回りの人たちの雰囲気に注意を払う必要がある。

このリーワードコーストに沿ってファリントン・ハイウェイFarrington Hwy（ハイウェイ93）が走っている。白い砂浜が長く続いていて、とても美しい場所もあれば、汚れているところもある。冬、ほとんどの海岸は泳ぐのには危険を伴うが、サーフィンに関してはこの時期オアフ島の中で見ても魅力的な波が押し寄せてくる。町そのものは特に目立った点はないが、ワイアナエ山脈Waianae Rangeの切り立つ絶壁や渓谷は魅力に満ちている。

ハイウェイの終点には1マイル（約1.6km）ほどの人の手の入らない海岸があり、カエナ・ポイントKaena Pointの美しい景色を見に行くのに、自然に囲まれた良いハイキングコースとなっている。

カヘ・ポイント
KAHE POINT

カヘ・ポイント・ビーチ・パークKahe Point Beach Parkはビーチとは言うものの、浜辺はなく、あるのはカヘ・ポイント（岬）の岩だらけの断崖である。公園内には水道とピクニックテーブル、トイレといった設備が整っているが、特に見るべきものはない。道路を挟んで電力会社の煙突が見えている。

ハワイアン・エレクトリック・ビーチHawaiian Electric Beachはカヘ・ポイントの北にある砂浜である。トラックTracksという呼び名の方が知られていて、これは第2次世界大戦前、海に遊びに行く人たちが鉄道を使ったことに由来がある。夏は泳ぐのに最適な波の静かな海岸となる。冬は一転してサーファーでにぎわっている。ここに行くのには、電力会社を通り過ぎて最初の角を曲がり、廃止された鉄道の線路跡を進む。

ナナクリ
NANAKULI

ワイアナエ・コーストでは最大の町で、人口は1万800人。ハワイアン・ホームステッドHawaiian Homesteadsによって定められた居住地区で、オアフ島で最も多くハワイ人が住んでいる。町にはスーパーマーケット、郡庁舎、銀行、そしてファーストフード店が何件かある。

ナナクリには、広い砂浜が長く続くビーチパークがある。夏は波が穏やかなので、水泳、シュノーケリング、ダイビングといったスポーツでにぎわうが、冬になると高波が押し寄せて離岸流が起きるため、波打ち際は危険である。

ビーチパークへは、ナナクリ・アベニューNanakuli Aveの信号で左に曲がる。ここは地域住民用の公園で、遊び用の広場、スポーツグラウンド、浜遊び用の各種設備、キャンプ場が作られている。キャンプには許可が必要で、詳細は本章前出の「宿泊」の「キャンプ」を参照。

マイリ
MAILI

マイリには、果てしなく続く白砂の海岸に寄り添うように、草に覆われた公園が、長く、道路と共に延びている。ワイアナエ・コーストのほかの地域同様、冬はしばしば海が荒れるが、夏は泳ぐのにちょうどよい静かな水面となる。公園内にはライフガード詰め所、遊び場、浜遊び用施設が置かれ、少しだけ植えられたココナツの木がわずかに木陰を作っている。

ワイアナエ
WAIANAE

ワイアナエ・コーストでは2番目に大きな町で、1万500人が住んでいる。ビーチパーク、防波堤のあるボートハーバー、役所の出張所、

交番、スーパーマーケットがある。ファーストフード店が多い。

ポカイ湾ビーチ・パーク
Pokai Bay Beach Park

カネイリオ・ポイントKaneilio Pointと長い防波堤に守られて、ワイアナエ・コーストでも1年を通して最も静かな海として知られている。大波が湾に入ってくることはほとんどないし、海底は砂地で傾斜は緩やかである。そのため子供のいる家族連れに人気がある。

シュノーケリングなら、魚が岩の回りに集まっている防波堤の近くがよい。ポカイ湾は地元のカヌークラブの練習場にもなっていて、夕方になるとカヌーを漕いでいるのが見られる。公園内にはシャワー、トイレ、ピクニックテーブルがあり、ライフガードが毎日待機している。

カネイリオ・ポイントはポカイ湾の南側にある岬だが、ここにはクイリオロア・ヘイアウKuilioloa Heiauがある。第2次世界大戦の際に多少破壊を受けたが、その後地元の保存運動家によって石の神殿が再建された。

ビーチパークとヘイアウheiauに行くためには、ワイアナエ郵便局のすぐ北側の信号でルアルアレイ・ホームステッド通りLualualei Homestead Rdを曲がり、海に向かって進む。

マカハ
MAKAHA

マカハとは「凶暴なferocious」という意味である。かつてこの谷は、旅人を崖沿いで待ち伏せして襲う追いはぎで悪名が高かった。今日、マカハは世界に誇るサーフィンスポットとして有名である。浜の状態は良く、ゴルフコース、数棟のコンドミニアムがある。ここのヘイアウheiauは、オアフ島のなかで最も復元状態が良い。

マカハ・ビーチ・パーク
Makaha Beach Park

マカハ・ビーチは広い砂浜が三日月型に広がっており、オアフ島でもその冬の波が荒いことで知られている。ここでは上級サーファーもボディサーファーもそろって波に向かっている。

長年にわたって、マカハ・ビーチでは多くのサーフィン競技会が開かれてきた。1950年代初めには、ここがハワイで最初の国際サーフィン競技会の会場となった。今では大きな競技会は同じオアフ島のノース・ショアで開催されるようになったが、ロングボーダーたちにはこちらの方が好まれている。毎年3月にはバッファロー・サーフ・ミートBuffalo Surf Meetが開かれ、タンカーtankersと呼ばれる長さ15フィート（約4.6m）もある古いタイプのサーフボードの競技会が行われる。

波が穏やかな時期には、泳ぎを楽しむ人が多く集まって来る。ひとたび波が上がってくると、離岸流や砕ける強い波頭が起こり、泳ぐのは危険になる。

夏の海岸は水底がほぼ平らだが、冬にはその強い波の力で深い穴が作られる。砂はやや粒子の粗い石灰質で、甲殻類や貝の殻が多く混じっている。冬の間に堆積物の半分近くが一時的に持ち去られてしまいはするが、その時でさえマカハ・ビーチは美しい場所だ。

シュノーケリングなら夏、波が静かな時期に沖に出て行うのがよい。海岸から離れて波頭が見える所にマカハ・ケイブMakaha Cavesがある。水中洞穴やアーチ、トンネルが水深30～50フィート（約9～15m）にあって、リーワードのダイブスポットとして人気がある。

マカハ・ビーチには、シャワー、トイレがあり、ライフガードが常駐している。

マカハ渓谷
Makaha Valley

マカハ・ビーチ・パークの反対側のキリ・ドライブKili Drから内陸へ進むと、少しカーブした道に入る。道は緑に覆われた波形をした崖に沿って少しずつ高度を上げ、マカハ渓谷に至る。もし日の高いうちに訪れることができるのなら、ハワイで最も昔に近い形で復元されたヘイアウheiauをぜひ見ておくといい。マカハ渓谷の高地にあって、個人住宅の裏側に位置している。

渓谷には野生のクジャクが棲んでいて、その数は推定3000羽といわれている。その中の20羽ほどは白クジャクだ。渓谷の上の方に行くと、クジャクの姿が見え、もし駄目でも少なくとも鳴き声を聞くことはできる。ヘイアウheiauに行く途中、駐車場の隣の原で求愛のしぐさを見せるクジャクの姿を見かけることも珍しくない。

ヘイアウheiauへは、キリ・ドライブを進み、マカハ・バレー・タワーMakaha Valley Towersというコンドミニアムコンプレックスの所で右に曲がり、フイプ・ドライブHuipu Drに入る。0.5マイル（約800m）行くと左にマウナ・オル・ストリートMauna Olu Stがあるのでそちらに曲がり、マカハ・オル・エステートMakaha Olu Estatesへ向かって1マイル（約1.6km）走るとカネアキ・ヘイアウKaneaki Heiauに着く。

マカハ・バレー・カントリー・クラブMakaha Valley Country Clubに行くにはフイプ・ドライブを曲がらずにそのまま進む。マ

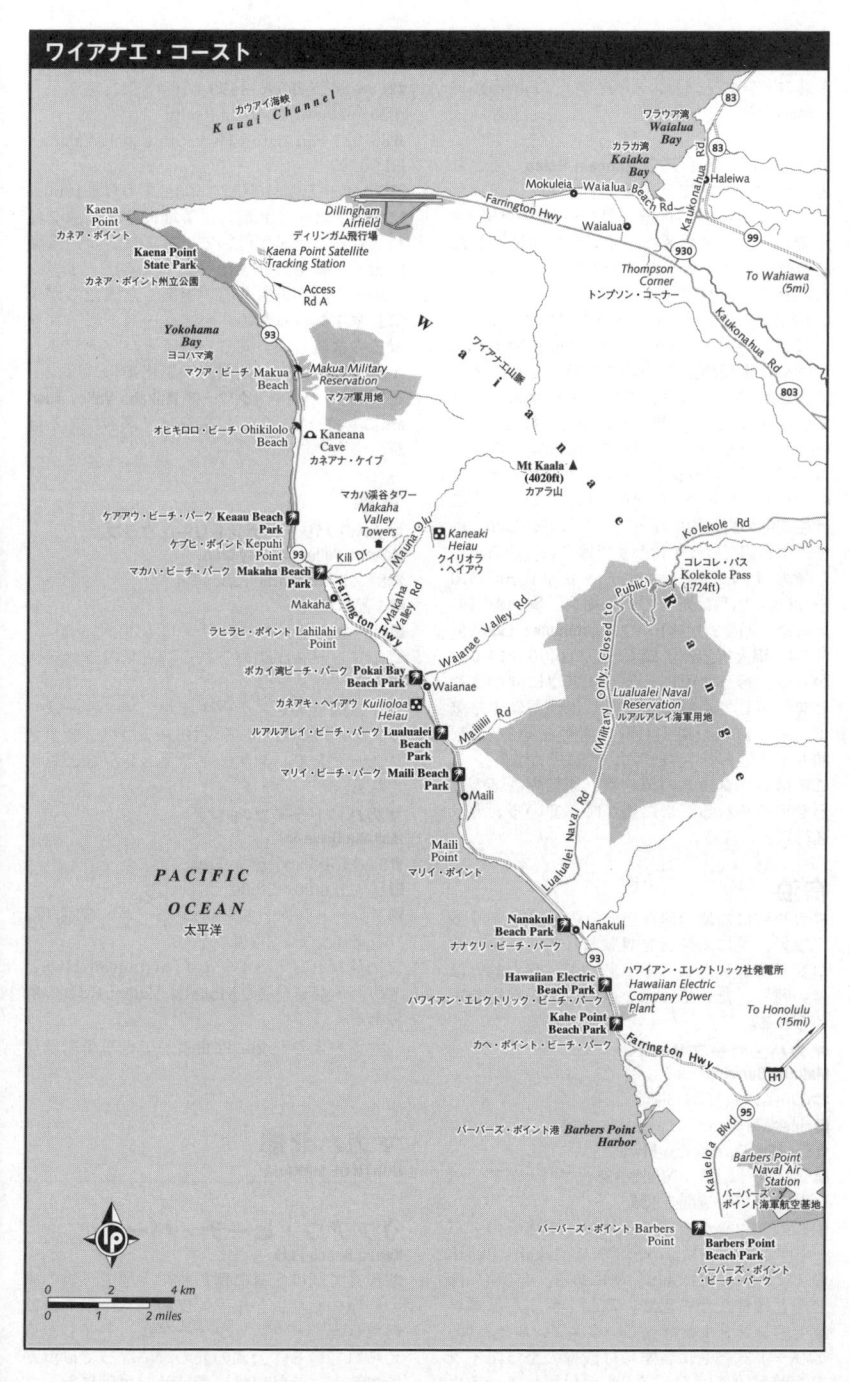

ワイアナエ・コースト

オアフ島

カハ・バレー・ロードとの交差点の近くにゴルフコースがある。マカハ・バレー・ロードを進むとファリントン・ハイウェイFarrington Hwyに出る。

カネアキ・ヘイアウ Kaneaki Heiau

もともとはロノの神殿で、農業の神を祭っていた。のちにルアキニの神殿（戦いの神クを祭る）に変わり、カメハメハがオアフ島を征服したあとに、祭礼を行うための場所として用いられたと考えられている。カネアキ・ヘイアウは1819年のカメハメハの死まで使われていた。

ビショップ・ミュージアムBishop Museumが始めた復元作業は1970年に終了した。その際、2棟の祈りの塔、タブー・ハウス、ドラム・ハウス、祭壇、神の像が加えられた。このヘイアウは伝統的な建築方法に忠実に再建され、ビッグアイランドから運ばれてきたオヒアの木材やピリという草が用いられている。今では住宅地の真ん中になってしまっているが、ヘイアウ周辺だけは手付かずで残されている。

マウナ・オル・エステートMauna Olu Estatesの門番はたいていの場合、案内標識のある道を通り、**ゲートハウス gatehouse**（☎695-8174、入場無料、火〜日 10:00〜14:00）から3分行った所にあるヘイアウに向かうことを許可してくれる。ただし、門番は少し気まぐれで許可してくれない場合もあるので、前もって連絡を入れておいたほうが良い。ここではレンタカーの契約書、運転免許証の提示を求められる。また雨が降っているときは通行禁止になる。

宿泊

マカハには短期の滞在者向けの宿はあまり多くない。主に永住者を対象として建てられたコンドミニアムなら多少あるが、魅力的とは言い難く、たいていは1週間以上の滞在を求められる。

マカハ・サーフサイド
Makaha Surfside
☎696-6991、524-3455
📧 riess@lava.net
🏠85-175 Farrington Hwy
ワンルーム型 1週間$325、アパート式1ベッドルーム 1週間$425
噴石のブロックで建てられた4階建てのアパートメントで、マカハ・ビーチMakaha Beachの1マイル（約1.6km）南にある。450室のほとんどは住民が占めているが、何室かは週単位でのレンタルを行っている。ワンルーム型、アパート式ともに客室には設備の整ったキッチンが付いている。プールが付属している以外、特別な施設はない。

マカハ・ショアズ
Makaha Shores
☎696-8415 📠696-4499
予約先 Hawaii Hatfield Realty
🏠85-833 Farrington Hwy, Suite 201, Waianae, HI 96792
ワンルーム型 1週間$500、1カ月$1000
マカハ・ビーチ北端の一等地に建ち、海を見わたせるラナイが付いている。ワンルーム型に加え、料金は20％ほど高くなるが、1ベッドルームの客室もある。退職した人たちが大勢避寒に訪れるため、ハイシーズンに予約を取るのは難しい。同じハワイ・ハットフィールド・リアルティ社が、同価格帯のユニットを**マカハ・バレー・タワーズ Makaha Valley Towers**にも持っている。こちらは、渓谷にある高層の建物である。

食事

マカハ・バレー・カントリー・クラブ
Makaha Valley Country Club
☎84-627 Makaha Valley Rd
1品$4〜8
月〜金 7:00〜14:00、土・日 6:00〜15:00
ゴルフコースが眺められる、人気のランチスポットである。サンドイッチ、マヒマヒのフライ、照り焼きステーキほか、メニューはバラエティに富んでいる。10:30までは、朝食メニューとしてパンケーキやオムレツなども出される。

マカハ・ドライブ-イン
Makaha Drive-In
🏠84-1150 Farrington Hwy
月〜土 6:00〜20:00
プレートランチ$5、ハンバーガー$2程度、サンドイッチ$2程度
ファリントン・ハイウェイFarrington Hwyとマカハ・バレー通りMakaha Valley Rdとの角にある。

マカハより北側には食事ができる場所はない。

マカハ北部
NORTH OF MAKAHA

ケアアウ・ビーチ・パーク
Keaau Beach Park
細長くて開けた草に覆われた土地で、岩の多い海岸の回りに、キャンプ場、シャワー、飲料用水場、ピクニックテーブル、トイレが備えられている。公園の北の端になって砂浜が始まるが、それ以外は荒いサンゴ礁になっていて、切り立った暗礁や、季節によっては高

波が来るため、水泳はおすすめできない。
　キャンプには許可が必要なので、本章前出の「宿泊」の「キャンプ」を参照。
　海岸に沿って北にドライブして行くと、低い溶岩の崖や白砂の浜、キアヴェ*kiawe*の群生が見られる。内陸側に目を移すと、小さな渓谷から流れ出た小川が見える。

カネアナ・ケイブ
Kaneana Cave

ケアアウ・ビーチ・パークKeaau Beach Parkから北に2マイルほど（約3.2km）の所、道路の右側にある巨大な洞窟で、かつては海中にあった。地震によって崖に割れ目ができ、波が繰り返し当たるうちに大岩が崩れ落ち、何千年もかけて穴を広げていった結果、このように大きな洞窟ができあがった。徐々に海が後退していき、現在のような姿になった。

　道路際では風がなくても、洞窟の近くでは強風が吹いていることが多く、かなり危険な場所といえる。

　昔、ハワイ人のカフナ（祭司）が洞窟の奥にある小部屋で宗教儀式を行っていた。ハワイ人にとってここは聖なる場所であり、死んだ首長たちの幽霊が現れるのを恐れて近づこうとしなかった。しかし散らばったビール瓶のかけらや落書きを見ると、誰もが同じ感情を持っているわけでもなさそうだ。

　洞窟の下にはオヒキロロ・ビーチOhikilolo Beachが広がっている。空気が乾いていると、砂の上を歩くと「ウーッ」という音を立てるといい、吠え砂Barking Sandsとも呼ばれている。

マクア渓谷
Makua Valley

草に覆われて広々として景色が良い。鋭くぎざぎざを刻んだ山の連なりに囲まれた渓谷である。残念なことに、この非常に美しい広い土地はマクア軍用地Makua Military Reservationの実弾演習場となっている。

　演習場南端と向かい合っている海岸沿いの道は小さな墓地に続いており、黄色い花をつけたビースティルの木で覆われている。ここがただ1カ所残されたマクア渓谷の集落跡で、かつての住民は、第2次世界大戦中、軍が爆撃訓練のため渓谷すべてを撤収した際に、強制移住させられた。渓谷内では現在も演習が行われており、鉄条網にかかった看板には流れ弾に注意するよう書かれている。

　アメリカ軍基地の反対側にあるマクア・ビーチMakua Beachは白砂の浜で、昔はカヌーの船着場として使われていた。ジュリー・アンドリュースとマックス・フォン・シドウが

シャークマン・ナナウエ

ナナウエという名前の子供がいた、とハワイの伝説にある。ナナウエは、生まれたときに、背中、ちょうど両肩の間にぱっくりと開く裂け目を持っていた。母親が誰かはわからないが、父親は人間に姿を変えたサメの王だったので、ナナウエは、半分は人間、半分はサメの子供であった。陸の上では人間であり、ひとたび海に入ると背中の裂け目はサメの口となる。多くの村人がずたずたに引き裂かれ、謎のサメの仕業であるという忌まわしい噂が流れたのち、ついにナナウエの秘密が暴かれた。彼を追う村人の追及を避けるため、ナナウエは島から島へと泳いで逃げ回った。ナナウエはマクアの近くに住んでいたこともあり、海底のトンネルを伝ってカネアナ・ケイブへと犠牲者を運んでいたという。

主演した、1966年封切りの映画「ハワイ*Hawaii*」で、19世紀のラハイナLahainaのセットが組まれたのは、ここマクア・ビーチだった。当時のセットは残されていない。

サテライト・トラッキング・ステーション
Satellite Tracking Station

カエナ・ポイント州立公園Kaena Point State Parkの入口の直前にある道をたどると、アメリカ空軍のカエナ・ポイント・サテライト・トラッキング・ステーションに行き着く。ここのアンテナやドームが岬の上の山の頂上に作られていて、まるで尾根に沿って巨大な白いゴルフボールを幾つも並べたような景色になっている。

　トラッキング・ステーションの上部に**ハイキングトレイル hiking trails**が通っていて、モクレイア森林保護区Mokuleia Forest Reserveまでは2.5マイル（約4km）の道のりである。ここを歩くためにはアメリカ空軍の警備官に示す許可証が必要なので、**森林・野生生物局 Division of Forestry & Wildlife**（☎587-0166）に事前に問い合わせておくこと。

カエナ・ポイント州立公園
KAENA POINT STATE PARK

広さ853エーカー（約345ヘクタール）の開発の手を逃れた海岸線で、オアフ島最西端にあるカエナ・ポイントの両端を結ぶ地域が州立公園となっている。

　1940年代半ばまで、オアフ鉄道がホノルルから岬を回り、ノース・ショアのハレイワまで乗客を運んでいた。

　岬のこちら側、美しい1マイルほど（約

ワイアナエ・コースト－カナエ・ポイント州立公園

スルリと逃げ戻る

古代ハワイ人は、人が眠りこんでいる時や気を失っている時、その人の魂が迷子になっていると考えていた。さまよって遠くに行き過ぎると、カエナ・ポイントのある西の方へ引っ張られていってしまう。もし、たまたま運が良ければ、アウマクア aumakua（子孫を助ける先祖の霊）がカエナ・ポイントに現れ、魂を元の体に戻してくれる。運が悪くてアウマクアに会えなければ、魂はカエナ・ポイントから底なしの夜に飛び込まされて、二度と帰れなくなる。

晴れた日には、岬からカウアイ島が見える。伝説によると、半神半人のマウイがカウアイ島に巨大な釣り針を引っ掛けてオアフ島に引き寄せ、2つの島を1つにしようと試みたという。しかし、残念なことに釣り糸が切れ、カウアイ島はスルリと元の場所に逃げ帰ってしまった。あとには、オアフ島側に小さな岩が幾つか残された。今日、カエナ・ポイント沖に見える、このとき残されていった岩の破片はポハク・オ・カウアイ Pohaku o Kauaiと呼ばれている。

1.6km）続く白砂の海岸は、名前をヨコハマ・ベイYokohama Bayといい、鉄道が走っている頃、大勢の日本人漁師がここに立ち寄ったことにちなんでいる。

普通、冬になるととてつもない大波が押し寄せて、ヨコハマ・ベイはサーファーやボディボーダーでにぎわうシーズンを迎える。しかし、熟練者にとって魅力なのは、ところどころ頭を出している岩や強い離岸流、危険なショアブレイクなのである。

夏、波が静かなときに限ってなら水泳もできる。水面が静かなときには、シュノーケリングも良い。公園の南側がアクセスも簡単でおすすめだ。トイレ、シャワー、ライフガード詰め所も公園の南端に置かれている。

州立公園であるカエナ・ポイントは、その独特のエコシステムで自然保護地区にも指定されている。極端に乾燥し、風当たりの強い岬上部の海岸砂丘は、多くの珍しい自生植物の生息地になっている。崖の斜面に生えているカエナ・アココKaena akokoは絶滅の危機にあり、ここ以外で見ることはできない。

もっと一般的に見られる植物では、ビーチ・ナウパカが半分ちぎられてしまったような形の白い花を見せていたり、パウ・オ・ヒイアカが青い花で蔓を飾っているのが見える。浜朝顔が、カウナオアという、オレンジ色の釣り糸そっくりの植物に寄生され覆われているものもある。

カエナ・ポイントで見られる海鳥には、ミズナギドリ、カツオドリ、おなじみのクロアジサシ（頭頂部が灰色をした濃い茶色の鳥）が挙げられる。沖にはハシナガイルカの群れが泳いでいたり、冬、ザトウクジラが見えることも珍しくない。

以前はダートバイクや4WD車が砂漠を傷つける要因の1つだったが、カエナ・ポイントが1983年に自然保護地域に指定されてからは、自動車の乗り入れが禁止され状況は改善している。保護地域では、再び珍しいレイザンアホウドリの営巣を確認し、ハワイでも絶滅に瀕しているモンクアザラシが時折ここで日向ぼっこをするようになった。

カエナ・ポイント・トレイル
Kaena Point Trail

片道2.5マイル（約4km）の海岸に沿い、かつての鉄道の線路跡をたどるハイキングコースで、ヨコハマ・ベイの舗装道路が終わった所から、カエナ・ポイントまでを結んでいる。沿道には、潮溜まり、アーチ状の岩、美しい海岸の眺め、そしてワイアナエ山脈の海面からそびえ立つ崖が待っている。この道は日陰がないので、（カエナは「熱」the heatを意味する）飲み水をたくさん持って行くこと。

車内に貴重品を残しておかないよう注意しよう。ハイカーのほとんどが車を停めておく道路の行き止まりで、粉々になった自動車のフロントガラスの残骸が山になっていることがある。浜辺のトイレ脇に駐車しておくか、またはドアに鍵をかけずにおけば、ガラスを割られる確率は低くなるかもしれない。

ハワイ島（ビッグアイランド）

Hawaii (The Big Island)

ビッグアイランドThe Big Islandとも呼ばれるハワイ島Hawaiiの大きさは、ハワイ諸島のほかの島々をすべて合わせた2倍近くにもなる。その気候は熱帯から亜北極までを含み、島というよりまるで小さな大陸のようだ。荒涼たる溶岩、青々とした海岸沿いの低地、高く切り立った断崖、ゆるやかにうねった牧草、砂漠、そして熱帯雨林、ここにはすべての風景がほとんど揃っている。

　地質学的には、ハワイ島はハワイ諸島の中でも最も新しく、今も成長を続けている島だ。キラウエアKilaueaは世界で一番活動が盛んな火山で、1983年から現在まで続いている噴火活動によって、島の沿岸部に550エーカー（約2.2km²）の土地を加えた。ビッグアイランドはハワイの火の女神ペレと、戦いの神クの住む島なのだ。

　ビッグアイランドにはハワイ州で最も高い、海抜1万4000フィート（約4267m）の山がある。まるで氷山のようだと思う者もいるだろう。それはなにも頂上の雪のせいだけではなく、実際にその頂きが海底から3万2000フィート（約9754m）まで続く山塊だからだ。

　この巨大な山々が湿り気のある北東からの貿易風を遮り、ビッグアイランドのリーワード（風下）側をハワイ州で最も乾燥した地域にしている。毎年開かれているトライアスロンの鉄人レースには最適な場所だ。この天気の良い西側にあるコナ・コーストKona Coast、コハラ・コーストKohara Coastには、最高の水質をした島で一番のビーチがある。

　ウインドワード（風上）となる東側のヒロHiloは雨が多く、その海岸線の多くは波が激しく叩きつけられる崖で、緑の生い茂る熱帯雨林が広がり、さらには壮大な滝がいくつもある。田舎町プナPunaは自然現象を観察する地域としては有名で、噴気孔から吹き上がる火山の蒸気を浴びることも、溶岩が海に流れ込むのを目にすることもできる。

　だが、なんと言っても一番印象的な景色を見ることができるのは、ハワイ火山国立公園Hawaii Volcanoes National Parkだろう。ここではトロピカルビーチから、氷で覆われた高さ1万3677フィート（約4169m）のマウナ・ロアMauna Loaの山頂まで、さまざまな大自然の中でハイキングやキャンプをすることができる。キラウエアの巨大なカルデラの周囲でドライブ、あるいはサイクリングをしたり、いまだに蒸気の上がり続けている火口原を横切り、巨大な溶岩洞の中を歩き回るトレッキングに参加することができる。

　ビッグアイランドには、ハワイ中で最高の先史時代のペトログリフ（岩石画）や最も重要なヘイアウ（古代の神殿）がある。また個人所有としてはアメリカ最大の牛の牧場や、世界のトップレベルの天体観測施設が集まっていることでも有名だ。後者はハワイ州で最も高い地点1万3796フィート（約4205m）のマウナ・ケア山頂にある。

ハイライト

- 火山の驚くべき力を見学する
- ハワイ最高峰の山マウナ・ケア Mauna Keaから星を見つめる
- カイルア湾 Kailua Bayで照明に輝くマンタ・レイとナイトダイビング
- 精霊・代々の王と戦士たちの聖地、ワイピオ渓谷Waipio Valleyへと下る
- プウホヌア・オ・ホナウナウ Puuhouna o Honaunauあるいは風吹きすさぶモオキニ・ヘイアウMookini Heiauの古代神殿を見学する

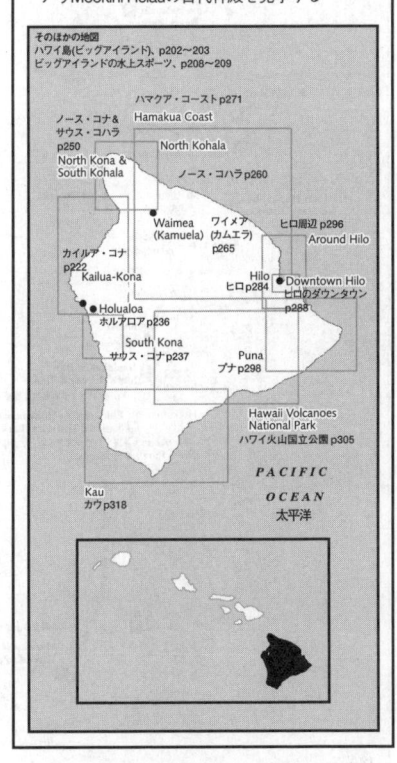

そのほかの地図
ハワイ島（ビッグアイランド）, p.202〜203
ビッグアイランドの水上スポーツ, p.208〜209

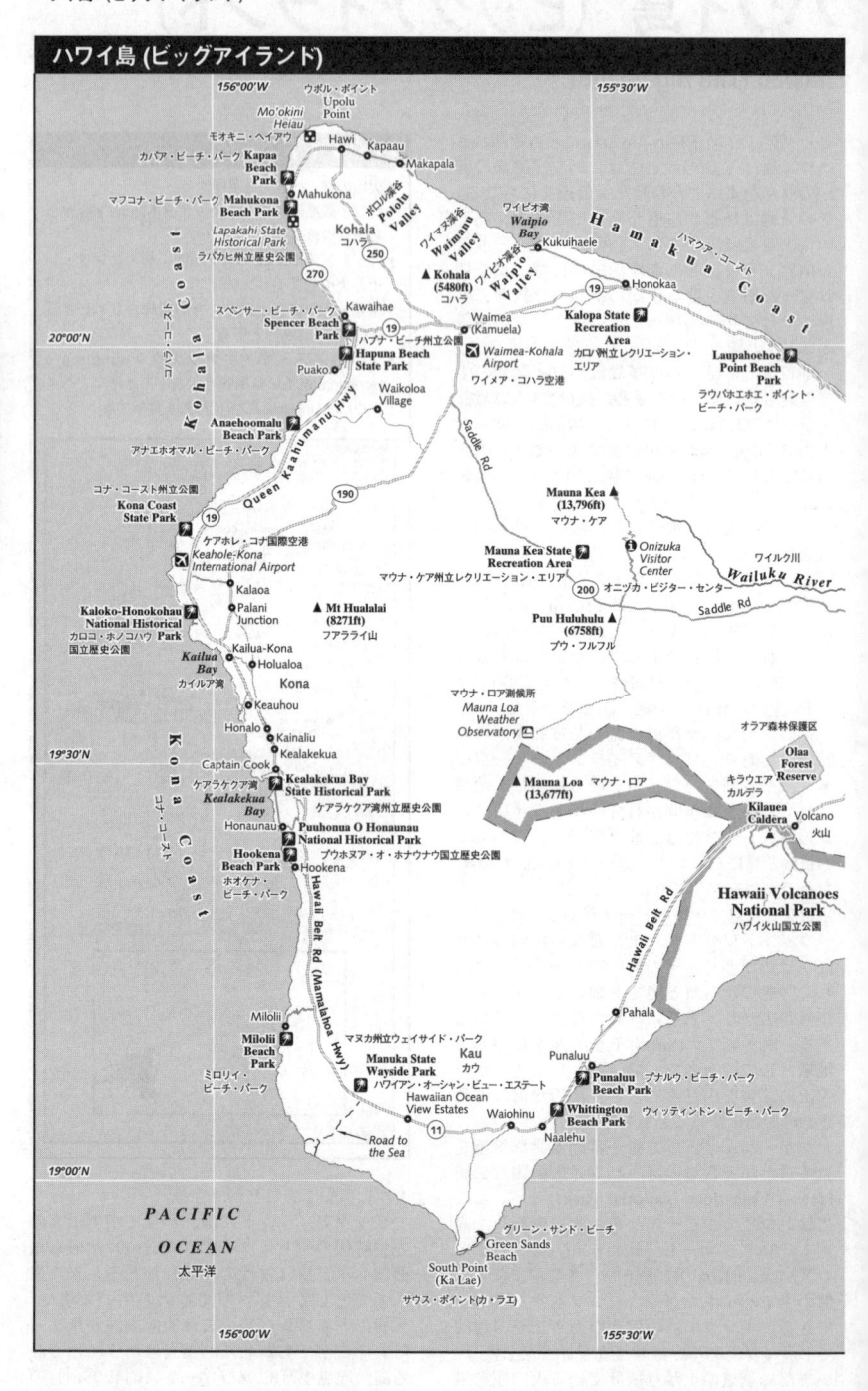

ハワイ島（ビッグアイランド）

ヒロとコナはハワイ島で最も人口の集中している地域だ。緑が多く、雨の多いイーストコーストにあって本当の都市と言えるのはヒロだけで、ハワイ島で最も古い地域として年代を経た風ぼうを呈している。だが、旅行者を最も引きつけているのは、雨の少ない西側にあるコナだ。島のほとんどの宿はコナ地区に集まっており、質の高いダイビングや沖釣りなどを含むレクリエーション・アクティビティに力を注いでいる。

ビッグアイランドは土地も広大なため、混んでいる場所はさほどない。昔ながらの漁村、タロイモ農家の集落や野生馬のいる盆地、「カウボーイカントリー」として、また都会から離れての田舎暮らしなど、ビッグアイランドは冒険心を持つ多くの人々を魅了して止まない。

歴史

ビッグアイランドの歴史はハワイの歴史と言ってもよいだろう。紀元前500～700年ごろ、最初のポリネシア人が島にたどり着いた。そしてその場所はのちにルアキニ（人間を生け贄とする神殿）の最初の場となり、日々の暮らしの中の厳しい掟、カプ制度が始まった。ルアキニとカプは12世紀にタヒチから来た高僧パアオにより持ち込まれた。7世紀後には、古いハワイの神々は打倒され、キリスト教がそれに代わった。イギリス人探検家、キャプテン・ジェームズ・クックが1779年にこの島で死に、そして18世紀にはカメハメハ1世がこの地で勢力を伸ばし、ハワイを統一した。

カメハメハ1世

カメハメハ1世Kamehameha the Greatは1758年にビッグアイランドで生まれ、幼少の時代にケアラケクア湾Kealakekua Bayに連れてこられ、島の大首長であり、叔父にあたるカラニオプウKalaniopuuの宮廷で暮らした。

やがてカメハメハは、カラニオプウの最強の将軍となり、大首長はカメハメハを「土地の強奪者」を意味する軍神、クカイリモクKukailimokuの守護官に任じた。

軍神クカイリモクは血のように赤い口をもち、黄色い羽のヘルメットをかぶった荒々しい木彫りの像として具現化されていた。伝説によると、カメハメハは戦いの場に像を帯同し、激しい戦いの間中、像は恐ろしい戦いの雄叫びをあげていたと言う。

1782年にカラニオプウが死去するとすぐに、カメハメハは王位を継承していたカラニオプウの息子キワラオKiwalaoに対し兵を挙げた。キワラオを殺すと、カメハメハはコハラ地区

の統治者となり、ビッグアイランドの有力な首長の1人となった。

カメハメハの野望は島の一部を手に入れただけでは満たされはしなかった。1790年には略奪した外国製のスクーナー船と、難破船の乗組員アイザック・デーヴィスとジョン・ヤングの2人を大砲の砲手として用い、マウイ島に攻撃を仕掛けそれを手中にした。

その直後、モロカイ島にてオアフ島侵攻の準備を進めていたカメハメハのもとに、ある情報が届いた。カウ地区の首長ケオウアがハマクア・コーストHamakua Coastに攻撃を仕掛け、大胆にもワイピオ渓谷を略奪したという。そこはビッグアイランドでは最も神聖な場所であり、カメハメハが10年前に厳かに軍神を祭った地であった。

怒りに震えるカメハメハはすぐさまハワイ島へ向け船を出した。しかし、ケオウアの兵士たちも素早くカウKauへと引き返そうとしていた。だが、退却中の部隊がキラウエア山火口の斜面の下まで来たところ火山が突然噴火し、降りそそぐ有毒ガスと火山灰のため多くの戦士はたちどころに落命した。この火山の爆発はハワイの歴史上、多数の死者を出した唯一のものとして知られている。今日でも戦士たちの足跡が火山泥や灰の中に残されている可能性がある。

こうした権力争いが続く中、カメハメハはカウアイの預言者からあるお告げを聞かされた。軍神クカイリモクを祭る新たなヘイアウを建てれば、島全土の統治者になれるだろうと言うのだ。

1791年、カメハメハはカワイハエKawaihaeにプウコホラ・ヘイアウPuukohola Heiauを建設する。そしてケオウアに対して和議のためヘイアウの奉納へ出席するよう求めた。それがルアキニ(人身御供)であろうことはケオウアにもよく分かっていたはずだが、それも運命と諦めたのか、ケオウアはカワイエハへと船を向けた。

到着するや否や、ケオウアと同行者たちはヘイアウの最初の生け贄とされた。そしてケオウアの死によってカメハメハは島で唯一の統治者となった。

その後数年の間に、カメハメハはすべての島(宗主下に置いたカウアイを除く)を征服し、その王国全体を自身の故郷にちなんでハワイと名づけた。

古代信仰の喪失

カメハメハ1世はマウイ島のラハイナに王国の宮廷を構えたが、後にカイルア湾の北のカマカホヌKamakahonuの別邸に戻り、1819年にそこで死去した。

王位は優柔不断な性格の息子リホリホが継承した。カメハメハが寵愛した妻カアフマヌは活発で自由奔放なワヒネ(若い女性)で、古い慣習に囲まれた生活に不満を覚えていた。カメハメハの死から半年後、カプ制度により厳しく禁じられていたにもかかわらず、カアフマヌはカマカホヌ宮殿でリホリホと共に食事をした。この王家のカプ破りによって古くからの信仰の崩壊が決定的になった。ほどなく島中の神殿が遺棄され、神像は焼き払われた。

1820年4月、ハワイで最初のキリスト教宣教師を乗せた船タデウスがカイルア湾に入港した。宣教師たちが上陸したのは、折しも遺棄されたばかりの、カマカホヌにあるカメハメハのヘイアウのそばだった。古い信仰が捨てられ、新たなものが入り込みやすい環境ができたばかりのところへやって来たこの宣教師たちのタイミングは、まさに絶妙であった。

地理

ハワイ諸島のほかの島をすべて合計し2倍しても、4038平方マイル(約1万458km^2)のビッグアイランドの広さには及ばない。長さ93マイル(約150km)、幅76マイル(約122km)のこの島は、今も海に溶岩を流し出し、成長を続けている。ビッグアイランドはハワイ諸島の中で最も新しく、最も東にある。その南端はサウス・ポイント、あるいはカ・ラエKa Laeと呼ばれるアメリカ最南端の地だ。

島はコハラKohala、フアラライHualalai、マウナ・ケアMauna Kea、マウナ・ロアMauna Loa、キラウエアKilaueaの5つの楯状火山の、地質上の動きから形成された。マウナ・ロアとキラウエアは共に活火山であり、特にキラウエアは現在地球上で最も活動が盛んな火山だ。

1万3796フィート(約4205m)のマウナ・ケア(白い山の意)山頂はハワイ諸島で最も高い地点だ。さらに海面下1万9680フィート(約5998m)の高さが海底から続いており、それを合わせると理論的には世界で最も高い山となる。

マウナ・ロア(長い山の意)は若干低い海抜1万3677フィート(約4169m)で、その陸塊はビッグアイランドの半分以上となり、海底からの分を合わせると世界で最も大きい山塊となる。

気候

雨量や気温の違いは季節以上に場所によるところが大きい。島のコナ(風下にあたる)の沿岸は州の中で最も乾燥している地帯で、日

ボグ

「ボグ Vog」はビッグアイランドの合成語で、1983年から続くキラウエアの最も新しい噴火活動によって出現した島を覆う霧のことだ。通常はコナ方面に流れ、貿易風の状態によっては都市のスモッグのようになる。ボグは水蒸気と二酸化炭素、そして多量の二酸化硫黄によりできている。

1900年代の初期にはキラウエアから毎日平均275トンの二酸化硫黄が発生しており、ビッグアイランドの大気汚染問題を引き起こし、ハワイ諸島全体が霧に覆われた。二酸化硫黄の量はアメリカ環境保護局の規定した基準値を現在でも1年間に平均22日も上回っている。これは短期滞在の旅行者にとって健康上の問題となるものではないが、科学者たちは住民の呼吸器疾患問題との関連を調査している。

光浴が好きな人たちにはもってこいの場所だ。むろん、作家ハンター・S・トンプソンによると「12月のコナ・コーストは我々哺乳類にとっては地球上で一番暑く地獄のようだ」。

都合の良いことに、天国のようなヒロや火山はそこから数時間の所にある。マウナ・ケアの風上に当たる、2500フィート（約762m）近い高地には年間300インチ（約7620mm）もの雨が降る。雨のほとんどは雲がマウナ・ケアとマウナ・ロアを越える前に搾られるように降り、山の頂上まで届くのはわずか15インチ（381mm）で、しかもたいてい雪となる。ヒロの激しい亜熱帯性の冬の嵐は、時に山の9000フィート（約2743m）辺りの位置まで吹雪をもたらすこともある。

ハワイ火山国立公園すぐ北の火山では、平均年間降水量が160インチ（約4064mm）にも及ぶ一方で、コナ・コースト近辺では15インチ（381mm）以下ということもある。

冬の方が夏より雨は多いが、それもまた場所により変わってくる。コナでは季節による降水量の差はごくわずかで、冬の火山の町の降水量は夏の2倍にもなる。

1月の平均気温はハワイ火山国立公園で65°F（約18℃）、ヒロで79°F（約26℃）、そして温暖なカイルア・コナでは81°F（約27℃）まで上がる。8月の気温も5°F（約3℃）高い程度で大きな差はない。夜は約15°F（約8〜9℃）くらい下がる。

ナショナル・ウェザー・サービス National Weather Serviceでは、島内（☎961-5582）、ヒロとその周辺（☎935-8555）の天気予報、また水質（☎935-9883）の録音情報を提供している。**ハワイ火山国立公園 Hawaii Volcanoes National Park**（☎985-6000）では現在の火山の噴火状況や展望スポットの録音情報が聞ける。

動植物

ハワイの州鳥ネネは絶滅危惧種のガンで、溶岩台地に生息している。100年前まではビッグアイランドに2万5000羽が生息したとされるが、今日では野生のものはおそらく1000羽も残っていないと考えられている。運が良ければ、ハワイ火山国立公園で好奇心の強いこの希少な鳥と出会えるかもしれない。

その他の土地固有の鳥では、マウナ・ケアの傾斜地だけに残っている小さな黄色い絶滅危惧種パリラ（キムネハワイマシコ）と、高地にだけ生息しているイオ（ハワイタカ）などがいる。島固有の絶滅危惧種の鳥としてはほかに、10羽程度の群で慎重に行動しているアララ（ハワイカラス）がいる。ワイメア湾の外れハカラウ・フォレスト鳥獣保護区Hakalau Forest Wildlife Refugeには、ハワイシラヒゲコウモリなどの希少種が暮らしている。

ワイピオ渓谷には野生の馬が、そしてマウナ・ケアの台地には野生の牛が生息している。イノシシ、山羊、羊はどれも元来ビッグアイランドにいたものではなく、それらの動物が環境に与える影響のため駆除の対象となっている。だが、最も生態に影響を与えている外来種はマングースだ。このイタチに似た生き物はどこにでもおり、野生の鳥やその卵を食べることから固有の鳥類の数を激減させている。

ビッグアイランドには2種類の希少な銀剣草silvers wordがあり、1つはマウナ・ケア、もう1つはマウナ・ロアに生えている。ヒマワリの遠い親戚にあたるこの植物は、マウイ島の近縁種がよく知られており、踏み固められた登山道のわきに生えている。

政治

ビッグアイランドは、1名の選出された郡長と9名の評議員からなる1つの郡で、政治の中心は郡長所在地のヒロである。

古くからの街ヒロと新興の街コナはライバル意識を持っている。島の最大の政治問題は他の島々と同様、土地の乱開発問題だ。

経済

2001年のデータでは、ビッグアイランドの失業率（5.9％）は州内で最も高く、平均所得（＄2万3461）は最も低い。そしてほとんどの住民が貧困ライン（16.6％）を下回る生活をしている。だが、雇用は小売、行政、ホテル、建築と多業種にわたっており、就労人口の約半数がいずれかの業種に就いている。

ビッグアイランドの最後の製糖会社は1996年にその営業を停止してしまったが、農業は今でもハワイ経済の中心の1つだ。ハワイ州のマカデミアナッツ、コーヒー、熱帯花木の大部分と、さらにはパパイヤやバナナ、オレンジなど果物の5分の4が島内で生産されている。ビッグアイランドには幾つかの大きな牛の牧場があり、州内の市場に出回る牛肉のほとんどがそこで共同生産されている。

島で違法栽培されているパカロロ（大麻）は、警察の厳しい監視によりその数が激減している。だが、ハワイ州で没収される大麻の多くはビッグアイランドのプナとカウ地区から出回ったものだ。

住民

ビッグアイランドの住民は約14万9000人。ヒロに約3分の1が集中しているが、人口分布の変化は激しく、特にコナ・コーストでは狂気じみたスピードで人口が増加している。2010年までには島の総人口は20％増加すると見られている。

島の民族の割合は白色人種が31％、自身を「混血」と称する者が28％、アジア人が26％でハワイ固有の人種が11％だ。

オリエンテーション

ビッグアイランドはコナ、コハラ、ワイメア、ヒロ、プナ、カウの6つの地域に分けられる。

ハワイ・ベルト・ロードは島をぐるりと囲み、主要な都市と名所を結ぶ。ひと続きの道路でも地域により別の番号と名前がつけられているが、決して複雑ではない。

コナからヒロまでベルトロードの北半分を進むと92マイル（約148km）で、ノンストップで2時間ちょっとかかる。南側のコナ～ヒロ間のルートをとると125マイル（約201km）で、約3時間の道のりだ。

空港はヒロとコナにあり、ヒロ空港は街の右手に位置している。だが、多くの旅行客は島のリゾートの中心、カイルア・コナとワイコロアWaikoloaの中間にあるコナ空港を利用する。

地図

ビッグアイランドの全般図はネルズNellesから＄5.95で、ハワイ大学出版局University of Hawii Pressから＄3.95でそれぞれ出版されている。もし、本当に自分で道を見つけて進みたいのなら、詳細に編集された「レディマップブックReady Mapbook」のイースト・ハワイとウエスト・ハワイ（各＄9.95）は貴重な情報源となる。

インフォメーション

観光案内所

ビッグアイランド観光局 Big Island Visitors Bureauが2カ所あり、1つはヒロ（☎961-5797、800-464-2924 ✍www.gohawaii.com ⌂250 Keawe St, Hilo）に、もう1つはワイコロア（☎886-1655 ⌂250 Waikoloa Beach Dr, Waikoloa Beach Resort）にある。800-648-2441に電話して申し込めばバケーション・プランナー vacation plannerという美しい冊子を送ってもらえる。

新聞・雑誌

コナ・コーストの新聞ウエスト・ハワイ・トゥデイ West Hawaii Today（✍www.westhawaiitoday.com）、ヒロの新聞ハワイ・トリビューン・ヘラルド Hawaii Tribune-Herald（✍www.hilohawaiitribune.com）は共に土曜を除き毎日発行されている。ウエスト・ハワイ・トゥデイWest Hawaii Todayは国際的なニュースの取り扱いもなかなかで、毎日のボグ指数（前出コラム参照）も載っている。地元で発行されている無料の隔月刊紙「ハワイ・アイランド・ジャーナルHawaii Island Journal」も探してみよう。各種エンターテインメントが掲載されている。

旅行者向け無料雑誌「101シングス・トゥ・ドゥ101 Things to Do」や「週刊ビッグアイランドThis Week Big Island」は空港やホテルのロビーをはじめ、街のあちこちで見つけることができる。それらの雑誌は一般情報を入手するのには都合がよく、ビッグアイランドのアクティビティやレストランの割引券も付いている。

ラジオ・テレビ

91.1FMでハワイ・ナショナル・パブリック・ラジオ（NPR）が聞ける。ハワイアンミュージックを聴くのには最高のKAPAはヒロでは100.3FM、コナでは99.1FMだ。ニュース、トーク、スポーツファンは670AMのKPUAを聞くべきだろう。

ネットワークとパブリックテレビ、そしてケーブルテレビはホノルルから中継送信されている。ケーブルテレビの7チャンネルではビジター・インフォメーションプログラムを放映している。

図書館

ヒロ、ホルアロア、ホノカア、カイルア・コナ、カパアウ、ケアアウ、ケアラケクアKealakekua、ラウパホエホエLaupahoehoe、

マウンテン・ビューMountain View、ナアレフNaalehu、パハラPahala、パホアPahoa、ワイメアに公共図書館がある。

緊急のとき
警察、救急車、消防車が必要な緊急のときemergenciesには☎911へ電話する。性犯罪ホットライン（☎935-0677）は24時間対応している。2つの主要な病院はヒロ・メディカル・センター Hilo Medical Center（☎974-6800）とケアラケクアのコナ・コースト・コミュニティ・ホスピタル Kona Coast Community Hospital（☎322-9311）だ。
ワイメアにはそれより小さなノース・ハワイ・コミュニティ・ホスピタル North Hawaii Community Hospital（☎885-4444）がある。

アクティビティ
確かに、ビッグアイランドにはオアフのノースショアの荒波もなければ、マウイのホオキパ・ビーチのような大波を作る風もない。だが、冬にはスノーボードが、秋にはトライアスロンの鉄人レースが、そしてほとんど毎晩世界で最も澄んだ星空と、活動中の溶岩の流れを毎日見ることができるのはハワイの島の中でここだけだ。

多くのレクリエーション・アクティビティはウエストコーストで行われている。たいていのリゾートホテルはクルーズやダイビングなど、さまざまなウォーター・アクティビティを宿泊客に提供している。これらは宿泊客以外も利用できることが多いが、料金は通常より高くなる。

水泳
ビッグアイランドには300マイル（約483km）以上の海岸線があるが、マウイやオアフで見るような長大な砂浜が続くビーチはなく、湾や入り江の境界部にある砂がほとんどだ。

水泳に一番良いのはウエストコーストだ。カイルア・コナにも幾つかのビーチはあるが、さらに北のワイコロアやサウス・コハラ辺りのコナ・コーストのほうがもっと良いビーチを見つけられる。アナエホオマルAnaehoomalu（Aベイ）とハプナには共に美しくアクセスも便利な公共のビーチがある。楽園のようなマカラウェナMakalawenaなど、ぽつんと離れた美しいビーチがあるが、アクセスはハイキング（または4WD車）に限られてしまう。それでも行く価値は十分だ。

確かにハワイ島の東側のビーチは、穏やかなエメラルドグリーンの海と白い砂浜というトロピカルビーチの定番から大きく外れている。海はしばしば荒れ、臆病な人には向いていない。だが、ウインワードになるこの辺りには神秘的で個性的なビーチがある。かんらん石のような緑の水と溶岩からできた黒い砂のビーチ、たくさんの潮溜まりがある湾でイルカやウミガメと泳ぐつかの間の時が持てるビーチ。幾つかのビーチでは水着さえも用意 されている。島には緑色をした火口湖が1つ、そして多くの滝がある。

郡の公共プール public swimming poolsは、ホノカアHonokaa、ヒロ、カパアウKapaau、ケアラケクア、ラウパホエホエ、パホアにある。行き方と開園時間は水産局 Aquatics Division（☎961-8694）に電話で確認しよう。

サーフィン
地元のサーファーやブギーボーダーは各地で何とか波を見つけているが、島のほとんどの波乗りポイントは岩の多い、岩礁に波頭のくだけるような場所だ。そして実際にやってみると、それほど大きな波はめったに来ない。出発する前に地元の人たちに尋ねて十分な情報を得ることが大切だ。

島の東側ならアイザック・ハレ・ビーチ・パークIsaac Hale Beach Parkのポヒキ湾Pohiki Bayと、ヒロの北側にあるコレコレ・ビーチ・パークKolekole Beach Parkのホノリイ・コーブHonolii Coveをチェックしよう。コナ・コーストの地元サーファーのお気に入りのポイントはケアウホウKeauhouのカハルウ・ビーチKahaluu Beachと、バニヤンBanyans（ホワイトサンズ・ビーチWhite Sands Beach北のバニヤンの木の近く）、ワワロリWawaloli（OTEC）・ビーチ近くのパイン・ツリーズ Pine Treesだ。ブギーボードとボディサーフィンには、コナ・コーストのホワイトサンド・ビーチが絶好の場だ。

ウインドサーフィン
ビッグアイランドはウインドサーフィンに余り向いている所ではない。ウインドサーフィンの初心者やショートボードの熟練者は、ワイコロアのアナエホオマル湾に出かける。そこでは器具のレンタルをしておりレッスンも受けられる。ウインドサーフィン狂がワクワクする冬の強風が吹いている間は、Aベイではスリリングな波飛びが楽しめる。春になり貿易風が吹けばセーリングもすばらしい。ただし、この時期は初心者には危険だ。レンタルショップも閉まっていることがある。

ダイビング
ビッグアイランドのリーワード側のコナとコハラ・コーストではすばらしいダイビングを

ハワイ島（ビッグアイランド）－ビッグアイランドの水上スポーツ

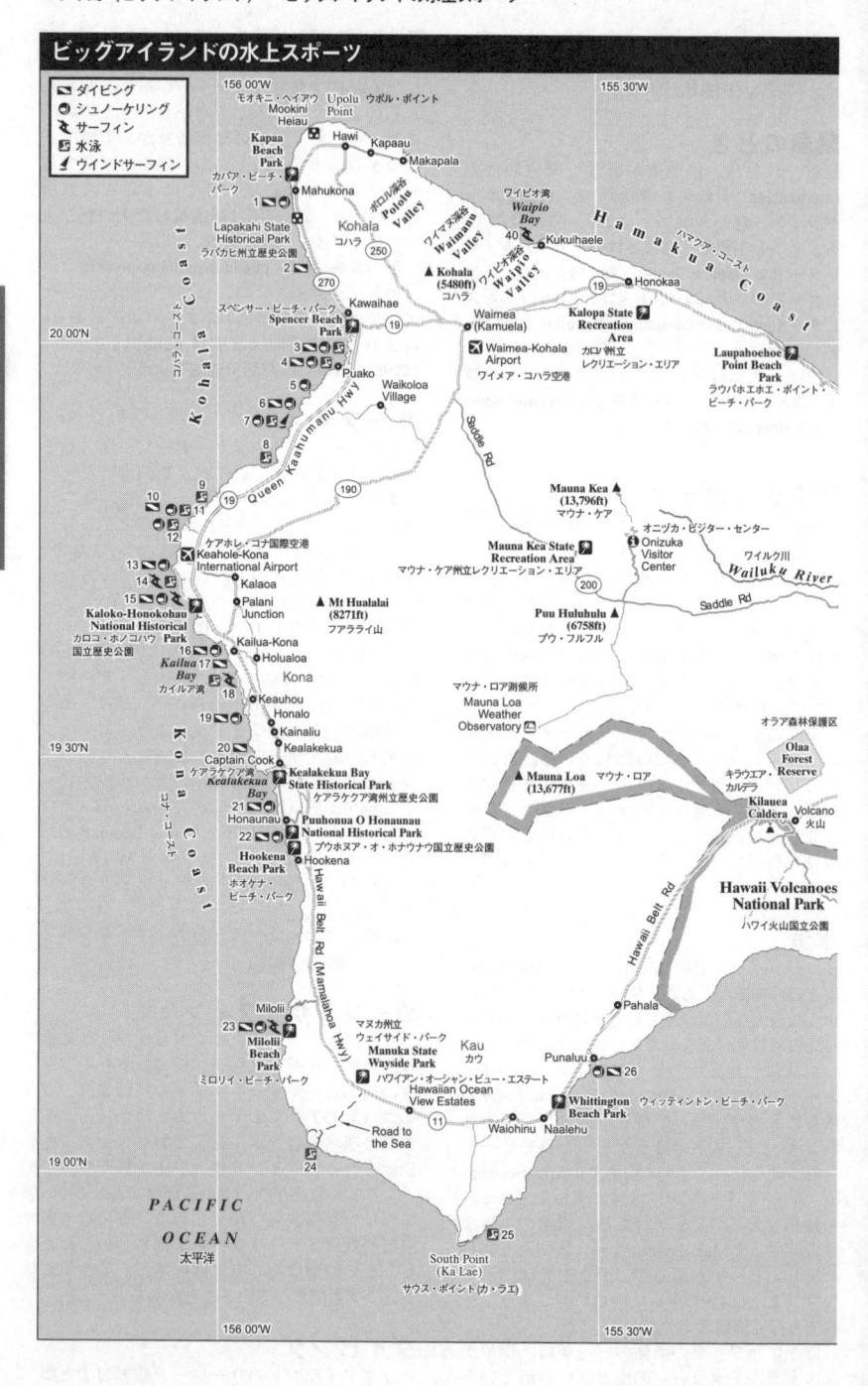

ハワイ島（ビッグアイランド）－アクティビティ

地図凡例

1. マフコナ・ビーチ・パーク
2. ケイ・ケイ洞穴
3. ハプナ・ビーチ州立公園
4. プアコ
5. ビーチ69
6. ペンタゴン
7. アナエホオマル・ビーチ・パーク（Aベイ）
8. キホロ湾
9. クア湾
10. ロバーツ・リーフ
11. マカラウェナ
12. コナ・コースト州立公園
13. ガーデン・イール・コーブ
14. ワワロリ（OTEC）ビーチ
15. パイン・ツリーズ
16. タートル・ピナクル
17. マンタ・レイ
18. ホワイト・サンド＆バニヤン
19. カハルウ
20. ロング・ラバ・チューブ
21. ケアラケクア湾
22. ケオネエレ・コーブ、ツー・ステップ
23. ミロリイ湾
24. カウプアア＆カイアケクア・ビーチ
25. グリーン・サンド・ビーチ
26. プナルウ・ビーチ・パーク
27. ケヘナ・ビーチ
28. ポヒキ湾
29. アイザック・ハレ・ビーチ・パーク
30. アハラヌイ・ビーチ・パーク
31. カポホ・タイド・プールズ
32. グリーン湖
33. リチャードソン・オーシャン・パーク
34. レレイヴィ・ビーチ・パーク
35. ジェームズ・ケアロハ・ビーチ・パーク
36. オネカハカハ・ビーチ・パーク
37. プビ湾
38. ホノリイ・コーブ
39. コレコレ・ビーチ・パーク
40. ワイピオ湾

経験できる。特におすすめなのは春と夏だが、1年を通じて穏やかなダイビング・スポットを見つけることができる。ダイビングスポットはヒロ側ではかなり限定されている。

コナ・コースト沿いのビーチダイブでは溶岩洞のある急なドロップオフや洞窟があり、多様な海の生き物を目にすることができる。さらに沖にでれば、飛行機の残骸が沈むケアホレ・ポイントKeahole Pointなど、ボートダイビングのポイントが約40カ所ある。

最もよく知られているポイントの1つにレッド・ヒルRed Hillがあり、コナの南約10マイル（約16km）に海底の噴石丘がある。岩棚や蜂の巣状になった美しい溶岩の形成物がたくさんあり、差し込む太陽光線がそれらをさらに美しく見せる。さらにサンゴの塔や明るい色をしたウミウシ（軟体動物の一種）を多数目にすることもできる。

ホノコハウ港Honokohau Harborの南、カイウィ・ポイントKaiwi Pointの外れにもよい場所があり、ウミガメや大きな魚、トビエイなどが主だったドロップオフの周辺を泳いでいる。近くのサッケム・アップSuck'Em Upにはまるで遊園地の乗り物のような数本の溶岩洞があり、泳いで中に入ると水圧によって逆側に押し出される。サンゴやたくさんの海の生き物がいるケアラケクア湾はコーブ（くぼみ）によって保護されていて、1年を通じて穏やかだ。

ダイブ・オペレーション コナには多数のダイブ・オペレーションがある。料金は平均で2タンクが日中で＄75、夜は＄95。たいていのナイトダイビングはマンタ・レイを見るのが目的だ。体験ダイビングは1タンクのビーチダイビングが＄55、幾つかのダイビングショップと合同の2タンクボートダイビングが＄100前後といったところだ。大きなPADI公認の5スター（潜水指導員協会）オペレーションではライセンスコースを＄400前後で取り扱っている。

有名なダイブ・オペレーションを下記に挙げる。

ダイブ・マカイ Dive Makai（☎ 329-2025 www.divemakai.com）個人の小さなオペレーションで、トム・ショックリーとリサ・ショケット夫婦が経営している。非常に高い口コミ評価を得ている。

エコ・アドベンチャー・オブ・コナ Eco-Adventures of Kona（☎ 329-7116、800-949-3483 www.eco-adventure.com 75-5660 Palani Dr, Kailua-Kona）キング・カメハメハ・コナ・ビーチ・ホテルに本拠を置く、評判の良いPADI公認の5スターオペレーション。

ハワイ島（ビッグアイランド）－アクティビティ

ジャックズ・ダイビング・ロッカー Jack's Diving Locker（☎329-7585、800-345-4807 Ⓦwww.jacksdivinglocker.com ⌂Coconut Grove Marketplace, 75-5819 Alii Dr, Kailua-Kona）体験ダイビングとマンタ・レイを見るナイトダイビングがおすすめのオペレーションの1つ。PADIの5スターオペレーション。

コハラ・ダイバーズ Kohala Divers（☎882-7774 Ⓦwww.kohaladivers.com）カワイハエ・ショッピングセンターにあるPADI公認の5スターオペレーション。コハラ・コーストまで行くツアーあり。

コナ・コースト・ダイバーズ Kona Coast Divers（☎329-8802 Ⓦwww.konacoastdivers.com ⌂75-5614 Palani Rd, Kailua-Kona）島でも最大クラスのPADI公認の5スターオペレーション。

ノーチラス・ダイブセンター Nautilus Dive Center（☎935-6939 Ⓦwww.nautilusdivehilo.com ⌂382 Kamehameha Ave, Hilo）ヒロ地域のツアーとコースを手頃な料金で手配している。

プラネット・オーシャン・ウォータースポーツ Planet Ocean Watersports（☎935-7277、800-265-6819 Ⓦwww.hawaiidive.com ⌂100 Kamehameha Ave, Hilo）1タンクのビーチダイビングとPADI公認の5スターライセンスコースを取り扱っている。

シー・パラダイス・スキューバ Sea Paradise Scuba（☎322-2500、800-322-5662 Ⓦwww.seaparadise.com）ケアウホウ湾を拠点としており、レッド・ヒルやケアラケクア湾など、南の方面へ向かうことが多い。

コナ・アグレッサー The Kona Aggressor（☎329-8182、800-344-5662 Ⓦwww.konaaggressor.com ⌂74-5588 Pawai Place, Bldg F, Kailua-Kona）生活空間を持つ85フィート（約26m）の10人乗りのダイビングボートがある。1週間の経費すべてを含む料金は＄1895で、毎週土曜日にツアーが出発する。

コナ・リーファーズ・ダイブ・クラブ Kona Reefers Dive Clubでは、毎月第3金曜日にビーチダイビング（時にボートダイビング）の集まりが開かれ、月に1度は一般参加できる週末がある。お知らせは「ウエスト・ハワイ・トゥデイ West Hawaii Today」で探すか、ダイブショップで尋ねてみるといい。

シュノーケリング

シュノーケリングはカイルア・コナですてきなポイントを見つけることができる。ケアウホウのカハルウ・ビーチはアクセスも良く人気が高いので、初心者にも向いている。プレース・オブ・レフュージPlace of Refugeの北にあるツー・ステップTwo-Stepは、車で行くことのできるもう1カ所のシュノーケリングスポットだ。ケアラケクアの北端にあるキャプテン・クック記念碑の近くにも、静かで透明度の高い30フィート（約9m）のシュノーケリングスポットがあるが、そこへは徒歩か乗馬、またはボートでしかたどり着けない。

ヒロ側にいるのであれば、プナのカポホKapohoの潮溜まりも見ておきたい。

シュノーケリング・クルーズ 最も人気があるのはケアラケクア湾のシュノーケリング・クルーズだ。午前中のツアーが海が穏やかでおすすめだ。下記のツアー料金にはシュノーケリング用品と飲食物が含まれている。

フェアウインド
Fairwind
☎322-2788、800-677-9461
Ⓦwww.fair-wind.com
60フィート（約18m）のカタマランボートで、ケアラケクア湾までのツアーを行っている。ツアーはケアウホウ湾から出発するのでほかのボートよりも長くシュノーケリングの時間が取れる。午前中の4時間半のツアー（大人＄85 子供＄48）と午後の3時間半のツアー（大人＄50 子供＄32）がある。

キャプテン・ゾディアック
Captain Zodiac
☎329-3199、800-422-7824
Ⓦwww.captainzodiac.com
弾力のあるゴムのいかだ、ゾディアック号での4時間のツアー（大人＄76・子供＄62）を行っており、8:00と13:00にホノコハウ・ハーバーを出発する。カイルア・コナとケアウホウの埠頭から乗り込むことも可能。ツアーではケアラケクア湾で1時間のシュノーケリングの後、海辺の洞窟へ立ち寄る。

カマヌ・セイル・アンド・シュノーケル
Kamanu Sail and Snorkel
☎329-2021
36フィート（約11m）のカタマランボートでホノコハウ・ハーバーを出発し、オールド・コナ空港北のパワイ湾Pawai Bayでシュノーケリングを行う。行きはエンジン、帰りはセイルを使用するこのボートには最大で24人が乗れる。ツアー（大人＄55 子供＄35）は毎日9:00と13:30に出発する。

空きさえあれば、ダイビング・ツアーに同行してポイントまで行くこともできるだろう。ただし、ダイビングに絶好のコンディションが、シュノーケリングには合わないことがあることも理解しておきたい。料金は通常＄45～＄65。

シュノーケリング用具レンタル カイルア・コナの数カ所でシュノーケリングのセットレンタルを行っており、料金は1日＄8、1

週間＄15程度だ。コナ・イン・ショッピング・ビレッジの南端と、キング・カメハメハ・コナ・ビーチ・ホテルの浜辺にある**モレイズ・スキューバ・ハット Morey's Scuba Hut**がおすすめだ。

ロイヤル・コナ・リゾート近くのアリイ・ドライブAlii Drには**シュノーケル・ボブズ Snorkel Bob's**（☎329-0770）の支店があり、量販品から最高級品（＄9〜＄36）までシュノーケル用具のレンタルをしている。

ダイビングショップの多くはシュノーケリング用具も扱っているが、値段は高めだ。

カヤック

ビッグアイランドで最も人気のあるカヤックの行き先はケアラケクア湾だ。多くのカヤッカーはナポオポオ・ビーチNapoopoo Beachを出発しキャプテン・クック記念碑までカヌーを漕いで行くが、そこでちょっとしたシュノーケリングや探索をする者も多い。スポーツ用品のレンタルやツアーについては、本章で後出の「ケアラケクア湾」を参照。

カイルア湾近辺を漕ぎたいだけなら、**キング・カメハメハ・コナ・ビーチ・ホテル King Kamehameha's Kona Beach Hotel**（カイルア・コナ）の海小屋で最初の1時間＄15、追加1時間あたり＄5でカヤックのレンタルをしている。

ヒロではカヤッカーは通常ヒロ・ベイフロント・ビーチパークHilo Bayfront Beach Parkか、街の東となるリチャードソン・オーシャンパークRichardson Ocean Parkから出発する。**プラネット・オーシャン・ウォータースポーツ Planet Ocean Watersports**（☎935-7277、800-265-6819 Ｗwww.hawaiidive.com ⌂100 Kamehameha Ave, Hilo）では1日あたりシングルカヤックを＄25、ダブルカヤックを＄30でレンタルしており、カヤックツアーの手配も＄40から行っている。

北へ続くハマクア・コーストは、ウポル・ポイントUpolu Pointからワイピオ渓谷Waipio Valleyまで夏の壮大なカヤックが楽しめるコースだ。もう1つの人気コースはハウィHawiから出発するフルミン・ダ・ディッチFlumin'Da Ditchと呼ばれるコースだ（詳細は後出の「ノース・コハラ」を参照）。

釣り

コナ・コーストは沖釣りのメッカであり、剣のような口をしたかなり闘争心の強い魚、カジキマグロが世界一釣れるスポットだ。アヒ（キハダマグロ）やアク（カツオ）、メカジキ、フウライカジキ、マヒマヒも釣れ、魚の豊富な地域だ。6〜8月はカジキマグロの最盛期であり、1〜6月はマカジキのベストシーズ

ンだ。釣ったカジキマグロやマカジキの世界記録は、ほとんどがコナの釣り人によるもので、毎年少なくとも1匹は1000ポンド（約454kg）以上の大物が釣り上げられている。

チャーターされたボートが戻り、釣り上げた魚を計量しているのを見学したければ、ホノコハウ港に行けばいい。午前のチャーター船は11:00頃、午後、あるいは丸1日のチャーター船は15:00頃に戻ってくる。白い旗をあげているものはアヒを釣り揚げたもの、青の旗はマカジキを、逆さにあげられた旗はキャッチアンドリリースの船であることを示す。

コナには100隻以上のチャーター船があり、多くはツーリストオフィスや空港で手に入る「フィッシングFishing」という無料紙に紹介されている。チャーターされた釣り船にあとから参加するには半日（4時間）で1人＄60から、釣りをせずに同乗するだけなら＄40前後だ。釣り船を自分で1台チャーターするには、船にもよるが半日で＄200〜＄425程度、1日なら＄495〜＄750程度で、6人まで同乗できる。料金には釣りに関する費用がすべて含まれているが、飲食物代は含まれていない。

多くのボートは、下記のセンターでそれぞれ予約することができる。**チャーターサービス・ハワイ Charter Services Hawaii**（☎334-1881、800-567-2650）、**フィンズ＆フェアウェイズ Fins & Fairways**（☎325-6171 Ｗwww.fishkona.com）、**コナ・チャーター・スキッパーズ・アソシエーション Kona Charter Skippers Association**（☎329-3600、800-762-7546）、**チャーターデスク The Charter Desk**（☎329-5735、888-566-2486）

8月上旬に開かれる**ハワイアン・インターナショナル・ビルフィッシュ・トーナメント Hawaiian International Billfish Tournament**（☎329-6155 Ｗwww.konabillfish.com）は、多数あるコナの釣り大会の草分けで、大会期間の1週間は華々しい行事が催される。

沖釣りのほか、ヒロ湾のワイアケアには州管理下の公共の淡水魚釣り場がある。放流されているニジマス、オオクチバス、コクチバス、ナマズ、ティラピア、コイなどが釣れる。

淡水・海水魚共に免許は必要とされないが、時期やサイズなどに規制がある。詳細は**水産資源局 Division of Aquatic Resources**（☎ヒロ974-6201、コナ327-6226）で確認を。

ハイキング

ビッグアイランドにはすばらしいハイキングコースがあちこちにある。ハワイ火山国立公園内にある幾つかのコースは、蒸気の出ている火口原から、青々とした原生林を抜けるマウナ・ロアの山頂までと、バラエティに富ん

だ最高のコースがそろっている。

島の北端には、コハラ山頂から沿岸の険しい崖と深い渓谷へと続くコースが延びている。北西部では、行き止まりの道路からちょっと下ると、ポロル渓谷Polulu Valley外れのビーチへとたどり着くコースがある。南東部では、緑深いワイピオ渓谷へ出るコースと、人里離れた奥地にあるワイマヌ渓谷Waimanu Valleyへの本格的なコースがある。

コナの北側には、ハイウェイから奥まったビーチへ、あるいは古道の一部やペトログリフのある野原へと出るコースがある。**ナ・アラ・ヘレ Na Ala Hele**（☎331-8505 www.hawaiitrails.org）は州の資金援助を得て、現在全長50マイル（約80km）におよぶカイルア・コナとカワイハエを繋ぐ歴史的なコース再建に取り組んでいて、ほとんどがボランティアのメンバーからなるグループである。マウナ・ラニ・リゾートMauna Lani Resortとラパカヒ州立公園Lapakahi State Parkには、古代の養魚池付近や廃村を抜ける、案内板が設置された手軽なコースがある。

コナの西側にはキャプテン・クックの死んだケアラケクア湾へと続くコースがある。島の中央には、マウナ・ケア頂上へも登る険しいハイキングコースもある。サドル・ロードSaddle Rd沿いには短くて簡単な森を抜けるコースもある。

サイクリング・マウンテンバイク

広大な土地、長いシングルレーンの道路、そして少ない旅行客、ビッグアイランドでマウンテンバイクはあっという間にかっこいいアドベンチャースポーツとして人気を確立した。マウナ・ケアを回る45マイルの（約72km）マナロードコースや、コナ・コーストのパイン・ツリーズまでの6.5マイル（約10.5km）のビーチなどの人気の高いコースに加え、数マイルにわたり叫び声をあげずにはいられない4WD用コースや、通過する空想力豊かなサイクリストの1人や2人を引き留めるに足る小さな秘密のビーチに出る岩場のコースなどもある。

幾つかの地元の団体はコースの設営や整備、毎週バイクの試乗を行うなど活発な活動を行っている。**ビッグアイランド・マウンテンバイク協会 Big Island Mountain Bike Association (BIMBA)**（☎961-4452 www.interpac.net/~mtbike ✉PO Box 6819,Hilo, HI 96720）、**ピープルズ・アドボカシー・フォー・トレイルズ・ハワイ People's Advocacy for Trails Hawaii (PATH)**（☎326-9285 www.hialoha.com/path ✉PO Box 62, Kailua-Kona,HI 96740）の２つは、インターネットで無料のバイクガイドを発行している。

ほかにも幾つかビッグアイランドでのサイクリングツアーを扱っている会社があり、**コナ・コースト・サイクリング・ツアーズ Kona Coast Cycling Tours**（☎327-1133、877-592-2453 www.cyclekona.com）では半日＄95と１日＄145のツアーがある。標高差、走行距離を記入できる目録と、細かい地図がセットになっている＄18.50のセルフガイドのツアーもある。

そのほか、すべてをセットにした島を横断するバケーションパッケージツアー（１人あたり＄900〜＄2300 航空運賃除く）が、幾つか定評のある以下のスポーツツアー会社で用意されている。**バックローズ Backroads**（☎800-462-2848 www.backroads.com）、**バイシクル・アドベンチャー Bicycle Adventures**（☎800-443-6060 www.bicycleadventures.com）、**オデッセイ・ワールド・サイクリング・ツアーズ Odyssey World Cycling Tours**（☎800-433-0528 www.odyssey2000.com）。これらのツアー会社では、サイクリング、ハイキング、シュノーケリング、カヤックなどが組み込まれた、スポーツ三昧となること請け合いのツアーを提供している。

自転車のレンタルに関しては下記の3店で取り扱っている。**ハワイアン・ペダルズ Hawaiian Pedals**（☎329-2294 ✉Kona Inn Shopping Village）ではマウンテンバイクとクロスバイクのレンタルが1日＄20。**HPバイク・ワークス HP Bike Works**（☎326-2453 www.hpbikeworks.com ✉74-5599 Luhia St）はハワイアン・ペダルズの系列店。より高級なフロント・サスペンション付きのものと、ロードバイクのレンタルを1日＄25で行っている。

デイブズ・トライアスロン・ショップ
Dave's Triathlon Shop
☎329-4522
✉Kona Square
ロードバイクのレンタルは1日＄25、1週間＄75。3台まで積めるバイク・ラックは1日＄5、1週間＄15。マウンテンバイクとクロスバイクが1日＄15、1週間＄60。自転車の販売と高度な修理も行う。

乗馬

キングス・トレイル・ライズ
Kings' Trail Rides
☎323-2388
www.konacowboy.com
✉Kealakekua
キャプテンクック・トレイルからケアラケクア湾までの乗馬に、ランチとシュノーケリングがセットになっている。少々急で岩場が多いコースなので経験者向き。料金は＄95。

コハラ・ナアラパ
Kohala Naalapa
☎889-0022
🏠cnr Hwy 250 & Kohala Ranch Rd
コハラにあるカフア・ランチKahua Ranchでの2時間半のコース。9:00からのツアーは＄75で、海岸の美しい景色を楽しめる。13:00から1時間半の午後のツアーもコースに大きな違いはなく、料金は＄55。ワイピオ厩舎（☎775-0419）も利用できる。

パニオロ・ライディング・アドベンチャー
Paniolo Riding Adventures
☎889-5354
🏠Hwy 250, Kohala
2時間半のコースは＄85、4時間は＄125。馬は乗り手に合わせて選ばれるが、すべて乗馬用の本格的な馬で（トレイル用ではない）、カウボーイと一緒に駈歩することができる。

ダハナ・ランチ・ラフライダース
Dahana Ranch Roughriders
☎885-0057、888-399-0057
🌐www.dahanaranch.com
ワイメアとホノカア間のママラホア・ハイウェイMamalahoa Hwyのわきにあり、ハワイ先住民が所有し経営している牧場。トレイルというよりは実際に牧場の中を進む。予約制をとっており、1時間半（＄55）のツアーは初心者も経験者も楽しめる。4人以上であれば約2時間半の「シティースリッカーアドベンチャーcity slicker adventure」（＄100）という、カウボーイと共に100頭以上の牛を御するツアーを頼むこともできる。

ワイピオ渓谷での乗馬は後出のワイピオの章を参照。

テニス
ビッグアイランドには島全域にわたって郡営のテニスコートがある。ひび割れたコートとたるんだネットという、よくある類のものではなく、きちんとしたネットと照明設備が整った管理の行き届いたコートがほとんどだ。室内コートも幾つかあり、こちらは予約が必要なことが多い。島の公共のテニスコートについては、ヒロにある**公園・レクリエーション部 Department of Parks & Recreation**（☎961-8311）に問い合わせるといい。

大きめのホテルやリゾートホテルでも一般（宿泊客以外）にコートを貸し出している。テニスラケットのレンタルは1日＄3～8、コート料金は1日1人あたり＄5～15程度（制約条件あり）だ。

カイウラ・コナ地区では、**ロイヤル・コナ・リゾート Royal Kona Resort**（☎329-3111、内線7188）、**キングス・スポーツ＆ラケット・クラブ Kings Sport & Racquet Club**（☎329-2911 🏠King Kamehameha Kona Beach Hotel）を確認してみよう。コハラ・リゾート・ランドの南側なら、**アウトリガー・ワイコロア・ビーチ・ホテル・テニスセンター Outrigger Waikoloa Beach Hotel Tennis Center**（☎886-6789）、**マウナ・ケア・ビーチ・ホテル Mauna Kea Beach Hotel**（☎882-7222）、**オーキッド・アット・マウナ・ラニ Orchid at Mauna Lani**（☎885-2000）にコートがある。ヒロ地区では、**ワイアケア・ラケットクラブ Waiakea Racquet Club**（☎961-5499 🏠400 Hualani St）へ行くと良い。

多くのリゾートでは、個人や団体でのレッスンを受け付けており、気軽に参加できる総当り戦の練習試合なども行われている。料金はさまざまだが、個人レッスンであれば少なくとも1時間＄55は見込んでおく方がいい。

ゴルフ
ビッグアイランドには10以上のゴルフコースがあり、ワイコロア地区の溶岩流の上に配置されたコースなど、世界でもトップクラスのコースもある。しかし、これらのリーワード側の海岸の乾燥した地域をかんがいして造った「オアシス」を、環境保護者たちは苦々しい思いで見ている。

下記は、9ホールのナニロア・カントリー・クラブを除いてすべて18ホール・コースだ。島内のトップクラスのコースは、マウナ・ケア・ビーチ近くの**マウナ・ケア・ゴルフコース Mauna Kea Golf Course**（☎882-5400）、**フランシス・イイ・ブラウン・ノース＆サウス・コース Francis Ii Brown North & South Courses**（☎885-6655 🏠Mauna Lani Resort）、共にワイコロア・ビーチ・リゾートにある**ワイコロア・ビーチ＆キングス・コース Waikoloa Beach & Kings' Courses**（☎886-7778、877-924-5656）と**ハプナ・ゴルフコース Hapuna Golf Course**（☎880-3000 🏠Hapuna Beach Prince Hotel）、PGAツアーのコースで、メンバーとホテルの宿泊客だけがプレイできる**フォー・シーズンズ・フアラライ・ゴルフクラブ Four Seasons Hualalai Golf Club**（☎325-8000）などだ。

宿泊客以外はマウナ・ラニのフランシス・イイコースで＄185、マウナ・ケアで＄195、ハプナで＄145、ワイコロア・ビーチ・リゾートの2つは＄150でプレイできる。だが正午以降のスタートならば、ほとんどのコースは半額以下となる。すべてのコースのグリーンフィーには必須のカート料金が含まれている。リゾートの宿泊客はたいてい通常料金の20％～50％割引でプレイできる。

もっと安い料金でプレイしたければ、**ヒロ市営ゴルフコース Hilo Municipal Golf Course**

(☎959-7711 ⌂340 Haihai St, Hilo) でグリーンフィー＄25、カート料金＄15でプレイできる。ボルケーノ＆ヒロ・カントリー・クラブに当たってみるのもいい。

スキー・スノーボード
ハワイでのスキーの醍醐味は主に物珍しさからきている。確かに、毎年冬にはマウナ・ケアの上部に雪が降るものの、そのタイミングは予測できない。通常スキーシーズンは1月上旬あたりから2月下旬頃までに始まり、2～3カ月続く。

マウナ・ケアでスキーをすれば、ちょっとした自慢の種になる。標高の高さ、岩やアイスバーンがのぞくスロープが、時として厳しい条件となることもある。スキーロッジやリフト、コースはなく、ただ5000フィート（1524m）の標高差を持つ切り立った急斜面だけがある。

基本となる滑降用地図はインターネット（🌐www.skihawaii.com）で確認できる。ツアー会社の1日ツアーは1人あたりスキー、スノーボード共に＄250～＄450、用具のレンタルのみなら＄50だ。1日コースの費用には用具レンタル、ワイメアからマウナ・ケアまでの移動、ランチがが含まれており、滑り下りると上まで4WD車で送ってもらえる。

レース
有名な鉄人トライアスロンは毎年10月カイルア・コナで開かれる。この究極の耐久レースは2.5マイル（約4km）の海での水泳、112マイル（約180km）の自転車、そして26マイル（約42km）のマラソンからなる。毎年世界50カ国以上から1500人以上の男女が集まるこの鉄人レースを、世界中のメディアが注目し取材する。後方の選手たちが、日が沈んで真っ暗になったハイウェイを走らずに済むよう、レースは通常満月に最も近い土曜日に行われる。スタートとゴールはカイルア桟橋の付近。レースは7:00スタートし、先頭集団は15:00過ぎに、それに続く選手たちも多くは夜前にゴールする。ただし、順位争いからは脱落した選手のためにも（それでも十分栄誉なことだ！）、ゴールは真夜中まで用意されている。レースに関する情報はアイアンマン・トライアスロン・ワールド・チャンピオンシップ Ironman Triathlon World Championship (☎329-0063 🌐www.ironmanlive.com ⌂Suite 101, 75-5722 Kuakini Hwy Kailua-Kona, HI 96740) で入手できる。

キラウエア火山マラソンはハワイ火山国立公園で7月に開かれる。キラウエア・カルデラの周囲を走る10マイル（約16km）のマラソン、キラウエア・イキ火口の中へ進む5マイル（約8km）のマラソンとウォーキング、そしてカウ砂漠を走り抜ける26マイル（約42km）のマラソンの4つの異なるイベントからなる。詳細はボルケーノ・アート・センター Volcano Art Center (☎985-8725 🌐www.volcanoartcenter.org ⌂PO Box 106, Hawaii Volcanoes National Park, HI 96718) で。

ツアー
ロバーツ・ハワイ Roberts Hawaii (☎329-1688、800-831-5411 🌐www.roberts-hawaii.com) とポリネシアン・アドベンチャー・ツアーズ Polynesian Adventure Tours (☎329-8008、800-622-3011 🌐www.polyad.com) では、島をぐるりと回る＄55のバスツアーを運行している。どちらの会社もワイコロア、カイルア・コナ、ケアウホウでピックアップサービスをしており、迎えに来る時間はホテルにより異なるが、日の出頃の出発と日没頃の帰りを予想しておくといい。

通常これらの周遊ツアーは、カイルア・コナ、ハワイ火山国立公園（クレーター・リム・ドライブの標識通りに進む）、プナルウ黒砂海岸 Punaluu black-sand beach、ヒロのレインボー・フォールズ Hilo's Rainbow Falls、ハマクア・コースト、ワイメアを気ぜわしく回る。これでは間違いなくその場をちらりとのぞくだけでおしまいとなってしまう。より詳細な8時間の火山ツアー（＄45～）はハワイ火山国立公園をじっくり見学し、カラパナ Kalapana溶岩流を訪れる。

アーノッツ・アドベンチャー・ツアーズ Arnott's Adventure Tours (☎969-7097 🌐www.arnottslodge.com) はヒロのユースホステルにあり、バックパッカー向けのマウナ・ケア、ワイピオ渓谷、ハワイ火山国立公園への1日ツアーを行っている。これらのツアーはバスに座っているだけではなく、より行動的に過ごしたい人向きのもので、ツアーにはハイキングや水泳が含まれる場合もある。料金はユースホステルの宿泊客＄48、それ以外は＄96。

その他のツアーは後出の「ワイピオ渓谷」と「マウナ・ケア」を参照。

ヘリコプター・飛行機・気球
一番人気のあるヘリコプターツアーはキラウエア・カルデラ上を飛び、イースト・リフト・ゾーン East Rift Zoneで直に溶岩流（予約前には活発に活動を続けているプウ・オオPuu Oo噴火口の上を飛ぶかどうかを要確認）を眺めるコース。それ以外はコハラの渓谷やハマクア・コーストを回るコースとなる。45分のフライトには＄120以上、複数の場所を回る2時間のツアーには＄350以上かかる心づもりで。

天候が荒れているときにはツアーは取り止めになるが、ある程度視界が限られる曇り程度ではそのまま実施されることもある。可能であれば晴れわたった日まで待ちたいところだが、コナが晴れていても火山の上は濃霧ということもあると覚えておこう。価格競争の世の中、無料の観光雑誌についている割引券を探さぬ手はない。特にキャンセル待ちを狙うなら、下記に電話をして料金を確認して比べてみよう。ブルー・ハワイアン・ヘリコプターズ Blue Hawaiian Helicopters (☎961-5600、800-786-2583 Ⓦwww.bluehawaiian.com)、サファリ・ヘリコプターズ Safari Helicopters (☎969-1259、800-326-3356 Ⓦwww.safari-air.com)、サンシャイン・ヘリコプターズ Sunshine Helicopters (☎コナ地区 882-1223、ヒロ地区 969-7501、800-621-3144 Ⓦwww.sunshinehelicopters.com)、トロピカル・ヘリコプターズ Tropical Helicopters (☎961-6810 Ⓦwww.tropicalhelicopters.com)

アイランド・ホッパーズ
Island Hoppers
☎969-2000、800-538-7590
Ⓦwww.fly-hawaii.com/above
プロペラ機による50分間＄89という手頃な「フライトシーイング・ツアーflightseeing tours」がある。

パラダイス・バルーンズ
Paradise Balloons
☎887-6455
Ⓦwww.paradiseballoons.com
🅔大人＄240 子供＄190
マウナ・ケア、ワイメア、そして美しいコハラ・コースト上空を飛ぶ、ウキウキする熱気球ツアーを行っている。

ホエールウォッチング
マウイから出るホエールウォッチングにはかなわないが、ビッグアイランドでもクジラを見ることができる。最も人気のあるザトウクジラのツアーは通常1〜3、4月頃までだ。しかしマッコウクジラ、オキゴンドウ、イルカ、カズハゴンドウ、そして5種類のイルカ類はコナの水域で1年を通じて見ることができる。
海洋生物学者ダン・マクスウィーニーのホエールウォッチ Whale Watch (☎322-0028)は、ホノコハウ・ハーバーから毎日3時間のホエールウォッチング・クルーズ (大人＄55 子供＄35)を出航させている。参加者は水中聴音器で鯨の唄を聞くことができる。ツアーの予約は催行時からさかのぼって24時間以内にキャンセルがあった場合には料金の払い戻しはしない規則となっている。
ザトウクジラのシーズンには、シュノーケリングや釣り船でのホエールウォッチングツアーも行われている。旅行雑誌で探してみよう。

潜水艦・グラス底ボート
アトランティス・サブマリン
Atlantis Submarines
☎329-6626、800-548-6262
Ⓦwww.atlantisadventures.net
水中100フィート (約30m)まで潜り、ロイヤル・コナ・リゾート前のサンゴクレバスを45分間観る。46人乗りの潜水艦には26の舷窓がある。ツアーは1時間程度で10:00、11:30、13:30にスタートし、ボートから潜水艦へ、潜水艦からボートへの乗り換えがある。料金は大人＄80、子供＄42 (インターネット割引あり)。

カイルア・ベイ・チャーター・カンパニーズ
Kailua Bay Charter Company's
☎324-1749
Ⓦwww.konaglassbottomboat.com
36フィート (約11m)のグラス底ボートはカイルア桟橋を10:00と14:00に出発する。安くカイルア湾を回ることのできるツアー。料金は大人＄25、子供＄10。

宿泊
島は本当に大きいので、基地を数ヵ所替えながら回るのが良いだろう。島の宿泊所のほとんどはカイルア・コナ周辺に集まっており、

青クジラ

多くはコンドミニアムの部屋だが、中にはフロントデスクがあったり、1日単位で泊まれる所があったりと、ホテルと変わらないものもある。1週間以上の宿泊を予定しているのなら、リゾートホテルよりもコンドミニアムの方が安くつくことが多い。

予算が厳しければ、ドミトリーベッドや簡素な個室、またキャンプ場を備えたユースホステルタイプの宿泊所もある。それ以外でコナ地区で最も安くあげられる所といえば、カイルア・コナのマウカ（内陸）側のホルアロアやキャプテン・クックにある小さな村のローカルホテルだろう。カイルア・コナの北、ワイコロア地区は島の中で最も高いビーチ・リゾートエリアだ。

雨の多いヒロは旅行者がさほどおらず、都市部の割に宿泊所が多くない。だが、ヒロには幾つもの低料金から中級の宿泊所があり、フレンドリーなユースホステルや、ハワイ火山国立公園方面にある2つのユースホステルもある。

山側の高地、火山とワイメア地区には気持ちの良いB&B（ベッド＆ブレックファスト）と、もう少し広めの宿泊所が数カ所ある。ほかの質素なB&Bや豪華でロマンチックなゲストハウスは島の中に点在している。

キャンプ場

ちょっと見た限りはビッグアイランドのキャンプ場リストは「地獄へのキャンプガイド」のように見えるだろう。ラウパホエホエ・ビーチの村は津波に押し流され、ハラペ・ビーチHalape Beachのキャンプ場は地震で海岸が30フィート（約9m）海に沈み、カモアモア・ビーチKamoamoa Beachのキャンプ場は今や溶岩流の下に埋まってしまった。

しかし、それでも心配には及ばない。ハワイの溶岩は火砕流が1晩でキャンプ場を飲み込むようなタイプではなく、津波の接近を知らせる警報スピーカーも設置されている。実のところ、ハワイで最も安全で最高のキャンプ場はハワイ火山国立公園の中にあるのだ。車で行くことのできる公園内の2つのキャンプ場とハイキングコース上にある小屋、そしてさらに奥へと進むハイカーのためのテントサイトの情報は本章に後出の公園を参照。これらはすべて無料で、めったに満員となることもない。

州立公園 テントでのキャンプが認められているカロパ州立レクリエーション・エリアKalopa State Recreation Areaは、管理者がおり設備が整っている。一方マッケンジー州立レクリエーション・エリアMackenzie State Recreation Areaは少々見捨てられた感がある（多くのハワイの人々はマッケンジーの崖には強い力を持つ霊が住んでいると信じており、1980年にはキャンパーが殺される事件がおきた）。両方とも無料だが使用許可が必要。カウのマヌカ州立ウェイサイド・パークManuka State Wayside Parkでは、質素な小屋（水なし）が利用できる。

ハプナ・ビーチHapuna BeachにはA字型の海小屋が幾つかあり、カロパ州立レクリエーション・エリアには自炊用設備の整ったキャビンがある。

州内のいずれの島の州立公園オフィスでもキャンプ場の予約を受け付けている。**州立公園局 Division of State Parks**（☎974-6200 🏠Room 204, 75 Aupuni St, PO Box 936, Hilo, HI 96721 🕒月～金 8:00～15:30）では優先度をつけて予約を受け付けており、優先度の高い順から訪問、郵送、電話となっている。どの州立公園でも宿泊は1カ月あたり最長5日間までとなっている。

キャビンと小屋は島内の家族連れに人気があり、かなり前からの予約が必要だ。それでもキャンセルが時には起こる。もし柔軟に都合がつけられるのであれば時に事前の予約なしで泊まれることもある。

郡立ビーチ・パーク 郡はヒロ北部のコレコレとラウパホエホエ、プナのアイザック・ハレ、リーワード側のスペンサーSpencer、カパアKapaa、マフコナMahukona、ホオケナHookena、ミロリイMilolii、カウのウィッティントンWhittington、プナルウPunaluuの10のビーチ・パークでキャンプを認めている。

警備員のパトロールがあるスペンサーを除き、これらの郡立公園は深夜まで酒を飲み続ける者たちに人気が高く、騒々しく危ないことがある。特にアイザック・ハレは女性が1人で利用するのはおすすめできない。カウの2カ所は交通量の少ない奥まった所にあり、冬の嵐で閉鎖されることもしばしばだ。

キャンプには許可が必要で、郵便、あるいは直接**公園・レクリエーション部 Department of Parks & Recreation**（☎961-8311 🏠Room 210, 25 Aupuni St, Hilo, HI 96720 🕒月～金 8:30～16:00）へ出向くことになる。しかし、締め切り間際ではなく余裕を持って申請のこと。ヒロのオフィスに電話をしておき、あとからカイルア・コナ、キャプテン・クック、ワイメア、ナアレフなどの島内の**公園・レクリエーションParks & Recreation**の支部で許可証をもらうこともできる。もちろん、インターネット予約システム（Ⓦwww.ehawaii.org）の利用も便利だ。

キャンプ料金は1日大人＄5、13歳～17歳は

＄2、12歳以下は＄1だ。最長宿泊期間は6〜8月が1週間で、それ以外の時期は2週間となる。

ラウパホエホエとスペンサーだけは飲料水がある。幾つかの郡立公園には処理すれば飲用になる天水受けがあるが、その他はシャワーとしては使用可能だが飲用には不適な黒く濁った水しかない。

キャンプ用品　パシフィック・レントール
Pacific Rent-All ☎935-2974 🏠1080 Kilauea Ave, Hilo ⓜ月〜土 7:00〜17:00、日 9:00〜11:00）は用品選択の幅が少なく、未開地でのキャンプというよりは、車で行くキャンプ場向きの品揃えとなっている。3人用テント（1日＄23、1週間＄46）や軽量の寝袋（1日＄8、1週間＄24）のほか、コールマンColemanのストーブやランタン、水差しなどのレンタルもしている。

ヒロ・サープラス・ストア
Hilo Surplus Store
☎935-6398
🏠148 Mamo St, Hilo
ⓜ月〜土 8:00〜17:00

雨具、ストーブ、寝袋、テント、バックパックなどのキャンプ用品を販売している。

カイルア・コナのKマートKmartやウォルマートWal-Mart、コストコCostcoや、ヒロのウォルマートやシアーズSearsなどの大型安売り量販店に当たってみるのも良いだろう。

エンターテインメント

間違いなく、ビッグアイランドはナイトライフに飢えている。あまりにイベントが少ないので、地元の人たちはしばしば自分たちで楽しみを作り出している。レイブパーティー（にぎやかで騒々しい）やフルムーンパーティー（落ち着いて静か）、陽気なDJパフォーマンスやマルディー・グラー（謝肉祭の最後の日を祝う）、ハロウィーンの祭典などが開かれている。これらのイベントは自発的なもので、特にスケジュールが定められているわけではないので、地元の人たちに聞いてみるのがいい。

人気のエンターテインメントは『ウエスト・ハワイ・トゥデイWest Hawaii Today』の、特に金曜版で確かめるといい。夕暮れ後、人々が集まるのはコナとワイコロア地区のホテルが中心となる。現代ハワイアンミュージックやスラックキー・ギターの演奏、ルアウやフラのショーなどを含むハワイアン・エンターテインメントは無数にあり、その幾つかは無料だ。これらのホテルにはナイトクラブのあるところもあり、時に一流ミュージシャンの演奏が行われることも。

島の反対側、ヒロやホノカアには驚くほど洗練された映画と演劇のコミュニティがある。内部地域のコック・ファイト（闘鶏のこと。チキン・ファイトと呼ばれている）は本来違法行為だが、多くの観客を集めている。ビッグアイランド・ロデオはワイメア近辺が発祥の地であり、アメリカ本土より先にこの地で始まっていた。詳細はインターネット（ⓦwww.rodeohawaii.com）で。

ショッピング

コナコーヒーとマカデミアナッツはビッグアイランドで一番人気の土産だ。だが、コナコーヒーの10％は「コナブレンド」に過ぎず、本物がほしいならラベルの100％の表示を確認しよう。料金は販売店により異なるが、コナコーヒーはグルメコーヒーの最たるものの1つで、1ポンド（約454g）あたり＄15は覚悟した方が良い。

古代のハワイ人は、パンダナスの葉ラウハラ*Lauhala*を織って、敷布団などさまざまな家庭用品に使用していた。現在は熟練の織り職人により、財布やテーブルマット、帽子やバスケットへとその姿を変えている。

現地の多くの陶芸家は日本のスタイルと美観に影響を受け、美しい楽焼き（陶器）を作っている。

地方のアートや工芸品を売る店は、実に多くある。ハワイ火山国立公園内のボルケーノ・アート・センターや丘側のホルアロアにある幾つかのギャラリーが有名だ。太鼓や鼻笛、ひょうたんマラカスなど、島中の楽器店で伝統的なフラの楽器が売られている。

アクセス

飛行機

ほとんどの旅行客はまずホノルルに飛び、そこを経由してコナ（カイルア・コナの近く）もしくはヒロの空港に着く。両空港共にホノルル発着のフライトは頻繁にあるが、コナを利用する人の方が多い。

コナとアメリカ本土、外国を結ぶフライトが多数ある一方、ヒロへの直接のフライトはわずかで料金も法外に高くつく。もし、行き先をヒロと決めているのなら、まずはコナに行き経由便で渡った方が安くつくかもしれない。

ハワイアン航空 Hawaiian Airlines（☎800-882-8811）と**アロハ航空** Aloha Airlines（☎935-5771）は共にビッグアイランドとハワイ州のほかの島を結んでいる。アイランドエ

ア― Island Air（☎800-652-6541）にはコナから1日1本、ヒロから1日3本のカパルア／ウエスト・マウイ空港行きのフライトがあり、それ以外はホノルル行きとなる。

国際線、コミューター便、チャーター便のフライト、離島フライトクーポン、エアパスについては「交通手段」の章を参照。

ケアホレ・コナ空港 Keahole-Kona Airport

コナの国際空港（KOA）（☎329-3423）はカイルア・コナの7マイル（約11km）北、ハイウェイ19沿いにある。比較的混んでいるが、驚くほど気取らない空港で、飛行機からターミナルまでが屋外にあり、トロピカルな雰囲気を味わえる。搭乗用のブリッジはないので乗客は直接エプロン（タラップから外の地上に）に下りる。

空港には案内所、レイ売り場、レストラン、ギフトショップ、タクシー乗り場、レンタカー受付ブース、新聞雑誌販売所がある。

ヒロ空港 Hilo Airport

ヒロ空港（ITO）（☎934-5840/5838）へはハイウェイ11を降り、ハイウェイ11とハイウェイ19のインターセクションから1マイル（約1.6km）南へ進む。空港内の旅客施設はケアホレ・コナと同様。

ワイメア・コハラ空港 Waimea-Kohala Airport

ワイメア空港（MUE）はハイウェイ19の交差点から1.75マイル（約2.8km）南の、ハイウェイ190沿いにある。主に自家用飛行機に使用されており、小さなコミューター航空会社のパシフィック・ウイングスPacific Wingsはここから飛んでいる。

交通手段

空港へのアクセス

ヒロとコナの空港ではタクシーは道路端でひろうことができ、レンタカーの受付ブースは到着エリアの外側に並んでいる。ワイメア・

溶岩の荒れ地？

コナ空港での出迎えに熱帯植物や揺れるパーム・ツリーを期待していると、ショックを受けるかもしれない。飛行機の窓からの景色は黒い溶岩の荒れ地で、まるで島全体がアスファルトで舗装されているように見える。だが、焦ってはいけない。それもビッグアイランドの1つの顔ではあるが、つぶさに見れば溶岩とトルコブルーの海の狭間に繊細に絞り出されたような白砂のビーチが点在するのをかいま見ることができるだろう。

コハラ空港では、タクシーは事前に連絡して呼んでおかなければならない。コナ空港からカイルア・コナまでは約$20、ワイコロアまでは約$40となる。ヒロ空港からヒロのダウンタウンまではだいたい$15程度と思っていればいい。

コナ空港からはシャトルバスも頻繁に出発しているが、料金はさほどタクシーと変わらない。**スピーディ・シャトル Speedi Shuttle**（☎329-5433 W www.speedishuttle.com）はカイルア・コナまで$17.50、ワイコロア・リゾートは$30。

バス

ビッグアイランドでのバスの旅はあまり効率のよいものではないが、前もって少し計画を立てておけば、主だった町への移動やアトラクションを自分なりに楽しめる。

ヘレオン Hele-On（☎961-8744 ◎月～金7:45～16:30）は郡営のバスで島全土を走っているが、コースは限られ、月～金曜しか運行していない。時刻表はビッグアイランド観光局とヒロのモオヘアウ・バスターミナルMooheau bus termaialで手に入る。

特に記載がなければ、すべてのバスはモオヘアウのバスターミナルから出発する。

31番ホノカア行き No 31 Honokaa

$3.75、1時間45分。1日6便でラウパホエホエ、パアウリオPaaulioを経由する。最初の3本はターミナルのすぐ東の駐車場発。

16番カイルア・ロア方面 No 16 Kailua-Kona

$6、3時間。1日1便13:30発で北に向かい、ハマクア・コースト沿いを停車しながら進み、ワイアミアズ・パーカー・ランチ・センター Waimiea's Parker Ranch Centerを経てコナのラニハウ・センターLanihau Centerに到着する。さらにホナウアウのキャプテン・クックまで行く。

23番カウ方面 No 23 Kau

$5.25、2時間半。1日1便14:40発。カーチスタウンKurtistown、ボルケーノVolcano、ハワイ火山国立公園、プナルウ、ワイオヒヌWaiohinu経由でオーシャン・ビューOcean Viewへ。

9番パホア行き No 9 Pahoa

$2.25、1時間。14:40と16:45発ケアアウ経由。

ノース・コハラ・ワイコロア方面 North Kohala-Waikoloa

$2.25、70分。カパウア6:20発アウトリガーOutriggerとヒルトン・ワイコロア・リゾート行き。ハヴィ、マウナ・ケア、ハプナ、マウナ・ラニ・リゾート経由。北行きは16:15にワイコロア発。

お釣りは出ず、運転手は正確な料金のみ受け付ける。1枚あたり額面75¢のチケットの10

枚つづりを＄6.75で購入でき、これなら割引を受けられる上たくさんの小銭を持ち歩く必要がない。旅行かばんやバックパックは1つにつき＄1。

　ケアウホウ行きやカイルア・コナ近辺のシャトル便については後出のカイルア・コナの「交通手段」を参照。

車・オートバイ

下記の会社のレンタカーブースがコナとヒロの空港にある。

アラモ Alamo	（コナ☎329-8896／ヒロ☎961-3343）
エイビス Avis	（コナ☎327-3000／ヒロ☎935-1290）
バジェット Budget	（コナ☎329-8511／ヒロ☎935-6878）
ダラー Dollar	（コナ☎329-2744／ヒロ☎961-6059）
ハーツ Hertz	（コナ☎329-3566／ヒロ☎935-2896）
ナショナル National	（コナ☎329-1674／ヒロ☎935-0891）
スリフティ Thrifty	（コナ☎329-1339／ヒロ☎961-6698）

　フリーダイヤルの番号やインターネットのサイトを含む全国チェーンの詳細な情報は、交通手段の章を参照。

ハーパー・カー＆トラック・レンタルズ
Harper Car & Truck Rentals
☎969-1478、800-852-9993
W www.harpershawaii.com
⌂456 Kalanianaole Ave, Hilo・コナ空港
レンタカー会社で唯一マウナ・ケア山頂やその他の地域へ行くことを許可している地元の会社だ。ただし、ワイピオ渓谷とグリーンサンズ・ビーチGreen Sands Beachは立ち入り禁止だ。いすゞトルーパー、トヨタフォーランナー、ジープチェロキーはいずれも1日＄111、1週間＄665。任意車両保険（CDW）＄20を購入しても、＄5000の免責額までは車に損傷を与えた本人が負うこととなることを覚えておこう。モーターホーム（自走式大型キャンピングカー）のレンタルも行っている。

タクシー

初乗り料金は＄2で、1マイル（約1.6km）毎に＄2追加。

　ヒロ地域では**マーシャルズ・タクシー Marshall's Taxi**（☎936-2654））か**パーシーズ・タクシー Percy's Taxi**（☎969-7060）がよい。コナ地区なら**パラダイス・タクシー＆ツアーズ Paradise Taxi & Tours**（☎329-1234）か**エルサ・タクシー Elsa Taxi**（☎887-6446）がある。

自転車

ビッグアイランドを自転車で1周することもできるが、島の東西両側の地形とその気象の極端さからかなり苦戦を強いられる。風上側のヒロは風が強くて雨が多く、コナの西側とコハラの海岸線の気温は普通に暑いか恐ろしく暑いかのどちらかだ。

　さらに、平らな所はほとんどなく、急できつい標高差は屈強なサイクリストでもダウンしそうになる。また、ハイウェイのサイクリスト用レーンもわずかしかない。それでも、島を走り切るサイクリストたちがいるのもまた事実だ。

　レンタルを行っているバイクショップでは、安全具やカーラックもレンタルしており、修理や販売も行っている。鉄人トライアスロンの本拠地コナには販売や高度な修理を行っている地元のショップも多い。ヒロにも価値あるショップが幾つかある。

　自転車とマウンテンバイクについては本章で前出の「サイクリング・マウンテンバイク」を参照。

走行距離と時間

目的地 （ヒロから）	距離 （マイル/km）	時間
ハヴィ Hawi	86/約138	2時間15分
ホノカア Honokaa	40/約64	1時間
カイルア・コナ Kailua-Kona	92/約148	2時間30分
ナアレフ Naalehu	64/約103	1時間45分
パホア Pahoa	16/約26	30分
ハワイ火山国立公園 Volcanoes NP	28/約45	45分
ワイコロア Waikoloa	80/約129	2時間15分
ワイメア Waimea	54/約87	1時間30分
ワイピオ渓谷展望台 Waipio Lookout	50/約80	1時間15分

目的地 （カイルア・コナから）	距離 （マイル/km）	時間
ハヴィ Hawi	51/約82	1時間15分
ヒロ Hilo	92/約148	2時間30分
ホノカア Honokaa	61/約98	1時間30分
ナアレフ Naalehu	60/約97	1時間30分
パホア Pahoa	108/約174	3時間
ハワイ火山国立公園 Volcanoes NP	98/約158	2時間30分
ワイコロア Waikoloa	18/約29	45分
ワイメア Waimea	43/約69	1時間
ワイピオ渓谷展望台 Waipio Lookout	70/約113	1時間45分

コナ
Kona

コナとは「風下」の意味だ。コナ・コーストは乾燥した、晴天のビッグアイランド西側の海岸地帯のことを指す。しかし、ちょっとわかりづらいことに、コナの名がコナ・コースト最大の町カイルアを示すこともある。郵便局などの役所では、オアフにあるカイルアとの混同を避けるためにカイルア・コナの名を使用している。

旅行者はコナの天気に少々悩まされることがある。この地域の天候はまず代わり映えすることがなく、地元の新聞にはたいてい「午前中晴れ。午後は曇りで、山沿いではにわか雨」か、「午前中晴れ。午後は曇りで、標高の高い所でにわか雨」のどちらかが掲載される。だが、これらのにわか雨はめったに海岸地域までは届かず、コナは1年を通じて太陽光の降りそそぐ乾いた地域だ。

カイルア・コナ
KAILUA-KONA

19世紀、カイルア・コナ（人口9870人）はハワイ王室に最も愛されていた静養地であった。現在は、ビッグアイランド最大のリゾート地だ。太陽と紺碧の空、たくさんの宿泊施設、そしてコナ・コーストを回るのに最適なロケーションが一番のセールスポイントとなっている。

マウント・フアラライMt Hualalaiのリーワード側は美しく、ハワイ先史時代や初期宣教師時代の史跡が町のあちこちにある。街の特性はアクセサリーショップや小さなモールで埋め尽くされて薄れてはいるものの、それでもぶらぶらするのが楽しい町だ。

カイルア・コナのコンドミニアムの多くは、町の中心であるケアウホウの南、カイルア湾から始まる5マイル（約8km）の海岸線道路アリイ・ドライブ沿いにある。ドライブ沿いではとりわけ早朝に多くの人がウォーキングやジョギングをしているのが目につくが、特に活気あふれるのが10月で、世界でも有名な鉄人トライアスロンのゴール地点がここに設置される。

ただ、カイルア・コナにはすばらしいビーチがないことが惜しまれる。数カ所では水泳、シュノーケリング、サーフィンなどができるものの、島でもトップクラスのビーチは海岸線のはるか北にある。

インフォメーション
観光案内所 アリイ・ドライブには幾分かの「観光案内所」が並んでいるが、それらは長時間をかけて何とかその気にさせようという熱心なセールスマンがいる場所に過ぎない。本当に観光に役立つ情報は、カイルア・コナの大きめのホテルのコンシェルジュやアクティビティ専用デスクで聞いてみよう。

お金 ハワイ銀行Bank of Hawaiiとファースト・ハワイアン銀行First Hawaiian Bankは共にパラニ・ロードPalani Rdのラニハウ・センターに支店を持っている。ATMは銀行はもちろん、アリイ・ドライブのコナ・イン・ショッピング・ビレッジKona Inn Shopping Villageをはじめ街中あらゆる所にある。

郵便・通信 郵便局 post office（☎331-8307 ⌂Lanihau Center, Palani Rd ◉月～金 8:30～16:30、土 9:30～13:30）では通常局留め郵便を10日間保管してくれる。

ザックス・ビジネス・センター Zac's Business Center（☎329-0006 ⌂North Kona Shopping Center, Kuakini Rd ◉月～金 8:00～19:00、土 9:00～18:00、日 10:00～16:00）ではインターネットへのアクセスを15分＄2.75で、1時間＄8で提供している。

旅行代理店 カット・レート・チケッツ Cut Rate Tickets（☎326-2300 ⌂Kona Coast Shopping Center, Palani Rd ◉月～金 7:00～19:00、土 9:00～17:00、日 9:00～14:00）で州内の島を結ぶフライトのチケットを安く購入できる。

書店 ミドル・アース・ブックショップ Middle Earth Bookshoppe（☎329-2123 ⌂Kona Plaza, Alii Dr ◉月～土 9:00～21:00、日 9:00～18:00）はハワイと旅行に関する品揃えのすばらしい書店だ。

ボーダーズ・ブック＆ミュージック・カフェ
Borders Book & Music Café
☎331-1668
⌂Hwy 19
◉日～木 9:00～21:00、金土 9:00～22:00
地域最大の書店でアメリカと世界の新聞を多数とりそろえている。

バーゲン・ブックス
Bargain Books
☎326-7790
⌂North Kona Shopping Center
◉月～土 10:00～21:00、日 10:00～18:00
新書と古書の販売、買い取りを行っている。

図書館 コナの近代的な**公共図書館 public library**（☎327-4327 ⌂Hualalai Rd ◉火 10:00～20:00、水木 9:00～18:00、金 11:00～17:00、土 9:00～17:00）では中古のペーパーバック

をわずか25¢で販売している。インターネットを利用するには事前の登録が必要。

写真 ロングス・ドラッグ Longs Drugs (☎261-3030 ⌂Lanihau Center Palani Rd)ではカメラやフィルムを販売しており、即日のDPEサービスも行っている。

ランドリー ほとんどのコンドミニアムにはランドリールームがある。コインランドリーショップには**ヘレ・マイ・ランドロマット Hele Mai Laundromat** (☎329-3494 ⌂North Kona Shopping Center ⊙6:00〜22:00) などがある。

キング・カメハメハ・コナ・ビーチ・ホテル
King Kamehameha's Kona Beach Hotel

カイルア湾の北端、カマカホヌはカメハメハ1世の宮殿のあった地だ。1世が死んだすぐあとの1819年、後継者がカマカホヌにやって来ると古くから続いていたカプ制度が終わりを告げた。それは古来からの信仰に弔いの鐘を鳴らすものであった。

先史時代の遺跡は現在、キング・カメハメハ・コナ・ビーチ・ホテルの敷地の一部となっている。木彫りのキイ (神の像) をはじめ、幾つかの草葺きの建造物は古代の石造神殿上に再建されている。

ホテルの正面にある「小さいビーチ」はダウンタウン唯一の水泳スポットだ。かつて、人間を生け贄としていたアフエナ・ヘイアウは、入り江の中で防波堤の役目を果たしており、スイマーを守っている。カマカホヌ (亀の目) はカイルア湾で最も波の穏やかな所だ。ホテルの海小屋ではシュノーケル、カヤック、ビーチチェアーとパラソルのレンタルをしている。

不規則に広がっているホテルのロビーを見学することを忘れないように。ハワイの歴史のさまざまな様相が魅惑的に展示されている。詳しい説明の載ったパンフレットをアクティビティ専用デスクでもらえる。

ホテルでは、室内の展示とホテル敷地内の歴史的な場所を無料で案内するガイド付きツアーも行っている。アクティビティ専用デスクで最新のスケジュールを確認しよう。

カイルア桟橋
Kailua Pier

カイルア湾はかつて主要な牛の出荷区域だった。牛は丘の牧場から追い立てられて海へと飛び込まされ、そこで待っていた蒸気船が泳いでいる牛を吊り上げ、ホノルルの食肉処理場へと運んだ。カイルア桟橋が造られたのは1915年だ。

桟橋は長きにわたりハワイ島のスポーツフィッシングの中心地だったが、あまりにも人が集まりすぎるようになり、機能しなくなってしまった。現在ではコナのチャーター船は町の北にあるより大きなホノコハウ港を利用している。カイルア桟橋は主にダイビング・ボートやクルーズの補給船用に使われているが、ビルフィッシュ・トーナメントの期間中は今でも桟橋にある巻き上げ機や計量機が使用されている。

桟橋の東にあるわずかばかりの砂浜は**カイアケアクア Kaiakeakua** (神々の海) の名で知られている。かつて、カメハメハのカヌー発着場として使用されていたこともある所だ。

モクアイカウア教会
Mokuaikaua Church

1820年4月、ハワイ最初のキリスト教宣教師がカイルア湾に上陸し、現在ではその地の岩がカイルア桟橋の土台とされている。

上陸時、宣教師たちは自分たちの上陸したまさにその地で、わずか数カ月前に古来からのハワイの信仰が捨てられたとはつゆも知らなかったが、まさにベストな上陸のタイミングだったと言えよう。カメハメハの後継者たちから好意的な歓迎を受けると、宣教師たちはハワイ初のキリスト教教会堂を、カイルア湾のカメハメハの古代ヘイアウやかつての宮殿から歩いて数分の所に建設した。

この教会堂は仮設の物で、1836年、砂のしっくいとサンゴの石灰で固めた溶岩石の壁を持つ立派なモクアイカウア教会 (☎329-0655 ⌂Alii Dr 無料) が建設された。柱と梁にはシロアリに強い強靭なオヒアの木が石斧で切り出されて使われ、表面はサンゴ塊でつや出しされた。信者席と説教壇には原生の硬材コアの木が使われている。尖塔は112フィート (約34m) あり、カイルアで最も高い建造物となっている。

月〜土曜の9:00から16:00まで、しばしば説明者が出て教会の歴史を説明している。ハワイへ最初の会衆派教会宣教師を乗せてきた、8フィート (約2.4m) のマスト船タデウス号も展示されている。

フリヘエ宮殿
Hulihee Palace

この宮殿 (☎329-1877 ⌂75-5718 Alii Dr 大人$5 子供$1 ⊙月〜金 9:00〜16:00、土・日 10:00〜16:00) は1838年、ハワイ島総督「ジョン・アダムス」クアキニが建てた個人用の住まいで、2階建ての上品な家だ。

クアキニはモクアイカウア教会の建築者で

コナ - カイルア・コナ

カイルア・コナ

宿泊
- 16 Patey's Place
- 20 Kona Seaside Hotel
- 23 King Kamehameha's Kona Beach Hotel
- 37 Kona Bay Hotel
- 42 Kona Islander Inn
- 47 Kona Billfisher
- 48 Royal Kona Resort
- 49 Hale Kona Kai

食事
- 11 Kona Brewing Co
- 21 Quinn's
- 25 Ocean View Inn
- 27 Sibu Cafe
- 29 Basil's Pizzeria Restaurante
- 45 Huggo's
- 46 Tres Hombres

その他
1. カアフマヌ・プラザ
2. ジ・アザー・サイド
3. アー・ドン・バー&グリル
4. コナ・コースト・ショッピングセンター
5. 郵便局
6. ファースト・ハワイアン銀行
7. ラニハウ・センター
8. ロングス・ドラッグ
9. クロスロード・ショッピングセンター
10. ボーダーズ
12. ノース・コナ・ショッピングセンター
13. コナ・コースト・ダイバーズ
14. B&Lバイク・アンド・スポーツ
15. コピコ・プラザ
17. カイルア・キャンディー・カンパニー
18. キング・カメハメハ・モール
19. ガソリンスタンド（24時間営業）
22. 有料駐車場
24. コナ・スクエア
26. パ・オ・ウミ・ポイント
28. 無料駐車場
30. フリヘエ宮殿
31. モクアイカウア教会
32. コナ・プラザ
33. コナ・マーケットプレイス
34. 灯台
35. アフエナ・ヘイアウ
36. コナ・イン・ショッピング・ビレッジ
38. ガソリンスタンド
39. 図書館
40. ファーマーズマーケット
41. ウォーターフロント・ロウ
43. アリイ・サンセット・プラザ
44. ココナッツ・グローブ・マーケットプレイス

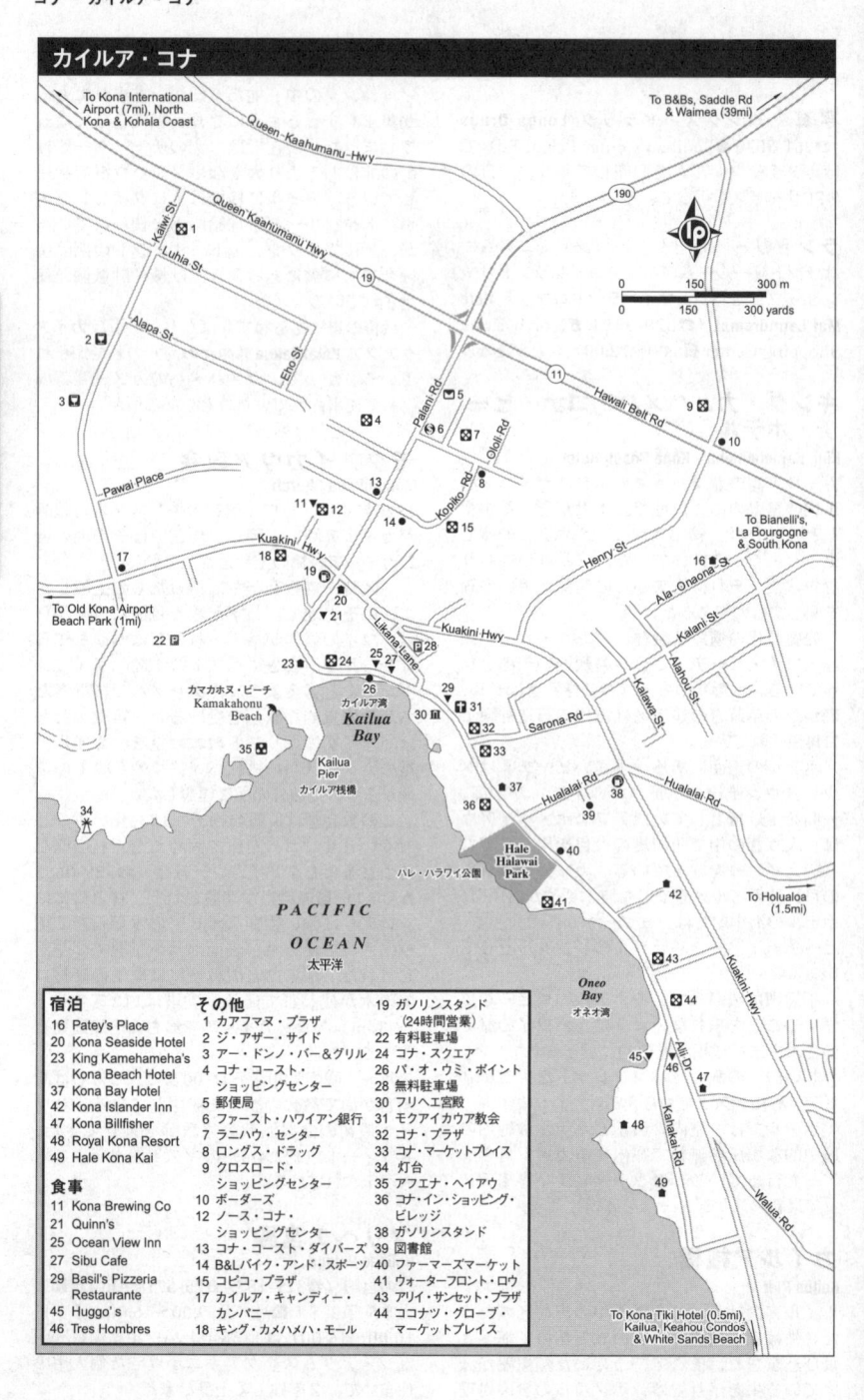

もあり、この2つの建物は同じ溶岩石を使用している。1885年、世界の旅から戻ったカラカウア王によって宮殿の内外はしっくいで塗られ、より洗練されたスタイルとなった。宮殿は王室の後継者に所有されていたが、1900年代の初めにそれが放棄されると荒れ果ててしまった。1903年に宣教師の娘たちによって設立された「ドーターズ・オブ・ハワイ Daughters of Hawaii」がこの建物を手に入れ、現在では博物館として運営している。

宮殿は王室がヨーロッパ旅行で集めてきたアンティーク家具で飾られているが、幾つかはよりハワイらしい物も置かれている。例えばそのうちの数種はすでに絶滅してしまったハワイ固有の木25種がはめ込まれて作られたテーブルや、カメハメハ1世が戦闘に使用した多くの槍などだ。

19世紀中頃に宮殿を所有していたルース・ケエリコラニ王女は、宮殿敷地内の屋外で過ごすのを好んでいた。王女が過ごしていた草葺きの小屋の木の柱は、王女の死後タロイモ、レイ、パイナップルの彫刻を施され、宮殿2階のベッドの柱として用いられた。

宮殿裏手の**養魚池 fishpond**は無料で見ることができる。現在養魚は行われていないが、そこには数匹の熱帯魚が泳いでいる。奇妙なことに、ある時期そこは王女の風呂とカヌー発着所とされていた。

入館料にはかつてそこで暮らしていた王室一族の興味深い話を聞ける40分のツアーが含まれている。ケアラケアに本拠を置く**コナ歴史協会 Kona Historical Society**（☎323-3222 ￥$1.5）は、火曜と金曜の9:30と13:30から75分のカイルア・ビレッジの歴史ツアーを行っており、料金には宮殿の観覧料が含まれている。

コナ・ブリューイング・カンパニー
Kona Brewing Company

ノース・コナ・ショッピングセンターに隣接しているビッグアイランドで最初の地ビール会社。1994年にオレゴンからやって来た親子により開業されたこの家族経営の**コナ・ブリューイング・カンパニー Kona Brewing Company**（☎334-2739 ⌂75-5629 Kuakini Hwy ◯月〜木 11:00〜10:00、金・土 11:00〜24:00、日 13:00〜21:00）は、現在では近隣の島に船でビールを輸送している。主力商品はパシフィック・ゴールデン・エールで、伝統的なペールエールとハニー・モルトのブレンドだ。ハワイ特有の味を楽しみたければ、ライトなパッションフルーツの香りがするリリコイ・ウィートを試したい。これらの自家製ビールは、月〜金曜の10:30からと15:00から行われている無料の醸造所ツアーで試飲できる。これらはブリュワリー併設の野外レストランでもメニューに加えられている。

オールド・コナ空港ビーチ・パーク
Old Kona Airport Beach Park

昔のコナ空港は1970年より、レクリエーションエリアとビーチ公園に改修されている。見逃されがちだが、訪れる価値は十分にある。ビーチはカイルア・コナのビーチよりずっと広くて落ち着いており、都市の交通騒音よりはるかに心地よい波の音が楽しめる。クアキニ・ハイウェイの終わり、ダウンタウンから北へ1マイル（約1.6km）にある。

砂浜沿いには昔の滑走路が走っているが、ビーチと海の間には溶岩の岩場が長く続いている。そのため水泳には向いていないが、釣りと潮溜まりの観察には格好の場となっている。引き潮時には、岩で囲まれた潮溜まりに小さなウニ、蟹、サンゴが取り残され、ちょっとした楽しい水族館のようだ。最初のピクニックエリア前や、溶岩が数カ所途切れている場所から海に出ることができる。

ビーチの北端から少々歩いた先にある小さな**ガーデン・イール・コーブ Garden Eel Cove**はスキューバダイバーや熟練したシュノーケラーにおすすめの場所だ。サンゴ礁に住む魚たちは大きくて数も多く、サンゴの壁が深く沈んでいく場所ではウツボのほか、ミノカサゴやコヤスガイなど、珍しい海の生き物たちを目にすることができる。

波が高くなってくると、サーファーはオフショア・ブレイクを心待ちにする。だが、高波はほかのウォータースポーツには向いていない。

このローカルな公園は家族連れやピクニックに人気はあるが、混んでいると感じることがまずないほど広い。芝生の上にはトイレやシャワー、覆い付きのピクニックテーブルが、ヘリオトロープの木や背の低いココナツの木の間に点々と設置されている。公園のカイルア・コナ側の端にはジム、サッカーグラウンド、ソフトボールグラウンド、照明付き屋外テニスコート4面、蹄鉄投げ競技場がある。昔の滑走路わきには1マイルの長さの円周状のコースがあり、地元のランナーたちは陸上トラックとして利用している。

ホワイト・サンド・ビーチ・パーク
White Sands Beach Park

ホワイトサンドやマジックサンド、消える砂と違う名前で呼ばれることも多いが、これらはすべて同じビーチのことで、カイルア・コナとケアウホウの中間に位置している。冬に

なり波が高くなると、砂は文字通り一夜にして消えて海岸には岩しか残らない。だが不思議なことに、砂がいつしか戻ってきて、美しい白砂のビーチが再び現れるのだ。

　岩が隠れている期間、ここはボディサーフィンでたいへんにぎわう地域だ。トイレ、シャワー、ピクニックテーブル、ビーチバレーコートが設置されている。地元の子供たちは砂を掘り起こして遊んでおり、ライフガードも駐在している。カハルウやほかのコナのビーチ同様、交通量の多いアリイ・ドライブ沿いに位置している。

年中行事

コナ・ブリュワーズ・フェスティバル Kona Brewers Festivalは3月に開かれ、50種類以上のビールが出品される。**コナ・コーヒー・カルチュラル・フェスティバル Kona Coffee Cultural Festival**はコナの最も重要な産業を祝う11月に開かれる祭典で、試飲や農場ツアーなど10種以上のさまざまなイベントが行われる。「基本情報」の「年中行事」も参照。

宿泊

ユースホステル　水中画の描かれた気さくな宿**ペイティズ・プレイス Patey's Place**（☎326-7018　FAX326-7640　e patey@mail.gte.net　75-195 Ala-Ona Ona St　ドミトリー$19.50、セミプライベート$27.50、S $35、W $46　8:00～12:00 16:00～22:00）が街の中で最も安い宿だ。街の中心から10分ほど歩いた込み入った住宅街の中にある。部屋は少々古いが清潔だ。すべての部屋には天井ファンが付いており、共用の風呂とキッチンに行ける。ほかにランドリー、レンタサイクル、インターネットの設備がある。空港送迎バス（$10）も利用可能だ。

B&B（ベッド&ブレックファスト）　窓から海こそ見えないが、コナのB&Bの主人はとても親切だ。

キウイ・ガーデンズ
Kiwi Gardens
☎326-1559　FAX329-6618
w www.kiwigardens.com
74-4920 Kiwi St
バス共用$85、マスタースイート$95
カイルア・コナの中心地から3マイル（約4.8km）北東。現代的な造りの各部屋には冷蔵庫がある。共用の広いスペースには宿泊客用電話があり、そこは50年代風の装飾で、年代もののソーダファウンテンとジュークボックスも置かれている。朝食に出る季節の果物は庭の80本の木から採れるもので、宿泊客は

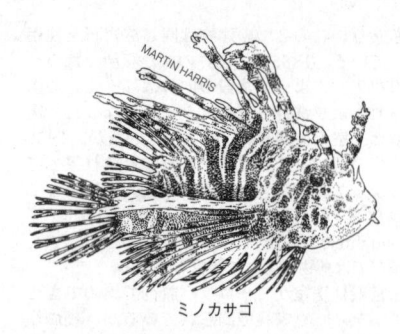

ミノカサゴ

ハトやウズラが来ているのを目にすることもある。

ナンシーズ・ハイダウェイ
Nancy's Hideaway
☎325-3132、866-325-3132
w www.nancyshideaway.com
73-1530 Uanani Pl
ワンルーム型$95、1ベッドルームコテージ$125
ダウンタウンから6マイル（約9.7km）外れにあるコナ奥地の宿。改装された独立したコテージには、専用ラナイ、電話、テレビ、ビデオがあり、コンチネンタルブレックファスト（朝食）用の食材と台所用品が用意されている。ナンシーは現地の者しか知り得ない耳寄りな情報を教えてくれるし、13歳以下の子連れ客に遠慮してもらうことで宿を平穏に保っている。

ホテル　コナのホテルはその選択メニューを外見のチャーミングさよりも便利さに置いているものが多い。
コナ・ティキ・ホテル
Kona Tiki Hotel
☎329-1425　FAX327-9402
75-5968 Alii Dr
客室$60～65、簡易キッチン付$70、3人目追加$8
海と道路の間の狭い出っ張りに建てられた、とても良い感じの年代物の3階建てホテル。15室のほとんどにはクイーンサイズのベッドとツインベッドがあり、すべての部屋に冷蔵庫と風通しの良いラナイがある（天国から聞こえてくるような波の音が道路からの騒音を消し去ってくれる）。魅力的なサービスのほかに小さなシーサイドプール、バーベキューグリルもあり、コンチネンタルブレックファストは無料。ホテルは1年を通じてリピーター客が多く、早めの予約が必要だ。クレジットカードは取り扱っていない。
コナ・ベイ・ホテル Kona Bay Hotel（☎329-1393、800-367-5102　FAX935-7903　e unclebillys@aloha.net　75-5739 Alii Dr　客室$90～

溶岩洞（キラウエア、ビッグアイランド）

ワイピオの海岸線（ビッグアイランド）

ティの葉で包んだ火の女神への供え物

コーヒー"チェリー"、アラビカ種

ヒルトン・ワイコロア・ビレッジ

マウナ・ロアへ向かう途中にあるプウ・ハウ・ケア

ハワイ火山国立公園

ALL PHOTOGRAPHS BY ANN CECIL

100）は街のど真ん中にあるアンクル・ビリーのホテル。建築用の軽量コンクリートブロックでできた古い建物には時代の味わいはないが、料金は比較的安く、部屋にはテレビ、エアコン、冷蔵庫、電話が備えられている。プールあり。

コナ・シーサイド・ホテル
Kona Seaside Hotel
☎329-2455、800-560-5558 ℻329-6157
W www.sand-seaside.com
🏠75-5646 Palani Rd
📧客室旧館＄98、新館＄110～120

新旧2つの棟からなり、古くからの常連客に人気がある。新館は各部屋それぞれに独立したラナイが付いた6階建ての建物で、旧館は裏のプールサイドにあり質素で、壁は音が抜けてあまり良い条件とは言えない。島内からの予約の方が安く、島民である必要はないので島に着いてから予約するとよい。レンタカー無料の2晩宿泊など、スペシャルパックを提供していることもあるので、日曜にはホノルルの新聞をチェックしてみよう。最も良い条件で泊まりたければ、ホノルル予約デスク（☎737-5800）に電話するとよい。

キング・カメハメハ・コナ・ビーチ・ホテル
King Kamehameha's Kona Beach Hotel
☎329-2911、800-367-6060 ℻329-4602
W www.konabeachhotel.com
🏠75-5660 Palani Rd
📧客室＄135～200

カイルア湾にあり、街で唯一のビーチがある。かつてカメハメハ1世が住居としていた土地にあり、460部屋のそれぞれには2つのダブルベッドと専用ラナイ、エアコン、冷蔵庫、テレビと電話がある。ほかにプール、照明付きテニスコート、ゲスト用無料駐車場あり。

ロイヤル・コナ・リゾート
Royal Kona Resort
☎329-3111、800-774-5662 ℻329-7230
W www.royalkona.com
🏠75-5852 Alii Dr
📧客室＄160～260

街外れにある海に面したホテルで、以前はヒルトンだった。3つの棟に散っている部屋は最近改装され、必要な設備は整っている。部屋とレンタカーのセットで1日＄125など、割引パック料金がある。砂浜のビーチはないが、宿泊客はスイミング・プール、自然海水プール、テニスコートで楽しむことができる。海に面しているレストランでは料理以上にすばらしい景色を味わえる。

コンドミニアム
コナではホテルの数倍のコンドミニアムがある。滞在がある程度の長さならコンドミニアムはホテルより安く、そ

のほとんどが設備の整ったキッチン付きだ。込んでいる時期は予約した方がいい。

コナの多くのコンドミニアムは複数の代理店を通じて予約することができ、たいていは下記の代理店で扱われている。予約前に幾つか当たる方がよいだろう。

ハワイ・リゾート・マネージメント Hawaii Resort Management（☎329-9393、800-622-5348 ℻326-4137 W www.konahawaii.com 🏠Suite 105C, 75-5776 Kuakini Hwy）

ナトソン＆アソシエーツ Knutson & Associates（☎329-6311、800-800-6202 ℻326-2178 W www.konahawaiirentals.com 🏠Suite 8, 75-6082 Alii Dr）

サンクエスト・バケーションズ＆プロパティ・マネージメント・ハワイ SunQuest Vacations & Property Management Hawaii（☎329-6488、アメリカ国内から800-367-5168、カナダから800-800-5662 ℻329-5480 W www.sunquest-hawaii.com 🏠77-6435 Kuakini Hwy）

トライアド・マネージメント Triad Management（☎329-6402、800-345-2823 ℻326-2401 🏠Suite 221, Orchid Bldg, 75-5995 Pottery Terrace, Kuakini Hwy）

ほとんどの代理店では最低3連泊の宿泊を要求するが、トライアドではオフシーズンで5連泊、オンシーズンで7連泊を要求している。

一般的には1週間料金は1日料金の6倍、1カ月料金は1週間料金の3倍となる。しかし、オンシーズンで込み合っている場合には、多くの所が1日料金でのみしか受け付けなくなる。また4・5・9月のオフシーズンの月には、交渉次第でより安い条件で契約できることもある。

もし、コナに着いてからコンドミニアムを探すのなら、**ウエスト・ハワイ・トゥデイ West Hawaii Today**（W www.westhawaiitoday.com）の「バケーションレンタルVacation Rentals」広告欄でいいところを見つけられるかもしれない。しかし、多くの人気の宿がかなり前から予約をされているオンシーズンには、この方法はリスクが高すぎるだろう。

下記に挙げたコンドミニアムは、特に記載がなければプールが付いている。

低料金 コナには多数の低料金のコンドミニアムがある。中にはオーシャンビューのあるものもある。

コナ・アイランダー・イン
Kona Islander Inn
☎329-3333、800-622-5348
📧kona@konahawaii.com

コナ － カイルア・コナ

🏠 75-5776 Kuakini Hwy
🛏 オンシーズン＄70～80、オフシーズン＄35～60
ダウンタウンにある古い建物。144室のほとんどはハワイ・リゾート・マネージメントが取り扱っており、そのオフィスは便利なことにロビー横にある。1階のユニット（部屋）は古くさいものが多いが、それ以外はきちんと手入れされている。装備はさまざまだがほとんどのユニットにはテレビ、エアコン、簡易キッチン、ローカルコール無料の電話が取り付けられている。幾つかのユニットにはビデオも付いている。宿泊客の多くは若者で、よくプールの回りに集まってはバーベキューを行っている。かなり深刻な駐車場不足だが、料金の安さでそれを補っている。

コナ・ビルフィッシャー
Kona Billfisher
☎ 329-9277
📧 bilfish@gte.net
🏠 75-5841 Alii Dr
🛏 1ベッドルーム＄85、2ベッドルーム＄110
同様の低料金のコンドミニアムの中では装飾に一貫性があり、維持管理もしっかりしている。全65室にはクイーンサイズのソファーベッド、キングサイズのベッド、天井ファンとエアコン、そして最近改修されたキッチンとラナイが付き、ひと通りすべてがそろっている。電話は追加料金＄5が必要。ランドリー、バーベキューグリル、卓球台も設置されており、ビデオデッキも貸し出している。全室とも毎月13日と14日、メンテナンスのため使用不可となる。街から徒歩で行き来できる範囲内にある。

アリィ・ヴィラ
Alii Villas
☎ 329-1288
🏠 75-6016 Alii Dr
🛏 1ベッドルーム＄90
海岸に面したプールがある街から半マイル（約0.8km）外れにあるコンドミニアムで、すばらしい夕陽を眺められる。かなりの数のお年寄りたちがこの大きな心休まる建物に宿泊している。ベージュ色のビルは色あせてきたように見えるが、126室の中はとても心地よい。全室はそれぞれ独立したラナイ、ケーブルテレビ、洗濯機と乾燥機があり、ほとんどに電話とソファーベッドが付いている。ナトソン＆アソシエーツかサンクエスト・バケーションズでのみ予約可能。

コナ・アイル Kona Isle（🏠 75-6100 Alii Dr 🛏 1週間＄490～775）は代理店**ATRプロパティ ATR Properties**（☎ 329-6020、888-311-6020 📧 atr@ilhawaii.net）経由で10数室を手配している。コナ・アイランダーが大学寮のパーティールームとすれば、ここは大学寮の自習室かと思えるくらい、ビジネス客のリピーターがたくさん集まっている。ピクニックテーブル、バーベキューグリル、長いすの置かれた海の見えるラウンジがある。客室にはエアコンと電子レンジ付き。

コナ・リビエラ・ヴィラ
Kona Riviera Villa
☎ 329-1996
🏠 75-6124 Alii Dr
🛏 ガーデンビュー ハイシーズン＄95 ローシーズン＄85、オーシャンフロント ハイシーズン＄110 ローシーズン＄100
すぐ目の前は海の小さなかわいらしいコンドミニアム。全14室には設備の整ったキッチン、リビングルーム、天井ファン、洗面化粧台が完備されており、独立した寝室にはキングあるいはクイーンサイズのベッドがある。ほとんどのリビングルームはソファーベッド付きだ。建物にはコインランドリーもあり、庭にはレンガの小道と噴水がある。

中級 このクラスのコンドミニアムの設備はより整っているが、ユニットの種類は非常に幅広い。予約時には細かい点までしっかりと質問をしよう。

コナ・マカイ
Kona Makai
🏠 75-6026 Alii Dr
🛏 エアコン付き 1ベッドルーム＄90
アリィ・ヴィラの横にあり、道のマカイ（海）側に位置していて洗濯機と乾燥機まで、すべてがそろっている1ベッドルームだ。ナトソン＆アソシエーツでは2ベッドルームも扱っている。各種スポーツができるエクササイズルームとテニスコートがある。

シー・ヴィレッジ
Sea Village
☎ 329-6488
🏠 75-6002 Alii Dr
🛏 1ベッドルーム ハイシーズン＄105～140、ローシーズン＄90～105
街から2マイル（約3.2km）離れており、整備の行き届いたグラウンドにはテニスコート、海に面したプール、ジャグジーがある。広々とした部屋はキッチン付き。サンクエスト・バケーションズでは賃貸も扱っている。

コナ・マジック・サンド・リゾート
Kona Magic Sands Resort
🏠 77-6452 Alii Dr
🛏 ステューディオユニット＄125
ホワイトサンド・ビーチにあるのんびりとしたコンドミニアム。36室の約半数はハワイ・リゾート・マネージメントが扱っている。小さなワンルーム型だが、設備の整ったキッチ

ン、テレビ、電話、籐家具、海に面したラナイがある。建物は古いが部屋は改修されており、海がそばなので価値が高い。

ヘレ・コナ・カイ
Hale Kona Kai
☎ℱ329-2155、800-421-3696
⌂75-5870 Kahakai Rd
🛏2人用＄125〜、3人目追加＄10

ロイヤル・コナ・リゾートのすぐ先にあり、あらゆる人の心を癒やす波の音が楽しめる。1ベッドルームの22室は新しくはないが、キッチンとケーブルテレビがある心地よい部屋だ。すべてのユニットにはすばらしい海の眺めが楽しめるラナイが付いており、特に角にある部屋のラナイはまわりを囲むラップアラウンドタイプが特徴。ほとんどのユニットで最低3連泊と＄150の保証金が求められ、休日のチェックインは受け付けていない。

コナ・リーフ
Kona Reef
☎329-2959、800-367-5004 ℱ329-2762
🌐www.castleresorts.com
⌂75-5888 Alii Dr
🛏1ベッドルーム＄170〜230

キャッスル・リゾートが経営するホテルのようなコンドミニアム。ユニットには趣があり、設備の整ったキッチン、ビデオデッキ、ステレオ、洗濯機、乾燥機、独立したラナイのほか、通常の設備は整っている。1ベッドルームユニットは通常料金で4人まで使用でき、リビングルームにはソファーベッドもある。サンクエスト・バケーションズかハワイ・リゾート・マネージメントを通じて予約すれば料金は半額まで下がる。

高級
料金が増す分、広さと設備のよさが約束される。

ロイヤル・シー・クリフ・リゾート
Royal Sea-Cliff Resort
☎329-8021、800-688-7444 ℱ326-1887
🌐www.outrigger.com
⌂75-6040 Alii Dr
🛏ワンルーム型＄220、1ベッドルーム＄250〜280、2ベッドルーム＄280〜325

洗練された家具、エアコン、ラナイ、近代的なキッチン、洗濯機、乾燥機を備えた154ユニットを持つコナで最も快適なコンドミニアム。テニスコート、海水と真水別々のプール、サウナ、屋外ラウンジ、屋根付き駐車場が併設されている。アウトリガー・グループにより経営されており、ホテルのようにフロントデスクが設けられている。最低宿泊日数の設定はない。さまざまな割引プランがあるのでインターネットで確認しよう。

食事
セルフ・ケータリング スーパーマーケットから健康自然食品まで、コナにはさまざまな店がある。島の新鮮な野菜やフルーツ、草花などは、ウォーターフロント・ロウ Waterfront Row向かいの**ファーマーズマーケット farmers markets**（⏰水、金〜日 6:00〜15:00）と、コナ・リビエラ・ビラ・コンドミニアムズ向かいのアリイ・ガーデンズ・マーケットプレイス（⌂Alii Dr ⏰水、金〜日 8:00〜16:00）で生産者から直接購入できる。

セーフウェイ Safeway（☎329-2207 ⌂Crossroads Shopping Center ⏰24時間）はコナで最大のスーパーマーケットで、おいしいパンやデリカテッセン、手頃なワインなどを購入できる。**サックンセーブ Sack N Save**（☎326-2729 ⌂Lanihau Center, Palani Rd ⏰5:00〜深夜）もいい。

コナ・ナチュラル・フーズ Kona Natural Foods（☎329-2296 ⌂Crossroads Shopping Center ⏰月〜土 9:00〜21:00、日 9:00〜19:00）はセーフウェイのすぐ隣にあり、有機栽培の野菜やワインのほか、さまざまな食料品を扱っている。カフェにはとてもおいしい野菜サンドがあり、テイクアウトサラダは＄5から。閉店間際だと、お店の人たちがいらついていることもある。

低料金 安く済ませたいなら、工業地域にある**フレンチ・ベーカリー French Bakery**（⌂Kaahumanu Plaza ⏰月〜金 5:30〜15:00、土 5:30〜14:00）に行くとよい。菓子パンや大きなマフィン、おいしいアップルコーヒーケーキ（＄1.5）が売られている。チーズとほうれん草入りの巨大なトンガのパン（＄5）は、頼めば温めてもらえる。これは前日までに予約しておこう。

アイランド・ラバ・ジャバ
Island Lava Java
⌂Alii Sunset Plaza, Alii Dr
🛏スナック＄3.75〜6.75
⏰6:00〜22:00

エスプレッソ、サンドイッチ、自家製のシナモンロール、マフィン、パイが人気。屋外テーブルは地元の人たちと旅行者で大にぎわいだ。

オーシャン・ビュー・イン
Ocean View Inn
⌂75-5683 Alii Dr
🛏朝食＄3〜6 ランチ・ディナー＄5〜11
⏰火〜日 6:30〜14:25、17:15〜21:00

街の中心にあり、気取らず、安く、地元料理が食べられる店としては一番だ。中華、アメリカ、ハワイ料理が楽しめ、ロミ・サーモン（小切りにしてマリネにしたサーモン）やハワイのタロイモをペーストにした、副食のポイ

を試してみるといい。

バ・レ・コナ
Ba-Le Kona
🏠Kona Coast Shopping Center
📋1品 $3〜7
🕐月〜土 10:00〜21:00、日 11:00〜19:00

フレンチサンドイッチのほか、ベトナムの焼き物料理を作っている。明るい店内は混み合っている。レタス、ミント、パクチーを挟みソースをつけて食べる米粉でできたベトナム風春巻きが頻繁にスペシャルメニューとして登場するほか、温かい玉子麺や、蒸し豚入りパテのような珍しいサンドイッチを提供している。

タイ・リン
Thai Rin
🏠Alii Sunset Plaza, Alii Dr
📋ランチ $8前後
🕐ランチ月〜土 11:00〜14:30、ディナー 17:00〜20:30

こちらも立ち寄る価値のある店。カレーやパッタイ(タイ風焼きビーフン)、炒め物などがある。ディナーはランチより少々高くなる。

マンナズ
Manna's
🏠Crossroads Shopping Center
📋1品 $5.50〜8
🕐月〜土 10:00〜20:30

韓国風焼肉料理の店で、ムードはないが料理の持ち帰りができる。マンナズプレートは4種類の野菜と2盛分のライスが付いている。メインにはチキンカツ(ヒレ肉をたっぷりの油で揚げた物)や下味をつけた骨付きカルビなどがある。クレジットカード不可。

中級 もう少しムードのある店をご希望なら、下記の店のいずれかがいい。

ビアネリーズ
Bianelli's
☎326-4800
🏠Pines Plaza, Nani Kailua Rd
📋パスタ食べ放題ディナー $9.50、ピザ $10〜
🕐月〜金 11:00〜22:00、土日 17:00〜22:00

人の集まる地域から少々外れたホルアロアへ向かう道沿いにある、食べ応えのある料理が揃ったイタリア料理の店。地元の人たちに大人気だ。ビニール製のチェックのテーブルクロスを使った装飾は飾り気がないが、とても気さくな店だ。世界の有名ビールが $3から。

コナ・ブリューイング・カンパニー
Kona Brewing Co
☎329-2739
📋1品 $4〜20
🕐月〜木 11:00〜22:00、金・土 11:00〜深夜、日 13:00〜21:00

野外のカフェがあり、ギリシャ料理、ほうれん草サラダとシーザーサラダ、独創的なピザがおいしい。敷地内でつくられているビールや4種類のビールがセットになったお試しセット($6.50)と一緒に食べたい。

シブ・カフェ
Sibu Cafe
☎329-1112
🏠Banyan Court
📋月〜金ランチスペシャル $7
🕐11:30〜14:30、17:00〜21:00

インドネシア料理を楽しめるカジュアルなカフェ。栄養たっぷりのガドガドサラダは $11.50。3品(バリニーズチキン、辛口インドカレー、シュリンプサテなどが選べる)のセットプレートはブラウンライスが付いて $13。ディナーにおすすめ。クレジットカード不可。

トレス・オンブレス
Tres Hombres
☎329-2173
🏠Walua Rd
📋メイン $9〜15
🕐11:30〜21:00

パンチョ&レフティーズ Pancho & Lefty'sを上回る、アリイ・ドライブ沿いの人気のメキシコ料理レストラン。おいしいマルガリータと新鮮なチップスが楽しめる。メニューにはステーキファヒータ、チレレリーノ(メキシコ料理、ピーマンのチーズ詰め)、フィッシュ・タコスなどがある。サービスは行き届いているが、窓からの眺めは良くない(海は見えない)。

グインズ
Quinn's
☎329-3822
🏠Palini Rd
📋食事 $9〜20
🕐11:00〜深夜

キング・カメハメハ・コナ・ビーチ・ホテル向かいのバーで、食事は店の裏の中庭で提供される。昔から変わらぬおいしさのシーフードやステーキを食べにくる、古くからの馴染み客が多い。周囲の環境からか料金は安くなく、フィッシュ&チップスが $9、アヒのディナーは $20するが盛り付けは多い。ハンバーガーやスープ、サラダなどもある。

高級 コナの高級レストランにはがっかりさせられるものもあるが、ここには最高点を取れる店ばかりを載せた。予約が賢明。

ウードルス・オブ・ヌードルス
Oodles of Noodles
☎329-9222
🏠Crossroads Shopping Center

🍴1品＄10〜20
🕐8:00〜21:00
街で一番話題の店。コハラ・コースト・リゾートのある店で、以前料理長をやっていたエイミー・ファーガソン・オタが経営している。ベトナムのフォースープ、パッタイ、北京ダックからグリルドチキンフェットチーネや非常に美味なアヒの中華風炒めヌードルキャセロールまで、あらゆる麺類が揃えられている。満足できるメニューには独創的なサラダや前菜などがあり、グラスワインも置いている。

コナ・イン
Kona Inn
☎329-4455
🍴メイン＄15〜25
🕐11:30〜21:30、カフェ＆バー11:30〜23:00
1929年にオープンしたビッグアイランド最初のホテル。現在ではショッピングセンターとなっており、海に臨む同名の巨大なレストランを併設している。ディナーはステーキとシーフードが中心で、カラマリ（イカを揚げたもの）のサンドイッチやチキンシーザーサラダなどのライトメニューは＄10前後だ。

ハゴス
Huggo's
☎329-1493
🏠75-5828 Kahakai Rd
🍴ディナー＄18〜30
🕐月〜金 11:30〜14:30、毎日 17:30〜22:00
ロイヤル・コナ・リゾート近くの海に面した人気の屋外レストラン。夕陽を見ながら1杯やるのに最適だ。最も込み合うのは火曜と木曜のランチタイムで、バーベキュービーフリブにベイクドビーンズとフランスパンが付いて＄9.50。ディナーメニューはステーキと魚料理が中心となっている。

カサンドラズ・グリーク・タベルナ
Cassandra's Greek Taverna
☎334-1066
🏠Kona Square
🍴メイン＄15〜30
🕐11:00〜22:00
本格的なギリシャ料理の店。前菜にはグリークサラダやハマス、イカ、タコのピクルスなどがある。ライス付きのスブラキ、ムサカ（ナスとひき肉の重ね焼き）、ジャイロス（串焼き）などは＄15前後。

ラ・ブルゴーニュ
La Bourgogne
☎329-6711
🏠Kuakini Plaza, Hwy 11 at Lako St
🍴メイン＄24〜32
🕐火〜土 18:00〜22:00
カイルア・コナから3マイル（約5km）南にある。こぢんまりとした店内から海は見えず、小さなモールの中という立地にもかかわらず、10数個のテーブルが満席となることも多い。ラズベリーとパインナッツのローストダックか、仔牛の胸肉がおすすめ。膨大なリストからのワイン選びは店員が手伝ってくれる。

エンターテインメント
バー＆ライブミュージック　日没後の楽しみは無数にあるアリイ・ドライブ沿いのレストランやホテル、バーで提供されている。

フゴス
Huggo's
☎329-1493
🏠75-5828 Kahakai Rd
🕐月〜金11:30〜14:30、毎日17:30〜22:00
毎晩9時から早くても深夜までトップ40、レゲエ、ハワイアンミュージックに合わせてダンスができる。

サムズ・ハイダウェイ
Sam's Hideaway
☎326-7267
🏠75-5725 Alii Dr, Kona Marketplace
毎晩カラオケが鳴り響いている。突きつけられたマイクから逃げられない可能性もあり、大声を張り上げる気がないのなら行かない方がいいだろう。

ハードロックカフェ
Hard Rock Cafe
☎329-8866
🏠75-5815 Alii Dr
🕐11:00〜深夜
街の南端にあり、店内にはロックが絶え間なく流れ、壁はロックに関する記念品で飾られている。2階からの海の眺めはちょっとしたものだ。

ルルズ
LuLu's
☎331-2633
🏠Coconut Grove Marketplace
🍴入場無料
🕐11:00〜翌1:30
ハードロックカフェの隣にあり、店内では13個のモニターがスポーツ番組を映している。

ジェイクス
Jakes
☎329-7366
🏠Coconut Grove Marketplace
🕐日〜火 11:30まで、水〜土 翌1:00まで
ルルズと同じ建物内にあり、ほぼ毎晩生演奏をバックに踊ることができる。水曜はハワイアンミュージックでフラダンス、土曜はベリーダンスだ。

コナ－カイルア・コナ

カナカ・カバ
Kanaka Kava
☎327-1660
🈯入場無料
🕛12:00～22:00

ココナツ・グローブ・マーケットプレイス内のもう1軒のバー。カバは合法（かつ伝統的）な気分をリラックスさせるハーブのたぐいで「愛をいざなう」と言われているもの。

コースト・ブリューイング・カンパニー Coast Brewing Co（☎329-4455 🕛カフェ＆バー11:30～23:00）ではハワイの地ビールが楽しめる。

海の眺めを犠牲にしてアリイ・ドライブの喧騒を抜け出せば、旅行者ではなく地元の人たちが集うバーがある。

アードナ・バー＆グリル
Ah Dunno Bar & Grill
☎326-2337
🏠74-5552A Kaiwi St
🕛翌2:00まで

スポーツファンが集まる。ビリヤードがプレイでき、水曜と土曜はバンドが入る。主にロックとブルース。

ジ・アザー・サイド
The Other Side
☎329-7226
🏠74-5484 Kaiwi St
🕛翌2:00まで

通りを下った所にある。天井の高いこのバーは2つに区切られており、エッジはディスコ、アザー・サイドはロックのスポットだ。ダーツ、フーズボール（卓上サッカーゲーム）、ビリヤードと、正午から18:00までという極めて長いハッピーアワー（サービス・タイム）に引かれて地元の人々が集まっている。

映画 新作が10のスクリーンで上映されている**スタジアム・シネマ Stadium Cinemas**（☎327-0444 🏠Makalapua Shopping Center）では、18:00までお得な昼興行の料金で映画を見れる。

多くのコンドミニアムやB＆Bにはビデオデッキがあるので、レンタルビデオで映画を見るのも良いだろう。**ブロックバスター Blockbuster**（☎326-7694 🏠Kona Coast Shopping Center 🕛月～木 23:00まで、金～日 深夜まで）がある。

ルアウ＆フラ
カイルア・コナの大きなホテルでは、夜になると略式（観光客用）ではあるがライブのルアウを行っている。

キング・カメハメハ・コナ・ビーチ・ホテル
King Kamehameha's Kona Beach Hotel
☎326-4969
🌐www.konabeachhotel.com
🏠75-5660 Palani Rd
🍴ディナー付大人＄55 子供＄21、ディナーなし大人＄30 子供＄14
🕛ルアウ 火～木・日 17:30～21:00

海岸前でのルアウはまず歓迎に貝で作ったレイをもらいトーチに火が入れられ、ビュッフェディナーとポリネシアンダンスと続く。ルアウのある日の10:00ごろに会場を訪れれば、スタッフが豚をイム*imu*（地面に掘ったかまど）に入れているのを見ることができ、詳しい説明を受けられるだろう。

ザ・ロイヤル・コナ・リゾート
The Royal Kona Resort
☎329-3111, 800-774-5662 📠329-7230
🌐www.royalkona.com
🏠75-5852 Alii Dr
🍴ディナー付大人＄55 子供＄23、ディナーなし大人＄28 子供＄18

街のルアウが開かれるもう1つの場所。こちらも海辺で開かれる。しかし、我々が訪れた時には、マイ・タイ・パンチ（ラムを使ったアルコールドリンク）などのカクテルはアルコール度が低く、「オールナイト」営業のバーは19:30には閉まってしまった。

ウインドジャマー・ラウンジ
Windjammer Lounge
☎329-3111
🏠Royal Kona Resort, 75-5852 Alii Dr

火曜～日曜の18:00より、心地よい夕暮れのフラ・ショーを行っている。

ショッピング

カイルア・コナの中心地は旅行客相手のアクセサリーや服、民芸品などを売る店であふれている。**ABCストア ABC store**はどこにでもあり、常に大幅割引でビーチ用品を販売している。**アリイ・ガーデンズ・マーケットプレイス Alii Gardens Marketplace**（🏠Alii Dr 🕛水・金～日 8:00～17:00）はだいたい1.5マイル（約2.4km）街の南にある。

ビッグ・アイランド・アウトレット Big Island Outletはキング・カメハメハ・コナ・ビーチ・ホテルにあり、島の民芸品や食品、Tシャツやフク（ハワイの盆栽）などの風変わりな物が売られている。

フラ・ヘブン
Hula Heaven
☎329-7885
🏠Kona Inn Shopping Village

より目を利かせた本物の商品を扱っている。アンティークのアロハシャツや伝統服、年代物の地図や出版物を販売している。料金は高め。

メレ・カイ・ミュージック
Mele Kai Music
☎329-1454
🏠Kaahumanu Plaza
ハワイアンミュージックのCDとカセットの品揃えが良い。

カイルア・キャンディー・カンパニー
Kailua Candy Company
☎329-2522
🏠74-5563 Kaiwi St
🕐ギフトショップ 月〜土 8:00〜18:00、日 8:00〜16:00
工業地域にあり、島のフルーツやナッツを使った自家製のおいしいチョコレートをつくっている。無料のサンプルがもらえ、ガラス越しに作業現場を見ることができる。

交通手段

バス 日曜（運休）を除き毎日数本、カイルア・コナとケアウホウ間の幾つかのコースを**アリイ・シャトル Alii Shuttle**（☎775-7121）がつないでいる。どのコースも時間は45分で料金は片道＄2、乗り放題のパスは1日＄5、1週間＄20、1カ月＄40となる。始発はコナ・サーフ・リゾートKona Surf Resortを8:30に出発し、それ以降は1時間半おきの発車で最終が19:00発となる。途中停車箇所はケアホウ・ショッピング・センター、ケアホウ・ビーチ・リゾート、ロイヤル・コナ・リゾート、コナ・イン・ショッピング・ビレッジ、キング・カメハメハ・コナ・ビーチ・ホテル、ラニハウ・センターなど。西行きの始発はラニハウ・センターを9:20に出発し、以降終バスの18:20まで1時間半おきの発車。もし車なしでカイルア・コナに滞在しているのなら、ほかの方法と比べてもカハルウ・ビーチ・パーク（ケアウホウ・ビーチ・リゾートの次の停車場）に行くなかなか良い手段と言えるだろう。

コナ・コースト・エクスプレス Kona Coast Express（☎331-1582）は、7:40から20:20まで毎日80分のコースを巡回している。停車場はキング・カメハメハ・ホテルをはじめ、コナ・イン・ショッピング・ビレッジ、ココナツ・グローブ・マーケットプレイス、ロイヤル・シー・クリフ、カーサ・デ・エンデコ、コナ・バイ・ザ・シー、アリイ・ガーデンズ・マーケットプレイス、コナ・バリ・カイ、ケアホウ・ビーチ・ホテル、ケアウホウ・ショッピング・センター、コナ・サーフ・ホテル、ケアウホウ埠頭など。1日乗り放題パスは＄5。

駐車場 カイルア・コナの中心は道路も混んでいる。無料の公共駐車場はコナ・シーサイド・ホテル裏のリカナ・レーンLikana Laneとクアキニ・ハイウェイKuakini Hwyの間にある。コナ・イン・ショッピング・ビレッジは、買い物客用の無料駐車場をコナ・ベイ・ホテルの裏手に用意している。コナ・マーケットプレイスでも買い物客用の無料駐車場が裏手にある。ココナッツ・グローブ・マーケットプレイスとアリイ・サンセット・プラザも共用の巨大無料駐車場を裏手に用意している。

アリイ・ドライブの北端には、キング・カメハメハ・コナ・ビーチ・ホテルの大きな駐車場があり、最初の15分は無料でそれ以降30分＄1。ホテルの売店かレストランで買い物をすれば、無料駐車券がもらえる。

ケアウホウ
KEAUHOU

ケアウホウは海岸線沿いの、カイルア・コナのすぐ南側の地域だ。北のカハルウ湾から始まり南に下りてケアウホウ湾、コナ・サーフ・リゾートを越えた辺りまでとなる。ハワイ最大の民間土地所有者ビショップ・エステートがこの土地を保有している。

この地域はかつて現地人の主要な集落だった。幾つかの歴史的な地域は立ち入ることはできるが、現在それらの土地は3つのホテルと9つのコンドミニアム、ショッピングセンター、27ホールのゴルフコースをメンバーとする、田舎紳士の集まりのような地区共同体により共有されている。

インフォメーション

地元の**郵便局 post office**（🏠cnr Alii Dr & Kamehameha III Rd 🕐月〜金 10:00〜16:30、土 10:00〜15:00）がケアウホウ・ショッピングセンターにある。同ショッピングセンターにはロングス・ドラッグLongs Drugsがあり、センター内の**KTAスーパー・ストア KTA Super Store**にはもう1軒の小さな薬局と、24時間のATMを備えた**ハワイ銀行 Bank of Hawaii**（🕐月〜金 10:00〜19:00、土・日 10:00〜15:00）の支店がある。

セント・ピーターズ教会
St Peter's Church

セント・ピーターズはハワイで最も写真に収められることの多い「古風で趣のある教会」で、今でも週末の礼拝や結婚式に使用されている。1912年にホワイトサンド・ビーチから現在の場所へと移転しているものの、カハルウ湾の北側に建つこの貴重な青と白のカトリック教会の歴史は、1880年までさかのぼる。何度も津波やハリケーンの脅威にさらされながらも健在である。

ハワイ島（ビッグアイランド）

キリスト教徒は当初、この地が神を讃えるのに適した場所とは考えなかった。教会の北には**クエマヌ・ヘイアウ Kuemanu Heiau**の遺跡があるのだ。カハルウ湾の北でサーフィンをしていたハワイ王室のメンバーは、海に出る前にこのヘイアウで祈りを捧げていた。地元のサーファーたちはその伝統を今も引き継いでいるが、高波は通常、北側への危険なリップカレント（離岸流）を引き起こすので初心者には向いていないスポットだ。

カハルウ・ビーチ
Kahaluu Beach

カハルウ（ダイビング場の意）は島で最もアクセスの良いシュノーケリングスポットだ。入り江はまるで自然の水族館のようで、色とりどりの海洋生物であふれている。シュノーケリングは初めてという人もここで学ぶのが良いだろう。なにしろ頭全体を水中に入れなくたって楽しめるのだから。難を言えば、アリイ・ドライブから聞こえてくる不快な交通騒音だ。

大きく虹色をしたブダイ、銀色のサヨリの大群、きらきらとしたキイロハギ、チョウチョウウオ、鮮やかなクギベラなど、多数の熱帯の魚たちを目にすることができる。魚たちは手から餌をもらって食べるほど人間に慣れているが、もし魚の餌を持って潜れば、狂わんばかりに興奮した魚たちに囲まれてしまうだろう。もっと深く潜ればさらに美しいサンゴや魚を目にすることができる。満ち潮の時には、しばしばアオウミガメがエサを求めて湾にやって来る。

メネフネ（伝説の「小さな人々」）によって建てられたと言われている古代の防波堤が岩礁にあり、入り江を守っている。だが波が高い時には、カハルウにはセント・ピーターズ教会付近の岩方向に引き込む強い潮の流れができ、知らない間に流されてしまいかねない。頻繁に方向をチェックし、自分が流されていないかを確認すること。海に入る前にはピクニックパビリオンの野外掲示板に貼り出されている海の状況を確認すること。

ライフガードは毎日任務についている。ハンバーガーや炭酸飲料、アイスクリームなどの軽食がバンで販売されている。もう1台のバンはボディーボードやシリコン製のシュノーケルセットをレンタル（1日＄8）しており、魚の餌（＄3）や使い捨ての水中カメラ（＄14）の販売もしている。

公園には黒い溶岩と白いサンゴの砂でできたごま塩色のビーチがある。シャワー、トイレ、更衣室、ピクニックテーブル、調理用鉄板などの設備がある人気の場所で、特に週末には多くの人出でにぎわうので、早めに到着するほうが良いだろう。駐車場スペースはかなり広い。

ケアウホウ・ビーチ・リゾート
Keauhou Beach Resort

ケアウホウ・ビーチ・リゾートはカハルウ・ビーチのすぐ南にあり、簡単に回ることのできるたくさんの史跡がある。フロントデスクでパンフレットと地図をもらおう。

カプアノニの遺跡、**フィッシング・テンプル fishing temple**はホテルの北側となる。修復中の**キング・カメハメハのビーチハウス beach house of King Kalakaua**は内陸側にあり、かつて王室の風呂として使われていたわき水の池のそばに位置する。質素な3室のコテージにはヨーロッパ風の王室の服に身を包んだ王の肖像画や、ベッドに飾られたハワイのキルト、床に敷かれているラウハラ（パンダナスの葉）のマットがあり、のぞき見ることができる。

アオウミガメ

現地語でホヌと呼ばれるアオウミガメは、ハワイ海域の3在来種の海ガメの中で最もよく目にすることができる。アオウミガメは沿岸の浅瀬に育つ藻を餌にしているので、しばしばビーチ近郊でシュノーケリングをする人々と一緒になるのだ。200ポンド（約91kg）を越える重さまで成長する、この優しくて大きな生き物との海中での出会いは感動的だ。

ハワイのアオウミガメの数はここ数年増加しており、カハルウ・ビーチなどでも頻繁に目撃されている。アオウミガメは常にハワイ島にいるわけではなく、約4年に1度、先祖が巣としていたビッグアイランドの東700マイル（1127km）のフレンチ・フリゲート・ショール島に戻り、そこで交尾と巣作りをする。

ハワイのほかの2在来種の海ガメは、アオウミガメとほぼ同じ大きさだがはるかに数の少ないタイマイと、沿岸からはるか沖合いに生息し重さ1トンにまで達するオサガメだ。

ほかのヘイアウはホテルの南側にある。海辺の**ケエク・ヘイアウ Keeku Heiau**は歩道橋の先にあり、その先はすでになくなってしまったコナ・ラグーン・ホテルKona Lagoon Hotelで、かつてのルアキニだったと考えられている場所だ。

ケアウホウ・ビーチ・リゾートの南にあるパホエホエ（滑らかで縄状の溶岩）の溶岩棚には幾つかの**潮溜まり**があり、最も探索に適しているのは潮が引いている時だ。潮溜まりでは、針状の突起を持つものや石筆形などさまざまなウニや、小さな熱帯魚を見ることができる。

潮が最も引いている時間には、**ペトログリフ**の彫られた平らな溶岩舌の上を歩くことができる。コナ・ラグーン・ホテルの北東端の目の前のこのペトログリフは、そのほとんどが海岸から約25フィート（約7.6m）の所にあり、潮が引いていないとその姿を海中に隠してしまう。

ケアウホウ湾
Keauhou Bay

ケアウホウ湾は十数隻の小さな船が出入りする、西海岸側で最も保護されている湾の１つだ。もし平日の夕方近くに湾を訪れれば、地元のアウトリガーカヌーのクラブが練習しているのを目にすることができる。トイレとシャワーが設置されている。

ハーバー沿いのダイビング小屋の南側にある小さな空き地には、1814年にカメハメハ3世がこの地で出生したことを伝える石碑がある。王子は死産だったが、やって来たカフナ（僧侶あるいは祈祷師）によって命をとり戻したと言われている。

湾に行くには、アリイ・ドライブからカメハメハ３世Kamehameha III Rd.ロードを海側に曲がる。もしくはカレオパパ・ロードKaleopapa Rdをコナ・サーフ・リゾートに向かい、リゾートに入らずそのまま道の終わりまで進む。

ハワイアン・チョコレート・ファクトリー
Hawaiian Chocolate Factory

ハワイアン・チョコレート・ファクトリー（☎322-2626 🏠78-6772 Makenawai St）はフアララ山Mt Hualalaiにある。罪なほど甘くすてきなチョコレートバーが、靴下のようなくさい臭いの豆からできているとはなかなか信じられない話だ。しかし豆のさやは愛らしい黄色と金色、赤紫色をしており、１年を通じて２週間おきに収穫される。豆はさやから手で取り出され、その製造には４週間もかか

マンタ・レイ

太平洋のマンタ・レイ（えい）は華麗で寛大な生き物で、その翼長は12～14フィート（約3.7～4.3m）と、驚くほどの長さに達する。コナ・サーフ・ホテルではかつて日没後、海に光を当てて幻想的なマンタのディナーショーを行っていた。これは光がプランクトンを集め、そしてプランクトンが集まるとそれを目指してマンタが集まるというものだったが、ホテルはずいぶんと前に閉鎖してしまった。

だががっかりする必要はない。幾つかのダイビングショップではこの光り輝く生き物を見るナイトダイビングを扱っている。もしダイビングの免許がなければ、シュノーケリングで海面からマンタを見下ろすこともできる。下側の白い腹部を暗い水の中に光らせながら海中を巡回するその姿は幻想的で、ハワイでのアドベンチャーを忘れられないものとしてくれるだろう。マンタは月のない夜の方がその姿を良く見せてくれるのを覚えておこう。

っている。

工場は家族経営で、オーナーの１人ボブ・クーバーがその場しのぎに自分達の器械を卑下するような逸話を聞かせてくれ、その間、妻のパムが空調の効いた部屋でチョコレートバーを手でラッピングしている。ツアーは無料だが予約制。

宿泊

ケアウホウ・リゾート・コンドミニアムズ
Keauhou Resort Condominiums
☎322-9122、800-367-5286 FAX322-9410
🏠78-7039 Kamehameha III Rd
💰１ベッドルーム　ガーデンビュー＄97、オーシャンビュー＄107

キッチン、洗濯機、乾燥機付きの48室がある。部屋は30年以上の古さだが、よく手入れされたものがほとんどで、ケアウホウでは最も安い。４人まで泊まれる２ベッドルームは＄25増し。最低宿泊日数は５日。ゴルフコースに近く、プールもある。

ケアウホウ・サーフ＆ラケット・クラブ
Keauhou Surf & Racquet Club
☎329-3333、800-622-5348
🏠78-6800 Alii Dr
💰２ベッドルーム　ゴルフコースビュー＄150、オーシャンビュー＄175

ケアウホウ・ショッピングセンターに近く、便利な位置にある大きな近代的な建物。テニスコート３面と芝生のバレーボールコート、そしてプールがある。すべての部屋からの眺めが良いわけではないが、それぞれ広く、ラ

ナイ、設備の整ったキッチン、洗濯機、乾燥機、テレビとビデオが設置されている。ハワイアン・リゾート・マネージメントが幾つか賃貸も取り扱っている。ナトソン&アソシエーツで借りると料金は高くなる。

下記2つのアウトリガーの物件ではアメリカ自動車協会（AAA）メンバーへの25%引きや、5日目は無料などのさまざまな割引プランを実施している。インターネット（w www.outrigger.com）で詳細を確認するとよい。

ケアウホウ・ビーチ・リゾート
Keauhou Beach Resort
☎322-7987、800-462-6262 ℻322-3117
🏠78-6740 Alii Dr
🛏ガーデンビュー $165〜185、オーシャンビュー $205〜225

カハルウ・ビーチ・パークに隣接し、史跡や潮溜まりなどの興味深い場所がある。1999年春にようやく改修を終え再オープンし、現在ではアウトリガー・グループのメンバーとなっている。広く趣のある家具が揃えられた室内には小さな冷蔵庫、テレビ、ラナイ、エアコンが揃っている。

カナロア・アット・コナ
Kanaloa at Kona
☎322-9625、800-688-7444
🏠78-261 Manukai St
🛏アパート式1ベッドルーム $205〜、2ベッドルームオーシャンビュー $290

100室のコンドミニアムには基本的な設備がすべて整っている。オーシャンフロントはバブルジェットバス付き。3つのプールと夜間照明付きテニスコート2面がある。

そのほかのケアウホウのコンドミニアムの多くは、バケーションレンタルの代理店を通じて予約できる。**サンクエスト・バケーションズ SunQuest Vacations**（☎329-6388、アメリカ国内から800-367-5168、カナダから800-800-5662 ℻329-5480 w www.sunquest-hawaii.com 🏠77-6435 Kuakini Hwy）が最も多くを取り扱っている。

食事

ロイヤル・タイ・カフェ
Royal Thai Café
🏠Keauhou Shopping Center
🍴1品 $6〜10
🕐11:00〜22:00

店内の大部分をアジアの彫像と巨大な水槽が占めているが、食べ物もおいしい。

ドライスデールズ・ツー
Drysdale's Two
🏠Keauhou Shopping Center
🍴スナック $6〜8
🕐11:00〜24:00

サンドイッチとハンバーガーが専門分野。スポーツ観戦用のテレビに人が群がっている。

エドワーズ・アット・カナロア
Edward's at Kanaloa
☎322-1434
🏠Kanaloa at Kona, 78-261 Manukai St
🍴メイン $20
🕐月〜金 11:00〜20:30pm、土日 8:00〜20:30

コンドミニアムの建物内という奇妙な場所にある。すばらしい夕陽の眺めと顧客本位のサービスで人気があり、地元の人たちはお祝いごとがあるとこの店に集まっている。早めに予約を入れ、ビーフテンダーロインのポートワインとゴルゴンゾーラのクリーミーソース、またはクスクスのモロッコ風チキン乗せを楽しむ前にカクテルを飲もう。

エンターテインメント

ケアウホウ・ビーチ・リゾートの落ち着いた**ベランダ・ラウンジ Verandah Lounge**では火曜の晩にジャズが、水曜から土曜の晩には甘いハワイアンが流れる。海に面した立地を考えれば妥当な料金だ。

マルチスクリーンの**ケアウホウ・シネマ Keauhou Cinema**（☎324-7200 🏠Keauhou Shopping Center）では封切作が上映されている。

交通手段

ケアウホウには、電話で呼び出す無料の**シャトルサービス shuttle service**（☎322-3500）があり、毎日8:00〜16:30までリゾート周辺を巡回している。

ホルアロア
HOLUALOA

ホルアロアはカイルア・コナより1400フィート（約427m）高地となる丘にある静かな村だ。丘陵地帯には午後に雨が降るため、南の海岸地域よりも青々として涼しい。カイルア湾のターコイズ色に輝く海を見下ろせる、なんともうらやましいロケーションだ。

ホルアロアはまだそれほど観光地化されていない所だが、コナの容赦ない開発の手はこの辺りまで忍び込んできている。密林のような庭に半分隠れた古くからの家々の横に、新たな住宅の建築が進んでいる。芸術家の団体がクラフトショップやギャラリー、地域のアートセンターをサポートしている。

村は1本の道路でできている典型のような所で、ハイウェイ180沿いにそのすべてが揃っている。雑貨屋、日本人墓地、小学校、教会

が2～3、週に数日だけ開いている図書館などがある。

カイルア・コナからは景色の良いフアラライ・ロードを進む4マイル（約6.4km）のドライブとなる。道沿いには鮮やかなポインセチアの花とコーヒー畑、さまざまな種類の果物の木が並んでいる。

コナ・ブルー・スカイ・コーヒー
Kona Blue Sky Coffee

マウント・フアラライの中腹に位置する400エーカー（約1.6km²）を越すコーヒー地帯は、トウィッグ・スミス・エステートTwigg-Smith Estateの所有するコナ・ブルー・スカイ・コーヒー農場（☎322-1700 ❏76-973A Hualalai Rd）の土地で、その本社は、ホルアロアのギャラリー通りを下った所にある。ここを訪れた旅行客は農場のツアーの前にまず短い歓迎のビデオを見る。その後、工場内のローストやパッケージをしている場所を回る。試飲室には欠かすことのできないコーヒーの無料サンプルと、チョコレートに包まれたコーヒー豆が置かれている。ツアーも無料で、月曜から金曜の8:30から16:00まで開かれている。

キムラズ・ラウハラ・ショップ
Kimura's Lauhala Shop

このショップ（☎324-0053 ❏cnr Hualalai Rd & Hwy 180 ◎月～土 9:00～17:00）ではラウハラで織られた商品を販売している。ラウハラとはハラ（パンダヌス）の木のラウ（葉の意）のこと。

ここはかつては塩やタラを販売している古びたプランテーション・ストアだった。1930年代の世界大恐慌の間、キムラ夫人はラウハラで帽子やコーヒーのかごを織り、店で販売していた。

キムラは3世代にわたり現在もラウハラを織っている。地元のコーヒー農家の妻たちがコーヒーのシーズンオフに家での内職として、この仕事の手助けをしている。主な商品は精巧につくられたテーブルマット、バスケット、帽子など。

彼らが言うには、葉の周囲に鋭利なとげがあるラウハラの準備作業は面倒で汚れるため一番大変で、一番楽なのは織り作業だとのこと。

コナ・アート・センター
Kona Arts Center

ホルアロアの中心にコナ・アート・センター（❏Hwy 180 ◎火～土 10:00～15:00）はある。ブリキの屋根とホットピンクのドアがある老朽化した建物はかつてはコーヒー粉砕場だった。1965年以来この地で暮らしているキャロル・ロジャースがこの非営利組織をまとめており、クラフトを教え、技術だけでなくその精神の育成に努めている。地域活動の場であり誰もが歓迎される。わずかな月会費で、陶芸、ろうけつ染め、絞り染め、編み物や絵画などのワークショップに参加できる。

旅行客は無料で立ち寄って中を見ることができる。小さな販売用のショールームもあり、絵画や陶芸品、天然繊維で織られたバスケットなどが販売されている。

ギャラリー

ギャラリー巡りはホルアロア訪問の目玉だ。ほとんどが火曜から土曜の10:00～16:00に営業している。

スタジオ7ギャラリー
Studio 7 Gallery
☎324-1335

オーナーであるヒロアキ・モリノウエの水彩画、油絵、木版画、彫刻の作品展示が中心。妻のセツコは陶芸家でギャラリーの店主。ギャラリーは小さな美術館のようで、ハワイと日本の影響が交わった禅のコンセプトで溶岩石に木の通路が敷かれている。

ホルアロア・ギャラリー
Holualoa Gallery
☎322-8484

ハワイアンをテーマにした絵画を販売しており、ビッグアイランドの著名なアーチスト、ハーブ・カワイヌイ・カネの幾つかの作品や、オーナーであるマット・ラブインの創造的な楽焼きなどが置かれている。

コナ・アート・センターの向かいの古いホルアロアノ郵便局の建物には、**L・カペル・ファインアート L Capell Fine Art**（☎937-8893）があり、オーナーでアーチストである彼女の焦点は描写的なものからより抽象的な美術へと移ってきている。

宿泊・食事

コナ・ホテル
Kona Hotel
☎324-1155
❏Hwy 180
◎ S $20 W $26

ホルアロアノ中心に位置する小さな町の特徴（そして料金！）と、過ぎ去った時代の雰囲気を残した地元の古い宿。天井は高く、明るいピンクの木の建物からはきれいな景色が見えるところもある。部屋は質素でベッドとドレッサーがあるだけだが、清潔だ。風呂は階下にあり共用。11部屋しかないのでしばしば満室となっている。

ホルアロア・イン
Holualoa Inn
☎324-1121、800-392-1812 ℻322-2472
✉inn@aloha.net
🌐www.konaweb.com/hinn
🏠76-5932 Mamalahoa Hwy
💰W 風呂付き $175～225

コナ・コーストの壮観を楽しめる40エーカー（約16ヘクタール）の傾斜した牧草地に位置する。オーナーのおじであるホノルル・アドバタイザー紙の会長が建てた保養地で、6000平方フィート（約557m²）の現代住宅の外壁はすべてウェスタンレッドシダー（アメリカスギ）で造られており、床板はマウイ産の赤ユーカリだ。もし2人以上でここに泊まるのなら、どこよりもすばらしい景色の見れるバリ・スイートを選ぶべきだ。タイル張りのスイミングプール、ジャグジー、ビリヤード台、屋上の展望台、暖炉付きのリビング、テレビラウンジ、軽食の準備ができるキッチンがある。料金はコンチネンタルブレックファスト込み。

ホルアコア・カフェ
Holuakoa Café
🕐月～土 6:30～15:00

おいしいパイやタルト、サンドイッチ、サラダ、エスプレッソ、ハーブティーに加え、日替りで黒板に書かれるスペシャルメニューがある。客は広々とした中庭か、感じの良い硬材張りの室内で食事をすることができる。

サウス・コナ
South Kona

ハイウェイ11はカイルア・コナKailua-Konaから南下し、ホナロHonalo、カイナリウKainaliu、キャプテン・クックCaptain Cook、ホナウナウHonaunauといった高地にある小さな町の間を曲がりくねって延びている。これらの町の回りにはコーヒー農園、マカデミアナッツの林、果樹園などがある。町はのんびりしており午後に雨が降ることが多く涼しいため、農業をするにも、暑さでうだっている旅行者にとってもありがたい。

サウス・コナはビーチが少ないが、シュノーケリングやダイビングに最適なスポットがたくさんある。ハイウェイ11からすぐのわき道を行くと、ケアラケクア湾Kealakekua Bay、プウホヌア・オ・ホナウナウ国立歴史公園Puuhonua o Honaunau National Historical Park（プレース・オブ・レフュージPlace of Refugeと呼ばれることが多い）および沿岸の村であるホオケナHookenaやミロリイMilolii に通じている。

ホルアロア

宿泊・食事
1 Holuakoa Cafe
2 Kona Hotel
4 Holualoa Inn

その他
3 スタジオ7ギャラリー
5 ホルアロア・ギャラリー
6 郵便局
7 図書館
8 コナ・アート・センター
9 L・カペル・ファインアート
10 コナ・ブルー・スカイ・コーヒー
11 キムラズ・ラウハラ・ショップ

ホナロ
HONALO

ホナロはハイウェイ11と180の交差点にあり、どうにか村と呼べる状態である。**コナ大福寺（曹洞宗）Daifukuji Soto Mission**はハイウェイ11のマウカ（内陸）側にある大規模な仏教寺院で、2つの仏壇、金襴の打敷、大きな太鼓に香炉がある。ほかの仏教寺院と同じように、靴は入口で脱ぐこと。

てしまレストラン
Teshima's Restaurant
☎322-9140
🏠Hwy 11
💰食事$7～
🕐6:30～13:45、17:00～21:00

気取らない家族経営の店で、新鮮な日本料理が味わえる。おすすめはランチの定食（セット料理）で、味噌汁、刺身、すき焼き、漬物、ご飯が出てくる。クレジットカードは使えない。酒類はない。

「てしま」では裏の建物に貸し部屋（S $25 W $35）を10部屋用意しているが、ほとんどは月単位（$300）の予約となっている。部屋

サウス・コナ－カイナリウ

サウス・コナ

宿泊
- 9 Banana Patch
- 17 Pineapple Park
- 22 Manago Hotel & Restaurant
- 26 Pomaikai Farm B&B
- 27 A Place of Refuge
- 32 Dragonfly Ranch

食事
- 3 Teshima's Restaurant; Aloha Kayak Company
- 4 Aloha Cafe
- 5 Evie's Natural Foods
- 6 Seven Senses Restaurant
- 8 Philly Deli
- 12 Kona Mountain Café
- 14 Chris' Bakery
- 29 Keei Cafe
- 31 Bong Brothers
- 33 Wakefield Gardens Restaurant

その他
- 1 ケアウホウ・ショッピング・センター
- 2 大福寺（曹洞宗）
- 7 コナ・コースト・コミュニティ・ホスピタル
- 10 郵便局
- 11 ハワイ銀行
- 12 図書館、コナ・ユニオン教会
- 15 グリーンウェル・ファーム
- 16 コナ歴史協会ミュージアム
- 18 コナ・コーヒー・リビング・ヒストリー・ファーム
- 19 キャプテン・クック・モニュメント
- 20 エイミー・グリーンウェル民族植物園
- 21 州庁舎・郡庁舎
- 23 郵便局
- 24 ケアラケクア・ランチ・センター
- 25 コーヒーの木
- 28 ロイヤル・コナ・ミュージアム・アンド・コーヒー・ミル
- 30 コナ・コースト・マカデミア・ナッツ・アンド・キャンディ・ファクトリー
- 34 セント・ベネディクト・ペインテッド・チャーチ
- 35 メルブズ・プレイス

は小さく、オーソドックスだが、それぞれにダブルベッドと風呂が付いている。

カイナリウ
KAINALIU

カイナリウは陽気な雰囲気の小さな町だ。キムラ・ストアのように何代にもわたって伝統的な布地や衣類を販売し続けている店と、ニューエイジショップやアンティーク、工芸品のギャラリーなどが入り混じっている。**アイランド・ブックス Island Books**（☎322-2006 ♠79-7360 Mamalahoa Hwy）は驚くほど品揃えが豊富な古本屋で、旅行、ハワイ関係、文学、ノンフィクションが中心。

忘れてはいけないのがアロハ・カフェAloha Cafeと、隣接するアロハ・シアターAloha Theatreだろう。アロハ・シアターはアロハ・コミュニティ・プレーヤーズAloha Community Playersの本拠地となっている。インディーズ映画からライブ音楽やダンスまで、最新の演目のスケジュールについては掲示で確認しておきたい。

アロハ・カフェ
Aloha Cafe
☎322-3383
♠Hwy 11
朝食・ランチ＄6〜13、ディナー＄14〜22
8:00〜15:00、17:00〜21:00

間違いなく町で1番の飲食店だろう。屋外の狭いテラスからは海を遠くに眺められる。ベジタリアン料理と新鮮な魚料理、おいしいサラダとサンドイッチ、フルーツのスムージー、絞りたてのジュース、エスプレッソ、すばらしいクッキーが味わえる。

イービーズ・ナチュラル・フーズ
Evie's Natural Foods
☎322-0739

サウス・コナ – ケアラケクア

🏠 Hwy 11
🍴 1品 $ 3～8
🕐 月～金 8:00～19:00、土日 9:00～17:00

アロハ・カフェの南のマカイ（海）側にある。メニューにはオーガニック料理、フルーツジュース、スムージー、サラダ、サンドイッチなどがある。

セブン・センシズ・レストラン
Seven Senses Restaurant
☎ 322-5083
🏠 Hwy 11
🍴 1品 $ 4～10
🕐 月～金 11:30～14:30

グルメ向きのオーガニック料理が中心のヘルシーな店。モロッコ風チキンラップ、バイソンのバーガー、さまざまなサラダ、そしてローファットとは信じ難いチョコレート豆腐ムースなどがおすすめ。ファンキーな黒板はアートとしても必見。気持ちが落ちつく曲が流れている。

ケアラケクア
KEALAKEKUA

ケアラケクアKealakekuaとは「神の通り道Path of the God」という意味で、かつてケアラケクア湾の北からカイルア・コナまでずっと続いていた40個のヘイアウを記念して名づけられた。

　小さいが、コナの高台にある町の中では商業の中心地となっている。コナ・コーストの**病院**（☎ 322-9311 🏠 79-1019 Haukapila St）は町の北側、ハイウェイ11から内陸に0.25マイル（約400m）の所にある。また、**郵便局**（☎ 322-1656 🏠 cnr Hwy 11 & Halekii Rd）🕐 月～金 9:00～16:30、土 9:30～12:30）や銀行も数軒ある。ケアラケクアの**図書館**（☎ 323-7585 🕐 月・水・金 12:00～18:00、火 10:00～18:00、木 12:00～19:30、土 10:00～14:00）ではインターネットアクセスも可能。隣はサンゴ、モルタル、溶岩で造られた**コナ・ユニオン教会 Kona Union Church**（1854年建設）がある。

コナ歴史協会ミュージアム
Kona Historical Society Museum

この石とモルタルの建物は、雑貨店兼郵便局として1875年に建てられた。現在は歴史協会の事務所、書庫、小さなミュージアム（☎ 323-3222 🎫 寄付 $ 2 🕐 月～金 9:00～15:00）がある。ミュージアムでは昔の写真や重要な品々など、この地域の歴史に関するとても興味深い展示がされている。**リビング・ヒストリー・ランチ Living History Ranch**は隣に建てられる予定。1890年ごろから1920年ごろまでの

ハワイに焦点を当てたものになる。これらの建物はハイウェイ11の海側、ケアラケクア・グラス・シャックKealakekua Grass Shackギフトショップのすぐ北にある。

グリーンウェル・ファーム
Greenwell Farms

この農場（☎ 323-2275 🏠 Hwy 11 🕐 月～金 8:00～17:00、土 8:00～16:00）は110マイルマーカーと111マイルマーカーの間にあり、1850年代から営業している。コナの新しい火山性の土壌のおかげで、手摘みのコーヒー豆が毎年100万ポンド（約454トン）も収穫できる。コーヒーのサンプルやクイック見学ツアーは無料。

エイミー・グリーンウェル民族植物園
Amy Greenwell Ethnobotanical Garden

この植物園（☎ 323-3318 🎫 寄付 $ 4 🕐 月～金 8:30～17:00）は110マイルマーカーの南にあり、造園された散歩道とエキゾチックな植物であふれている。ビショップ・ミュージアムBishop Museumの看板が、ハワイの原住民族がアイナaina（大地）に敬意を示しながら限られた資源をどのように利用してきたかを物語る。草木は生の食材、薬、カヌー、染料などの実用品として利用されてきた。毎月第2土曜日の10:00からは無料のガイドツアーがある。

コナ・コーヒー・リビング・ヒストリー・ファーム
Kona Coffee Living History Farm
☎ 323-2006
🎫 大人 $ 30 小人 $ 15

コナ歴史協会によるもう1つのプロジェクト。1900年代初めから1945年にかけての田舎のハワイアンライフがテーマ。ツアー（月～金曜 9:00～13:00の間1時間ごと、要予約）では、1925年に建てられた小さな農家を探検する。衣装をつけた説明係が、初期の日本人移民たちの生活ぶりを実演してくれる。屋外では、コーヒー豆の収穫を体験できたり、さまざまな生産工程を見学できる。

　参考までに、入園料は内容に比べると高いかもしれない。場所は110マイルマーカーの近く。

宿泊

アレカ・パーム・エステートB&B
Areca Palms Estate B&B
☎ 323-2276、800-545-4390 📠 323-3749
🌐 www.konabedandbreakfast.com
🛏 客室 $ 80～125
予約は9:00～18:00

ここは旧メリーマンズMerryman'sで、オレゴン出身のオーナーが経営している。ハイウェイ11の北側、閑静な住宅地域にある。建物は風通しのよいシダーロッジ風で、天然の木がふんだんに使用されている。家具はカントリー風で、天井は梁がむきだしになっている。すべての部屋には風呂、ケーブルTV、大きなクローゼットが付いており、クローゼットには高級ローブが入っている。ローズ・ルームRose Roomではオーシャンビューが楽しめる。宿泊客は広いリビング、電話、クローケー(芝生の上でする球技)、ジャグジーが共用で利用できる。朝食込み。

バナナ・パッチ
Banana Patch
☎322-8888、800-988-2246 ℻322-7777
www.bananabanana.com
客室＄55、コテージ 1ベッドルーム＄85〜125、2ベッドルーム＄100〜150

旧レジーズ・トロピカル・ハイドアウェイReggie's Tropical Hideaway。ケアラケクアの中心近くの小さなコーヒー農園に休暇用のレンタルコテージが2つある。着衣自由と考える顧客にも対応したサービスあり。一風変わった1ベッドルームコテージには設備の整ったキッチン、デッキ、ジャグジーが付いている。2ベッドルームコテージの天井は、木製で高く、設備の整ったキッチン、ウォーターベッド、ラナイが付いているほか、専用のサンデッキでジャグジーを楽しめる。

食事

クリス・ベーカリー
Chris' Bakery
☎323-2444
🏠Hwy 11
軽食＄5未満
6:00〜13:00
甘くて魅力的な軽食が楽しめる。

コナ・マウンテン・カフェ
Kona Mountain Café
☎323-2700
🏠Hwy 11
1品＄3〜10
月〜金 6:30〜18:00、土 8:00〜17:00、日 8:00〜16:00
ボリュームたっぷりのサンドイッチ、ペストリー、コナコーヒー、エスプレッソが楽しめる。ラナイ席もあるが、屋内でコーヒーハウスの雰囲気を味わうのもよい。

フィリー・デリ
Philly Deli
🏠Hwy 11
1品＄5〜8

コナコーヒー

宣教師たちがハワイに最初のコーヒーの木を持ち込んだのが1827年のことで、20世紀になる頃までには州の全体で重要な換金作物となっていた。しかし、コーヒーの価格相場の変動によって、最終的にはハワイのほかの島ではコーヒー農家が廃業に追い込まれていった。ハワイ本島のコナコーヒーだけが、世界市場が供給過多の時も利益を上げて売れるほどに高い品質だった。

ハワイにおけるコーヒー生産は1980年までは著しく落ち込でいたが、おいしいコーヒーへの関心が高まるにつれ、香り豊かなコナの豆は爆発的に売れるようになった。今日、コナコーヒーはアメリカで栽培されるコーヒーの中で、商業的に最も成功したコーヒーとなっている。ほとんどがサウス・コナの高地にある町、北はホルアロアHolualoaから南はホナウナウHonaunauまでの地域で収穫される。コーヒーの木は栄養豊富な火山性の土壌と、午後になると発生する雲の覆いの下でたくましく成長する。

コーヒーはクチナシの仲間で、春になると香りの良い白い花が咲く。夏には緑色の実がなり、熟すにつれて赤くなっていく。赤い実(「チェリー」とも呼ばれる)は1度にすべてが熟すわけではないので、シーズン中に何度も手で摘まなくてはならない。収穫時期は8月から始まる。低地のコーヒー農家では12月までには収穫を終えるが、標高2000フィート(約610m)辺りのコーヒー農家では3月まで収穫が続く。

月〜金 7:00〜17:30、土日 7:00〜14:00
東海岸スタイルの店は倉庫の中にあり、手頃な価格で卵料理、パンケーキ、そのほか朝食が食べられる。ランチはサンドイッチ、バーガー、ナスのパルメザン風などの日替わり料理がある。道路わきの看板が目印。

ケアラケクア湾
KEALAKEKUA BAY

湾の入口が1マイル(約1.6km)以上もあるケアラケクア湾Kealakekua Bayは、州立の海中公園と海洋生物保護区となっている。保護種に混じってハシナガイルカが頻繁に湾内にやって来る。釣りは制限されており、サンゴや岩の採取は禁止されている。

湾の北端の入り江は保護されており、ビッグアイランドの主要なシュノーケリングスポットになっている。湾の南端はケアラケクア湾州立歴史公園Kealakekua Bay State Historical Parkだ。

険しい海食崖のため、湾の一方の端からもう一方の端へ陸路で行くことはできない。北端にたどり着くには海上から、またはキャプ

ケアラケクア湾州立歴史公園
Kealakekua Bay State Historical Park

多くの人でにぎわいを見せるこの公園は、ハイウェイ11から4.5マイル（約7.2km）のナポオポオ・ロードNapoopoo Rdの端に位置し、ビーチにそびえ立つ大きな祭壇**ヒキアウ・ヘイアウ Hikiau Heiau**が主な呼び物だ。この公園には、船の発着所、トイレ、シャワー施設、ソフトドリンクやお土産品を売る小さな店がある。ところが残念なことに1992年のイニキ台風でビーチの砂が押し流されてしまい、ナポオポオ・ビーチNapoopoo Beachはなくなってしまった。現在では、岩だけで海岸線が形成されている。

ヘイアウの近くにカヤックを乗り入れるのは禁止されているが、ナポオポオ・ロードを下りヘイアウに向かう右手の道ではなく、そのまま真っすぐ進めば、カヤックをおろせる場所が簡単に見つかる。

ナポオポオ・ロードをずっと端まで進んで左に曲がり、南へ4マイル（約6.4km）ほど雑木林と溶岩の中を通り抜けると、プレース・オブ・レフュージPlace of Refuge（避難所）に着く。道路は一車線そこそこだが舗装されていて、通行可能だ。草が路側の溝を覆っていて見えないので、車を路肩に止める際は十分注意しよう。道を進むと海岸沿いにわき道が幾つかある。

マニニ・ビーチ Manini Beachはずばらしい景観の断崖に面しており、はるか遠くにキャプテン・クックの記念碑が見える。シュノーケリングをすると、カメやニザダイやそのほか、色とりどりの魚に簡単に出合える。ビーチへ入ってすぐ右側にシュノーケリングに最高のポイントがある。海岸沿いに均等の間隔で並んだヤシの木は、珍しい種類の鳥たちの憩いの場所となっている。しかしビーチは岩だらけで海水浴や日光浴には適さない。小さな簡易トイレはあるが、そのほかの設備はない。

2つ目の砂利道を進むと**ケエイ湾 Keei Bay**に到着する。ケエイ・トランスファー・ステーションKeei Transfer Stationまで行ったら行き過ぎだ。でこぼこの道路を走りたくなければ、舗装された道路から湾から歩いてわずか15分の距離にある。サーファーやカヤックを楽しむ人たちが波の様子を見ているが、海水浴には適さない。黒い砂と白い砂が入り混じるビーチフロントは広くはないが、ココナッツの木が生い茂り良い木陰ができている。ここには施設は何もない。

キャプテン・クック・モニュメント・トレイル
Captain Cook Monument Trail

きついハイキングに挑みたいなら、トライアスロン選手でも汗ばむキャプテン・クック記念碑Captain Cook Monumentやケアラケクア湾の北端の入り江へ行くトレイルに挑戦してみるのもよいだろう。だからと言ってこの小道が特に険しいわけでも高低差があるわけでもないが、常に整備されているわけでもない。背の高いアフリカチカラシバが生い茂っている時もあれば、馬で記念碑へ行く人のおかげで見通しが良くなっている時もある。

トレイルの入口に行くには、ハイウェイ11をナポオポオ・ロードで下りて250ヤード（約229m）南下する。すると右側2つ目の電柱のすぐ先に、砂利道が見える。砂利道を歩き始めて200ヤード（約183m）進むと道が分かれているので左へ進む。この先は基本的にこれまで歩いてきたような道が続く。ルートはまったくシンプルで、大部分は昔ジープが通っていた道に造られた石垣が両側に続く。迷いそうな時は左側にいよう。

そのうち海岸が見えてきて、道が幅広い岩棚に沿って左に大きく曲がる。丘を下りて左に曲がるとビーチだ。左へ数分歩いた所にあるオベリスクの**記念碑**は、キャプテン クックが波打ち際で殺された場所を示す。

クイーンズ・バス Queen's Bathは塩気を含んだわき水がたまった小さな溶岩プールで、記念碑から崖に向かって数分歩いた入り江の端にある。ここの水は冷たくて気持ちが良い。ここにはいささか手ごわい蚊がいるものの、昔からビーチシャワーの代わりとして道を戻る前に塩を洗い流すにはぴったりだ。

クイーンズ・バスのさらに先を数分歩くと、道は**パリ・カプ・オ・ケオウア Pali-kapu-o-Keoua**「首長ケオウアが生贄にささげられた崖」で行き止まりとなる。崖には無数のほら穴があり、ハワイの王族の埋葬場所として使われた。キャプテン・クックの遺骨の一部もここに安置されたのではないかと想いが巡る。下方のほら穴はのぞくことができるものもあるが、ビールの空き缶以外は何もない。幸いなことに上方は容易に見ることができず、遺骨がいまだにあるかもしれない。すべてが神聖なものであり、そっとしておくべきだろう。

帰りの道のりは1時間ほど。暑くてほとんど日陰がないうえにずっと上り坂が続く。別の4WD道路が北の交差点から海岸に沿って真っすぐ延びているので、道を右に曲がって溶岩の岩棚を戻ることを忘れないように。終点辺りに宿泊施設はない。飲料水とシュノーケリングを忘れずに用意して行こう。

シュノーケリング

ハイキングで汗をかいたあとは、記念碑の正面、セメントの埠頭左側にある岩場から海へ潜り込もう。水深は5フィート（約1.5m）からだんだんと深くなり、30フィート（約9m）程度にまでなる。入り江は保護されており、普段はとても波が穏やか。透明度が良く、サンゴも魚も豊富だ。

朝シュノーケリングのツアーボート（本章前出の「アクティビティ」を参照）が湾へやってくるが岸までは来ず、昼までにはほとんどいなくなっている。何にしても入り江は十分大きく、混雑を感じることはない。

カヤック

湾ではカヤックのレンタルはしていないが、数マイル先にある丘の中腹の町でカヤックを借りられる。

アロハ・カヤック・カンパニー
Aloha Kayak Company
☎322-2868
⌂Hwy 11

ホナロの「てしまレストランTeshima's Restaurant」の反対側にある。救命胴衣と車載用ラック込みでカヤックのレンタルは1日あたりシングル（1人乗り）＄25、タンデム（2人乗り）＄40。シュノーケルセットは＄5。ガイド付きのカヤックツアーについては応相談。

コナ・ボーイ
Kona Boy
☎323-1234
⌂79-7491 Hwy 11

ケアラケクアの町から半マイル（約800m）北にあり、シングルは＄25、ダブルは＄45。きさくな若者たちから良いアドバイスを受けられるが、彼ら自身が海に出るため、営業は早く終了する。機材の返却は遅れないように。

ダイビング

うまい名前がつけられた**ロング・ラバ・チューブ Long Lava Tube**（長い溶岩洞）はケアラケクア湾のすぐ北にあり、中級者向けのダイビングスポット。溶岩の「天窓」は天井から光が差し込む。夜行性の生物も日中に活動していて、甲殻類やウツボ、ミカドウミウシでさえ見られるかもしれない。外側には無数の溶岩樹があり、アナゴやホラ貝、イットウダイの群れなどが隠れている。ダイビング用のライトを忘れずに。

キャプテン・クック

太平洋の航海者の名前を冠した町はハイウェイ11にあり、クックが最期を迎えた湾の北側にある。小さく地味な町には、郡や州の事務所が幾つかと、ショッピングセンター、ホテル、レストランが数件ある。シェブロンChevronガソリンスタンドは24時間営業。

さらに南に進むと沿道にコーヒーの試飲所が何軒かあり、地元産の豆の販売や、無料でいれたての試飲を行っている。コーヒーの木やそのすぐ奥に植えられているマカデミアナッツの木を間近で見たければ、107マイルマーカーと108マイルマーカーの中間、海側にある道路わきの待避所を探してみよう。待避所には特に標識はない。

もう1マイル（約1.6km）南、**ロイヤル・コナ・ミュージアム・アンド・コーヒー・ミル Royal Kona Museum & Coffee Mill**（☎328-2511 ◎7:45～17:00）は、ミュージアムというよりギフトショップと呼んだ方がよいかもしれない。コーヒーの無料サンプルと、簡単な歴史の展示がある。外に出るとコーヒーを製造しており、豆から果肉を取り除くミル、洗い場、乾燥所を見学できるほか、溶岩洞を通り抜けられる。

宿泊

パイナップル・パーク
Pineapple Park
☎323-2224、877-865-2266
🌐www.pineapple-park.com
⌂Hwy 11
🛏キャンプ＄12、ドミトリーベッド＄20、客室＄45～85

110マイルマーカーと111マイルマーカーの間の、エキゾチックなフルーツスタンドの隣にあり、主にヨーロッパからの常連客がやって来る。ホステルにはキッチン、ランドリー設備、共用の広いラウンジがあり、キャンプの利用客はキッチンとシャワーを利用できる。道路の反対側にはバス停があり、ヒロHiloやコナ行きのバスが通っている。オーナーによるコナ空港への送迎は＄15。

マナゴ・ホテル
Manago Hotel
☎323-2642 ℻323-3451
⌂Hwy 11
🛏S＄25 W＄28、モーテル風客室（バス付き）＄42～50、畳の客室＄65

元はレストランとして1917年に始められた家族経営のホテル。ヒロとコナの間が長旅だった頃、行商人にうどんを出していた。当時は1泊＄1で畳に布団を敷いて泊まることができた。現在では、旧来の建物に昔からある部屋の質素な家具、薄い壁、共用風呂などに当時の名残が見られる。遮るもののないラナイから見えるケアラケクア湾は見ごたえがある。

キャプテン・ジェームス・クック最期の日々

キャプテン・ジェームス・クックは、ハワイを訪れた最初の西洋人として知られている。彼は1779年1月17日の明け方、ケアラケクア湾に船を入れた。運命がそうさせたのか、彼の上陸はマカヒキ祭の最中だった。

クックの船団の高いマストと白い帆が、さらには彼が時計回りに島の外を回ったことまで、ロノ神の帰還に関する予言どおりと島の人々には思われた。ロノ神は高い木々に覆われた島に現れるとされていたのだ。

当然、クックと部下たちは、伝統的なハワイ風のホオキパ(もてなし)を受けた。食べ物、飲み物、住まいが分け与えられ、さらに当時行われていたセックスの提供もあった。地位の高い神官が一連の儀式を行い、クックはロノ神の化身として扱われた。

2月4日、イギリス船団は、ケアラケクア湾から北に向かって出帆した。だが、北西の沖で彼らは嵐の中に入り込み、レゾリューション号のフォアマスト(船首に近い帆柱)が折れた。クックは船の向きを変え、ケアラケクアに戻ってマストを修理することにした。

2月11日、クックと部下たちが改めてケアラケクア湾に錨を下ろした時、この地を治める首長たちは、これを悪い兆しだと考えた。宴は終わり、マカヒキももはや行われてはいなかった。反時計回りの方向で港に入り、マストが折れていた状態でのクックの再来は不吉な合図ばかりをもたらすものだった。

2月14日、度重なる悲劇の末、クックは部下の船乗り4人と共に、乱闘の中でハワイの原住民たちに湾の北端で殺された。皮肉なことに、世界で最も偉大なこの航海者は泳ぎが苦手であり、どうやら、数ヤード先で待っているボートまで泳ぐよりも、怒り狂った群集の中に転がり込む方を選んだようである。

MICK WELDON

ポマイカイ・ファームB&B
Pomaikai Farm B&B
(ラッキー・ファームLucky Farm)
☎328-2112、800-325-6427 ℻328-2255
www.luckyfarm.com
85-5465 Mamalahoa Hwy
B&B $50〜65

キャプテン・クックから南に約3マイル(約5km)、ケエイ湾を展望できる。宿泊施設として、メインハウスの簡素な部屋が1つ、その裏のオープンエアの2戸建てが2つ、コーヒー納屋を改造した建物(戸外のシャワー付)が1つあり、バイキングスタイルの朝食が付いている。宿泊客は冷蔵庫、電子レンジ、バーベキューグリルのある共用キッチンを利用できる。交通の騒音が幾らかするので覚悟しておくこと。

シダー・ハウス
Cedar House
☎/℻328-8829
www.cedarhouse-hawaii.com
B&B客室 $70〜75、プライベートバス付 $85〜95

町の中心から1マイル(約1.6km)離れた静かなコーヒー農園に建っている。天然の木材による建物には窓がたくさんあり、ベランダからは遠くに海が見える。階下の部屋の1つには簡単なキッチンが付いている。親切なホストはドイツ語を流暢に話すほか、フランス語や広東語も使える。

食事

ケアラケクア・ランチ・センター Kealakekua Ranch Center
(☎Hwy 11)はマナゴ・ホテルの半マイル(約800m)南にあるスーパーマーケット。デリカテッセンと安い飲食店が数件ある。

マナゴ・レストラン
Manago Restaurant
☎323-2642
Manago Hotel
食事$10未満
火〜日 7:00〜9:00、11:00〜14:00、17:00〜19:30

和風の肉とポテト料理の店。健康に良い料理とはいい難いが、量が多く、昔ながらの雰囲気が楽しい。ポークチョップが自慢。

スーパーJ's
Super J's
Hwy 11
1品$6
月〜土 10:00〜18:00

ハワイ料理のテイクアウトがある。107マイルマーカーの南にある。メニューの数は多くないが、カルアピッグkalua pig(土の中につくったオーブンでローストしたもの)にキャベツが添えられたプレートなどがある。テーブル席もあるが、使用している人はほとんどいない。

ホナウナウ
HONAUNAU

ホナウナウの1番の見どころは、プウホヌア・オ・ホナウナウ国立歴史公園だろう。ここは一般にプレース・オブ・リフュージPlace of Refugeと呼ばれている。

コナ・コースト・マカデミア・ナッツ・アンド・キャンディ・ファクトリー
Kona Coast Macadamia Nut & Candy Factory
☎328-8141
🏠Middle Keei Rd
🆓無料
🕐月～金 8:00～16:30、土 8:00～16:00、日 11:00～14:00

皮むき器やクルミ割り器の簡単な展示がある。実際に体験もでき（1回にマカデミアナッツ1つ）、できたものを食べることができる。ショールームでは実際の作業を眺めることができる。ここでは袋に一杯のナッツの皮がむかれ、仕分けされている。

さらに南へ向かうと、ハイウェイ160がメルブズ・プレイスMerv's Placeストアの所でハイウェイ11と接続する。そこから南下するとペインテッド・チャーチ・ロードPainted Church Rdと、放牧されている馬、石垣、華やかなブーゲンビリアといった田舎の風景を通り抜けてプレース・オブ・リフュージへ向かう。

セント・ベネディクト・ペインテッド・チャーチ
St Benedict's Painted Church

カトリックの司祭であったジョン・ベルチマン・ベルジがこの教会（☎328-2227 🏠Painted Church Rd）のユニークな内装を手がけた。ジョン神父は1899年にベルギーからハワイへやって来た。ジョン神父がやってきた当時、教会はプレース・オブ・リフュージに近い海岸に建てられていた。彼は最初、教会を現在の場所に向かって坂を2マイル（約3.2km）ほど上がった所に移動させようとした。津波から守ろうとしたのか、文字通りまたは象徴的な意味でプレース・オブ・リフュージや偶像崇拝を行うハワイの古来の神々より高い所に建てようとしたのかは定かでない。

その後、字が読めない原住民に聖書を教える手助けとして、ジョン神父は壁に一連の聖書の場面を描いた。祭壇後ろの壁は、スペインのブルゴスにあるゴシック様式の大聖堂に似せてデザインされた。本格的なハワイアンスタイルで描かれたヤシの葉は、細い柱から伸びており教会の屋根を支えているように見える。

このトタン葺き屋根の教会では、現在でも日曜礼拝が7:15から行われ、ハワイ語で賛美歌が歌われている。ハイウェイ160の1マイルマーカーで北に曲がり4分の1マイル（約400m）上がると、道順を示す小さな看板がある。

宿泊
ドラゴンフライ・ランチ
Dragonfly Ranch
☎328-9570、800-487-2159
🌐www.dragonflyranch.com
🏠Hwy 160
💰屋外のラナイ付き小屋＄85、客室＄100、スイート＄150、ハネムーンスイート＄200

ペインテッド・チャーチ・ロード近くにある。コズミックニューエイジ信奉者の隠れ家で、風変わりなペットがたくさんいる。"霊魂の不滅を信じる"オーナーがここを30年以上も運営している。メインハウスのスタンダードルームから、壁のない平らなデッキにキングサイズのベッドが置かれたハネムーンスイートまで、さまざまな部屋タイプがある。このデッキにはネットが張ってあり、パーマカルチャー（持続可能な環境作りを目指す新しいライフスタイル）の庭にいる大きな無害のクモが中に入れないようにしている。海を見晴らす建物の裏にある虹色の迷路を歩いてみよう。

ア・プレイス・オブ・リフュージ
A Place of Refuge
☎328-0604
✉crhawaii@kona.net
🏠83-5440 Painted Church Rd
💰D＄65～75

農場にある基本的なサービスのみを提供するB&B。部屋にはテレビはないが、ラナイからはすばらしいオーシャンビューが楽しめる。オーナーのロジャー・ディルツ氏はシエラクラブSierra Clubの非常勤の活動家だ。シュノーケルセットの貸し出しや、カヤックについての相談も行っている。ハイウェイの騒音は聞こえないが、ガチョウの鳴き声がうるさい。料金には朝食が含まれるが、キッチンを使うこともできる。

食事
ボング・ブラザーズ
Bong Brothers
🏠Hwy 11
🕐土曜休業

ミドル・ケエイ・ロードMiddle Keei Rdのすぐ南。オリジナルコーヒー、オーガニック食品、スムージー、デリカテッセンメニューなどがある。ランチタイムにはベジタリアンのシェフがつくるホームメイドスープやヘルシーな特別料理（＄5程度）がある。

ウェイクフィールド・ガーデン・レストラン
Wakefield Gardens Restaurant
- ☎328-9930
- 🏠Hwy 160
- 🍴1品$8
- 🕐11:00～16:00

ペインテッド・チャーチ・ロードのすぐ西。落ち着いたオープンエアのダイニングテラスがあり、心地よいランチスポットになっている。サンドイッチやサラダのほかに、ベジタリアン料理がたくさんある。ランチボックスやほっぺたが落ちそうなほどおいしいホームメイドのパイもある。

ケエイ・カフェ
Keei Cafe
- ☎328-8451
- 🏠Hwy 11
- 🍴メイン$10～20
- 🕐火～土 17:15～21:00

106マイルマーカーの所にある。プラスチックの椅子のある簡素な店だが、折り紙付きのグルメシェフが、地域で1番のディナーに腕をふるう。黒板には創作ベジタリアン料理や、新鮮でおいしいアヒマグロ)やオノ(ワフー、サバの一種)を使った特別メニューがある。

プウホヌア・オ・ホナウナウ国立歴史公園
PUUHONUA O HONAUNAU NATIONAL HISTORICAL PARK

ため息がでるほど美しいこの公園（☎328-2288 www.nps.gov/puho 1週間パス 大人$3 家族$5 日～木 7:30～20:00、金・土 6:00～23:00)は、ホナウナウ湾Honaunau Bayに面している。舌のねじれる早口言葉のようなこの名前は、単に「ホナウナウの避難所」という意味である。

昔ハワイでは、日々のすべての行いを厳しく定めた数多くのカプ(タブー)があり、その1つでも破ると神々の怒りを呼び、罰として自然災害が、ときには1つならず2つ起こると思われていた。神々をなだめるために、カプを破った者は追い立てられ殺された。ただし、カプを破った平民や、戦いに敗れた戦士、または普通の犯罪者は、聖なる場所であるプウホヌア(避難所)にたどり着くことができれば命は救われた。ここは聖域であり避難所でもあった。

それは簡単に思えるかもしれないが、実際には非常に困難なことだった。王族やその戦士たちが避難所を囲むようにしてすぐそばに住んでいたので、カプを破った者は外洋を泳いでプウホヌアに来るほかなかった。しかし、そのためには潮の流れやサメと闘うことがあ

った。この聖域に入ることができれば、神官たちが許しの儀式を行う。これによって神々を鎮めることができ、カプを破った者も罪を清算して家に戻ることができたのだ。

ハレ・オ・ケアエ・ヘイアウ Hale o Keawe Heiauは入り江のそばにある神殿で、1650年頃に建てられた。ここには23人の首長の骨が埋められていた。その骨には首長たちのマナ(霊的な力)が残っており、この地を訪れる者にはその力が与えられると思われていた。ヘイアウは昔のとおりに再建されている。そばには、木彫りでつくられたキイが何体も立っている。その高さは約15フィート(約4.6m)で、古代の神々を現すと言われている。ヘイアウに向かって続く大きな石の壁**グレート・ウォール Great Wall**は、1550年頃につくられたもので、長さ1000フィート(約305m)以上、高さ10フィート(約3m)もある。壁の西側にプウホヌア(避難場所)があり、東側には王家の土地があった。

ここにはガイドなしで回る散策コースがあり、詳細は公園の案内書に記載されている。コースではハレ・オ・ケアエ・ヘイアウのほか、さらに古い2つのヘイアウ、ペトログリフ(岩面彫刻)、伝説の石が数個、養魚池、溶岩樹型(溶岩流に巻き込まれた樹木によってできた溶岩流の中の空洞)、そして数軒の藁葺き屋根の小屋や雨よけを見て回ることができる。展示してあるカヌーは、コアの木を手彫りしたものだ。公園の南端、パホイホイpahoehoe溶岩の中にある幾つかの**潮溜**まりを探索するのもいい。ヘイアウの裏にあるこれらの浅い潮溜まりに点在する小さな黒い斑点は、タマキビの一種ピピピである。もっと南のピクニックエリアに近い数カ所の潮溜まりはもっと良いかもしれない。こちらは、サンゴや、黒い甲羅を持つカニ、小魚やウナギ、アメフラシ、そしてバラ色のトゲを持つウニの住みかである。

天気の良い日には早めに行くか、曇りの日の午後に行けば旅行者は少ない。20分間のオリエンテーションがある(通常は毎日10:00、10:30、11:00、14:30、15:00、15:30)。公園の野外劇場では、毎月ハワイアン研究の無料プログラムがあり、普通は毎月第1水曜日の19:30だ。また、7月1日に最も近い週末にはフェスティバルがあり、伝統的な飾りつけや食べ物、フキラウ(地引き網)や"ロイヤルコート"(ハワイの民族衣装を着た人達による行進)が見られる。

1871トレイル
1871 Trail

キイラエ村Kiilae Villageへの1871トレイルのハイキングは1時間ぐらいで楽しめる。公園の

管理事務所ではガイドブックを貸し出し、スタッフがコースの起点近くまで案内してくれる。

廃村に向かう途中、壊れた溶岩洞や神殿跡を通り、険しいアラハカ・ランプAlahaka Rampに入る。昔、人々はここを通り馬で村から村へと旅をしていた。ランプを半分進んだ辺りに海へと通じるワイウ・オ・ヒナWaiu-O-Hina溶岩洞がある。地面はでこぼこで、頭上にはゴツゴツした岩が突き出ているので、探検する場合は懐中電灯を持って行くこと。

ランプの頂上では途方もない展望が眼下に広がっている。かつてキイラエ村があった場所まで歩き続けたら、ホオケナHookenaで時間切れにならないように引き返そう。

道筋には木が並んでいるが木陰はなく、また溶岩洞を通って曲がりくねっているため、朝か午後遅くの周遊がおすすめ。飲料水、日焼け止め、そしてとにかく帽子を持って行くこと。

ビーチ

プレース・オブ・レフュージにある**ケオネエレ・コーブ Keoneele Cove**は浅く泳ぐことができる。この入り江は昔、王家のカヌーを揚げる場所だった。シュノーケリングをするには潮が満ちてきた時が1番良い。水かさが増し、潮が魚を連れて来るからだ。日光浴はできない。タオルやビーチマットも置きっぱなしにしてはならない。

プレース・オブ・レフュージのすぐ北には、シュノーケリングやダイビングに最適な場所である**トゥー・ステップ Two-Step**がある。公園の駐車場から細い道（15mphの標識がある）を左に行き、500フィート（約150m）ほど下る。シュノーケリングをするなら、ボートランプのすぐ北の溶岩棚から深さ10フィート（約3m）の水の中へ降りてみよう。すぐに25フィート（約8m）にまで深くなる。自然に形作られた溶岩の階段があるので水中への出入りが割と簡単だが、ここにはビーチがない。冬になると、高い波で海が荒れる。

眺めはすばらしい。特に午後になると日の光が頭のてっぺんから直接降りそそぎ、大型のスズメダイ、岸近くの色とりどりのサンゴが格別だ。生きたサンゴのポリープを食い荒らす捕食性の「オニヒトデ」を見ることもできるだろう。ダイビングをするなら、少し先にある100フィート（約30m）に落ち込む岩棚を探検するのがよいだろう。

ホオケナ
HOOKENA

コナ南部を探索する時間があるなら、ホオケナに寄ってみても損はないだろう。現地の人々は隣のミロリイMiloliiの人々よりもずっと親切にしてくれる。彼らに話しかけると、毎週浜辺に料理を持ち寄って行われる夕食の集いに誘われることがある。

かつてホオケナには2つの教会と、学校、裁判所、郵便局があり、活気あふれる村だった。1889年に、カラカウア王が友人のロバート・ルイス・スチーブンソンにハワイの典型的な村の姿を見せようと、彼をこの地に招いた。スチーブンソンは町の判事のもとに1週間滞在し、「トラベルズ・イン・ハワイTravels in Hawaii」でホオケナについて書き記した。

1890年代に、中国移民がホオケナに流入し始め、売店やレストランを開いた。居酒屋とホテルが1件ずつ開業し、街は乱雑で騒々しくなった。当時は、ビッグアイランドの牛がホオケナの桟橋からホノルルHonoluluの市場へ輸送されていた。島内の周遊道路が建設されると、蒸気船の往来は途絶え、人々はここを出て行くようになった。1920年代までには、ここは無人も同然となった。

現在ホオケナは、小規模な郡立の海浜公園が1つあるだけの小さな漁村になってしまった。公園のトイレの正面には、風雨に打ちひしがれた桟橋の残骸が見られる。浜辺の砂はとても柔らかな黒砂である。ピクニックテーブルはあるが、水道はない。郡の許可を取れば、**キャンプ**もできる（本章前出の「宿泊」を参照）。

湾は溶岩でできた海食崖に囲まれており木陰もある。波が高まる冬場は、地元の若者がサーフボードを持って波乗りにやって来る。波が静かな時はカヤックや桟橋から直接飛び込んでシュノーケリングもできる。海底は急な傾斜になっておりサンゴが密生している。ただし、激しい潮流に出くわすおそれがあるので、あまり沖まで行かない方がよい。海岸にはときどき小型のイルカが現れ、一度に100頭も現れることもある。

村は、ハイウェイ11の101マイルマーカーと102マイルマーカーの間から分かれている細い道を、2マイル（約3.2km）ほど行った所にある。

ミロリイ
MILOLII

ミロリイとは「細いより」という意味である。この村はかつて、オロナの木の樹皮を使って細い紐や評判のよい魚網をつくる熟練のセンニット（古いロープをほぐして3つ網にした組紐）の撚り手がいることで知られていた。村人は今でも海の近くに住んでおり、この紐作りで生計を立てている人が多い。

ノース・コナ
North Kona

ハイウェイ19（クイーン・カアフマヌ・ハイウェイQueen Kaahumanu Hwy）は、カイルア・コナKailua-Konaを起点とし、溶岩の景観が広がる暑く乾いた大地を北へと貫いている。海岸沿いのこの道路からは内陸にそびえるマウナ・ケアMauna Kea、その南のマウナ・ロアMauna Loaが目に入る。どちらの山も、冬はいつも雪に覆われている。

道沿いにかたまって咲いている色鮮やかな赤いブーゲンビリアの花は、漆黒の岩を背景にその美しさを際立たせているが、そのほかに見かける植物と言えば、乾いた風を生き延びた草のまばらな茂みである。島の至る所で、黒い溶岩に、白いサンゴでメッセージが書かれたビッグアイランド独特の落書きに気づくだろう。

カイルア・コナからサウス・コハラ地区のワイコロアWaikoloaまでの海岸線には、かつて小さな漁村が数多く点在していたが、1946年の津波でそのほとんどが流失してしまった。人があまり住んでいないこの海岸線に沿って、隔離された美しい海岸や入り江があるが、道からは隠れて見えず、歩いてしか近づくことはできない。歩いて近寄ってみると固まった溶岩と紺碧の海の間のわずかな場所に、白い砂浜が横たわるのが見える。

ハイウェイ19はなだらかで真っすぐ延びているため、ついついスピードが出てしまうが、この辺り特に空港からカイルアにかけては、レーダーによるスピード監視の重点区間である。警察はグランダムからエクスプローラに至るまで、あらゆる車種の覆面パトカーで巡回していることをお忘れなく。もちろん、屋根に青いパトロールライトをつけた車は、誰が見ても一目瞭然だが。

鉄人トライアスロンIronman Triathlonのコースの一部にもなっている広くなだらかなサイクリングロードがハイウェイの両側に設置されている。気温が85°F（約30℃）を超えると、アスファルトと溶岩からの反射熱により実際の温度は100°F（約38℃）以上になるので、自転車に乗る時は注意が必要だ。道路沿いに飲料水などの設備はない。

ホノコハウ港
HONOKOHAU HARBOR

カイルア・コナの北、約2マイル（約3.2km）にあるホノコハウ港は、カイルア桟橋Kailua Pierの負担を減らす目的で、1970年につくら

怪しげなノニ

伝統的な強壮剤では並ぶもののないノニ（ヤエヤマアオキ）は、道端で奔放に生育する。ノニは下痢から糖尿病まで何にでも効き、その味はその効果を立証するかのようにまずい。ノニは今の所科学界からは真剣に注目されていないが、代々ハワイアンたちは腫れ物や傷の局所治療に使ってきた。ノニは、天然のバイアグラであるとさえ言われている。

この木は濃い緑色のロウを塗ったような木の葉で見分けられる。野球ボール大の果実には異星人のような"目玉"が幾つもあって、でこぼこしている。ノニをつくるには、実がまだ固く、白くなりかけた時に採る。実は洗って容器に入れ、水に浸し、半日陰に置いて発酵させる。水がほとんど蒸発し、ノニが腐った脳みそのようになったら、どろどろになった果肉をこし出し、冷蔵庫に移す。

大さじ1杯を毎朝空腹時に飲む。実践している人たちは、この空腹時にという指示はノニの風味とは関係ないと言うが、疑問ではある。まずは、かかりつけの医師に相談すること。ノニの商品はハワイ本島の健康食品店で買える。

ミロリイはハワイでも最も伝統的な漁村の1つだが、外見よりもむしろ精神風土においてそう言えるだろう。かつての漁師小屋は現代的な家々へと変貌しており、漁師たちはモーターボートに乗って勢いよく漁に出てゆく。そのため、この小さな村を訪れても、興味をそそるものはほとんど何もない。また、ミロリイの住人は一般的に部外者との関わりを好まず、あちこち詮索する観光客に対しては無関心だ。

この村は、1926年に隣の漁村ホープロアHoopuloaを呑み込んだ大規模な溶岩流の縁に接している。この村は、ハイウェイ11を89マイルマーカーのすぐ南にある分岐点で下りて、溶岩流を横断する急勾配の舗装された1車線道路を5マイル（約8km）進んだ所にある。道路の周囲には、波うったトタン板の屋根の家が点在している。

カイマナ・ゲスト・ハウス・アンド・ホステル
Kaimana Guest House & Hostel
☎328-2207
🌐 www.kaimanavacations.com
📍 cnr Akahi & Elima Sts
🛏 ベッドのみ$20、S$30 W$40、コテージ$55

宿泊客用のカヤックとシュノーケリング用具を備えている。ミロリイを訪れる旅行者はあまり多くはないが、キラウエア火口を訪れる途中の投宿先としては便利（かつ費用も手頃）である。

れた。現在ではコナの漁獲量のほとんどがここで水揚げされている。

停泊したチャーター漁船から水揚げされるマカジキやキハダマグロの計量の様子を見たいなら、車で直接乗り入れガソリンスタンドの近くに駐車し、隣接した建物の後ろにあるドックへ歩いて行ってみよう。計量の見学に最適な時間帯は、通常11:30頃と15:30頃だ。

ホノコハウ港の沖合いには、**タートル・ピナクル Turtle Pinnacle**と呼ばれる場所がありボートで行くことができる。小魚に甲羅を掃除してもらいに集まってくるカメに合える絶好のダイビングスポットになっている（小魚は甲羅についた藻類や寄生生物を食べてくれる）。カメはダイバーやアイマカバに慣れているので、カメラを向けても怯える様子はない。水中ではそのほかに、イザリウオ、タコ、ヨウジウオを頻繁に見かける。

ハーバー・ハウス・レストラン Harbor House Restaurant（🍴一品＄5〜10 🕐月〜土 11:00〜19:00、日 11:00〜17:30）は湾のコンプレックス内にあり、小エビの唐揚とフライドポテトの盛り合わせ、バーガーやガンガンに冷えたジョッキに入ったビールなどがある。ハッピーアワー（サービスタイム）に行けばビールは＄2だ。鮮魚と魚の燻製を扱う魚市場もある。

カロコ・ホノコハウ国立歴史公園
Kaloko-Honokohau National Historical Park

1978年（ただし、正確な年は不明）以来、開発段階にあるこの公園（☎329-6881 🕐8:00〜15:30）は、広さ1160エーカー（約4.7km²）におよび、カロコKalokoからホノコハウ港までの沿岸部すべてをカバーしている。公園内には養魚池、古代の祭跡と住居跡、埋葬用の洞穴、壁画、ホルア（そり用コース）、**キングス・トレイル King's Trail**と呼ばれる1マイル（約1.6km）にわたって復元された古代の石畳などがある。一説によると、カロコ辺りにカメハメハ大王の遺骨が密かに埋葬されていると言われている。この推測とアイマカパ養魚池Aimakapa Fishpondが絶滅の危機に瀕した水鳥の生息地であるという事実は、議会に国立公園の指定を迫るに十分であった。

公園の北端近くの海岸には、**カロコ養魚池 Kaloko Fishpond**がある。公園がフエフエ・ランチHuehue Ranchからこの土地を引き継ぐ以前、マングローブが恐るべき勢いでこの池に繁殖し、ここを生息地としていた水鳥がほかの地へ追いやられる形となった。公園管理部は木を伐採して燃やし、さらに若木を1本1本引き抜いて根を焼くという非常に手間のかかる作業を行ってマングローブを駆除した。

公園南側のホノコハウ・ビーチHonokohau Beachからわずかに内陸に入った所には、**アイマカパ養魚池 Aimakapa Fishpond**がある。ここはコナ・コーストKona Coast最大の養魚池であると同時に、もう1つの重要な水鳥の生息地でもあるが、カロコと同じく、マングローブの駆除には多大な努力を要した。この海水の池を訪れてみると、アエオ（ハワイアンクロエリセイタカシギ）やアラエケオケオ（ハワイアンオオバン）を目にする。この2種類の水鳥はいずれも絶滅の恐れがあるが、マングローブが取り除かれた以後この池に戻ってきたというのは意味深いといえるだろう。

カヒニヒニウラ Kahinihiniula（クイーンズ・バスQueen's Bath）は溶岩流の真ん中にある、塩気のあるわき水のプール（たまり）だ。内陸にありながら水位は潮と共に変化する。満潮になると海水が染み出してきて、プールの水位が上昇する。ホノコハウ・ビーチの北端から内陸に向かって歩けば、このプールにたどり着く。ケルン（積み石）と近くに真水があることを意味するクリスマスベリーが目印。

公園内の見どころの多くが自然の姿に復元されていく中、資料館とビジターセンターも準備中である。当面は居合わせた監視員が質問に答え、遺跡の重要性を文化面、考古学面から解説した無料パンフレットを用意している。公園入口は、2WD車でもゆっくり進めば横断できる未舗装の道を4分の3マイル（約1.2km）下った先、96マイルと97マイルの標識の間にある。

ホノコハウ・ビーチ
Honokohau Beach

湾の真北に位置するこのビーチは歴史公園の一部である。ハイウェイ19からホノコハウ・ハーバー道路Honokohau Harbor roadを進み、マリーナコンプレックス正面を右折し、道なりに4分の1マイル（約400m）ほど進む。車は乾ドック艇庫のすぐ後ろに停める。歩道が道路の終わるあたりで右側、溶岩壁の切れ目から始まっている。歩道はしっかり踏み固められていて、ビーチまでは歩いて5分。

ビーチの砂は粗く、黒い溶岩、白いサンゴ、貝殻の丸い破片が混じっている。海底にはところどころに岩場もあるが、水泳やシュノーケリングで潜ったりするのに支障はない。長年、裸で日光浴をする人が大勢集まって来ていたが、現在この地区では水着の着用が義務付けられ、公園の監視員によるパトロールが行われている。ビーチで唯一の設備は、歩道の終わる辺りにある汲みとり式トイレだけだ。トイレにはアブがいることもあるので、虫よけを持参した方が良いだろう。

ノース・コナ－ケアホレ・ポイント＆ワワロリ・ビーチ

食事

コストコ Costco ☎334-0770 🏠73-5600 Maiau St 📋会員＄45 🕐月～金 11:00～20:30、土 9:30～18:00、日 10:00～18:00）はハイウェイ19の内陸側、カロコ・インダストリアル・パークKaloko Industrial Parkにある。会員になると食料雑貨類や日用品を安く大量に購入でき、ガソリンも割引になる。2人以上のグループで1週間以上滞在するか、高額商品を購入する必要があるなら会員になる価値があるだろう。日本で既に会員になっている場合は、日本のメンバーズカードで利用できる。

サム・チョイズ
Sam Choy's
☎326-1545
🏠73-5576 Kauhola St
🍴食事＄10未満
🕐月～土 6:00～14:00、土 7:00～14:00

地元の人も旅行者もビッグアイランド生まれの有名なシェフ、サム・チョイSam Choyを楽しみにやってくる。ハワイで有名なレストランが並ぶ一角にある。内装はカジュアルで、フォーマイカ製（強化合成樹脂）のテーブルを使っている。シェフの写真や受賞記録が壁に飾られている。フライドポークオムレツ（ポケ＜魚のマリネ＞）のフライを使ったオムレツ）や、中華鍋に肉や野菜の入ったご飯などに挑戦してみよう。人気の理由がわかるだろう。

ケアホレ・ポイント＆ワワロリ（OTEC）・ビーチ
KEAHOLE POINT & WAWALOLI (OTEC) BEACH

ケアホレ・ポイントでは、海底が急激に深くなる。ここでは、2000フィート（約610m）からの冷水と、表面の暖かい水が絶え間なく混じり合っている。そう！ここは海洋温度差発電（OTEC）にとって理想的な条件を備えている。OTECとは冷たい水と暖かい水の温度差により生じるエネルギーを利用し、蒸気タービンのような働きをするシステムである。この場所ではすでに発電に成功しており、これを経済的にエネルギー資源として実用化する研究が続けられている。詳しく知りたければ、ハワイ自然エネルギー研究所Natural Energy Laboratory of Hawaiiが開く**公開講座**（☎329-7341、内線7 📋受講料＄3 🕐水木 10:00～12:00）に足を運んでみよう（電話で要予約）。

州立の水力エネルギー研究施設やワワロリ・ビーチWawaloli Beachに行くには、94マイルマーカーと95マイルマーカーの中間、コナ空港の1マイル（約1.6km）南でわき道に入る。上空を飛行機が飛び交うこのビーチには

トイレとシャワーが完備されている。風が吹きつける溶岩の海岸線は岩だらけで泳ぐのにはあまり適していないが、トイレの200ヤード（約183m）南には大きな天然の海水プールがあり、水に入って歩くには十分な深さがあって子供にはうってつけだ。

このビーチから南へ続くでこぼこの未舗装の道路を半マイル（約800m）行くと、コナ地区有数のサーフィンビーチ、**パイン・ツリー Pine Trees**に出る。車を乗り入れると左手に群生している木々と広い砂浜が見える。ただし、レンタカーが4WDでないなら乗り入れない方が無難だ。

オニヅカ・スペース・センター
ONIZUKA SPACE CENTER

エリソン・S・オニヅカ宇宙飛行士スペース・センターAstronaut Ellison S Onizuka Space Center（☎329-3441 📋大人＄3 子供＄1 🕐8:30～16:30）は、コナ空港レンタカーコーナーの向かい側にあり、1986年のスペースシャトル、チャレンジャー号の事故で命を落とした地元出身の宇宙飛行士を追悼して建てられた。この小さな博物館では、宇宙と宇宙飛行士に関する展示品や教育映画を見ることができる。展示品には、月の石、NASAの宇宙服、宇宙船の模型などがある。宇宙をテーマにしたギフトショップもある。

コナ・コースト州立公園
KONA COAST STATE PARK

マハイウラ湾Mahaiula Bayには美しいビーチがあり、ここは最近できた州立公園（📋入場無料 🕐水曜閉園）の一部となっている。公園には、木陰にピクニックテーブル、バーベキューグリル、簡易トイレがあるが、そのほかの施設はない。

これらの施設はビーチの南方にあるが、公園の最も美しい場所は、北方へ5分歩いた所にある。海岸は遠浅になっており、海底はゆるやかに傾斜している。シュノーケリングや水泳が楽しめるが、冬は波が高くなることが多く、湾の北側はサーフィンのベストポイントとなる。

コナ空港の北2.5マイル（約4km）からは、揺れの多い悪路が続き、まったく木々や草花のない溶岩道路を通って2マイル（約3.2km）ほど行くと小オアシスのような、この公園にたどり着く。2WDでも行けるが、ゆっくり運転しよう。

もっと探検してみたくなったら、ウォーキングトレイルを北へ1.25マイル（約2km）ほど歩くと、楽園のような**マカラウェナ・ビーチ**

Makalawena Beachへたどり着く。トレイルは見渡す限りの溶岩原に続いており、日光の溶岩への照り返しを受け途中で心臓がドキドキする思いだ。しかし、この大変な道をがんばって歩けば、水泳とシュノーケリングに最適な細砂の砂浜と美しい入り江が待っている。静かで美しい水面に潜望鏡のようにカメが頭を持ち上げる。設備は何もなく、平日はほとんど人がいない。週末には家族連れが訪れる。

コナ・コースト州立公園の南には**マコレア・ビーチ Makolea Beach**と呼ばれているもう1つの美しい秘密のビーチがある。細かい黒砂のビーチでは、おそらく誰にも会うことはないだろう。溶岩原から簡単に行ける"通り道"から、沿岸沿いに進むと必ずビーチにたどり着く（実際の所、マカラウェナへ行くより簡単である）。このビーチに日陰はなく、溶岩原と黒砂でさらに熱気を帯びているので、水をたっぷり持って行くことをお忘れなく。ここにはトイレが無いので、念のため。

クア湾
KUA BAY

マニニオワリManiniowaliの名でも知られるクア湾Kua Bayには、青緑色の海と細かい白砂がまぶしい人里離れたビーチがある。ゆるやかな斜面のあるビーチで、1年の大半は海水浴客が訪れ、冬にはサーファーやボディーボーダーがやってくる。

普段は静かな場所だが、冬の嵐が来ると湾内に潮流が発生し一時的に海岸の砂がさらわれてしまうことがある。木や日よけは跡形もなくなり、かろうじて特定の植物が生き残るだけで、トイレも押し流されてなくなってしまう。

ビーチに出るための分岐点は、88マイルマーカーと全長342フィート（約104m）の草に覆われた**プウ・クイリ Puu Kuili**（ハイウェイの海側にそびえる最も高い噴石丘）のすぐ北にある。一時停止の標識とゲートが見えたら、そこが道路の入口だ。

路面は荒れていてその下はぐらついた溶岩石になっている。この道路を半マイル（約800m）ほど走ってから路肩に駐車する人もいるが、ハイウェイの近くに駐車してもビーチまでは徒歩でわずか15〜20分ほどで着く。

道路の終点からは岩場を通ってビーチの南端まで続く小道を進む。トイレなし。

カウプレフ
KAUPULEHU

1946年の津波以来、この漁村へはボートでしか行けなくなり見捨てられたも同然だった。1960年代初めに、裕福なヨット乗りがこの村の沖に到着し、カウプレフKaupulehuは人目を避けたホテルを建てるのに格好の場所だと判断した。

1965年にコナ・ビレッジ・リゾートKona Village Resortがオープンした。かなり人里離れた場所にあるため、宿泊客を迎え入れるのに専用の飛行場を建設しなければならなかった。コナ・コーストKona Coastに平行する現在のハイウェイが建設されたのは、それから10年以上後のことだった。宿泊客以外の利用が完全に制限されているが、敷地内や歴史的に有名なペトログリフ（岩石彫刻。後出）については、ガイド付のツアーが毎週催されている。

1996年には、2軒目の高級ホテル、フォー・シーズンズ・リゾートFour Seasons Resortが、コナ・ビレッジ・リゾートから南へ徒歩10分ほどのカウプレフ・ビーチKaupulehu Beachにオープンした。この新しいホテルのために海岸線が切り開かれ、**クキオ湾 Kukio Bay**の白砂のビーチやさらに南にある人の手が入っていない数々の小さな入り江に、一般の人々が簡単に行けるようになった。シャワー、レストルーム、水道、駐車場などの設備がある。全長1マイル（約1.6km）の海岸遊歩道が、溶岩流を越えてフォー・シーズンズのあるクキオ湾まで続いている。途中、赤茶けた溶岩流や塩水池のある地帯を通るが、ここではよくウミガメが波に揺られながらくつろいでいる。

宿泊・食事
コナ・ビレッジ・リゾート
Kona Village Resort
☎325-5555、800-367-5290 ℻325-5124
🅦 www.konavillage.com
🛏 $495〜870

値段は高いがユニークなハワイの避暑地。水の湧き出るラグーンやカフワイ湾Kahuwai Bayの白い砂を囲むようにして、藁葺き屋根を持つ高床式のポリネシアン風ハレ（家）が建っている。モダンで心地よい内装には、ファン付きの高い天井、籐製の家具、よろい窓などがある。保養地のコンセプトを維持するために、電話、ラジオ、テレビなどはない。すべての宿泊料金には食事とアクティビティが含まれる。

「原住民と同じ生活をする」ためにお金を使うという見え透いた皮肉が受け入れられないなら、ちょっと立ち寄って、カクテルや$30のランチビュッフェを楽しむこともできる。リゾート内の**ハレ・サモア Hale Samoa**のディナー（ディナー$60）は要予約。

パフイア
Pahuia
☎325-8000

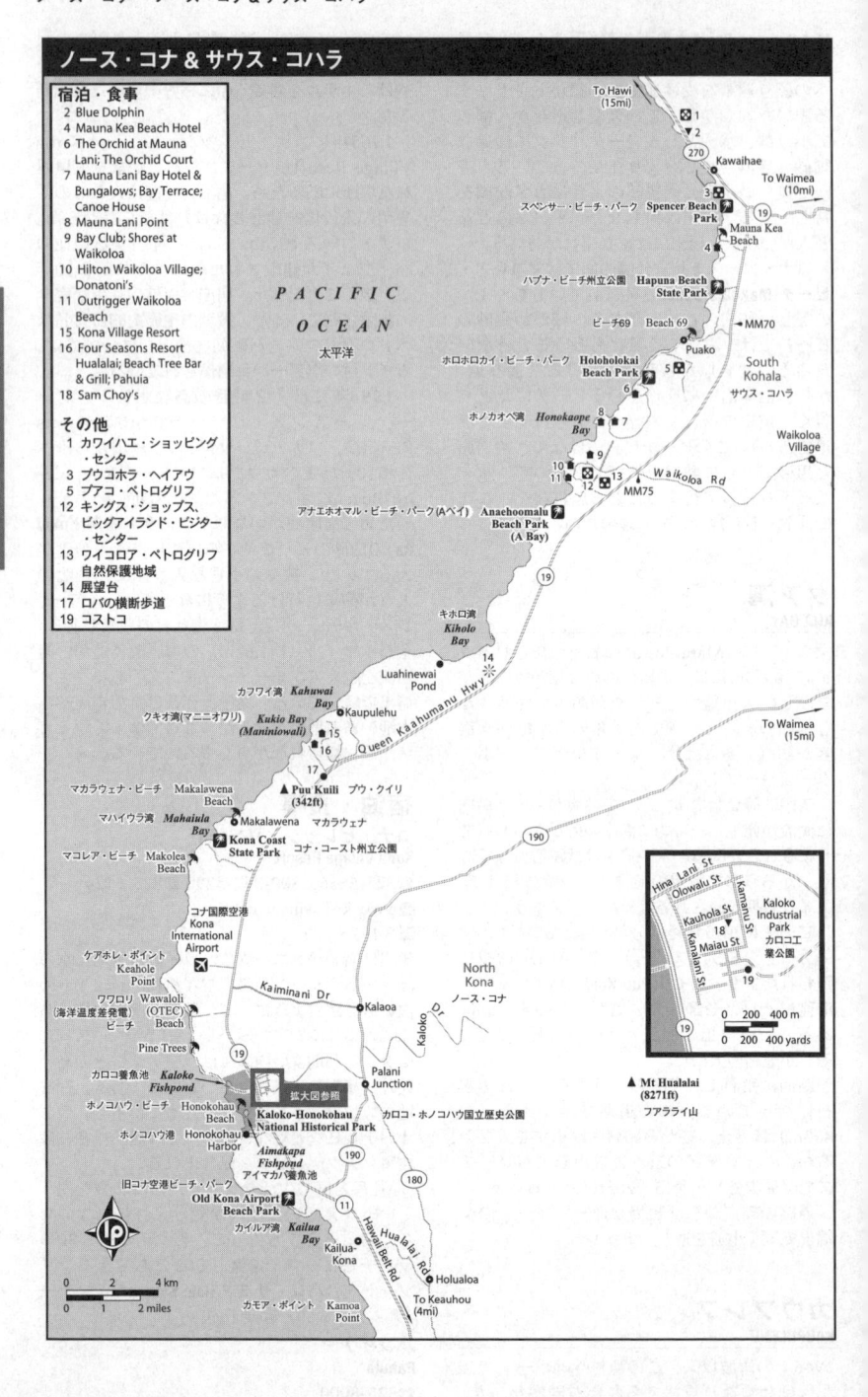

ノース・コナ – ノース・コナ&サウス・コハラ

ノース・コナ&サウス・コハラ

宿泊・食事
- 2 Blue Dolphin
- 4 Mauna Kea Beach Hotel
- 6 The Orchid at Mauna Lani; The Orchid Court
- 7 Mauna Lani Bay Hotel & Bungalows; Bay Terrace; Canoe House
- 8 Mauna Lani Point
- 9 Bay Club; Shores at Waikoloa
- 10 Hilton Waikoloa Village; Donatoni's
- 11 Outrigger Waikoloa Beach
- 15 Kona Village Resort
- 16 Four Seasons Resort Hualalai; Beach Tree Bar & Grill; Pahuia
- 18 Sam Choy's

その他
- 1 カワイハエ・ショッピング・センター
- 3 プウコホラ・ヘイアウ
- 5 プアコ・ペトログリフ
- 12 キングス・ショップス、ビッグアイランド・ビジター・センター
- 13 ワイコロア・ペトログリフ自然保護地域
- 14 展望台
- 17 ロバの横断歩道
- 19 コストコ

> ### ロバの横断歩道
>
> クア湾 Kua Bayとキホロ湾 Kiholo Bayにかけての海岸一帯では、夜になるとロバが丘から下りてきて、穴にたまったわき水を飲んだり、キアヴェkiawe（メスキートに似た木）の種子のさやを食べたりする。このロバは、コーヒー農園で1950年代まで荷物を運ぶために使われていた動物の末裔だ。その後はジープに取って代わられてしまった。
>
> 生産農家では、騒がしいロバにあだ名をつけるなどして、この"コナのナイチンゲールたち"を愛し始めていた。そこで、彼らはロバを膠（にかわ）にするのではなく、野生に帰すことを選んだ。ロバたちはハイウェイ19が通る1974年までほとんど忘れ去られていた。
>
> 夜はロバたちに注意してほしい。彼らは夕食のために道路を横切る必要があるのだ。しかもハイウェイの「Donkey Crossing（ロバ横断中）」の標識を無視することも多い！

🍴メイン＄25〜48
🕐17:30〜22:00
フォー・シーズンズ・リゾート・フアラライFour Seasons Resort Hualalaiにある海に面した上品なレストラン。本格的なハワイの郷土料理が中心で、地元で獲れた魚をさまざまな調理法で楽しめる。

エンターテインメント

コナ・ビレッジ・リゾート
Kona Village Resort
☎325-5555
🎫入場料＄74
毎週金曜日の夜には、コナで1番のルアウが催される。印象的なポリネシア風の設定はどことなく本物らしいが、火喰いの奇術師、ダンサー、シンガーたちはもちろん仕事でやっている。園内を回るショートツアーは必見。参加するなら早い時間に到着しよう。

ビーチ・ツリー・バー・アンド・グリル
Beach Tree Bar & Grill
☎325-8000
🏠Four Seasons Resort Hualalai
夕日が眺められる場所のランキングでは常にトップになる場所。火〜土曜にはライブ演奏が楽しめる。

キホロ湾
KIHOLO BAY

コナ・コーストの中ほど、82マイルマーカーのすぐ南に、キホロ湾の壮大な景観を見渡せる展望台がある。紺碧の海を前に、ココヤシの木が立ち並ぶこの湾は、さながら溶岩に囲まれた小さなオアシスである。

81マイルマーカーの南側100ヤード（約91m）の地点から、目には止まりにくいが、湾まで下りる小道が延びている。真っすぐこの道に入り、左に曲がって舗装されていない道をたどって行く。道の入口は大きな石でふさがれ、車両が進入できないようになっている。この道の終わり近くで、さらに細い歩道に入る。湾に着くまで20分くらいはみておきたい。

キホロ湾は幅が2マイル（約3km）にも達し、湾の南端には、**ルアヒネワイ Luahinewai**と呼ばれる、わき水を蓄えた美しい大きな池がある。黒砂のビーチに面しており、水は冷たくて気持ちよい。波が穏やかな時は、海でも泳ぎを楽しめる。

この淡水の池をめざし南に向かって歩いて行く場合、**クイーンズ・バス Queen's Bath**を見過ごす手はない。見かけは小さいが、実際は淡水をたたえた穴は岩の裏側約40フィート（約12m）に達しており、泳ぐこともできる。巨大な黄色い屋敷とテニスコートを通り過ぎたら、林が開けている海側を探してみるとよい。

サウス・コハラ
South Kohala

ワイコロアに入るとそこはもうサウス・コハラ地区だ。サウス・コハラはハワイの歴史上、重要な地域であった。現在でも、古代の道、ヘイアウ、養魚池やペトログリフといった遺跡を見ることができる。

ハイウェイ19の長い海岸線は、ビッグアイランドのゴールド・コーストと呼ばれており、しゃれたリゾート地やプロゴルフコースがある。近隣の海岸公園と同様、リゾート内にも車で入れる美しい海岸がある。

ワイコロア・ビーチ・リゾート
WAIKOLOA BEACH RESORT

サウス・コハラ地区へ向かう交差点を通り過ぎると、76マイルマーカーのすぐ南側に分岐点があり、アウトリガー・ワイコロア・ビーチOutrigger Waikoloa Beachとヒルトン・ワイコロア・ビレッジHilton Waikoloa Villageへ通じている。

ビッグアイランド・ビジター・センター Big Island Visitors Center（☎886-1655 🏠Suite B15, 250 Waikoloa Beach Dr 🕐月〜金 8:00〜16:30）のコハラ支店は、キングズ・ショップKing's Shopコンプレックス内にある。

ワイコロア・ペトログリフ自然保護地域
Waikoloa Petroglyph Preserve

この道を下って行くと、とても印象的なペトログリフが刻まれた溶岩原が右側、キングス・ショップス・コンプレックスのちょうど前辺りにある。ショッピングセンターに車を停め、道標のある小道に沿って約5分歩くと1つめのペトログリフがある。

必ず小道の上を歩き、ペトログリフの上を歩かないようにしよう。不注意な観光客がしでかすように、ペトログリフが取り返しがつかないほど破壊されてしまうことになる。ペトログリフの多くは、16世紀に造られたものだ。人間や鳥、カヌーの絵が描かれたものや点や線で描かれた暗号のようなものもある。馬や英語の頭文字を描いた形にはのちの西洋文化の影響が見られる。

ペトログリフのそばに延びるこの小道は、キングス・トレイルKing's Trailと呼ばれており、元々は19世紀後期、馬や牛の通る小道として造られた。この小道はかつて、カイルア・コナKailua-KonaとカワイハエKawaihaeとを結んでいた。そのまま小道を歩き、約2マイル（約2km）先のマウナ・ラニ・リゾートMauna Lani Resortにある歴史的自然保護地域に向かうことも可能だが、溶岩の上を歩くのはとても暑く、また、小道上では次のような現代のカプが警告を発している。「この地点を越えると、ゴルフボールが飛んできて大変危険です。来た道に戻ってください。」

アナエホオマル・ビーチ・パーク
Anaehoomalu Beach Park

名前が長く覚えにくいことから、通称「Aベイ」と呼ばれるこの長い白砂のビーチには、パームツリーが立ち並び、海岸線が魅力的な湾に沿って曲線を描いている。

北にあるハプナHapunaなどのビーチの砂はもっと光り輝いているが、コナに滞在しているのなら、外出にはうってつけのきれいなビーチだ。冬は潮の流れが速くなるが、ここの海はたいてい穏やかだ。スイミングやウィンドサーフィンを楽しむ場所として人気がある。

湾の両端は、マウナ・ケア山Mauna Keaから流れ出た先史時代の溶岩流から成っており、北にはアア溶岩（表面が粗くごつごつしている溶岩）、南には表面の滑らかなパホイホイ溶岩が見られる。ビーチの南端には、シャワー、トイレ、更衣所、飲料水、駐車場などの公共施設がある。

アウトリガー・ワイコロア・ビーチOutrigger Waikoloa Beachの正面となるこのビーチの北端には、スウィングロープ、鉄棒、バレーボールのネットを備えた小さな運動場がある。ビーチハット beach hut（☎886-6666、内線1）は海の状態についての最新情報を持っており、ウィンドサーフィン用具、シュノーケリングセットのレンタルを行っている。ビギナーにはウィンドサーフィンやスキューバの講習会が開かれ、ボートダイブ、カタマランクルーズ、ガラス底ボートの乗船も楽しめる。

アナエホオマルはかつては王室の養魚池だった。ビショップ・ミュージアムの考古学者は、1000年以上前にここに人間が居住していた形跡を発見している。2つの大きな養魚池が、ビーチのココヤシの並木を越えてすぐの所にある。短い歩道がシャワーの近くから始まり、養魚池、洞窟、古代の家の高台跡、祭壇の横を曲がりくねっている。この道沿いにはこの地域の歴史が書かれた説明板が設置されている。

ビーチの北端、水門のちょうど真正面に、シュノーケリングに適したスポットがある。ここでは、サンゴ群、美しいさまざまな熱帯魚、そして運が良ければウミガメを見ることができる。シュノーケリングをしなくても、水門を囲む岩壁の上から水をのぞき込むだけでウミガメが見れることもある。

ヒルトン・ワイコロア・ビレッジ
Hilton Waikoloa Village

島の人々は、62エーカー（約25ヘクタール）の敷地からなるヒルトン・ワイコロア・ビレッジを"ディズニーランド"の愛称で呼んでいる。このとてつもなくぜいたくな開発地に静けさを見出すことはないかもしれないが、魅力的なものがたくさんある。開発に3億6000万ドルを費やしたこのホテルは、1988年のオープン時、世界で最も費用のかかったリゾートであると自ら宣言した。

ホテルにビーチがなかったため、熱帯魚を放流している4エーカー（約1.6ヘクタール）の海水ラグーン、数種類のイルカが泳ぐドルフィンプール、急流下りの流れを備えた"川"、滝が流れ落ちる不規則に広がった変形スイミングプールなどを造った。宿泊客は天蓋付きのボートに乗って人工の運河を周遊したり、あるいは東京の下町にあるものをそっくり真似たような現代的なトラム（路面電車）に乗って、広大な敷地内を周遊できる。

建物内部では、正面ロビーから両方向へ延びる1マイル（約1.6km）の通路に沿って置かれている数100万ドルの価値のある美術品を見て回ることができる。この博物館級の作品には、メラネシア、ポリネシア、アジアからのコレクションが多数含まれている。特に、戦闘用の棍棒と槍、スピリットボード（降霊術

やご神託を得るために用いる儀式用のボード)、彫り物を施した戦闘用の盾、部分的に複製された儀式小屋などのパプアニューギニアのコレクションが多く見られる。

ホテルの駐車場は無料。アウトリガーからは溶岩の海岸沿いを静かに散策しながら15分で歩いて来ることができる。

宿泊

アウトリガー・ワイコロア・ビーチ
Outrigger Waikoloa Beach
☎886-6789、800-688-7444 ℻800-622-4852
Ⓦwww.outrigger.com
🏠69-275 Waikoloa Beach Dr
🛏客室 $315～

居心地の良い部屋には専用のラナイが付いており、ビーチ側はヒルトンHiltonとは比べものにならないほど眺めがよい。キングス・ショップスKings' Shopsは歩いて行ける距離にあり、すべての食事をリゾート価格に拘束される必要はない。電話やインターネットによるさまざまな販促用割引があり、何百ドルも安くあげることも可能。

ヒルトン・ワイコロア・ビレッジ
Hilton Waikoloa Village
☎885-1234、800-445-8667 ℻885-2900
Ⓦwww.hiltonwaikoloavillage.com
🏠1 Waikoloa Beach Resort
🛏オーシャンビュー $230～540、プレジデンシャルスイート $5500

巨大ホテルには、ヒルトンの通常の設備が用意されており、ほかには18ホールのゴルフコースが2つある。料金は時期と客室からの眺めによって幅広く設定されている。

このエリアには高級コンドミニアムコンプレックスが2つある。それぞれにプールがあるが、どちらもビーチから徒歩15分程度の距離だ。

ザ・ショアーズ・アット・ワイコロア
The Shores at Waikoloa
☎885-5001、800-922-7866
🏠5460 Waikoloa Beach Dr
🛏アパート式1ベッドルーム $335、アパート式ベッドルーム $390

アストンが運営する施設。シニアとAAAメンバー向けの割引、そして4泊目が無料になる特典については問い合わせを。

ザ・ベイ・クラブ
The Bay Club
☎886-7979、877-229-2582 ℻886-4538
🏠5525 Waikoloa Beach Dr
🛏1ベッドルーム $300～、2ベッドルーム $350～

ビーチとショッピングセンターへはシャトルサービスあり。

食事

アウトドアモールの**キングス・ショップ Kings' Shops**には小さな雑貨店と**フードパビリオン food pavilion**(🕘9:30～21:30)がある。フィッシュ・アンド・チップスの店がある端まで行くと人工池を見下ろせる場所がある。

ロイズ・ワイコロア・バー・アンド・グリル
Roy's Waikoloa Bar & Grill
☎886-4321
🏠Kings' Shops
🕘11:30～14:00、17:30～21:30
🍴メイン $22～25

オアフ島で有名なロイズRoy'sの支店で、洗練されたハワイの郷土料理が出てくる。ディナーでは、羊のあばら肉のリリコイ(パッションフルーツ)カベルネソース添えや、強火で焼いたアヒショウガのピクルス添えといった創作メインコースを楽しもう。

ビッグアイランド・ステーキ・ハウス
Big Island Steak House
☎886-8805
🏠Kings' Shops
🍴メイン $16～23
🕘17:00～22:00

退屈なリゾートのダイニングから逃げ出したいにぎやかな家族にうってつけ。着席すると、まもなく甘めのマカデミアナッツパンが出される。マヒマヒのソテーのパイナップルサルササースがけまたは、高級サーロインの切り身が出てくるのに備えて食べ過ぎないようにしておこう。

ドナトニーズ
Donatoni's
☎885-1234
🏠Hilton Waikoloa Village
🍴メイン $24～37
🕘火～土 18:00～21:30

ヒルトンの高級ダイニングレストランの中でも最も高い評価を受けている。本格的なイタリア料理が楽しめる。カルパッチョの前菜、パスタ、そしてシーフードまたはステーキから選べるコースがおすすめ。

エンターテインメント

アウトリガー・ワイコロア・ビーチ
Outrigger Waikoloa Beach
☎886-6789
Ⓦwww.outrigger.com
🏠69-275 Waikoloa Beach Dr
🍴大人 $64 子供 $32
🕘ルアウ 日・水 18:00

ルアウ、ハワイ料理のディナービュッフェ、オープンバー、ポリネシアンショーなどがプールサイドで楽しめる。アウトリガーの**クリッパー・**

ラウンジ Clipper Lounge では、飲み物とププpupu（スナック）が毎晩23時まで出される。
ヒルトン・ワイコロア・ビレッジ
Hilton Waikoloa Village
☎886-1234
料大人＄58 子供＄25
パフォーマンス 金 18:00
「太平洋の伝説Legends of the Pacific」ダンスショーが行われる。入場料にはディナービュッフェと1ドリンクが込み。**カムエラ・プロビジョン・カンパニー・ラウンジ** Kamuela Provision Company Lounge では、18:00～22:00にギター演奏がある。

マウナ・ラニ・リゾート
MAUNA LANI RESORT

ハイウェイの入口からココヤシと鮮やかなブーゲンビリアのそばをほんの少し走った後、マウナ・ラニ・ドライブMauna Lani Drを南に曲がり、植物がまったく生えていないも同然の長く延びた溶岩地帯を走り抜ける。途中、漆黒の溶岩に刻み込まれた目の覚めるような緑色のゴルフコースが現れる。マウナ・ラニ・ベイ・ホテルMauna Lani Bay Hotelは、この道の終わりにあり、そしてその北にオーキッド・アット・マウナ・ラニ・ホテルThe Orchid at Mauna Lani Hotelとホロホロカイ・ビーチ・パークHoloholokai Beach Parkがある。

マウナ・ラニ・ベイ・ホテル
Mauna Lani Bay Hotel

マウナ・ラニ・ベイ・ホテルの前にあるビーチは保護されているが、海はやや遠浅。シュノーケルを楽しむ人々は、入り江の向こうのサンゴ礁を探検したいと思うだろう。あまり見かけることのない珍しい洞窟が、ビーチ・クラブBeach Clubレストランから南へ15分歩いた所にある。

海岸の散策路は古く、漁師の小屋跡や村の跡地などの2～3の史跡を通り、ホノカオペ湾Honokaope Bayに向かって南に1マイル（約1.6km）延びている。ホノカオペ湾の南端は保護されており、海が穏やかな時には水泳とシュノーケリングに最適だ。

カラフイプアア・フィッシュポンド
Kalahuipuaa Fishponds

ここには古代の養魚池が7つ現存し、マウナ・ラニ・ベイ・ホテルのちょうど南側のビーチ沿いの、ココヤシと天然のミロの木がうっそうと茂った場所にある。ハワイ島内で今でもその役割を果たしている数少ない養魚池だ。

その池には、古代と同様にアワ（ハワイアンミルクフィッシュ）が放流されている。伝統的なマカハ（水門）を通じて海水を循環させており、稚魚が池に入ってくるとそこで成長し、外に出られないまま肥育したものを捕獲できるようになっている。魚がときどき空中に跳ね、水に落ちてはピシャピシャと音を立てているのに気づくだろう。魚はこうして体に付いた寄生虫を払い落としている。

カラフイプアア歴史トレイル
Kalahuipuaa Historic Trail

このトレイルは、マウナ・ラニ・ベイ・ホテルの内陸側、ホテルの小さな食料雑貨店の向かいの標識が立てられた駐車場から始まる。トレイルマップはホテルのコンシェルジュ・デスクで無料で入手できる。

トレイルの前半は、16世紀につくられたかつてハワイ島民が居住した集落の中を曲がりくねって通っている。途中、以前洞窟シェルターとして使われていた溶岩洞やそのほかの考古学的、地質学的に重要な場所を通る。そういった場所には説明板が設置されている。ウズラ、ショウジョウコウカンチョウ、コウカンチョウ、キンノジコ、日本のメジロを観察するのもお忘れなく。

このトレイルはココナツ椰子が立ち並ぶ養魚池の周辺を回ってビーチへと続いている。ここには、アウトリガーカヌーが停泊する草葺き屋根のシェルターと、ハワイに関する文献などが2つ3つ展示された古い小屋がある。小屋を通り過ぎ、南西へ向かうと、養魚池の周囲を回って再び出発地点へと戻ることができる。距離は往復で約1.5マイル（約2.4km）。

途中、養魚池の南の先端近くにおもしろい洞窟があるので、そこで休憩を取ろう。ここは水泳に適しており、ランチタイムにはレストランで簡単な食事ができる。

ホロホロカイ・ビーチ・パーク
Holoholokai Beach Park

オーキッド・アット・マウナ・ラニの北にある。海岸線にはサンゴの塊と溶岩からできた岩場が多数ある。海水浴に適しているとは言い難いが、海が静かな時にはシュノーケリングができ、冬には良い波が来る。

公園には、シャワー、飲料水、トイレ、ピクニックテーブル、グリルなどの設備がある。ピクニックが目的でなくここを訪れる人々の主な理由は、プアコ・ペトログリフPuako petroglyへのトレイルを歩くためだ。

プアコ・ペトログリフ Puako Petroglyphs プアコ・ペトログリフ自然保護地域には3000を越える数のペトログリフがあり、ハワイ島で

最も数多くの古代溶岩彫刻のコレクションを有する場所の1つとなっている。

マウナ・ラニ・ドライブを進み、ロータリーを右折すると、オーキッド・ホテルの敷地前のすぐ右手に海岸道路が現れる。ビーチの駐車場内の内陸側の端から、すぐにわかる小道が延びており、その小道を4分の3マイル（約1.2km）行くとペトログリフがある。シンプルな線で描かれた人間の姿は、ハワイ島に存在する最も古い絵画の1つだ。ハワイ島にあるすべてのペトログリフと同様に、そのシンボルが意図するものは今でも謎のままだ。

ペトログリフが彫られた古代の溶岩流は砕けやすく亀裂が入っており、長い年月を経たペトログリフは壊れやすい。踏みつけると壊れるので、足を乗せないように注意しよう。拓本をつくるなら、必ず拓本用に用意されている複製のペトログラフを使うこと。この複製は、駐車場から小道に入って1分ほど歩いた所にある。和紙と木炭、または木綿の布とクレヨンを用意しておこう。

道沿いには鋭く尖った溶岩があり、履き物の柔らかい底と足をいとも簡単に貫いてしまうので、"ビーチサンダル"で歩くのは賢明ではない。この道には日陰になる場所がわずかしかない。

宿泊

マウナ・ラニ・ベイ・ホテル・アンド・バンガロー
Mauna Lani Bay Hotel & Bungalows
☎885-6622、800-367-2323 ℻885-1484
Ⓦ www.maunalani.com
🏠 68-1400 Mauna Lani Dr
💰 マウンテンビュー$375・オーシャンビュー$550、キッチン付き1ベッドルームビラ$550、キッチン付き2ベッドルームビラ$715、キッチン付き3ベッドルームビラ$910

ハワイでも最高級リゾートホテルの1つ。とてもぜいたくなホテルだが、控えめに抑えられている。モダンなオープンエアの造りで、中心には風通しのよい吹き抜けの中庭があり、そこを水が流れ、ランの小枝や良く生長したココナツが彩りを与えている。ホテルと陽光まぶしい屋外を流れる塩水には、黒い背びれの小型のサメやサンゴ礁に住むカラフルな魚が泳いでいる。割引パッケージはホームページで確認のこと。

マウナ・ラニ・ポイント
Mauna Lani Point
☎667-1666、800-642-6284 ℻661-1025
Ⓦ www.classicresorts.com
🏠 50 Nohea Kai Dr
💰 1ベッドルーム$305〜、2ベッドルーム$405

豪華なコンドミニアムコンプレックス。マウナ・ラニ・リゾートの南側にある。

ザ・オーキッド・アット・マウナ・ラニ
The Orchid at Mauna Lani
☎885-2000、800-845-9905 ℻885-5578
Ⓦ www.orchid-maunalani.com
🏠 1 N Kaniku Dr
💰 ガーデンビュー$435〜、オーシャンビュー$605〜

マウナ・ラニ・ベイ・ホテルすぐ北のパウオア湾Pauoa Bayにある。どちらかというと落ち着いた場所。もともとはリッツチェーンだったが、現在はシェラトン系施設となっている。家族向け料金については問い合わせること。

食事

ベイ・テラス
Bay Terrace
☎885-6622
🏠 Mauna Lani Bay Hotel
💰 朝食1品$8〜20、ビュッフェ$24
🕐 6:30〜10:30

シンプルだがおいしい朝食ビュッフェ。

ザ・オーキッド・コート
The Orchid Court
☎885-2000
🏠 The Orchid at Mauna Lai
💰 朝食$9〜18、ビュッフェ$24、ディナー$10〜28
🕐 6:30〜11:00、18:00〜21:30

朝食ビュッフェが楽しめる屋外のかわいらしい店。夜になると、フライパンで表面を焼いたオパカパカ（ヒメダイ）などの島料理や、無国籍風のピザを味わえる。

カヌー・ハウス
Canoe House
☎885-6622
💰 メイン$27〜50
🏠 Mauna Lani Bay Hotel
🕐 18:00〜21:00

ロマンチックな屋外のディナーレストラン。目の前にはビーチが広がる。メニューはアジアとハワイを融合させた料理で構成されておりシーフードが中心。レモンとペッパー風味のホタテのグリルやパンチェッタでくるんだマヒマヒのココナツほうれん草リゾット添えなどの料理がある。

ギャラリー
Gallery
☎885-7777
💰 ランチ$8〜15、ディナー$25〜30
🕐 11:00〜15:00、火〜土 18:00〜20:45

マウナ・ラニ・リゾートのゴルフクラブハウスにある。コンチネンタル料理と環太平洋地域の

料理が楽しめる。新鮮な魚が自慢。オナガ（ハマダイ）のマカデミアナッツ添えがおすすめ。

ビーチ・クラブ
Beach Club
☎885-5910
🍴1品＄6～10
🕐11:00～16:00

カニク・ドライブKaniku Drの南端にあり、スイミングのできる入り江を望む。財布に優しいカジュアルレストラン。メニューはオーガニックのチキンサラダやターキーとアボガドのサンドイッチなど。

エンターテインメント

ホヌ・バー **Honu Bar**（☎885-6622 🏨Mauna Lani Bay Hotel 🕐深夜まで）はビリヤードと葉巻の楽しめるバー。ライブでエンターテインメントが行われることもある。ホテルの**中央大広間**では、毎晩17:30～20:30にハワイアン音楽のライブやフラダンスが行われている。

海辺にある**オーシャン・バー Ocean Bar**（🏨The Orchid at Mauna Lani）では2人用のラウンジチェアから美しい夕日が眺められる。一方、**ポロ・バー／パニオロ・ラウンジ Polo Bar/Paniolo Lounge**にはレザーチェアがあり読書やチェスをしながら、ププや葉巻（ここで買って吸うことができる）が楽しめる。

プアコ
PUAKO

プアコは海岸沿いにあり、1本の道路沿いに住宅が建ち並ぶ静かで小さな町だ。ここに行くには、ハイウェイ19のプアコ方面の標識が出ている所から曲がるか、ハプナ・ビーチ州立公園Hapuna Beach State Parkからでこぼこ道を通る。**ホク・ロア教会 Hoku Loa Church**（1858年設立）はプアコ・ベイボートランプから半マイル（約800m）の所にある。しっくい塗りの教会にはシンプルな木の信者席が2、3個あり、今でも日曜日の礼拝に使われている。町には雑貨店もある。

プエコには大きな**潮溜まり**が幾つもある。それは海岸線を形作っているパホイホイ溶岩の渦巻状の部分やくぼみにできている。中にはサンゴやそのほかの海洋生物が十分生きていけるほど深いものもある。プアコ沖は、冬は波がかなり荒くなるが、シュノーケリングをするには最高の場所だ。ビーチは狭く、細かいサンゴや溶岩で形成されている。

ビーチへ行くには町の南端、道路の行き止まりの所からちょうど150ヤード（約137m）の所から行くと簡単だ。ここからでこぼこ道を通るとすぐにビーチに出る。それ自体はビーチと言えるものではないが、シュノーケリングやビーチダイビングのできる小さな入り江がある。ただし引き波には気をつけよう。北へ数分歩いた所には、ペトログリフや溶岩の大地につくられたコナーネkonaneというゲームボード、中に入って涼むことができるほどの深さがある潮溜まりがある。

美しい**ビーチ69 Beach 69**は簡単に行け、波も穏やかだ。木陰がたくさんあり、海岸線の木々は境界線のようでもあり、日光浴に訪れるどの人達にもプライベートビーチに来たような気分にさせてくれる。ビーチは溶岩と砂が混じったものである。トイレはない。70マイルマーカーと71マイルマーカーの間のプアコ・ロードPuako Rdを下り、最初の角を右に曲がると道路は1車線になる。左手に電柱の71番を見つけたらそこに駐車し、"道"に沿って端まで歩き、木製のフェンスが張られた小道をざくざくと歩く。想像力豊かな方のためにお知らせしておくと、71番電柱にはかつては69の番号が打ってあったので、このビーチはビーチ69と呼ばれているのである。

ハプナ・ビーチ州立公園
HAPUNA BEACH STATE PARK

ハプナ湾沿いに延びる長く美しい白砂のビーチはハワイ島で最も人気のあるビーチだ。この公園には整備の行き届いたピクニックエリア、シャワー、公衆電話、飲料水や簡素なトイレがある。ライフガードは常時待機している。

波が穏やかな時はスイミングやシュノーケリング、ダイビングができる。冬はボディサーフィンやブギーボードをする人でにぎわう。冬に発生する高い波は海岸際に強い流れを引き起こし、叩きつけるような波となるが、3フィート（約91cm）の高波は上級者でないなら挑戦しない方がよい。ハプナ・ビーチでは今まで数多くの水難事故が発生しており、犠牲者の多くは波の状態をよく把握していない旅行者たちだ。

この公園から北へ5分歩くと小さな砂浜のある入り江がある。波はハプナよりはやや穏やかで、冬場も波によって砂が巻き上げられることは少ない。

3フロッグス・カフェ
3 Frogs Café
🍴スナック＄2.50～6.50
🕐10:00～16:00

ハンバーガーやジャンボソーダ、カキ氷などを販売している。横の窓口でブギーボードやシュノーケリングセットを半日＄5で貸し出ししている。

ビーチを上がった辺りには、三角屋根の州営**キャビン**が6棟あり（＄20）100万ドルの夜

プウホヌア・オ・ホナウナウ国立歴史公園

プウホヌア・オ・ホナウナウ

天体観測所（マウナ・ケア）

ケアラケクア・ベイ州立歴史公園

伝統的なレイで飾られたアロハ像（ホノルル）

伝統的なマスク（ビショップ博物館、ビッグアイランド）

ティの葉の器

景を楽しむことができる。ベニア板でできたこの宿泊施設では、2つの寝台に4人が（頭を突き合わせて）眠る。照明と電気設備は整っている。驚くことに虫は1匹もいない。宿泊施設には、共用のシャワー付バスルームとコンロと冷蔵庫完備の調理場がある。予約の詳細は、本章前出の「宿泊」を参照。

マウナ・ケア・リゾート
MAUNA KEA RESORT

1960年代初期に、ローレンス・ロックフェラーは、彼の友人でパーカー・ランチParker Ranchオーナーのリチャード・スマートより、カウナオア湾Kaunaoa Bayを99年間の賃貸で譲り受けた。5年後、ロックフェラーは近隣諸島でも初めての豪華ホテルであるマウナ・ケア・ビーチ・ホテルMauna Kea Beach Hotelをオープンさせた。ホテルは湾の北側、68マイルマーカーのちょうど北側にある。

ホテルのロビーと敷地には銅像、寺院の装飾品、ハワイアンキルトなどのアジアや太平洋地域の芸術品が飾られている。その中でも最も貴重だとされている7世紀に南インドの寺院でつくられた花崗岩製のピンクの仏像が北側の庭にある。

カウナオア湾は三日月形の壮大な湾で、**マウナ・ケア・ビーチ Mauna Kea Beach**として知られる白砂のビーチがある。海底はゆるやかでほとんど一年中スイミングができる。波が穏やかな時は、北側でシュノーケリングが楽しめる。ビーチは一般客に開放されており、海水浴客用に駐車場が30台分用意されている。ホテルで飲み物を飲んだりランチを食べたりする場合は、駐車券をもらう必要はない。

宝石のように美しい**マウウマエ・ビーチ Mauumae Beach**はマウナ・ケア・ビーチのちょうど北側にある。白くて柔らかい砂からなるビーチには木陰があり、海水はきれいだ。魚はたくさんは泳いでいないが、シュノーケリングを楽しむにはこの小さなビーチの南端に行ってみるとよい。マウナ・ケア・リゾートに入ったら、カマホイKamahoiで右折し、木製の橋を2つ渡る。左手にある22番ポールを探し道路わきに駐車する。5分ほどアラ・カハカイAla Kahakaiポストまで歩き左に曲がる。リゾートは1日に10台分の駐車場しか用意していないが、海水浴客は近くのスペンサー・ビーチSpencer Beachに停めて沿岸沿いの木陰の多いアラ・カハカイ・トレイルAla Kahakai Trailを歩くとよい。

マウナ・ケア・ビーチ・ホテル
MAUNA KEA BEACH HOTEL
☎882-7222、800-882-6060 ℻882-5700
🌐www.maunakeabeachhotel.com
🏠62-100 Mauna Kea Beach Dr
💰マウンテンビュー＄350、オーシャンビュー＄545

コハラにおいて高級ホテルの先駆けとなったホテルであるが、1995年の改築以降、徐々に老朽化の兆しが現れている。ホテルにはフィットネスセンターやテニスコート、18ホールのゴルフコースなどリゾート施設に必要な設備がすべて整っている。夕方のひと時を過ごすのなら、闇夜の海に美しく光を放つ**マンタ・レイ manta rays**を必ず見てほしい。19:00から22:00の間に見晴らしのいい場所に現れる。土曜日の夜には焼きハマグリなどを食べるビーチサイドパーティ**クラムベイク clam bake**や、火曜日には**ルアウ luau**が行われる。料金は両方とも大人＄72、子供＄36である。

スペンサー・ビーチ公園
SPENCER BEACH PARK

スペンサー・ビーチ公園はカワイハエKawaihaeのちょうど南、ハイウェイ270を下りた所にある。木陰の多い公園で、遠浅で砂のきれいなビーチは岩礁や北側にある防波堤に囲まれており、子供のいる家族連れには最適だ。しかしそのために海水に沈泥がたまるため過剰な保護と言えるかもしれない。パビリオンを超えた辺りのビーチの南端は岩がごろごろしており、シュノーケリングに向いているが、入るのは簡単ではない。カヤックは禁止されている。

公園にはライフガードステーションやピクニックテーブル、バーベキューグリル、トイレ、シャワー、飲料水、バスケットとバレーボールコートがある。南へ延びる歩道からマウナ・ケア・リゾート近くのマウウマエ・ビーチに行くことができる。

スペンサー・ビーチの**キャンプサイト**は波風にさらされており、同時に混んでいる。それでもなお星空の下で過ごすには、スペンサー・ビーチはコナ北側にあるビーチの中でも最高のビーチである。キャンプをするには郡の許可がいる（本章前出「宿泊」を参照）。

プウコホラ・ヘイアウ
PUUKOHOLA HEIAU

国立歴史遺跡（☎882-7218 無料 ビジターセンター7:30～16:00）は、スペンサー・ビーチへ続く道から外れた辺りにあり、ハワイで造られた最大規模の神殿がある。

カメハメハ大王は1790年にハワイ島の征服に失敗した後、カウアイKauaiの預言者であるカポウカヒの助言を求めた。この預言者から

カメハメハ大王はカワイハエ湾上のこの地に軍神に奉げる神殿を建てれば、ハワイ全土を掌握できると告げられた。大王はすぐにプウコホラ・ヘイアウの建設に取り掛かり、自らも作業に参加した。

1791年にヘイアウは完成し、カメハメハ大王は最後の宿敵であるビッグアイランドのカウKauの王、ケオウアを奉納の儀式に招待した。ケオウアは上陸しようと船を降りた時、殺され、できたばかりのルアキニへの最初の生け贄にされてしまった。ケオウアの死によって、カメハメハ大王はビッグアイランドを掌握し、予言者の予言を現実のものとした。

藁葺きの屋根を持つこのプウコホラ・ヘイアウは3段になっており、木製のキイで覆われている。ヘイアウ内には託宣所や祭壇、太鼓をたたく部屋、高い身分の僧侶の部屋がある。カメハメハ大王が、1819年に亡くなった後に後継者となった息子のリホリホと強大な権力を持つ王の妃のカアフマヌが、ヘイアウの神聖なイメージを壊してしまい、神殿は破壊されてしまった。今日では、神殿の岩の土台のみが残るだけだが、それでも強い印象を与える史跡である。

ちなみにプウコホラは「鯨の丘」という意味であり、冬には、移動していくザトウクジラを沖合いに見ることができる。

ヘイアウはビジターセンターからトレイルを2分ほど歩いた距離にある。ビジターセンターには簡単な展示物とパンフレットが置いてある。閉館後に到着した場合はスペンサー・ビーチ公園に駐車し、現在では車両乗り入れ禁止になっている古い入口通路に沿ってヘイアウまで歩いて行くことができる。

プウコホラ・ヘイアウの少し先に**マイレキニ・ヘイアウ Mailekini Heiau**がある。これはプウコホラより前に造られたもので、後にカメハメハ大王により要塞として使用されるようになった。**ハレ・オ・カプニ・ヘイアウ Hale o Kapuni Heiau**は鮫の神々に捧げられた神殿で、沖合いの水中に建っている。近くの陸地から、王が鮫への捧げものを丸呑みする様子を見ていたという石でできたリーニングポストを目にすることができる。

トレイルはハイウェイを突っ切って、**ジョン・ヤングの邸宅 John Young's Homestead**へつながっている。イギリスの難破船の船員だったヤングは、軍事顧問兼知事としてカメハメハ大王に仕えた。今日残っているのは2つの建物の土台の一部のみである。

カワイハエ
KAWAIHAE

カワイハエにはビッグアイランドで2番目に大きい、水深の深い商港がある。港には燃料タンク、牛小屋、小さなビーチパークがある。観光するものはほとんないが、観光客の多くは食事やノース・コハラへ行く中のガソリン補給地点としてカワイハエに立ち寄る。

マカイ・ハレ
Makai Hale
☎885-4550、800-262-9912 ℻885-0559
W www.bestbnb.com
S&W $125、3人目、4人目の追加部屋は$75

ハイウェイ(Hwy)270を下りた所にあり、コハラ・ビーチやワイメアへ向かう時に便利なホテル。各部屋にはプライベートバスが付いており、小さなキッチンも使える。プールとジャクジーがあるデッキからは絵はがきのように美しい景色やシーズン中にはホエールウオッチングが楽しめる。

カフェ・ペスト
Cafe Pesto
☎882-1071
🏠Kawaihae Shopping Center, Hwy 270
1品$8〜10、ピザ$10〜
日〜木 11:00〜21:00、金土 11:00〜22:00
魅力的なルアウピザにはカルアピッグ、スイートオニオン、パイナップルがトッピングされている。ほかにはカルゾーネ、パスタ、ホットサンド、サラダなどがおすすめる。

ブルー・ドルフィン
Blue Dolphin
☎882-7771

気ままな日曜のブランチ

マウナ・ケア・ビーチ・ホテル
Mauna Kea Beach Hotel
☎882-7222
ブランチ 大人$36 子供$18
11:00〜14:00

バイキング形式のビュッフェブランチをゆっくりと楽しむことをおすすめする。すばらしいビーチを見下ろす屋根付きの屋外でいただくビュッフェは、寿司、点心、特上のヒレステーキ、ロブスターのビスク、国内外のチーズ、ベルギーワッフルなどがこれ見よがしに並んでいる。もちろん普通のベーコン、卵、手作りのオムレツ、フレッシュフルーツなどもある。デザートテーブルでは、アル・カポネがベーカリーとアイスクリームショップから強奪したばかりかと思わせるほどの品揃えだ。

ハワイアンバンドによる心地よい音楽を聴きながら食事ができる。食べごたえのある料理でその日1日はお腹がすかないだろう。要予約。

🏠Hwy 270
🍴メイン＄13〜
🕐金土 17:30〜21:30、ドリンクは23:00まで
カワイハエ・ショッピング・センターKawaihae Shopping Centerの南。週末にはロックやレゲエが中心のライブ演奏（入場料＄5）がある。コハラには夜遊びできる所が少なく、地元の人は家族連れでさえもここにやってくる。

ノース・コハラ
North Kohala

ビッグアイランドの北西の先端には、中央尾根であるコハラ山脈Kohala Mountainsが広がる。尾根のリーワード（風下）側は砂漠のような景観だ。ウインワード（風上）側には、断崖の岸壁と壮観な懸谷が随所に見受けられる。

ノース・コハラを訪れる観光客はあまりいないが、印象的な史跡が数カ所と散策するのにうってつけの静かな町があり、道の終点には谷が一望できる展望台がある。この地区へのルートは、内陸側の道（ハイウェイ250）と海側の道（ハイウェイ270）の2本があり、いずれも完全に舗装されている。

ハイウェイ270（アコニ・プレ・ハイウェイAkoni Pule Hwy）はカワイハエKawaihaeから始まり、海岸沿いにあるラパカヒ州立歴史公園Lapakahi State Historical Parkとモオキニ・ヘイアウMookini Heiauを通り、ポロル・バレーPololu Valleyの展望台で終わる。展望台から谷底へはトレイルがあるが、景色を楽しむなら車でのドライブで十分だ。

ハイウェイ250（コハラ・マウンテン・ロードKohala Mountain Rd）は、ハヴィHawiからワイメアWaimeaへ通じる全長20マイル（約32km）の道だ。南へ進んで行くと、道は3564フィート（約1086m）の高さにまで登り、水平線の彼方に霧に包まれたマウイ島が姿を現し、ハレアカラHaleakalaの赤い火口も見える。マウナ・ケアとマウナ・ロアも目に入る。海岸とカワイハエ港Kawaihae Harborが眼下に広がり、8マイル標識の近くにある展望台からはこれらの風景が一望できる。その後道は放牧牛が点在する緑の丘を回り、鉄木の茂みが整然と並ぶ中を下って行く。

ラパカヒ州立歴史公園
LAPAKAHI STATE HISTORICAL PARK

この公園（入園無料 🕐8:00〜16:00、祝日閉園）にはゴーストタウンの雰囲気があるが実際そのとおりである。このわびしい場所を訪れる人は少ない。

この辺ぴな漁村に定住が始まったのは600年ほど前のこと。土地が岩だらけで乾燥しているため、村人たちは漁をして食物を得た。魚は豊富で、村に面した入り江では1年中、カヌーを安全に発着させることができた。その後、村人の一部はここより雨の多い高地に移住して耕作を始め、作物を浜に残った人々の魚と交換するようになった。いつしかラパカヒはアフプアアと呼ばれるようになった。これは山の頂上から海へと放射線状に広がってできたくさび形の集落だ。19世紀に淡水地下水の水位が下がり、村は捨てられた。

この公園は訪れる者に何世紀も前の生活を想像させてくれる。長さ1マイル（約1.6km）の**ループトレイル loop trail**は石垣、住居、カヌー置き場、漁の神を祭るほこらなどの遺跡へと通じている。数々の展示を見れば、今なお使われている漁師が敷き網を使ってオーペル（ムロアジ）を捕る方法や魚の保存に使う塩を石の塩釜で乾燥させる方法がわかる。オオ・イヘ（槍投げ）、コハネ（ハワイのチェッカーゲーム）、ウル・マイカ（石のボウリング）などのハワイのゲームの道具と説明書きがあり、実際に体験することもできる。

ラパカヒの水域は、海洋生物保護区の一部である。魚が多く水も澄んでいるので、海岸の上に立つと、キイロハギなどのカラフルな魚が下の入り江を泳ぎ回るのが見える。ただし、魚と一緒に泳ぐのは違法であり、簡単にビーチに出れる道もない。

公園には日陰がほとんどない。場所は14マイル標識のすぐ南。案内パンフレットはトレイルの起点にある。飲み水をお忘れなく。

マフコナ・ビーチ公園
MAHUKONA BEACH PARK

ラパカヒの北1マイル（約1.6km）、ハイウェイ270を下りて0.5マイル（約0.8km）の所にある。ここには今は使われていない埠頭があり、かつては鉄道によってノース・コハラ海岸の製糖工場と結ばれていた。

埠頭の先の水域ではシュノーケリングやダイビングが楽しめる。ただし、通常、冬は波がかなり荒くなる。はしごから水に入った辺りは水深約5フィート（約1.5m）。北の方に錨の鎖を伝って行けば水深約25フィート（約7.6m）の所に、沈没した蒸気船のボイラーや船の残骸がある。海底にはサンゴが密集し、海が穏やかな時には視界が良い。はしごのそばにシャワーがある。砂浜はない。

あまり整備されていないこの小さな郡立の

ノース・コハラ − モオキニ・ヘイアウ

ノース・コハラ

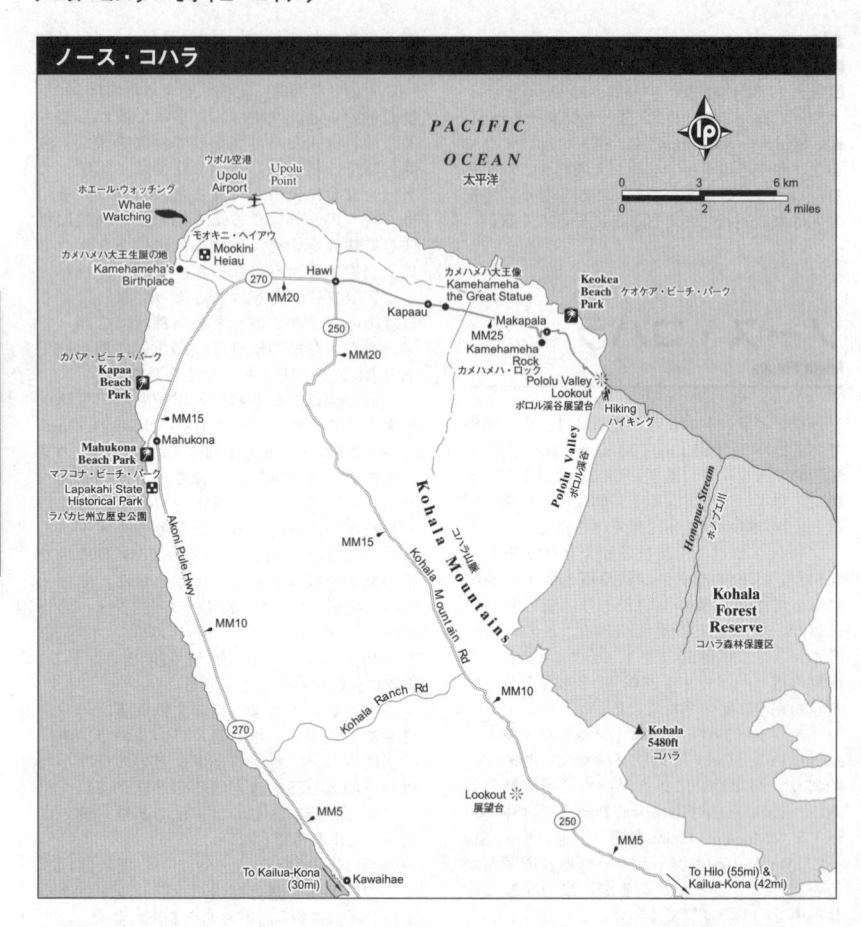

公園に車で行く場合は、左（南）側に曲がって入る。トイレは幾つかあるが、きれいではない。手入れがされていない草地で**キャンプ**をするなら、飲み水は持参すること。公園の水は防虫剤が含まれており、使用しない方がよい。

キャンプの許可については、本章前出の宿泊を参照。またはカパアウの**ヒサオカ・ジム Hisaoka Gym**（☎889-6505 ■事務所 月〜金 13:00〜14:00）に問い合わせを。

モオキニ・ヘイアウ
MOOKINI HEIAU

モオキニMookiniは巨大な神殿で、ビッグアイランドの荒涼とした北端部の草深い小山の上にある。ハワイで最も古く歴史的に重要なヘイアウの1つであり、ここからは海を越えてマウイ島が鮮明に見える。不気味なほど風が吹きすさぶこの場所は時を超えた感覚と、この地を包むマナ（霊力）を感じさせる。

幾つかのチャント（聖歌）によれば、モオキニ・ヘイアウの建設は、西暦480年にさかのぼる。これはルアキニ・ヘイアウluakini heiauの1つで、ここでアリイ（首長）たちが、生け贄の人々を戦の神である'クー'に捧げた。伝説によると、モオキニは1夜で建設された。玄武岩はポロル・バレーPololu Valleyで集められ、14マイル（約22.5km）に及ぶ列をなした人の手により運ばれた。

かつて平民がヘイアウの敷地に入ることはカプによって禁じられていたが、それが解禁されたのは最近になってからだ。この場所には依然として踏み込む者が少なく、それは1963年に国の史跡となった後も変わらない。訪れる者が少ないので、ここではあなた自身と風と精霊たちだけになれるかもしれない。風などに備えた服装を準備すること。

冬はザトウクジラが見れるすばらしい場所だ。海岸の最北端に淡水の水域があり、ここで巨大な哺乳類が泳まり、体に付いたフジツボを落とす。

このヘイアウは長さが250フィート（約76m）で、石垣の高さは25フィート（約7.6m）に及ぶ。入口は西側の壁にある。ヘイアウの入口の手前、すぐ右にある長い囲みはヘイアウの祭壇に生け贄として捧げられた犠牲者たちを捕まえる役目をしていたムーの家がある。

帆立貝の形の大きな祭壇がヘイアウの北の端にある。これは、パアオが付け加えたものと考えられている。彼は12世紀頃にタヒチからやって来た神官で、人身御供の風習をハワイの信仰に持ち込んだ。島の人々は当然、モオキニから安全な距離を取って暮らすように努めた。

現在のカフナ・ヌイ（女性の司祭長）、レイモミ・モオキニ・ラムは、モオキニの長い血統をいまだに引き継いでいる。彼らの血筋はこの神殿の最初の司祭長にまでさかのぼる。12月を除く毎月第3土曜日に、彼女はハワイの住民や来訪者を神殿に招く。この日はまず9時から正午まで草取りの手伝いをする。レイ、作業用手袋、水、ランチ、日焼け止めを持参する。訪問者たちが汗と敬意を注いだのち、レイモミはヘイアウの歴史を語り、質問に答える。問い合わせは☎889-1069または☎373-8000まで。

ここに行くには、ハイウェイ270を20マイルマーカーの所で降り、北に曲がってウポル空港Upolu airportの方へ1.75マイル（約2.8km）下り、左に曲がって海岸沿いのわだちのある未舗装道路に入る。この道は大雨の後は泥だらけになる。普通の車は通れないこともあり、歩いて行けないことさえある。1.5マイル（約2.4km）で道が分かれる。左の道を進むとヘイアウに到着する。

カメハメハ大王生誕の地
Kamehameha's Birthplace

カメハメハ大王は、1758年の冬の嵐の夜にこの険しく寂しい海岸で生まれたと言われている。伝説によればカメハメハの母は、1人のカフナから、彼女の息子は首長たちを殺し強大な支配者となるであろうと言われた。島の大首長はこの予言をよく思わず、聖書のヘロデ王と同じく新生児を殺すよう命じた。生まれてすぐにこの赤ん坊はモオキニ・ヘイアウに運ばれ誕生の儀式を受け、それから近くの山の隠れ家へと移された。ヘイアウの下の分かれ道を真っすぐ3分の1マイル（約536km）行くと、石で囲まれた彼の生誕の場所に着く。

ハヴィ
HAWI

ノース・コハラNorth Kohalaで最大の町（hah-**vee**と発音）には1000人も住んでいないが、何時間か過ごすには楽しい場所だ。実際に営業している店は少ないが、控えめな雰囲気と土地が安いため多くの人々がここに引き寄せられている。

ノース・コハラはかつて砂糖の産地で、ハヴィは6つあった砂糖の産地の中でも最大規模を誇った。コハラ・シュガー・カンパニーKohala Sugar Companyはすべての工場を併合していったが、1975年に営業を停止した。ハイウェイ250の郵便局正面にある公園は、バンヤンの巨木が日陰をつくっていて涼しい。公園の裏手には古い製糖工場があり、町の昔の大黒柱だった名残を見せる。郊外の牧草地では、いまだに野生のサトウキビの群生を見ることができる。

ハイウェイ270から町に入ると、小さな**ビジターセンター**（⌂Hwy 270 ◯月〜金 9:00〜17:00、週末は不定）がある。ここではインターネットにアクセスできるほか、地区のパンフレットやスケッチマップが幾つかある。ハヴィには郵便局、食料雑貨店、ガソリンスタンド、レストランもある。

フルミン・ダ・ディッチ
Flumin' da Ditch
☎889-6922、877-449-6922
🌐www.flumindaditch.com

コハラの歴史的史跡である灌漑用システムを巡る3時間のカヤックツアー。朝と午後にあり、料金は大人$85、子供$65。急流の水しぶきがかかる旅を期待してはいけないが、濡れても良いように準備をしておこう。山中にあるレインフォレストを回るHammerサファリツアーも行っている。

ザ・ランディング
The Landing
☎889-1000
⌂Hwy 270

ノース・コハラにあるまさに独特の日帰りスパ。マッサージ、ボディトリートメント、カバ（ポリネシア産の潅木の根から作った酒）バーなどが人気。

宿泊

ハヴィ・ホテル
Hawi Hotel
☎889-0419
🌐www.hawihotel.com
⌂55-514 Hawi Rd
🛏客室$47〜72

メインハイウェイの交差点にある。リフォームされた昔ながらのホテルだが、部屋はシンプルで清潔。何年もの間、この場所は旅行客を呼び寄せようとしたり、長期滞在するボーダーに譲ったりを繰り返してきた。全室バス付きだが、扇風機、エアコン、電話はない。

カーディナルズ・ヘブン
Cardinals' Haven
☎884-5550、事前予約用☎425-822-3120
D＄55／トリプル＄60、客室1週＄250
11月20日〜5月10日

ピーター＆ソニア・カンバーPeter & Sonja Kamber夫妻の冬の滞在地で、ハヴィの中心から3マイル（約5km）南にあるかわいらしい田舎風の建物。庭からは牧草地の向こうにマウイ島が見える。とても簡素だが、客室にはTV、簡易キッチン、ソファーベッドが用意されている。カンバー夫妻はスイス出身で、ドイツ語とフランス語を流暢に話す。

食事

ファーマーズマーケット（土 7:30〜13:00pm）
はハイウェイ250にある公園で行われている。

コハラ・ヘルス・フード
Kohala Health Food
☎889-0277
Hwy 270
月〜金 11:00〜18:00、土 11:00〜16:30

お茶、オーガニックジュース、袋詰めの自然食品などを販売。

コハラ・コーヒー・ミル
Kohala Coffee Mill
☎889-5577
Hwy 270
軽食＄5未満
6:30〜18:00

マフィン、ペストリー、ナチュラルアイスクリーム、淹れ立てのコナコーヒーなどを販売。手描きのペイントが施されたココナツを売っているのは言うまでもない。

フラ・ラ・メキシカン・キッチン・アンド・サルサ・ファクトリー
Hula La's Mexican Kitchen & Salsa Factory
Hwy 270
食事＄10未満
月〜金 10:00〜20:30、土日 8:00〜20:30

おいしいメキシコ料理が自慢だが、狭苦しい室内にはテーブルが少ししかない。ラナイで食事することもできる。クレジットカード不可。

バンブー
Bamboo
☎889-5555
Hwy 270
ランチ＄8、ディナー＄10
火〜日 11:00〜14:30、火〜土 18:00〜20:30

すばらしい島料理とトロピカルムード満点の装飾。パイナップルバーベキューチキン、島魚のナッツぐるみ、ハワイ風炒め物などが味わえる。ホームメイドのデザートがあるのをお忘れなく。週末にはライブ演奏が行われることもある。要予約。

アンティーズ・プレイス
Aunty's Place
☎889-0899
Hwy 270
食事＄10〜
月〜金 11:00〜21:00、土 16:00〜21:00、日 12:00〜21:00、ピザは毎日22:00まで

ピザは終日、愛情1杯の伝統的ドイツ料理のディナーは夜の限定メニュー。オーナーは自身の「家庭の味」とワイメアWaimeaにあるエーデルワイスEdelweissレストランの「ホテルの味」とを比べられることを好まないが、そんなに謙遜しなくてもいいはずだ。

カパアウ
KAPAAU

ノース・コハラ市民センターNorth Kohala Civic Centerの前の芝生に建っているカメハメハ大王像には見覚えがあるかもしれない。これにはレイで飾られ、写真にもよく撮られるそっ

コハラ・ディッチ

コハラ・ディッチ Kohala Ditchは1列に溝、トンネル、用水路が入り組んでおり、コハラ森林保護区の岩だらけの湿地帯からハヴィ地区に水を運ぶために造られた。ポロル渓谷 Pololu Valleyとワイピオ渓谷 Waipio Valleyの中間地点にあたるワイコロア川 Waikoloa Streamを水源としている。

ディッチ（水路）はコハラのサトウキビ畑に水を引くために1906年に造られた。1970年代を最後にサトウキビはなくなったが、現在でもコハラの牧場や農場の水源として機能し続けている。砂糖王ジョン・ヒンドがパーカー・ランチ Parker Ranchのサムエル・パーカーの財政支援を受けてこのディッチを設計した。コハラ・ディッチは22.5マイル（約36.2km）にもわたる。日本人の移民たちが造り上げたのだが、彼らは危険な仕事に対して1日1ドル程度しか支払われなかった。10人以上の労働者が作業中に命を落としている。

ディッチの多くの部分は1万9000エーカー（約77km²）あるコハラの大地を走っているが、その土地は農業の最大手キャッスル＆クークによって数年前に開発業者に売られた。ディッチのガイド付きカヤックツアーについては、本章のハヴィHawiを参照。

くりな像がホノルルHonoluluのイオラニ宮殿Iolani Palaceの向かい側に建っているからだ。

この像は、1880年にイタリアのフィレンツェで、アメリカ人の彫刻家トーマス・グールドがつくった。しかし、これを運んでいた船はフォークランド諸島Falkland Islandsの沖で沈み、第2の像がオリジナルの型から鋳造された。複製した像は1883年にハワイに到着し、ホノルルのダウンタウンに落ち着いた。

その後、沈んだ像が海底から引き上げられ、ハワイまでの旅を全うした。このオリジナルの像は、それからここ、カメハメハが子供時代を過ごした故郷に送られ、今は静かなカパアウKapaauに立ち、まばらな人の往来を見つめている。

町には裁判所や警察署、図書館、銀行がある。**カメハメハ公園 Kamehameha Park**の自慢は、現代的で大きな体育館や、球場からスイミングプールまで何でもそろっていることで、すべて無料で一般に公開されている。6月のカメハメハ王の日King Kamehameha Dayの祝祭では、公園で楽しい夕べの集いが催され、パレードやハワイのダンス、音楽、食べ物を楽しむことができる。

愛すべき**コハラ書店 Kohala Book Shop**（☎889-6400 ✿Hwy 270 ◎火〜土 11:00〜17:00）は、ハワイで最大かつ最良の古書店であり、地元の作家や海外からの著名な文学者たちの溜まり場でもある。

角を曲がってすぐの所にあるカラフルな建物は、コハラ同和公司Kohala Tong Wo Societyである。設立は1886年で、一般には公開されない。

かつてハワイには多くの中国人ソサエティがあり、そこでは移民たちが文化的アイデンティティを守り、母語を話し、社交活動をしていた。ここは、ハワイ島に残っている最後の1つである。

カラヒキオラ教会
Kalahikiola Church

共にプロテスタントの宣教師であったエリアス／エレン・ボンド夫妻が1841年にコハラに到着し、1855年にカラヒキオラ教会を建てた。通常、教会自体は閉まっているが、迂回路の回りには木の葉が青々と茂り、鳥たちがさえずってなかなかいい感じである。車道の辺りの土地と何棟かの建物はボンド家の広大な私有地の一部であり、布教の生活が欠乏ばかりではなかったことを示している。

ここをのぞいてみるには、ハイウェイ270を、23マイルマーカーと24マイルマーカー間、カメハメハ像の東0.5マイル（約0.8km）で山側の細い道に曲がる。教会はハイウェイから0.5マイル（約0.8km）である。

カメハメハ大王の石

カメハメハ王の石Kamehameha Rockは、カパアウの東約2マイル（約3km）、小さな橋のすぐ先のカーブ右手にある。この石はカメハメハが彼の力を誇示するために、下のビーチから運び上げたものだと言われている。

この石を道路工事で別の場所に移そうとした時、荷車に載せようとしたが、この石は執拗に同じ場所に落ちた。ここにいたいという合図だった。カメハメハ王のマナには逆らえず、作業員たちは石をここに残したのだったのだろう。

食事

タカタ・ストア
Takata Store
✿Hwy 270
◎月〜土 8:00〜19:00、日 8:00〜13:00
高校の近くにある。ノース・コハラで最大のマーケット。農産物、肉類、そのほかの食材すべてを扱う。

ジェンズ・コハラ・カフェ
Jen's Kohala Cafe
✿Hwy 270
🍴1品$4〜7.50
◎10:00〜17:00
カメハメハ像のちょうど反対側にあり、町でまともに食事ができる所。おいしいチキンのシーザーサラダ、チリ、そしておすすめなのがオーガニック野菜を使用したギリシャ風ラップサンド。ほかのメニューにはフレッシュフルーツのスムージー、デリサンドイッチ、スープもある。

マカパラ
MAKAPALA

小さな村であるマカパラには、数百人程度の住民しかいない。ポロル・バレーにハイキングに行く場合は、この町の小さなストアが飲み物や食料を補給できる最後の場所だ。ただし開いていればの話だが。

ケオケア・ビーチ・パーク Keokea Beach Parkは眺めの良い岩場の海岸だが、旅行者には人気がない。砂浜はなく、ダイビングやシュノーケリングなどに適しているわけでもないからだ。危険な高波と激しい潮の流れを警告する看板が立っている。保護された入り江では泳ぐこともできる。ここにはトイレ、シャワー、水飲み場、ピクニックエリア、バーベキュー用グリルがあるが、キャンプ場はない。

ここへはハイウェイから1マイル（約1.6km）

ワイメア（カムエラ）

以内で着く。ポロル・バレー展望台Pololu Valley Lookoutの1.5マイル（約2.4km）手前にある標識のあるランプを下りる。ビーチに行く途中で、古い**日本人墓地**を通り過ぎる。ほとんどの墓石には漢字が刻まれ、幾つかの正面には酒のつがれたコップが置かれている。

コハラ・ゲスト・ハウス
Kohala's Guest House
☎889-5606 📠889-5572
✉svendsen@gte.net
🏠52-277 Akoni Pule Hwy
🛏ワンルーム型コテージ＄59、2ベッドルーム、3ベッドルームコテージ＄110〜125

ケオケア・ビーチ・パークKeokea Beach Parkに下る道の起点にある。シンプルでモダンなコテージには8人まで寝ることができ専用のバスが付いている部屋もある。小さい部屋では施設は共用となる。設備の整ったキッチン、ラウンジ、ラウンジのステレオ、TV、ビデオは共用。

ポロル渓谷
POLOLU VALLEY

ハイウェイ270は人里離れたポロル渓谷を見下ろす展望所で終わる。背後には激しくうねった崖が東へと延びている。展望所ではヘリコプターなしではめったに体験できないようなひときわ美しいアングルが楽しめる。ワイピオ渓谷展望台Waipio Valley Lookoutよりもすばらしいと言う意見もある。

　ポロルPololuは昔、湿地性のタロイモが密集して植えられていた。ポロル川が谷を流れ遠く離れた雨の多い内陸からこの谷底まで水を運んでいた。コハラ・ディッチが造られ、多くの水が吸い上げられるようになって、タロイモの栽培は終わりを迎える。最後の島民が谷を去ったのは1940年代のことで、谷の傾斜面は森の保護区域になっている。

ポロル・バレー・トレイル
Pololu Valley Trail

展望台からポロル渓谷へ下る道は歩いておよそ20分。傾斜は急だが、あまりにも骨が折れるというわけでもなく、至る所ですばらしい展望が見られる。足場には注意しよう。道中の大半は粘土質の泥が固まっており、雨が降ると滑りやすくなる。どこかの親切な人が歩く支えにと杖をくれたとしても、杖を使うのは歩くのが嫌になった時だけにしよう。杖は重く暑い日には助けになるどころかお荷物になってしまう。

　谷に面した黒い砂浜は半マイル（約800m）ほど広がり、楽しく散歩できる。かなりの数の流木が集まり、ごくたまにグラスファイバーのフィッシングボートが波に洗われている。牛や馬が谷を歩き回っているが、道を下った所にある門より谷から出ないようにしている。冬は波が恐ろしいほど高くなり、年を通じて潮の流れが激しい。ビーチ施設はない。

ツアー
ハワイ・フォレスト・アンド・トレイル
Hawaii Forest & Trail
☎331-8505、800-464-1993
🌐www.hawaii-forest.com

島中で営業しているが、支店の1つがハイウェイ270の終わり、展望所のすぐ手前にある。ここでは朝のラバ乗り（大人＄95 子供＄85）を行っており、放牧地や尾根を超えて滝の展望所までをラバに乗る。ただし谷そのものには下りない。

　ラバが使用される理由は幾つかある。馬よりも足腰がしっかりしていてもっと重い荷物を運ぶことができる。また1900年代の初めには、日本人労働者がコハラ・ディッチをつくる時にも活躍した。今日ラバを使ってこの地域を旅行者に紹介することも実際トレイルを通ってみると納得のいくことだろう。

ワイメア（カムエラ）
Waimea（Kamuela）

ワイメアは、標高2670フィート（約814m）のコハラ山脈Kohala Mountainsのふもとにある美しい町だ。沿岸に比べて涼しく、雲や霧が出ることも多い。午後にはよく虹がかかる。

　この土地の中心は、人々を圧倒するパーカー・ランチParker Ranchだ。ハワイ最大の牧場で、その広さはハワイ島のほぼ9分の1を占める。

　ワイメアは確かにパニオロ（ハワイのカウボーイ）の町だが、急速に開発が進み洗練されつつある。高所得層向け分譲地が多く、コハラ山脈の農場跡の再開発により宅地を造成している。新しくやってくるのは本土のお金持ちがほとんどだが、ワイメアに移り住み、マウナ・ケアMauna Keaで働く国際的に著名な天文学者も増えている。

　ほとんどの旅行者にとってワイメアは、コナKonaとヒロHiloの間でちょっと立ち寄るだけの場所だ。エキサイティングな見どころや歴史的名所は少ないが、美術館は十分に見る価値があり、緑の牧草地は本当に美しい。町には一流のアートギャラリー、すばらしいレ

ストランが多く、全米に名を知られている店もある。

オリエンテーション・インフォメーション

ワイメアの別名カムエラKamuelaは、サミュエルをハワイ語でつづったものだ。この名前の由来を、かつての郵便局長サムエル・スペンサーだとする人もいるが、パーカー・ランチの当主だったサミュエル・パーカーだという説が有力だ。どちらにしても結果は同じで区別はついていない。ワイメアに郵便を出す場合の宛名はすべてカムエラ宛にする。

郵便局 post office（☎885-6239 ✆67-1197 Mamalahoa Hwy ◎月～金 8:00～16:30、土 8:30～10:30）はパーカー・ランチ・センター Parker Ranch Centerの南西にある。**ワイメア・ビジター・センター Waimea Visitor Center**（☎885-6707 ✆65-1291 Kawaihae Rd＜ハイ・カントリー・トレーダースHigh Country Tradersのうしろにある。＞◎月～金 8:30～15:30）はリンゼー・ハウスLindsey House内にある。1909年パーカー・ランチが第一級の従業員たちのために建てたもの（何とすばらしい時代！）。

WMケック天文台事務所 WM Keck Observatory office（◎月～金 8:00～16:30）はタウン・センター内にあり、マウナ・ケアの天体望遠鏡に

関する短いビデオと簡単な展示がある。火山活動についての情報もある。

パーカー・ランチ・ビジター・センター

Parker Ranch Visitor Center

この小さなミュージアム（☎885-7655 www.parkerranch.com ✆Parker Ranch Shopping Center 大人＄6 子供＄4.50 ◎9:00～17:00、入館は16:00まで）ではささやかだが農場の歴史に関する展示がある。内容は、ポートレート、家系図、キルト、皿やパーカー一族の記念の品や、サドルや烙鉄といったカウボーイの道具、石の手斧、溶岩でできた鉢、ハワイ料理の器具、木の皮でできたベッドカバーなどのハワイの産物も。ここも良いが、ハワイ島にあるほかの美術館のほうが規模が大きく、ハワイの歴史を幅広く知ることができる。

最も興味深いのは、古い写真類とパーカー・ランチの映画だろう。長さ25分の映画では、パニオロpanioloが牛を海へ追い立てるシーンや、吊り綱を使って停泊している汽船のデッキに牛を乗せる場面が見られる。

美術館とパーカー・ランチ・ヒストリカル・ホームParker Ranch Historical Homeの入場料が含まれるチケットは、大人＄12、子供＄9.50。

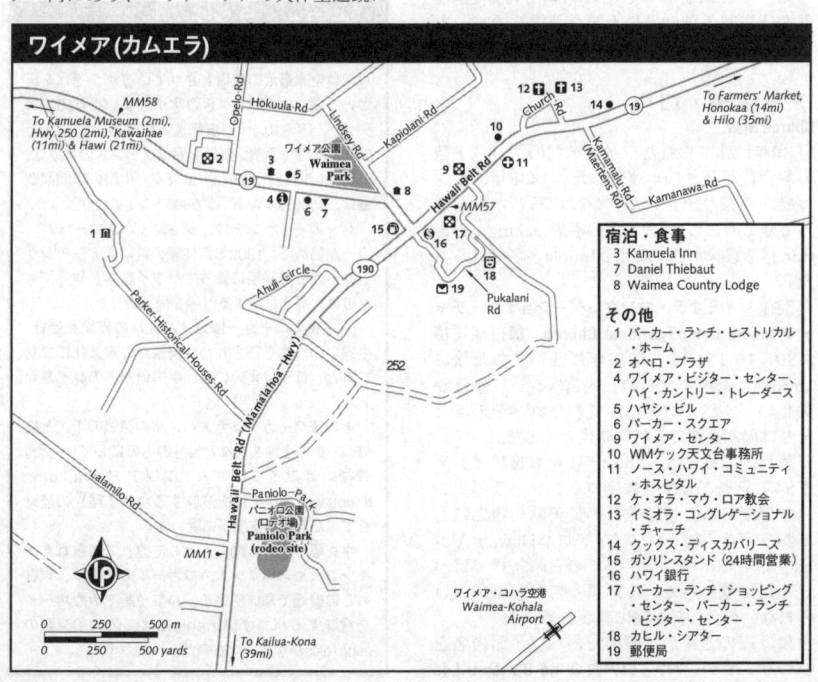

ワイメア(カムエラ)

宿泊・食事
3 Kamuela Inn
7 Daniel Thiebaut
8 Waimea Country Lodge

その他
1 パーカー・ランチ・ヒストリカル・ホーム
2 オペロ・プラザ
4 ワイメア・ビジター・センター、ハイ・カントリー・トレーダース
5 ハヤシ・ビル
6 パーカー・スクエア
9 ワイメア・センター
10 WMケック天文台事務所
11 ノース・ハワイ・コミュニティ・ホスピタル
12 ケ・オラ・マウ・ロア教会
13 イミオラ・コングレゲーショナル・チャーチ
14 クックス・ディスカバリーズ
15 ガソリンスタンド（24時間営業）
16 ハワイ銀行
17 パーカー・ランチ・ショッピング・センター、パーカー・ランチ・ビジター・センター
18 カヒル・シアター
19 郵便局

パーカー・ランチ・ヒストリカル・ホームズ
Parker Ranch Historical Home
19世紀の2つの邸宅（☎885-5433 🎫大人＄8.50 子供＄6 🕐10:00～17:00、入館は16:00まで）は、ハイウェイ190沿い、ハイウェイ19との交差点から南に1マイル（約1.6km）弱の所にある。

かつての有力者の住居だった立派な**マナー**（邸宅）には、ヨーロッパ芸術や古代中国の壺など興味深いコレクションがある。1つの部屋は、シャンデリアや天窓のあるフランスの田舎風の造りで、印象派絵画の傑作が掛けられている。演劇のビラや、俳優、パーカーの子孫であるリチャード（ディック）・スマートの写真がいたる所に飾られている部屋もある。風変わりな俳優と称されたこの演劇趣味の奇人リチャードは、1992年に亡くなるまでは何度もバスローブ姿で観光客を出迎えたという。

その隣がやや控えめな**マナ・ヘール Mana Hale**だ。1840年代にジョン・パーカーが建てた家を再建したもので、もともとはワイメア郊外の丘にあった。パーカーは、故郷マサチューセッツでポピュラーなソルトボックス型（前面が2階建てで後ろが1階建ての家）をもとに家を建てたが、材木はハワイのコアを利用した。その家を解体してこの地で再建され、現在は当時の調度品や大胆な面構えのパーカー一族の写真が飾られている。

チャーチ・ロウ
Church Row
1830年に建てられたワイメア初のキリスト教の教会は草葺きの小屋だった。1838年にサンゴ礁から掘り出されたサンゴの石と木材を使って建て直され、「救世主の探求 seeking salvation」を意味するイミオラ Imiola と名づけられた。

現在の**イミオラ・コングレゲーショナル・チャーチ Imiola Congregational Church**（🕐日曜礼拝8:30、10:15）は、1857年に建造された後に1976年に修復したもの。内装はシンプルだが美しい。すべてコアの木で作られ、そのほとんどは最初に建てられた時代のものだ。

教会内の庭には、1832年に渡来後ワイメアで54年を過ごした宣教師ロレンゾ・ライアンスの墓がある。彼は数々の賛美歌を書き残しており、有名な「ハワイ・アロハ Hawaii Aloha」もその1つ。今もここの日曜礼拝ではハワイ語で歌われている。重すぎて屋根に掛けられない教会の鐘も庭に置かれている。

隣は緑のとんがり屋根で、ハワイ語の名を持つ**ケ・オラ・マウ・ロア教会 Ke Ola Mau Loa Church**だ。仏教、バプテスト、モルモン教徒の礼拝の場もこのチャーチ・ロウにある。

カムエラ・ミュージアム
Kamuela Museum
さまざまな歴史に触れることができる非常にすばらしい博物館（☎885-4724 📍cnr Hwys 19 & 250 🎫大人＄5 子供＄2 🕐8:00～16:00）だ。

以前はジョン・パーカーの直系の子孫が運営していた施設で、ハワイの歴史を伝える貴重なコレクションを豊富に収蔵している。内容には、狩に使うタパ製のせこ、鳥の羽でできた古代のレイ、人骨でできた釣り針、石のスパナ、犬歯のようなキノコなど。非常に貴重なものもあり、王家が所有していたものも多く、イオラニ宮殿 Iolani Palace で使われていたチーク材と大理石製のカメハメハ大王の立派な椅子やテーブルなどもある。

ハワイ以外のコレクションは珍品ぞろいで、チベットの祈祷師の角笛から、捕虜が持っていたナチの旗、アポロ11号が宇宙で使ったロープの切れ端まである。

年中行事
ワイメアで毎年行われる**フォース・オブ・ジュライ・ロデオ Fourth of July rodeo**は、縄で牛を捕

パーカー・ランチ
パーカー・ランチ Parker Ranch は個人の所有としては全米最大の農場とされているが、それを裏づける幾つかの驚くべき数字がある。22万5000エーカー（約910km²）を超える広さの土地に3万5000頭の牛を飼育、敷地を囲うフェンスの長さは、850マイル（約1368km）に及ぶ。牛肉の年間製造量は、1500万ポンド（約6800トン）以上だ。

パーカー・ランチは、ジョン・パルマー・パーカーが始めた。1809年、19歳の時にニューイングランドから捕鯨船に乗ってハワイ島へとやってきた彼は、島を目にするなり船を飛び降りた。

間もなくパーカーはカメハメハの寵愛を受け、牛追いの仕事を任された。何頭かの家畜化に成功すると、ほかは食肉にし、牛追いたちの鼻をあかした。

その後パーカーはカメハメハの孫娘の1人と結婚し、島の土地を次々と自分のものにしていった。最後にはワイコロア・アフプアア Waikoloa ahupuaa（広い土地を意味するハワイ語）の陸地をすべて自分の支配下に置いた。

牛を駆り集める助っ人として連れてこられたメキシコ人やスペイン人カウボーイの子孫が、現在もこの農場で働いている。ハワイ語でカウボーイを意味するパニオロ paniolo は、スペイン語のespa_oles がなまったものだ。

まえたり、雄牛を乗りこなしたりするお祭りで、すでに開催40回目を迎えた。むち打ちロデオも、レイバーデイLabor Dayの週末に毎年行われる。規模の小さいパニオロ（ハワイ語でカウボーイの意味）のイベントは年に何回か開かれる。秋の初めの週末に行われる**アロハ・フェスティバル・パニオロ・パレード Aloha Festival Paniolo Parade**は、地元のカウボーイをたたえるものだ。

宿泊

ワイメアにある手頃な値段の宿は、内陸の景色を楽しみたい人や広々とした部屋を希望する旅行者にとっては満足のゆく選択肢となるだろう。

カムエラ・イン
Kamuela Inn
☎885-4243、800-555-8968 ＦＡＸ885-8857
Ｗ www.hawaii-bnb.com/kamuela.html
客室 $60～85、スイート $90～185
インとホテルの中間といったところ。客室は30室ある。テレビ・専用バス付きだが電話はない。スイートには4人まで泊まることができ、冷蔵庫とストーブ付き。朝は無料のペストリーとコーヒーが出る。

ワイメア・カントリー・ロッジ
Waimea Country Lodge
☎885-4100、800-367-5004 ＦＡＸ885-6711
Ｗ www.castleresorts.com
Lindsey Rd
客室 $90～95、簡易キッチン付 $105
部屋数21の小さなモーテル。全室に専用バス、電話、テレビがあり、裏手にはコハラKohalaの山々を見渡せる。早朝、近くのショッピングセンターで積荷を降ろすトラックの音をうるさく感じるかもしれない。

アー・ザ・ビューズB&B
Aaah, The Views B&B
☎885-3455 ＦＡＸ885-4031
Ｗ www.beingsintouch.com
66-1773 Alaneo St
客室 $75～110
かわいらしいユースホステルは町から西へほんの数分の所にある。宿泊客は共同キッチン、ヨガと瞑想の部屋、小川の見えるポーチにあるハンモックなどを自由に利用できる。スカイライト・ルームSkylight Roomにはロマンチックな奥の小部屋があるほか、ツリートップ・スイートTreetop Suiteには専用のデッキと玄関があり6人まで泊まれる。全室ケーブルテレビと電話付き。長く滞在する場合は割引あり。

ワイメア・スイートB&B
Waimea Suite B&B
☎937-2833

Ｅ cookshi@aol.com
Ｗ $125
この土地に詳しいパティ・クックが経営する新しい宿。ハイウェイ19を下りて町の東2マイル（約3.2km）、マウナ・ケアMauna Keaに面したこのアパートには、ベッドルームが2室あり4人まで泊まれる。設備は、地元の香辛料がそろったキッチン、食事のとれるラナイ、ケーブルテレビ、テレビ、ビデオデッキ、電話、ステレオがそろっている。直接予約すれば、経営者の店クックス・ディスカバリーズCook's Discoveriesの金券 $20をもらえる。

ワイメア・ガーデンズ・コテージ
Waimea Gardens Cottages
☎885-4550、800-262-9912 ＦＡＸ885-0559
Ｅ bestbnbs@aloha.net
Ｗ $135～150、追加1人につき $15
町から2マイル（約3.2km）西に進むと、硬材張りの床、フランス式のドアとデッキが魅力的な2軒のコテージがある。改築したユニットは、設備の整ったキッチン、ジャグジー、専用の庭がある。新しいコテージには暖炉があるが、調理設備ではやや劣る。どちらも朝食の材料はストックされている。オーナーのバーバラ・キャンベルは**ハワイズ・ベスト B&B Hawaii's Best Bed & Breakfasts**(www.bestbnb.com)を運営していて、ワイメアも含め島にある一流ホテルの予約代行業を行っている。

マウンテン・メドウ・ランチ
Mountain Meadow Ranch
☎775-9376 ＦＡＸ775-8033
Ｗ www.mountainmeadowranch.com
Ｓ $70 Ｗ $80、2ベッドルームコテージ 1日 $135 週 $800
ハイウェイ19を下り北東へ約11マイル（約18km）にあり、ワイピオ渓谷Waipio Valleyやハマクア・コーストHamakua Coast巡りには便の良い所。愛想の良い主人が経営するここは、平たい造りのレッドウッドの建物で、ベッドルームが2室、タイル張りの広い浴室、ドライサウナ、ラウンジにはテレビとビデオデッキ、冷蔵庫、電子レンジという設備がある。1度に1組しか予約を受けないので、もしベッドルームを1つしか使わなくても、滞在中もう1つの部屋に別の客が泊まるということはない。感じの良いコテージもあって、こちらもベッドルーム2室、設備の整ったキッチン、リビングルームにはクイーンサイズのソファーベッド、薪ストーブ、テレビ、ビデオデッキがある。

食事

ファーマーズマーケット farmers market（土 7:00～12:00）では新鮮な農産物や花を売って

いる。場所はハワイアン・ホーム・ランズ・オフィスHawaiian Home Lands Office、町の東端にある55マイルマーカーの所。

パーカー・スクエアでは、**フードランド Food Land**スーパーマーケットの**ワイメア・コーヒー・アンド・カンパニー Waimea Coffee & Co**（☎885-4472 ⌂65-1279 Kawaihae Rd ◉月〜金 7:00〜17:00、土 8:00〜16:00）で100％コナ産のコーヒーをどうぞ。**KTAスーパー・ストア KTA Super Store**（☎885-8866 ⌂65-1158 Mamalahoa Hwy ◉6:30〜23:00）はワイメア・センターにある。センターには健康食品の店やパン屋、デリカテッセンなどもある。

ワイメア・トリーツ
Waimea Treats
☎885-2166
⌂Waimea Center
◉10:30〜20:00
虹色のかき氷やハワイアンアイスクリームがある。

マハズ・カフェ
Maha's Café
☎885-0693
⌂Waimea Center
▦朝食＄3〜5、ランチ＄10未満
◉木〜月 8:00〜16:00
陽気なハワイアンレストラン。ココナツシロップのかかったタロイモのパンケーキや地物の魚のタロイモ・野菜添えなど、家庭風料理を食べられる。1852年に建てられたワイメア最初の木造建築の中にある。横の店ではハワイの土産物を売っている。

ハワイアン・スタイル・カフェ
Hawaiian Style Café
☎885-4295
⌂Hayashi Bldg
▦食事＄5〜10
◉月〜金 6:00〜12:45、火〜金 16:00〜19:30、日 7:30〜12:00
コレステロール値がぐっとアップしてしまうかも。現代風のピンクのビルの中にあるこのレストランには、古いスタイルのカウンターに安っぽい椅子が並び、ブースは3つしかない。金曜日には、ルアウ（チキンなどをタロイモの葉で包み、ココナツミルクで味つけしたハワイの伝統的な料理）のスペシャル料理がある。缶詰の景品でもらえるスパムSpamのTシャツを自慢げに着ているシェフも憎めない。

アイオリズ
Aioli's
☎885-6325
⌂Opelo Plaza
▦ディナーメイン＄13〜21
◉火 11:00〜16:00、水木 11:00〜20:00、金土 11:00〜21:00、日 8:00〜14:00

パン、ケーキ、ペストリーは自家製で、ランチにはおいしいサンドイッチ、サラダ、スープもある。ディナーは、山羊のチーズが入ったエンチラダからフレッシュなシーフードやステーキまでバラエティに富んでいる。免許がないのでアルコールは販売していないが、ビール・ワインの持ち込みは可（持ち込み料なし）。

次の2軒は予約をおすすめする。

メリマンズ
Merriman's
☎885-6822
⌂Opelo Plaza
▦ランチ＄7〜12、メイン＄17〜33
◉ランチ 月〜金 11:00〜13:30、ディナー 毎日 17:30〜21:00
違いのわかる客が、すばらしいハワイの地元料理を目当てに集まる。スペシャルメニューは中華鍋で調理した、外はこんがり中はしっとりのアヒ（マグロ）のたたき。シェフ兼オーナーのピーター・メリマンが使う材料は、有機農法により栽培された・化学物質なしの新鮮な野菜や魚で、ハワイの農家や漁師から仕入れたもの。

ダニエル・チボー
Daniel Thiebaut
☎887-2200
⌂65-1259 Kawaihae Rd
▦ランチ＄7〜15、ディナーメイン＄20〜30
◉ランチ 月〜金 11:30〜13:30、ディナー 毎日 17:30〜21:30
大プランテーション時代の優雅な雰囲気があり、籐製のテーブルや椅子を使用している。受賞歴もあるフランス・アジア料理は、地元でとれた野菜や魚を使っている。サラダとコナスタイルで調理した魚料理はおすすめだ。通常ランチにはサービスでデザートが付く。

エンターテインメント

ワイメアのエンターテインメントは限られている。カウボーイたちは明け方から働き、天文台の人たちは一晩中働いているということか。

カヒル・シアター
Kahilu Theatre
☎885-6017
⌂Parker Ranch Center
演劇、クラシック音楽のコンサート、ダンスリサイタルなどが行われる。

コア・ハウス・グリル
Koa House Grill
☎885-2088
⌂Waimea Center

週末にライブの催しや、にぎやかなカラオケが行われることが多い。

ショッピング

レインズ
Reyn's
☎885-4493
🏠Parker Ranch Shopping Center

「太平洋のブルックス・ブラザーズ（Brooks Brothers of the Pacific）」として知られる店。ここの製品の特徴は裏地を使用したハワイの織物を取り扱っていることだ。

クックス・ディスカバリーズ
Cook's Discoveries
☎885-3633
🏠64-1066 Mamalahoa Hwy

店の商品のほとんどがこの島で作られたもの。高級食品、巧みに作られた土産物、ハワイアンのCDやテープなどを販売。

ギャラリー・オブ・グレート・シングス
Gallery of Great Things
☎885-7706
🏠Parker Square

アンティーク、美術品、レア物を売るワイメアのギャラリーの中では指折りの店。ハワイ、ポリネシア、アジアで作られた美術品、家具、写真を見に立ち寄ってみてはいかが。

ワイメア・ジェネラル・ストア
Waimea General Store
☎885-4479
🏠Parker Square

ハワイの料理本からおもちゃまで、あらゆるものを売っている。**クラックシード・エトセトラ Crackseed, etc**（☎885-6966 🏠Hayashi Bldg）もワイメア・ジェネラル・ストアと同じような店で、地元の食品も売っている。

アクセス

ハイウェイ190沿いにカイルア・コナKailua-Konaから40マイル（約64km）ほど行くと、ワイメアの町なかでオールド・ママラホア・ハイウェイOld Mamalahoa Highwayに入る。ハイウェイ19でヒロまでは1時間半、距離は55マイル（約89km）だ。

コナKonaからは登り道で、住宅地を抜け、溶岩流ととげだらけのサボテンが点々と生えている乾燥した草原の放牧地が混在する土地に入る。やがて道沿いに会堂だけの小さな教会、はるか遠くまで広がる海岸の景色、何もないだっ広い場所、朝日を受け美しい黄金色に輝く高く生い茂った道路わきの草原が見えてくる。

バスについては、本章前出の「交通機関」を参照のこと。

ワイメア周辺
AROUND WAIMEA

ワイメアからホノカア
Waimea to Honokaa

ハイウェイ19は、ワイメアからホノカアへ東に向かって延びる。途中、南にマウナ・ケアを見ながら、なだらかなアップダウンのある丘を越え、牧草地を通る。のどかな田舎の裏道を走るなら、52マイルマーカーの西でハイウェイ19を右折してオールド・ママラホア・ハイウェイOld Mamalahoa Hwyに入ろう（ヒロから来る場合は、テックス・ドライブ・インTex Drive Innの反対側にある43マイルマーカーで左折し、すぐ次を右折）。

この10マイル（約16km）の迂回路は田舎の丘陵地帯を通り、小さな農場、古い木のフェンス、放牧の馬など観光客が目にすることの少ないハワイの一面を見ることができる。道には先を急ぐ車は1台もない。サイクリングにも向くコースだ。ただし道幅が狭く、カーブ、起伏が多い点は注意が必要だ。

マナ/ケアナコル・ロード
Mana/Keanakolu Road

マウナ・ケアMauna Keaを近くで写真に収めるなら、途中までマナ・ロードMana Rdを進み、マウナ・ケアの東側面に出よう。この道は、55マイルマーカーでハイウェイ19から分岐し、ワイメアの東へ進む。15マイル（約24km）進み、道はケアナコル・ロードKeanakolu Rdになり、約25マイル（40km）先のフムウラ・シープ駅Humuula Sheep Station近くで、サミット・ロードSummit Rd（マウナ・ケアへ続く道）に合流する。

ワイメアで道が舗装されているのは最初のみだけ。馬、マウンテンバイク、4WDであれば通れるが、家畜を囲う柵のとびらを何十回も開け閉めすることになる。この道を通るのは農場の作業員やハンターがほとんどなので、万一途中でトラブルが起きても助けを呼ぶにはずいぶん距離があることを忘れずに。

ハカラウ・フォレスト国立自然保護区
Hakalau Forest National Wildlife Refuge

この野生動物保護区は、州最大のコアとオヒアの森林の一部。この森には、ハワイ原産のシラヒゲコウモリやハワイアンホークなど絶滅危惧種の野鳥たちが住んでいる。

限られたルートを使った保護区への立ち入りのみ許されている。情報の入手、許可の申請は**保護区管理人 refuge manager**（☎933-6915 📞電話は月～金 8:00～16:00受付）に電話する

こと。カギのかかった入口は、ケアナコル・ロードKeanakolu Rdを40マイル（約64km）ほど登った所にある（性能の良い4WDのみ可、雨のあとは通行止め）。

ここにはトイレも標示もまったくない。訪れるのに最適な時期は10月の第2週だ。この週はナショナル・ワイルドライフ・レフュージ・ウィークNational Wildlife Refuge Week（国の野生動物保護週間）なので、ハワイの鳥類学専門家やパトロール隊員が森に入っている。

デビッド・ダグラス・メモリアルDavid Douglas Memorial　スコットランド人植物学者デビッド・ダグラスの記念館（🏠Keanakolu Rd）。ダグラスモミは彼にちなんで名づけられた。ワイメアからサドル・ロードSaddle Rdに至る道のほぼ中間にある。1834年彼はこの場所で亡くなった。

ハマクア・コースト
Hamakua Coast

ハマクア・コーストは島の北東に位置する海岸で、ワイピオ渓谷Waipio Valleyの美しい断崖絶壁からヒロまで45マイル（約72km）にわたって延びている。ここはかつてハワイ砂糖産業の中心地だった所で、8フィート（約2.4m）以上もあるような野生のサトウキビが貿易風にたなびくのが見える。雨の多いウインドワードのマウナ・ケアの峡谷には、小川や滝の流れが走っている。さまざまなこの地の恩恵を受け、海は深い藍色に輝き、岸にはアメリカネムが青々と茂りオレンジ色のアガパンサスの花が揺れる。

ハワイ・ベルト・ロードHawaii Belt Rd（ハイウェイ19）は、驚くべき技術力によって緑の峡谷に架けられた片持ち式橋梁を幾つも渡って進んでいく。まさに絵のような美しさに、時間があればもう一度通りたいという気にさえさせられる。コナとヒロの間を急いで通り抜けるだけの人も、ワイピオ渓谷展望台Waipio Valley Lookoutと、熱々のマラサダ（卵を混ぜた練り粉を油で揚げ、砂糖をまぶしたもの）を食べに伝説のテックス・ドライブ・インTex Drive Innだけには、ぜひ立ち寄ってほしい。

この海岸沿い一帯にはすてきなB&B（ベッド＆ブレックファスト）が多数あるが、おすすめの安い宿は少ない。代わりにビーチにキャンプ場付きの公営公園が幾つかある。

ホノカア
HONOKAA

眼下に広がる太平洋が潮の干満を繰り返すように、ホノカア（人口2185人）は時代と共に浮き沈みを繰り返してきた町だ。畜産や砂糖産業から軍人や観光客相手の商売へと、打ち寄せる波が砕け散るたびに新しい町として生まれ変わってきた。

ホノカアに住む人のほとんどは、サトウキビプランテーションで働くためやって来た移民の子孫だ。最初の移民はスコットランド人とイギリス人で、続いて、中国、ポルトガル、日本、プエルトリコ、フィリピンの人たちがやってきた。1873年設立のホノカア・シュガー・カンパニーの製糖工場は1993年に操業を停止した。

歴史のあるママネ・ストリートMamane St沿いには、アンティークショップと心霊写真家の店が軒を並べていることからもわかるように、内省的でありながら進歩的な面も持つホノカアはハマクア・コースト最大の町だ。ワイピオ渓谷の住人（泥だらけのトラックの後ろに猟犬を乗せているのですぐわかる）も買い物に「トップサイド'topside'」と呼ばれる土地からホノカアへやって来る。

インフォメーション

ホノカアには郵便局（🏠Lehua St 🕐月～金9:00～16:00、土 8:15～21:45）と図書館（🏠775-8881 🕐月・木 11:00～19:00、火水9:00～17:00、金 9:00～15:00）がある。ATMのある銀行、食料品店、コインランドリーなど、必要なものはすべてこの小さな町にそろ

デビッド・ダグラスの死

1834年、有名な植物学者デビッド・ダグラスの死亡状況は、ややミステリーじみていた。血まみれの死体は、マウナ・ケア斜面の穴の底から荒れ狂う雄牛と共に発見された。野生化した家畜を捕まえるため、ハンターがよくこのような穴を掘ってかん木でカムフラージュしていたが、ダグラスと牛の両方が同じ穴に落ちるとは考えにくかった。疑いの目は、オーストラリア人のネッド・ガーニーに向けられた。流刑地のボタニー湾Botany Bayから脱走し付近に潜伏していた囚人で、最後にダグラスに会った人物だったのだ。

ヒロ当局では事件の解決に至らず、ダグラスの遺体と雄牛の頭は塩水漬けにされ、さらに詳しく調査するためホノルルへ送られた。しかし、オアフに着いた時には腐敗が激しく、急きょ遺体はミッションの教会へ埋葬され、事件は終わりを告げた。

っている。町のガソリンは高いのでドライバーは覚えておこう。

ビジターセンター visitor center（⌂Mamane St）は行っても誰もいないことがあるが、建物の裏にある清潔な公共トイレは自由に利用できる。

観光スポットと楽しみ方

図書館の横に**ゴトウ・カツ記念館 Katsu Goto Memorial**がある。サトウキビプランテーションで働いていた日本人の後藤は、ハマクア農園の労働条件向上を訴えたため、1889年、ホノカアのサトウキビプランテーションの有力者らによって絞首刑にされた。彼は初の組合活動家の1人とされている。

紫のオーラが出ているか知りたいなら**スターシード Starseed**（☎775-9344 ⌂45-3551A Mamane St ◐月〜土 10:00〜17:00）に行ってみるとよい。オーラ写真を＄10〜＄20で撮影してくれる。コーヒーを飲んで元気になりたい人向けに、エスプレッソバーもある。

ライブ・アーツ・ギャラリー Live Arts Gallery（☎775-1240 ⌂45-368 Lehua St ▣入場無料 ◐10:00〜17:00）はふもとにある店で、ハワイ島のガラス吹き職人、画家、陶芸家らによる独創的な作品を置いている。作家たちは常駐していないので、イベントやワークショップのスケジュールはまず電話で確認しよう。

毎年11月には**タロ・フェスティバル Taro Festival**が開かれる。タロを使ったものは何でもあり（中には無理があるものもあるが）、タロイモづくしの1日だ。

宿泊

町の南にあるカロパ州立レクリエーション・エリア Kalopa State Recreation Areaでは、テントやキャビンによるキャンプができる（本章後出参照）。

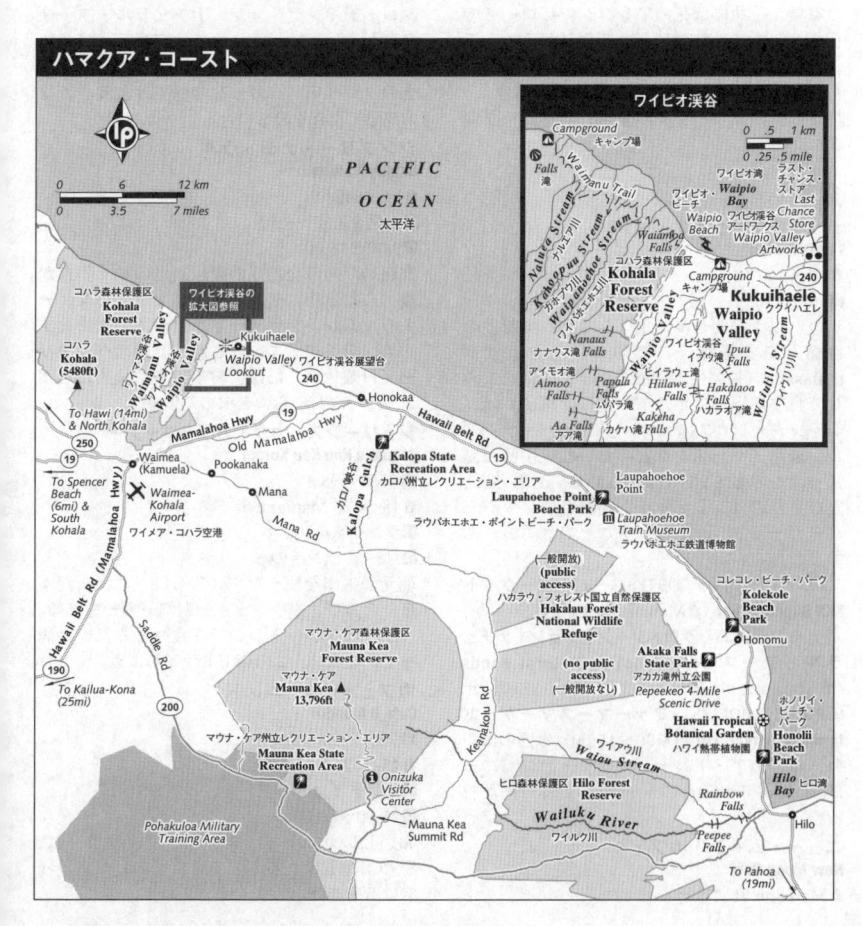

ホテル・ホノカア・クラブ
Hotel Honokaa Club
☎775-0678、800-808-0678
Ⓦhome1gte.net/honokaac/
🏠Mamane St
🛏ドミトリーベッド＄15 S＄20 W＄30、バス付＄45～65、スイート＄80
🕐フロント受付 9:00～13:00、16:00～20:00

ありふれた宿だが、娯楽設備がそろっているのは町でここだけ。共同バスの低料金の部屋はホテルの端にあり、静かだ。

ワイピオ・ウェイサイドB&B
Waipio Wayside B&B
☎/📠775-0275、800-833-8849
Ⓦwww.waipiowayside.com
🛏客室＄95、バス付＄115～145

ワイピオ渓谷方面にある。1932年建造のマカデミアナッツ園の中にある建物。5つの客室は、どの部屋も居心地が良く、アンティークの家具、花瓶には花のアレンジ、ビロードのリネン、すてきなバスグッズなどがそろっている。庭の東屋や広々としたラナイでくつろぐもよし、ハンモックに揺られるのもよし。料金には朝食のハワイの果物とコーヒーが含まれている。

食事

テックス・ドライブ・イン
Tex Drive Inn
🏠Hwy 19
🕐6:00～20:30

ヒロとコナの間を車で飛ばして訪れるだけの価値がある店だ。ここの有名なマラサダmalasada（甘い生地を油で揚げ、砂糖をまぶして食べる温かいポルトガルのお菓子）はプレーンタイプが75¢。パパイヤ・パイナップル、唐辛子ペーストなどのおいしい中味が詰まったものも＄1出せば楽しめる。もちろん、とびきりのサンドイッチ、新鮮なフィッシュバーガー、プレートランチなどのメニューもある。

町で食品を買うなら**TKSスーパーマーケット** TKS Supermarket（🏠Mamane & Lehua Sts）か、ホテルの西にある**タロ・ジャンクション・ナチュラル・フーズ** Taro Junction Natural Foods（🏠Mamane St 🕐月～金 10:00～17:30、土 9:00～17:00）へ。**ファーマーズマーケット** farmers market（🕐土 6:00～15:00）は西のはずれ、ホノカア・トレーディング・カンパニー Honokaa Trading Companyの近くで開かれる。

ニュー・ムーン・カフェ
New Moon Café
🏠Mamane St

タロイモ

🍽1品＄3.50～5.50
🕐月～金 9:00～16:00、土 9:00～13:00

タロ・ジャンクション・ナチュラル・フーズの裏。心地よいパティオでは音楽ライブが開かれることもある。デッキで見事なサラダ付きのタロイモバーガーを食べてみよう。カワカワ酒で温まるのもいい。

シンプリー・ナチュラル
Simply Natural
🏠Mamane St
🍽1品＄3.50～6.50
🕐9:00～16:00

郵便局がある交差点の東。満足のゆく朝食が食べられる店。タロイモとバナナのパンケーキ、オムレツ、デザートを食べたい人におすすめ。ランチメニューもある。隣の**ベーカリー**（日曜休み）には、お年寄りや農夫たちがコーヒーと甘いものを求めて集まる。

ジョリーンズ・カウ・カウ・コーナー
Jolene's Kau Kau Korner
☎775-9498
🏠45-3625 Mamane St
🍽ランチ＄4.50～8
🕐月～金 ランチのみ

地元の牛肉を使ったすばらしいメニューがずらりと並び、マッシュルームバーガーもある。ハワイのプレートランチを食べてみたいと思っている人は、この店でトライしよう。

カフェ・イル・ムンド
Café Il Mundo
☎775-7711
🏠45-3626A Mamane St
🍽サンドイッチ＄5～8、ピザ＄9～17
🕐11:00～20:00

おいしいサンドイッチ、スープ、サラダに、思わず顔もほころぶ。できたてのピザスライスは5時まで。

固くて割れない実

1881年、ホノカアにハワイに初めてマカデミアの木が植えられた。植えたのはウィリアム・パービス William Purvisというサトウキビプランテーションの経営者で、苗木はオーストラリアのものだった。40年かけて木々はオーストラリアと同じようにハワイで成長して、実の外皮が固く割れないと考えられていたため、主に観賞用とされていた。

1924年、ハワイ最初の大規模なマカデミア果樹園がホノカアに完成した後、マカデミアナッツがハワイでもっとも有力な農産物であることが証明された。マカデミアナッツは、脂肪分、たんぱく質、炭水化物が豊富で、貴重なビタミン、ミネラル類も含まれているすばらしい食品だ。

エンターテインメント

ホノカア・ピープルズ・シアター
Honokaa People's Theater
☎775-0000
🏠Mamane St
🎫大人$6 シニア$4 子供$3
1930年建造の歴史のある建物内にあり、週末ごとに映画を上映している。10月と11月のハマクア・ミュージック・フェスティバル Hamakua Music Festival（w www.hamakuamusicfestival.com）の期間は、ジャズ、クラシック、地元ハワイのパフォーマンスが行われる。

ショッピング

ホノカア・トレーディング・カンパニー Honokaa Trading Company（☎775-0808 🏠Mamane St）では、アロハシャツ、アンティーク、古本、選り抜きのハワイに関するさまざまな文献がぎっしり並ぶ。

トロップ・アグ・ハワイ Trop Ag Hawaii（☎775-9730 🏠45-3610 Mamane St）は上等なハマクアのコーヒー豆を売っている。ハマクア・コーヒー・ロースターズ Hamakua Coffee Roastersはライブ・アーツ・ギャラリー Live Arts Galleryにある。隣のコナ栽培農園にも負けない味だ。

ククイハエレ
KUKUIHAELE

ホノカアから、ワイピオ渓谷 Waipio Valley方面へ約7マイル（約11km）進み、ハイウェイ240ループ接続路が小さなククイハエレの村まで続いている。ククイハエレとは、ハワイ語で「移動する光」を意味し、幽霊の出るような夜、たいまつを持ってここを通りワイピオへ向かう人のことを指している。

ククイハエレに見どころはあまりない。この「商業の中心」は、ラスト・チャンス・ストア Last Chance Store、ワイピオ渓谷アートワークス Waipio Valley Artworksのギャラリー、それに本屋だ。ククイハエレは、ワイピオ渓谷にやってくるツアーオペレーターにとって最果ての地でもある。

宿泊

たくさんのすばらしいB&Bが、村の側を通る道から離れた所にたくさんある。

ハレ・ククイ・オーチャード・リトリート
Hale Kukui Orchard Retreat
☎775-7530
w www.halekukui.com
🎫ワンルーム型$95、2ベッドルーム$160、コテージ$160
果樹園内の人目につかない所にある落ち着いた雰囲気のコテージ。場所によってはすばらしい眺めで、どのコテージもラナイ付き。宿泊客は、ここで育てている数十種の果物を自由に採って食べることができる。ワンルーム型はジャグジー付き、豪華なコテージには設備の整ったキッチンがある。

クリフ・ハウス・ハワイ
Cliff House Hawaii
☎775-0005、800-492-4746
w www.cliffhousehawaii.com
🎫2ベッドルーム キッチン付$175
40エーカー（約16ヘクタール）の壮大な敷地内にある。大きな窓と広角ラナイから見渡すサファイア色の海とワイピオの断崖の景色は、忘れられない思い出になるだろう。

ワイピオ・リッジ・バケーション・レンタル
Waipio Ridge Vacation Rental
☎775-0603
✉rlasko3343@aol.com
🏠PO Box 5039, Kukuihaele, HI 96727
🎫1ベッドルームコテージ 1日$85 週$450、トレーラー 1日$75 週$350
谷から見上げて思わずためらってしまうような崖の上にあるこの施設に泊まってみてはいかが。ここからの絶景に目がくらまなくても、これでもかと言うほどのハワイ風な部族特有の室内装飾には圧倒されるだろう。コテージの設備は、クイーンサイズのベッド、ソファーベッド、設備の充実したキッチン、テレビ、ビデオデッキ。さらに簡易キッチン付きのすてきなエアストリーム社製のトレーラー、屋外シャワーもある。

食事

ラスト・チャンス・ストア
Last Chance Store
☎775-9222

ハマクア・コースト－ワイピオ渓谷

◎月～土 9:00～15:30
ワイピオ渓谷では食料などが手に入らないので、村にこの店があるというだけのこと。この小さな食料品店にあるのはスナック類、缶入りチリ、ビール、水とワインだ。

ワイピオ渓谷アートワークス
Waipio Valley Artworks
☎775-0958、800-492-4746
◎8:00～17:00
トロピカル・ドリームスTropical Dreamsのアイスクリーム、マフィン、安いサンドイッチとコーヒーを売っている。
　幸運にもホノカアへ道が通じているので、たいていの人は買い物や食事をしにホノカアまで行く。

ワイピオ渓谷
WAIPIO VALLEY

　ハイウェイ240は、ワイピオ渓谷を見渡す崖の端で唐突に終わる。もやの無い日の谷の眺めは神々しいほどの美しさだ。すべてがみずみずしく、複雑に入り組んだジャングルと花を咲かせる草木が織り混ざった中に、点々とタロイモ畑や滝が見える。北西にはごつごつした海辺の断崖が突き出している。晴れわたった日には、はるか彼方にマウイ島がぼんやりと浮かんでみえる。
　コハラ山脈の風上側には、円形に広がる景色の良い谷が7つある。その中でワイピオ渓谷は最も南にあり、海に向かって幅1マイル（約1.6km）、奥行きおよそ6マイル（約10km）と大きさも最大。谷を取り囲むほぼ垂直のパリ（断崖）の高さは、2000フィート（約610m）に達する。マナの力が脈々と流れるその地は、旅行者たちを崖下りの冒険へと誘う。
　谷の入口は黒砂のビーチに面していて、真ん中をワイピオ川Waipio Streamが流れている。谷には2つのホテルがあるが、ワイピオ渓谷かその向こうのワイマヌ渓谷Waimanu Valleyでキャンプもできる。
　50人ほどの谷の住人の多くはタロイモを栽培しているので、膝まで泥につかって沼の中で作業する農民の姿が見られるかもしれない。そのほかの農産物は、ハスの根、アボカド、パンノキの実、オレンジ、ライム、パカロロ（マリファナ）など。ククイ、マホガニーの木、ウナズキヒメフヨウ（アオイ科の赤い花）、ノニ（桑）も見られる。

歴史
　ワイピオとは「カーブする水 'curving water'」を意味し、しばしば王の谷と称される。太古の昔、ここはハワイの政治と宗教の中心であり、アリイの住む場所だった。16世紀ビッグアイランドの有力な王であったウミは、今もこの地で栽培されているタロイモ畑をワイピオに作ったとされている。カメハメハ大王が、恐るべき軍神クカイリモクKukailimokuの像を奉った場所もここワイピオだ。
　口承によると、少なくとも1万人、おそらくはその何倍もの人たちが、西洋人がやって来るまでこの肥沃な谷で暮らしていた。ワイピオが神聖な土地であったことは、重要なヘイアウの遺跡が数多く存在することからも証明されている。もっとも神聖とされるパカアラナPakaalanaは、2つある島の重要な遺跡プウホヌアpuuhonua（ハワイ太古からの聖地であり、掟を破った罪人が罪を償う場所）のうちの1つ。ビーチ南端の木々に囲まれた人目につかない所にある。
　1823年、ワイピオにやってきた最初の宣教師ウィリアム・エリスは、ここの人口を1300人と推測した。同じ19世紀後半、主に中国からの移民がワイピオで暮らし始めた。当時谷には、学校、レストラン、教会、ホテル、郵便局、刑務所まであった。
　1946年、ハワイにもっとも大きな被害を与えた津波が、谷のはるか奥深くまで押し寄せた。だが不思議なことに、この神聖な土地では誰ひとり命を落とした者はいなかった（さらに言えば、谷の全住民が1979年の大洪水の時にも生き残っている）。だが結局、多くの人が「トップサイド」と呼ばれる高地に移り住み、その後ワイピオにはまばらに家が見られるだけとなった。

ハイキング
ハイウェイ240の終点にある展望台から、ジグザグの道が崖の反対のワイマヌ渓谷Waimanu Valleyまで続いているのが見える。この展望台に休憩所はあるが、飲料水はない。
　展望台のそばから距離1マイル（約1.6km）の舗装道路が、ワイピオ渓谷へ延びている。斜度25％と道は険しく、ハイカーか4WDでないと無理だ。ツアーを行っている会社もあるが、谷の下まで往復するコースは思ったよりきつい。下りに30分、帰りは45分かかり、ほとんど木陰の道が続く。それでも挑戦するなら水をたっぷり準備して出かけよう。

ヒイラウェ滝 Hiilawe Falls　丘のふもとから5～10分ほど回り道すれば、川沿いに草をはむ野生の馬を見ることができる。断崖を背景としたその風景はハワイの絵はがきそのものだ。**ヒイラウェ滝 Hiilawe Falls**が遠くに見えるポイントまで歩いてみよう。この滝はハワイで最高の高さを誇る滝で、流れは1000フィー

ト（約300m）以上もほぼ垂直に落下している。この滝までハイキングもできるが、道なき道を進むことになるので覚悟が必要。ほとんどがやぶを切り開きながら進むことになる。雨季には滝までたどり着けるのはヤギぐらいだ。

観光客がビーチまで歩くことに対しては寛大な谷の住人も、谷の奥地に立ち入られることは非常に嫌う人が多いことに留意すべきである。そこには「私有地 'Private property'」や「カプ－侵入禁止 'Kapu – No Trespassing'」の標示がある場所が多く、谷の奥まで進めば進むほど、次第に気味が悪くなる。

ワイピオ・ビーチ Waipio Beach
丘のふもとで右に曲がり、ほんの10分歩けばワイピオ・ビーチだが、雨のあとでぬかるんでいるともう10分かかる。ビーチを縁取る美しいアイアンウッドの木々は、ときおり強く吹きつける風除けの役目を果たしている。ワイピオはサーフィンの良いポイントだが、ここから出るリップカレント（浜から沖に向かう強い潮の流れ）には用心しよう。海が荒れている時は要注意だ。荒波と引き波が、うねりのあるここの海の特徴だ。穏やかな日のワイピオはすばらしい浜で、ハシナガイルカに出合えることもある。

河口に向かってビーチを歩くと、崖の東を流れ落ちる**カルアヒネ滝 Kaluahine Fall**のすばらしい眺めが見えてくる。だが、地面がぐにゃぐにゃとした溶岩なので思うように進めず、滝まで近づくのは思いのほか難しい。もっとも、高い岩に打ちつける高波は非常に危険だ。

地元の言い伝えでは、ときおり夜中に谷の上からビーチへと下る人たちが、あの世への秘密の入口ルア・オ・ミルLua o Miluまで行進するとされている。

ワイマヌ渓谷 Waimanu Valley
崖の北西斜面まで続くジグザグのトレイルは、昔ハワイの人が通っていた道。険しく思えるが実際はそうでもない。しかし重い荷物を持ったり、午後の炎天下を歩いたりするには厳しい道だ。ハイカーのほかハンターもこのトレイルを利用していて、イノシシ猟のためにロバに乗って奥地へ向かう老人に出会うこともある。幾つもある急流で水をくめるが、必ず煮沸するか薬品で処理してから飲もう。

ワイピオから1日かけてこのコースをハイキングするのもいい。ワイピオ渓谷の平地から、こぢんまりした淵と小さな滝のある3つ目の峡谷まで約1時間半だ。その後もトレイルは小さな谷をアップダウンしながらワイマヌ渓谷Waimanu Valleyまで続く。ワイピオ渓谷からの全行程では約8マイル（約13km）だ。最後の1マイル（約1.6km）でトレイルは非常に急な下りになり、小石や葉で滑りやすく足元が悪い。崩壊箇所や片側が深く落ちている危険な谷もしばしば見受けられる。重い荷物を持った人やハイキングに慣れていない人は、ためらわずにここで引き返そう。コースから30分ほどの所、ワイマヌ渓谷までの最後の下りの前に1泊用の標準的な避難所がある。上り坂が非常に多いので、約7時間（休むことを知らないハワイの人は4時間！）はみておこう。ワイマヌ渓谷まで日帰りで歩いて往復するのは無謀というものだ。

観光客をなくしてワイピオを小さくしたようなワイマヌWaimanuはまた別の深い谷で、険しい絶壁、滝、肥沃な土地、黒い砂浜がある。いつ来ても目の覚めるような美しい景色を存分に堪能できる。

ワイマヌ渓谷はかつてかなりの数のハワイの人々が住んでいた場所で、家屋やヘイアウ、石で囲われた土地、古いタロイモの池などの跡が数々見られる。19世紀始めに、ワイマヌには約200人が住んでいたが、20世紀にはわずか3家族を残すだけになった。1946年に津波に襲われて以来、谷は見捨てられた土地となっている。

谷にはハワイの淡水性生態系が昔と変わらず残っている。このためワイマヌは貴重な河口地域として国から保護され、植物や水中の生物（淡水性のエビと海の魚を除く）を持ち出すことが禁止されている。

治安・トラブル
冬の雨季はハイキングにもっとも適さない時期だ。激しい雨が降ると、ワイピオ渓谷の川はほんの数時間のうちに水かさが増し、渡ることができなくなる。水位がひざを越えていたら川を渡るのは危険だ。鉄砲水が発生することもある。

ワイマヌ渓谷のハイキングでは、豪雨によってコースが危険にさらされる場合もありうる。ワイマヌ渓谷には川や支流を越えていくコースが幾つかあり、どの川も嵐の後では渡れないほどの急流になることがある。こういった川が命を脅かすこともあるということを肝に命じておこう。水位が下がるまで辛抱強く待つことが肝心だ。

どうしても渡る必要があると判断した場合（雨が降ってからかなり時間がたった場合など）、カーブは避け川幅が広くほかよりも浅い場所を探そう。川岸から水に入る前に、バックの胸のひもやベルトははずす。こうすれば万一バランスを崩して流されても、荷物を捨てて安全に泳ぐことができる。足の代わりとして川上側に杖をつき、両手でしっかりつかまろう。あるいは仲間と腕を組んで手首をしっかりとつかみ、流れに向かって歩幅を狭くとって渡ろう。

煮沸・薬品処理をしていない川水は絶対に飲んではいけない。この辺りは野生の動物が歩き回っているので、レプトスピラ症にかかる危険がある（「基本情報」の章にある「健康」を参照）。

ツアー
ほとんどのツアーは事前予約が必要だ。

ワイピオ・バレー・シャトル
Waipio Valley Shuttle
☎775-7121
大人＄40 子供＄20

基本的には4WDによるタクシーによるツアーだが、滝の位置や植物の名前、簡単な歴史などについてドライバーがガイド代わりをしてくれる。90分間のツアーは月～土曜の9:00～15:00に出発する。

ワイピオ・バレー・ワゴン・ツアーズ
Waipio Valley Wagon Tours
☎775-9518
月～土 9:30、11:30、13:30、15:30出発
大人＄40 子供＄20

ラバが引く屋根なし荷馬車に乗っての1時間の旅。わだちの多い道を通り、岩だらけの流れを越えていく。

ワイピオ・リッジ・ステイブルス
Waipio Ridge Stables
☎775-1007、877-757-1414
www.topofwaipio.com
＄75～145

通常は谷の低地を行くルートだが、ヒイラウェ滝まで馬で行き、あまり知られていない滝でピクニックと泳ぎを楽しむ長めのコースもある。

宿泊
ビショップ・エステートBishop Estateは、ワイピオ・バレーWaipio Valleyのほとんどを所有しており、ワイピオ・ビーチの内陸で4つの素朴な**キャンプ場**を経営している。トイレなし（キャンプをする人は化学処理式トイレを用意しなければならない）、ポータブル式の給水設備もない。宿泊は最長4日までで、2週間前までに許可をとる必要があるが、週末や夏に利用する場合は2週間よりも早めに。利用者は必ず免責事項にサインを求められるが、利用は無料。ビショップ・エステート**Bishop Estate**（☎322-5200　322-9346　Suite 232, 78-6831 Alii Dr, Kailua-Kona, HI 96740　7:30～16:30）はカイルア-コナKailua-Konaの南ケアウホウKeauhouのケアウホウ・ショッピング・センターKeauhou Shopping Center内にある。

バックカントリーキャンプ場 Backcountry campingはワイマヌ・バレーWaimanu Valleyにある

州のキャンプ場で、6泊までは無料。炉とコンポスト式の屋外トイレが幾つかある。予約は**森林野生動物局 Division of Forestry & Wildlife**（☎974-4221　19 E Kawili St, PO Box 4849, Hilo, HI 96720　月～金 7:45～16:30）で、30日前から受け付けている。少なくとも2週間前までに許可通知が郵送されてくる。あるいは、ヒロHiloの森林課もしくはワイメアWaimeaのハイウェイ190沿いにある州の森林養樹園tree nurseryへ時間内に取りに行くこともできる。

カロパ州立レクリエーション・エリア
KALOPA STATE RECREATION AREA

ホノカアHonokaaの南東へ数マイル行き、標示のあるハイウェイ19の分岐から3マイル（約5km）内陸の位置。標高2000フィート（約610m）のカロパKalopaは、沿岸よりも涼しく、年に90インチ（約2300mm）も雨が降る湿度の高い地域だ。この100エーカー（約40ヘクタール）の天然の多雨林を自由に歩き回れる人は少ない。

キャビンが集まる付近から延びている天然のトレイルは、古いオヒアohiaの森の中を、4分の3マイル（1.2km）ほど環状に続いている。森の木の中には、幹の直径が3フィート（約90cm）を超えるものもある。木に巣を作るハワイヒタキelepaioは、簡単に見つけることのできるハワイの森に住む鳥。すずめほどの大きさで、色は茶色と白、大きな鳴き声をあげる。

隣接する保安林へ続くもっと長いハイキングトレイルもある。ロバスタ・レーンRobusta Laneに沿うトレイルは管理人小屋とキャンプ場の間を左から始まる。カロパ峡谷Kalopa Gulchまでは高いユーカリが生い茂る森になっており、3分の1マイル（約500m）ほどの距離がある。この谷は、マウナ・ケアMauna Keaで溶け出した氷河の侵食によって太古の昔に出来上がったもの。トレイルは谷の縁に沿ってもう1マイル（約1.6km）続く。コースから出ている何本もの脇道は西へ向かい、レクリエーション・エリアまで戻る。

ここは夜の冷え込みはないが、**テントキャンプ場 tent camping**（無料）は高い木々に囲まれた草原にある。自分のほかには利用者がいない可能性もある。トイレと、電気、水道、バーベキューグリルが装備された屋根付きのピクニック用パビリオンがあり、必要なものは揃っている。シンプルなグループ用の**キャビンcabin**（＄55）の設備は、ベッド、シーツ、タオル、温水シャワー、設備の整ったキッチン

キャビンの利用、厳密にはキャンプサイトの利用にも許可が必要。詳しい情報は、本章前出の「宿泊」を参照のこと。

ラウパホエホエ
LAUPAHOEHOE

ラウパホエホエとは「パホエホエ溶岩の葉」という意味で、マウナ・ケアMauna Keaの活発な噴火によってできた平らな半島状の場所のこと。溶岩が谷を滑るように海まで進み、**ラウパホエホエ・ポイント Laupahoehoe Point**で固まったものだ。ホノカアHonokaaとヒロHiloの中間の辺りに、急勾配、カーブありという標示のある道が海岸まで1.5マイル（約2.4km）ほど続いている。下りの途中では断崖を望むことができ、激しい雨のあとには四方八方に流れ出る滝を見ることができる。

ラウパホエホエを悲劇が襲ったのは1946年4月1日のことだ。高さ30フィート（約9ｍ）の津波が、この地にあった学校の校舎を襲い、子供20名、大人4名が命を落とした。津波の後、町全体が高い場所へと移動した。海を見下ろす小高い丘に作られた追悼碑には、死亡者の名前が刻まれている。毎年4月に開かれるコミュニティのフェスティバルでは、食べ物や音楽を楽しめるほか、老人たちによる「語り」も行われる。

ラウパホエホエは岩の多い海岸地域で、水泳には向かない。波は常に荒くときおり岩の上まで達し、低い所にある駐車場にまで及ぶこともある（車の窓は閉めよう！）。島と島の間を往復する船はかつてここにも停泊していた。ハマクア・コーストHamakua Coastのサトウキビプランテーションへ働きにやって来た移民の多くは、ハワイ島への第1歩をこのラウパホエホエに記したのだった。

ここにある州のビーチパークには、休憩所、シャワー、飲料水、ピクニック用の大型テントや、電気があり、場所も比較的人目を気にしないですむ。このためキャンプは快適で、夜のパーティーにも理想的だ。利用の許可については、本章前出の「宿泊」を参照のこと。

ラウパホエホエ鉄道博物館 Laupahoehoe Train Museum（☎962-6300 大人＄3 子供＄2 月〜金 9:00〜16:30、土・日 10:00〜14:00)はハイウェイ沿いにある。さまざまな収集品、小さな骨董品、過ぎ去ったハワイ鉄道時代の郷愁を誘うものがいろいろ展示されている。物知りのガイドが、復元した線路やさびだらけの入れ換え機関車など、鉄道の歴史に関する収蔵品について得意顔で語ってくれる。場所は、25マイルマーカーと26マイルマーカーの間だ。

コレコレ・ビーチ・パーク
KOLEKOE BEACH PARK

この草原の公園はハイウェイに架かる橋の下、アカカ滝Akaka Fallから続くコレコレ川Kolekole Streamの横にある。小さな滝つぼがあり、ピクニックテーブル、バーベキュー用の炉、トイレ、シャワーがある。地元の人はときおりここでサーフィンやブギーボードをするが、海で泳ぐのは危険だ。

州の許可があれば**テントキャンプ Tent camping**は可能だが、週末と夏の公園はピクニックをする地元の人でにぎわうことを覚えておこう。許可に関する情報は、本章前出の宿泊を参照のこと。

コレコレ橋Kolekole Bridgeの南で、ハイウェイ19を内陸方向へ進み、15マイルマーカーから南に約0.75マイル（約1.2km）の所にある。

ホノム
HONOMU

ホノムは、古い砂糖産業の町だ。ハイウェイ200でアカカ滝Akaka Fallsに向かう途中になければ、とっくに忘れ去られてしまいそうな所で町の景気はかなり悪い。集落に点在する古い木造の建物には、観光客目当ての店に混じって、年代物のガラスビンを売る店や、見るべき価値のあるギャラリーもある。

ハワイズ・アーティスト・オハナ
Hawaii's Artist Ohana
☎963-5467
火〜土 10:30〜17:30

植物で編んだ籠、木製のボール、陶器、貴金属、絵画など、さまざまなハワイ島の手工芸品と美術品を取りそろえている。

宿泊

アキコズ・ブディスト・ベッド＆ブレックファスト
Akiko's Buddhist Bed & Breakfast
☎/963-6422
www.alternative-hawaii.com/akiko
1日S＄40 W＄55、週S＄265 W＄355、1ヶ月S＄550 W＄750

精神的なものに引かれる人には夢のような宿。この素朴な家の簡素で清潔な部屋は、布団または通常のベッドのどちらかで、風呂は共同だ。敷地内の設備の整ったワンルームの部屋は、最低2週間の宿泊が条件。18:30〜翌6:00までは、母屋で言葉を交わすことは禁止。宿泊客は毎朝5:30に行われる座禅に自由に参加できる。美術品の展示やヨガ教室など特別イベントについ

パームス・クリフ・ハウス
Palms Cliff House
☎963-6076 ☎963-6316
www.palmscliffhouse.com
B&B $175～375、朝食のみ（宿泊者は除く）$25

カップルにはぴったりの部屋が8室あり、すべて造りが異なる。高価なリネン、大理石の風呂、ポハクマヌ湾Pohakumanu Bayを見渡せる専用ラナイが全室にある。ジャグジーとガスの暖炉が付いた部屋もある。宿泊客は庭のお風呂に入ったり、凝った朝食をラナイで楽しんだりできる。13マイルマーカーを過ぎてすぐハイウェイのマカイ（海）側にあるB&Bの標示が目印だ。

アカカ滝
AKAKA FALLS

車で行けるハワイ島の滝の中でもっとも感動的なのはアカカ滝だろう。13マイルマーカーと14マイルマーカーの間でハイウェイ220へ入ろう。

駐車場から多雨林の回りを巡る道を0.5マイル（約800m）ほど行く展望台に出る。でこぼこした舗装道路は、大きなフィロデンドロンや香りの良いジンジャー、垂れ下がるヘリコニア、ラン、巨大な竹の森などさまざまな植物が密集する中を続く。右からスタートすると、まず高さ100フィート（約30m）の**カフナ滝 Kahuna Falls**に出る。この滝もすばらしいが、この先にある滝に比べるとやや迫力に欠ける。その先にある**アカカ滝 Akaka Falls**は、シダが茂る断崖を垂直に420フィート（約130m）落下する。天候によって力強い轟音をとどろかせることもあれば、穏やかに流れ落ちることもある。運が良ければ水しぶきに虹が架かるのを見ることができる。

ペペエケオ・4マイル・シーニック・ドライブ
PEPEEKEO 4-MILE SCENIC DRIVE

ホノムHonomuとヒロHiloの間に、景色の良い4マイル（約6km）の湾曲道路がある。堂々としたこの南国の道に出るには、7マイルマーカーと8マイルマーカーの間でハイウェイ19を降りる。**ホワッツ・シェイキン What's Shakin'**（10:00～17:00）は上記の道の北の端にある。このスムージーは最高だ。

道は1車線の橋を次々と渡り、小川を越え青々としたジャングルを抜けていく。ところどころアガパンサスの咲く木々が道の上まで覆いかぶさり、道にオレンジ色の花を落としている。リリコイ（パッションフルーツ）、グアバ、背の高いマンゴーの茂みもあり、実のなる季節には、道沿いのフルーツをもぐことができる。さらさらと音を立てて流れるせせらぎや海岸まで続く小道もたくさんある。その1つが、道沿いに2.5マイル（約4km）ほど行った右手、木でできた1車線の橋を渡ってすぐの所にある。

ハワイ熱帯植物園 Hawaii Tropical Botanical Garden（☎964-5233 www.hawaiigarden.com 大人$15 子供$5 9:00～17:00、入園は16:00まで）は非営利組織が運営する植物園。2000種の熱帯植物が植えられた敷地内に幾つかの小川や滝が流れる。内陸側にある黄色の建物でチケットを買ったら、オノメア湾Onomea Bay近くにあるこの峡谷の庭園まで続く急勾配を歩いて下ろう。

そのほかに湾までの短時間ですばらしいハイキングを楽しむには、植物園の北、道のマカイ（海）側にある**ナ・アラ・ヘレ Na Ala Hele**道の起点を探そう。滑りやすいジャングルの道を10分行くと、海に向かって指のような形に溶岩が突き出した場所に出る。そこを右に行けば、小さな滝と入り江に着く。アーモンドの木に結び付けられたロープを目印に直進するともっとも低地のビーチへ出る。ここの蚊はしつこいが、景色のすばらしさはそれを補ってくれる。

サドル・ロード
Saddle Road

その名のとおり、サドル・ロードは、北はマウナ・ケアMauna Kea、南はマウナ・ロアMauna Loaという島でもっとも標高の高い2点の間を結ぶ道だ。広大な溶岩流の横を通り、多種多様な地形と気候の中を延びている。日の出と日の入り時には、山々がやさしく輝き、光が雲に反射する。早朝には吐く息が白くなるほどひんやりとし、マウナ・ケアへの尾根道を登れば永久凍土層にたどり着く。

車をレンタルする場合、たいてい契約でサドル・ロードでの運転を禁止しているが、道はまっすぐな舗装道路だ。道幅は狭いが、島の標準的な道から考えればそれほどでもない。地元の人は、軍の輸送車が通行するためとか、夕暮れ時に霧がかかるからといって、レンタカー禁止にしている。しかし実際は、レンタル会社がハワイ最下の道で車が故障した場合にかかる牽引料金（$500～）を払いたくないだけのことだ。道の全長は50マイル

（約80km）、道沿いにガソリンスタンドなどは一切ないので、出発前には満タンにして出かけよう。この道で島を横断するのは、北を走るハワイ・ベルト・ロードHawaii Belt Rdに比べると少しだけ距離が短くなるが、スピードは落ちるため、時間的にはどちらを通っても大差はない。

西へ向かうと、道は牛の放牧場に入り、なだらかな起伏のある草原の丘陵地やユーカリの植林地を抜けていく。ワイキイ・ランチWaikiiRanchと呼ばれるゲートで囲まれた区画は、広さ2000エーカー（約8km²）以上ある、裕福な都会のカウボーイ向けの豪華な分譲地だ。

約10マイル（約16km）行くと、土地は次第に荒れ気味になり、柵で囲った牧草地も少なくなってくる。放牧を止めた土地は軍が接収し、やがてはポハクロア軍事訓練地域Pohakuloa Military Traning Areaの兵舎になる。ここの車はほとんどが軍事用のジープかトラックだが、猟の時期はピックアップトラックにもよく出合う。

マウナ・ケア
MAUNA KEA

マウナ・ケア（白い山）はハワイの最高峰だ。標高1万3796フィート（約4205m）の山頂には天体観測のドームが幾つもあり、世界の巨大天体望遠鏡がもっとも多く集まっている場所だ。氷点下の気温と高地で空気が薄いために、ここへ来ると息をするのも困難になり寒さで手足が動かなくなる。ほかでは得がたい体験だ。

道路標示のないサミット・ロードSummit Rdはマウナ・ケアへの登山道で、ハンターのチェックステーションの反対側にある28マイルマーカー（標識）でサドル・ロードから分岐して始まる。近くにある20分のハイキングトレイルは、1万年以上前にできたキプカ（オアシス）であるプウ・フルフルPuu Huluhulu（シャギー・ヒルShaggy Hill）まで続く道だ。

サミット・ロードはまず牛が草をはむ開けた土地を通り抜ける。牛は、1793年にキャプテン・バンクーバーCaptain Vancouverがハワイに持ち込んだ。草原の中ではユーラシアヒバリが見つけやすい。運が良ければ、ハワイノスリio（ハワイのタカ）が空を旋回しているのを見ることができる。これらの2種類の鳥以外にも、ハワイガンnone、キムネハシブトpalila、さらにハワイにしか生息していない黄色のハワイミツスイなどが、草の多い山の斜面に巣を作る。ムフロン（高地に住む羊）や野生のヤギも自由に歩き回っている。ヒマワ

リの遠い親戚にあたる銀剣草は、標高の高いこの地で見ることができる。

この山はほかでは見ることのできない種々の植物、鳥、昆虫の生息地であるため、環境保護が徹底している。しかし、ほかから侵入してきた優勢種の植物としてビロードモウズイカがある。葉は羊毛のような柔らかい毛で覆われ、茎は高く伸びる。春には、茎の先に沢山の花がつき茎が曲がるほどで、その様子はまるで大きな黄色のヘルメットのようだ。ビロードモウズイカはもとからこの地に自生していたわけではなく、牧草の種にまぎれ込んでいたものを牧場で働く人が不注意で持ち込んでしまったのだ。

オニヅカ・ビジター・センターまでは、状態の良い舗装道路を6.25マイル（約10km）進む（標高ではさらに数千フィート登ることになる）。4WDでない小型車では、少々きついかもしれない。意外にもビジターセンターまで車で登っても、実際にはマウナ・ケアの山頂はまだまだ遠くに見える。サドル・ロードSaddle Rdからは、山頂はさらに高く目の前いっぱいに山が広がって見える。しかし、サミット・ロードSummit Rdから目を下に向ければ、羽毛のベッドようにふんわりとした雲が広がり、荘厳なその眺めは息をのむほどの美しさだ。マウナ・ケアは1つの頂上があるのではなく、幾つもの頂が集まっているように見える。あるものは黒、あるものは赤茶色、季節によっては雪を被っているものもある。

マウナ・ケアでのスノーボード、スキーに関する情報は、本章前出の「アクティビティ」を参照のこと。

オニヅカ・ビジター・センター
Onizuka Visitor Center

正式名称は、オニヅカ国際天文学センターOnizuka Center for International Astronomy（☎961-2180 www.ifa.hawaii.edu 月～金 9:00～12:00 & 13:00～17:00 & 18:00～22:00、土・日 9:00～22:00)。1986年のチャレンジャー爆発事故で非業の死を遂げたハワイ島生まれの宇宙飛行士エリソン・オニヅカにちなんで名づけられた。開館時間は変更されることが多いので、前もって電話するといい。ここへはヒロ、ワイメア、ワイコロアのどこからでも車でおよそ1時間、カイルア-コナからだと2時間だ。

近くに住む天文学者ジョニー・カーソンがナレーションを務める、マウナ・ケアMauna Keaの天文台に関するやや時代遅れ気味の1時間のビデオ上映がある。天文台の写真、山頂での観測データ、コンピュータによる天文プログラム、マウナ・ケアの歴史や生態系、地質に関する展示がある。高所に慣れるまでの間、火山

に関する別のビデオを見てもよいが、ここで売っている湯気の立つホットチョコレート、インスタント麺、フリーズドライの宇宙食のほうが気になるかもしれない。

ビジターセンターから道を渡り、人の足で踏み固められた道を10分ほど登ると噴石丘の頂上、見事な日の入りを見ることができる。

天体観測プログラム Stargazing Programme

ビジターセンターでは毎晩18:00～22:00に、無料の天体観測プログラムを行っている。マウナ・ケアの説明を聞き、16インチ（約41cm）望遠鏡ミードMeade LX-200と14インチ（約36cm）・11インチ（約28cm）のセレストロンCelestron望遠鏡を使って観測する。惑星、星雲、星団、超新星の残骸、惑星状星雲などを見るチャンスだ。スタッフがハワイの星座の位置を教えてくれ、子供たちにも非常に親切だ。長い距離を運転して行ってみたら中止だったではつまらないので、プログラムの予定が変更されていないか、再度電話で確認してから出かけよう。たっぷり着込むことも忘れずに。夜間の気温は冬は氷点下近く、夏でも40°F（約4℃）まで冷え込む。

山頂ツアー Summit Tours

マウナ・ケアMauna Keaを訪れる観光客は年間10万人以上で、そのほとんどがビジターセンターに立ち寄る。センターでは、土曜日と日曜日にマウナ・ケア山頂ツアーを行っている。ツアーは、山頂にある天文台のうち1、2カ所を訪れるもので、通常はハワイ大学の88インチ（約224cm）望遠鏡に立ち寄る。ツアーは無料だが、山頂まで行くには4WDの車が必要。運が良ければ、ビジターセンターから車で行く人に乗せてもらえることもあるが、あてにはできない。妊娠中の女性や16歳以下の子供は、標高が高く健康に害を及ぼす恐れがあるので参加できない。

13:00にビジターセンター内で手続きする。まず高所の環境に体を慣れさせるため、マウナ・ケアからの天体観測に関するビデオを1時間鑑賞する。通常ツアーは17:00までだが、山頂の天候が荒れている場合は、途中で中止になることもある。山頂の天文台では、夜の戸外と同じ状態にするため、中も氷点下近い温度が保たれているので寒さを覚悟して参加しよう。

山頂天文台
Summit Observatories

マウナ・ケアMauna Keaの山頂は、最先端の光学技術である赤外線サブミリ波望遠鏡や電波望遠鏡が世界各国から集まる所で、天体観測には最高の環境が整っている。

ハワイの島々は大陸から離れた孤島だが、そのハワイの中でもマウナ・ケアはもっとも孤立した所だ。約1万4000フィート（約4300m）にある山頂では、大気は地上の40%ほど、水蒸気の量は90%と、空気は常に澄んで乾燥し、安定した状態を保っている。ほこりやスモッグもほとんどない。さらにマウナ・ケアでは夜、雲がかからないことが多い。これに匹敵するのはアンデス山脈Andes Mountainsだけだが、アンデスでは気流の乱れがあり観測は難しい。

ハワイ大学（UH）は、1万2000フィート（約3700m）から山頂までの土地の賃貸契約を州と交わしている。1968年、ハワイ大学の24インチ（約61cm）反射望遠鏡が最初に山頂に設置された。それから現在まで、望遠鏡のサイズは急速に大型化してきた。同大学は、賃貸契約によりすべての望遠鏡の利用時間を割り当てられている。現在10基の望遠鏡が稼動中で、さらに1基が製作中だ。

150インチ（約380cm）の反射鏡を備えた**イギリス赤外線望遠鏡 UK Infrared Telescope（UKIRT）**は、1990年代前半までは世界最大の赤外線望遠鏡だった。イギリスの王立天文台Royal Observatoryからコンピュータと衛星中継を使って稼動できる。**NASA赤外線望遠鏡 NASA Infrared Telescope**は木星の衛星の1つイオIoにある火山の温度を観測している。イオにあるもっとも活発に活動する火山は、ハワイの女神ペレPeleにちなんで名づけられた。

カリフォルニア工科大学（Caltec）とカリフォルニア大学の共同プロジェクトである**WMケック天文台 WM Keck Observatory**（www2.keck.Hawaii.edu:3636）は、世界最大かつ最高の性能を誇る光学技術である赤外線望遠鏡を備えている。ケックの望遠鏡はその画期的なデザインが特徴だ。ガラス製の鏡が非常に重いため、それまでは製造できる望遠鏡が限られていた。しかし、ケックの望遠鏡は6角形の鏡を蜂の巣状に組み合わせるというユニークな設計法を採用し、直径6フィート（約183cm）の鏡36個が合わさって1つの鏡として機能している。

1996年1月、390インチ（約990cm）のケックIが、140億光年という観測史上もっとも離れた位置にある銀河を発見した。乙女座にあるこの「新銀河」の発見で、宇宙そのものの年齢が問われることになった。というのも、その銀河を構成している星は、宇宙の始まりとされていた「ビッグ・バン」以前から存在していると考えられるからだ。

この最初の望遠鏡を複製したのがケックIIで、1996年10月に運転を開始した。互換性を持つこの2つの望遠鏡は、「空を探索する双眼鏡」のように1基としても機能することができ、楕円銀河の研究に利用されている。こ

のケック天文台の望遠鏡は、1基の重さが300トン、高さは8階建てのビルに相当し、2基でおよそ2億ドルする。

ケック・ビジター・ギャラリー Keck Visitor Gallery（🅵無料 🅾月〜金 10:00〜16:00）では情報提供式展示や12分のビデオ上映があり、公共トイレ、ケックドーム内の展望スペースといった設備もある。150ヤード（約137m）西には建設に10年をかけ1999年に完成した日本の**スバル望遠鏡 Subaru Telescope**がある。建設費3億ドルは、これまでに作られた中で最高額で、直径27フィート（約8m）、重さ22トンの反射鏡は、現時点では最大の光学反射鏡だ。スバルという名前はプレアデス星団のこと。

山頂までのドライブ

山頂まで登るのは日中だと思うが、日没から日の出までの間は天体観測の妨げになるため、車のヘッドライト点灯が禁じられている。科学者たちが働く天文台の多くは外から眺めることしかできないが、88インチ（約224cm）望遠鏡のあるハワイ大学天文台とWMケック天文台にはビジターセンターがある。

山頂までの道でハレ・ポハクHale Pohakuまでは舗装されている。オニヅカ・ビジター・センターのすぐ先のビル群には、科学者が住んでいる。砂利道を5マイル（約8km）進んだ後、山頂の残り4.5マイル（約7.2km）は再び舗装道路になる。山頂に至る途中、旅行者はまずオニヅカ・センターに寄り、少なくとも30分かけて高所の環境に慣れてから続きを登るべきである。

オニヅカ・センターから山頂までは、4WDでしか登れない。普通車で行く人もたまに見かけるが、あまりおすすめできない。斜面でタイヤが空回りした場合など命にかかわるからだ。ハーパー・カー・アンド・トラック・レンタルズHarper Car & Truck Rentalsというレンタル会社だけが、山頂までのドライブが可能な4WDジープを貸し出している。

山頂までのドライブは約30分。ギアはローに入れ、ベーパーロック防止のため、ガソリンタンクのキャップはゆるめておこう。冬、山頂近くの道路は凍結することがある。下りは特に注意が必要で、緩んだ噴石に気をつけよう。また、日の出の後と日の入り前は太陽が低い位置にあるため、視界がきかず、路面や対向車が見えにくくなる。

約4.5マイル（約7.2km）登ると、**月の谷 Moon Valley**に出る。ここでアポロの乗組員は、月へ行く前の月面車訓練を行った。さらに1マイル（1.6km）進んだ左手に、2つの横穴と黒い石がある細い隆起部が見える。これは**ケアナカコイ Keanakakoi**という、その昔手斧を使って採石していた場所だ。ここから良質の玄武岩を掘り出して作られた道具や武器が、島中に流通していた。考古学に興味がある人には感動的なポイントだろう。保護下にあるので持ち出しは一切禁止。

頂上までのハイキング

思わず尻込みしたくなる**マウナ・ケア・サミット・トレイル Mauna Kea summit trail**は、オニヅカ・ビジター・センターの上にある舗装道路の終点付近から6マイル（約9.7km）を登るコースだ。4WD用の車で主道を続けて登らずに左に曲がりビジターセンターに駐車し、トレイルヘッドまで200ヤード（約183m）は歩く。木の標柱、ペンキの塗られた金属の杭、石塚などの目印がある険しいコースは、サミット・ロードとほぼ平行に始まり、噴石丘の辺りで分かれる。この「サミット（山頂）」トレイルは、実際は、ミリメーター・バレーMillimeter Valleyの下、ワイアウ湖Lake Waiauの臨時駐車場で終わっている。そのため本当に山頂まで行くには、もう1マイル（約1.6km）舗装道路沿いに歩こう。山頂がハワイ大学の望遠鏡の背後に見えてくる。地図はビジターセンターで入手可能。

日中を目いっぱい使ってこの山登りに挑戦するなら、早めにスタートしよう。たいていは山頂まで5時間、帰りはやや早くなるとしても合計およそ10時間かかることになる。温かい衣服を重ね着し、水はたっぷり用意しよう。日焼け止めも忘れずに。9200フィート（約2800m）から出発し、およそ4600フィート（約1400m）登ることになる。高い標高、険しい傾斜、身の引き締まるような天候という条件がそろっているため、非常に過酷な登山だ。悪天候の場合は絶対に行かないこと。

噴石のために道はさらに困難になるが、山頂までの途中は想像を絶する眺めと月を思わせる珍しい風景が広がる。トレイルは、**マウナ・ケア氷河期自然保護区 Mauna Kea Ice Age Natural Area Reserve**を通り抜ける。更新世の氷河がかつてここに存在し、氷河によって運ばれた岩には引っかき傷が今でも見られる。古代の手斧採石場、ケアナカコイKeanakakoiは、3分の2ほど登った1万2400フィート（約3780m）の地点。ワイアウ湖Lake Waiauはそこからさらに1マイル（1.6km）上にある。

トレイルを通らずに舗装道路で下山すれば時間短縮になるだけでなく、車に乗せてもらえる可能性がかなり高い。オニヅカ・ビジター・センターから乗せてくれる人がいるかもしれないから、歩いて下ればいい。しかし、前の晩を山で過ごしていないなら、環境に十分適応していないため非常に危険だ。さらに、トレイルの

険しい斜面と噴石のかけらのためにとても歩きにくく、日がかげったり午後に雲が出てきたりすると下山の不安が増してくる。

ワイアウ湖
Lake Waiau

高い山の上にあるこの珍しい湖は、木1本生えない不毛なプウ・ワイアウPuu Waiau噴石丘にあり、非常に神秘的だ。この1万3020フィート（約3968m）という標高は、湖としてはアメリカで3番目に高い位置にある。

ワイアウ湖の不思議な緑色の水は、わずか10フィート（約3m）の深さしかなく、湖底は多孔質の噴石。ここの年間降水量は15インチ（381mm）で、砂漠並みに雨が少ない。湖水は、氷河や雪が溶けた水がたまったもので、マウナ・ケアではそういった水分はどこでもすぐに蒸発してしまう。水が湧き出ている場所はないが、干上がったことはない。昔、ハワイの人たちは山のパワーを子供に与えるため、生まれた子供のへその緒を湖に沈めていた。

ワイアウ湖へ至る道の起点は、山頂の天文台へ続く最後の上り坂手前にあるヘアピンカーブから始まる。時速10マイルの標識と道路わきの臨時駐車場が目印だ。湖までは歩きで20分だが、体力や高地にどれほど慣れているかにもよる。最初の分岐で右に進み、そのまま下り坂を直進すると、30分程度で古代の手斧採石場ケアナカコイKeanakakoiに出る。

ツアー
パラダイス・サファリズ
Paradise Safaris
☎322-2366、888-322-2366
W www.maunakea.com

マウナ・ケアMauna Kea山頂で御来光を仰ぐすばらしいツアーを20年近く行っている。会社が所有するポータブル望遠鏡での天体観測もツアーに含まれる。カイルア-コナKailua-Kona、ワイコロアWaikoloa、ワイメアWaimeaから出発。料金は$144だが、2週間前にインターネットから予約すれば割引がある。

マウナ・ケア・サミット・アンド・スターズ・アドベンチャー
Mauna Kea Summit & Stars Adventure
☎331-8505、800-464-1993
W www.hawaii-forest.com

パーカー・ランチParker Ranchにある契約店で豪華なディナーを食べたあとで、マウナ・ケア山頂で日の入りと星を見るツアー（$145）を主催。カイルア-コナとワイコロアから出発している。

アーノッツ・ロッジ
Arnott's Lodge
☎969-7097 FAX 961-9638
W www.arnottslodge.com
⌂ 98 Apanande Rd, Hilo

日の入りツアー、星を見るツアー、日中のマウナ・ケア・ツアーも行っている。どのツアーも料金は宿泊客が$48、宿泊していない場合は$96。

マウナ・ロアの北側面
MAUNA LOA'S NORTHERN FLANK

マウナ・ロアへの道はサミット・ロードSummit Rdの東から始まり、マウナ・ロア北側面を18マイル（約29km）登って1万1150フィート（3399m）にある測候所まで続く。測候所には観光客用の設備はなく、トイレもない。

道幅の狭い道はゆるい登り坂なので普通車でも問題ない。カーブが多く、車1台がやっと通る幅しかなく、見通しのきかないポイントも幾つかあるので、到着まで45分ほどかかる。ベーパーロックによる故障を防ぐため、出発前にガソリンキャップをゆるめておいたほうがよい。車は測候所よりも下に停めること。大気の状態を測定する装置は非常に感度が良く車の排気ガスに反応してしまうからだ。

測候所トレイル
Observatory Trail

この測候所は、険しく困難な道を行く測候所トレイルObservatory Trailの端にある。山に滞在しているのでなければ、高山病になる可能性が高い。体調が万全でない人は挑戦してはいけない。宿泊するには、ハワイ火山国立公園Hawaii Volcanoes National Parkにあるキラウエア・ビジター・センターKilauea Visitor Centerで事前登録が必要（本章後出の「ハワイ火山国立公園」を参照）。

4マイル（約6.4km）進むと、国立公園のメイン部分から続いているマウナ・ロア・トレイルMauna Loa Trailに合流する。この分岐か

ライトの減光

ハワイ島を旅行していると、街灯の色が普通と違ってオレンジの光であることに気づく。これはマウナ・ケア Mauna Keaでの天体観測に配慮し、島の街灯を影響の少ないナトリウム灯に交換しているためだ。7色のスペクトルすべてを含む光と違い、このオレンジ色のライトは数種の波長しかないので、望遠鏡を調整して光を取り除くことができるのだ。

プウ・ポリアフ

マウナ・ケア山頂のすぐ下に雪の女神プウ・ポリアフは住んでいる。

伝説によれば、ポリアフは姉のペレよりも美しい女神だ。男性をめぐる激しいいがみあいの最中、ペレはマウナ・ケアを噴火させ、ポリアフは雪と氷で山を覆う。すると、怒ったペレはまた噴火を起こす。何度もそんなことが繰り返されているという。おもしろいことに、この神話はそのまま現実にあてはまる。山頂に氷河があるにもかかわらず、1万年前この地では噴火が起きていた。

非常に神聖な場所であることから、この頂には天体ドームの建設が禁止されているため天文台がない。

ヒロ
Hilo

時間がゆったりと流れる町ヒロ（人口4万7000人）は、アウトリガー付きのカヌーやヤシが点々と見える三日月形の湾に沿って広がる。州都であり、この島の商業の中心でもあるこの町がハワイ第2の港であることは言うまでもない。しかし、あれこれ想像する前に、ゆったりとした町の雰囲気にふさわしく「古きよきヒロ（old Hilo town）」と呼ばれていることを忘れてはいけない。海岸通りの商業地区には波型の軒をした独特の木造建築が並んでいる。

自然の美しさに関しては、ヒロは文句なしにコナKonaを圧倒している。ただし太陽が出ている間だけという条件付きだ。この町には測定可能な雨が毎年278日も降り、「ヒロで日焼けはしないがサビが出る」と言われるのもうなずける。非常に雨が多いために、滝の水はほとばしり、谷の緑は濃く、ランや豊富なトロピカルフルーツは青々と茂る。天気の良い日、青空をバックにしたマウナ・ケアMauna Kea山頂の天文台はまるでメレンゲのようで、空は地平線まで大きく広がり、山頂もヒロからくっきりと見える。

激しい雨が降ると、宅地開発業者も観光客も湾にとどまることになる。努力不足というわけではなく、風上側のこの地ではリゾートの類はうまくいったためしがない。「アメリカでもっとも雨が多い町」であるヒロは、太陽がさんさんと降りそそぐコナのビーチにはかなわないが、そのおかげで、ハワイの中でも手つかずのままの神秘が数多く残る場所だ。ハワイ火山国立公園Hawaii's Volcanoes National Parkからのアクセスが良く、コナ・コーストよりも手頃で、文化的にもバラエティに富んでいる。

ヒロは紆余曲折を経て、生き抜いてきたという歴史がある。海からの潮に左右される波、山からの溶岩流など、自然はこの町にとって長年の脅威だ。第2次世界大戦後、巨大な津波に2度襲われ、最近では1984年にマウナ・ロアMauna Loaからの溶岩流が、町までわずか8マイル（約13km）に押し寄せたこともある。

この町では、日本、韓国、フィリピン、ポルトガル、プエルトリコ、ハワイ、カフカス地方とさまざまな国の人たちが、見事に調和して生活している。人種が入り混じった地区のそばには新たなコミュニティも定着した。ヒロの安い家賃、のんびりしたペース、すばらしい景色にひかれて1970年代以降にやってきたのは、自由主義的な本土の人たちだ。ここは常に「歩行者天国」のような町で、どこ

ハワイ島（ビッグアイランド）

ら2.5マイル（約4km）行くと、標高1万3677フィート（4169m）のマウナ・ロア山頂にあるカルデラ西側に出る。カルデラの東側に沿って約2マイル（約3.2km）行くと、標高1万3250フィート（4039m）にあるマウナ・ロアのキャビンだ。キャビンまで合計して少なくとも4～6時間になる。

マウナ・ロアからヒロ
Mauna Loa to Hilo

サミット・ロードSummit Rdのふもとにあるハンターの立寄所から東へ向かうと、サドル・ロードSuddle Rdはレフアとシダが茂る森へ延びる。始めは低い茂みだが、ヒロが近づくにつれ次第に木が高くなりうっそうとしてくる。この辺りの道は整備されていて、ヒロまでの道のりは快適だ。だが、カーブを曲がるとき道の中央に飛び出すドライバーがいるので対向車には注意が必要。

キプカ21 Kipuka 21は、植物が生い茂るオアシスで、アカパネ（アカハワイミツスイ）、アマキヒ（ハワイミツスイ）、イーウィ（鮮やかな赤色の森に住む鳥）など、数多くの鳥たちが生息している。絶滅危惧種のコバシハワイミツスイakepa（ハワイのキバシリ）を見かけることもある。21マイルマーカーを越えて0.2マイル（約320m）ほど行った右側で車を停める。そこからアア溶岩の上を慎重に進んで、標示のない道を少し行けば、キプカに出る。

ヒロの郊外4マイル（約6.4km）で、左に向かってアコレア・ロードAkolea Rdが始まり、2マイル（約3.2km）先で、ペエペエ滝Peepee Fall、ボイリング・ポットPoiling Pot、レインボー・フォールRainbow Fallを通るワイアヌエヌエ・アベニューWaianuenue Aveに合流する。サドル・ロードSaddle Rdのまま進めば、じきにカウマナ洞窟Kaumana Caveに出る。詳細は本章後出の「ヒロ周辺」を参照のこと。

ヒロ

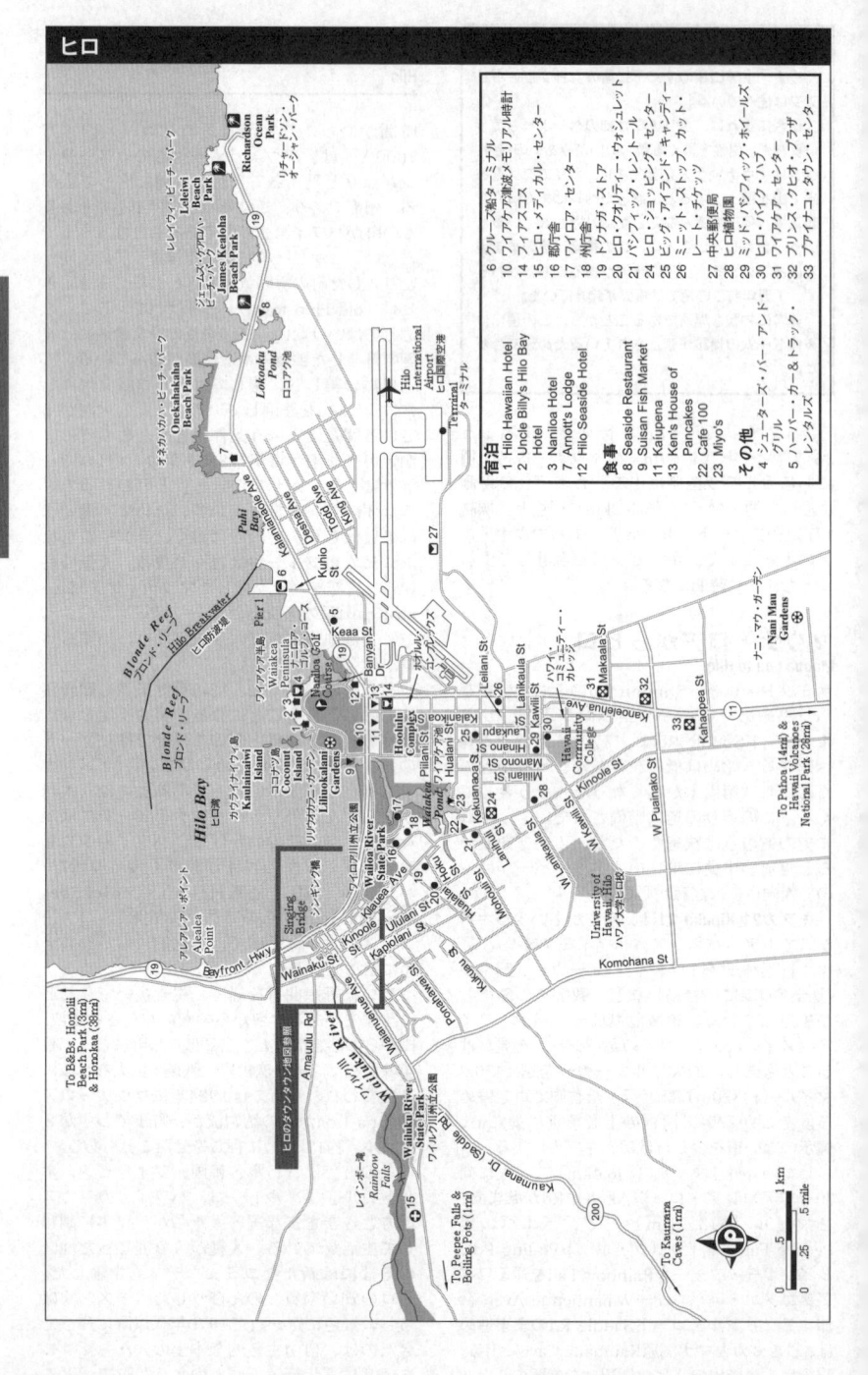

ヒロ

宿泊
1 Hilo Hawaiian Hotel
2 Uncle Billy's Hilo Bay Hotel
3 Naniloa Hotel
7 Arnott's Lodge
12 Hilo Seaside Hotel

食事
8 Seaside Restaurant
9 Suisan Fish Market
11 Kalupena
13 Ken's House of Pancakes
22 Cafe 100
23 Miyo's

その他
4 シューターズ・バー・アンド・グリル
5 ハーパー・カー＆トラック・レンタルズ
6 クルーズ船ターミナル
10 ワイアケア海浜メモリアル時計
14 ファイアスコス
15 ヒロ・メディカル・センター
16 郡庁舎
17 ワイロア・センター
18 州庁舎
19 ドラッグ・ストア
20 ヒロ・アクティビティー・ウォシュレット
21 バシフィック・レンタトール
24 ヒロ・ショッピング・センター
25 ビッグ・アイランド・キャンディーズ
26 ミニット・ストップス、カット・レート・ドラッグス
27 中央郵便局
28 ヒロ博物館
29 ミッド・バシフィック・ホイールズ
30 ヒロ・バイク・ハブ
31 ワイアケア・センター
32 プリンス・クヒオ・プラザ
33 プアイナコ・タウン・センター

ハワイ島（ビッグアイランド）

284

インフォメーション

ビッグアイランド観光局 Big Island Visitors Bureau（☎961-5797 ♠cnr Haili & Keawe Sts ◯月〜金 8:00〜16:30）の対応は非常に親切だ。

ハワイ銀行 Bank of Hawaii（♠120 Pauahi・417 E Kawili）には24時間ATMを備えた支店が幾つかある。町の周辺に、ここのほかにも別の銀行がたくさんある。

ヒロには2つ郵便局があり、**中央郵便局 main post office**（☎933-3019 ◯月〜金 8:00〜16:30、土 8:30〜12:30）では通常の郵便物を扱う。空港までの道沿いにある。ダウンタウンにあって便利な**郵便局 post office**（☎933-3014 ♠154 Waianuenue Ave ◯月〜金 8:00〜16:00、土 12:30〜14:00）はフェデラル・ビルディング内にある。

カット・レート・チケッツ Cut Rate Tickets（☎969-1944 ♠Hwy 11 & Leilani St ◯月〜金 8:00〜19:00、土 9:00〜17:00、日 9:00〜14:00）では島々を行き来する飛行機のクーポン券を扱っている。

ビーチ・ドッグ・レンタル・アンド・セールス Beach Dog Rental & Sales（☎961-5207 ♠62 Kinoole St ◯月〜金 10:00〜19:00、土 10:00〜14:00）では高速インターネットの利用が20分で$2。プリンター、スキャナーも利用できる。無料コーヒーのサービスもある。

荷物の発送や梱包用品の購入なら**ポストネット PostNet**（☎959-0066 ♠Prince Kuhio Plaza ◯月〜金 9:00〜19:00、土 9:00〜16:00、日 10:00〜16:00）へ。コピー・サービスやインターネットも利用できる。

公共図書館 public library（☎933-8888 ♠300 Waianuenue Ave ◯月火 10:00〜17:00、水木 9:00〜19:00、金 9:00〜17:00、土 9:00〜16:00）にはインターネットの端末があり、すばらしいハワイの本の数々、CD、レンタル映画などがそろう。

ベイシカリー・ブックス Basically Books（☎961-0144、800-903-6277 ⓦwww.basicallybooks.com ♠160 Kamehameha Ave）は地図、絶版本、ハワイの文献が専門の本屋。一般的な旅行ガイドブックや米国地質調査所 United States Geological Survey（USGS）の地形図も扱っている。**ボーダーズ・ブックス・アンド・ミュージック・カフェ Borders Books & Music Café**（☎933-1410 ♠Waiakea Center ◯日〜木 9:00〜21:00、金土 9:00〜22:00）ではハワイのガイドブック、各国の新聞、雑誌、CDを販売している。

ヒロ・クオリティー・ウォシュレット Hilo Quality Washerette（♠210 Hoku St ◯6:00〜22:00）はキノオレ・ストリートKinoole Stにあるセブンイレブンの後ろにある。

ヒロ・メディカル・センター Hilo Medical Center（☎インフォメーション974-4700、救急救命室974-6800 ♠1190 Waianuenue Ave）はレインボー・フォールRainbow Fallsの近く。

ヒロのダウンタウン
DOWNTOWN HILO

ヒロのダウンタウンでは、古風な趣を持つ建物が数多く見られる。国の認定史跡National Register of Historic Placesとなっている場所には1900年代の古い建物が集まり、通りには古い木造の建物が残る。

少し歩いた裏通りには、文字が消えかかった漢字の看板がかかり、手押し式椅子の床屋、古い玉突き場などが並んでいる。

ライマン邸記念博物館
Lyman House Memorial Museum

雨降りの午後を過ごすには最適の場所。この博物館（☎935-5021 ⓦwww.lymanmuseum.org ♠276 Haili St 大人$7 シニア$5 子供$3 ◯月〜土 9:00〜16:30）では、かつてハワイで行われていた、火山からの噴出物から手斧を作る方法、ココナッツの葉のとげでククイの実を串刺しにしてろうそくを作る方法などを学べる。羽でできたレイ、タパの服、ピリ（バンチグラス）で作った家など、昔を伝える展示では、マナ（自然界の偉大な力）、カフナ（祈祷師）、アワ（カバ）の秘密を垣間見ることができる。

溶岩のトンネルでは、火山が音を立てて噴火し、炎が燃え上がり、溶岩が溶け出す様子を見ることができる。科学的な展示では、海から噴き出した最初の円錐火山や、新しいロイヒ海底火山Loihi Seamountなどハワイの地理的歴史を学ぶ。溶岩片やかんらん石、ペレの涙Pele's tears（火山ガラス）やすばらしい形に伸びたペレの毛Pele's hair（火山ガラス片）などでできた工芸品もある。

ほかには、世界でもトップレベルの鉱物コレクションや、マウナ・ケアMauna Kea山頂の天文台に接続しているコンピュータもある。2階には、働きにやってきた移民やハワイに住み他民族社会を構成してきた人々のさまざまな暮らしぶりが、うまく扱われている。展示されているのは、衣装、民族工芸品、見識ある説明が書かれた額など。ポルトガルで作られたウクレレの原型、ブラーギニアbraguinhaも見ることができる。

博物館の隣には、ミッション・ハウスMission Houseがある。デービッド・ライマン師Reverend David Lymanとその妻サラSarahが1839年に建てた伝道所だ。この2人の伝道師には7人の子供がいたが、屋根裏部屋では教会の学校に通う島の子供たちも大勢世話していた。サラの小型オルガン、ゆり椅子、陶磁器、キルトなど、当時の家具なども数多く残されている。日中行われているガイドによるツアーは1時間おきに出発、料金は入場料に含まれている。

太平洋津波博物館
Pacific Tsunami Museum

マルチメディアを活用した近代的な博物館（☎935-0926 W www.tsunami.org ↑130 Kamehameha Ave 图大人$5 シニア$4 学生$2 ◎月～土 9:00～16:00）。太平洋の津波による破壊の恐怖と生還者の喜びを思い起こさせる展示内容となっている。ガイドたちは非常に知識が豊富だが、これはガイドの中には自らが津波から生還した人がいるという理由もあるだろう。

これまで津波で亡くなったハワイの人の数は、そのほかの自然災害による全死亡者数よりも多く、この博物館は太平洋全域を対象としている。語り継がれ歴史や、デイビッド・ダグラス殺人事件、マーク・トウェインMark Twain'sの難破などの事件をつづったビデオが古い銀行の金庫室の中に造られたミニシアターで上映される。コンピュータを利用すれば、巨大な「ハーバーウェーブ（harbor waves)」について詳しく知ることもできる。

CW・ディッキーの設計で1930年に建てられたこの建物自体も、津波からの生き残りで、1946年と1960年の2度の津波にも流されなかったという過去を持つ。屋根を見上げると津波カメラがある。このカメラで撮ったヒロの波の映像は、24時間365日、ホームページで公開されている。（W http://www.tsunami.org/）

カラカウア公園
Kalakaua Park

ダウンタウンにあるひと休みに最適な静かな公園だ。ベンガルボダイジュの巨木の木陰には19世紀のデービッド・カラカウア王（愛称の「メリーモナーク」とは陽気な王様の意味）の像がある。王の脇にあるタロの葉は島とのつながりを象徴し、右側のイプ（フラの太鼓）は、彼の手により復活した伝統的なハワイの文化と芸術を表している。

朝鮮戦争で戦った在郷軍人の記念碑があり、その前にはその碑が映るユリで囲まれたプールがある。先の皆既日食（1991年7月11日）に封印されたタイムカプセルは、次の日食（2106年5月3日）に開けられる予定だ。

注目すべき建物

ワイアヌエヌエ・アベニューWaianuenue Aveでは、改装した**F・コーエン・ビル F Koehnen Building**をチェックしよう。20世紀初頭のヒロHilo湾の典型的な建築様式を持つ建物だ。カメハメハ・アベニューKamehameha Aveの東には、**SHクレス SH Kress**ビルがある。柔らかなアールデコが特徴の建物で、現在は封切り映画館となっている。

カラカウア・ストリートKalakaua Stを進みケアヴェ・ストリートKeawe Stを渡ると、北に優美な**パシフィック・ビル Pacific Building**（1922年）と**バーンズ・ビル Burns Building**が並んで建っているのが見える。ワイアヌエヌエ・アベニューの反対側には、最近念入りに手を入れた**トヤマ・ビル Toyama Building**（1908年）があり、見事な縁取りのあるばら窓が目につく。1919年建造の新古典主義の**フェデラル・ビルディング federal building**は、ワイアヌエヌエ・アベニューのカラカウア公園向かい側にあり、円柱の柱がそびえるスペインタイル屋根の建物だ。

カラカウア・ストリートKalakaua Stにある**イースト・ハワイ・カルチュラル・センター East Hawaii Cultural Center**（☎961-5771 W www.lastplace.com/EXHIBITS/EHCC 图寄付$2 ◎月～土 10:00～16:00）の建物は、1975年までヒロの警察署として使われていた。寄棟屋根、屋根付きラナイなど、19世紀の島ではよく見かけられた建築的特徴を持つ。美術品の展示、演劇、パフォーマンスの公演が行われたり、ハワイ語やハワイ文化を学ぶクラスが開講される。

ハワイ電話会社 Hawaiian Telephone Companyは文化センター隣のヒロにある建築の中で最高峰のビル。1920年代にホノルルの名高い建築家CW・ディッキーCW Dickeyが設計した建物。スペインのミッション建築の影響を受けた美しいタイルが施され、屋根は高い寄棟造り。窓の金属の細工、軒下にある絵が描かれたパネル、花の形をした銅製の樋の雨水受けにも注目してほしい。

ダウンタウンのカメハメハ・アベニューKamehameha Ave 308番地にある**S・ハタ・ビルディング S Hata Building**は、1912年に建造され、ルネッサンス様式を模しているのが特徴。もとは日本人の所有だったが、アメリカ政府が第2次世界大戦中に接収した。

教会

ハイリ・ストリートHaili Stは、通り沿いに教会が並んでいたことから、**教会通り Church Street**と呼ばれていたこともある。聖ヨセフ教

会 St Joseph's Church（cnr Haili & Kapiolani Sts）は南カリフォルニアにあるスペインミッション様式を模した見事なピンク色の建物。1919年建造、ステンドグラスの窓、トランペットを吹く天使の像がある。**ハイリ教会 Haili Church**（211 Haili St）は1859年の建造。ニューイングランドの田舎にある教会をそっくりそのまま運んできたような建物だ。礼拝はハワイ語と英語で行われる。湾に向かって坂を下ると見えてくる**中央キリスト教教会 Central Christian Church**（cnr Kilauea Ave & Haili St）はビクトリア様式の教会。1900年代初期にポルトガルの移民によって建てられた。

ナハ＆ピナオ・ストーン
Naha&Pinao Stones

ヒロ図書館の芝生に覆われた前庭に、ナハストーンとピナオ・ストーンがある。**ピナオ・ストーン Pinao Stone**は、かつてヘイアウheiau入口にある柱として使われていたもの。**ナハストーン Naha Stone**も同じ神殿にあった石で、およそ2.5トンの重さがある。ハワイの伝説によれば、この石を動かす力のある者は、ハワイのすべての島を征服し1つにまとめる力を持つとされている。カメハメハ大王は若い頃に挑戦し、石をひっくり返したと言われている。

マウイのカヌー石
Maui's Canoe

ケアウェ・ストリートKeawe St北端、ワイルク・ドライブWailuku Drを越えるとすぐに、ワイルク川Wailuku Riverに架かるプウエオ・ストリート橋Puueo St Bridgeがある。上流左手にある大きな石は、マウイのカヌー石として知られている。伝説では半身半人のマウイがすさまじいスピードでカヌーを漕いで海を渡り、この場所に着くとカヌーは石に変わったとされている。水に住む化け物が川をせき止めてレインボー・フォールの下にある洞穴に水を満たし、そこに住む彼の母ヒナを溺れさせようとしていたのだ。母思いの息子マウイはヒナを助けようと急いでいる途中だったという。

ワイロア川州立公園
Wailoa River State Park

この公園へはパウアヒ・ストリートPauahi Stを通って行く。ワイロア川は公園内を流れ、**ワイアケア池 Waiakea Pond**の大部分が公園の敷地内にある。この湧き水からなる河口近くの池には、海水性ときっ水性の魚が住んでいるが、そのほとんどがボラだ。動力のついていない船専用の船着場が河口近くにある。釣りのライセンスは必要ないが、規則には従うこと（本章前出の「アクティビティ」を参照）。

公園には２つの記念碑 memorialsがある。１つは津波の犠牲者に対して、もう１つはベトナム戦争戦没者に対して、消えることのない追悼の熱い思いを表している。**ワイロア・センター Wailoa Center**（944-0416 無料 月・火・木・金 8:30〜16:30、水 12:00〜16:30、土 9:00〜15:00）は幅広い収蔵品を持つ州のアートギャラリー。津波の被害を伝える興味深い写真は１階に集まっている。フラ、ハワイの言語、キルトを学ぶコースが時々開講される。スタッフが16:00で閉館にしてしまうこともあるので、早めに出かけたほうがよい。

バニヤン・ドライブ
Banyan Drive

バニヤン・ドライブは、大きく枝を伸ばしたベンガルボダイジュの並木がある道路だ。木は1930年代に王族や名士たちの手で植えられたもの。近づいて見ると、木々の下に記念プレートがあり、樹木栽培家のベイブ・ラス、アメリア・エアハート、セシル・B・デミルの名も刻まれている。道はヒロ湾に突き出した**ワイアケア半島Waiakea Peninsula**の端を巡っている。

ナニロア・カントリー・クラブ・ゴルフ・コース Naniloa Country Club Golf Course（935-3000 平日＄20 週末＄25）は9ホールあるゴルフコース。バニヤン・ドライブはこのゴルフコースと湾岸のホテル周辺へ続く。マノノ・ストリートManono St近くのカメハメハ・アベニューKamehameha Ave付近には**ワイアケア津波メモリアル時計 Waiakea Tsunami Memorial Clock**がある。止まったままの時計の針が指している1:05とは、1960年5月23日の未明、ヒロを最後の津波が襲った正確な時刻だ。

リリウオカラニ・ガーデン
Liliuokalani Gardens

ヒロにある30エーカー（約12ヘクタール）の日本庭園。ハワイの最後の女王の名にちなんで名づけられた。コイが泳ぐ池、竹林、小さなアーチ型の橋が配置されている。感動するような美しさの小さな茶室は現在使われておらず、板囲いがしてある。灯篭や塔の多くは、日本の地方自治体や姉妹都市がハワイの日本移民100周年を記念して寄贈したもの。ここから続く2マイル（約3.2km）の小道は、夕日を見ながらの散策や早朝のジョギングには最適のコースだ。

ココナツ島
Coconut Island

歩いて渡れるココナツ島は、リリウオカラニ・ガーデンの向かいの湾に浮かぶ島だ。こ

ヒロ－ヒロのダウンタウン

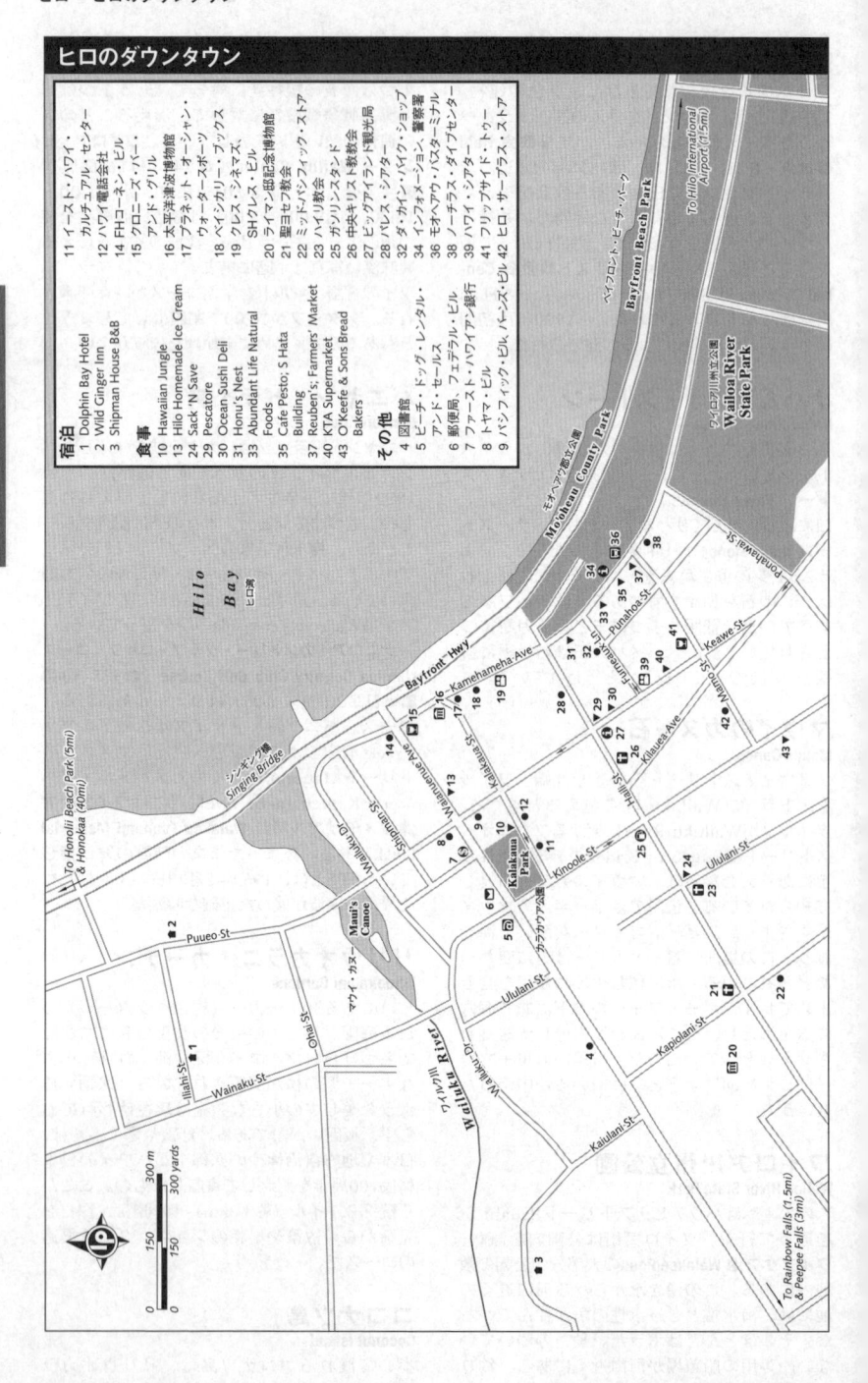

ヒロのダウンタウン

宿泊
1 Dolphin Bay Hotel
2 Wild Ginger Inn
3 Shipman House B&B

食事
10 Hawaiian Jungle
13 Hilo Homemade Ice Cream
24 Sack 'N Save
29 Pescatore
30 Ocean Sushi Deli
31 Honu's Nest
33 Abundant Life Natural Foods
35 Cafe Pesto; S Hata Building
37 Reuben's; Farmers' Market
40 KTA Supermarket
43 O'Keefe & Sons Bread Bakers

その他
5 ビーチ・ドッグ・レンタル・アンド・サービス
6 郵便局、フェデラル・ビル
7 ファースト・ハワイアン銀行
9 パシフィック・ビル、バーンズ・ビル
11 イースト・ハワイ・カルチュアル・センター
12 ハワイ電話会社
14 FHココーネン・ビル
15 クロニーズ・バー・アンド・グリル
16 太平洋津波博物館
17 ブラスネット・オーシャン・ウォーター・スポーツ
18 ベイシカリー・ブックス
19 クレス・シネマス、SHクレス・ビル
20 ライマン邸記念博物館
21 聖ヨセフ教会
22 ミッドパシフィックストア
23 ガソリンスタンド
26 中央キリスト教会
27 ビッグアイランド観光局
28 パレス・シアター
32 ダ・カイン・バイク・ショップ
34 インフォメーション、警察署
36 モオヘアウ・バスターミナル
38 ノーチラス・ダイブセンター
39 ハワイ・ツアー
41 プリンサイド・トゥー
42 ヒロ・サープラス・ストア

の島は郡立公園で、ピクニックテーブルがあり泳ぐこともできる。だが、何と言っても釣りのスポットとして有名だ。

かつてココナツ島は、モク・オラMoku Ola（命の島）と呼ばれていた。その理由の1つに、祈祷師カフナが病を治すために用いるヒーリングストーンがこの島のものだったということがある。モク・オラには、体に良いとされる澄んだ水の湧き出る泉や、島に産まれた子供にマナの力を注ぐ込む誕生石もあった。

メリー・モナーク・フェスティバル Merrie Monarch Festival（「基本情報」の章にある「年中行事」を参照）のオープニング・セレモニーはこの島で開かれる。

ヒロ植物園
Hilo Arboretum
1920年設立の、日陰を作り出す植物園（🏠W Kawili St 🆓無料 🕐月〜金 8:00〜15:00）。広さ20エーカー（約8ヘクタール）の土地に1000種類を超える木々が植えられている。12種類のヤシのほか、イチジク、タマリンド、スターフルーツ、パンノキ、パイナップル、グアバ、マンゴスチンなど、果物の木々は数えきれないほど。現地にある森林野生動物局Division of Forestry & Wildlifeのオフィスで、番号のついた植物について簡単に説明しているラミネート製の園内ガイドを借りよう。またオフィスでは、1人ひと袋までのフルーツ狩りの許可証を無料で発行している。

ビーチ
まず、ヒロはビーチの町ではないことを覚えておいてほしい。とはいえ、シュノーケリングのポイントや、休憩、日の出見物にまずまずの場所は**カラニアナオレ・アベニュー Kalanianaole Ave**沿いに幾つかある。このアベニューは、ヒロの東端を海岸沿いに4マイル（約6.4km）続く道だ。この辺りのビーチは、強い潮や波のためにかなり荒れることがあるため、慎重にコンディションを見極めてから海に入るこだ。

ハイウェイ11とハイウェイ19の交差点から東に約1.5マイル（約2.4km）にある**プヒ湾 Puhi Bay**は、初心者向けのダイビングポイントだ。東端の草の生えた場所から海に入ると「テツの岩礁（Tetsu's Ledge）」というおもしろいリーフが30フィート（約9m）の所にある。だが、水は歯が鳴るほど冷たく泳ぎには向かない。

さらに東にあるのが**オネカハカハ・ビーチ・パーク Onekahakaha Beach Park**だ。カラニアナオレ・アベニューKalanianaole Aveの北0.25マイル（約402m）の所で、トイレ、シャワー、ピクニックエリアがある。広くて底が砂のプールは、丸い巨石で囲ったもの。深さはどこも1〜2フィート（約30〜60cm）しかないので、小さな子供連れの家族に人気がある。ヒロ側には自由に入れる洞窟があり、海の穏やかな日にはシュノーケリングの人が集まるが、海に向かう潮の流れには注意が必要だ。泳ぐ場合もシュノーケリングをする場合も、防波堤より外海へは絶対に出ないことが肝心だ。

ジェームズ・ケアロハ・ビーチ・パーク James Kealoha Beach Parkは道沿いにある郡立公園。公園はダウンタウンの郵便局から4マイル（約6.4km）の位置にあるため、地元では「4マイルビーチ」'Four-Mile Beach'と呼ばれている。設備はシャワーとトイレがある。泳ぎやシュノーケリングのため、たいていの人は公園東側の島と防波堤に囲まれた人目につきにくい場所へ向かう。この場所は波が穏やかで、水は澄み、白い砂がたまったくぼみが見られる。公園の西側は海に向かって大きく開いていて波も荒い。地元の人が網で漁をする姿が見られることもある。冬はサーフィンの人気スポットだが、強い離岸流が流れている。

さらにもう1マイル（約1.6km）東へ進むと、**レレイウィ・ビーチ・パーク Leleiwi Beach Park**がある。ダイビングに格好の場所だが、プヒ湾に比べて海に入るポイントがわかりにくい。3つ目の休憩所の左から入るのが最もわかりやすく、岩壁が海まで突き出ている。そこからは、岩がとぎれている場所を乗り越えて海まで歩こう。

リチャードソン・オーシャン・パーク Richardson Ocean Parkは道が終わるすぐ手前にある公園。小さな黒砂のビーチで、ヒロで1番人気の**シュノーケリング・サイト snorkeling site**に面している。波が激しくなると、ブギーボーダーも集まってくる。水面下に淡水がわきだす泉があるので、湾の水はヒロ側のほうが冷たい。公園の東側は水温が高くシュノーケリングに適していて、散策にちょうどよい溶岩の海岸もある。トイレ、シャワー、ピクニックテーブルがあり、監視員もいる。

宿泊
ヒロにやって来る人たちは、ビーチでのんびりすることなく名所に直行する。そのため、設備の整ったビーチリゾートはなく、コナ・コーストKona Coastではあたりまえの「休暇用レンタル」コンドミニアムといったものは、事実上存在しない。

低料金
アーノッツ・ロッジ
Arnott's Lodge
☎969-7097 📠961-9638

ヒロ - ヒロのダウンタウン

リトル・トーキョー＆ビッグ・ツナミ

1946年4月1日、アリューシャン列島の震源から太平洋を越え、ヒロ湾に津波が押し寄せた。時刻は午前6時54分、まったく突然のことだった。

50フィート（約15m）もの高波が、堤防を越えて町を押し流した。波はもっとも海側にあった建物を土台からもぎとって内陸へ押しやり、後ろにあった家並みに叩きつけ、海へ引く時には粉々になった家々と多くの人間を海に呑み込んだ。

午前7時には、町は辺り一面壊れた建物の残骸で埋め尽くされ、がれきの山で地面も見えなかった。この津波により、ハワイ全体で159人が死亡し、損害額は2500万ドルに達した。もっとも被害が大きかったのがヒロで、犠牲者は96人を数えた。

ヒロのベイフロントにあった「リトル・トーキョー Little Tokyo」は、津波の攻撃を真っ向から受けたが、シンマチ Shinmachi（日本語の＜新しい町＞）はもとあった場所に再建された。

14年後の1960年5月23日、チリ沖地震による津波が時速440マイル（約700km/h）でヒロに襲いかかった。波は連続して3度押し寄せ、そのたびごとに波は町の奥へ奥へと向かった。

この時、津波の警戒警報が鳴り響いてはいたが、真剣に取り合う人は少なかった。これは1950年代に小規模な津波が何度か起き、比較的少ない被害ですんでいたためで、ビーチに出て高波を見物しようとする人までいた。

海岸にいた人たちは内陸まで押し流され、少し高い所にいた人たちも湾に引きずり込まれた。幸運にも漂流物に捕まることができた数人だけが海から救助された。結局この津波では61名が死亡、被害額は2000万ドルに達した。

再びシンマチ周辺は破壊されたが、今度は町を再建する代わりに低地にあるベイフロントを公園に変え、生存者は高所の土地へと移り住んだ。

ハワイ島（ビッグアイランド）

🌐 www.arnottslodge.com
🏠 98 Apapane Rd
📧 テントサイト＄9、ドミトリーベッド＄17 S＄37 W＄47、Wバス付＄57、2ベッドルーム＄120

町のはずれにあることが気にならなければ、ほかの旅行者とも交流できるおすすめの宿だ。設備には、男女別のドミトリー、車椅子でも入れる部屋、前庭のキャンプサイト、個室が多数ある。清潔で親切なこのユースホステルは、テレビとビデオのある部屋があり、市内電話は無料、インターネットとコインランドリーが利用できる。宿泊客は、毎日町まで出ている安い往復便と自転車のレンタル（1日＄10）も利用できる。島の冒険ツアーは宿泊客＄48、宿泊していなければ＄96だ。空港まで無料の送迎もある（20:00まで）。車で来る場合は、ハイウェイからカラニアナオレ・アベニューKalanianaole Aveに入り、東へ1.5マイル（約2.4km）進み、次にケオケア・ループ・ロードKeokea Loop Rdで左折。そこから100ヤード（約90m）坂を下る。

ワイルド・ジンジャー・イン
Wild Ginger Inn
☎ 935-5556、800-882-1887
🌐 www.wildgingerinn.com
🏠 100 Puueo St
📧 ドミトリーベッド＄19、客室＄45、バス付＄60〜90

小川が流れ、緑が生い茂る庭に建つカラフルな外観の宿。部屋は専用バス付きで、ダブ

ルかツイン。ほとんどの部屋に小型冷蔵庫があり、スイートは居間とキチネット付きで眺めもよい。ランドリー、インターネット、レンタルバイクが利用可。朝食込みの料金で3泊以上すると割引がある。

ドルフィン・ベイ・ホテル
Dolphin Bay Hotel
☎ 935-1466 📠 935-1523
🌐 www.dolphinbayhilo.com
🏠 333 Iliahi St
📧 ワンルーム型＄66〜80、1ベッドルーム＄89、2ベッドルーム＄99

ダウンタウン北の高台にある家族経営の親しみやすいホテル。18室あるアパートのようなユニットはすべて設備の整ったキッチン、テレビ、風呂付きで、たいていは深いバスタブが付いている。無料のモーニングコーヒーと一緒に裏庭で採ったばかりのフルーツが食べられる。ヒロでもっとも人気があるホテルなので予約を勧める。平日割引も利用可能。

リヒ・カイ
Lihi Kai
☎ 935-7865
🏠 30 Kahoa Rd
📧 客室＄55〜60

アミー・ギャンブル・ランナンが経営する広々としたB&Bはヒロ湾を見下ろす断崖の上にある。こぢんまりした温水プールがあり、リビングからはすばらしい海が望める。

アワー・プレイス・パパイコウズB&B
Our Place Papaikou's B&B
☎/📠 964-5250

ヒロ－ヒロのダウンタウン

🄦 www.ourplacebandb.com
🄔 客室 $60～80
梁がむき出しの建物に居心地の良い部屋が2つあるだけ。ヒロの北6マイル（約9.7km）のパパイコウPapaikouを流れるカイエイエ川Kaieie Streamのそばにある。小さいほうの部屋の風呂は共同だが、主寝室はキングサイズのベッドと専用バスがある。庭に張り出したラナイや暖炉のある大きなリビング、図書室、ピアノは宿泊客なら誰でも利用できる。料金は朝食込みの料金。

中級　次に紹介する宿は設備は良いが、これといった特徴はない。

アンクル・ビリーズ・ヒロ・ベイ・ホテル
Uncle Billy's Hilo Bay Hotel
☎ 935-0861、800-442-5841（ハワイ島）、800-367-5102（US・カナダ）　🄕 935-7903
🄦 www.unclebilly.com
🏠 87 Banyan Dr
🄔 スタンダード $85、オーシャンフロント $105
ハワイ人所有のホテルで、未開のポリネシアのムードがある。スタンダードの部屋は値段に比べると割高に感じるが、オーシャンビューの部屋はすばらしい。インターネットから予約すると25％以上の値引きがある。そのほかにも数種の割引サービスあり。

ハレ・カイB&B
Hale Kai B&B
☎ 935-6330　🄕 935-8439
🄦 www.interpac.net/~halekai
🏠 111 Honolii Pali
🄔 海側の客室 $90～100、キチネット付スイート $110
ヒロの北、5マイルマーカーの近くでハイウェイ19を下りた所にある。設備の良い現代的なB&B。ヒロ湾から太平洋を望むすばらしい眺めを楽しめる。宿泊客であれば、プール、海の見えるホットタブを利用できる。

ヒロ・シーサイド・ホテル
Hilo Seaside Hotel
☎ 935-0821、800-560-5557　🄕 969-9195
🄦 www.hiloseasidehotel.com
🏠 126 Banyan Dr
🄔 客室 $100～130
2階建てでモーテルスタイルのコンドミニアム。全室にエアコン、天井のファン、テレビ、ルーバー窓、冷蔵庫がある。プール近くの部屋や騒々しい通り側のフキラウHukilau館は避けたほうが無難。おすすめはデラックスな海側の建物にある部屋で、バルコニーがありコイの泳ぐ池を見わたせる。宣伝用の割引やインターネットによる予約をチェックしてみよう。

高級　コナKonaやコハラKohalaを有名にしたような、豪華な宿は見つけられないだろう。

ナニロア・ホテル
Naniloa Hotel
☎ 969-3333、800-367-5360　🄕 969-6622
🏠 93 Banyan Dr
🄔 客室 $100～140、スイート $240
日本からのツアー客に人気。ヒロでただ1つしかないこの「高層ビル」にある標準的な部屋は、エアコン、テレビ、電話付きだが、それ相応に値も張る。眺めの良さに応じて料金に幅がある。フルサービスのスパが呼び物となっている。

ヒロ・ハワイアン・ホテル
Hilo Hawaiian Hotel
☎ 935-9361、800-367-5004　🄕 961-9642
🄦 www.castleresorts.com
🏠 71 Banyan Dr
🄔 ガーデンビュー $120、オーシャンビュー $150
ココナツ島近くにある広々としたヒロで1番のホテル。居心地の良い客室には、エアコン、テレビ、電話があり、ほとんどが専用ラナイ付き。庭側の部屋からは駐車場越しにゴルフコースを、オーシャンビューの部屋からはヒロ湾を見わたせる。予約時に追加料金なしでレンタカーを頼むこともできる。

シップマン・ハウス・ベッド・アンド・ブレックファスト
Shipman House Bed & Breakfast
☎/🄕 934-8002、800-627-8447
🄦 www.hilo-hawaii.com
🏠 131 Kaiulani St
🄔 客室 $150～180
町の奥にある小高い山の上の美しいビクトリア様式の邸宅は、1901年からシップマン家が所有するもの。アメリカ史に残るこの邸宅の宿泊客には、リリウオカラニ女王やジャック・ロンドンも含まれる。母屋と1910年建造のゲスト用コテージの全室に、タブ（豪華なバスタブ）、天井のファン、小型冷蔵庫があり、趣のある家具がしつらえられている。ゲストのための着物、みずみずしい花、図書室、グランドピアノなどからは、愛想の良いオーナーの心のこもったもてなしが感じられる。

食事

自炊　ヒロには、すばらしい料理をつくるための食材調達場所が数多くある。

ファーマーズマーケット
farmers market
🏠 cnr Mamo St & Kamehameha Ave
🄞 水土 7:00～12:00

ハワイ島（ビッグアイランド）

島のフルーツ、野菜や花を、生産者から直接仕入れて安く売っている。高く売りつけたり、質の悪いものを押しつけたりする店は1つもない。

スイサン・フィッシュ・マーケット
Suisan Fish Market
☎935-9349
🏠85 Lihiwai St
🕐月～土 8:00～17:00

かつては100年続いた朝の魚市場が開かれていた。もちろん、今でも新鮮な魚を売っている。絶品のポケ（新鮮な魚を海藻とタマネギと一緒にしょう油ベースのタレで混ぜ合わせた料理）は必ず試してみよう。

アバンダント・ライフ・ナチュラル・フーズ
Abundant Life Natural Foods
☎935-7411
🏠292 Kamehameha Ave
🕐月火木金 8:30～19:00、水土 7:00～19:00、日 10:00～17:00

質の良い農産物、チーズ、ジュースのほか、さまざまな健康食品がそろっている。素朴な味のスムージーとサンドイッチが味わえるバーもある。

アイランド・ナチュラルズ
Island Naturals
☎935-5533
🏠Waiakea Center,303 Maakala St
🕐月～土 8:30～20:00、日 10:00～19:00

デリカテッセンとスムージーのカウンターがある。おおむね値段は高め。ホットフードのカウンターには、ココナツ添えアヒahi（マグロ）、ベジタリアン向けのパッタイphat thai（焼きそば）、カレーなどのメニューがある（1ポンド＜約450g＞＄6.95）。

オキーフ・アンド・サンズ・ブレッド・ベーカーズ
O'Keefe & Sons Bread Bakers
☎934-9334
🏠374 Kinoole St
スナック＄3～7
🕐月～金 6:00～17:00、土 6:00～15:00

腕の良い職人が最高のパンを焼いている。思わず手が出てしうペストリーやサンドイッチもある。

ヒロ・ホームメイド・アイス・クリーム
Hilo Homemade Ice Cream
☎969-9559
🏠1477 Kalanianaole Ave
🕐月～土 10:30～17:00

ヒロで1番のアイスクリームが食べられる。種類は、ポハ（スグリ）、ジンジャー風味、極めつけのコナコーヒー味などがある。

ダウンタウンには、**KTAスーパーマーケット KTA Supermarket**（🏠323 Keawe St）がある。プアイナコ・タウン・センターPuainako Town Centerには、5:00からコーヒーとドーナツを売っている**サックNセーブ Sack N Save**、30種類のポケを販売する**KTAスーパー・ストア KTA Superstore**がある。

低料金

カフェ100
Cafe 100
☎935-8683
🏠969 Kilauea Ave
サンドイッチ＄2～3.50、ランチ＄4～6
🕐月～金 6:45～20:30、土・日 6:45～21:30

ロコになりきるなら地元に密着したこの店で。この伝説的なドライブインはロコ・モコloco moco（ライスの上にハンバーガーと目玉焼きを乗せ、これでもかというほどグレービーソースをかけた料理）を考え出した店。現在17のバリエーションがある。

カウペナ
Kaupena
🏠1710 Kamehameha Ave
スナック＄1.50～7
🕐月～土 9:00～18:00

ここも地元で人気のオノ・グリンズono grinds（おいしい食べ物）がある。ここは"1フィート（約30cm）のラウラウlaulau発祥の店"だ。ラウラウとは柔らかな魚や豚肉をセンネンボクの葉で包んだ料理。サイドメニューには、ポケ（魚を細かくしてマリネしたもの）、ポイ（タロイモから作ったペースト）があり、カルアピッグ（豚の丸焼き）もある。この店特製のココナツとタロイモが入ったプディングはおすすめだ。

クヒオ・グリル
Kuhio Grille
☎959-2336
1品＄5.50～8.50
🕐日～木 6:00～22:00、金土 6:00～14:00

気軽な雰囲気の小さなレストラン。プリンス・クヒオ・プラザPrince Kuhio Plazaの北にある。ここの名物は"1ポンド（約450g）のラウラウ"。地元ハワイの人たちが好んで食べるのは、ポイ、ロミサーモン（サケを小さくちぎり、タマネギを刻んだものと岩塩を入れてもんだハワイ料理）、サイミン（汁そば）、ハウピア（ココナツプディング）など。そのほかに、オムレツ、バーガー、キッズメニューがある。

アイランド・インフュージョン
Island Infusion
☎933-9555
1品＄5～7.50

ヒロ－ヒロのダウンタウン

◎月～土 10:00～21:00、日 10:00～20:00
ワイアケア・センターWaiakea Centerのフードコートにある。ここもおいしいハワイ料理が食べられるレストランだ。

ケンズ・ハウス・オブ・パンケークス
Ken's House of Pancakes
☎935-8711
🏠1730 Kamehameha Ave
🍴食事＄6～12
◎24時間

マウナ・ケアMauna Keaで星空を眺めたあとはここに寄ろう。家族的でフレンドリーな食堂で、メニューの組み合わせは何百通りにもなる。大きなスパムオムレツ、マカデミアナッツのパンケーキ、アンブロシアというデザートに似たミルクシェーク、さまざまな飾りのついたカルアピッグやキャベツ料理のディナーなど。

ホヌズ・ネスト
Honu's Nest
🏠270 Kamehameha Ave
🍴1品＄3～9.50
◎月～土 ランチ

ヒロ湾に面した日本の家庭料理の店。色とりどりのお弁当をビーチで食べるのも、お店でゆっくり蕎麦を食べるのもよい。どんぶり物や天ぷら、鶏、魚、イカ、豆腐などを選べる定食もある。

中級

オーシャン・スシ・デリ
Ocean Sushi Deli
☎961-6625
🏠239 Keawe St
🍴1品＄1.50～20
◎月～土 10:00～14:30、16:30～21:00

日本の魚料理を出すすばらしい店。伝統的なものと現代風なものの両方を食べられる。創意に富んだスペシャルメニューには、アヒahi（マグロ）、アボカド、ククイ入りのナッツロール、ポケとマカデミアナッツ入りの巻き寿司などがある。肉好きの人におすすめなのは、ハンバーガー、タマネギ、グレービーソースでできたプランテーションロール。ベジタリアン向けメニューも豊富にそろっている。

ミヨズ
Miyo's
☎935-2273
🏠400 Hualani St
🍴食事＄7.50～10.50
◎毎日 11:00～14:00、月～土 17:30～20:30

ワイアケア・ビラズWaiakea Villasコンプレックスの裏にある。茶室のような雰囲気が魅力的な日本料理の店で、ワイアケア池Waiakea Pondを見渡せる。素朴で上品な料理は、料金も非常に魅力的。デザートにはヒロ・ホームメードのアイスクリームがある。

ハワイアン・ジャングル
Hawaiian Jungle
☎934-0700
🏠110 Kalakaua St
🍴ランチ＄5～7、ディナー＄7.50～16
◎月～金 11:00～21:00、土・日 7:00～21:00

ポリネシアのたいまつが燃え、天井のファンはゆったりと回り、大きな窓からはカラカウア公園Kalakaua Parkが見える。健康的なラテン・南アメリカ料理のメニューは、タマレ、ロモ・サルタドlomo saltado（伝統的なペルーの牛肉料理）、パパス・リレノス（詰め物をしたポテト）など。金・土曜日にはライブ演奏がある。

ルベンズ
Reuben's
☎961-2552
🏠336 Kamehameha Ave
🍴コンビネーションプレート＄8～9.50
◎月～金 11:00～21:00、土 12:00～21:00

メキシコのオアハカの酒場そのもの。お祭りムードの店内には、色の塗られた噴石があり、天井からはたくさんの壺が下がっている。テーブルと椅子は折りたたみ式だ。料理は本格的で、揚げたてのチップスやサラダの味は刺激的。魚を使ったタコスとタマリが両方食べられるひと皿は忘れられない一品だ。

高級
数ドル余分に払えば、ヒロの一流レストランで料理を楽しめる。すばらしい場所にある店も多い。予約が必要だ。

ペスカトーレ
Pescatore
☎969-9090
🏠235 Keawe St
🍴朝食＄4～6、ランチ＄6～12、ディナー＄20
◎11:00～14:00 & 17:30～21:00、土・日 7:30～23:00

サービスも料理もすばらしいイタリアンシーフードとパスタの店。店の雰囲気はリトル・イタリーにある社交クラブを思わせる。

カフェ・ペスト
Cafe Pesto
☎969-6640
🏠S Hata Bldg, 308 Kamehameha Ave
🍴ランチ＄8～12、ディナー＄10～30
◎日～木 11:00～21:00、金・土 11:00～22:00

ハワイ島の第一級レストラン。一度食べたら忘れられなくなる料理はアイディアあふれるハワイの味で、コナのロブスター、カムエラKamuelaのビーフ、パホアPahoaのコーンなど、地元の食材を使っている。薪で焼いたすばらしいピザ、斬新なサラダは絶品。

ヒロ － ヒロのダウンタウン

シーサイド・レストラン
Seaside Restaurant
☎935-8825
⌂1790 Kalanianaole Ave
食事$18～24
火～木17:00～20:30、金土17:00～21:00
風変わりなパネルがはられたダイニングルームで、島でもっとも新鮮な魚を味わえる。外のテーブルは、店の家族が貝や魚を養殖している池のちょうど上にある。料理はどれもすばらしい。おすすめは、ニジマス、パーチ（スズキの仲間）、ボラなどを、レモンやタマネギと一緒にセンネンボクの葉で蒸したメニュー。全品に、ライス、サラダ、アップルパイ、コーヒーが付く。サービスも分量も超一流。

エンターテインメント

地元の人も観光客も口をそろえて、ヒロにはナイトスポットがないと不満をもらす。無料の新聞「ハワイ・アイランド・ジャーナル」*Hawaii Island Journal*」や、イースト・ハワイ・カルチュアル・センターEast Hawaii Cultural Center（本章前出の「注目すべき建物」参照）など、町の情報を知らせる掲示板などをチェックしてみよう。

　　フィアスコス Fiascos（☎935-7666 ⌂200 Kanoelehua Ave）は評判の良い店。木曜日の夜にはカントリーラインダンス、金曜日はジャズ、といったところ。

　　アンクル・ビリーズ・ヒロ・ベイ・ホテル Uncle Bill's Hilo Bay Hotel（☎329-1393、800-367-5102 FAX935-7903 ⌂75-5739 Alii Dr ライブミュージック＆フラショー 18:00～19:30、20:00～21:30）ではレストランのディナーで、規模は小さいが熱狂的なフラのショーが実演される。安上がりな結婚式に出てくるような料理は$11から。

　　ヒロ・ハワイアン・ホテル Hilo Hawaiian Hotel（☎935-9361、800-367-5004 FAX961-9642 ⌂71 Banyan Dr）のラウンジでは、コンテンポラリーハワイアンミュージックのライブがときおり開かれる。

シューターズ・バー・アンド・グリル
Shooters Bar & Grill
☎969-7069
⌂121 Banyan Dr
金・土 翌3:30まで
カントリー・クラブ・コンド・ホテルCountry Club Condo Hotel内にある。クロムとリノリウムでできたラウンジは昼間は静かだが、夜は大酒飲みが集まってくる。DJやバンドを聞きながら、パブ料理、ビリヤード、ピンボールで楽しもう。

クロウニーズ・バー・アンド・グリル
Cronies Bar & Grill
☎935-5158
⌂11 Waianuenue Ave
日曜休み
クロウニー（旧友）という名前のとおり刺激的な店ではないが、地元音楽のライブと信じられない程安いドリンク類は要チェックだ。

フリップサイド・トゥー
Flipside Too
☎961-0057
⌂94 Mamo St
怪しげなバーが好きな人はここへ。ベタベタした床、ビリヤード台が幾つかあり、ダーツ、正体不明の客層、すべてこの店にはお似合いだ。毎月第3土曜日は、「オルタナティブ'alternative'」ナイトだ。

　　地味なヒロの町にも、映画好きを満足させてくれる場所がある。

パレス・シアター
Palace Theater
☎934-7777
⌂38 Haili St
$6
外国映画、ドキュメンタリー、ディレクターズカット版を上映する。コンサート、演劇、朗読会など特別なイベントが開かれる時には、地元の知識人がふいにやってくることもある。

ハワイ・シアター
Hawaii Theatre
☎969-3939
⌂291 Keawe St
$3～5
貴重な映像や古い名画、B級ホラー、外国作品を上映している。料金に含まれるサービスのコーヒーを飲みながらすばらしいひと時をどうぞ。

　　クレス・シネマズ Kress Cinemas（⌂Art Deco Kress Bldg, 174 Kamehameha Ave）は小作品を上映することもある雰囲気のある映画館。一般的なハリウッドの封切り映画はここで。プリンス・クヒオ・プラザ **Prince Kuhio Plaza**（⌂Hwy 11）と**ワイアケア・ショッピング・プラザ Waiakea Shopping Plaza**（⌂88 Kanoelehua Ave）の2カ所にも映画館がある。昼興行、火曜日は割引デーで$5になる。クレス・シネマズおよびプリンス・クヒオ・プラザとワイアケア・ショッピング・プラザ内にある2件の映画館のスケジュールは**ホットライン hotline**（☎961-3456）へ電話しよう。

　　大学スポーツイベント情報は**ハワイ大学体育部 University of Hawaii Athletic Department**（☎974-7520 ⌂Hoolulu Complex, Manono St $5～）で入手するとよい。

ショッピング

有名なショッピングモール以外にも、ヒロのダウンタウンのカメハメハ・アベニューKamehameha Aveやキラウエア・アベニューKilauea Aveには、アロハウェアやビンテージものの衣類をお買い得な値段で売る店が集まっている。

ミッド-パシフィック・ストア
Mid-Pacific Store
☎935-3822
⌂76 Kapiolani St
品揃えは文句なし。シルク、ちりめんの着物、本物のパラカpalaka(格子縞)シャツ、レトロな水着など、どれもほしくなるものばかり。

ビッグ・アイランド・キャンディーズ
Big Island Candies
☎935-8890
⌂585 Hinano St
◎8:30〜17:00
キャンディにチョコを付けている間、無料のクッキーとコーヒーを出してくれる。

トクナガ・ストア
Tokunaga Store
☎935-6965
⌂26 Hoku St
釣り用品なら何でもそろう。

ハワイのトップコメディエンヌ

クララ・インター Clara Interはハワイ生まれの教師だった。1936年合唱クラブの旅行でカナダを訪れた時に初めて演じた「ヒロ・ハッティ Hilo Hattie(ダズ・ザ・ヒロ・ホップ Does the Hilo Hop)」はカナダの観客から大喝采を浴びた。それから1年余りののち、クララはワイキキのロイヤル・ハワイアン・ホテルのモナーク・ルーム(王の部屋)でバンドリーダー(ヒロ・ハッティの作曲者)のドン・マクダーミド・シニアに、ヒロ・ハッティを演奏してくれるように頼んだ。しかし、「低俗な」フラダンス音楽が高級ホテルで受けるとは思えなかった彼は、ここでは「おきて破りの」ダンスだからとそれとなく断った。

しかし、ムームー姿の彼女の胸にはカナダで大喝采を受け評判になったという自信があったので、むろんやめようとはしなかった。曲を演奏するようにマクダーミドを説得し、その結果は歴史が語るとおりだ。クララ・インターは、この曲であっという間に国際的人気スターとなり(各国へのツアー、「ソング・オブ・アイランド Song of the Island」「マー・アンド・パー・ケトル・イン・ワイキキ Ma & Pa Kettle in Waikiki」など多くの映画に出演)、法律上の名前もヒロ・ハッティHilo Hattieに変えた。今ではハワイで有名なチェーンストアにその名前が引き継がれている。

交通手段

バス ヘレ-オン・バス Hele-On Bus(☎961-8744)は市内を走るルートを数本運行している。料金はすべて75¢で、月〜金曜のみ運行。

カウマナ4番 No 4 Kaumanaのバスは、1日に5本(始発7:35、最終14:20)、モオヘアウ・バスターミナルMooheau Bus Terminalからヒロ図書館、ヒロ・メディカル・センターHilo Medical Center(レインボー・フォールRainbow Falls)を回っている。プリンス・クヒオ・プラザPrince Kuhio Plaza、ウォルマートWalmart、バニヤン・ドライブBanyan Drへ行くバスも何本か走っている。

ワイアケア-ウカ6番 No. 6 Waiakea-Ukaのバスも1日に5本(始発7:05、最終15:05)が、モオヘアウ・バスターミナルから発車する。ヒロ・ショッピング・センター、ハワイ大学、プリンス・クヒオ・プラザPrince Kuhio Plaza、ウォルマートに停車する。

島の全域を走るルートについては、本章前出の「交通手段」を参照。

自転車 町中では自転車が非常に便利だ。**ダ・カイン・バイク・ショップ Da Kine Bike Shop**(☎934-9861 ⌂12 Furneaux St)は親切な店。古びた自転車は1日$5、プロ仕様の自転車は$50で貸し出す。島のサイクリングツアーも行っている。

ミッド-パシフィック・ホイールズ
Mid-Pacific Wheels
☎935-6211
⌂1133-C Manono St
◎毎日
21段変速の自転車を1日$15で貸し出している。

ヒロ・バイク・ハブ
Hilo Bike Hub
☎961-4452
⌂318 E Kawili St
自転車、ロックホッパー、フルサスペンションのマウンテンバイクを1日$20〜$45で貸し出している。平日は驚くほどの割引があるので問い合わせよう。

ヒロ周辺
AROUND HILO

レインボー滝
Rainbow Falls
レインボー滝へは、ヒロ郊外から車で5分ほどで着く。ベンガルボダイジュの巨木を見るだけでも行く価値があるだろう。駐車場にあ

見晴台の正面に滝が見える。普通は水が2つに分かれ、2つの流れとなって大きな滝つぼへ落ちている。

ワイアヌエヌエWaianuenueは、「水の中に見える虹」という意味のハワイ語。滝はヤシやレフア、アガパンサスに囲まれ、高さは80フィート（約24m）。滝の下にぽっかりと口を開けている洞穴は女神が住んでいそうな場所で、マウイMauiの母であるヒナHinaの住みかだと言われている。虹が見える確率が高いのは朝だが、太陽と霧の両方がそろう必要があるので保証はできない。

涼しい場所でひと息つくなら短い1周コースを歩いてみよう。滝の左から出ている5分ほどのコースで、途中のベンガルボダイジュの巨木が道の上をすっかり覆い、太陽がさえぎられている。根元も巨大で子供が隠れるほどある。密林の中のコースは水際で終わる。水泳やロックホッパーを楽しむなら、川上へ向かえばすばらしい自然を独り占めできる。でもしつこい蚊にはご用心。

ペエペエ滝＆ボイリング・ポツ
Peepee Falls & Boiling Pots

レインボー滝を過ぎてワイアヌエヌエ・アベニューWaianuenue Aveを1.5マイル（約2.4km）行くと、切り立った岩壁を流れ落ちるペエペエ・フォールに着く。水は玄武岩のくぼみの上を川となって渦を巻きながら流れ、滝つぼで激しく泡を立てる。この様子からボイリング・ポツ（煮えたぎるポツ）という名が付けられた。滝を見晴らせるポイントには車椅子でも行くことができる。地元の人は「遊泳禁止No Swimming」の標示の上のよく踏み固められた小道を通って滝見物に行く。

カウマナ洞窟
Caumana Caves

1881年にマウナ・ロアMauna Loaから流れ出た溶岩によってできた洞窟。流出が治まった時、分厚い溶岩流の外側は冷えてトンネル状に固まり、中側の熱いどろどろした溶岩は流れ出して洞窟となった。中は湿り気があってコケ、シダ、ツリフネソウがびっしりと生えている。懐中電灯があると探検したくなるかもしれないが、至る所で水がポタポタと落ちている。カウマナ・ドライブKaumana Dr（ハイウェイ200）を3マイル（約4.8km）進むと右手に表示がある。

ホノリイ・ビーチ・パーク
Honolii Beach Park

ホノリイ・コーブHonolii Coveの回りには、ヒロにある隠れたサーフィンのベストポイントがあり、ブギーボーダーにも人気だ。公園にはシャワー、トイレがある。ホノリイ・ビーチ・パークへの行き方は、ヒロ郊外からハイウェイ19を北に進む。4マイルマーカーと5マイルマーカーの間を右折するとナハラNahalaへ、左折すればカホアKahoaへ向かう。道路脇に駐車しているほかの車にならって駐車し、公園に向かう。ハイウェイ19に戻る別のルートとして、カホアKahoaの下り坂で1車線の道に入ることもできる。うっとりするような美しい森の中を蛇行しながら進む道は楽しめる。

ナニ・マウ・ガーデンズ
Nani Mau Gardens

☎959-3500
🎫大人＄10 子供＄6
🕗8:00〜17:00

花の咲く植物が植えられた20エーカー（約8ヘクタール）を超える土地を囲み、庭園が造られている。美しいランのエリアもある。本格的な庭園は、バスツアーの定番コースだ。ほかの多くのハワイ庭園と違い、自然のまま植物が生い茂る様子は見られない。ヒロの南3マイル（約4.8km）のところにある。ハイウェイ11からマカリカ・ストリートMakalika Stに入る所に小さく標示が出ている。

パナエワ熱帯雨林動物園
Panaewa Rainforest Zoo
資金削減でさびれてしまった動物園（☎959-7224 W www.hilozoo.com E無料 O9:00～16:00、子供動物園 土 13:30～14:30）。園内を歩き回るクジャクは出入り自由だ。サル、爬虫類、コビトカバ、アクシスジカ、ラスベガスからやって来た寄り目のベンガルトラたちは、オリの中で少々窮屈そうにしている。ハワイガンneneやハワイのカモ、タカ、フクロウなど島に住む絶滅危惧種の鳥も見られる。

ハイウェイ11を西ママキ・ストリートW Mamaki Stで下り、町の南へ数マイル進んだ所ですぐステインバック・ハイウェイStainback Hwyに入る。動物園まではさらに1マイル西へ。

マウナ・ロア・マカデミアナッツ・ビジター・センター
Mauna Loa Macadamia-Nut Visitor Center
マウナ・ロアでマカデミアナッツ事業を保有し、製造しているC・ブリューワー・カンパニーC Brewer Co.は、ハワイでも生産高トップの会社だ。この広い**ビジターセンター**（☎966-8618 ⌂Macadamia Rd O8:30～17:30）はバスツアーを受け入れているが、基本的にギフトショップと軽食を販売するカウンターしかない。横にある操業中の工場の外には順路が巡っていて、広い工場内のめまぐるしい流れ作業を、窓越しに見ることができる。ビジターセンターの裏には小さな畑があり、果物の木や花の茂みには名札がつけられている。はるばる来たのだから、ここを歩いてみるのも楽しいだろう。

ヒロの南5マイル（8km）でハイウェイ11を降り、マカデミアの木々を抜けるアクセス道路を2.5マイル（約4km）ほど行くと見えてくる。

プナ
Puna
隠れた見どころが幾つもあるプナ地区はビッグアイランド（ハワイ島）の菱形の最東部に位置する。プナの主要な見どころはすべて溶岩の周囲にある。火山性の黒砂海岸、溶岩の潮溜り、溶岩樹型の古代の森、昨日生まれたばかりの帯状の赤熱溶融物などすべて溶岩の回りに存在する。プナはビーチで有名なのではない。有名なのは、ここの海岸が強い潮流と危険な離岸流にさらされているからだ。

キラウエアの活動性東部地溝帯はプナで切れて分かれている。1983年の噴火以来、溶岩を噴出し続けている。今日、ハイウェイ（Hwy）130はかつてカラパナKalapana村を埋め尽くした1990年の溶岩流の所であっけなく行き止まりになっている。プナから南西へ数マイル行くと、新しい溶岩が海に落ち込み新たに不安定な陸棚をつくっているのが見える。当然、地溝に近いほど土地家屋は安くなる。

プナはヒッピー、ハワイ主権活動家、マリファナ栽培者の多い反体制的な異端者の町だ。彼らのすべてがいかにも「プナ的」と言えるだろう。プナのバターと呼ばれるパカロロpakalolo（マリファナ）は、警察の手入れや空中散布、赤外線調査が行われてもこれまで収穫が止められたことはなく、プナはビッグアイランドのマリファナの中心地となった。ほかの農作物も溶岩によく馴染む。プナはアンスリウムの主要産地であり、ハワイで最高のパパイヤを生産している。ランは賞を受けたことがあり、大半はヒロHiloに出荷される。カバとノニnoniの畑もよく育っている。

この地区一帯ではガイドブックを頼らず、あちこちのぞいて回るといいだろう。ただ注意したいのは、通常のルートを外れて歩くと周囲からけげんな目を向けられることだ。しかし、これはここの住人たちが開発を避けようと一歩一歩努力し、必死でこの土地の自然を守ろうとしているからだ。絶えず、私有地と立ち入り禁止の標識に敬意を払おう。ここではそれらをたくさん見かけることだろう

オリエンテーション
ケアアウKeaauがプナへの入口だ。ハイウェイ11はハワイ火山国立公園Hawaii Volcanoes National Parkへ到着するまでに2、3の小さな町を通過する。ハイウェイ130はここで分岐し南のパホアPahoa、さらには海岸線近くまで続いている。しかし、21マイル（約34km）を過ぎると道路は1990年の溶岩流で寸断されているので終わりとなる。

ケアアウ
KEAAU
ケアアウはヒロに一番近い小さな町だ。**図書館**（☎982-4281 ⌂16-571 Keaau-Pahoa Rd）には予約なしに誰でも使えるインターネット端末がある。ケアアウ・ショッピング・センターは、主要な交差点からハイウェイ11を下りた所にあり、郵便局、コインランドリー、ATMがある。その道路の向かいにはハワイ島内で最安値のガソリンスタンドがある。

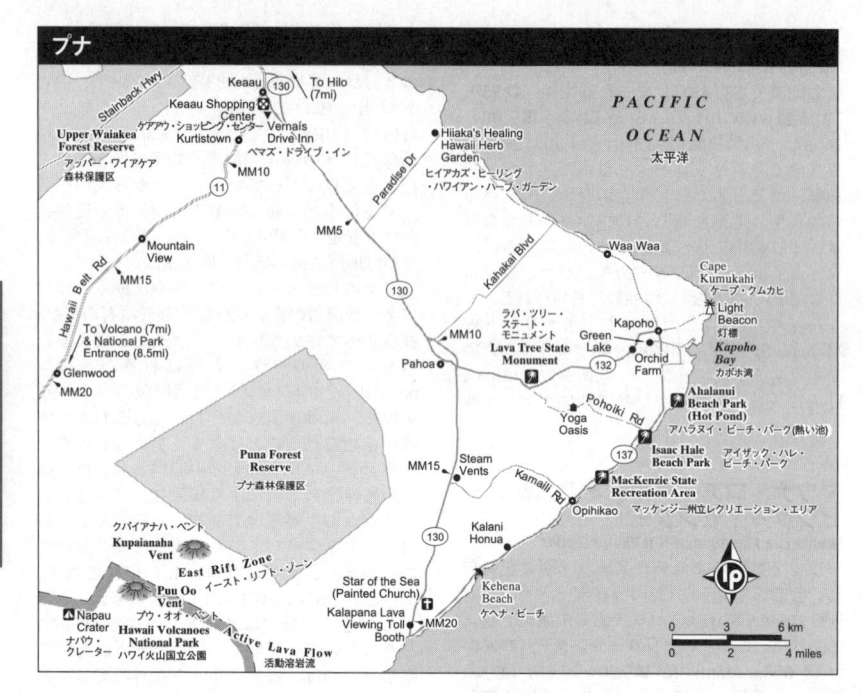

ヒイアカズ・ヒーリング・ハワイアン・ハーブ・ガーデン
Hiiaka's Healing Hawaiian Herb Garden
- ☎966-6126
- www.hiiakas.com
- 15-1667 2nd St, Hawaiian Paradise Park
- 入場料 大人＄10、子供＄5、ガイド付きツアー 大人＄15、子供＄8
- 火・木・土 13:00～17:00

町の南東、土埃の立つ道路の分岐の近くにハワイ、西洋、アユルヴェーダ（インドの民間療法）の薬草が丹誠込めて作られている広大な薬草園がある。ここのユーモアたっぷりの薬草商はチンキを売ったり、ワークショップを開いたり、設備の整った**コテージ**（S＄50 W＄75）を貸したりしている。

お腹が減ったらケアアウ・ショッピング・センターに立ち寄ろう。**ケアアウ・ナチュラル・フーズ Keaau Natural Foods**（☎966-8877 月～金 8:30～20:00、土 8:30～19:00、日 9:00～17:00）はとても便利だ。

チャーリーズ・バー・アンド・グリル
Charley's Bar & Grill
- ☎966-7589
- Keaau Shopping Center
- パブでの食事 ＄5～10
- 月火 11:00～24:00、水～土 11:00～翌2:00、日 9:00～翌1:00

結構おいしいバーガー、ピザ、よく冷えたビールを出してくれる。通常木～土曜の夜にライブ演奏（入場料＄3）が聴ける。

ヴァーナズ・ドライブ・イン
Verna's Drive Inn
- スナック ＄2.50～7.50
- 月～土 6:00～21:00、日 7:30～16:00

ハワイ島全土に5店舗あるうちの1つで、どの店にも同じこってりとした朝食とプレートランチのメニューがある。

パホア
PAHOA

プナのファンキーな中心部パホアは時代の流行に無関心な町で木製の高架歩道、カウボーイスタイルの建築、そして自由奔放なボヘミアン的側面を持っている。パホアは今や時代の新たな風に吹かれ、1960年代の余韻を残す町の雰囲気がATMの電子音と交じり合っている。

パホア内外の道路にはたくさんの名前がついている。たとえば、町を貫く道路はガバメント・メイン・ロードGovernment Main Rd、オールド・ガバメント・ロードOld Government Rd、メイン・ストリートMain St、パホア・ロードPahoa Rdと幾つも名がついており、標識にはパホア・ビレッジ・ロードPahoa Village Rdと出ている。1番よく聞くのはパホ

ア・ロードとメイン・ストリートだろう。住所は通常ガバメント・メイン・ロードと表記される。

パホアの町には**郵便局**（☎965-1158 ◐月～金 8:30～16:00、土 11:00～14:00）と**公共図書館**（☎965-2171 ◐月 13:00～20:00、火～木 10:00～17:00、金 9:30～16:30、土 9:00～12:00）がある。パホア・ビレッジ・センターの中にある**パホア・ホーム・ビデオ Pahoa Home Video**（☎965-1199）ではハワイに関する新刊や古本、現地のアクティビティガイドブックや地図を売っている。

週末の**ファーマーズマーケット farmers market**（◐土・日 8:00～）はちょっとしたイベントだ。カバを一気に飲み干したり、手相を見てもらったり、マッサージを受けたりしよう。上質な古本や有機飼料で育った山羊のチーズを買ったり、地元のバンド演奏に合わせて午後まで踊ってみるのもいいだろう。場所は誰かに尋ねるといい。

宿泊・食事

パホア・オーキッド・イン
Pahoa Orchid Inn
☎965-9664 ⅢX965-9205
W www.pahoaorchidinn.com
🛏客室 $35～55、バス付き $65

メイン・ストリートに面する歴史的な木造建築物内にあり、上階に8つの客室がある。最近改装され、小さいながらもすてきなアンティーク家具を備えた客室はインナーラナイの周囲に配置されている。ほとんどの部屋にはケーブルテレビと小型冷蔵庫が付いている。週単位の割引料金については問い合わせのこと。

スチーム・ベント・イン
Steam Vent Inn
☎965-8800
W www.hawaiivolcanoinn.com
🏠Volcano Ranch, off Hwy 130
🛏バンクハウス ベッド $17 個室 $30、バス付きスイート $75～120

建物は25エーカー（約10ヘクタール）の土地にきっちりと収まっており、海が見わたせる。母屋の部屋はすばらしく清潔で快適だ。海に面したラナイ付きの部屋もある。宿泊客はキッチン、ホットタブ、地熱を利用したサウナを共同で利用できる。コンチネンタルブレックファストが付く。

ビッグ・アイランド・エスプレッソ Big Island Espresso
（◐月～金 6:30～12:00、土・日 7:00～15:00）は郵便局近くのとても小さな店で、町に向かう途中ぜひ立ち寄りたい所だ。見事な100％天然のミルクセーキと75¢のエスプレッソははずせない。

パホア・ナチュラル・グロッサリーズ
Pahoa Natural Groceries
☎965-8322
🏠15-1403 Government Main Rd
◐月～土 7:30～20:00、日 7:30～18:00

パホアの開放的で健康な人々の集まる場所だ。おいしいサンドイッチと1ポンド（約454g）$5の温かいフードバーをぜひ試してみるべき。

パパズ・カフェ
Papa's Cafe
☎965-7100
🏠15-2950 Government Main Rd
🍴1品 $4.25～6
◐日 休み

時間がゆっくり流れるのんびりしたカフェ。すばらしくおいしいフェラーフェル（野菜の揚げだんごの一種）、野菜バーガー、さまざまな料理とホームメイドのお菓子があれば、フロントポーチで心おきなく人間観察が楽しめる。

サワディー・タイ・キュイジーヌ
Sawasdee Thai Cuisine
☎965-8186
🏠15-2955 Government Main Rd
🍴1品 $5～12
◐月火・木～土 12:00～20:00

多くの有機食材、地元産の肉、自家製ハーブを使った珍しいカレーが抜群。新鮮なサラダとおいしい前菜も同じくらい魅力的だ。

ルキンズ
Luquin's
☎965-9990
🏠Government Main Rd
🍴食事 $6.50～10.50
◐7:00～20:30

パホアで評判の店。メキシコ料理と言えるか否かは難しいところだが、少なくともここのカクテルバーに行くとプナ式生活の一面を垣間見れる。

パオロズ・ビストロ
Paolo's Bistro
☎965-7033
🏠Government Main Rd
🍴メイン $10～20
◐火～日 17:30～21:00

なかなかおいしい北イタリア料理を心地の良い雰囲気の中で楽しめるが、店員はいつも忙しさそうだ。デザートを食べるお腹の余裕（と時間）を確保しておこう。

エンターテインメント

プナティクス・ラウンジ
Punatix Lounge
（パホア・ラウンジ Pahoa Lounge）
🏠15-2929 Government Main Rd

🕐12:00〜翌1:00

怪しげな魅力を秘めた店だ。たくさんの女装したゲイがポーズを取っている隣は、地元のオートバイクラブのメンバーが互いに背中にタトゥを入れ合っているといった具合だ。

そのほかの点では、パホアは特別なイベントで盛り上がる時以外は活気のない所だ。フルムーンパーティーは地元の人だけが知っているイベントに過ぎない。住民ならば間違いなくどんなイベントが行われているか知っているはずなので、あちこちで聞いてみよう。

ラバ・ツリー・ステート・モニュメント
LAVA TREE STATE MONUMENT

アメリカネムノキの密生した枝のアーチを抜ける道には、まるで夢のような情景が広がっている。公園内に入ると、一巡するのに20分かかるトレイルが竹やランの茂みを縫って走っており、1790年にできた「溶岩樹」を通過する。「溶岩樹」はキラウエア火山の東地溝帯から噴出したパホエホエpaphehpe溶岩によって雨林が飲み込まれて形成されたものだ。

溶岩は土手にあふれ出る川の水のように自由自在に瞬時に移動した。溶岩が森を通過する際、その一部は水分を多く含んだレフアの樹幹の回りで凝固し始め、残りの溶岩流は前進を続け、やがて素早く遠のいた。木々は燃え尽きてしまったが、その回りに形成された溶岩型は残ったのだ。

200年余り経った現在は、表面を溶岩で覆われたゴーストフォレストとなっている。10フィート（約3 m）の高さのものもあれば、低くて中をのぞけるものもあり、うろにはシダやカエルが隠れている。道を外れて歩く場合は注意しよう。場所によっては地面に深い地割れがあり、新しく生えた植物で覆われていたりするからだ。溶岩流発生と同時に起きた地震により１つの深い地割れが生じ、そこから多量の溶岩が地面へ再び流れ込んだと推測される。

ここを目指すならハイウェイ130からハイウェイ132に入り、約2.5マイル（約4km）東へ進むといい。

カポホ
KAPOHO

ハイウェイ132は東に延び、パパイヤ園や長く連なるバンダ蘭の間を縫って、かつてカポホと呼ばれた人口約300人の農村まで続いている。古い灯台がハイウェイ132と137が交差する「四つ角」の東、土埃の立つ道路から２マイル（約3.2km）以内の所にある。

1960年1月13日、カポホのすぐ上のサトウキビ畑のど真ん中から、半マイル（約800m）の高さまで溶岩が噴出した。液状のパホエホエ溶岩の主流は海に向かって流れたが、アアaa溶岩の支流がゆっくり町に近づき、進路にあったランの畑を埋めた。2週間後、溶岩はカポホの町に流れ着き、町を覆い尽くした。温泉保養地、およそ100軒の家や商店が溶岩流の下に消えた。

奇妙なことに、溶岩流が**クムカヒ岬 Cape Kumukahi**の所で海に達した時、灯台の辺りで流れは２つに分かれ、灯台は破壊されることができた。その後、灯台は対サイクロン用外柵に守られた現代的なものと取り替えられた。クムカヒ岬は、ハワイ語で「最初の始まり」を意味し、ハワイ州最東地点である。ここの空気は明らかに世界で一番新鮮だ。

「四つ角」からワアワアWaa Waa方向に北１マイル（約1.6km）行った所で行われている、3時間の**ココナツ織物教室 coconut weaving class**（🅿入場 寄付＄5 🕐通常 水 10:00、土 11:00）に親友や仲間と一緒に飛び入りで参加してみよう。道路を下ると**オズ・ビーチOrr's Beach**で海岸に出ることもできる。

レッド・ロード（ハイウェイ137）
RED ROAD（HIGHWAY 137）

海抜がさほどないハイウェイ137（カラパナ〜カポホ・ビーチ・ロードKapoho Beach Rd間）は、ミロとハラhalaの木々が迫るように両脇に広がり、まるで道路を埋め尽くすかのように見える。木々は数カ所で大きく育ち、トンネルのようになっている。土埃の色からレッド・ロードのあだ名を持つハイウェイ137は、冬の嵐や波の高い時期には道路が水浸しになることもある。

グリーン・レイク
Green Lake

パンノキ、グアバ、アボガド、サラサラと音のする竹林に周囲を囲まれた穏やかな緑色の湖水を特徴とする、この淡水の火口湖は水泳（着衣は任意）に理想的な場となっている。ちょうど8マイルマーカーを過ぎた辺りのカポホ・ビーチ・ロードの向かいに駐車すること。ゲートをくぐり5分ほど右へ歩き、右側の菜園と家屋の間の小道へ入る。湖が菜園の向こうにきれいにたたずんでいる。

ハレ・オー・ナイア
Hale O Naia
☎965-5340
🌐 www.hale-o-naia.com

プナ&ペレ

ハワイの言葉にプナ地区と女神ペレを関連付ける格言が幾つかある。たとえば、怒りを表わす時、ケ・ラウアヒ・マイラ・オ・ペレ・イア・プナ Ke lauahi maila o Pele ia Punaと言う人がいるが、これは「ペレがプナに溶岩を降らせている」という意味だ。

この急変する島に関して同様によく知られているのは、プナを1人旅する謎の女性にまつわる新旧の話である。時に彼女は若く魅力的で、またある時はしわくちゃの老女であり、火山の噴火直前によく見かけられる。車を止め彼女を乗せてあげたり、彼女に何か親切をした人は溶岩流から守られるのである。

1960年、溶岩流がカポホKapohoの村を破壊したあと、難を逃れたカポホ灯台の灯台守が噴火の前夜、彼の家の戸口に現われた老女にいかに食事を提供したかについていろいろな話が広まった。

🏠 Kapoho Beach Rd
🛏 B&B客室 $65～75、スイート $125～150
カポホ・ビーチ・ロードを下った、ゲートと塀に囲まれた居住区域にある静かな場所で、楽園のような雰囲気である。ベーシックルームにはすてきな天蓋付きのベッド、海に面したラナイ、プライベートジャグジーが設置されている。ハンモックもあり、カヤック、シュノーケル道具やブギーボードが利用できる。

カポホ・タイド・プールズ
Kapoho Tide Pools

灯台の南1マイル（約1.6km）、カポホ休暇村Kapoho Vacationland内の溶岩盆地にはタイドプール（潮溜まり）が無数に広がっている。ここへ行くにはハイウェイ137からカポホ・カイ・ドライブKapoho Kai Drに入り、つきあたりのワイオパイ・オパイWaiopai Opaeを左に曲がる。そして、ファウンドアートのオブジェを花綱に飾った家の近くに車を止めよう。タイドプールの中にはシュノーケリングに十分な深さのもの（干潮時を除いて）もある。生物の豊かなプールは風上にあり、そこのサンゴ礁にはサドルラス、ツノダシ、チョウチョウウオ、ウニ、ナマコが生息している。

アハラヌイ・ビーチ・パーク
Ahalanui Beach Park

一番の目玉は、現地の人に単に「熱い池（the hot pound）」として知られる、溶岩にできた温水の涌き出る池だ。泳げるほど深く、水温は平均しておよそ90°F（約32℃）ある。池は海につながっており、池のマカイmakai（海側）にある防波堤に波が激しくぶつかって満潮時

プナ―レッド・ロード（ハイウェイ137）

に多くの熱帯魚を引き入れ、池の水もきれいに保たれている。月や星を眺めながら夜間一風呂浴びることも可能だ。

公園内にはピクニックテーブルや穴式仮設トイレがあり、ライフガードもいる。駐車スペースも十分あるが、当然のことながら、車内に貴重品を置かないように。

アイザック・ハレ・ビーチ・パーク
Isaac Hale Beach Park

ポホイキ湾Pohoiki Bayのこのビーチの海岸線は厚ぼったい溶岩でできている。園内にはプナで唯一のボート用スロープもある。週末はいつも家族ピクニックや釣りなどで熱狂的なにぎわいをみせる。

現地の子供たちは多少防波堤で守られている形のボート用スロープの近くで泳ぐのが好きだ。湾の南側にはサーファーたちがいるかもしれない。ここはこの地域で最高のダイビングスポットでもある。スロープの左から海に入ろう。しかし、運行している船には気をつけよう。

風呂好きな人も楽しめるだろう。海岸沿いに盛り上がった場所に小さな**熱い池 hot pond**が隠れているのだ。10フィート（約3ｍ）に及ぶこのオアシスへは、「立入り禁止」の標識を並べ立てた家のすぐ裏手の踏み慣らされた小道を進もう。

園内にはトイレはあるが、飲料水やシャワーはない。**キャンプ**はできるが、あまり魅力的な選択ではない。というのはキャンプ場は実際駐車場にあるし、長期間無断で居住している人たちが陣取っているからだ。郡のキャンプ許可に関しては、本章前出の「宿泊」参照。

ポホイキ・ロード
Pohoiki Road

カーブで向きを変えレッド・ロードを走り続ける代わりに、曲がらずに真っすぐポホイキ・ロードを行く手もある。パホアの町へのいい近道だ。パパイヤ果樹園や野生のノニが点在する密林の中を曲がりくねって進む、プナのもう1つの薄暗い神秘的な道だ。

ヨガ・オアシス
Yoga Oasis

☎ 965-8460、800-274-4446
🌐 www.yogaoasis.org
🏠 13-683 Pohoiki Rd
🛏 S $75 W $95、デラックステントロー（布張りのバンガロー） S $125 W $225
海岸からおよそ2マイル（約3.2km）の26エーカー（約10ヘクタール）ある静養所だ。すべて料金には毎日のヨガ行と有機野菜を使った朝食が含まれる。客室とベーシックテンタ

ADRIANA MAMARELLA

ツノダシ Moorfish idol

ロー宿泊客は目を見張るような大理石の浴室を共同で使用し、デラックスルームには専用設備と黒竹のベッドが備え付けてある。ヨガ教室に立ち寄ってみたいなら問い合わせてみよう。

マッケンジー州立レクリエーション・エリア
MacKenzie State Recreation Area

レッド・ロードを戻った所にある。ビーチなどなく40フィート（約12m）の荒々しい断崖があり、波がすさまじく押し寄せるばかりだ。アイアンウッドの林の中にあり、ぞっとするほど静かで人里離れた場所だ。足元の針状葉がやわらかいカーペットとなるが、そのほかの植物が生え育ちにくい環境である。

キャンプは州の許可を得れば可能だが、設備（基本的にピクニック用テーブルとトイレ）は朽ち果てている。飲料水は手に入らない。

オピヒカオ
Opihikao

オピヒカオ村で見るものとしては小さな会衆派教会と数件の家がある。

カラニ・ホヌア
Kalani Honua

☎965-7828、800-800-6886
w www.kalani.com
📧 キャンプサイト＄20〜、客室・コテージ＄105〜135、ツリーハウスS＄210 W＄240

17マイルマーカーと18マイルマーカー間にあるニューエイジ向けのコンファレンス・アンド・リトリート・センターだ。センターでは太極拳による保養、オルタナティブ・ワークショップ、ハワイ文化講座、自然ツアーが行われており、ヨガ教室に飛び入りで参加することもできる。共同キッチンのある杉でできた2階建てのロッジは団体用だが、空きがあれば旅行者も利用できる。宿泊者以外は＄10の1日パスでプール、ジャグジー、サウナ、ワツプールwatsu pool（リラクゼーションストレッチ用）を利用できる。ここのダイニングルームでは低価格でビュッフェスタイルの野菜料理を食べることができ、誰でも利用可能だ。

ケヘナ・ビーチ
Kehena Beach

断崖の下のこの黒砂海岸は1955年の溶岩流によって形成された。ココナツとアイアンウッドの樹木で目隠しになっているので自由奔放なヌーディストたちの日光浴の場となっており、多くのヒッピー、ハワイ住民、家族、年配者を魅了している。日曜日ともなるとドラム缶サークルのビートが鳴り響く。

パホアで雨が降っていても大抵ここは晴れている。朝、イルカが海岸近くまで寄ってくるのは珍しくない。海が静かなら通常泳ぐのは安全だが、潮の流れや引き波に気をつけよう。泳ぎのうまい強靭な人でさえ、毎年特に冬場にケヘナで亡くなっている。南端の岩場を超えて沖に出ないこと。

ケヘナはレッド・ロードの19マイルマーカーのすぐ南にある。道路右側の小さな駐車場を探し、そこから見えるビーチに下る小道に入って、ギザギザした溶岩の上を5分歩こう。貴重品は車中に置いておかないように。

カラパナ（消失した村）
Kalapana (Former Village)

長年カラパナ村は、キラウエア火山の不安定な東の地溝帯の頂上に危険と隣り合わせの状態で位置していた。もっとも新しい連続噴火

溶岩の上をソリ滑り

カポホ地区でもっとも目に付く景観は、カポホ・クレーターと呼ばれる420フィート（約128m）ある古代の噴石丘だ。この噴石丘は豊かな植生で青々としており、頂上には小さな火口湖がある。

最も初期の言い伝えの1つは14世紀にさかのぼる。若きプナの首長であるカバリがカポホ・クレーターの斜面でホルア holua（ソリ滑り）大会を催していたらしい。観客の1人の女性が前に歩み出て首長に競技を挑んだ。カバリは彼女に粗悪なソリを投げ与え、負かせてみろと言わんばかりに丘を猛烈な勢いで滑り下りた。

途中彼が肩越しに振り返ると、彼女が溶岩の波に乗って彼のすぐ背後にいた。もちろん彼女は火山の女神ペレで、カバリを海に追い払おうとしていたのだ。しかし、彼は滑り下りたあとすんでのところでカヌーに乗り移ることができ、難を逃れた。ペレが通った道筋にいた人も物もすべて怒り狂う溶岩の波に飲み込まれてしまったと伝えられている。

が1983年に始まった時、溶岩流の主流は傾斜を下り、カラパナの西へ向かった。当初流れの多くは幾つもの溶岩洞を通過し、溶けた溶岩を海岸や海へと押し流した。1990年、噴火の一時休止の間に、溶岩を海へ移動させた溶岩洞は冷えて固まり、塞がってしまった。噴火が再び始まった時、溶岩流はもはや同じコースをたどることができず、カラパナ方向に向かった。1990年末までには100世帯を含む村のほとんどが埋没した。

今日ハイウェイ137は、かつてカラパナだった土地の東端のカイム・ビーチKaimu Beachで寸断されている。以前はハワイでもっとも有名な黒砂海岸であったカイムは、現在湾に流れ込んだ溶岩塊の海の下に眠っている。難を逃れた数件の家の1つ、**アンクル・ロバーツ Uncle Robert's**（寄付金での入場）では自然の中を歩いたり、衝撃的な火山活動の写真を見たりできる。

アンクル・ロバーツを背にして溶岩の上を10分歩くと新しい**黒砂海岸**に出る。足もとには亀裂やまだらな個所があるので、気をつける必要があるが、かなりよく踏みならされている。溶岩流の先端部ではパホエホエ溶岩が粗い粒子になり、数百本のベビーココヤシの木が海に向かって自然の遊歩道を形成している。荒涼としたビーチには砂しかない。

カラパナ溶岩流
KALAPANA LAVA FLOW

今のところ火の神ペレの偉大さを目にするには、ハイウェイ130とハイウェイ137との交差点からほぼ1マイル（約1.6km）先のハイウェイ130の終点から、凝固した溶岩層の上を走る土の道を通って行かなければならない。この新しい道は住民には受けがよくなかったが、訪問者にとっては驚異的なものだ。というのは灼熱の溶岩が海を襲い、海水を沸騰させ蒸気噴流を高く湧き上がらせたりするのを目にするようなことは滅多にないからだ。日によって夜の光景はより劇的なものになるが、拍子抜けする昼間の眺めよりはずっと良い景色だ。現在の溶岩流の状況については、ハワイ火山国立公園Hawaii Volcanoes National Parkのビジターセンター（☎985-6000）に電話で問い合わせよう。

今は使用されていない**料金所**から道路わきの駐車場まで2.5マイル（約4km）、さらに溶岩原を30分歩くと見晴らしの利くところに出る。懐中電灯、水、丈夫な靴を持参しよう。警告表示にはすべて留意すること。溶岩棚は割れやすく、特に子供、年配者、妊婦にとって噴煙は有毒なこともある。

ハイウェイ130
HIGHWAY 130

カラパナの活発な溶岩流の端から、脇道がパホアに戻るハイウェイ130につながっている。途中数カ所の見どころがある。

1929年建造の**スター・オブ・ザ・シー Star of the Sea**は小さな白いカトリック教会で、まるで大聖堂にいるような効果をもたらすだまし絵の壁画で有名だ。初期の様式だが、奥行きの錯覚は非常に効果的だ。教会にはダミアン神父のステンドグラスもある。神父はモロカイ島のハンセン病患者居留地に行く前、ここの教区にいた。教会のドアが閉まっていても正面窓越しに内部を自由に見ることができる。ハイウェイ沿い20マイルマーカーの辺りで、結局は地域の文化センターになるよう運命づけられていた俗化された教会を探してみよう。

パホアの南3.5マイル（約5.6km）の15マイルマーカーの立っている下で、大きな青い「景観地点Scenic View」のハイウェイ標識がやぶを指している。見るつもりで見なければ、そこにはまったく何も見当たらない。そこにあるのは**天然スチームバス natural steam baths**を思わせる数カ所の低いスパッターコーンからの蒸気の吹き上げだ。よく踏みならされた細い道を数分進み、分岐点を右に入ると厚い木板でできた2人用サウナがある。さらに戻ると2、3人が横たわれるほどのずっと大きな窪地がある。日が暮れると数百匹の食欲盛んなゴキブリが出てきて虫だらけになることもあるが、それでもそこはリラックスできる場所で、プナでの多くのアクティビティ同様、着衣は任意だ。

火山への道ハイウェイ11
HIGHWAY 11 TO VOLCANO

ケアアウからハワイ火山国立公園へ向かう途中、カーチスタウンKurtistown、マウンテン・ビューMountain View、グレンウッドGlenwoodの村々を通過する。

ダン・デ・ルッツ・ウッズ Dan De Luz's Woods（☎968-6607 ⌂Ahuahu Pl ◷9:00〜17:00)は12マイルマーカーを過ぎてすぐの所にあり、地元産のビャクダン、コア、マンゴー、バニヤンの木でつくる美しいボウル、大皿、家具を売っている。**コア・カフェ Koa Kaffee**（☎968-1129 ◷水〜月 5:00〜20:00、火 5:00〜14:00)は上記の店の隣にある小さなレストランで、すばらしいポルトガルの豆スープや手頃な値段の料理を出している。

パイナップル・パーク・ホステル
Pineapple Park Hostel
☎🅵968-8170、800-865-2266
🅦www.pineapple-park.com

■キャンプサイト＄12、ドミトリーベッド＄20、Wバスなし＄45バス付き＄70

静かで落ち着く人目につかない宿だ。設備として、大きなゲストキッチン、ランドリー機器、テレビ、ビデオデッキ、ビリヤード台のある休憩室、さらに戸外に蹄鉄投げ遊び場やバトミントンコートが設けてある。13マイルマーカーを過ぎ、左に折れてサウス・クラニ・ロードSouth Kulani Rdへ入る。その後右に折れてポハラ・ストリートPohala Stへ、そして左に折れピカケ・ストリートPikake Stへ入り、右側に看板を探そう。

マウンテン・ビュー・ベーカリー
Mountain View Bakery
🏠 Old Volcano Rd
🅾 日休み

14マイルマーカーの近くにあり、もったいないようなバターロール（バターをロールしたものといった方がより正確だろう）を売っており、「有名なストーンクッキー（1袋＄4.50）の本家」である。まさしくその名のとおり、岩のように固いクッキーだがコーヒーとよく合う。

グレンウッドの20マイルマーカーの手前にあるヒラノズ・ストア Hirano's Storeでは、ガソリンと食品を売っている。しかし、ここに立ち寄る本当の理由はオープンスペースから見る噴煙を吐くプウ・オオ・ベントPuu Oo Vent（幸運を祈る）だ。

アカツカ・オーキッド・ガーデン
Akatsuka Orchid Garden
☎ 967-8234
🅼 入場無料
🅾 8:30〜17:00

22マイルマーカーから半マイル（約800m）の所にある。

ハワイ火山国立公園
Hawaii Volcanoes National Park

ハワイ火山国立公園（HAVO）はアメリカにある国立公園の中でも独特だ。広大な保護区は2つの活火山と熱帯性ビーチから亜寒帯のマウナ・ロアMauna Loa山頂まで幅広い地形を有する。最大の呼び物は噴煙を上げるキラウエア・カルデラで、地球上でもっとも若くて活発な火山の中心にある窪地として、表面直下は溶岩が燃えたぎっている。すばらしいハイキングの1日となるだろう。公園の周囲をドライブするのもいい。

公園内の景観はどれも驚くべきものだ。何十ものクレーターや、軽石が高く積まれて丘になった噴石丘、凝固した溶岩海（波紋が付いている）、丘の斜面に凍りついた岩の塊などがある。溶岩の中に点々としているのはキプカkipuka（溶岩流に覆われずに流出前の地表が島状に低く取り残された地域）だ。溶岩流を逃れた雨林やシダの森、その後それらの上に育ったオアシス、これらすべてがハワイ原産の鳥類の居住地を保護してきたのだ。

公園はハワイで最高のキャンプとハイキングサイトの1つだ。園内には140マイル（約225km）に及ぶ非常にバラエティに富むハイキングコースや、車で乗りつけるキャンプ場とバックカントリーキャンプ場の双方がある。公園の敷地はモロカイ島全体より大きく、およそ25万エーカー（約1012 km²）あり、今でも増え続けている。キラウエアから流れ出た溶岩が過去15年間で500エーカー（約2km²）以上面積を増加させている。

キラウエア山の南東地溝帯は1983年以降活発化しており、通り道のあらゆる物を破壊している。プナへの海岸道路は1988年の溶岩でふさがれた。南海岸沿いのワハウラ・ビジター・センターWahaula Visitor Centerはその翌年没した。そしてカラパナ村全体が1990年に埋没した。その後溶岩流はさらに西に進路を取り、1994年カモアモア・ビーチをのみ込み、後日さらに道路を1マイル（約1.6km）と神聖なワハウラ・ヘイアウWahaula Heiauの大半を埋め尽くしてしまったのだ。

現在の一連の噴火は記録史上最長のもので、25億立方ヤード（約19億1137万m³）以上の新たな溶岩を噴出している。活動の中心は公園北東部のくすぶり続ける円錐丘プウ・オオー・ベントだ。多くの訪問客は溶岩泉が空中に吹き上がるのを見ようと期待するが、こんなことは明らかに普通ではなく例外的だ。ハワイの盾状火山は、泥、灰、溶岩を空中に噴出するもっとドラマチックな火山（セントヘレンズ山など）と比べれば、爆発性ガスが少ないのだ。ここではクレーターは次々と噴煙を吐くが、溶岩はたいていの場合、染み出るように流れ出しゆっくり這うように進む。ハワイでは一般的に人は火山から遠ざかるのではなく、火山に向かって走り寄る。火山の女神ペレが火のカーテンを開けると、ロールシャッハを思わせる溶岩が飛び散り、燃え盛る溶岩球が吹き上げられる。すると、あらゆる方向から車がやって来るのだ。

何を見れるかはその時の火山活動状況による。チェーン・オブ・クレーターズ・ロードChain of Craters Rdの終点近くから、水蒸気の雲が押し寄せたり、一筋の溶岩が海に注ぎ込むのを見るかもしれない。しかし、ひとたび太陽が沈むと山手の溶岩洞が夜空に赤く輝

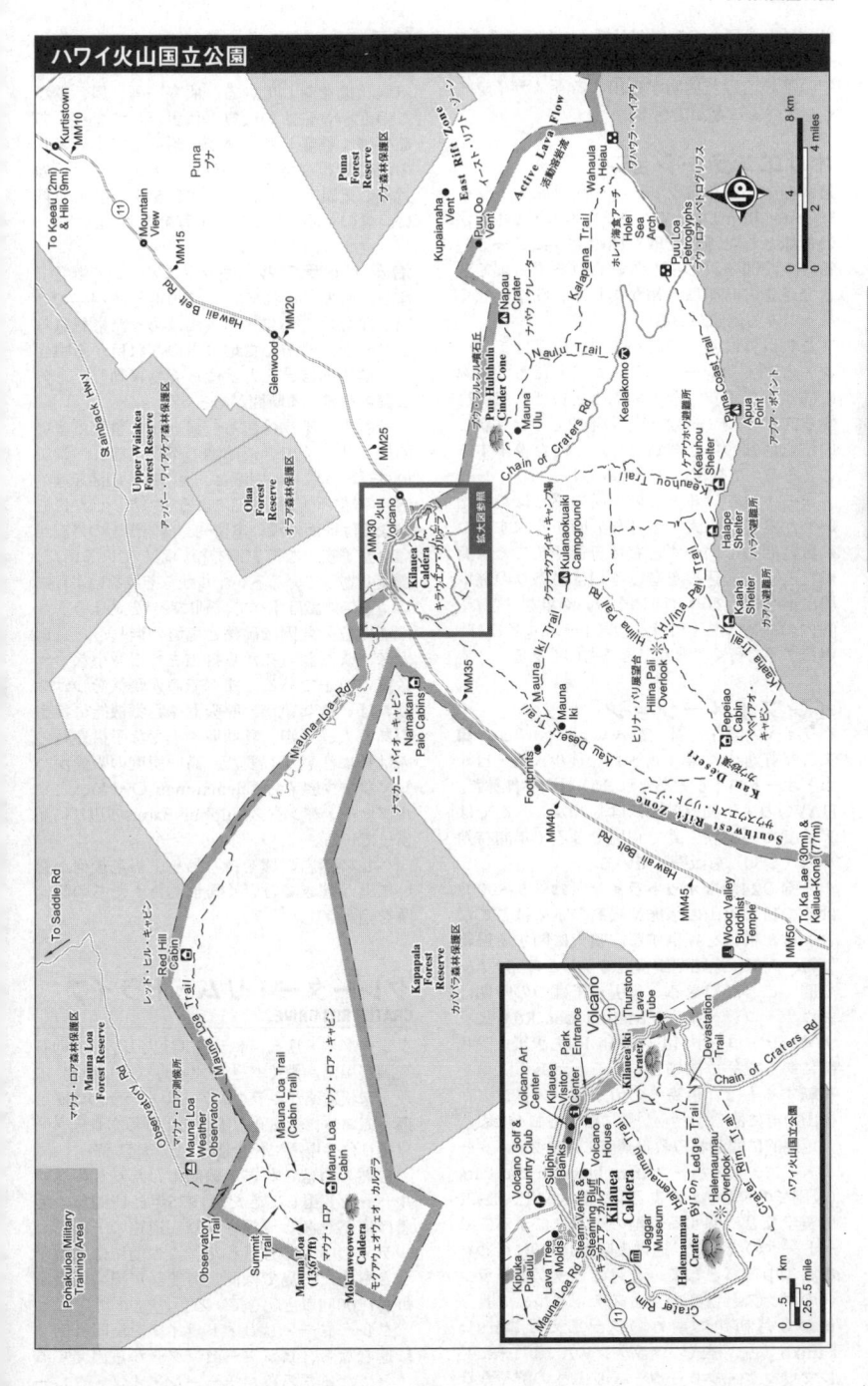

ハワイ火山国立公園

き、蒸気孔頂上の溶岩湖が燃え上がるだろう。溶岩洞の天井が崩壊すれば地表に穴が開き、その下の溶けた溶岩が露出する「スカイライト」を見ることができる。

オリエンテーション
公園の中心道路はクレーター・リム・ドライブCrater Rim Driveで、キラウエア・カルデラの荒涼とした風景を取り囲むように走っている。1時間で車の乗り着けられる場所まで到着できる。時間に余裕があれば、間違いなくやってみる価値がある。

これ以外に園内で眺めの良い道路はチェーン・オブ・クレーターズ・ロードだろう。南に向かって不安定な東地溝帯を抜け、海に達する20マイル（約32km）の道でもっとも新しい溶岩活動の場が終点となる。時々停車することを考えて往復で3時間みておこう。

まる1日かけるとこの場所の感じはだいたいわかるが、広大で多様な公園を探求するのに数週間とはいかずとも数日費やすことは簡単だろう。人込みを避けるのは最寄りの駐車場に車を停めるのと同じくらい簡単なことだ。園内の施設や短いトレイルコースの多くは、車椅子でも行くことができるものもある。

インフォメーション
ハワイ火山国立公園（Ｗwww.nps.gov/havo
7日間有効パス 車1台＄10、徒歩入場・自転車・オートバイ1人あたり＄5）は年中無休だ。HAVOの1年間有効パスは＄20だ。入口ではアメリカの国立公園で利用できる1年間有効パス（＄50）も販売している。

公園の24時間ホットライン（☎985-6000）はその日の火山の状態や最高の眺めはどこかといった情報を提供する。噴火に関する最新情報、天気、道路閉鎖状況はラジオの530 AMで聞くことができる。長引く干ばつの時期はマウナ・ロア・ロードMauna Loa Rdもヒリナ・パリ・ロードHilina Pali Rdも火災危険状態にあるため、閉鎖されることがある。車を運転する人は、最寄りのガソリンスタンドが火山の町にあるかどうか気に留めておくこと。

定期的に開かれる教養講座にアフター・ダーク・イン・ザ・パークAfter Dark in the Park（公園での夕暮れ）がある。これは文化、歴史、地質学などに関する現地の専門家によるフリートークの講座で、通常火曜の19:00に行われる。年中行事として、3月にビッグアイランドのダンスと音楽のフェスティバル、5月下旬から6月初旬に屋外のフラ・カヒコhula kahiko（古い様式のフラダンス）、8月末にハレマウマウ・クレーター・リムへの鮮やかな宮中行列などがある。

気候 ☎961-5582に電話して天気予報の録音を聴こう。公園内は高度によってさまざまな気候状態を有している。肌寒い雨、風、霧がこの変わりやすい天気の代表だ。つまり、ある日暑く乾燥した天気が一瞬にして土砂降りの雨に変わり得る。キラウエア・カルデラの近くの気温はコナより平均で15°F（約9℃）低い。念のため長ズボンと上着を着よう。

治安・トラブル キラウエア火山の爆発で激しいものはこれまでに1790年と1924年の2回しかない。ハワイの火山はめったに暴れることがない。そして地溝帯の割れ目から噴き出す溶岩のほとんどはゆっくりと移動し、十分な警告を発する時間がある。

それでも不幸は起る。最近死亡事故で多いのは、新しくできた土地の不安定な「ベンチ（平らな土地）」の崩壊と、海の近くの活発な溶岩流の端での蒸気爆発によるものだ。ほかに危険なのは地面の深い亀裂や、薄い溶岩の外皮が窪みや不安定な溶岩洞を覆い隠している所だ。標識の立っているトレイルからそれないようにし、警告標識はすべて真剣に受けとめよう。

別の危険要因は硫酸と塩酸の混じった有毒ガス、また蒸気孔から排出される微小なガラス質の粒子である。すべての人が気をつけなければいけないが、呼吸器や心臓機能に疾患のある人、妊婦、乳幼児や小さな子供連れの人は特に注意が必要だ。高い濃度の噴煙がハレマウマウ展望台Halemaumau Overlookとサルファー・バンクスSulphur Banksの辺りに溜まっている。

ペレの溶岩の塊を持ち帰り、帰宅後何か悪いことが起きてひどく後悔した人たちの話は跡を絶たない。

クレーター・リム・ドライブ
CRATER RIM DRIVE
クレーター・リム・ドライブは火山学の実地研究調査場だ。驚くべき11マイル（約18km）に及ぶ環状道路がキラウエア・カルデラの周縁を通っており、蒸気孔と噴煙を上げるクレーター見張り台の場所に停止標識が立っている。

自然の力はこれまで数回にわたりこの道のルートを変更してきた。1975年と1983年の地震は道路を激しく揺さぶり、道路の一部をカルデラの中に叩き落した。この地には地震がつきものだ。島では測定可能な規模の地震が毎週1200回以上起きている。

クレーター・リム・ドライブを反時計回りに進むなら、ビジターセンターから出発することになるだろう。チェーン・オブ・クレーターズ・ロードと違い、クレーター・リム・

溶岩の用語

溶岩の用語集でもっとも重要な言葉は、ここビッグアイランドのアアaaとパホエホエ pahoehoe（発音：pa-hoy-hoy）という溶岩タイプを表す2つの言葉だ。これらハワイ語の言葉が溶岩の分類語として世界的に採用されてきた。

アア溶岩は粗くごちゃ混ぜの溶岩で、その上を歩くと足首をくじいてアア！アア！と叫んでしまう。動きが非常にゆっくりなので流れの先端だけが凝固する。溶岩流を動かし続けているのは後ろから押しよせる溶けた溶岩で、先端部の固い溶岩が積み重なりその重みで自然に流れ落ち、ゆっくりと転がりゴボゴボという音をたてながら進んでいく。パホエホエ溶岩は間近で見ると赤色、茶色、青色に輝く滑らかでやや粘り気がある層だが、遠くから見ると炭化した月面のように見える。パホエホエとは滑らかに切れ目なく流れる溶岩の川のことだ。パホエホエ溶岩は凝固し始めると、ねじれてロープ状のコイルや渦巻き状になる。外側が冷え、その下の熱い溶岩が少し動き続けるからだ。初めパホエホエである溶岩は不均等に冷却してガスを失い、アア溶岩になることもある。しかし、アア溶岩はいつもアア溶岩のままだ。

ドライブは比較的平坦でサイクリングに適した道となっている。

キラウエア・ビジター・センター
Kilauea Visitor Center

公園のビジターセンター（☎985-6017 ◎7:45～17:00）では、気さくなレンジャーが火山活動やバックカントリートレイルの状態に関する最新情報を提供している。幾つかのトレイルについての無料のパンフレットがあり、火山、植物、ハイキングに関する優れた書籍やビデオも販売している。ガイド付きウォーキングや子供のための愉快なジュニアレンジャープログラムについては問い合わせのこと。

センター内の小さな**劇場**では、毎日9:00から16:00まで1時間ごとに25分間のキラウエア火山の映画を無料で上映している。映像には流れ出る溶岩の川や、これまでにフィルムに収められた最も壮観な溶岩泉の幾つかが含まれる。最近の噴火を収めたコマーシャル用ビデオが、センター内の同じく小さなミュージアムで常時放映されている。**ミュージアム**では火山関係の展示が更新される予定である。

トイレ、噴水式水飲み場、公衆電話は屋外にある。

火山芸術センター
Volcano Art Center

ビジターセンターの隣、歴史のある1877年建造のボルケーノ・ハウス・ロッジVolcano House Lodgeの中にあるこのギャラリーショップ（☎967-7511 ⓦ www.volcanoartcenter.org ◎9:00～17:00）では、島の良質な陶磁器、絵画、木工品、彫刻、宝石、ハワイアンキルトなどを販売している。その多くは独自の品で、緻密な技巧を鑑賞するだけでも寄ってみる価値がある。

ギャラリーを運営する芸術関係の非営利団体では、工芸と文化のワークショップ、音楽コンサート、演劇やダンスのリサイタルなども企画している。これらは皆センターの月刊誌ボルケーノ・ガゼットVolcano Gazette（火山広報）に掲載されている。

サルファー・バンクス
Sulphur Banks

次はサルファー・バンクスの番だ。ここで蒸気を上げる多くの積み重なった岩がデイグロー色になっている。サルファー・バンクスはキラウエアが蒸気を吐き出しているたくさんの場所の1つで、毎日何百トンもの硫黄性ガスを放出している。蒸気が表面に達すると硫黄分が付着し、蒸気孔の回りに黄色い蛍光色の結晶となる。たちこめる腐った卵の匂いは蒸気孔から漂う硫化水素によるものだ。深く呼吸しないように！ この有毒な混合ガスには二酸化炭素や二酸化硫黄も含まれている。

スチーム・ベント
Steam Vents

隣の退避場所には、近くのシューシューと噴煙を上げる断崖よりは小さくて貧弱だが硫黄分を含まない蒸気孔が幾つかある。雨が地面に浸透して地下の熱い岩で熱せられ、蒸気となって吹き上げている。もっと興味深いのは、蒸気孔から更に2分歩いたクレーターリムにある**スチーミング・ブラフ Steaming Bluff**（蒸気を上げている断崖）と呼ばれる所だ。寒ければ寒いほどより多くの蒸気が出る。ここのトレイルの脇の割れ目や深い溝をのぞいて、過去ここを訪れた人たちがペレのために残したフークプhookupu（聖なる塊）を見てみよう。

ジャガー博物館
Jaggar Museum

1部屋だけのミュージアム（☎985-6049 ◎8:30～17:00）では、リアルタイムで地震計や傾斜計を見たり、ハワイの神殿の壁画、ミュージアム創設者のドクター・トーマス・A・ジャガーの簡単な履歴などを見ることができる。

ハレマウマウ・クレーターに立ち寄ることは、すばらしいペレの故郷を見るためだけだとしても価値がある。キラウエア・カルデラ

内部に位置するこのクレーターは「クレーター内のクレーター」と呼ばれることがある。展望台にある詳細な解釈を刻んだ版は火山の地質学的な仕組みを説明している。天気が良いと20マイル（約32km）西にマウナ・ロアMauna Loaのこの上なくすばらしい景色が見える。

車を運転する人は駐車場に集まる絶滅危惧種のネネに気をつけること。餌をやるのはこれら絶滅危惧種の鳥が路上で死ぬのを増やすことになり、厳しく禁じられている。

博物館を出た後**南西地溝帯 Southwest Rift**を通過するが、ここで止まってカルデラの頂上から海岸、さらに海床の下側へと地面を切り刻む広範な裂け目を見ることができる。

ハレマウマウ展望台
Halemaumau Overlook

少なくとも100年間以上（1823年、伝道師ウイリアム・エリスがここの光景を初めて文書で記録した時から）、ハレマウマウは溶岩があふれ出しては退く煮えたぎる溶岩湖だった。

この火の湖は世界中の旅行者を夢中にさせた。地獄の火に例える人もいれば、太古の創造物とみる人もいる。マーク・トゥエインはこの溶岩湖を見つめて次のように書いた。

> 光の輪・筋・波紋がみな絡まり、渦巻き、そして束になる…私はベスビオスをずっと見てきたが、これに比べればベスビオスは単なる玩具、子供の火山、スープの入ったやかんにすぎなかった。

悪臭について彼は気の利いたことを言った。「硫黄の匂いは強烈だが、罪を犯した者にとってそれほど不愉快ではない」

1924年、浸透した水が大規模な蒸気爆発を誘発し、岩石や泥の雨を降らせ、雷雨を引き起こした。それがおさまるとクレーターは2倍の大きさ（深さおよそ300フィート（約91.4m）、幅3000フィート（約914m））になっていた。そして溶岩活動は停止し、地殻はその後冷え落ち着いた。硫黄の刺激臭が今も残ってはいるが。

ビッグアイランドはすべて女神ペレの領土だ。しかし、ハレマウマウは女神の故郷だ。フラダンスの儀式が女神の栄誉を称えてクレーターリムで行われ、年間を通してペレをなだめたいと思う人が花、ジンのボトルなどの供え物を捧げる。

展望台は**ハレマウマウ・トレイル Halemaumau Trail**の入口にある。トレイルを完全ににハイキングしない人のうち敢えて展望台より遠くに行く人は少ないが、1982年の溶岩流の場所まではたったの半マイル（約800m）だ。トレイルコース沿いの噴出溶岩は興味深い風合いを持っており、地球の実力を不気味に感じさせてくれる。

デバステーション・トレイル
Devastation Trail

クレーター・リム・ドライブは不毛のカウ砂漠Kau Desertを横切り、キラウエア・イキ・クレーターKilauea Iki Craterが1959年に噴火した際噴出物を降らせた地域を通っている。

デバステーション・トレイルは、その時噴出した噴石や軽石で破壊された元雨林を横切る半マイル（約800m）の道のりだ。あらゆる緑が消滅した。現在残っているのは枯れた、丸裸で日に焼けて白くなったレフアの木や溶岩樹型だ。しかし、優良な植物を押さえつけておくことはできない。レフアの木、オヘロoheloベリーの茂み、シダ類はすでに一帯に新しいコロニーを形成し始めた。

トレイルは舗装され、両端には駐車場がある。途中の有名な噴石丘は1959年の噴火でできたプウ・プアイPuu Puai（涌き出る丘）だ。トレイルの北東端からキラウエア・イキ・クレーターを見下ろせる。

チェーン・オブ・クレーターズ・ロードはデバステーション・トレイルに向かう西側駐車場向かいでクレーター・リム・ドライブと交差する。

サーストン溶岩洞
Thurston Lava Tube

チェーン・オブ・クレーターズ・ロードの交差点東側で、クレーター・リム・ドライブはキラウエアの風上斜面を覆う自生のシダやレフアの木が生える雨林の中を走る。

サーストン溶岩洞道 Thurston Lave Tube Trailは楽しい15分間の環状コースで、レフアの森

キラウエア火山の溶融

キラウエア・カルデラを見わたすジャガー博物館は、マサチューセッツ工科大学（MIT）の元主任地質学者でキラウエアの詳細な研究を初めて行った科学者、トーマス・A・ジャガーにちなんで名づけられた。ジャガーは地質学者のグループを率い、1911年夏ハレマウマウの溶岩湖に初めて温度計を沈めた。溶融前に1832°F（1000°C）を記録した。

今日、ジャガー博物館に隣接するハワイ火山観測所はキラウエアに完全に観測用センサーを設置しており、キラウエアは世界で最も徹底的に研究されている火山である。観測所は不意の訪問客は入ることができないが、その現状を確認するにはwww.hvo.wr.usga.govにアクセスして見ることができる。

を出発し感動的な溶岩洞を抜けシダの森に入る。観光バスは皆ここに停車するので、平和と静けさは期待しないこと。

溶岩洞は溶岩流の外側が固まり始め、しかも表面下の液状溶岩が流れ続ける時に形成される。溶岩流が流れ出た後、固い外殻が残る。おそらく500年さかのぼるサーストン溶岩洞は偉大な標本だ。それれはトンネルのようになっており、列車を通すのに十分な大きさがある。

この道では野生の鳥の鳴き声を聞くことができる。アパパネapapaneというハワイ原産のミツスイは探すのが簡単だ。ハワイミツスイは赤い胴と銀白色の下腹を持ち、ママネmamane（シダ）やレフアの木から蜜を集めながら花から花へ飛び回る。ハワイミツスイの別種である黄色と緑色のアマキヒamakihiの羽は、かつてハワイの王族のケープに使われていた。

キラウエア・イキ・クレーター
Kilauea Iki Crater

キラウエア・イキ（小キラウエア）が1959年11月噴火し火炎地獄と化した時、火口原全体がブクブク沸き立つ溶けた溶岩の湖となった。その噴泉は史上最高の1900フィート（約579m）に達し、周囲数マイルに渡って夜空を鮮やかなオレンジ色の光線で照らした。ピーク時には1時間に200万トンの溶岩を吐き出した。

展望台から眼下に幅1マイル（約1.6km）のクレーターがよく見える。ここは2001年にリメイクされた映画、「サルの惑星Planet of the Apes」の撮影に使われた。クレーターの上を横断するのは氷の上を歩くようなものだ。ここにも固まった表面下に湖がある。もっともこの場合は水ではなく溶融マグマがあるのだが。最近の深度測定実験で溶岩は表面下わずか230フィート（約70m）にあることが分かっている。

チェーン・オブ・クレーターズ・ロード
CHAIN OF CRATERS ROAD

チェーン・オブ・クレーターズ・ロードはキラウエア火山の南斜面を20マイル（約32km）曲がりくねって進み、プナ海岸の一番新しい東地溝帯溶岩流の所で突然終わりとなる。道は途中何も施設などないが、よく舗装された2つの車線がある。カーブや動きの遅い観光客の間を縫って運転するので往復で2、3時間みておこう。

路上からはるか眼下に目を見張るような海岸線の眺望が得られる。そして何マイルもの間、視界を占めるのは海に流れ込んだ溶岩の長い指状の連なりだ。道路は数カ所で溶岩を薄く切るように走っている一方、それ以外はどこも溶岩が勝利を収め道路に覆い被さっている。時々、溶岩の割れ目や裂け目の中にペレの髪の毛として知られる火山ガラスの細い糸状の繊維を見つけることができる。

絶え間ない溶岩の連なりに加え、道路は感動的な幾多の光景を見せながら続いている。その中には本当に周縁まで近づき中をのぞき込めるひと握りのクレーターが含まれる。非常に新しくて何も生命の兆候がないクレーターもあれば、レフア、野生のラン、明るい薄黄緑色のシダがうっそうと茂ったものもある。

チェーン・オブ・クレーターズ・ロードは以前ハイウェイ130と137につながっていて、プナ経由で火山とヒロを結んでいた。1969年の溶岩流により道路は閉ざされたが、1979年には少々ルートを変更して再開された。ところが、キラウエアの活発な溶岩流は1988年に再び道路を寸断し、以後9マイル（約14.5km）の距離を埋め尽くしたままだ。

ヒリナ・パリ・ロード
Hilina Pali Road

ヒリナ・パリ・ロードはチェーン・オブ・クレーターズ・ロードを2.25マイル（約3.62km）下った所から始まり、森に覆われた**ココオラウ・クレーター Kokoolau Crater**をはじめ、多様な大きさを持ち、年代の異なるピットクレーター（噴火口のへこみ）を通り抜ける。分岐点から4マイル（約6.4km）行くとクラナオクアイキKulanaokuaikiキャンプ場に行きつく。さらにそこから5マイル（約8km）進むと南東海岸を眺められる**ヒリナ・パリ展望台 Hilina Pali Overlook**（2280フィート＜約695m＞）がある。

この道路の終わる所はカウ砂漠トレイルKau Desert Trailの起点であり、海岸まで続くカアハKaaha、ヒリナ・パリ両トレイルの起点でもある。これらトレイルは皆熱く乾燥した田舎道である。

マウナ・ウル
Mauna Ulu

1969年キラウエアの東地溝帯からの噴火は新しい溶岩シールドを形成し始め、ついには周囲より400フィート（約122m）隆起し、マウナ・ウル（成長する山）と名づけられた。1974年に溶岩流が止まるまで公園敷地のうち1万エーカー（約40.5km²）が覆われ、海に向かって200エーカー（約0.81km²）の新しい土地が加えられた。

また、チェーン・オブ・クレーターズ・ロ

ハワイ火山国立公園－チェーン・オブ・クレーターズ・ロード

ードの12マイル（約19.3km）区間が最大300フィート（約91m）の深さまで溶岩で埋まってしまった。旧道の半マイル（約800m）区間が生き残っており、チェーン・オブ・クレーターズ・ロードを3.5マイル（約5.6km）行った先の左側の脇道に入り旧道を行くと、溶岩流へたどり着ける。ここから先がマウナ・ウルだ。

プウ・フルフル・オーバールック・トレイル Puu Huluhulu Overlook Trailは往復3マイル（約4.8km）のハイキングコースで、駐車場を出発し1974年の溶岩流を横切り150フィート（約46m）の高さの噴石丘頂上に登る。頂上からはマウナ・ロア、マウナ・ケア、プウ・オーオー・ベント、キラウエア、東地溝帯、そしてその向こうに海というパノラマが広がる。この素晴らしい、適度なハイキングは往復で2時間かかる。

ケアラコモ
Kealakomo

チェーン・オブ・クレーターズ・ロードをさらに進むとマウナ・ウルの広大な溶岩流を通り抜けることになる。道路の行程半ば、高度2000フィート（約610m）の所にピクニックテーブルのある屋根付きのシェルターがあり、そこからは見事な海岸の景観が得られる。1975年マグニチュード7.2の地震がケアラコモを揺るがし、溶岩の棚全体が5フィート（約1.5m）落ち、津波を引き起こした。

ケアラコモを過ぎると道路はところどころ溶岩流に深く切れ込んだ、曲がりくねったつづら折りの道に沿って下り始める。

プウ・ロア・ペトログリフ
Puu Loa Petroglyphs

なだらかなプウ・ロア・トレイルを1マイル（約1.6km）行くと初期のハワイ原住民がパホエホエ溶岩に刻んだペトログリフ（岩面陰刻）の野原に出る。ここはかつてカウとプナを結んでいた古いトレイル沿いにあり、1万5000以上の描画がある。おそらくハワイでペトログリフが最も集中している場所だ。16マイルマーカーと17マイルマーカー中間のチェーン・オブ・クレーターズ・ロードに起点標識がある。

ここでは必ず板張りの遊歩道を歩こう。ペトログリフは非常にはっきりと見えるので、表面を際立たせようと岩を踏みつけて描画をすり減らすこともない。遊歩道の南東端にある**プウ・ロア Puu Loa**（細長い丘）はハワイ原住民が子供の長寿を願って赤ちゃんのへその緒を埋めた場所だった。このペトログリフの野原にある何千という窪みは、ピコpiko（へその緒）を貯蔵する場としてつくられたのかもしれない。

ホレイ海食アーチ
Holei Sea Arch

19マイルマーカーのすぐ手前でホレイ海食アーチと書かれた看板を探そう。海岸のこのでこぼこした部分はホレイ・パリHolei Paliと呼ばれる鋭く侵食された溶岩断崖であり、絶えず荒い波が打ち付けている。海の女神でペレの姉妹であるナ・マカ・オー・カハイNa Maka O Kahaiが長い間波を起こし続けているたまものとして、断崖の一部が削り取られてできた高いアーチ型の岩は見応えがある。

道の終点

チェーン・オブ・クレーターズ・ロードは凝固した溶岩流に封じ込められ海岸で突如終わる。ベースとなる観光案内所でパークレンジャーが通常毎日13:00〜19:00の間、懐中電灯や飲料水を販売している。

近年、キラウエアの東地溝帯から発生する溶岩流のほとんどはプウ・オオ・ベントから出ている。溶岩洞を流れ落ちる溶けた溶岩が海にぶつかると海水を沸騰させ、上空に莫大な柱状の酸性蒸気を吹き上げる。

パークレンジャーは固まった溶岩に小さな反射器を取り付けて、（そのトレイルから離れてはいるが）大きくうねる海岸の蒸気雲をよく見ることができる観測地点に至るトレイルの目印にしようとしている。日没後、溶岩流の脈動する表面と蒸気雲がオレンジ色に光り輝く。トレイルはほんの300ヤード（約274m）ほどだが、往復で約30分要する。堅いが砕けやすい光沢のある溶岩の上を歩く。もろい表面には鋭く尖った角や割れ目、穴あるので足場に注意する必要がある。丈夫な靴を履き、靴紐はしっかりしめておこう。夜間、足首をねじるような溶岩の中を歩くには懐中電灯が必要だ。

RINI KEAGY

オヒア・レフア

マウナ・ロア・ロード
MAUNA LOA ROAD

ハイウェイ11脇のビジターセンターから西へ2.25マイル（約3.6km）の辺りで、マウナ・ロア・ロードは世界最大規模の活火山マウナ・ロアの東登山道への入口となる。マウナ・ロアは20世紀に18回以上噴火した。1984年3月の一番新しい噴火は21日間続いた。**マウナ・ロア・トレイル** Mauna Loa Trailは火山の斜面を登る非常にきつい道のりで、13.5マイル（約21.7km）先の道路終点から始まる。本章に後出の「ハイキング」参照。

マウナ・ロア・ロードの始点に**溶岩樹型 lava tree molds**へ向かう脇道がある。これらの深い筒状の開口部は溶岩流がその進路にある雨林を取り囲んだ時に形成された。樹林は水を吸い上げていたので溶岩は直接接触して燃やす代わりに木々の周辺で凝固したのだ。木々は崩壊したので幹のあったところに深い穴だけが残った。

ハワイ原産の動植物が生育する独特の保護区**キプカ・プアウル** Kipuka Puauluはマウナ・ロア・ロードをもう1.5マイル（約2.4km）行った所にある。1マイル（約1.6km）の距離の環状トレイルがこの100エーカー（約40ヘクタール）あるハワイの森のオアシスの中を走る。およそ400年前マウナ・ロア火山の北東の割れ目から大きな溶岩流が発生し、この辺り一帯を覆った。溶岩流が二手に分かれた際、女神ペレはこの地を難から救い溶岩の海に森の孤島を作った。ハワイ語でキプカとして知られている。

今日、ここは植物・昆虫・鳥類の希少固有種の環境保護区になっている。若いコアの木にはシダのような葉が付いていてそしてキプカを囲む溶岩は外来侵入生物種からキプカを守る防御バリアの役目を果たしているが、成長し林床より大きくなると平らで半円形の茎に変わる。コアの木はその湿気を帯びた樹皮に根を張るシダ類やペペロミアに居住地を提供している。

また、トレイルではハワイ原産のハワイミツスイのさえずりを聞いたり、地底の暗闇の中に棲む大きな目を持つ特異な種のクモが1973年に発見された**溶岩洞**のそばを通る。動植物に関する説明をしてくれる無料のトレイルガイドがビジターセンターで手配できる。

ハイキング・トレイル

公園には広範なハイキングトレイル網があり、海抜ゼロから1万3000フィート（約3962m）を超えるまでさまざまな高度に及んでいる。カウ砂漠 Kau Desert周辺や雪を抱いたマウナ・ロア山頂に至るまでトレイルはいろいろな方向に延びていて、火口原を横切ったり、人里離れた海岸へ下りたり、自然の森を抜けたりする。

次の掲げるハイキングコースは半日のものから数日かける僻地のトレッキングまでいろいろだ。キャビンやシェルターを除いてどこでも飲料水は手に入らないことを覚えておこう。トレイル標識は方向や距離が間違っていることも多いので、あまり当てにならない。

クレーター・リム・トレイル
Crater Rim Trail

この11マイル（約18km）に及ぶトレイルは、公園北側ではクレーターリム沿いを通り、南側では舗装されたクレーター・リム・ドライブの外側を通っている。ハイキングコースを歩くとドライブ道から見える主要な光景の一部は実際見えないだろう。しかし、代わりに得るものがある。まず、南に進めば霧の立ち込めるオヒアの森を抜けキラウエア・カルデラやキラウエア・イキ・クレーターへ周遊できる。第2に回りで鳥たちがさえずる中、オヘロ・ベリーをつまみ食いできる。ゆっくりとランチ休憩を入れて5、6時間みておこう。

ハレマウマウ・トレイル
Halemaumau Trail

ビジターセンターの斜め向かいに複数のトレイル起点標識がある。ポピュラーなハレマウマウ・トレイルの最初の部分は、背の高いシダやジンジャーの花が咲く霧のかかったオヒアの森を縫ってしばらく走る。その後、およそ500フィート（約152m）下ってキラウエア・カルデラに行き、噴煙口のある活火山の表面を3マイル（約4.8km）進む。

1982年4月30日朝食を食べ終えた直後のことだった。ハワイ火山観測所の地質学者たちが地震計や傾斜計がめちゃくちゃな動きをするのを見守っていた。大きな噴火の前触れだ。公園管理所は素早くハレマウマウ・トレイルを封鎖し、火口原からハイカー全員を出させた。正午前、火口に半マイルの（約800m）の裂け目ができ100万m³の溶岩が噴き出した。それ以来何も起きていない。

ハレマウマウ・トレイルでは次々と溶岩流に出くわす。1874年を始めに、以降1885、1894、1954、1971、1982年と続く。それぞれの年の溶岩流は黒色の度合いの違いで区別される。トレイルはアフahu（溶岩ケルン）で目印がつけられていて、ビジターセンターから3.5マイル（約5.6km）行った所にある噴煙を吐くハレマウマウ展望台 Halemaumau Overlook（本章に前出の「クレーター・リム・ドライブ」参照）で終点となる。

ハワイ火山国立公園 - ハイキング・トレイル

溶岩流を見に出かけよう

訪問者の要求に屈して、公園側では仕方なくチェーン・オブ・クレーターズ・ロードの終点から活動中の溶岩流までのハイキングを許可している。

凝固した溶岩の上を歩くのはかなりきつい行程だ。しかもトレイルは整備されていない。海岸線は不安定なため、ハイカーは海岸から0.25マイル（約400m）内側をキープしなければならない。歩いていくにつれて溶岩が劇的に海に流れ込む地点に近づく。どの溶岩流に向かうかによるが、どの場合も往復で20分から数時間かかるだろう。

トレイルは臨時に付けられた反射器を除けば、何も印がないばかりか巡回も行われていない潜在的に危険な道だ。昼間、黒い溶岩は太陽の熱を反射し、気温はたいてい90°F（32℃以上）に達する。途中日陰はない。日没後のオレンジ色の輝きを見るために午後遅くスタートするのが1番魅力的だが、よく精通した案内役もなしに日没後トレイルを歩くのはすすめられない。アーノッツ・ロッジ Arnott's Lodge（前出「マウナ・ケア」の「パッケージツアー」参照）では週に2、3日ガイド付きトレッキングを主催している。

どんなハイキングをするにも準備を整える必要があるだろう。公園側は各人が最低1クオート（約0.9リットル）の水、懐中電灯と予備の電池、双眼鏡、救急セット、日焼け止め、丈夫なブーツ、長ズボンを持参するようすすめている。

柱状の蒸気噴流は遠くから見ると感動的だが、間近で見るのは極めて危険だ。海水と2100°F（約1149℃）の溶けた溶岩が爆発的に衝突し、沸騰する海水が何百フィートも空中に吹き上げられ、大量の溶岩が半マイル（約800m）内陸に投げ上げられる。

溶岩の外皮そのものは溶岩ベンチと呼ばれる不安定な棚を形作り、警告もなく海中に崩れ落ちることもある。1993年、崩壊する溶岩ベンチが1人の島民を火炎によって死へ追いやり、続く蒸気爆発で10人以上の人が火傷を負った。1999年3月にも同じような光景が繰り返された。連続して起る爆発によって溶岩弾が空中に吹き上げられ、7人の見物人が立っていた25エーカー（10ヘクタール）の溶岩ベンチが崩壊した後に、彼らは散り散りに逃げた時のことだ。

火山活動と眺望の様子はいつも変わるので、公園のビジターセンター（☎985-6000）に連絡し最新の情報を手に入れること。

トレイルは遮る物が何もないので、暑く乾燥した道のりとなるか、寒さが身にしみる雨模様になるかいずれかだ。水は持参しよう。途中には何もない。

キラウエア・イキ・トレイル
Kilauea Iki Trail

1959年キラウエア・イキ・クレーターが爆発した時、そのすさまじい溶岩噴泉は到達高度の記録を塗り替えた。噴火がようやく落ち着いた時、公園南西部のクレーターの広大な広がりは深く灰に埋まってしまった。今日、火口原は4マイル（約6.4km）の周遊ハイキングコースとして横断でき人気がある。

このトレイルはサーストン溶岩洞駐車場近くから始まる。道に入るとすぐに、おとぎ話に出てくるような美しいオヒアの森を抜け、400フィート（約122m）下る。その後、幅1マイル（約1.6km）のクレーターを主要な噴煙口を通って横切る。火口原は蒸気（そして多くの場合虹も出る）が間欠的に吹きだし、固まった表面下には溶けた溶岩がたぎっている。園内の多くのトレイル同様、道はアフ（溶岩ケルン）で線引きされている。クレーターの地表では色とりどりのハワイ原産の動物群がじぶとく育っている。

壁から離れた側から火口壁を登るときは右側通行だ。壁を登るとキラウエア・イキとキラウエア・カルデラを分ける岩棚、バイロン・リッジByron Ledgeに立つことになる。ここから駐車場へ戻る環状トレイルに入るか、バイロン・リッジ・トレイルやクレーター・リム・トレイルへ行くこともできる。前者は1マイル（約1.6km）先でハレマウマウ・トレイルとつながっている。

フットプリント・トレイル
Footprints Trail

これはカウ砂漠を通るトレイル網に至るマウナ・イキ・トレイルの始まりとなる。トレイルの起点はハイウェイ11の37マイルマーカーと38マイルマーカーの間、キラウエア・ビジター・センターKilauea Visitor Centerから南西にほぼ9マイル（約14.5km）の所にある。

1790年激しく狂ったような蒸気爆発がキラウエアで起り、この地域に熱く有毒なガスが押し寄せ生物を窒息死させた。あとには一面に火山灰が厚さ数インチ積もり、カメカメハ大王の神聖なワイピオ・バレーWaipio Valleyを襲撃したのち、カウに撤退中の兵士の一連隊が壊滅した。兵士たちは突如立ちどまりを余儀なくされ窒息死した。灼熱の泥と灰の雨が降り、彼らの回りで固まった。そして彼らの足跡が永遠に残った。

200年経った今でも2、3の足跡では指の数を数えることができる—もっともトレイル脇の足跡のほとんどは心なき破壊者によって深刻な被害を被っているので、最近では指を数えるのに想像力が必要になってきているが。時々、侵食によって新しい足跡が出現することがある。そんな場所にハイウェイから簡単に0.75マイル（約1.2km）のハイキングで行けるのだ。

バックカントリー・トレイル
Backcountry Trails

公園のバックカントリー・トレイル（田舎道）の一部には無料の**ハイキングシェルター**や素朴な**キャビン**がある。そのどれにも穴式仮設トイレと飲む前に処理の必要な限られた貯水がある。それぞれのその時の水量はビジターセンターの掲示板に貼り出されている。また、穴式仮設トイレはあるがシェルターも水もない原始的な**キャンプ場**が2カ所ある。プナ・コースト・トレイル沿いのシーサイド・アプア・ポイントSeaside Apua Pointとナプア・クレーター・トレイルNapua Crater Trail経由で行く、プウ・オーオー・ベントPuu Oo Ventの3マイル（約4.8km）西にあるナプア・クレーターキャンプ場だ。

泊りがけのハイカーは出発前にビジターセンターで許可登録（無料）が義務づけられている。そこのレンジャーはトレイルとキャビンに関する最新情報を持っている。許可証はハイキング予定日の前日正午から先着順で発行される。各キャンプ場の滞在は3日を限度とし人数は8〜16人に限定される。

溶岩流の上を歩くトレイルには標識がないので、コンパスを持参しよう。ほかに必須な装備には救急セット、懐中電灯と予備の電池、最低4クオート（約3.8リットル）の水、予備の食料、鏡（合図を送るため）、調理用コンロと燃料（焚き火は禁止）、履き慣らしたブーツ、日焼け止め、雨具、帽子などが挙げられる。砂漠と海岸沿いのハイキングは恐ろしく暑いものになることに注意しよう。基本的なトレイル地図とハイキングブックを含め、バックカントリー・ハイキングについての詳細はビジターセンターで手に入る。

マウナ・ロア山頂やオブザーバトリー・トレイルObservatory Trailで重要なのは環境に順応することだ。高山病は命に関わる危険であり、寒さや風からくる低体温症も危険を招く要因である。良質の防風ジャケット、ウールセーター、冬用寝袋、雨具はすべて必要不可欠だ。サングラスと日焼け止めは、希薄な大気下での雪のまぶしさや強烈な太陽光線から目や肌を保護してくれる。

オヘロ・ベリー

鮮やかな赤いベリーの房をつける高さおよそ2フィート（約61cm）の低木、オヘロは溶岩にいち早く根付き成長した植物の1つだ。ハレマウマウ展望台近くをはじめ、園内のいろいろな場所で見ることができる。これらの低木はブルーベリーやクランベリーに類する、ヒース科の仲間だ。ほかのベリーと同様、オヘロ・ベリーは酸っぱいが食べられる。残念なことに、オヘロ・ベリーはハワイのほかの有毒なベリーと見間違いやすい。だから、地元植物に詳しいガイドを伴わずにベリー採りに出かけるのはやめよう。昔、ハワイではオヘロ・ベリーは女神ペレの妹ヒイアカHiiakaを象徴すると言われた。そこで時にはペレへの贈り物として捧げられた。

ナプア・クレーター・トレイル Napua Crater Trail 噴火活動中のプウ・オーオー・ベントに真っすぐ向かうこの道は、どう考えてもとてつもなく素晴らしいハイキングだ。だから、たくさんのフィルムと双眼鏡を持っていこう。標識の整備された**ナパウ・トレイル** Napau Trail（往復18マイル（約29km）でおよそ9時間）か、**ナウル-カラパナ-ナパウ・トレイル** Naulu-Kalapana-Napau Trail（往復14.5マイル（約23km）でおよそ7時間）のどちらでも行ける。

ナパウ・トレイルの起点はマウナ・ウル溶岩シールド近く、チェーン・オブ・クレーターズ・ロードの3.5マイル（約5.6km）地点にある。トレイルに入って最初の5マイル（約8km）は、かつて1973〜74年にパホエホエ溶岩に覆われる前はチェーン・オブ・クレーターズ・ロードだった道を行く。溶岩流の至る所に撒き散らされた軽石とペレの毛が散らばっている。

マカオプヒ・クレーターMakaopuhi craterに到着する前に溶岩樹やプウ・フルフル噴石丘Puu Huluhulu cinder coneを通る。晴れた日には北西にマウナ・ロアが、北にマウナ・ケア、正面には火を噴き出すプウ・オーオー・ベントの神聖な景色を望むことができる。火口ではまるでドクター・スースの譜面の音符記号のように見える新しい紫色のシダ類が繁茂する、ひんやりしたシダの森に分け入る。さらに20分進むとナウル・トレイル分起点でケアラコモ駐車場に続く。

シダの森を抜けるとハプウhapuu（テンニンシダ）の葉柄から採れる絹のような植物繊維であるプルpuluの、昔からの宝庫となっている岩壁に出る。昔、ハワイの原住民は死者の防腐剤としてプルを使っていた。近代の工業化時代に入ってからは何とマットレスの布地や枕の詰め物として使われていた。数年後に

プルが塵になってしまうことが発見されるまでの話だが。

「プル生産工場」を過ぎて10分歩くと一部崩壊した円錐丘の幻想的な光景が見える。**ナパウ火口展望台 Napau Crater lookout**に続く分岐路を越えた所に原始的なキャンプ場がある。どちらも蒸気孔を直接見下ろす高台にある。キャンプ場を通り越してトイレのある方向へ坂を上がり、トイレの辺りを回って、それからほとんど見分けのつかないトレイルを歩いてナパウ火口原へ行こう。この2マイル（約3.2km）の道は火口を横切り、強力なプウ・オーオー・ベントのふもとに至る。

マウナ・ロア・トレイル Mauna Loa Trail　この山頂トレイルはビジターセンターから車で1時間行った、マウナ・ロア・ロードの終点から始まる。この道路はときおり干ばつや噴火活動のために閉鎖されるので注意すること。このデコボコ道は19マイル（約31km）あり、6600フィート（2012m）高度を上げる。亜寒帯で標高が高いため、健康でしっかりと装備した人にとってもかなり厳しいハイキングになる。最低でも3日間、環境に適度に順応しながら頂上に到達する。時間を考慮すると4日間かかる。レッド・ヒル Red Hill とマウナ・ロア山頂に12ないしそれ以下の寝台数の簡素な小屋が2つある。先着順で利用でき、多分、どちらでも飲料水が手に入る。

トレイルは当初オヒアの森を抜け、樹木限界線より高い所へ登って行く。4～6時間かけて7.5マイル（約12km）行くと標高1万35フィート（3059m）のレッド・ヒル（プウ・ウラウラ Puu Ulaula）にたどり着く。北にマウナ・ケア、北西にマウイ島の神々しいハレアカラ Haleakala のすばらしい眺めを見ることができる。

レッド・ヒルから1万3250フィート（約4039m）地点の山頂キャビンまでまる1日のハイキングだ。このルートは、スパッターコーンなどの景観を切り裂くぽっかり口を開いた裂け目のある不毛の土地だ。9.5マイル（約15.3km）進むとモクアウェオウェオ・カルデラ Mokuaweoweo Caldera とトレイル分岐点に出る。その日のねぐらまでキャビン・トレイルに沿ってあと2マイル（約3.2km）だ。もし、これ以上どうしても前進できないならジャガーズ洞窟 Jaggar's Cave（分岐点を越えてすぐ）をシェルターとすることができる。

もう1つの岐路は2.5マイル（約4km）の山頂トレイル Summit Trail へ通じるものだ。標高1万3677フィート（約4169m）のマウナ・ロア頂上は亜寒帯性気候で、通常気温は毎晩氷点下に達する。冬の吹雪は数日続くことがあり、猛吹雪で視界が利かなくなり、また雪が9フィート（274cm）も積もったりする。時々、雪はレッド・ヒルぐらいの高度でも降り、トレイルの高度の上がった終点付近を覆い隠す。出発前に天気について公園レンジャーに相談しよう。ここでは状況は瞬時に悪化することもあるのだ。

カウ砂漠 Kau Desert　カウ砂漠トレイル網は園内で最大のものだ。しかし、その大半は暑く退屈な、そうでなくても嫌なハイキングだ。ハイウェイ11から入るよりヒリナ・パリ・ロード Hilina Pali Rd の終点からこのトレイルに入るのが最良だ。そこからペペイアオ・キャビン Pepeiao Cabin までの5マイル（約8km）は標高差が750フィート（約229m）以下で辛くはない。しかも、ぽつんと建っているキャビンはこれ以上望みようがないほどプライバシーが保てる。荷物があることを考えて4時間半ほど見ておこう。

プナ・コースト・トレイル Puna Coast Trail　このトレイルはチェーン・オブ・クレーターズ・ロードのほぼ終点、プウ・ロア・ペトログリフの近くの19.5マイル標識の辺りから始まる。このコースの大半は見事な海岸の絶壁の上に延びる。しかし、暑くもある。**アプア・ポイントキャンプ場 Apua Point camping ground**は平坦できちんと標識の出ているトレイルを6.5マイル（約10.5km）行った所にある。ここは絶滅危惧種のウミガメの産卵場所であることを覚えておこう。さらに西にあるケアウホウとハラペの**ハイキングシェルター hiking shelters**は7マイル（約11.3km）あるケアウホウ・トレイルを経由して戻る、泊まりがけの周遊コースに組み入れてもいいだろう。水はキャンプ場にはなく、シェルターでのみ手に入る。

火山

公園の東1マイル（約1.6km）にある火山の村では巨大なシダの木が広がり、オヒアの木が赤く膨らんだ花をつけ垂れており、霧が陽光の中で揺らめいている。多くの芸術家がここに隠遁するのも納得がいく。

火山の村には**郵便局**（☎967-7611　⌂19-4030 Old Volcano Rd　◐月～金 7:30～15:30、土 11:00～12:00）があり、またラバ・ロック・カフェではインターネットにアクセスできる。ガソリンはカフェの横に設置してある数台の給油機で売られている。観光と宿泊情報はオールド・ボルケーノ・ロードを西へ行った小さな建物で入手できる。

ボルケーノ・ゴルフ・アンド・カントリー・クラブ
Volcano Golf & Country Club
☎967-7331
🏠Pii Mauna Dr
マウナ・ケア火山とマウナ・ロア火山のふもとに位置する雄大なコース。18ホールのグリーン料金とカート代込みで＄62.50だ。

宿泊

公園内
公園には車で乗りつけられる無料のキャンプ場が2ヵ所あり、夏以外は比較的空いている。いずれも先着順で1週間の滞在制限がある。標高が高いので、夜は涼しくまたかなり冷え込むことがある。

クラナオクアイキキャンプ場
Kulanaokuaiki Campgound
🏠Hilina Pali Rd
チェーン・オブ・クレーターズ・ロードを離れ3.5マイル（約5.6km）行った所にあり、比較的新しくあまり開発されていない。3つのキャンプサイトとトイレ、集水設備、ピクニック用テーブルがある。

ナマカニ・パイオキャンプ場
Namakani Paio Campground
ハイウェイ11を下りてすぐの、公園内でもっともにぎわうキャンプ場で、ビジターセンターから西に3マイル（約4.8km）の所にある。1泊するのに便利な場所だ。テントサイトは小さな草地にあり、あまりプライバシーは保てないが香りのよいユーカリの木々に囲まれている。ジャガー博物館やクレーター・リム・トレイルまで歩いて1マイル（約1.6km）ほどだ。トイレ、水、野外炊事場、ピクニック用テーブルがある。

ナマカニ・パイオ・キャビンズ
Namakani Paio Cabins
☎967-7321（ボルケーノ・ハウスVolcano Houseで予約）
🛏4人用＄40
窓のない三角屋根のロッジ風建物。各キャビンにはダブルベッド1台、シングル寝台が2台、それと電気照明があるがコンセントや暖房はない。寒い夜間自分を暖めるための寝袋を持参しよう。シャワーとトイレは共同。チェックイン時に保証金として鍵の料金＄12とシーツの料金＄20を支払いが必要だが、払い戻しがある。

ボルケーノ・ハウス
Volcano House
☎967-7321 📠967-8429

脆弱な楽園
ハラペHalapeは回りをココナツの木で囲まれた美しい海岸沿いのキャンプ場だった。1975年11月29日までは。この時100年ぶりの大地震がビッグアイランドを襲った。夜明け前に上部の斜面から岩が滑り落ち、36人いたキャンパーのほとんどは海に向かって逃げた。そして海岸線が突然沈んだのだ。ビーチが彼らの足元で海中に沈むと一連の津波がキャンパーたちを一掃した。最初は彼らを海に投げ出し、それから海岸線に吐き戻した。しかし、亡くなったのは奇跡的に2人だけだった。

地震は以前ビーチがあった場所に美しい砂の入り江を残した。そしてそんな騒然とした過去があるにもかかわらず、ハラペは今もきれいな場所だ。防御されている入り江での水泳は結構だが、その先の外洋には強い潮流がある。

ハラペはビッグアイランドでたった8ヵ所しかない、絶滅危惧種タイマイが産卵する場所の1つだ。もっとも最近は見られていないが。訪問者が守るべきガイドラインにはウミガメの産卵場所と認められたエリアにテントを張らないこと、食べ物のゴミを残さず産卵場所を清潔に保つこと、ウミガメの方向感覚を狂わせる夜の照明を最小限に抑えることなどが含まれる。タイマイは公園内のケアウホウ Keauhouとアプア・ポイント Apua Point両バックカントリーキャンプ地でも産卵する。

🛏別館＄85、上層階客室＄165～185
ビジターセンター向かい、キラウエア・カルデラ右側に位置する。いわれのある歴史に加えてロケーションもすばらしいが、下層階の大半の部屋からは歩道が見えるだけで、上層階の部屋でもクレーターの一部しか見えない部屋もある。小さな部屋は心地よく、コアの木の家具、年代ものの文具、そして何より暖房がある。部屋にテレビはないが、ホテルにすばらしいゲームライブラリーがあり、モノポリーからマンカラまであらゆるものが揃う。

ホテル内の**ダイニングルーム**と**スナックバー**は公園内で食事ができる唯一の場所だが、カフェテリア級の内容の割に値段が高い。その代わり、126年以上も燃え続けている居間の暖炉の火で温まろう。または、**アンクル・ジョージズ・ラウンジ Uncle George's Lounge**（⏰16:30～21:00）で飲み物を注文してみてはいかがか。

ボルケーノ・タウン内
村内には宿泊場所がたくさんある。

ホロ・ホロ・イン
Holo Holo Inn
☎967-7950、800-671-2999 📠967-8025
🌐www.enable.org/holoholo
🏠19-4036 Kalani Honua Rd

📇5人用ドミトリー 1人＄15〜17、個室 W ＄40

ホステリング・インターナショナルHostelling Internaitonal加盟の小さいが親しみやすいロッジだ。ドミトリーは清潔だが薄暗い。個室にはダブルベッド1台とツイン用シングルベッド2台がある。館内に共同キッチン、テレビ室、無料のコーヒーと紅茶、ランドリー機器、サウナがある。予約は電話で16:30過ぎに。

クラナ・アーチスト・サンクチュアリー
Kulana Artist Sanctuary
☎985-9055
🏠PO Box 190, Volcano, HI 96785
📇テント1人あたり＄15、キャビン1人あたり＄20

芸術家の隠れ家として使われている。宿泊客は本館の浴室、キッチン、図書館を共用する。そして設立者が理想とした協力の精神に従い、簡単な手伝いに参加するよう求められる。ビッグアイランドの幾つかの場所と違い、クラナでは実際にそのモットーが実現されており「禁煙、禁酒、麻薬・劇的事件無用」だ。この芸術家の隠れ家の滞在料金は1月あたり＄250〜で、別途電気代が必要になる。

ボルケーノ・イン
Volcano Inn
☎967-7293、800-997-2292 📠985-7349
W www.volcanoinn.com
📇客室＄55〜105、コテージ＄75〜145

オヒアの森にたたずむ、こぢんまりしたコテージ。必要なものが完備され暖房が効いた杉造り建物はシダに覆われているが、眺めがよい。加えて天窓、ステンドグラス、暖炉、ハワイアンキルトにあふれていて、どれをとってもすばらしい。ベランダで朝食をとったり、午後中ハンモックで涼むこともできる。

シャレー・キラウエア・コレクション
Chalet Kilauea Collection
☎967-7786、800-937-7786 📠967-8660
W www.volcano-hawaii.com

バスルーム共同の手頃な価格の部屋から高級なハネムーンスイートまで、町中に色々な宿泊施設がある。**イン・アット・ボルケーノ Inn at Volcano**（客室＄100〜、スイート＄300）はその中心となるB&B（ベッド＆ブレックファスト）で、料金には午後のお茶も含まれる。より快適な環境を求める人には**ボルケーノ・ヴァケーション・ホームズ Volcano Vacation Homes**（1〜3ベッドルームのある一軒家＄140〜380）がおすすめ。暖炉、テレビ、ビデオデッキ、キッチン付きだが、宿泊客はホテルの庭にあるホットタブを共同で利用する。**ボルケーノ B&B Volcano B&B**（客室 浴室共用＄50〜70）は村の中心地近くの北部にあり、キッチンと暖炉が共用の経済的なホテルだ。

ボルケーノ・レインフォレスト・リトリート
Volcano Rainforest Retreat
☎985-8696、800-550-8696
W www.volcanoretreat.com
📇コテージ＄85〜170

木生シダや草花の中を歩くと、杉で造られた3つの個性的なコテージのあるここに着く。それぞれ機能的な構造と自然が調和している。フォレストハウスはシーダー杉とレッドウッドを使った八角形の建物で、その憩いの場所には日本式の体を沈める浴槽がある。価格はすべて朝食と木々に囲まれたホットタブ利用料を含む。予約は必須である。

キラウエア・ロッジ
Kilauea Lodge
☎967-7366 📠967-7367
W www.kilauealodge.com
📇B&B客室＄125〜、コテージ＄145〜、一軒家＄175〜

すばらしい設備に富んだロッジで、期待通りの田舎の安らぎが見つかるだろう。実際使われている暖炉、高い天井、キルト、バスタブといったものがそれを物語る。本館のどの部屋にもテレビや電話はないが、美しい庭にホットタブがあるのだから十分足りる。

食事

公園のほとんどの場所から火山の町まで食事に出かけるのは長い道のりだ。主要通りに面した**ボルケーノ・ストアー Volcano Store**と**キラウエア・ジェネラルストアー Kilauea General Store**はどちらも商品の品揃えは乏しい。2店が交代で5:00〜19:00オープンしている。

ボルケーノ・ゴルフ・アンド・カントリー・クラブ
Volcano Golf and Country Club
☎967-7331
🏠Pii Mauna Dr
📇朝食＄3.50〜6、ランチ＄7〜10
🕐月〜金 8:00〜14:00、土日 6:30〜14:00

地元の人々を満足させている。ランチではマヒマヒとカルアkalua（石蒸し料理）風のポークを食べることができるのは魅力的だ。

ラバ・ロック・カフェ
Lava Rock Café
🏠Old Volcano Rd
📇食事＄6〜12
🕐月 7:30〜17:00、火〜土 7:30〜21:00、日 7:30〜16:00

キラウエア・ジェネラルストアーの裏に位置する。町で人気の朝食を出す店だが、町で唯一の朝食にありつける場所でもある。サイミ

ン（汁そば）は遠慮して、リリコイlilikoiバターの付いたフレンチトーストを注文しよう。

タイ・タイ・レストラン
Thai Thai Restaurant
- 19-4084 Old Volcano Rd
- 1品＄9〜13
- 17:00〜21:00

オーナーはタイ出身。菜食主義者向けのスパイシーなカレーや麺類などメニューは豊富。どれも新鮮でスパイスが効いていて（辛いのが好みなら）おいしく、たっぷり盛りつけてあるので、大いに楽しもう。

キラウエア・ロッジ
Kilauea Lodge
- ☎967-7366 ℻967-7367
- www.kilauealodge.com
- 17:30〜

石の暖炉とシダの森を見わたす窓のある、くつろいだ田舎風のダイニングルームがある。高級なメインディッシュを期待しよう。たとえば、炒めて煮たウサギ、鹿の肉、パーカー・ランチステーキ、パパイヤ‐ジンジャーソース添えの新鮮な魚など。予約をおすすめする。

アクセス

車で直行すれば、国立公園までヒロHiloから29マイル（約47km）（45分）、カイルア‐コナKailua-Konaから97マイル（約156km）（2時間半）だ。

カウ
Kau

カウ地区はマウナ・ロア山の南斜面全体を囲むように位置し、観光客でにぎわうサウス・コナと蒸気を上げ、硫黄で変色した風景のハワイ火山国立公園との間の緩衝地帯の役割を果たしている。ハイウェイ11のこの区域は冬の大嵐の間、洪水、決壊、道路閉鎖が起りやすいことに注意しよう。これ以外に島を横断する道路は、渋滞するサドル・ロードSaddle Rdとヒロ‐ワイメア間を結ぶ海岸沿いのハイウェイ19だけである。最悪の嵐の時は後者のハイウェイでさえ岩の崩落で閉鎖されるかもしれない。

ここは過疎地で人口は5000人ほど、「町」と言えるのは3つだけである。固まった溶岩が砂漠のように広がり、荒涼としている。しかし、カ・ラエKa Lae（サウス岬South Point）でハワイに初めて足を踏み入れた疲れきった

ポリネシア人航海者たちにとっては、エデンの園に見えたに違いない。旅行者にとって異国情緒のあるビーチこそ、この海岸線をほかの海岸と分け隔てているものだ。カウ地区には山麓の丘陵地帯に緑が茂る地域もある。そこではマカデミアナッツやハワイのオレンジの大部分が栽培されている。

ハワイ火山国立公園からパハラへ
HAWAII VOLCANOES NATIONAL PARK TO PAHALA

ハイウェイ11は公園内を11マイル（約17.7km）の区間横断する。公園の西端からパハラまで12マイル（約19.3km）だ。ハイウェイを通っても、公園のマウナ・ロア側を行っても料金はかからない。

公園内のトレイルのうち、オブザーバトリー・トレイルやマウナ・ロア・サミット・トレイルなどの比較的長く難しいコースの多くはこの地区にある。37マイルマーカーと38マイルマーカーの間でマウナ・イキ・トレイルやカウ砂漠を走る広大なトレイル網に至る**フットプリント・トレイル Footprints Trail**に入ることができる。キラウエアの南西地溝帯は道路のマカイ側、カウ砂漠のこの辺りを走っている。地溝帯はキラウエアの頂上から海までの20マイル（約32km）に渡っている。

「注意、断層帯あり、路上の亀裂を警戒せよ 'Caution: Fault Zones. Watch for Cracks in Road.'」「注意、ネネ横断中 'Caution: Nene Crossing'」などの標識が姿を消したら、国立公園を離れようとしているとわかるだろう。

パハラ
PAHALA

パハラはハイウェイ11の北側にあり、実際は2つの村落から成っている。カウ・アグリビジネス社はかつてパハラの周辺半径15マイル（約24km）の土地に1万5000エーカー（約60.7km²）のサトウキビ畑を所有していたが、1996年にその製糖工場を閉鎖した。会社はサトウキビ栽培地だった所に今ではマカデミアナッツの林を展開している。

当初の砂糖の町は閉鎖された古い製糖工場の近くにあり、辺りには倒れそうな家々が建ち、「犬にご用心Beware of Dog」の看板やらポンコツ車が作業場でさび付いている。町の北側は大量に建てられた近代的な家が建ち並び、ガソリンスタンド、郵便局、ATMが設置された銀行、そして**カウ病院 Kau Hospital**（☎928-8331）がある。

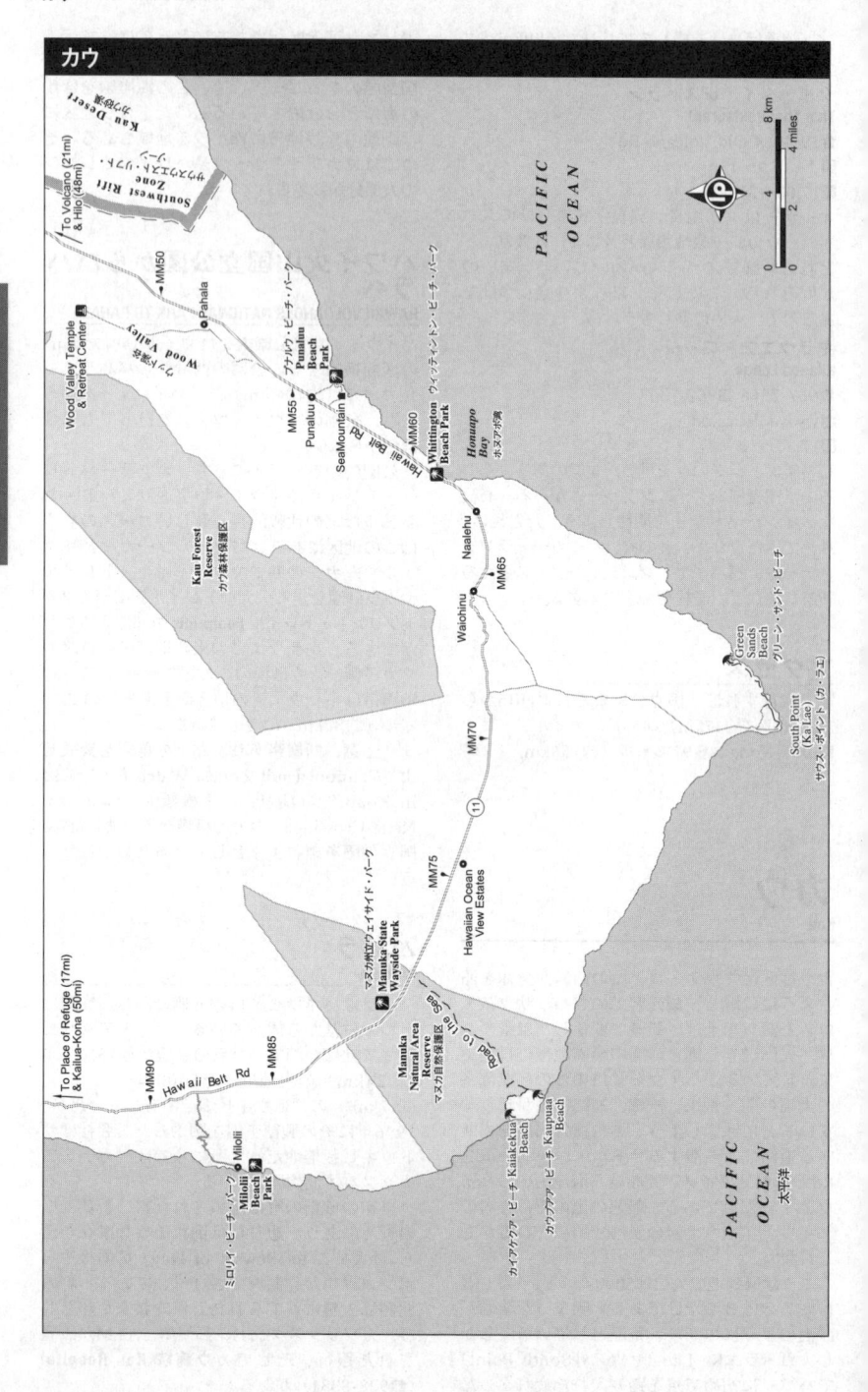

カウ

パハラへは2つの入口がある。1つは南から入る方法で閉鎖された製糖工場を通り過ぎて町の北側に行き着くマイレ・ストリートMaile Stを通る行き方だ。もう1つはハイウェイ11を下りカマニ・ストリートKamani Stに入って病院の横を通り町の商業地区に向かう方法だ。町のすぐはずれで右に進路を取りピカケPikakeへ入れば、すぐにウッド・バレー・ロードWood Valley Rdと名を変える。

ウッド・バレー
Wood Valley

パハラからおよそ4マイル（約6.4km）坂道を上がった所に**ネチュン・ドージェ・ドラヤン・リン Nechung Dorje Drayang Ling**という、人里離れた仏教寺院と静養センターがある。この寺は25エーカー（約10ヘクタール）の静かな森林の中にあり、20世紀始めこの谷に住んでいた日本人サトウキビ労働者たちによって建てられた。1975年、チベットのラマ僧ネチュン・リンポックNechung Rinpocheはここに住居を定め、1980年にはダライ・ラマが寺の奉納のためここを訪れた。それ以来、多くのチベットラマ僧がここで活動している。ダライ・ラマ自身は1994年再訪している。仏教の教えに加え、センターは瞑想やヨガ教室、ニューエイジ精神修行プログラムなどを行う団体にも利用されている。センターではワークショップ催事の最新リストを送付してくれる。ホームページ ■ www.nechung.orgでも調べられる。

ウッド・バレー・テンプル・アンド・リトリート・センター
Wood Valley Temple & Retreat Center
☎928-8539　FAX 928-6271
■ドミトリーベッド＄35 S＄50 W＄70

瞑想ホールがあり、階上に落ち着いた客室が2部屋と階下に簡素な部屋やドミトリーがある。ダブルルーム5室を持つ自立構造のゲストハウスが敷地内に隠れるように建っている。最低2日間の滞在規定があり、浴室は共同。宿泊者は食料を持参しなければならないが、キッチンは利用できる。仏教文化に関する図書館があり、朝の勤行への参加も歓迎だ。

センターでは有機栽培のコーヒーを生産しており、1ポンド（約454g）＄35で販売している。もし、古い格言「支払った分に見合うものを得る」が正しいなら、このコーヒーは悟りを与えてくれるに違いない！

プナルウ
PUNALUU

プナルウは黒砂のビーチのある小さな湾で、以前はハワイの主要な集落があったが、後に重要な砂糖積み出し港となった。

現在ではアオウミガメがたっぷりリムlimu（海草）を食べたあと、海からゆっくり上がって甲羅干しをする場として有名だ。あなたが到着した時に、期待で息もつけないほどの新婚旅行者が観光バスからぞろぞろ下りてこなければ幸運だと思おう。

プナルウ・ビーチ・パーク Punaluu Beach Parkはプナルウのすぐ南にある郡立公園でトイレ、シャワー、飲料水、ピクニック用パビリオンがある。このエリアの黒砂はタイマイの産卵場所なので歩く時は気を付けよう。これらの優しい巨大なカメに近づかないこと。彼らは絶滅危惧種であるだけでなく、人間の騒ぎに非常に敏感な生き物なのだ。

たいていの日は水泳は物足りなく、マリヒニmalihini（新参者）がトロピカルな水着に身を包み湧き水を源泉とする冷たい海や強い引き波に果敢に挑戦しているのを見るのがおもしろい。桟橋近くでは激しい離岸流が海の方向かって流れ、たくさんのココナツの殻や流木が辺りに浮かんでいる。

ビーチでもっとも人気のあるのはココヤシの木が並ぶ、アヒルの池を背にした北側の窪地だ。パハラ・シュガー・カンパニーの古い倉庫跡や桟橋はもう少し北へ歩いた所だ。カネエレエレ・ヘイアウKaneeleele Heiau跡は小さな山の上にある。

ハイウェイ11を東に向かい、プナルウで最初の分岐点がカウで唯一のコンドミニアムコンプレックス、シーマウンテンSeaMountainのある所だ。ビーチパークに行くにはここを曲がるか、1マイル（約1.6km）も行かないプナルウ・パークの標識のある次の交差点を曲がる。

宿泊

プナルウ・ビーチ・パークに**キャンプ場**がある。ビーチを見わたす平らな草地だがプライバシーは皆無だ。夜ぶつかり合う波の音を聞きながら知らぬ間に眠ることができる。夜明けに来るとピクニック客で占領されている。許可証に関しては本章前出の「宿泊」を参照。

コロニー・ワン・コンドミニアムズ・アット・シーマウンテン
Colony One Condominiums at SeaMountain
☎928-8301、800-488-8301　FAX 928-8008
■ www.seamtnhawaii.com
■ワンルーム型＄95、1ベッドルーム＄120、2ベッドルーム＄155

設計による障害ではないが、砂の継ぎはぎのある禿げかかったゴルフコースだけが自慢である。しかし、人里離れた所にある広々としたコンドミニアムにしてはかなり安い！

ウィッティントン・ビーチ・パーク
WHITTINGTON BEACH PARK

ナアレフNaalehuにほど近い所にホヌアポ湾Honuapo Bayのすばらしい眺めを見下ろせる道路脇の駐車スペースがある。ここから古い桟橋のコンクリートの杭が見えるが、この桟橋は1930年代まで砂糖と麻の積み出しに使われていた。

ウィッティントン・ビーチ・パークへの分岐は先ほどの展望台を越えた1マイル（約1.6km）先だ。散策できる潮溜まりはあるものの、ビーチはなく海は通常荒れていて泳ぐことができない。絶滅危惧種のアオウミガメがときおり沖で見かけられる。ホヌアポとはハワイ語で「捕らえられたカメ」を意味するように、明らかに彼らは長年この海域に出入りしてきたのだ。

キャンプは郡立公園の許可を得れば可能だ。ハイウェイから十分離れており少々のプライバシーは保てる。園内にはトイレ、屋根付きピクニックテーブルがあるが飲料水はない。

ナアレフ
NAALEHU

いとおしく心地よいナアレフの宣伝文句はアメリカ最南端の町であることだ。奥ゆかしいこの町は地域の買い物と宗教の中心（2500人が6つの教会を支援している）であり、食料雑貨店、図書館、警察署、郵便局、ガソリンスタンド、ATMがある。

ナアレフは早く店じまいする。だから、もしハワイ火山国立公園からコナに夜戻るなら、ここでの食料調達や給油を頼りにしてはいけない。

ベッキーズ・ベッド・アンド・ブレックファスト
Becky's Bed & Breakfast
☎/📠929-9690、866-422-3259
📧beckys@hi-inns.com
💰S $70、W $75

町の主要道路沿いにあり清潔で心地よい部屋が3室ある。すべての部屋にバスルームとラナイが付いている。朝食はバイキングスタイルだ。宿泊客は制限付きでキッチンを利用できる。長期滞在には25％の割引がある。

ナアレフ・フルーツ・スタンド
Naalehu Fruit Stand
☎929-9009
🏠Hwy 11
💰スナック $5未満
🕐月～木 9:00～18:00、金～日 9:00～19:00

1カ所で健康食品からパン、デリカテッセンまで何でもそろう、古風で趣のある店だ。朝、オープンで次から次へパンが焼かれ、注文を受けて作るピザは11時から始まる。マカデミアナッツバーやそのほかのペストリーが $1程度。店の外に設けられた2、3のピクニックテーブルで地元の人に混じって食べたり「おしゃべり」できる。

プナルウ・ベークショップ・アンド・ビジターセンター
Punaluu Bakeshop and Visitor's Center
☎929-7343
🏠Hwy 11
🕐9:00～17:00

まさに有名な所だが、実はすばらしく種類が豊富で、いかにも太りそうな香りの甘いパンとタロイモのロールパンが有名なだけにすぎない。煩雑な手続きにもかかわらず観光客が殺到するが、ここの公衆浴場（何と言う掘り出し物！）は清潔感がある。

シャカ・レストラン
Shaka Restaurant
☎929-7404
🏠Hwy 11
💰朝食・ランチ $5～8、ディナー $10～15
🕐火～日 10:00～21:00

たっぷりとした実質的な食事を提供する。朝食にはベネディクト風卵とプナルウ風甘いパンでできたフレンチトーストが含まれる。一方、ディナーは肉食好きにはたまらない。ケイキkeiki（子供）メニューやフルバーがあり、ほとんどの週末にライブミュージックが楽しめる。

ワイオヒヌ
WAIOHINU

サウス・ポイント・ロードSouth Point Rdに到達する手前でハイウェイ11は美しい渓谷と眠るように穏やかなワイオヒヌの村に入っていく。村は青々とした丘のふもとに位置する。ここの唯一の売りは**マーク・トゥエイン・モンキーポッド・ツリー Mark Twain monkeypod tree**（アメリカネムノキ）で、1866年にマーク・トゥエイン自身が植えたものだ。当初の木は1957年のハリケーンで倒れてしまったが、新しく丈夫な幹が現れ、再び大きく育った。

シェブロンガソリンスタンド Chevron gas station（🏠Hwy 11 🕐7:30～19:00）は横にコンビニエンスストアを併設している。マーゴズ・コーナーMargo's Cornerに小さな健康食品店がある。

シラカワ・モーテル
Shirakawa Motel
(☎/📠929-7462

🏠95-6040 Hwy 11
🛏S＄30 W＄35、簡易キッチン付き＄42
町の中心にある、風雨にさらされた緑色のモーテルだ。青々とした丘のふもとにベーシックルームが12室ある。

マーゴズ・コーナー
Margo's Corner
☎929-9614
🏠Wakea St
🛏キャンプサイト1人＄25、コテージS＄60、W＄75
カウ地区を探検するサイクリストやバックパッカーにテントを張る場所やねぐらを提供する。料金には主に有機栽培のベジタリアン（あるいは動物系をまったく食べないベーガン）用菜食朝食を含む。裏手の支柱のない自立構造の8角形のコテージは各部屋にバスルームが付いている。カマオア・ロードKamaoa Rdを外れたワイオヒヌ・センターの南西2マイル（約3.2km）の所にある。

マカデミア・メドウズ B&B
Macadamia Meadows B&B
☎/📠929-8097、888-929-8118
🌐www.macadamiameadows.com
🛏W＄65〜110、2ベッドルーム＄120
町の半マイル（約800m）南、8エーカー（約3.2ヘクタール）のマカデミア農園にある。この現代的な宿泊施設は梁の出ている天井があり、ケーブルテレビ、個別の玄関、ラナイの付いた広い客室を持っている。海の見えるプールやテニスコートもある。コンチネンタル朝食は採れたての果物やナッツが特徴だ。

ホビット・ハウス B&B
Hobbit House B&B
☎929-9755
🌐hi-hobbit.com
🛏W＄170
ロマンチックで一風変わった、おとぎ話を現実にしたような宿だ。この独特な建物は海のパノラマが広がる断崖の上、勾配のある半マイル（約800m）の4WD用の道に建てられた。傾斜のある屋根、ステンドグラス、アンティークな4柱式ベッド、ダブルジャグジー、設備の整ったキッチン、ラナイがあるが、それらのデザインはすべて曲線だ！

サウス・ポイント
SOUTH POINT

サウス・ポイントはアメリカ最南端の地点だ。ハワイではここはカ・ラエKa Laeとして知られ、単に「先端」を意味する。サウス・ポイントは岩だらけの崖で海は荒れ狂っている。見たところ信じられないが、ここはハワイ原住民の最初の定住地の1つだった。そしてポリネシアン人が最初に上陸した所かもしれない。幾つかの説によると絶対そうである。この地区の大半は現在ハワイアン・ホーム・ランドHawaiian Home Landsの直轄下にある。トイレは1つもない。

ハイウェイ11の69マイルマーカーと70マイルマーカーの間から1車線のサウス・ポイント・ロードSouth Point Rdがまばらな住宅地とマカデミアナッツ農園のある辺りで始まる。そして通りはまもなく牧草地に入る。ここでは木々が証明するように強風が吹きすさび、ほとんど水平に曲がって枝が地面を引きずっている木もある。

数マイル進むと丘の頂上に達し、道路脇の牧草地に風を受けて回る巨大なハイテク風車の列が見えてくる。牛がその下で草を食べ何ともシュールな景色だ。特にこの世のものとは思えないヒューという音と結びついて超現実的だ。この風力タービン発電機は1機で100世帯に十分な電気をつくることができる。仮に議論を呼んでいるプナの地熱発電所がすでに十分な電力を供給していなかったとしても、少なくとも理論的には風力エネルギー転換を用いてハワイ州は需要を上回る電気を生み出すことが可能と考えられている。

風車の4マイルほど（約6.4km）南で2、3の廃屋を通る。1965年まではここはカリフォルニアからミクロネシアのマーシャル諸島に向け発射されたミサイルを追跡した太平洋ミサイル発射基地Pacific Missile Range stationだった。

ハイウェイを離れてから10マイル（約16km）の所でサウス・ポイント・ロードは分岐する。左へ行くとカウラナKaulana船着場に至り「カ・ラエ案内所Ka Lae Info Center」と書かれた看板があるかもしれない。これは「バカ！」を意味する現地の俗語らしい。右に行けばゴツゴツしたサウス・ポイントの断崖に至る。

カ・ラエ
Ka Lae

沖合いで海流が合流するため、ここはハワイでもっとも豊かな漁場になっている。地元の人たちは崖の下で漁をし、中には急な溶岩棚に身を乗り出して漁をする勇敢な者もいる。ここには一般的には勇者を祀る神殿として分類されるカラレア・ヘイアウKalalea Heiauを含む廃墟が残り、小さな石の囲いは豊漁と鳥の増殖を願うデザインとなっている。内側にある保存状態の良い漁の祭壇を見てみよう。

ヘイアウheiau（神殿）の西の部分に露出した岩礁があり、ずっと以前溶岩に穴をあけて造ったカヌーの係留穴がたくさんある。以前はよく強い潮の流れがカヌーを深い荒れ狂う

破壊の１日

カウはハワイ観測史上最悪の1868年大地震の震源地だった。3月27日からのまる5日間一連の余震と振動で大地は連続的に揺れ続けた。その後4月12日午後、大地はあらゆる方向に猛烈に揺れ、地表の下から地獄のような光景が現れた。

幸運にも高い所にいた者は、急速に移動する溶岩の川が丘の側面を流れ落ち、その進路にある何もかも、人、家、畜牛すべてをのみ込むのを目撃した。数分以内に海岸に大津波が押し寄せ、近くの村々は波に押し流された。

地震、溶岩流、大津波のこの致命的な3重の災害はカウの景色を永久的に変えてしまった。巨大な噴石丘が大きな音をたてて斜面を崩れ落ち、1回の地滑りで1つの村が完全に埋没した。ハイウェイ沿い、サウス・ポイントの分岐点から西に2マイル（約3.2km）の所でその1868年の溶岩流を見ることができる。その下に以前のカフクKahukuの村は眠っている。

海に引っ張り出したものだ。積極的な昔のハワイ原住民は岸にロープをつないで海にさらわれることなく漁をすることができた。

崖の端につくられた木製のプラットフォームには、小船を停泊させるための巻き上げ機と踏み台が備わっている。その巻き上げ機の下、比較的静かな海でウミガメが1匹か2匹滑るように泳いでいるのが見えるかもしれない。

プラットフォームのすぐうしろの溶岩に大きな無防備なプカpuka（穴）があり、そこに押し寄せる波によって海水が穴の側面を上がり下がりするのをのぞくことができる。どの程度が波頭の上限なのかはっきりしないのでのぞく際はよく注意しよう。

水路標識灯を通り過ぎ壁に沿って歩き続けるとついにアメリカ最南端にたどり着く。ここには標識も土産物屋も何もない。あるのは激しくぶつかりあう波と強い風だけだ。

グリーン・サンド・ビーチ
Green Sands Beach

左の分岐路を選んだ人は1軒の掘建て小屋で行き止まりになる。ここはカ・ラエでも案内所でもなく、ただの通過点に過ぎない。ここで地元民は臨時にこしらえた一画を「安全確実な駐車」と称して＄5徴収する。そんな資本主義的なやり方はずるい（しゃくに障る）。法的に言えばハワイでは海岸線に出るのはどんな場合も法律で無料となっている。そこで彼らは入場料を課せられないので駐車料作戦となるわけだ。地元民は何マイルもの道のりでただ1つのトイレを設置している。人にとっては千金の値打ちがあるだろう。

カ・ラエから海岸線に沿って約40分歩いてここに来ることもできる。いわゆる駐車場近くの船着場に着いたら、わだちのついた土の道路をもう2.5マイル（約4km）進む。車高の高い4WD車を持っているならここまで車で乗って来ることも考えられる。だが、道路はデコボコでおよそ25分かかる。

この道は風は強いが穏やかで美しいハイキングコースだ。途中、緑色の砂の窪地が陽光に輝いているのに気づくだろう。この緑色の砂は溶岩の崖から欠け落ちた準宝石のかんらん石の結晶で、容赦なく叩きつける波で滑らかに削り取られたものだ。かんらん石は火山性玄武岩の一種で鉄、マグネシウム、硅石を多く含んでいる。

当然、グリーン・サンド・ビーチへ行くには崖を這い降りる必要がある。波が高い時は海岸全体が海水であふれてしまうことがあるので凪の日を選んで行ってみよう。現在、この美しい小さな海岸は踏みならした道の真っ正面にある。さらに離れた場所については海岸へ出る道を調べよう（本章後出「海への道」を参照）。

ハワイアン・オーシャン・ビュー・エステート
HAWAIIAN OCEAN VIEW ESTATES

マヌカ州立ウェイサイド・パークManuka State Wayside Parkの手前数マイル（数km）の所に、ホナウナウHonaunauまでのハイウェイの長い区間に入る前の最後のサービス施設がある。ハワイアン・オーシャン・ビュー・エステートHawaiian Ocean View Estates（HOVE）と南部の隔たった区域のための商業中心地だ。ガソリンスタンド、郵便局、金物店、スーパーマーケット、そして幾つかの地元のレストランがある。

この地域はハワイでまったく観光リゾートのない日当たりの良い広々とした最後の土地の1つだ。大規模な開発計画が時々出ては議論を呼んでいるが、これまでのところすべて廃案になり島の環境保護主義者は安心している。

しばらく文明から身を隠したいなら**ブーゲンビリア B&B Bougainvillea B & B**（☎929-7089、800-688-1763　w www.hi-inns.com/bouga　S＄65 W＄70）がおすすめ。プールとホットタブがある。**レイラニ・ベッド・アンド・ブレックファスト Leilani Bed & Breakfast**（☎939-7452　e leilanibb@aol.com　S＄45 W＄50 続き部屋＄60）ではオーナーが主催する洞窟探検ツアーがある。

海への道

あなたを今にも飲み込んでしまうかもしれない溶岩、棚、亀裂に近づくのは危険なことだと自覚しよう。こんな風に危険を犯すのは、ほんのわずかな人に限られている。これらを避ければ自分なりに海岸を楽しむことができる。ハワイ語には風を現わす言葉が130あり、ここできっとそのほぼすべてを体験することになるだろう。静かな日もたまにあるが、たいていは飛び交う砂で耳の内側までジャリジャリになってしまうだろう。

79マイルマーカーと80マイルマーカーの間の郵便ポストで向きを変える時に走行距離計をセットしよう。ここから原始的な溶岩の通った跡を越え、2つのビーチのうちの小さい方の**カウプアア Kaupuaa**の黒砂海岸まで6マイル（約9.7km）の長く厳しい道のりだ。およそ45分かかり、ほとんど直線だ。

次のビーチへは正確に5.5マイル（約8.8km）行った所で右折する。5.5マイル標識で右の脇道に入らないこと（ラバだけが進める細い道）。また5.5マイル標識を過ぎてから右の脇道へも行かないように、すぐに迷ってしまうので。道は急に右に曲がってから再び海岸に向かうが、いつも簡単に見分けがつくほどはっきりしてない。車から下りて頻繁にルートを確認しよう。また、車は砂に埋まることを覚えておこう。赤いプウpuu（丘）の手前に駐車して海まで歩こう。全部を歩こうと決めてもたった1.5マイル（約2.4km）ほどだ。飲み水はない。暑く日陰もないので、運べるだけ水を持って行こう。

ご褒美は多分ほかには誰もいない美しい**グリーン・サンド・ビーチ green-sand beach**だ。北側の端まで歩けば数カ所温水が湧き出ている、ライム色の淡水の小さな池に行き着けるだろう。

マヌカ州立ウェイサイド・パーク
MANUKA STATE WAYSIDE PARK

この13.5エーカー（約5.5ヘクタール）の森林公園に生えている木々や低木には48のハワイ原産種と130の外来種が含まれる。81マイルマーカーのすぐ北にあるこの公園は2万5500エーカー（約1万320ヘクタール）のマヌカ自然保護区Manuka Natural Area Reserveの真ん中にある。保護区はマウナ・ロアの斜面からずっと海まで達している。保護区内には2、3のヘイアウ（神殿）やほかの遺跡がある。**マヌカ・ネイチャー・トレイル Manuka Nature Trail**は溶岩流や雨林の中を歩き、自然を理解する2マイル（約3.2km）の周遊コースで、駐車場の上から始まる。トレイルの多様な植物の説明がついた詳細なパンフレットがヒロの州立公園事務所で手に入る。

キャンプは道路近くの3面屋根付きシェルターで許可を得れば可能だ。寝袋5人分ほどのスペースがある。いざという時はヒロとコナの間で一夜の休息の場を提供してくれるが、変な雰囲気でちょっとみすぼらしい。トイレとピクニックテーブルはあるが、飲料水はない。

マウイ島

Maui

大昔、ヘラクレスのような怪力とオデッセウスのような狡猾さを合わせ持つマウイ島Mauiは、ハワイ諸島を海から釣り針で引っ張り上げた半神半人の英雄だ。ハレアカラ火山Haleakala volcanoに登って太陽を投げ縄で捕らえ、ハワイの島々が太古の闇から救われるまで放してやらなかった。マウイの神秘に満ちた大仕事のおかげで、現在でも避寒に訪れる旅行者は陽光に恵まれた120マイル(約193km)に及ぶ海岸線でのんびり過ごすことができる。

'Maui no ka Oi'「マウイが1番」とことわざのように言われる。ハワイ最大の島ではないし、州都もなく、ワイキキからも遠く離れているが、旅行者がハワイの島々の人気投票をしたとしたら、マウイ島は隣島の中で絶対1番に選ばれるに違いない。絶滅が危惧されるザトウクジラでさえ、冬の移動の際には、ほかよりもこの辺りの暖かい海岸線の水域に好んでやって来る。

新婚旅行客、サーファー、ハイカーは、みんなそれぞれマウイ島で小さな楽園を見つけるだろう。自然のオーシャン・バスや人里離れた所にある滝、壮麗な火山の高地にひそかな喜びを見い出す余地もある。古くからの捕鯨の町ラハイナLahaina、カアナパリKaanapaliやカパルアKapaluaのリゾート、キヘイ通りKihei stripなどの旅行者が集まる場所でさえ、超高層ビルが建ち並ぶようなことはない。

マウイ島にはまだまだ手付かずの部分がある。全島1周に2時間しかかからないので、ちょっとした息抜きに遠路はるばる行く必要はない。パイアPaiaやハイクHaiku、ハナHanaといった小さな町に滞在するだけでまったく違った経験になる。これらの集落は、イースト・マウイならどこからでも背景に入る荘厳な山ハレアカラの麓にある。そのすぐ外には原生の熱帯雨林やユーカリ林、アップカントリーUpcountryの農園、ハワイのカウボーイがいまだに活躍する広々とした牧草地帯などがある。

標高1万23フィート(約3055m)のハレアカラ火山は、噴き出したまま固まった赤い噴石や灰色の溶岩丘に覆われ、特異な景観になっている。信じがたいほどすばらしいトレイルが何本も火口原を横切り、頂上で見る日の出は畏敬の念をおぼえるほど感動的だ。ハレアカラの風上側は青々と緑が茂り、雨が多く、起伏が多い。有名なハナ・ハイウェイHana Hwyは、その海岸線を東西に走り抜け、熱帯のジャングルの中も曲がりくねって進み、道路際にある滝を横目に見ながら走る。間違いなくハワイでもっとも美しい海岸道路だろう。

時間が止まったようなハナの町の向こうには、ピイラニ・ハイウェイPiilani Hwyが続き、竹林や滝の水だまり、オヘオ峡谷Oheo Gulchの断崖を通り、驚嘆するほどすばらしいカウポ・ギャップKaupo Gapや波が猛り狂う荒涼としたビーチへいざなう。それは劇的にそそり立つ断崖や溶岩の割れ目、自然のままの入り江などを通りながらウエスト・マウイをくねって進むカヘキリ・ハイウェイKahekili Hwyにも勝るとも劣らない。

ハイライト

- 古代の山ハレアカラの頂上で日の出を眺める
- ホオキパ・ビーチ Hookipa Beachで熟練者と一緒にウインドサーフィンを楽しむ
- ハナ・ハイウェイのドラマチックな海岸線を断崖に沿って曲がりくねって走る
- 威厳のあるザトウクジラの群れの中をクルーズ
- ビッグ・ビーチでトカゲのように日光浴

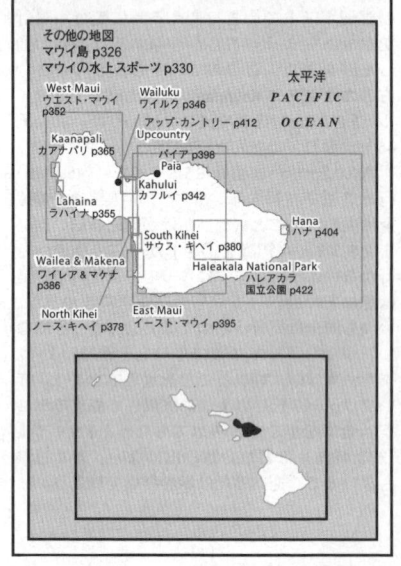

その他の地図
マウイ島 p326
マウイの水上スポーツ p330

West Maui ウエスト・マウイ p352
Kaanapali カアナパリ p365
Lahaina ラハイナ p355
Wailea & Makena ワイレア&マケナ p386
North Kihei ノース・キヘイ p378
Wailuku ワイルク p346
アップ・カントリー p412
Paia パイア p398
Kahului カフルイ p342
South Kihei サウス・キヘイ p380
East Maui イースト・マウイ p395
Hana ハナ p404
Haleakala National Park ハレアカラ国立公園 p422

太平洋 PACIFIC OCEAN

歴史

西洋文化が入る以前、マウイ島には人口の集中している地域が3つあった。ハナの辺りの南東海岸やワイルクWailuku地域、それにレレLele地区(現在のラハイナ)だ。14世紀には、ハナ地区の首長ピイラニが全島を征服した。

ピイラニが統治している間には、見事な技術的功績が幾つも見られる。彼は、現在もまだ存在するマウイ島最大の神殿ピイラニハレ・ヘイアウPiilanihale Heiauを築き、全島に道路網も完成させた。マウイ島のハイウェイのほとんど半数以上は、現在でも彼の名前をハイウェイ名に冠している。

マウイ島を最後に治めたのはカヘキリだった。1780年代には、彼はハワイでもっとも権力のある首長で、オアフ島やモロカイ島もマウイ島の統治下にあった。1790年、カヘキリがオアフ島に滞在していた時、カメハメハ大王がマウイ島に大胆な海戦を挑んだ。外国から入手した大砲と、2人の外国人船員捕虜アイザック・デイビスとジョン・ヤングの助けにより、カメハメハはマウイ島の戦士たちをイアオ渓谷Iao Valleyの激戦で撃ち破った。

その後ビッグ・アイランド（ハワイ島）の宿敵に自分の島を攻撃されて、カメハメハはマウイ島からいったん撤退したが、戦いはその後何年も続いた。1794年にカヘキリがオアフ島で亡くなった後、彼の王国は分割された。1795年にカメハメハはマウイ島に再び侵攻。今度は全島を手中に収め、彼の統治下に置いた。1800年、彼は軽い気持ちで宮殿をラハイナに築いたが、カメハメハ3世が1845年にホノルルに移るまで、それがハワイの首都となった。

捕鯨の時代

19世紀初頭にラハイナにやって来るようになった捕鯨船団と宣教師たちは、間もなく対立するようになる。

1823年、ラハイナ初のプロテスタント宣教師ウィリアム・リチャーズは、到着後すぐにマウイ先住民の知事ホアピリをキリスト教に改宗させた。リチャーズの影響を受けたホアピリは、酒浸りと淫蕩を取り締まる法律の制定を始めるが、洋上生活を数カ月も過ごして入港する捕鯨船員たちは祈祷会など求めていなかった。船員たちにとっては「ホーン岬の西に神はなし」なのだ。

1826年、入港してきた捕鯨船ダニエル号のイギリス人船長ウィリアム・バックルは、ラハイナに女遊びを戒める新しい「伝道上のタブー」ができたことを知って怒り狂った。バックルの船員たちは海岸にやってきてリチャーズに報復しようとしたが、ハワイ人キリスト教徒たちがリチャーズを助けに集まり、捕鯨船員たちを船に追い返してしまった。

その後バックル船長がハワイ人女性を買ったことで、リチャーズは本国に事の成り行きを詳しく説明する手紙を書き送った。それがニューヨークの有名な新聞に掲載され、名誉毀損訴訟を引き起こす。リチャーズは裁判のためにオアフ島に召喚されるが、彼はハワイ人のアリイ（首長たち）により無罪放免された。

翌年、ホアピリ知事が船に女性を上げたかどでジョン・パルマー号の船長を逮捕し、それに怒った船員たちがリチャーズの家に向けて大砲を一発撃ちこんだ。船長は釈放されたが、船員と土地の女性が密通することを禁止する法律は残された。

ホアピリ知事の死後、酒と売春を取り締まる法律が効力を失い始め、捕鯨船がラハイナに群がり始めた。間もなく、ハワイに来る捕鯨船の3分の2は、それまでお気に入りだったホノルルに取って代わってラハイナに上陸するようになり、1846年には400隻もの船が入港した。

しかし1860年代になる頃には、捕鯨産業が衰退し始める。北極に残っていた最後の捕鯨水域の枯渇と石油産業の出現は、アメリカの捕鯨時代の終焉を意味していた。捕鯨はそれまでマウイ島の経済を支えていたため、捕鯨船が去った後、ラハイナはほとんどゴーストタウンのようになってしまった。

砂糖と観光業

捕鯨が斜陽になると、製糖業が注目を浴びるようになってきた。最初の農園主は有名な宣教師の息子たち、サミュエル・アレクサンダーとヘンリー・ボールドウィンの2人だ。1870年に、ハイクHaikuで12エーカー（約4.9ヘクタール）のサトウキビを栽培し始めたのが、ハワイ最大の製糖会社の起こりとなった。

1876年、アレクサンダー・ボールドウィン社は、17マイル（約27km）離れた内陸の山地から水をハイク・プランテーションまで運ぶためのハマクア水路の建設に着手する。この水路がワイルクの乾いた中央平原を緑のサトウキビ畑に変えていった。

1960年代に観光業が取って代わるまで、砂糖は地域の経済を支えていた。ラハイナは世界中からジェット機で遊びに来るお金持ちの遊び場になり、1970年代には砂糖の代わりに甘いセックスやドラッグ、ロックンロールが隆盛になっていった。

地理

ハワイ諸島で2番目に大きい島マウイ（728平方マイル＜約1885km²＞）は、海底から火山が2つ隆起したような形になっている。溶岩の流出と土壌の侵食作用で平らで狭い地峡が2つの島の間に徐々に形成され、サトウキビに良い肥えた土壌がたまり、「渓谷の島」と呼ばれる現在の島の姿がつくられた。

マウイ島の東側には、標高1万23フィート

マウイ島

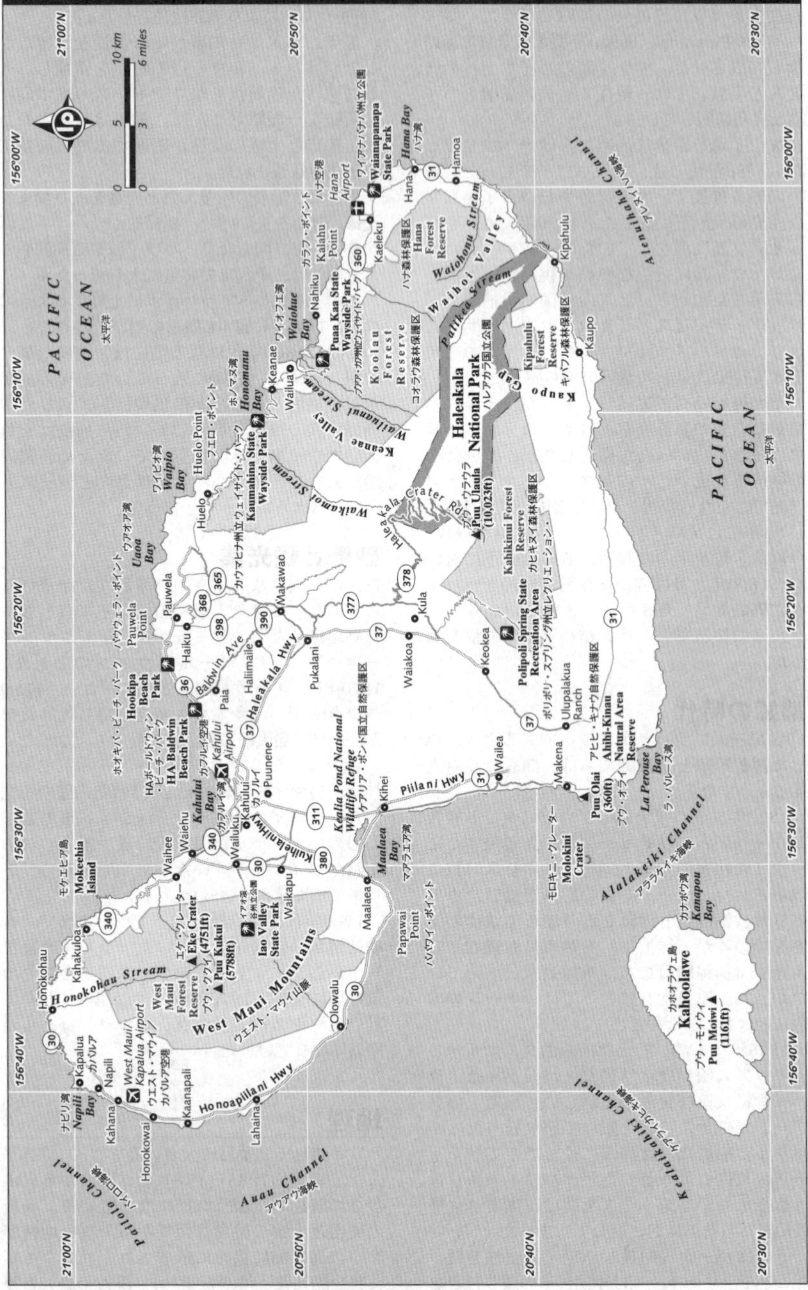
PACIFIC OCEAN
太平洋
Pailolo Channel
パイロロ海峡
Auau Channel
アウアウ海峡
Kealaikahiki Channel
Alalakeiki Channel
アララケイキ海峡
Alenuihaha Channel
Kahoolawe
カホオラウェ島
Puu Moiwi (1161ft)
プウ・モイウィ
Kanapou Bay
カナポウ湾
West Maui Mountains
ウエスト・マウイ山脈
West Maui Forest Reserve
Puu Kukui (5788ft)
プウ・ククイ
Eke Crater (4751ft)
エケ・クレーター
Iao Valley State Park
イアオ渓谷州立公園
Honokohau Stream
Honokohau
Kahakuloa
Mokeehia Island
モケエヒア島
Waihee
Waiehu
Wailuku
Kahului
カフルイ
Kahului Bay
カフルイ湾
Kahului Airport
カフルイ空港
HA Baldwin Beach Park
HAボールドウィン・ビーチ・パーク
Hookipa Beach Park
ホオキパ・ビーチ・パーク
Paia
Haiku
Pauwela
Pauwela Point
パウウェラ・ポイント
Uaoa Bay
ウアオア湾
Huelo
Huelo Point
フエロ・ポイント
Waipio Bay
ワイピオ湾
Kaumahina State Wayside Park
カウマヒナ州立ウェイサイド・パーク
Honomanu Bay
ホノマヌ湾
Keanae
Wailua
Waiohue Bay
ワイオフエ湾
Puaa Kaa State Wayside Park
プアア・カア州立ウェイサイド・パーク
Nahiku
Kalahu Point
カラフ・ポイント
Hana Airport
ハナ空港
Waianapanapa State Park
ワイアナパナパ州立公園
Hana
Hana Bay
ハナ湾
Hamoa
Kaeleku
Hana Forest Reserve
ハナ森林保護区
Koolau Forest Reserve
コオラウ森林保護区
Waiohonu Stream
Waihoi Valley
Kipahulu
Kipahulu Forest Reserve
キパフル森林保護区
Kaupo
Kaupo Gap
Haleakala National Park
ハレアカラ国立公園
Palikea Stream
Puu Ulaula (10,023ft)
プウ・ウラウラ
Haleakala Crater Rd
Kahikinui Forest Reserve
カヒキヌイ森林保護区
Polipoli Spring State Recreation Area
ポリポリ・スプリング州立レクリエーション・エリア
Waikamoi Stream
Keanae Valley
Wailuanui Stream
Makawao
Kula
Keokea
Waiakoa
Pukalani
Halimaile
Puunene
Haleakala Hwy
Baldwin Ave
Kealia Pond National Wildlife Refuge
ケアリア・ポンド国立自然保護区
Kihei
Piilani Hwy
Wailea
Makena
Ulupalakua Ranch
Ahihi-Kinau Natural Area Reserve
アヒヒ・キナウ自然保護区
Puu Olai (360ft)
プウ・オライ
La Perouse Bay
ラ・ペルーズ湾
Molokini Crater
モロキニ・クレーター
Maalaea
Maalaea Bay
マアラエア湾
Papawai Point
パパワイ・ポイント
Waikapu
Kuihelani Hwy
Olowalu
Lahaina
Honoapiilani Hwy
Kaanapali
Honokowai
Kahana
Napili
Napili Bay
ナピリ湾
Kapalua
カパルア
West Maui/Kapalua Airport
ウエスト・マウイ/カパルア空港
21°00'N
20°50'N
20°40'N
20°30'N
156°40'W
156°30'W
156°20'W
156°10'W
156°00'W
0 5 10 km
0 3 6 miles

（約3055m）のハレアカラがどっしりと構え、海底から頂上までは5マイル（約8km）の距離がある。この比較的若くて大きな火山には、無数の噴石丘や通気口のある巨大なクレーターのような谷がある。ハレアカラが最後に噴火したのはおそらく1790年のことである。それから現在に至るまでは地質学的時間でいえば、うたた寝をしているにすぎないのだろう。

ウエスト・マウイ山系の最高地点プウ・ククイPuu Kukui（5788フィート＜約1764m＞）はもっと古い火山で、徐々に侵食されつつある。どちらの山も、降雨量の多い北東部には、海岸まで深く切り込む渓谷が集まっている。白砂のビーチのほとんどは、島の西側の海岸線に並んでいる。

気候

マウイ島のコナkona（風下）の西海岸は、おおむね乾いていて太陽に恵まれている。コオラウkoolau（風上）にあたる南東沿岸とクラKula高地にはかなり雨が降り、いつも曇りがちだ。

気温は季節よりも海抜に左右される。ハレアカラ山頂でこれまでに記録された最低気温は14°F（–10℃）で、冬の夜には氷点下近くにまで下がることがよくあり、冠雪することさえある。日中の最高気温も年中だいたい8°F（13℃）くらいしか上下しない。ラハイナ、キヘイ、ハナでは、8月の日中の平均気温は80°F（27℃）に達するが、ハレアカラの山頂では50°F（10℃）にしかならない。

マウイ島では12月から3月にかけてもっともたくさん雨が降り、西海岸の降水量は年間平均15インチ（約38cm）、一方ハナでは69インチ（約175cm）もある。ハレアカラ・クレーターの中では、砂漠地帯から熱帯雨林まで多種多様な気候条件が分布している。乾燥したワイルク平原から5マイル（約8km）しか離れていないプウ・ククイには、アメリカの年間降水量の最高記録がある。年中水浸しの739インチ（約1877cm）という記録だ。

マウイ島の天気予報を知りたければ、国立測候所（☎877-5111）に電話をかけると録音情報が聞ける。サーフィンのコンディションや風、潮流も含めたもっと詳しい海上気象予報は、☎877-3477で得られる。もしあなたがボード・サーファーなら、冬には最大級の波が楽しめる。ウインドサーファーなら、夏の風がもっとも良いコンディションになる。

動植物

絶滅が危惧されるネネ（ハワイ雁）や珍しいシルバーソード（銀剣草）がもっとも多く見られるのはマウイ島だろう。ハレアカラにはその両方が生息している。マウイ島はザトウクジラを観察するにも最適な島だ。

マウイ原産の鳥類で少なくとも6種が、世界中でここだけでしかお目にかかれない固有の鳥だ。マウイ・パロットビル（オウムハシハワイマシコ）、マウイ・クリーパー、マウイ・アケパ（カンムリミツスイ）そしてシナモン色をしたポオウリなどで、これらの鳥はすべて絶滅の危機に瀕している。驚いたことにポオウリは、1973年にハナ熱帯雨林の奥地で作業をしていたハワイ大学の学生グループが見つけるまで、発見されたことがなかった。

マウイ島にはまた、野生化した豚や山羊、狩猟用の鳥がいて、それらはすべて趣味の狩猟の対象になったり、自然環境を脅かす外来種の害を防ぐ目的で捕獲されたりしている。

ザトウクジラ

アラスカで夏を過ごした後、北太平洋のザトウクジラの半分以上はハワイで越冬する。ザトウクジラが1番よく見かけられるのは、避寒客がもっとも多い時期と同じだ。早いものでは11月初旬には現れ、1番遅くて5月までとどまるクジラもいるが、ほとんどは1月から3月にかけて滞在する。

クジラのほとんどはマウイ島、ラナイ島、カホオラウェ島の間の浅瀬にいる。ザトウクジラは尾ビレの模様が1頭ずつ違うので個体識別がしやすい。成長すると体長45フィート（約14m）、重さは45トンにもなるが、その大きさにもかかわらず、弓なりに反り返ったり、海面に回転しながらジャンプしたり、尾ビレで水を跳ね返したり、時に驚くべきアクロバットショーを見せてくれる。

マウイ島の西海岸とラナイ島の東海岸は、越冬するザトウクジラの交尾・出産・子育ての主な場所だ。彼らは子クジラがまだ生まれて間もない頃、サメから身を守るため、浅瀬にいるのを好む。マアラエア湾Maalaea Bayが子育てに1番好まれるが、マリンスポーツでにぎわうラハイナの辺りでは、クジラはだいたい海岸から遠く離れた所にとどまる。ラウニウポコ・ウェイサイド・パークLauniupoko Wayside Parkまで遠く南に足を延ばせば、クジラが簡単に見つかるだろう。マウイ島では、オロワルOlowaluからマアラエア湾にかけてと、ケアワカプ・ビーチKeawakapu Beachからマケナ・ビーチMakena Beachにかけてがホエールウォッチングに最適な海岸だ。

ザトウクジラは人間が邪魔したり、大きな音をたてたりするのをもっとも嫌う。州法ではこれらの海域を守るため、クジラから300ヤード（約274m）以内に船や泳いでいる人が近

づくのを禁じ、違反者には2万5000ドルの罰金を課すことにしている。この法律では泳いでいる人やカヤックをする人、サーファーも対象になり、違反者が法律を知らなかった場合でも厳格に実行されている。ジェットスキーのような水上スポーツは繁殖行動を妨害するので、マウイ島の南西海岸沿いでは12月中旬から4月中旬まで厳格に禁止されている。

政治

マウイ・カウンティ(郡)はマウイ島、モロカイ島、ラナイ島、そして無人のカホオラウェ島で構成されている。カウンティの首都はワイルクにあり、選挙で選ばれた任期4年の市長と、任期2年の議員9名がカウンティを治めている。

経済

ハワイの観光業界では、マウイ島はオアフ島に次いで大きなシェアを持ち、隣接すべての観光客宿泊施設を合わせた約半分程度がマウイ島にある。だが、数が多いからといって必ずしも安いわけではない。マウイ島の客室価格はハワイでもっとも高く、平均1泊＄192、州の平均よりもおよそ25％は高い。

マウイ島では、驚いたことに乳牛や肉牛の放牧にもっとも多くの土地が使われている。サトウキビ農園1エーカー(約0.4ヘクタール)あたり、牧場は3エーカー(約1.2ヘクタール)の割合になる。砂糖やパイナップルの収穫高は近年急激に減少してきているが、パカロロ(マリファナ)栽培はいまだに州のドル箱産業で、特に「マウイ・ウーウィー」が人気だ。

クラKulaは、州内でも特に花や野菜の栽培が盛んな地域の1つで、ハワイで産出されるキャベツ、レタス、タマネギ、ジャガイモの半分以上、販売用に栽培されるプロテアやカーネーションのほとんど全部がここから出荷されている。

島の各地ではハイテク産業も育ちつつある。多くの科学的調査が熱帯雨林保護区や海洋保護区域、ハレアカラの山頂など各地で行なわれている。マウイ島の失業率は現在4.5％だ。

住民

マウイ島の人口は11万8000人で、ワイルクとカフルイの2つの姉妹町を含むワイルク地区に島の半分が住む。1990年代には、本土からの移民のおかげで人口が30％も増加した。

民族的には、人口の26％が白人、16％がフィリピン系、11％が日系だ。マウイ島の住民の4分の1が、自分はハワイ先住民を祖先に持つ「混血」だと考えているが、純血のハワイ先住民は2％にも満たないとされている。

オリエンテーション

マウイ島を訪れるほとんどの旅行者はカフルイにある主要空港に到着する。

　ほとんどの幹線道路は、交通量の多い4車線の大通りであろうと、静かな田舎道であろうと、どれもハイウェイと呼ばれているので気をつけること。それ以上に、島民はハイウェイのことを名前で呼び、番号ではめったに呼ばない。誰かにハイウェイ36への行き方を尋ねても、おそらく分かってもらえないだろう。代わりにハナ・ハイウェイと尋ねるほうが分かりやすい。

地図

島巡りに1番詳しい地図は、「レディ・マップブック・オブ・マウイ・カウンティ*Ready Mapbook of Maui County*(すぐに使えるマウイ・カウンティ・マップブック)」だが、百科事典のようで確かにかさ張る。軽量の折り畳み式地図はネレスNelles社の「マウイ、モロカイ、ラナイ*Maui, Molokai & Lanai*」がおすすめ。カラフルなフランコFranko社の地図「マウイ・ザ・バレー・アイル*Maui, The Valley Isle*(マウイ、渓谷の島)」(Ⓦwww.frankosmaps.com)は防水加工で破れにくく水上スポーツに詳しいので、ダイブショップでも売られている。

インフォメーション

観光案内所

小規模のビジター・インフォメーション・センターが、ラハイナ(後出の「ウエスト・マウイ」の章参照)とワイルク(セントラル・マウイ)にある。ほかに情報を得る方法がなかったら、現地のツアー手配会社やホテルのコンシェルジュに頼るよりも、地元の人の口コミのほうが確かだ。マウイに関するインターネット情報ならⓌwww.infomaui.comやⓌwww.mauivisitor.comを試してみるといい。

郵便・通信

郵便の本局はワイルクにある。もっとも便利なビジネスセンターはカフルイにある24時営業の**キンコーズ Kinko's**(☎871-2000、🏠Dairy Center, 395 Dairy Rd)だろう。キンコーズでは1分20¢でインターネットが使える。インターネットカフェの多くはもっと安く、1時

間＄6くらいだが、店が長続きしない場合も多い。ワイルクのユースホステルとB&B（ベッド＆ブレックファスト）では、宿泊客に無料のインターネットサービスを提供している所もある。

それ以外では、カフルイ、ワイルク、ラハイナ、キヘイ、マカワオMakawao、そしてハナにある公共図書館がおすすめだ。図書館でのインターネット利用に関しては、「基本情報」の章の「図書館」を参照。

新聞・雑誌

マウイ島の主要新聞「マウイ・ニュース*Maui News*」（www.mauinews.com）は土曜日を除く毎日発行で、島内外のニュースを紹介している。ほかには、無料配布されている週刊「マウイ・タイム*Maui Time*」（www.mauitime.com）もあり、エンターテインメントやスポーツ、島内政治についての内幕情報を載せている。「ラハイナ・ニュース」Lahaina Newsや「ハレアカラ・タイムズ」Haleakala Timesのように地元の話題を中心に紹介する小さな地域の新聞も幾つかある。

「ディス・ウィーク・マウイ*This Week Maui*（今週のマウイ）」や「101シングス・トゥ・ドゥー：マウイ*101 Things to Do: Maui*（やりたいこと101：マウイ編）」のような旅行者向けの無料情報誌には、広告や割引クーポン券、簡単な地図、一般的な観光情報などが満載だ。空港や島内のホテル、レストランなどで見かけたら、もらっておく価値がある。

ラジオ・テレビ

マウイには、ほとんどいつもハワイアンミュージックを流しているKPOA（93.5 FM）やKNUI（900 AM）、ハワイNPR（公共放送National Public Radio、90.7 FM）など数多くのラジオ局がある。

アメリカ本土の主なテレビネットワークはケーブルで観ることができる。ケーブルテレビのチャンネル7は、ハワイに関する旅行者向け番組を始終流している。

書店

ボーダーズ Borders（☎877-6160 Maui Marketplace, 270 Dairy Rd, Kahului 日〜木 9:00〜22:00、金・土 9:00〜23:00）は島内最大の大手系列書店だ。**ラハイナ・ブックス・エンポリアム Lahaina Book Emporium**（☎661-1399 505 Front St, Lahaina 月〜土 9:00〜21:00、日 10:00〜18:00）も立派な個人経営の書店。プウネネPuuneneにある「10¢ブックストア」（☎871-6563 月〜土 8:00〜16:00）もチェックするといい。

緊急のとき

警察、救急、消防の通報は**緊急通話番号 emergency line**（☎911）を利用すること。

マウイ・メモリアル医療センター
Maui Memorial Medical Center
☎244-9056
221 Mahalani St, Wailuku
大きな病院で、24時間の救急サービスを提供している。

ウエスト・マウイ・ヘルスケア・センター
West Maui Healthcare Center（☎667-9721 Whalers Village, 2435 Kaanapali Pkwy, Kaanapali 8:00〜22:00）は外来患者を受け付ける診療所の1つ。**プランド・ペアレントフッド・オブ・ハワイ（ハワイ家族計画協会）Planned Parenthood of Hawaii**（☎871-1176 Suite 303, 140 Hoohana St, Kahului）は低料金で性と生殖に関する健康サービスを実施している。ほかにも、キヘイ、ワイルク、ラハイナの各項を参照。

アクティビティ

トム・ベアフッツ・キャッシュバック・ツアーズ Tom Barefoot's Cashback Tours（☎888-222-3601 www.tombarefoot.com 834 Front St, Lahaina）は誠実な会社を探している人におすすめだ。ここのアクティビティ予約サービスはマウイ島の旅行業者をほとんどすべて網羅している。ラハイナ周辺や主要リゾート地の別の旅行業者のほうが安いこともあるが、内容に関しては保証の限りではない。

空港の近くのカフルイKahuluiは、スポーツ用具レンタルショップの多くが集まっている。**エクストリーム・スポーツ・マウイ Extreme Sports Maui**（☎871-7954、877-376-6284 www.extremesportsmaui.com Dairy Center, 397 Dairy Rd）はどんなスポーツに関しても、すべてのものが一度にそろう店だ。

水泳

マウイ島にはどこまでも続くすばらしいビーチがある。島の西側は乾燥していて天気が良く、海の状態は風上にあたる北と東の海岸線に比べてたいてい静かだ。

マウイ島の西と南にある最上のビーチの多くには、ホテルやコンドミニアムが建ち並んでいる。ビーチの真ん前に泊まりたいなら良いかもしれないが、静けさがお好きならあまりおすすめはできない。それでもまだ、キヘイから車で南へ少し行った所にある有名なマケナズ・ビッグ・アンド・リトル・ビーチズ

マウイの水上スポーツ

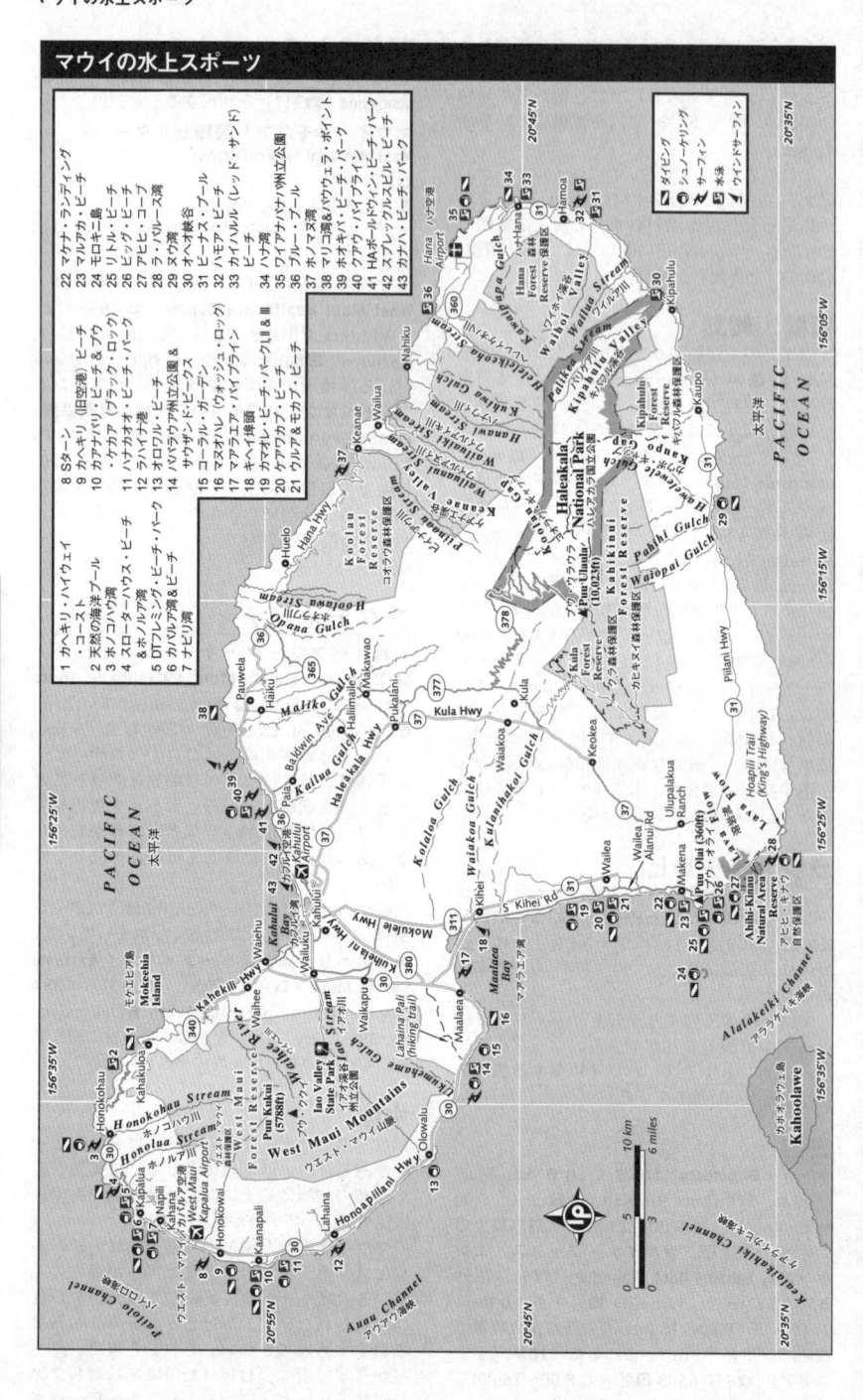

マウイの水上スポーツ

1 カヘキリ・ハイウェイ
2 ヌエスト
3 天然の海洋プール
4 ホノコハウ湾
5 スローターハウス・ビーチ & ホノルア湾
6 DTフレミング・ビーチ・パーク
7 カパルア湾 & ビーチ
8 Sターン
9 カヘキリ（旧空港）ビーチ
10 カアナパリ・ビーチ & ロック
11 ハナカオオ・ビーチ・パーク
12 ラハイナ港
13 オロワル・ビーチ
14 ノパラコア州立公園 & サウザン・ビーチ・パーク
15 コーラル・ガーデン
16 マヌオハレ（ウォッシュ・ロック）
17 マアラエア・バイプライン
18 キヘイ埠頭
19 カマオレ・ビーチ・パーク I, II & III
20 ケアワカプ・ビーチ
21 ウルア & モカプ・ビーチ
22 マケナ・ランディング
23 マルアカ・ビーチ
24 モロキニ島
25 リトル・ビーチ
26 ビッグ・ビーチ
27 アヒビ・コーブ
28 ラ・ペルーズ湾
29 ヌウ湾
30 オヘオ峡谷
31 ハモア・ビーチ・プール
32 ハモア・ビーチ
33 カイハル（レッド・サンド）ビーチ
34 ハナ湾
35 ワイアナパナパ州立公園
36 ブルー・プール
37 ホヌマヌ湾
38 マリコ湾 & パウウェラ・ポイント
39 ホオキパ・ビーチ・パーク
40 クアウ・バイプライン
41 HAホーボールドウン・スピルト・パーク
42 スプレッケルズビル・ビーチ・パーク
43 カナハ・ビーチ・パーク

Makena's Big and Little Beachesのように、開発の手が入っていない見事な海岸も残されている。

　手付かずの大自然に抱かれた水辺を探すなら、ハレアカラ国立公園Haleakala National Parkのハナ・ハイウェイ沿いにあるオヘオ峡谷Oheo Gulchの滝や隠れた池、マウイ島北東部のカヘキリ・ハイウェイから少しはずれた所にある天然のオーシャンバスがおすすめだ。

　マウイ・カウンティには、**カフルイ・プール Kahului Pool**（☎270-7410）、**キヘイ・アクアティック・センター Kihei Aquatic Center**（☎874-8137）、**ラハイナ・アクアティック・センター Lahaina Aquatic Center**（☎661-7611）、プカラニPukalaniの**アップカントリー・プール Upcountry Pool**（☎572-1479）、**ワイルク・ニュー・プール Wailuku New Pool**（☎270-7411）などの一般開放の温水プールもある。開館時間と行き方については、電話で問い合わせること。

カヤック

マウイ島の海は、普通早朝がもっとも澄んでいて静かだ。カヤックに人気のある場所は、キヘイ付近（サウス・マウイ）、オロワルOlowalu近くとカパルアKapaluaの北（ウエスト・マウイ）だろう。

サウス・パシフィック・カヤックス・アンド・アウトフィッターズ
South Pacific Kayaks & Outfitters
☎875-4848、800-776-2326
Ⓦ www.mauikayak.com
🏠Rainbow Mall, 2439 S Kihei Rd, Kihei
シングルカヤックが1日$30、ダブルカヤックなら$40で借りられる。半日のガイド付きカヤックツアー（$55～90）にはシュノーケリングと昼食が含まれ、ラ・パルース湾La Perouse Bayかウエスト・マウイに立ち寄る。

ケリーズ・カヤック・ツアーズ
Keli's Kayak Tours
☎888-874-7652
Ⓦ www.mauikayak.info
各地に立ち寄りながらシュノーケリングをするガイド付きオーシャンカヤックツアー（$60～100）を行っている。

ビッグ・カフナ・アドベンチャーズ
Big Kahuna Adventures
☎875-6395
Ⓦ www.bigkahunaadventures.com
🏠Island Surf Bldg, 1993 S Kihei Rd
マケナ周辺のカヤックツアーとキヘイ・コーブKihei Coveからのアウトリガー（舷外浮材付きの）カヌー・トリップ（$60～85）を行っている。

モロキニ島

火山の噴火口の大半が水没してできたモロキニ島は、マウイ島とカホオラウェ島の真ん中にある。噴火口の縁の半分は侵食され、海抜160フィート（約49m）の三日月型に残っている。

　伝説では、モロキニ島は嫉妬深い火の女神ペレにより創られた。愛人の1人が秘密裏にモオ（姿を変えた水トカゲ）と結婚した時、女神は怒り狂ってその聖なるトカゲを半分に引き裂いた。その尻尾がモロキニ島になり、頭がマケナのプウ・オライになったと言われる。ハワイ語で「多くの結び目」の意味を持つモロキニ島は、カホオラウェ島が誕生した時に残されたへその緒だという話もある。

　現在、モロキニ島は、豊富な魚とサンゴがあり水の透明度も高いことから、多くのシュノーケラーやダイバーを引きつけている。かつてモロキニ島の深い海には黒サンゴがたくさんあったが、1977年にこの島が自然保護地区に指定される以前に、ラハイナの宝飾店にほとんど送られてしまっていた。第2次世界大戦中は、アメリカ海軍がモロキニ島を標的にして射撃演習をしていたので、クレーターの底にはいまだに不発弾が見つかることがある（遊びでダイビングやシュノーケリングをしている分には何の危険もないので、心配はいらない）。

カヤックは**デュークズ・サーフ・アンド・レンタル・ショップ Duke's Surf & Rental Shop**（☎661-1970 🏠602 Front St, Lahaina）でも借りられる。ほかにも**トレードウインド・カヤック Tradewind Kayak**（☎879-2247）や**ハナ・ベイ・カヤックス・アンド・アウトフィッターズ Hana Bay Kayaks & Outfitters**（☎264-9566）などがある。

スキューバダイビング・シュノーケリング

ダイビングやシュノーケリングを楽しむボートツアーでは、マウイ島の海岸線に沿って行くものもあるが、主な目的地はモロキニ島Molokiniの海底火山クレーターとラナイ島だ。幾つかのダイビングボートはシュノーケルをしたい人も乗せるし、シュノーケリングツアーではダイバーも連れて行くが、自分が望むアクティビティが主目的になっているツアーを選ぶほうが良い。

　ビーチのシュノーケリングでもっとも人気があるのは、カアナパリKaanapaliのプウ・ケカアPuu Kekaa（黒い岩）やワイレアの岩場、マケナ・ビーチだろう。夏ならばホノルア湾Honolua Bayとスローターハウス・ビーチSlaughterhouse Beachも良い。海辺から魚が

透けて見えるアヒヒ・キナウ自然保護区Ahihi-Kinau Natural Area Reserveの入り江もおすすめ。カパルア湾Kapalua Bayはだいたい年中もっとも静かな場所で、シュノーケリングをするのに最適だ。

ラナイ島にもシュノーケリングに適した澄んだ海があり、しかも混み合うことがない。もっとも一般的な目的地はマネレ湾Manele Bayから少し離れたフロポエ・ビーチHulopoe Beachで、あまりたくさんのボートは島の北側には行かない。カテドラルCathedralにはトンネルやアーチ、ブリッジなどが連なり、魅惑的な水中奇岩城のようだ。

マウイ島の南西海岸から数マイル沖にあるモロキニ島は、マウイ島発のシュノーケリングツアーではもっとも人気のある場所だ。おとなしい魚が無数にいて、水はきれいに澄んでいる。モロキニ島には岩壁や岩礁があり、鼻の先が白いリーフシャークやマンタレイ（オニイトマキエイ）、カメなどの豊富な海洋生物がダイバーを喜ばせてくれる。だが、手付かずの自然に満ちた場所を期待してはいけない。この小島には毎日何十ものツアーボートがひしめき、人間の行動のすべてが岩礁を傷つけている。ボートから錨を下ろしたり引きずったりするため帯状にサンゴが削り取られ、ある部分は修復できないほど破壊されている。

たいてい朝の海は穏やかで水も澄んでいて、午後になると風が大きな波を起こし水を濁らせる。**マウイ・ダイブ・ショップ Maui Dive Shop**（☎800-542-3483　ⓌPwww.mauidiveshop.com）は島の各地に支店を持ち、ダイビングとシュノーケリングのおすすめスポットを詳しく記した分かりやすい地図を無料配布している。防水加工したオールカラーの地図や岩礁の魚たちを見分けるためのプラスチックカードなども販売している。

ダイブ・オペレーター　ほとんどのダイビングスクールは、再トレーニングから上級ライセンス取得コースまで幅広いサービスを提供している。初心者は講習とロープの取り扱い方実習に4日間が必要になる。ライセンス取得が目的なら小さなクラスが1番良い。アクティビティ・デスクで無駄な時間をつぶさないで、オペレーターに直接出向いて予約すること。

マウイ・ダイブ・ショップ
Maui Dive Shop
☎800-542-3483
Ⓦwww.mauidiveshop.com
潜水指導員協会PADIでも最高ランクのオペレーターで、タンク1本の入門ダイビングで$70、タンク2本のボートダイビングだと$100、3日半のライセンス取得コースなら$300になる。ボートは一度に18人まで乗れるが、まさに集団オーディションの様相だ。島内に支店が幾つかある。

マウイ・ドリームス・ダイブ・カンパニー
Maui Dreams Dive Co
☎874-5332、888-921-3483
Ⓦwww.mauidreamsdiveco.com
⌂Island Surf Bldg, 1993 S Kihei Rd, Kihei
家族経営のオペレーターだが、潜水指導員協会PADIではトップクラスだ。グループのサイズが小さく、個人への気配りがすばらしいと評判が良い。値段も割安で、夜のダイビングが$40、タンク1つの水中スクーターダイビングが$80、ライセンス取得コースは$225。

エド・ロビンソンズ・ダイビング・アドベンチャーズ
Ed Robinson's Diving Adventures
☎879-3584、800-635-1273
Ⓦwww.mauiscuba.com
水中写真家が経営している。多様なダイビングスポットやダイビング環境を求めている上級ダイバーにおすすめ。タンク2つのボートダイビングで$105、タンク2つのナイトダイビングやラナイ島でのダイビングは$125。

マイク・セバーンズ
Mike Severns
☎879-6596
Ⓦwww.mikesevernsdiving.com
モロキニ島のダイビングに関する本を発行している。ライセンスを持ったダイバーなら、ツアー前に行なう海洋生物についての詳しい講義が役立つに違いない。タンク2つのダイビングで$120だ。ナイトチャーターでは、サンゴの産卵も見られる。

カパルア・ダイブ・カンパニー Kapalua Dive Companyもおすすめだ（後出の「ウエスト・マウイ」の章参照）。

シュノーケリングツアー＆レンタル
マアラエアMaalaeaとラハイナLahainaの港からモロキニ島に向けて、毎日数えきれないほどのシュノーケリングクルーズが出発している。通常7:00〜12:00のボートツアーで1人$40から。料金には軽食とシュノーケル用具が含まれる。他店との競争が激しいので、特別料金や割引クーポンも簡単に手に入る。

パシフィック・ホエール・ファンデーション
Pacific Whale Foundation
☎879-8811、800-942-5311
Ⓦwww.pacificwhale.org
非営利団体で、経験豊富な海洋ナチュラリストがモロキニ島とラナイ島の岩礁ツアー（$50から）を案内する。65フィート（約20m）

のエコボートは再生食用油で動いている！たいがい特別料金で安くなり、子供が無料になることもある。

トリロジー・エクスカーションズ
Trilogy Excursions
☎661-4743、888-225-6284
W www.sailtrilogy.com

ラハイナからラナイ島のフロポエ・ビーチまで行くカタマラン船（双胴船）の1日ツアー（大人$170 子供$85）には、朝食、バーベキューランチ、シュノーケリングが含まれている。モロキニ島に行くツアー（$95）もある。いつも忙しく混んでいるツアーだが、ナチュラリストが同乗していることとインターネット予約すると若干料金が割引になるという見返りがある。

シュノーケル用具はたいていのダイブショップで手頃な値段で借りられるが、ラナイ島へ行くシュノーケリングやダイビングのツアーにも同時に勧誘されるだろう。ホテルのビーチにある小屋で借りると割高になる。知名度の高い系列ホテルによっては、安いシュノーケル用具を値引きして貸し出している所もあるが、もっと良質なものを探している場合は、値段もそれなりに高くなる。カフルイのディスカウントストアで自分のセットを買うことも考えてみよう。コンドミニアムの多くは、宿泊客にシュノーケル用具を無料で提供している。

サーフィン

マウイ島にはほかに負けないようなサーフィン・スポットが幾つかあり、11月から3月にかけてはサーフィンに最適なコンディションになる。パイアPaia近くの**ホオキパ・ビーチHookipa Beach**にはほとんど年中サーフィンができ、とりわけ冬にはすばらしい大波が押し寄せる。波のコンディションが良ければ、ウエスト・マウイの北端近くにある**ホノルア湾Honolua Bay**が島では最高のポイントだ。

マアラエア湾の南側にある**マアラエア・パイプライン Maalaea Pipeline**は雑誌「サーファーSurfer」で、世界のファースト・ブレイクのベスト10に入ると絶賛されている。初心者はラハイナ近くの海岸にあるブレイクウォールの辺りに集まる。

サーフィン・レッスンはおよそ1.5～2時間で$50～$70が相場だ。レッスンの終わりには年齢にかかわらず誰でもサーフィンができるようになると保証している所が多い。**ナンシー・エマーソンズ・スクール・オブ・サーフィン Nancy Emerson's School of Surfing**（☎244-7873 W www.surfclinics.com）や**グーフィー・フット・サーフ・スクール Goofy Foot Surf School**（☎244-9283 W www.goofyfoot-surfschool.com）、地元のマウイ・ボーイが経営している**サーフ・ドッグ Surf Dog**（☎250-7873 W www.surfdog maui.com）などを試してみると良い。

ボディサーフィン bodysurfingに適した穏やかなショアブレイクを求めるなら、パイアのHAボールドウィン・ビーチ・パークHA Baldwin Beach Parkやカパルア近くのDTフレミング・ビーチ・パークDT Fleming Beach Park、それにキヘイやワイレア地域のビーチがおすすめだ。

サーフボード（1日$15～$20）やブギーボード（ハーフサイズのサーフボード1日$8、1週間$45）は、マウイ島のどこのウインドサーフィンショップでも借りることができる。

マウイ・トロピックス Maui Tropix（☎871-8726 ⌂261 Dairy Rd, Kahului）は、マウイ製のサーフボードや用具一式を売っている。

ウインドサーフィン

マウイ島はウインドサーファーのメッカだ。パイア近くのホオキパ・ビーチは世界有数のウインドサーフィンのポイントだが、上級者にしか向かない。そこまでの自信がなければ、近くのスプレックスビル・ビーチSpreckelsville Beachかカフルイにあるカナハ・ビーチKanaha Beachのほうをおすすめする。

全体的にこの島にはいつも風が吹いていて、ウインドサーファーは何月でもアクションを楽しめる。貿易風はいつでも吹いているが、べた凪もいつ何時来てもおかしくはない。だいたい6月から9月にかけてが最も風の強い時期で、12月から2月にかけては1番風が穏やかだ。

キヘイの一部の海岸線では、夏にはスラロームセーリングをしている。マアラエア湾のコンディションは、上級者のスピードセーリングに向いている。たいがい風が強くて沖のカホオラウェ島に向いて吹いているからだ。コナkona（風下）の風が吹く冬に、セーリングに十分な風がある場所はマアラエラ-キヘイ地域だけで、ウインドサーファーが集まるポイントになる。

ウインドサーフィンショップの多くはカフルイにある。以下の店はウインドサーフィン用具を販売したり貸し出したりして、彼ら独自でか、系列店を通してレッスンも行っている。1日のレンタル料金は、セイル2つとボードでおよそ$45から、初心者のウインドサーフィンクラスはだいたい$70だ。他店との競争が厳しいので、値段を比べていると告げて割引を頼めば、多分少しは安くなるだろう。

ハワイアン・アイランド・サーフ・アンド・スポーツ Hawaiian Island Surf & Sport ☎871-4981, 800-231-6958 Ⓦwww.hawaiianisland.com
🏠415 Dairy Rd, Kahului

ハイテク・サーフ・スポーツ Hi-Tech Surf Sports
☎877-2111 Ⓦwww.htmaui.com 🏠425 Koloa St, Kahului

セカンド・ウインド・セイル・サーフ・アンド・カイト Second Wind Sail, Surf & Kite ☎877-7467, 800-936-7787 Ⓦwww.secondwindmaui.com
🏠111 Hana Hwy, Kahului

延べ日数1週間の料金でレンタルできる店もある。つまり3日間セーリングして、2日間休み、また4日間セーリングしても、用具を1週間続けて借りるのと同じ料金になる。

カフルイの店の多くは、ウインドサーフィン用具の販売もしていて、宿泊やレンタカー、ウインドサーフィン用具のレンタルが含まれたパッケージツアーの手配もできる。

カイトボーディング

カイトボーディングは見るにはおもしろいが、マスターするのは難しい。講習は3ステップのカリキュラムに従って行なわれ、それぞれのレッスンが1〜2時間かかる。最初に学ぶのは、巨大なU字型の凧の飛ばし方で、次にボディ・ドラッギング（水面で凧に体を引かせる）、そして最後に特殊な形をしたサーフボードの乗り方を教わる。

マウイ島では、カフルイのカナハ・ビーチ・パークKanaha Beach Parkの西端にあるカイト・ビーチKite Beachが本場になっている。マウイ・カイトボーディング協会 Maui Kiteboarding Association（Ⓦwww.maui.net/~hotwind/mka.html）で最新のガイドラインを調べよう。

マウイ・カイトボーディング
Maui Kiteboarding
☎873-0015
Ⓦwww.ksmaui.com
🏠22 Hana Hwy, Kahului

スタッフ全員がプロ選手で、多言語クラスや子供クラスも設けている。初心者コースで＄240、レベルが上がると1時間につき＄90になる。

ハイキング

ハレアカラ国立公園の月面のようなハレアカラ・クレーターには、半日の徒歩コースから1泊のトレッキング用まで、すばらしいトレイルが何本もある。オヘオ峡谷の部分はハナの南にあり、目を見張るようなすばらしい2つの滝にトレイルが続いている。頂上のスカイライン・トレイルSkyline Trailは、広大な雲霧林の中にトレイルがはり巡らされているポリポリ・スプリング州立公園Polipoli Spring State Recreation Areaに続いている。

ワイルクの北には、眺めの良いワイヘエ・バレー・トレイルWaihee Valley Trailとワイヘエ・リッジ・トレイルWaihee Ridge Trailがあり、カヘキリ・ハイウェイKahekili Hwyから枝別れしている。マアラエア湾の近くには、険しいラハイナ・パリ・トレイルLahaina Pali Trailがあり、ウエスト・マウイ山系の古くからある小道に続いている。もちろんマウイ島には、散策にもってこいの白砂のビーチもたっぷりある。

ハナ・ハイウェイの途中にある数カ所の車の待避場所からは、短い自然遊歩道に入れる。ワイアナパナパ州立公園Waianapanapa State Parkとハナ湾Hana Bayの間には由緒ある海辺の道もある。島の反対側のラ・パルース湾からは、溶岩上にできた小道を通る険しい海岸道が続く。どのハイキングコースもそれぞれの章で詳しく説明する。

シエラ・クラブ
Sierra Club
☎573-4147
Ⓦwww.hi.sierraclub.org/maui
🏠PO Box 791180, Paia, HI 96779

個人の放牧場でのハイキングや、海岸に沿って歩くビーチ清掃の日などを実施している。非会員は通常1回＄5を支払い、トレイルの起点までは車で相乗りをして行くこともできるだろう。ほかの奉仕ツアーでは、島の自生植物を脅かすミコニアのような外来植物の除去を手伝う活動もある。

ザ・ネイチャー・コンサーバンシー
The Nature Conservancy
☎572-7849
Ⓦwww.tnc.org/hawaii
🏠PO Box 1716, Makawao, HI 96768

月に1〜2度、ハレアカラやウエスト・マウイ山系の周辺にある自然保護区へのハイキングを実施する。参加費は寄付で、非会員＄25会員＄15が相場だ。

サイクリング・マウンテンバイク

毎朝夜明け前に、サイクリストの集団がハレアカラ山頂に集まり、標高差1万フィート（約3048m）はある38マイル（約61km）先の海岸に向けて山を駆け下りている。

これはほとんど1日がかり（8〜10時間）だ。早朝2:30頃ホテルに迎えが来て、バンで山頂へ向かい、まず日の出を拝む。それから3時間半かけて自転車で山を下って行く。後から来る車を避けるために道路脇に寄ったりするので、ノンストップというわけにはいかない。それにほとんどブレーキを使い続ける運動と

なるだろう。全走行中ペダルをこがなければならない所は400ヤード（約366m）ほどしかない！ハレアカラを下る道は狭く、見通しが利かないカーブだらけの道で、自転車専用レーンもないことを肝に銘じておこう。

妊婦や12歳未満の子供、身長が5フィート（152cm）に満たない人は、通常参加できない。割引前の不当に高い参加料金＄115には、自転車、ヘルメット、送迎、食事が含まれている。**マウイ・ダウンヒル Maui Downhill**（☎871-2155、800-535-2453）、**マウイ・マウンテン・クルーザーズ Maui Mountain Cruisers**（☎871-6014、800-232-6284）、**マウイ・マウンテン・ライダーズ Maui Mountain Riders**（☎242-9739、800-706-7700）がこの種のツアーを提供している。

アロハ・バイシクル・ツアーズ
Aloha Bicycle Tours
☎249-0911、800-749-1564
日の出を見ずにハレアカラ・クレーター・ロードを走り下り、その後山麓にあるアップカントリーUpcountryのいろんな見どころを回る走行距離33マイル（約53km）のツアー（＄95）は、体力に自信のあるサイクリスト向けだ。

ハレアカラ・バイク・カンパニー
Haleakala Bike Co
☎573-2888、888-922-2453
🌐www.bikemaui.com
🏠Haiku Marketplace, 810 Haiku Rd, Haiku
好みのギアのマウンテンバイクを借りると、店からハレアカラまでバンで連れて行ってくれる。昼間は＄55、日の出を見る場合は＄75だ。自分の車がある場合は＄35で自転車とバイクラックが借りられる。

マウンテンバイクでシングルトラックを行くなら、ハレアカラ国立公園のスカイライン・トレイルから、麓のアップカントリーにあるポリポリ・スプリング州立公園まで下るのがおすすめ。レッドウッドの森の中を数本のバイク・トレイルが曲がりくねりながら続いている。ジョン・アルフォードの著書「マウンテン・バイキング・ザ・ハワイアン・アイランズMountain Biking the Hawaiian Islands（ハワイ諸島でのマウンテンバイキング）」は必携の書だ。

アイランド・バイカー
Island Biker
☎877-7744
🏠415 Dairy Rd, Kahului
良質のマウンテンバイクをレンタルしている。地図やトレイルガイドなどもある。

ウエスト・マウイ・サイクルズ
West Maui Cycles
☎661-9005
🏠840 Wainee St, Lahaina
ストリートクルーザー(市街地用自転車)とマウンテンバイクをレンタルできる。

サウス・マウイ・バイシクルズ
South Maui Bicycles
☎874-0068
🏠Island Surf Bldg, 1993 S Kihei Rd, Kihei
マウンテンバイクとオフロードバイクをレンタルできる。

ハワイ・アイランド・クルーザーズ
Hawaii Island Cruzers
☎879-0956
🏠Dolphin Plaza, 2395 S Kihei Rd, Kihei
シュウィンクルーザー(米国Schwinn社製自転車)とマウンテンバイクをレンタルできる。

ハレアカラ・バイク・カンパニー
Haleakala Bike Co
☎575-9575、888-922-2453
🌐www.bikemaui.com
🏠Haiku Marketplace, 810 Haiku Rd, Haiku
マウンテンバイクをレンタルしている。長期レンタルの交渉可能だ。

ウィールズUSA Wheels USAとキヘイ・レンタカーKihei Rent A Carでも中古のマウンテンバイクを取り扱っている。

乗馬

マウイ島には多くの牧場があり、ハワイ中で1番良いトレイルライドの場所もある。もっとも変化に富むのは、スライディング・サンズ・トレイルSliding Sands Trail経由でハレアカラ・クレーターを曲がりくねって進むルートだろう。さらに、マケナ（サウス・マウイ）、ハナとオヘオ峡谷（イースト・マウイ）、ケオケアKeokea（アップカントリー）にも馬牧場がある。

ポニー・エクスプレス
Pony Express
☎667-2200
🌐www.ponyexpresstours.com
🏠Haleakala Crater Rd
ハイウェイ377から2.5マイル（約4km）走ったユーカリ林の中にある。半日（＄155）と1日（＄190）のハレアカラ・クレーター・ライドは初心者でも体験でき、料金には火口原でのピクニックランチも含まれている。ハレアカラランチのゆるやかな起伏のある草原ライドも＄60から楽しめる。予約が必要だ。

テニス

郡営のテニスコートは、**ラハイナ・シビック・センター Lahaina Civic Center**や**マルウルオレレ・パーク Maluuluolele Park**（ラハイナ）、**ウエルズ・パーク Wells Park**と**ウォー・メモリアル・コンプレックス War Memorial Complex**（ワイルク）、**カフルイ・コミュニティ・センター**

Kahului Community Center（カフルイ）、**カラマ・パーク Kalama Park**（キヘイ）、**ハナ・ボール・パーク Hana Ballpark**（ハナ）、**エディ・タム・メモリアル・センター Eddie Tam Memorial Center**（マカワオ）、それに**プカラニ・コミュニティ・センター Pukalani Community Center**（プカラニ）にもある。郡営コートは無料で一般開放されていて先着順で使用でき、夜間照明もある。

多くのホテルやコンドミニアムには宿泊客用のテニスコートがある。ウエスト・マウイとサウス・マウイのリゾートクラブなら料金は比較的安く「1日」1人＄15だが、最初の1時間しか保証されていない。つまり、その後はコートが空いている時しか利用できない。ラケットはどこのテニスクラブでも1日だいたい＄5で貸し出している。クラブによってはテニスシューズも借りられる。

ゴルフ

大海原やそびえ立つ火山を眺めながらゴルフを楽しむことほどすばらしいものはない。料金はリゾートコースで平均＄100〜200、公営コースやカントリークラブならその半分程度だ。場所によっては午後になると風が出てプレイが難しくなるので、「トワイライト」スタート時間（通常14:30以降）はかなり割安になる。

カパルアとワイレアはプレイをするのに超一流の場所で、近くのカアナパリやマケナにあるチャンピオンコースはそれほど高くない。気楽な雰囲気のワイエフ公営ゴルフ場 Waiehu municipal course や、キヘイ、ワイカプ Waikapu、プカラニ Pukalani、パイアなどにあるプライベートのカントリークラブでも十分満足のいくラウンドが楽しめる。無料の旅行者向け雑誌「マウイ・ゴルフ・レビュー Maui Golf Review」には、各ゴルフ場のコースが非常に詳しく紹介されている。それぞれの地域の章も参照。

クラブのレンタルとプロショップのサービスはどこにもある。**マウイ・ゴルフ・ショップ Maui Golf Shop**（☎875-4653 🏠357 Huku Liu Place, Kihei）はテソロ・ガソリンスタンド Tesoro gas station の裏にあり、スタート時間の予約や用具のレンタルを取り扱っている。

ツアー

後述のツアーはどれも現地到着後に簡単に予約できるが、12月や7、8月の超繁忙期には、あらかじめ予約を入れることをおすすめする。

バス・バン

島内の主な見どころは、半日か1日のツアーに参加して回るのが手軽だが、1人＄40〜80かかるので、車を借りるほうが賢明な場合もある。

ほとんどのバスやバンのツアーは日の出を見にハレアカラに登るか、ハナ・ハイウェイを下るかする。大手のオペレーターは**ロバーツ・ハワイ Roberts Hawaii**（☎800-831-5411）と**ポリネシアン・アドベンチャーズ Polynesian Adventures**（☎877-4242、800-622-3011）だ。

2、3の小さな地元の会社は、同じようなツアーにもっとおもしろい趣向を加えている。

エカヒ・ツアーズ
Ekahi Tours
☎877-9775、888-292-2242
🌐 www.ekahi.com

家族経営のオペレーターで、島内ならどこでも無料で迎えに来てくれる。カハクロア村 Kahakuloa village のユニークなカルチャーツアーでは、作業中のタロイモ畑を訪れたりもする。

ヘリコプター

多くのヘリコプター会社がカフルイ・ヘリポートから島内遊覧飛行に出発している。中には、海峡を渡ってモロカイ島の北部沿岸のすばらしい眺めを楽しむものもある。ハレアカラ上空をヘリコプターで飛ぶことは禁止されているので、火山の眺めはクレーターの縁から少しのぞく程度で精一杯だ。

ほとんどの会社は旅行者向けの無料情報誌に広告を載せている。価格競争が激しいので、ビデオカメラを無料で貸し出すなどの特別サービスを年中提供している。ウエスト・マウイ山系を巡る典型的な30分のツアーがおよそ＄115、1時間で島をひと回りするツアーなら＄100だ。どの座席も窓際というわけにはいかないので注意が必要だ。予約を入れる前に、座席指定については確認したほうが良い。

マウイ島でおすすめのヘリコプター会社は、**ブルー・ハワイアン Blue Hawaiian**（☎871-8844、800-745-2583）、**アレックス・エア Alex Air**（☎877-4354、888-418-8457）、**サンシャイン・ヘリコプターズ Sunshine Helicopters**（☎871-0722、800-544-2520）だ。

クルーズ

ディナークルーズやサンセットヨットクルーズ、遠洋フィッシングボート、ヨットチャーターなど、マウイ島でのクルーズについて書き始めたらこの本1冊では足りないくらいだ。ほとんどはラハイナとマアラエア湾から出発するが、サウス・マウイの埠頭から出るものもある。現在の料金と詳細はマウイ内にあるツアーカウンターや旅行者向けの情報誌で調べるか、ラハイナ港に直接出向くのが良い。受付カウンターや船がずらりと並んでいるので、自分の目で様子を確かめることができる。

アトランティス・サブマリーンズ
Atlantis Submarines
☎667-2224、800-548-6262
🌐 www.goatlantis.com
🏠 Wharf Cinema Center, Lahaina
65フィート（約20m）の潜水艦をラハイナ沖で運行している。潜水艦は水深130フィート（約40m）まで潜るので、サンゴや魚の様子が鑑賞できる。ツアー（大人＄79／子供＄39）は毎日9:00～13:00に出発し、ラハイナ港からカタマラン船に乗って潜水艦に向かう。

ホエールウォッチング
クジラが来る季節になると至る所に広告が出るので、ホエールウォッチングクルーズを見つけるのにはまったく苦労しない。ほとんどはマアラエアかラハイナ港から出発するが、キヘイやカアナパリから出ているものもある。

ホエールウォッチングに使われる船は、カタマラン船やヨット、大きなクルーズ船までバラエティに富んでいる。2時間半のツアーで大人は＄25～＄40、子供はその半額だ。クジラの歌を聴くための水中聴音装置がついている船もあり、クジラが必ず見えることを保証して、見られなかったらもう一度無料で参加できるというのをうたい文句にしている会社もある。

パシフィック・ホエール・ファンデーション
Pacific Whale Foundation
☎879-8811、800-942-5311
🌐 www.pacificwhale.org
1日クルーズ（大人＄21 子供＄15）が何本かある。ラハイナから出る50フィート（約15m）のヨットか、マアラエアから出る36フィート（約11m）のモーターボート、または65フィート（約20m）のカタマランヨットから好みの船を選べる。すべての船にナチュラリストが同乗していて、収益はファンデーションの海洋保護プロジェクトに回される。

船の多くは、午前中モロキニ島でシュノーケリングをする人々を運び、午後はホエールウォッチングに出発する。シーズン中には、モロキニ島へのシュノーケリングツアーの途中でクジラを見かけることもよくある。本章の前のほうで解説したアクティビティも参照。

宿泊
マウイ島で1番安い宿泊施設は、キャンプ以外ならワイルクにあるユースホステルだろう。マウイ島には＄60くらいから泊れるワンルームスタイルのコテージや休暇用レンタルホーム、素朴なB&B（ベッド＆ブレックファスト）もあり、その多くがハイク-パイア、ハナ地区にある。

ラハイナとワイルクには由緒あるすばらしい宿があるが、1泊＄100はする。そのほかには、中級の宿泊施設としてコンドミニアムが多数あり、キヘイにもっとも集中しているが、ウエスト・マウイ沿岸にもかなりたくさんある。この価格帯はもっとも安くておよそ＄75だが、何の特色がなくても1泊＄100以上する場合も多い。マウイ島最大のリゾート開発地の2つは、カアナパリ・ビーチ・リゾートとワイレア・リゾートで、どちらにも高級なホテルやコンドミニアムが建ち並んでいる。

コンドミニアムを借りる時のアドバイスや予約代理店の詳細については、基本情報の章の宿泊を参照すること。オフシーズン料金はかなり割安になるが、1番良い値段を確保するためにも前もって予約を入れたほうがいい。

キャンプ場
マウイ島はほかの島よりもキャンプ場が少ない。ハレアカラ国立公園では、火山の頂上でもハナの先にあるオヘオ峡谷でもキャンプができる。ここに挙げた州営・郡営キャンプ場に加えて、オロワルOlowaluには教会が運営するキャンプ場もある（本章で後出のウエスト・マウイ参照）。

カフルイにあるスポーツ店は、情けないほど限られたキャンプ用具しか扱っていないが、キャンプストーブ用の燃料は手に入る。燃料の類は飛行機に持ち込めないので、島で買うしか方法がない。

州立公園 マウイ島の州立公園の中では、ポリポリ・スプリング州立公園とワイアナパナパ州立公園だけにキャンプ場があり、テントとキャビンの両方がある。キャンプするには許可証が必要。それぞれの公園でひと月のうち5連泊まで可能で、テントサイトは＄5だ。

アップカントリーにある**ポリポリ Polipoli**には、素朴なキャビンが1つあり（火曜休み）、四輪駆動車が必要な簡易道があるだけだ。ハナの近くの海岸にあるワイアナパナパにはハウスキーピング付きのキャビンが12棟あり、とても人気があるので時間に余裕をみて予約を入れたほうが良い。どちらの公園のキャビンも宿泊人数4人までが＄45、6人までは＄55になる。

キャンプ許可証の発行、キャビンの予約などは、**州立公園管理事務所 Division of State Parks**（☎984-8109 🏠State Office Bldg, Room 101, 54 S High St, Wailuku, HI 96793 🕐月～金 8:00～15:30）で取り扱う。

郡立公園 County Parks カフルイ空港のすぐ北にあるカナハ・ビーチ・パークKanaha Beach Parkは、マウイ島で唯一キャンプがで

マウイ島 – エンターテインメント

きる郡立公園だ。キャンプ場は飛行経路の真下にあり、夜明けから23:00まで航空機の騒音が絶えず、安全な場所とは言いがたい。

キャンプ許可証は1日＄3で（18歳未満の子供50¢）、3連泊まで利用できる。許可証は**公園管理課 Department of Parks & Recreation**（☎270-7389 🏠1580 Kaahumanu Ave, Wailuku, HI 96793）に手紙で申し込むか、事務所で直接申請すること。事務所はワイルクにあるボールドウィン高校のウォー・メモリアル・コンプレックス内にある。

エンターテインメント

マウイ島のエンターテインメントはオアフ島に比べて相当遅れている。最新情報は、木曜発行の「マウイ・ニュースMaui News」か、隔週に無料配布される「マウイ・タイムMaui Time」で入手できる。

マウイ芸術文化センター Maui Arts & Cultural Center（カフルイ）には2つの屋内劇場と大きな野外音楽堂が1つある。**カサノバ Casanova**（マカワオMakawao）には時々一流の音楽家がやって来るし、**ハパズ・ブリュー・ハウス Hapa's Brew Haus**（キヘイ）でもライブミュージックが楽しめる。それ以外には、ほとんどの娯楽はラハイナかキヘイ、またはカアナパリやワイレアのリゾートホテルに集まっている。

ルアウは、本物かはわからないが（まったく偽物のこともある）、定期的にラハイナやカアナパリ、ワイレアで行なわれている。**オールド・ラハイナ・ルアウ Old Lahaina Luau**（ウエスト・マウイ）は伝統的なハワイアンの儀式に従って、まず火踊りやタヒチアンドラムで始まる。無料のフラダンスショーは特にラハイナやカアナパリのショッピングセンターで催され、地元のフラ・ハラウhula halau（フラダンス学校）の生徒たちが出演している。

マウイ島のゲイ・コミュニティでは、マケナの**リトル・ビーチ Little Beach**が日中の出会いの場だ。マウイ島にはゲイバーはないが、ハパスやキヘイのマウイ・ピザ・カフェMaui Pizza Café、マカワオのカサノバズCasanova'sなどが、ゲイにも好意的なナイトスポットになっている。

ショッピング

地元の芸術品や手工芸品を求めるなら、**マウイ・クラフツ・ギルド Maui Crafts Guild**（パイア）や**ラハイナ・アーツ・ソサエティ Lahaina Arts Society**（ラハイナ）、それにマカワオのダウンタウンにあるギャラリーなどがおすすめだ。ウエスト・マウイの**ハワイアン・キルト・コレクション Hawaiian Quilt Collection**（☎800-367-9987 📶www.hawaiian-quilts.com）は、カアナパリのハイアット・リージェンシーとカパルア・ショップスに店舗がある。3時間のハワイアンキルト入門コースの料金は約＄50で、初心者用の枕の製作キットが含まれている。

レイやプロテア、パパイヤ、パイナップル、マウイオニオン、皮なしココナッツなどの食品や花を販売する会社の中には、検疫済みのものを出発時に空港で受け取れるように手配してくれる所もある。**テイク・ホーム・マウイ Take Home Maui**（☎661-8067 🏠121 Dickenson St, Lahaina）や**エアポート・フラワー・アンド・フルーツ Airport Flower & Fruit**（☎243-9367, 800-922-9352 📶www.mauiexpress.com）の2社がおすすめだ。また、アップカントリーの農場で直接買うこともできる。

アクセス

マウイの格安旅行代理店は、島の主要空港から車で少し走ったカフルイの町にある。

飛行機

国際線やコミューター便、チャーター便、離島クーポン航空券、エアパスなど詳細については、交通手段の章を参照。

国内や海外からの旅行者のほとんどは、**カフルイ空港 Kahului airport**（OGG）（☎872-3830）に降り立つ。メインターミナルは、レイやパイナップルの売店が点在するオープンエア型で近代的だが、一歩外に出れば風に揺れる椰子の木々やハワイアンアートがすぐに南国気分を盛り上げてくれる。

小さな**ビジター・インフォメーション・デスク visitor information desk**（☎872-3893 🕕6:30～22:00）が手荷物引取所にあり、近くには宿泊施設や島の交通機関に連絡するための無料電話、旅行者向けの無料情報誌やパンフレットを並べた棚もある。

ゲートの近くには、新聞や雑誌の売店、スナックバー、ギフトショップ、かなり値段の張るレストラン、カクテルラウンジなどがある。ATM（現金自動預入支払機）は2、3台しかない。荷物を預ける場所はないが、**遺失物取扱所 lost & found office**（☎872-3821）は1階の通路にある。空港駐車場は1日＄7かかる。

カパルア／ウエスト・マウイ空港(JHM)
Kapalua/West Maui airport
☎669-0623

3000フィート（約914m）の滑走路が1つあるだけの小さな空港で、ハワイの他島からのプロペラ機やコミューター便などが発着している。ターミナルは、ラハイナからも近いカパ

ルアとカアナパリの間で、ハイウェイ30を下りた所にある。

ハナ空港(HNM)
Hana airport
☎248-8208
ターミナルと滑走路が1つしかなく、主に諸島間を行き来するコミューター便に利用されている。イースト・マウイにあるハナの町の北約3マイル（約5km）で、ハナ・ハイウェイを下りた所にある。

フェリー
モロカイ島とラナイ島に行く離島フェリーはラハイナ港から出航している。フェリーのスケジュールと料金に関しては、交通手段の章を参照。

交通手段

空港へのアクセス
スピーディー・シャトル
Speedi Shuttle
☎661-6667、800-977-2605
 www.speedishuttle.com
必要に応じて空港送迎をしてくれるが、前もって予約しておけば事がスピーディーに運ぶ。料金は目的地と乗客の数による。たとえば、2人でカフルイ空港からワイレアまで利用すれば$16、キヘイまでだと$25、ラハイナまでなら$46になる。もし1人なら、それぞれの目的地まで$13、$22、$35と料金も変わる。手荷物引取所の無料電話で☎65に連絡するだけでいい。

カフルイ空港の手荷物引取所の出口近くには、タクシーの配車カウンターがある。空港からワイルクまでが$13、キヘイ$25、パイア-ハイク地域$20〜30、ラハイナ$45、カアナパリ$50が料金の目安だ。

カパルア・ウエスト・マウイ空港からのタクシー料金は、カアナパリまでが平均$15、ウエスト・マウイの海岸線に沿った地区ならどこでも$20程度だ。それ以外では、多くのリゾートホテルがエアポート・シャトルサービスを有料で提供している。

バス
マウイ島には公営バスはないが、ウエスト・セントラル・サウス・マウイ地域には、民営バスが走っている。1日遊んで回るのに使えないこともないが、どちらかというと観光よりは近場でショッピングをする時に利用するほうがいい。バスのスケジュールは変更されることもある。

アキナ・アロハ・ツアーズ
Akina Aloha Tours
☎879-2828、800-845-4890
 www.akinatours.com
4つの路線を運行している。ルート2番の2地点間の片道は$1、ルート1番と4番では$2、ルート3番では$5になっている。全路線乗り放題の1日パスは$10で、1カ月定期券は路線を何本利用するかで$25〜65と値段に幅がある。

ルート1番に沿って、バスは途中数カ所のリゾートとコンドミニアム群に停まりながら、所要1時間でカパルアとカアナパリの間をぐるりと巡る。南行きの始発はリッツ・カールトン・カパルアRitz-Carlton Kapaluaを9:00に出て、30分後ホエラーズ・ビレッジWhalers Villageに到着する。同じバスがそのショッピングセンターを9:40に出て、同じ経路でカパルアに戻って来る。バスは1日中だいたい毎時発で運行されている。南行きの最終はカパルアを20:20に出発し、北行きの最終はホエラーズ・ビレッジを20:55に出発する。

ルート2番は、ラハイナ・キャナリー・モールLahaina Cannery Mall経由でカアナパリ・リゾートとラハイナ港を結んでいる。始発はカアナパリのロイヤル・ラハイナ・リゾートRoyal Lahaina Resortを8:45に出発し、10分後にホエラーズ・ビレッジに停まり、ラハイナ港のフラッグポールflagpoleに9:30頃到着する。帰路は途中停車なしで、すぐにロイヤル・ラハイナ・リゾートに戻る。バスは1日中1時間ごとに運行され、南行きの最終はラハイナ港に向けて20:45に出発する。

急行ルート3番のバスは、カアナパリとラハイナをマアラエア湾とワイレアにつないでいる。南行きの始発はホエラーズ・ビレッジを8:30に出て、ラハイナ港とマアラエア・ハーバー・ビレッジMaalaea Harbor Villageに停まり、ワイレアのザ・ショップスThe Shopsに9:45に到着する。そのバスはすぐに引き返し、同じ路線を1時間25分かけてカアナパリへ戻る。バスは2時間半ごとに運行され、北行きの最終が19:45に、南行きの最終は21:00に出発する。

ルート4番のバスは、キヘイ、ワイレア、マケナなどサウス・マウイを走る。ワイレアにあるザ・ショップスなど、S・キヘイ・ロードS Kihei Rd沿いを走り、ビーチ・パークの向いにある数カ所のショッピングセンターとコンドミニアムに途中停車する。南行きの始発はノース・キヘイのスダズ・ストアSuda's Storeから8:00に出発し、1時間後にマケナのマウイ・プリンス・ホテルMaui Prince Hotelに到着する。マウイ・プリンスからは北行き

の始発が7:00に出る。ルート4番のバスは1日中2時間ごとの運行で、北行きの最終が19:00に、南行きの最終は20:00に出発する。

アキナ・ツアーズは「早朝」急行シャトルバスも運行している。キヘイのカマオレ・ショッピングセンターKamaole shopping centerを6:45と7:45に出発し、ラハイナ港（所要45分）、ホエラーズ・ビレッジ（1時間）、カパルア（1時間25分）に向けて走っている。

ワイレア、カアナパリ、カパルアのリゾートにはすべて無料のシャトルサービスがある。ハンディ・バン・パラトランジットHandi-Van paratransitの予約は☎456-5555に電話すること。

タクシー

タクシーには郡の公定料金がある。初乗り運賃は＄2.50で、1マイル（約1.6km）ごとに約＄2が加算される。カアナパリに本社のあるクラッシー・タクシー Classy Taxi（☎665-0003）には、1920年代のギャング時代のリムジンや1933年製のロールスロイスがある。料金は同じだが、予約はしたほうがいい。

車・モペッド

下記のレンタカー会社は、すべてカフルイ空港に受付カウンターがある。

アラモAlamo	☎871-6235
エイビスAvis	☎871-7575
バジェットBudget	☎871-8811
ダラーDollar	☎877-6526
ハーツHertz	☎877-5167
ナショナルNational	☎871-8351

アラモ、エイビス、バジェット、ダラー、ナショナルの各社は、カアナパリのハイウェイ30沿いにも営業所があり、カパルア／ウエスト・マウイ空港にも迎えに来てくれる。ダラーはハナ空港で営業している唯一のレンタカー会社だ。フリーダイヤルやホームページなど大手系列会社の詳しい情報は、交通手段の章を参照。

カフルイ近くに営業所がある地元の会社の多くは、先に電話をしておけば空港に無料で迎えに来てくれるが、2～3日以上車を借りる場合に限るということもある。ドライバーが25歳未満だったり、クレジットカードがなかったりすると追加料金が必要になる。

ワード・オブ・マウス
Word of Mouth
☎877-2436、800-533-5929
www.maui.net/~word
150 Hana Hwy, Kahului
古い車なら1週間約＄110、新しい車だと＄125で貸し出している。1日料金は＄25から。

マウイ・クルーザーズ
Maui Cruisers
☎249-2319、877-749-7889、カナダ国内800-488-9083
www.mauicruisers.net
1270 Piihana Rd, Wailuku
1日＄30～、1週間＄150～、1カ月＄500～
しっかりした中古の小型車を貸し出している。料金はすべて込み。ここなら個人的なサービスが受けられ、値段も妥当で、サーファー用のラックも無料で借りられる。

ウィールズUSA
Wheels USA
☎667-7751 661-8940
741 Wainee St, Lahaina
☎871-6858
75 Kaahumanu Ave, Kahului
中古小型車1日＄25～、1週間＄130～、ジープとデューンバギー（砂浜走行用小型車）1日＄50～、1週間＄250～、モペッド（エンジン付自転車）1日＄36～、1週間＄180～

キヘイ・レンタカー
Kihei Rent A Car
☎879-7257、800-251-5288
www.kiheirentacar.com

走行時間

カフルイからの平均的な走行時間と距離を下に記した。当然のことながら、朝や午後のラッシュ時、また週末にはもっと時間がかかるだろう。

目的地	マイル距離 (km 距離)	走行時間 (分)
ハレアカラ山頂 Haleakala Summit	36 (58km)	90
ハナHana	51 (82km)	125
ホノルア湾（カヘキリ・ハイウェイ経由） Honolua Bay (via Kahekili Hwy)	26 (42km)	90
カアナパリKaanapali	26 (42km)	50
カウポ（クラ経由） Kaupo (via Kula)	45 (72km)	120
キヘイKihei	12 (19km)	25
ラ・パルース La Perouse Bay	21 (34km)	50
ラハイナLahaina	23 (37km)	40
マアラエアMaalaea	8 (13km)	20
マカワオMakawao	14 (23km)	30
オヘオ峡谷（ハナ経由） Oheo Gulch (via Hana)	61 (98km)	160
パイアPaia	7 (11km)	15
ポリポリ・スプリングス・キャンプ場 Polipoli Springs Camping Ground	24 (39km)	100
ワイルクWailuku	3 (5km)	15

🏠96 Kio Loop, Kihei
シーズンオフ1日$25〜、1週間$125〜家族経営で、24時間牽引車サービスがある。
　ウインドサーフィンショップによっては、手頃な値段で車やバンが借りられるように手配する顧客サービスを行なっている所もある。

自転車

マウイ島で自転車に乗る人は、狭い道や交通量の多さ、数えきれないほどの坂や山道、ウインドサーファーなら歓迎するに違いない絶え間ない風などにずいぶん悩まされるだろう。目を見張るような島の眺めは本格的なサイクリストには魅力的だろうが、軽い気持ちで自転車を主な交通手段に選んだ人には、かなりの困難が待ち構えているだろう。キヘイの町中やパイアからカフルイまでは、ようやく自転車専用レーンが作られ始めている。
　オールカラーの「マウイ・カウンティ・バイシクル・マップMaui County Bicycle Map（マウイ・カウンティ自転車地図）」（$6）は自転車店で手に入る。レンタル料金は自転車の質と種類により、1日$15〜$45、1週間$60〜$110と幅がある。ヘルメットやロックだけでなく、カーラックも通常含まれている。自転車レンタル店に関しては、「アクティビティ」の章の「サイクリング」を参照。

セントラル・マウイ
Central Maui

マウイ島最大の2つの町カフルイとワイルクは都市化が進み、島の人々が生活し、働き、買い物する場所として1つになりつつある。主要幹線道路が数本、島の中央のサトウキビが波打つ平野部を行き交い、マアラエア湾に至っている。
　カフルイは商業の中心地だ。大通りのカアフマヌ・アベニューKaahumanu Aveには、様々な店や銀行、オフィスビル、長さ1マイル（約1.6km）はあるショッピングセンターなどが建ち並ぶ。マウイの主要空港はカフルイにあるが、着陸後、ほとんどの人々は車で町を出ていき、出発日になるまでは戻ってこない。そして多少の例外をのぞき（ディスカウントストアやスポーツ用品のレンタルなど）、カフルイには旅行者を引きつけるものはあまりない。
　カアフマヌ・アベニューは西に続いてワイルクに入り、ウェスト・メイン・ストリートW Main Stと名前を変える。郡の首都であるワイルクは独特な町でそれほど慌ただしい雰囲気はない。裏通りに、骨董品店や家族経営の小さな店、間口の狭いエスニックレストラン、そしてマウイ島にあるユースホステルがほとんどすべて集まる、古い趣のある町なのだ。イアオ渓谷国立公園に向かう途中に一度くらいは通りかかるだろう。

カフルイ
KAHULUI

1880年代のカフルイは、砂糖を畑から製糖所や港に運ぶためにハワイで初めて建設された鉄道の中心地だった。1900年にはカフルイで腺ペストが発生し、それを根絶するため、カフルイ港の周囲に大きく広がっていた入植地は焼き払われてしまった。
　現在のカフルイは、1950年代にアレクサンダー・アンド・ボールドウィン製糖会社が都市計画をして開発した町だ。ほこりだらけの飯場から自分だけの家に移り住むことを夢見ていた製糖労働者たちから「夢の町」と呼ばれていた。同じ規格の家々が建ち並ぶ住宅地は町の南端に見られる。
　カフルイ港は、マウイ島の遠洋航海用の商業港で、はしけや貨物船、時々立ち寄る豪華客船などでにぎわっている。観光港ではないので、魅力的な波止場やヨットが並んでいるわけではない。

インフォメーション

カフルイにある唯一の**郵便局**（☎871-2487 🏠138 S Puunene Ave ◉月〜金 8:30〜17:00、土 9:00〜12:00）。そしてとても良い**公共図書館**（☎873-3097 🏠90 School St ◉月・木〜土 10:00〜17:00、火〜水 10:00〜20:00）があり、インターネットが使える。
　24時間営業の**キンコーズ Kinko's**（☎871-2000 🏠Dairy Center, 395 Dairy Rd）では、1分間20¢でインターネットが利用でき、コンピュータのレンタル、ファックス送受信、コピーなどその他のビジネスサービスもある。セルフサービスでインターネットができるカフェやファーストフード店も現われている。
　空港から車で5分の所に、離島便の格安航空券などを取り扱う旅行代理店が2軒ある。**チープ・チケッツ Cheap Tickets**（☎242-8094、800-594-8247 🏠395 Dairy Rd）はデイリー・センター内にあり、**カット・レート・チケッツ Cut Rate Tickets**（☎871-7300 🏠333 Dairy Rd ◉月〜金 7:00〜19:00、土 9:00〜17:00、日 9:00〜14:00）は隣のブロックにある。

カフルイ

宿泊＆食事	
7	Maui Beach Hotel
8	Mañana Garage
12	Kahului Ale House Sports Bar & Restaurant; Wendy's
13	Safeway
22	Brigit & Bernard's Garden Café
27	Maui Coffee Roasters

その他	
1	マウイ芸術文化センター
2	ヘンリー・P・ボールドウィン高校
3	公園管理課、ウォー・メモリアル・コンプレックス
4	マウイ・メモリアル病院
5	マウイ・コミュニティー・カレッジ
6	クイーン・カアフマヌ・センター
9	ハワイ銀行
10	ウィールズ USA
11	マウイ・モール
14	セカンド・ウインド
15	ワード・オブ・マウス・カー・レンタル
16	マウイ・カイトボーディング
17	図書館
18	ブランド・ペアレントフッド・オブ・ハワイ
19	郵便局
20	マウイ・スワップ・ミート
21	テソロ・ガソリンスタンド＆洗車場
23	ハイテク・サーフ・スポーツ
24	コストコ
25	ハワイアン・アイランド・サーフ＆スポーツ、アイランド・バイカー
26	Kマート
28	デイリー・センター
29	ガソリンスタンド 24時間営業
30	カット・レート・チケッツ
31	ダウン・トゥ・アース・ナチュラル・フーズ
32	マウイ・トロピックス
33	マウイ・マーケットプレイス、バ、レ
34	ウォルマート

ボーダーズ・ブックス・アンド・ミュージック・カフェ
Borders Books & Music Café
☎877-6160
🏠Maui Marketplace, 270 Dairy Rd
🕐日～木 9:00～22:00、金・土 9:00～23:00
すばらしい地図やハワイに関する本、一般書、島外・海外の新聞、あらゆる種類の雑誌やCDを取り扱う。

カナハ・ビーチ・パーク
Kanaha Beach Park
カナハはウインドサーフィンとカイトボーディングに人気のあるスポットで、風の状態が良い時には人が大勢集まって来る。マウイ島の中ではこのビーチが初心者に最適なので、ウインドサーフィンショップの多くがここでレッスンをしている。とはいえ、ボーダーは縄張りにけっこううるさいので、地元の人の紹介なしには行かないほうがいいかもしれない。

カナハで泳ぐのはかまわないが、ほとんどの人はキヘイ近くのもっと澄んだ水を好む。洗面所やシャワー、公衆電話、それにハイビスカスやアイアンウッド、イバラなどの木陰にピクニックテーブルもある。日中はライフガードが常駐しているが、ビーチで起こる軽犯罪や暴力行為までは防げない。

海岸線へ至る道への標識は、空港のレンタカーの営業所からも見える。カフルイのダウンタウンからは、カアフマヌ・アベニューの東端近くのシェブロンのガソリンタンクから始まる海岸道路アマラ・プレイスAmala Placeを進めばいい。

カナハ池
Kanaha Pond
カナハ池は、池を縁どる湿地帯で餌をついばむ絶滅が危惧される水辺の鳥クロエリセイタカシギのための鳥獣保護区だ。オレンジ色の足が長く後ろに伸びて、群れ飛ぶ姿が優雅な

鳥だ。ハワイにいるすべてのシギを合わせても1500羽くらいにしかならないが、ここなら普通に見ることができる。

空港への飛行経路の真下にあり、トラックが激しく行き交うハイウェイの向こうにあるこの池は、郊外地域の真ん中にあって少しほっとできる場所だ。池への道は、ハイウェイ396沿いにあり、ハイウェイ36との合流点に近い。

駐車場の先にある展望台は、シギやオオバン、カモ、ゴイサギなどを見つけるのに最適な場所だ。保護区に入る際には、自分の後ろでゲートを閉めて静かに歩き、そこから水辺を観察するようにする。

9～3月（鳥が巣作りをしていない時期）には、森林・野生動物課（☎984-8110 State Office Bldg, Room 101, 54 S High St, Wailuku）で許可証をもらって、保護区内の作業道路をハイキングすることもできる。

マウイ芸術文化センター
Maui Arts & Cultural Center（MACC）
パ・フラ・ヘイアウの遺跡に3千200万ドルをかけて建設されたマウイ芸術文化センター（☎242-2787 ツアー予約 内線☎228 www.mauiarts.org 1 Cameron Way ギャラリー入場無料 火～日 11:00～17:00）は、島の芸術を紹介する中心的存在だ。水曜日の11:00に始まる無料ツアー（予約要）では、神殿跡が幾つか見られる。映画上映の前後にも開放されるアート・ギャラリーは、展示がよく入れ替わる。

宿泊
カナハ・ビーチ・パーク Kanaha Beach Park のキャンプ場は再開されているが、夜明けから23:00まで頭上に飛行機のエンジン音が響きわたり、安全性も問題なので、どこかほかをあたったほうが良い。この章で前出の宿泊を参照。

カフルイにはホテルが2軒あるが、ハワイでの休暇というイメージとはかけ離れた商業地にある。島は小さいので、ここで泊まる必然性はない。

マウイ・ビーチ・ホテル
Maui Beach Hotel
☎877-0051、888-649-3222
170 Kaahumanu Ave
客室 $90～

ポリネシア風に似たロビーと屋内プールがある。選ぶとすればこちらのほうが良い。

食事
カフルイではオーガニックフード（自然食）から世界各国の高級料理まで手頃な値段で楽しめる。

スーパーマーケットは**セーフウェイ Safeway**（Kamehameha Ave）と**フードランド Foodland**（Queen Kaahumanu Center, 275 Kaahumanu Ave）が町にある。

ダウン・トゥ・アース・ナチュラル・フーズ
Down to Earth Natural Foods
☎877-2661
305 Dairy Rd
月～土 7:00～21:00、日 8:00～20:00

品揃えが豊富な大きな自然食品店で、新鮮な有機野菜や量り売りの食品が手頃な値段で手に入る。サラダバーや温かい料理のあるビュッフェ、ベジタリアンの惣菜などもあり、すべて持ち帰り用で販売されている。

マウイ・コーヒー・ロースターズ
Maui Coffee Roasters
444 Hana Hwy
スナック $2～7
月～金 7:30～18:00、土 8:00～17:00、日 9:00～14:30

その日のおすすめコーヒーを1杯50¢で販売している。新聞やチェスのセットもあり、スコーンやマフィン、サンドイッチを食べながら、地元の人々がのんびりくつろいでいる。

バ・レ
Ba Le
Maui Marketplace, 270 Dairy Rd
スナック $3～7
8:00～21:00

手頃な値段でなかなか良いフレンチ-ベトナム料理を出している。おいしいロールサンドイッチやサクサクしたクロワッサン、シュリンプロール、プレートランチ、ベトナミーズ・ポー（ビーフスープ、ヌードル、新鮮な香菜）、スープや麺ものがあり、デザートには色とりどりのタピオカがおすすめだ。

アロハ・グリル
Aloha Grill
☎893-0263
Maui Marketplace
スナック $5～8
月～土 8:00～21:00、日 8:00～19:00

バースツールが6脚とジュークボックスが1台あるだけの1950年代の食堂を小さくしたような店だが、サイズは小ぶりだが、ここのハンバーガーはけっこうグルメ志向だ。ベジタリアン用テイクアウトメニューはカフルイで1番の品揃えで、ソーダ水もホームメードでチョコレート、チェリー、バニラコーク味が楽しめる。

ブリジット・アンド・バーナーズ・ガーデン・カフェ
Brigit & Bernard's Garden Café
☎877-6000
335 Hoohana St

セントラル・マウイ – ハレキイ-ピハナ・ヘイアウ州立史跡保護区

🍴ランチスペシャル＄8、メイン＄9〜15
🕐月〜金 10:30〜15:00、水〜金 17:00〜21:00
陰になった場所にある。ケータリング業者が経営するこのカフェには、輸入ビールを出す本格的なバーがあり、外には庭もある。ヨーロッパ風のメニューにはチキン・コルドン・ブルーやシュニッツェル・バーガーのようなどっしりした料理が並ぶが、ヘルシーなサラダやあっさりしたシーフードなどもある。

マニャーナ・ガレージ
Mañana Garage
☎873-0220
🏠33 Lono Ave
🍴ランチ＄7〜13、ディナー＄16〜26
🕐月 11:00〜21:00、火〜土 11:00〜22:30
キューバやカリビアン、南米をさまよう雰囲気で、ピカディロ・エンパナーダ（南米風ミートパイ）やグアバ・チキンなどすばらしいメニューが楽しめる。このラテン色豊かなレストランはみんなのお気に入りスポットなので、夜に予約を入れるのはちょっと難しいかもしれない。「アミーゴ・マンデー」の日には、シーフードディナーがすべて＄10引きになる。

エンターテインメント

コンソリデーテッド・シアター・カアフマヌ
Consolidated Theatre Kaahumanu ☎878-3456
🏠Queen Kaahumanu Center とウォレス・シアターズ・マウイ・モール・メガプレックス **Wallace Theatres Maui Mall Megaplex**（☎249-2222 🏠70 E Kaahumanu Ave）では封切り映画が上映されている。

マウイ芸術文化センター
Maui Arts & Cultural Center（MACC）
☎切符売り場 242-7469
🌐www.mauiarts.org
🏠1 Cameron Way
屋内劇場2つと大きな野外音楽堂があり、映画祭や地域の劇団、マウイ交響楽団の演奏会、ハワイの文化団体のパフォーマンスなどに利用されている。ハワイで大きなコンサートがある時は、MACCは人気の高い会場の1つである。

クイーン・カアフマヌ・センター
Queen Kaahumanu Center
☎877-4325
🏠275 Kaahumanu Ave
火曜と土曜の11:30から、オールド・ラハイナ・ルアウによる無料パフォーマンスが行われている。

カフルイ・アレ・ハウス・スポーツバー・アンド・レストラン
Kahului Ale House Sports Bar & Restaurant
☎877-9001
🏠355 E Kamehameha Ave
🍴パブメニュー＄5〜10
🕐11:00〜2:00
壁に貼ったモハメド・アリのポスターが見下ろすような場所で、けっこう騒々しく、大画面テレビやダーツ、ビリヤードに人が集まる。DJ付きのライブミュージックナイトとカラオケが日替わりになっている。

ショッピング

カフルイにはマウイ島で唯一、ディスカウントストアや地元値段で買物できるショッピングモールがある。アウトドア用品のレンタルについてはアクティビティの章を参照。

コストコ
Costco
☎877-5241
🏠540 Haleakala Hwy
🍴年会費＄45
巨大な卸売り店舗で、食料品から電池までほとんどすべての商品がまとめ買い用になっている。写真の1時間現像サービスやガソリンなど日常生活に必要なものやサービスも、けっこう格安になっている。

ウォルマート Wal-Mart（🏠101 Pakaula St）と**Kマート Kmart**（🏠424 Dairy Rd）は同じようなディスカウントストアだが、短期滞在者や1人で旅行している人に最適だ。

近くには主要なモールが3カ所ある。**クイーン・カアフマヌ・センター Queen Kaahumanu Center**が1番大きく、金曜にはファーマーズマーケット開かれる。**マウイ・マーケット・プレース Maui Marketplace**とキャンプ用品を取り扱う**ザ・スポーツ・オーソリティ The Sports Authority**がある。**マウイ・モール Maui Mall**は奇妙にがらんとしているが、紙飛行機「博物館」や、ホームメード菓子とちょっと変わったシャーベット（2盛り＄1）で有名な**タサカ・グリ・グリ Tasaka Guri Guri**がある。

マウイ・スワップ・ミート
Maui Swap Meet
🏠Puunene Ave
🍴入場料50¢
🕐土 7:00〜12:00
地元の人々でにぎわう。

ハレキイ-ピハナ・ヘイアウ州立史跡保護区
HALEKII-PIHANA HEIAU STATE MONUMENT

ワイルク郊外から2マイル（約3.2km）の丘の上にある隣り合わせの2つのヘイアウ（神殿）は、マウイ島の史跡の中でも最も重要な場所の1つだ。ここからは、セントラル・マウイの平原やハレアカラの山麓など、この地域全

体を一望の中に収めることができる。神殿はイアオ川から運ばれた石で建てられた。

ワイエフ・ビーチ・ロードWaiehu Beach Rdからは、ハイウェイ340と330の交差点の南0.75マイル（約1.2km）にあるクヒオ・プレースKuhio Placeを内陸のほうへ入る。続いてヘア・プレースHea Placeで左折し、そのまま車を走らせるとゲートに至る。ヘイアウからハイウェイ340までは半マイル（約0.8km）もない。

マウイ島を最後に治めたカヘキリはここに住み、カメハメハ一世の妻であり、カメハメハ2世と3世の母でもあるケオプオラニはここで生まれた。1790年のイアオでの激戦の後、カメハメハ一世はこれらのヘイアウを訪れ、戦の神クーにマウイ島で最後と思われる人身御供を捧げた。

最初のヘイアウ、ハレキイ（彫像の家）には階段状の石壁があり、上部は平らで緑に覆われている。ビーチサンダルなどをはいている場合は、イバラに注意すること。キイ（神像）はかつてその台地の上に立っていた。ピハナ・ヘイアウのピラミッド型の塚はそこから先へ5分ほど歩いた所にある。「超自然的存在が集まる所」を意味するピハナには、キアウェの木や野生の花、雑草が生い茂っている。ハレキイよりも大きなこのルアキニ（クーに捧げられた神殿）は、かつて人身御供のために使われていた。あまり人がここまで来ないので、近づいていくと茂みの中から鳩が飛び立つこともある。

史跡保護区であるにもかかわらず、政府はこのヘイアウを保護せずに放置している。マウイ島のこの地域はもっとも急速に成長している住宅地で、丘の両側では建築や砂礫の除去が広範囲に行なわれている。あまりに過ぎるので、自然保護活動家たちはヘイアウの土台が壊されるのを防ぐため、溶岩台地を安定させる植物が自生するように促している。

それにもかかわらず、まだ幾らかはマナ（神秘の力）がこの地から発散しているように感じられる。200年前のハワイ人の視点で想像力を働かせ、工場の倉庫群や団地を無視して、代わりに激しく荒れる海の眺めに心を集中させよう。

ワイルク
WAILUKU

ワイルクはウエスト・マウイ山系の東側の麓にある。古代の信仰と政治の中心地で、血なまぐさい戦いがあったイアオ渓谷が近くにあることから、その名には「虐殺の水」の意味もある。マウイを最後に統治した首長カヘキリは、この谷の入口に宮殿を築いた。

現在のワイルクには観光客を呼び寄せるようなものはどこにもなく、純粋に地元民の町だ。町の中央には中層の政府の建物が幾つかあり、郡の首都としての顔を持つが、裏道に入れば古手の店や地元の人でにぎわうレストランなどが、彩り豊かにごちゃごちゃと並んでいる。

インフォメーション
マウイ観光局 Maui Visitors Bureau（MVB）（☎244-3530 ▲1727 Wili Pa Loop ◉月～金8:00～16:30）は**中央郵便局**（☎244-1653 ▲250 Imi Kala St ◉月～金 8:00～16:30、土9:00～12:00）の近くにある。基本的には管理事務所なので、ロビーの棚にパンフレットが並んでいるだけだ。同じものは、空港到着ロビーにある観光案内所でも手に入る。

ユースホステルでは無料でインターネットが利用できる。**カフェ・マーク・オーレル Café Marc Aurel**（☎28 N Market St ◉月～金7:00～18:00、土日7:00～13:00）ではインターネットが10分$1で利用できる。
ハレ・イムア・インターネット・カフェ Hale Imua Internet Café（☎242-1896 ▲Dragon Arts Center）には高速インターネットがあり、1分20￠、または1時間$8になる。また、**ワイルク公共図書館 Wailuku public library**（☎243-5766 ▲251 High St ◉月木 11:30～20:00、火～水・金 10:00～17:00）でもインターネットが使える。

マウイ・メモリアル・メディカル・センター Maui Memorial Medical Center（☎244-9056 ▲221 Mahalani St）は島内の主要な病院で、24時間の救急サービスの対応がある。**マウイ・メディカル・グループ Maui Medical Group**（☎249-8080 ▲2180 Main St）はバレー・アイル薬局Valley Isle Pharmacyの隣にあり、外来患者用の診療所がある。

ベイリー・ハウス博物館
Bailey House Museum

初期のハワイ王族の土地に建てられたベイリー・ハウスは、カアフマヌ教会から歩いて5分の所にある。ここは1837年にマサチューセッツ州ボストンからワイルクに赴任して来た宣教師エドワード・ベイリーの一家が住んでいた家だ。

現在は、この古い宣教師館を見ごたえのある小さな**博物館**（☎244-3326 ▲2375-A E Main St ▣大人$5 子供$1 ◉月～土 10:00～16:00）に改造したマウイ歴史協会の本部になっている。中には、ハワイの石斧やタパ（樹皮をさらして作る布）、ひょうたん、カラバッ

シュの果皮製品のようなもの、それに宣教師館時代の年代物の調度品コレクションがある。ベイリーは画家、彫刻家でもあったので、彼の作品もたくさん展示されている。

見どころは、オリンピック選手デューク・カハナモクが使ったサーフボードで、駐車場を越えた所の小屋の横にある。現在使われている滑らかな形のファイバーグラス製と比べると、このレッドウッド製のものは長さが6フィート（約2m）、重さもたっぷり150ポンド（約68kg）ある！

階下にあるギフトショップには、質の良い工芸品とハワイに関する良い本がそろっている。ガイド付きのツアーに参加したければ前もって予約を入れたほうが良い。また、ゆるやかなメロディのギターコンサートやハワイの薬草学の講演会など、特別なプログラムもあるので、電話で問い合わせるとよい。

カアフマヌ教会
Kaahumanu Church

この会衆派教会はマウイ島に現存する最古のもので、1832年に建造され、カアフマヌ女王を記念して名付けられた。彼女は、古来の神々を退け、神殿の偶像を焼き払い、キリスト教の布教活動を援助した。1832年に彼女がワイルクを訪れた際、かつてないほど慎み深い様子で、最初の教会に自分の名をつけてほしいと頼んだ。

現在の建物は、宣教師エドワード・ベイリーが1876年にヘイアウの上に建てたもので、国家歴史登録財になっている。尖塔の古い時計は、19世紀に(南アフリカの)ホーン岬を回って運ばれたもので、今もなお正確な時を刻んでいる。日曜の朝の礼拝には、賛美歌がハワイ語で歌われる。

宿泊

アロハ・ウインドサーファーズ・ホーム
Aloha Windsurfers' House
☎249-0206、800-249-1421
W www.accommodations-maui.com
🏠167 N Market St
📧ドミトリーベッド＄17～、S＄42～、W＄46～
ワイルクの町の中心部にある。キッチン、ランドリー、手荷物保管場所、衛星放送テレビ、無料インターネット設備などが共同使用できる。コンチネンタルブレックファストが料金に含まれる。無料の空港送迎を希望するならあらかじめ電話しておくこと。レンタカーの格安パッケージ料金なども提供している。

バナナ・バンガロー
Banana Bungalow
☎244-5090、800-846-7835
W www.mauihostel.com
🏠310 N Market St

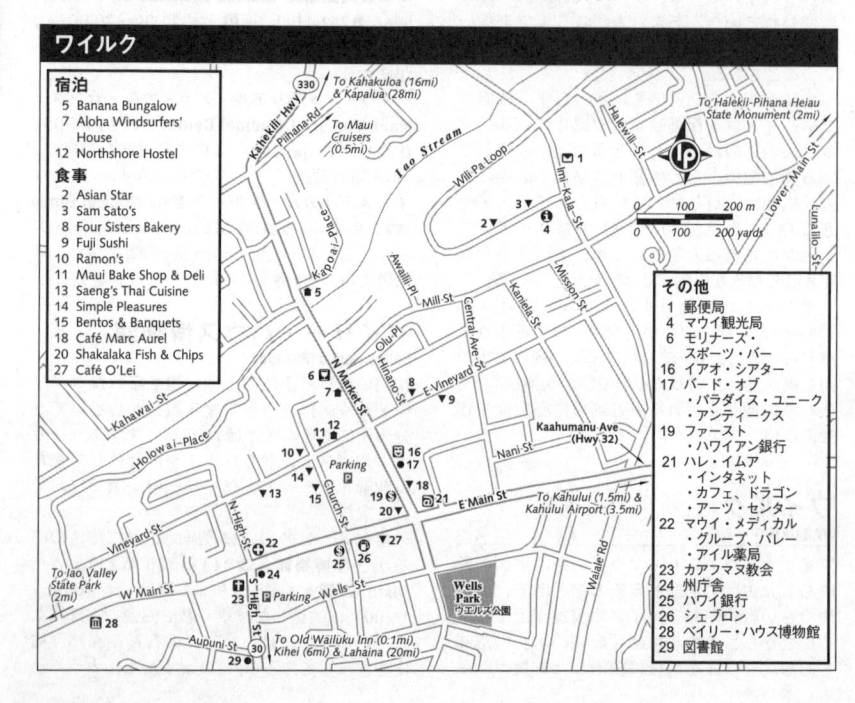

🛏ドミトリーベッド＄17.50、客室＄32〜

無料のインターネットサービスや毎日ある島内ツアー、裏庭のジャグジー、ハンモックなどが、わずかな資金で旅をするバックパッカーに喜ばれている。ただし、狭苦しいドミトリーベッドやたわんだマットレスがある暗い個室はさすがにいただけない。テレビ室やキッチン、コインランドリー、ウインドサーフィン用具を保管する小屋は共同使用でき、空港への送迎も毎日ある。

ノースショア・ホステル
Northshore Hostel
☎242-8999　📠244-5004
🌐www.hawaii-hostels.com
🏠2080 E Vineyard St
🛏ドミトリーベッド＄16　S＄29　W＄38

ワイルクの真ん中にある少し風変わりな建物のユースホステルには、共同のキッチンとテレビ室、無料のインターネット端末があり、世界中からの旅行者に人気がある。確かにしゃれた雰囲気ではないが、ハワイの水準から言えば、低料金で泊まれるまともな宿だ。その反面、経営者がころころ変わるので、どんなサービスが待ち受けているかは、泊まってみないとわからない。

モリーナズ・スポーツ・バー
Molina's Sports Bar
☎244-4100
🏠197 N Market St

実用的な部屋が建物の外の裏側にあり、日・週・月単位で借りられる。

オールド・ワイルク・イン
Old Wailuku Inn
☎244-5897、800-305-4899　📠242-9600
🌐www.mauiinn.com
🏠2199 Kahookele St
🛏客室＄120〜180

1920年代に建てられたエレガントな家は、裕福な銀行家が息子の嫁に贈った結婚祝だったもので、木立に囲まれ、人目につかないようになっている。地元出身の宿の主人2人により美しく修復され、竹の家具や美術品、骨董品が置かれている。どの部屋も違う内装だが、ベッドにはすべて伝統的なハワイのキルトが掛けてある。

食事

ワイルクには役所が集まっているので、平日のランチはどこも格安で楽しめるが、週末のランチタイムにはほとんどのレストランが閉店している。

マウイ・ベイク・ショップ・アンド・デリ
Maui Bake Shop & Deli（🏠2092 Vineyard St）は1番大きなベーカリーで、手の込んだフレンチ・ペストリーがある。**フォー・シスターズ・ベーカリー Four Sisters Bakery**（🏠1968 E Vineyard St）は庶民的なベーカリーで、値段の安さならどこにも負けない。家族経営の**サム・サトウズ Sam Sato's**（☎244-7124　🏠1750 Wili Pa Loop　🕐月〜土 7:00〜14:00）では、ホノルルの住人も絶賛のまんじゅうを作っている。

カフェ・マーク・オーレル
Café Marc Aurel
🏠28 N Market St
🍴スナック＄5未満
🕐月〜金 7:00〜18:00、土・日 7:00〜13:00

値うちもののバーラップ（黄麻布）のコーヒー一袋でシートがカバーされ、ダイヤモンド型の白黒タイルで床が覆われている。表のショーウインドゥにはホームメイドのボンボンや心に残るフルーツスコーン、キッシュのスライス、サンドイッチなどがずらりと並ぶ。常連客が新聞を読みふける横で、リッチなモカやカプチーノを外にある背もたれの高いスツールで味わおう。あぁ、すばらしい。

シンプル・プレジャーズ
Simple Pleasures
☎249-0697
🏠2103 Vineyard St
🕐火〜土 11:00〜15:00

気さくな外国人シェフが経営するこの店は、インドカレーもある素朴なベジタリアン・カフェだ。スウェーデン風スープを味わった後は、デザートにハウピアhaupia（ココナツ）パイ、リリコイlilikoi（パッションフルーツ）やレモンのタルトなどを楽しもう。

センズ・タイ・キュイジーン
Saeng's Thai Cuisine
☎244-1567
🏠2119 Vineyard St
🍴ランチスペシャル＄7、メイン＄9〜12.50
🕐月〜金 11:00〜14:30、毎日 17:00〜21:30

タイのチーク材の家を連想させるような魅力的なオープンエアの内装で、すばらしいカレーやおいしいサラダ、ベジタリアンメニューなど料理の種類も豊富だ。何より良いのは、辛さを抑えていないことだろう。

ベントーズ・アンド・バンケッツ
Bentos & Banquets
🏠85 Church St
🍴ランチスペシャル＄6〜8
🕐月〜金 10:00〜14:00

地元のビジネスマンに人気がある。ローストポーク・アドーボーや照焼きビーフなどの定番をのぞけば、基本的にメニューは日替わりだ。

また、**カフェ・オレイ Café O'Lei**（🏠2051

Main St 🍴ランチ＄5～8）はプレートランチが見事。**シャカラカ・フィッシュ・アンド・チップス Shakalaka Fish & Chips**（🏠2010 Main St）はグアバ・チーズケーキがおいしい。

フジ・スシ
Fuji Sushi
🏠1951 E Vineyard St
🍴1品＄8未満
🕐月～土 11:00～13:00、17:00～20:30
熱々のうどんや新鮮な魚料理、どこよりも種類が多いウナギ料理などがおすすめる。

エイジアン・スター
Asian Star
🏠1764 Wili Pa Loop
🍴1品＄6～12
🕐10:00～21:30
間違いなく、島で1番のベトナム料理レストランだろう。種類の多いメニューには、もちろん定番のポー・ヌードルスープや、ミントの葉をひと皿添えたベトナム風ファヒータスのバン・ホイ（ミントの葉、ライスヌードル、種々の野菜、海老や豆腐の盛り合わせをライスペーパーで巻いたもの）などがある。工業地帯にあるので確かに雰囲気はあまり期待できないが、サービスは愛想が良くて落ち着ける。

ラモンズ
Ramon's
☎244-7243
🏠2101 Vineyard St
🍴1品＄13～20
🕐月～金 10:00～21:00、土・日 10:00～22:00
お母さんの家で食べているような気持ちになるだろう、もしメキシコ人ならば、だが。値段が少々高くても量の多さが十分それを補っている。シーフード・エンチェラーダがおすすめだ。

エンターテインメント

イアオ・シアター
Iao Theatre
☎242-6969
🏠N Market St
1928年頃に建てられ、その後何年も放置されていた建物が、近頃修復された。主にオリジナルを手直ししたミュージカルが地元劇団により上演されている。

モリーナズ・スポーツ・バー
Molina's Sports Bar
☎244-4100
🏠197 N Market St
ユースホステルの近くにあり、DJ付きのライブミュージックナイトが楽しめる。足をテーブルに上げてくつろいで、床にビールをこぼ

しても、誰の目も気にせずにいられるような場所だ。

ショッピング

メイン・ストリートMain Stの北、N・マーケット・ストリートN Market Stには、質屋やギャラリー、骨董品屋などが少しあり、ハワイの物産展のごとく乱雑に物が詰め込まれているおもしろい店もある。**バード・オブ・パラダイス・ユニーク・アンティークス Bird-of-Paradise Unique Antiques**（☎242-7699 🏠56 N Market St）を訪ねてみるといいだろう。

ドラゴン・アーツ・センター
Dragon Arts Center
🏠1980 Main St
最近修復された名所で、ギャラリーや輸入雑貨の店が入っている。

イアオ・バレー・ロード
IAO VALLEY ROAD

1790年、カメハメハ一世はカフルイを海から攻撃し、迎え撃つマウイの戦士たちを素早くイアオ渓谷の断崖絶壁に追い込んだ。山を越えて逃げられなかった者たちは、川の辺りで虐殺された。その累々たる亡骸でイアオ川の水がせき止められたため、その一帯はケパニワイ（せき止められた水）と呼ばれている。

現在、川沿いの谷の上部がイアオ渓谷州立公園になっている。毎日多くの観光客が群れなしてイアオ・バレー・ロードを通るが、道沿いにある小さな見どころは素通りしていく。

トロピカル・ガーデンズ・オブ・マウイ
Tropical Gardens of Maui
☎244-3085
🎫大人＄3 子供無料
🕐月～土 9:00～16:30
ワイルクから1マイル（約1.6km）ほどの所にある。ここの花の多くには説明付きの名札がついているので、地域の植物について学ぶことができる。

もう1マイル（約1.6km）先にある**ケパニワイ郡立公園 Kepaniwai County Park**は、ハワイに住む様々な民族の文化遺産に捧げられている。荒れた敷地のまわりには、ピリ（草）で屋根を葺いた伝統的なハレ（ハワイ風民家）やニューイングランド様式の宣教師館などがある。近くのアジア庭園には、石塔や鯉の泳ぐ池、中国風のあずまやなどが点在する。公園の中にはイアオ川が流れ、バーベキューができる屋根付きのピクニックエリアも川沿いにある。

ケパニワイ郡立公園の西端には、**ハワイ・ネイチャー・センター Hawaii Nature Center**

(☎244-6500 🏠875 Iao Valley Rd 🎫大人＄6 子供＄3.25 🕐10:00～16:00)がある。子供向け展示が24個以上もある非営利教育施設があり、地域の鳥の見分け方や、地元の人々の川の暮らしなどが体験的に学べるよう工夫されている。大人は野外観察図鑑や自然史の本、島の地図などを売店で手に入れよう。

　ケパニワイ郡立公園の先を半マイル（約0.8km）行った所にある曲がり角では、車を停めて右手の峡谷パリ・エレエレPali Eleeleを眺めている人々が目に入るだろう。岩の重なりの1つが侵食されて、ぼんやりと**横顔**のように見える。伝説では、1500年代にこの地に住んでいた権力者のカフナ（司祭）だと言われるが、ジョン・F・ケネディに無気味なほど似ていると言う人もいる。まあ、何でもいいが。

　ここに車を停めるのが難しければ、イアオ渓谷州立公園まで行ってしまってもいい。そこから展望台までは歩いて2分くらいの距離だ。

イアオ渓谷州立公園
Iao Valley State Park
🎫入場無料
🕐7:00～19:00

　イアオ渓谷州立公園はワイルクの中心部からたった3マイル（約4.8km）ほどの山あいにあり、マウイ島の高峰の中でもっとも降水量の多いプウ・ククイ山（5788フィート＜約1764m＞）までずっと続いている。

　渓谷は、マウイの美しい娘、イアオにちなんで名付けられたと言われている。渓谷の底から1200フィート（約366m）もそびえ立つ岩峰イアオ・ニードルは、イアオの秘密の恋人がマウイに捕らえられ、石に変えられたものと言い伝えられている。

　渓谷には雲がたちこめ、イアオ・ニードルの先端部を包み隠すことが多い。ニードルの麓には川が曲がりくねって流れ、ウエスト・マウイ山系の険しい崖がすばらしい背景になっている。それゆえ、ここにはツアーバスが押しかける。駐車場から歩いて2分の所にある橋の上で、イアオ・ニードルを撮ろうと人々が立ち止まる。だが、その橋の少し手前に川のそばを巡る遊歩道があり、それを下って行くと、川と橋とイアオ・ニードルを一緒に写真に収められる1番良い場所に出られる。

　橋を越えて少し歩いた所に、イアオ・ニードルのすばらしい眺めが楽しめるもう1つの屋根付き展望台がある。その先のトレイルは閉鎖され「通り抜け厳禁」の看板もあるが、少しぐらいならかまわないだろうと、多くの人々が更に歩を進めたい誘惑にかられる。

プウネネ
PUUNENE

　サトウキビ畑に囲まれるプウネネは本物のプランテーション村で、ハワイアン・コマーシャル・アンド・シュガー（C＆S）社が経営する製糖所の近くにある。製糖所が操業している時には、砂糖の奇妙に甘ったるいにおいで、空気が重く感じられるほどだ。

　製糖所の隣にある発電所では、糖蜜を絞って精製する機械を動かすために、サトウキビの絞りかすである繊維（バガスと呼ばれる）を燃やして発電している。3万7000キロワットの出力で、世界でも最大のバイオマス発電所だ。余剰電力はマウイ電力に売られている。

　フレンズ・オブ・マウイ図書館 Friends of Maui Library（☎871-6563 🕐月～土 8:00～16:00）では、どの本も10¢玉1個で買える「10¢ブックストア」が製糖所の裏にあり、およそ考えつくすべての種類の古本が山積みになっている。ここにはなかなかたどり着きにくい。プウネネ・アベニューPuunene Aveを南に進み、製糖所を通り過ぎてからキャンプ・ロード5で左折、学校の裏辺りにある看板を目印に行くといい。

　プウネネ1番の見どころは製糖所の向かいにあるこのすばらしい**アレクサンダー・アンド・ボールドウィン砂糖博物館 Alexander & Baldwin Sugar Museum**（☎871-8058 🏠cnr Puunene Ave & Hansen Rd 🎫大人＄5 子供＄2 🕐月～土 9:30～16:30、2・3・7・8月日曜開館 9:30～16:30）だ。サトウキビがどのように育ち、収穫されるかを説明した展示には、サトウキビを圧搾する工場の精巧な実物大模型もある。

　だがもっとも興味を引くのは人々の姿だろう。この博物館では、サミュエル・アレクサンダーとヘンリー・ボールドウィンがどのようにハワイの広大な土地をまるごと買い取り、アップカントリーの水利を求めて野心的なクラウス・スプレックルズと必死に戦ったか、そして彼らがどのように長大な水路を築いて、広範囲に及ぶサトウキビプランテーションを可能なものにしたかが詳しく説明されている。

　模型の一方の端に示されているのは、20世紀の変わり目の頃の日本の移民会社による労働契約書だ。それによると、労働者の賃金は、畑で1日10時間、月に26日間働いて1ヵ月＄15（日本に帰国するための費用として＄2.50が積み立て用に引かれる）。妻も同じように懸命に働いたが、賃金はもっと安かった。時代を感じさせる写真やプランテーションでの暮らしが偲ばれる生活用具なども展示されている。

博物館は製糖所の昔の工場長の家を改造したものだ。館長は熱心な写真家で、地元の歴史家でもあり、サトウキビ収穫機や手動の氷かき機など庭にある機械類の修復に取り組んでいる。

ケアリア池国立自然保護区
KEALIA POND NATIONAL WILDLIFE REFUGE

ケアリア・ポンド Kealia Pond（☎875-1582 🏠6-mile marker, Mokulele Hwy）は塩水の湿地帯で、鳥類保護区になっている。水辺を歩く絶滅危惧種のセイタカシギがたいてい観察できる。ポンドには、ほかにもオオバンやシラサギ、アオサギが生息している。夏には水位が低下し、黒っぽい塩水域（ケアリアは「塩で覆われた場所」を意味する）がここに住む鳥たちの巣作りの場になる。12月から2月にかけては、渡り鳥がここに降り立つ。

マアラエア湾
MAALAEA

マアラエア湾はマウイ島の西と東にある双子山の間に挟まれた地峡の南side端にある。北から吹き付ける風が2つの山の間を通り、カホラウェ島に向けて真正面に抜ける。その真昼の強風のおかげで、**ウインドサーフィン**のコンディションはマウイ島でも最高だ。

ほかの場所で風が凪いでいる冬でも、マアラエア湾にだけはウインドサーファーがやって来る。港の南側、貨物列車の右にある**マアラエア・パイプライン Maalaea Pipeline**は、ハワイでももっとも速いサーフブレイクポイントで、夏には南からの波が大きなチューブを作り出す。

湾に面して3マイル（約4.8km）も続く砂浜があり、マアラエア港から南のキヘイ埠頭まで延びているが、残念ながら、海岸と周辺のコンドミニアムでは、盗難や車上荒らし、旅行者を狙った犯罪が頻発している。

ラハイナ・パリ・トレイル
Lahaina Pali Trail

この由緒ある19世紀の古道は、湾の近くからキアウェや乾燥地に自生する白檀の木々の間をジグザグに駆け上がっている。最初の1マイル（約1.6km）を過ぎると、日が照りつける開けた低木地帯に出て、そこからハレアカラや肥沃な中央平原が眺められる。アイアンウッドの木が、ケアラオロア尾根Kealaoloa Ridge（標高1600フィート＜約488m＞）を横切る手前に現れ、その後ウクメハメ渓谷を抜けて道は下りになる。

カホオラウェ島やラナイ島の絵はがきのような眺めを楽しみ、岩に削り込まれたペトログラフやポニオロ（カウボーイ）の落書きを探して歩こう。パパラウア・ビーチPapalaua Beachまでは道からそれずに下りて行くこと。四輪駆動車が通る道に迂回しないように。5.5マイル（約8.9km）のトレイル全部を歩くには約3時間かかる。パパラウアに迎えに来てもらうよう手配していなければ、ヒッチハイクで自分の車に戻らなければならないだろう。

どちらの方向からでもハイキングはできるが、山の東側から歩き始める場合は朝早くに出発したほうが、焼け付く太陽よりも先に進める。ハイウェイ30で、マアラエア近くのハイウェイ380の交差点のすぐ南まで行き、5マイルマーカーの辺りにあるトレイルの起点に至る通り道とナ・アラ・ヘレNa Ala Heleの看板を探す。これより内陸の私道に車を停めるのは不法駐車になるので注意すること。

マウイ・オーシャン・センター
Maui Ocean Center

総工費2千万ドルをかけた近代的な施設マウイ・オーシャン・センター（☎270-7000 🏠大人＄19 子供＄13 🕘9:00～17:00、7・8月9:00～18:00）はアメリカ最大の熱帯水族館で、潮間帯のもっとも浅瀬に住む生き物から深海に生息するものまでハワイ固有の海洋生物の展示が60あり、自分のペースで見学できる。発光しているクラゲの水槽にうっとりしたり、情報豊富なオーディオガイドで学習したり、何時間でも過ごせる。

広々とした「生きた岩礁」のセクションでは、ハワイの海でシュノーケリングをする時に見かけるカラフルなサンゴや魚を中心に紹介している。サンゴの生成、バタフライフィッシュやベラ、ウナギ、その他岩礁の生態系の一部である熱帯の魚たちの種類別の見分け方などが、詳しく説明された展示で学べる。

1番魅力的なのは、魚の群れやくねりながら泳ぐサメを頭上に見ながらアクリルのトンネルを通り抜けるもっとも大きな75万ガロン（284万リットル）の海水タンクだろう。潜水具を着けなくても水中にいるような感覚になれる。クジラやウミガメについて学べる体験型の展示やアカエイの水槽、生き物に触れることができる小さな水槽などもある。

食事

博物館に隣接した**マアラエア・ハーバー・ビレッジ Maalaea Harbor Village**ショッピングセンターには眺めの良い中級程度のレストランが幾つかある。

カフェ・オレイズ・マアラエア・グリル
Café O'Lei's Maalaea Grill
☎ 243-2206
🏠 300 Maalaea Rd
🍴 ランチ＄6〜9、ディナーメイン＄13〜18
🕐 月 10:30〜15:00、火〜日 10:30〜21:00
港に面した窓からふわりと吹き込む海風が心地よい。ワイルクのケータリング業者が新たにオープンしたこの店では、新鮮なシーフードや地元の食材がメニューの特色になっている。

ウエスト・マウイ
West Maui

ウエスト・マウイはマウイ島に2つある火山のうちの小さいほうを中心に広がる地域だが、ハワイを訪れた旅行者の大部分がここへやって来る。ウエスト・マウイは、海岸沿いをカフルイKahuluiから西へ、またホノコハウ湾Honokohau Bayから南のパパワイ・ポイントPapawai Pointへと楕円形に広がる広大な土地を取り囲む。背景にはドラマチックなウエスト・マウイ山脈がそびえ、絶壁が昔のサトウキビ畑に長い影を落としている。

多くの人はウエスト・マウイと聞くとラハイナLahainaから近代的ビーチリゾートのカアナパリKaanapali、その北にあるカパルアKapaluaまでのかなり都市化された細長い一帯を想像するだろう。けれど、歴史的な場所が幾つか生き残っており、静かな海辺やでこぼこしたカヘキリ・ハイウェイKahekili Hwy沿い辺りなら、ハネムーン客やクルーズ客の群れを後にすることができる。

マアラエアからラハイナまで
MAALAEA TO LAHAINA

ラハイナ・マアラエア間は美しい山の風景が続く場所だが、冬の間、ホノアピイラニ・ハイウェイHonopilani Hwyを走行中の人は海のほうばかりを見ている。こぞって車のバンパーに張っているステッカー「クジラ目撃時、ブレーキ踏みます」が、すべてを物語っている。この道路はホエールウォッチングに絶好の場所なのだ。冬の間、ザトウクジラが海岸から100ヤード（約91m）という近距離まで時々近づいてくることがある。40トンもあるクジラが突然水しぶきを上げてまっすぐに水面から現われる様子に目は釘付け！不幸にも、ブレーキを踏む運転手と踏まない者がいるの

で後部衝突の危険は高い。

10マイルマーカーのすぐ南に2ヵ所目立たない道路わきの見晴らし場所があるが、どちらも標識が立っていないので、混雑した道路状況の中ではわきへ寄るのが難しい。もう少し先まで走って、**パパワイ・ポイント Papawai Point**まで行くのが無難。はっきりと表示されている風景眺望場所があり、8マイルおよび9マイルマーカー間に駐車場も完備されている。地形的にマアラエア湾西端に向かって突き出ているため、ここにはザトウクジラがよく子育てをしにやって来る。ホエールウォッチングにはもってこいの場所だ。冬にはナチュラリストがボランティアで眺望場所のスタッフを勤める。望遠鏡は自分で用意すること。

ハイウェイトンネルを抜けたら、10マイルマーカーを過ぎたあたりに**ラハイナ・パリ Lahaina Pali**散策コース始点があるのでお見逃しなく（前出「セントラル・マウイ」の「マアラエア湾」参照）。交通量が多ければ、右わきに寄って駐車するか、車が来なくなった頃を見計らって海岸のほうへ道路を横切ればよい。

11マイルマーカー地点に**パパラウア州立公園 Papalaua State Park**があるが、設備が限られていて、かなり向こうの沖合いにある岩礁以外は特におもしろいものはない。ダイビングおよびシュノーケリングボートは**コーラル・ガーデン Coral Gardens**沖に停泊する。ここは岩礁西端に向かって**サウザンド・ピークス Thousand Peaks**が形成されていて、ここのブレイクはロングボーダーやビギナーのサーファーに人気がある。

さらに北の12マイルマーカー地点には、**ウクメハメ・ビーチ州立公園 Ukumehame Beach State Park**がある。アイアンウッドの木陰が広がるこの海岸は、日光浴やちょっと海で泳ぐにはまずまずだが、岩浜なので地元の人はピクニックや魚釣りを楽しむ程度だ。

オロワル
Olowalu

「たくさんの丘」という意味のオロワルは、ウエスト・マウイ山脈を背景にサトウキビ畑が広がる美しい場所だ。オロワル・ゼネラル・ストアOlowalu General Storeと、なんとなく場違いなフランス料理のレストランがある以外にはこれといって目印になるものはない。

海が穏やかなときは、ストアの南に位置する13マイル・14マイルマーカーの間でシュノーケリングができる。ここのサンゴ礁は広くて浅い。幅の狭い砂浜もあるので、横たわるのによいが、キアヴェ（メスキートに似た木

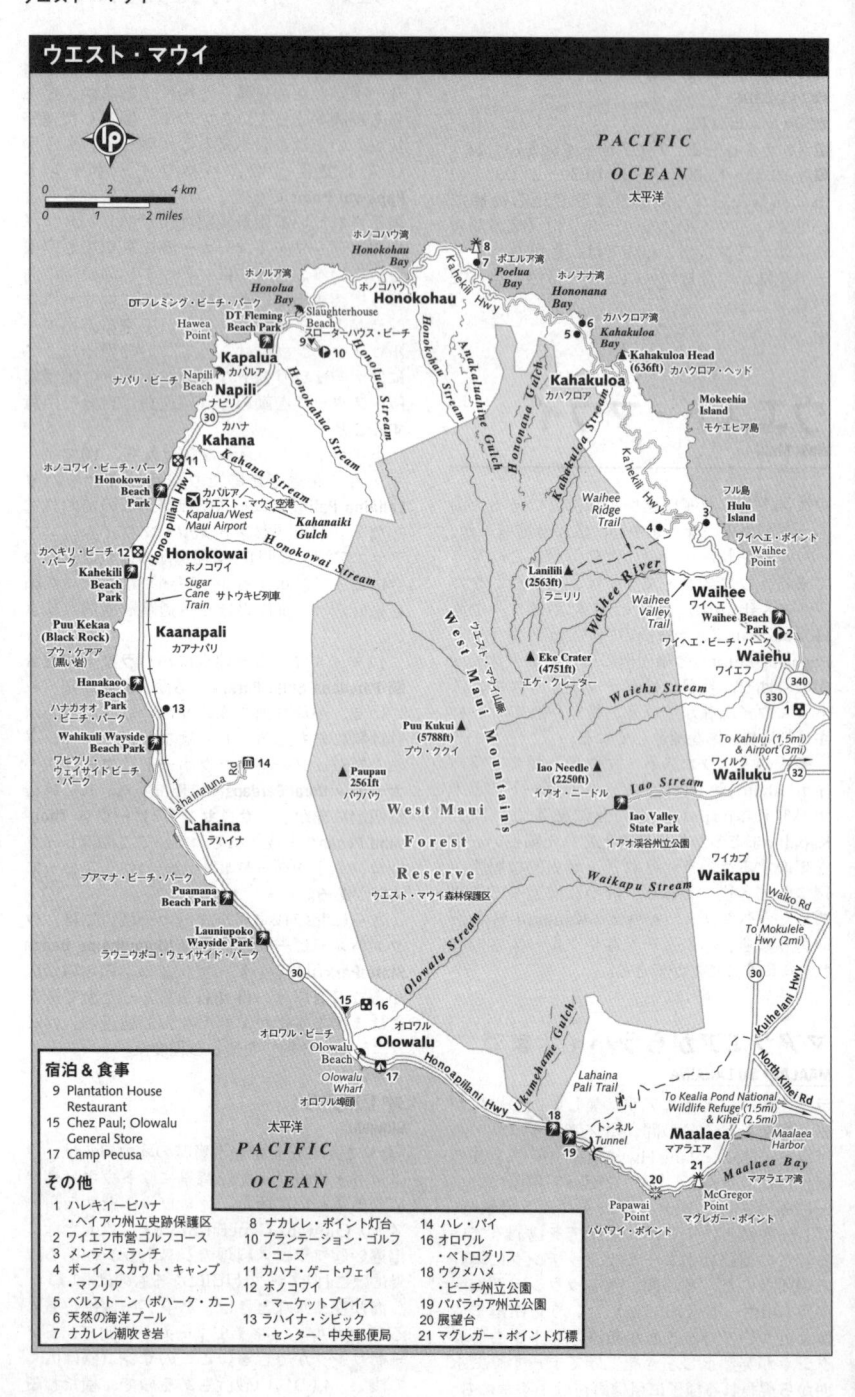

ウエスト・マウイ

宿泊 & 食事
9 Plantation House Restaurant
15 Chez Paul; Olowalu General Store
17 Camp Pecusa

その他
1 ハレキイーピハナ
　・ヘイアウ州立史跡保護区
2 ワイエフ市営ゴルフコース
4 ボーイ・スカウト・キャンプ
　・マフリア
5 ベルストーン
6 天然の海洋プール
7 ナカレレ潮吹き岩
8 ナカレレ・ポイント灯台
10 プランテーション・ゴルフ
　・コース
11 カハナ・ゲートウェイ
12 ホノコワイ
　・マーケットプレイス
13 ラハイナ・シビック
　・センター、中央郵便局
14 ハレ・パイ
16 オロワル
　・ペトログリフ
18 ウクメハメ
　・ビーチ州立公園
19 パパラウア州立公園
20 展望台
21 マグレガー・ポイント灯標

の刺にご注意。ここに潜り水中の視界の悪さにがっかりしたという人も多い。

ストアの裏から続く未舗装の取り付け道路を行くと**オロワル・ペトログリフ Olowalu Petroglyphs**へ向かうことができる。標識の近くに車を止めて、常に噴石丘を正面に見据ながら、暑くて埃っぽい道路を15分ほど内陸へ向かって歩く。マウイに今も残っている岩面陰刻のほとんどがそうであるように、これらの陰刻画は、ほかのハワイの島々で見られるようなパホエホエ（滑らかな、粘着性のある溶岩）にではなく、崖の垂直面に刻まれている。オロワルにある陰刻画のほとんどが破損もしくは落書きで塗りつぶされているが、まだ幾つかは判別可能だ。グラグラした古い鑑賞台があるが、説明が書かれた看板はない。

宿泊・食事
キャンプ・ペクサ Camp Pecusa（☎661-4303 W www.maui.net/~norm/pecusa.html 🏠800 Olowalu Village Rd 🅱サイト1人につき＄6）が、米国聖公会Episcopal Churchによって運営されている。見逃しそうなこの「テント場」は、先着順制で個人に開放している。サトウキビ畑の横、オロワル・ゼネラル・ストアから0.5マイル（約0.8km）南に位置し、道路のマカイmakai（海方向）側にある。キャンプサイトは浜沿いの日陰にある。海水浴には適さないが、沖へ出た所の岩礁はシュノーケリングによい。

このキャンプ場そのものは基本条件を満たしている程度だが、それでも太陽熱温水シャワー、2カ所の野外トイレ、飲料水設備、およびピクニックテーブルが幾つかある。ここは管理人がキャンプ場で生活しているため、マウイでもっとも安全なキャンプ場だ。場内での飲酒は禁止で、30日単位で最長7泊が限度。予約はできないが、通常はスペースに空きがある。ストアから0.5マイル（約0.8km）南へ走った所にある小さな青い看板が目印。

シェ・ポール Chez Paul
☎661-3843
🏠Olowalu Village Rd
🅼メイン＄22〜45
🅳ディナー

魚介類を扱う高級フランス料理レストラン。1968年以来、一流との評判を高めている店だ。実にヨーロッパ風のインテリアで、古風な美術品が置かれ、白いテーブルクロスがかかった12脚のテーブルが並ぶ。コナ・ロブスターやエキゾチックなフルーツサルサなど、ハワイ風のアレンジが伝統的なフランス料理に華を添えている。要予約。

オロワル大虐殺
オロワル・ビーチは1790年に忌まわしい大虐殺が起こった場所だ。アメリカ船エレノーラからスキフ（小型ボート）が盗まれ、鉄釘や付属器具類を得るために放火された。事件後、船長のサイモン・メトカルフは仕返しに取り引きをするとハワイ人をだまし、カヌーで沖までおびき寄せた。彼は残酷にもカヌーに乗っていたハワイ人を大砲で攻撃し、カヌー約100人が殺された。この事件が一連の因縁争いを引き起こし、最終的には船長の息子、トーマスがビッグ・アイランドの戦士が振り回していたカヌーパドルで殴り殺された。

ラハイナ
LAHAINA

ラハイナは昔、マウイ族の酋長たちが集った都で、ウエスト・マウイの穀倉地帯、厳密にはパンノキ生産地帯だった所である。ハワイ語でうまく言い表された「残酷な太陽」という意味どおり、この地はマウイ島内でもっともうだるような暑さと湿度に見舞われる場所だ。しかし、海岸の景観と背景になる山々は美しく、人々がこの地に魅かれる理由がよくわかる。海から穏やかな風が吹き、フロント・ストリートFront Stの防波堤からは夕焼けに染まるラナイLanaiの美しい風景を眺められる。

カメハメハ1世は島々を統一後、拠点をラハイナに置き、1845年まで首都として栄えた。1830年代早期にはすでにハワイ最初の石造教会、ミッションスクール、および印刷機があった。ラハイナの捕鯨は19世紀中ごろに最盛期を迎え、何百隻もの船が毎年港へやって来た。船から見捨てられたり、逃げ出したりした病気の船員や怠慢な船員が何百人も街路をぶらつき、町は捕鯨船員の荒々しい性質に染まっていった。ラハイナを訪れた大勢の中には、後に「白鯨 Moby Dick」を執筆したハーマン・メルビルもいた。

最近、ラハイナの街路は旅行者で溢れかえっている。かつて酒場、売春宿、食糧店だった古い木造の店が、今では土産品の専門店でぎっしりだ。歴史的な場所も数カ所あるが、ラハイナは商業活動で騒然としている。もし古風でロマンチックな何かを期待しているなら、がっかりすることだろう。主な歴史観光スポットには宣教師の家屋、船員用刑務所、それらに付属する墓地などがある。

オリエンテーション
ラハイナの中心地は、せわしない小型船の港で、背後に古びたパイオニア・インPioneer Innとバニヤン・ツリー広場Banyan Tree Squareがある。ラハイナ名所の半分がこの地区に集まり、

残りの半分は町の方々に散らばっている。
　大通り・観光地帯がフロント・ストリートFront Stで、海岸に沿って道路が延びている。北へ車を走らせ町を抜ける際に「キリスト、じき現わる'JESUS COMING SOON'」という派手な看板があるのでお見逃しなく。この看板は、1970年代ドラッグ・ロックンロール文化を歌ったイーグルズの曲「ラスト・リゾート The Last Resort」で一躍有名になったラハイナの栄枯盛衰を物語っている。

インフォメーション

ラハイナ・アート・ソサエティー Lahaina Arts Society（☎667-9193、866-511-4569、イベントホットライン☎667-9194、888-310-1117 Ⓦwww.visitlahaina.com ⌂648 Wharf St ◉9:00〜17:00)はバニヤン・ツリー広場内の旧裁判所の中に、ボランティア・スタッフによるインフォメーションデスクを設置している。

　ATM（現金自動預け払い機）は各所にある。**ハワイ銀行の支店 Bank of Hawaii branch**（☎661-8781 ◉月〜木 8:30〜16:00、金 8:30〜18:00 ⌂Lahaina Shopping Center）、**ファースト・ハワイアン銀行 First Hawaiian Bank**（☎661-3655 ⌂215 Papalaua St ◉月〜木 8:30〜16:00、金 8:30〜18:00）に行くとよい。

　市街郵便局 downtown post office station（◉月〜金 8:15〜16:15 ⌂Lahaina Shopping Center）では駐車場のスペースが空くまでけっこう待たされることがよくあり、郵便局内ではもっと長い行列が待ち受けている。ラハイナに送られてきた一般郵便物を**中央郵便局 main post office**（☎661-0904 ⌂1760 Honoapiilani Hwy ◉月〜金 8:30〜17:00、土 9:00〜13:00）で受け取ることができる。町の北数マイルの所、ラハイナ・シビック・センター近くにある。

　公共図書館 public library（☎662-3950 ⌂680 Wharf St ◉火 12:00〜20:00、水木 9:00〜17:00、金土 10:30〜16:30）では、インターネット利用可能なコンピュータが数台ある。町の中に**カーマ・カフェ Karma Cafe**や**ウエストサイド・ナチュラル・フード・アンド・デリ Westside Natural Foods & Deli**などの食事の店が数軒あり、制限付きで高額なインターネットアクセスを提供している所もある。

　マウイ・メディカル・グループ Maui Medical Group（☎249-8080 ⌂130 Prison St）は緊急でない医療処置に対応してくれる。**ロングス薬店 Longs Drugs**（☎667-4384）はラハイナ・キャナリー・モールにある。

ビーチ

ラハイナはほとんど浅瀬で岩浜なため、ビーチで有名な場所ではない。ラハイナ海岸Lahaina Shores近くの一画では泳げないこともなく、若いサーファーがフェリーやクルーズ船をよけながら海に入っているが、北へ向かってカアナパリまで行ったほうが無難だろう。

　ラハイナの南、18マイルマーカーの所に**ラウニウポコ・ウェイサイド・パーク Launiupoko Wayside Park**があり、ラナイ島の後ろに沈む夕日を眺めるのに人気のスポットだ。公園には小さなグレーの砂浜と満潮時に水がたまる子供用の水遊び天然プールがあり、初心者のサーファーが沖合いに浮かんでいる。園内にはシャワー、トイレ、ピクニックテーブル、更衣室がある。

ボールドウィン・ハウス
Baldwin House

ボールドウィン・ハウス（☎661-3262 ⌂696 Front St ▦大人＄3 家族＄5 ◉毎日10:00〜16:30）は1834年に建築されたラハイナでもっとも年代物で有名な建物。かつては、プロテスタント宣教師で医師のドワイト・ボールドウィン牧師の家だった。サンゴと岩を使った外壁のこの家は、以前、隣にあるマスターズ・リーディング・ルームMaster's Reading Roomの外壁のようだったが、今は上からしっくいが塗られている。下に隠れている外壁は厚さ24インチ（約61cm）もあり、1年中屋内を涼しく保つ。

　ボールドウィンが出身地のコネチカットからハワイに到着するまで161日もの日数を要した。彼らのような早宣教師の旅もすでに身軽ではなかった。今もこの家にはホーン岬を回ってこの地へ運んだ陶磁器や調度品の数々がある。ほかにも時代物の骨董品、複製品、すばらしいハワイアンキルトもある。入場料には簡単なツアーが含まれ、最終ツアーは16:15出発。

　隣にある**マスターズ・リーディング・ルーム Master's Reading Room**は、ラハイナが捕鯨で栄えていた頃、高級船員クラブとして利用されていた。道路の向かいにある港で騒ぎが起きないよう、船長たちがここから監視した。現在は、**ラハイナ復元保存財団 Lahaina Restoration Foundation**（Ⓦwww.lahainarestoration.org）の本部事務所で、階下の**ナ・メア・ハワイ Na Mea Hawaii**という店を運営している。

バニヤン・ツリー広場
Banyan Tree Square

1873年にラハイナに初めて宣教師が訪れてから50周年を記念して植えられたこの木は、現在アメリカで最大のバニヤンの木だ。枝は伸び広がり、今にも区画内にある旧裁判所を押しのけそうな様子だ。

　木には16本の幹があり、水平に伸びる無数の枝が1エーカー（0.4ヘクタール）の土地を、より好条件なほうへと向かって広がっている。

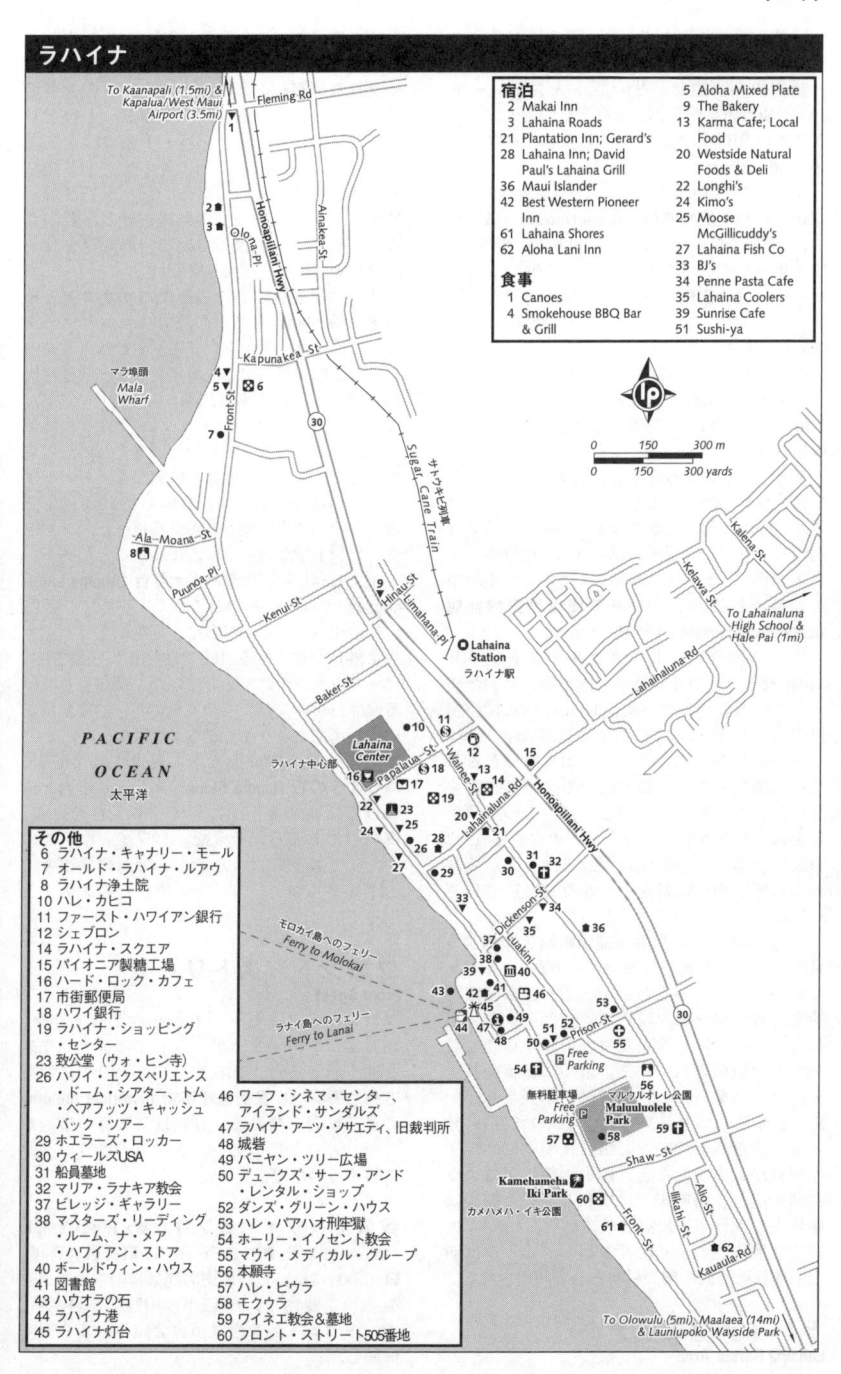

ラハイナ

ラハイナ

宿泊
- 2 Makai Inn
- 3 Lahaina Roads
- 21 Plantation Inn; Gerard's
- 28 Lahaina Inn; David Paul's Lahaina Grill
- 36 Maui Islander
- 42 Best Western Pioneer Inn
- 61 Lahaina Shores
- 62 Aloha Lani Inn

食事
- 1 Canoes
- 4 Smokehouse BBQ Bar & Grill
- 5 Aloha Mixed Plate
- 9 The Bakery
- 13 Karma Cafe; Local Food
- 20 Westside Natural Foods & Deli
- 22 Longhi's
- 24 Kimo's
- 25 Moose McGillicuddy's
- 27 Lahaina Fish Co
- 33 BJ's
- 34 Penne Pasta Cafe
- 35 Lahaina Coolers
- 39 Sunrise Cafe
- 51 Sushi-ya

その他
- 6 ラハイナ・キャナリー・モール
- 7 オールド・ラハイナ・ルアウ
- 8 ラハイナ浄土院
- 10 ハレ・カヒコ
- 11 ファースト・ハワイアン銀行
- 12 シェブロン
- 14 ラハイナ・スクエア
- 15 パイオニア製糖工場
- 16 ハード・ロック・カフェ
- 17 市街郵便局
- 18 ハワイ銀行
- 19 ラハイナ・ショッピング・センター
- 23 致公堂（ウォ・ヒン寺）
- 26 ハワイ・エクスペリエンス・ドーム・シアター、トム・ベアフッツ・キャッシュバック・ツアー
- 29 ホエラーズ・ロッカー
- 30 ウィールズUSA
- 31 船員墓地
- 32 マリア・ラナキア教会
- 37 ビレッジ・ギャラリー
- 38 マスターズ・リーディング・ルーム、ナ・メア・ハワイアン・ストア
- 40 ボールドウィン・ハウス
- 41 図書館
- 43 ハウオラの石
- 44 ラハイナ港
- 45 ラハイナ灯台
- 46 ワーフ・シネマ・センター、アイランド・サンダルズ
- 47 ラハイナ・アーツ・ソサエティ、旧裁判所
- 48 城砦
- 49 バニヤン・ツリー広場
- 50 デュークス・サーフ・アンド・レンタル・ショップ
- 52 ダンズ・グリーン・ハウス
- 53 ハレ・パアハオ刑罰獄
- 54 ホーリー・イノセント教会
- 55 マウイ・メディカル・グループ
- 56 本願寺
- 57 ハレ・ピウラ
- 58 モクウラ
- 59 ワイネエ教会＆墓地
- 60 フロント・ストリート505番地

マウイ島

地元の子供たちはよくツルにぶら下がり、ターザンごっこをして遊ぶ。木陰にあるベンチと公園内の歩道は、フロント・ストリートFront Stの雑踏から逃れてひと息つくのにちょうどよい場所だ。隔週の週末に**美術工芸フェア arts and crafts fair**が行なわれる。

バニヤンの木のマカイ（海）側には1859年に建てられた**旧裁判所 old courthouse**（◐9:00〜17:00）がある。かつてここは税関、郵便局、知事事務所を抱えた行政機関の中枢であるとともに、違法密輸の温床だった。1898年、アメリカ合衆国によるハワイ合併がここで正式に締結された。

現在、地下にある昔の刑務所は非営利のラハイナ美術協会Lahaina Art Societyが利用し、昔酔っ払った船員を拘束していた独房には美術作品が展示されている。展示物はすべてこの島のアーチストによる作品で、絵画、装飾品、貴金属装身具、陶芸、木彫り細工、質のよいマウイ原産繊維で編んだかごなどがある。1階には別のアートギャラリーとツーリスト向けのインフォメーションデスクがあり、2階には小規模だが徐々に拡大しつつある**郷土歴史博物館 local history museum**（無料）がある。

広場の境界線になる**カナル・ストリート Canal St**は、かつてラハイナ内を通っていた運河システムの一部だった。1840年代に捕鯨船が容易に淡水をくめるようにする目的で、1人の企業心旺盛なアメリカ領事館員がもちろん報酬をもらってこの辺り一帯の運河建設を行った。蚊の発生が問題となり、この運河システムはかなり前にほぼ全部埋め立てられた。余談になるが、捕鯨船員が北アメリカから飲み水の樽の中にいた蚊をうっかり持ち込むまでハワイには蚊が1匹もいなかった。

角には1832年に粗暴な捕鯨船員を抑制する目的で築かれた城砦fortのサンゴ壁の一部があるので、探してみるといい。もっとも頻繁に使用されていた頃、城砦には47門の大砲、それもハワイ沿岸で沈んだ外国の船から回収した大砲が設置されていた。近くにある公共マーケットは酔っ払い、賭博師、娼婦たちがいたことから「ロットン・ロウ」（腐れた界わい）というあだ名がついた。毎日夜明けにハワイの哨兵が太鼓をたたき、船員へ船に戻るよう合図を送り、時間までに戻れなかった船員は城砦内の刑務所に投獄されていた。1854年に城砦は撤去され、そのサンゴのブロックは新しい刑務所建設の建設材料として利用された。

ラハイナ港エリア
Lahaina Harbor Area

旧裁判所の反対側、海岸にある4基の大砲は、1816年ホノルル港で沈んだロシア船から引き上げたものだ。おもしろいことにこれらの大砲は現在、ガラス底ボートや大型帆船、スポーツ釣り用ボート、ホエールウォッチング用ボート、サンセットクルーズ用ヨットなどでいっぱいのラハイナ小形ボート港のほうを向いている。港の端に一列に並ぶチケット売り場では、町中至る所にあるレジャーアクティビティのチケット売り場同様、ほとんどのクルーズチケットを扱っている。島間フェリーは公共埠頭にドッグ入りする。

緑と白で塗装された古びた**パイオニア・イン Pioneer Inn**はもっとも目立つランドマークだ。ここには、スイングドアや船首像、客室内での女遊びを禁止する注意書きなど、捕鯨時代のわざとらしい雰囲気が漂う。実際のところ、2階建てのパイオニア・インは1901年、捕鯨ブームが下火になってややしばらくしてから建てられたのだが、そのことに気づく人もいなければ、気にかける人もいない。1950年代までここがラハイナで唯一のホテルだった。ジャック・ロンドンが昔ここに泊まったことがある。

インと同じ地区に**ラハイナ灯台 Lahaina Lighthouse**が建っている。おそらく太平洋で一番古い灯台だろう。この灯台は、捕鯨船をラハイナへ寄港しやすくする目的で1840年に建設され、マッコウクジラ油で動いていた。現在立っているのは1905年に建てられたもので、沿岸警備隊用に光電池により赤く光るようになっている。

近くには海岸線上で水に侵食されている溶岩、**ハウオラの石 Hauola Stone**がある。この岩を見つけるには海を正面にして立ち、右を見る。真ん中にある石がそうだ。ハワイ人は、この平たくて椅子のような形をした岩には治癒の力が秘められていて、上に座った者を癒すと信じていた。

フロント・ストリート
Front Street

フロント・ストリートを北へ向かって歩き、パイオニア・インとボールドウィン・ハウスを通り過ぎると、20世紀への変わり目に建設された興味深い**歴史的建築物 historical building**の並びに差し掛かる。建物は防波堤の歩道からか、どこかのレストラン2階のベランダから眺めるのが最良だ。

致公堂（ウォ・ヒン寺）Wo Hing Temple（☎661-3262 ▲858 Front St ■任意（寄付）◐10:00〜16:15）は歴史的建築物の中でもっとも独特な建物で、1912年に中国人友愛組合、チー・クン・トンの共済会会議ホールとして開館した。

ラハイナの少数移民だった中国人人口が（大勢の中国系ハワイ人がより良い事業チャン

スを求めてオアフ島へ移ったため)減少し、同時にこの建物も衰退した。1983年にラハイナ復元保存財団によって修復され、現在は博物館になっている。中では文化的遺産が見学でき、下階に時代写真、上階に道教の神殿がある。

絶対に見逃してはならないのが、裏にあるトタンぶき屋根の炊事場だ。ここは小さな劇場のような構造を施し、1898年と1906年にハワイを訪問した発明家のトーマス・エジソンが撮影した昔のハワイに関する大変興味深い記録映画を上映している。

ワイネエ・ストリート
Wainee Street

ハワイ語でハレ・パアハオ(鉄に囲まれた家)と呼ばれるラハイナの旧**牢獄**(無料)は1852年、囚人たちの手で建設された。囚人たちは海岸の古い城砦を取り壊し、そこから石のブロックを運んで、ここに高さ8フィート(約2.4m)の牢獄の壁を築いた。ハワイの先住民は、船から脱走したり地元の女性に悪さを働いたりした船員を通報しては報奨金を稼いでいた。

1988年にこの牢獄は修復されたが、すでにガタが来ている。中では、白塗りの独房の1つに本物そっくりの「老船長」マネキンが「この留置所での日々」を語る録音テープとともに置かれている。別の独房には、1855年当時の犯罪者名と逮捕数の一覧表がある。上位3位の犯罪は、酔っ払い(逮捕数330件)、不貞・淫乱(111件)、「馬に乗って暴走」(89件)の順になっている。ほかにも、冒涜、わいせつ行為、船員脱走の補助、アワ(カバムーンシャイン＜カバの木の粉末根から造る酒＞)飲用などがある。16歳の船乗りが綴った日記の複製もあり、牢獄で過ごした日々をありありと述べている。

旧牢獄の数ブロック北にマウイで最初のカトリック教会である**マリア・ラナキラ教会 Maria Lanakila Church**と、その横に**船員墓地**がある。基本的には地元住人用墓地で、明らかに船員の墓石とわかるものはたった1つしかない。だが、歴史的記録によれば捕鯨船アクシュネットで一緒だったハーマン・メルビルの仲間など、捕鯨時代の船員が多数埋葬されているという。

旧牢獄から南へ向かうと**本願寺 Hongwanji Mission**(🏠551 Wainee St)がある。通常は鍵がかかっているが、正面の扉がガラスなので中の美しい金箔が施された祭壇と絵が描かれたついたてをドア越しにのぞくことができる。日本にある仏教の寺院と違い、この寺には何列もの木製の壇信徒席がある。

ワイネエ教会 Wainee Church(🏠535 Wainee St)は、1832年に建立されたハワイ最初の石造教会で、建立以来絶え間ない変化をくぐり抜けてきた。1858年、教会の尖塔と鐘は崩れた。1894年、教会の牧師がハワイのアメリカ合併を支持したため王国支持者によって放火された。1947年、新しく建てられた教会が火事で焼失。3度目に建てられた教会は、建立数年後に嵐で崩壊してしまった。古代のハワイの神々はこの外国の神にあまり好意を示さなかったという印象を受ける人すらあるだろう。

4度目に建立された教会は、楽観的にもワイオラWaiola(生命の水)と呼ばれる会衆派教会で、1953年以来今も健在だ。隣にある**墓地**のほうが教会自体よりも興味深い。ここには最初の教会建立を命じたホアピリ知事、カメハメハ1世の妻ケオプオラニ女王、そしてラハイナで最初の宣教師、ウイリアム・リチャーズ牧師など、有名人の墓がある。古い墓石にはおもしろい墓碑銘や写真が埋め込まれたカメオがある。

マルウルオレレ公園周辺
Around Maluuluolele Park

マルウルオレレ公園の名前は「パンノキの木陰にあるレレ」(「レレ」はラハイナの古代の呼称)を意味する。現在ここはバスケットボールのコート、テニスコート、野球場があり、大変興味深い過去の面影はみじんもない。

マルウルオレレ公園はかつて、伝説のモオ(水トカゲの姿をした神様)がいた王室の池があった場所で、モオはハワイの島すべてを回り、王家の血筋を統一したといわれる。池の中央にある島は「聖なる島」という意味の**モクウラ**と呼ばれ、歴代のマウイ族酋長と3人のカメハメハ王が住んでいた場所だ。この島

マウイ島

HUGH D'ANDRADE

マッコウクジラ

には、実の兄であるカメハメハ3世に愛情を抱き1836年に亡くなったナヒエナエナ姫など、王族の華麗な埋葬室がある。ポリネシアの伝統では王家の兄弟姉妹間の結婚を命じていたが、宣教師は反対を説いた。

1920年代までにはこの島は平地にされ、池は埋め立てられた。10年前、考古学の研究で確認されたところによるとこの島はいまだに公園の下に埋まっているという。

モクウラの友 Friends of Mokuula（☎661-3659 wwww.mokuula.com ✿Suite 234, 505 Front St）は、歴史あるこの場所に資料館を設立するための資金調達を目的に設立された、ラハイナ歴史徒歩ツアーを行っている。

道路向かいにある2段ほどの階段と草に埋もれた建物の基礎が、1830年にラハイナが中途半端に建設を試みた宮殿、**ハレ・ピウラ Hale Piula**跡である。どのみち、カアフマヌ女王はハワイ式にわらぶきの屋敷で寝るほうを好んでいた。

近くにある**ホーリー・イノセント教会 Holy Innocents' Episcopal Church**（✿561 Front St）はハワイのモチーフで装飾されている。コアウッドの祭壇正面の壁には、舷外材付きカヌーに乗っている漁師とハワイの農民が、タロイモとパンノキを収穫している様子が描かれている。祭壇の真上にはハワイ風の聖母子が描かれている。

ハレ・カヒコ
Hale Kahiko

ラハイナ・センター Lahaina Center（☎667-9216）の後ろに3軒のピリ・ハウス（ハレ）から成る**ハレ・カヒコ Hale Kahiko**（🆓無料 🕘9:00〜18:00）がある。ここは昔のハワイにあった村の一部を模写した場所。新しいショッピングセンターの駐車場横へと追いやられたという皮肉な運命にもかかわらず、家屋はオヒアの木を柱に、原産の屋根ふき材料と繊維なわを用いた昔ながらの方法で建設された。

ハレはそれぞれ異なる機能を持っている。1つは家族全員が眠る場所、もう1つは男たちが食事をする場所（伝統的なカプと呼ばれるタブーで、男女が一緒に食事をとることは固く禁じられていた）、そして残りの1つは女性がタパ（布）を作る仕事場。敷地の地面を覆うのはハワイの原生植物で、ハワイ先住民が薬として使ったククイ（キャンドルナッツ）や珍しいシャンプージンジャーなどもある。

ラハイナ浄土院
Lahaina Jodo Mission

フロント・ストリートの北端、橋のすぐ手前にあるラハイナ浄土院の敷地を見わたす大きな青銅製の仏陀が鎮座している。山を背に、仏陀像は日本の方角を向いて太平洋を望んでいる。近くにあるのは90フィート（約27m）の仏塔と京都で鋳造された寺の巨大な鐘がある。寺の中には岩崎巴人が描いたきわめて貴重な絵が掲げられている。

そのすぐ北に1920年代に建設された、長い**マラ・ワーフ Mala Wharf**がある。これは島間フェリーが乗客を直接島へ降ろせるようにと建設したものだが、不成功に終わった。荒々しい海のせいでフェリーを桟橋の横に着けることができず、結局乗客をラハイナ港の浅瀬まで小型ボートで運ぶことを余儀なくされている。今では埠頭は崩れかけ、閉鎖されている。しかし、マラには近くに小型ボート用進水傾斜路が1カ所ある。

ラハイナルナ・ロード
Lahainaluna Road

旅行者であふれるラハイナを砂糖の産地として考えるのは違和感があるが、確かに観光地なのだ。埃っぽい**パイオニア砂糖精製所 Pioneer Sugar Mill**は、ラハイナルナ・ロード Lahainaluna Rdに140年間も建っている、ラハイナの有名なランドマークだ。ここのサトウキビ畑はかつて17マイル（約27km）先の海岸まで延びていたが、開発事業者はこの精製所を解体しようと躍起になっている。

キリスト教の宣教師によって1831年に設立された**ラハイナルナ神学校 Lahainaluna Seminary**はロッキーの西に建設された最初の合衆国教育施設で、デビッド・マロの母校である。彼はハワイで初めて任命されたキリスト教牧師であった。彼は初期の著書で、海岸に押し寄せる外国人にハワイが飲み込まれると警告を発し、先住民の権利に関する最初の代弁者でもあった。彼の著作「マオレロ・ハワイ（ハワイアン・アンティーク）Mo'olelo Hawaii (Hawaiian Antiques)」はハワイの古代史と文化に関する秀でた記述書と評されている。

ラハイナルナは現在ラハイナの公立高校で、州でもっとも優秀と評価されている。マロは学校の上のほうにある丘の斜面に埋葬されている。高校はラハイナルナ・ロードの突き当たり、精製所の上にある。主要駐車場の北に、**ハレ・パイ Hale Pai**（🆓任意（寄付）🕘月〜金10:00〜15:00）があり、ここはハワイ初の印刷機があった場所だ。当初の目的はハワイ人に聖書を配布することにあったが、ハワイ初の植物書や1834年に発行されたハワイ新聞などの印刷にも利用された。複製されたラメイジ印刷機を使って最初のハワイ語入門書のページを自分で複写印刷することができる。ここでは、初期の宣教師が作成したおもしろい「節制地図」の再版を$5で購入することもできる。

宿泊

最寄りの**キャンプ場 camping ground**はラハイナの5マイル（約8km）南、オロワルOlowaluにある。**パティーズ・プレイス Patey's Place**（☎667-0999 ✉ドミトリーベッド＄20 S＄44 W＄50、バス・TV付き S＄55 W＄60）はビッグ・アイランドのコナ・ユースホステルの支店で、名前も同じものを使用している。ラハイナで唯一のユースホステル。町のど真ん中にあり宿泊客は共用のキッチン、コインランドリー・乾燥機、ロッカー、シュノーケリング用具を共同で利用できる。詳しいことや所在地に関しては電話で問い合わせる。

B&B（ベッド＆ブレックファスト）

通常、B&Bは最低でも3日間滞在しなければならず、予約が必要だ。

バンブラ・イン
Bambula Inn
☎667-6753、800-544-5524 ✉667-0979
🌐www.maui.net/~bambula
📧ガーデンルーム＄80、ワンルーム型コテージ＄100〜110

真っ白い、トロピカルな感じがうれしいB&B。全室に専用バスが付いていて、コテージにはキッチンが完備されている。特典としてシュノーケリング用具の貸し出しと、家族用ヨットでの無料サンセットクルーズのサービスがある。クルーズに関しては、冬の間は必ずクジラを見ることができる。ここではフランス語とドイツ語が通じる。

アロハ・ラニ・イン
Aloha Lani Inn
☎661-8040、800-572-5642 ✉661-8045
✉melinda@maui.net
🌐www.maui-vacations.com/aloha
🏠13 Kauaula Rd
📧S＄69 W＄79

ラハイナ海岸の南から徒歩2分ほどの所にあり、家庭的で手頃な料金のイン。簡素な建物だが、宿泊客はキッチンを自由に使え、コーヒーはいつでも好きなだけ飲める。客室には共同バスがあり、料金に朝食は含まれていない。接客好きなオーナーが感じのよいハワイ風の装飾を加えた居間には、ハワイの本が山ほどあり、居心地はかなりよい。

オールド・ラハイナ・ハウス
Old Lahaina House
☎667-4663、800-847-0761 ✉669-9199
🌐www.oldlahaina.com
🏠PO Box 10355, Lahaina, HI 96761
📧客室＄70〜115、スイート＄150〜205

ラハイナ海岸Lahaina Shoresの南から数分の所にあり、ロマンチックなプランテーションスタイルの家だ。全室にエアコン、テレビ、電話が付いている。庭には小さなプールがある。日曜を除き、料金にはペストリーと果物の朝食代が含まれている。

イン
以下に挙げるすばらしいインは、ほかとは比べものにならない。

ラハイナ・イン
Lahaina Inn
☎661-0577、800-669-3444 ✉667-9480
🌐www.lahainainn.com
🏠127 Lahainaluna Rd
📧客室＄109〜129、スイート＄159〜169

オーナーのリック・ラルストンが300万ドルを費やして修復した築100年、全12室のイン。客室は狭いが、雰囲気がとてもいい。各室はハードウッドのフローリングで、花柄の壁紙、アンティーク家具で装飾され、ベランダがある。現代的な快適設備としてはエアコン、専用バス、電話、クラッシック音楽有線放送が揃っているがテレビはない。料金にはコンチネンタルブレックファストが含まれている。駐車料金は1晩＄5。

プランテーション・イン
Plantation Inn
☎667-9225、800-433-6815 ✉667-9293
🌐www.theplantationinn.com
🏠174 Lahainaluna Rd
📧客室＄152〜202、スイート＄215〜245

エレガントな2階建てのビクトリア様式のイン。ハードウッドのフローリングにアンティーク家具、ステンドグラスで内装され、タイルのプールがある。防音対策された客室とスイートが19室ある。文句なしにここがラハイナの宿泊施設の中で最高級だろう。料金にはインの1階にある有名レストラン、ジェラーズで食べるコンチネンタルブレックファストが含まれている。

コンドミニアム＆ホテル
より快適なコンドミニアムおよびホテルが海岸を少し北上した所、カアナパリKaanapali以北にあることもお忘れなく。

ベスト・ウエスタン・パイオニア・イン
Best Western Pioneer Inn
☎661-3636、800-457-5457 ✉667-5708
🌐www.pioneerinn-maui.com
🏠658 Wharf St
📧客室＄100〜165

歴史ある2階建てのホテルで、まさに盛り場のど真ん中にある。当然、交通、旅行者、にぎわうバーからの騒音でうるさい。残念なことに、インを有名にした素朴で古めかしい港に面した客室は閉鎖されてしまった。代わり

に、小さいモーテル型の客室がフロント・ストリート、バニヤン広場、インの中庭に面している。客室のサイズや防音対策がされていない壁を考慮すると、料金は高く思える。

マウイ・アイランダー
Maui Islander
☎667-9766、800-462-6262 📠661-3733
🌐www.ohanahotels.com
🏠660 Wainee St
🛏客室＄139、ワンルーム型＄159、スイート＄199

横広がりの低層ホテルで、ヤシの木があり、低級なレトロ調といった感じを受ける。エアコン完備の客室はいたって平凡だが、ワンルームのアパートには簡易キッチンが付いている。販促料金では30％以上割引される。プール、テニスコート、バーベキューエリアがあり、近くのゴールド・ジムを割引で利用できる。

ラハイナ・ショアーズ
Lahaina Shores
☎661-3339、800-642-6284 📠667-1145
🌐www.lahaina-shores.com
🏠475 Front St
🛏マウンテンビューワンルーム型＄170、オーシャンビュー1ベッドルーム＄270

155室のコンドミニアムがあるカジュアルなシーサイド・リゾートホテルといった感じだ。フロント・ストリート505番地にあるショッピングセンター横の浜辺、町の南側に位置する。コンドミニアムは広々としていてそれぞれにキッチンや専用ベランダが付いている。通常5泊目は無料になるが、ラックレート（通常宿泊料金）を払うのがいやなら、やめておこう。

マカイ・イン
Makai Inn
☎662-3200 📠661-9027
🌐www.makaiinn.net
🏠1415 Front St
🛏客室＄70～105

中心街の北、ラハイナ・キャナリー・モールLahaina Cannery Mallのそば、ショッピング用シャトルバスの路線近くにある。400平方フィート（約37m²）のコンドミニアムすべてにキッチンが完備され、中には海を見わたせるものもある。小さくて、古いコンドミニアム複合施設だが、無料駐車場があり、最低宿泊日数の制限がない。長期滞在を予定している場合は料金割引を交渉してみるとよい。

クラハニ・リゾート
Klahani Resorts
☎667-2712、800-669-6284 📠661-5875
🌐www.klahani.com
🏠PO Box 11120, Lahaina, HI 96761

オーシャンフロントの**ラハイナ・ローズ** Lahaina Roads（🏠1403 Front St）複合施設、町の少し南のプアマナ・ビーチ・パークにある**プアマナ Puamana**クラブハウスのコンドミニアムのレンタルを管理している。

食事

ほかのビーチリゾートの町同様、レストランの多くが割高で味は標準以下だ。幸い、何軒か例外的な店がある。

低料金 ワイニー・ストリートWainee Stからわきへ入ったラハイナ・スクエアLahaina Squareには**フードランド Foodland**スーパーマーケット、24時間営業の**デニーズ Denny's**レストラン、**マウイ・タコス Maui Tacos**がある。ラハイナ・センターLahaina Centerにある**パニオロ・コーヒー・カンパニー Paniolo Coffee Co**は濃いコーヒーを出している。

町の北側にあるラハイナ・センター・モールには、24時間営業のスーパー、**セーフウェイ Safeway**があり、テイクアウト用サラダやデリカテッセンを調達できる。またベトナム料理の**バ・レ Ba Le**と少し高級な**コンパドレス Compadres**も入っている。コンパドレスはメキシコ料理のチェーン店で、火曜日にはタコスとマルガリータをそれぞれ＄2で提供している。

ウエストサイド・フード・アンド・デリ
Westside Natural Foods & Deli
🏠193 Lahainaluna Rd
🕐月～土 7:30～21:00、日 8:30～20:00

有機栽培の食品、ヨーグルト、生ジュースや各種の徳用ゴープ（ドライフルーツやナッツを固めた携行食品）やグラノーラを扱っている。デリカテッセンにはサラダバーと何種類かの温かいベジタリアン料理があり、カフェテーブルを置いている。

ザ・ベーカリー
The Bakery
🏠991 Limahana Pl
🛏スナック＄1.50～6
🕐月～金 5:30～15:00、土 5:30～14:00、日 5:30～12:00

ラハイナで一番のベーカリー。焼きたての手づくりパン、おいしそうなハニーバン（菓子パン）、特大マフィン、さらにオーダーメイドのサンドイッチを楽しめる。ここへ来るには、マウカ（内陸）側にハイウェイ30を曲がり、ピザハットの所でヒナウ・ストリートHinau Stに乗る。

サンライズ・カフェ
Sunrise Cafe
🏠693-A Front St
🕐6:00～18:00、食事 15:00まで

ラハイナ港近くにある芸術風を吹かした狭苦し

い店で、シナモンロール、ベーグル、パンケーキ、サラダ、サンドイッチなどがある。テラス席は海を眺められるように置かれている。

スシヤ
Sushi-ya
- 117 Prison St
- 食事 $5〜7.50
- 月〜金 6:00〜16:00

駐車場の反対側にあり、大評判の小さなレストラン。マカロニサラダ付きの2種盛りランチプレートはボリュームがあり、刺身やスパムのてんぷらも味わえる。

カーマ・カフェ
Karma Cafe
- 888 Wainee St
- ほぼ全スナック $3〜7.50
- 月〜金 8:00〜17:00

ボヘミアンスタッフが特製スムージーとフラッペを作り、ベジタリアン料理を含む「すぐに食べられる」'quick grinds' メニューも少しある。この店は瞑想的で落ち着いた雰囲気にあふれている。駐車場の奥に郷土料理のテイクアウトカウンターがあり、手頃なハワイ料理の昼食を$6未満で味わえる。

アロハ・ミックス・プレート
Aloha Mixed Plate
- 1285 Front St
- 1品 $3〜7
- 10:30〜22:00

一見ファーストフード店のようだが、オーシャンフロントならではの料理や郷土料理は満足できる味だ。日が沈むころになると、隣の店から聞こえてくるオールド・ラハイナ・ルアウ音楽を無料で楽しめる！

中級 ペンネ・パスタ・カフェ **Penne Pasta Cafe**（180 Dickenson St メイン $6〜12 月〜金 11:00〜22:00、土日15:00〜21:00）は、家庭的なイタリア料理のレストランをお探しの人におすすめ。ここには自家製のチーズフラットブレッド、たっぷりのシーザーサラダ、ピザやほぼ完璧に近いデザートがある。

ラハイナ・クーラーズ
Lahaina Coolers
- 180 Dickenson St
- ブレックファスト・ランチ $5〜11、ディナー $11〜18
- 8:00〜24:00

地元スキューバダイビング店の潜りの達人たちが集う店。おなじみのバーガー、サラダ、サンドイッチの味はよく、気の利いた料理にはパパイヤサラダや絶対菜食主義者用エッグズ・ベネディクトがある。

ほとんどの人はフロント・ストリートFront Stで、にぎやかな通りや海を眺めながら食事を楽しむ。

ビージェイズ
BJ's
- 730 Front St
- メイン $6〜15
- 11:00〜遅くまで

南カリフォルニアのチェーン経営レストランで、生地の厚いピザにかぶりつこう。ほかにもホットイタリアンサンドイッチ、パスタ、サラダなどがある。16:00までミニピザとサラダのセットが$6.50のランチスペシャルがある。

ムース・マクギリカディー
Moose McGillicuddy's
- 667-7758
- 844 Front St
- ブレックファスト・ランチ $6〜11、ディナー $11〜23
- 7:30〜22:00

陽気なバカンス客でにぎわう店だ。その秘密は料理もそれほど捨てたものではないところにある。昔のナンバープレート、映画のポスター、ほかにもいろいろなアメリカの通俗的な作品が壁にたくさん飾られている。シーフードディナーはランチよりも少しいい程度だが、目玉はなんと言っても朝食（と忘れてはならない目覚めのカクテル）だ。早起きすればおいしいスペシャルにありつける。

ラハイナ・フィッシュ・カンパニー
Lahaina Fish Co
- 661-3472
- 831 Front St
- メイン $10〜24
- 11:00〜24:00

木造の海辺にあるレストラン。基本的なメニューのみ出しており、いろいろな鮮魚を扱い、生食魚介類カウンターを設置。ランチおよび深夜グリルのメニューはさらにシンプルで、フィッシュアンドチップスやカニのルーイサラダ、チャウダーなどがある。

キモズ
Kimo's
- 661-4811
- 845 Front St
- ランチ $7〜11、ディナー $15〜25
- 11:00〜23:00

海岸沿いにある人気のレストランで、夕日を楽しめる。凝った演出はないが十分エレガントな店で、ベランダからは海を見下ろせる。予約をしたほうが無難だ。大したことのない昼食は飛ばして、キャロットマフィン、サワードウのロールパン、ハーブ入りライス、シーザーサラダ付きのシーフードとステーキのディナーを楽しみに来よう。

スモークハウス・バーベキュー・バー・アンド・グリル
Smokehouse BBQ Bar & Grill
☎667-7005
🏠1307 Front St
🍴サンドイッチ＄7〜12、プラッター（大皿料理）＄13〜20
🕐月〜土 12:00〜21:00、日 15:00〜21:00

混雑から抜け出すのに十分な北方向に位置する店。この地元の海辺にあるバーはキアヴェ（硬質の木）炭で焼いたバーベキューを好みのサイドディッシュに添えて、インゲン豆のトマトソース煮、とうもろこしパン、マカデミアナッツバターとともに出す。屋外のベランダテーブルはビーチ上にある。

高級 眺めのいいテーブルの希望の場合は必ず事前に予約すること。

カヌーズ
Canoes
☎661-0937
🏠1450 Front St
🍴メイン＄21〜40、早めのディナー（17:00〜18:00）＄16
🕐17:00〜21:30、カクテル16:00〜22:00

誰をも魅了するレストラン。伝統的なハワイのカヌーハウスをまねた建築様式、ゆらめくたいまつの明かりに道路の向こうで打ち寄せる波の音。2階は海風が素通しの造り。メニューは典型的なハワイのシーフード料理とステーキが中心だ。

パシフィック・オー
Pacific'O
☎667-4341
🏠505 Front St
🍴ランチ＄10〜15、ディナー＄20〜30
🕐11:00〜16:00、17:30〜22:00

ラハイナで最上級のレストラン。ビーチサイドテーブルがあり、サービスは文句のつけようがない。ここでは想像力豊かな現代風の太平洋料理を扱っている。代表的なシーフードチャウダーで始まり、そのあとで鮮魚とバナナカレー、サンドライフルーツチャットニーなどの冒険的なメインコースへと移る。ランチはそれほどでもない。

イオ
I'o
☎661-8422
🏠505 Front St
🍴メイン＄18〜28
🕐17:30〜21:00

パシフィック・オーの向かいにあり、シェフであるデビッド・ポール・ジョンソンが最新のハワイ料理を出している店。ダイニングルームはシックでポストモダンな水族館を連想させ、早めの時間に食事に来ると奥から**フィースト・アット・レレ Feast at Lele** のルアウが聞こえてくる。生カキのアニス香味ココナッツクリームがけやロブスターのダークラム炒めなど、とびきりのスペシャル料理は期待を裏切ることがない。ワインとマティーニの長いリストもある。

デビッド・ポール・ラハイナ・グリル
David Paul's Lahaina Grill
☎667-5117、800-360-2606
🏠127 Lahainaluna Rd
🍴メイン＄26〜33
🕐18:00〜

歴史のあるラハイナ・インの中にあり、有名なシェフによって経営されているレストラン。居心地のよい画廊スペースでは新アメリカ料理メニューが地元特産品と合わさり、大陸と太平洋沿岸の味が融合している。ここの得意料理には、テキーラシュリンプのファイアークラッカーライスと3種のダックコンフィ添え、マカデミアナッツでスモークしたカモの胸肉やフォアグラのプラムソース添えなどがある。

ジェラーズ
Gerard's
☎661-8939
🏠174 Lahainaluna Rd
🍴メイン＄30〜40
🕐18:00〜21:00

プランテーション・インで伝統的なフランスの田舎料理を、ロマンチックなキャンドルライトの演出で給仕している。ガスコニー（フランス南西部）生まれのシェフは常に地元農家や漁師を支援してきた。季節に合わせた料理が定期的に変わるが、子羊のあばら肉と自家製シャーベットは定番の品。サービスは一流だ。

エンターテインメント

フロント・ストリートはラハイナのナイトライフの中心。捕鯨時代からそうだったように、日が沈んでからこの島での楽しみはホノルルは別として、ほとんどがここに集中している。「マウイ・ニュース Maui News」か毎週木曜に無料で配布される「マウイ・タイム Maui Time」で、リストアップされている行事予定をチェックしよう。

　バーやレストランのハッピーアワー（サービスタイム）はほぼ毎晩15:00〜18:00である。

ラハイナ・クーラーズ
Lahaina Coolers
🏠180 Dickenson St
🕐8:00〜24:00

ここは、22:00からほとんどのバーやクラブが閉店となる翌2:00まで、深夜のサービスタイムもある。実演のショーを見たい場合は、$5からのカバーチャージを見込んでおき、週末なら$10は予算しておくこと。

マウイ・ブルー
Maui Brews
☎667-7794
🏠Lahaina Center

バーでは大画面のテレビでスポーツ中継を流している。バーに隣接したクラブでは、毎晩踊りを楽しめ、21:00以降はDJナイトとレゲエ、サルサ、島の音楽やジャズのライブといろいろある。バーとクラブのどちらにもハワイの地ビールを含め、ビールサーバーのビールを各種置いている。

ハードロック・カフェ
Hard Rock Café
☎667-7400
🏠Lahaina Center

有名芸人やラジオのDJが週末に現われることもある。通常、カバーチャージはかからないので文句なし。

ムース・マクギリィカディー
Moose McGillicuddy's
☎667-7758
🏠844 Front St
🕐7:30～22:00

毎晩21:30からDJやライブを行っている。ハネムーンのカップルも太ったお兄さんもみんな一緒に肩（や体のどの部分でもお好きなところ）をここでこすり合わせよう。

パイオニア・イン
Pioneer Inn
🏠658 Wharf St

100年間健在のランドマークで、港側を行き交う人を眺められるようベランダがある。ほぼ毎晩日が沈むと同時に、ミュージシャンがバーのテーブルの間を行き来する。

フロント・ストリートにあるほかのレストランも多くが、客引き目的でライブミュージックやダンスを披露している。**ロンギーズ Longhi's**（🏠888 Front St）には、おもしろいコアウッドのダンスフロアがあり、金曜の21:30ごろから生のロックバンドが出演する。**ビージェイズ BJ's**（🏠730 Front St 🕐11:00～遅くまで）では毎晩18:00～20:00の間生演奏が聴ける。ついでに補足すると、伝説的な1970年代のブルー・マックスがここでパーティーを行った。**パシフィック・オー Pacific'O**（☎667-4341 🏠505 Front St 🕐11:00～16:00、17:30～22:00）はビーチを見下ろしながら、週末21:00～24:00までジャズの生演奏を楽しめる。

映画 ラハイナ・ワーフ・シネマ **Lahaina Wharf Cinemas**（🏠Wharf Cinema Center）と**フロント・ストリート・シアター Front Street Theatres**（🏠Lahaina Center）はマルチスクリーンの映画館で、封切り映画を上映している。上映時間については、電話（☎249-2222）へ問い合わせる。

ハワイ・エクスペリエンス・ドーム・シアター
Hawaii Experience Domed Theater
☎661-8314
🏠824 Front St
💴大人$7 子供$4
🕐上演13:00～21:00 ほぼ1時間に1回上演

ハワイに関する40分の映画、それも同じものを長年上映しているが、巨大な180度スクリーンでハワイの風景映像を見るというだけで十分に価値がある。

フラ&ルアウ Hula & Luaus **オールド・ラハイナ・ルアウ Old Lahaina Luau**（☎667-1998、800-248-5828 🌐www.oldlahainaluau.com 🏠1251 Front St 💴大人$75 子供$45）ルアウ17:30～21:30）はラハイナ・キャナリー・モール近くのビーチにあり、投票でしばしばマウイ島でもっとも信頼できるハワイアンルアウとされている。ポリネシアスタイルのダンスショーも行っている**フィースト・アット・レレ The Feast at Lele**（☎667-5353 🏠505 Front St 💴大人$90 子供$60）はグルメの4コースディナー付き。ルアウは17:30から（4月～9月）、または18:00から（10月～3月）始まる。

土曜と日曜にはラハイナ・キャナリー・モールにて、13:00から無料の**ケイキ・フラ・ショー keiki hula shows**が行なわれる。モールでは火曜と木曜にポリネシアンダンス・パフォーマンスも開催している。

ショッピング
ラハイナにはたくさんの美術工芸品のギャラリーがあり、質の高いコレクションがある所と、二流作品を展示している所がある。「アート・ナイト Art night」が金曜の18:00～21:00まで行なわれ、このときにラハイナのギャラリーが開館スケジュールを取り決め、たまにエンターテインメントとオードブルが用意されている。

手始めには以下がちょうどいい。**ラハイナ・アート・ソサエティー Lahaina Arts Society**（☎667-9193、866-511-4569 🌐www.visitlahaina.com 🏠648 Wharf St 🕐9:00～17:00）、**ビレッジ・ギャラリー Village Gallery**（☎661-4402、800-483-8599 🏠120 Dickenson St）、ビレッジ・ギャラリー・コンテンポラリー

Village Gallery Contemporary（☎661-5559 ⌂180 Dickenson Square）。

ホエーラーズ・ロッカー
Whaler's Locker
☎661-3775
⌂780 Front St

フロント・ストリートにある。品質は最高、うなずける値段の細工物と根付の店。こはくとさめの歯を売っている。

アイランド・サンダルズ
Island Sandals
☎661-5110
www.islandsandals.com
⌂658 Front St

ワーフシネマセンターの横にひっそり隠れている。質のよい手作りの皮サンダルを＄125〜＄155で売っている。

ナ・メア・ハワイアン・ストア
Na Mea Hawaii Store
☎661-3262
⌂698 Front St

アロハシャツや羽のレイ、現地の動植物に関する本やハワイ関連書籍を置いている。

オールド・ラハイナ・ブック・エンポリウム
Old Lahaina Book Emporium
☎661-1399
⌂505 Front St
月〜土 10:00〜21:00、日 10:00〜18:00

マウイで最大の独立書店で、種類豊富な新刊および中古本を販売している。希少価値のあるハワイ関連書籍も置いてある。

ダンズ・グリーン・ハウス
Dan's Green House
☎661-8412
⌂133 Prison St

ありふれた観葉植物のシェフレラ（タコの木）を溶岩に根づかせ、一見盆栽のような効果を生んでいるふく盆栽（室内観葉植物）を販売する。また、ラン、プロテア、ココヤシ、ハワイアンティ・リーフなども置いている。

交通手段

ラハイナで駐車スペースを探すのはひと苦労だ。フロント・ストリートFront Stには路上駐車場があるが、常に駐車スペースが空くのを待ってうろうろしている車が列を成している。フロント・ストリート南端に3時間まで無料の公共駐車場がある。何カ所かに個人経営の駐車場もあり、料金は平均して1日＄5。ショッピングセンターの駐車場に入れ、何か小額のもの（サンタンオイル、ミネラルウォーターなど）を購入し、無料パーキングチケットを発行してもらうという手もある。

ラハイナからカアナパリまで
LAHAINA TO KAANAPALI

ラハイナLahainaからカアナパリKaanapaliまでの間のドライブは殺気だったものになる可能性がある。交通量は多く、特に朝と夕方のラッシュ時はかなり渋滞している。

ラハイナの2マイル（約3.2km）北にある**ワヒクリ・ウェイサイド・ビーチ・パーク Wahikuli Wayside Beach Park**は、ハイウェイと海の間の狭い浜にある。予言の才能を発揮し、ハワイ人はこの海岸に広がる地区をワヒクリWahikuli、つまり「うるさい場所」と名付けた。ビーチにはほぼ全域、黒い岩が壁のように立ちはだかっているが、砂浜になっている部分が少しだけある。交通の騒音が気にならなければ海水浴には問題なく、海が荒れていなければ公園南端の溶岩の露頭近くをシュノーケルで潜れる。シャワー、レストルーム、駐車場、ピクニックテーブルが設置されている。

ハナカオオ・ビーチ・パーク Hanakaoo Beach Parkは長く続く砂浜で、カアナパリ・ビーチ・リゾートKaanapali Beach Resortの少し南にある。設備はすべて揃っていて、毎日ライフセーバーが出ている。公共のビーチ駐車場の常で、ここも駐車は無料。海水浴場の底は砂で、たいていは安全に海水浴できる。しかし、夏に時々起こる南からのうねりが高波を発生させ、冬にはたまにコナkona嵐が来て海が荒れる。

穏やかめの大波はブギーボーダーやサーファーに人気がある。シュノーケルを使ってビーチ・パーク南側の2つめの岩場あたりを潜ることもできる。ハナカオオビーチHanakaoo Beachは地元のカヌークラブが舷外材付きのカヌーをここに保管しているので、カヌー・ビーチとも呼ばれている。早朝と夕方には、彼らがカヌーを漕いで行ったり来たりしているのが見られる。

カアナパリ
KAANAPALI

1950年代の終わり頃、パイオニア製糖工場Pioneer Sugar Millのオーナーであるアムファックが600エーカー（約243ヘクタール）のやせたサトウキビ畑を買いあげ、ワイキキ以外では初めてのリゾート地を開発した。現在カアナパリにはオーシャンフロントの高層ホテル、コンドミニアム、18ホールのゴルフコースが2つ、テニスコートが40以上、ホエラーズ・ビレッジ・ショッピング・センターなどがずらりと並ぶ。豪華な宿泊施設もあるが、開発全体としては一般的なもので、ハワイにおける南カルフォルニアといったところだ。

カアナパリ

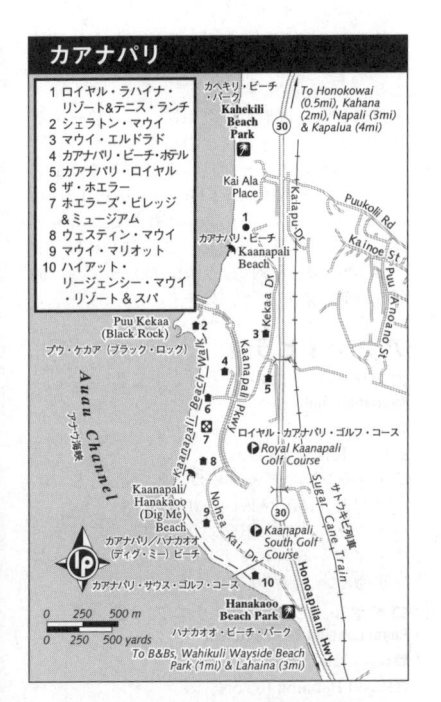

1. ロイヤル・ラハイナ・リゾート&テニス・ランチ
2. シェラトン・マウイ
3. マウイ・エルドラド
4. カアナパリ・ビーチ・ホテル
5. カアナパリ・ロイヤル
6. ザ・ホエラー
7. ホエラーズ・ビレッジ&ミュージアム
8. ウェスティン・マウイ
9. マウイ・マリオット
10. ハイアット・リージェンシー・マウイ・リゾート&スパ

カアナパリは3マイル（約4.8km）の砂浜と、アウアウ海峡Auau Channelを挟んで望むラナイ島Lanaiとモロカイ島Molokaiの晴ればれとした景色を誇っている。カアナパリは人ごみを避けるという意味では「保養地」ではないが、くつろげる場所なのだ。たとえば、プウ・ケカアPuu Kekaa（ブラック・ロックBlack Rock）や、ゴルフコースの周辺に並ぶコンドミニアムはセントラル・ビーチ・エリアより落ち着いた雰囲気だ。

ホエラーズ・ビレッジ・ミュージアム
Whalers Village Museum

カアナパリではずせないのは、小さいけれどレベルの高いこの**捕鯨ミュージアム Whaling Museum**（☎661-4567 ⌂Level 3, Whalers Village, 2345 Kaanapali Pkwy 入場無料 9:30〜22:00）だ。古い時代の写真や詳しい説明が捕鯨の歴史の奥深さを物語っている。展示されている捕鯨用の銛、鯨のあごの骨、あらゆる骨細工などは、おそらくアメリカ合衆国特有の唯一の伝統的芸術であろう。わずかな寄付金で、興味深い4カ国語音声ガイドが利用できる。

19世紀、鯨は油、蝋、脂肪、ひげなどをもつ「浮かぶ金脈」と考えられていた。耐久性のあるプラスチックが発明される前は、鯨のひげがコルセットや傘の骨に使われていたのだ。捕鯨船乗組員に負わされた役割の展示を見ると、その仕事がいかに大変で割に合わないものであったかと感じることだろう。賃金はとても低く、乗組員は賃金をもらって家に帰っても借金のために、また4年間乗船する契約をするはめになったのだ。

鯨の映画がミュージアムショップで常時上映されている。ショップではすばらしい骨細工、ニューイングランドの鯨捕りの歌を録音したものなどが販売されている。ショッピングセンターの正面玄関に等身大の**マッコウクジラの骨格標本**がある。

カアナパリ・ビーチ
Kaanapali Beaches

カアナパリには、プウ・ケアカ（ブラック・ロック）ダイビングスポットを挟んで実のところ2つのビーチがある。正式には、ブラック・ロックから北のホノコワイHonokowaiまでをカアナパリ・ビーチ、ハイアットホテル以南に広がるのがハナカオオ・ビーチ・パークHanakaoo Beach Parkに含まれる通称「ディグ・ミー・ビーチDig Me Beach」である。

ビーチの公営駐車場はとんでもなく狭いので、青い海岸沿いの標識に従って行くとよい。ハイアットホテルの宿泊客なら南側の無料「セルフパーキング」が利用できる。ホエラーズ・ビレッジの店かレストランで10ドル以上の買物か食事をすると、公営駐車場が3時間無料になる。カヘキリ・ビーチ・パークKahekili Beach Parkに無料で駐車して、海岸を歩いて下って来てもよいだろう。

カアナパリ・ハナカオオ・ビーチ
Kaanapali Hanakaoo Beach シェラトンホテルとハイアットホテル間の海岸は危険な場所が多く、特にマリオットホテル前のポイントは潮流が早くなることがある。一般的には冬のほうが海は荒れているが、初夏に南からの波が来ると、最悪のコンディションになることもある。

荒い波には注意が必要だ。波にさらわれて、ウェスティンホテルの南端からハイアットホテルあたりまで広がるサンゴ礁に打ちつけられるおそれがある。このあたりではシュノーケリングができるが、海に入る前に、ホテルのビーチハウスでその日の海のコンディションを確認しよう。

プウ・ケカア Puu Kekaa
ブラック・ロックとしても有名なプウ・ケカア（ケカア・ポイント）はごつごつした溶岩の岬で、シェラトンホテル前のビーチを危険から守るかたちになっている。ここは泳いだり、シュノーケリ

ウエスト・マウイ―カアナパリ

ソウルズ・リープ

ハワイの古い信仰によると、マウイの西端であるプウ・ケカア（ブラック・ロック）は、死者の魂が黄泉へと飛び込んで先祖の待つ故郷へと旅立つ場所とされている。

岩は、半神半人マウイとマウイの卓越した力に疑いを持った1人の庶民との争いの最中にできたといわれる。マウイは男をこの地に追い詰め、石の中に封じ込めその魂を海に投げ捨てた。

ングをするにはカアナパリでもっとも安全で適した場所だ。

ブラック・ロックの南側沿いはシュノーケリングが可能で、すばらしいサンゴや餌付けされた魚の群れに出合うであろう。しかし、もっともすばらしいのは岬の先端の馬蹄型にえぐれた入り江で、手付かずのサンゴと豊富なトロピカルフィッシュ、そして時にはウミガメに出会える人気のダイビングスポットだ。

岬のはずれで潮流がぶつかることがよくあり、入り江は多少危険だが、穏やかな時は馬蹄型の入り江あたりで泳ぐことができる。シェラトンホテルのビーチハウスか海でシュノーケリングを楽しんでいる人に潮流の状態を確認するとよい。もし馬蹄型の入り江を見てみたいなら、シェラトンホテルのビーチから歩道を通って近くのプウ・ケカアの頂上まで行くと、全体を見下ろすことができる。

カアナパリ・ビーチ・ウォーク Kaanapali Beach Walk

ハイアットホテルとシェラトンホテルの間に、1マイル（約1.6km）にわたる舗装されたビーチウォークがある。海岸沿いの眺めに加え、それぞれのホテルには200万ドルと評価される芸術的で見事な庭が広がり、遠回りして行ってみる価値はある。たそがれどきにぶらついていると、しばしばビーチサイドエンターテインメントを楽しめることがある。もっとも有名なのはホエラーズ・ビレッジとマリオットホテル前の海岸で、ルアウをやっていることだ。

カヘキリ・ビーチ・パーク Kahekili Beach Park

カアナパリ・ビーチの北側に位置するこのビーチパークは、マウイ最後の王、カヘキリ・ヌイ・アフマヌKahekili Nui Ahumanuに捧げられている。エアポート・ビーチとも呼ばれ、公園内にはすばらしい砂浜があり、やしの木が木陰をつくっている。海には遮るものがなく、海岸近くはたいてい穏やかで泳ぐのに適している。

北に向かって約20分歩くと、ホノコワイ・ポイントHonokowai Point周辺の岩礁にたどり着く。ここは海が澄んでいるので、穏やか

な時はシュノーケリングに最適。しかし潮流が早いのでいつも海岸の位置に注意しておこう。

この公園には無料の駐車場、シャワー、更衣室、トイレ、屋根付きのピクニックパビリオン、バーベキューグリルなどがある。ホノアピイラニ・ハイウェイHonoapiilani Hwyからは、25マイルマーカーを過ぎてカイ・アラ・プレイスKai Ala Place（プウコリイロードPuukolii Rdの反対側）方面に向かって西に曲がり、そのまま右を進む。

アクティビティ

カアナパリ・ゴルフ
Kaanapali Golf
☎661-3691
🏠2290 Kaanapali Pkwy
💲グリーンフィー＆共用カート 宿泊者＄130、非宿泊者＄150、割引14:30〜＄75

ハイウェイとコンドミニアムの近くにフェアウェイがある。トーナメント・ノースコースは眺めのいいカパルアより少し風が弱い。

ロイヤル・ラハイナ・テニス・ランチ
Royal Lahaina Tennis Ranch
☎667-5200
🏠Royal Lahaina Resort
💲大人＄18、18歳未満 無料

西マウイ最大のテニス施設で、3500人収容の競技場、夜間照明付きのコートが6面ある。毎日実施される教室はプロが指導。パスは、**マウイ・マリオット・ビーチ＆テニス・クラブ Maui Marriott Beach & Tennis Club**と**シェラトン・マウイ Sheraton Maui**のテニスコートでも使える。

宿泊

ラハイナとカアナパリ間の丘陵の住宅地にはB&B（ベッド＆ブレックファスト）が幾つかある。

ハウス・オブ・ファウンテンズ
House of Fountains
☎667-2121、800-789-6865 📠667-2120
🌐www.alohahouse.com
🏠1579 Lokia St
💲客室＄95、ワンルーム型＄115、スイート＄145

シンプルな客室から広々としたスイートまであるトロピカルスタイルの宿泊施設。各部屋ともエアコン、バス付きで、本格的なドイツ風の朝食が付く。施設には宿泊客用のキッチン、海の見えるサンデッキ、プール、ジャグジーなどもある。ドイツ語が通じる。

ゲストハウスB&B
The GuestHouse B&B
☎661-8085、800-621-8942 📠661-1896

W www.mauiguesthouse.com
🏠1620 Ainakea Rd
💰S＄115、スイート＄130

近代的な宿で、トロピカルハワイアンの雰囲気がより濃く漂う。ここにもプールがある。広々としたスイートにはそれぞれ、エアコン、電話、独立したラナイ、専用の温水バスタブとジャグジーがある。ここではプライバシーが守られている。料金には朝食、無料eメール、洗濯施設、設備の整ったキッチン、ビーチ用品の利用などが含まれる。

　カアナパリのリゾート宿泊施設はすべてビーチに面しているか徒歩圏内にあり、プールなど一般的な施設が備えられている。部屋は四角い箱形で、古いものが多い傾向にある。海岸より北側のコンドミニアムはより高く評価されているのが普通である。

カアナパリ・ロイヤル
Kaanapali Royal
☎667-7200、800-676-4112 📠661-5611
W www.kaanapaliroyal.com
🏠2560 Kekaa Dr
💰2ベッドルーム＄275〜

家族向けのお得なコンドミニアム。広々とした寝室が2部屋、設備の整ったキッチン、洗濯・乾燥機などがあり、6人まで泊まることができる。温水プールとテニスコートが敷地内にある。

マウイ・エルドラド
Maui Eldorado
☎661-0021、800-688-7444 📠667-7039
W www.outrigger.com
🏠2661 Kekaa Dr
💰ワンルーム型＄195〜、1ベッドルーム＄245〜

丘からビーチにかけて広がる豪華な低層コンドミニアム。ゴルフコースがある。ラージ・ワンルーム型には、アパート式同様独立キッチンが備え付けられている。しかし、ここでは価格破壊なんて絵空事にすぎない。割引などはホームページをチェックするとよい。

　最新のホテル情報一般は、カアナパリ・リゾート・オンラインKaanapali resort online（W www.maui.net/~kbra）のホームページをのぞいてみよう。

カアナパリ・ビーチ・ホテル
Kaanapali Beach Hotel
☎661-0011、800-262-8450 📠667-5978
W www.kbhmaui.com
🏠2525 Kaanapali Pkwy
💰客室＄165〜、スイート＄250〜

ホエラーズ・ビレッジとプウ・ケカアの間の海沿いという、人がうらやむほどのロケーションにある。施設はやや古いものの、控え目で、ハワイアンホスピタリティは最高ランクだ。鯨の形をしたプールで無料の初級スキューバ教室が毎日行なわれている。

ザ・ホエラー
The Whaler
☎661-3484、800-676-4112 📠661-8338
W www.vacation-maui.com/whaler
🏠2481 Kaanapali Pkwy
💰ワンルーム型＄175〜205、1ベッドルーム＄225〜、2ベッドルーム＄400〜

ホエラーズ・ビレッジに隣接し、ビーチの喧騒を見下ろせる花にあふれた高層コンドミニアムで、チェックインフィーが＄35、駐車料金が＄7必要。ホエラーズ・リアリティWhalers Realityでディスカウント・クーポンを手に入れるか、インターネットでコンドミニアムの個人オーナー広告を探すことを忘れないように。

ハイアット・リージェンシー・マウイ・リゾート＆スパ
Hyatt Regency Maui Resort & Spa
☎661-1234、800-233-1234 📠667-4497
W www.maui.hyatt.com
🏠200 Nohea Kai Dr
💰客室＄275〜、スイート＄600〜

貴重な美術品を所有している。海に面したスパ、洞窟や150フィート（約46m）のウォータースライダーを配した巨大な蛇行プールがある。新しく改装された客室はハイアットの標準的な内装と設備である。

シェラトン・マウイ
Sheraton Maui
☎661-0031、800-782-9488 📠661-0458
W www.sheraton-hawaii.com
🏠2605 Kaanapali Pkwy
💰客室 ガーデンビュー＄350、オーシャンビュー＄500、スイート＄750〜

プウ・ケカアに面した、最高のビーチスポットにある。1997年に完全閉鎖して1億5000万ドルをかけて改築したが、客室は料金だけの価値があるとは言いがたい。

食事

カアナパリのホテルにはすべてレストランがあり、フォーマルで高級なものからより気軽なものまでがある。ホエラーズ・ビレッジにも食事のできる所があり、カフェやファーストフードの店も何軒かある。そのほとんどは地下の**フード・コート food court**にある。

フラ・グリル＆ベアフット・バー
Hula Grill & Barefoot Bar
☎667-6636
💰前菜＄7〜15、メイン＄10〜25
🕐バー 11:00〜23:00、レストラン 17:00〜21:30

オープンエアのダイニング。キアヴェグリルと薪のピザオーブンがある。ピーター・メリーマンの芸術的なハワイ料理がよそとは一線を画す。ビーチサイドのバーで創作ププpupus（オードブル）を楽しむか、予約をしてよりフォーマルなフラ・グリル・ダイニング・ルームでロブスターや新鮮な魚、ステーキなどを楽しむのもいい。

ビーチに出かける前に、気楽にリゾートホテルのビュッフェで朝のひとときをのんびり過ごすこともできる。

スワン・コート
Swan Court
- ハイアット・リージェンシー・マウイ・リゾート＆スパ内
- ブレックファストビュッフェ＄20
- 6:30〜11:30

人口滝を配した白鳥の池と日本庭園を眺めながら映画スターの気分になれる。

カアナパリ・ミックス・プレート・レストラン
Kaanapali Mixed Plate Restaurant
- カアナパリ・ビーチ・ホテル内
- ビュッフェ 大人＄9.50 子供＄6.50
- 6:00〜10:45、11:00〜14:00

注目するほどの料理ではないが、新鮮なパイナップル、卵、ポルトガル風ソーセージ、シリアル、コーヒーなどでお腹はいっぱいになるだろう。

たいていのランチは値段が高すぎるが、**ビーチフロント・マーケット＆パントリー Beachfront Market & Pantry**（マウイ・マリオット内）では手頃なピクニックランチが手に入る。

トロピカ
Tropica
- ☎667-2525
- Westin Maui, 2365 Kaanapali Pkwy
- バー メニュー＄7〜15、ディナー＄17〜35、3コースお試しメニュー＄25
- 17:30〜21:30、バー15:00〜真夜中

プールサイドのバー＆グリル。チリ・ペッパー・バターをかけたロブスターから冷たいトロピカルサルサ・ソース添えのハワイ産のカキまで、「火のように熱く、氷のように冷たい」メニューがある。デザートも印象的で、ペレ一大噴火のチョコレート溶岩（＄9）は2人分ある。

鉄板焼きダン
Teppannyaki Dan
- Sheraton Maui
- ディナー＄20〜42
- 火〜土 18:00〜21:00

鉄板焼き（オープングリルで料理するスタイル）専門の日本食レストラン。レストラン前の海を眺めている間に、シェフが新鮮なハワイ産の食材を使い、目の前で本格的な料理を作ってくれる。ステーキかレモングラス風味のマウイ・ロブスターをチョイスし、仕上げは軽めの柑橘類かナッツのデザートがいいだろう。

エンターテインメント

ホエラーズ・ビレッジ
Whalers Village
- ☎661-4567
- 2435 Kaanapali Pkwy

午後は毎日、レイ作りやサンドアートなどのアート教室がある。夜は19:00からハワイアンライブ、フラダンス、ポリネシアンダンスが催されることもある。

夕方、ホエラーズ・ビレッジ・レストランでも現代音楽やハワイアンの野外演奏会がよく開かれる。**フラ・グリル＆ベアフット・バー Hula Grill & Barefoot Bar**では毎日20:00までサンセット・ハワイアン・コンサートが催される。

ラスティ・ハープーン
Rusty Harpoon
- ☎661-3123
- Whalers Village

ハッピーアワー（サービスタイム）が長く（14:00〜18:00、22:00〜閉店）、ビーチの眺めもよい。パブフェアや大画面の衛星TVをお目当てに常連客が集まる。

カアナパリのホテルの多くはさまざまなエンターテインメントを催している。ダンスバンド、ジャズピアニスト、ハワイアン、ポリネシアンレビューなどなど。**カアナパリ・ビーチ・ホテル Kaanapali Beach Hotel**では、毎晩18:30から中庭で無料のフラダンスショー、続いて21:30までチキ・テラスTiKi Terraceでハワイアンが聞ける。

シェラトン・マウイ
Sheraton Maui

毎晩日暮れどきにはトーチライティングとクリフダイビングのセレモニーがある。フラダンスは毎晩18:00〜20:00までホテルのラグーン・バーLagoon Barで見ることができる。

ハイアット・リージェンシー・マウイ・リゾート
Hyatt Regency Maui Resort

毎日18:15頃からトーチライティングセレモニーが始まる。続いて21:30までウィーピング・バニヤン・ラウンジWeeping Banyan Loungeでハワイアンが聞ける。

ウェスティン・マウイ
Westin Maui
- ☎667-2525
- 2365 Kaanapali Pkwy

月曜〜金曜の17:00〜19:00はハワイアンエン

ターテインメントで盛り上がる。引き続きプールサイドのバーとグリルではライブバンドかDJがほぼ毎晩出演する。

カアナパリのリゾートホテルのルアウにはイム・セレモニー（地面に掘り込んだかまどで豚をむし焼きにする）、オープンバー、ビュッフェスタイルのディナー、ポリネシアンダンスとミュージックショーなどが含まれるが、伝統に忠実かどうかは期待しないほうがいいだろう。予約は必要。ショーのほとんどは屋外で行なわれるので、ビーチを歩きながら見て回ることができる。一番のおすすめはハイアット・リージェンシーの**ドラムス・オブ・ザ・パシフィック Drums of the Pacific**（宿泊客以外 大人＄75 ティーン＄49 子供＄30 17:30〜20:00）だろう。

ショッピング

ホエラーズ・ビレッジ
Whalers Village
☎661-4567
2435 Kaanapali Pkwy
9:30〜22:00

3階建ての建物には、高級ブティック、土産物店、**ウォルデン・ブックス Waldenbooks**、**ウルフ・カメラ Wolf Camera**、アンティークを扱う**ラハイナ版画店 Lahaina Printsellers**、ポリネシアンバティックの**ノアノア Noa Noa**、**クレージー・シャツ Crazy Shirts**やディスカウントの**ABCストア ABC store**など、50軒以上のショップがある。

交通手段

カアナパリのホテル、ホエラーズ・ビレッジ・ショッピングセンター、ゴルフコース、シュガー・ケーン・トレイン Sugar Cane Trainのカアナパリ駅間には、無料のシャトルバスが9:00〜20:00の間、ほぼ30分おきに運行している。

カアナパリとラハイナ、カパルア、サウス・マウイ、空港間には別のバスが運行している。詳細はこの章で前出の「交通手段」を参照。

ホノカワイ
HONOKAWAI

カアナパリKaanapaliの北側では、道路がふたまたに分岐している。ノーザン・ビーチを目指すのであれば、コンドミニアムやリゾートエリアをやり過ごし、自転車用レーンのあるホノアピイラニ・ハイウェイHonoapiilani Hwy（ハイウェイ30）を進もう。ホノアピイラニ・ハイウェイと並行に走る海岸沿いの道は、ロウアー・ホノアピイラニ・ロードLower Honoapiilani Rd。こちらの道はホノコワイHonokowaiへと続く。

きちんとした計画に基づいて造られたカアナパリの町並みと異なり、海岸線とロウアー・ホノアピイラニ・ロードの間にコンドミニアムがぎっしりとひしめくホノコワイは、無計画に建てられたエリア。コンドミニアムの宿泊料が比較的安いという理由で、このエリアに滞在する観光客が多い。

ホノコワイ・ビーチ・パーク Honokowai Beach Parkでは、水中にかなりの面積の岩だなが広がり、浅すぎて遊泳には適さない。ホノコワイに滞在する人のほとんどは、海水浴やシュノーケリングを楽しむためにカアナパリへと足を運ぶ。ホノコワイの海岸線は岩だらけだが、公園からはモロカイ島やラナイ島が一望でき、美しい景色を観賞できる。

宿泊

このエリアのコンドミニアムの建物は少し古びた感じのものが多い。予約の際には最低でも3日以上の滞在が条件となっているが、滞在期間が1週間未満の場合には割高になる。

ハレ・マウイ
Hale Maui
☎669-6312 669-1302
www.maui.net/~halemaui
Lower Honoapiilani Rd
1ベッドルーム＄75〜95

窓からの眺めは良くないし、電話もないが、ビーチは目の前。マスタードイエローのこのコンドミニアムではすべての部屋にキッチンがある。ドイツ語を話す従業員がいる。

ホノコワイ・パームス
Honokowai Palms
☎667-2712、800-669-0795 661-5875
3666 Lower Honoapiilani Rd
1ベッドルーム・2ベッドルーム＄75

軽量コンクリートブロックでできた2階建ての建物。道のマウカ（山）側にある。設備はシンプルだが、プールがあり料金もリーズナブル。

カレイアロハ
Kaleialoha
☎669-8197、800-222-8688 669-2502
www.mauicondosoceanfront.com
3785 Lower Honoapiilani Rd
ワンルーム型＄95、1ベッドルーム＄115〜125

ビーチの目の前に建つコンドミニアム。全室に設備の整ったキッチン、洗濯機、乾燥機が付いている。ワンルーム型の部屋は道路に面している。特別割引については問い合わせを。

ホヨーチ・ニッコー
Hoyochi Nikko
☎662-0807、800-487-6002 📠662-1277
🌐www.mauilodging.com/lodging/hoyochi.htm
🏠3901 Lower Honoapiilani Rd
🛏客室＄100〜165

マウイ・ロッジング社Maui Lodgingの所有。外観は伝統的な日本の旅館のようだが、インテリアは現代的。客室はすべて海に面していて、建物は道路からはほとんど見えない。設備の整ったキッチン、洗濯機、乾燥機付き。202号室と203号室には2つのベッドルームに使えるロフトがある。

マヒナ・サーフ
Mahina Surf
☎669-6068、800-367-6086 📠669-4534
🌐www.mahinasurf.com
🏠4057 Lower Honoapiilani Rd
🛏1ベッドルーム＄125〜、2ベッドルーム＄155〜

カハナ地区との境に位置する。温水プールが中央にある広い芝生の庭を囲むように、低い建物が整然と配置されている。どの部屋も大きく、キッチン、ビデオデッキ、電話、海が見えるラナイが付いている。

ノエラニ
Noelani
☎669-8374、800-367-6030 📠669-7904
🌐www.noelani-condo-resort.com
🏠4095 Lower Honoapiilani Rd
🛏ワンルーム型＄110、1ベッドルーム＄150〜、2ベッドルーム＄210〜、3ベッドルーム＄270〜

ヤシの木が立ち並び、プールが2つあり、まさにこれぞハワイという雰囲気が味わえる。そのうえ、驚くほどのディスカウント価格が設定されている。どの部屋もビーチの目の前に建っており、海が見えるラナイのほか、設備の整ったキッチン、ソファーベッド、電話、テレビ、ビデオデッキ付き。ワンルーム型には全室、洗濯機と乾燥機がある。2つのプールのほか、ジャグジーもある。

食事

ファーマーズマーケット
farmers market
🕐月水金7:00〜11:30

新鮮な果物や野菜が手に入る。ロウアー・ホノアペイラニ・ロード沿いにあるABCストアの南側。

ホノコワイ・オカズヤ＆デリ
Honokowai Okazuya & Deli
🕐月〜土10:00〜14:30、16:30〜21:00
🍽1品＄6〜10

🏠3600 Lower Honoapiilani Rd
チキン入りシーザーサラダやレモン、ケイパー、ライスと一緒に盛られたマヒマヒプレートがおいしい。昔から地元の人々に人気の店。

ホノコワイ・マーケットプレイス
Honokowai Marketplace
🏠3350 Lower Honoapiilani Rd

このショッピングセンターには、食料品がそろう**スター・マーケット Star Market**のほか、賞を受賞したデザートが自慢の**フラ・スクープス Hula Scoops**など、幾つかの低料金のファーストフード店が軒を連ねる。フラ・スクープスのすぐそばにある**ジャバ・ジャズ＆スープ・ナッツ Java Jazz & Soup Nutz**は、アート作品がたくさん飾られ、ジャズが流れるカフェ。濃厚な本格的コーヒーが楽しめる。コーヒーショップとつながっているレストランでは、おいしいスープ、サンドイッチ、パスタなどの簡単な食事がオーダーできる。どの料理も＄10未満。

カハナ
KAHANA

ホノコワイのすぐ北に位置するカハナは高層ビルが建ち並ぶ新興エリア。1泊平均＄100以上はする、大型のコンドミニアムや宿泊施設が目立つ。白い砂浜が広がる**カハナ・ビーチ Kahana Beach**は海水浴向け。シュノーケリングを楽しみたい人には、カハナ・サンセット・コンドミニアムの建物北側にある、岩がむき出しのスポットがおすすめだが、公共の交通機関はない。

カハナ・ゲートウェイ・ショッピングセンター Kahana Gateway shopping center（🏠4405 Honoapiilani Hwy）にはガソリンスタンド、ATMのあるハワイ銀行、インターネットカフェ、コインランドリー（20:00まで）などがそろっている。**カハナ・マナー Kahana Manor**（🏠4310 Lower Honoapiilani Rd）にはコンビニエンスストア、パブ、1時間で仕上がるフォトショップなどがある。

宿泊・食事

ロイヤル・カハナ
Royal Kahana
☎669-5911、800-688-7444 📠669-5950
🌐www.outrigger.com
🏠4365 Lower Honoapiilani Rd
🛏ガーデンビューのワンルーム型＄210、オーシャンビューのワンルーム型＄230、1ベッドルーム＄265〜290

巨大な白い高層ビル。ビーチやショッピングセンターに近い抜群の立地。客室は広く、設

マウイ島
ウエスト・マウイ − カハナ

備は現代的でリラックスできる。ほとんどの部屋にキッチン、独立したラナイ、洗濯機、乾燥機が備わっている。設備は温水プール、テニスコート2面、小規模なフィットネスジム、サウナなど。特別料金についてはホームページをチェックしてみよう。

ホエラーズ・ジェネラル・ストア Whalers General Store（◎6:30～23:00）はカハナ・ゲートウェイ・ショッピングセンター内にある。数種類のファストフードメニューがオーダーできる。**アッシュレイズ・インターネット・カフェ Ashley's Internet Café**（☎669-0949）には賞に輝いたアイスクリームサンデー、オーダーメードサンドイッチ、地元の料理を盛り合わせたミックスプレートランチ（＄8未満）がある。

ロイズ・カハナ・バー＆グリル
Roy's Kahana Bar & Grill
☎669-6999
¥メイン＄16.50～27
◎17:30～21:30

ロイズ・ニコリーナ・レストラン
Roy's Nicolina Restaurant
☎669-5000
どちらもホノルルにある有名レストラン・ロイズRoy'sの支店。フランス料理のテクニックと日本やハワイの伝統的料理をミックスさせた、現代的ユーラシアスタイルの料理が楽しめる。銅製のオープンキッチン、グリルの天井の高さは40フィート（約12.2m）もあり、ハワイ産アカシアでできた家具、アート作品が並ぶ。ロイズ・カハナ・バー＆グリルの隣にあるニコリーナのほうが静かな食事が楽しめる。メニューの半分は、四川風リブやアップカントリーサラダ（田舎風サラダ）などロイズの伝統的料理。そのほかの半分にはそれぞれのチーフシェフオリジナルのデイリースペシャルが並ぶ。どちらの店で食事をしても、よい思い出として心に残るだろう。特にチョコレートスフレはおすすめ。

フィッシュ＆ゲーム・ブリューイング・ハウス＆ロティサリー
Fish & Game Brewing House & Rotisserie
☎669-3474
⌂Kahana Gateway
¥バーメニュー＄5～13、ランチ＄8～18、ディナー＄24～35
◎11:00～翌1:00
ロイズ系列のレストランの近くに店をオープンするには、かなりの勇気と自信が必要だったはず。このスポーツバーの中にある社交的なレストランでは、肉を回転させながら火であぶったロティサリー・ローストチキン、サンドイッチ、太平洋北西部から空輸された貝、エビ、カニを使った料理が楽しめる。どのメニューも地ビールにとても良く合う。

ナピリ
NAPILI

1962年に建てられたナピリ・カイ・ビーチ・クラブNapili Kai Beach Clubは、カアナパリ北部エリア最初のホテル。ナピリ・カイ・ビーチ・クラブは投資だけでなく、入り江の環境保護に考慮し、地主たちに呼びかけて国に対し、ナピリ湾にはヤシの木より高い建物を造らないよう法律で規制すべきだと申請した。

ナピリ・ビーチがよりリラックスできるエリアとなったのは、この規制のおかげだ。マウイでもっとも陽気な太陽がふりそそぐこのエリアに魅了される旅行者が多く、たくさんのリピーターが訪れる。ナピリにあるコンドミニアムのほとんどは道路から離れたビーチ沿いにあり、行き交う車の騒音に悩まされることはない。

ナピリ湾には金色の砂浜が広がり、ゆるやかにカーブする美しいビーチがある。波が静かな時は水泳やシュノーケリングに最適。冬には時々大きな波が打ち寄せ、ボディサーフィンが楽しめるが離岸流も強い。

宿泊・食事
ナピリの宿泊施設では、最低3～5日間の滞在を条件としている所が多い。

ハレ・ナピリ
Hale Napili
☎669-6184、800-245-2266 ℻665-0066
Ⓦwww.maui.net/~halenapi
⌂65 Hui Dr
¥客室 ガーデンフロントのワンルーム型＄110、オーシャンフロントのワンルーム型＄150、1ベッドルーム＄175
ビーチに建つ、手入れが行き届いた小さなコンドミニアム。ハワイ風の最高にフレンドリーなサービスが味わえるため、いつも予約でいっぱいの状態。全室設備の整ったキッチン、クイーンサイズベッド、ソファーベッド、テレビ、留守番電話、天井ファン、ラナイ付き。オフシーズン料金や特別割引については問い合わせてみよう。

ナピリ・ショアーズ
Napili Shores
☎669-8061、800-688-7444 ℻669-5407
Ⓦwww.outrigger.com
⌂5315 Lower Honoapiilani Rd
¥客室 ガーデンフロントのワンルーム型＄177、オーシャンフロントのワンルーム型＄233、ガーデンフロント1ベッドルーム＄211、オーシャンフロント1ベッドルーム＄239
従業員がとても親切。静かで周囲のすばらし

い環境を満喫できる。芝生に沿って背の低い建物が並び、ビーチへと続いている。途中にスイミングプールや見晴らしのいいレストランがある。そのほか、コンビニエンスストアも。ディスカウント情報はホームページでチェックしよう。

ナピリ・カイ・ビーチ・クラブ
Napili Kai Beach Club

☎669-6271、800-367-5030 ℻669-0086
Ⓦwww.napilikai.com
🏠5900 Lower Honoapiilani Rd
🛏客室キッチン付き$220〜、キッチンなし$190〜、設備の整ったキッチン付きスイート$360〜760

ナピリ湾の北端に位置する広々としたリゾート。海に面したスイミングプールがある。従業員はフレンドリーで、たまに度を越すことも。部屋は美しく趣味がよい。ポリネシアスタイルのインテリア、日本のついたて障子など気の利いた設備や独立したラナイがある。宿泊料が高いのがネックだが、1部屋に滞在できる人数が多い。レンタカーの特別料金については問い合わせを。

シー・ハウス・レストラン
Sea House Restaurant

🏠Napili Kai Beach Club内
🍽ランチ$4〜12、ディナーメイン$18〜27
🕐8:00〜10:30、11:30〜14:00、17:30〜21:00

周辺の環境がすばらしく、オープンエアのレストランからは美しい夕日が楽しめる。アメリカ料理が環境に負けないほどおいしければ、言うことはないのだが（残念ながらあまりおいしくない）。金曜の夜のディナービュッフェ（大人$35／子供$20）では、地元の子供たちによるフラダンスショーがある。要予約。

ナピリ・プラザ Napili Plaza（🏠cnr Napilihau St & Hwy 30）のショッピングセンターには**食料品店**grocery store（🕐6:30〜23:00）や低料金のレストランがある。そのほか、**カフェ・ストア**The Coffee Store、**マウイ・タコス**Maui Tacos、**ママズ・リブス・ロティサリー**Mama's Ribs Rotisserie（🕐11:00〜19:00）に足を運んで、地元の人たちが食べるミックスプレートランチを試してみよう。いずれも10ドル未満。

カパルア
KAPALUA

カパルア・リゾートには、カパルア湾、リッツ・カールトン・ホテル、豪華コンドミニアム、数軒のレストラン、3つのゴルフコースがある。小さいながらもマウイ北西部でもっとも高級なエリアで、ごみごみしていない。島で一番おいしい寿司や美しいビーチがあり、車を飛ばして訪れる価値は十分にある。

カパルア・ビーチ
Kapalua Beach

カパルア湾に位置するカパルア・ビーチは、白い砂浜が続く三日月型の美しいビーチ。海の向こうにはモロカイ島が一望できる。入り江の両側では岩が長く突き出しているため、カパルア・ビーチは年間を通じて安全で、遊泳に適したスポットとなっている。ビーチの右側は絶好のシュノーケリングポイント。たくさんの大きなニザダイ、チョウチョウウオ、ベラ、パイプウニなどを見つけることができる。

ビーチへ出るには、ナピリ・カイ・ビーチ・クラブすぐ北側の舗装された道を進もう。海岸沿いの青い標識に従って走ると、およそ25台が停められる公共の駐車場に出る。駐車場から車を下りたら、ビーチの入口は小さなトンネルになっている。このトンネルはベイ・クラブ・レストランBay Club restaurantの下をくぐり、ビーチへと続く。

オネロア・ビーチ
Oneloa Beach

このひとけのないビーチはリッツ・カールトン・リゾートRitz-Carlton resortのそば、アイロンウッズ・ゴルフコースIronwoods golf courseのはずれに位置する。駐車スペースは、オフィス・ロードOffice Rdの端を北へ曲がった所にある。波打ち際は岩だらけで、強い波が寄せては返している。記念碑（コラム「騒がしい骨」参照）周辺やマカルアプナ・ポイントMakaluapuna Pointまで歩くと、**ドラゴン・ティース Dragon's Teeth**（龍の歯）と呼ばれる、溶岩が風雨や海水で浸食されてできた巨大な絶壁にたどり着く。DTフレミング・ビーチ・パークDT Fleming Beach Parkの西の端からも行くことができるが、褐色の溶岩が広がる地面の上を歩くには十分な注意が必要だ。

アクティビティ

カパルア・ダイブ・カンパニー
Kapalua Dive Company

☎662-0872、877-669-3448 ℻662-0692
Ⓦwww.kapaluadive.com
🎫ツアー$90〜

特別に造られたカヤックを漕いで、カパルア・ビーチからおよそ20分の所にあるハエア・ポイントHawea Pointへ行く。このポイントにはたくさんのウミガメが生息している。そのほか、少人数のメンバーをかき集めた即席ダイビングツアーの手配も可能。

騒がしい骨

DTフレミング・ビーチの南側にあるホノカファア砂丘Honokahua sand dunesの掘り起こし工事が行なわれたのは、リッツ・カールトン・ホテル建設中の1988年のことだった。埋められていた人骨が発見され、大きな論争が沸き起こった。

ホノカファアの埋葬地で見つかった骨は、西暦950年から18世紀の間にこの場所、つまり自分たちのワン・ハナウ（生まれた砂）に埋められた2000人以上の古代ハワイ人のものだと考えられている。祖先たちの遺骨を安全に、誰にも邪魔されずに守ることは長い間、伝統を大切にするハワイ人にとって重要な義務だった。かつて島の住民たちは、念入りに掘った穴、溶岩のトンネル、水中の洞穴などに祖先の骨を隠すために、長い距離を旅した。住民の中には、骨を地面に「植える」ことで、そこから芽生えた穀物を通して、祖先たちの霊が自分たちを精神的にも肉体的にも育ててくれると信じる者たちもいた。

ネィティブ・ハワイアンによる繰り返しの抗議活動により、ホノカファアでのホテル建設はついに中止に追い込まれた。遺骨は改葬され、ホテル建設地は海沿いにある埋葬地よりマウカmauka（山）側に移された。しかし政治的活動の勢いは留まることを知らなかった。島の埋葬委員会は、世界各国の有力企業が祖先の遺骨を移動させたりしないよう、今も監視を続けている。リッツ・カールトン・ホテルが宿泊客向けに、埋葬地を訪れる「文化に配慮した」ツアーを主催しているのは、皮肉なことだと言えるかもしれない。

カパルア・ゴルフ
Kapalua Golf
☎669-8044、877-527-2582
🏠2000 Village Rd
💰グリーンフィー＆カート代 カパルア・リゾート宿泊客＄115～、宿泊客以外＄160～

毎年1月にPGAツアーのメルセデス・チャンピオンシップスが開かれるプランテーション・コースのほか、アーノルド・パーマー設計のベイ・コースとビレッジ・コースがある。

カパルア・テニス
Kapalua Tennis
テニス・ガーデン☎669-5677、ビレッジ・テニス・センター☎665-0112
💰カパルア・リゾート宿泊客＄10、宿泊客以外＄12、ラケットレンタル＄6

リッツ・カールトン・ホテルの近く。

カパルア・ショップス
Kapalua Shops
☎800-527-2582
🌐www.kapaluamaui.com

スラックキイギターやフラダンスのショーだけでなく、フラダンスやレイ作りのワークショップの情報が入手できる。

ツアー

全米唯一のパイナップル缶詰工場マウイ・パイナップル・カンパニーでは、カパルア自然協会Kapalua Nature Societyが主催する2時間半の**研修ツアー educational tours**（☎669-8088 💰大人＄26 🕐月～金9:30～、13:00～）に参加できる。要予約。足を覆うタイプの靴（サンダルは禁止）を履いて参加すること。ツアー時間の30分前までに、ホノルア・ストアHonolua Storeの対面、カパルア・ビラズKapalua Villasの予約センターに集合。

宿泊

カパルア・ビラズ
Kapalua Villas
☎669-8088、800-545-0018 📠669-5234
🌐www.kapaluavillas.com
🏠500 Office Rd
💰1ベッドルーム＄199～279、2ベッドルーム＄299～469

デラックスなコンドミニアム。1部屋に4～6人が滞在でき、かなりお得。ビーチに近いのはベイ・ビラだが、ゴルフコース沿いに建つリッジ・ビラからも海が見える。無料のテニスコートなどリゾート設備が整っている。特別パッケージ料金については問い合わせを。

カパルア・ベイ・ホテル
Kapalua Bay Hotel
☎669-5656、800-367-8000 📠669-4694
🌐www.kapaluabayhotel.com
🏠1 Bay Dr
💰客室ガーデンビュー＄350～、オーシャンビュー＄510～

ビーチの目の前に建つスタイリッシュな建物。オープンエアの廊下で潮の香りを楽しんだり、ロビーでトロピカル・ケインの木やコア（ハワイ産アカシア）でできた家具に寄りかかったりしてリラックスしよう。ハワイアンアートの展示が毎日行なわれているほか、レフア・ラウンジLehua Loungeでは毎晩ギターを使ったハワイアンライブが楽しめる。

食事

ホノルア・ストア
Honolua Store
🏠Office Rd
💰ランチ＄4～6
🕐～15:00

昔からあるような普通の店。カフェテリア式のデリカテッセンがあり、シチューやフライドチキンといった地元の食べ物を販売している（テイクアウトのみ）。

サンセイ・シーフード・レストラン＆スシ・バー
Sansei Seafood Restaurant & Sushi Bar
☎669-6286
🏠Kapalua Shops
💲アラカルト1品＄4〜19、メイン＄16〜24
🕐17:30〜22:00

アンティークの酒の瓶や日本の凧があちこちに飾られている。寿司や刺身といった伝統的料理のほか、賞に輝いたこともある温かい前菜を楽しむことができる。島のどこから来ようと、長旅を後悔することはない。早い時間帯には割引料金が設定されている。

プランテーション・ハウス・レストラン
Plantation House Restaurant
☎669-6299
🏠2000 Plantation Club Dr
💲ブレックファスト＄5〜15、ランチ＄8〜14、ディナー＄22〜30
🕐8:00〜15:00、17:30〜21:00

ゴルフコースに位置し、近寄り難い雰囲気ではあるが、フェアウェイ越しに海が見え、すばらしい眺めを楽しむことができる。おすすめは、ケージャン風刺身、エッグベネディクトのほか、摘み取ったばかりの新鮮なパイナップルのシナモンソース添えがそろった朝食メニュー。シーフード、鴨、ステーキが付いたメインコースが出る夕食はもう少し値段が張る。バーでサンセットカクテルを楽しむのもいいだろう。

ノーザン・ビーチ
NORTHERN BEACHES

カパルアKapaluaは、ウエスト・マウイの海岸沿いに開発されたエリアの端に位置する。ここからは手付かずの野生のハワイ。ゴルフカートは影を潜め、ピックアップトラックやサーフボードを屋根に縛りつけた年季の入った車が増える。海岸沿いを進めば、緑の草原や変化に富んだ景色が楽しめる。すぐ先はカヘキリ・ハイウェイKahekili Hwyへの入口。海岸沿いのハイウェイを進むとマウイ島の中央部、カフルイKahului－ワイルクWailukuエリアへと続く。

DTフレミング・ビーチ・パーク
DT Fleming Beach Park

ホノコハウ湾にあるカパルアの北側に位置する、ののどかなビーチパークには、トイレやピクニック設備、シャワーがそろっている。公園の名は、この地域で最初にパイナップル工場を開発したスコットランド人の名前にちなんで付けられた。ハイウェイ30のマカイ（海）側の31マイルマーカーの先にある海岸線を示す青い標識を探そう。

長い砂浜の背後にはアイアンウッドの樹木が並んでいる。サーフィンやボディサーフィンに適しており、冬には大きな波が打ち寄せる。しかし波がかなり荒くなる時もあり、このビーチはパイアPaiaのそばにあるホオキパHookipaに続いて、負傷者が2番目に多い場所。

ライフガードが毎日、目を光らせている。数年にわたり毎年溺れる人が出ているので、ビーチの危険レベルを知らせるサインに注目しよう。右側にあるリーフは、波が静かな時はシュノーケリング向き。

スローターハウス・ビーチ＆ホノルア湾
Slaughterhouse Beach & Honolua Bay

フレミング・ビーチのおよそ1マイル（約1.6km）北に位置するのは、スローターハウス・ビーチ(モクレイア湾Mokuleia Bay) とホノルア湾。これら2つの入り江はカラエピハ・ポイントKalaepiha Pointと呼ばれる狭い岬によって分けられており、両方合わせてホノウア・モクレイア湾海洋生物保護区Honolua-Mokuleia Bay Marine Life Conservation Districtに指定されている。貝殻、サンゴ、石、砂を集めたり、釣りをしたりすることは禁止されている。どちらの入り江でも冬には激しい波と砂の浸食が見られる。

北西に面しているホノルア湾では冬には大波が打ち寄せるため、世界屈指のサーフィン・スポットとなる。沖ではスピナー・ドルフィンたちに合えることも。

スローターハウス・ビーチ（と殺場海岸）は、かつて崖の上に建っていた「と殺場」にちなんでそう呼ばれるようになった。岩が露出しない夏季はボディサーフィンのメッカ。岩でごつごつしたホノルア側と違い、スローターハウス・ビーチでは白い砂浜が三日月型の入り江に沿って広がっている。

夏にはどちらの入り江でもシュノーケリングが楽しめる。ホノルア湾中央部は砂底だが、両サイドはサンゴがさまざまな姿を見せるすばらしいリーフがある。ホノルア海流Honolua Streamが入り江に注ぎ込んでいるため、大雨の後には透明度がかなり低くなる。波が穏やかな時にはカラエピハ・ポイントの周囲で入り江から入り江へとシュノーケリングを楽しむことができる。

海水浴へ行く人たちは、昔から道路わきの停車帯に車を停め、私有地を横切るように続く足場の悪い小道をホノルア湾まで這うようにして下る。スローターハウス・ビーチは32

マイルマーカーにあり、駐車スペースは限られている。コンクリートの階段を下りて海岸に出る。

カヘキリ・ハイウェイ
KAHEKILI HIGHWAY

カヘキリ・ハイウェイ（ハイウェイ340）は、ウエスト・マウイ山脈の北東側に位置する未開発地区に沿ってカーブしている。深い小渓谷や浸食された赤い丘、海に突き出した溶岩でできた断崖やアクアマリンの海へと続く岩だらけの牧草地といったワイルドな景色が広がる。風の強いこの道は、牧歌的で静かなルート。滝や潮吹き岩、一車線の橋などが見える。馬にまたがるカウボーイや牛の背に止まってのんびりと羽を休めるコサギに出合うかも。

島の南へと進むためのもう一方の道（ハエアカラの南側の周囲を走るピイラニ・ハイウェイPiilani Hwyを指す）と同じように、多くの観光地図では、カヘキリ・ハイウェイは黒く塗られていたり、舗装されていない道路として紹介されていたりする。見通しの悪いカーブや「落石注意」の標識が多く、曲がりくねった狭い道ではあるが、長さ20マイル（約32km）のこのハイウェイはすべて舗装されている。

どちらの方向からのアプローチも時間がかかるが、ワイルクの外側、ハイウェイの南端からのほうがアプローチしやすい。ホノコハウHonokohau～カハクロアKahakuloa間の2車線道路は運転しやすいが、カハクロア～ワイヘエWaihee間は片側1車線（両側通行ではあるが）で、路肩なしの身の毛もよだつような断崖絶壁の連続だ。表示された制限時速は15マイル（約24km）だが、わずか5マイル（約8km）の区間も。安全のために制限速度にこだわらずゆっくりと走ろう。途中休憩を含まずに、少なくとも1時間半は覚悟しておいたほうがいい。ハイウェイに入る前にガソリンスタンドに立ち寄ってガソリンを満タンにしておこう。

ワイエフ＆ワイヘエ
Waiehu & Waihee

ワイエフ・ビーチ・ロードはワイルクの北端でカヘキリ・ハイウェイに合流する。その後、ハレキイ～ピハナ州立遺跡記念碑Halekii-Pihana State Heiau Monumentを過ぎて、ワイエフやワイヘエといった小さな町へと進む。

ワイエフ市営ゴルフコース Waiehu Municipal Golf Course（☎243-7400 ⌂200 Halewaiu Rd）グリーンフィーとゴルフクラブ・レンタル込み＄45～50）は海岸の近くにある昔ながらのゴルフコースで、飾り気のないシンプルな徒歩コースだ。

ワイヘエ・バレー・トレイル Waihee Valley Trailは、歩行者専用つり橋Swinging Bridgesがあることで有名な、3.5マイル（5.6km）のなだらかなトレイル。灌漑用の溝にかかる、ひびの入った板材とうなるような音をたてるロープでできた2つのつり橋を渡って進む（楽しい！）。川の流れは穏やかで、行程は長い上り坂。人工ダムがある。ワイカプWaikapuにある**ワイルク・アグリビジネス Wailuku Agribusiness**（☎244-9570）では日帰りハイキング許可証が手に入る。このトレイルでは、突然洪水が発生して数人の死傷者が出たことがあるので、雨が降ったら引き返したほうがいい。ここを訪れるには、5マイルマーカーから内陸に入った所にあるワイヘエ・バレー・ロードWaihee Valley Rd沿いにT字路まで行き、右折して森へ入る。

7マイルマーカーの手前から入る、ボーイ・スカウト・キャンプ・マフリアBoy Scouts' Camp Mahuliaへと続くわき道は広い牧草地を横切ってくねくねと曲がりながら進み、美しい景色が楽しめる。この道をまっすぐ行くと、**ワイヘエ・リッジ・トレイル Waihee Ridge Trail**のスタート地点へたどり着く。めったに人が通らないこのトレイルでは、変化に富んだ内陸のすばらしい眺めが楽しめる。トレイル出発点は1マイル（約1.6km）先、キャンプ場のすぐ手前。出発点は、ナ・アラ・ヘレNa Ala Heleプログラムの標識と一緒に表示されている。フェンスに付いた回転木戸を押し分けて進む。標識がよく整備された片道2.3マイル（約3.7km）のトレイルの往復にかかる時間はおよそ2時間。森林保護区を横切り、急な坂道を登って行く。

4分の3マイルの標識から、ワイヘエ・リバーの谷間に沿って広がる景色や、内陸部の深い谷など、パノラマビューが楽しめる。トレイルの終点は、ラニリリLanililiの頂上2563フィート（約781m）の地点。質素なピクニックテーブルから見る尾根の上からの景色は、ヘリコプターからの眺めと同じぐらいすばらしい。頂上に着いた時、雲がかかっていても、数分待てばすぐに晴れ上がる。

メンデス・ランチ
Mendes Ranch

☎244-7320
www.mendesranch.com
⌂3530 Kahekili Hwy

1941年に造られた、現役の牧場。乗馬用トレイルでの乗馬（＄85～130）では熱帯雨林や海沿いにある見晴らしのいい高台からの景色が

楽しめる。オプションでバーベキューランチが付く。

滝、ガーデン＆ギャラリー

ハイウェイに戻ると、天気がいい日には左側に滝が見えてくる。そのほかには、8マイルマーカーの北側0.1マイル（約160メートル）先に停車帯があるので、そこで車を下りて眼下に広がる小峡谷をのぞいてみよう。そこからは、2つの水源から流れ落ちる絵はがきのように美しい滝が見える。

9マイルマーカーの少し手前に**アイナ・アヌヘア Aina Anuhea**（＄4）に続く道を示す標識がある。個人所有のガーデンで、熱帯植物が並ぶ小さな庭園やバナナ畑を20分かけて歩く。入場料にはパイナップルジュース1杯分の料金が含まれているが、わざわざ立ち寄るほどの場所ではない。

U字カーブに沿ってさらに進むと、海沿いの崖に向かって上り坂が続く。**ブルース・ターンブル・スタジオ＆彫刻ガーデン Bruce Turnbull Studio & Sculpture Garden**（☎667-2787、800-781-2787 ◎予約がある時のみオープン）はマイルマーカー10の手前。伝統的なハワイアンガーデンがある。門をくぐると、彫刻家の手による、木材やブロンズの創作物が海に面して飾られているのが見える。

カウキニ・ギャラリー＆ギフトショップ Kaukini Gallery & Gift Shop（☎244-3371）は14マイルマーカーの手前にあるレモン色の建物で芸術家が所有・経営している。水彩画からコア（ハワイ産アカシア）の木を使った彫刻まで、マウイのアーチストによる新しい作品が数多く並べられている。飲み物や軽食も販売している。

カハクロア・ビレッジ
Kahakuloa Village

カハクロアは緑豊かな小さな谷底の村。タロイモ畑が広がり、入り江の周りには崖が古代ローマの百人隊長のように堂々とそびえ立っている。

村の北端の高台に登れば、美しい村の様子やでこぼことした海岸線を眺めることができる。カハクロア湾の南側は、高さ636フィート（約194m）の**カハクロア・ヘッド Kahakuloa Head**。マウイの酋長カヘキリKahekiliお気に入りのクリフダイビングスポットだ。わずか数十件のシンプルな家が並ぶカハクロア（背の高い神を意味する）ビレッジには2つの教会がある。バナナブレッドを売る屋台の向かい側、道のはずれに建つブリキの屋根の小さな建物はカトリック系の**聖ザビエル伝道教会 St Xavier Mission**。緑に塗られた木の外壁と赤いタイルの屋根は**プロテスタント教会 Protestant church**。北側の谷底にうずくまるように建っている。

ベルストーン＆海洋プール
Bellstone & Ocean Baths

谷間を登って行くと、周りの地形は小高くなり、背の高いサイザル草がまばらに茂る、岩でごつごつした放牧地が見える。展望台や停車帯では、車を停めて景色を楽しもう。青々とした牧草地を眺めれば、崖の周辺やでこぼこの海岸線をぶらぶらと歩きたくなるだろう。

ポハーク・カニ Pohaku Kaniというのは、道の内陸側、16マイルマーカーの先にある大きなベルストーン（鐘石）。ベルストーンのぎざぎざがもっとも深いカハクロア側を石で叩いてみれば、中の空洞部が振動してベルのような共鳴音が聞こえるはず。

その向かい側には、海岸に向かう2台の4WDトラックがぼんやり見える。ここに車を停めて、右（南）側を眺めれば、溶岩でできた崖を抜けて海岸の端にある**天然の海洋プール natural ocean baths**へ行くための進路が一望できる。荒れた波の真ん中に、溶岩やかんらん石などの鉱物で囲まれた信じられないほどクリアで静かな天然のプールがある。自然にできた階段が付いているものもあるが、潮吹き穴の近くに座らないよう注意しよう。数日前の嵐による雨水で運ばれた沈泥で覆われている時や波が高すぎると感じた時には、無理に近づくのは止めよう。

ナカレレ・ポイント Nakalele Point 38と39マイルマーカーの間にある即席のパーキングエリアから少し歩くと、ナカレレ・ポイントの**灯台 light station**に出る。この地区の海岸線では激しい波により、窪み状、アーチ型など、さまざまな地形に磨り減った岩々が観賞できて興味深い。

海岸沿い（トレイルはない）を15分ほど歩き続けると、印象深い**ナカレレ潮吹き岩 Nakalele Blowhole**に出る。もし穴から吹き出る潮がぶつぶつと小さかったら、それは本当の潮吹き岩ではないので、もう少し先を探してみよう。

波が打ち寄せている時間帯であれば、潮吹き岩は40マイルマーカーへと向かうハイウェイからでも見ることができる。冬には沖でジャンプするザトウクジラが見えることも。

道に沿ってさらに北上すれば、モロカイ島が見えてくる。マウイ最北端である**ホノコハウ・湾**までの景色はまさに緑一色という感じだ。

サウス・マウイ
SOUTH MAUI

サウス・マウイはマリンアドベンチャーとビーチの町である。ハレアカラHalealaraの斜面を吹き降りてくる乾燥した風の影響を受け、いつも太陽の光を存分に楽しむことができる。サウス・マウイ周辺のバス路線のルートと運賃については、本章で前出の交通機関を参照のこと。

キヘイ
KIHEI

キヘイは周辺を砂浜で囲まれ、ほとんど毎日日照に恵まれている。ビーチからは、ラナイ島Lanaiとカホオラウェ島Kahoolaweだけでなくウエスト・マウイも望める。深く切り込んだマアラエア湾Maalaea Bayをここから見ると、まるで1つの島のように見える。ここは日光浴をする人、ブギーボーダー、ウインドサーファーたちを長い間魅了してきた。

30年前、キヘイはキアヴェ（メスキートに似た木）が生い茂り整備されていない砂浜が長く延びているだけの土地で、民家もまばらで教会も1つか2つあるだけだった。しかし、1970年代以降、開発業者たちが押し寄せてきてキヘイを南北に縦断するS・キヘイ・ロードS Kihei Rdを敷いた。現在では、この道路沿いにコンドミニアムやガソリンスタンド、ショッピングセンター、ファーストフードの店が無秩序に建ち並んでいる。その無秩序ぶりは、近隣の島々の開発促進に反対する勢力からしばしば槍玉に挙げられる。彼らにとってキヘイは、あんな風にはなりたくないという前例の1つなのである。

キヘイの「コンドミニアムだらけ」という特徴は景観としてはいただけないが、旅行者にとっては好都合だ。つまり、コンドミニアムがたくさんあるということは、キヘイの宿泊料金はマウイの中でも最低レベルにあり、ナイトライフも盛んであるということを意味する。それに加えて、性急な商業の成長にインフラが追いつき始めた。S・キヘイ・ロードKihei Rdにバイク用のレーンが付けられるなど、交通事情を改善するための方策が幾つかとられ始めている。

ピイラニ・ハイウェイPiilani Hwy（ハイウェイ31）は、S・キヘイ・ロードと平行に走り、渋滞するサウス・キヘイ・ロードのバイパスとして機能している。この2本の道路をつなぐ通りも幾つか造られた。

インフォメーション

ほとんどのショッピングセンターや食料雑貨店には24時間のATMが設置されている。**シティバンク CitiBank**（☎891-8586 ⌂Kukui Mall, 1819 S Kihei Rd）はATM手数料が最も安い。**アメリカン・セイビングス・バンク American Savings Bank**（☎879-1977 ⌂Longs Center, 1215 S Kihei Rd ◙月～金 9:00～18:00、土 9:00～13:00）はほかの銀行より遅くまで開いている。

郵便局 post office（⌂1254 S Kihei Rd ◙月～金 8:30～16:30、土 9:00～13:00）も町中にある。インターネットカフェは一般的には高い。**サイバー・サーフ・ラウンジ Cyber Surf Lounge**（☎879-1090 ⌂Azeka Place II）で高速のインターネットアクセスを試してみるのもよい。（圏1分10¢、最低$3）**ブッバス・バーガーズ Bubba's Burgers**（☎891-2600 ⌂1945 S Kihei Rd ◙10:30～21:00）ではeメールのチェックが無料でできる。

キヘイの消防署のすぐ裏に近代的な**公共図書館**（☎875-6833 ⌂Waimahaihai St ◙火 12:00～20:00、水金 10:00～18:00、木土 10:00～17:00）がある。かつてここに建っていた古代のコア（釣りの神殿）を表す飾り板が外に掛けられている。

ロングズ・ドラッグズ Longs Drugs（☎879-2669 ⌂Longs Center, 1215 S Kihei Rd）では1時間で写真の現像をしてくれる。手頃な値段でフィルムを販売している。**コインランドリー coin laundry**（⌂40 E Lipoa St ◙8:00～20:00）はリポア・センターThe Lipoa Centerのハパズ・ブリュー・ハウスHapa's Brew Hausの隣にある。

救急の場合もっとも近い病院はワイルクWailukuにある**緊急ケア・マウイ・フィジシャンズ Urgent Care Maui Physicians**（☎879-7781 ⌂1325 S Kihei Rd ◙6:00～0:00）で、予約なしでも診てもらえる。

キヘイ・ワーフ
Kihei Wharf

1899年、ヘンリー・ボールドウィンがキヘイの北端に、砂糖プランテーションの原材料の荷揚げ用にワーフを作った。この周辺に労働者のキャンプが多数でき、活気づいた。砂が堆積してワーフを作り上げ、約200フィート（約61m）湾に突き出ていた頃もあったが、今は使われていない。

現在、わずか約30フィート（約9m）しか突き出ていないワーフの名残は、釣りを楽しむ地元の家族連れや子供たちkeikiが使っている。キヘイ北端は日の入りを見るのに絶好の

ノース・キヘイ

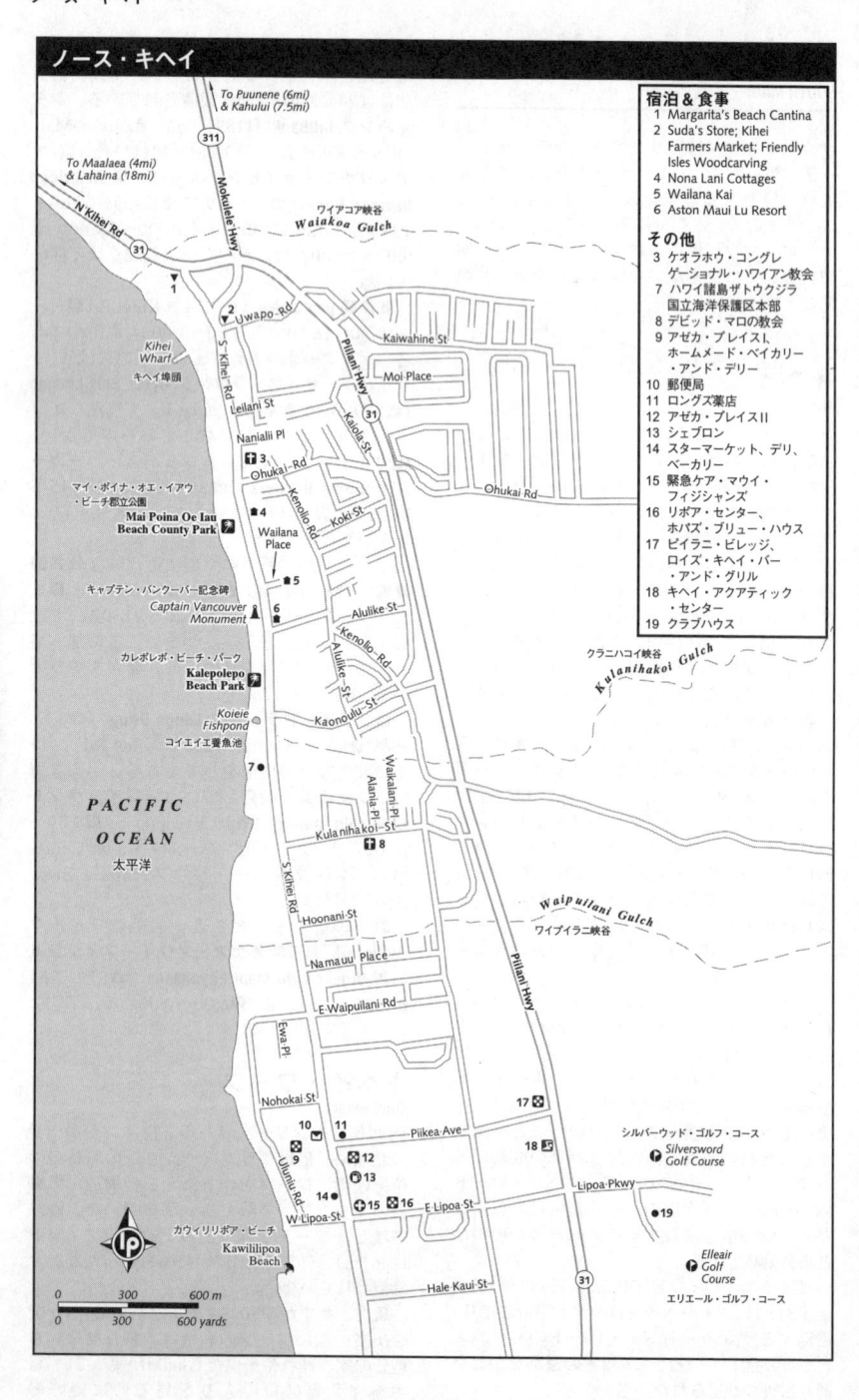

宿泊 & 食事
1 Margarita's Beach Cantina
2 Suda's Store; Kihei Farmers Market; Friendly Isles Woodcarving
4 Nona Lani Cottages
5 Wailana Kai
6 Aston Maui Lu Resort

その他
3 ケオラホウ・コングレゲーショナル・ハワイアン教会
7 ハワイ諸島ザトウクジラ国立海洋保護区本部
8 デビッド・マロの教会
9 アゼカ・プレイスI、ホームメード・ベイカリー・アンド・デリー
10 郵便局
11 ロングズ薬店
12 アゼカ・プレイスII
13 シェブロン
14 スターマーケット、デリ、ベーカリー
15 緊急ケア・マウイ・フィジシャンズ
16 リボア・センター、ホパズ・ブリュー・ハウス
17 ピイラニ・ビレッジ、ロイズ・キヘイ・バー・アンド・グリル
18 キヘイ・アクアティック・センター
19 クラブハウス

ケオラホウ・コングレゲーショナル・ハワイアン教会
Keolahou Congregational Hawaiian Church
- 177 S Kihei Rd
- 礼拝日 9:30

海からの波しぶきがかかる緑と白で塗られた小さな教会。1920年の創設。マウイに住むトンガ人の多くがこの教区に属している。

キャプテン・バンクーバー記念碑
Captain Vancouver Monument

キャプテン・クックCaptain Cook自身は、マウイに一度も足を踏み入れたことはないが、冒険好きの彼の船乗り仲間であるジョージ・バンクーバーGeorge Vancouverが上陸した。アウンティー・アロハズ・ハワイアン・ハットAuntie Aloha's Hawaiian Hutの向かい側に、小さな**トーテムポール totem pole**が立ち、キャプテン・バンクーバーが1792年にキヘイという小さな漁村のビーチに上陸したことを記念している。ハワイへの旅のあいまにバンクーバーはブリティッシュ・コロンビアBritish Columbiaを「発見する」ためにさらに旅を続けた。現在では毎年マウイへ大挙して押しかける何千人ものカナダ人旅行者たちとは逆方向の旅であった。

さまざまな観点から見て、バンクーバーはかなり博学な探検家だったようで、カメハメハ大王の顧問を一時務めたこともある。カメハメハ大王は大英帝国についてのバンクーバーの話に大いに感銘を受け、自分の王国の国旗にユニオンジャックを採用したくらいだ。その国旗は現在でもハワイの独立運動を象徴するものとなっている。

ハワイ諸島ザトウクジラ国立海洋保護区
Hawaiian Islands Humpback National Marine Sanctuary

海洋保護本部内（☎879-2818、800-831-4888 www.hihwnms.nos.noaa.gov 726 S Kihei Rd 月～金 10:00～16:00）にある簡素なビジターセンター。クジラ、ウミガメ、そのほか絶滅が危惧される海洋生物や伝統的なハワイの水産養殖に関する簡単な展示とパンフレットがある。

海に面したセンターのラナイからは、冬期に（12月から4月にかけて）湾をよく訪れるザトウクジラを観察でき、望遠鏡も用意されている。生態学が専門のボランティアが案内してくれる。無料の観光客用講義が毎月行なわれている。

デビッド・マロの教会
David Malo's Church

キヘイ北端にあるもうひとつの史跡は、デビッド・マロによって1853年に建てられた教会である。有名な哲学者であったデビッド・マロは、キリスト教の牧師に任じられた最初のハワイ人だ。カメハメハ3世の信任厚い顧問でもあり、さらにハワイ最初の法律と権利の宣言書の共著者でもある。

教会の建物の大部分は随分以前に取り壊されているが、教会の壁の高さ3フィート（約1ｍ）の一部分がいまだに残っており、小さな墓地の脇にあるヤシの木立の隣に建っている。壁の内側には18の信者席が並んでいて、**トリニティ聖公会の海辺の教会 Trinity Episcopal Church-by-the-Sea**（100 Kulanihakoi St）により日曜の朝9:00から屋外礼拝が行なわれている。

ビーチ

キヘイ南側のビーチは絵はがきにするには完璧な場所だ。キヘイ・ワーフKihei Wharf周辺の北側のビーチでは泳ぐことはまったくおすすめできないが、ウインドサーフィンやカヤックには適している。カヤックなら、カナニ通りKanani Rd.の突き当たりにある**キヘイ・コーブ Kihei Cove**から漕ぎ出してもよい。シュノーケルやダイビングをする人は、そこからではなく、ワイレアWaileaやマケナMakenaのビーチまで下ったほうがいいだろう。

マイ・ポイナ・オエ・イアウ・ビーチ・パーク Mai Poina Oe Iau Beach Park
名前の意味は「私を忘れないで」。マウイの退役軍人のために開かれた公園。キヘイの北端にあり、長い砂浜が続く。施設は充実している。日光浴には風が出始める前の午前中がベスト。午後はウインドサーフィンに好都合だ。たくさんの人がここでウインドサーフィンのレッスンを受ける。アウトリガー付きのカヌーやカヤックはビーチから出艇できる。

カレポレポ・ビーチ・パーク Kalepolepo Beach Park
カレポレポ・ビーチ・パークKalepolepo Beach Park沖の水はあまりよくないが、ここは養魚池の名残を見ることができるマウイでも数少ない場所の1つである。**コイエイエ養魚池 Koieie Fishpond**（www.for-maui.org）は16世紀にウミ王King Umiによって作られ、国王に献上するマレット（ボラ科の魚）を育てるために使われた。1800年代にはカメハメハ大王が再建した後、この3エーカー（約1.2ヘクタール）の養魚池で、毎年1トンを超える魚が養殖されたと考えられている。ボランティアによる修復により、国の認定史跡

サウス・キヘイ

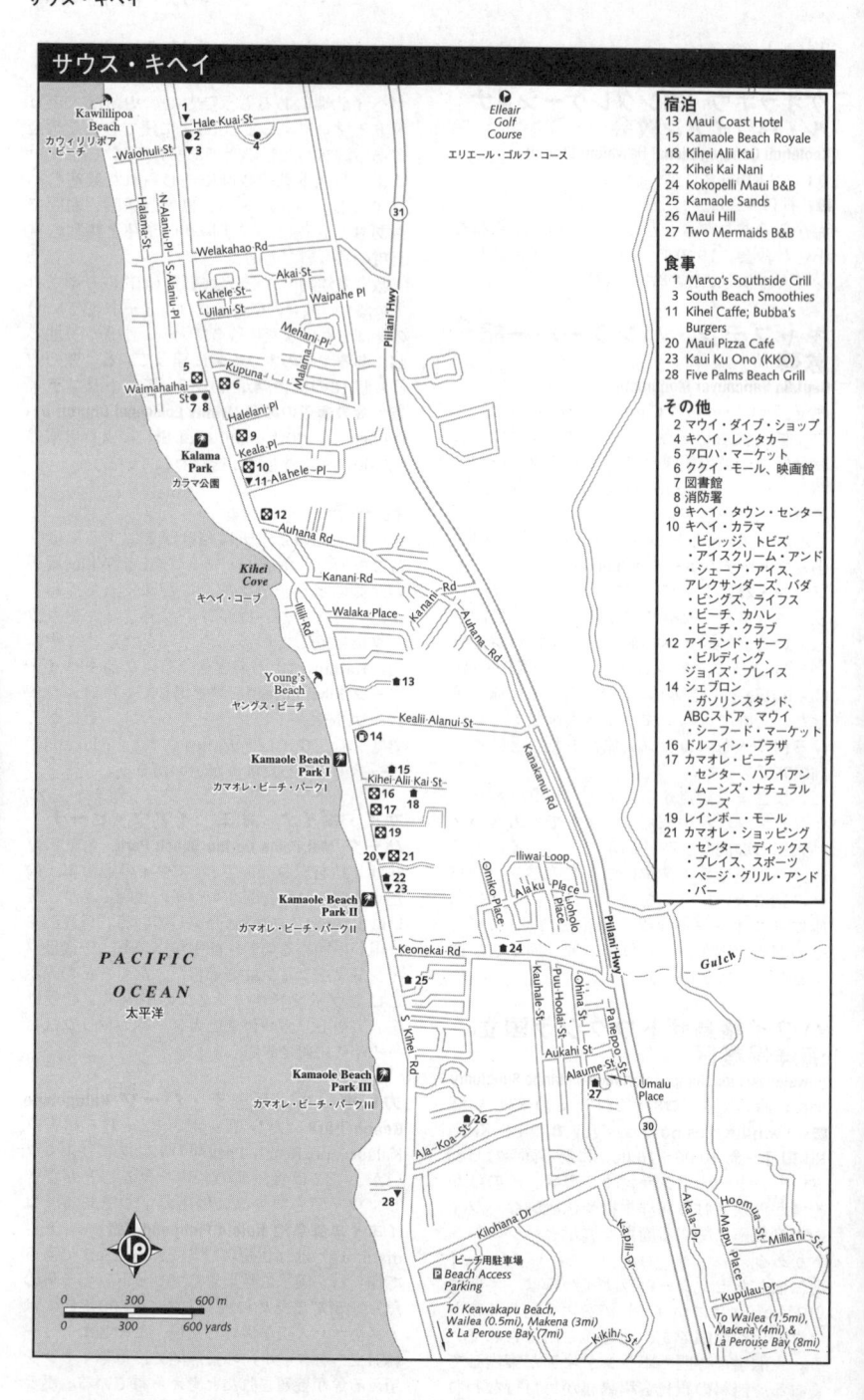

サウス・キヘイ

宿泊
- 13 Maui Coast Hotel
- 15 Kamaole Beach Royale
- 18 Kihei Alii Kai
- 22 Kihei Kai Nani
- 24 Kokopelli Maui B&B
- 25 Kamaole Sands
- 26 Maui Hill
- 27 Two Mermaids B&B

食事
- 1 Marco's Southside Grill
- 3 South Beach Smoothies
- 11 Kihei Caffe; Bubba's Burgers
- 20 Maui Pizza Café
- 23 Kaui Ku Ono (KKO)
- 28 Five Palms Beach Grill

その他
- 2 マウイ・ダイブ・ショップ
- 4 キヘイ・レンタカー
- 5 アロハ・マーケット
- 6 ククイ・モール、映画館
- 7 図書館
- 8 消防署
- 9 キヘイ・タウン・センター
- 10 キヘイ・カラマ・ビレッジ、トビズ・アイスクリーム・アンド・シェーブ・アイス、アレクサンダーズ、バダ・ビングズ、ライフス・ビーチ、カハレ・ビーチ・クラブ
- 12 アイランド・サーフ・ビルディング、ジョイズ・プレイス
- 14 シェブロン・ガソリンスタンド、ABCストア、マウイ・シーフード・マーケット
- 16 ドルフィン・プラザ
- 17 カマオレ・ビーチ・センター、ハワイアン・ムーンズ・ナチュラル・フーズ
- 19 レインボー・モール
- 21 カマオレ・ショッピング・センター、ディックス・プレイス、スポーツ・ページ・グリル・アンド・バー

マウイ島

PACIFIC OCEAN
太平洋

Kawililipoa Beach
カウィリリポア・ビーチ

Elleair Golf Course
エリエール・ゴルフ・コース

Kalama Park
カラマ公園

Kihei Cove
キヘイ・コーブ

Young's Beach
ヤングス・ビーチ

Kamaole Beach Park I
カマオレ・ビーチ・パークI

Kamaole Beach Park II
カマオレ・ビーチ・パークII

Kamaole Beach Park III
カマオレ・ビーチ・パークIII

Beach Access Parking
ビーチ用駐車場

To Keawakapu Beach, Wailea (0.5mi), Makena (3mi) & La Perouse Bay (7mi)

To Wailea (1.5mi), Makena (4mi) & La Perouse Bay (8mi)

National Register of Historic Placesに登録されている。

カラマ・パーク Kalama Park
キヘイ・タウン・センターKihei Town Centerの向かい側にある。野球場やテニスコート、バレーボールコート、インライン・ホッケーのリンク、広場、ピクニック施設、公衆トイレ、シャワーなどの設備が整っている。縦長の公園で、芝生も広いが、ビーチが浅く、泳ぐには不向きである。

カマオレ・ビーチ・パーク Kamaole Beach Park
カマオレKamaole は長いビーチで、岩場で3つの部分に分けられている（カムKamI、II、III）。3つともきれいな金色の砂浜だが、時には強いコナの嵐が一時的に砂浜を洗い流してしまうことがある。

海の状態は天候によって大きく変わるが、たいていは泳ぐのに適している。大体の場所では底は砂地で、急に深くなっている所があり、特に冬期にはボディサーフィンに適している。

シュノーケルには、沿岸にある岩場でサンゴが少しあり、熱帯魚たちが泳いでいるパークIIIの南端もいいが、さらに南のワイレア・ビーチWailea beachesのほうがもっといい。

パークI、II、IIIはすべてS・キヘイ・ロード沿いで、コンドミニアムやショッピングセンターの向かい側にある。ビーチ施設もライフガードたちの数も充実している。パークIIだけには駐車場がないが、ほとんどの人が道路の西側わきに駐車している。

ケアワカプ・ビーチ Keawakapu Beach
南端のキヘイのホテル群とワイレアWaileaのリゾート地が始まるモカプ・ビーチMokapu Beachに挟まれているため、砂浜のケアワカプ・ビーチKeawakapu Beachは、道路沿いにあるキヘイのビーチよりも景色がいいにもかかわらず人が少ない。南端の岩が突出したポイントでの朝のシュノーケルはかなりよい。しかしウミガメを驚かさないように注意すること。

ケアワカプKeawakapu沖には岩礁がないので、州は過去30年間ここに人工の岩礁を作ろうとしてきた。当初は車体を積み重ねていたが、古タイヤをコンクリートに埋め込んだ「魚のすみか」を500ヤードほど（約460m）沖に沈める方法に変更した。

ビーチから見る眺めはすばらしく、冬期にはクジラがその周辺の海域で跳ね回り、時には海岸にきわめて近い所までやって来ることもある。

ケアワカプへは、S・キヘイ・ロードを終点まで南下。海岸線への青い標識が出てきたら、そこを曲がる。道路のマウカ（山）側に公設の40台分の駐車場がある。

宿泊

キヘイ地区には、ユースホステルはなく、キャンプも許可されていない。低予算の旅行者は、豊富にあるコンドミニアムを共同で使うなどするとよい。

コテージ
ハワイのビーチフロントのコテージなんて夢のような響きがあるが、実際キヘイではあまり期待できない。ほとんどのコテージがビーチから遠く、騒々しくひしめきあっており、あまり快適とはいえない。

ノナ・ラニ・コテージ
Nona Lani Cottages
☎879-2497、800-733-2688
🏠455 S Kihei Rd
📧客室＄75、コテージ＄100〜
親しみやすい現地の家族が経営していて、心のこもったもてなしはおすすめ。ここの庭で咲いた花で作ったレイを売っている。メインハウスの各部屋には、エアコン、バス、テレビがある。ひと並びのコテージには、キッチン、ラナイ、ハンモックがある。滞在は週単位で。長期滞在では割引があるので尋ねてみるとよい。

B＆B（ベッド＆ブレックファスト）
B＆Bには、前もって予約が必要。通常滞在は3日以上。

ツー・マーメイド・オン・ザ・サニーサイド・オブ・マウイB＆B
Two Mermaids on the Sunny Side of Maui B&B
☎874-8687、800-598-9550 FAX875-1833
🌐www.twomermaids.com
🏠2840 Umalu Pl
📧プールサイドのワンルーム型＄95、アパート式1ベッドルーム＄125、2ベッドルーム＄175
明るい雰囲気の部屋。全室バス、ミニキッチン、アコースティックギター付き。二人のオーナーが、毎朝ドアまでカットフルーツのバスケットサービスをしてくれる。その温かいもてなしを誰もが絶賛する。縁を岩で囲った天然風のプールや葉の生い茂った庭もある。

ココペリ・マウイB＆B
Kokopelli Maui B&B
☎FAX891-0631
🏠169 Keonekai Rd
📧客室＄80 スイート＄95
ハイウェイに近いのが便利。基本サービスのみの近代的な設備のB＆B。2階には天井ファンがついている。共同利用の大きなリビングルームにはテレビ、設備の整ったキッチン、オーシャンビューのラナイ、電話がある。週単位、月単位の割引があるので尋ねてみると

よい。長期滞在者でいっぱいになっていることが多いので、前もって電話すること。

コンドミニアム
キヘイにはコンドミニアムが非常にたくさんあるが、ホテルはほとんどない。S・キヘイ・ロード沿いはどこも交通量が多く、騒々しいので、予約するときには道路に近い部屋を避けるように。コンドミニアムを借りるときの注意点については、本章前出の宿泊を参照のこと。

多くのコンドミニアムがレンタル代理店を通じて予約できる。

ベロ・リアルティ
Bello Realty
☎879-3328、800-541-3060 ℻875-1483
W www.bellomaui.com
🏠PO Box 1776, Kihei, HI 96753
1泊＄100未満のコンドミニアムの物件あり。ほとんどがキヘイにある。

コンドミニアム・レンタルズ・ハワイ
Condominium Rentals Hawaii
☎879-2778、800-367-5242
☎800-663-2101（カナダ） ℻879-7825（カナダ）
W www.crhmaui.com
🏠362 Huku Lii Pl #204, Kihei, HI 96753
レンタカーとコンドミニアムがセットになった物件あり。中級レベルのキヘイの物件はインターネットで契約できる。

キヘイ・マウイ・バケーションズ
Kihei Maui Vacations
☎879-7581、888-568-6284 ℻879-2000
W www.kmvmaui.com
🏠PO Box 1055, Kihei, HI 96753
1泊＄60～＄600のコンドミニアムの物件あり。高級な借家の物件もある。

クムラニ・レンタルズ
Kumulani Rentals
☎879-9272, 800-367-2954 ℻874-0094
W www.maui.net/~putt3/kumulani
🏠PO Box 1190, Island Surf Bldg, 1993 S Kihei Rd, Kihei, HI 96753
1週間＄450～のコンドミニアムの物件あり。上級ランクのキヘイ、ワイレアの物件もある。

もっと南へ行くと、ビーチに近い物件が見つかる。フロントデスクにスタッフが常時待機している。

ワイラナ・カイ
Wailana Kai
☎891-1626、866-891-1626 ℻891-8855
W www.wailanakai.com
🏠34 Wailana Pl
1ベッドルーム＄90、2ベッドルーム＄110
手入れの行き届いた小さなコンプレックス。

ビーチの1マイルマーカーのある所から1ブロック入った所、路地の突きあたりにある静かな場所。小さなアパート式客室には、設備の整ったキッチン、ケーブルテレビ、ラナイなど、高級コンドミニアムにあると想像されるすべてのものが揃っている。ただし、広くはない。敷地内に、小さなプール、ランドリーがある。特に、冬期はかなり早くから予約でいっぱいになる。クレジットカードは使えない。

キヘイ・カイ・ナニ
Kihei Kai Nani
☎879-9088、800-473-1493 ℻879-8965
W www.kiheikainani.com
🏠2495 S Kihei Rd
1ベッドルーム＄95
この周辺でもっとも親しみやすいというだけでなく、カマオレ・ビーチ・パークII Kamaole Beach Park IIのすぐ向かい側にあるというロケーションのよさ。低層の建物で、各客室には設備の整ったキッチン、天井ファン、広々としたラナイ、電話がついている。市内通話は無料。ケーブルテレビ、ビデオデッキ、ビーチ用の備品のレンタルも可能。敷地内に、かなり大きなプール、バーベキュー用グリルがある。

カマオレ・ビーチ・ロイヤル
Kamaole Beach Royale
☎879-3131、800-421-3661 ℻879-9163
W www.mauikbr.com
🏠2385 S Kihei Rd
1ベッドルーム＄105～、2ベッドルーム＄120～、3ベッドルーム＄125～
手入れの行き届いた7階建てのコンドミニアム。道路から奥に入った所にある。カマオレ・ビーチ・パークI Kamaole Beach Park Iの向かい側。静かな場所で、裏は広々とした放牧場用地になっている。最上階はオーシャンビュー。各客室は広々としていて、プライベートラナイ、モダンなキッチン、洗濯機、乾燥機、テレビ、電話、ビデオデッキ、エアコンがついている。市内通話は無料。プールは小さい。クレジットカードは使えない。

キヘイ・アリイ・カイ
Kihei Alii Kai
☎879-6770、800-888-6284 ℻879-6221
🏠2387 S Kihei Rd
1ベッドルーム＄100、2ベッドルーム＄120
メインロードから奥に入った所にあり、カマオレ・ビーチ・パークI Kamaole Beach Park Iから歩いて2分の距離。127の客室があるコンプレックスで、プール、サウナ、テニスコートが数面ある。低層の建物はアパートのように詰まっているが、各客室は広く、値段のわ

りにはかなり快適に過ごせる。各客室に、洗濯機、乾燥機、ケーブルテレビがついている。

カマオレ・サンズ
Kamaole Sands
☎874-8700、800-367-5004
ネイバーNeighbor Islandsでの連絡先は、
☎800-272-5257（近隣の島から）　📠477-2329
🌐www.castleresorts.com/KSM
🏠2695 S Kihei Rd
💲1ベッドルーム＄195～、2ベッドルーム＄285～

4階建ての建物が道路から少し入った敷地内に数棟建っていて、コンドシティになっている。カマオレ・ビーチ・パークIII Kamaole Beach ParkIIIの向かい側。プール、ジャグジー、テニスコートが数面、眺めのよい滝も幾つかある。毎週ウェルカムパーティが開かれ、ハワイアンがライブで演奏される。広々とした客室には、モダンな設備がすべて揃っている。フロント業務を行っているキャッスル・リゾートCastle Resortsが営業も行ない、インターネットでの予約割引も行っている。

マウイ・ヒル
Maui Hill
☎879-6321、800-922-7866　📠879-8945
🏠2881 S Kihei Rd
💲1ベッドルーム＄205、2ベッドルーム＄265

ケアワカプ・ビーチ・パークKeawakapu Beach Parkを見下ろす丘の中腹に、建つ堂々とした建物。地中海風のヴィラは、このコンドミニアムでの滞在が贅沢なものであることを物語っている。完璧な設備を惜しげもなく装備。毎週マイタイ・パーティが開かれる。サウス・キヘイ・ロードの出口から丘の方向を指すレトロなクジラの標識を目印にするとよい。

ホテル
アストン・マウイ・ル・リゾート
Aston Maui Lu Resort
☎879-5991、800-922-7866　📠879-4627
🌐www.aston-hotels.com
🏠575 S Kihei Rd
💲客室＄130～

島内でおそらくもっとも古いココナツの木立を擁する。多くのチェーンリゾートのホテルとは違って、このホテルは低層の建物が数棟あり、素朴なポリネシアンの雰囲気だ。設備は標準的でモダン。マウイ島の形をかたどったプールがある。客室はビーチに面しているものもあるが、ビーチから道路を挟んだ所やハイウェイから少し入った所にある客室もある。大幅な割引やパッケージになったものもあるので、ホームページで確認すること。

マウイ・コースト・ホテル
Maui Coast Hotel
☎874-6284、800-325-4000　📠875-4731
🌐www.westcoasthotels.com/mauicoast
🏠2259 S Kihei Rd, Kihei, HI 96753
💲客室＄165～、スイート＄195～

モダンな7階建てのホテル。道路から少し入った場所に建っているので、キヘイのほかのコンドミニアムより静か。プールサイドのバーでは、毎晩ハワイアンのライブ演奏が楽しめる。洗濯機、乾燥機、テニスコートが無料で使用できる。オフシーズン割引やシニア割引があるので、尋ねてみるとよい。

食事

海を見ながらおいしい料理を食べられる場所は簡単には見つからないだろう。賢い旅行者なら、自分たちのコンドミニアムのキッチンで自炊するという手もある。アゼカ・プレイスI Azeka Place Iの南側にある、**スター・マーケット Star Market**は、デリカテッセンとパンが充実。キヘイ・タウン・センターKihei Town Centerにある**フードランド Foodland**は24時間営業、さらにピイラニ・ビレッジ・モールPiilani Village mallには**セーフウェイ Safeway**がある。

キヘイ・ファーマーズ・マーケット
Kihei Farmers Market
🏠61 S Kihei Rd
🕐月・水・金 13:30～17:30

スダズ・ストアSuda's Storeの隣。フルーツ、野菜、チーズ、フレッシュジュース、サルサの試食品を配っている。

マウイ・シーフード・マーケット
Maui Seafood Market
🏠2349 S Kihei Rd
💲ランチ＄6前後

シェブロン・ガソリンスタンドChevron gas stationの裏にある。新鮮な魚とホット・ローカルプレートランチを出す。

ハワイアン・ムーンズ・ナチュラル・フーズ
Hawaiian Moons Natural Foods
☎875-4356
🏠Kamaole Beach Center, 2411 S Kihei Rd
💲サラダバー、1ポンド＄5
🕐月～土 8:00～20:00、日 8:00～18:00

オーガニック食品コーナーをもち、ヨーグルト、ジュース、トレイルミックス、バルクグレイン、パイナップル＆ココナツマフィン、グラノーラ、オーガニックワイン数種類を取り揃えている。ジュースとエスプレッソのバーやおいしいサラダバーもある。こちらは少し早く閉まる。

ホームメード・ベイカリー・アンド・デリ
Home Maid Bakery & Deli
🏠Azeka Place I, 1280 S Kihei Rd
🍴ランチ＄6
🕐6:00～16:00
素朴な地元のベーカリー。ホット・マラサダmalasadas（ポルトガルのドーナッツ）がおいしい。

サウス・ビーチ・スムージーズ
South Beach Smoothies
🏠1455 S Kihei Rd
🍴スナック＄5未満
🕐月～金 8:00～16:00、土 9:00～14:00
新鮮なフルーツがぎっしり詰まった豪華なスムージーが「サイドカー」付きで＄3.50。オーナーはとても親しみやすい。ホットドッグと健康食品のスナックも売っている。

トビズ・アイスクリーム・アンド・シェブ・アイス
Tobi's Ice Cream & Shave Ice
🏠Kihei Kalama Village, 1913 S Kihei Rd
🍴冷たいデザート＄3～5.25
🕐10:00～21:30
カマアイナ（地元住民）から愛されている店。たっぷり入った濃厚なミルクシェイク、「ワイルド・ワヒネ、wild wahine」というかき氷、トロピカルスムージーがいつも大人気。

ジョイズ・プレイス
Joy's Place
🏠Island Surf Bldg, 1993 S Kihei Rd
🍴スナック＄4～7
🕐月～土 10:00～17:00、日 10:00～15:00
カフェテーブルが10ほど並ぶだけの小さなレストラン。家庭料理を出す。大部分は菜食主義、絶対菜食主義のもの。有機野菜のサラダ、トルティーヤで包んだサンドイッチ、カレーホムス、チーズ抜きペーストも売っている。

ババス・バーガーズ
Bubba's Burgers
☎891-2600
🏠1945 S Kihei Rd
🍴スナック＄2.75～7.50
🕐10:30～21:00
町で唯一の職人気質のバーガーレストランで、「旅行者、酔っ払い、弁護士はだまますよ」と豪語している。レタスとトマトのバーガーの値段を法外にも75¢とる。本物を知っている人はレタスとトマトをバーガーで食べるべきではないから、というのがオーナーの主張である。有名なバドワイザービール入りのチリ（豆料理）を試してみるとよい。

アレクサンダーズ
Alexander's
🏠Kihei Kalama Village, 1913 S Kihei Rd
🍴1品＄7～10
🕐11:00～21:00
新鮮なマヒマヒ（しいら）、オノ（ワフーフィッシュ）、アヒ（キハダマグロ）から選べるフィッシュアンドチップスがおいしい。ハッシュパピー、フライドズッキーニ、コーンブレッドのサイドディッシュもおすすめ。テイクアウトが基本だが、ラナイテーブルも用意されていて店内で食べることもできる。

キヘイ・カフェ
Kihei Caffe
🏠1945 S Kihei Rd
🍴食事＄5～7
🕐5:00～15:00
カラマ・パークKalama Parkの向かい側。小さいがブレックファストのおいしいすてきな店で、コナ・コーヒー、自家製のペストリーを出す。フレッシュサラダとサンドイッチもある。バナナマカデミアナッツパンケーキもあって、つい買ってしまう。早く目が覚めてしまった時差ぼけの旅行者にはありがたい。

マルガリータズ・ビーチ・カンティーナ
Margarita's Beach Cantina
☎879-5275
🏠Kealia Beach Plaza, 101 N Kihei Rd
🍴メイン＄11～22
🕐11:30～22:00
平均的なメキシカン料理だが、すばらしいサンセットが見られる海を見下ろすデッキで食事ができる。普通のバーガーとファヒータもあるが、夜のコースの食べ放題のロブスターとプライムリブ（＄15前後）に人気をさらわれている。

マウイ・ピザ・カフェ
Maui Pizza Café
☎891-2200
🏠2439 S Kihei Rd
🍴ピザ・パスタ1品＄8～16
🕐11:30～翌1:00
温かいもてなし。薄いクラストピザは看板料理に値する。地元の名産を山のようにのせてもらうよう注文しよう。たとえば、小さなカルアピッグkalua pig（地下のオーブンで焼いている）とマウイオニオン、シトラスガーリックソースのスキャンピなど。

マルコズ・サウスサイド・グリル
Marco's Southside Grill
☎874-4041
🏠1445 S Kihei Rd
🍴ブレックファスト＄6～10、ランチ・ディナー＄10～26
🕐7:30～22:00
ソファは、スパニッシュ・レザー、生ビールの栓抜きは純金製、白大理石の豪華な家族向

ブロンズ製の仏陀（マウイ島）

ウクレレ奏者

ドラゴンズ・ティース（マウイ島）

フラ・カヒコ

アロハ・フェスティバル（オアフ島）

伝統的なハワイアン・ドラム

きのイタリアンレストラン。朝食にはたくさんのメニューがある。なかでもチョコレートシナモンのフレンチトーストは最もおすすめの一品だ。午後になると、薪で焼いたピザや、ホットイタリアンサンドイッチ、看板料理のウォッカ風味・リガトーニなどのパスタが食べられ、これもおすすめだ。

ロイズ・キヘイ・バー・アンド・グリル
Roy's Kihei Bar & Grill
☎891-1120
⌂Piilani Village Mall, 303 Piikea Ave
🍴メイン$21〜29
🕐17:30〜22:00

有名なハワイ人シェフ、ロイ・カハナチェーンの支店。どの支店でも共通してこのチェーンが自信をもってすすめるのは、ハワイアンシーフードと上等のワイン、落ち着ける雰囲気である。

カウイ・ク・オノ
Kaui Ku Ono (KKO)
⌂2511 S Kihei Rd
🍴ププ$8〜13、メイン$10〜15
🕐8:00〜0:00

夜にはかがり火が揺れる。ハワイアンのライブ演奏を聴きながら、海を見下ろすラナイでサンセットを楽しむことができる。創意に富んだププ（おつまみ）で物足りないときは、2階に上がれば本格的なステーキハウスもある。

ファイブ・パームズ・ビーチ・グリル
Five Palms Beach Grill
☎879-2607
⌂Mauna Kai Resort, 2960 S Kihei Rd
🍴ブレックファスト・ランチ$10〜15、ディナー$20〜30、5品のコースメニュー$65
🕐8:00〜21:30

月の光に照らされたヤシの木々が揺らぐウォーターフロントの屋外レストラン。ディナーで人気があるのは、ステーキやロブスター、市場直送の新鮮な魚で、モロカイスイートポテトやマウイオニオンが添えられている。サンデー・シャンパン・ブランチSunday champagne brunch（$20、8:00〜14:00）が超人気。

エンターテインメント

ククイ・モールの**映画館**（☎878-3456）には、4つのスクリーンがある。

キヘイの夜の娯楽は、ラハイナLahainaに次いで盛況である。バーも数軒あるし、1週間ずっとにぎわっているようなDJクラブも数軒ある。入場料（$5〜10）は通常週末だけ必要。

ハパズ・ブリュー・ハウス
Hapa's Brew Haus
☎879-9001
⌂Lipoa Center, 41 E Lipoa St

バーナイトクラブ。不思議なことに鮨を出す。DJや地元の伝説的人物ウィリー・K・ルックのような人たちのライブ演奏がある。火曜日には異様に盛り上がる「超ご機嫌な夜」が催されたりする。

そのほかで重要なトップ3は、カラマ・ビーチKalama Beachの向かい側にある、**キヘイ・カラマ・ビレッジ Kihei Kalama Village**（⌂1945 S Kihei Rd）に集まっている。オアフ島や本土出身のDJたちが、**バダ・ビングズ Bada Bing's**（☎875-0188）でしゃべりまくっている。ここでは$2のドリンクで楽しく過ごせる。**ライフズ・ア・ビーチ Life's a Beach**（☎891-8010）は、ライブ演奏とDJのあるボブ・マーレイファンの集まる掘立小屋だ。**カハレ・ビーチ・クラブ Kahale Beach Club**（☎875-7711）は、駐車場の裏にひっそりと建っているナイトバー。

ディックス・プレイス
Dick's Place
☎874-8869
⌂Kamaole Shopping Center, 2463 S Kihei Rd

ビリヤードバーがあり、プレイできる。

スポーツ・ページ・グリル・アンド・バー
Sports Page Grill & Bar
☎879-0602
⌂Kamaole Beach Center, 2411 S Kihei Rd

大きなスクリーンのテレビにスポーツ番組が流されている。

バーやエンターテインメントがあるレストランも数軒ある。**マウイ・ピザ・カフェ Maui Pizza Café**には、ライブ演奏やDJ、ゲイナイトがある。**マルガリータズ・ビーチ・カンティーナ Margarita's Beach Cantina**は、早くも14:30からハッピーアワー（サービスタイム）を開始し、海に面したデッキに太陽が沈むまで続く。

ショッピング

キヘイにはあらゆる種類の土産物店があふれている。公共図書館の近くにある**アロハ・マーケット Aloha Market**は、安いTシャツや水着、アイランドジュエリーなどを屋外に並べている。カラマ・パークKalama Parkの向かい側にある、**キヘイ・カラマ・ビレッジ Kihei Kalama Village**のほうが品揃えは豊富だ。

フレンドリー・アイルス・ウッドカービング
Friendly Isles Woodcarving
⌂Suda's Store, 61 S Kihei Rd

本物のアイランド木彫の彫刻家の作業を見ることができる。

ピイラニ・ビレッジ Piilani Village（⌂225 Piikea Ave）は地元の人々がいつも買物をする所。ここはハワイ全土および海外にもチェー

サウス・マウイ─ワイレア

ン店がある。**トロピカル・ディスク Tropical Disc**（☎874-3000）はピイラニ・ビレッジ Piilani Villageにある評判のよい店。ハワイアンの選曲がすばらしい。最新の人気曲を試聴できるヘッドフォンもある。流行に詳しい若いスタッフがウクレレ選びも手伝ってくれる。

マウイ・ダイブ・ショップ
Maui Dive Shop
☎879-3388
⌂1455 S Kihei Rd

このチェーンの売れ筋は、リーフウォーカー、ブギーボード、シュノーケル、フィン、ウェットスーツなど。

ABCストア
ABC Store
☎879-2349
⌂2349 S Kihei Rd

アルコール、手頃なビーチマット、日焼け止めローション、そのほかビーチで必要な実用品を売っている。

ワイレア
WAILEA

ワイレアWaileaとマケナMakenaの町は、商業施設が集まっているキヘイとは雰囲気のまったく異なる町で、キヘイの南、道路の終点にある。

ワイレアの町に入るとすぐ、北の隣町との大きな違いに驚くことだろう。一面緑で覆われていながら手入れが行き届き、きちんとした印象である。無計画に建設されたキヘイの町に対し、このリゾートは、アレクサンダー・アンド・ボールドウィンというサトウキビ会社によって開発された。マケナもワイレアの例に従い、高級ホテルとゴルフコースを整え、日本人旅行者を大量に呼び込んだ。

しかし、マウイ島の乾燥地帯を緑地帯に変えるための代償を払ったのは、ほとんどアップカントリー(内陸)の農夫たちだった。彼らにとって必要な川の水は、リゾート地の滞在客の日常生活に数百万ガロンもの水を供給するために回されることになった。地元の人々は「ゴルフボールを食べられる者はいない」をスローガンに意見を主張。環境保護者たちは、非自給的な開発をこれ以上阻止するために運動している。

ワイレアの溶岩でできた海岸線には、魅力的な黄金の砂浜が点在している。この砂浜が、水泳やシュノーケル、日光浴をする人々を引きつけている。ワイレアや隣接するマケナからは、ラナイ島Lanai、カホオラウェ島Kahoolawe、モロキニ島Molokini、などのすばらしい景色が眺められる。冬にはホエールウォッチングができる海岸もある。

ワイレア&マケナ

宿泊 & 食事
2 Joe's Bar & Grill
4 Outrigger Wailea Resort
6 Grand Wailea Resort Hotel & Spa; Bistro Molokini
8 Wailea Point Condos
9 Fairmont Kea Lani Hotel; Cafe Ciao; Nick's Fishmarket
10 SeaWatch
13 Maui Prince Hotel

その他
1 ルネッサンス・ワイレア・ビーチ・リゾート
3 ワイレア・テニス・クラブ
5 ザ・ショップス・アット・ワイレア、デスティネーション・リゾート、ホノルル・コーヒー・カンパニー、トミー・バハマズ・トロピカル・カフェ
7 フォー・シーズンズ・リゾート
11 マケナ・サーフ
12 ケアワライ・コングリゲーショナル教会
14 マケナ・テニス・クラブ

ワイレアには、ビーチに高級なホテルが数軒と、低層のコンドヴィラ、ショッピングセンター、3つのゴルフコースと「西のウィンブルドン」と言われるテニスコートがある。富士山の岩で作られたティーハウスでディナーをとったり、島内最高のスパでゆっくりしたいなら、(最上級の)プラチナ・クレジットカードが必要だろう。

オリエンテーション・インフォメーション

ラハイナまたはカフルイからワイレアのビーチを目指すなら、S・キヘイ・ロードS Kihei Rdではなく、ピイラニ・ハイウェイPiilani Hwy（ハイウェイ31）を使うこと。さもなければ、キヘイ地区で交通渋滞に巻き込まれ、30分はかかることだろう。ワイレアの主要道路は、ワイレア・アラヌイ・ドライブWailea Alanui Drで、ポロ・ビーチPolo Beachを通過後、マケナ・アラヌイ・ドライブMakena Alanui Drにつながり、そのまま南のマケナへ続いている。

6:30〜20:30の間は無料の**シャトルバス**が30分おきに、ワイレア・リゾート内のホテル、コンドミニアム、ショッピングセンター、ゴルフコース間を巡回している

ワイレア・ビーチ・ウォーク

ルネッサンス・ワイレア・ビーチ・リゾートRenaissance Wailea Beach Resortからフェアモント・ケア・ラニ・ホテルFairmont Kea Lani Hotel間には、ワイレア内のビーチとリゾートホテルをつなぐ海岸線に沿った1.25マイル（約2 km）の遊歩道があり、突き出た溶岩の所で迂回している。

冬には、ザトウクジラのウォッチング・スポットとして、ハワイ全体でも最高のビーチウォークの1つとなる。晴れた日には、海岸近くまで来て波と戯れる十数頭ものザトウクジラを見ることができる。双眼鏡を忘れたら？ アウトリガー・ワイレア・リゾートOutrigger Wailea Resortの北にある望遠鏡にコインを入れるだけでよい。

建ち並ぶ豪華ホテルを見て回るのもいいだろう。最も有名なのが、グランド・ワイレア・リゾートGrand Wailea Resortで、$3000万の価値があるという美術品や凝った造りの印象的な水路や庭園などがあって、目を楽しませてくれる。ビーチには第2次大戦時の錆びた軍用機器が残されている。

さらに南へ下ると、ハワイ原生植物群の庭園があって興味深い。何種類かはプレートがついていて、名前がわかるようになっている。ワイレア・ポイントWailea Pointのコンドミニアムには屋外に趣のあるベンチが出してあって、サンセットを眺めるには絶好の場所である。

ショップス・アット・ワイレア
The Shops at Wailea
🏠3750 Wailea Alanui Dr
🕘9:30〜21:30
どこのホテルにもだいたいあるように、ATMを設置。

ビーチ

ワイレアのビーチは全般的には泳ぐのに適しているが、高波やコナの嵐が来て海岸付近で危険な大波になったり、離岸流ができたりすることもある。警報が出るのでそれに従うこと。

砂浜は、キヘイのケアワカプ・ビーチの南端から始まり、マケナのほうまで南へ続く。ビーチはどこも気持ちのいい砂浜で、だれでも自由に入ることができ、シャワーやトイレも備わっている。リゾート地のビーチは人が多すぎるが、田舎のビーチパークは静かで、ピクニックテーブルやバーベキューグリルなどが備えられている所もある。唯一の問題は、駐車場が限られていることだ（海岸線の青い標識に従うこと）。

ウルア・ビーチとモカプ・ビーチ Ulua & Mokapu Beaches
アウトリガー・ワイレア・リゾートOutrigger Wailea Resortとルネッサンス・ワイレア・ビーチ・リゾートRenaissance Wailea Beach Resortの間にある。ウルア・ビーチは小さな宝石のようだ。ルネッサンスの南側にある最初の道路を進むとビーチの駐車場に出る。

ウルア・ビーチ右側には、岩の突出した部分にサンゴがあり、そこが対となったモカプ・ビーチとの境界となっている。シュノーケルのビギナーは、そこでニードルフィッシュ（さより）やヒメジの群れやユニコーン・ハギ、そのほかの熱帯魚たちに合える。シュノーケルには風が出始める前の午前中がベストだ。波が高くなってきたらシュノーケルを捨てて、ボディサーフィンを始めるといい。

ワイレア・ビーチ Wailea Beach
ワイレア地区のビーチの中でもっとも大きく広い。少しずつ深くなっているので、岸に近い所は絶好のスイミングポイントだ。波が穏やかなときには、ビーチ南側の岩場周辺がシュノーケルによい。ダイビングをするなら、ワイレア・ビーチから入ってポロ・ビーチPolo Beachまで続く砂州に沿って進めばよい。ボディサーフィンに絶好の穏やかな波が立つときもある。

ビーチに行くには、ワイレア・ビーチに面したフォー・シーズンズ・リゾートFour Seasons Resortとグランド・ワイレア・リゾート・ホテル・アンド・スパGrand Wailea Resort Hotel and Spaの間の道路から入る。

サウス・マウイ－ワイレア

ADRIANA MANMMARELLA

ツマリテングバギ

ポロ・ビーチ Polo Beach コンドミニアム地域とフェアモント・ケア・ラニ・ホテルに面しているにもかかわらず、ポロ・ビーチの南端は混んでいることがめったにない。

波があるとき、ブギーボーダーやボディサーファーたちはここでポイントを見つける。波が穏やかなときは、ビーチ北端の岩場がシュノーケルに絶好のポイントとなり、1匹か2匹のカメに出くわすこともある。干潮時にはビーチの南端に溶岩が突き出て潮溜まりを作り、ウニや小さな魚たちが見られておもしろい。

ポロ・ビーチに行くには、カウカヒ・ストリートKaukahi Stを走り、ケア・ラニKea Laniを過ぎた所で小道に入ればよい。右手、道路の突き当たりにビーチ駐車場がある。

パラウエア・ビーチ Palauea Beach マケナ・ロードから下りた所、ポロ・ビーチの南、4分の1マイル（約0.4km）の所にある。サーフィンや、ボディサーフィンでこのビーチを使う人がかなり多い。ポロ・ビーチよりさらに人里離れた感じで、ポロ・ビーチよりは人も少ない。しかし、未開発という点ではポロ・ビーチとほとんど変わらない。

キアヴェの茂みがビーチと道路の間にあって、私有地との境界となっているが、フェンスには大きな破れ目があり、ビーチに行く人はそこをくぐって入っている。ポロ・ビーチからパラウエア・ビーチまでは歩いて10分足らずの距離だ。

チャンズ・ビーチ Chang's Beach ワイレア・リゾートの端とマケナ・ロードMakena Rdの間にある。半マイル（約0.8km）ほどの三日月形の砂浜で、呼び名がたくさんある。たとえば、パイプ・ビーチPaipu Beach、マケナ・サーフ・ビーチMakena Surf Beach（もっとも近いコンド・コンプレックスの名前から）、さらにはラブ・ビーチLove Beachといったものまである。確かにここは愛さずにはいられない場所だ。

ビーチは混んでいない。遠浅の砂浜で、波も穏やかなので、泳ぐには絶好のポイントだ。溶岩の岩場が北にも南にもあり、シュノーケルにも適しているが、サンゴを傷つけないようにすることと、ウミガメを驚かさないようにすることには、じゅうぶん注意しなければならない。**ハロア・ポイント Haloa Point**はさらに少し北に行った所にあり、スキューバダイビングの人気スポットだ。

メインの入口には、駐車場と簡単な設備がある。マケナ・ロードの出口の少し前にワイレア・アラヌイ・ロードWailea Alanui Rdを示す手書きの標識があるので、それを目当てにすればよい。

アクティビティ

ワイレア・ゴルフ・クラブ
Wailea Golf Club
☎875-5111、800-332-1614
🏠100 Golf Club Dr
💴グリーンフィーとカートフィー＄115～160
チャンピオンシップのコースが3カ所ある。エメラルドはトップランクのコースで、熱帯地方の庭園の美しさを誇る。ゴールドGoldは火山地帯の景色を活かした岩の多いおもしろいコース。

ワイレア・テニス・クラブ
Wailea Tennis Club
☎879-1958、800-332-1614
🏠131 Wailea Ike Pl
💴1時間1コート＄28～35
ドレスコード（服装についての決まり）がある。レッスンも受けられる。用具のレンタルも可能。

宿泊

B&B（ベッド＆ブレックファスト）
ハレアカラHaleakalaの斜面、ワイレア・ビーチから1マイル（約1.6km）入った所のマウイ・メドーズMaui Meadowsの区画に数軒あるのみ。宿泊は3日間以上から。

エバ・ヴィラ
Eva Villa
☎874-6407、800-884-1885
☎0800 182 1980（ドイツから）
🌐www.maui.net/~pounder
🏠85 Kumulani Dr
💴客室＄115～140
丘の頂上に建つプライベートヴィラだが、太陽に当たるとまぶしいくらい外観が白く輝く建物。プール、ジャグジー、屋上のサンデッキが共用で利用できる。庭にはコイのいる池がある。プールサイドのワンルーム型客室と2ベッドルームのスイートには、プライベートバスがついている。コテージは設備の整ったキッチン、バーベキューグリル、洗濯機、乾燥機、ラップアラウンド（周囲を取り囲むタイプの）・ラナイを完備。

アヌヘアB＆Bヘルス・リトリート
Anuhea B&B Health Retreat
☎874-1490、800-206-4441 ℻874-8587
🌐www.anuheamaui.com
🏠3164 Mapu Pl
🛏客室$115～

施療師により運営されている。客室はシンプルでモダンだが、ジャグジーやガゼボ（あずまや）、庭園など屋外で長い時間を過ごす滞在者がほとんど。メッセージサービスやオフシーズンの割引が可能。

コンドミニアム
キヘイの章のリストに載っている代理店がワイレアのレンタルも取り扱っている。

AAオーシャンフロント・コンドミニアム・レンタルズAA
Oceanfront Condominium Rentals
☎879-7288、800-488-6004 ℻879-7500
🌐www.makena.com
🏠2439 S Kihei Rd #102A

ワイレアとマケナ地区の高級物件のレンタルを主に扱っている。

デスティネーション・リゾート
Destination Resorts
☎891-6200、800-367-5246 ℻874-3554
🌐www.drhmaui.com
🏠Unit B51, The Shops at Wailea
🛏ワンルーム型$155、コンドミニアム式1ベッドルーム（ガーデンビュー）$205～、2ベッドルーム$310、3ベッドルーム$600

ワイレアとマケナ周辺の6軒のコンプレックス内の約300室の予約を取り扱う。料金は安くはない（チェックイン料が$50）が、大部分のコンドミニアムはワイレアの高級ホテルよりもずっとよい。レンタカーやゴルフパッケージについて尋ねてみるといい。

ホテル
リゾートのホテルはどれもアメニティが充実している。ジャングルに囲まれたプールやフラダンスの無料レッスンなどもある。ホテル間の違いは、ポリネシアンスタイルかウエスタンスタイルといったお部屋のタイプ、接客態度、どの程度までの贅沢ができるか、ということぐらいである。

アウトリガー・ワイレア・リゾート
Outrigger Wailea Resort
☎879-1922、800-688-7444 ℻874-8331
🌐www.outrigger.com
🏠3700 Wailea Alanui Dr
🛏客室ガーデンビュー$325、マウンテンビュー$375、オーシャンビュー$425

ワイレア・リゾートの中では、周囲のポリネシアンの雰囲気と一番調和しているホテル。気取らない控えめなもてなしで、家族連れや会議出席者に人気がある。近年$2500万かけてリニューアルした。アウトリガーチェーンは、大幅な割引やプロモーショナルパッケージを特にオンラインで行っている。パームズ・アット・ワイレアPalms at Waileaのゴルフコースにある1ベッドルームのコンドミニアムは、ホテルの客室よりも随分割安だ。

フェアモント・ケア・ラニ・ホテル
Fairmont Kea Lani Hotel
☎875-4100、800-659-4100 ℻875-1200
🌐www.kealani.com
🏠4100 Wailea Alanui Dr
🛏1ベッドルームスイート$325～700、オーシャンフロントヴィラ$1000～1700

アラビアンナイトから飛び出てきたかのような奇抜なムーア風建物の豪華なリゾートホテル。さらにランクアップするなら、プライベートラナイと大理石のバスタブ付きの1ベッドルームのスイートルーム（大人4人まで）がある。プライベートのプランジプールのあるオーシャンフロントのヴィラもある。

グランド・ワイレア・リゾート・ホテル・アンド・スパ
Grand Wailea Resort Hotel & Spa
☎875-1234、800-888-6100 ℻874-2442
🌐www.grandwailea.com
🏠3850 Wailea Alanui Dr
🛏客室$435

マウイでもっとも贅沢なリゾートホテル。ロビーは彫刻や美術品でいっぱい。屋外には、庭園、噴水、何百万ドルもするモザイクタイルのプール、さらに全長2000フィート（約610m）のウォータースライダー、人口の滝や洞窟などがある。これらの幾つかは豪華なハワイアンモチーフが施されている。すべて並外れた贅沢さだ。ナプア・タワーNapua Towerにあるグランドスイートでは、マウイ島でのもっとも贅沢な夜を味わうことができるが、なんときっかり$1万かかる（支払うのはあなたではなく、おそらくほかの誰かだろうが）。ベッドが快適であることを祈るばかりだ。

食事
ホテル、ショッピングモール、ゴルフのクラブハウスが揃っており、あとはどこで食べるかその選択だけだ。

ホノルル・コーヒー・カンパニー
Honolulu Coffee Co
ショップス・アット・ワイレアShops at Waileaの2階
とてもおいしいローストビーフと手頃な値段の焼き物を出す。

カフェ・チャオ
Cafe Ciao

◎デリカテッセン6:30〜22:00

ザ・フェアモント・ケア・ラニ・ホテル内。ビーチピクニック向けの料理がテイクアウトできるデリショップ。値段は高いがおいしい。職人技のパンを使った厚いサンドイッチが最高。ヘルシーな飲み物も冷蔵庫に冷えている。

ビストロ・モロキニ
Bistro Molokini

◎11:00〜21:00

グランド・ワイレア・リゾート内。キアヴェの木炭で焼いたピザが評判。＄20未満。

トミー・バハマズ・トロピカル・カフェ
Tommy Bahama's Tropical Café

☎875-9983

🍴ランチ＄10〜14

◎11:00〜22:00

ショップス・アット・ワイレアShops at Waileaの2階。ちゃちな南国ムードの商業主義を笑うかもしれないが、ランチはすばらしい。特にハタや、ケイマンシトラスクラブサラダ（ハバナ・カバナ）、ブラックベリーブランディバーベキューソースのポークサンドイッチがおいしい。

ジョーズ・バー・アンド・グリル
Joe's Bar & Grill

☎875-7767

🏠131 Wailea Ike Pl

🍴メイン＄18〜38

◎17:30〜21:30

ワイレア・テニス・クラブWailea Tennis Clubのコートを見下ろす所に建っている。有名なハリイマイレ・ジェネラル・ストアHaliimaile General Storeのオーナーが経営。心のこもったスタンダードなアメリカン料理に力を入れている。ミートローフやロブスターパイ、超人気のニューヨークステーキなどがおいしい。前もって予約すること。でなければ、バーの銅製調理板の前で待つつもりで。

シー・ウォッチ
Sea Watch

☎875-8080

🍴ランチ＄8、ディナー＄24

◎8:00〜15:00、17:30〜21:30

すばらしいオーシャンビューの丘の中腹に建つ。屋内でもベランダでも食事ができる。朝食でおすすめはクラブケーキのベネディクトBenedict、ディナーではシトラスポン酢（日本式のシトラスソース）でいただくマンゴチャツネ入りポークチョップ、あるいは新鮮な魚がおすすめ。

ニックス・フィッシュマーケット
Nick's Fishmarket

🍴＄26〜45

◎17:30〜

フェアモント・ケア・ラニ・ホテル内。海に沈む夕日、たいまつのかがり火、印象的な地中海風ダイニングルームが自慢。創造的な料理と市場直送の新鮮な魚がその第一級の評判をさらに高めている。

グランド・ワイレア Grand Waileaには、さらに2軒の高級ディナーレストランがある。**キンチャ Kincha**（🍴メイン＄26〜53 ◎木〜月18:00〜21:00）は高級日本料理の店。富士山から厳選された800トンを超える石で建設された。**フムフムヌクヌクアプアア Humuhumunukunukuapuaa**（🍴メイン＄22〜32 ◎17:45〜21:45）はポリネシアンスタイルの縦に長い造りの店で、周りが7万ガロン（約26万5000リットル）の塩水のラグーン（池）で囲まれている。シーフードとステーキを出す。

エンターテインメント

ワイレアのホテルでは、レストランやラウンジで、ジャズの演奏やハワイアンのライブ演奏をよく行っている。ここでのルアウは評判の高いラハイナLahainaで行なわれるものとは違う（本章前出の「ウエスト・マウイ」を参照のこと）。

ショップス・アット・ワイレア The Shops at Waileaでは水・木・土曜日の夜に、ライブ演奏が行なわれる。**ロンギーズ・レストラン Longhi's restaurant** でも水・木・土曜日にバンドによるライブ演奏を夜中の1:30までやっている。

ショッピング

ザ・ショップス・アット・ワイレア The Shops at Wailea（🏠3750 Wailea Alanui Dr ◎9:30〜21:30）では最高級のチェーン店でも割引がある。ショップス・アット・ワイレアにあるユニークな店は以下の通り。**ナ・ホク Na Hoku**（2階）はタヒチのブラックパールが専門。1924年創業。**ノアノア Noa Noa**（1階）は手製ろうけつ染めによるポリネシアンの衣類の店。**セレブリティーズ Celebrities**（2階）はジョン・レノンやデビッド・ボーイといったアーチストの作品ギャラリー。**クレージー・シャツ Crazy Shirts**（2階）やディスカウントショップの**ABCストア ABC Store**（2階）などのハワイのチェーン店もある。

マケナ
MAKENA

近年までマケナは、主要道路の終点として、活気がなく、見過ごされたようなエリアだった。しかし、19世紀になって、マウイ島のマ

ケナ側はもっとも活気ある地域になる。ウルパラクア・ランチUlupalakua Ranch、そのほかのアップカントリーの牧草地からマケナ・ランディングMakena Landingへ牛が連れてこられ、ここからホノルルの市場へ運ばれるようになった。1920年代までに、島間の船による行き来はこの島の別の港に移った。

1980年代に、西武コーポレーションが旧マケナ・ランディングの山側のマケナの1800エーカー(約7 km²)の土地を買い尽くして開発。ゴルフコースやテニスセンター、マウイ・プリンス・ホテルMaui Prince Hotel、そしてそれらを結ぶ新しい道路を整備し、リゾート地に変貌させた。しかし、これがかつてここに存在したハワイの村にとっての改良と言えるのだろうか。

ありがたいことに、マケナの多くは未開発で自由のまま残っている。海岸線で特徴的なのはプウ・オライPuu Olai。ランディングの南1マイル(約1.6km)の所にある、高さ360フィート(約110m)の火山灰の丘だ。プウ・オライのふもと、マケナ-ラ・ペローズ湾州立公園Makena-La Perouse Bay State Parkにかけて2つのすばらしいビーチが延びている。ビッグ・ビーチBig Beachは輝く砂浜が広く続き、モロキニ島Molokiniとカホオラウェ島Kahoolaweが正面にあり、サンセットを見るのに最高の場所である。リトル・ビーチLittle Beachは人里はなれた入り江といった感じで、マウイでもっとも人気のヌーディストビーチだ。

マケナ湾
Makena Bay

マケナの古いほうの側を見てみよう。マケナ・サーフ・コンド・コンプレックスMakena Surf condo complexを過ぎた所で、マケナ・ロードMakena Rdを右に曲がって1マイルほど(約1.6km)行くと、マケナ湾に出る。**マケナ・ランディング Makena Landing**は、地元の人々のレクリエーションエリアで、ボートの発着施設やシャワー、トイレがある。海が穏やかなときは、ランディング南側の岩場に沿った場所がシュノーケルに適している。

ランディングの南側に、**ケアワライ・コングレゲーショナル教会 Keawalai Congregational Church**がある。この教会は1832年の創設で、マウイの初期の伝道団の教会の1つである。現在の建物は1855年に建てられたもので、焼いたサンゴ岩でできている3フィート(約1 m)の厚さの壁がある。小さな教区だが、現在でも日曜の礼拝を行っている。ハワイ語と英語の両方で行なわれるミサは9:30から。教会の墓地からはすばらしいベイの眺めが見られ、古い墓石には写真入りのカメオがついたものもあり、興味深い。

教会を過ぎたらすぐ、マケナ・ロードは終わり、マウイ・プリンス・ホテルMaui Prince Hotelの海側は行き止まりになっている。トイレと駐車場がある。

マルアカ・ビーチ
Maluaka Beach

マケナ湾の南端はベージュ色の砂浜マルアカ・ビーチMaluaka Beachになっている。マウイ・プリンス・ホテルMaui Prince Hotelはこの砂浜に面して建っている。マルアカMaluakaはマケナ・ビーチMakena Beachとも呼ばれることが多いので、すぐ北にあるマケナ・ビーチ・パークMakena Beach Parkと間違わないように。

ビーチは、低い砂丘から続いていて、海底は中央部が砂地、両端部が岩場になっており、シュノーケルに適している。全体的にすてきな所だ。

ケアワライ・コングレゲーショナル教会の反対側に駐車して、そこからリゾートを通り抜けて歩いて行くか、もしくは、マケナ・アラヌイ・ロードMakena Alanui Rdをマウイ・プリンス・ホテルまで走って右側の最初の道を進み、ビーチの小さな駐車場まで行くかのどちらでもよい。そのビーチの小さな駐車場にはトイレもあるし、ビーチまでは舗装した小道がついている。

オネウリ(リトル・ブラック・サンド)ビーチ
Oneuli (Little Black Sand) Beach

マケナ・ロードは、マウイ・プリンス・ホテルの南側、プライベートヴィラを通り過ぎた所で曲がっている。海岸線の標識に注意し、轍のついた道を進むと、風の強い、雰囲気のあるごま塩色の砂浜に到着する。潮の流れが速いので、泳ぐには危険だが、波間に頭を出すカメたちに出合えるかもしれない。

マケナ湾-ラ・パルース州立公園(リトル・ビーチ、ビッグ・ビーチ)
Makena Bay - La Perouse State Park (Little Beach & Big Beach)

ビッグ・ビーチBig Beachは、ハワイのビーチと言えば誰もが思い描くような景色のよいビーチ。美しく、広々としていて、見わたす限り何も見えない。

1960年代後半、ここは新しいライフスタイルを求めてキャンプ生活をする場所だったので、「ヒッピー・ビーチ、Hippie Beach」というニックネームまでつけられていた。テント

の町は1972年まで続いたが、ついに警察が保健衛生法違反で全員を立ち退かせた。当時の狂気のルーツをたどれるお年寄りが、かなりの数この島に住んでいる。

　ビッグ・ビーチのハワイ名はオネロアで、「長い砂」という意味である。金色の砂が半マイル（約0.8km）以上続く。幅も同じくらいあり、ターコイズ色の海は澄んでいる。しかし、1歩海に出ると潮の流れは非常に速く、波が激しい間は高波のため危険である。キラーブレイク（激しい高波）は、上級のボディサーファーにしかおすすめできない。

　ビッグ・ビーチの第1駐車場へ行く小道は、マウイ・プリンス・ホテルを過ぎてちょうど1マイル（約1.6km）の所から入る。第2駐車場はそこからさらに南へ4分の1マイル（約0.4km）離れている。道路わきに駐車して、そこから歩いて入ることもできる。ビーチ奥にある茂みではキアヴェ（メスキートに似た木）のとげに注意すること。駐車場では盗難や窓を破る車上荒らしが頻繁に起こるので、地元の人たちには後者の選択をする人が多い。ビーチから少し離れた場所、ラ・ペローズ湾に向かって道路が狭くなる直前、屋台**マケナ・グリル Makena Grill**（日替わりメニュー＄6）の反対側に駐車するのがもっとも安全だろう。

　リトル・ビーチLittle Beachもプウ・オライ・ビーチPuu Olai Beachとして知られている。反対する古ぼけた看板や多くの逮捕者にもかかわらず、相変わらず人気のヌーディストビーチだ。看板には裸で日光浴をすると（実際違法行為である）、かなりの額の罰金が課せられる、と書かれてある。この「裸の」人々に関する騒ぎは、おそらくハワイの文化的な問題とはあまり関係がなく、むしろマウイでオープンに開かれるゲイの集会場の1つだという事実のほうがより関係あるように思われる。

　リトル・ビーチは砂浜の入り江に面している。たいてい穏やかな波があって、ボディサーフィンやブギーボードをする人々にとっては理想的な場所だ。波が穏やかなときには岩場沿いでシュノーケルが楽しめる。このポイントはプウ・オライから延びている岩が突出していて、見えにくくなっている。円錐形の火山であるプウ・オライは、ビッグ・ビーチの北端にある。岩場の小道が2つのビーチを結んでいて、徒歩で2、3分といった距離である。

　マケナ・ビーチ（リトル・ビーチとビッグ・ビーチをまとめてこう呼ぶ）は最近州の公園の指定を受けた。その結果、いずれはビーチの施設がさらに充実する可能性はあるが、今のところ、簡単なトイレとピクニックテーブルが2、3あるだけのこれまで通りの状態は変わっていない。

アクティビティ

マケナ・ノース・ゴルフ・コース
Makena North Golf Course
☎879-3344
🏠5415 Makena Alanui Dr
💳グリーンフィー・カートフィ＄140
チャンピオンシップコース級の手ごたえのあるラウンドが楽しめる。ワイレアのような権威あるコースというほどではない。

マケナ・テニス・クラブ
Makena Tennis Club
☎879-8777
🏠5414 Makena Alanui Dr
💳1コート1時間＄18〜22、レッスン＄20
前もって予約が必要。テニスにふさわしいものを着用。

宿泊・食事

デスティネーション・リゾート
Destination Resorts
☎891-6200、800-367-5246 📠874-3554
🌐www.drhmaui.com
🏠Unit B51, The Shops at Wailea
マケナ地域のコンドミニアムのレンタルを扱っている。

マウイ・プリンス・ホテル
Maui Prince Hotel
☎874-1111、800-321-6248 📠879-8763
🌐www.mauiprincehotel.com
🏠5400 Makena Alanui Dr
💳客室＄310〜460、スイート＄600〜
外から見ると要塞のようだが、インテリアは日本の繊細な美的感覚をうまく取り入れている。5階建てのホテルが庭園を取り囲むように建っている。この庭園には、滝、小川、コイのいる池、石庭がある。310部屋のすべてがパーシャルオーシャンビュー以上になっている。特別割引により、宿泊料金がよく割引されることがある。静かな贅沢を求めてるのなら、ここがおすすめだ。ここの**モロキニ・ラウンジ Molokini Lounge**では、カクテルを傾けながら、ハワイアンのライブ演奏を聴いたり、すばらしいサンセットを眺めたりできる。

箱根
Hakone
💳フルコースのディナー＄26〜45、月曜のビュッフェ 大人＄45 子供＄25
🕐月 18:00〜21:00、火〜土 18:00〜21:30
マウイ・プリンス・ホテル内。洗練された和風のレストラン。京都の高級料理と地元のハワイアンの雰囲気が楽しめる。ラクセン懐石（いろいろな味を少しずつ味わえるシェフおすすめコース）を緑茶のブリュレと一緒に味わってみるとよい。

行方不明になった探険家

1786年5月、有名なフランス人探検家ジャン・フランソア・ド・ギャルーブ・ラ・ペルースがマウイ島に西洋人として初めて上陸した。彼はフランスの啓蒙運動家だった。船には兵士、水夫、植物学者、天文学者、地理学者、動物学者、自然主義者、聖職者が乗っていた。

今日、彼の名を付けている湾に到着したとき、多くのハワイ人のカヌーが彼を出迎え歓迎し、交易を行った。その海の司令官は、ケオネオイオKeoneoioの周辺の4つの村を訪れ、この島の気候は「燃えるように暑い」と言ったものだった。

ハワイを離れたあと、ラ・ペローズは、不思議なことに太平洋上で忽然と姿を消した。誰も彼の運命を知っている者はいないが、彼と彼の乗組員はニューヘブリデスNew Hebridesの人食い人種に食べられてしまったと、考える歴史家もいる。

プリンス・コート
Prince Court
日曜ブランチ$40、ディナー$24～32
18:00～21:30、日曜ブランチ9:00、9:30、11:30、12:00

マウイ・プリンス・ホテル内。フォーマルなダイニングで、ハワイアンの郷土料理を出す。5種類のオニオンハーブを使ったビスクは、日曜のシャンパンブランチと同じくらいおいしい。

マケナからラ・ペルース湾へ
MAKENA TO LA PEROUSE BAY

マケナ・ロードはビッグ・ビーチを過ぎてからは狭くなってはいるが、舗装道路が3マイル（約5km）続いている。この道路は、アヒヒ-キナウ自然保護区Ahihi-Kinau Natural Area Reserveの中を通り、ラ・ペルース湾まで行って終点になる。狭く2車線なので、あまりスピードは出せない。この道路はマウイ島を周回し、カウポ・ギャップKaupo Gapやハナ Hanaまで行く道ではないので注意すること。カウポ・ギャップ、ハナに向かうには、カフルイ Kahuluiまで戻り、ハイウェイ37を走り、プカラニPukalaniを通り過ぎた所で、ピイラニ・ハイウェイの高地側に合流する（後出の「アップカントリー」の章参照）。

アヒヒ-キナウ自然保護区
Ahihi-Kinau Natural Area Reserve

岩だらけの2045エーカー（約8km²）の保護区内には、アヒヒ湾Ahihi Bayとケープ・キナウCape Kinauもある。マウイで溶岩が流出し、海に流れ込む途中で岬の大部分をつくったのは、少なくとも200年前のことだ。この保護区には、溶岩でできた潮溜まりや、海岸線に沿った溶岩洞やアア溶岩（ごつごつした溶岩の突出部）など、誰もが一度は見たがるようなものがすべてある。

この保護区独特の海洋生物の生息地や特異な地形として、アンチラインプール（陸封潮溜り）やキプカ（溶岩流に埋め残されて島のようになった場所）が挙げられる。釣り、動植物、溶岩を持ち帰ることは禁止されている。海岸線にあったハワイの村の遺跡がアヒヒ湾Ahihi Bayに残っている。流出溶岩と溶岩の間に建っているその古い場所は、壁で囲まれ、高台になっている。

道路わきに小さな**入り江**がある。保護区を案内する最初の標識から0.1マイル（約161m）の所にあり、シュノーケルができる。かなり岩がごつごつしているので、入るのには少し勇気がいるが、入り江の中には、サンゴや魚がいっぱいいる。保護区の南側の端にある標識から別のトレイルをマケナ・ステーブルズMakena Stablesの北へ0.2マイル（約322m）行くと、マカイ（海）側へ出る。海岸沿いに北方をみれば、シュノーケルに適した入り江が並んでいるのが目に入ってくる。

ラ・ペルース湾
La Perouse Bay

自然の驚異が作ったこの場所はまた、歴史の宝庫でもある。原始ハワイアンの村であるケオネオイオKeoneoioの、考古学上意味のある遺跡、主にハレと呼ばれる住居とヘイアウと呼ばれる高台などがこの溶岩の土地のあちらこちらに散らばっている。ボランティアがパトロールして、車上荒らしを防止し、訪れる人々の啓発にも当たっている。

日中には、ハシナガイルカが湾内に入ってきて休むので、岸から見ることができる（彼らは実際眠らず、休むだけなのだ）。カヤック、サーファー、ダイバーの上級者にとっては、この湾は手ごたえのある場所であるが、海の中はすばらしい。シュノーケルと遊泳に関しては沖への風が強すぎるので、無理である。

舗装道路はラ・ペルース湾の目の前で途切れている。4WDなら最後までずっと車で行くことも可能だが、そうでなければ舗装が途切れる**ラ・ペルース・モニュメントLa Perouse Monument**の所で駐車し、そこから海岸線まで歩いて行けばよい。マケナ・ステーブルズMakena Stables ☎879-0244 www.makenastables.com トレイルライド$120～195）は気さくな対応。火山帯の斜面の乗馬ツアーをガイドしてくれる。予約が必要。

ラ・パルース湾からキングズ・ハイウェイ（ホアピリ）コスタル・トレイル King's Hwy (Hoapili) Coastal Trailをそのまま歩いて行くこともできる。この大昔からある小道は、流出した溶岩の岩だらけの荒れた道を海岸線に沿って行くので、ハイキングブーツが必要。水がまったくなく草もほとんど生えていない乾燥地帯で、非常に暑くなる。

トレイルの最初の部分は、ラ・パルース湾にある砂浜を歩いて行く。溶岩の原野を過ぎたらスパートレイル（分かれ道）を進んでもよい。そこからケープ・ハナマニオアCape Hanamanioaの端の灯標まで4分の3マイル（約1.2km）。あるいは、内陸部をナ・アラ・ヘレNa Ala Heleの標識がある所まで歩き、右折しキングズ・ハイウェイに入ることもできる。そのアア溶岩の道を上ったり下ったりして2マイル（約3.2km）ほど行くと、カナイオ・ビーチKanaio Beachで、さらに古い溶岩流に続く海岸に出る。

イースト・マウイ
East Maui

ハナ・ハイウェイHana Hwyは古風な町パイアPaiaからオヘオ峡谷Oheo Gulchの池を越えてハナHanaの村まで続く有名な道路である。ハナを過ぎると、でこぼこで走りごたえのあるピイラニ・ハイウェイPiilani Hwyに変わる。荒涼とした火山の風景と孤独な海岸線、それからアップカントリーUpcountryに戻るという冒険的な道がカウポKaupoまで続く。

パイア
PAIA

パイアは新しいペンキで塗りかえられた、古いサトウキビの町だ。もともとはアレクサンダー・アンド・ボールドウィンのサトウキビ・プランテーションがあり、20世紀前半のパイアの人口は現在の3倍以上だった。当時は町の人口1万人のほとんどが製糖工場の奥に広がる涼しい傾斜地に建てられた農園宿舎に住んでいた。

1950年代になると多くの人が戦後の新しいビジネス・チャンスを求めて町をあとにし、カフルイKahuluiやオアフOahuへと流れていった。閉店が相次ぎ、パイアは衰退した。アクエリアス(1960年代の水瓶座)Aquariusの時代が明けると、ヒッピーたちが楽園を求めてここにやって来た。続いて1980年代にはウインドサーファーが近くのホオキパ・ビーチHookipa Beachに注目し始めた。パイアは今では「ウインドサーフィンのメッカ」と呼ばれ、かつてサトウキビ畑で働いていた労働者と同じくらいの数のウインドサーファーが世界中からやって来る。

古い木造の店先はローズピンクやサンシャイン・イエロー、スカイブルーといった明るい色調のペンキで彩られ、個性的な町づくりに一役買っている。折衷画のギャラリーやサーフショップ、食料雑貨店、各種おいしいレストランが並んでいる。

オリエンテーション・インフォメーション

ハナ・ハイウェイHana Hwy（ハイウェイ36）はパイア市街をまっすぐ通っている。ここはハナへ行くまでの本当に最後の町であり、ガソリンを給油する最後の場所だ。ボールドウィン・アベニューBaldwin Aveを経由して古いサトウキビ工場を通過し、アップカントリーへも行くことができる。町のあらゆるものが徒歩圏内にある。

ハワイ銀行 Bank of Hawaii（☎575-9511）35 Baldwin Ave 月～木 8:30～16:00、金 8:30～18:00）の支店と、郵便局 post office（☎579-8866）120 Baldwin Ave 月～金 8:30～16:30、土 10:30～12:30）がある。ミニット・ストップ・ガス・ステーション Minit Stop gas station（☎579-9227 ～23:00）にはATMがある。

絶対菜食主義者向けレストランVegan Restaurantのすぐ南にはコインランドリー coin laundry（Baldwin Ave）がある。マナ・フーズ Mana Foods（49 Baldwin Ave 8:30～20:30）には貸し部屋からウインドサーフィンやアシュタンガ・ヨガの教室まで、情報満載の掲示板がある。

スプレックルスビル・ビーチ
Spreckelsville Beach

カフルイ空港とパイアの中間にあるゴルフコースのそばのビーチ。溶岩層が砂岸を寄せ付けず、岩だらけの海岸が続いている。北海岸でもっとも風の強い場所の1つで、とりわけ夏はウインドサーフィンのビギナーにとって絶好のスポットとなる。

ビーチへはマウイ・カントリークラブMaui Country Clubの西に沿って続くノノヘ地区Nonohe Placeの海に向かって進む。突き当たりを右に曲がり、ブルーの海岸線進入路の標識を探してみて。

イースト・マウイ

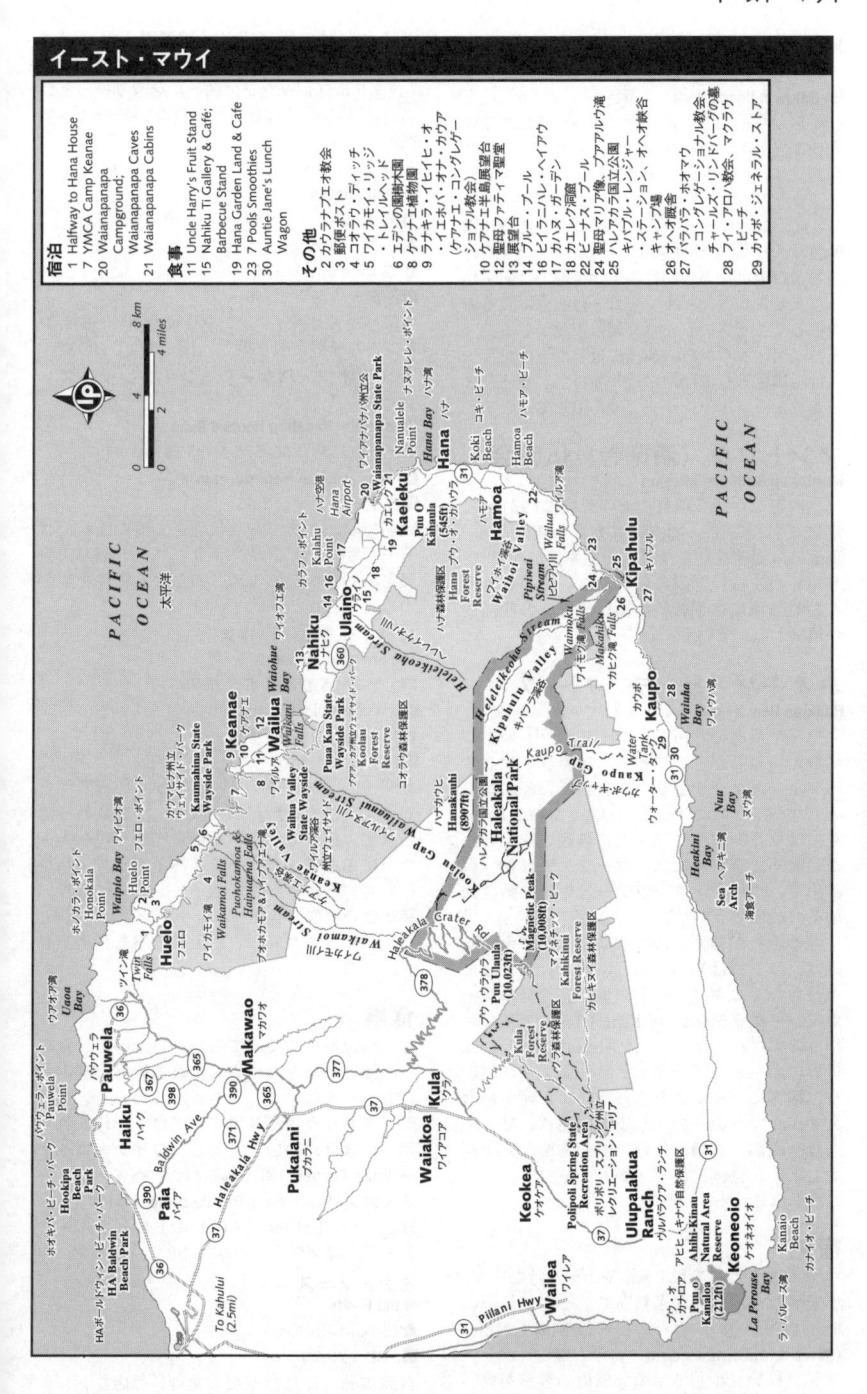

イースト・マウイ

宿泊
1 Halfway to Hana House
7 YMCA Camp Keanae
20 Waianapanapa Campground;
　Waianapanapa Caves
21 Waianapanapa Cabins

食事
11 Uncle Harry's Fruit Stand
15 Nahiku Ti Gallery & Café;
　Barbecue Stand
19 Hana Garden Land & Cafe
30 Auntie Jane's Lunch Wagon
? 7 Pools Smoothies

その他
2 カウラナオエ教会
3 郵便ポスト
4 コオラウ・ディッチ
5 ワイカモイ・リッジ・トレイルヘッド
6 エデンの園跡植物園
8 ケアナエ植物園
9 ラナキラ・イヒイヒ・オ・イエホバ・オナ・カウア（ケアナエ・コングリゲーショナル教会）
10 ケアナエ半島展望台
12 聖母ファティマ聖堂
13 展望台
14 ブルー・プール
16 ピイラニ・ハレ・ヘイアウ
17 カハヌ・ガーデン
18 カエレク洞窟
22 聖母マリア像、プアアルカ滝
24 ハレアカラ国立公園キャビン、ステーションズ、オヘオ渓谷キャンプ場
25 ?
26 オヘオ展望
27 パラパラ・ホオマウ・コングリゲーショナル教会、チャールズ・リンドバーグの墓
28 ピーデアロ教会、マウクラ
29 カウポ・ジェネラル・ストア

HAボールドウィン・ビーチ・パーク
HA Baldwin Beach Park

パイアから約1マイル（約1.6km）西にある大規模郡立公園。長い砂浜はボディサーフィンに最適。午後は風が強いが、午前中なら泳ぎやシュノーケリングも可能だろう。シャワーやトイレ、ピクニックテーブル、使いこまれた野球場やサッカー場などの施設がある。「反社会的行為および飲酒による品行不正は当地では前例がありません。6マイルマーカー分岐点に戻る道を探してください」という警告用語がある。

パイア・タウンPia townに近い沿岸のジョーズJawsは巨大な波がたつことで有名。サーファーをウェーブ・ランナーでけん引してくれる。

マントクジ（満徳寺）仏教会
Mantokuji Buddhist Mission

ハナの町なかから離れた海のそばに1921年に建立された寺で、境内には大きな鐘がある。正面には漢字を刻んだ墓石の並ぶ墓地があり、トロピカルな花が供えられたりしている。夏のお盆時期には宗教的な勤行や日本の盆踊りが恒例となっている。

ホオキパ・ビーチ・パーク
Hookipa Beach Park

マウイで最高のサーフィン・スポットの1つに数えられるが、ハワイで1番のウインドサーフィン・ビーチとしても有名だ。冬にはボードサーフィンにぴったりの大きな波がたち、夏にはウインドサーフィンに最適の安定した風が吹く。春と秋には、サーファーは朝、海に出て、ウインドサーファーは午後に動き始めるのが暗黙の了解となっている。

潮の流れが強く、波は危険なほどに大きく砕け、サンゴは剃刀のように鋭い。ここはまぎれもなくエキスパートの地だ。5月のダ・カイン・クラシックDa Kine Classicと秋の終わりのアロハ・クラシックAloha Classicには世界中のトップ・ウインドサーファーが集まり、観客にとってはたまらない。ホオキパは9マイルマーカーの少し手前にある。ビーチより一段高い見晴台に停めてある車の列を探すとよい。公園にはトイレとシャワー、ピクニックパビリオンがある。

宿泊

パイアにはユースホステルやホテルはないが、小規模な宿泊施設が多数ある。パイア周辺の掲示板や、マウイ・ニュースMaui News（W www.mauinews.com）コラム欄の「バケーションレンタル」で手頃な価格の客室を見つけることができる。ほとんどの代理店がパイア周辺とハイクHaikuのビーチ・コテージや貸し別荘、B＆B（ベッド＆ブレックファスト）を取り扱っている。多額の割増料金をとられない最低3日の宿泊をおすすめする。

ホオキパ・ヘブン
Hookipa Haven

☎579-8282、800-398-6284 ℻579-9953
W www.hookipa.com
🏠 62 Baldwin Ave #2A
🛏 客室・スタジオ$50〜

主にパイアとアップカントリーのバケーションレンタル施設を取り扱う。ドイツ語でもOK。

カメレオン・バケーション・レンタルズ・マウイ
Chameleon Vacation Rentals Maui

☎575-9933、866-575-9933 ℻340-8537
W www.donnachameleon.com
🛏 客室・コテージ＄65〜

親切でリーズナブルな代理店。海に面したコテージからパイアやハイク、ハナ方面の田舎風キャビンに至るまで、あらゆる物件を手配する。

スパイグラス・ハウス
The Spyglass House

☎579-8608 ℻800-475-6695
W www.spyglassmaui.com
🏠 367 Hana Hwy
🛏 客室＄90〜150

丸窓、ステンドグラス、気付かない程隅から隅まで凝った装飾が施された、一風変わった隠れ家。海のそばのハイウェイから奥へ入った所にある。元からあるスパイグラス・ハウスの客室のほうが庭に建っているものより内装が良い。宿泊者はハンモックやジャクジー、バーベキューグリル、ヨガの教室も利用できる。

食事

食べ物は例外なく何でもおいしいので、食事時にはこのあたりに立ち止まる絶好の理由となる。ハナには大したものがないので、この際ピクニック用品やテイクアウトを仕入れておいたほうがいい。ただし、**ワイン・コーナー Wine Corner**の隣にある**ハナ・ベイ・ジュース・カンパニー Hana Bay Juice Co**（🏠111 Hana Hwy, cnr Baldwin Ave）のトロピカル・スムージーはぜひ飲んでみてほしい。

マナ・フーズ
Mana Foods

🏠 49 Baldwin Ave
🕗 8:30〜20:30

自然食品にこだわった大型食料品店。ジュースやヨーグルト、ナッツ、グラノーラ、チー

パイア

食事	その他
2 Maui Grown Market	1 マウイ・クラフツ・ギルド
4 Wine Corner; Hana Bay Juice Co	3 シェブロン
5 Paia Fish Market Restaurant	7 ガソリンスタンド、ミニット・ストップ
6 Milagros	9 チャーリーズ
8 Jacques North Shore & Sushi	10 ヘンプ・ハウス
11 Picnics	12 ハワイ銀行
13 Café des Amis	14 マナ・フーズ
17 Moana Bakery & Café	15 サンセット・グルーブ
18 Vegan Restaurant	16 駐車場
	19 コインランドリー
	20 郵便局

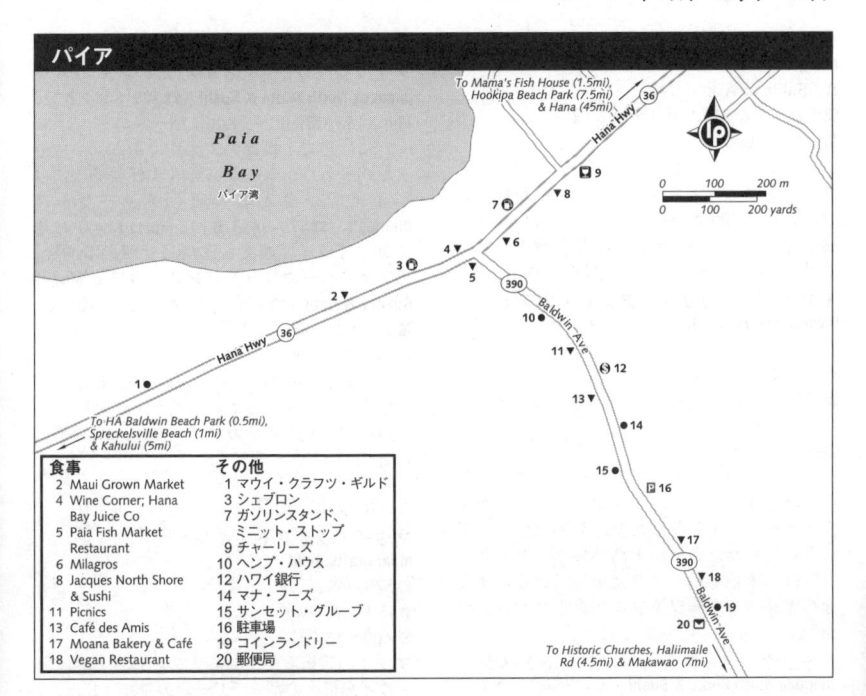

ズ、有機野菜を種類豊富に取り揃えている。焼きたてパンやサラダバーなど、手頃な価格のテイクアウト用の温かい品揃えもある。

マウイ・グロウン・マーケット
Maui Grown Market
🏠 93 Hana Hwy

🍴 ピクニックランチ＄8.50

ピクニックバスケットには信じられないようなすごい特典が付いている。クーラーとハナ・ハイウェイのドライブガイド用テープかCDを無料で貸し出してくれる。そして無料でコーヒーかパイナップルを付けてくれる。さらに（絶対に信じないと思うが）あらかじめ24時間前に電話しておけば、かわいらしくてきちんとしつけられた犬を旅の友に同伴させてくれる。

ピクニックス
Picnics
🏠 30 Baldwin Ave

🍴 1品＄5～8、ピクニックランチ＄8.50～13

🕐 7:00～19:00

有名なデリカテッセンの店。サンドイッチにはベジタリアン用においしいチェダーチーズ入りほうれん草ナッツバーガー（🍴＄5.75）もある。もちろん普通のメニューも豊富だ。農園風朝食や地元のプレートランチもお試しあれ。テイクアウトメニューの裏にはハナ・ハイウェイへの地図が載っているので、ボックスランチを買えば道がわかる。

カフェ・デ・エイミス
Café des Amis
🏠 42 Baldwin Ave

🍴 ブレックファスト・ランチ＄4～8、ディナー＄8～12

🕐 8:30～20:30

日当たりがよく、朝の立ち寄り場所にぴったりの店。特に野菜入りクレープかスイートクレープと濃いコーヒーがおいしい。

絶対菜食主義者向けレストラン
Vegan Restaurant
☎ 579-9144

🏠 115 Baldwin Ave

🍴 1品＄3.50～10

🕐 12:00～21:00

12席しかないので、早めに出かけたほうがよい。おいしいマッシュポテトやベーガン・バーガー、サラダの味は忘れられない。種類豊富なお茶やチョコレートケーキもすばらしい。

パイア・フィッシュ・マーケット・レストラン
Paia Fish Market Restaurant
🏠 2A Baldwin Ave, cnr Hana Hwy

🍴 食事＄5～15

🕐 11:00～21:30

カウンターの冷蔵ケースに魚を陳列している。陽気な地元の人たちが木のテーブルで食べる人気のメニューはフィッシュアンドチップス。

イースト・マウイ－パイアからハイウェイ360へ

ミラグロス
Milagros
- 3 Baldwin Ave
- ランチ＄6〜10、ディナー＄12〜
- 8:00〜22:00

フィッシュ・マーケットの向かい側の角にある。テキサス・メキシコ風カフェと新鮮でおいしい食べ物が人気。道行く人を眺めながら食事を楽しめる歩道のカフェだ。極上のサルサ付きフィッシュ・タコスがおすすめ。

モアナ・ベーカリー・アンド・カフェ
Moana Bakery & Cafe
- 579-9999
- 71 Baldwin Ave
- ブレックファスト・ランチ＄6〜10、ディナー＄8〜23
- 8:00〜21:00

シェフとフレンチ・ペストリーのマスターが共同経営するくつろぎのスポット。モロカイ産スイートポテトを添えた冷製アヒ（キハダマグロ）のたたきやハナ湾特製クラブ・ケーキには自家栽培ハーブを使用している。朝食なら麦芽ベルギーワッフルかグルメオムレツを選ぶとよい。

ジャック・ノースショア・アンド・スシ
Jacques North Shore & Sushi
- 579-8844
- 120 Hana Hwy
- ブレックファスト・ランチ＄5〜8、ディナー＄10〜25
- 8:00〜24:00、バーメニュー21:30〜

楽しいビストロの雰囲気が漂う。スウェーデン国王のパーソナル・シェフを務めたジャックがフレンチ風パシフィック地方料理を作る。地元の人に人気なのは、毎日日替わりのグリルド・フレッシュフィッシュとベジタリアン・バナナカレーだ。

ママズ・フィッシュ・ハウス
Mama's Fish House
- 579-8488
- 799 Poho Pl
- ディナー＄28〜35
- 11:00〜14:30、17:00〜21:30

ハナ・ハイウェイ沿いのクアウの入り江Kuau Coveにある。8マイルマーカーそばのパイア中心街から2マイル（約3.2km）東にある（左手の小山に釣り舟があるので探してみて）。地元で獲れたおいしい魚とココナツ林から海を見晴らす眺望が自慢。ほかにもルアウ・スタイルのセットメニュー、カルア・ポーク・サンドイッチ、マウイオニオンとコナ・ロブスター・スープなどがある。ディナーに比べて少し値段を抑えたランチもあるので、予約をすること。

エンターテインメント

ジャック・ノースショア・アンド・スシ Jacques North Shore & Sushi（☎579-8844 120 Hana Hwy 8:00〜24:00、バーメニュー21:30〜）には島で1番長いアメリカネムノキでできたバーカウンターがある。1杯やるのにはパイアで一番人気の店。チャーリーズ Charley's（☎579-9453 142 Hana Hwy）は週に数日はライブ演奏と深夜ピザがある酒場。モアナ・ベーカリー・アンド・カフェ Moana Bakery & Cafe（☎579-9999 71 Baldwin Ave 8:00〜21:00）では週末にジャズとフラメンコのライブがある。

アクションをもっと楽しみたい人には、マカワオMakawao（後出の「アップカントリー」の章を参照）にあるカサノバ Casanovaは最高の店だ。

ショッピング

マウイ・クラフト・ギルド
Maui Crafts Guild
- 579-9697
- 43 Hana Hwy
- 9:00〜18:00

マウイの芸術家や工芸職人の団体が運営するマウイ島最大のギャラリー。カフルイKahuluiから町に入り、道路のマカイ側にある。染布や木工品、陶芸、自然素材のバスケット、ビーズ細工など多数とり揃えている。最上階からは一面のサトウキビ畑を見わたすことができる。

ヘンプ・ハウス Hemp House（16 Baldwin Ave）とサンセット・グルーブ Sunset Groove（62 Baldwin Ave）はどちらも絞り染めTシャツで有名な店だ。

パイアからハイウェイ360へ
PAIA TO HIGHWAY 360

ホオキパ・ビーチを後にすると、サトウキビ畑の中にパイナップルの並木道が続いていく。

10マイルマーカーを過ぎるとマリコ湾Maliko Bayまでは短い下りの砂利道となる。ここには夏になるとダイバーも利用する小さなボート用スロープがある。

16マイルマーカーを過ぎた所でハイウェイ365が現われる。マカワオMakawaoやアップカントリーの別の町へ行くにはこの道を進む。ここでハナ・ハイウェイはハイウェイ36からハイウェイ360へと数字を変え、マイルマーカーも再びゼロに戻る。道は劇的に変化する。断崖を切り取るように進み、ハイウェイというより山道だ。ハナはすばらしい景観の35マイル（約56km）先にある。

ハナへの道
THE ROAD TO HANA

ハナ・ハイウェイ（ハイウェイ360）は絶壁を抱きかかえている。緑豊かな渓谷に入りこんでは岩だらけの海岸線の上に戻り、600以上のカーブを曲がっていく。1927年に囚人労働者が建設した、この風光明媚な海岸ドライブ道路は実に幅が狭い。滝が何十もあり、そこにかかる橋は1車線だけという所が多い。とても小さい滝で禅の雰囲気をかもし出すものもあれば、透き通ってのレースのように見える滝もある。ハナに通じる54の橋には、下を流れる小川や渓谷からとった54の詩的なハワイアンネームがついている。ヘブンリー・ミストHeavenly Mist（天国のような霧）、バーニング・スターBurning Star（燃える星）、リアウェイクニングReawakening（新しい目覚め）という具合だ。

渓谷には植物が生い茂っている。うっそうとした雨の多い森や竹林、シダに覆われた小山にアフリカン・チューリップ・ツリーがつややかなオレンジ色を添えている。道路はピイラニ王Chief Piilaniが建設を指揮し15世紀に完成した王の道の経路をたどって続いている。

カフルイからハナまではノンストップで運転して2時間くらい。猛スピードで疾走しなくてもだ。ハナに泊らない時には、丸1日楽しむために早く出発したほうがよい（さもなければ、1日中同じ旅行者団体の後をついて行くはめになるだろう）。探検する時間があれば、道路からほんの数分入っていくとハイキングにいい短い散策コースを見つけたり、小さな池で水浴びをしたり、史跡巡りもできる。

後続車が地元のドライバーの場合、車を寄せて止めたほうがよい。彼らには着かなければならない目的地があり、旅行者とは違うペースで行動しているのだから。

ツイン・フォールズ
Twin Falls

2マイルマーカーを過ぎて右手にある果物屋台のすぐそばに未舗装の待避場所がある。このフェンスからツイン・フォールズに続くゆるやかな散歩道が始まる。車を止める場所が見つけられなくても心配はいらない。さらに下っていけば、もっとすばらしい滝が幾つもある。

宿泊 ハイクの南東5マイル（約8km）の所にある**ハーフウェイ・トゥー・ハナ・ハウス** Halfway to Hana House ☎572-1176 572-3609 100 Waipio Rd www.maui.net/~gailp B&B（ベッド&ブレックファスト）ワンルーム型$85）はオーシャンビューの家で、ハーブガーデンや竹林、バナナの木、スイレンの池がある。スタジオには独立した入口とバスが付いていて、枕もとにはマカデミアチョコレートが置かれている。

ティー・ハウス
The Tea House
☎572-5610
www.mauiteahouse.com
PO Box 335, Haiku, HI 96708
1ベッドルームコテージS $105／W $120

海の近くにひっそりと建つ、サンフランシスコの禅寺の壁を再利用したアジアンスタイルの隠れ家。レッドウッドのあずまやにはフレッシュハーブのある小さなキッチン、テレビ、ビデオデッキ、露天風呂の設備があり、すべてソーラー発電を利用している。敷地には野生のジンジャーにバナナの木、バーベキューグリル、チベット式仏舎利塔もある。

マルヒア・ハレ
Maluhia Hale
☎572-2959
www.maui.net/~djg
PO Box 687, Haiku, HI 96708
スイートルーム$105／コテージ$115

風通しのよい農園スタイルの家。ハワイアンキルトと中国磁器が印象的なコテージで、天気が良ければ開放したままにできるベランダリビングがある。スイートルームとコテージには簡易キッチンとプライベートバスがある。

フエロ
Huelo

未舗装のフエロ・ロードHuelo Rdを進み、郵便ポストそばの3マイルマーカーを0.5マイル（約0.8km）過ぎた所に、サンゴと石で作られた歴史ある**カウラナプエオ教会 Kaulanapueo Church**（1853年）がある。おそらく閉鎖されているので、もし時間がなければここはパスしてもよいだろう。その先は門と塀で囲まれた家が建ち並び行き止まりになるため、ここからビーチへは抜けられない。

コオラウ森林保護区
Koolau Forest Reserve

フエロを後にしてハイウェイを進んで行くと、コオラウ森林保護区の尾根に沿って道は曲がりくねり、草木はうっそうと生い茂っていく。コオラウとは「風上」という意味で、ハレアカラHaleakaraの風下にあたり雨雲がかかるところだ。この地域の海岸には年間60～80インチ（約152～203cm）の雨が降るが、そこから数マイル山道を登ると驚くことに200～300イ

イースト・マウイ－ハナへの道

ンチ（508～762cm）の年間雨量がある。保護区は十分に植林され、たくさんの渓谷や川が流れている。ここからはカーブするたびに車1台しか通れない橋と滝が姿を現す。

ハイウェイから内陸へ通じる道路には未舗装のものも多いが、これらは**コオラウ・ディッチ Koolau Ditch**の保全道路で、ハイウェイと平行して走っている。100年続いたシステムは、1日に4億5000万ガロン（17億リットル）の水を75マイル（約121km）の水路とトンネルを経由して雨林から乾燥した中央の平野部へ運んでいる。もっと近づいてよく見たければ、8マイルマーカーを過ぎてすぐに現われる橋の手前の小さな待避所に車を止めてみるとよい。道路から100フィート（約30m）上っただけで水路の、手で削った石積みブロック部分を見つけることができる。

カイルア Kailuaの村を離れるにつれて丘の中腹にはノーフォークパイン Norfolk pineが多くなる。続いてオーストラリアから持ち込まれた虹色の葉を持つユーカリの林が現われる。それからずっと竹やぶが続く。

さらに走り、9マイルマーカーから0.5マイル（約0.8km）行くと、**ワイカモイ・リッジ・トレイル Waikamoi Ridge Trail**の下に車数台を駐車できる分岐点がある。このトレイルは、みずみずしい香りのする高い木立の中をのんびり歩いて30分で折り返し戻って来られる。「静かに。木は仕事中です」という看板が迎えてくれる。赤みがかった大きな木はユーカリ・ロブスタである。木にからみついたフィロデンドロンの巨大なつるを登ってみても楽しい。ギリシャ語で「恋人たちの木」という意味を持つ「フィロデンドロン」の語源の図解にぴったりのつるだ！時々は、靴底や小道に突き出している木の根から目を離して見てみよう。頂上の尾根からは曲がりくねるハナ・ハイウェイのすばらしい景色が見わたせる。

滝と庭園

10マイルマーカーの手前の橋にあるのは**ワイカモイの滝 Waikamoi Falls**だ。道路のそばに滝が1つと池が1つある。滝の上流までは近いので歩いて行くこともできるが、岩がすべりやすい。いずれにせよ、滝つぼのほうが美しい。

ワイカモイを越えると絶壁からほとんど水平に竹が生えていて、道路に屋根をかけたような効果を生んでいる。ワイアモアから0.5マイル（約0.8km）の所に**エデンの園樹木園 Garden of Eden Arboretum** ☎572-9899 ⌂10600 Hana Hwy 🕗 入場料＄5 ⏰ 8:30～14:30）がある。公認樹木医が指定する樹木園。旅行者目当てに多少割高であるが、緑豊かな自然の散歩道は入場料を払う価値があるという人は多い。

プオホカモア橋そばの11マイルマーカーから数分歩いた所に**プオホカモアの滝 Puohokamoa Falls**がある。小さいが別の意味で魅力のある滝だ。駐車場が広くピクニックテーブルが幾つか置かれているので、プオホカモアにはほかの滝より多くの旅行者が訪れる。

11マイルマーカーから0.5マイル（約0.8km）行った所に、小さくて穏やかな**ハイプアエナの滝 Haipuaena Falls**と十分に泳げる深さの、すてきな池がある。池は道路から見えないので、たいていの人はここに池があることを知らない。橋のハナ側には1～2台駐車できる広さがある。上流に向かって数分歩くと滝に出る。野生のジンジャーが小道に沿って生い茂り、滝の裏側の岩壁にはシダが垂れ下がっていて実に素朴で美しい光景だ。

12マイルマーカーから少し行った所に**カウマヒナ州立公園 Kaumahina State Wayside Park**があり、ピクニックテーブルとトイレがある。公園にある背の高いユーカリの木の下を2分歩いて丘を登ると、雄大な海が眼下に広がり、南東にはケアナエ半島 Keanae Peninsulaが見える。

さらに数マイル進むと風景はさらにすばらしさを増し、カーブを曲がるたびに新しい眺めが広がる。大雨の後にこの道を走ると、滝が豪快に山々に流れ落ちる景色を期待できる。

ホノマヌ湾
Honomanu Bay

14マイルマーカーの橋を渡った直後に**ホノマヌ湾**に下る道があるが、ここは目立たないでこぼこの未舗装道路だ。主にサーファーと釣り人がこの岩の多い黒砂のビーチを利用している。通常は泳ぐには波が高すぎるが、とても穏やかな日にはここでカヤックを楽しむことができる。

ケアナエ
Keanae

ケアナエはハナまでの中間に位置する。ハレアカラ火口 Haleakala Craterのコオラウ・ギャップ Koolau Gapから下にはケアナエ渓谷 Keanae Valleyが広がっている。渓谷の年間平均雨量は150インチ（1810mm）に達する。ハレアカラの後期噴火でコオラウ・ギャップからケアナエ渓谷に溶岩が流れ込んでケアナエ半島ができた。黒い溶岩でできた海岸で、半島の先端部あたりには今でも誕生の名残がある。海に浮かぶ木の葉のように平地になっている。

ケアナエ植物園 Keanae Arboretumは16マイルマーカーから0.75マイル（約1.2km）の所にあるが、手入れが行き届いておらず期待はずれ。植えられた熱帯植物の中には、色鮮やかなユーカリの木や金色の茎の竹が含まれている。短い

舗装した小道を進み、ヘリコニア、ティー、バナナ、グアバ、パンノキ、ジンジャーなど香りのよい植物の横を過ぎると、灌漑された畑に何十種類ものハワイアン・タロイモが植えられている。しかし、カラカラに乾いていることもしばしばだ。蚊の大群にとっては哀れな生活だ。

ケアナエ半島 Keanae Peninsulaへ下る道路はケアナエ植物園Keanae Arboretumを越えた所にある。ケアナエは子馬とヤギを遊牧している静かで小さな村だ。道路の終点にはギザギザにとがった岩だらけの海岸線と砕け散る波が見える。海岸を下に見下ろす岩の島はモクマナ・アイランド**Mokumana Island**で、海鳥の保護区域になっている。

ラナキラ・イヒイヒ・オ・イエホバ・オナ・カウア Lanakila Ihiihi o Iehova Ona Kaua（ケアナエ組合教会Keanae Congregational Church）は1860年に建てられた、古い石造りの魅力的な教会。0.5マイル（約0.8km）ほど下った所にある。溶岩の岩石とサンゴのモルタルで作られ、外壁には水しっくいを使用していない。小さな墓地には熱帯の花が咲き、ココナツのヤシの木も植えられている。

17マイルマーカーを過ぎた所に気付きにくい待避場所がある。ここからケアナエの村を眺めると、ケアナエ川の恵みを受けたタロイモ畑が整然と広がっているすてきな景色を見ることができる。津波スピーカーの下に郵便ポストがあるので探してみたら。待避所のすぐ手前に急勾配の古びた遊歩道があり**チングの池 Ching's Pond**に行くことができる。

宿泊 YMCAキャンプ・ケアナエ YMCA Camp Keanae（☎248-8355 ✉ymcacampkeanae@aol.com ⌂13375 Hana Hwy ⛺テントサイト・ドミトリーベッド＄15）は16マイルマーカーと17マイルマーカーの中間に位置しており、海岸を見下ろす小山にある。週末には団体でキャビンは満室になることもある。それ以外はたいてい個人の旅行者でもユースホステルスタイルのドミトリーを利用できる。キャビンには造り付けのベッドがあるが、自分の寝袋と食料、炊事用具を持参したほうがよい。キッチンは使えないがキャビンに簡単なアウトドア用グリルがある。事前の予約が必要で3泊まで。希望すれば、より快適な宿泊施設も利用できる。

ワイルア
Wailua

ケアナエ半島展望台Keanae Peninsula Lookoutからしばらく走ると、道沿いには**ドリンクや軽食を販売する果物の屋台 fruit stands**が何軒かある。**アンクル・ハリーズ Uncle Harry's**（スムージー＄5）は一番人気の果物屋台だ。ハワイアンの権利提唱者で、有名な「メレ・オ・カホオラウ、Mele o Kahoolawe」（カホオラウの歌）を書いた故ハリー・クニヒ・ミッチェルの家族が経営する。

アンクル・ハリーズを過ぎてワイルア・ロードWailua Rdを海のほうへ少し走った所に**聖母ファティマ聖堂 Our Lady of Fatima Shrine**がある。白とブルーの小さな教会は1860年に建てられた。別名をコーラル・ミラクル・チャーチ（サンゴの奇跡教会）という。突然の嵐で近くのビーチにサンゴが打ち寄せられ、そのサンゴを使って建築した。教会が完成すると別の嵐がビーチを襲い、大量に残っていたサンゴを全部海に持ち去ってしまった、という話しが残っている。現在は新たに大きな**聖ガブリエル教会 St Gabriel's Mission**を正面に建設し、集会に使用している。

そこから0.5マイル（約0.8km）行くとワイルア・ロードは行き止まりとなり、先へ進めない。私道は丸太で封鎖され、牛乳箱が邪魔で方向転換もできない。

ウェイサイド
Wayside

再びハナ・ハイウェイに戻り、19マイルマーカーを越えるとすぐ右手に**ワイルア渓谷展望台 Wailua Valley State Wayside**がある。何百もの陰影を帯びた緑豊かなケアナエ渓谷が一望できる。幾つもの滝が見え、晴れていればハレアカラ火口の縁にある裂け目、コオラウ・ギャップを見上げることができる。

右手にある階段を登ればワイルア半島がよく見えるが、0.25マイル（約400m）下った先にある舗装された大きな待避所からのほうがもっとよく見える。

22と23マイルマーカーの中間に**プアア・カア州立公園 Puaa Kaa State Wayside Park**がある。静かに流れる滝は、池に吸い込まれ、水は峡谷を伝い流れ落ちる。公園にはトイレ、公衆電話がある。川岸の木陰にはピクニックテーブルがあり、池では泳ぎも楽しめる。

ナヒク・ティー・ギャラリー・アンド・カフェ Nahiku Ti Gallery & Caféは29マイルマーカーの手前にある。おいしいコーヒーとサンドイッチを出してくれる。しかし、これは隣のバーベキュー・スタンドでカルアピッグのサンドイッチと新鮮なフライドフィッシュを買うために人々を立ち止まらせるため。おそらくハナで買うよりもこちらのほうがよいだろう。

ウライノ・ロード
Ulaino Road

非常に乾燥した時でも4WDでないとウライノ・ロードの全行程3マイル（約4.8km）を走

りきることはできないだろう。だが、たいていガーデンまでは行けるし、そこからブルー・プールBlue Poolまでの残りの道は歩いて行くことができる。

31マイルマーカーの待避所の向かい側には**ハナ・ガーデン・ランド・アンド・カフェ Hana Garden Land & Cafe**（☎248-7340 www.hanagardenland.com Kalo Rd）がある。5エーカー（約2ヘクタール）の敷地には125種類以上ものヤシの木とトロピカルフルーツの木があり、鯉の池と散歩道も作られている。メニューは地元産を強調。「限りなくハンバーガーからほど遠いもの」をモットーにしている。

カエレク洞窟 Kaeleku Caverns 1999年まではごみや1万7000ポンド（約7.8トン）もの牛の骨でいっぱいだった。今では古代の溶岩流出によって形成された溶岩洞の内部を歩くことができる（☎248-7308 www.mauicave.com 1時間ツアー＄29）。天候にかかわらずツアーを実施している。鍾乳石や石筍の繊細な生態系の中を案内。ガイドが「優しい洞窟探検」の方法を教えてくれる。懐中電灯からヘルメットまでさまざまな道具を用意している。予約をおすすめする。

カハヌ・ガーデン Kahanu Gardens カラフ・ポイントKalahu Pointにある**カハヌ・ガーデン**（☎248-8912 ガイドなしのツアー＄10 通常 月〜金 10:00〜14:00）は122エーカー（約50ヘクタール）の広さをもつ植物園。国立熱帯植物園の管轄になる。この非営利団体は、希少で薬効作用のある植物の普及と保護も行っている。カハヌ・ガーデンではポリネシアやミクロネシア、メラネシアの伝承民族植物を収集して公開。ここだけでククイとハラ（パンダヌス植物）、ハウやウル（パンノキ）品種の太平洋最大のコレクションを見ることができる。

カハヌの敷地にはハワイに現存する最大の神殿で驚異的な**ピイラニハレ・ヘイアウ Heiau**も建っている。石の土台の大きさはアメリカンフットボールの競技場2個分もある。14世紀にマウイを統治したピイラニ王が建設した。ピイラニ王はハナ地方に沿岸養魚池やタロイモの段々畑を数多く作り、その名を残している。

ガーデンはウライノ・ロードUlaino Rdに沿って約1.5マイル（約2.4km）続いている。入場規定は変更されることもあるため、開園時間を前もって電話で確認したい。

ブルー・プール ガーデンを過ぎるとすぐにウライノ・ロードはでこぼこ道になる。4WD車でなくては通れない2本の轍の所に、さらに大きなくぼみがある。激しい雨が降ったばかりのときにはとりわけ大変だ。最初の轍に入る前に道路わきの待避所に車を止め、海岸までの最後の1マイル（約1.6km）を歩いて行くというのが一番よい方法だとアドバイスしたい。

水辺にたどり着くと左に曲がる。5分ほど岩場に沿って進むと、地上の楽園が目の前にある（もちろん非常に乾燥していて、か細い水の流れしか見られない場合を除いての話だが）。

ワイアナパナパ州立公園

ワイアナパナパ州立公園に向かう道は32マイルマーカーを過ぎてすぐの所で、ハナ空港との分岐点から0.5マイル（約0.8km）南にある。T字路に来たら、州立公園の宿泊施設へ行く場合は右折。キャンプ場、ピクニックパビリオン、トイレ、屋外シャワー、噴水、ビーチ、洞窟、あるいはハイキング・トレイルを目指すなら左折する。

公園への道はパイロア湾Pailoa Bayの上の駐車場で終点となる。ここは景色がよく、低い岩の断崖が続く海岸線が見える。湾の右には自然にできた溶岩のアーチがある。駐車場の短い遊歩道を行くと小さな黒砂ビーチへ下りていく。遮るものがなく、たいていは強い大波がうち寄せている。波が穏やかなときには湾周辺でシュノーケリングをするのも楽しいと言われるが、ここで溺れた人もいるので十分に注意したい。

駐車場から周回遊歩道をちょうど5分歩くと、印象的な**鍾乳洞**の溶岩トンネルが2つある。洞窟の外側はシダに覆われ、インパチェンスの花が咲いている。内側は水がポタポタと落ち、ひんやりとしている。ワイアナパナパとは「きらめく水」という意味。洞窟の小さな池の水を手ですくい取ってみると、透明なミネラルウォーターはその通りにぴかぴかできれいだ。

1年のうち何回かの夜には洞窟の水が赤に変わる。その昔、ここで一緒に隠れていた王女とその恋人を嫉妬深い夫が発見、激怒して2人を殺害した。これはその2人の血だという伝説がある。ロマンチックでない人は、オパエウラと呼ばれる真っ赤な小エビの大群が溶岩の隠れた割れ目から現われる現象だと考えている。

海岸沿いのトレイル coastal trailはキングス・ハイウェイKing's Hwyに平行している。公園から約2マイル（約3.2km）南にあるカイナリム湾Kainalimu Bayへと続く。この湾はハナ湾のちょうど北にある。溶岩で作られたすべすべの当時の階段の石の一部は今もなお、そのまま同じ場所に残っている。ごつごつした溶岩の崖の下にコバルトブルーの海が果てしなく広がるというすばらしい海岸の景色だ。

トレイル沿いに咲く花はハラとナウパカが大半だ。ナウパカは繊細な白い花で、半分にちぎられたように見える。

公園のキャビンを過ぎて0.75マイル（約1.2km）歩いて**寺院の遺跡heiau ruins**にたどり着く前に、トレイルは潮吹き穴の横を通り、橋を渡る。そこも過ぎると小さな釣り小屋がある。トレイルが終わると、その先にはアア溶岩とパホエホエ溶岩の海岸が続く。大きな岩がごろごろしているカイナリム湾Kainalimu Bayにたどり着くとそこからハナの中心街まで1マイル（約1.6km）ほどだ。

ハナ
HANA

ハナの町はカフルイKahuluiから54の橋とほぼ同じ数だけのマイル数（約87km）により切り離されて孤立していることもあり、努めて開発をしてこなかった。町はハレアカラHaleakalaの雨の多い斜面に位置し、緑の牧草地と起伏に富んだ海岸線に囲まれている。その昔ハナはマウイ島の中でももっとも多くの人が集まる王国の中心地の１つであった。車などの往来はあるが、訪れる人の中で滞在する数はあまり多くない。

立派なハナ・ハイウェイHana Hwyで訪れる目的地としてはそれほどすごいというわけではないため、何かすばらしいことを期待して行った人はたいていがっかりする。町自体は質素で落ち着いている。ハナを特別な場所とするものが何であるか、ここに滞在する人にとってはもっとはっきりしている。ここには時代を超越した田舎の雰囲気があり、いささか使い古された陳腐な言葉ではあるが、「古き良きハワイ」を思い起こさせてくれるのがハナなのだ。

ハナの人々は自分たちの伝統的な生き方を守り続けており、州内でもっともハワイらしいコミュニティーが幾つかある。1900人の住民の多くがハワイ人の血統を継いでおり、オハナ（大家族）意識が強い。このあたりに滞在すれば「アンティー」（おば）とか「アンクル」（おじ）といった言葉をよく耳にすることだろう。

歴史

1849年にジョージ・ウィルフォングという名の捕鯨者がサトウキビ畑にするため60エーカー（約24ヘクタール）の土地を買い、土地の景観を変えて新世紀を迎えた。伝説によると、彼は予備の鯨油用の壷と牛を何頭か使ってサトウキビの汁を絞ったということだ。しかし、始めたばかりで未熟な彼の農園で喜んで働いてくれるハワイ原住民はそれほどいなかった。

海外から安い労働力を導入することができるようになった1850年の労働者移入に関する法令により、初めて２人のデンマーク人が近くでプランテーション経営を成功させた。中国人、日本人、ポルトガル人などの労働者が新しいサトウキビ畑で働くために連れて来られ、ハナはプランテーションの町として活気づいていった。狭軌鉄道が畑とハナ圧搾所Hana Millを結んだ。1940年代になると、ハナはマウイ島の中心地にある製糖業には太刀打ちできなくなり、圧搾所は廃業した。

サンフランシスコの実業家、ポール・フェイガンを忘れてはならない。フェイガンはモロカイ島のプウ・オ・ホクランチPuu O Hoku Ranchのオーナーだった。1943年にハナに１万4000エーカー（約5700ヘクタール）の土地を購入。ヘレフォード種の肉牛300頭から始めたフェイガンはサトウキビ畑を牧場へと変えていった。それから数年後に保養地としてカウイキ・インKauiki Innと呼ばれる６室のホテルをオープンさせ、所有するマイナーリーグのチーム、サンフランシスコ・シールズSan Francisco Sealsの春のキャンプ地とした。伝えられるところでは、このとき町にやってきたスポーツジャーナリストたちが「天国のようなハナ」と呼び習わしたとのことである。

地理的にも経済的にもハナランチHana Ranchとホテルは町の中心となった。今でもハナランチには数千頭の牛がおり、パニオロ（ハワイ人のカウボーイ）に飼育されている。牛はオアフ島の家畜一時置き場に行く準備ができると、ハナ・ハイウェイをはるばるカフルイ港Kafului Harborまでトラックで連れて行かれる。キャロル・バーネットやクリス・クリストファーソンのような有名人の小さなコミュニティーも以前からハナ地区に家を持っている。

インフォメーション

ハナランチセンターHana Ranch Centerは町の商業センターである。**郵便局**（◪月〜金 8:00〜16:30）や**ハワイ銀行**の出張所（☎248-8015 ◪月〜木 15:00〜16:30、金15:00〜18:00)、食料品や雑貨、アルコール類などを売っている**ハナ・ランチ・ストア Hana Ranch Store**（◪7:00〜19:00）がある。ハセガワ・ジェネラル・ストアHasegawa General StoreにはATMが設置されている。郵便局の外にはコミュニティーの掲示板があり、食料品店が２軒ある。

ハナでは夜が早い。もし帰りが遅くなるようなら、前もってガソリンを入れておくこと。町で一番遅くまで開いている**シェブロン・ガソリンスタンド Chevron station**でも、たいていは18:00には閉まる（日曜日は17:30まで）。

ハナ

To Heavenly Hana Inn, Waianapanapa State Park (1.5mi), Hana Airport (2mi) & Paia (45mi)

To Waianapanapa (1mi)

Kawalopa Gulch / カワイロパ渓谷
Kainalimu Cove / カイナリム・コープ
Nanuelele Point / ナヌアレレ・ポイント
King's Hwy Coastal Trail
Uakea Rd
Waikoloa Rd
Hana Hwy
Puu O Kahaula (545ft) / プウ・オ・カハウラ
Waikoloa Beach / ワイコロア・ビーチ
Hana Bay / ハナ湾
Puukii Island / プウキイ島
Keanini Dr
Keawa Pl
Hana-Town-Rd
Hana Beach Park / ハナ・ビーチ・パーク
Kauiki Head (386ft) / カウイキ・ヘッド
Parking
Haouli St
Kaihalulu (Red Sand) Beach / カイハルル（レッド・サンド）
Mill Pl
Kaihalulu Bay / カイハルル湾
Hana Ranch Center / ハナ・ランチ中心
Hana Hwy
PACIFIC OCEAN
To Hamoa Beach (2mi), Oheo Gulch (10mi), Kipahulu (11mi) & Kaupo (17mi)

宿泊＆食事
- 3 Hana Hale Malamalama (The Bamboo Inn)
- 5 Joe's Place
- 6 Aloha Cottages
- 7 Tutu's
- 11 Hotel Hana-Maui; Paniolo Bar; Hana Coast Gallery
- 19 Hana Ranch Restaurant

その他
- 1 ハナ・メディカル・センター
- 2 警察署
- 4 ハナ文化センター
- 8 カアフマヌ女王銘板
- 9 灯標
- 10 ポール・フェイガン記念碑
- 12 ハナ・ボール・パーク、テニスコート
- 13 ハナ・コミュニティー・センター
- 14 ワナナルア・コングレゲーショナル教会
- 15 ハナ・ランチ・ストア
- 16 郵便局
- 17 ハワイ銀行
- 18 ハセガワ・ジェネラル・ストア
- 20 シェブロン・ガソリンスタンド

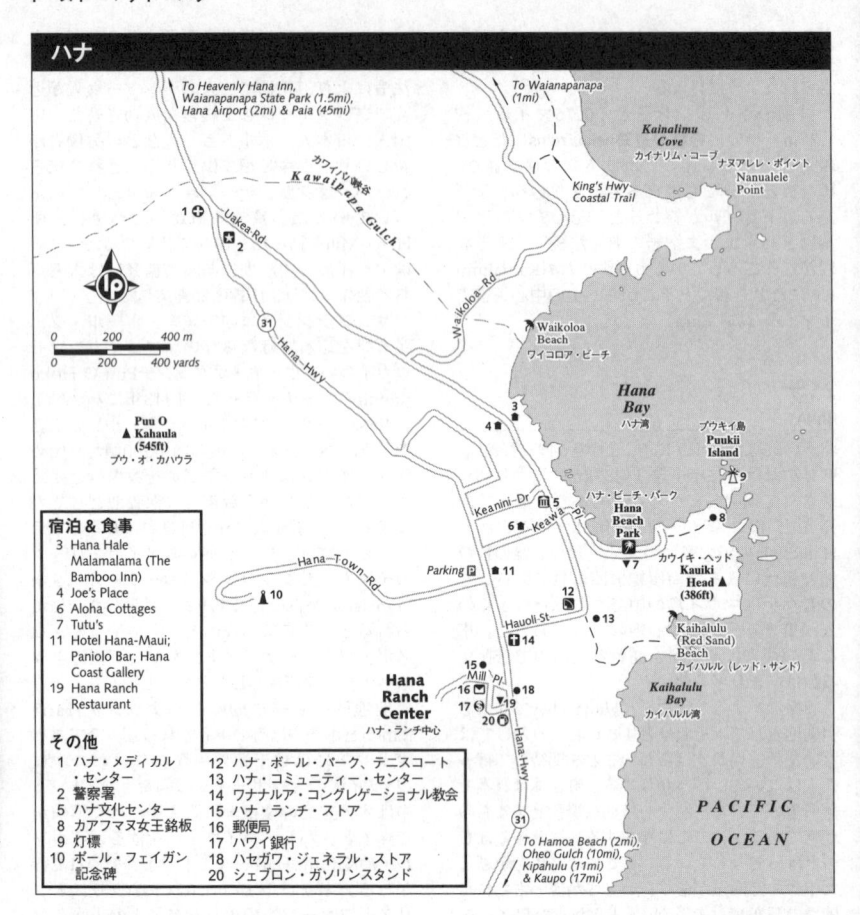

観光スポットと楽しみ方

1910年に建てられた**ハセガワ・ジェネラル・ストア Hasegawa General Store**（☎248-8231 ✆5165 Hana Hwy ◎月～土 7:00～19:00、日 8:00～18:00）の古い店舗は、1990年の火事で焼け落ちてしまった。店は閉店後まもなく、町の中心にあった古い映画館の錆びたトタン屋根の下で再開された。店が種類豊富な品揃えになっていくのにつれ昔の面影が失われていくのは仕方のないことだが、今もなお、袋詰めのタロイモからハワイアン人形、釣具、店を有名にしたコマーシャルソングのレコードなど、ありとあらゆる商品でごった返している。

地域自治団体により運営されている**ハナ文化センター Hana Cultural Center**（☎248-8622 ⓦwww.hookele.com/hccm ￥$2 ◎10:00～16:00）は、ハナのルーツを知るには良い場所だ。小さな博物館にはキルト、ハワイの工芸品、木彫品、古い写真や、昔ハワイの村で発見され復元された草葺きのハレの見本が2棟展示されている。

同じ敷地には1871年に建てられた、ベンチが3つしかない古びたハナ地区警察署兼裁判所がある。博物館のように見えるが、裁判所は今でも月に2、3回使われている。その日には裁判官が現われて交通違反などの小さな事件の証言を聞き、ハナの住民がワイルク Wailukuの町まではるばる車で行く手間を省いてくれている。

ポール・フェイガンの死後、家族が1960年にライアンの丘Lyon's Hillに**記念碑 memorial**を建てた。この丘はフェイガンが夕日を見るのにとても気に入っていた場所だ。丘の上の巨大な十字架は今ではハナで一番の目印だ。ライアンの丘に登る小道がホテル・ハナ・マウイHotel Hana-Mauiの向かい側から出ている。

ワナナルアコングレゲーショナル・チャーチ Wananalua Congregational Churchは米国公認の史

跡にも登録され、古いノルマン風の教会のように見える。1838年に建立され火山岩とサンゴのモルタルの厚い壁で覆われている。もともとあった会衆派の草葺きの教会を建て替えたものである。教会の横には小さな墓地があり、墓が列というよりは不規則に並んでいる。ハナの人たちは死後でさえ堅苦しいのは嫌なようだ。

野球場には公営の**テニスコート**がある。そのほかのレクリエーションはホテル・ハナ・マウイを通じて手配してもらえる。月～土曜日までなら海岸や丘で1時間のガイド付き乗馬（＄35）もできる。ホテルにある**ハナ・コースト・ギャラリー Hana Coast Gallery**で時間を過ごすのもいい。

ハナ・ビーチ・パーク
Hana Beach Park

ハナ湾の南端にある黒砂のこのビーチにはスナックバー、シャワー、トイレ、ボートの小係留所やピクニックテーブルがある。ハナの人たちは時々思い立ってはここにギターやウクレレとビールを持って来て、即席のイブニングパーティーを開く。

海がとても穏やかであれば、灯台の方でシュノーケリングやダイビングをするのもいいだろう。潮の流れが強いこともあり、シュノーケリングをする人は灯台より沖に行かないほうがいい。サーファーは湾の北端にある**ワイコロア・ビーチ Waikoloa Beach**に向かう。

カウイキ・ヘッド Kauiki Headはハナ湾の南側にある386フィート（約118m）の噴石による丘で、その昔砦があった場所だ。伝説ではマウイの神の宿る場所であるともいわれている。1780年にマウイの酋長カヘキリKahekiliがハワイ島Big Islandの酋長の侵略を首尾よくここで退けた。灯台のある岬の突端の小島が**プウキイ Puukii**で、「神の像の丘」という意味である。この名前は16世紀にウミ大王が侵略者を近づけないようにするために巨大な神の像をここに建てたことに由来する。

カメハメハ大王の寵愛を受けた妃でハワイ史上最強の女性の1人でもあるカアフマヌ王妃は、1768年にここにある洞窟で生まれた。ハナ・ビーチ・パークの波止場の横から小さな赤砂のビーチを通り、王妃の生誕地であることを示す案内板へと登っていく**トレイル（小道）**は足元が崩れやすく急だ。

カイハルル（レッド・サンド）・ビーチ
Kaihalulu (Red Sand) Brach

カウイキ・ヘッドの南側にあるこのビーチは裸で日光浴をする人たちにとても愛されている。ここは赤い噴石でできた丘から流れ出た砂とトルコブルーの海がとても美しい小さな入り江だ。入り江は一部露出した溶岩に囲まれているが、波が高いときは潮の流れが危険なこともある。潮の流れは左側の裂け目を通って流れ込むので、ここに近づいてはいけない。穏やかな海を見るのに一番いいのは午前中だ。

ビーチに行く小道は野球場の向こうのウアケア・ロードUakea Rdの突き当たりにある。道はハナ・コミュニティー・センターHana Community Centerの下の芝生を横切ったところから始まり、そこから10分ほど急な坂を下るとビーチに着く。好奇心の強い人はこの道に沿って草に覆われた興味深い日本人墓地（サトウキビ時代の名残）を見に行くこともできる。

宿泊

ハナのちょうど北にあるワイアナパナパ州立公園Waianapanapa State Parkとハナから約10マイル（約16km）南、キパフルKipahuluの近くにあるオヘオ峡谷Oheo Gulchにキャビンやテント用のキャンプ場がある。オヘオでキャンプをするならハナで食料や水を準備しておく必要がある。

町のほとんどの宿泊施設が最低2泊以上からとなっている。

ジョーズ・プレース
Joe's Place

☎248-7033
Ⓦwww.joesrentals.com
🏠Uakea Rd
💰客室バス付き＄55 バスなし＄45

ごく普通の部屋で、数は少ないが清潔で快適だ。シングルベッドが2台ある部屋がほとんどだが、ダブルベッドの部屋も少しある。宿泊客は共同のキッチン、バーベキューグリル、TVルームを使用することができる。

アロハ・コテージ
Aloha Cottages

☎248-8420
🏠Keawa Pl
💰ワンルーム型＄62～、2ベッドルームコテージ＄85

ホテル・ハナ・マウイの近くにあり、ナカムラ一家により経営されている。ワンルーム型にはツインベッドとホットプレート、トースター、冷蔵庫が備え付けてある。これより広いコテージにはフルキッチンが付いていて、クイーンサイズベッド1台とツインベッドが2セットある。どのユニットもすっきりした造りで、電話は付いていないがメッセージは伝えてくれる。

ツリー・ハウス・オブ・ハナ・マウイ
Tree Houses of Hana, Maui

☎248-7241

e hanalani@maui.net
PO Box 389, Hana, HI 96713
B&B 客室＄55 ツリーハウス＄95

ここは正真正銘の自然志向だ。密林の奥深くにあるため、電気も水道もきていない。その代わりツリーハウス（樹上の家）にはティキ（ポリネシアの神）のトーチ、湯が出るシャワーのついた竹の小屋（トイレ）、ハンモック、キャンプスタイルのキッチンが付いている。海が望める客室はそれほど冒険好きでない人向きだ。

ハナ・ハレ・マラマラマ（バンブー・イン）
Hana Hale Malamalama (The Bamboo Inn)
248-7718
www.hanahale.com
Uakea Rd
ツリーハウスコテージ＄160、バンブー・インワンルーム型＄140、キッチン付きヴィラ＄185

中心に養魚池を配し、自然を模したビレッジは戸外のシャワーに至るまで竹の素材を十分に活用した造りとなっている。本館のスイートルーム（バンブー・インThe Bamboo Innと呼ばれている）やツリーハウスコテージはすべてプライベートジャクジー付き。海が望め、いつも静かだ。

ヘブンリー・ハナ・イン
Heavenly Hana Inn
248-8442
www.heavenlyhanainn.com
Uakea Rd
客室　1ベッドルーム＄200、2ベッドルーム・スイート＄250

町に入る道の途中にあり、ランドマークとなっている伝統的和風旅館である。33マイルマーカーから戻った所にある。庭から障子、茶室に至るまで細かい配慮が施してあり、完璧だ。それぞれ独立したスイートルームは大変趣味が良い。豪華な朝食は1週間前から予約しておくこと。

ホテル・ハナ・マウイ
Hotel Hana-Maui
248-8211、800-321-4262　248-7202
www.hotelhanamaui.com
Hana Hwy
客室＄235〜275、コテージ＄235〜655

決して目立つわけではなく、むしろサトウキビ畑の邸宅にも似ているが、ここはマウイ島の中でも高級リゾートホテルの1つである。何もかもが広々としてゆったりしている。地元の美術品からキルトのベッドカバーまで、すべてハワイらしさがある。ほとんどの客室は一列に並ぶ1階建てのコテージにあり、白木の硬材を使った床、タイルのバス、格子の付いたパティオに向かって開いているフランス風ドアがあり、プライベートガーデンの向こうに広がる景色が楽しめる。安いパック料金が設定されているか尋ねてみよう。

ハナ地区にはコテージや家を扱うバケーションレンタル代理店が2軒ある。質・メンテナンスの面で大きな違いが生じることもあるので、予約金を払う前にはっきりと詳細を聞いておこう。

ハナ・アリイ・ホリデーズ
Hana Alii Holidays
248-7742、800-548-0478　248-8595
hanaalii.com
PO Box 536, Hana, HI 96713

10数軒以上の個人の家、アパート、コテージを管理している。料金はコンドミニアムのワンルーム型＄60から浜辺に面した豪華なコテージ＄295まで幅広い。

ハナ・プランテーション・ハウジズ
Hana Plantation Houses
248-7868、800-228-4262　248-8240
www.hana-maui.com
ハウス＄72〜

緑の美しいハナの海岸沿いに調理設備の付いた10数軒の家を貸している。安いものは能率的なキッチンの付いた和風のワンルーム型から、高いものは庭付き2ベッドルームコテージまである。

食事

ハナの食料品店にはあまり種類が置いていないので、しばらく滞在するつもりなら、カフルイかパイアで食料品を買って行こう。

予算にゆとりがなければ、ハナ・ランチ・レストランHana Ranch Restaurantはあきらめて、**トゥトゥズ Tutu's**（1品＄5未満　通常月〜木 8:00〜16:00）に行こう。ハナ・ビーチ・パークHana Beach Parkにあるハワイ風ファーストフードグリルの店。湾沿いにテーブルを置いている。

ホテル・ハナ・マウイ　Hotel Hana-Maui（248-8211、800-321-4262　248-7202 www.hotelhanamaui.com　Hana Hwy　ブレックファスト・ランチ＄5〜16.50、ディナー＄25〜　7:30〜10:30、11:00〜14:30、18:15〜21:00）には、海が望めるラナイ付き牧場スタイルのダイニングルームがある。せっかくのすばらしいハワイ独特の料理も量が少なく値段が高いのでがっかりするかもしれないが、アロハのムードがいっぱいでそんなことも忘れてしまうはず。

エンターテインメント

ホテル・ハナ・マウイの**パニオロ・バー Paniolo Bar**ではハワイアンミュージックを木〜日曜

の18:30～21:00に演奏している（入場無料）。レストランでは木曜と土曜の19:30から地元の家族によるフラダンスのショーを行っている。

ハナからキパフルへ
HANA TO KIPAHULU

道路はハナからハレアカラ国立公園Haleakala National Park南端のオヘオ峡谷を通ってキパフルへと続いている。この信じられないほど延々と続く豊かな緑のコースは、おそらくパイアからの行程の中で最も美しいだろう。ここには、日帰り客以外ほかに誰もいないからだ。

ハナからオヘオまで、道は狭く曲がりくねっている。ヘアピンカーブの連続、1車線しかない橋、ドライバーが全景を捕らえるために、10マイル（約16km）を低速で進むことになる（少なくとも45分間はかかると見ておくこと）。

ハネオオ・ロード Haneoo Rdの曲がり道を1.5マイル（約2.4km）ほど迂回すると、さらに海岸の景色を楽しめる。この道は幾つかのビーチを通り、海岸線の古い養魚池を通っている。出口は50マイルの標識の手前だ。**コキ・ビーチ Koki Beach**は曲がり道のスタート地点から0.5マイル（約0.8km）弱の赤い噴石の丘のふもとにある。冬になるとコキ・ビーチの砂は洗い流され、あとは岩の多い海岸となる。海岸線をよく知っている地元のサーファーはたまにサーフィンをすることもあるが、岩が多く潮流が強いので地元以外のサーファーにとっては危険だ。上に数本のココナツの木が生えている沖合いの岩は**アラウ島 Alau Island**で海鳥の楽園だ。真偽のほどはわからないが、その木はハナの住民が島で魚釣りをするときにココナツの果汁が飲めるようにと植えたということだ。

少し行ったところに灰色の砂のすてきな**ハモア・ビーチ Hamoa Beach**がある。ここはホテル・ハナ・マウイが使用するが誰でも入れる。ジェームズ・ミッチェナーはかつてハモア・ビーチは北太平洋で唯一、まるで南太平洋に属しているかのように見えるビーチだと言った。波が高いと速い流れに気をつけなくてはならないが、サーフィンやボディサーフィンには好都合だ。海が穏やかなときには入り江で泳ぐのも悪くない。一般の出入り口はホテルのバス停の下の階段を下りた所にある。戸外シャワーとトイレがある。

ハイウェイに戻り48マイルマーカーを過ぎたあたりの橋のそばに車を停めてゲートの中に入ってみよう。小川に沿って古い小道をたどって行くと海に出る。5分も歩けばすてきで穏やかな**ビーナス・プール Venus Pool**に着く。ここは露出した溶岩により荒い波から守られている。

さらに南に行くと崖から流れ落ちる滝や、岩に生えているラン、たくさんのパンの木やココナツの木を見ることができる。**パイヒの滝 Paihi Falls**はオヘオの3マイル（約4.8km）手前の45マイルマーカーの所にある。100フィート（約30m）の落差があり道路からでも見えるので、特に人目を引く。43マイルマーカーを過ぎた**プアアルウの滝 Puaaluu Falls**の道路のマカイ（海）側にある岩の上に聖母マリア像がひっそりと立っている。2つの滝の間にヒッピースタイルの**セブン・プールズ・スムージーズ 7 Pools Smoothies**がある。

オヘオ峡谷
Oheo Gulch

オヘオ川Oheo Streamはオヘオ峡谷を通り、次々と下へ落ちていく一連の美しい滝と広い池へと注ぎ込んでいる。それほど昔のことではないが、オヘオ峡谷は観光事業促進計画の中で「聖なる7つの池」と呼ばれていた。実際には海辺からワイモクの滝Waimoku Fallsまでは24の池があるが、それらは神聖であったことはない。日が照っているときには池は泳ぐのに格好の深みとなる。2マイル（約3.2km）の道が川床まで続いている。

かつてオヘオ地域の広い範囲にハワイ人の大きな移住があり、考古学者は700件以上の石の建造物の遺跡を確認している。昔の住人はタロイモやサツマイモを斜面の畑で栽培した。

ハレアカラ国立公園Haleakala National Park（キパフル区域Kipahulu section）の明文化された趣旨の1つに、オヘオ地域を「伝統的ハワイ式農業とホノナメアhononameaを保護するために」管理するというものがある。ホノナメアとはハワイ語で気楽に穏やかに楽しく時を過ごすという意味だ。公園の入場料は無料で、24時間開いている。

公園の**レンジャーステーション ranger station**（☎248-7375 ◎9:00～17:00）には不定期のハワイ文化講習会や毎日9:00からレンジャーに案内されて歩く竹林散策などのプログラムがある。ワイモクの滝へ行く3時間のガイド付きハイキングは、天候が許す限り4人以上の参加者でたいてい土曜の9:30から行なわれる。トイレはビジター用駐車場のそばにあるが、飲料水や食品、ガソリンはない。

ロワー・プール Lower Pools　クロア・ポイント・トレイル Kuloa Point Trailはオヘオ峡谷の駐車場から下の池まで下り、途中の案内板を通り過ぎてまた戻って来るという20分の道のりだ。このトレイルの始点近くにレンジャー

ステーションがある。道がピピワイ・トレイルPipiwai Trailと交差している所では、右に進もう。数分下ると、ハナの海岸の美しい景色を見下す、草に覆われ広々した小高い場所に出る。晴れた日にはアレヌイハハ海峡Alenuihaha Channelを越えて30マイル（約48km）先にハワイ島が見える。

トレイルに沿ってある真水の大きな池は次々と段になっており、ゆるやかな滝のように続いている。池の水は冷たいがたいてい穏やかで、泳ぐにはもってこいだ。橋の下にある2番目に大きい池は人気がある。激しい雨が降って池の水位が高くなりすぎると池は閉鎖され、表示が出される。

さらに上方の斜面でひどい雨が降ると、常に急激に川の流れが激しくなる恐れがある。水位が上がり始めたら、直ちに退避すること。これまでも鉄砲水によって何人もの人々がこれらの池から海まで流されてしまった。下流にある海は決して魅力的な場所ではない。波はとても高いし、この水域にはよく灰色のサメが出没する。

実際にはここで一番多い怪我は滑りやすい岩の上にある滝で発生している。同様に水の中に隠れている岩なども危険なため、飛び込む前に十分注意が必要だ。

ウォーターフォール・トレイルズ Waterfall Trails

レンジャーステーションのマカイ（海）側に**ピピワイ・トレイル Pipiwai Trail**があり、マカヒクの滝Makahiku Falls（0.5マイル＜約0.8km＞先）やワイモクの（2マイル＜約3.2km＞先）へと登っていく。またはハイウェイの横断歩道から始まる近道を行こう。往復で約3時間の行程だ。上のほうの区域はぬかるんでいるが、足場がとても悪い所には遊歩道がある。

小道に沿って行くと、約10分後に見晴らし台の手前で大きなマンゴーの木やグアバの木の前を通り過ぎる。右手向こう側に深い峡谷に流れ落ちる長いブライダルベールのような滝があるが、これが**マカヒクの滝 Makahiku Falls**だ。滝が流れ落ちている200フィート（約61m）ある玄武岩の絶壁は緑のシダに厚く覆われている。ほんの少し歩いただけでこんなに価値のある景色に出会えるのだ。

見晴らし台の左手に滝の最上部に続く古い小道があり、裸になって泳げる有名な池がある。この池は正午頃にはとても楽しめるが、午後遅くなると日が当たらなくなり蚊が飛んでくる。滝の上に岩があるので、水位が高くない限り縁の向こうに流されることはない。片側の割れ目から水が崖に流れ落ちているからであるが、水位が上がれば直ちにそこから

離れること。この切り立った184フィート（約56m）の滝から落下すればきっと命はないだろう。

本道に戻りグアバやベンガルボダイジュの下を歩き、パリケア川Palikea Stream（ここにも攻撃的な蚊が生息している）を渡ると、**バンブー・フォレスト（竹林）**の不思議な世界に入っていく。このうっそうとした林では風が吹くと竹がお互いにぶつかり合い、まるで音楽のようだ。その竹林の向こうに、垂直に切り立った岩肌を薄いレースのように400フィート（約122m）の高さを流れ落ちる**ワイモクの滝 Waimoku Falls**がある。最初の竹林から出てくると、この滝が遠くに見える。ワイモクの滝の下にある池は1976年の地震の際に崩れた土砂で一部分が埋まってしまったため、それほど深くはない。いずれにしろ、実際、落石の危険もあるので泳ぐのはおすすめできない。

もし水浴びしたいなら、道沿いに行くともっとふさわしい池が幾つかある。ワイモクの滝の約100ヤード（約91m）手前で小さな小川を渡るが、道を左にとり約10分小川をさかのぼって行くと（これは本当の遊歩道ではなく川に沿って歩くということ）、美しい滝と首ぐらいの深さの小さな池に出る。ほかにもマカヒクの滝とワイモクの滝の中間ぐらいの所にいい池がある。

乗馬

南西にさらにもう1マイル（約1.6km）行った所に**オヘオ厩舎 Oheo Stable**（☎667-2222 W www.maui.net/~ray 乗馬（3時間）$119、出発10:30～、11:30～）がある。ハレアカラ国立公園のキパフル区域内にある滝まで軽くゆったりしたペースの乗馬ができる。すべてのコースに滝での見学が30分含まれる。そこからまた、熱いバナナマフィン、クロワッサン、完熟果物、コーヒーをそろえたビュッフェのある牧場へと向かう。

宿泊

国立公園ではオヘオ峡谷の訪問客でにぎわう中心地から南東に約0.5マイル（約0.8km）行ったところに**簡素なキャンプ場 primitive camping ground**を整備している。キャンプ場は広々とした牧草地があるだけのハワイ式（無料であまり開発されていない）だ。海岸や波打ち際の真上の草に覆われた崖には、テントを張るための場所だとは信じられないような所がある。それだけでなく、古いハワイの村落の跡地にもキャンプ場がある。満月の下ではとても印象深い場所となる。

冬になると、たいていテントは数基しか見られなくなる。夏にはかなりの数のキャンパーがやって来るが、それでもたいていはやって来た人全員を把握できるくらいの人数であ

る。汲取り式トイレ、数台のピクニックテーブル、かまどなどの設備はあるが水はない。公式にはキャンプは1カ月に3泊までと制限されているが、許可は必要ない。

アクセス 多くの人が15:00頃にはオヘオ峡谷を出てハナ・ハイウェイを目指し帰路につく。中には突然これからの長い行程に気付き、イライラするドライバーもいる。

出発時間を少し遅らせると観光の時間も増え、ラッシュを避けることもできるだろう。暗くなってからハナ・ハイウェイに乗るとで確かに好都合だ。曲がり角を走ってくる対向車のライトが見えるが、暗くなければそれも見えにくいし、交通量も少ない。

帰るのに近道はないが別の選択肢もある。キパフルKipahuluからピイラニ・ハイウェイPiilani Hwy（「ハイウェイ」という言葉に紛わされてはいけない。舗装されていないのだ）がカウポKaupoを通り、クラKulaまで西へ延びている。普段は通行可能だがいつも可能とは限らないし、暗くなってからは通らないほうがいい。オヘオ峡谷のレンジャーステーションでは最新の道路情報を提供している。もう1つの選択肢としてはキパフルの南端まで車を走らせ、カウポ方面からやって来た人たちに話しかけるというのがある。

ドライブに関する詳細は後出のピイラニ・ハイウェイPiilani Hwyを参照のこと。

キパフル
Kipahulu

キパフルの村はオヘオから1マイル（約1.6km）も離れていない。20世紀に入ったとき、キパフルはハナ地域に幾つかあるサトウキビプランテーションの1つで、圧搾機が1890年から1922年まで稼動していた。工場の閉鎖後、パイナップルの栽培が試みられたがうまくいかなかった。その後、牧場経営が確立したのは1920年代後半だった。

今日、キパフルには広大な農園と簡素な家とがある。道路わきのあちらこちらに果物の屋台がある。レイをかけた年配の女性がバナナやパパイヤ、ラウハラ（パンダナスの葉）で編んだ帽子などを売っている屋台もある。ハナの向こうからやって来た日帰り客のほとんどがここを旅の最終地とする。

このあたりは飛行家の英雄、チャールズ・リンドバーグが晩年に住んでいた場所である。リンドバーグは1960年代からここを訪れ始め、1971年にキパフルの崖の近くに家を建てたが、1974年にこの地で癌のため世を去った。リンドバーグは**パラパラ・ホオマウコングレゲーショナル・チャーチ Palapala Hoomau Congrega-tional Church**の墓地に埋葬されている。彼の簡素な墓には賛美歌139番からとった墓碑銘がある。教会自体は1864年に設立され、26インチ（約66cm）の厚さの壁と質素な木製のベンチがある。この教会はハワイ最高の酋長しか着ることのできない赤と黄色の羽のケープを身に着けたポリネシア人のキリストの絵が窓に描かれていることで有名である。教会の庭はのどかな場所で、猫がゆったり歩きながら車のボンネットで昼寝をしようと待っている。

オヘオの0.75マイル（約1.2km）南のハイウェイにあるセント・ポール教会St Paul's Churchへうっかり間違えて訪れる人もいる。パラパラ・ホオマウ教会はそこから0.25マイル（約0.4km）悪路を行った所で、41マイルマーカーを過ぎてすぐ、道路の海側にある。

ピイラニ・ハイウェイ
PIILANI HIGHWAY

キパフルを越えると、道路はピイラニ・ハイウェイPiilani Hwy（ハイウェイ31）と名前を変え、ハレアカラHaleakalaの南斜面をカーブしていく。いつかこの道路もおそらく両方向に車がビュンビュン通る本物のハイウェイになるだろう。しかし、今のところは冒険心が損なわれることはない。自分だけの道を通って名のない浜辺や昔のヘイアウ（神殿）まで行ったり、文明の世界に戻る前にカウポ・ギャップKaupo Gapで夕日を眺めたりできる。「牛の出現による損傷の危険を予測すること」「道幅が狭く蛇行しているため安全速度時速10マイル（約16km）」といった標識を見ると、自分の基準に合わせたハイウェイではないことがわかるだろう。

一番大変なのは、この道路が現在閉鎖されていなくて通行可能であるかどうかを知るという点だ。多くの旅行者用地図ではここは通行不能と注意がしてあるし、レンタカー代理店ではこの道路に入るだけで契約違反という。しかし、ほとんど完全舗装されているのだ！カウポKaupoからウルパラクアランチUlupalakua Ranchまでの道は確かに骨にがたがた響くかもしれないが、近年改良されている。

唯一油断のならない区間は、39マイルマーカーの後のキパフルからカウポまでの舗装していない5マイル（約8km）だ。道路をならしてからどれくらい経っているかによっては、普通の車でも簡単に通行できることもある。しかし激しい雨が降った後では、川が道路にあふれてきて、危険ではないにしろ通行が困難になる。4WD車か少なくとも車高の高いマニュアル車なら水に浸かるのを最小限に抑えられるだろう。

鉄砲水により道路の一部が流されると補修が終わるまでは通行できない。道路状況についてはほかのドライバーの口から聞くのが一番よいが、**オヘオ峡谷レンジャー・ステーション Oheo Gulch ranger station**（☎248-7375 ◐9:00〜17:00)、または**カウンティ公共事業局 county public works department**（☎248-8254 ◐月〜金 6:30〜15:00)に電話をしてもよい。

ドライブに最高のアプローチは朝早く出発することだ。簡単に食べられる物と飲み物をたくさん準備し、オイルチェックをしてスペアタイヤも備えておくこと。もし故障した場合には人里までは長い道のりとなり、レッカー代金は＄400とも言われている。オヘオ峡谷付近のキパフルからテデスキぶどう園Tedeschi Vineyard（本章のアップカントリー参照）までは25マイル（約40km)の険しい道だ。

オヘオ峡谷エリアでは果物の屋台はあるかもしれないが、飲料水、ガソリンスタンドそのほかのサービスはハナからこちら側にはまったくない。早朝や午後遅い時間帯には地上でたった1人になった気がするかもしれない。それも、すばらしいではないか。

カウポ
Kaupo

キパフルから道路は曲がりくねって岩だらけの崖の端に沿って行くと、植物群が回復している。まず、マンゴーの大木やベンガルボダイジュ、ブーゲンビリア、トラのつめのような赤い花をつけたウィリウィリの木々が道路に影を落としている。それから、車の底が砂利道をこするようになると、ハラ（パンダナスの木）やグアバの木の数が増えているのに気付くだろう。

カウポの村は35マイルマーカーのあたりだ。1時間以内でこんなに遠くまで来ることができたらすごい。とはいっても、文字通りに解釈して開けた村を思い浮かべてはいけない。なぜなら、カウポは基本的にはカウポランチで働いているパニオロ（ハワイ人のカウボーイで、彼らの多くはこの牧場の第3世代の労働者だ）のコミュニティーが散在しているに過ぎないからだ。

カウポ峡谷は海岸のこちら側の低地にだけ流れ込んでいる深く険しい峡谷だ。かつて多くの人が住んでいたので、古いヘイアウ（神殿）が3つ、19世紀以来の教会が2つある。道路が内や外にカーブしているので車を止めて、湾の向こうの教会の絵のような光景を振り返って見る価値は十分ある。かつてカウポランチの牛を船に積んだ埠頭があり、いまでも水の中から突き出ている岩に向かって段が続いているのが見られる。

ロアロア・ヘイアウ Loaloa Heiauは最大の神殿で国の史跡に登録されている。3つの神殿のある場所はすべて**フイ・アロハ教会 Hui Aloha Church**のマウカ（山）側にあり、カウポ・ジェネラル・ストアKaupo General Storeの0.7マイル（約1.1km）東にある。岩だらけで黒砂のマクラウ・ビーチMakulau Beachそばにあるこの魅力的な水しっくいで塗られた教会は1859年に建造、1978年に修復され、石の塀と風にさらされた木々の中に建っている。この地域はかつてはサーフィンをする場所だった。

カウポ・ジェネラル・ストア Kaupo General Store（☎248-8054)はギャップの東側にあり、名目上は月〜土曜日までの9:30〜17:00までの営業となっている。ここから「20マイル（約32km)四方で唯一の店」として、スナックやビール、ワインを売っている。開店時間は（控えめに言っても）多少変動することもあり、あてにしないほうがいいだろう。

さらに西に行くと、午後になるとたいてい**アンティー・ジェーンズ・ランチ・ワゴン Auntie Jane's Lunch Wagon**が出され、有機ビーフバーガーやシンプルなサンドイッチ、アロハ（歓迎、愛情)の気持ちのたっぷりこもったかき氷などを売っている。

カウポからウルパラクアランチへ
Kaupo to Ulupalakua Ranch

町を過ぎたカウポ・ギャップの上の景色は、日没時にはマナ（超自然の霊力）で染まる。それから31マイルマーカーあたりのマカイ（海）側に、起伏が多いが短い道路（4WDでないと無理）のゲートがあり、それをくぐると**ヌウ湾 Nuu Bay**の海まで続いている。海が穏やかなときは地元の人たちのお気に入りの海水浴場だ。ときどきハシナガイルカが沖で遊んでいることもある。ここでシュノーケリングやダイビングをするときには、必ず安全な湾内で行なうこと。というのも、その外側は強い潮流があったり、波が荒れたりするからだ。

もう1マイル（約1.6km)進むとハイウェイのマカウ（山）側に広い出口ランプがある。ここからドラマチックな**フアキニ湾 Huakini Bay**に歩いて出ることができる。ここの滑らかな大岩に静かに座り荒々しい波を眺めることができる。道路は続いて数多くの峡谷に出たり入ったり数本の橋を渡ったりし、徐々に海岸へと近づいていく。溶岩の層によってできた縞模様が何世紀にも及ぶ火山活動による隆起を物語っている。

29マイルマーカーを過ぎると、溶岩が作った自然の**海のアーチ**を目を凝らして探してみよう。そのアーチが視界から消えるまで運転を続けると、今度はマカイ（海）側に待避所が見える。車を停め、のどかな緑の草原の中

を古い小道に沿って崖の端まで行ってみよう。そこからは先ほどのアーチが間近に見え、海岸に沿って岩穴が潮を吹くのも見える。

道路は上り続け、ついに23マイルマーカーを過ぎると道が良くなる。ウルパラクアランチから南に数マイル行くと、広い範囲の**溶岩流**を渡る。これはラ・ペルース湾La Perouse Bay地区（南マウイの章参照）を覆っているものと同じだ。すぐそこの沖には三日月形のモロキニ島Molokiniがあり、はるか沖合いにはカホオラウェ島Kahoolaweがある。今いる場所と海の間にある草に覆われた広大な丘は火山噴石丘である。遠くまで視野が広がり、水平線が湾曲しているのがわかる。夕日が沈む眺めにはうっとりさせられる。

テデスキぶどう園に近づくと、香りのよいユーカリの林は乾燥した雑木の多い地勢に変わっていく。ここは開かれた放牧地で、牛が道路のすぐ脇で草を食べ、時には目の前をのろのろと横切ることもある。

アップカントリー
Upcountry

アップカントリーはハレアカラHaleakalaの西斜面に広がる涼しい高原地帯。マウイ島Mauiでもっともすばらしい田園地帯の1つだ。ゆるやかな丘が連なり、緑の牧草地で馬や牛が草を食べている風景は、西部にいるような気分にさせてくれる。アップカントリーはハレアカラ国立公園Haleakala National Parkへの通り道となっているが、この善良な人々が住む地域は自分自身のためにも訪れる価値あるパニオロ（ハワイのカウボーイ）カントリーだ。

オリンダ・ロードOlinda Rdやクラkula高原からは、砂糖きびの平原の向こうにウエスト・マウイ・マウンテンやマウイ海岸の絶壁、さらに太平洋をバックに近隣の島々を見ることができる。アップカントリーでは、日中の気温は海岸地帯よりも涼しく、夜は本当にさわやかだ。B&B（ベッド＆ブレックファスト）がたくさんあるので、穏やかで星が輝く夜も安く済ませることができる。

このエリアの大半はランチ（牧場）で占められている。ハレアカラ・ランチは北部に向かって広がり、ウルパラクア・ランチUlupalakua Ranchは南部で何千エーカーにもわたっている。海岸沿いに小さな町が幾つかあるが、人口は高地になるほど少なくなる。

クラはアップカントリーの中央にあり、豊かな土地に恵まれマウイの野菜や果物の大半が栽培されている。クラより高い山腹にはすばらしい雲霧林であるポリポリPolipoliの森がある。アップカントリーにはアートギャラリー、景観の良い植物園、プロテアショップなどの観光スポットがある。古いパニオロの町、マカワオMakawaoでは毎年7月4日の独立記念日にはロデオ大会やパレードが開催される。

パイアからマカワオへ
PAIA TO MAKAWAO

パイアからマカワオへはちょうど7マイル（約11.3km）、ボールドウィン・アベニューBaldwin Ave（ハイウェイ390）をのんびりドライブして30分かかる。旧パイア製糖工場近くのサトウキビ畑の真中から始まり、牛が食べてしまった跡が小さな点となって散らばっているパイナップル畑を横切っている。

ボールドウィン・アベニューには2つの教会があり、まず右手に見えるのが**聖ロザリー教会とダミアン神父記念碑 The Holy Rosary Church & Father Damien Memorial**（☎945 Baldwin Rd）で、庭には銅像が立っている。さらに進むと左側に**マカワオ・ユニオン教会 Makawao Union Church**（☎1445 Baldwin Ave）がある。ステンドグラスのある石造りの建物で、周囲にはヤシの木が植えられている。1916年に建立され、国の歴史的建造物に指定されている。

5マイルマーカーに続いてハリイマイレ通りHaliimaile Rdを越えると、カルアヌイKaluanuiだ。9エーカー（約3.6ヘクタール）ある大農園はかつてハリー・アンド・エセル・ボールドウィンの所有地でサトウキビプランテーションだった。現在は**フイ・ノエアウ・ビジュアル・アート・センター Hui Noeau Visual Arts Center**（☎572-6560 W www.huinoeau.com ☎2841 Baldwin Ave 無料 月〜土 10:00〜16:00）となっている。1917年、ホノルルの有名建築家CWディッキーが設計したスペイン風瓦屋根のある2階建てのプランテーションホーム。1930年代に設立された非営利のアートクラブが版画、陶芸、木彫り、そのほかさまざまなビジュアルアートの一流クラスを開いている。ギャラリー、ギフトショップ、広大な庭を訪ねてみよう。リフレクティングプール、馬小屋を改造したアートスタジオや珍しい樹齢150年の交配種の松がある。

ハリイマイレ・ロード
Haliimaile Road

ハリイマイレはプランテーションの中央にある小さなパイナップルの町。この発音しにくい名前は（「香りのよいツル植物」という意味）

アップカントリー

アップカントリー

宿泊
1 Haikuleana Plantation Inn B&B
9 Hookipa Hale
10 Bamboo Mountain Sanctuary
11 Hale Kokomo
14 Peace of Maui
16 Banyan Tree House
23 Hale Hookipa Inn
32 Olinda Country Cottages & Inn
37 Kula Lodge; Upcountry Harvest
48 Moonlight Garden B&B
52 Silver Cloud Upcountry Guest Ranch
53 Campground

食事
2 Haiku's Gourmet Take-Out & Deli
3 Pauwela Cafe & Bakery
13 Haliimaile General Store
18 Makawao Steakhouse
19 Polli's
22 Casanova Deli & Restaurant
25 Cow Country Cafe
29 Pukalani Terrace Country Clubhouse
38 Kula Sandalwoods Restaurant
39 Sunrise Market & Protea Farm
42 Cafe 808
49 Grandma's Coffee House

その他
4 ハイク・タウン・センター、ベク・アウト
5 ハイク・マーケットプレイス、ハナホウ・レストラン・アンド・バー、ノネ、コリーンズ・ベイク・ショップ・アンド・カネリー・ピザ
6 パイア製糖工場
7 聖ロザリー教会、ダミアン神父記念碑
8 マカワオ・ユニオン教会
12 マウイ・フレッシュ・フルーツ・ストア・アンド・ミュージアム
15 フイ・ノエアウ・ビジュアル・アート・センター
17 ザ・コートヤード、ホット・アイランド・グラス、キタダズ・カウカウ・コーナー
18 ダウン・トゥ・アース・ナチュラル・フーズ、公立図書館
20 ストップウォッチ・バー・アンド・グリル
24 マウイ・ポロ・クラブ
26 シェル
27 メイヤー・ハンニバル・タバレス・コミュニティー・センター
28 プカラニ・テラス・ショッピング・センター
30 アートギャラリー
31 サボテン・ガーデン（レインボー・エーカーズ）
33 マウイ鳥類保護センター
34 ワイホウ・スプリングス・トレイルヘッド
35 エンチャンティング・フローラル・ガーデン
36 ガソリンスタンド
40 クラ・コミュニティー・センター
41 ホリー・ゴースト教会
43 農業研究所
44 ポニー・エクスプレス
45 クラ・ボタニカル・ガーデンズ
46 狩猟検問所
47 スカイライン・トレイルヘッド
50 ケオケア公園、公衆トイレ
51 クラ病院
54 ウルパラクア・ランチ・ストア
55 テデスキ・ワイナリー
56 マケエ製糖工場跡

かつてこの地域一面を覆っていたマイレというレイに使われる植物から名付けられた。

ボールドウィン・アベニューからハリイマイレ・ロードに向かって右折する。ハレアカラ・ハイウェイ（ハイウェイ37）に向かって横道が東に曲がっている。老舗ハリイマイレ・ジェネラル・ストアの隣に**マウイ・フレッシュ・フルーツ・ストア・アンド・ミュージアム Maui Fresh Fruit Store& Museum**（☎573-5129 🏠870 Haliimaile Rd 無料 月～金10:00～18:00、土 9:00～17:00）がある。1925年頃にできた。パイナップルや地元でとれた農産物や食料品を販売している。背後にはマウイ・パイナップル・カンパニーMaui Pineapple Companyの1世紀に渡る甘い歴史を感じさせる写真やアンティークの品が展示されている。

宿泊・食事　**ピース・オブ・マウイ Peace Of Maui**（☎572-5045、888-475-5045 www.peaceofmaui.com 🏠1290 Haliimaile Rd S＄40 W＄45、1ベッドルームコテージ（キッチン、バス付）＄75）は現実的な低料金が選択できる宿。広々とした野原を彩る息を飲むような日没を見ることができる。メインハウスの客室は小さいが各室にテレビあり。バス、電話、設備の整ったキッチン、バーベキューグリルが共同。コテージにははるか海を望むデッキがある。ブレックファストは付いていないが、フレンドリーなオーナーがサービスで自家製フルーツを分けてくれる。ハリイマイレ・ビレッジの東側にある2エーカー（約0.8ヘクタール）の静かなロケーション。レンタカーや空港送迎については問い合わせを。

ハリイマイレ・ジェネラル・ストア Haliimaile General Store（☎572-2666 🏠900 Haliimaile Rd ランチ＄9～12、ディナー＄18～28 17:30～21:30、月～金のみ 11:00～14:30）は高い天井とプランテーション時代の装飾が印象的。ハワイ料理とアジア料理の影響を受けた、豊富な創作料理。優雅なラナイを通り抜けこの歴史的な場所へ足を踏み入れると、春を思わせるようなドラマチックなフラワーアレンジメントや芸術品が飾られている。ランチにはクラ風ガーデンサラダとミートローフサンドイッチを選ぶと良い。大胆なディナーメニューには四川風レモングラス風味のサーモンバーベキューもあり、予約をすすめる。

マカワオ
MAKAWAO

マカワオはパニオロの町と呼ばれている。1800年代、ラハイナLahainaに寄港した船員たちの旺盛な食欲を満たす新鮮な肉を供給する牧場の町として始まった。マカワオは今なおランチに沿って境界線が引かれており、町の中心部にあるりっぱな外観の木造建物が古き良き西部の面影を感じさせる。町のメインイベントは7月4日の独立記念日の大ロデオ大会。パニオロがパラカ（チェック柄のシャツ）と祭り用のレイを身につけ、馬に乗ってパレードする。

とにかくマカワオは変化の多い町だ。この10年、新しい価値観の文化がかなり浸透してきている。マカワオ・フィード・アンド・ガーデンMakawao Feed & Gardenの先に健康食品の店が開店し、銃砲店は中国漢方やヨガ専門店に変わった。健康食品の店の掲示板をチェックするとベリーダンス、アート、マントラ瞑想のリストを目にする。

すべてボールドウィン・アベニュー（ハイウェイ390）とハイウェイ365が交差するメイン交差点から徒歩5分内の所に集中している。**公共図書館 public library**（☎573-8785 🏠1159 Makawao Ave 月・水 12:00～20:00、火・木・土 9:30～17:00）。

ザ・コートヤード The Courtyard（🏠3620 Baldwin Ave）は趣のある高級ギャラリー。**ホット・アイランド・グラス Hot Island Glass**（☎572-4527 16:30まで）はこの町でもっとも有名な店で、ガラス吹き職人の実演を見ることができる。**ギャラリー・マウイ Gallery Maui**（☎572-8092）はボールドウィン・アベニューからそれ、木が茂った横道を下ったところにあり、竹のフレーム付ステンドグラスや大胆で美しい抽象彫刻を所有している。さらにユニークなブティックや**ミラクルズ・ブッカリー Miracles Bookery**（☎572-2317）などもある。

マカワオからはほぼすべての方向へ景観のよい道が続いている。**オリンダ・ロード Olinda Rd**がボールドウィン・アベニューの終点から始まり、そのまま追っていくとオスキエ・ライス・アリーナOskie Rice Arenaを過ぎ、秋の日曜日の午後に試合が開催される**マウイ・ポロ・クラブ Maui Polo Club**がある。さらに向こうにはレインボー・エーカーズ Rainbow Acresと知られている**アートギャラリー art gallery**（火～土 13:00～16:00）や**サボテン・ガーデン cactus garden**（火木 9:00～16:00）がある。11マイルマーカーを過ぎるとマウイ鳥類保護センターMaui Bird Conservation Center（非公開）がある。進むと、**ワイホウ・スプリングス・トレイルヘッド Waihou Springs Trailhead**が通りの右側にあり、看板が立っている。このトレイルは20世紀に作られた実験用の森を通るおよそ30分の静寂が楽しめるコースだ。オリンダ・ロードの先端でピイホロ・ロードに左折するとカーブの多い道が町まで戻る。

アップカントリー - マカワオ

宿泊

健康食品店の掲示板には、週または月単位で借りられる部屋やワンルーム型宿泊施設の広告がよく掲載されている。

ハレ・フーキパ・イン
Hale Hookipa Inn
☎572-6698、877-572-6698
Ⓦ www.maui-bed-and-breakfast.com
🏠 32 Pakani Pl
客室$85～105、2ベッドルームスイート$145～155

1920年代に建てられた歴史的に有名で重厚なクラフトマンスタイルの建物。客室はアンティークや美術品で装飾され、もっとも高価な部屋には専用のラナイエントランスと猫足付きタブのあるプライベートバスが備えられている。コナウィングスイートには4人まで宿泊可能でカントリーキッチン付き。コンチネンタルブレックファストあり。

バニヤン・ツリー・ハウス
Banyan Tree House
☎572-9021 📠573-5052
Ⓦ www.banyantreehouse.com
🏠 3265 Baldwin Ave
コテージ$85～110、3ベッドルームホーム$300

バニヤン・ツリーとモンキーポッドの木に囲まれたかつてのプランテーション管理人の家。プライベートバスとラナイ付きのロマンチックなコテージが4棟ある。調理設備、ハンモック付き。海が望める。スイミングプールあり。実際はツリーハウスではない。

オリンダ・カントリー・コテージ・アンド・イン
Olinda Country Cottages & Inn
☎572-1453、800-932-3435 📠573-5326
Ⓦ www.mauibnbcottages.com
🏠 2660 Olinda Rd
客室 スイート$140、コテージ$195～245

通りの端の高台にある堂々たるアップカントリー風の大きな家でプロテア農家。母屋の「パイナップル・スイートPineapple Sweet」にはサクラ材のキッチンがあり、眺めも抜群。豪華な「ヒドゥン・コテージHidden Cottage」には専用キッチン、洗濯機、乾燥機付き。ドアを開けるとそこは2人用バスタブのあるオーシャンビューデッキ。クレジットカード不可で、最低2泊から。

アロハ・コテージ
Aloha Cottage
☎573-8500、888-328-3330 📠573-8555
Ⓦ www.alohacottage.com
🏠 Olinda Rd
コテージ$195～250

「ロータス・ブロッサム」とか「タイ・ツリーハウス」とも呼ばれている。輸入物のアジア産チーク材で作られ、レインボー・ユーカリと竹の木立の中にある。建物は伝統的なタイ式の家を忠実に再現しているが、一部目隠しのあるデッキ上の屋外のバスタブ（星を眺めるハネムーナーにぴったり）など近代的設備も付いている。ヨガ教室やおいしい食事の手配もできる。

食事

ロデオ・ジェネラル・ストア
Rodeo General Store
🏠 3661 Baldwin Ave
食料品や日用品を販売している。

ダウン・ツー・アース・ナチュラル・フーズ
Down to Earth Natural Foods
🏠 1169 Makawao Ave
🕗 8:00～20:00

図書館の近く。有機作物、ばら売りやパッケージ食品、乳製品、ジュース、サンドイッチ、良質のサラダバーがあり、テイクアウトできる温かい料理メニューが量り売りされている。

キタダズ・カウ・カウ・コーナー
Kitada's Kau Kau Korner
🏠 Baldwin Ave
🕗 月～土 6:30～13:30

カントリーヤードギャラリーの向かいにある懐かしさを覚える古い建物。何代にもわたりサイミン（ハワイの麺料理）を作ってきた。大きなどんぶり一杯がわずか$3

コモダ・ストア・アンド・ベーカリー
Komoda Store & Bakery
🏠 3674 BaldwinAve
スナック$2～6
🕗 月～土 6:30～13:00

メイン交差点の南にある家族経営の店。絶品のシュークリーム、シナモンロール、ペストリー類は自家製。人気が高くパン類は昼までに売り切れる。

カサノバ・デリ
Casanova Deli
🏠 1188 Makawao Ave
1品約$6
🕗 月～土 8:00～18:00、日 8:30～17:00

メイン交差点の東。イタリアンデリカテッセンとコーヒーハウスの人気店。フルカントリーブレックファスト、巨大なサンドイッチ、サラダが食べられる。ストロングコーヒー、ティラミスはチェステーブルでのんびりするには欠かせない。物知りの地元の人たちが外の丸椅子に座り、通行人の噂話をしている。

ポリズ
Polli's
☎572-7808

🏠1202 Makawao Ave
🍴ブレックファスト・ランチ＄6～10、ディナー＄12～
🕐月～土 7:00～22:00、日 8:00～22:00

交差点の西にある。「食べに来ないとお腹すくぞ、Come in and eat, or we'll both starve.」という看板が目印のテキサス風メキシコ料理のバー。小さなバーは常連たちが酒を飲みながらテーブル待ちをしている。ベイビーバックリブ、マカオウォウイエ・タコスやベジタリアン用の料理がある。

カサノバ・レストラン
Casanova Restaurant
☎572-0220
🏠1188 Makawao Ave
🍴ランチ＄8～12、ディナー＄20～
🕐11:30～14:30、17:30～21:30

デリカテッセンの横にある間違いなく一流の店。ホットイタリアンサンドイッチやカリカリのキアヴェ（ハワイの木炭）の炭焼きピザは、ディナーのカラマリとリガトーニのアイランド風ウォッカ＆トマトソース和えにはかなわないだろう。

マカワオ・ステーキハウス
Makawao Steakhouse
☎572-8711
🏠3612 Baldwin Ave
🍴メイン＄20～30
🕐17:30～21:30

牧場に囲まれたとっておきのステーキハウス。時代物の写真が古風なパイン材の壁を飾っている。サーフ・アンド・ターフ（シーフード＆ステーキ）スペシャルとオール・ユー・キャン・イート（食べ放題）ナイトが代表的だ。

エンターテインメント
ストップウォッチ・バー・アンド・グリル
Stopwatch Bar & Grill
☎572-1380
🏠1127 Makawao Ave
🕐11:00～真夜中、食事は20:00頃まで。
🎫入場は無料

空腹を満たし、安上がりに済ますのに適したスポーツバー。週末にはDJや生演奏もある。

カサノバ
Casanova
☎572-0220
🌐www.casanovamaui.com
🏠1188 Makawao Ave
🎫入場料＄5～25

イースト・マウイでもっともホットなミュージック・スポット。ハワイのトップミュージシャンをはじめ本土からも演奏家を呼んでいる。週中にはDJが、週末には生バンドの演奏がある。サルサやブルースからハワイアンやキューバジャズまで何でも。ドレスアップして出かけたい。

ハイク
HAIKU

何本もの道がハイクを通っている。ここはマカワオMakawaoからハナ・ハイウェイHana Hwyの斜面に点在する集落だ。アレクサンダー・アンド・ボールドウィンが1869年この近くで初めて12エーカー（約4.9ヘクタール）のサトウキビを栽培した。村にはかつて製糖工場やパイナップル缶詰工場があったが、現在、かつての缶詰工場は食堂や個性的な店になっている。ハイク・ロードとココモ・ロードKokomo Rdsの交差点のあたりが町の中心。

　近年、ハイクは復興してきている。田舎くささとマカワオやホオキパHookipaに隣接していることがウィンドサーファー、アーチスト、ニューエイジフォークなどの新しい住人を引き寄せている。この地区にはすてきなB＆Bがあり、全島を巡る基地として便利である。

宿泊

家族経営のB＆Bが多く、最低3泊から。事前に要予約。パイアにある代理店で予約できる（本章で前出の「イースト・マウイ」も参照）。

ホオキパ・ハレ
Hookipa Hale
☎575-9357 📠575-9482
🌐www.hookipahale.com
🏠1350 Kauhikoa Rd
🍴客室・スイート＄35～60、2ベッドルームコテージ＄90

夢のような宿。プライベートカントリーホームには設備の整ったゲストキッチンがあり、白色光が輝く屋外にはくつろげる場所がある。なによりも経営者が親切だ。広々とした各客室にはテレビがある。電話共同。手付金要。最低4泊以上。

ハレ・ココモ
Hale Kokomo
☎572-5613
✉iej@maui.net
🌐www.bbonline.com/hi/kokomo
🏠2719 Kokomo Rd
🍴客室＄50～60、スイート＄80

正面にヤシやシダが青々と茂るおしゃれなビクトリア様式の建物。人目のつかないところにあるがビーチからわずか10分。ベーシックタイプは居心地がよくバス、冷蔵庫共同。スイートには専用バスがある（併設されていないこともある）。料金はすべてブレックファスト込み。

アップカントリー − プカラニ

バンブー・マウンテン・サンクチュアリ
Bamboo Mountain Sanctuary
☎572-4897 📠572-8848
🌐www.maui.net/~bamboomt
🏠1111 Kaupakalua Rd
💰S $55 W $75、2ベッドルームコテージ（オーシャンビュー）$150

瞑想にふけることができる。かつてはロバート・アイトケン老師のダイヤモンド僧団関連の禅堂（座禅を行なう公共のお堂）の宿坊であった。この20世紀の日本的な森の家の客室はシンプルで清潔だ。落ち着いた雰囲気でベランダは木々に囲まれている。宿泊客はキッチンとビデオライブラリーのあるリビングルームに出入り可。早朝座禅へ参加できる。ゲストハウスは座禅中閉まっている場合あり。

ハイクレアナ・プランテーション・イン B&B
Haikuleana Plantation Inn B&B
☎575-2890 📠575-9177
🌐www.haikuleana.com
🏠555 Haiku Rd
💰スイート $115

1870年代のプランテーション専属医者の家。アンティーク、ビンテージのハワイの地図や芸術品で装飾されている。近代的な設備の部屋ではなく、ヒマラヤスギの壁のサンドイッチアイランドスイートを選ぼう。18世紀の船長の机が置かれている。庭の祭壇にはアンティークの仏像が鎮座している。

食事・バー

パウウェラ・カフェ・アンド・ベーカリー
Pauwela Cafe & Bakery
🏠375 W Kuiaha Rd
💰スナック $2〜7
🕐6:00〜14:00

ハナ・ハイウェイHana Hwyを迂回して行く価値あり。バナナブレッド、カルア・ポーク・サンドイッチ、ストロングコーヒーかフレッシュジュースの朝食が1日中味わえる。

ハイク・グルメ・テイクアウト・アンド・デリ
Haiku's Gourmet Take-Out & Deli
🏠771 Haiku Rd
💰メイン料理 $6〜12
🕐6:00〜20:00

昔の缶詰工場から下ったところにある小さな家。デリカテッセンのサラダ、チキンまたはリブのプレートがおいしいパン屋。

ベグ・アウト
Veg Out
🏠Haiku Town Center, 810 Kokomo Rd
💰スナック $3〜7
🕐月〜金 10:30〜19:30、土・日 11:30〜18:00

ハイクでヘルシーフードがすたれていないことがわかる。
ここのベジタリアンキッチンのメニューは種類が多く、アップカントリーの農家から仕入れた新鮮な作物を使っている。

コリーンズ・ベイク・ショップ・アンド・カネリー・ピザ
Colleen's Bake Shop & Cannery Pizza
🏠Haiku Marketplace, 810 Kokomo Rd
💰サンドイッチ&サラダ $5〜11、ピザ $13〜21
🕐ベーカリー 6:00〜21:00、ピッツェリア 16:45〜

オープンから焼き立てのあつあつが出てくる全粒粉で作ったピザがおすすめ。この全粒粉ピザはやみつきになっている人もいる。「バーチュアリー・ベガン」（ほとんど完全菜食主義者用の料理）や「スイートピー」（グリーンピースのこと）も味わえる。

ハナ・ホウ・レストラン・アンド・バー・ノネ
Hana Hou Restaurant & Bar None
☎575-2661
🏠810 Haiku Rd
💰1品 $5〜15
🕐10:00〜22:00

ハイク・マーケットプレイスHaiku Marketplaceの近く。ハワイ語で「もう1度」'do it again' という意味。反対する人はいないだろう。地元料理ププ（おつまみ）、ハンバーガーとビールなど。フレンドリーな人たちを訪ねよう。

プカラニ
PUKALANI

太陽がふりそそぐプカラニはアップカントリー最大の町。人口6000人。見所は少ない。マカワオからハイウェイ365沿いに2マイル（約3.2km）の所にある。カフルイKahuluiからは、ハレアカラ・ハイウェイHaleakala Hwy（ハイウェイ37）に乗り、町に向かうにはサトウキビ畑を抜け6マイル（約10km）上る。

町の中心にはハイウェイ37にガソリンスタンドが2軒ある。ハイウェイ365と37の交差点南のプカラニテラス・ショッピング・センター Pukalani Terrace Shopping Centerにはコインランドリー、スーパーマーケットの**フードランド Foodland**、**郵便局**（日曜日は休み）、ファーストフード、ATMのある銀行が入っている。
プカラニ・カントリー・クラブ Pukalani Country Club（☎572-1314 🌐www.pukalanigolf.com
🏠360 Pukalani St 💰グリーンフィー&カート $51〜71）は1マイル（約1.6km）弱西へ向かった所にあるとてもローカルなゴルフクラブ。アップカントリーを一望できる。

プウ・ペヘ（恋人岩）（マネレ・ベイ、ラナイ島）

湿地とタロ畑（プリンスビル、カウアイ島）

古代ハワイの養魚池（カウナカカイ付近、モロカイ島）

ジャイアント・フロッグフィッシュ

アオウミガメ

シュノーケリング（オアフ島）

ALL PHOTOGRAPHS BY CASEY & ASTRID WITTE MAHANEY

食事

カウ・カントリー・カフェ
Cow Country Cafe
🏠7 Aewa Pl
🍴食事＄5～10
🕐月～土 7:00～15:00＆17:30～21:00、ブランチは日 7:00～13:00

日の出後、ハレアカラから下るときに立ち寄るにいいところ。小さな細長いモールに隠れているが、ハイウェイから牛の看板が見える。体に良い食べ物が期待できる。グアバシェーク、マカデミアナッツチョコレートのデザート、遅い時間には自家製パンのサンドイッチに。

プカラニ・テラス・カントリー・クラブハウス
Pukalani Terrace Country Clubhouse
🏠360 Pukalani St
🍴ランチビュッフェ＄9.50
🕐6:30～14:00、17:00～21:00

プカラニの人々が海を見に行く所。ビュッフェスタイルのランチまたはカルアピッグ、ロミサーモン（サイコロ大にカットした生サーモンをトマトとたまねぎでマリネしたもの）、甘いハウピア（クズ粉で作ったプディング）が味わえるコンプリートハワイアンプレート（＄10前後）を。

クラ
KULA

クラ地区は平均標高3000フィート（約915m）に位置し、マウイ島の農業の中心地である。レタス、トマト、にんじん、カリフラワー、キャベツなどの作物が、日中は暖かく夜は冷えるというクラの気候に合い、火山灰の肥沃な土壌で成長する。どんなにすばらしいハワイの料理人でもクラの甘いたまねぎを使わなければ、おいしい料理は作れないだろう。

19世紀、ポルトガルや中国系移民がサトウキビ畑での契約を終えた後、クラ地区に移り住み農業を営んだ。カリフォルニアのゴールドラッシュの時代、クラのハワイ農民が多量のじゃがいもをこの鉱夫たちに送りこんだため、この地区は「ヌ・カレポニ」（ニュー・カリフォルニアをハワイ式に発音した言い方）として知られるようになった。

奇妙な形の大きくて色鮮やかな花、ハワイのプロテアは大半がクラで栽培されている。ピンクッションのようにとてもデリケートな品種やとげ状の花弁をもつ品種もある。春には道端をたくさんの花が彩る。ノウゼンカズラ（ジャカランダ）の紫の花やゴールドオークの黄色い花がいっせいに花開く。

庭園

クラは町中がガーデンと言えるが、近くで見るには幾つかの定評ある見物可能な植物園を訪れよう。冬の屋外の植物は残念ながら枯れている。

農業研究所 Agricultural Research Center
（☎878-1213 🏠Mauna Pl 🎫無料 🕐月～木 7:00～15:30）はワイアコア・ビレッジ北にあるハワイ大学The University of Hawaii所有の20エーカー（約8ヘクタール）の研究所。1965年、ハワイで最初のプロテアはここで定着した。研究中の交配新種のほか、何列にも植えられたカラフルな子孫を歩いて見ることができる。切り枝はハワイ中のプロテア農家へ配布され、切花はアメリカ本土、日本、ヨーロッパへ供給される。

研究所の庭の一部は植物病理学の実験用に使われているが、そのほかの庭は一般に公開されている（殺虫剤散布のため金曜日は除く）。個人ガイドツアーは事前に電話すること。コップロードCopp Rd（ハイウェイ37の12と13マイルマーカーの間）をたどり、0.5マイル（約0.8km）行ったところでマウナ・プレイスMauna Pl.を左折。

エンチャンティング・フローラル・ガーデンズ
Enchanting Floral Gardens
☎878-2531
🎫大人＄5 子供＄1
🕐9:00～17:00

日当たりが良く、広々として手入れも行き届いている。熱帯地、寒冷地両方の花を楽しむことができる。ハイウェイ37の10マイルマーカーのあたりにある。

クラ・ボタニカル・ガーデンズ
Kula Botanical Gardens
☎878-1715
🎫大人＄4 子供＄1
🕐9:00～16:00

さほど魅力はないが有毒植物の「タブー・ガーデンTaboo Garden」がある。

サンライズ・マーケット・アンド・プロテア・ファーム
Sunrise Market & Protea Farm
☎878-1600、800-222-2797
🏠Haleakala Crater Rd
🎫無料

ハレアカラへの道にある。小さいが厳選されたプロテアが道端の庭に植えられている。

アップカントリー・ハーベスト
Upcountry Harvest
☎878-2824、800-575-6470
クラ・ロッジKula Lodgeの隣。ランを販売。

オクタゴナル・チャーチ
Octagonal Church

八角形のホリー・ゴースト教会 Holy Ghost Church（☎878-1261 ⌂Lower Kula Rd ▣任意の寄付 ⌚礼拝 土 17:00、日 9:30）はワイアコアWaiakoaビレッジの丘の中腹にある歴史的建造物。ひと際目立つ白い建物の屋根は日の光で銀色に輝き、ハイウェイからひと目でわかる。1897年、ポルトガル移民によって建てられ、派手な装飾を施した内装が有名で、国の歴史的建造物に指定されている。興味があれば、裏手にある訪問者受付横の棚にある歴史のバインダーを見てみよう。

宿泊

キャンプ・クラ
Camp Kula
☎⌘876-0000
✉camper@maui.net
⌂PO Box 111, Kula, HI 96790
▣客室 $35〜80

ゲイにも好意的なB&B（ベッド＆ブレックファスト）。セントラル・マウイの美しい景色が見える7つの離れがある。バス共同のシングルルームからプライベートスイートまで5室。全客室へ車椅子で行ける。ハーブティー、自家製フルーツ、おいしい焼き菓子のブレックファスト込みの料金。宿泊客は完備されたキッチン使用可。インターネットへ無料でアクセスできる。

クラ・ロッジ
Kula Lodge
☎878-1535、800-233-1535 ⌘878-2518
🌐www.kulalodge.com
▣ワンルーム型 $110、ロフト付コテージ $135〜165

この値段にしては、特別なサービスはない。全コテージにプライベートデッキあり。眺めがいい部屋は一部のみ。テレビ、電話なし。朝食別。

食事

サンライズ・マーケット・アンド・プロテア・ファーム
Sunrise Market & Protea Farm
☎878-1600、800-222-2797
⌂Haleakala Crater Rd
⌚7:30〜16:00

ハイウェイ378と377の交差点から0.25マイル（約0.4km）北にある。パン類、ラップサンド、フレッシュフルーツ、ドライフルーツと一緒に日の出後にコーヒーを買っておこう。

カフェ808
Cafe 808
⌂Lower Kula Rd, Waiakoa
▣1品 $3〜10
⌚6:00〜20:00

ホリー・ゴースト教会Holy Ghost Churchの0.25マイル（約0.4km）南にある。人気のあるローカル食堂。素朴なメニューは豊富で、開店当時から変わらない。11:00までに行き、バナナパンケーキ、ポテト付オムレツまたは伝統的なロコモコ（ハンバーグ、目玉焼き、グレイビーソースをトッピングしたライス）を食べよう。道路を挟んで反対側にモリハラ・グローサリー・ストア Morihara Grocery Storeがある。

クラ・ロッジ
Kula Lodge
☎878-1535、800-233-1535 ⌘878-2518
🌐www.kulalodge.com
▣ブレックファスト $7〜10、ランチ $11〜18、ディナー $18〜28
⌚6:30〜11:15、11:45〜16:15、16:45〜21:00

ハレアカラ・クレーター・ロードHaleakala Crater Rdの約1マイル（約1.6km）北にある。広角の窓からセントラル・マウイや彼方にある海の眺望を楽しめる。この由緒あるレストランの食事にはあまり感動がない。

クラ・サンダルウッド・レストラン
Kula Sandalwoods Restaurant
☎878-3523

プロテア

プロテアの名前は、ギリシャ神話に出てくる変幻自在の神プロテウスに由来している。プロテア科の植物はマカデミアナッツから華やかな南アフリカの国花キングプロテアまで1500種類以上もある。

プロテアは南アフリカ原産。プロテアの花にはぎざぎざのカーネーション状のもの（美しく色づく総苞片に囲まれた小花が集まっている）からアーティチョークの花状のものまでさまざまなバリエーションがある。花の直径は数ミリメートルのものから12インチ（約30cm）まである。

ハワイ産プロテアは世界市場の90％を占め、ハレアカラの斜面にのみ咲くものが85種ある。アップカントリーの砂を含んだ酸性の土、温暖な日中の後に続く夜の涼しさがプロテアの栽培に適している。郊外のハイウェイ沿いに住む人々はプロテアの鉢を無人販売しているので、車で立ち寄り購入できる。アップカントリーの苗栽培業者はプロテアの船積方法や税関を通る方法をアドバイスしてくれる。生花はカットされてから3週間程もつ。ドライフラワーのアレンジメントもすてきだ。

メイン $7〜12
月〜土 7:00〜14:00、日 7:00〜12:00

クラ・ロッジを過ぎた所、ハイウェイ377のマウカ側にある家族経営の店。景色に関しては特別なものはないが、食欲をそそる料理が味わえる。朝食はオムレツ、極上のエッグベネディクト。ランチは心のこもったサンドイッチとフレッシュサラダなど。テラス席または展望台のテーブル席がおすすめ。

ポリポリ・スプリング・ステート・レクリエーション・エリア
POLIPOLI SPRING STATE RECREATION AREA

ポリポリ・スプリング・ステート・レクリエーション・エリアはハレアカラの西斜面にあるクラ保安林だ。公園は針葉樹森の中にあり、ピクニック用テーブル、キャンプ場、あまり利用されていないがハイキングやマウンテンバイク用トレイルがある。4WD以外では公園にたどりつけない場合もあるが、眺めがすばらしく、途中まででもドライブする価値はある。

アクセスはワイポリ・ロードWaipoli Rd経由。ワイポリ・ロードはハイウェイ377を進み、南側交差点手前のちょうど0.5マイル（約0.8km）手前でハイウェイ377を外れる。ワイポリはユーカリの森や広い牧草地を抜ける細い1車線の道路だ（路上の牛に注意）。何層もの雲が流れていく。雲が晴れたときには、緑で覆われた起伏の丘の向こうにラナイ島LanaiやカホオラウェKahoolaweのパノラマが見える。

この道を思いきって登る人は非常に少なく、鳥のさえずりしか聞こえない静かな所だ。このエリアの木はすべて針葉樹で、大恐慌の労働プログラムとして、市民保護団体Civilian Conservation Corps（CCC）によって植林された。幾つものトレイルが旧CCCキャンプやレッドウッド、トネリコ、イトスギ、スギ、松などの樹木を通る。本当にすべてが北カリフォルニアコーストにどこか似ている。

雲が重くのしかかってくるようなときは、視界が悪くなる。道路には軟路肩があり、始めの6マイル（約9.7km）は舗装されている。道は保安林に入ると再び土になる。道がぬかるんでいるときは、キャンプ場までは4マイル（約6.4km）悪路が続いているので普通車で行くのは避けたほうがよい。

道路の先にあるトレイルはマウンテンバイクにのみ開放されているので注意。スカイライン・トレイルSkyline Trailについては後出ハレアカラ国立公園を参照。

ワイアコア・ループ・トレイル
Waiakoa Loop Trail

距離3マイル（約4.8km）のワイアコア・ループ・トレイルの起点はワイポリ・ロードWaipoli Rdを5マイル（約8km）登ったハンターチェックステーションだ。トレイルはすべて舗装されている。トレイルの標識ゲートを左手に見て草で覆われた山脚を0.75マイル（約1.2km）歩こう。ハイキングは松林を出発する3マイル（約4.8km）の1周コース。1周コースを約1マイル（約1.6km）ほど登った右側にアッパー・ワイアコア・トレイルUpper Waiakoa Trailの合流点がある。

アッパー・ワイアコア・トレイル
Upper Waiakoa Trail

アッパー・ワイアコア・トレイルは7マイル（約11.2km）の骨が折れるトレイルだ。ナ・アラ・ハレNa Ala Heleグループにより最近修復が進んでいる。このトレイルはワイアコア・ループの標高6000フィート（約1830m）地点から始まり、つづら折れを1800フィート（約549m）登り再び下る。石だらけの地形だが標高が高く見通しが良いので、眺めがすばらしい。水を十分持って行くこと。

トレイルはハンターチェックステーションとキャンプ場の間まで。こちら側からトレイルを歩き始める場合、ワオフリ・トレイルWaohuli Trailの標識に目を光らせておくこと。アッパー・ワイアコア・トレイルはこの地点で道路を渡ったところから始まる。

宿泊

テントキャンプには州の許可が必要。設備は限られている。トイレはあるが、シャワー、飲料水はない。キャンパーは限られた場所をとっかえひっかえ掘り起こすことになる。さもなければキャンプサイトは荒れ果ててしまうだろう。ゴミについてはあえて言及はしない。このあたりは寒い所なので適切な準備をしておくこと。冬には夜になると0℃以下まで気温が下がる。

「アーチェリーのみ Archery only」という看板のあるユニットEを下った所にあるキャンプ場からさらに半マイル（約0.8km）森の中のトレイルを下りると、家具・キッチン付**キャビン**が1棟ある。ほかの州のキャビンと違い、ガスランプと薪ストーブはあるが電気は来ておらず冷蔵庫もない。

ケオケア
KEOKEA

20世紀への変わり目、ケオケアは主に人里離れたクラ地区で農業を営む中国の客家の土地

アップカントリー － ウルパラクア・ランチ

であった。村にある緑と白のセント・ジョンズ聖公会教会 St John's Episcopal Churchは1907年にチャイニーズコミュニティーのために建てられた。晴天の日には道路からウエスト・マウイやラナイ島の眺望を楽しめる。

ケオケアにはこれといったものはないが、島の南をひと周りするのであれば、ハナに着くまでに立ち寄れる最後の町といえる。コーヒーショップ、ガソリン給油所、小さな店2～3軒がある。

トンプソンランチ
Thompson Ranch
☎878-1910
🏠Thompson Rd
🐴朝の乗馬2時間$70

宿泊・食事

シルバー・クラウド・アップカントリー・ゲスト・ランチ
Silver Cloud Upcountry Guest Ranch
☎878-6101、800-532-1111 FAX878-2132
W www.maui.net/~slvrcld
🏠1373 Thompson Rd
🛏客室$85～125、ワンルーム型$105～145、コテージ$160

かつては牧場であったカントリースタイルのB&B（ベッド&ブレックファスト）。セントラル・ケオケアからちょうど1マイル（約1.6km）過ぎた所にある。プランテーションホームの雰囲気を味わえる。硬材の床、暖炉のあるラウンジ、ゲストルーム6室。全室プライベートバス付。裏手にある小屋は5つの小さなワンルーム型に改造され、各室簡易キッチン付。フレンチドアを開けると小さなポーチへ出る。離れのコテージはハネムーン向きで、キッチン、猫足付きのバスタブ、薪ストーブ、屋根付ラナイあり。すべてブレックファスト込み。キッチン、チェス、ハンモックは共同。

ムーンライト・ガーデン・ベッド・アンド・ブレックファスト
Moonlight Garden Bed & Breakfast
☎878-6977、866-878-6297
W www.maui.net/~mauimoon
🏠213 Kula Hwy
🛏1ベッドルームコテージ$115、2ベッドルームコテージ$125

すてきな離れのコテージが2棟。ファミリーホームや農場と隣接している。ケオケア・ビレッジ・センターまで徒歩圏内だが、静かで人目のつかない所にある。各コテージには設備の整ったキッチン、テレビ、電話、洗濯機、乾燥機あり。海に沈む夕日が見える。広々とした1ベッドルームコテージには暖炉、ハンモック、星の見えるデッキがある。庭には果樹や竹が植えられている。経営者はフレンドリーで博識。クレジットカード不可。最低2泊から。

ブルーム・コテージ
Bloom Cottage
🛏2ベッドルームコテージ$125、3ベッドルーム$150

イースト・マウイのパイアにあるフッキパ・ヘイブンHookipaHavenから予約する。家の横にソールトボックス型の独立したコテージが立っている。もともと1900年代初期クラの司祭のために建てられた。コテージにはキッチン、テレビ、ビデオ、正面のポーチ、暖炉が夜の冷え込みから守ってくれる。ブレックファストやランドリー設備もある。最低3泊から。

グランマズ・コーヒー・ハウス
Grandma's Coffee House
🏠Hwy 37
🍴1品$6～8
🕐7:00～17:00

自家製のペストリー、クラの野菜を使ったサラダ、炒りたてのマウイコーヒーがアップカントリーの人々に人気。グランマズのオーナー一家が1918年からハレアカラの斜面でコーヒー豆を栽培しており、サイドポーチを歩くとコーヒーの木を見ることができる。ピイラニ・ハイウェイPiilani Hwyを回りハナへ向かうのであれば、ピクニックランチをどうぞ。

ウルパラクア・ランチ
ULUPALAKUA RANCH

ケオケアからハイウェイ37は南に蛇行し、カホオラウェ島Kahoolaweと小さなモロキニ島Molokiniを展望しながら牧場のある土地を抜ける。曇った日でも雲下に海岸沿いのキヘイKiheiに日が射すのを見ることができる。

19世紀半ば、ウルパラクア・ランチは捕鯨船の船長ジェームス・マケエ所有のサトウキビプランテーションであった。「メリー・モナーク（陽気な王様）」と呼ばれたデビッド・カラカウア王がしばしば訪れ、夜遅くまでポーカーやシャンパンを心ゆくまで楽しんだ。1963年以降は、2万5000エーカー（約1万ヘクタール）の農場はカリフォルニア出身の石油地質学者パーディ・アードマンおよびその家族の所有となっている。この牧場には現在も6000頭の牛、600頭のメリノ羊、150頭のロッキーマウンテンエルクが飼われている。

ウルパラクア・ランチ・ストア Ulupalakua Ranch Store（🕐9:00～17:00）はランチ事務所の反対側、ケオケアの5マイル半（約8.8km）南にある小さな店。カウボーイハット、Tシャツ、お土産、スナック（$1マフィンをお試しあれ）を販売している。正面入口にある木

製のカウボーイは必見。このランチに住んでいた芸術家、故リームス・ミッチェルが彫ったものだ。

道を渡ったウルパラクア・ランチの中央には、1976年に最初のぶどうが植えられた**テデスキー・ワイナリー Tedeschi Vineyards**（☎878-6058 ◎試飲 9:00～17:00、ツアー 10:30、13:00）がある。ワインの試飲はヌーボーのみだが、価値あり。試飲は無料。テイスティングルームとギフトショップに併設してランチの歴史がわかる魅力的な小さな**ミュージアム**（料無料）がある。

ワイナリーの反対側には1878年に建てられた**マケエ製糖工場 Makee Sugar Mill**の3本の煙突が残っている。この後は、さらに25マイル（約40km）壮観なピイラニ・ハイウェイPiilani Hwyのほこりっぽいでこぼこの道がカウポ Kaupoまで続く（本章で前出の「イースト・マウイ」も参照）。

ハレアカラ国立公園
Haleakala National Park

ハワイ語でハレアカラHaleakalaは「太陽の家」という意味がある。半神半人、いたずら好きのマウイは、まさにこの火山の頂上で姉の髪で編んだ縄を投げ太陽を捕えたのだ。太陽が許しを請うても彼は耳を貸そうとしなかった。ゆっくりと空を横切り、ハワイ諸島にもっと長く輝かしい光を浴びせること、という条件を呑み、太陽はやっと開放されたのだった。

火山は、長い間、島の霊魂だと思われていた。古代、火山は崇高なものとされ、カフナ（ハワイ先住民の祈祷師）の戦いの場であった。ほかの古代ハワイ人たちは溶岩を切り出して道具を作ったり、先祖の骨や赤ん坊のへその緒を火口深くに隠したりした。

かつてここに住んでいた神々の威光がいつまでも消えないせいなのか、それとも地球の地質学的力によるものなのか、いまだに時々振動が起こり、ハレアカラは人々に畏怖の念を抱かせ続けている。ジャック・ロンドンは1900年代初期にハワイへ渡り、ハレアカラは「ほかのものでは伝えることのできない、人間の魂に捧げられた美しく不思議なメッセージ」を発していると語った。

水による侵食で外周に2本の大きな川ができ始める前、ハレアカラの高さはもっとも高い時でおそらく1万2000フィート（約3658m）はあった。北西側にあるコオラウ・ギャップ Koolau Gapと南東にあるカウポ・ギャップ Kaupo Gapの2つの渓谷は、火口壁の中にそびえ立つ地形をしている。最後の噴火で数多くの噴石丘がハレアカラ・クレーターHaleakala Craterの底に形成された。その最後の噴火というのは200年以上も前のことで、溶岩はマケナMakenaとラ・パルース湾La Perouse Bayに向かって流れていった。ハレアカラは今後数百年のうちにもう1度噴火してから永遠の眠りにつくだろうと考えられている。

今日、ハレアカラ国立公園は噴火口から下って、ハナHanaの南にある海岸のオヘオ峡谷 Oheo Gulchの池（オヘオ・プール）にまで及んでいる。噴火口とオヘオ峡谷への入口は別々で、この2つの区域をつなぐ道路はない。

多くの観光客にとって、横幅7.5マイル（約12.1km）、縦幅2.5マイル（約4km）、深さ3000フィート（約914m）という自然が生み出した驚異、ハレアカラ・クレーターは公園の中心的存在だ。その火口の大きさたるやマンハッタンの島すべてがすっぽり入ってしまうほど。火口は月の表面に似ていて、一見したところ高く壮大な噴石丘が点在し、生命が存在しない場所に見える。火口の縁沿いには、ぞっとするような光景が広がっており、めまいがするほどはるか下の火口原を横切る、珍しいハイキングコースもある。

絶対にはずせないのは、火口の縁に立ち日の出を見る巡礼のツアーで、そのツアーでは神秘ともいえる体験ができる（後出コラム「日の出を体験」参照）。たいてい、早朝は火口の眺めがもっともいい時間帯だ。もっと時間がたつと、雲は暖まった空気によってますます高く持ち上げられ、火口の縁にある2つの渓谷と火口に流れ込む。快晴なら、日没にはパレットの絵の具のような鮮やかな色が雲の層に反射してかなり感動的と言える。

インフォメーション

ハレアカラ国立公園
Haleakala National Park
W www.nps.gov/hale
料 7日間入場パス 車＄10、徒歩・自転車・オートバイ＄5
◎年中無休
公園入口のチケット売り場は、夜明け前のかなり早くから夜遅くまで開いている。ハレアカラ年間パス（＄20）同様、国立公園年間パス（＄50）もここで購入できる。

公園管理事務所
Park headquarters
☎572-4400
◎8:00～16:00
公園の境界から1マイル（約1.6km）足らずの所にある。前もって電話して、アクテビティや

ハレアカラ国立公園

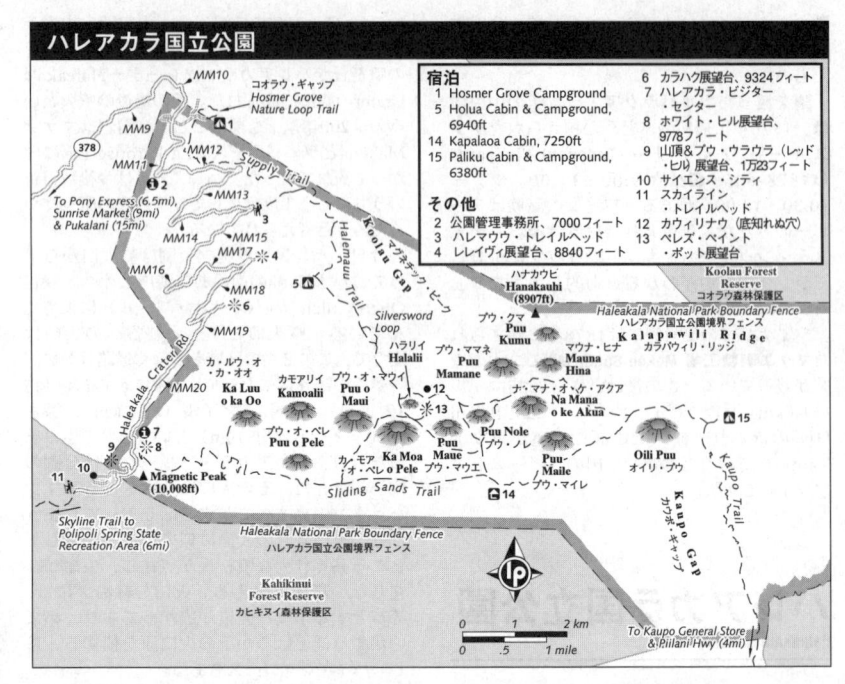

宿泊
1 Hosmer Grove Campground
2 Holua Cabin & Campground, 6940ft
14 Kapalaoa Cabin, 7250ft
15 Paliku Cabin & Campground, 6380ft

その他
2 公園管理事務所、7000フィート
3 ハレマウウ・トレイルヘッド
4 レレイヴィ展望台、8840フィート
6 カラハク展望台、9324フィート
7 ハレアカラ・ビジター・センター
8 ホワイト・ヒル展望台、9778フィート
9 山頂&プウ・ウラウラ（レッド・ヒル）展望台、1万723フィート
10 サイエンス・シティ
11 スカイライン・トレイルヘッド
12 カウィリナウ（底知れぬ穴）
13 ペレズ・ペイント・ポット展望台

キャンプ許可、公園の一般使用条件などの録音情報を聞くことができる。この事務所には詳細なパンフレットが置いてある。ここではキャンプ許可がもらえるほか、地質と動植物に関する本も購入できる。建物の前にはわずかながら銀剣草が生えており、駐車場では時々つがいのネネが我が者顔で歩き回っている。ほかに山頂付近にも**ビジターセンター**がある。

園内では食べ物が売られていないので、特に日の出を見に行く場合は何か食べ物を持って行ったほうがいい。そうしないと、お腹がすいて山を下りる途中ずっと急ぎ足になり、景色をじっくり見る暇もなかった、ということになりかねない。自転車は、繊細な生態系を壊すことのないよう園内の舗装道路でだけ認められている。

車で来る時には、事前に**気象情報**（☎877-5111）をチェックしよう。海岸地域では晴れていたのにハレアカラでは曇っていた、というのはよくあることだ。霧雨の中で見る日の出は、朝4時に起きた後では特にがっかりさせられることこの上ない。夜明け前まで一晩中、気温は氷点下を下回るので必ず温かい服を持って行くこと。

アクティビティ

公園内でのプログラムとガイド付きハイキングはすべて無料。十分暖かくなった6月～9月には夜の天体観測や満月ハイキングが行なわれる。ワイカモイ自然保護地域Waikamoi Preserveを通るガイド付き散策や、サミット・ビジター・センターsummit visitor centerから始まるもっと長いハイキングもある。

自転車ツアーとガイド付き乗馬については本章前半のアクテビティ参照。

ハレアカラ・クレーター・ロード
HALEAKALA CRATER ROAD

ハレアカラ・クレーター・ロード（ハイウェイ378）は、クラKula近くのハイウェイ377から公園入口まで11マイル（約18km）を曲がりくねって進み、さらに10マイル（約16km）進んでハレアカラの山頂に至る。きれいに舗装されてはいるが蛇行した急な道だ。暗い時や霧が出ている時は特にゆっくり行こう。牛が道路の至る所を歩き回っているのでご用心。

山頂まで行くのに、パイアPaiaやカフルイKahuluiからは車で約1.5時間、キヘイKiheiからは2時間、そしてラハイナLahainaからはもう少し時間がかかる。ガソリンが必要なら、その前の晩に満タンにしておいたほうがいい。ハレアカラ・クレーター・ロードにはガソリンスタンドがないからだ。

山頂から戻ってくる時、眼下にマウイが見わたせ、谷底に作られたパッチワークのようなサトウキビ畑とパイナップル畑が見える。ハイウェイは左右にくねっているので、ブレーキが故障しないよう低速で走ろう。自転車に乗っている人にも気をつけたい。

ホスマー・グローブ
Hosmer Grove
公園管理事務所の0.75マイル（約1.2km）手前にあるホスマー・グローブでは、キャンプ場から始まる0.5マイル（約0.8km）の楽しい1周コースがある。その自然散策では、外来種の森を出発し、天然のハワイ低木地帯を通る。公園管理事務所でトレイルガイドをもらおう。

外来種の樹木は、1910年ハワイの木材産業を発達させるために導入された。植林されたオニヒバやドイツトウヒ、ベイマツやユーカリ、さまざまなマツ類は十分適応し生育したが、この標高では生育が遅く商用には適さなかった。そのおかげでと言うべきか、今日ここは公園になっている。

自生植物には、アカラ（ハワイアンラズベリー）やママネ、ピロ、キラウのシダ類、サンダルウッドなどがある。オヘロは、火山の女神ペレに捧げられた実で、プキアウェは赤と白の実をつける常緑樹だ。どちらも絶滅の危機に瀕したネネの餌となっている。

このトレイルでは、芳しい香りと鳥の鳴き声を楽しむことができる。ハワイ原産のイイヴィとアパパネはスズメほどの大きさの鳥で、光る赤い羽を持ちどこでも見かけることができる。イイヴィは大きなキーキー声で鳴き、足はオレンジ色で淡紅色（または黄色）の曲がったくちばしを持つ。アパパネは黒いくちばし、黒い足、白い尾を持ち、動きの素早い鳥だ。オヒアの花の蜜を吸い、ブンブンという独特の羽音を立てる。

ワイカモイ自然保護地域
Waikamoi Preserve
ワイカモイ自然保護地域は、ホスマー・グローブに隣接する5230エーカー（約2117ヘクタール）の保護区だ。ここには自生のコアとオヒアが生える多雨林があり、数多くの珍種や絶滅の危機に瀕した種を含め、ハワイの森に生息する鳥のすみかとなっている。マウイキバシリと冠毛のあるハワイミツスイはどちらも絶滅危惧種だが、ほかの種に比べると見かけることが多い。

ネイチャー・コンサーバンシー The Nature Conservancy（☎572-7849）では、毎月第2土曜に4時間のガイド付きハイキングを行なっている。寄付金として＄25（会員は＄15）払う。前もって予約が必要だ。国立公園局 National Park Serviceでは、ホスマー・グローブ・キャンプ場から保護地に入る、3時間で3マイル（約4.8km）のガイド付きハイキングを月曜と火曜の9時から無料で行なっている。ハイキングは、たまに気象条件によっては中止になることがある。事前に電話で確認を。

レレイヴィ展望台
Leleiwi Overlook
レレイヴィ展望台は標高8840フィート（約2694m）で、公園管理事務所とサミット・ビジター・センターの中間をほんの少し越えた所にある。駐車場から出てすぐ展望台に着く。そこはウエスト・マウイ山脈と、マウイの東西をつなぐくびれた地形の両側が見られる場所だ。ハレアカラ・クレーターも別の方向から見ることができる。

午後に気象条件が合えば、**ブロッケンの怪物 Brocken specter**と呼ばれる標高の高い場所で

御来光の体験
ハレアカラの御来光はかのマーク・トウェインに、これまで見たこともない「もっとも荘厳な光景」と言わしめたほどで、忘れられない体験となる。暗闇の中、車で山に登る間に見えるのは、キラキラと輝く町の灯りと満天の星、そして遠く暗い地平線に浮かぶ1～2隻の漁船だけだ。

夜明けの1時間ほど前、夜空は明るくなり始め青紫色へと変わり、星はだんだん消えていく。天空に山々の輪郭が浮かび上がる。

山頂へは日の出の30～40分くらい前に到着するようにしよう。最初、雲の下が明るくなり、淡い銀色の細長い線と薄紅色の筋が夜空に映える。日の出のおよそ20分前ともなれば、まるで日没のように鮮やかなオレンジと赤に染まった地平線の上で光はその輝きを強める。振り返ってサイエンス・シティ Science Cityに目をやれば、そこのドームは燃えるような薄紅色になっている。

絶好のシャッターチャンスは、実際の御来光前に訪れる。毎朝同じではないが、1度太陽が昇ってしまえば銀のような線や微妙な色合いが消えてしまうのだ。もし寝坊したり道路が混んでいたら、夜明けがやって来る前に車を山頂より下にある火口展望台に停めよう。すべての人が、丸い太陽が現れすべてが燃えるような激しい色になるグランドフィナーレの瞬間を見るためにやって来る。

冬物のジャケットや身を包む寝袋を持っていない場合は、ホテルから暖かい毛布を持って来るといい。そうすれば、ホワイト・ヒル展望台 White Hill Overlookの山頂やスライディング・サンズ・トレイルの途中といった屋外の物静かな場所に座ることもできる。混み合ったビジターセンターや頂上の展望台の暑苦しい室内にいるよりましです。

起こる光の現象を見ることができるかもしれない。これは、太陽と雲の間に立つことで自分の姿が拡大されて雲に投影されるというものだ。光は雲の中の小さな水滴に反射し、自分の影の周りに円形の虹ができる。

カラハク展望台
Kalahaku Overlook

カラハク展望台は標高9324フィート（約2842m）で、レレイヴィ展望台の上およそ1マイル（約1.6km）の所にある。展望台の下には囲いが設けられており、多くの銀剣草が生えている。その中には苗もあり花をつけた株もある。

上には、ハレアカラ・クレーターを見下ろす展望デッキがある。そこの情報提示板を見れば、下の火口原にある噴石丘をはっきりと確認できる。

午後の太陽光は写真を撮るのに最適。早朝は、小道を数分下り展望デッキの左側まで行くのにちょうどいい明るさだ。

ハレアカラ・ビジター・センター
Haleakala Visitor Center

ビジターセンター（◎夏 6:00～15:00、冬 6:30～15:00）は、標高9745フィート（約2970m）ほとんど山頂近くの火口の外周にあり、日の出が見られる絶好のスポットだ。このセンターには火山の進化についての小さな展示があり、3000フィート（約914m）下の火口原で見られるものについての録音説明が聞ける。自然に関する本やポストカードもここで売られており、レンジャーがほぼ常駐している。トイレと公衆電話が利用できる。

夜明け前、駐車場はツアー客を乗せたワゴン車やマウンテンバイクのグループ、馬で散策する人々、日の出を見に来る人々などでいっぱいになる。自然や文化の歴史についての簡単な説明は、サミット・ビジター・センターで、9:30、10:30、11:30の3回、毎日行なわれている。パークレンジャーは、スライディング・サンズ・トレイルSliding Sands Trailをおよそ1マイル（約1.6km）下る中級レベルの2時間ハイキングも指導している。参加したい時は、火曜と金曜の9:00に、トレイル入口に集合しよう。12マイル（約19km）あるスライディング・サンズ〜ハレマウウ・トレイルHalemauu Trailのガイド付きハイキングが月に1度か2度開催される。

山頂
Summit

1万23フィート（約3055m）にある**プウ・ウラウラ（レッド・ヒル）展望台 Puu Ulaula (Red Hill) Overlook**は、マウイ島で一番高い場所だ。展望台にあるサミット・ビルには広角窓がついていて、晴れた日にはハワイ島やラナイ島、モロカイ島やさらにはオアフ島まで見える。火口近くの**マグネチック・ピーク Magnetic Peak**は、コンパスを狂わせるほど磁力がある。

サミット・ビルはビジターセンターから0.5マイル（約0.8km）上にある。昔、火口から吐き出され硬くなった溶岩「火山噴出物」を見に、駐車場周辺を歩いてみよう。

海抜0の地点からハレアカラ山頂まで37マイル（約60km）のドライブは、世界でもっとも短い距離でもっとも高い標高に達するといわれている。

サイエンス・シティ
Science City

ハワイ島のマウナ・ケアMauna Keaでは、科学者たちが月を研究している。そして、ここハレアカラでは、この地にふさわしく太陽が研究されている。

サイエンス・シティは山頂のちょうど向こう側にあり、旅行者は立ち入り禁止の場所だ。ここはハワイ大学により管理されている。ハワイ大学はドームの一部を所有しているが、それ以外の場所は賃貸しをして、公私さまざまな研究プロジェクトに使用している。ごく最近、ハワイ大学はイギリスに本部がある教育財団と協力し、フォーカスFaulkes望遠鏡に着工した。その望遠鏡は、公共プログラム、主に遠隔授業専用として使用されるものとしては世界最大である。

国防総省が関わるプロジェクトには、「スター・ウォーズ（戦略防衛構想）」計画や、衛星の追跡と識別、宇宙空間の監視システムに関連するレーザー技術がある。最新の軍用望遠鏡は1997年から利用されるようになり、1億2300万ドルの建設費用がかかっているもので、2万マイル（約3万2200km）離れた宇宙を飛んでいるバスケットボールくらいの大きさの物体を認識できる。

火口ハイキング
HIKING THE CRATER

火口原をハイキングすると、ハレアカラの月の風景をまったく違った角度から見ることができる。縁から覗き込むのではなく、壁とそびえ立つ噴石丘を見上げるのだ。アメリカの宇宙飛行士が月に行く前にここで訓練したというのもわかるほど月の風景に似ている。月と言えば、満月の夜ここを歩くと魔法にかかったように幻想的だ。

プエオpueo（ハワイフクロウ）の叫ぶよう

ハレアカラ国立公園 − 火口ハイキング

な鳴き声と、人懐っこいネネの鳴き声以外で唯一耳に届くのは、踏まれ砕け散る噴石の音くらいだ。コウライキジは、人が近づいて来ると驚いて素早く火口原を飛び立って行くだろう。ウアウ（黒っぽい尾のウミツバメ）は、ネネや銀剣草に並んで絶滅を危惧されている種で、海の近くの餌を捕り溶岩の間に巣を作る。これらの海鳥は、1970年代に火口で再び目撃されるまでは絶滅したと考えられていた。

ハレアカラの天気は乾燥して暑い状態から、突然冷たい風雨に変わったりする。通常、朝は晴れて午後から曇る。霧と雲は時間はにかかわらず出てくる。ハイキングを始める時点の天気をあてにしてはいけない。季節を問わず昼間は50°F（10℃）台、夜は30°F（−1℃）台にまで落ち込む場合があるので、そのつもりで準備したほうがいい。ふさわしい服装をしていないと、低体温症になる危険性がある。天気は火口原を渡っている時にもガラリと変わる。カパラオア・キャビンKapalaoa Cabinとパリク・キャビンPaliku Cabinの間は4マイル（約6.4km）だが、年平均降水量はカパラオアが12インチ（約305mm）なのに対し、パリクでは300インチ（約7620mm）にもなる。12月から5月までは雨季だ。

火口の中を通る27マイル（約44km）の各トレイルの合流点には標識が立ててある。繊細な環境を守るため、常に設置されたトレイルの中央を歩くようにし、たとえジグザグの道を通ってよく踏み固められた近道があったとしても、トレイルから外れてはいけない。人気の1日ハイキングは、スライディング・サンズ・トレイルから下り始め、ハレマウウ・トレイルを通って戻ってくる、健脚向きの11.5マイル（約18.5km）のハイキングだ。

火口原の平均標高は6700フィート（約2042m）で比較的空気が薄いため、ハイキングはかなり疲れる。標高が高いということは、日焼けもしやすいということだ。日焼け止めの薬と雨具、重ね着できる服を少し、それから救急箱とたっぷりの水を用意したい。

スライディング・サンズ・トレイル
Sliding Sands Trail

スライディング・サンズは火口の中にある山頂トレイルで、ビジターセンター駐車場の南側をスタートする。ほとんどの旅行者はこの道を通って火口へ入るが、逆に火口から出ることも可能だ。ただ、登りはゆっくりとしか進めないということだけ考慮に入れておこう。

スライディング・サンズは、9740フィート（約2969m）の高さから出発し、もろい噴石を

ハワイの州鳥

ハワイ原産の鳥、ネネはカナダガンの仲間だ。この鳥はたいてい、わずかに植物が生える溶岩流に囲まれた高い崖の上に巣を作る。奇妙にも、彼らの足はほとんどすべての水かきを失うことで、乾燥した火山の環境に適応した。

1946年には、世界でたった50羽のネネが生存するのみとなった。実は、ボーイスカウトがひな鳥をバックパックに入れて運び、ハレアカラの火口に戻すまではハレアカラ国立公園には1羽も残っていなかったのだ！この優しい生き物は今、ケージの中で飼育し外へ放つ計画によって、絶滅の危機をのがれている。

現在、ハレアカラにいるネネの数は、約250羽で安定している。ネネは非常に人なつこく、火口原のキャビンから公園管理事務所までの所で、人がいる場所をうろつくのが大好きだ。そのため、不幸なことに、車にひかれてしまうことが多い。また、訪れる旅行者が餌をやるので、彼らは野生に戻るのが遅れてしまっている。どうか餌をやらないで！

越えて急勾配を下り、火口原に至る。そのトレイルを9.5マイル（約15.3km）行けば、パリク・キャビンとキャンプ場にたどり着く。途中、5.75マイル（約9.3km）の所にあるカパラオア・キャビンを通り過ぎて4時間ほどかかる。日の出を見た後ハイキングをすると、歩いているうちに風は温まり日の光が差し始める。

トレイルは最初、火口の南の壁に沿って続く。その下りの眺めは最高だ。数本の低木を除いてこの地に植物は生えていない。急な尾根のトレイルはおよそ2マイル（約3.2km）下り（1400フィート＜約427m＞の降下）、銀剣草を横手に行って0.5マイル（約0.8km）先のカ・ルウ・オ・カ・オオ Ka Luu o ka Ooという噴石丘にたどり着く。そこから4マイル（約6.4km）下っていくと、標高は2500フィート（約762m）下がり、3つの尾根のトレイルの最初の1つ、北の噴石砂漠へと続くトレイルと交わる。さらに1.5マイル（約2.4km）ほど行けば、ハレマウウ・トレイルHalemauu Trailとぶつかる。

火口原を横切って2マイル（約3.2km）進みカパラオアに着くと、青々とした尾根が右手にそびえている。最終的にこの道は、歩きづらいパホエホエ溶岩の道に変わる。カパラオア・キャビンからパリクまでの道は穏やかな坂道で、植物も徐々に増えていく。パリク（6380フィート＜約1945m＞）は、火口の東端で切り立った崖に遮られている。西端の火口の荒地と違い、この地区は激しい雨が降りオヒア

マウイ島

の森が傾斜を這い上がっている。特にこの最後の行程は、いったん雨が降り出すとまるで永遠に続くように長く思われる。

ハレマウウ・トレイル
Halemauu Trail

ハレマウウ・トレイル入口は、公園管理事務所の上3.5マイル（約5.6km）、サミット・ビジター・センターの下6マイル（約10km）ほどの所にある。駐車場ではよくネネを見かけるが、ここでは多くのネネが車に轢かれて死んでいるので注意したい。ホスマー・グローブでキャンプしたいなら、おもしろみはないが珍しい**サプライ・トレイル Supply Trail**を行く方法もある。その道は2.5マイル（約4km）行った火口の縁でハレマウウ・トレイルと合流している。

長いハイキングに出かける気力がなくても、とりあえず公園境界の柵まで1マイル（1.6km）行くだけで、東にあるコオラウ・ギャップと火口のすばらしい眺めが楽しめる。この地点に到るまで、標高はかなり上昇する。そのままトレイルを歩き続け、高さ1400フィート（約427m）、距離にして2マイル（約3km）ジグザグ道を下って行き、さらに火口原を横切ってホルア・キャビンHolua cabinとキャンプ場まで歩けば、その8マイル（約13km）の往復だけで十分な運動になる。ただ、出発は早いほうがいい。午後は雲が火口の中に入ってきて視界が悪くなる。

標高6940フィート（約2115m）のホルアは、このハイキング中もっとも低い場所の1つで、西側にそびえたつ高さ数千フィートの火口壁は見ごたえ十分だ。ここにある2つの**溶岩洞**は大きめで、探検するにはもってこい。1つはキャビンの向こうの険しい崖を少し登った所にあり、もう1つはトレイル沿いを迂回して15分の所にある。もし体力があれば、さらにもう少し色とりどりの噴石丘まで果敢に進もう。ちょっと寄り道して、**シルバーソード・ループ Silversword Loop**の中を行けば、さまざまな成長段階の銀剣草が見られる。夏にここを訪れれば、花も見ることができるはずだ。

ハレマウウ・トレイルをさらに6.25マイル（約10km）行くと、パリク・キャビンに出る。

噴石砂漠の探検
Exploring the Cinder Desert

ほとんどすべてのハイキング・トレイルは山腹が終点のため、このすばらしい地域を見るのなら、同じ道を引き返すほかない。尾根にある3つの主なトレイルは、カパラオア近くから、スライディング・トレイルとパリクとホルアの間にあるハレマウウ・トレイルを結んでいる。とても短い距離なので、時間的には3つのトレイル全部を歩くのも可能だ。

最西端の尾根のトレイルでは、この上なく多彩な噴石丘が見え、ひと足歩くごとに景色の見える方向が変わる。荒涼とした暗く不毛な地を見たいなら、ほかの2つのトレイルを進み、アアやパホエホエ溶岩原を通ることができる。最東端のトレイル沿いには、赤錆色の噴石が散らばっている。

3つのトレイルは、すべて**カウィリナウ Kawilinau**近くの噴石砂漠の北側で終わっている。カウィリナウは底知れぬ穴としても有名だ。言い伝えによれば、その穴は海につながっているらしいが、公園のスタッフは65フィート（約20m）の深さしかないと言う。しかし、実際にその狭い縦穴をのぞきこむことはできない。必見は**ペレズ・ペイント・ポット展望台 Pele's Paint Pot Lookout**。短い1周トレイルを通って、見晴らし台の腰掛にしばらく座ってみよう。火口の中でもっとも見晴らしのいいポイントだ。

カウポ・トレイル
Kaupo Trail

火口原の東端にあるパリク・キャンプ場から、さらに8.5マイル（約13.7km）進むと、南海岸のカウポまで下ることができる。このトレイルを行くと、公園の境界線にたどり着く前に、最初の4マイル（約6.4km）で標高は2500フ

植物界のラクダ

際立って美しい銀剣草 silversword（アヘナヘナ ahinahina）は、先の尖った銀色の葉を持つ植物でヒマワリの遠い親戚だ。この驚くべき植物は一生に1度だけ花を咲かせるのだが、それまでには3～50年かかる。花が咲く年には、花茎が急激に伸び、時には6フィート（約1.8m）を超えることもある。この植物は夏の間、茎に栗色や黄色の花をたくさんつけ、晩秋に花が終わって種ができると枯れてしまう。

銀剣草はハワイでしか見ることのできない植物で、草を食べる野生化したヤギや記念にと摘んで行く人たちのせいで、20世紀初頭にはほとんど姿を消した。その数が回復したのは、公園局スタッフの努力の賜物といえよう。今日、銀剣草の半分は苗のうちに、トレイルから外れた不注意なハイカーたちに踏みつけられて枯れてしまう。

しかし、銀剣草はいつだって生き抜いてきた。なにしろ、マウイやハワイ島といった火山特有の不毛な生息環境に適応したのだ。つややかな葉は進化して銀色の毛をたたえ、紫外線を反射するようになった。そして、葉を内側に巻き込んで乾燥を防ぐようになった。浅く広がる根系は、目の粗い噴石の隙間に隠れている水分を集める。

ィート（約762m）下がる。でこぼこの溶岩と低木林地を通る険しい岩だらけのトレイルだが、ここまで海岸の景色を眺めにやって来るだけでも十分価値がある。

最後の4.5マイル（約7.2km）は日陰のないでこぼこのジープ・トレイルの上を進み、カウポ・ランチの所有地を通り過ぎてカウポ・ギャップの底まで下りると、野生化したブタが鼻をフンフン言わせている森の中へ出ていく。ここのトレイルの表示は薄れて見えにくくなっているが、舗装されていない道路に出たら、あと1.5マイル（約2.4km）でカウポ・ジェネラル・ストアKaupo General Storeの東側にある出口に着く。

カウポの「村」（前出の「ピイラニ・ハイウェイ」参照）は、どこの町からも遠く離れており、交通量が非常に少ない。それにもかかわらず、ここを通る車（大部分は島の周囲の道路を回ろうとする勇気ある観光客と小型トラックの地元住民）はみな、カウポのガタガタ道を立ち話ができるくらいゆっくり走っている。最後の直線コースを歩けば、8マイル（約13km）でオヘオ・グルチ・キャンプ場に着く。

このハイキングは道のりが長く、足もとが不安定な中を歩くのでかなりきつい。登りも含め、1人でのハイキングはおすすめできない。伝説によれば、半神半人のマウイは太陽を抑え込むために火山に登ったとき、このルートを使ったとされている。とはいえ、単なる普通の人間にとってこの道はちっともおもしろくはないことを信じてほしい。国立公園局は、ハイキングに向かう人々用のカウポ・トレイルのパンフレットを発行しているので事前にもらっておいたほうがいい。

スカイライン・トレイル
Skyline Trail

この別世界のようなトレイルは、ハイキングルートにつながる主要な連絡道路だ。ハレアカラ山頂近く、標高9750フィート（約2972m）から始まり、6200フィート（約1890m）のポリポリ・キャンプ場Polipoli camping groundに至っている。全長8.5マイル（約13.7km）、歩いておよそ4時間の距離だ。

スカイライン・トレイルは、かつてはポリポリ・スプリング・ステイト・レクリエーション・エリアPolipoli Spring State Recreation Areaの管理に使用されていた砂利道で、噴石や火口ばかりの開けた地形の中にあるサイエンス・シティ付近から始まっている。あと3マイル（約4.8km）をざくざく踏みながら歩くと、樹木限界線（標高8500フィート＜約2591m＞）に達し、天然林のママネ・フォレストに入る。

冬になると、ママネは、スイートピーのような上品な黄色い花の房をつけ美しい。

このトレイルを歩くと孤独に包まれる。雲が邪魔しなければ、不毛の山頂と濃い雲霧林の間に荒涼とした風景が広がる。トレイルの終点はポリポリへの主要な連絡道路につながり、ハレアカラ・リッジ・トレイルに合流する。さらにポリポリ・トレイルに続きキャンプ場に至る。

宿泊

宿泊施設は昔の原始的な状態をとどめている。バックカントリーのキャンプ場には、汲み取り式トイレがある。限られた飲用に不適な水はクレーター・キャビンで分け合って使うことになっている。すべての水はろ過するか、化学的処理をする必要がある。水のタンクは時々空になることがあるので、節水を心がけたい。キャンプファイアは禁止されており、ゴミも全部持ち帰ることになっている。食料、電化製品、シャワーといったものは一切ない。

標高7000フィート（約2134m）での宿泊は、浜辺のキャンプ場に比べはるかに寝心地が悪いということを覚えておこう。防水テントや冬用の寝袋がなければ、キャンプはあきらめること。切迫した緊急事態に陥った場合、パリクPalikuやホルアHoluaのレンジャーキャビンにレンジャーがいるが、常駐ではないので当てにしないほうがいい。

キャンプ

ホスマー・グローブHosmer Groveには、公園入口からチケット売り場の間に**オート・キャンプ場 drive-up camping ground**がある。ここはどちらかといえば、日が射さず湿っているが、それでも人気が高い。ピクニックテーブルやグリル、トイレや飲み水もある。許可は必要ないが、キャンプは1カ月当たり3日間までしか認められていない。夏は冬よりも混み合い、休日の週末ともなればたいてい満員になる。

2つのバックカントリーのキャンプ場 backcountry camping groundsは、ハレアカラ・クレーターの内部に位置している。1つは切り立った崖の下を通るハレマウウ・トレイルを4マイル（約6.4km）下ったホルアにあり、もう1つはハレマウウ・トレイルの終点となる多雨林の尾根を下ったパリクにある。どちらも天候の予測は不可能だ。**ホルア Holua**では、通常日の出後には天気は良いが、夕方近くに雲が舞い戻ってきて雨になる。**パリク Paliku**には牧草が茂り、頭上に広がる空では嵐と息を呑むほどに美しい日の光が交互に訪れる。キャビン近くではキャンプしないこと。

クレーター内のキャンプ場では許可が必要だ。許可は公園管理事務所で、ハイキングを行なう日の8:00〜15:00に基本的に先着順で出される。火口でのキャンプは、毎月3日間までと制限されていて、どちらのキャンプ場でも続けて泊まれるのはたった2晩だけ。夏には、大人数のグループがやって来ると許可証が早くなくなってしまう。

キャビン

3つの**ラスティック・キャビン rustic cabins**（1〜6人$40、7〜12人$80）が、火口のトレイル沿いのホルア、カパラオア、パリクにある。これらのキャビンは1930年代にCCC（資源保存市民部隊Civilian Conservation Corps）によって建てられた。どのキャビンにも、薪ストーブと2つのプロパンガス台、調理器具、マット付き（ただし寝具類はない）寝台12台、汲み取り式トイレがあり、水と薪（着火用の紙や木切れは持参）は制限された量だけの配給となっている。

火口の周囲からキャビンまでは、歩いて4〜10マイル（約6〜16km）の距離がある。カパラオアでもっとも乾燥しているのは、スライディング・サンズ・トレイルを下りた噴石砂漠の中央部だ。豊かな多雨林を持たないその地域を見ると、パリクが穏やかに見えてくる。ホルアでは、ほかに例を見ないほど美しい御来光を拝むことができる。宿泊はどこのキャビンでも同じで、3日間が限度、つまり2晩しか泊まれないことになっている。どのキャビンも1回に1グループのみに貸し出される。

ここのキャビンの問題点は、とにかく需要がべらぼうに多いことである。公園局は予約抽選会を毎月行なっている！ 参加するなら、宿泊予定日の前々月の1日までに予約希望を出しておかなくてはいけない（たとえば、7月のある日にキャビンを希望するなら、5月1日以前に届くようにする）。同じ月で第2希望を書いたり週末よりも平日を選ぶと当選のチャンスは増える。

書面による予約希望だけ受け付けている（電話、ファックス不可＜宛先：Haleakala National Park, PO Box 369, Makawao, HI 96768, Attn: CABINS＞）。住所、氏名、電話番号、具体的な日付とキャビン名、宿泊人数の記入を忘れずに。月ごとに別々に希望を出す必要がある。ハワイへ郵便物が届くには、アメリカ本土へ届くより時間がかかるので、早めに出そう。

抽選に選ばれたら通知が来て、予定日の少なくとも3週間前には料金を全額支払うよう指定される。許可証は郵送されるが、郵送を希望しない場合は別途公園管理事務所に電話するか、キャビンの鍵束をもらいに写真付きの身分証明書を持って事務所に行く必要がある。日の出後、すぐにハイキングに行くつもりなら、前もって手続きを済ませよう。管理事務所は通常早くても午前7時半までは開かない。

たまにキャンセルがあると土壇場で空きが出る。朝8時以降には、公園管理事務所でキャンセル状況を確認することができる。キャンセルについての問い合わせの電話は、毎日午後1時から3時の間だけ受け付けている。キャンセルが出た場合、キャビンの予約にはクレジットカードが必要である。

モロカイ島

Molokai

古くから伝わる歌によると、モロカイは月の女神でマウイの母ヒナの子供であったという。主な島々の中でハワイ原住民の比率がもっとも高く、人口の50％近くがハワイ原住民の子孫だと名乗っている。高層ビルが建ち並ぶマウイ島やオアフ島に比べると、モロカイ島Molokaiは南太平洋の中で忘れられた辺境地のようにすら思える。

ほんの少し町があるだけで人はわずかしか住んでいない。モロカイはハワイの田舎の風景を色濃く残しており、時間の流れの中を懸命に生き抜いてきたように感じられる。ここにはパッケージツアーも高層ビルもない。観光客より農民が多く、島には信号すら1つもないのだ。島民はよそ者に対して用心深いと言われているが、心からアロハ・アイナ（島を愛する気持ち）を表す人は受け入れられる。たった今やって来た人でさえ、気がつけば昨日この島に着いたばかりの人たちにシャカ（ハワイ式の手での挨拶）をしていることもある。

活動的に過ごしたいという人には、ここは不向きかもしれない。その代わり、800年前にできた養魚池のそばに腰を下ろし、はるか遠くに見えるマウイのハレアカラHaleakalaから登る朝日を堪能することができる。それから人っ子一人いないハワイ最大のビーチ沿いを歩くか、カラウパパKalaupapaにある昔のハンセン氏病の療養所まで崖沿いのミュールトレイル（ラバの通り道）を散歩できる。夕方になれば、王立のココナツの林にあるやしの木が風にサラサラ揺れる音を聞きながら夕日を眺めたり、風変わりなホテル・モロカイHotel Molokaiの海に面したバーでロマンチックなギターの調べを聴きながらゆっくりとした時間を過ごすこともできるのだ。ああ、ここはほんとうにパラダイスだ。

> ### ハイライト
> - ミュールトレイルを通って歴史あるカラウパパKalaupapaに向かう。
> - 野趣に富み風の強いモロカイのビーチの散策・キャンプ。
> - カウナカカイ Kaunakakaiの小さな町の雰囲気に浸る。
> - カメハメハ5世ハイウェイ（Kamehameha V Hwy）を通ってハラワ渓谷 Halawa Valleyの田舎を楽しむ。
> - 世界有数の高さを誇る岸壁の近辺でマウンテンバイクやカヤックに乗って楽しむ。

歴史

何世紀にもわたって、敵同士だったオアフとマウイはモロカイを迂回するときには用心していた。モロカイのカフナ（聖職者、神霊治療家、魔法使い）が侵略者を湾に足止めするという噂があったからだ。実際には、彼らは敵を死に導くようにただ祈りを捧げることしかできなかったと言われている。その中でももっとも有名なのが予言者ラニカウラで、ハラワ渓谷Halawa Valleyで呪術を行っていた。彼の遺骨は今なおプウ・オ・ホク牧場Puu o Hoku Ranchにある聖なるククイ（ククイノキ）の森に隠されている（後出「イースト・モロカイ」を参照）。この島はまた、カプス（タブー）を破った、あるいは何らかの理由で非主流派になったハワイの人々の古代の避難場所でもあった。そして、モロカイには現在にも続く女装の長い歴史がある。

18世紀にもなると、呪術だけではこの島を外界から守るのに十分ではなくなってきた。アリイ（王に仕える者）たちによる内部抗争が起こり、モロカイの支配者はほかの島の支配者と同盟を結んだ。オアフ、マウイ、ハワイはその後に起こる権力争いに向かっていった。

やがてオアフの王ペレイオホラニがモロカイを支配するようになった。彼がモロカイに娘を残して島を離れたとき、娘はモロカイの役人に捕らえられ殺されてしまった。それを聞いたペレイオホラニは復讐のためすぐに島にとって返し、マウイに逃げられなかったモロカイのその役人を捕らえ、生きたまま焼き殺した。そして、モロカイの民衆は拷問を受けた。

1785年までモロカイはオアフの支配下にあったが、その後10年間は戦争状態にあったマウイとハワイが交互に支配した。1795年カメハメハ大王が4マイル（約6km）にもわたるカヌーの船隊を従えてモロカイの海岸にやって来てからは、彼がモロカイを征服し、続いてオアフを侵略した。これらの戦いによって次第にハワイ諸島が統一されていった。

この島についての最初の詳しい記述は、1792年モロカイに停泊したイギリスの海洋探検家キャプテン・ジョージ・バンクーバーによる記録である。彼はモロカイの人口は約1万人と推察したが、1830年代、使節団が島にやって来たときに詳しい調査を行い、住民は8700人と判明した。古代からモロカイの大きい集落は東部の雨の多い南の海岸線にあっ

た。ここの浅瀬と海岸のくぼみが養魚池を造るのに適していたからで、谷の湿地帯ではタロ芋畑が広がっていた。

使節団はカマロKamaloとワイアルアWaialuaの間に人の多く住む集落を発見し、そこに最初の伝道所を造った。カラウパパ半島Kalaupapa Peninsulaにはほかにも大きな集落として、人の多く住むハラワHalawaのノース・ショア・バレーNorth Shore valley近くのペレクヌPelekunuとワイラウWailauがある。モロカイ中央部の平原と西半分の雨の少ない地域には当時ほとんど人は住んでいなかった。

牧畜・農業

1850年代、カメハメハ5世はモロカイの耕作に適した土地を手に入れ、モロカイ牧場を造った。しかし次第に放牧をし過ぎるようになり、以前からあった畑や養魚池を破壊するようになってきた。彼の死後、牧場は司祭の所有地となり、間もなくホノルルの企業に売られた。

その1年後の1898年、モロカイ牧場の一部門であるアメリカン・シュガー・カンパニーはモロカイ中央部に巨大な砂糖のプランテーションを開発しようとした。この会社はサトウキビを運ぶために鉄道を敷き、港湾を整備し、水をくみ上げるための強力なポンプシステムを設置した。しかし1901年までに、畑を灌漑するための井戸に塩分が混じるようになり、収穫できなくなってしまった。そこでこの会社は大規模なミツバチ生産に乗り出し、一時モロカイは世界でもっとも多くの蜂蜜を輸出していた。だが、1930年代半ばに疫病が流行し、ミツバチとこの産業を消し去った。

この間、農場では「モロカイで一番儲かる作物」を探す努力を続けていた。綿花、米、多くの種類の作物がモロカイの赤土でかわるがわる栽培されたが、乾燥した風の強いこの土地に適した作物として、パイナップルが定着するようになる。プランテーション式生産が1920年にホオレフアHoolehuaで開始されてから10年の間、パイナップル畑で働く移民がやって来始め、モロカイの人口は3倍に膨れ上がった。

1970年代になると、海外との競争が激しくなりモロカイのパイナップル王国は衰退していった。1976年にドールが撤退し、ほかの島にあったデルモンテもそれに続いた。苦しい時代を迎え、失業率はハワイで最悪となった。まもなくモロカイを支えるはずだった牧畜も突然崩壊することとなった。牛に結核が発生したため、1985年さまざまな議論の末、州政府はモロカイのすべての牛を処分するという決定を下したのだ。モロカイ牧場は再度牧畜を始めたが、240ある小農家の多くは廃業した。

モロカイ牧場は今なおモロカイの地の3分の1を占める。これは島の私有地の半分以上にあたり、地元の人にとってはこれが苦痛の種になっている。なぜなら多くの伝統的な野外での行事が制限され、公共交通が牧場のために遮断されているからだ。

1990年代、牧場は小規模な野生動物のサファリパークを始めた。そこではアマチュアカメラマンがエキゾチックな動物たちの写真を撮ったり、狩猟記念品を求めるハンターたちが1人あたり＄1500を支払って、アフリカン・エランドやブラックバック・アンテロープの狩猟をした。しかし観光開発にずっと反対してきた地元の活動家の耳にこの噂が知れることとなり、牧場はサファリパークをやめざるをえなくなった。残った動物のうち幾つかは、島外の動物園に移される前に、鎮静剤の過剰投与のため悲劇的な死を遂げた。この島の波乱に富んだ歴史の一部である。

地理・地質

長方形に近い形のモロカイは260平方マイル（約673km²）で、ハワイで5番目に大きい島である。西半分は乾燥した不毛の地で、起伏のある丘陵地とプウ・ナナPuu Nana（1381フィート＜約421m＞）に続くマウナロアMaunaloaの傾斜地だ。島で標高が一番高いのはカマコウKamakou（4961フィート＜約1512m＞）で、島のデコボコした東半分の中央にある。

地理についていえば、モロカイは噴火して2つの別々の楯状火山が形成されその2つが結びついたものである。モロカイ東部の高い山は雲を捕らえるスクリーンの役割を果たしている。激しい降雨と河川による浸食の結果、深い谷が割れ、そびえ立つ北斜面となった。乾燥したモロカイ西部は穏やかな丘と台地を形成したが、その後溶岩が噴出し、2つの火山を分けていた溝を埋め、そこがホオレフア平原Hoolehua Plainとなり、現在のモロカイをつくりあげた。

モロカイの北部、カラウパパ半島は火山の女神ペレによってつくられたとあとから補足されたようだ。残りのモロカイが形成され、そのずっとあとで、その当時のカウハコ・クレーターKauhako Craterから流れ出た溶岩が半島を作っていった。このカウハコ・クレーターは400フィート（約122m）で、カラウパパでもっとも標高が高い。

カラウパパからハラワにわたるモロカイの北海岸は、海岸までせり出した山々や深くえぐれた谷がある野性味あふれる場所である。ここには世界でもっとも高い所に海岸があり、その高さは3300フィート（約1006m）で平均勾配は58度にもなる。ハワイでもっとも高い

滝のカヒワ・フォールズKahiwa Falls（1750フィート（約533m）はここの海岸から流れ落ちている。北海岸はすばらしい景色ではあるが、ほとんどの場所が険しい勾配と熱帯雨林のため、足を踏み入れられない。谷に入る主要な方法はボートだが、冬期は海が荒れるため夏しか利用できない。

気候

カウナカカイでは日中の平均気温が冬は70°F（21℃）、夏は78°F（25℃）である。年間の平均降雨量は14インチ（約356mm）になる。

過去の天気と海上の気象予報はナショナル・ウェザー・サービスNational Weather Service（☎552-2477）へ。

動植物

モロカイの主要な樹木は2種類あり、乾燥地帯に生えるキアヴェと多湿地帯に生えるオヒア・レフアである。河岸にはかつてタロイモが栽培されていたが、今はククイとグァバに覆われている。

モロカイを自由に走り回る白斑のあるアクシスジカは、1868年インドからカメハメハ5世に贈られた8頭のシカの子孫にあたる。野生の豚は昔ポリネシアからの移住者が持ち込んだもので、今なお湿帯の森の高地でうろついている。野生の山羊は険しい渓谷や谷に生息している。これら3種類の動物はモロカイの環境を破壊しており、狩猟の対象になっている。

ザトウクジラはモロカイ、ラナイ、マウイ周辺の海で冬を過ごす。冬にモロカイの南東の海岸でクジラを見つけてみよう。

モロカイ原産の水鳥にはバン、ハワイクロガモ、ブラックネックセイタカシギがいるが、どれも絶滅の危機に瀕している。ほかにも森に生息する5種類の鳥がいるが、ほとんど静かな標高の高い森にいる。ハワイフクロウも生息する。

政治

カラウパパ半島はカラワオと呼ばれる郡に準ずる地域で、主に州の保健省の管轄下にある。そのほかのモロカイは隣のラナイと同様、マウイ・カウンティの一部と化している。

モロカイに影響のある行政的決定のほとんどはマウイ島で行われている。地域や開発に関する多くの問題も郡レベルで決定されるため、モロカイの17倍の人口を有するマウイが決定権を握っているのだ。

1980年代、マウイの郡議会はモロカイの開発に関する計画を立案し、議会はモロカイについて公聴会と調査を実施した。驚いたことに、マウイの開発促進派にずっと虐げられてきたにもかかわらず、モロカイの住民はその試案によって自らがモロカイを成長させたいという気持ちになったのだ。

モロカイ・プランMolokai Planは島の経済の基盤として、地域の生活様式の保護や農業の維持を要請し、またリゾート開発は西部に制限することと、低層建築物に限ることも要請した。モロカイ・プランはモロカイの土地利用の指針として広く受け入れられ、開発に関しての論争がしばしば起こるたびに、いつでも参考にされた。

マウイ・カウンティの役人により承認された最終的な妥協的試案に対し、考古学的に重要な西部の保護には手薄な一方、再開発のカギとなるモロカイ牧場には手厚すぎるという声が計画に批判的な人の中から挙がっている。それに対立する人が提案するのは、これ以上観光に多くを頼るのではなく、多様な経済をつくりあげる重要性だ。現在でも開発反対スローガンのステッカーを貼って走るピックアップトラックを目にする。

経済

かつてモロカイの失業率は高く、慢性的にハワイ州全体平均の3倍あたりを推移していたが、最近では6.5%でほかの島より少し高い程度である。モロカイの新しい雇用は職業訓練教育体系や水産養殖業、養魚池保護のトレーニングプログラムといった地域レベルで作られた事業から生まれている。

モロカイの土地は肥沃で、この島がハワイの「穀倉地帯」となる可能性を秘めていると考える人もいる。1970年代の終わりにパイナップルのプランテーションがモロカイからなくなって以来、住民は小規模農業を強力に推し進め始めた。主な作物はスイカ、ドライランドタロ、マカデミアナッツ、サツマイモ、種トウモロコシ、サヤエンドウ、タマネギである。1991年、クアラプウKualapuuにある休閑中のパイナップル畑にコーヒーの木が植えられ、今や約600エーカー（約2.4km²）に広がっている。

住民

モロカイの人口は7250人で、ニイハウNihauを別にすれば、モロカイはハワイ原住民がもっとも多く住む島である。人口の約50%がハワイ原住民あるいはその混血の子孫であるという。これはある意味、1921年のハワイアン・ホームズ法Hawaiian Homes Actによるところ

モロカイ島

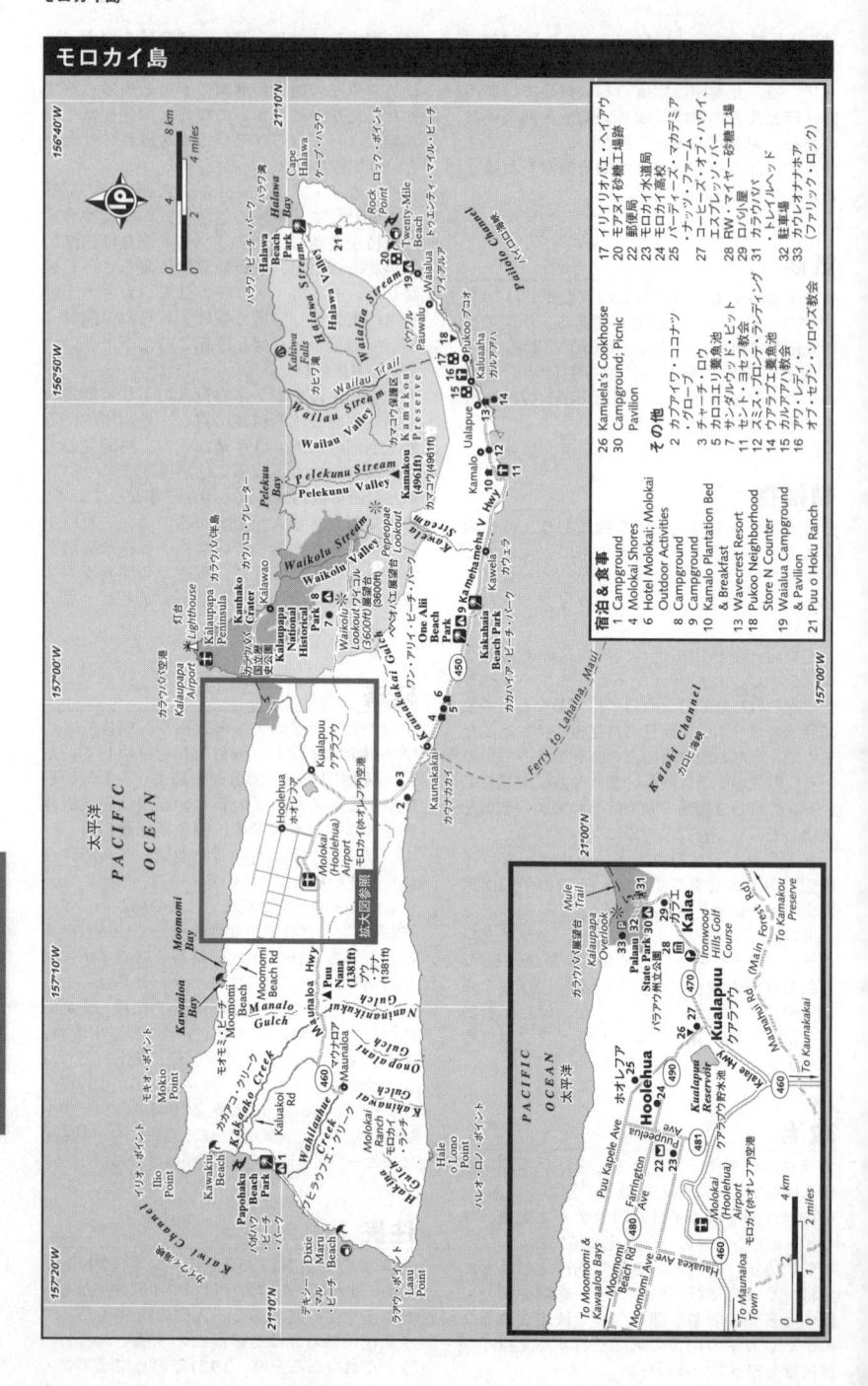

宿泊 & 食事

1. Campground
4. Molokai Shores
5. Hotel Molokai; Molokai Outdoor Activities
6. Campground
9. Campground
10. Kamalo Plantation Bed & Breakfast
17. Wavecrest Resort
18. Pukoo Neighborhood Store N Counter
19. Waialua Campground & Pavilion
21. Puu o Hoku Ranch
26. Kamuela's Cookhouse
30. Campground; Picnic Pavilion

その他

2. カプアイブ・ココナツ・グローブ
3. チャーチ・ロウ
7. カロコエリ養魚池
8. サンダルウッド&ルアヒ
11. セント・ヨセフ教会
12. スミス・ブロンテ・ランディング
14. ウアラプエ養魚池
15. カルアアハ教会
16. オブ・セブン・ソロウズ教会
17. イリイリオパエ・ヘイアウ
20. モアヌイ砂糖工場跡
23. 郵便局
24. モロカイ高校
25. パーディーズ・マカデミア・ナッツ・ファーム
27. コーヒーズ・オブ・ハワイ、エスプレッソバー
28. RW・マイヤー砂糖工場
29. ロドル屋
31. カラウパパ、トレイルヘッド
32. 駐車場
33. カウレオナホア（ファリック・ロック）

が大きい。この法律では40エーカー（約16ヘクタール）の土地を、ハワイ原住民の血が50％以上流れている人に対して与えるというものだったからだ。この法律はハワイ原住民に定住する場所を与えることを目的としていた。というのも原住民たちこそがハワイでもっとも土地を持たない民族だったからだ。この法律の下での最初の定住場所がモロカイだった。

フィリピン人が次に多い民族でその次は白色人種である。

オリエンテーション

モロカイはハワイ諸島の真ん中に位置していて、オアフ島の南東25マイル（約40km）、マウイ島の北西9マイル（約14km）、ラナイからは9マイル（約14km）真南にあたる。飛行場は島の中央部の平原にあり、ほぼモロカイの中央だ。

車を運転し空港から出て最初に目にするのが、「アロハ！ゆっくり運転して。ここはモロカイです。Aloha! Slow Down – This is Molokai.」という看板だ。停止の標識がある所でハイウェイ460に向かうために右に曲がろう。このハイウェイはモロカイの幹線道路で東西に延びている。カウナカカイから西に向かうのがハイウェイ460（マウナロア・ハイウェイMaunaloa Hwy）で、カウナカカイから東に延びているのがハイウェイ450（カメハメハ5世ハイウェイKamehameha V Hwy）である。飛行場の東でカウナカカイに向かって、ハイウェイ470がハイウェイ460と枝分かれして、カラウパパ半島の展望台に向かう。

地図

ハワイ大学が編纂に参加したモロカイ・ラナイ地図Molokai/Lanai mapでモロカイの地勢を知ることができる。この地図はモロカイの商店で販売されている。もっと軽く使いやすい折りたたみの地図としては、ネルズNelles'の「マウイ、モロカイ、ラナイMaui, Molokai, Lanai」地図がある。また「レディ・マップブック・マウイ郡編Ready Mapbook of Maui County」はモロカイとラナイもカバーしており、旅行者にとって価値ある情報満載だ。当然のことながらかなり厚い。

モロカイは、舗装していない道を何があるか探検してみようというような場所ではない。道路のような砂利道を進んでいくと誰かの家の裏庭に通じる道だったりする。ほかの島と同じようにところどころパカロロ（マリファナ）が生えているところがある。全体としてみれば、島民はよそ者が彼らの私有地をうろついてもそう気にはしない。

一方、養魚池が見たい場合、道と池の間に民家があれば気軽に話しかけてそこを横切る許可を得るといい。モロカイの人は、ハワイの生活様式に純粋に興味を持っている人に対しては友好的だ。幸運であれば、特にお年寄りから地元のいい伝えや歴史についての話が聞けることさえある。

インフォメーション

カウナカカイ中心部には、観光案内所、ATMのある銀行、食料雑貨品店、ガソリンスタンドなど、島におけるさまざまなサービスのほとんどがある。中央郵便局もカウナカカイのダウンタウンにあり、ホオレフア、クアラプウ、マウナロアMaunaloa、カラウパパに出張所もある。

モロカイで無料配布される週刊の新聞が2紙あり、どちらも島民の生活を垣間見ることができる。「モロカイ・アドバタイザー・ニュースMolokai Advertiser-News」（☎558-8253）は毎週水曜発行で、おもしろい地元のアドバイスやコラム、イベントカレンダーが載っている「ディスパッチDispatch」（☎552-2781）は木曜発行。地元紙、島外の新聞は空港やカウナカカイの店で買える。

警察、救急車、火事の場合は**緊急ホットライン emergency hotline**（☎911）へ。24時間の医療サービスは、**モロカイ総合病院 Molokai General Hospital**（☎553-5531 ✿ 280 Puali St, Kaunakakai）がある。

多くのハワイの伝統的文化行事を含む、モロカイの特別なイベントについては「基本情報」の章を参照。

アクティビティ

モロカイには自然のままの海、起伏のあるトレイル、遠く離れた熱帯雨林があり、最近はここでできるいろいろなアウトドア・アクティビティが増えてきた。ほとんどのレンタルグッズやスポーツ施設は島にある数少ないホテルやリゾートで見つけることができる。

ミッチェル・パウオレ・センター Mitchell Pauole Center（後出「カウナカカイ」参照）は公共のテニス場で、低料金で利用できる。**アイアンウッド・ヒルズ・ゴルフ・クラブ Ironwood Hills Golf Club**（☎567-6000 ✿Kalae）は低料金で島民がよく利用する。

カウナカカイのホテル・モロカイHotel Molokaiにある**モロカイ・アウトドア・アクティビティ Molokai Outdoor Activities**（☎553-4477、877-553-4477 Ⓦwww.molokai-outdoors.com）では、カヤック、シュノーケルのセット、サーフボード、釣竿、テニスラケットそのほか

必要なものはすべて貸してくれる。レンタカーやマウンテンバイクのレンタル（1日＄15〜25、1週間＄65〜105）をすると無料で自転車搭載用設備（自動車に自転車を取り付ける装備）、ヘルメット、カギがついている。

上記の項目に加え、**モロカイ・レンタルズ・アンド・ツアーズ Molokai Rentals and Tours**（☎553-5663、800-553-9071 ₩ www.molokai-rentals.com）ではゴルフクラブ、やす（魚を捕る槍）、キャンプセットなども競争料金で貸している。

モロカイでのさまざまな種類のアクティビティの企画はモロカイ牧場が行っている。詳しい情報については後出の「ウェスト・エンド」を参照。あらかじめ気をつけておかなければならないのは、牧場は海岸から森、さらに奥地へと大変風光明媚だが、ほとんどのアクティビティの料金はとても高い。特に泊まり客でない場合にはさらに高くなる。

オーシャンスポーツ

ほとんどの人は島の南東に向けてドライブする。20マイルマーカーの近くにあるビーチは**海水浴やシュノーケリング**のモロカイでの最高の場所である。そこから少し北にあるロック・ポイントRock Pointと道路をずっと北端まで行った所にあるハラワ湾Halawa Bayは人気の**サーフィン**スポットだ。カウナカイに近づくにつれて沖のほうで**ウィンドサーフィン**を楽しむ人たちが見えてくる。しかし、私有地に不法侵入してビーチに行かないよう気をつけよう。

西海岸のパポハク・ビーチPapohaku Beachはハワイでもっとも広く、もっとも長い砂浜だが、風が強いので海水浴には不向き。そこから数マイル南にあるディクシー・マル・ビーチDexie Maru Beachは水泳やシュノーケリング向きの小さな入り江になっている。もっと穏やかなビーチをお好みなら、カワキウ・ビーチKawakiu Beachがおすすめだ。美しい三日月型のビーチで、海が穏やかなときはすばらしい海岸の風景と海水浴が楽しめる。

もっと離れた場所にほかのビーチもあるが、途中はかなり困難な道やジャングルの茂みを通ることになる。そういう意味ではモロカイは敢えて自らを鍛える必要に迫られる最後の場所とも言える。

カウナカイでブギーボード（ハーフサイズのサーフボード）、シュノーケル用具そのほかの道具を購入またはレンタルできる店は次のとおり。**モロカイ・アウトドア・アクティビティズMolokai Outdoor Activities**（☎553-4477、877-553-4477 ♠Hotel Molokai）、**モロカイ・フィッシュ・アンド・ダイブ Molokai Fish and Dive**（☎553-5926 ♠ Ala Malama Ave）、**モロカイ・サーフ Molokai Surf**（☎ 553-5093 ♠Kamehameha V Hwy）。

ハイキング

モロカイには幾つかハイキングコースがある。ネイチャー・コンサーバンシーNature Conservancyのカマコウ自然保護区Kamakou Preserveは岩でゴツゴツした島の奥地にある独特な熱帯雨林のハイキングコースが魅力で、美しい谷を見わたすことができる。パラアウ州立公園Palaau State Park付近では幾つかの選択肢がある。ミュールトレイルをカラウパパまで下っていくコースは、最高の景色を楽しめるだけでなく、お金を使わずに半島に着けるのだ。ただし、許可が必要。島の東部の田舎を通るトレイルを選べば、滝と奥地にある谷に行けるが、地元のガイドなしではおすすめできない。

サイクリング

苦労して長い坂道を登っていく自信のある人だったら、モロカイをサイクリングで回ることも可能だ。まずジョン・オールフォード John Alford著の「マウンテン・バイキング・ザ・ハワイアン・アイランズMountain Biking the Hawaiian Islands」を1冊手に入れよう。**モロカイ・アウトドア・アクティビティズ Molokai Outdoor Activities**（☎553-4477、877-553-4477 ♠Hotel Molokai）では格安料金でレンタカーやマウンテンバイクをレンタルしている。

モロカイ・バイシクル
Molokai Bicycle
☎553-3931 ℻553-5740、800-709-2453
₩ www.bikehawaii.com/molokaibicycle
♠80 Mohala St
◉火・木 15:00〜18:00、土 9:00〜14:00
カウナカイでロードバイク、リジッド（硬式）またはフロントサスペンションのマウンテンバイクを1日＄15〜25でレンタルする小さな専門店。ヘルメット、鍵、水筒まで貸してくれる。自動車に取り付けられる自転車搭載用設備や週単位で借りた場合の割引もある。営業時間が限られているが、事前に交渉しておけば営業時間以外に返せたり、空港やフェリー乗り場で返すこともできる。

ツアー

ツアーは陸上、海上のどちらかをを選ぶことができ、予約は事前に入れておくほうが賢明だ。

モロカイ・アウトドア・アクティビティズ
Molokai Outdoor Activities
☎553-4477、877-553-4477
♠Hotel Molokai
親切な地元島民が案内役の地元が主催するさ

まざまなツアーを用意している。どのツアーも直接ここが主催をしているのではなく、ツアーを主催する人に連絡を取ってくれる。

モロカイ・レンタルズ・アンド・ツアーズ
Molokai Rentals and Tours
☎553-5663、800-553-9071
W www.molokai-rentals.com
その人に合ったカヤック、ハイキング、マウンテンバイク、ドライブツアーを計画してくれる家族経営の店。子供割引がある。

ドライブツアー

モロカイ・アウトドア・アクティビティズ Molokai Outdoor Activitiesはカラウパパ半島を除く島内のあらゆる場所をカバーする1日・半日コースを用意している。ツアーの最少人員は4人で、料金は約$125。空港への送迎がある場合もある。昼食・シュノーケリング付の8時間のグランド・アイランド・ツアーGrand Island Tour、6時間のイースト・エンド・カルチュラル・ツアーEast End Cultural Tourだ。その他にワイコル展望台Waikolu Lookingoutから海岸に沿って下っていき、コーヒー畑とマカデミアナッツ農場を過ぎてモオモミ・ビーチまでのコースもあり、これもシュノーケリング付。ハラワ渓谷の滝を訪ねるガイド付ハイキングは大人$35、子供$20。ほかのツアーは実際にはモロカイ牧場を通じて行われるので、先に問い合わせてみよう。

モロカイ・オフロード・ツアーズ＆タクシー
Molokai Off-Road Tours & Taxi
☎553-3369
4WD車でのツアーを提供している。島の奥地の熱帯雨林を訪ねる「レインフォレスト・アドベンチャー」は$50、最少人員は3人。

フレンドリー・アイル・ツアーズ
Friendly Isle Tours
☎552-2218
カウナカカイからモロカイ中心街を通って島の西端までの3時間の島巡りツアーを提供。料金は1人$30。モロカイ東部も巡る7時間のツアーは$50。最少人員は3人。

海上ツアー

グループで旅行しているなら、海でのレジャーについて自分好みのツアーを計画することができる。マウイでのツアーより料金が高くつくかも知れないが、1人1人に合ったサービスが受けられる。

モロカイ・アウトドア・アクティビティズ
Molokai Outdoor Activities
海岸沿いを行くサンセットカヤックツアーを1人$25～50で提供している。ウィンドサーフィンやサーフィンの講習、シュノーケルやボディボードツアー、サンセットクルーズ、釣り舟のチャーター、鯨が周遊する時期にはホエールウォッチングなども提供している。

ビル・カプニズ・シュノーケル＆スキューバ・アドベンチャーズ
Bill Kapuni's Snorkel & Scuba Adventures
☎553-9867
22フィート（約6.7m）の捕鯨船を所有しているため、シュノーケルやダイビングツアーに対応。料金は2タンクのダイビングで$95、シュノーケルで$65。店主はPADI（潜水指導員協会）のダイビング資格者で、昔のハワイアンカヌー製造技術について豊富な知識を持っている。ホエールウォッチング、サンセットクルージング、釣り舟、北海岸へのチャーター船も対応可能。

モロカイ・チャーターズ
Molokai Charters
☎553-5852
2時間のサンセットセーリングが$40、4時間のセーリングは$50（鯨の周遊時にはホエールウォッチングを含む）。シュノーケリングと昼食を含むラナイへの1日ツアーは$90。すべてのツアーはカウナカカイから42フィート（約13m）のスループ帆船サタンズ・ドールに乗り込む。最少人員は4人。

アリス・C・スポーツフィッシング・チャーターズ
Alyce C Sportfishing Charters
☎558-8377
31フィート（約9.5m）のボートを所有しており、天候が許せば釣り、ホエールウォッチング、島一周ツアーなどに利用される。

宿泊

モロカイには全部で2つのホテルと5つのコンドミニアムとわずかのB&B（ベッド＆ブレックファスト）がある。長期のバケーションレンタル、B&Bのオプションについては W www.molokai.com、www.visitmolokai.com、www.molokai-aloha.comへ。また、「基本情報」の章の「宿泊」にリストアップされているB&B予約代理店でチェックを。

キャンプ場

キャンプはパラアウ州立公園、ワイコル展望台、パポハクとワン・アリイOne Aliiの郡立海浜公園、カウナカカイのカプアイワ・ココナッツ・グローブKapuaiwa Coconut Grove、イースト・モロカイのワイアルア・パビリオン・アンド・キャンプ場Waialua Pavilion and Campgroundで許可されている。

ほとんどのキャンパーはテントを持参して島の西端パポハク・ビーチへと向かうが、そ

こはとても風の強い所だ。少し人気は劣るが、ワン・アリイ・ビーチ・パークOne Alii Beach Parkの方がカウナカカイに近く、朝早くフェリーで出発する場合には便利だろう。ほかと離れた所にぽつんとあるじめじめしたパラアウ州立公園はカラウパパのトレイルの始点であり、展望台でもある。ここに来れば独占状態で場所を使用できる。

州立公園　パラアウ州立公園 Palaau State Parkとワイコル展望台 Waikolu Lookoutの両州立公園は1人1泊＄5。ワイコル展望台は人里離れた自然そのままのキャンプ場で、カマコウ自然保護区のすぐ外側にあたる。各キャンプ場とも最長滞在期間は5日間である。

必要となるキャンプ許可証は**デパートメント・オブ・ランド＆ナチュラル・リソーシズ事務所Department of Land & Natural Resources office**（☎567-6923）◎月～金 7:30～16:00）でもらえる。ホオレフアのプウピールア・アベニューPuupeelua Ave（ハイウェイ480）にある郵便局のちょうど南側、モロカイ・ウォーター・システムズ・ビルディング内にある。パラアウ州立公園については州立公園の管理人から直接許可証をもらう。管理人の住まいはパラアウ州立公園に続く道路沿いにあるミュール小屋のすぐ北側にある。ほかの島の州立公園出張所でも事前に許可証を発行している。

郡立公園　カウナカカイのミッチェル・パウオレ・センターMitchell Pauole Center内の**デパートメント・オブ・パークス＆レクリエーションDepartment of Parks & Recreation**（☎553-3204 ◎月～金 8:00～16:00）で、パポハク、ワン・アリイ両海浜公園のキャンプ許可証を発行している。手数料が1泊につき大人＄3、子供（17歳未満）50¢。許可は3連泊有効。もっと長く滞在したいときは、3日ごとに郡立公園事務所に行って許可証をもらう。

ショッピング

カウナカカイのどの店にも、モロカイの誇り（例えば「ハワイの土地をハワイ人の手にKeep Hawaiian Lands in Hawaiian Hands」とか「モロカイ・モア・ベターMolokai Mo' Bettah!（モロカイほどいい所はない）」など）を主張したさまざまなTシャツが販売されている。もう1つの名物は手作りの凧で、マウナロアのビッグ・ウィンド・カイト・ファクトリーBig Wind Kite Factoryで販売されている。

モロカイで栽培されたコーヒーが今も商業的にも成功しており、クアラプウのコーヒーズ・オブ・ハワイCoffees of Hawaiiの店で購入するか、島民がモロカイに残しておいた分を分けてもらえば手に入れる。島で栽培したスイカと、カウナカカイのカネミツ・ベーカリーKanemitsu Bakeryの焼きたてパンもいい。

アクセス

時間に余裕があるなら、飛行機よりフェリーを利用した方が地元の人々とふれあえる。フェリー、コミューター機、インターアイランド（ハワイ内フライト）割引クーポン、エアパスについての情報は、「交通手段」の章を参照。カラウパパ発着の飛行機については、本章後出の「ラウパパ」を参照。

モロカイ（ホオレフア）空港 Molokai（Hoolehua）Airport（MKK）

レンターカーブース、スナックバー、お酒が飲めるラウンジ、レイスタンド（レイの売店）、休憩室、公衆電話、案内所がある。スタッフは時折詰めているだけ。モロカイの地元紙は無料、島外の新聞は有料。

アイランド・エア Island Air

☎800-652-6541

ホノルル～モロカイ直行便が1日8便、マウイのカフルイからは2便のフライトがある。

ハワイアン・エアラインズ Hawaiian Airlines

☎800-882-8811

ホノルルから毎日午後モロカイまでノンストップ。ほかの島へはホノルル止まりか乗り換えが必要となる。

交通手段

車・モーペッドで

島をくまなく見て回りたいなら、モロカイで車を借りることが必要だ。レンタカーは未舗装の道路を走ってはいけないということに気をつけなければならない。またキャンプするのにも規制があることだ。

モロカイにはレンタカーを借りられる店があまりないので、週末に訪れる場合は特に予約を入れておこう。

アイランド・カイン・オート・レンタル Island Kine Auto Rental

☎553-5242、527-7368 📠553-3880
🌐www.molokai-car-rental.com

すべて込み＄30程度でピカピカのコンパクトカーが1日レンタルできる。トラックや4WDを借りることも可能。オフィスはカウナカカイにあるが、フェリー発着場やモロカイ飛行場まで快く送迎してくれる。

バジェット Budget（☎567-6877）とダラー Dollar（☎567-6156）はどちらも空港に営業所を置いている。通話料無料の予約電話番号やレンタルについての情報は、「交通手段」の章を参照。

モロカイ・アウトドア・アクティビティズ
Molokai Outdoor Activities
☎553-4477、877-553-4477
W www.molokai-outdoors.com
レンタカーと共にバイク、カヤック、サーフボードを車に搭載するための装置を無料で付けている。ヤマハのモーペッドは24時間レンタルで＄25、1週間で＄125。2台以上借りれば割引になる。

ガソリンスタンドはカウナカカイとマウナロアにある。

タクシー
モロカイにはメーター付タクシーはないが、2、3の会社がセット料金でのタクシーサービスを行っている。タクシーが飛行機の着陸時間に飛行場にいることがたまにあるが、飛行場からタクシーに乗るためには、予約を入れておくほうが確実だ。

モロカイ・オフロード・ツアーズ＆タクシー Molokai Off-Road Tours & Taxi（☎553-3369）と**フレンドリー・アイル・ツアーズ Friendly Isle Tours**（☎552-2218）は、どちらも予約すれば最少人員3人で、タクシーサービスと飛行場への送迎を行う。カルアコイ・リゾートKaluakoi Resortまたはモロカイ牧場までは1人＄10、カウナカカイまでは1人＄12。

カウナカカイ
Kaunakakai

カウナカカイで夜間にビーチへ下りてみると、幽霊のようなものが海上を歩いているのを見ることがある。驚くことはない。実は地元の漁師たちが浅瀬の岩礁をランタンを持って歩いているのだ。夜は釣りをするのに都合がいい。風がやんでいるし、ランタンで獲物を気絶させて捕ることができるからだ。

モロカイで唯一の本格的な町であるカウナカカイの特徴は、町らしくないところにある。エレベーターは1つもないし、ネオンもショッピングセンターもない。

島のほとんどの会社や店は町の大通りアラ・マラマ・アベニューAla Malama Ave沿いに並んでいる。ここでは店の正面は古い木に似せたものでできていて、アメリカ開拓期の西部のような雰囲気を漂わせている。幾つかのレストランやパン屋、郵便局、薬屋など、小さな町に必要なものはすべてある。一番背が高い建物はいまだに教会の尖塔だ。

インフォメーション
モロカイ・ビジターズ・アソシエーション Molokai Visitors Association（MVA）（☎553-3876、553-5221、800-800-6367 Hawaii 800-553-0404 W www.molokai-hawaii.com ⌂Suite 700, Kamoi Professional Bldg, Kamoi St ◐月～金 8:30～16:30）ではパンフレットや島の情報などを仕入れることができる。**フレンドリー・アイル・トラベル Friendly Isle Travel**（☎553-5357 ⌂Ala Malama Ave ◐月～金 8:00～17:00）は、さまざまな旅の相談に応じてくれる。

24時間対応のATMはモロカイにおける数少ない現代社会の証である。**ハワイ銀行 Bank of Hawaii**（☎553-3273 ⌂Ala Malama Ave ◐月～木 8:30～16:00、金 8:30～18:00）はハワイで一番大きい銀行。**郵便局 main post office**（☎553-5845 ⌂Ala Malama Ave ◐月～金 9:00～16:30、土 9:00～11:00）はハワイ銀行の近くにある。**公共図書館 public library**（☎553-1765 ⌂Ala Malama Ave ◐月・水 12:30～20:00、火・木・金 10:00～17:00）では島外の新聞や雑誌を閲覧できる。

モロカイには日刊新聞がないので、カウナカカイ周辺の掲示板がニュースやお知らせの情報源になっており、ハワイ銀行横の掲示板がもっとも広範囲にわたる情報を網羅している。

オハナ・ラウンデレット Ohana Launderette（◐6:00～21:00）はモロカイ・ドライブインMolokai Drive-Innのすぐ近くのコインランドリー。また、アウトポスト・ナチュラル・フーズOutpost Natural Foodsの裏にも**コインランドリー**がある。

観光スポットと楽しみ方
カウナカカイ港 Kaunakakai Wharfからパイナップルを積み出していたのは遠い昔の話だ。だが今でも週に1～2回、島内の貨物船が積荷を積んで港を出入りする。港は小さいボートの係留場でもある。カヌー小屋近くの波止場の西側には、**カメハメハ5世の宮殿 Kamehameha V house**の石造りの基礎部分が海に面して建っているが、今は草に覆われている。宮殿はかつて「マラマ」と呼ばれていた。この名前は現在、港から町へ通じる主要道路につけられている。

モロカイはカメハメハ5世のお気に入りの遊び場所だった。王は1860年代、聖なる水浴び場の近くに**カプアイワ・ココナツ・グローブ Kapuaiwa Coconut Grove**を10エーカー（約4ヘクタール）所有していた。ダウンタウンの約

カウナカカイ − 宿泊

カウナカカイ

地図注記:
- To Molokai General Hospital (400yd)
- To Island Kine Auto Rental (150yd)
- Mitchell Pauole Center ミッチェル・パウオレ・センター
- To Kapuaiwa Coconut Grove & Church Row (1mi) & Airport (6mi) & West End Beaches
- To Molokai Shores & Hotel Molokai (1.5mi), One Alii Beach Park (3mi) & Halawa Bay (27mi)
- To Kaunakakai Wharf & Maui Ferry (300yd)

食事
- 2 Outpost Natural Foods
- 6 Misaki's
- 8 Kanemitsu Bakery
- 11 Oviedo's
- 23 Kamoi Snack-N-Go
- 27 Molokai Pizza Cafe
- 28 Molokai Drive-Inn

- 3 モロカイ・フィッシュ&ダイブ
- 4 フレンドリー・アイル・トラベル
- 7 モロカイ・ワイン&スピリッツ
- 9 フレンドリー・マーケット
- 10 郵便局
- 12 モロカイ・ドラッグ
- 13 警察署
- 14 公営プール
- 15 公園管理課
- 16 テニスコート
- 17 図書館
- 18 シェブロン
- 19 カマカナ・ファイン・アーツ・ギャラリー
- 20 ハワイ銀行
- 21 モロカイ・レンタルズ・アンド・ツアーズ
- 22 モロカイ・バイシクル
- 24 モロカイ・ビジターズ・アソシエーション
- 25 ソフトボール場
- 26 野球場
- 29 オハナ・ラウンドレット
- 30 モロカイ・サーフ、サブウェイ
- 31 カメハメハ5世の宮殿

その他
- 1 コインランドリー
- 2 ガソリンスタンド

1マイル（約1.6km）西にあり、その名は「神秘的なタブー」を意味する。このココナツの林は現在ハワイアン・ホーム・ランドHawaiian Home Landの管理下にある。ここを散歩するときは頭上に注意しなければならない。ココナツが爆弾のように上から落ちてくることがあるからだ。

ハイウェイを渡ると**チャーチ・ロウ Church Row**がある。道に沿って緑の飾りのついた風変わりな白い教会があり、その隣に白い飾りのついた緑の教会が並ぶというように次々と連なっている。わずかでもハワイ人のメンバーを擁する宗派はどれでも、ここに小さな土地を与えられる。

カウナカカイ周辺の海は海水浴に適しているとは言いがたい。海岸線は沈泥層の浅瀬が続くからだ。町から3マイル（約5km）東にある**ワン・アリイ・ビーチ・パーク One Alii Park**は、水深が浅く水泳に適さないので、主にピクニック、パーティ、キャンプに利用される。19世紀にハワイに移民してきた日本人を記念して2つの記念碑が建っている。

カウナカカイ・ジム
Kaunakakai Gym
☎553-5141

ミッチェル・パウオレ・センターMitchell Pauole Center内にあり、屋内プールがある。ほかにも2つの屋外**テニスコート**が無料で開放されている。モロカイではどこに行ってもそうだが、空いているので待つ必要はない。

カウナカカイでレンタル用品を置いているスポーツショップについては、本章前出の「アクティビティ」を参照。

宿泊

ワン・アリイ・ビーチ・パーク One Alii Beach Parkではキャンプはできるが、溢れる光と大酒を飲む人たちがいるために静かに過ごすことは難し

い。料金や詳細は本章前出の「宿泊」を参照。

カプアイワ・ココナツ・グローブ
Kapuaiwa Coconut Grove
☎567-6296
🏠Box198, Hoolehua, Hi 96729; Puukapele Ave, Hoolehua

ダウンタウンから西に1マイル(約1.6km)の所にある、ハワイアン・ホーム・ランドの所有地をキャンプ場に提供している。だがサイトはかなり前から予約でいっぱいだ。というのも、キャンプの許可は1グループに1回しか発行されないし、ハワイ原住民に優先権があるからだ。電源、水道、ピクニックテーブル、トイレ、シャワー付で全サイト＄5。

カ・ハレ・マラ
Ka Hale Mala
☎/📠553-9009
🌐www.molokai-bnb.com
🏠4部屋のアパートメント＄70～80、1人増えるごとに＄15～20追加。

現代的な造りの平屋建物。5マイルマーカー(標識)から東に向かってカウナカカイ寄り。1点の汚れもない900平方フィート(約83.6m²)のアパートメントにはむきだしの梁天井、フル装備のキッチン、テレビ、ビデオデッキ、眺めのよいベランダがついている。宿泊客は畑から果物や野菜を自由に採ることができる。料金にはタロ芋やポイのパンケーキなど名物料理もふんだんに取り入れ、誰の舌も満足させる朝食も含まれる。クレジットカードは使えない。

アヒ・プレイス・ベッド＆ブレックファスト
Aahi Place Bed & Breakfast
☎553-8033
🌐www.Molokai.com/aahi
🏠Box 2006, Kaunakakai, HI 96748
🏠コテージ＄75～85、1人追加＄20

モロカイ・ショアMolokai Shoreのコンドミニアムから丘を登った所にあるとてもシンプルなコテージ。フル装備のキッチン、バス、2つのフルサイズベッド、洗濯機、ガーデンラナイ付き。1、2人向きのワンルームである。セルフサービスのコンチネンタルブレックファストには、モロカイコーヒー、パン、新鮮な果物がついている。最短滞在期間は3泊、追加料金は＄30。週単位で借りた場合の割引については問い合わせを。

モロカイ・ショア
Molokai Shore
☎553-5954、800-535-0285 📠800-633-5085
🌐www.marcresorts.com
🏠Kamehameha V Hwy
🏠1～2の寝室付きオーシャンビューのユニット＄155～199

町から1.5マイル(約2.4km)東。マルク・リゾート・チェーンMarc Resorts chainの1つ。品良く装飾された現代的なコンドミニアム。キッチン、ソファベッド、ケーブルテレビ、ラナイ、シーリングファン付。3階のユニットをリクエストしてみよう。そこは高い大聖堂風の天井がある。施設内にはプール、コインランドリー、シャッフルボード(円板突き)、バーベキュー施設がある。オンラインによる予約には割引がある。

ホテル・モロカイ
Hotel Molokai
☎553-5347、800-367-5004 📠553-5047
🌐www.hotelmolokai.com
🏠客室 スタンダード＄82、オーシャンフロント＄132、簡易キッチン付デラックス＄137

町から2マイル(約3.2km)東にあり、ポリネシアンスタイルで、くつろいだ雰囲気。アロハ(ようこそ)という気持ちの満ち溢れたモロカイらしいホテルだ。部屋は2階建ての建物がまとまっていて、プライベートバス、ケーブルテレビ、電話、モデム接続可能。簡易キッチンとプライベートラナイがついている部屋も幾つかある。車の騒音に敏感な人は道路から離れた部屋を頼もう。どのユニットも2階の客室は比較的静かだ。海に面したプール、バー、レストランもある。岩礁のそばのビーチからすばらしい夕日と星が楽しめる。
モロカイ・アウトドア・アクティビティズ Molokai Outdoor Activitiesの現地デスクについては、本章前出の「アクティビティ」を参照。

食事

島内の大きな食料品店は次の2つがある。ミサキズ **Misaki's** (☎553-5505 🏠Ala Malama Ave ⏰月～土 8:30～20:30、日 9:00～12:00)、フレンドリー・マーケット **Friendly Market** (☎553-5595 🏠Ala Malama St ⏰月～金 8:30～20:30、土8:30～18:30)

アウトポスト・ナチュラル・フーズ
Outpost Natural Foods
☎553-3377
🏠70 Makaena Pl
⏰月～木 9:00～18:00、金 9:00～16:00、日 9:00～17:00

大量のグラノーラ、ドライフルーツ、ヨーグルト、ビタミン剤、生鮮および有機食品など健康的な食材を扱っている。フレッシュジュースとデリカテッセンはテイクアウトできる。豆腐キッシュやサラダなど約＄5の日替わりメニューが楽しめる。

カネミツ・ベーカリー
Kanemitsu Bakery
☎553-5855

🏠Ala Malama St
⏰ベーカリー 水～月 5:30～18:30

船に積まれてほかの島々に運ばれるモロカイ・ブレッドや、いろいろなデニッシュペストリー、ドーナッツを製造している。シナモンアップルクリスプ（＄1）がおいしい。併設のレストランコーナーは混んでいるように見えても、味はいまひとつ。

カモイ・スナック・アンド・ゴー
Kamoi Snack-N-Go
☎553-3742
🏠Molokai Professional Bldg, Kamoi St
⏰月～土 9:00～21:00、日 12:00～21:00

コンビニエンスストア兼お菓子屋。ホノルルのデイブズDave'sの30種類ものおいしいアイスクリームを手ごろな値段で楽しめる。観光案内所のすぐ隣。

モロカイ・ドライブイン
Molokai Drive-Inn
☎553-5655
🏠Kamehameha V Hwy
💴食事＄3～7
⏰6:00～22:00

かつてデイリー・クイーンDairy Queenとして営業していた町のランドマーク的建物。だが、当時はファーストフードチェーンがモロカイに進出してくるにはまだ早すぎたようで、閉店してしまった。現在朝食にはロコ・モコ*loco moco*（ポルトガル風ソーセージ）や卵のほか、＄5のランチプレートなど地元のハワイ料理を出している。中にプラスチックテーブルがあるのでそこで食事をすることもできる。

　カウナカカイにある昼間の食堂は、ほとんどアラ・マラマ・アベニューAla Malama Aveのダウンタウンにある古いスタイルの**ランチカウンター**形式の店。フィリピン風の**オビエドズOviedo's**は＄5出せばおなか一杯になること請け合い。

　有名なカミュエラ・クックハウスKamuela Cookhouse（後出「クアラプウ」参照）ではブランチを出している。**カミュエラ・バー＆グリル Kamuela Bar & Grill**（☎553-4286 🏠93B Ala Malama Street ⏰毎日）はカウナカカイにある。

モロカイ・アイス・ハウス
Molokai Ice House
☎553-3054
⏰月～土 6:00～19:00

地元の人が集まる店。捕れたての魚を使ったハワイアンプレートミールがある。

モロカイ・ピザ・カフェ
Molokai Pizza Cafe
☎553-3288
🏠Kamehameha V Hwy
💴食事＄7.50～15
⏰日 11:00～22:00、月～木 10:00～22:00、金・土 10:00～23:00

商店街にある。多くの人がおいしいと思っているようだが、ピザはそう特別なものではない。だが、夜はなかなかいい。旅行者、地元の人、特に子供たちでにぎわっている。サブサンドイッチ、パスタ、そしてその日に捕れた魚までメニューが豊富。

ホテル・モロカイ
Hotel Molokai
☎553-5347、800-367-5004 📠553-5047
🌐www.hotelmolokai.com
💴朝食・ランチ＄5～11、ディナー＄12.50～17.50
⏰7:00～10:00、11:30～13:30、18:00～21:00

ラナイでビーチのすぐそばにあるオープンエアのレストランは、最高の夕日と浜辺を包み込む波を楽しめる、（テーブルの脚にまで波がくる）。朝食をとるには町で一番だ。昼食にはハンバーガー、照り焼きチキン、マヒマヒサンドイッチが注文でき、ディナーは新鮮な魚やステーキが＄20未満でいただける。そして、そう給仕スタッフ、彼らは本当にすばらしい！

エンターテインメント

カウナカカイ周辺で夜のエンターテインメントを楽しめる所はほとんどない。

ホテル・モロカイ
Hotel Molokai
☎553-5347、800-367-5004 📠553-5047
🌐www.hotelmolokai.com

時々地元のミュージシャンがメローなハワイアンギターを演奏する。特に「アロハ・フライデーaloha Fridays」には海に面したティキ・バーで演奏する。

カネミツ・ベーカリー
Kanemitsu Bakery
☎553-5855
🏠Ala Malama St

早朝、アラ・マラマ・ストリートの裏通りをそっと入って、寡黙な深夜勤務の店員からあつあつのパンを買う。そんな由緒ある伝統を本物の夜更かし達に提供している。

　ほかには、カウナカカイの**野球場**はこの島でもっとも活動的な場所だ。この地をもっと知りたければ、野球場に行って高校野球のモロカイのライバルチーム、ラナイ・パインラッズLanai Pineladsと対戦するモロカイ・ファーマーズMolokai Farmersを応援しよう。

ショッピング

カマカナ・ファイン・アーツ・ギャラリー
Kamakana Fine Arts Gallery
☎553-8520

🏠Unit 210, Molokai Center, 110 Ala Malama Ave
🕐月～土

２階のギャラリーでモロカイの芸術家80人以上の作品を展示している。手作りのジュエリー、レイ、木彫り、ウクレレ、ハワイアンドラム、キルトなどを見て回れる。

モロカイ・フィッシュ＆ダイブ
Molokai Fish & Dive
☎553-5926
🏠Ala Malama Ave

モロカイにちなんだTシャツや絵はがきは感動的。ウォータースポーツの用具類、釣り道具、日焼け止めなど、モロカイで必要になりそうなものもすべてここに揃っている。

モロカイ・ドラッグ
Molokai Drugs
☎553-5790
🏠Ala Malama Ave
🕐月～土 8:45～17:45

地元の薬局で、フィルム、雑誌、地図、ハワイに関する本を販売している。

モロカイ・ワイン＆スピリッツ
Molokai Wines & Spirits
🏠Ala Malama Ave
🕐9:00～22:00

輸入ビール、ハワイの地ビール、手ごろな価格のワインを多く取り揃えている。

イースト・モロカイ
East Molokai

カメハメハ５世ハイウェイKamehameha V Hwy（ハイウェイ450）でカウナカカイからハラワ渓谷までの27マイル（約43km）は車で約１時間半かかる。最初から最後まできれいに舗装された道路で、山を北に見ながら、ほとんど海岸線を走ることになる。最初は比較的乾燥した地域だが、島の東端に向かうにつれて緑が生い茂ってくる。

カウナカカイを過ぎるとガソリンスタンドがないので、出発前にガソリンメーターをチェックしておこう。

谷に詰め込まれたような小さな家があるだけで本当に静かな田舎だ。

道路のそばでは馬が放牧され、銀色に輝く滝が山から流れ落ちている。この地域のビーチはほとんどが浅い沈泥層で、20マイルマーカーがある所までは水泳には適さない。ハラワ渓谷の崖の頂上まで登っていくドライブの最終章では、たくさんのヘアピンカーブを曲がり、海岸線を眺めながら狭い道路を運転することになる。

養魚池

ハラワ・バレーに向かう道路沿いではマカイ（海）側をよく見てほしい。モロカイ南部の海岸は、ハワイでもっとも昔の養魚池が密集している場所なのだ。これは昔から養殖に優れたシステムを持っていたことの証だ。

養魚池の1つのタイプとしては、内陸にあって海から完全に遮断されているものがある。もう1つはビーチに平行に並んだ帆立貝の形をした石垣でできたもので、海岸線を囲むようになっている。言い伝えによると、養魚池はハワイの謎の多い小人たち、メネフネが造ったものであるという。彼らは養魚池を1晩で造ったと言われている。

実際には養魚池を造るには大変な労力を要した。モロカイだけでかつては生産力のある60以上の海岸線の養魚池があり、それらは13世紀以降に造られたものだった。岩礁の上に溶岩を用いて造り、スレートのある人工水門が設置され、そしてカフナ kahuna（聖職者）によって祈りが捧げられた。これらの人工水門によって小さな魚が池に入れるようにし、池ではパンノキやサツマイモを餌として与えた。まるまると大きくなった魚はわなで捕まえたり、網で簡単にすくうことができた。

多くの養魚池はアリイのものであり、一般の民衆が池で育った魚を食べることは禁じられており、この制度は1800年代半ばまで続いた。この頃、過放牧の牛や羊のせいで侵食が進み、山から流れ出た粘土質の泥が池に流れ込み、何年もかけて主にボラやサバヒーで池をよみがえらせる努力が行われてきた。とても興味深く訪れやすいのは、カウナカカイ東にあるモロカイ・ショア Molokai Shoreの裏にあるカロコエリ養魚池 Kalokoeli fishpondである。

カウェラ
KAWELA

カカハイア・ビーチ・パーク Kakahaia Beach ParkはカウェラKawelaにある、草に覆われた道路沿いの公園で、6マイルマーカー（標識）の少し手前にある。ここには数組のピクニックテーブルがあるが、特にわざわざ立ち寄ってみるほどのことはない。この公園は一般に開放されている**カカハイア国立野生動物保護地域 Kakahaia National Wildlife Refuge**のほんの一部である。40エーカー（約16ヘクタール）ある保護地域のほとんどの部分は道路から奥に入った所にある。ここは湿地帯でもあり、ガマの密集地帯や、絶滅の危機にあるハワイアン・セイタカシギ、クロガモの生息地にするために拡大されてきたところで、奥地には淡水養魚池がある。

カマロ
KAMALO

モロカイでもっとも有名な使節団ファーザー・ダミアンがカラウパパ半島以外に建てた4つの教会のうち、2つのみが今なお残っている。そのうちの1つがカマロKamaloにある**セント・ヨセフ教会 St Joseph's Church**である。カマロはカウナカカイの東10マイル（約16km）にある小さな村だ。この小さなワンルームの木造の教会ができたのは1876年で、尖塔と鐘、5列の信者席、波打ったガラス窓が幾つか当時のまま残っている。ダミアンの彫像と墓は教会のそばにある。津波警報を出す黄色いスピーカーの存在が、ここが21世紀だという証になっている。

11マイルマーカーを過ぎて0.75マイル（約1.2km）行った所の、道路のマカイ（海）側に「**スミス・ブロンテ・ランディング Smith-Bronte Landing**」と書かれた小さな看板がある。ここはパイロットのアーネスト・スミスとナビゲーターのエモリー・ブロンテが、アメリカ本土からハワイまでの世界初の民間人フライトで、不時着した場所である。彼らは1927年7月14日カリフォルニアを発ち、25時間2分かけてモロカイに到着した。彼らの飛行は当初オアフ島を目指してのものだった。かつて彼らが着陸した場所は今ではキアヴェの木々と草が生い茂っているがその中に小さな飾り版が置かれている。

カマロ・プランテーション・ベッド・アンド・ブレックファスト
Kamalo Plantation Bed & Breakfast
☎/FAX 558-8236
W www.molokai.com/kamalo
料 スタジオコテージ＄85、2ベッドルームビーチハウス＄140

セント・ヨセフ教会の反対側の果樹園にある。この田舎風のB＆Bの宿泊客は、手作りパンと自家製果物を朝食で味わえる。ここの土地には古代のヘイアウ*heiau*（石の神殿）の石造りの基礎が残っている。愛想の良いオーナーが、この地域であまり知られていないハイキングトレイルを教えてくれる。ガーデンコテージとビーチハウスにはフル装備のキッチン、バーベキュー設備、ビーチでのスポーツ用具を備えている。ビーチハウスにはテレビ、ビデオデッキがあり、特別すばらしいオーシャンビューが楽しめる。最短宿泊は3泊。

ウアラプエ
UALAPUE

13マイルマーカーの所にあるウェイブクレスト・リゾートWavecrest Resortのコンドミニアムが開発された所を0.5マイル（約0.8km）過ぎると、道路のマカイ（海）側に**ウアラプエ養魚池 Ualupae Fishpond**を見つけることができる。ここは数年前に修復され、ボラとサバヒーを養殖している。昔この池で養殖されていたのがこの2種類の魚だった。このあと、今はもうやっていない**アー・ピン・ストア Ah Ping Store**と、道路脇にあるその店の年代物のガソリンポンプを見つけてみよう。このクラッシックな赤い屋根と色あせた緑色をした木造の建物は、1930年代中国人が経営していた食料品店だった。

ウェイブクレスト・リゾート
Wavecrest Resort
☎558-8101、800-600-4158 FAX553-3867
W www.wavecresthawaii.com
料 1ベッドルームユニット 1日＄75、1カ月＄1500

大きなコンドミニアムコンプレックス。幾つかの部屋がレンタル用になっている。ここに滞在しているのは、長期間島に滞在している人だ。コンドミニアムはオーナーの趣味がよく反映されていて、広々として静かだ。（静か過ぎると感じる人もいるのでは？）。各部屋には幾つかの寝室、ゆったりとしたソファ付リビング、フル装備のキッチン、エンターテインメントセンター、ラナイ付。海に面した部屋では心地よい風が入ってきて、ラナイからはマウイ島とラナイ島のすばらしい眺めが楽しめる。プール、テニスコート、シャッフルボード（円板突き）、図書館、コインランドリーがある。1週間未満の滞在には＄40の追加料金がかかる。

カルアアハ
KALUAAHA

カルアアハの村はウェイブクレストWavecrestを過ぎて2マイル（約3.2km）の所にある。モロカイで最初のキリスト教教会である**カルアアハ教会 Kaluaaha Church**の跡が、道路から奥に少し入った所にあり、目を凝らせばかろうじて見つけることができる。この教会はモロカイでの最初の使節団ハーベイ・R・ヒッチコックによって、1844年に建てられたものである。**アワー・レディ・オブ・セブン・ソロウズ教会 Our Lady of Seven Sorrows Church**はカルアアハ教会を0.3マイル（約0.5km）過ぎた所にある。この教会は1874年ファーザー・ダミアン使節団によって建てられたものを、木の骨組みをもとに1966年再建築したものである。日曜礼拝は7:15から始まる。教会の駐車場からは、昔の**養魚池**とマウイ西部のもやがかかった高層建築が建ち並ぶなんともちぐはぐな風景を目にすることができる。

ブラッドストーンズ

伝説によれば、イリイリオパエ・ヘイアウはメネフネ族によって一晩で作られたという。彼らはワイラウ・バレー Wailau Valleyから山を越えてイリイリ（石）を運んだとされている。その褒美として1人1人に1匹のオパエ（エビ）を与えられたという。これがこの寺院の名前の由来である。伝説は別として、この寺院はハワイに現存するもっとも古い宗教施設かもしれない。

収穫の神ロノと戦争の神クは、共にこのルカキニ lukakiniで崇められている。ルカキニとは満月の前日人間を生け贄として捧げた場所のことである。寺院に男たちを集めるための太鼓が鳴らされ、祈祷師の指示によって皆うつぶせになり、生け贄となる男が祭壇に連れて来られた。呪文と儀式の中、生け贄たちは（いつも男だが）絞殺され、遺体は後で火葬された。

ある伝説によると、自分の10人の息子のうち9人をここで生け贄として失った男がいたという。彼は怒り、残った一人息子と共にサメの神アウマクア（守護神となった祖先の霊）に助けを求めた。アウマクアは豪雨を降らせ、ヘイアウを洪水にし、生け贄を出させていた祈祷師を海に押し流した。祈祷師は海で確かにサメに食べられたという。

イリイリオパエ・ヘイアウ
ILILIOPAE HEIAU

イリイリオパエはモロカイでもっとも大きく、もっとも有名なヘイアウheiau（石の神殿）で、ハワイ諸島の中で2番目に大きいとされている。長さは300フィート（約91m）、幅100フィート（約30m）、東側は高さ22フィート（約7m）、その反対は11フィート（約3m）である。中心となる祭壇はきっちりと平らだ。歴史家たちはもともとのヘイアウは現在の姿より3倍は大きく、マプレフ川Mapulehu Streamを越える所まであったと信じていた。

通常ヘイアウは直接訪れてみればいいが、私有地内にあるため事前に許可が必要かどうかをカウナカカイの観光案内所に聞いておいた方がいい。

ヘイアウへ行く道はマプレフ橋Mapulehu Bridgeを渡ってすぐの15マイルマーカーを過ぎて0.5マイル（約0.8km）の所をハイウェイの奥地側方面に行った所にある。最初は小川の東側の舗装していない私設車道で、10分ほど歩くと歩道は壁に沿って続き、それから家屋の左に出る。そこにある看板に従ってジャングルの中に入り、河床を渡る。ヘイアウはそこから2分ほど歩いた所にある。だが凶暴な野犬に気をつけてほしい。

かつては人間が生け贄になっていた所だが、現在のイリイオパエは鳥のさえずりが聞こえるだけの静かな場所になっている。アフリカンチューリップの木がトレイル沿いにヘイアウまで生えていて、マナmana（魔力）に満たされた平和な場所だ。ここの石はドラマチックな過去を伝える振動を今も放っているように思える。座って休憩するには、階段を登ってヘイアウの右にあたる北側がいいだろう。ヘイアウの上を歩いて横切るのはいけないということを覚えておこう。もしそんなことをすれば、熱射病で倒れてしまうだろうし、すぐに足首をくじいてしまうだろう。

プコオ
PUKOO

この眠ったような僻地はかつて裁判所、監獄、波止場、郵便局などがそろった地方政府が置かれていた所だ。プランテーションをつくった人々がカウナカカイをつくり、そこにすべての機能を集中させるまでは島の中心的な所だった。現在、少しずつではあるが島民がプコオPukoo地域に戻り始めている。郊外の住宅地とはいかないが、道路を進むに連れてわずかではあるが比較的新しい家に気づくだろう。

ホノムニ・ハウス
Honomuni House
☎558-8383 FAX558-8284
W www.molokai-aloha.com/honomuni
🏠Kamehameha V Hwy
💰コテージ W＄85、追加料金 大人＄10 子供無料

ハイウェイのマウカmauka（山）側のホノムニ橋Honomuni Bridgeを越えた所にある、感じの良いゲストコテージ。18マイルマーカーより手前で、プコオの北東約1マイル（約1.6km）にある。ガーデンゲストコテージはスタジオ風の造りで、フル装備のキッチン、バスルーム、屋外デッキ、シャワー付き。リビングにはソファベッド、テレビ、敷地内で育ったアメリカネムノキで作られた小さなダイニングテーブルがある。朝食は含まれていないが、季節の果物が出る。週、または月割の料金については問い合わせてみよう。

ネイバーフッド・ストア・アンド・カウンター
Neighborhood Store 'N' Counter
☎558-8498
🕗8:00～18:00、テイクアウトカウンターは水曜定休

16マイルマーカー近くにある、品揃えが豊富な小さな食料品店。島の東端で食事ができる唯一の店だ。新鮮な魚料理や心のこもったプレートランチ（約＄7）を試してほしい。そばにはピクニックテーブルがある。

ワイアルア
WAIALUA

ワイアルアWailuaは19マイルマーカーを過ぎた所にある小さな道路沿いの集落だ。村の中心にある石造りのワイアルア会衆派教会Waialua Congregational Churchは1855年に建てられた。毎年このワイアルア・ビーチWaialua Beachでモロカイのケイキkeiki（子ども）サーフィン大会が開催されている。

19マイル（31km）の標識を過ぎて0.7マイル（1.1km）ほど行った所から、石の煙突が見え始める。**モアヌイ製糖工場 Moanui Sugar Mill**跡である。ここでは1800年代終わり頃工場が火災で焼け落ちるまで、近くのプランテーションから砂糖を入手していた。焼け跡は道路から50フィート（約15m）奥、背の高いアイアンウッド（アメリカヒデ）が生えている所にまで及んだ。

20マイルマーカーのあたりで、白砂のビーチが右手に現れてくる。それが**20マイル・ビーチ Twenty Mile Beach**で、そこを越えると駐車できる場所がある。冬、ここ以外のモロカイのビーチが荒れているときは、誰もが水泳やシュノーケリングにここを教えてくれる。だが干潮の時は、岩礁内は浅くてシュノーケリングができなくなるときがある。シュノーケリングをするには岩礁を越えた所がいいが、海が穏やかでない時は海流が危険なことがある。

21マイルマーカーの手前で道路が左にカーブする所で岩が突き出している所はその名も**ロック・ポイント Rock Point**という。ここは地元のサーフィン大会も開催されるほどの人気スポットである。

宿泊

ワイアルア・キャンプグランド・アンド・パビリオン
Waialua Campground and Pavilion
☎558-8150 📠558-8520
✉vacate@aloha.net
🏠HC 1, Box 780, Kaunakakai, HI 96748
💰キャンプサイト　1人につき＄15

海沿いにある教会のキャンプ場。鎖で周りを囲まれている。シャワー、トイレ、ピクニックテーブルがある。時々グループでキャンプ場を予約していることがあるので、場所が空いているかどうか事前に確認が必要。

ダンバー・ビーチフロント・コテージズ
Dunbar Beachfront Cottages
☎558-8153、800-673-0520 📠808-558-8153
🌐www.molokai-beachfront-cottages.com
💰2ベッドルームコテージ＄140

18マイルマーカー近くにある、外から隔離されたカイナルKainaluのプライベートビーチ内の2軒のバケーションコテージ。各コテージ4人定員で、フル装備のキッチン、テレビ、ビデオデッキ、シーリングファン、ランドリー、ラナイ、バーベキューグリル付。最短宿泊は3泊で、＄75の掃除代がかかる。

ワイアルアからハラワへ
WAIALUA TO HALAWA

21マイルマーカーを過ぎた所から登り坂になる。道端に生える背の高い草が道を取り戻そうと生い茂り、アイアンウッドとサイザル麻の細長い穂が周りの丘に点在している。きれいに舗装された道路だが、1つ問題なのが幅が十分でないことだ。崖沿いのカーブも含めて場所によっては、車1台通るのがやっとの幅しかない所があるので、クラクションを鳴らしながら通る必要がある。24マイルマーカーあたりで道は平らになり、そこでは海鳥たちの聖域であるモクホウニキMokuhoonikiの小さな島々が望める。

この地域でフェンスに囲まれている草地は、モロカイで2番目に大きいプウ・オ・ホク牧場Puu O Hoku Ranchの敷地の一部である。この牧場はマウイにあるハナHana出身の有名なポール・フェイガンによってつくられ、その名は「丘と星が出会う場所」という意味を持つ。ここを訪れた有名人の中にはジミー・スチュアートやJ・F・ケネディなどがいる。

牧場内にひそかにある、神聖なククイkukuiの林は崇拝されている16世紀のカフナ、ラニカウラの墓だ。昔から多くの島民が林の近くをふわふわと漂う光る幽霊のようなものを見たという。**乗馬 horseback riding**（☎558-8109）をしたければ少なくとも24時間前に電話を入れておいてほしい。ガイド付でトレイルを回るコースは、1時間＄55、2時間＄75。おなかがすいたときは、有機栽培の作物を置いている**牧場の売店 ranch store**に寄ってみよう。

25マイルマーカーを過ぎると、ジャングルが迫り、ユーカリの香りがしてくる。25マイルマーカーから1.25マイル（約2km）の所でハラワ渓谷の壮大な景色が見える分岐点がある。生い茂った草でよく景色が見えないときは、車を停めてよく見える所まで少し道を下ってみよう。冬には鯨のブリーチング（海面上にジャンプし、着水すること）を見ることができる。

谷に続く道は一車線で、クラクションを鳴らさずには通れないようなヘアピンカーブが

多い。だが、道路の状態はよく、傾斜もなだらかなので心配はいらない。

宿泊
プウ・オ・ホク牧場
Puu O Hoku Ranch
☎558-8109 ℻558-8100
🌐 www.puuohoku.com
💰 2ベッドルームコテージ$125、ハウスW$150、エクストラゲスト$10
日陰のラナイ、籐家具、明るいキッチン付きのカントリー風コテージで思い出深いロマンチックな休暇を。週単位での宿泊には割引がある。

ハラワ渓谷
HALAWA VALLEY
ハラワ渓谷にはかつて3つのヘイアウがあり、そのうち2つは人間を生け贄にするために使われていたといわれているが、その場所はほとんど残っていない。j44119世紀半ばには、この肥沃な谷には500人の人が住み、モロカイのタロ芋のほとんどを生産するのに加え、メロン、ヘチマ、果物の多くも生産していた。タロ芋の生産は次第に減少していったが、1946年、突然大きな津波がハラワ渓谷を襲い、農家や集落のほとんどを押し流してしまった。1957年にも再び津波が谷を襲い、集落を押し流した。ハラワには今や数軒しか残っていない。ハワイ式の日曜の礼拝が時々谷の教会で行われている。

ハラワ・ビーチ・パーク
Halawa Beach Park
ハラワ・ビーチはモロカイの首長たちに愛されたサーフィンスポットだったが、今も地元の子どもたちがサーフィンを楽しむ場所である。このビーチには岩の露頭によって隔てられた2つの入り江があり、南の入り江より北の入り江の方が穏やかだ。海が穏やかなときは水泳に適しているが、両方の入り江とも波が高いときは激しい海流が起こる。北の入り江に流れ込むハラワ海流Halawa Streamが強いときも海流が激しい。

　ハラワ・ビーチ・パークには休憩所と水道がある。この水道は谷の上部から引いてあるが清潔ではないので飲料用にするには何らかの処理をすべきである。美しい場所だが、ここには不気味な予知をする風習があり、地元の人はよそ者に対し敵意を見せることがあるかもしれない。あまり長く居たくはないかもしれないが、引き返す前に足を延ばしてもいいかもしれない。

モロカイ中心部
Central Molokai

モロカイ中心部はホオレフア平原にあり、西部にある吹きさらしのモオモミ・ビーチMoomomi BeachからクアラプウKualapuuにあるかつてのプランテーションの町まで広がっている。島の中央部にはカマコウ自然保護区Kamakou Preserveに続く森林に覆われた一帯がある。カマコウ自然保護区は独特の特徴を持つ熱帯雨林で、島で一番高い山を擁する。モロカイ中心部の北の端はカラウパパ半島で、ハワイでいまわしい病気として知られたライ病患者のための療養所がある。

　モロカイ中心部でもっとも利用されているのは、乾燥した草地からハイウェイ460を飛ばしてカマコウ自然保護区の山道の分岐点を過ぎ、そこで向きを変えて真っすぐに、ハイウェイ470をコーヒープランテーション、復元された製糖工場、ミュール小屋、トレイルの始点に沿って、カラウパパ半島に下るルートである。道路はパラアウ州立公園Palaau State Parkのカラウパパ展望台の所で終わる。ここで、モロカイでもっとも感動的な眺めに出会えるだろう。カウナカカイの南海岸から10マイル（約16km）、車で約20分かかる。

カマコウ
KAMAKOU

モロカイ東部の背骨を形成する山々は、4961フィート（約1512m）と島でもっとも標高の高いカマコウKamakouまで延びている。ハワイの女性は出産後の後産の痛みを忘れるためにカマコウの頂上に歩いて登っていた。昔から伝わる民話によれば、この儀式は新しく誕生した子どもたちが人生の高みに達するように（将来を願って）と行われていたらしい。最近ではここを訪れる島民の目的は、レイを作るための葉の採取と、豚、鹿、山羊の狩猟である。

　ここの険しい山々は、雨雲をモロカイ中央の平原上に入り込ませないようにしている。モロカイの水資源は半分以上これらの森林からもたらされている。1960年代、ワイコル渓谷Waikolu Valleyの西側に5マイル（約8km）のトンネルが掘られた。これで毎日2800万ガロン（1億600万リットル）の水をクアラプウ貯水池Kualapuu Reservoirに運んでいる。

　ネイチャー・コンサーバンシーNature Conservancyのカマコウ自然保護区はほとんど原林に近い熱帯雨林で、250種以上のハワイ原産の植物や、ハワイでもっとも珍しい数種の鳥の生息地である。山の頂上が高台になってい

るので、カマコウからは、眼下に広がる北海岸の谷のすばらしい風景が一望できる。まさに森林は宝物だ。

カマコウがその自然の姿を守ることができる理由の1つは、わだちのできた悪路によってそこにたどり着くのが難しいからだ。4WD車は絶対必要である。晴れていれば、車の中から外を眺めるくらいならできることもあるが、雨が降る中カマコウに行くことはおすすめできない。狭い場所に道路があるので、車が1台動けなくなってしまったら、道路全体をふさいでしまう。雨季には乗用車やトラックが原因で次から次へとわだちができ、その道路の状態は夏になるまで元に戻らない。

ハイウェイからワイコル展望台まで続く10マイル（約16km）の山道は、道の状態にもよるが、車で約45分かかる。車での旅はカウナカカイからハイウェイ460にのって北に向かって始まる。3マイルマーカーから0.75マイル（約1.2km）の所で右折するとすぐにマナワイヌイ橋Manawainui Bridgeに着く。舗装された道路はまもなくカラマウラKalamaulaの猟師詰め所で終わる。それからしばらくは道がいいが、進むにつれて悪くなっていく。未舗装の道を約5分走った所にある最初の分かれ道で左に曲がり、そこからはずっとメインロードを進む。

最初、あたりは低木が多く乾燥していて埃っぽいが、だんだんイトスギやノーフォークパインもところどころに混ざったユーカリの森になっていく。道路から見る限り何の痕跡も残っていないが、カラマウラはかつて人が多く住んでいた。ここは昔、カメハメハ大王が、訪ねて来ていた女性首長が亡くなったのを嘆いて自分の2本の前歯をへし折った場所だ。この木は1930年代、昔の牛の放牧政策によって引き起こされた侵食や分水界の喪失を食い止めるために、資源保存市民部隊Civilian Conservation Corps（CCC）が植林したのである。

モロカイ森林保護区Molokai Forest Reserveは幹線道路から5.5マイル（約8.9km）の所から始まり、左側の短いループ道路は元のボーイスカウトキャンプへと続いている。そこは現在ネイチャー・コンサーバンシーが使用している。さらに1.5マイル（約3.2km）行くと、左側に古い水槽と貯水池がある。これを過ぎるとすぐ、「カカラハレKakalahale」と書かれた看板が右を指している（これが猟師が使っていた幾つかある4WD用道路の1つで海岸からカウナカカイに向かって南へ続く。道路が森林保護区を過ぎたあたりで、私有地と合流する。門が閉まっているときもあるが無視しよう）。さらに2マイル（約3km）行くと、サンダルウッド・ピットSandalwood Pitで、それを1マイル（約1.6km）過ぎるとワイコル展望台とカマコウ自然保護区だ。

サンダルウッド・ピット
Sandalwood Pit

何百年も前からあるルア・ナ・モク・イリアヒ Lua Na Moku Iliahi（サンダルウッド・メジャーリング・ピット Sandalwood Measuring Pit）は道路の左側にある草の生えた窪地にすぎない。船体を模した穴は長年にわたり水で浸食され、今では全体の姿を思い浮かべるには相当の想像力を要する。19世紀初め、多大な利益を生む白檀の貿易が始まるとすぐ、75フィート（約23m）の船倉とそっくり同じになる穴を掘り、近くの森から採った香りの良い白檀の丸太を入れた。

外国の珍しい品を買い求めるための資金を作るのに必死になったアリイはマカアイナナ（民衆）に農耕をやめて森で働くよう命じた。穴が白檀でいっぱいになると（ちょうど船一艘分）、彼らの背中にくくりつけ、中国に船で運ぶため港へ運ばせた。船長らは多くの富を手に入れたが、ハワイは白檀の森を失った。白檀の成木がすべて切り倒された後、マカアイナナは、彼らの子どもたちに昔の世代の人々が体験した強制労働の辛い歴史をくり返さないために、芽生えた苗木をすべて引き抜いた。

ワイコル展望台
Waikolu Lookout

ワイコル展望台Waikolu Lookoutは標高3600フィート（約1097m）で、そこからはワイコル渓谷とその向こうに広がる海の壮大な眺めが楽しめる。カマコウ自然保護区であまり時間を過ごせないという人も、この展望台は来てみる価値がある。一番視界が開けるのは朝である。雨が続いていたら、たくさんの滝が垂直な崖から何本も流れ落ちるのを見ることができる。ワイコルというのは「3つの水」という意味で、おそらく大きな滝の3つの流れから名づけられたものだろう。

草地のキャンプ場は展望台のちょうど反対側にある。霧や、特に午後から夕方にかけて時々渓谷から吹き上げる冷たい風に耐えられるなら、自然保護区へのハイキングのベースキャンプにできる。ここには汲み取り式トイレはあるが水道やそのほかの施設はない。キャンプの許可や料金については、本章前出の「宿泊」を参照。

カマコウ自然保護区
Kamakou Preserve

1982年、モロカイ牧場はワイコル展望台のすぐ先から始まるカマコウ自然保護区Kamakou

Preserveを管理する権利をハワイ自然保護局に移した。2774エーカー（約11.2km²）に及ぶこの自然の生態系は雲霧林、湿原、低木帯、絶滅の危機にさらされた多くの植物や動物の生息地である。

保護区の大部分はオヒア・レフアに覆われている。この地固有の木で、ここに生息する鳥が好む蜜を出し、毛に覆われた赤い花を咲かせる。ここにはモロカイだけに生息する2種類の珍しい鳥がいる。モロカイ・クリーパーとモロカイツグミである。鮮やかな赤のアパパネ（ハワイミツスイ）や黄緑色のアマキヒ、プエオ（ハワイフクロウ）もいる。ほかにも珍しいシダ、野生のラン、シルバリー・リリーも見られる。

保護区の入り口からすぐ道は悪くなる。4WD車以外でここを通ることは考えないでほしい。たとえ4WD車であっても泥道や険しい坂に慣れていないと、運転はかなり難しい。車が横転しやすい場所も幾つかある。保護区の門で入場するときと退場するとき、ネイチャー・コンサーバンシーは訪問者に署名を求める。サインアップシートをよく確認してみよう。訪問者は車の種類からトレイルの状態、鳥の目撃情報などを記入することになっている。時々、保護区の一部が閉まっていることがあるが、そのようなときにはお知らせが出ている。

ハイキング
カマコウは熱帯雨林なので、保護区内のトレイルはかなりの泥道になっている。雨用の装備をしていくのが得策。十分な飲料水も忘れずに。**ペペオパエ・トレイル Pepeopae Trail**ではペレクヌ・バレーPelekunu Valleyの驚くような風景を見ることができる。道沿いには広範囲にわたる歩道があるので、ハイカーはほとんど手を触れられていないハワイの山地にある湿原、成長の止まった木や背の低い植物からなるミニチュアの森林に近づいて見ることができ、一方壊れやすい生態系が踏み荒らされるのを防いでいる。ペレクヌ・バレー展望台の終点からすごい崖を見ることができる。雲があまりなければ、谷が見下ろせる海まで眼下におさめられる。この地域の1年あたりの降雨量は180インチ（約4570mm）で、ハワイ諸島の中でももっとも雨の多い地域の1つである。

ペペオパエ・トレイルに到達するには2つのルートがある。簡単なのはワイコル展望台から約2.5マイル（約4km）大きいジープ道路を通ってトレイルの始点に着く方法。森の中を約1時間強、快適に歩くコースだ。トレイルに沿って幾つかの脇道があるが、草が生い茂っているのでどちらがメインの道かはすぐに分かる。歩いていくうちにトレイルの始点「ペペオパエ」のサインが見えてくる。そこから左に分かれた道を行き、東に向かって1マイル（約1.6km）行くと展望台だ。

2番目のルートである**ハナリロリロ・トレイル Hanalilolilo Trail**ははるかに歩きにくい。どろどろで道と見分けもつきにくいこのトレイルは、ワイコル展望台を過ぎてから約5分歩いた所の左手、保護区に入ってすぐの所から始まる。ハナリロリロ・トレイルは苔むしたオヒアの熱帯雨林の中を500フィート（約152m）登るコースで、1.5マイル（約2.4km）行った所でペペオパエ・トレイルとつながっている。

ペペオパエ・トレイルを左に曲がって、約0.5マイル（約0.8km）でペレクヌ・バレーを見わたす頂上だ。入り口に戻るまで全体のコースを歩くと半日かかる。

ネイチャー・コンサーバンシー
The Nature Conservancy
☎553-5236 モロカイ保護区 ⅢX553-9870
Ⓦwww.nature.org
自然保護区の歴史や生態系について教えてくれるガイド付ハイキングがある。たいてい毎月第2土曜日に開催される。料金は保護局の会員は＄10、非会員は＄25。これには保護区までの送迎料金も含まれている。保護区のことにもっと深く興味があるなら、ボランティアの来る日を聞いておくといい。

クアラプウ
KUALAPUU

クアラプウKualapuuは、標高1017フィート（約310m）の丘の名前であり、その北にある村の名前でもある。丘のふもとにはゴムの木で囲まれた世界でもっとも大きな貯水池がある。ここにはモロカイ東部の熱帯雨林から引いた水を14億ガロン（約53億リットル）を貯めておくことができる。この貯水池は現在、ホオレフア平原と乾燥した島の西端にとって唯一の水源となっている。

デルモンテは1930年代、ここに本社を置いたので、クアラプウはプランテーションの町として発展した。デルモンテの事業の中心はクアラプウから近くのホオレフアの農家の土地の方まで広がっていた。1982年、デルモンテがモロカイでの事業から撤退することが決定すると、ここの景気は一気に悪くなった。うち捨てられた畑に借り手が現れて、コーヒーの苗が植えられるまでの10年間、放置されて伸び放題になったパイナップル畑で古い農家の機具はさびていった。

現在、9月から1月の間はコーヒーの収穫

はない。**コーヒーズ・オブ・ハワイ Coffees of Hawaii**（☎567-9241、800-709-2326 ♠Hwy 490）に立ち寄って、売店で香り豊かなモロカイコーヒーの無料サンプルをもらおう。ここでは袋入りのコーヒー豆、ハワイに関する書籍、地元の人が手作りした物などを幾つか販売している。天候が許す限り行われるコーヒー畑の中を通る月〜金曜までのウォーキングツアー（大人＄7 子供＄3.50）は、ここを9:30と11:30に出発する。ツアーは約45分。ガイドにたくさんの質問が出なければ、もう少し短くなる。モロカイでは実際には何事も混み合うことはないが、電話を入れて予約しておくにこしたことはない。

カミュエラ・クックハウス
Kamuela Cookhouse
☎567-9655
♠Hwy 490
▣朝食・ランチ＄5〜10、ディナー＄8〜15
◎土・日 6:30〜14:30、8:00〜14:00

こんな小さな町にあるにもかかわらず、繁盛している。というのもここがモロカイで一番おいしい料理を出しているからだ。朝食もプレートランチもボリュームたっぷり。自家製のチョコレートマカデミアナッツパイやリリコイオレンジチーズケーキにはよだれが出るはず。

エスプレッソ・バー
Espresso Bar
☎567-9241、800-709-2326
▣スナック＄5未満
◎月〜金 7:00〜15:00、土・日 10:00〜15:00

ベーグルやサンドイッチ、それに挽きたてのコーヒーとエスプレッソを出している（この店で何かほかの飲み物を期待していないですよね？）。

ホオレフア
HOOLEHUA

ホオレフアHoolehuaはモロカイを東西に分けている乾燥した平原エリアである。1790年代、ここではカメハメハ大王がオアフ侵略に向けて、1年間にわたる軍隊の訓練を行った場所である。1924年、農業を主体とする集落がホオレフアにできた。これは公有地をハワイ原住民たちに与えると定めたハワイアン・ホームズ・アクトHawaiian Homes Actを利用して定住した人々である。1930年までには、モロカイにいるハワイ原住民の半数以上が自分の家を持つことができた。

最初の定住者は海岸近くのカラニアナオレKalanianaoleに住もうとしたが、畑に灌漑した井戸の水に塩分が混じったので定住できなかった。それで、多くの定住者は北のホオレフアに移っていった。そこではすでにほかの定住者が、あまり水を必要としないパイナップルの栽培を始めていた。

2つの巨大なパイナップル会社がモロカイで事業を展開していたので、定住者は自分たちのパイナップルを売るのがだんだん難しくなっていき、次第に自分たちの土地をプランテーションに貸さざるをえなくなった。現在では水の供給が確立し、コーヒー、サツマイモ、パパイア、ハーブなど多様な作物が栽培されている。

オリエンテーション・インフォメーション

3本の道路が東西に走り、それを横切る道が南北に走っている。ファリントン・アベニューFarrington Aveは消防署、米国聖公会、モロカイの高校が並ぶホオレフアのメインストリートになっている。郵便局はプウピールア・アベニューPuupeelua Ave（ハイウェイ480）とファリントン・アベニューとの交差点の南にある。プウカペレ・アベニューPuukapele Aveは西に向かい、続いてビーチの方向へ続く舗装道路に合流する。だがその途中は米国空軍の電波受信基地ウェスタン・スペース＆ミサイル・センターWestern Space & Missile Centerの所で終わっている。ここの金属製の変なタワーやワイヤーケーブルは、まるで大の大人が大きな組み立ておもちゃで遊んでいるような感じを与える。

パーディーズ・マカデミアナッツ・ファーム
Purdy's Macadamia Nut Farm

パーディー家は、ハワイでもっともすばらしい小さなマカデミアナッツ農場ツアー（☎567-6601 ▣入場無料 ◎月〜金 9:30〜15:30、日 10:00〜14:00）を行っている。ナッツの加工見学にスポットを当てたハワイ島のツアーと違って、パーディー氏は農園にお客を連れて行き、1人1人にナッツがどのように生育するかについて説明してくれる。マカデミアナッツは1本の木で同時に、花、実がつき始めたばかりの小さなナッツ、成熟したナッツの房という具合にさまざまな成長段階を見ることができる。

パーディーの農場の1.5エーカー（約6070㎡）にわたる成木は樹齢75年にもなり、しかも殺虫剤、除草剤、化学肥料を使わず、さらに剪定すらもせずに自然のまま育っている。すべてはモロカイの一風変わったやり方で行う。そのやり方とは石の上でマカデミアナッツをハンマーで割ったり、マカデミアの花の蜜を

スライスした新鮮なココナツですくって味わうのだ。マカデミアナッツ（ロースト・生）と蜜は販売している。

農園に行くにはハイウェイ470からファリントン・アベニューの方に向かう。1マイル（約1.6km）ほど行った所、高校の前あたりで右のリヒ・パリ・アベニューLihi Pali Aveに進路をとる。農園はそこから0.3マイル（約0.5km）ほど行った右手にある。

モオモミ・ビーチ
MOOMOMI BEACH

ホオレフア平原西端に位置するモオモミ・ビーチの環境はユニークである。ここはネイチャー・コンサーバンシーに管理されており、ハワイに残された、人の手が入ってない数少ない海岸の砂丘である。ここに生えている植物のうち、絶滅の危機に瀕している少なくとも5種類の植物は世界のどこを探してもここ以外には生えてはいない。人が住んでいる島でありながら、ミドリウミガメが繁殖するために生息している数少ない島の1つでもある。モオモミの乾燥した砂の中で長い間埋まっていた石斧やはるか昔に絶滅したハワイの鳥の化石が見つかっている。

モオモミは緑が青々と茂るみずみずしさを持った場所ではない。むしろ風が吹きさらしのわびしい荒れた土地だ。つまり、労を費やして魅力を探すだけの価値ある地なのだ。ファリントン・アベニューを西に、ハイウェイ480との交差点を過ぎて舗装道路が終わる所まで進もう。モオモミ・アベニューMoomomi Aveは最近再整備中なので通らない方がいい。

そこから2.5マイル（約4.0km）は赤土の道路だが、道の良い場所と悪い場所がある。場所によっては、路肩をよけたり、小さい溝をまたいで通らなければならないかもしれない。

アロハの気持ちを届けよう
ホオレフア郵便局 post office（☎567-6144 ◎月～金 7:30〜11:30、12:30〜16:30）の局長が皮のついたココナツをかごいっぱいに集めていて、それを一風変わった（しかも食べられる！）「はがき」として郵便に出すことができる。これらのココナツは局長自身が勤務時間外に集めたもので、この「ポスト・ア・ナッツ」の目的のため無料である。彼女はフェルトペンも用意してくれているので、その場ですぐメッセージを書き入れることができる。普通サイズのココナツ郵便の優先郵便料金は米国内ならどこでも＄5〜である。

普通の車でも通れるが、車高がある車の方がいいだろう。レンタカーの契約ではこれは禁止事項だが、4WD車で走るのが1番いいのは明らかだ。雨の後は、すぐに泥道になってしまう。

舗装道路が終わって2マイル（約3.2km）ほど行くと、道が分かれていて、右に進路をとってビーチの方向に0.5マイル（約0.8km）進む。

道が荒れている場合、この後半部分に車を右手に寄せて駐車できる場所がある。もし未舗装の道で迷ってしまったら、海に向かって走り**モオモミ湾 Moomomi Bay**と書いてあるピクニック用の建物を探そう。日光浴をする人々がいる小さな砂浜である。入り江を囲むような形の岩の東岸は、釣りに適した場所を提供している。ハワイアン・ホーム・ランドHawaiian Home Landsが所有するこのピクニック用の建物にはトイレはあるが、飲料水は持参しよう。

人々がモオモミ・ビーチと呼んでいるこの広い白い砂浜は**カワアロア湾 Kawaaloa Bay**で、モオモミ・ビーチはさらに20分ほど西に向かって歩いた所にある。毎日午後に吹きつける風は（しっかり自分を支えて）、砂におもしろい波模様やうねりを作り出している。カワアロア湾の右側は比較的狭く、一部は風を防いでいる。だが、波が高い時には全体的にビーチは荒れているので、海水浴は控えよう。

カワアロアで幸運にも良い天気に恵まれた人もいるだろうが、そうでなかった人も海岸沿いにあるほかの砂浜のある入り江へはいつでも訪れることができる。ここより西の地域は強い海流が流れる外海に面している。内陸部を走る高い丘は巨大な砂丘である。風や水によってギザギザと抽象的に彫刻された海岸の崖は、モオモミの乾燥した気候のために石のように固まった砂でできている。

砂丘の生態系はか弱いので、観光客はビーチ沿いとトレイルを歩かなければならない。また植物、岩、サンゴをはじめとする自然物を持ち帰ってはならない。表示されたルートを通ってカワアロア湾へ徒歩で行くのは許可がいらないが、4WD車を持っている人はネイチャー・コンサーバンシーからゲートキー（門の鍵）を受け取って、直接カワアロア湾へ車で行くこともできる。その場合は、許可申込書と＄25のキー保証金が必要となる。

ネイチャー・コンサーバンシー
The Nature Conservancy
☎553-5236 モロカイ保護区 ℻553-9870
ⓦwww.nature.org

月に1度、通常第4土曜日にモオモミのガイド付ツアーを行っている。料金は保護局の会

員は＄10、非会員は＄25で、これには保護区までの送迎料金も含まれる。ハイカーはたいていほかの島から飛行機でやって来るので、モロカイ飛行場への送迎も含まれている。かなり前からいっぱいになるので、予約が必要。

カラエ
KALAE

RW・マイヤー製糖工場
RW Meyer Sugar Mill

ハイウェイ460の北4マイル（約6.4km）に勤勉なドイツ人移民ルドルフ・W・マイヤーが建てた製糖工場がある。彼がこの島に立ち寄ったのはゴールドラッシュに沸くカリフォルニアに向かう途中だった。彼はハワイの王族の1人と結婚した過程でかなりの土地を手に入れた。

次第に彼はジャガイモが儲かることに気づき、カリフォルニアの坑夫向けに輸出した。また、カラウパパのライ病患者収容施設長とカメハメハ5世の牧場地の管理もしていた。

1850年代、彼は自分で牧場をつくり、パラアウ村から牛を輸出したのだが、ある不幸な出来事が起こった。彼は牛の数が減っているのを知って、パラウアのすべての男性を牛を盗んだ罪で捕まえ、ホノルルの刑務所に送ったのだ。1876年、新しい互恵契約ができてハワイの砂糖製造業者が米国本土に関税なしで輸出できるようになると、自分の土地をサトウキビ畑に変え精製工場を建設した。だがたった10年間しか操業しなかった。

この工場は国定歴史的記念物National Register of Historic Placesにもっとも最近指定されたものである。100年前のスチームエンジンやそのほか1世紀以上前から使われていない機械を再度組み立てるなどの修復作業のため、多くの時間と経費がつぎ込まれた。駐車場上の横にある博物館 museum（☎567-6436　大人＄2、賛同金＄1　月～土 10:00～14:00）では、写真、幾つかのハワイに関する文献、10分程度のビデオを通してモロカイの歴史を紹介している。マイヤーと彼の子孫たちはこの建物の裏手に埋葬されている。

アイアンウッド・ヒルズ・ゴルフ・コース
Ironwood Hills Golf Course

☎567-6000
7:00～17:00
9ホール＄10、18ホール＄15、カートレンタル＄7～15

ここではゴルフ用のポロシャツなど必要ない、気軽に利用できるゴルフコースだ。バンカーにはメヒシバが生え、地元のゴルファーは本当に楽しそうにプレイしている。もともとデルモンテ社が社員用に造ったもの。コースは赤土の道で、マイヤー製糖工場のすぐ南、グリーン端の木が植えられた所まで広がっている。

パラアウ州立公園
PALAAU STATE PARK

ハイウェイ470の北端にある。最大の見どころは駐車場から歩いて数分の所にある、カラウパパ展望台だ。カラウパパそのものへ行ってみるかどうかは別にして、必ず展望台は訪ねてみよう。反対側の方向には、アイアンウッド（アメリカシデ）の林を5分ほど歩いた所にペニスの形をした岩がある。どちらも歩きやすいトレイルだ。公園にはキャンプ場とピクニックエリアがあり、美しいユーカリの木立がある。

カラウパパ展望台
Kalaupapa Overlook

カラウパパ展望台は1600フィート（約488m）の崖の頂上にあり、カラウパパ半島を見わたせる。それはまるで、飛行機に乗っているかのように空から見下ろせる。カラウパパの住人はカラウパパ半島以外のモロカイのことについて「表」という意味の言葉を使う。展望台から見るとその理由は明らかだ。高い崖のため太陽の当たる角度が少ないので、写真を撮るのには午前遅くから午後半ばくらいが適している。

かつて太平洋でもっとも強力な光を放っていた灯台 lighthouseは半島の北端にある。70万本分のろうそくの灯りに匹敵するフレネルFresnelのクリスタルのレンズは、1986年に解体され電気の信号灯にとって代わられるまで光を放っていた。

下に見えるカラウパパのランドマークを指した説明板があり、またライ病の収容施設としてのカラウパパの歴史を説明している。カラウパパの人が住む村は見えるが、最初の収容施設とダミアン神父の教会と墓のあるカラワオKalawaoはここから見ることはできない。

カラウパパとは「平らな葉」という意味で、溶岩の岩盤でできた半島であるカラウパパを正確に言い表している。この半島はモロカイが形成されてからの火山休止状態後、低い楯状火山が海から突き出してできた。展望台から見ると休止状態のカウハコ・クレーター Kauhako Craterには水深800フィート（約244m）以上の小さな湖があるのが分かる。

ハイキング 展望台の最後の説明板のすぐ先からはトレイルらしからぬ道が続いている。その道が途切れるまで20分ほど進む。この道

に来る人はほとんどいないので本当に静かだ。運がよければシカが横切るのに出合えるかもしれない。

アイアンウッドの針のような葉が敷き詰められた小道は、アイアンウッドとユーカリが茂り、所どころにノーフォークパインが点々とする森の中を通っている。この対角線状に植林された森は1930年代CCC森林再生プロジェクト中に行われた。木々がトレイルの上に張り出している。そのようにアイアンウッドとユーカリが張り出すことで、道を覆ってしまう下生えが茂るのを妨げている。

ファリック・ロック
Phallic Rock

カウレオナナホアKauleonanahoaは「ナナホアのペニス」を意味する。アイアンウッドの森の中の小さなひらけた場所に突き出ている、ハワイで一番巨大なペニス型の岩である。自然はおもしろいものを与えてくれるものだ。だが、人間が手を加えたと言う人もいる。地元ではここに女性がレイとドル札の供え物を持って1晩過ごすと妊娠するという話がある。だが、ちょっと行って見るくらいならその心配はない。

宿泊

展望台から0.25マイル（約400m）手前にいつも静かな**キャンプ場**がある。静かなというよりひと気がないというべきかもしれない。ここは基本的にコンクリート製のピクニックパビリオンの横にある野原にすぎないので、プライバシーというものはない。特に地元の家族連れがバーベキューやパーティをしに来ているときはなおさらだ。夜になると車が通過する音のほかには近くの家畜小屋から聞こえる雄鶏とミュール（ラバ）の鳴き声だけになる。午後遅くには雲が集まり始め、真夜中になるとテントは水浸し。もちろん、このようなことは乾季である夏にはあまり起こらない。とはいってもここは雨の多い場所である。ピクニックパビリオン（休憩所）にはトイレはあるが、飲料水はない。ミュールトレイルを過ぎたら、5マイルマーカーのあたりにあるパビリオンを探す。料金や入場許可の情報は本章前出の「宿泊」を参照。

カラウパパ半島
Kalaupapa Peninsula

カラウパパ半島は非常に美しく、非常に孤独であるように見える。壮観で圧倒的な崖のふもとには1世紀以上にもわたってライ病患者の収容施設が存在する。現在はハワイ州保健局と**ナショナル・パーク・サービス National Park Service**（W www.nps.gov/kala）の管理下にあるが、自分たちの人生を勝手に変えられた人々が今なお同じ場所に住み続けているのは特異なことだ。

ミュール（ラバ）、徒歩、小型飛行機でしか近づくことができないこの半島の旅はモロカイの主要なアトラクションの1つである。またダミアン神父（ジョセフ・ド・ヴァスター）の信仰者にとっては巡礼の旅でもある。ダミアン神父はライ病患者救済のために、彼自身がその病気で亡くなるまで、人生の後半を捧げたベルギー人の聖職者である。

歴史

昔のハワイ原住民はカラウパパを海で嵐に遭遇したときの避難場所として利用していた。当時半島には初期の西欧社会との接触をする大きな施設があったので、この地域には考古学的に価値のある場所が多い。

1835年、ハワイの医師がハワイ州で最初のライ病患者を診断した。外国人によって持ち込まれた多くの病気のうちの1つである。有効な薬ができるまで、ライ病にかかると滴り落ちる、悪臭のするただれが症状として現れた。病状が進むにつれて患者は感覚麻痺と組織の変質が起こり、指、つま先、鼻がひどく変形したりすべて脱落してしまうことがあった。この病気の広がりを恐れたカメハメハ5世は、患者をカラウパパ半島に閉じ込める法律に署名し、1865年に施行された。

ハワイ原住民はライ病のことをマイ・ホオカアワレ（離れ離れにする病気）と呼んだ。それというのもこの病気の悲惨な点は、患者と家族を離れ離れにしてしまうことだったからだ。カラウパパ半島は3方をハワイでもっとも荒くサメの多く生息する海に囲まれ、残りの1方は世界でもっとも高い標高の海岸に囲まれている。患者の中には船で連れて来られる者もいたが、その船長は感染するのを恐れ、島に上陸しなかった。その代わり患者を湾に突き落としたため、泳げる者は岸まで泳いで渡った。

1度カラウパパ半島に行くと、たとえ死んでも出られることはなかった。最初の収容所は半島東端の雨の多いカラワオにあった。初期の状態は言葉もないほどひどく、弱い者から割当を強奪したり、女性は売春やもっとひどいことを強いられていた。寿命は総じて短く、人生は悲惨そのものだった。

ダミアン神父は1873年にカラウパパにやって来た。彼は最初にここに来た使節団ではなかったが、ここに定住したのは彼が最初だった。ダミアン神父が患者たちに与えたのは希望であ

った。司祭は300以上の家を建てた。家は4つの壁とドアと屋根があるだけの粗末なものだったが、ここに追いやられた人々にとっては避難所に違いなかった。ダミアン神父は腕の良い大工でもあったので、彼がモロカイ島やハワイ島に建てた丈夫で小さな教会は今なお現存している。ダミアン神父は看病はもちろん、にじみ出るただれに包帯を巻いてやったり、棺おけを作ったり、墓を掘ったりもした。平均して1日に1人を葬っていた。1888年、日がよくあたる半島の西側にパイプを引き水道を設置し、そして施設はカラワオから現在の場所に移転した。

ダミアン神父の仕事ぶりはほかの人をも刺激した。ジョーゼフ・ダットン修道士は1886年の渡来後44年間滞在し、患者の世話に加え、モロカイで起こっていることについて外の世界に知らせ続けるためにたくさんの本を書いた。マリアン・コープ尼僧院長はダミアン神父が亡くなる1年前にやって来た。彼女は30年滞在し、女学校設立に尽力し、また患者に充実した人生を送るよう励ました。彼女はホスピス運動の母としても知られている。ダミアン神父は1889年に49歳で亡くなった。1995年、彼はヨハネ・パウロ2世によって列福され、現在聖人の候補になっている。

何年にもわたり8000人ほどの人々がカラウパパ半島で人生を送った。ダミアン神父がやって来たのと同じ年に、ノルウェーの学者ゲールハート・ハンセン博士がライ病を引き起こす細菌、ライ菌を発見した。このことでライ病は考えられていたような遺伝性ではないことがわかった。ダミアン神父の時代でさえ、ライ病はすべての感染性疾患の中でも、100人のうちたった4人にしか感染しない、もっとも感染力の弱い菌の1つだった。

1909年、新式の医療施設、USライ病研究所 US Leprosy Investigation Stationがカラワオに開業した。しかしその病院は、患者に2年間は入院することを約束させたり、隔離生活を強要したり、患者が食べ慣れたハワイの郷土料理を排除したりと、あまりにも排他的だった。そのため、ライ病患者の集落の中心にあってもわずかな患者しか集まらず、数年後閉業した。

1940年代以降、スルホンという抗生物質がライ病の治療と管理に有効に用いられるようになった。しかし隔離政策は1969年まで廃止されなかった。今日、カラウパパ半島に暮らす患者は100人以下でその大多数は高齢者だ。彼らはもちろん自由にここを離れることができるが、それでもここに住むことを選択した。この美しい半島を目にしても、その理由が理解できるだろう。多くの人にはここが自分たちの家であると当然感じているし、政府によって人生を奪われたことに対して、また自分たちのふるさとから追い出されたことに対して闘ってきたのだ。

ハワイ州政府はライ病に対して公式には「ハンセン病」を使用している。だが多くのカラウパパの人々は、それは彼らの苦しみを反映させないための婉曲にすぎないと考えている。だから、彼らは「ライ病」という言葉を使い続けている。しかし、侮辱的呼称である「レパー（世間からつまはじきされる人）」は誰に対しても侮辱的な言葉だ。

カラウパパ訪問
Visiting Kalaupapa

収容施設を訪問する人は「許可証」を持ち16歳以上でなければならない、という古い州法があり、もはや医学的な必要性はないのだが、患者のプライバシーを保護するため現在でもその規制は適用されている。実際の文書による許可証はない。ダミアン・ツアーとミュール・ライドの申込書が許可証代わりになる。カラウパパKalaupapaの住人の客だけが宿泊することを許可される。

標準的なツアーでは村はほとんど人がいないように見える。目にするのは主に墓地、教会、記念碑である。ツアーでは住人たちが「話をしに行く」場所、郵便局、店、病院には止まらない。観光客は住人を写真に撮ることも禁止されている。カラウパパは観光地だが、そこの住人はそうではない。ここには観光客用の店や公共施設は存在しないが、小さな**ビジターセンター visitor center**はある。そこでは最初の収容施設の写真が展示されているし、書籍やビデオが販売されている。ツアーはその後半島を横断してカラワオに移動する。

カラワオにある**セント・フィロメナ教会 St Philomena Church**（ダミアン神父教会として有名）1872年に設立された。その教会の床にはダミアン神父が掘った穴が残っている。教会に来た人が気分が悪くなったら、恥ずかしさを感じることなくこの穴に嘔吐することができた。そばにある墓地にはダミアン神父の墓石と最初に埋葬された場所がある。というのも彼は1936年に掘り起こされ、遺体はベルギーに送られた。1995年、彼の右手がここに戻され改めて埋葬されたのだ。

カラワオから見た風景はこの島の絶景の1つだ。北東海岸のパリ（崖）が見渡せるのだが、それぞれの崖は前にある崖から突き出ていて、1つ1つが霧の中の影のように見える。そのすぐ沖合いにある**ロック・アイランド rock island**には巨大サメの伝説がある。ある角度から見るとその島は水面から突き出たサメの頭のように見え、また違った方向から見ると背びれのようにも見えるのだ。

ツアー カラウパパ半島に徒歩で来た人も、ミュール(ラバ)で来た人も、飛行機で来た人も結局**ダミアン・ツアーズ Damien Tours**(☎567-6171 ツアー 月～土 $30)のスクールバスに乗ることになるだろう。**ダミアン・ツアーズ**を主催するリチャード・マークス氏は皮肉屋の語り部で口述歴史家であり、カラウパパの住人として3代目にあたる。事前の予約は必須で(16:00～20:00の間に電話を)、昼食も忘れずに持参しよう。飛行場でもトレイルのふもとでも迎えに来てくれる。

アクセス・交通手段

カラウパパ半島に行くための唯一の陸路は、パリ(崖)を下っていくつづら折りのミュールトレイルだけである。それ以外は空路しかない。どんな方法で行ったとしても1人で行動することは不可能なので、必ずツアーに参加しなければならない。

ハイキング ミュールトレイルに沿った3マイル(約5km)のハイキングの所要時間は約1時間、登りだともう少し長くなる。できたてのフンを踏みつけたくなければ8:00までに、まだミュールが下りてくる前に出発するのが一番いい。幅の狭いトレイルは雨が続くと、わだちが所々にでき、滑りやすくドロドロになることがある。そんな状態でなければそう苦労する道ではない。トレイルはハイウェイ470の東側、ミュール小屋の北から始まる。ツアーの予約を入れていれば「関係者以外立入禁止」の札を恐れなくてもいい。

ミュール・ライド 島で外出するためのよく知られた方法は、カラウパパまでミュール(ラバ)に乗ってパリPaliへ下る方法だ。だがミュールはそんなに速くはない。というより歩いた方が速い。標高1600フィート(約488m)から26のつづら折がある崖沿いの道を下っていくのに、この足どりの確かな動物に命を委ねることはある種のスリルがある。

モロカイ・ミュール・ライド
Molokai Mule Ride, Inc
☎553-3876、800-567-7550 553-5288
www.muleride.com
月～土

鞍の数が限られているので、ツアーはすぐいっぱいになる。予約をしておくこと。ツアーはミュール小屋で8:00きっかりに、本物のパニオロpaniolo(ハワイのカウボーイ)による短時間のライド・レッスンから始まる。8:30頃、小屋の反対側からツアーは始まる。ミュールは10:00頃にカラウパパに着き、その後すぐに半島バス巡りが始まる。ツアー全体で昼食付、1人あたり$150を払う価値はある。ミュール小屋へは15:30頃帰る予定。ゆったりしたズボン、先の閉じた靴、ウィンドブレーカーを着用のこと。飛行場への送迎は1人$9(最少人員2名)。

空から カラウパパには半島の端に小さな滑走路があるだけなので、小型プロペラ機を使うことになる。搭乗券を購入するためには、まずダミアン・ツアーズを予約しなければならない。

モロカイ・エア・シャトル
Molokai Air Shuttle
☎567-6847
格安航空券を手にしたいなら問い合わせてみよう。毎日モロカイから9:00発のフライトがあるが、日曜は2人以上が予約した場合のみの運行。帰りの便は14:00発。往復$50。

パシフィック・ウィングス
Pacific Wings
☎873-0877、888-575-4576
ホノルル発8:40、カラウパパ着9:10、帰りの便はカラウパパ発15:30がある。片道$80。

パラゴン・エア
Paragon Air
☎244-3356(マウイ)、800-428-1231(近隣の島および米国本土)
www.paragon-air.com
ダミアン・ツアーズの予約を含むマウイからのパッケージ旅行を提供している。カフルイKahului、カパルアKapalua、ウェスト・マウイWest Mauiまたはハナ Hanaのどの飛行場から出発しても1人$210。

ウエスト・エンド
West End

マウナロア・ハイウェイMaunaloa Hwy(ハイウェイ460)はモロカイ飛行場を過ぎて西へと向かい、乾燥したモロカイ西部の高地にある青々と草の茂った放牧場へと登っていく。ハイウェイ460は約17マイル(約27km)で、カウナカカイKaunakakaiから出発してマウナロアに到着するまで約30分かかる。カルアコイ・リゾートKaluakoi Resort、パポハク・ビーチ、ディクシー・マル・ビーチへとずっと舗装された良い道が続く。

しかし西端部のそのほかの道はほとんどが私有の未舗装道で、立入禁止になっている。島の西側はほとんどモロカイ牧場の所有地である。ここに来るには牧場の気まぐれな許可

マウナロア
MAUNALOA

10マイルマーカーを過ぎた所から左側に見える長い山並みは、「長い山」を意味するマウナロアMaunaloaだ。一番標高が高いのはプウ・ナナPuu Nanaで1381フィート（約421m）である。さらにハワイで最初のフラダンス学校があり、ハワイ諸島でもっとも重要な手斧採石場の1つでもあり、かつては黒魔術の中心地とされていた。

マウナロアとは山の名前であるばかりでなく、道路の終点にある町の名前でもある。リビー、マクニール＆リビーによって1920年代につくられたこの小さなプランテーションの町は、モロカイにおけるパイナップル事業の中心だった。1972年にリビー、マクニール＆リビーを買収して事業を始めたドール社は、1975年にマウナロアから撤退した。

マウナロアは現在、流動的な町である。この町がある土地を所有するモロカイ牧場は、かつてのプランテーション時代のコテージを現代的な住宅に替え、ビジネスセンターや映画館などの新しい施設をつくった。現在約230人が生活し、そのほとんどは牧場で働いている。モロカイ牧場は8000頭の牛を飼っていて、実にハワイ州で2番目に大きい牧場であるが、観光業が主な収入源だ。牧場についての詳しい情報は本章前出の歴史を参照。

マウナロアの商業地は町のメインストリートであるマウナロア・ハイウェイMaunaloa Hwy沿いにある。食料品店の向かい側に田舎の小さな**郵便局**（☎552-2852）月～金 8:00～12:00、12:30～16:30）がある。**ガソリンスタンド gas station**（月～金 7:00～17:00、土 9:00～17:00、日 12:00～16:00）はウエスト・エンドでここだけだ。

モロカイ牧場本部＆ロゴ・ショップ Molokai Ranch Headquarters & Logo Shop
は（後出の「宿泊」、「シェラトン・モロカイ・ランチ」を参照、6:00～19:00）、ハイウェイ460を過ぎてすぐ右に曲がり町に入ったところにある。ここには牧場の歴史が展示してあり、受付でアクティビティの予約ができる。ゲストでもアクティビティ料金は高いが、ゲストでなければさらに高くなる。あまり混んでない時は割引を交渉してみよう。

2時間半のガイド付乗馬は＄80。馬に乗って牧場の牧草地を横切ると、海やラナイ島が望める。もっと冒険的なアクティビティをお望みなら、樽レース、さお売り、牛の群れを追うことを体験できる「パニオロ・ラウンドアップ paniolo roundup」がある。知識豊富な文化ガイドによるハイキングは＄30～＄125。ここでのもっとも楽しい冒険はマウンテンバイクに乗ることだ。グラビティライドで競争して坂を下るもよし、世界でもっとも標高の高い海岸のてっぺんからペダルをこいで下りるもよし。インストラクターはとても寛大な人だ。料金は＄35～＄100。ほかの牧場でのアクティビティでは、カヤック、海釣り、アーチェリー、子供向け冒険コースやレッスンがある。

モロカイの魔術

伝説によると、流れ星として宇宙を放浪していた火の神カライパホアは、マウナロアに着陸し、木に住みついた。何も知らない男たちは木を切ろうとして木に触れた途端、毒にやられて死んでいった。それで神の1人がカフナ（魔法使い）に毒にやられないで木を切る方法を教えた。そして、カフナは神の力を生かしたイメージを毒を持つ木に彫り、それからは毒にやられることはなくなった。17世紀には、それは夜の間に敵に復讐するために使われた。効果のある方法だったので、モロカイの近隣者は当時どこもモロカイを攻めようとはしなかった。

宿泊

モロカイ・ランチ・ハウス
Molokai Ranch House
☎553-5270
www.molokai-ranchhouse.com
3ベッドルームハウス 1日＄165、1週間＄1000

広い2階建てのバケーションレンタルホームで、すべてがそろったキッチン、ファミリールーム、ケーブルテレビ、ランドリー、ラナイ付き。すべてが趣味良く島らしさを漂わせており、至上のリラクゼーションを提供している。

シェラトン・モロカイ・ランチ
Sheraton Molokai Ranch
☎552-2741、877-726-4656 552-2773
www.sheraton-molokai.com
Maunaloa Hwy
ビーチビレッジ＄170～、ロッジ＄200～、共に食事付

至れり尽くせりのサービスを提供する。1日＄10のリゾート料金でインターネット、FAX、コピーを自由に利用できる。またサウナ、プール、ジムを自由に利用できたり、ウォータースポーツの用具を借りることもできる。ロ

ッジスタイルのホテルか少し離れたカウポア・ビーチ・ビレッジKaupoa Beach Villageで宿泊する。どちらのデラックスなキャンバス・バンガローにもクイーンサイズベッド、ソーラー発電の照明、シーリングファン、シャワー、ラナイが付いている。ビレッジにはパビリオンがあり、そこではシェフがビュッフェスタイルの食事を用意している。驚くにはあたらないが、焼いた肉料理が多い。

モロカイ牧場を訪ねるのはツアーの場合が多い。牧場スタッフが飛行場まで客を迎えに行き、マウナロアの本部でチェックインし、バンで牧場内の赤土の道をキャンプ場まで連れて行く。牧場側は、牧場でちょっとしたカウボーイ気分が味わえる機会を提供しているつもりだが、牧場外にいる本当のパニオロ（ハワイからのカウボーイ）の姿を目にすることはほとんどない。もう1度言うと、牧場は島の約3分の1にあたる5万4000エーカー（約218.5km²）を所有しているのだ。

食事

マウナロア・ジェネラル・ストア Maunaloa General Store（8:00〜18:00）は毎日の買い物にぴったりの安い食料品とワイン、ビールも販売している。

映画館の隣に**ケンタッキーフライドチキン KFC**（月〜金11:00〜20:00、土・日11:00〜21:30）の小さなショップがある。おなじみのフライドチキンである。特に記憶に残るものではないが、チキン、ポテト、ビスケットをたった＄5で食べられる、島の西端で唯一の店。

マウナロア・ルーム
Maunaloa Room
☎552-2741、877-726-4656 📠552-2773
🌐www.sheraton-molokai.com
🏠Maunaloa Hwy
🍴食事＄10〜40
🕐朝食およびディナータイム
メニューはありきたりだが、少し贅沢な食事ができる。

エンターテインメント

マウナロア・タウン・シネマズ
Maunaloa Town Cinemas
☎552-2707
🏠Maunaloa Hwy
🎟大人＄6、賛同金＄3.50
封切り映画を上映している。

パニオロ・バー Paniolo Barはシェラトン・モロカイ・ランチのロッジ内にある。モロカイに3つあるお酒が飲める場所の1つ。品のあるカウボーイスタイルのバーで、カクテルやププス（おつまみ）を出している。

ショッピング

ビッグ・ウィンド・カイト・ファクトリー
Big Wind Kite Factory
☎552-2364
🏠120 Maunaloa Hwy
🕐月〜土 8:30〜17:00、日 10:00〜14:00
さまざまな色や形の凧を販売しており、熱帯魚やほかの島に影響を受けたデザインをモチーフに店内で製作している。運がよければ凧の製作現場を見ることができる。

この隣に一風変わった**ギフトショップ gift shop**があり、バリの木彫り、モロカイのシカの角などを彫刻細工したもの、ハワイに関する書籍、ジュエリーを置いている。

カルアコイ・リゾート
KALUAKOI RESORT

1970年代、モロカイ牧場はルイジアナ・ランド＆エクスプロレーション・カンパニーと共同でカルアコイ・コーポレーションを設立し、モロカイ西部とホノルルをフェリーで結んで、ホノルルのベッドタウンにする構想を打ち出した。3万軒の家をこれまで誰も住んでいなかった西海岸に建てる計画を立てた。だが建設が始まるより早く、開発反対運動が巻き起こり、計画は頓挫した。

その後その場所にはカルアコイ・リゾートKaluakoi Resortを発展させるための、前計画より規模を縮小した総合計画がまとめられた。現在、200のコンドミニアムユニット、18ホールのゴルフコース、計画されている4つのホテルのうちの1つだけが建設されている。もともとはシェラトンが所有していた290室のホテルは、うまく客足が伸びず、部屋の使用率が非常に低かったため、一部をコンドミニアムに変えた。住宅用地は区画整備されているが、今までに100軒未満しか建っていない。そのほとんどはビーチ沿いや断崖の上に建つ高級別荘である。

18ホールのゴルフコースの方は、日本企業が効率を重視して非常に酷使した。そのため芝が茶色くなり、しばらくの間は見捨てられたかのようだった。現在はモロカイ牧場がほとんどのリゾートの土地を買い取り、シェラトンをプロジェクトに再び巻き込んだ。観光客は今はまだビーチを独占状態で利用できるが、それも時間の問題だろう。

15マイルマーカーの手前でハイウェイ460を曲がると、リゾートと西端の大きなビーチに続く。**ケプヒ・ビーチ Kepuhi Beach**は古いカルアコイ・ホテルKaluakoi Hotelの目の前に白い砂浜が広がっているが、水泳はここでは危険だ。海岸にたたきつける波だけでなく、波の穏やかな日でさえ強い海流が流れている。冬

には波は海岸近くで砕けるので大量の砂が行ったり来たりしている。経験豊かなサーファーはビーチの北の端に行く。

パポハク・ビーチの眺めを楽しみながら5分ほど歩くとケプヒ・ビーチの南端にある高さ110フィート（約34m）の岬**プウ・オ・カイアカ Puu o Kaiaka**に着く。岬のてっぺんからは、かつてオアフ島のと殺場に運ぶ貨物船に牛を積むため使用されていた滑車の名残が見える。1967年まではここに高さ40フィート（約12m）のヘイアウもあった。だが米軍がブルドーザーで整地してしまった。駐車場へはカルアコイ・ロードをカイアカ・ロードKaiaka Rd方向に曲がり、0.5マイル（約800m）行った道路の終点にある。

反対の方向には**マケイ・ホース・ビーチ Make Horse Beach**がある。この名前はおそらく、この北にある海岸から、昔、野生の馬が海に飛び込んでいたことにちなんでつけられたのだろう。マケイとはハワイの言葉で「死」を意味する。このすばらしい小さな白いビーチはカルアコイ・ホテルの前にあるビーチよりも人目につかない所にある。日光浴にはいいが、海水浴をするには危険である。

ここに来るにはカルアコイ・ロードをパニオロ・ハーレイPaniolo Haleのコンドミニアムに続く道路の方に曲がり、コンドミニアムコンプレックスの方向に向かって左折する。コンドミニアムを過ぎた所で駐車し、残りの0.25マイル（約400m）をゴルフコースまで歩くのが一番いい方法だ。中には小さな駐車場がある道路の終点まで、深いわだちのある道を運転して来る勇気ある人もいる。ゴルフコースからフェアウェイの小道を通り抜けるとビーチに着く。

海岸沿いに北に行った所にある**カワキウ・ビーチ Kawakiu Beach**は広い三日月型で白い砂浜とターコイズ（青緑色）の海が美しい。このビーチに行くにはカルアコイ・ロードをパニオロ・ヘイルのコンドミニアムに続く道の方に曲がり、コンドミニアムの方向に左折せずゴルフコースの方へまっすぐ進む。舗装された道路が終わった所、グリーンの手前に車を寄せて駐車するスペースがある。まず湾の南端にある岩でゴツゴツした岬に出る。ビーチに下りる前にこの岩によじ登って、南はパポハク・ビーチの砂浜から、北はイリオ・ポイントIlio Pointまでのすばらしい海岸の眺めを楽しもう。

海が穏やかなときカワキウで泳ぐのは安全だが、波が穏やかなのは冬よりも夏だ。波が荒いときでも体を濡らすことはできる場所はある。湾の南側に小さい、砂底の水遊び場が岩の上にできる。海側には平らな岩の上を水が流れて、海辺に浅い水浴び場を作っている所がある。

1975年、カワキウはモロカイの運動家たちの論争の的だった。彼らはプライベートビーチ（一般の人は立入禁止のビーチ）へ立ち入る権利を主張し始めた。フイ・アロハHui Alohaという団体はカワキウからムーモミまでを行進して、モロカイ牧場にこの立入禁止だった西端のビーチまでの道を開放させた。週末にはキアヴェの木の下で何組かの家族連れがピクニックをしているが、週末以外はほとんど貸切状態にできる。

宿泊・食事

古いカルアコイ・ホテルの多くのユニットは現在違う会社が管理しており、**カルアコイ・ビラズ Kaluakoi Villas**（☎552-2721、800-525-1470 📠552-2201 🏠1131 Kaluakoi Rd）として受け付けている。宿泊客はホテルの海に面したプールを利用できる。各ユニットにはプライベートラナイ、テレビおよび冷蔵庫、コーヒーメーカー、コンロ付きの簡易キッチンがある。大聖堂のような天井がある2階建てユニットを頼もう。多くのユニットから海が見える。キャッスル・リゾートCastle Resortsの標準料金はスタジオユニットが＄135〜150、ワンベッドルームユニットは＄160〜190、キッチン付きオーシャンコテージは＄240。インターネットで検索すれば、これ未満の料金で個別のコンドミニアムを提示している旅行代理店を見つけられるかもしれない。

古いカルアコイ・ホテルには**雑貨店 sundries shop**があり、少し値段が高いが、ワイン、ビール、便利な食品を販売している。**マウナロア・ジェネラル・ストア Maunaloa General Store**（前出「マウナロア」を参照）へは消耗品や食品を大量に買う時に出かける価値あり。

パニオロ・ハーレイ
Paniolo Hale
☎552-2731、800-367-2984 📠552-2288
🌐 www.paniolohaleresort.com
🏠 Lio Place
🍴 スタジオ＄115〜、2つのバス付1ベッドルーム＄135、2ベッドルーム＄165
プール、バーベキューグリル付の風通しの良いコンドミニアムコンプレックス。それぞれのユニットはゆったりとしていて、キッチン、シーリングファン、テレビ、洗濯機、乾燥機、網戸付きラナイがある。通常3泊から受付。特に宿泊料金の割引を期待している場合、対象はガーデンビューユニットのみ。当然オーシャンビューのユニットは割高。特別割引の情報をインターネットで検索してみよう。

ケ・ナニ・カイ
Ke Nani Kai
☎552-2761、800-535-0085 📠800-633-5085
🌐 www.marcresorts.com
🏠 off Kepuhi Place

ウエスト・エンド − ウエスト・エンド・ビーチ

ウエスト・エンド・ビーチ

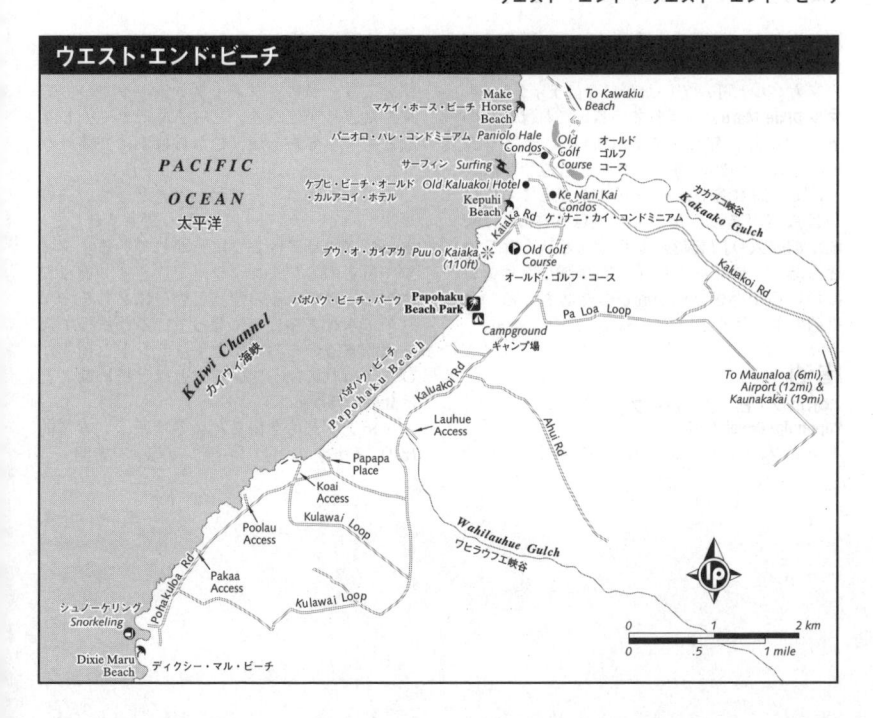

图 1 ベッドルームユニット＄155、2 ベッドルームユニット＄189

ほとんどのコンドミニアムユニットをマルク・リゾートMarc Resortが管理している。各ユニットにフル装備のキッチン、ラナイ、洗濯機、乾燥機、テレビが付いている。ほとんどのユニットのリビングルームにはソファベッドがある。2階にあるユニットは高い梁が剥き出しになった天井で、おそらく間違いなくモロカイでもっともすばらしいだろう。オーシャンビューのユニットは＄30増しだが、海は遠くに部分的に見えるだけだ。オンラインでの割引で宿泊料金をほぼ半額程度にすることができる。プールと2つのテニスコートがある。

ウエスト・エンド・ビーチ
WEST END BEACHES

モロカイ西端のビーチからオアフ島に輝く光が26マイル（約42km）先に見える。ダイアモンド・ヘッドDiamond Headを左に、マカプウ・ポイントMakapuu Pointを右に見る。

美しい**パポハク・ビーチ Papohaku Beach**がハワイでもっとも大きいビーチとされている。その距離2.5マイル（約4km）、モロカイの住民すべてが行っても混み合うことがないほどの広さを誇る。晴天の日でさえビーチに来る人はわず

か、というよりほとんどいない。ときには誰一人として会わないこともある。柔らかな金色の砂が太陽に照らされて輝き、砕ける波間に虹が現れる。裸足でぶらついてみたい場所だ。

でも、なぜそんなに人がいないのか？ 1つには風が強いときがあり、砂がひっきりなしに顔に吹き付けられることにある。しかし、最大の欠点は海それ自体なのだ。たいていの場合海水浴には危険過ぎる。

最初の入り口はカルアコイ・ロードから通じる7つある道の中でもっとも開発が進み、駐車場もある**パポハク・ビーチ・パーク Papohaku Beach Park**だ。草地の公園にはキャンプサイト、屋内・屋外シャワー、ピクニック施設、更衣室、トイレ、噴水式水飲み場、そしてとげのあるキアヴェの木立がある。

パパパ・プレイスPapapa Placeで下りる3番目の入り口からは、北に広がるパポハク・ビーチが一望できる。ビーチの南端にある大きなコンクリートのトンネルはホノルル行きの貨物船に砂を積み込むために使われていた。この砂はワイキキのビーチの建設現場で使用されていたが、1970年代初め、砂の採掘事業を禁止する環境保護法が成立した。このビーチではプカという貝が採れ、島民はこれでネックレスを作っている。

続く3つのビーチへの入り口は、釣りに最

適な岩が多い海岸線に続いている。道路の終点にある金色の砂浜を昔のハワイの原住民はカプカヘルと呼んでいたが、今は**ディクシー・マル Dixie Maru**と呼ばれている。これは昔この近くで沈んだ船にちなんでいる。ディクシー・マルは西部の海岸でもっとも穏やかな入り江で、**海水浴**や**シュノーケリング**をするのに一番人気がある。たいてい波は穏やかだが、波が湾の入り口を越えてくるほど高くなるときもある。砂は海水の作用で摩滅したサンゴのかけらや小さな貝が混ざったおもしろい金平糖のような形をしている。

宿泊

パポハク・ビーチ・パーク
Papohaku Beach Park

キャンプにもってこいの静かな場所。風がやさしく眠りに誘い、鳥のさえずりで目覚める。だが、週末ともなるとにぎやかな子供連れのファミリーがピックアップトラックでやって来てにぎやかになる。ビーチにはホームレスなどもやって来るが、こちらは別に支障はない。

ここは草地で平らだが、ときどき強い突風が吹くので、テントはしっかり設置すること。キャンプエリアは2つに分かれている。タイマー付きのスプリンクラーで片方ずつ違う日に水をまいているのだ。どの日にどちらのエリアに水をまくことになっているか看板でよく確認するのをお忘れなく。テントと荷物がびしょぬれになっていることほど惨めなことはないのだから！

キャンプ許可を得るための情報は、本章前出の「宿泊」の中の「キャンプ場」を参照。

ラナイ島

Lanai

最近まで、ラナイ島lanaiには作物も企業も町も、どれも1つずつしかなかった。そして作物以外は今も変わっていない。ラナイ島の98%を所有するキャッスル＆クック社は、50年以上の間、この島を私有のパイナップルプランテーションとして経営してきた。一時は世界のパイナップルの5分の1近くがラナイ島で生産されていたが、コスタリカやフィリピン産のパイナップルとの競争で、徐々にその収益性は減少していった。

ハイライト

- フロポエ・ビーチの美しい海の中でシュノーケリングや水泳
- 大聖堂の洞窟の中をダイビング
- 難破船とペトログリフを目指し、ラナイ島のわだちの中を4WDで行く冒険
- 神々の庭園 Garden of the Godsやマンローの道 Munro Trailとの出会い

キャッスル＆クック社は、現在では商業用のパイナップル生産を完全にやめてしまっている。その代わり、CEO（最高経営責任者）のデビット・マードックは、ラナイ島の未開発地を高級な観光地に変身させようと忙しく立ち回った。彼は2つの高級リゾート地（ロッジ・アット・コエレLodge at Koeleとマネレ・ベイ・ホテルManele Bay Hotel）を開業し、そのどちらにも18ホールのゴルフコースをつくった。彼はこの島に初めて百万ドルの別荘も建設した。

1990年代初期までは、ラナイ島には小さなホテルがたった1軒あるだけで、数少ない訪問客は、ハンターやハイカー、また旅行客の多いほかの島を避けて自由に旅行したい人たちのみだった。新しくできた2つのリゾートホテルは、これまでハワイに建てられた中で最高級のホテルであり、キャッスル＆クック社は穴場を求める裕福な旅行客がラナイ島を訪れ、多くの利益をもたらすことを期待している。

しかし、今のところ表面上、すっかり変わってしまってはいない。ラナイ島の中心はラナイ・シティLanai Cityのままだが、そこはとてもシティと呼べるものではなく、ブリキ屋根の家と小さな店があるだけのちっぽけなプランテーション・タウン（農園の町）だ。ラナイ・シティは、3200人の住民の一部を除けば、ほとんどの人々がキャッスル＆クック社の非農業系子会社であるラナイ・カンパニーで働いている。

ラナイ島を探索するのはおもしろいが、多くの観光地は町からかなり離れているし、その途中の道は4WDが必要なわだちのついた泥道が続いている。この島の土は真っ赤で、谷川は乾いて埃っぽく、砂浜は白い。峡谷は森に覆われているため、高地は温度が低く霧がたちこめる。しかし、ラナイ島には、あまり知られていない考古学的な遺跡やペトログリフもある。また、ここはハワイの天然乾燥地森林が残る最後の地でもある。

仕方のないことだが、島にはレンタカー代理店が1つしかなく、宿泊施設も少ないことが観光市場のネックとなっており、旅行費用が非常に高額になることがある。この島を簡単に訪れる方法の1つは、朝、マウイ島からフェリーで渡り、フロポエ湾Hulopoe Bayでシュノーケル、そして午後にはボートでマウイ島に戻るか、美しいフロポエ・ビーチHulopoe Beachでゆっくり1晩キャンプをする、というものだ。

歴史

考古学の研究からラナイ島にはあまり人が住んでいなかったということが分かっている。1つ1つの村は比較的小さく、島のあちこちに点在している。

古代からここは、より大きな力を持つ隣のマウイ島に支配されてきた。1778年、ビッグアイランドの大首長であるカラニオプウは、マウイ島の侵略に失敗して壊滅状態になった時、報復のために小さなラナイ島を攻めようと思い立ち、カメハメハ大王の指揮のもと、兵士たちを送り込んだ。カメハメハ大王の軍隊は残忍で、目についた者は誰でも殺したため、ラナイ島の人口は激減した。

イギリスの探検家、ジョン・バンクーバーが1792年にラナイ島へ渡った時には、村を1つも見かけなかった。バンクーバーは島の人口がどう見ても少なすぎるということを書き残している。1820年代までにすでに数艘の外国船が危険な大波により沈没しており、人々は船に乗ってラナイ島へ行くことを躊躇していたのだ。

ラナイ島に初めて欧米人が上陸したのは1823年、ウィリアム・エリスという名の宣教師だった。エリスは島の人口を2000人くらいと予想した。初期の宣教師たちはラナイ島に長く留まらなかったが、それでも幾らかの影響を与えた。宣教師たちはハワイに、これま

ラナイ島 - 歴史

で意識されていなかった不倫という概念を持ち込んだのだ。1830年代には、その罪を犯したとして非難されたマウイ島の女性たちは、罰として不毛の地であるノースウエスト・ラナイに追放され、一方の男性たちはカホオラウェ島に送られた。

モルモン教徒

1850年代、モルモン教徒は、ラナイ・シティの南、今日のパラワイ・ベイスンPalawai Basinに移り、コミュニティーを形成した。彼らの狙いはハワイに「ヨセフの町」を設立することだった。

当初そのコミュニティーはうまくいっていなかったが、1861年に新しいカリスマ的長老ウォルター・ギブソンが登場してから事態は一変する。あちこちの島からモルモン教徒が押し寄せ、パラワイ・ベイスンの土地を買うためのお金が集まった。そのすべての頂点に

いたのは、全ラナイ人をまとめる1人のモルモン教徒、ギブソンだった。

ギブソンは土地の取得をめぐる問題などコミュニティーの財政問題を扱っており、ビジネスにも抜け目がなかった。ギブソンが教会の名義ではなく自分の名義で土地を購入したことが発覚すると、事態は厄介なことになった。1864年、ギブソンはラナイ島所有の権利をソルトレークシティにある母教会に返すことを拒んだため、指導者のブリガム・ヤングによって破門された。

しかしこれは、ギブソンにはとっては好都合のことで、彼は買い占めたラナイ島という最高級の不動産を手放そうとはしなかった。ラナイ島の信徒は土地の所有権を得ることができず、徐々に姿を消して行き、300人ほどのモルモン教徒がオアフ島のウインドワード・コーストにあるライエLaieへ移った。そこは今なお、モルモン教会の本拠地になっている。

> ### 闇夜の悪霊
>
> 伝説によれば、ラナイ島は生肉を食べるといわれたアクア（悪霊）の島であった。15世紀まで、この島を歩きまわっていたのはアクアたちだけだった。
>
> 　それは、マウイ島の若き王子カウルラアウが今日のラハイナ Lahainaに住んでいた時のことだった。彼はいたずらっ子で、父カアカレネオが植えたばかりのパンノキを引っこ抜いたので、長老たちは、人の住んでいないラナイ島に彼を追放することにした。これは、ほとんど死刑を意味していた。
>
> 　簡単には怖気づかないカウルラアウは、ラナイ島の悪霊にいたずらする楽しみを覚えた。彼は日が落ちると洞窟の隠れ家にこっそり帰るのだが、夜隠れ家で待ち伏せされるのを避けるため、自分が波の中で寝ているとアクアに思い込ませていた。毎晩アクアは浜に行き、海に飛び込んでは波間に王子の姿を探したが探せば探すほど、ますます疲労を募らせ、最後には叩きつける波に打ちのめされてしまった。カウルラアウは、ラナイ島の悪霊がみんな疲れ切ってしまうか、カホオラウェ島に逃げてしまうまでいたずらし続けた。
>
> 　カウルラアウの家族は彼が死んだものと諦めていたが、マウイ島の人々はマウイ島とラナイ島を分断するアウアウ海峡Auau Channelを横切る火の光に気づいた。マウイの人たちが様子を見にラナイに渡ってみると、カウルラアウはぴんぴんしていて、島には悪霊の姿はなかった。

政治の舞台でも同様に計算高かったギブソンは、1880年代にはデビット・カラカウア王に取り入って親しくなり、カラカウア内閣の中でかなり強力な地位を持つようになった。

砂糖・牛

ギブソンは死後、島の土地を娘のタルラ・ルーシーに残した。1888年、タルラとその夫のフレデリック・ヘイセルデンは、マウナレイ・シュガー・カンパニーを設立した。彼らはラナイ島の東海岸にあるカハレパラオアKahalepalaoaに波止場をつくり、ケオムクKeomukuの近くに農業用水を汲み上げるポンプ場を建て、その周辺地域にサトウキビを植えていき、そして、そのすべてを1本の小さな線路でつないだ。

しかし砂糖の天下は短かった。1901年までには、ポンプが塩水を汲み上げるようになったため、サトウキビは死滅、すべての事業もつぶれてしまった。砂糖での惨めな失敗のあと、島は牧場経営の企業に安く売り出された。1910年には、新しく設立されたラナイ・カンパニーが所有地のほとんどを統合し、大規模な牛の牧場をつくり、続く翌年にはニュージーランド人のジョージ・マンローがその牧場の管理を任され、島外の市場に牛を送れるようにマネレ湾Manele Bayに波止場をつくった。

1917年、マウイ島から来た宣教師の息子たち、ボールドウィン兄弟がラナイ・カンパニーを購入した。その結果ボールドウィン兄弟はハオレ（白人）の所有する小さな牧場と、およそ500エーカー（約2 km²）のラナイ人の土地を除き、島のすべてを手に入れた。

パイナップル

1922年には、ジム・ドールが110万ドルでラナイ島を購入した。1エーカー（0.4ヘクタール）当たりたったの12ドルだった。ドールはすでにオアフ島でパイナップル生産を確立しており、ラナイ島を購入してハワイの耕作所有地を2倍にした。

ドールのハワイアン・パイナップル・カンパニーはラナイ島に何百万ドルもつぎ込み、ここをプランテーションの島に変えた。また、プランテーション・タウンとしてラナイ・シティを、遠洋の港としてカウマラパウ湾Kaumalapau Bayをつくり、さらに道路と用水設備を敷き、土地を切り開き、パイナップルを植えた。1920年代の終りまでに、生産は最高潮をむかえた。

ドールはパイナップルの販路を大きくし、生産も好調で未来はバラ色に輝いたかに見えた。ところがその後まもなく、世界大恐慌がアメリカ本土を直撃し、売り上げは急落。不景気の真っ只中にいる多くのアメリカ人は、人気が出てまだ間のない高級品であるパイナップルの缶詰を、あっという間に買わなくなったのだ。利益が暴落したとき、キャッスル＆クック社はドールの株を大量に買い、ついに会社の所有権を獲得した。キャッスル＆クック社は、それ以来ずっとラナイ島を牛耳っている。

地理・地質

ラナイ島は、ハワイの島の中では6番目に大きく、マウイ島から見ると、海の上に現れた鯨の背に少し似ている。島の名前の意味するところは「背中のこぶ」だ。島は、南北に長さ18マイル（約29km）、東西に13マイル（約21km）、面積140平方マイル（約363km²）で、マウイ島の西9マイル（約14.4km）、モロカイ島の南11マイル（約18km）に位置している。

ラナイ島はたった1つの火山、パラワイPalawaiからつくられ、パラワイはもう長い間活動を休止している火山だ。パラワイの火口は広くて平らな盆地で、ほとんどが耕作地になって

> ### 製糖方法のルーツ
>
> 1802年、ウォン・ズー・チュンを乗せた中国の白檀材船がラナイ島に到着した。時代を先取りする男、ウォン・ズー・チュンは、花崗岩で作ったサトウキビをつぶすローラーを持ってやって来た。サトウキビは、ポリネシア人が初めてこの島に上陸して以来、勝手に増え続けていたもので、彼はつぶしたサトウキビを釜に入れて煮詰め、甘いシロップを作った。今日、彼は最初に商業用製糖を試みた人物として、ハワイでは広くその功績を認められている。ほかならぬこの事業自体は、ラナイ島の乾燥した土壌が原因で失敗に終わったが、この様な中国式のやり方は、島の至る所にある製糖工場の基礎となっている。

いる。地形と気候は、北西から南東に連なる尾根に大きく影響を受けていて、その尾根は、ラナイハレLanaihaleでは3370フィート（約1027m）の高さに達する。ここからひと続きの渓谷が東海岸に向かって延び、細長い海岸平地で終わる。尾根の西側では、1620フィート（約494m）の高さに位置するラナイ・シティの涼しい中央高原を臨むことができる。

遠く離れた南西海岸には、潮流や波で削られた垂直の崖があり、高さ1000フィート（約305m）を超えるものもある。一方、島北西部の乾燥した不毛の地の海岸は、緩やかに下る斜面になっている。

気候

ラナイ島は比較的乾燥している。湿り気をたっぷり含んだ貿易風がラナイ島に届く前に、北はモロカイ島、東はマウイ島の辺りでたくさんの雨を降らせていく。しかし、ラナイ島の乾燥地帯でも、冬の嵐の間は激しい雨にどっぷり浸かってしまう。

ハワイのそのほかの島では、10月から4月は雨季となっている。平均降水量は、ラナイ・シティで毎年40インチ（約1015mm）未満、ほとんどの海岸沿いでは10～15インチ（約250～380mm）だ。その違いはというと、ラナイ・シティが曇っている時、シップレック・ビーチShipwreck Beachやマネレ湾では晴れる可能性が高い、という程度のものでしかない。

ラナイ・シティは穏やかな気候をしている。夕方は爽やかで、冬には気温は一般に50°F（10℃）くらいまで下がる。記録されているもっとも高い気温は88°F（約31℃）で、平均気温は夏の73°F（約23℃）から冬の66°F（約19℃）の間を変動する。ホットライン(☎565-6033)に電話すれば、録音の天気予報と海の状態が聞ける。

動植物

ハワイ主要8島のうち、ラナイ島は過放牧のせいで原生林や固有の植物や鳥をもっとも数多く失うという苦い経験をしている。島でもっとも目につく植物は、とげのあるキアヴェKiawe（メスキートに似た木）と、堂々としたノーフォーク・パイン、そしてクック・アイランド・パインである。キアヴェは一般にラナイ島の乾燥した海岸地帯に生え、あとの2つは、ラナイ・シティ周辺に多い。独特な原生乾燥林もあり、ネイチャー・コンサーバンシーの保護を受けている。

この島にはマングースがおらず、地上に巣を作る鳥の卵が食べられることはないので、狩猟用に持ち込まれた鳥がよく育つ。コウライキジやシャコ、イワシャコ、ウズラ、野バトや野生の七面鳥が数多く見られる。しかし、残っている島固有の鳥というと、たったの2種類だけだ。プエオpueo（ハワイフクロウ）とアパパネapapane（ハワイ原産のミツドリ）で、どちらも数は少ない。

ラナイ島に今いるアクシスジカは、1868年にインドからモロカイ島にもたらされた8頭の子孫だ。ラナイ島にも1920年に持ち込まれたもので、ハワイ8島の中でもアクシスジカが自由に歩きまわっている島はラナイとモロカイだけ。ラナイ島のアクシスジカのほうがより多く子を産む。事実、ラナイ島のアクシスジカの数は島の人口の2倍以上だ。ムフロンは、つい最近持ち込まれたヒツジで、現在ではラナイ島の渓谷や尾根に生息している。アクシスジカとムフロンはどちらも狩の対象になっている。

アオウミガメは、長い間減少し続けていたが、近年、特にラナイ島の人里離れたノースイースト・コーストで数を増やしつつある。3種のカメの在来種がもっとも多く見られるのはハワイ近海で、そこのアオウミガメは、成熟期には200ポンド（約90kg）以上の重さになる。

政治

ラナイ島はマウイ郡に属するが、その島の大部分を管理しているのはキャッスル＆クック社で、この会社が2％の土地を除いたすべての土地を所有している。ラナイ島の海岸は、ほかのハワイと同様、国有地である。

経済

旅行客はうわさに聞く100エーカー（約40ヘクタール）のパイナップル畑を見ることができるが、これら小さな土地は地元の市場に出す

ために生産される「観光用の畑」に過ぎない。最後に商業用パイナップルが収穫されたのは1992年のことだ。かつてのパイナップル畑のほとんどが飼料作物と牛の飼育に転用されたが、それは農業と牧畜が1番重要だからというわけではない。

プランテーション経済から観光向けサービス経済への移行にまったく問題がなかったわけではない。リゾート地の経営損失は最初、数百万ドルにまで膨れ上がったが、2つ目のゴルフコースを開設してからは利用率が増加した。同じ頃、世界でもっとも裕福かつ有名なマイクロソフト社の創始者ビル・ゲイツが、1995年に自分の結婚式場に選んだことから、ラナイ島はリゾート地として世間の注目を集めるようになった。ラナイ島は、ハワイ諸島のほかの最高級リゾート地が景気後退しているにもかかわらず、恒常的成長を続けている。

ラナイ島の1200人いる労働者のうち約80％は、主にリゾート経営を行なうラナイ・カンパニーに雇われている。ラナイ島の失業率は3.5％で、これは州の平均より低い。ラナイ・カンパニーは次の新しい段階として、これまではラナイ島を無視してきた裕福な別荘オーナーを対象として、豪華な別荘を数多く建設する予定にしている。

住民

ラナイ島の人口は、急激な増加と減少を繰り返している。1922年にドールが上陸した時、その人口は、200人をかなり下回っていたが、20世紀の半ばになると、フィリピンからの移民がドールのパイナップル農園で働くために島にやって来た。

現在の人口は3000人にのぼるが、それでもパイナップル産業が全盛期だった1950年代に比べれば少ない。数十人を除くすべてのラナイ島住民は、ラナイ・シティに住んでいる。もっとも多い民族はフィリピン人（45％）で、次いで白人（13％）、日本人（8％）、混血ハワイ人（7％）となっている。

オリエンテーション

ラナイ島にある唯一の町、ラナイ・シティは、島の中心に位置している。ラナイ・シティの道路は分かりやすい碁盤の目になっているが、町を出ると、舗装道路はたった3つしかない。1つはケオムク・ロードKeomuku Rd（ハイウェイ44）で、北東のシップレック・ビーチに向かっている。もう1つはカウマラパウ・ハイウェイKaumalapau Hwy（ハイウェイ440）で、これは西の空港とカウマラパウ・ハーバーに向かい、最後の1つ、マネレ・ロードManele Rd（これもハイウェイ440）は南のマネレ湾とフロポエ湾へと続いている。

地図

ラナイ島には道路がわずかしかなく、旅行客も比較的少ないため、道路地図があまり流布していないのも無理はない。ほとんどの地図は、見るたびに道に迷うことになる。

モロカイ島とラナイ島が一緒になったハワイ大学の手頃な地図には、地理や考古学の現場だけでなく、ラナイ島の地誌も載っている。ネルズNellesによる「マウイ、モロカイ、ラナイ Maui, Molokai, & Lanai」の地図は、詳細ではないが、まず間違いなく使いやすい。

ラナイ・カンパニーは、ラナイ・シティと2つのリゾート地、そして島の主要道路を示した「ザ・アイランド・オブ・ラナイ The Island of Lanai」と呼ばれる簡単な折り込み地図を配布している。この地図はホテルに置いてあり、無料で手に入る。ダラー・レンタカーの「ジープ・サファリ・ドライブ・ガイド Jeep Safari Drive Guide」には、主要な名所に向かう未舗装道路の案内がついた基本的な略図があり、マウンテンバイカーやハイカーたちに便利だろう。これも無料なので、ラナイ・シティ・サービス Lanai City Service（本章に後出の「交通手段」参照）に立ち寄って入手するといい。

アクティビティ

ラナイ・シティの公共レクリエーション複合施設には**ラナイ・ジム Lanai Gym**があり、そこは75フィート（約23m）のプールとバスケットボールコート、照明付きのテニスコートが2面ある。

ラナイ島でマウンテンバイクでのサイクリングをちょっと真面目にやりたい人は、ジョン・アルフォードの「マウンテン・バイキング・ザ・ハワイアン・アイランズ Mountain Biking the Hawaiian Islands」を1冊買っておくといい。島に初心者用から上級者用までさまざまな未舗装道路とトレイルがあるが、挑み甲斐のある丘と強い風、暑さを覚悟しなくてはならない。

ラナイ・エコアドベンチャー・センター
Lanai Ecoadventure Centre
☎565-7737
W www.kayakhawaii.com
🏠338 8th St
半日ツアー$69、1日ツアー$119

ラナイ・シティに本拠地がある。カヤッキングやシュノーケリングのツアー、マンローの

泥だらけのラナイ島

ラナイ島のほとんどの道路は未舗装で、それらの多くは、かつてパイナップル畑を行き来するためにつくられた。道路の状態は主として天候に左右され、良い時もあれば通行不能時もある。

4WD車を借りてこれらの道を走ろうと思うなら、人里離れた観光地に行くもっともいい道順はどれか、レンタカー代理店に尋ねてみよう。たいてい2～3の案が出され、店の人はどこの道が水で押し流され、どれが通行可能か知っている。もし、踏み固められた道から外れて動けなくなったら、遠い町まで歩いて帰り、車のけん引と修理とで法外な金額を支払うはめになる。

道をマウンテンバイクで走る冒険的なツアーを行っている。カヤックやシュノーケル、スキューバ用具、キャンプ用具、マウンテンバイク（1日$25～）の貸し出しもある。

キャヴェンディッシュ・ゴルフ・コース Cavendish Golf Courseは、ラナイ・シティの北側にある9ホールの地元コースだ。ここはハワイでは唯一の無料ゴルフコースで、島民に人気のレクリエーションスポットとなっている。自分のクラブを持って来て始めるだけで誰でもプレーできる。服装規定はなく料金もタダだが、旅行客用の匿名募金箱が置いてある。

ロッジ・アット・コエレとマネレ・ベイ・ホテルは、テニスや乗馬、スキューバダイビングなどのさまざまなアクティビティを提供している。料金は一般的にかなり高く、アクティビティの多くはホテルの宿泊客に限られている。

どちらのリゾートにも18ホールのデザイナーゴルフコースがある。服装規定があり、宿泊客以外のグリーンフィーは、カート代込みで最高$200になる。**チャレンジ・アット・マネレ Challenge at Manele**（☎565-2222）はジャック・ニクラウスに「厳しいが挑戦し甲斐がある」と評された海沿いのコースがある。グレッグ・ノーマンがデザインしたコースの1つ、**エクスペリエンス・アット・コエレ Experience at Koele**（☎565-4653）は、山のふもとに不規則に広がっている。このコースも同様に手ごわく、かつてニクラウスは17番ティーを抜けるのに8ショットもたたいた。

アクセス

ほとんどの人が、ラナイ島へはフェリーで来る（冬の間はフェリーからクジラを見ることもできる）が飛行機を使ってもよい。フェリーの日程表や格安の航空券、定期航空便、航空パスの情報については、「交通手段」を参照。

ラナイ空港 Lanai airport（LNY）は、ラナイ・シティの南西およそ3.5マイル（約5.6km）にある。**アイランド・エア Island Air**（☎800-652-6541）は、ホノルルから1日6便、マウイ島のカフルイからは1日1便がラナイ島へ向けて飛び立つ。**ハワイアン航空 Hawaiian Airlines**（☎800-882-8811）では、平日は1日1便、週末は2便ホノルルからの直行便が出ており、モロカイ島からも週に2～3便のフライトがある。ラナイ島とほかの島の間をホノルル経由で移動することもできる。

交通手段

ラナイ島での本当の冒険は、4WDトレイルから始まる。普通自動車では行ける場所が限られてしまうからだ。ヒッチハイクは、おそらくマネレ湾とラナイ・シティの間は難しくないだろうが、危険性が高いので、ロンリープラネットではおすすめしない。

シャトル

2つのリゾートホテルからは、空港やフェリーの波止場に宿泊客を迎えに行くシャトルバンが出ている。シャトルはホテル・ラナイでも宿泊客を降ろすが、正式には事前に打ち合わせしておかなくてはならない。リゾートシャトルは、日中、約30分ごとに出ていて、途中のホテル・ラナイでも止まってくれる。また、どちらのリゾートで夕食を取っても、宿泊しているホテルまで戻るのに間に合うくらい遅くまで運行している。

車

ラナイ・シティ・サービス
Lanai City Service
☎565-7227, 800-533-7808 ℻565-7087
🏠1036 Lanai Ave, Lanai City
自動車やジープのレンタルを予約した客を町の中にあるダラー・レンタカーの系列会社オフィスまで無料で送迎している。

ラナイ・シティ・サービスは、ラナイ島唯一のレンタカー会社。ダラー系列会社であるこの支店は、ほかの島のレンタカー会社とは異なり、予約をするのに1日分の前金を支払わなければならない。小型車は1日$60、4WDジープラングラーはおよそ$120で、値引き交渉は一切受け付けない。

多くの未舗装道路が良好な状態であっても、ラナイ・シティ・サービスでは普通車の使用を舗装道路に限定している。4WDジープだけが、追加保険なしで泥道を走ることができる。ジープはたいてい連絡すれば利用できるが、

車両数は不足気味で、時々1週間以上前の予約が必要な場合もある。

ラナイ・エコアドベンチャー・センター
Lanai Ecoadventure Centre
☎565-7737
www.kayakhawaii.com
338 8th St

4WDサバーバンは、1日＄129～で借りることができる。

時々ほかのレンタル会社が開業することもあるので、聞いて回る価値はある。

タクシー

ラバカズ・リムジン・サービスRabaca's Limousine Service（☎565-6670）は、空港とラナイ・シティの間を1人につき＄5、マネレ湾と町の間を1人につき＄10で、最低2人から運行している。前もって予約しておくのが賢明だ。さもないと、電話して迎えに来てもらう誰かを探すはめになる。

ラナイ・エコアドベンチャー・センター Lanai Ecoadventure Centre（☎565-7737）は、島の人里離れた場所に降りて丸1日探検したい人にタクシーシャトルサービスを手配している。

ラナイ・シティ
Lanai City

ラナイ・シティは、ノーフォークパインの間にたたずむ古いプランテーション・タウンで、ラナイハレの斜面の下、涼しい中央高原に位置している。鮮やかな色をした家々のほとんどの前庭には花が咲き誇っている。夕暮れ時に、その辺りを散歩して、茜色の空に浮かび上がるノーフォークパインのシルエットを見ているだけで満ち足りた気持になれる。ここ数十年の開発にもかかわらず、ラナイ・シティほどのんびりした町はほかに例を見ない。

事実、ここでやることと言えば、**ラナイ・シティ・コミュニティー・パーク Lanai City Community Park**で老人と話をすることくらいだ。公園は町の2つの幹線道路、フラサー・アベニューFraser Aveとラナイ・アベニューLanai Aveの間6ブロックにわたって広がっている。日曜の朝、**ハワイアン教会 Hawaiian church**のそばを散歩すれば、すばらしい聖歌音楽に気分も高揚してくる。

ここには地方の日刊紙も観光案内所もないが、貸し別荘の広告や映画館スケジュールなどを載せたコミュニティー告知が、公園の東端、郵便局、ランドリー、食料雑貨店などの屋外掲示板にも貼り出されている。www.visitlanai.netとwww.lanaionline.comからもラナイの情報が得られる。

2つある地元**銀行**はどちらも平日には開いている。クレジットカードを扱う大手の銀行対象の24時間営業ATMもある。島の**郵便局**（☎565-6517 620 Jacaranda St 月～金 9:00～16:30、土 10:00～12:00）は多くの店同様、日曜には閉まっている。ラナイ島の**公共図書館**（☎565-7920 Fraser Ave 火・木・金 8:00～16:00、水 13:00～20:00、土 11:00～16:00）は、学校図書館でもある。電話して時間の確認とインターネット接続を予約しておくといいが、利用には図書館カードが必要（「基本情報」の「図書館」参照）。

ラナイ・コミュニティー・ホスピタル
Lanai Community Hospital
☎565-6411
7th St

24時間救急医療を行っている。緊急の場合は☎911に電話しよう。

宿泊

ドリームズ・カム・トゥルー
Dreams Come True
☎565-6961、800-566-6961 565-7056
www.dreamscometrue lanai.com
547 12th St
B&B客室＄99、貸し別荘＄290～380

アジアのアンティークを備えた年代物のプランテーションハウス。談話室にはケーブルテレビが置いてある。廊下を隔てた向こう側にではあるが、客室には3つとも浴槽付きで、2室には4柱式ベッドがある。コンチネンタルブレックファスト（朝食）には、自家製のパンと新鮮な果物が出される。オーナーは近くにあった古いプランテーションハウスを改装して貸し出している。うまくいけば、レンタカーの値引きに口添えしてくれるかもしれない。

ハレ・オ・ラナイ
Hale O Lanai
☎247-3637（オアフ島内） 235-2644
www.hotspots.hawaii.com/beach rent1.html
405 Lanai Ave
客室 1泊＄115～、1週間＄585～

2つの寝室が付いたシンプルなプランテーションハウスで、町の中心近くにある。ハワイ・ビーチフロント・バケーション・ホームズHawaii Beachfront Vacation Homesというレンタル代理店が管理している。

ホテル・ラナイ
Hotel Lanai
☎565-7211、800-795-7211 565-6450

ラナイシティ

ラナイ・シティ

宿泊
1 The Lodge at Koele
2 Hale O Lanai
17 Hotel Lanai; Henry Clay's Rotisserie
29 Dreams Come True

食事
4 Coffee Works
13 Blue Ginger Cafe
14 Tanigawa's
23 Pele's Other Garden

その他
3 ハワイアン教会
5 郵便局
6 ラナイ・シアター
7 ファースト・ハワイアン銀行
8 ラナイ・コミュニティー・ホスピタル
9 ラナイ・アート・プログラム
10 コインランドリー
11 ローカル・ジェントリー
12 ギフト・ウィズ・アロハ
15 ラナイ・コミュニティー・センター
16 キャッスル＆クック社、ラナイ・カンパニー
18 図書館
19 ラナイ・ジム
20 役所
21 警察署
22 ラナイ・エコアドベンチャー・センター
24 ペレズ・ガーデン・ヘルス・フーズ
25 パイン・アイル・マーケット
26 リチャーズ・ショッピング・センター
27 ハワイ銀行
28 ラナイ・シティ・サービス

ラナイ島

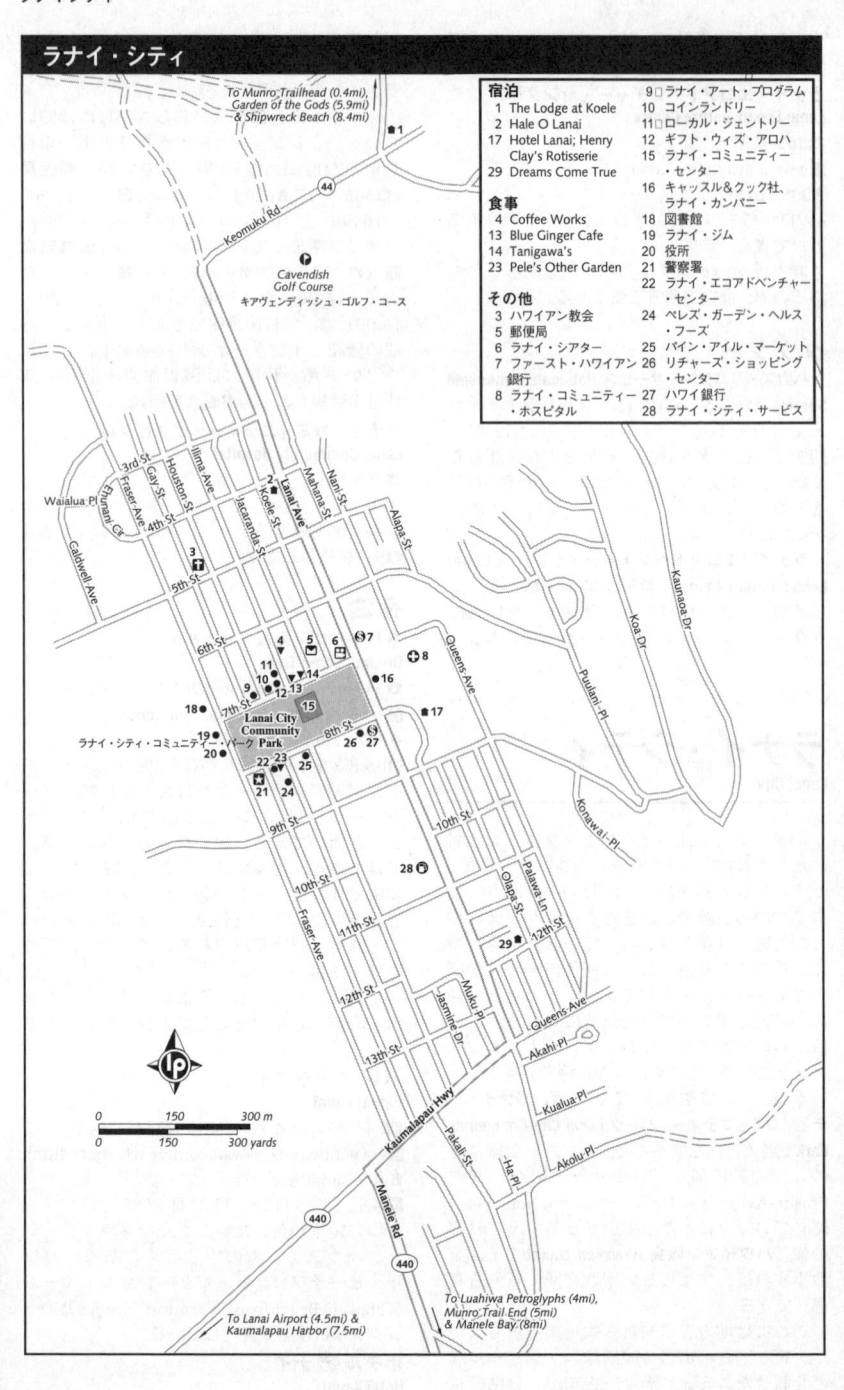

🌐 www.hotellanai.com
🏠 828 Lanai Ave
🛏 客室 スタンダード＄105、ガーデンビューのキングサイズのベッド＄115、ラナイ付きクイーンサイズのベッド＄135、ワンルーム型コテージ＄175

1923年にジム・ドールが農園を訪れる客の長期滞在用に建てた。古めかしいロッジは、昔にさかのぼったかのような魅力ある雰囲気を保っている。完全修復された10の客室には、漂白されたパイン材の家具や流し台、パッチワークキルトがあり、もっと高価な客室になると、ラナイ・シティが見わたせるフロントポーチがついている。あらかじめ注意しておいてほしいのが、客室はほとんど防音されていないということだ。ホテルの後方には1ベッドルームのコテージもある。宿泊料にはコンチネンタルブレックファスト（朝食）も含まれている。

ロッジ・アット・コエレ
The Lodge at Koele
☎ 565-7300、800-321-4666 📠 565-4561
🌐 www.lanai-resorts.com
🛏 客室＄325〜 スイート＄725〜

町の北およそ1マイル（約1.6km）にあり、その農園一面に生い繁った自然の草が好ましい。アフタヌーンティや芝ボウリング、クローケーを楽しむことができる。この2階建てリゾートホテルの「グレートホール」ロビーには、骨董品や手工芸品、布張りの家具など、多岐にわたるコレクションがあふれている。2つあるもっとも大きな石の暖炉もここの自慢だ。客室は、4柱式ベッドや独立したラナイ、大理石風呂、ケーブルテレビなど（なんと搾りたてのパイナップルジュースのサービスや歩行用の杖もある）が付いている部屋が人気が高い。サービスは丁寧で、多くの賞賛も受けているホテルだが、あれもこれもと欲張ると料金が高くなってしまう。パック料金や「5泊目無料」サービスについて尋ねてみよう。

食事

リチャーズ・ショッピング・センター
Richard's Shopping Center
☎ 565-6047
🏠 434 8th St
🕐 月〜土 8:30〜18:30

パイン・アイル・マーケット
Pine Isle Market
☎ 565-6488
🏠 356 8th St
🕐 月〜土 8:00〜19:00

両店とも昼時には閉まっていることが多い。食料雑貨類に加え、サンダルや金属製品からビールやワインに至るまでさまざまな品物が置いてある。

ペレズ・ガーデン・ヘルス・フーズ
Pele's Garden Health Foods
☎ 565-9629
🏠 811 Houston St
🕐 月〜土 9:00〜17:30

自然食品に気を配った食料品店。ここで売られているフレッシュジュースは、ほとんどが地元産の原料を使っている。

コーヒー・ワークス
Coffee Works
☎ 565-6962
🏠 604 Ilima Ave
🍽 各品＄1.50〜5.00
🕐 月〜金 7:00〜21:00、土曜も開いている

控えめな感じの店で、おいしいコーヒーとタイ式アイスコーヒーを出している。自家製のクロワッサンやマフィン、スープもあり、それらを楽しみにやって来る地元客も多い。

ブルー・ジンジャー・カフェ
Blue Ginger Cafe
☎ 565-6363
🏠 409 7th St
🍽 ブレックファスト・ランチ＄5〜8、ディナー＄10〜15
🕐 6:00〜20:00

朝昼晩の毎日3食、充実した食事を出す。セメントの床とプラスチックの椅子で気取らない小さなベーカリーカフェ。ディナーの日替わり特別料理では、エビの天ぷらや新鮮なマヒマヒなどがメインになる。

タニガワ
Tanigawa's
☎ 565-6537
🏠 419 7th St
🍽 ブレックファスト・ランチ＄6
🕐 木〜火 6:30〜13:00

ここのハンバーガーはラナイ島で1番人気。トッピングを全部乗せてもたったの＄3。旧式のカウンターに腰かけてコーヒーをすすりながら、鉄板の上のジュージューと音を立てるベーコンを見ることができる。

ペレズ・アザー・ガーデン
Pele's Other Garden
☎ 565-9628、888-764-3354
🏠 cnr 8th St & Houston St
🍽 ランチ＄5〜8、ディナー＄10〜16
🕐 月〜土 9:30〜16:00、17:00〜21:00

イタリアのデリカテッセンやピザ屋、ビストロなどの芳しい香りが混じりあう。フロントポーチにはカフェテーブルがあり、そこに座ってラナイ・シティのまばらな人通りを観察することができる。ピクニックバスケットの持ち帰りもオーケー。

ヘンリー・クレイズ・ロウティスリー
Henry Clay's Rotisserie
☎565-4700
メイン＄19〜29
17:30〜21:00

ホテル・ラナイ内。島で1番活気のあるディナースポットだ。ここのシェフは、出身地ニューオリンズの郷土料理、クレオールナスのエンジェル・ヘア・パスタなどの忘れられない1品でもてなしてくれる。洗練されたダイニングルームには暖炉があり、天井は高く床は硬質木張り。グルメピッツァの持ち帰りもできる。バーは客がいる限り、夜中まで開いている。

テラス・ダイニングルーム
Terrace Dining Room
ブレックファスト・ランチ＄10〜15、ディナー＄30前後
7:00〜21:30、ハイティー 15:00〜16:45

ロッジ・アット・コエレ内。ホテルの庭園が眺められる、ロビー側にあるレストラン。メニューには、ブラッドオレンジ（オレンジの一種）のオランデーズソースをたっぷりかけたワタリガニや、ロブスターとマスカルポーネチーズのスクランブルエッグなどがある。ランチタイムにサラダやサンドイッチが、ディナーにはグリルしたシーフードのメインコースが出される。

フォーマル・ダイニングルーム
Formal Dining Room
メイン＄40〜45
18:30〜21:30

ロッジ・アット・コエレの中にある、ラナイ島ではもっとも値の張るレストラン。ジンジャー風味のカニを添えた焼きハワイアンスナッパーや、コーンとマッシュルームのリゾット、メーンロブスターやアクシスジカの肉といったメイン料理を、メニューから選んで注文してみよう。料金は高いが、ムームーを着たホステスとロウソクの明かりの下での食事、そしてサービスは全体的に値段相応のものだ。店の名前からも分かるように、男性はジャケットが必要、なければ受付でも貸してくれる。

エンターテインメント

ラナイ島の人々は早く寝て夜遊びすることはないが、**ロッジ・アット・コエレ The Lodge at Koele**では、ほぼ毎晩19:00〜22:00、くつろげるハワイアンミュージックをロビーで流している。またこのホテルでは、作家やミュージシャン、有名なシェフなどを迎えての**ビジティング・アーティスツ・プログラム visiting artists program**も催している。

ラナイ・シアター
Lanai Theatre
☎565-7500
7th St
大人＄7 割引＄4.50

居心地の良い小さな映画館。週に2〜3夜、封切り映画を上映している。

ショッピング

ギフト・ウィズ・アロハ
Gifts with Aloha
☎565-6589
363 7th St

手細工のジュエリーや木彫り、写真などを扱っている。また、ろうけつ染めのスカーフやアロハシャツ、ハワイのプリント柄のドレスといったあらゆる種類の島の衣料品も置いてある。

ローカル・ジェントリー
Local Gentry
☎565-9130
363 7th St

世界中から厳選した洋服を仕入れているので、ここには掘り出し物がいっぱい。＄10という格安のお楽しみ袋は買いそびれると損する。

ラナイ・アート・プログラム
Lanai Art Program
☎565-7503
339 7th St

地元で作られた美術工芸の販売を行なう地域社会による事業。営業時間は多少不規則だが、日中は誰かしら人がいる。

ラナイ周辺
Around Lanai

マネレ・ロード
MANELE ROAD

ラナイ・シティを出て南へ向かうと、完全に舗装されたマネレ・ロードManele Road（ハイウェイ440）はカウマラパウ・ハイウェイ（こちらもハイウェイ440）との交差点を過ぎて真っすぐに延びている。そこから道は、空港とカウマラパウ・ハーバーのある西へ向かう。

　フロポエ・ビーチまで7.5マイル（約12.1km）のドライブは25分。およそ4マイル（約6.4km）進むとマネレ・ロードは左にそれ、さらに1マイル（約1.6km）行くと、そこには左にマネレ湾を、右にフロポエ湾を臨む美しい海岸風景が広がっている。ラナイ島の向こ

うはカホオラウェ島が臨める。
　これより先、ハイウェイはマネレ・ベイ・ホテルへ向かう脇道を過ぎ、マウイ島からのフェリーが到着する場所まで下り坂が続く。船でマネレ湾へ着いた場合は、そこから歩いて10分ほどでフロポエ・ビーチに着く。

ルアヒワ・ペトログリフス
Luahiwa Petroglyphs

ラナイ島に多く集まる古代のペトログリフ（岩石彫刻）は、パラワイ・ベイスンPalawai Basinを見わたせる数多くの巨石に刻まれている。残念なことに、ペトログリフの多くは完全に風化してしまっているが、それでもマウイ島に比べれば、まだ保護されているほうである。マナーを知らない旅行客が、チョークや炭でペトログリフの上から彫り込んだりして、被害を大きくしている。いつかは罰があたることだろう。
　ルアヒワ・ペトログリフスLuahiwa Petroglyphsへたどり着くのは少し難しい。ラナイ・シティからマネレ・ロードを南へ向かい、左手に背の高い6本の松の木を探そう。そこから左へ曲がり、ホイケ・ロードHoike Rdと呼ばれるとても広い未舗装道路に入る。尾根に立つ給水塔へ向かって走り、最初の急カーブを左に曲がる。この内陸の道路を少なくとも半マイル（約0.8km）進み、峡谷の奥地付近まで来て初めて巨石を見ることができる。その小道を行くには、かなり運転に自信のある人でないと厳しいので、下の方で車を止めてペトログリフのある所まで歩くことを勧める。

マネレ港
Manele Harbor

マネレ港Manele Harborは、自然のままの三日月形をした港で、後は切り立った崖になっている。この自然に守られた港は人気のヨット停泊地となっているだけではなく、ラナイ島をホノルルから船で渡りやすい島の1つにしている（「渡りやすい」と言っても比較的という話であって、波はかなり荒い）。
　20世紀初め、牛はホノルルへ送る積荷としてマネレ湾に集められた。今でも駐車場の端を散歩すれば、牛用の斜面路の遺物を見ることができる。ハワイの漁村の石の廃墟や牛の放牧をやっていた頃のコンクリート板が駐車場の上の丘に残っている。遺跡は大部分がキアヴェとイリマ（繊細な黄色っぽいオレンジ色の花をつけるハワイ固有の植物）に覆われている。
　駐車場から離れた所にトイレとシャワー、飲料水、ピクニックテーブル、それから港務部長の小さなオフィスがある。ラナイ島の人々は、港の出入口に突き出した石の防波堤から釣りをするのが好きなようだ。崖面付近にはサンゴが豊富だが、海底はおよそ40フィート（約12m）まで急傾斜している。港の西端の向こう側、プウ・ペヘ・ロックPuu Pehe rockの近くには**大聖堂**があり、人気のダイブスポットになっている。

フロポエ・ビーチ
Hulopoe Beach

フロポエ・ビーチHulopoe Beachは緩やかに湾曲した白砂の浜辺だ。浜辺は長く広く、南側を岩山の岬で守られている。隣接した公園には、ピクニックテーブルや公衆電話、キャンプ場、太陽エネルギーを利用した屋外シャワーや洗面所には噴水式水飲み器が付いている。
　砂浜のちょうど向こう側には、探検すればおもしろそうなタイドプール（湖が満ちた時の海水の水たまり）のある低い溶岩棚と、自然保護の対象となっているスプラッシュプール（水しぶきによる水たまり）がある。セメントの階段が岩場からスプラッシュプールに通じている。階段は1951年8月にセメントが流し込まれて作られた。まるでその時ラナイの島中の子供が駆け寄ってきて自分の名前を殴り書きしたかのように見えるのは波の仕業だ。
　その湾の北側、低い海岸台地の上には、マネレ・ベイ・ホテルが建っている。ホテルと同じくらい、この浜も非常に静かだ。通常、マウイ島からシュノーケルをする人を乗せたボートが港へ入ってくると、はじめて人の動きがある。彼らはたいていフロポエ湾の左側に向かう。そこには色とりどりのサンゴとサンゴ礁に住む魚類がたくさんいる。
　マネレ湾とフロポエ湾は海洋生物保護地区

スイートハート・ロック

民間伝承によると、昔、マケハウという名の島民が、美しい恋人のぺへを自分だけのものにしようと、人目につかない海岸沿いの洞窟に彼女を住まわせ、村の若い男たちが会いに来られないようにした。ある日、マケハウが水を汲みに山に登っていると、突然、コナ嵐が吹いてきた。彼が急いで山を下りたときには、すでに強い波が洞窟の中に流れ込み、ぺへは溺れ死んでいた。
　マケハウは、夜に彼女の遺体をそっと持ち出し、現在プウ・ペへと呼ばれている沿岸の小さな岩の頂上に運ぶと墓を掘り、そこに彼女を横たえた。悲しみにくれた彼は、その後押し寄せる波の中に身を投げ、岩場に打ち上げられた。島民たちは彼の遺体を運び、ぺへのために準備していたタパ（褐色の布）の埋葬布で包んで村に葬った。

の一部になっているため、サンゴや岩を撤去することは禁じられているし、釣りのアクティビティのほとんどが禁止されている。海関連のアクティビティはコナ（リーワード）嵐の間は危険だ。その時期、風は激しい潮流とうねりを引き起こす。

プウ・ペヘ・コーブ
Puu Pehe Cove

フロポエ・ビーチから短い小道が南へ向かい、マネレ湾とフロポエ湾の間にある岬まで続いている。そこは火山の噴石丘となっており、南の海側が激しく侵食されている。溶岩は灰色と黒のおもしろい渦模様がついた濃い赤錆色をしており、気泡が多く含まれ壊れやすい。そのためにかなりの量の溶岩が崩れ、海岸棚の下に落ちている。岬の下には、小さな海食アーチもある。

プウ・ペヘPuu Peheとは岬の左までの入り江の名前で、すぐ沖にある離れ岩も含んでいる。この小さな岩の頂上はハワイの伝説に残る埋葬地となっている。

宿泊

キャンプ場 驚くことに、豪華なホテルのそばにもまだキャンプができる6つのキャンプ場がある。フロポエ・ビーチから少し歩いた所にあるこれらのキャンプ場は駐車場に出入りするトラックで1晩中うるさいが、海辺の環境はすばらしい。

ラナイ・カンパニー
Lanai Company
☎565-3978
登録料$5、キャンプ1人当たり$5

キャンプ許可はここでもらう。ラナイ・シティの中心街に位置するキャッスル＆クック社のオフィス内にある。キャンプ場が満員でなかったら、予約なしでも許可が下りることがあるが、特に夏期と、1年を通して週末は、数週間前には予約するのが一般的だ。

違法だが、ハワイ人の家族はビーチに直接テントを張る。

ホテル
マネレ・ベイ・ホテル
Manele Bay Hotel
☎565-7700、800-321-4666 ℻565-3868
W www.manelebayhotel.com
客室 スタンダード$350～395、オーシャンビュー・オーシャンフロント$425～695、スイート$725～

フロポエ・ビーチが見わたせる地中海式の豪華ホテル。トロピカルなロビーは手工芸品や骨董品で飾られ、床はイタリアの大理石でできている。図書館には革表紙の本があり、中央ラウンジには上品なソファとグランドピアノがある。期待どおり、客室は心地良いプランテーションスタイルで、どの部屋にも4柱式ベッドや独立したラナイ、大理石風呂がついている。宿泊客には多くのアウトドア・アクティビティが用意されているので、どれか選んで楽しむのもいいし、スパでのんびり気ままに過ごすのもいいものだ。パック料金や「5泊目無料」サービスについて尋ねてみよう。

食事

マネレ・ベイ・ホテルは、ラナイ・シティの外では唯一食事のできる場所だ。

フロポエ・コート
Hulopoe Court
コンチネンタルブレックファスト（朝食）$15、フルブレックファスト（ビュッフェ式朝食）$22
7:00～11:00

豪華なビュッフェ式の朝食を用意している。もちろんメニューからも注文できるが、金額は高くなるからそのつもりで。環境や設備は何もかもが行き届いている。高い天井の派手なシャンデリア、凝った装飾の中国式花瓶、そして海の眺めももちろんだ。

プールサイド・グリル
Poolside Grill
11:00～17:00

ランチに最適。新鮮なフィッシュサンドやいろいろな種類のサラダといった、あっさりした食事を出している。

クラブ・ハウス
Club House
11:00～17:00、木～月 17:00～21:00
$10～15

ホテルのゴルフコース内にあり、サンドイッチやサラダ、フィッシュ＆チップスなどが食べられる。

イヒラニ・フォーマル・ダイニングルーム
Ihilani Formal Dining Room
食事 前菜$20～25、メイン$35～45
火～土 18:00～21:30

マネレ・ベイ・ホテルの優雅な野外レストラン。おいしいフランス風の地中海料理が堪能できる。前菜にはロブスターのチャウダーやアヒ（キハダマグロ）のカルパッチョがあり、新鮮な魚やメーンロブスター、地元で獲れた鹿の肉といったメイン料理と共に出される。

エンターテインメント

マネレ・ベイ・ホテルのカクテルラウンジ、**ハレ・アヘ・アヘ Hale Ahe Ahe**では、火～土曜の夕方に音楽ライブを行なっている。

ハイウェイ44&ケオムク・ロード
HIGHWAY 44 & KEOMUKU ROAD

整備された舗装道路の1つ、ケオムク・ハイウェイ（ハイウェイ44）は、北へ向かってロッジ・アット・コエレを過ぎると、すぐに涼しい高地の丘へ続く上り坂になる。その丘では、牛が草を食べている牧草地の上を、霧と雲が漂っている。道沿いの眺めは、期待以上にすばらしい。モロカイ島南東の未開発の海岸と、その島に属する小島、モクホオニキMokuhoonikiをすっかり見通すことができ、右手に見えるマウイ島のカアナパリKaanapaliの高層ビルと美しい対照を成している。

その道路はほとんど海岸に向かって下り坂になっており、浸食された赤土の上にあるおもしろい岩の配置が、時々景色を遮る。これらの岩は、ラナイ島北西部にある神々の庭園に良く似ている。さらに道沿いを行くと、難破船が見えてくる。舗装されているのは、そこから8マイル（約13km）先の海岸近くまでだ。左の方に行くと、未舗装道路がシップレック・ビーチに続いている。一方、ケオムク・ロードを右に曲がれば、ケオムク・ビーチKeomuku Beachにたどり着くが、その気があれば、はるばるナハNahaまで行くこともできる。

シップレック・ビーチ
Shipwreck Beach

シップレック・ビーチは、ラナイ島の北東9マイル（約14.5km）にある海岸につけられた名前で、ハイウェイ44の末端にあるカホクヌイKahokunuiから、北西の海岸にあるポリハウ・ビーチPolihau Beachへ向かって延びている。その名にふさわしく、ここには難破船が幾つかあり、海岸線にも漂流物が打ち上げられている。

海岸の大部分には低い岩棚が続いているため浅く、水は濁っていて、海水浴やシュノーケリングには向いていない。たくさんの流木が吹きさらしの海岸に打ち上げられている。その破片の一部は、日にさらされた難破船の材木だと分かるものもあり、船体や側板、ことによるとタラップだったりすることもある。漁網やロープ、時には日本からガラス製の浮遊物が漂着することもある。

ハイウェイから左へ向かう未舗装道路は、フェデレイション・キャンプFederation Campと呼ばれる、木造の古い海辺の掘っ立て小屋が建ち並ぶそばを通り過ぎる。それらの小屋の大部分は、現在、漁民が利用している。砂浜のずっと奥まで行く前に、ここで車を止め10分ほど歩くと、溶岩の先端にあるかつての灯台に至るが、そこには、ただ四角いセメントの土台が残っているだけだ。

歩き続けるにつれ、自分と流木だけの世界になる。そして砂は徐々にその色を変える。丸く角のとれた小さな石のかけらが混ざった粗い砂は浜辺を彩る紙ふぶきのようだ。坂を登ると、浜辺のポフエフエ（アサガオ）の一部は、黄橙色の釣り糸に少し似ている植物に絡みつく。これは公式のラナイ島の花で、カウナオアと呼ばれる葉のない寄生のつる植物だ。

ペトログリフス Petroglyphs 灯台の基礎がある所から、はっきりと判別できないトレイルの印に従って進むと、壊れやすいペトログリフが集まる奥まで行くことができる。途中の岩だらけの短い道には黄色の花を咲かせるランタナと金色の花のイリマで覆われた場所がある。イリマは固有種だが、ランタナはほんの50年ほど前にハワイに持ち込まれた植物で、すっかり野生化してしまい、島の至る所に生える迷惑な雑草となっている。ペトログリフはシンプルな線画で、道の右にそれた所にある大きな岩石にくっきりと刻みつけられている。

野生動物を見つけようと注意を払っていれば、奥地の丘に住むムフロンを目撃するのは難しいことではない。雄のムフロンの角は後ろに巻いていて、より強い雄は雌の群れと共に行動する。

難破船 海岸をさらに北へ15分ほど行った所に、岩礁に乗り上げて錆び付いた第2次世界大戦の頃のリバティー船（貨物船）がある。灯台の土台からは、はっきりとその難破船を見ることができる。もう6マイル（約9.7km）歩いてアワルアAwaluaまで行くことも可能だが、そこには別の難破船以外に見るべきものは、ほとんどない。歩く間は風当たりが強く、暑くて乾燥しているが、岸辺に下りていくほど、心地良くなってくる。

ケオムクからナハへ
Keomuku to Naha

ケオムク・ビーチはハイウェイ44の端、カホクヌイから、南のカハレパラオア・ランディングKahalepalaoa Landingまで広がっている。この人が住めない海岸は、特に魅力のある所ではなく、ちょっとした史跡と散在するココナツの木、あちこち至る所に生えているキアヴェ以外に、見る物はほとんどない。

ハイウェイから右に向かう未舗装のケオムク・ロードはおそらく埃っぽいか、ぬかるんでいるかのどちらかで、深いわだちが残っているがそれも慣らされた後でならそれほど悪路とはいえない。それでもやはり、そこは4WDで行くべき道で、ランディングより先は

特にそうだ。道路の端のナハまで、12マイル（約19km）を完走するには、道が悪ければ2時間、良い状態でもその半分の時間がかかる。

カホクヌイから1マイル（約1.6km）も行かない所、ハイウェイ44の南東に**マウナレイ Maunalei**がある。かつてそこにあった古いヘイアウ（神殿）はフレデリック・ヘイセルデンによって取り壊された。彼は、その石を使って牛用の柵を立てたのだが、それから間もなくマウナレイ・シュガー・カンパニーは倒産し、彼は何もかも失うことになる。そのため島民たちは、井戸が塩水になったり、ヘイセルデン夫妻の植えたサトウキビが枯れてしまったのは、神殿に対する冒とくのせいだと信じた。

さらに4マイル（約6.4km）先にある**ケオムク Keomuku**は、ヘイセルデンの長くは続かなかったサトウキビプランテーションの中心地だった。再建された**カ・ラナキラ・オ・カ・マラマラマ教会 Ka Lanakila o Ka Malamalama Church**は、もともとはマウナレイ・シュガーが倒産した後の1903年に建てられたものだ。ここでは、その教会以外に、見るべきものはほとんどない。**養魚池**の跡が海岸沿いに幾つかあるが、簡単には見つけにくい。

ケオムクの1.5マイル（約2.4km）南に位置する**カヘア Kahea**にある別のヘイアウもまた、マウナレイ・シュガー・カンパニーに取り壊されたが、この時は砂糖をカハレパラオア・ランディングに運ぶ線路をつくるためだった。カヘアは「赤いしみ」という意味のルアキニ（神殿）で、ここでは人身御供が行なわれていた。

カヘアの真南に位置する**カハレパラオア・ランディング Kahalepalaoa Landing**には、ラナイ島のこちらの端でもっともすばらしいビーチがあり、マウイ島から1日遠出をするのに人気の目的地となっている。プライベートビーチであることを告げる柵のすぐ手前で、ハイウェイのマウカ（内陸）側にある**仏教徒の共同墓地 Buddhist cemetery**を探そう。

ここの道から**ナハ Naha**までの道のりに、本当に行く甲斐があるだけの景色はないが、たとえ進み続けたくても、およそ4マイル（約6km）先までしか行けない。ナハでは時々、地元の漁師が漁をするが、海水浴に適した場所ではない。

ノースウエスト・ラナイ
NORTHWEST LANAI

「神々の庭園」と読める文字が刻み込まれた岩が、分かりやすい目印だ。ノースウエスト・ラナイへ向かう交通量の多い未舗装道路は、ラナイ・シティの北を出発し、ロッジ・アット・コエレの真横を通り過ぎる。テニスコートと馬小屋の間を左に曲がり、さらに標識に従ってかつてパイナップル畑だった所を通り抜ければ到着だ。カネプウ自然保護区Kanepuu Preserveを真っすぐに通り抜けて神々の庭園まで行く間の道路は埃っぽいが、まあ良いほうで、町からはたいてい20分かかるルートだ。ポリフア・ビーチPolihua Beachに向かうまではいいのだが、浜辺へ下りる道路は岩だらけで狭く4WDしか通れない。わだちのならされ具合にもよるが、20分から1時間程度で浜辺のどこにでも出ることができるだろう。

カネプウ自然保護区
Kanepuu Preserve

ラナイ・シティの北西およそ5マイル（約8km）にある多様な天然の乾燥林は、ハワイの中に残る最後の乾燥林だ。キャッスル＆クック社はこの土地の所有権を持っているが、ネイチャー・コンサーバンシーに590エーカー（約2.4km²）の森の地役権を永久に与えている。ここの自生植物には、イリアヒ（ハワイ白檀）やオロプア（オリーブ）、ラマ（柿の仲間）、固有のクチナシ、香りの良いつる性植物のマイレなどがある。右の方へ続く説明書きがある短い歩道を通り、これら植物の多くをざっと見て回ることができる。

天然の乾燥林は、昔はラナイ島の80％を占めており、ほかのハワイ諸島のリーワード側の斜面でもよく見られたものだが、木の葉は野生化した山羊や牛の格好の餌となった。この生態系を守ったことで賞賛されたのは、自然主義者でかつては牧場経営者だったジョージ・マンローで、彼は1920年代に有蹄動物を締め出した。

神々の庭園
Garden of the Gods

「神々の庭園」は名前のような庭園があるわけではなく、それどころか、乾燥したそこには黄土色や薄紅色、黄褐色の陰影に富む風に浸食された奇妙な岩のある荒涼とした風景が広がっている。その色は光の具合で変わり、早朝と夕方近くは淡い色彩を帯びている。「庭園」がどれくらい神々しく見えるかは、見る人によってさまざまだ。ただの岩と見る人もいれば、一方でその形態に忘れられない美しさを感じる人もいる。

ポリフア・ビーチ
Polihua Beach

島の北西端にあるポリフアPolihuaは、広々とした長さ1.5マイル（約2.4km）の白砂ビーチになっている。そこは目の覚めるような美しさだが、砂や虫を吹き上げる強い風のせいで、

しばしば不快な思いをするし、波の状態は年中危険だ。

ポリフアは「胸の中の卵」という意味で、ここによく一斉に巣を作っていたアオウミガメのことを指す。長い空白はあったが、現在絶滅が危惧されているアオウミガメは数が戻りつつある。アオウミガメに近づいたり、邪魔したりしないよう気をつけてもらいたい。彼らはとても繊細な生き物なのだ。

マンローの道
MUNRO TRAIL

徹底的に整備し直されたマンローの道は、歩いたりマウンテンバイクや4WDに乗ったりして、気分も爽快な8.5マイル（約13.7km）の冒険ができるトレイルだ。そのトレイルの名は、自然主義者のジョージ・マンローに由来する。マンローは島の分水嶺をつくるためにこの地をはじめラナイ島の至る所に木を植えた人物である。マンローが植えるのに選んだのは、高地ではかなり一般的な雲と霧（朝より午後のほうがより多い）から湿気を吸い取る種類の植物だった。

車などに頼らずに道を行くつもりなら、急な坂を覚悟し、丸1日時間を確保すること。もしドライブをしていて、その未舗装道路をほかの車が通ったばかりなら、長くて3時間もかからない。しかしひどくぬかるむこともあり（特に冬と激しい暴風雨の後）、よくジープが動けなくなるということを念頭においておこう。ここは良く晴れた日に出かける場所だと思っていたほうがいい。ドライバーは崖からの墜落事故にも気をつける必要がある。

トレイルを出発し、シップレック・ビーチまで続くハイウェイ44を北へ向かおう。ロッジ・アット・コエレを過ぎて1マイル（約1.6km）ほど行ってから、ノーフォークパインの並ぶ舗装道路を右に曲がる。その並木道は、日本人とフィリピン人の墓石がある共同墓地までの半マイル（約800m）で終わっている。墓参りにやって来た人々は、酒の供え物やかざぐるま、おもちゃなどを埋葬地に置いていく。5マイル（約8km）の自然ハイキングコース、**コロイキ・リッジ・トレイル Koloiki Ridge Trail**はここから始まる。ロッジのフロントでトレイルマップについて尋ねてみよう。

マンローの道に戻って、ユーカリの植えられた場所を通り過ぎ、尾根沿いを登る時は、共同墓地からの標識にただ従おう。その尾根の道はシダに覆われ、ノーフォークパインが点在している。マンローの道が未舗装道路に格上げされる前は、それは小道だった。カメハメハ大王が力を振るっていた1778年に、島民が大王から隠れようとしたのがこの道だ。ホオキオ戦場Hookio Battlegroundは、ラナイ島の人々が最後の抵抗をした場所で、ホオキオ渓谷Hookio Gulchの真上にあり、トレイルの入口からはおよそ2.5マイル（約4km）のところにある。

トレイルは、山の東側面を横切る一連の深い峡谷を見下ろし、ラナイハレを通り過ぎる。ラナイハレは高さ3370フィート（約1027m）のラナイ島最高峰だ。よく晴れた日には、沿道のさまざまな場所から、カウアイ島とニイハウ島を除く人の住むハワイ諸島を全部見渡すことができる。中央高原を6マイル（約10km）下るときは、幹線道路からそれないように気をつけよう。丘を左手に見ながら、大きな分岐点を右折すること。牛のための格子に出くわしたら、もう、車道はそう遠くない。トレイルは、マネレ・ロード（ハイウェイ440）に戻って終わる。

サウスウエスト・コースト
SOUTHWEST COAST

カウマラパウ港
Kaumalapau Harbor

カウマラパウはラナイ島の商業用港で、ラナイ・シティの西ほぼ7マイル（約11.3km）に位置している。カウマラパウ・ハイウェイ（ハイウェイ440）とマネレ・ロード（こちらもハイウェイ440）を混同してはいけない。前者は西へ向かって町を離れ、空港の進入路を通り過ぎる港へ続く道路で、後者は南へ向かいマネレ湾に通じている。

カウマラパウ港Kaumalapau Harborはパイナップルを出荷するためにつくられたが、現在ではその産業は衰退したため、どちらかと言えば活気のない場所になっている。最近、ここを主に行き来しているのは、毎週オアフ島から到着する貨物船だ。丸石の防波堤からアワ（サバヒー）を釣ろうとしている人々をよく見かける。アワは、ここの港で普通に獲れるおいしい魚だ。カウマラパウの深海はとても澄んでいるので、スキューバダイバーも時々利用している。多くのサウスウエスト・コースト沿いと同様、カウマラパウも海岸の崖は険しい。

カウノル
Kaunolu

ここは19世紀半ばに見捨てられた、初期のハワイの漁村だった所だ。カメハメハ大王が休暇に過ごすお気に入りの場所で、彼はここへ来るとカウノル渓谷で仕切られた豊かな水を

ラナイ周辺 – サウスウエスト・コースト

たたえるカウノル湾で釣りをした。

カウノルKaunoluにはラナイ島の遺跡がもっとも集中しているが、最近ではその場所の多くでキアヴェが育ちすぎ、遺跡を覆ってしまっている。家の存在していた頃の土台の多くは湾の東側に残っている。今では世に知られていない**ハルル・ヘイアウ Halulu Heiau**という神殿は西側にあって、かつてはその神殿がこの中心的存在だった。その神殿はプウホヌア（避難場所）でもあり、カプ（タブー）を犯した背教者はここへ逃げ込んで死罪を免れることができた。ここには数多くのペトログリフがあるが、その幾つかは、ヘイアウの南側で見られる。

ヘイアウ遺跡の向こうにあるパリカホロ海食崖Palikaholo sea cliffsの高さは、1000フィート（約305m）を超える。ヘイアウの北西には崖の周辺を囲む高い自然の石壁がある。崖の端で壁の割れ目を探してみよう。そこは切り立った90フィート（約27m）の断崖になっている。これが**カヘキリズ・ジャンプ Kahekili's Jump**で、高名なハワイの首長にちなんで名づけられた。この下に岩礁があり、ここから海に飛び込むのはちょっと命知らずだ。どうやらカメハメハは楽しみのために、自分の意に反する軍人をこの崖から飛び降りさせていたらしい。つい最近では、ここで世界級の「レッド・ブル・クリフ・ダイビング選手権Red Bull cliff-diving championships」が開催された。

カウノルへ行くには幾つかの道があるが、どれもほとんど見つけるのは至難の業だ。必ず水はたっぷりと持ち、ガソリンも満タンにしておくこと。1番簡単な道は、カウマラパウ・ハイウェイ（ハイウェイ440）に沿って空港を通り過ぎ、最初の道を左に曲がって空港の南側を回る穴だらけの未舗装道路を行くというものだ。カウノル・トレイルへ通じる脇道は、いつもは色を塗られた水道管が目印になるので、この未舗装道路を左に曲がり、パラロア灯台Palaloa lighthouseがある南の方角へ進むといい。もしその道路が最近降った雨で流されていなかったら、ほとんどの道は4WD車で行けるかもしれないが、最後の1マイル（約1.6km）くらいは歩くことになるだろう。

カウノルへ行くまた別の道はマネレ・ロード（ハイウェイ440）を走り、ラナイ・シティから南へ向かうというものだ。9マイル（約14.5km）標識を0.75マイル（約1.2km）過ぎると、急カーブになっている。そのハイウェイに続いてマネレ湾へ向けて左に進むよりは、始まりは車道だがすぐに未舗装道路になってしまう私有の進入路をまっすぐ行ったほうがいい。それから目印の水道管を探すこと。どちらにしても、結局は勘を頼りに進むことになる。

カホオラウェ島

Kahoolawe

カホオラウェ島Kahoolaweは、マウイ島Mauiの南西海岸から7マイル（約11km）の所にある無人島で、第2次世界大戦中から1990年までの間、アメリカ軍によって爆撃演習の標的として使用されていた。現在、爆撃は行われなくなったが、カホオラウェ島とその周辺海域の至る所に散乱・残留する弾薬類のため、島は立入禁止区域となっている。

カホオラウェはハワイの歴史の中で重要な役割を果たしてきた。ラナイ島Lanaiとカホオラウェ島の間の海峡とカホオラウェ西端を合わせた地域は、ケアライカヒキKealaikahiki「タヒチTahitiへの道」と呼ばれる。古代ポリネシア人たちはハワイとタヒチの間を航海する際、出発点であるカホオラウェにカヌーを一列に並べたという。

カホオラウェには500以上の考古学的な遺跡が見つかっている。幾つかのヘイアウス（祭壇）や、コア（原産の広葉樹）でできた多くの聖堂や、漁師の神々をまつるクウラ（漁のための神殿）跡の石なども含まれている。島の中心にある大規模な噴石丘プウ・モイウイPuu Moiwiには、石の手斧を作るための古代の採石場があり、これはハワイで最大級のものの1つである。

1981年、カホオラウェは考古学的な重要地域として、国定史跡登録名簿に加えられた。それからおよそ10年間、島は政府によって爆撃演習の標的として使用されている唯一の史跡という皮肉な特徴を持っていた。

カホオラウェは現在、ハワイ先住民が自分たちの土地から引き離されていることの象徴として、高まりつつあるハワイ先住民の権利を主張する運動の焦点となっている。

歴史

囚人とアヘン

古代より、カホオラウェはマウイの支配下にあった。

1830年から1848年まで、島の北側にあるカウラナ湾Kaulana Bayは、軽犯罪を犯したマウイ人男性たちの流刑地として使われた（女性追放者たちはラナイ島北端のカエナ岬Kaena Pointに送られた）。

しかし、カホオラウェはもくろみどおりには「監獄島」としての役割は果たさなかった。1841年、何人かの囚人がマウイ島のマケナMakena周辺に泳ぎ着くことに成功した。彼らはそこで食料とカヌーを盗み、カヌーを漕いで盗品とともにカホオラウェに戻った。このような奇襲はその後も行われ、ラナイ島へ遠征し、そこの女性囚たちを奪ってカホオラウェに連れて帰るということもあった。

カホオラウェの隔絶された南西側地域は、何十年にもわたって密輸人が中国からアヘンを持ち込む場所として利用された。発覚を避けるため彼らは、中国から着くといったんハナカナエア湾Hanakanaea Bay（一般的にスマグラーズ湾Smugglers Bay「密輸人の港」として知られる）に密輸品を降ろし、後から漁に使う小さなボートで戻ってきては密輸品を回収していた。

もっと最近になってからは、スマグラーズ・ベイはアメリカ軍のベースキャンプ地として使用されていた。

農業

カホオラウェ島はかつて緑の森林に覆われた島だったが、今では土地のほとんどが荒廃している。そしてピリ（束状の草）とキアヴェ（この地域でよく見られる枝が刺で覆われた木）だけが、乾いた赤っぽい土壌が完全に風で吹き飛ばされるのを防いでいる。

カウアイ島のプリンスビルPrincevilleにサトウキビプランテーションを開発したRC・ワイリーは、1858年に初めてカホオラウェで牧場経営を試みた。ワイリーはカホオラウェの島全体をハワイ領から借地して経営に臨んだが、彼が連れてきた羊は病気になり計画は失敗した。生き残った羊が放置され、島を自由に徘徊したため、島の自然植物に深刻な被害を与えた。

その後何年かの間も、ハワイ領はほかの牧場経営者たちと複数の契約を結んで土地を賃貸した。1880年頃に初めて肉牛が飼育され、再び牧羊も試みられた。土地の誤った運用というのはこの時代の流れだったのだ。

1900年代初めまでに、野生化したヤギ、ブタ、羊がカホオラウェの植物を大量に根から掘り起こし食べ尽くしたため、島はほとんどが砂ぼこりが立つ荒れた土地になってしまった。

カホオラウェ牧場

Kahoolawe Ranch

マウイ島のウルパラクア牧場の元経営者であったアンガス・マクフィーは、カホオラウェ島での牧場経営にもっとも成功した人物で、牧場は1918年から1941年まで続いた。

カホオラウェ島 – 歴史

カホオラウェ島

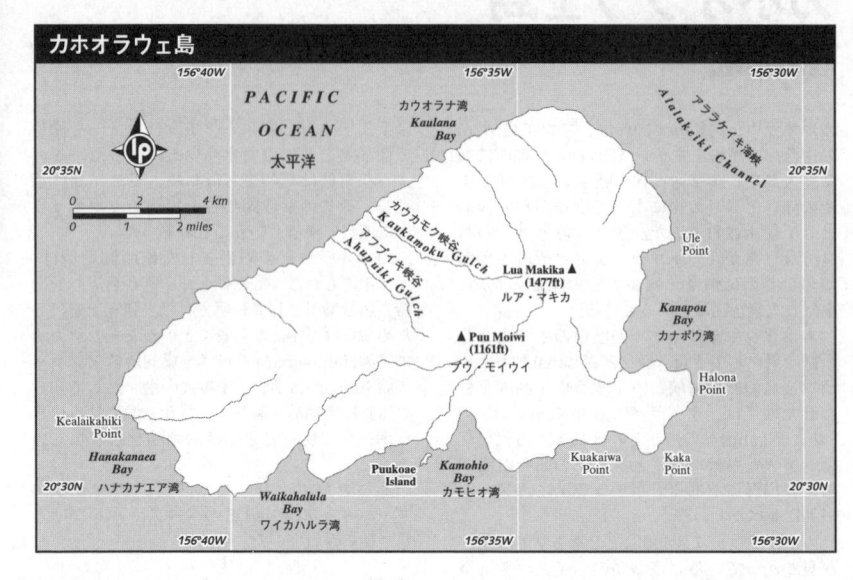

（地図：カホオラウェ島の地理。主な地名：PACIFIC OCEAN 太平洋、Kaulana Bay カウオラナ湾、Alalakeiki Channel アララケイキ海峡、Kaukamoku Gulch カウカモク峡谷、Ahupuiki Gulch アフプイキ峡谷、Lua Makika (1477ft) ルア・マキカ、Puu Moiwi (1161ft) プウ・モイウイ、Ule Point、Kanapou Bay カナポウ湾、Halona Point、Kealaikahiki Point、Hanakanaea Bay ハナカナエア湾、Puukoae Island、Kamohio Bay カモヒオ湾、Waikahalula Bay ワイカハルラ湾、Kuakaiwa Point、Kaka Point）

マクフィーが1918年に領土政府と土地の賃貸契約を結んだとき、カホオラウェはヤギに占領され、まるで荒地のようだった。マクフィーは1万3000頭のヤギをひとまとめにしてマウイ島で売り、島の端から端までフェンスを築いて島を2つに区切り、その一方に残りのヤギを集めた。そして貯水用にセコイアで作った大きなタンクを持ち込み、地面を覆うための植物を植えた。大地が再び緑になったとき、マクフィーはサトウキビプランテーションの所有者だったハリー・ボールドウィンと協力して、カホオラウェ牧場を設立した。肉牛を持ち込み、ホノルルの市場用に飼育した。カホオラウェで牧場を営むことは容易ではなかったが、マクフィーはこれまでの挑戦者たちとは異なり、利益を上げることに成功した。

アンガス・マクフィーの娘、アイネズ・マクフィ・アシュダウンは、「カホオラウェ」（トップギャラン・パブリッシング社、ホノルル、1979年出版）という自伝を書いている。その中には、ハワイ先住民たちによって彼女に語られたカホオラウェの伝説とともに、カホオラウェ牧場の歴史が書かれている。

爆撃演習の標的

1939年、カホオラウェ牧場は島の一部をアメリカ軍の爆撃演習用に転貸し、牛と牧場労働者たちをマウイ島に移した。

1941年にパール・ハーバーPearl Harborが攻撃された後、アメリカ軍はカホオラウェ全土を占拠し、島全土に爆撃を展開した。牧場の建物や貯水設備は標的に利用され、がれきと化した。

第2次世界大戦中の全戦闘のうち、「敵」による爆撃は一度もなかったにもかかわらず、もっとも多くの爆撃を受けた太平洋の島がカホオラウェだ。

大戦後、民間人はカホオラウェに戻ることを許されず、マクフィーはこうむった損失を補償されることはなかった。

1953年、大統領命令によってアメリカ軍は正式にカホオラウェの統治権を得た。統治の条件は、カホオラウェが「必要でなくなった」とき、アメリカ軍は実弾を撤去し、島をハワイ領に返還するというものだった。

カホオラウェ運動

1960年代半ば、ハワイの政治家たちは連邦政府に対し、カホオラウェでの軍事活動を中止して島をハワイ州に返還するよう要請を開始した。1976年には、アメリカ軍が行っている爆撃に世間の注目を集めようと、ハワイ人の小グループがボートを出してカホオラウェを占領した。このような占領は何度か行われ、中には1カ月以上に及ぶものもあった。

1977年に行われたあるカホオラウェ占領の試みでは、不可解なことにグループのメンバーだったジョージ・ヘルムとキモ・ミッチェルがカホオラウェ島沖で行方不明となった。ヘルムは傑出したハワイ民族権利運動の活動家だったため、彼の死によってプロテクト・カホオラウェ・オハナ（カホオラウェの家族を守れ）という運動が起こった。ヘルムが目

指していた、カホオラウェをハワイの文化とアイデンティティの聖域にするという考えは、ハワイ諸島の人々の間に広く浸透した。1977年6月、同運動グループの2人のメンバー、ウォルター・リット・ジュニアとリチャード・ソーヤーがカホオラウェへの不法侵入の罪に問われ、6か月の禁固刑を言いわたされた。

2人の免罪を求めて、ハワイ出身の合衆国上院議員、ダニエル・イノウエは、当時の大統領ジミー・カーターに宛てた手紙で次のように書いている。

「彼らの行動は、海軍が継続的にカホオラウェを爆撃することによって、自分たちの郷土を不当に冒とくしていることに対して抗議するものです。アロハアイナという郷土への愛はハワイ先住民の宗教や文化にとって大切な部分なのです。カホオラウェはハワイ民族復活のシンボルとなり、多くのハワイ人にとって自分たちの文化と歴史に対する新たな尊敬を形づくっているのです。」

現在のカホオラウェ

1980年、法廷による同意判決により、合衆国海軍はプロテクト・カホオラウェ・オハナの要請に同意し、カホオラウェ島オハナの原住民が定期的にカホオラウェを訪問することを許可した。また、判決は海軍に対し、考古学的な遺跡の保存、ヤギの根絶、および土壌浸食を食い止めることを要求した。

爆撃はその後も続いたが、この判決によって海軍は島の一部で実弾を使用できなくなり、史跡の爆撃も禁止された。1982年からは、オハナのメンバーたちは農耕と平和の神ロノをたたえる、マカヒキという年に一度の儀式のためにカホオラウェを訪れるようになった。

1982年、カホオラウェが属しているマウイ・カウンティMaui Countyは、軍が20年後までに段階的に撤退すること、およびプロテクト・カホオラウェ・オハナを世話役としてカホオラウェを歴史的、文化的な遺跡として整備することを要求する計画書を採用した。しかし、海軍はこの文書の認知を拒否した。

アメリカ軍が2年に1回の環太平洋軍事演習において、カホオラウェを爆撃演習の標的として参加諸国に提案したことを多くのハワイ人は自分たちの文化遺産に対するこのうえない侮辱と受けとめた。しかし、軍に対する予想もしなかった反発により、この演習計画はカホオラウェで起きていることをより広い世界に認知させることになった。爆撃に対する国際的な反対運動は、ニュージーランド、オーストラリア、日本、イギリスの環境保護団体をはじめ各種の同盟団体にも推進され、その結果、参加諸国はカホオラウェでの演習への参加を中止した。参加に積極的だったのはアメリカ合衆国とカナダのみで、この計画は廃案になった。

1980年代の終わり、ハワイ初のハワイ先住民の州知事ジョン・ワイヒーと同州のそのほかの政治家たちは、カホオラウェがハワイ人に返還されるべきだという主張をより積極的に発言するようになった。1990年10月、ハワイの2人の合衆国上院議員、ダニエル・イノウエとダニエル・アカカが爆撃中止を求める法案を議会に提出する準備をしていたとき、当時の大統領ジョージ・ブッシュはカホオラウェでの軍事活動中止命令を出した。その翌月、2人の上院議員による法案は成立し、弾薬類を島から撤去して島を大戦以前の状態に回復させることが定められた。またその法律によって、連邦政府が資金提供を行うカホオラウェ譲渡委員会が設立され、島をハワイ州に返還する際の条件について提案を作成することになった。

1994年5月7日、ハワイ民族の儀式や合唱、祈りを特徴とする記念セレモニーで、合衆国海軍はカホオラウェの統治権をハワイ州知事ワイヒーとハワイ州に譲渡する書類に署名した。署名後、伝統的なマロス(腰に巻いた布)とタパ(樹皮布)のマントをまとった100名のハワイ先住民たちが、島の返還を祝う日の出の儀式を行うためカホオラウェに渡った。儀式のなかでは、ヘルムとミッチェルの記念碑にもレイが捧げられた。

残された大きな問題は、カホオラウェから実弾を除去することだ。連邦政府はこのために4億ドルの基金を設立したが、現在、行われている除去作業が完了するのは何年も先のことになりそうだ。その間、州の機関である**カホオラウェ島保存委員会 Kahoolawe Island Reserve Commission**(W www.state.hi.us/kirc)が島の管理を引き受け、長期基本計画を作成している。カホオラウェの将来に関する提案は、海洋自然保護地域の設立から島を新しいハワイ国家の中心とすることまで、多岐に及ぶ。

地理

カホオラウェ島は長さ11マイル(約18km)、幅6マイル(約10km)で、45平方マイル(約117km^2)の面積がある。想像力を働かせると、東を向いてうずくまるライオンのような島の形だ。

尾根が島を斜めに横切り、地形は緩やかに傾斜している。最高地点は島を形成するカルデラにある、1477フィート(約450m)のルア・マキカLua Makikaだ。カホオラウェは乾燥した島で、年間10インチ(254mm)から20

インチ（508mm）の降水量しかない。

　カホオラウェ島をマウイ島から見ると、空中に舞う赤っぽい砂塵のため、とりわけ午後に風が出てくると、ピンク色を帯びているように見える。しかし夜は漆黒のやみだ。

アクセス

カホオラウェ島へは、**プロテクト・カホオラウェ・オハナ Protect Kahoolawe Ohana**（W www.kahoolawe.org）のメンバーかゲストでない限り、一般人は立ち入りできない。月に2〜3日、通常は満月の時期にこの組織のメンバーがカホオラウェを訪問し、史跡の清掃作業や植物に水を与えたり、枯れ枝を取り除くなどの再緑化プロジェクトに携わっている。この組織オハナはボランティアを歓迎している。彼らのプロジェクトについては、プロテクト・カホオラウェ・オハナのホームページで詳しく知ることができる。

　毎月2度、週末に島の沖合の水深20ファゾム（120フィート＜約37m＞）以上までの水域が、地元の漁師たちに開放される。しかし、そのとき以外はカホオラウェ島の周囲2マイル（約3km）以内への立ち入りは禁止されている。島とその海岸周辺の海域は不発弾があり危険なため、海岸地域への一般人の立ち入りは不発弾の除去作業が完了するまで、禁止されたままになるだろう。そして、それは今後何年間も続くことになるだろう。

カウアイ島

Kauai

地球上でもっとも緑あふれる風景を楽しみたいなら、カウアイ島Kauai以外には考えられない。この島はどこも緑に覆われ、「庭園の島」と呼ばれるほどだ。エルビスが映画「ブルー・ハワイ*Blue Hawaii*」でこの島を有名にして以来、まさに天国のようなその情景を求めて、新婚旅行客がカウアイ島に押し寄せるようになった。また、難易度の高いハイキングトレイルに挑んだり、ハワイでも有数のビーチサイドのキャンプ場を利用したり、永年にわたってバックパッカーにも愛されている島だ。

カウアイ島は、ハワイの主な島々の中でもっとも古く、高く滑らかに海から立ち上がった姿をしている。長い時の流れの中で、降り続く雨が深い谷を築き、打ちつける波と海面の下降が切り立った断崖を削りあげた。

島の中央にある火山、マウント・ワイアレアレ Mt Waialeale（5148フィート＜約1569m＞）は地球上でもっとも降水量の多い場所で、7つの川の起点になり、その中にはハワイで唯一航行できる川もある。島の西端を切り取るような形で南北に走る深い亀裂は、その壮大な景観から「太平洋のグランドキャニオン」と呼ばれるすばらしいワイメア渓谷 Waimea Canyonをつくり出している。

北の海岸線には緑豊かな山々が続き、滝や美しいビーチ、川の流れる渓谷もある。南西海岸には、ハワイでも最高のハイキング地の1つ、急峻なナ・パリNa Paliの断崖が続く。

幻想的な風景を求める映画関係者は、カウアイ島に理想的な場所を見つけることが多い。古典の名作、「南太平洋*South Pacific*」や、「レイダース／失われたアーク（聖櫃）*Raiders of the Lost Ark*」といった映画はカウアイ島の北海岸で撮影された。ナ・パリ・コーストNa Pali Coastにある辺鄙なホノプ渓谷Honopu Valleyはキングコングの故郷であるジャングルになったし、ハナペペ渓谷Hanapepe Valleyとラワイ渓谷Lawai Valleyはスティーブン・スピルバーグの「ジュラシック・パーク*Jurassic Park*」のロケ地に使われた。

カウアイはハワイの大きな島4つの中ではもっとも開発されていない島で、内陸部のほとんどは山深い森林保護区になっている。雨の多いマウント・ワイアレアレの麓にある台地には、雲や霧がめったに晴れないアラカイ湿原Alakai Swampがあり、木々が膝丈までしか伸びず、珍しい固有の鳥が繁殖する独特な生態系が広がっている。

だが、カウアイ島は多雨林だけに覆われて

ハイライト

- ナ・パリ・コースト Na Pali Coastの感動的な断崖絶壁をトレッキングする。
- 太陽に恵まれたポイプ Poipuのリゾートで、日光浴を楽しむ。
- 静かに曲がりくねりながら流れる川でカヤックをする。
- キラウエア・ポイント Kilauea Pointで珍しい海鳥を観察する。
- ワイメア渓谷の深い裂け目に見入る。

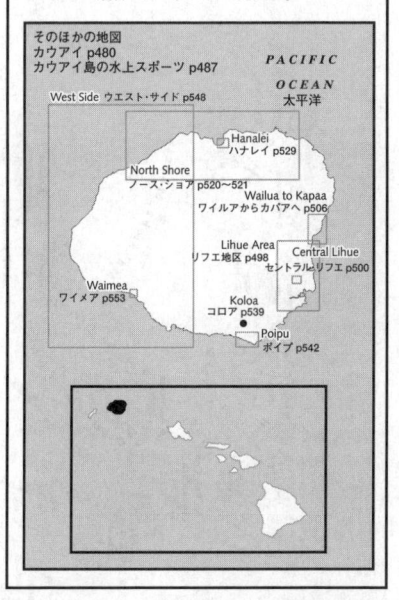

そのほかの地図
カウアイ p480
カウアイ島の水上スポーツ p487

PACIFIC OCEAN 太平洋

West Side ウエスト・サイド p548
North Shore ノース・ショア p520〜521
Hanalei ハナレイ p529
Wailua to Kapaa ワイルアからカパアへ p506
Lihue Area リフエ地区 p498
Central Lihue セントラルリフエ p500
Waimea ワイメア p553
Koloa コロア p539
Poipu ポイプ p542

いるわけではない。カウアイ島の南側と西側は乾燥していて太陽にも恵まれ、日光浴や水上スポーツに最適な白砂の浜辺がどこまでも続いている。

歴史

カウアイ島には、西暦500〜700年に、マルケサス諸島Marquesas Islandsからポリネシア人が渡ってきて住み住んだといわれる。カウアイ島とマルケサス諸島の両方で、ポイ（ハワイの伝統的な主食）をつくリング状の石臼の一種が発見されているため、両者には関連があると考古学的に検証されている。

ハワイの言い伝えはマルケサスの文化と直接的な関連性はないが、カウアイ島はメネフ

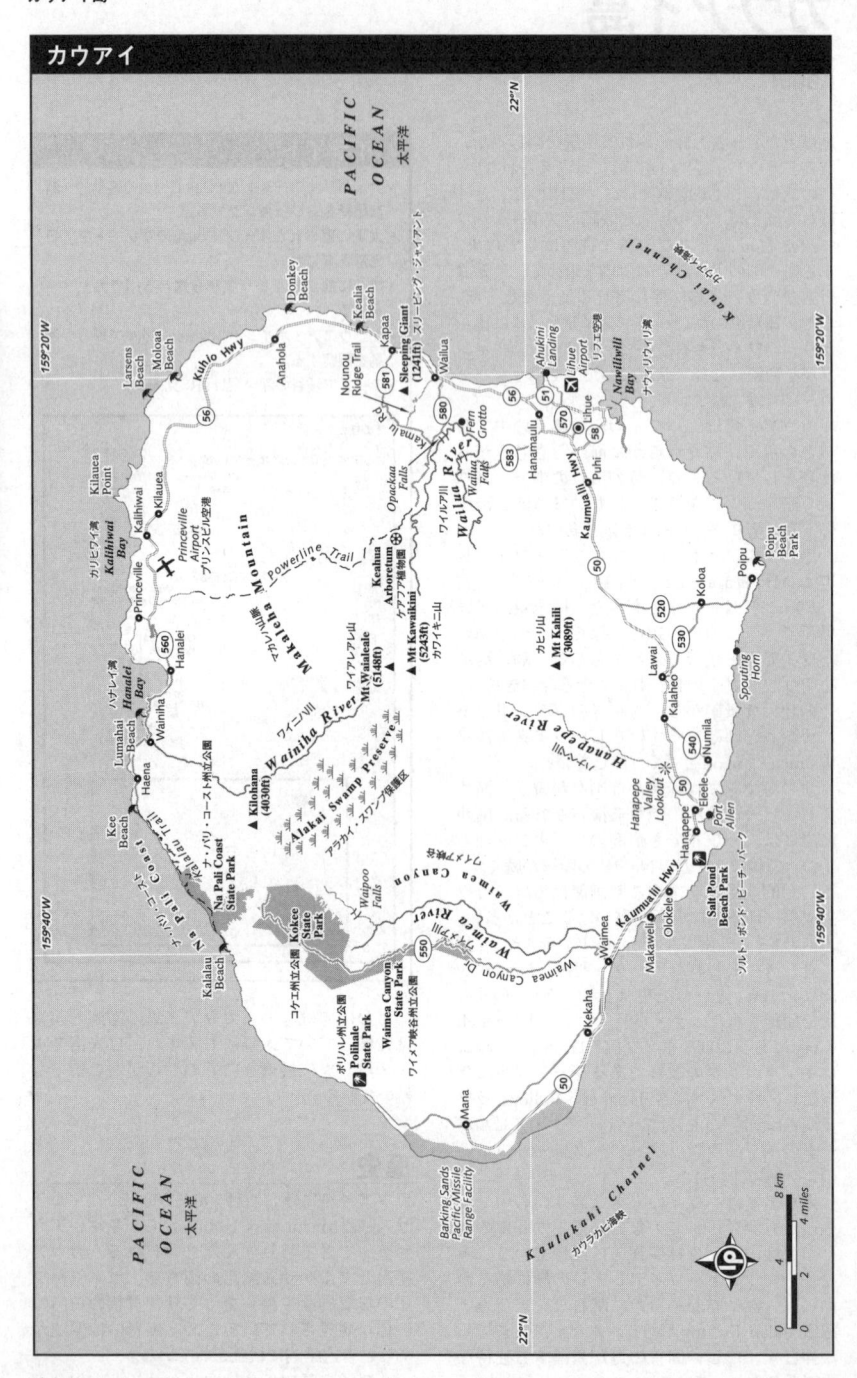

カウアイ島

カウアイ

ネと呼ばれる小人族のすみかといわれてきた。ディズニーに登場するような陽気な小人が山地から下りてきて、石材ですばらしい工事をしたと数々の伝説に語られている。西暦1000年頃、タヒチ人の第一陣がやって来た時、彼らはそのマルケサス人を征服して従属させ、神殿や用水路、養魚池などを造らせた。それらは、今ではメネフネによるものとされているようだ。

　タヒチ語でメネフネは「のけ者」を意味する。征服者の目から見て社会的にちっぽけな存在だったマルケサス人が、小人族の物語のもとになったのかもしれない。

　神殿を造ったのはメネフネかもしれないが、移住者であるタヒチ人たちは伝説に創り上げた。石造物は残っているのに、カウアイ島の「小さな人々」の真の姿は失われてしまったのだ。

　12世紀頃、タヒチから続々と移住者がやって来る中、モイケハという位の高い首長が二重船体のカヌー船団でワイルアWailuaに到着した。そこの宮殿内で、モイケハはカウアイ島の老アリイ・ヌイ（大首長）であるプナに歓迎された。

　プナは彼の娘とモイケハを結婚させた。プナの死後、モイケハはカウアイ島の大首長になった。モイケハはタロイモとサツマイモをカウアイ島にもたらし、息子のキラをタヒチに送って、踊りを捧げる神殿で使う鮫皮の太鼓パフ・フラを取って来させた。この種の太鼓は、今もなおフラのパフォーマンスに使われている。

初期の集落

カウアイ島は、一番近いオアフ島からでも72マイル（約116km）離れていて、ハワイの大きな島々から孤立している。そのためハワイのほかの島に侵略されることがなく、独自の歴史を持っている島だ。

　カウアイ島の人々は、ワイルアWailuaやワイメアWaimea、ハナレイHanaleiといった海岸近くにある川が流れる渓谷に沿って集中的に住んでいた。カララウKalalauやナ・パリ・コーストのヌアロロNualoloといった人が行きにくい渓谷にさえかなり大きな集落があった。冬、北の海岸線にカヌーで上陸できなくなる時期には、断崖絶壁の稜線にあるトレイルや縄梯子を使って人々は行き来していた。

　1778年、クック船長がカウアイ島に上陸した。その時彼は、島には50の村があり、全人口は3万人くらいだと推定した。しかし1820年代の宣教師たちは、人口は1万人近くと考えていた。歴史家はクックよりも宣教師たちの試算のほうを支持することが多いが、クックの水夫たちがもたらした病によって多くの島民が命を落としたことを考えれば、どちらも正しいのかもしれない。

カウムアリイ

カウムアリイは独立首長領であるカウアイ島を治めた最後の首長で、彼は機転の利くリーダーだった。カウアイ島の戦士たちも勇猛果敢だったが、カメハメハ大王の接近からカウムアリイを守ったのは、明らかに彼のカフナ（聖職者）たちの力とされる。

　1796年、すでにほかの島々を征服していたカメハメハは、戦のカヌーの大軍を引き連れてオアフ島からカウアイ島に向けて出航した。だが、謎めいた嵐が海に突然巻き起こったため、彼はやむを得ずオアフ島に引き返し、そのあともカウアイ島の海岸にたどり着くことはできなかった。

　その後2～3年の間に、カメハメハもカウムアリイも、外国の武器を集め、彼らの大義のために外国船と手を組み、戦の準備を進めていた。

　1804年、カメハメハと戦士たちはカウアイ島を攻撃する準備を整え、再びオアフ島の海岸に集結した。だが侵攻の前夜、おそらくコレラだと思われる疫病がオアフ島に発生し、侵略しようとしていた者たちに多数死亡者が出て、またもや作戦が遅れることになった。

　カウムアリイは、カメハメハの軍勢が勝っていることに怖気づいていたが、カメハメハも、カウムアリイの不可思議な運に怖れを抱いていた。1810年、彼らは協定を結び、カウムアリイをカウアイ島のアリイ・ヌイと認める一方、カウアイ島はハワイ王国に委譲すると定めた。

　それは事実上の停戦を意味し、カメハメハを絶対的な主権者であると完全には認めていなかったカウムアリイの策略でもあった。

ロシア人の渡来

1815年1月、アザラシの皮を積んだロシア船がワイメア近くの海岸で座礁し、カウムアリイはその貨物船を没収した。11月になって、アメリカのロシア系の会社がアザラシの皮を取り戻すため、ゲオルグ・アントン・シェーファーを派遣した。

　シェーファーはハワイに到着した時、カウムアリイとカメハメハの不和に好機を見いだした。カウアイ島で彼は、オアフ島侵攻のためにはロシアが船を出し軍事援助をすると、本国に相談せずに独断でカウムアリイと密約をかわした。その見返りとしてカウムアリイは、オアフ島の半分をロシアに割譲し、オアフ島とカウアイ島の白檀をすべて譲ると申し出た。1816年9月、シェーファーがハワイ人

の労働者たちを指揮し、ワイメアとハナレイに砦を築き始めた。

その年の終わりに、ロシア海軍の探検家オットー・フォン・コツェブーがハワイを訪れ、ロシア政府はシェーファーの同盟を承認していないとカメハメハに伝えた。こういった策謀にうんざりしていたカメハメハは、そのロシア人を追い出さなければ報いを受けるぞ、とカウムアリイに命令した。1817年5月、シェーファーは自分の船に護送され、カウアイ島から強制退去させられた。

王国の最後

1819年にカメハメハが亡くなった時、息子のリホリホが跡を継いだが、彼は父ほどはカウムアリイの忠誠を信じていなかった。1822年、リホリホは、西洋の貿易商から白檀と引き換えに買い入れた83フィート（約25m）の豪華なスクーナー船でカウアイ島に向けて出発した。

カウアイ島でリホリホは船遊びに出かけようとカウムアリイを騙し、彼を誘拐してオアフ島に連れ去った。そこで、カウムアリイはカメハメハの未亡人カアフマヌと結婚するよう強制された。この王家画策の大きな陰謀に引っかかりカウムアリイは失脚し、1824年、カウムアリイが亡くなった時にカウアイ王国も消滅した。

地理

少し圧縮したボールのような形のカウアイ島は、東西が33マイル（約53km）、南北が25マイル（約40km）ある。もっとも高い地点はカワイキニ山Mt Kawaikiniの5243フィート（約1598m）だ。

ハワイ諸島で4番目に大きいカウアイ島は、面積が558平方マイル（約1445km²）ある。

カウアイ島は、東端にある火山ワイアレアレ山が隆起してできた。貿易風が北海岸の深い渓谷に吹き込み、谷に導かれてワイアレアレ山の頂上に向けて吹き上げている。5148フィート（約1569m）の山頂近くは、気温が下がって湿気が液体となり、地球上でもっとも降雨量の多い地域になっている。

気候

カウアイ島の気温は季節よりも場所によって異なる。海岸線の平均気温は2月で70°F（21℃）、8月には77°F（25℃）、カララウ・ビーチKalalau Beachでは気温が60°F（16℃）を下回ることはまずない。一方、2000〜3000フィート（600〜900m）上にあるコケエ州立公園Kokee State Parkでは、冬の夜は30°F（−1℃）代にまで冷え込む。コケエの平均気温は2月で身が引き締まるように寒い55°F（13℃）、8月には65°F（18℃）だ。

カウアイ島の年間平均降雨量はおよそ40インチ（約102cm）だが、地域差が激しい。南西海岸にあるワイメアでは平均21インチ（約53cm）で、北部のプリンスビルPrincevilleでは平均85インチ（約216cm）にもなる。内陸部の湿潤地帯にあるワイアレアレ山では、けた外れの平均486インチ（約1234cm）で、世界一雨が多い。

夏は貿易風のおかげで重苦しい湿気がなく、気持ちの良いにわか雨が降る。

冬はまったく予測し難い。冬の中頃に1週間まとめて相当な土砂降りが続くこともあれば、一転青空になって穏やかな海が広がることもあるのだ。

ハリケーン・イニキ

1992年9月11日、この100年の間にハワイを襲った中でもっとも強大な暴風雨ハリケーン・イニキがカウアイ島を直撃した。最高時速165マイル（約266km）の暴風の塊であるイニキは何千もの木をなぎ倒し、カウアイ島の建物の半数ほどに深刻な被害をもたらした。激しい突風に気圧の急激な変化が加わり、建物の幾つかは爆風を受けたかのように文字どおり壊滅した。飛び交う破片に当たって100人近くの人々が怪我をしたが、亡くなったのは奇跡的に2人だけだった。

カウアイ島は小さくて人口も密集していないが、島の被害額の総計は16億ドルにも及んだ。最終的に5000軒が被害に遭い、そのうち1300軒が完全に破壊された。特にひどかったのは、カウアイ島の主なリゾート地であるポイプ Poipuとプリンスビル Princevilleで、海岸沿いにあるホテルでは何棟かまるごと30フィート（約9m）の高波にさらわれた所もある。何とか被害を免れたホテルも、救援隊員や新たに家を失ったカウアイ島の住民8000人の仮設住宅として使われた。観光業は停止状態に追い込まれ、ホテル産業がかつてのにぎわいを取り戻すまでに何年もかかった。

自然環境に関しては、カウアイ島は以前のような緑濃い風景を取り戻し、ちょっと目にはハリケーンがそんなに甚大な被害をもたらしたようには見えない。しかし、ハワイ原産のコア（アカシア）の森によっては、回復できずにグァバやブラックベリー、バナナ・ポカ（南米産トケイソウ科）といった外来種がこの機に乗じてはびこっている地域もある。加えて、カウアイ島の絶滅危惧種である2〜3の鳥は、イニキが島を襲って以来見つかっていない。

国立測候所National Weather Serviceは、**地域の気象情報 local weather information**（☎245-6001）と**海上気象予報 marine forecasts**（☎245-3564）を提供している。

動植物

カウアイ島は、ハワイでもっとも多くの固有の鳥の生息を誇る。大きな島では唯一、地面に巣をつくる鳥の卵を捕食するマングースがいないのだ。

人里離れたアラカイ湿地では、カウアイ島原産の森に生息する鳥の種類がもっとも多く見られる。これらの鳥の多くは絶滅危惧種で、100羽も残っていない種類さえある。

4種いるハワイのミツスイの中で最後に残ったカウアイ・オオ（キモモミツスイ）は、1971年にアラカイ湿原で巣に2羽のヒナが発見されるまで、絶滅したと考えられていた。しかし、オオのオスがメスを呼んでいる鳴き声が聞かれたのは、1987年が最後になっている。

アラカイ湿原は、外来種の鳥よりも固有種のほうが10倍も多い独特な場所だ（ハワイのほかの場所では、外来種の数のほうが固有種を大きく上回っている）。湿原が外来種にとって生息しにくい場所であるだけでなく、標高が高いために、ハワイで鳥類の病気を媒介する蚊が繁殖しない場所の1つであることもその理由だ。

アオ、別名ニュウェルズ・シアウォーター（ミズナギドリ科）は絶滅の危機に瀕している海鳥で、ロバのいななきのような声で鳴く。かつてはハワイ諸島の主な島にはどこにでも生息していたが、現在アオはほぼ例外なくカウアイの山地にしか巣をつくらない。この珍しい種類の鳥は、土に巣穴を掘り、毎年1つだけ卵を生む。夕暮れから夜明けにかけてしか飛ばないため、海までの飛行経路の間に張られた電線を見落とすアオが多い。墜落した鳥を回復させる森林管理プログラムがあるにもかかわらず、いまだに何百というアオが毎年同じような状況で命を落としている。

固有種以外でよく見かける鳥の1つにモアがいる。初期のポリネシア人の入植者たちがハワイに持ち込んだジャングルに住む鳥だ。彩り豊かなニワトリの一種で、現在ではカウアイ島だけに生き残っている。人間を恐れずに餌をくれるのを期待して駐車場に集まっている。

ハワイには固有の哺乳類が2種いる。コケエ州立公園に生息するシモフリアカコウモリと、カウアイ島のビーチで時折体を引きずっているハワイアンモンクアザラシだ。どこにモンクアザラシが出て来るかはわからないが、彼らは必ずしも人間を避けているわけではない。時には、ポイプ・ビーチ・パークPoipu Beach Parkやワイルアのココナッツ・プランテーション・ビーチCoconut Plantation beachのような観光客が多い場所にも姿を表す。絶滅の危機にさらされているこれらの動物を見かけた時には、邪魔をせず近づかないこと。

野生のブタやヤギ、オグロジカは外来の動物で、島では狩猟の対象になっている。

カウアイ島の森でもっともよく見かける木はオヒア・レフア（フトモモ科）で、赤い房飾りのような花がよく目立つ。コアやキアヴェ（メスキートに似た木）、ククイ（ククイナッツ）などもグアバの木と同じくどこにでも見られる。ハワイの植物については、「ハワイについて」の章を参照。

政治

カウアイ郡は、カウアイ島とニイハウ島Niihauで構成され、任期4年の選出された市長と任期2年の郡議員7名が治めている。

経済

カウアイ島の労働人口は3万人で、失業率は約7％だ。ホテルを含めたサービス業に従事している者は全就労者の42％を占め、卸売業と小売業で22％、公務員が12％、農業従事者が3％となっている。

砂糖はかつて農業の主力品目だったが、今では衰退した産業になっている。製糖工場は1つだけが操業中で、砂糖産業はカウアイ島の土地、約1万6000エーカー（約65km²）を耕作している。ほんの10年前の半分ほどだ。ほかの作物では、グアバ、タロイモ、パパイヤなどの栽培が商業ベースに乗り、しっかりと安定している。製糖業が衰退する中、農業の多様化を試みるため新しい作物の導入が盛んで、中でももっとも重要視されているのがコーヒーだ。カウアイ島の西側で3400エーカー（約14km²）にわたって栽培されている。

住民

カウアイ島の人口は5万8300人で、ハワイ人とハワイ民族の混血の人が島の全人口の23％を占める。ハワイ民族以外の混血が20％、白人が26％、フィリピン系が17％、日系が12％という構成になっている。

オリエンテーション

カウアイ島は円に近い形をしている。北のハエナHaena近くにあるケエ・ビーチKee Beachから西のポリハレPolihaleまで、島の周囲を4

分の3ほどに帯のように道路が走っている。
　旅行者は東海岸にある郡の首府リフエLihue の主要空港に到着する。リフエから、道路は北に向かってワイルアWailuaやカパアKapaaを過ぎ、プリンスビル・リゾートPrinceville Resortやハナレイまで延び、東端のナ・パリの断崖で終わる。
　リフエの南には、ポイプのリゾートビーチまで脇道が延び、主要道路の方はワイメアまで西に続く。ワイメアでは「ハイウェイ」が1本、乾燥したバーキング・サンズBarking Sands地域まで西に走り、もう1本がワイメア渓谷を目指して北に向かい、コケエ州立公園に至っている。

地図

　折り畳み式の島の道路地図で一番いいものは、コンパス・マップス社Compass Mapsの「ハワイ、マウイ＆カウアイHawaii, Maui & Kauai」で、島内の書店やほかの店舗にて＄4で販売されている。ほとんどの旅行者はそれで十分だが、もっと深く追求したければオデッセイ出版Odyssey Publishingの64ページの地図帳、「レディ・マップブック・オブ・カウアイReady Mapbook of Kauai」のほうがもっと詳しい。書店では＄11で販売されていて、カウアイ島のすべての道路と裏通りを網羅しているといえるくらい充実した内容だ。
　ハイキングやマウンテンバイクに必要なカウアイ島の折り畳み式地勢図は、森林・野生生物局事務所 Division of Forestry & Wildlife office（☎3060 Eiwa St, room 306, Lihue, HI 96766）で無料配布されている。島内のハイキングトレイルがどこでどのようにつながっているかが詳しくわかる。郵送を依頼する場合は、アメリカ国内なら9×12インチ（約23×30cm）の茶封筒に宛先を書き、＄1.05の切手（小切手や現金は不可）を貼って送ること。海外からの場合は、封書3.5オンス（約99g）分の国際返信用切手を同封して送ればいい。

インフォメーション

観光案内所

　カウアイ観光局 Kauai Visitors Bureau（☎245-3971 www.kauaivisitorsbureau.org ⌂4334 Rice St, Suite 101, Lihue, HI 96766）へは島に到着してから訪れてもいいし、好きな時にインターネットでホームページを閲覧してもいい。
　情報ホットライン（☎800-262-1400 月〜金 5:00〜17:00、土 6:00〜14:00）の電話番号にかけて、カウアイ島の旅行について質問できる。無料の「バケーションプランニングキット」も申し込める。
　観光客が集まる地域に見かける民間の観光案内所は、観光局の支部ではないので気をつけること。これら営利目的の機関は、色々なアクティビティのパッケージツアー販売や、設定期間に使用できるタイムシェアと呼ばれるリゾートホテルなどの権利を売り込む説明会に旅行者を誘い込むためにあるからだ。中には詐欺まがいのものもあり、その代理店を通してツアーを予約し、売り込み説明会に出なければ、クレジットカードに手数料が請求されることもある。

お金

島にある2つの主要銀行は、ハワイ銀行Bank of Hawaiiとファースト・ハワイアン銀行First Hawaiian Bankで、どこの大きな町にも支店がある。ATMは多くの銀行の支店や、ほとんどの食料品店にも設置されている。
　リフエのククイ・グローブ・センターKukui Grove Center内のスター・マーケットStar Market、ワイポウリWaipouliとプリンスビルのフードランドFoodlandには、ウェスタン・ユニオンの両替所Western Union money transfer stationがある。

新聞・雑誌

カウアイ島の主要な日刊新聞ガーデン・アイランド Garden Island（☎245-3681 www.kauaiworld.com ⌂3137 Kuhio Hwy, Lihue, HI 96766）は、島内ならどこの店でも手に入る。
　「ディス・ウィーク・カウアイThis Week Kauai」や「スポットライツ・カウアイ・ゴールドSpotlight's Kauai Gold」、「101シングス・トゥ・ドゥ101 Things to Do」などの旅行者向け無料情報誌は、空港やホテル、大きなショッピングセンターで手に入る。どれも広告やアクティビティの情報が満載だ。カウアイ島にあるレストランのメニューがたくさん載っている無料の「メニュー・マガジンMenu Magazine」ももらっておく価値がある。
　島の暮らしやアトラクションに関する記事が載っているオールカラーの季刊誌「カウアイ・マガジンKauai Magazine」は書店で販売されている

ラジオ・テレビ

カウアイ島には、AM局とFM局が数社ある。カウアイ島のコミュニティーラジオ局KKCR（90.9 FMと91.9 FM）は主にハワイアンミュージックを流している。
　民間と公営テレビ局はホノルルから中継さ

れていて、カウアイ島ではケーブルテレビも視聴できる。ケーブルテレビのチャンネル3であるKVICは、旅行者向けの情報チャンネルで、レストランや観光ツアーなどの広告を盛り込みながら、観光名所のビデオを絶え間なく放映している。

書店

ボーダーズ Borders（☎246-0862 ♠4303 Nawiliwili Rd, Lihue）はククイ・グローブ・センターの裏手にある。カウアイ島では一番大きな書店で、小説や旅行ガイドブック、ハワイ関連書、雑誌、海外の新聞などを幅広く取り揃えている。**ウォルデンブックス Waldenbooks**（☎822-7749 ♠Kauai Village, Waipouli）は小さめの書店だが、旅行とハワイ関連のコーナーが充実している。**カウアイ・ミュージアム Kauai Museum**（☎245-6931 ♠4428 Rice St, Lihue）と**コケエ・ミュージアム Kokee Museum**（☎335-9975 ♠Kokee State Park）にも、ハワイの動植物や文化、歴史に関するすばらしい本が揃っている。

図書館

公共図書館はリフエ、ハナペペHanapepe、カパアKapaa、コロアKoloa、プリンスビル、そしてワイメアにある。

緊急のとき

警察、救急、消防の通報は、**緊急通話番号**（☎911）を利用すること。主要な病院は、**ウィルコックス・メモリアル病院 Wilcox Memorial Hospital**（☎245-1100、♠3420 Kuhio Hwy, Lihue）と、ワイメアのワイメア・キャニオン・ドライブWaimea Canyon Drから外れた所にある少し小さめの**ウェスト・カウアイ・メディカル・センター West Kauai Medical Center**（☎338-9431）で、24時間体制の救急病棟がある。

水泳

カウアイ島には立派なビーチがどこにでもある（後出の地図「カウアイ島の水上スポーツ」を参照）。泳ぐコンディションとしては、北海岸は夏、南海岸は冬がよい。

北海岸のハナレイ湾Hanalei Bayは島でもっとも人気のある夏のビーチで、南海岸のポイプには美しい黄金色の砂浜が並び、冬になると泳ぎを楽しむ人々が集まって来る。もっと西に行けば、ソルト・ポンド・ビーチ・パークSalt Pond Beach Parkがあり、環礁になっていて安全なため、家族連れに人気が高い。さらに西に進むと、ケカハKekaha、バーキング・サンズ、ポリハレPolihaleといった白砂の浜辺があるが、外海に面しているので泳ぐには危険な状態になることもよくある。

リフエとカパアのまわりのビーチはだいたいにおいて水泳にはあまり適していない。もっとも安全なのは、ワイルアの家族向けの大きな公園リドゲート・ビーチ・パークLydgate Beach Parkで、壁の役目をしている大きな岩があるため、プールのように年中安心して泳げる。

ビーチの多くは、1年のうちに何度かは波の高い状態になるので注意するに越したことはない。カウアイ島では、年平均9人がおぼれて命を落とし、その約半数が10月から5月にかけての北海岸で起こっている。

ソルト・ポンド・ビーチ・パーク、ポイプ・ビーチ・パーク、リドゲート・ビーチ・パーク、そしてハナレイ湾には、1年中ライフガードが常駐している。

郡では、ビーチに加えてカパアの**カパア・ビーチ・パーク Kapaa Beach Park**（☎822-3842）と**ワイメア Waimea**の高校の隣にあるプール（☎338-1271）も無料で一般開放している。

サーフィン

カウアイ島には330カ所の有名なサーフスポットがあり、特定の日にどの場所が最高のスポットかを知りたければ、**サーフ・ホットライン**（☎335-3720）に問い合わせるとよい。

一般的に、冬は北の海岸線がサーフィンにもっとも適していて、夏には南の海岸線、その中間にあたる季節には東の海岸線がよい。

ハナレイ湾は北海岸でサーフィンをするにはとてもよいスポットであることが多く、ブギーボードやボディサーフィンにも適している。トンネルズTunnelsとキャノンズCannonsの2カ所も北海岸で人気のあるサーフスポットだ。

ポイプ・ビーチにあるシェラトンSheratonの辺りも夏には最高のサーフスポットになる。マカウェリMakaweliの東側にあるサーフブレイク・スポット、パカラスPakalasや、バーキング・サンズのメジャーズ湾Majors Bayの2カ所は、西側で最も人気がある。

ブレイクが東側に来ている時は、ココ・パームズCoco Palmsの向かいにあるケアリアKealiaとワイルア湾Wailua Bay一帯がサーフィンに最適なコンディションになる。

マーゴ・オーベルグ
Margo Oberg
☎742-8019
サーフィンの元ワールドカップチャンピオンで、ポイプ・ビーチでサーフィンのレッスン

をしている。1時間半のクラスで＄48。

ウィンドサーフ・カウアイ
Windsurf Kauai
☎828-6838
冬にハナレイ湾で1時間半＄60のサーフィンレッスンをしている。

ヌクモイ・ビーチ・アンド・サーフ・カンパニー
Nukumoi Beach & Surf Company
☎742-8019
ポイプ・ビーチ・パークの近くにある。サーフボードをレンタルは1時間＄7.50、1日＄25、1週間＄75。

シースポーツ・ダイバーズ
Seasports Divers
☎742-9303
ポイプのポイプ・プラザPoipu Plazaにあり、1日＄20、1週間＄100で、サーフボードをレンタルしている。

カヤック・カウアイ
Kayak Kauai
☎826-9844（ハナレイ）
☎822-9179（ワイルア）
ソフトサーフボードは1日＄15、1週間＄60、ファイバーグラスサーフボードは1日＄20、1週間＄80でレンタルしている。サーフィンレッスンは1時間＄40。

ハナレイ・サーフ・カンパニー
Hanalei Surf Company
☎826-9000
ハナレイのハナレイ・センターHanalei Centerにあり、サーフボードは1日＄15、1週間＄65、ウェットスーツのトップは1日＄4、1週間＄17でレンタルしている。

ブギー・ボード

ブギー・ボードをするには、ポイプのブレネックスBrennecke'sとシップレック・ビーチShipwreck Beachに人気があり、北海岸のハナレイ湾でもよい波が見られる。

多くの場所でブギーボードを貸し出している。リゾートホテルのほとんどのビーチ小屋では1時間約＄5が相場だが、町のショップならもっと手頃な値段になる。

ハナレイ・サーフ・カンパニー
Hanalei Surf Company
☎826-9000
ハナレイのハナレイ・センターにあり、フィン付きのブギーボードを1日＄7、1週間＄22でレンタルしている。ハナレイのチン・ヤン・ビレッジChing Young Villageにある、ペダル・アンド・パドルPedal & Paddle（☎826-9069）でも似たような用具を同じような値段でレンタルしている。

カヤック・カウアイ
Kayak Kauai
☎826-9844（ハナレイ）
☎822-9179（ワイルア）
ブギーボードのレンタルは、1日＄6、1週間＄24でレンタルしている。

ヌクモイ・ビーチ・アンド・サーフ・カンパニー
Nukumoi Beach & Surf Company
☎742-8019
ポイプ・ビーチ・パークの向かいという便利な場所にあり、ブギー・ボードを1時間＄5、1日＄15でレンタルしている。

ウインドサーフィン

ウインドサーフィンの初心者はたいがい北海岸のアニニ・ビーチ・パークAnini Beach Parkか、リフエのナウィリウィリ湾Nawiliwili Bayからスタートする。ハエナHaenaのトンネルズ・ビーチTunnels Beachや南海岸のマハウレプ・ビーチMahaulepu Beach、ハナペペのソルト・ポンド・ビーチ・パークには、もっと上級のウインドサーファーが集まるが、風が強い時にはアニニもスピードセイリングには最高の場所だ。

アニニ・ビーチでは、**ウィンドサーフ・カウアイ Windsurf Kauai**（☎828-6838）が、3時間＄75で一年中さまざまなレベルのレッスンを行っている。自分でセイリングを始めたければ、1時間＄25、半日＄50、1日＄75でウィンドサーフィンボードと用具一式が借りられる。

ダイビング

夏に人気のある北海岸のダイビング・スポットは、ケエ・ビーチKee Beach、トンネルズ・ビーチ、キャノン・ビーチ、そしてハエナ一帯の海岸線だ。キャノンにはさまざまな海の生物のすみかになっている岩の割れ目や溶岩洞があり、特に深く潜るウォールダイブに最適だ。

コロア・ランディングKoloa Landingとポイプのポイプ・ビーチ・パークでは、簡単にビーチダイブが楽しめる。南からコナ（風下）の風がまれに吹く日には東海岸でのダイビングがよく、アフキニ・ランディングAhukini Landingが人気のダイブスポットになる。ニイハウの周辺も含めて、岸から離れたボートダイブもできる所がたくさんある。

リゾートホテルのプールで、ダイブショップがスキューバの入門レッスンを無料で行うことがある。詳しくは、ホテルのビーチ小屋かダイブショップに問い合わせること。

ダイブショップは、用具付きのタンク2つで、ショアダイブを約＄85、ボートダイブな

カウアイの水上スポーツ

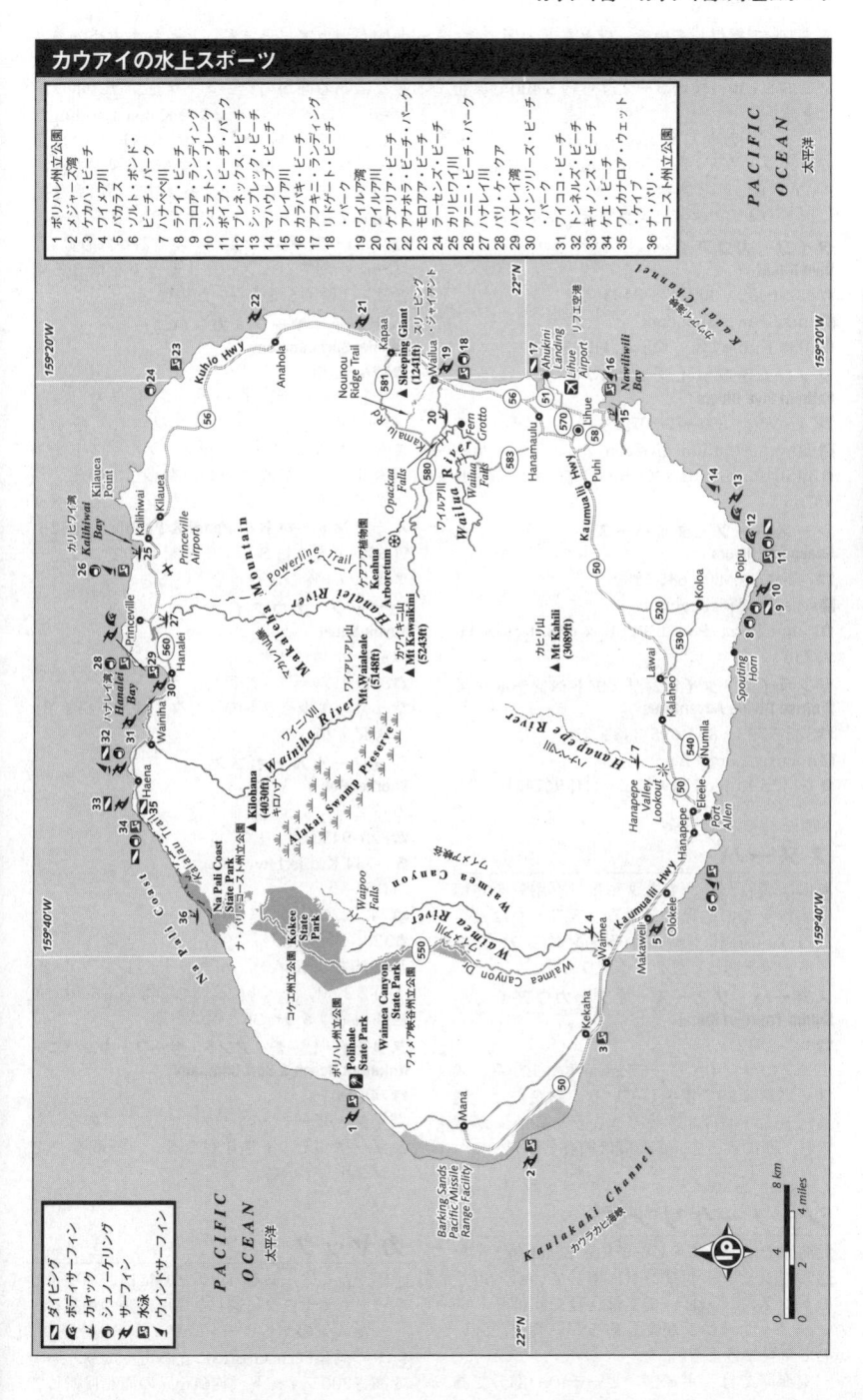

1 ポリハレ州立公園
2 メジャーズ湾
3 ナカウ・ビーチ
4 ワイメア川
5 パカラ
6 ソルト・ポンド
7 ハナペペ・ビーチ・パーク
8 ラワイ・ビーチ
9 シェラトン・ブレーク
10 コロア・ランディング
11 ポイプ・ビーチ・パーク
12 ブレネコズ・ビーチ
13 シップレック・ビーチ
14 マハウレプ・ビーチ
15 フレイリア川
16 カラパキ・ビーチ
17 アフキニ・ランディング
18 リドゲート・ビーチ・パーク
19 ワイルア湾
20 ワイルア川
21 ケアリア・ビーチ
22 アナホラ・ビーチ・パーク
23 モロアア・ビーチ
24 カリヒワイ川
25 カリヒワイ・ビーチ
26 アニニ・ビーチ・パーク
27 ハナレイ川
28 パリ・ケ・クア
29 ハナレイ湾
30 パインツリーズ・ビーチ
31 ワイココ・ビーチ
32 トンネルズ・ビーチ
33 キャノンズ・ビーチ
34 ワイカプロア・ウェット・ケイブ
35 ナ・パリ
36 コース州立公園

凡例:
- ダイビング
- ボディサーフィン
- カヤック
- シュノーケリング
- サーフィン
- 水泳
- ウインドサーフィン

ら＄100で提供している。ほとんどの所では、ナイトダイブが約＄80、初心者用の入門ダイブで約＄100、検定コースなら約＄400で参加できる。

ダイブ・カウアイDive Kauaiとファゾム・ファイブ・ダイバーズFathom Five DiversはPADIで5つ星の業者だ。

以下の4つのダイビング業者はおすすめだ。

ダイブ・カウアイ
Dive Kauai
☎822-0452、800-828-3483
✉email@divekauai.com
🏠1038 Kuhio Hwy, Kapaa, HI 96746

ファゾム・ファイブ・ダイバーズ
Fathom Five Divers
☎742-6991、800-972-3078
✉fathom5@fathom-five.com
🏠3450 Poipu Rd, PO Box 907, Koloa, HI 96756

シースポーツ・ダイバーズ
Seasports Divers
☎742-9303、800-685-5889
✉seasport@pixi.com
🏠Poipu Plaza, Poipu, PO Box 638, Koloa, HI 96756

サンライズ・ダイビング・アドベンチャーズ
Sunrise Diving Adventures
☎822-7333、800-695-3483
✉doctrox@aloha.net
🏠4-1435 Kuhio Hwy, Kapaa, HI 96746)

スヌーバ

海には潜りたい、でもダイビング用具を完璧に装着するのも嫌、となるとスヌーバはどうだろう。海面に浮いているタンクについたエアホースを通して息をする潜り方だ。

スヌーバ・ツアーズ・オブ・カウアイ
Snuba Tours of Kauai
☎823-8912
ポイプのラワイ・ビーチLawai Beachから、スヌーバを＄59で提供している。料金には、用具一式と1時間半のオリエンテーションが含まれ、海に入っている時間は約45分間だ。

シュノーケリング

北海岸では、ケエ・ビーチKee Beachが1年を通してシュノーケリングに適している。近くのトンネルズ・ビーチでは、夏にすばらしいシュノーケリングが楽しめるが、潮流が強いので気をつけよう。

南海岸では、ポイプ・ビーチの一部分であるヌクモイ・ポイントNukumoi Pointのすぐ西側がカウアイ島でもっともおすすめできる初心者用のシュノーケリングスポットだ。ポイプにあるほかのシュノーケリングスポットなら、コロア・ランディングKoloa Landingがよい。島の西側なら、ハナペペ近くのソルト・ポンド・ビーチ・パークがおすすめだ。

いろいろな所でシュノーケリング用具を貸し出している。リゾートホテルのビーチ小屋は、たいてい町のショップよりもかなり高い。ビーチ小屋でシュノーケルセットを借りる場合は、1時間＄5くらいが相場だ。

ハナレイ・サーフ・カンパニー
Hanalei Surf Company
☎826-9000
ハナレイのハナレイ・センターにあり、シュノーケルセット（水中マスク含む）を1日＄5、1週間＄20、シュノーケルベストを1日＄4、1週間＄17でレンタルしている。ハナレイのチン・ヤン・ビレッジにある、**ペダル・アンド・パドル Pedal & Paddle**（☎826-9069）でも1日＄5、1週間＄20でシュノーケルセットをレンタルしている。

カヤック・カウアイ
Kayak Kauai
☎826-9844（ハナレイ）
☎822-9179（ワイルア）
シュノーケルセットのレンタルは、1日＄8、1週間＄20。

シュノーケル・ボブズ
Snorkel Bob's
カパア
☎823-9433
🏠4-734 Kuhio Hwy
コロア
☎742-2206
🏠3236 Poipu Rd
基本的なシュノーケルセットのレンタルは、1日＄2.50、レベルの高いものなら＄8.50。1週間料金は＄9〜36と幅がある。

ヌクモイ・ビーチ・アンド・サーフ・カンパニー
Nukumoi Beach & Surf Company
☎742-8019
ポイプ・ビーチ・パークの向かいにある。シュノーケルセットを1日＄5、1週間＄15でレンタルしている。

カヤック

水路がたくさんあるカウアイ島には、ハワイでもっともカヤックに適した場所が幾つかある。

一番人気のあるルートはワイルア川上流で、シダの洞窟Fern Grottoに立ち寄ったり、途中で高さ200フィート（約61m）の滝を目指して1マイル（約1.6km）のハイキングができる。

カヤックの全ルートは往復7マイル（約11km）だ。河口近くの出発地点が中心となる場所で、そこのボートランプでカヤックが借りられるようになっているので手軽にカヤックが楽しめる。欠点は、ここが一番混雑するルートだということだ。天気の良い週末には、ワイルア川に何百という人々が押し寄せる。そのほとんどがカヤックをする人だが、モーターボートに乗る地元の人やウォータースキーヤーのほかに、スピーカーで高らかに解説をするシダの洞窟行きのツアーボートも当然含まれる。

もっと静かな場所がお好みなら、ハナレイ国立自然保護区Hanalei National Wildlife Refugeを通り、ハナレイ渓谷Hanalei Valleyに曲がりくねりながら入っていくハナレイ川が魅力的だ。川沿いには緑が美しく茂り、場所によっては木が頭上に枝を伸ばし、天蓋のようになっている。行程は往復およそ6マイル（約10km）だが、どこまで先に進めるかは降雨量で変化する水位による。

北海岸でカヤックが楽しめるもう1つの場所は、眺めの良いカリヒワイ渓谷Kalihiwai Valleyの上流にあるカリヒワイ川Kalihiwai Riverだが、かなり短いルートだ。ほかにはリフエ地区のフレイア川Huleia Streamや、島の南西部にあるハナペペ川、ワイメア川などがおすすめだ。

ワイルア・カヤック・アンド・カヌー
Wailua Kayak & Canoe
☎821-1188
ワイルア川州立公園のボートランプの水際にある。シングル・カヤックのレンタルは$25で、ダブル・カヤックは$50。自分で企画したくなければ、滝へのハイキングが含まれた5時間のツアーに$75で参加できる。

ワイルア・カヤック・アドベンチャーズ
Wailua Kayak Adventures
☎822-5795
ハイウェイ56から少し入ったワイポウリWaipouliのレストラン、ココナツCoconutsの裏にあり、ワイルア川までカヤックを運んでくれる。シングル・カヤックが$25、ダブル・カヤックで$50だが、スタッフが割引してくれることもある。

カモキラ・ハワイアン・ビレッジ
Kamokila Hawaiian Village
☎823-0559
ワイルア川の河口近くの混雑を避ける1つの方法は、ハイウェイ580から1.5マイル（約2.4km）離れたこの観光名所でカヤックを借りることだ。川の湾曲した部分に自分たちの上陸地点があり、シダの洞窟へも簡単に漕いで行ける。カヤックのレンタル料金はシングルもダブルも1人$25で、ビレッジへの入場料が含まれている。

ペダル・アンド・パドル
Pedal & Paddle
☎826-9069
ハナレイのチン・ヤン・ビレッジにあり、シングル・カヤックを1日$15、ダブル・カヤックを$35でレンタルしている。

カヤック・カウアイ
Kayak Kauai
☎826-9844（ハナレイ）
☎822-9179（ワイルア）
シングル・カヤックを1日$26、ダブル・カヤックを$50でレンタルしている。ハナレイ店はハナレイ川のほとりにあるので、店からボートを下ろし、すぐに漕ぎ出すことができる。レンタルに加えて、カヤック・カウアイにはガイド付きツアーもあり、ハナレイ川の3時間ツアーで$60だ。夏にはナ・パリ・コーストの1日オーシャン・カヤックツアーを$165で行っている。

アウトフィッターズ・カウアイ
Outfitters Kauai
☎742-9667
ポイプのポイプ・プラザにあり、シングル・カヤックを1日$35、ダブル・カヤックを$50でレンタルしている。ガイド付きツアーもあり、冬にはポイプからポート・アレンPort Allenまでの南海岸ツアーを8時間$120で、夏にはナ・パリ・コーストのツアーを12時間$165で行っている。

アイランド・アドベンチャーズ
Island Adventures
☎245-9662
圏大人$49、12歳未満の子供$29
ナウィリウィリ港Nawiliwili Harborからフレイア川に沿って、メネフネ養魚池Menehune Fishpondとフレイア国立自然保護区Huleia National Wildlife Refugeを通る2時間半のツアーを行う。

カヤックの料金には、基本的にパドル、ライフジャケット、必要な場合はカーラックの取り付けも含まれる。

釣り

遠洋のスポーツフィッシングなら、**トゥルー・ブルー・チャーターズ True Blue Charters**（☎245-9662）と**ワイルド・ビルズ Wild Bill's**（☎822-5963）がナウィリウィリ港から船を出している。**アニニ・フィッシング・チャーターズ Anini Fishing Charters**（☎828-1285）と**ノース・ショア・チャーターズ North Shore Charters**（☎828-1379）はアニニ・ビーチAnini Beachを拠点にしている。

カウアイ島の私有淡水貯水湖には、オオク

チバス、コクチバス、ピーコックバスがいる所がいくつかある。**ジェイジェイズ・ビッグ・バス・ツアーズ JJ's Big Bass Tours**（☎332-9219）と**キャスト＆キャッチ Cast & Catch**（☎332-9707）の２社が、淡水貯水池のガイド付きチャーターを行っている。

コケエ州立公園にはニジマスがいる川や貯水湖もある。８月の第１土曜から16日間のシーズンが始まり、たいてい９月までは週末と祝日にも釣ることができる。州の**淡水ライセンス freshwater license**（☎274-3343）が必要になる。「アクティビティ」の「釣り」を参照。

ハイキング

カウアイ島にはすばらしいハイキングコースがある。一番知られているのは眺望がすばらしい11マイル（約18km）のカララウ・トレイル Kalalau Trailで、険しいナ・パリ・コーストに沿って進む。

カウアイ島でもっとも多くのトレイルがあるコケエ州立公園もハイカーの楽園だ。これらのトレイルの中には、ナ・パリ・コーストの断崖の上に至り、雄大な眺めが楽しめるものもある。ほかには、短い自然遊歩道や山の中の川沿いに進むトレイル、独特な風景のアラカイ湿地の中を通る泥道もある。

コケエの南には、何本かの辺ぴなトレイルがあり、絵のように美しいワイメア渓谷を下り、めったに人が行かない川沿いの渓谷に分け入っていける。

カパアーワイルア地域にも、スリーピング・ジャイアント・マウンテン Sleeping Giant mountainの胸幅を越えていく道など、気持ちの良いハイキングスポットが幾つかある。ワイルア近くのケアフア植物園 Keahua Arboretumは、プリンスビルまでずっと続くパワーライン・トレイル Powerline Trailや短めのクイラウ・リッジ・トレイル Kuilau Ridge Trailなど、風景が楽しめる尾根道の始点になっている。

これらのハイキングについては、それぞれの地域の項目に詳しい説明がある。

ガイド付きハイキング

シエラ・クラブ Sierra Club（Ⓦwww.hi.sierraclub.org/kauai/kauai.html 🏠PO Box 3412, Lihue, HI 96766）のカウアイ島支部では、たいてい週末にスリーピング・ジャイアント Sleeping Giantを登っていくものから、ワイメア渓谷へ１泊で行くようなものまで、さまざまなガイド付きハイキングを行っている。寄付は＄３が相場で、あらかじめ予約が必要なこともある。ガーデン・アイランド紙 Garden Islandの日曜版にある「カウアイ・タイムズ Kauai Times」の欄にその週のシエラ・クラブのハイキングリストが載っている。

コケエ・ミュージアム Kokee Museum（☎335-9975）では夏の週末に、コケエ州立公園のトレイルでガイド付きハイキングを行う。たいていミュージアムから正午頃に出発し、料金は＄３で予約が必要です。

サイクリング・マウンテンバイク

マウンテンバイクはカウアイ島でも人気が高まりつつあり、ケアフア植物園とプリンスビルを結ぶ13マイル（約21km）のパワーライン・トレイルなど、島内の森林保護地区にあるトレイルの多くがマウンテンバイクに開放されている。**森林・野生生物局事務所 Division of Forestry & Wildlife office**（☎274-3433 🏠3060 Eiwa St, room 306, Lihue, HI 96766）では、開放されているトレイルのリストを無料で配布している。そのパンフレットは、森林課でくれる無料地勢図と合わせて使うほうがよい（前出の「地図」を参照）。

以下の会社がマウンテンバイクのガイド付きグループツアーを実施している。

カウアイ・コースターズ
Kauai Coasters
☎639-2412

サイクリストをワイメア・キャニオン・ロード Waimea Canyon Rdまで連れて行き、カララウ展望台 Kalalau Lookoutから夜明けとともに出発する。約１時間半で12マイル（約19km）を走り、ほとんどが海岸線の下り道だ。ツアーは＄75で、全体で約５時間かかる。

ポイプのポイプ・プラザにある**アウトフィッターズ・カウアイ Outfitters Kauai**（☎742-9667）でも、＄80でワイメア・キャニオン・ロードに沿って走り下りてくるツアーがある。

自転車を借りて、山道や公道を自分だけで走り始めることもできる。自転車のレンタルには普通、ヘルメット、鎖錠、水筒、カーラックなどが含まれているが、カーラックの使用に＄５の追加料金が必要な場合もある

カウアイ・サイクル・アンド・ツアー
Kauai Cycle and Tour
☎821-2115
🏠1379 Kuhio Hwy, Kapaa

18速のクルーザーは１日＄15、１週間＄75、フロント・サスペンション付きの質の高いマウンテンバイクは１日＄20、１週間＄95、フルサスペンション付きは１日＄35、１週間＄150でレンタルしている。自転車専門の店なので、ここの自転車は一番よく整備されている。カパアの近くにいるなら、ここがおすすめです。

カヤック・カウアイ
Kayak Kauai
☎826-9844（ハナレイ）
☎822-9179（ワイルア）
マウンテンバイクを1日＄20、1週間＄80、ビーチクルーザーを1日＄15、1週間＄60でレンタルしている。

ペダル・アンド・パドル
Pedal & Paddle
☎826-9069
🏠Ching Young Village, Hanalei
マウンテンバイクを1日＄20、1週間＄100、ビーチクルーザーを1日＄10、1週間＄40でレンタルしている。

アウトフィッターズ・カウアイ
Outfitters Kauai
☎742-9667
ポイプ・プラザにあり、ビーチクルーザーは1日＄20、ロードバイクは＄30、マウンテンバイクは＄30～45でレンタルしている。フルサスペンションのモデルは値段が高めになっている。

乗馬

CJMカントリー・ステーブルズ
CJM Country Stables
☎742-6096
マハウレプ・ビーチMahaulepu Beach地域で乗馬が楽しめる。3時間の朝食込みライド（騎乗）が＄80、モーニングまたはアフタヌーンライドが2時間＄70。3時間半のアフタヌーンライドは＄90で、ビーチでの水泳とピクニックの時間が含まれている。このステーブルズはポイプにあり、ハイアット・リージェンシー・カウアイHyatt Regency Kauaiから東に1.5マイル（約2.4km）入った広い未舗装道路に沿っている。

プリンスビル・ランチ・ステーブルズ
Princeville Ranch Stables
☎826-6777
プリンスビル空港近くのハイウェイ56沿いにある。3時間のライドが＄110、または4時間のライドが＄120で、放牧場を越えて滝まで行き、ピクニックと水泳が楽しめる。海の景色を楽しみながら断崖を進む1時間半（＄65）のライドもある。もっと冒険がしたければ、1時間半＄120の牛追いライドもある。

シルバー・フォールズ・ランチ
Silver Falls Ranch
☎828-6718
カリヒワイKalihiwai地域のカモオコア・ロードKamookoa Rdの終わりにあり、牧場と多雨林のライドが2時間＄78、人里離れた所にある滝つぼでの水泳とピクニックランチが含まれたライドは3時間＄105。

テニス

無料で一般開放されている郡営テニスコートは、下記の場所にある。ワイルアWailua（ワイルア・ハウスロッツ・パークWailua Houselots Parkとワイルア・ホームステッズ・パークWailua Homesteads Park）、リフエLihue（コンベンションホールConvention Hall近くのハーディー・ストリートHardy Stにある。）、プヒPuhi（カウアイ・コミュニティ・カレッジKauai Community Collegeの向かい）、カパアKappa（カパア・ニュー・パークKapaa New Park）、コロアKoloa（クヌーセン・パークKnudsen Park）、カラヘオKalaheo（カラワイ・パークKalawai Park）、ケカハKekaha（ハイウェイ552と50の角）

宿泊客用にテニスコートがあるホテルもある。以下も一般開放されているテニスコートで、ラケットのレンタルはどこも＄5程度の料金となっている。

アラ・ラニ・スパ&テニス・クラブ Ala Lani Spa & Tennis Club（☎245-3323）はリフエのカウアイ・マリオットKauai Marriottに隣接していて、コートが7面ある。料金は1時間1コート＄20。

キアフナ・テニス・クラブ Kiahuna Tennis Club（☎742-9533 🏠Poipu Rd, Poipu）はコートが10面あり、1人1時間＄10。

ハイアット・リージェンシー・カウアイ Hyatt Regency Kauai（☎742-1234 🏠1571 Poipu Rd, Poipu）はコートが4面あり、1コート1時間＄20。

プリンスビル・テニス・クラブ Princeville Tennis Club（☎826-3620 🏠5380 Honoiki Rd, Princeville）にはコートが6面あり、1人＄15で最低1時間半はプレーできる。

ハナレイ・ベイ・リゾート・テニス・クラブ Hanalei Bay Resort Tennis Club（☎826-6522 🏠Princeville）にはコートが8面あり、テニスプログラムが充実している。料金は1人1時間＄6。

ゴルフ

カウアイ島には9カ所のゴルフコースがある。主なトーナメントはプリンスビルのプリンス・コースPrince courseとポイプ・ベイ・リゾートPoipu Bay Resortで開かれる。リフエにあるカウアイ・ラグーンズKauai Lagoonsのキエレ・コースKiele courseとプリンスビルのマカイ・コースMakai courseもトップレベルだ。

カウアイ島 – ツアー

ワイルア・カウンティ・ゴルフ・コース
Wailua County Golf Course
☎241-6666
リフエの北、ハイウェイ56のはずれにある。18ホール、パー72で、高い評価を受けている人気の公営コースだ。7日前から朝のスタート時間が予約できる。プレー料金は月〜金曜が＄32、週末と祝日は＄44だ。14:00以降はプレー料金が半額になり、先着順でプレーできる。カートは＄14、クラブは＄15でレンタルしている。

ククイオロノ・ゴルフ・コース
Kukuiolono Golf Course
☎332-9151
カラヘオの古い土地にある9ホール、パー36のコースで、丘の上からはすばらしい眺望が楽しめ、素朴な雰囲気がある。プレー料金はたったの＄7で、プルカートも＄2程度だ。

プアケア・ゴルフ・コース
Puakea Golf Course
☎245-8756
リフエのククイ・グローブ・センターの南にあるカウアイ島で一番新しいコースで、10ホールある。＄45のプレー料金にはカートが含まれ、10ホールの料金で2回プレーして20ホールさせてくれることもよくある。クラブのレンタルは＄15。

カウアイ・ラグーンズ・ゴルフ・クラブ
Kauai Lagoons Golf Club
☎241-6000
リフエにあるカウアイ・マリオットの北にあり、18ホール、パー72のコースが2つある。オフシーズンの割引料金でキエレ・コースは＄130、モキハナ・コースMokihana courseは＄85。クラブのレンタルは＄35。

キアフナ・ゴルフ・クラブ
Kiahuna Golf Club
☎742-9595
ポイプにある18ホール、パー70のコースでスポーツ振興グループが経営している。早朝料金が＄65、11:00以降なら＄55で、カートが含まれる。クラブのレンタルは＄20〜30。

ポイプ・ベイ・リゾート・ゴルフ・コース
Poipu Bay Resort Golf Course
☎742-8711
18ホール、パー72のコースで、ポイプのハイアット・リージェンシー・カウアイに隣接している。ハイアットの宿泊者は＄100、一般は＄150。料金が半額になるオフシーズン料金については問い合わせること。カートは料金に含まれていて、クラブのレンタルは＄40。

プリンスビル・リゾート
Princeville Resort
☎826-5070
北海岸にあり、ロバート・トレント・ジョーンズが設計した2つのチャンピオンシップ・コース、すなわちカウアイ島でもっとも高く評価されている18ホール、パー72のプリンスと、27ホール、パー72のマカイがある。マカイ・コースのカートを含むプレー料金は、プリンスビルの宿泊客なら＄105で、一般は＄125。プリンス・コースは宿泊客が＄130で、一般は＄175だ。スタート時間を午後まで待てば、どちらのコースでも「マチネー割引」で利用できる。クラブは＄35でレンタルしている。

ツアー

バン
カウアイ島をバンで巡る観光ツアーのほとんどは、送迎場所により料金が異なることが多い。

ポリネシアン・アドベンチャー・ツアーズ
Polynesian Adventure Tours
☎246-0122
1日のバンツアーには、ワイルア、シダの洞窟、コロア、ポイプ、ワイメア、ワイメア渓谷、カララウ展望台が含まれていて、リフエやワイルアからは＄60、ポイプからが＄65、プリンスビルなら＄73になる。半日の北海岸ツアーは、ハナレイ、ハエナ、ケエ・ビーチを巡り、リフエやワイルアからは＄33、プリンスビルからが＄28、ポイプなら＄43になる。半日のワイメア渓谷ツアーは、リフエやワイルアからは＄39、ポイプからが＄43、プリンスビルなら＄59になる。ワイメア渓谷と北海岸をぎっしり詰め込んだ1日のツアーは、リフエやワイルアからは＄60、プリンスビルやポイプなら＄65になる。

トランス・ハワイアン TransHawaiian（☎245-5108）と**ロバーツ・ハワイ** Roberts Hawaii（☎539-9400）の両社も同じようなツアーを同程度の料金で行っている。

カウアイ・パラダイス・ツアーズ Kauai Paradise Tours（☎246-3999）ではドイツ語で案内するツアーを専門にしている。1日のツアーは＄66〜88だ。

アロハ・カウアイ・ツアーズ
Aloha Kauai Tours
☎245-6400
4WDのバンでツアーするので、辺ぴな道に入り、森林の未舗装道路沿いにある見所にも連れて行ってくれる。ツアーは4〜8時間で料金は＄60〜100。

すべてのツアー会社には子供割引がある。

ヘリコプター
静かな場所にヘリコプターが割り込んで来ることに自然林を歩くハイカーの多くは不快感を抱き、地元の環境活動家たちはナ・パリ・

コーストのビーチにヘリコプターが着陸するのをやめさせることに成功した。しかし、地上にいる人々を苛立たせる「カウアイ島の蚊たち」と呼ばれるこのヘリコプターが、ワイメア渓谷に急降下しながら、また、ナ・パリ・コーストに沿って飛び、隠れた滝を探しながら、すばらしい景観を楽しませてくれることは疑いようがない。

数社のヘリコプター会社がカウアイ島の回りを飛んでいる。無料の旅行情報誌にはほとんどの会社が広告を載せ、割引クーポンも付いている。

料金は、ほとんどの見所をすばやく巡る45分間の「サークル・アイランド・ツアー 'circle-island tour'」で約＄130。「究極の豪華版 'ultimate splendor'」ツアーなるものもたいがい用意されていて、飛行時間が20分増えて、＄50～75の追加料金がかかる。ヘリコプター会社の営業所はほとんどリフエの中心部にあり、ハイウェイ56とアフキニ・ロードAhukini Rdの角辺りか、リフエ空港のそばにある。

クルーズ

ほかの島のように、カウアイ島にもかなりの数のカタマランピクニッククルーズやサンセットクルーズのようなものがある。ほかの島で見られないものは、ナ・パリ・コーストのすばらしい景観だろう。

数社の船会社がナ・パリ・コーストを巡るクルーズを行っている。ナ・パリ・コーストに程近いことから、かつてはハナレイがもっとも人気の出発地点になっていたが、混雑と公害を避けるために、今では北海岸からクルーズが出発できないことになっている。それゆえ、ナ・パリ・コーストへ向かうすべてのクルーズは、現在カウアイの西側から出発している。欠点は、ツアー時間が長くなり、値段も以前より高くなっているということだろう。

以下のクルーズ会社は、4時間の観光ツアーでだいたい＄85～、シュノーケリングや軽いランチを含む1日ツアーになると＄130～で、それぞれ他社と競うような料金設定になっている。

リコ・カウアイ・クルージズ
Liko Kauai Cruises
☎338-0333
先住民のニイハウ族の人が経営している。ケカハKekahaのキキアオラ港Kikiaola Harborから出発するので、ナ・パリ・コーストには最短距離で行ける。

ホロ・ホロ・チャーターズ Holo Holo Charters（☎246-4656）、**ナ・パリ・エクスプローラー Na Pali Explorer**（☎338-9999）、**ナ・パリ・エコ・アドベンチャー Na Pali Eco Adventure**（☎826-6804）

の3社はポート・アレンPort Allenから出発している。

一般的に、夏には波が穏やかなクルーズが楽しめる。冬のナ・パリ・コーストはたいてい荒れ模様になり、シュノーケルや海岸沿いで楽しむほかのアクティビティはできなくなる。また、あまりに波が荒くて、ボートがまったく出せない日もある。何社かは、少し穏やかな南海岸にルートを変え、シュノーケリングクルーズやホエールウォッチングクルーズに出発する。

宿泊

カウアイ島の3つの地域、ポイプ、プリンスビル、リフエからカパアにかけての一帯には、島のほとんどのホテルやコンドミニアムが集中している。

カウアイ島のビーチ・ホテルのほとんどは少し高い。もっとも安いクラスで＄100あたりから始まるが、大部分はその倍はする。コンドミニアムも同じような価格帯だが、特にグループで旅行する場合には少し割安になることが多い。

島でもっとも手頃な宿泊施設は、近年出現し始めた点在するB&B（ベッド＆ブレックファスト）だろう。ワイルア地域にはB&Bがもっとも多く、料金はだいたい＄50からだ。海岸から2～3マイル（約3～5km）坂を上がった眺めの良い場所にある、快適で立派な家が多い。ワイルアは、北海岸とコケア州立公園の間に位置し、島を巡るのに最適な足場となる。

カパアに2軒あるユースホステル形式の宿は、ドミトリーベッドが1人＄20で、経済的に旅行したい人向け。

キャンプ場

カウアイ島にはすばらしいキャンプ場がある。車で直接乗り付けられる美しいビーチパークや深い森の中にあるもののほかに、人里離れた渓谷に1日ハイキングしてたどり着けるキャンプ場もある。

州立公園の3カ所と郡立公園の7カ所、そしてワイメア渓谷とコケエ地域の近くにある森林保護区のトレイルのそばにもある。

州立公園 State Parks コケエ、ポリハレ、ナ・パリ・コースト各州立公園でのキャンプには許可証が必要。料金は、コケエとポリハレではキャンプサイト1つで1泊につき＄5、ナ・パリ・コーストでは1人につき1泊＄10だ。

許可証は**州立公園管理局 Division of State Parks**（☎274-3444 ◉3060 Eiwa St, room 306, Lihue, HI 96766 ◉月～金 8:00～15:30）で発行されるが、ほかの島の州立公園事務所でも手

に入れることができる。1枚の許可証には5人まで記載可能だが、許可証の申請者は、各人の身分証明書（運転免許証やパスポートなど）を見せなければならない。

郵送でも許可証の入手が可能だ。正式の申請用紙に記入するか、普通の紙に宿泊を希望する公園と、いつ、何日間泊まりたいかを記入して州立公園事務所に送ればいい。申請用紙に、宿泊希望者それぞれの身分証明書のコピーと、身分証番号、生年月日を明記して同封すること。

許可証の申請は1年前からも受け付けている。5～9月の夏の繁忙期は、ナ・パリ・コーストのキャンプ場は何カ月も前から予約が完全にいっぱいになることが多いので、許可証の申請はできる限り早めにしたほうがよい。許可証を手に入れてから気が変わった場合には、必ずキャンセルの連絡をすること。さもなければ、誰かがキャンプしようとしても、スペースが空いているのに利用できないことになってしまう。

各州立公園では、30日間に5連泊までできる。ナ・パリ・コースト州立公園では、カララウ・トレイルKalalau Trail全体で5泊までということになり、ハナカオ渓谷Hanakao Valleyでは1回に1泊以上はできないという別の制限もある。

郡立海浜公園 County Beach Parks

ハエナHaena、ハナレイHanalei、アニニAnini、アナホラAnahola、ハナマウルHanamaulu、ソルト・ポンドSalt Pond、そしてルーシー・ライトLucy Wrightの各公園でキャンプができる。ハエナ、アニニ、ソルト・ポンドのキャンプ場はどれも良いビーチにあり、おすすめできる。ハナレイ・ビーチでのキャンプは、金・土曜、祝日だけに限られている。

郡営のキャンプ場にはすべてシャワーや洗面所があり、屋根付きのピクニックエリアやバーベキューグリルなども多い。典型的なハワイ風自由放任スタイルのキャンプ場なので、キャンプサイトには番号がなく、管理人がいるわけでもない。

許可証が必要で、大人は1泊＄3（18歳未満の子供とハワイ州民は無料）。各キャンプ場では7泊までと制限されていて、1年間に60泊以上は利用できない。

キャンプを予定している日の最低1カ月前に、記入済みの申請書と支払いが**公園・レクリエーション局 Division of Parks & Recreation**（☎241-6660 ✆www.kauaigov.org ✉4444 Rice St, Suite 150, Lihue, HI 96766 ■月～金 8:00～16:45）に届いたら、許可証を郵送してもらえる。申請用紙はインターネットでもダウンロードできる。ホームページの公園Parksのサイトにリンクすること。

リフエの中央、ハイウェイ50と56の角にあるリフエ・シビック・センターLihue Civic Center内の公園・レクリエーション課事務所に直接出向いて許可証を手に入れることもできる。

とにかくキャンプの設営だけして、公園管理人が料金を取りに来るのを待つという手もあるが、料金は1人＄5に跳ね上がる。公園管理人は時として、夜遅くや早ければ朝の5時に眠っているキャンパーを起こして料金を徴集することもあり、キャンプ場がいっぱいだと判断したら、許可証がないキャンパーを立ち退かせることもあるので注意すること。

郡は、清掃作業という名目で各キャンプ場を週に1日閉鎖するが、これは人々がキャンプ場に居座ることを防止するためでもある。ハエナとルーシー・ライトは月曜、アニニとソルト・ポンドは火曜、ハナマウルは水曜、アナホラは木曜が休業だ。休業日が祝日にあたった場合は、公園は営業している。

ワイメア渓谷 Waimea Canyon

森林野生動物保護課は、ワイメア渓谷のトレイルに沿った4カ所と、コケエ州立公園地域の2カ所（スギ・グローブSugi GroveとカワイコイKawaikoi）でバックカントリーキャンプを許可している。渓谷でのキャンプは30日間に4泊まで、コケエ地域では3泊までに制限されている。

キャンプの許可証は必要だが、**森林・野生生物局事務所 Division of Forestry & Wildlife office**（☎274-3433 ✉3060 Eiwa St, room 306, Lihue, HI 96766 ■月～金 8:00～16:00）に行けば無料で手に入る。

電話でもあらかじめ許可証を予約できるが、カウアイ島に着いてから身分証明書を持って事務所に直接受け取りに行くこと。

キャビン

カウアイ島には、キャビンが借りられる場所が2カ所ある。もっとも知られているのはコケエ州立公園のキャビンだが、コロアの北にあるカヒリ山岳公園Kahili Mountain Parkのセブンス・デー・アドベンチスト教団Seventh Day Adventistの人里離れた敷地内にあるキャビンもおもしろい。詳しい情報は各地域の項目を参照。

キャンプ用品

ハナレイのチン・ヤン・ビレッジにある**ペダル・アンド・パドル Pedal & Paddle**（☎826-9069）では、2人用のテントは1日＄12、1週間＄35、バックパックは1日＄5、1週間＄20、寝袋、スリーピングパッド、キャンプストーブなどはそれぞれ1日＄3、1週間＄10でレンタルしている。レンタル用のキャンピング用品と同じものを買うこともできる。

カヤック・カウアイ
Kayak Kauai
☎826-9844（ハナレイ）
🏠Hwy 56, Hanalei

2人用のテントやバックパックは1日＄8、1週間＄32、キャンプストーブや寝袋は1日＄6、1週間＄24、スリーピングパッドやデイパックは1日＄4、1週間＄16でレンタルしている。

エンターテインメント

正直に言って、夜の娯楽を求めてカウアイに来る人などいない。とは言え、探せば必ず何かが見つかるものだ。

　カウアイでの娯楽は、ほとんど大型ホテルで行われていて、少なくとも週に数回は夜になると音楽の生演奏がある。冷えたトロピカルドリンクを片手に、リゾートのプールサイドにあるバーやリフエにあるカウアイ・マリオットのデュークス・カヌー・クラブDuke's Canoe Clubのようなトレンディーなウォーターフロントのレストランで、生のハワイアンミュージックが楽しめる。

　ルアウLuau（余興の伴うハワイ料理の宴会）は、リフエ地区のラディソン・カウアイ・ビーチ・リゾートRadisson Kauai Beach Resortおよびキロハナ・プランテーションKilohana Plantation、ワイルアにあるカウアイ・ココナツ・ビーチ・リゾートKauai Coconut Beach Resort、スミス・トロピカル・パラダイスSmith's Tropical Paradise、ポイプにあるハイアット・リージェンシー・カウアイ、ノース・ショアのプリンスビル・ホテルPrinceville Hotelなどで見物できる。

　ルアウの料金を払わずにフラだけをという場合は、ワイルアにあるココナツ・マーケットプレイスCoconut Marketplace、ポイプにあるハイアット・リージェンシー・カウアイ、およびポイプ・ショッピング・プラザPoipu Shopping Plazaで行われる無料のフラショーへ行くとよい。

　特定の会場で行われるショーの詳細については、本章の関連各地を参照。地元の新聞または無料の観光情報誌に最新のエンターテインメントスケジュールが載っているので、参考にするとよい。

ショッピング

人気のある土産品の中には、ニイハウの貝殻で作られたレイ、カウアイの風景画、さらにココナツ石鹸、マカデミアナッツのクッキーやいい香りのスキンローションなどの島の特

サンシャイン・マーケット

地元でサンシャイン・マーケット Sunshine Marketとして知られる地元農家による直売マーケットへ足を運んでみてはどうだろう。島で収穫された果物・野菜は、食料品店に並んでいるものよりも新鮮で値段も安い。超特価のパパイヤ、オレンジ、アボカドなどが売られているだけでなく、スーパーに置いていないパッションフルーツやグアバなどを買える。

　マーケットの開催日程は以下のとおり。

月曜日
12:00　ヌーゼン公園 Knudsen Park（🏠Maluhia Rd, Koloa）
15:00　ククイ・グローブ・センター（🏠Hwy 50, Lihue）

火曜日
14:00　ハナレイ郊外西（🏠Hwy 560）
15:30　カラヘオ地域センター Kalaheo Neighborhood Center（🏠Papalina Rd, Kalaheo）

水曜日
15:00　カパア・ニュー・パーク Kapaa New Park（🏠Olohena Rd, Kapaa）

木曜日
15:30　ハナペペ消防署裏のハナペペ・タウン・パーク Hanapepe Town Park
16:30　キラウエア地域センター Kilauea Neighborhood Center（🏠Keneke St, Kilauea）

金曜日
15:00　ビディンハ・スタジアム Vidinha Stadium（🏠Hwy 51, Lihue）

土曜日
9:00　ケカハ地域センター Kekaha Neighborhood Center（🏠Elepaio Rd, Kekaha）
9:00　キリスト・メモリアル教会 Christ Memorial Episcopal Church（🏠Kolo Rd, Kilauea）

マーケットへは、早めに出向いたほうが賢明だ。実際、笛の音と同時に人の波がどっと押し寄せ、会場はたいへん混雑し、品物はあっという間に目の前から消えてゆくので開始時間の少し前に着くのが得策。場所にもよるが、マーケットは1時間位で終了する。

産品がある。

　収穫時期が早いカウアイ産のコーヒーは、ハワイ島名産のコナ・コーヒーほど高く評価されてはいないが、新しく専門店の銘柄入りをしたブラック・マウンテンBlack Mountainがコロアで5エーカー（約2ヘクタール）の土地に栽培され、最近コーヒー鑑定家の注目を集めている。ニーマン・マーカスNeiman-

Marcusというアメリカの高級百貨店が、ここで生産されるブラック・マウンテンをほとんど買い占めているが、島にあるギフトショップの何軒かが扱っている。探してみる価値は十分にあり！

プヒPuhiにあるキロハナ・プランテーション、ハナレイにあるチン・ヤン・ビレッジ、リフエにあるカウアイ博物館、および島の各ショッピングセンターなどは地元の美術工芸品を求めるのに良い場所。

リフエにあるカウアイ最大のショッピングセンターであるククイ・グローブ・センターには、カウアイ・プロダクト・ストアKauai Products Storeがあり、そこで高価なジュエリーやコアウッドのボウルからパパイヤの種のドレッシングやタロのポテトチップまでカウアイの特産品を取り揃えている。近くにあるボーダーズ書店Borders bookstoreはハワイアン音楽のすばらしい選択がある。

アクセス

飛行機

カウアイへの就航便はすべてリフエ空港 Lihue airport（LIH；☎246-1400）に着陸する。

ハワイアン航空 Hawaiian Airlines（☎245-1813、800-882-8811）およびアロハ航空 Aloha Airlines（☎245-3691、800-241-6522）はカウアイとハワイ諸島を結ぶ便が何便も離発着している。ユナイテッド航空 United Airlines（☎800-241-6522）からは、ロサンゼルスおよびサンフランシスコからリフエまでの直行便が毎日出ている。

また、カウアイにはノース・ショアのプリンスビルに小さな空港があるが、定期便のサービスは現在行っていない。

リフエの空港の近代的なターミナルにはアメリカ本土へ戻る乗客のための農作物検査所、レストラン、カクテルラウンジ、花屋、ギフトショップ、新聞雑誌販売店などがある。荷物受け取りエリアに、ラックいっぱいに、アクティビティや宿泊施設に関するパンフレットがカウアイの無料観光雑誌と一緒に用意されている。

交通手段

カウアイの公共バスのサービスは限られている。島内の町をほとんど結んでいるものの、観光客にとっては最善のサービスとは言えない。主な道路ばかりを通り、キラウエア・ポイントKilauea Point、ワイメア・キャニオンまたはコケエ州立公園などの主な観光地へもバスは通っていない。その結果、島をじっくり探索するには車をレンタルすることが必要不可欠だ。

カウアイの主要道路はわかりやすく、道をたどるのも簡単だ。だが驚くことに、カウアイにもラッシュアワーの交通渋滞が存在する。リフエの中心部とリフエ〜カパア間のハイウェイは特に混雑している。渋滞軽減対策で、月〜金曜の6:00〜8:30までハイウェイ56のワイルア地域にオレンジ色のコーン（道路整備に使われる円錐形のもの）が一時的に設置され、南へ向かう「逆流」車線を作っている。北方向車線の1本を南方向車線として利用し、車の流れが逆になるのでリフエへ向かって通勤する場合、通常の2車線ではなく3車線利用できるというわけだ。

空港へのアクセス

公共バスはリフエ空港では停車しない。到着エリア正面の道路脇でタクシーを拾える。レンタカーの営業所が発着ゲート向かいの道路向こうに並んでいる。

バス

公共バスには2本の主要ルートがあり、どちらも郡都リフエを拠点とし、平均して月〜金曜までは日に8便、土曜日は日に4便出ている。リフエでは、リフエ・シビック・センターLihue Civic Center北東側のビッグ・セーブ・スーパーマーケットBig Save Supermarketで乗車できる。

1本は北のハナレイへと向かい、終点のハナレイにあるワイオリ・フイイア教会Waioli Huiia Churchまで、途中ワイルアのココナツ・マーケットプレイス、カパアの図書館、コロ・ロードKolo Rdとキラウエアにあるハイウェイ56の分岐点、およびプリンスビル・ショッピング・センターPrinceville Shopping Centerで停車する。

もう1本は、リフエとカウアイのもっとも西にある町ケカハを結ぶ路線で、途中カラヘオ、エレエレEleele、ハナペペ、ワイメアに停車する。1日1往復のみ。バスは途中でぐっと南下しコロアとポイプへも向かう。

どのバスも、所要時間はさほど長くない。リフエからハナレイ、またはケカハへ向かうバスはどちらも1時間25分で、リフエからカパアまではたったの25分だ。

これらの路線のほかに、リフエ〜カパア間を月〜金曜に6回送迎するバス、および、リフエの市内バスが、月〜金曜1時間おきにリフエの各ショッピングセンターを巡回する。

バスは白地に緑のサトウキビをモチーフしたデザインで「カウアイ・バス」の文字が描かれている。行き先はフロントガラスとバスの道路脇の側面に表示されている。

料金はどの路線も一律で、1回の乗車につき＄1.50（60歳以上、または18歳未満は75¢）。運転手はお釣りを出すことができないので、乗車料金きっちりの小銭を用意しておくこと。＄15の1カ月定期乗車券も購入できる。詳細は**インフォメーション・ライン** information line（☎241-6410 月～土 7:00～17:00）へ問い合わせるとよい。

観光の交通手段にほとんどバスを利用しようと考えている人は、日曜・祝日にはバスがまったく運行しないことをお忘れなく。手荷物のバッグには、7×14×22インチ（約18×36×56cm）までという大きさの規定がある。ブギーボードは持ち込み不可で、通路には何も置けない決まりだ。

バスの時刻表は、バスの運転手から、または公共図書館、さらにパンフレットのラックや多くのスーパーマーケットの入口にて入手可能。

その他の観光バスツアーに関する情報は、本章前出の「ツアー」を参照。

車・オートバイ

バジェット Budget（☎245-1901）、**ハーツ** Hertz（☎245-3356）、**エイビス** Avis（☎245-3512）、**アラモ** Alamo（☎246-0645）、**ダラー** Dollar（☎245-3651）、**ナショナル** National（☎245-5636）の営業所がリフエ空港にある。フリーダイヤル番号を含め、詳細は「交通手段」の章を参照。

ハワイアン・ライダーズ Hawaiian Riders（☎822-5409 4-776 Kuhio Hwy Waipouli）では、1日＄50でスクーター、1日＄119でハーレー・ダビッドソンのオートバイのレンタルを提供している。

タクシー

タクシー料金は初乗りが＄2で、その後1マイル（約1.6km）ごとに＄2加算され、25¢単位でメーターが上がっていく。リフエ空港からの料金は、ワイルアのココナツ・プランテーションまで＄17、カパアまで＄20、ポイプまで＄30程度。

島内のタクシー会社は次のとおり。リフエ～カパア地区は**アキコ・タクシー** Akiko's Taxi（☎822-7588）、プリンスビルは**ノース・ショア・キャブ** North Shore Cab（☎639-7829）、カウアイ島南部は**サウス・ショア・キャブ** Southshore Cab（☎742-1525）がある。

自転車

カウアイの道路は概して狭く、路肩もなく、場所によっては交通量の多い所がある。これは自転車に乗る際、安全面での注意すべき点である。急な上り坂の地形は、別の意味での難関だ。特に内陸地区へ向かう場合は、相当な肉体的疲労を覚悟したほうがよい。とは言え、車では困難な地区を回るのに自転車が便利な場合もある。しかし、経験豊富または過酷な状況に慣れているという場合でない限り、ほとんど自転車を使って観光するという計画を立てないほうが無難だ。

マウンテンバイクに関する詳しい情報と自転車レンタルの店に関しては、前出「サイクリング・マウンテンバイク」を参照。

イースト・サイド
East Side

カウアイにおける商業の中心のイースト・サイドには島最大の市リフエや、ホテル、コンドミニアムコンプレックス、ショッピングセンターおよびレストランが建ち並ぶ3つの小さな町、ワイルア、ワイポウリWaipouliおよびカパアがある。カウアイを訪れる観光客の多くがイースト・サイドの比較的安価な宿泊施設に泊まるようだ。島の中央という位置関係から、ノース・ショアのすばらしい渓谷を探索するにも、南の太陽が輝くビーチへ行くにも足場として便利だからだろう。

セントラル・リフエ
CENTRAL LIHUE

人口6850人のリフエは郡の都であり、カウアイを訪れるほとんどの観光客にとっての玄関口となっている。プランテーションの町として始まったこの町には、もっとも強い印象を与える建築物である旧リフエ製糖工場があり、現在もハイウェイ50沿いに健在する。かつてはカウアイ島で最大の製糖工場だったが、2001年に100年以上続いた事業の幕を閉じた。

現在のリフエ経済を支えているのは官庁や小売業なので、製糖工場の閉鎖はリフエ自体にそれほどの打撃を与えなかった。郡および州の職員の大半がリフエに勤務し、この町には島の主なショッピングセンターもある。端的に言って、カウアイで仕事をするといったら、リフエに向かうということだ。

リフエは平日こそ多少雑踏しているが、週末は本当に静かになる。魅力的な町というよりビジネス優先のリフエだが、地元の質の良いレストランと訪問に値する博物館がある。というわけで、リフエはランチと午後の観光にはちょうどよい町である。

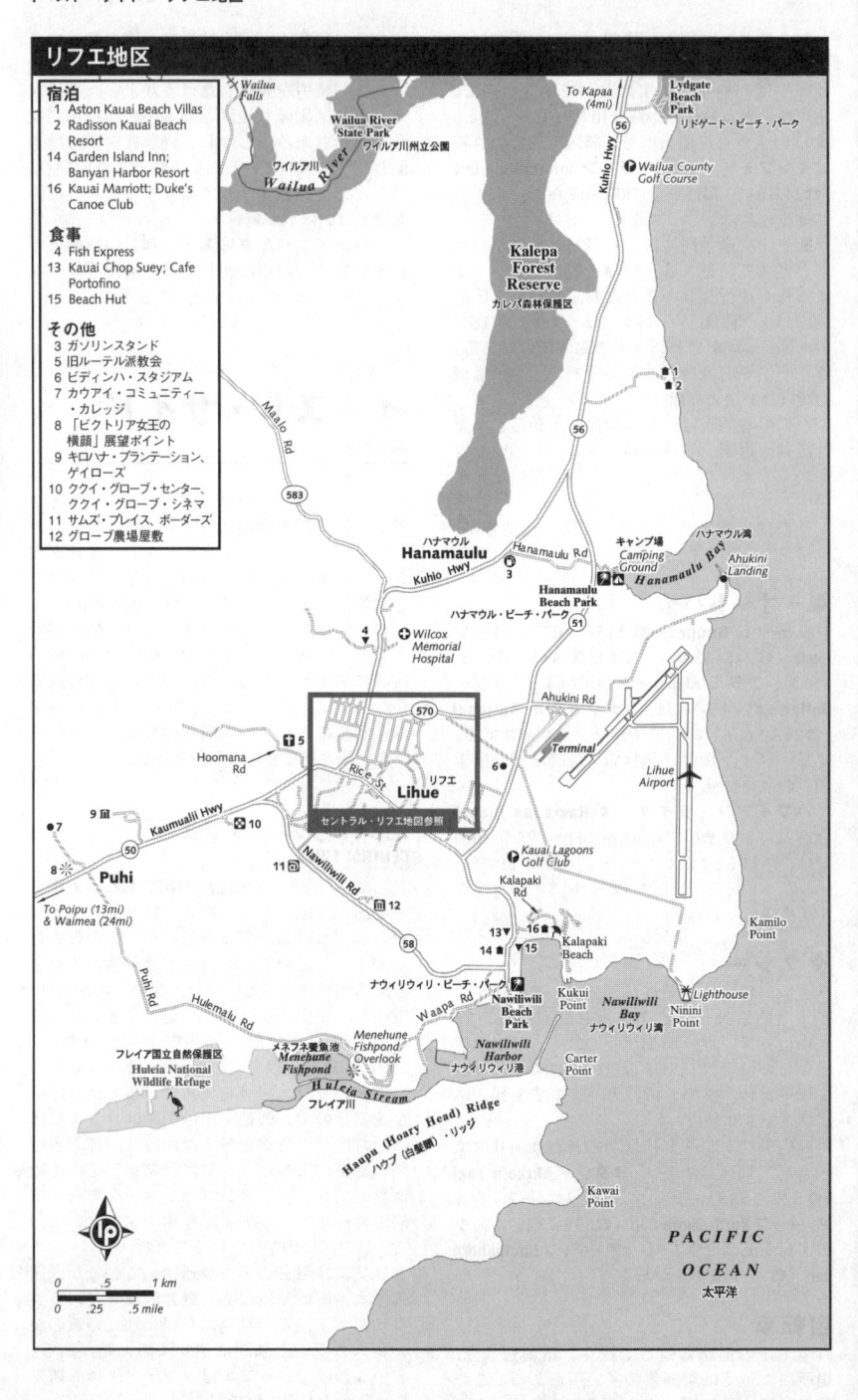

イースト・サイド—リフエ地区

リフエ地区

宿泊
1　Aston Kauai Beach Villas
2　Radisson Kauai Beach Resort
14　Garden Island Inn; Banyan Harbor Resort
16　Kauai Marriott; Duke's Canoe Club

食事
4　Fish Express
13　Kauai Chop Suey; Cafe Portofino
15　Beach Hut

その他
3　ガソリンスタンド
5　旧ルーテル派教会
6　ビディンハ・スタジアム
7　カウアイ・コミュニティー・カレッジ
8　「ビクトリア女王の横顔」展望ポイント
9　キロハナ・プランテーション、ゲイローズ
10　ククイ・グローブ・センター、ククイ・グローブ・シネマ
11　サムズ・プレイス、ボーダーズ
12　グローブ農場屋敷

インフォメーション

カウアイ観光局
Kauai Visitors Bureau
☎245-3971
🏠4334 Rice St, Suite 101
🕐月〜金 8:00〜16:30

ワトゥムル・プラザWatumull Plazaにある。しかし、各種パンフレットやその他観光関連の印刷物の入手が目的であれば、空港に設置されているラックのほうが確実。

ハワイ銀行 Bank of Hawaii（☎245-6761 🏠4455 Rice St 🕐月〜木 8:30〜16:00、金 8:30〜18:00、土9:00〜12:00）は中心街にある。

郵便局（☎800-275-8777 🏠4441 Rice St 🕐月〜金 8:00〜16:30、土 9:00〜13:00）はカウアイ博物館の向かい、ハワイ銀行の隣にある。

サムズ・プレイス Sam's Place（☎245-7332 🏠4303 Nawiliwili Rd 🕐月〜土 6:00〜20:00、日 9:00〜17:00）はボーダーズ書店と同じ建物内にあるインターネットカフェ。最初の10分は＄2、その後は10分ごとに＄1加算されていく料金設定。

モキハナ・トラベル Mokihana Travel（☎245-5338 🏠3016 Umi St, Suite 3）では島間便の航空券を手頃な価格で販売している。

リフエ公共図書館 Lihue Public Library（☎241-3222 🏠4344 Hardy St 🕐月・水 10:00〜20:00、火・木 9:00〜17:00、金 10:00〜17:00、土 9:00〜13:00）は地元の新聞をめくってみるのに良い場所。

リフエ・コインランドリー Lihue Laundromat（🏠4303 Rice St 🕐24時間営業）は中心街のライス・ショッピング・センターRice Shopping Center内にある。

カウアイ博物館
Kauai Museum

このミュージアム（☎245-6931 🏠4428 Rice St 🎫大人＄5、13〜17歳＄3、6〜12歳＄1 🕐月〜金 9:00〜16:00、土 10:00〜16:00）で数時間過ごすと、カウアイ島の歴史を大まかに把握できる。

展示はまず、カウアイの海底から隆起した火山の起源で始まり、島特有の生態系に関する解説へと移り変わる。1階は、フラの用具、ポイをつく杵、タパ作りの道具などのハワイ初期の様子を展示している。

2階では、サトウキビ畑で働く人や宣教師の来島の様子が展示されている。プランテーション農民の簡素な小屋が、初期宣教師家屋の広々とした寝室の向かいにある。宣教師の寝室には4柱のコア材製ベッドとハワイアンキルトが置かれている。それを見ても当時の他民族社会の問題、人々の不平等を知ることができる。展示物には昔のカウアイでの生活を要領よくまとめた解説が添えられている。

ギフトショップには豊富なハワイ関連書籍と、それほど種類はないがコアボウルやほかの手工芸品を販売している。博物館のロビー内にあるギフトショップにだけ立ち寄りたい人は、入場料を払わずに入館できる。

博物館の中をすべて見終わる前に閉館時間になってしまった場合は、無料の再入館パスを帰りがけにもらって出るとよい。

旧ルーテル派教会
Old Lutheran Church

このハワイでもっとも歴史あるルーテル派教会は、外観からするとハワイの古風な教会の1つに過ぎない。中に入ると、教会に関する逸話を知ることができる。

ドイツからの移民が19世紀末に、祖国からハワイまで乗ってきた船の様式で教会を建てたのだ。床は船の甲板のごとく傾斜するよう設計され、バルコニーは船橋に似せて造られ、天井からは角灯が下がっている。現在のものは、実は1983年に再建されたものだが、1982年にハリケーン・イワによって崩壊した1885年建立の教会とほぼそっくりに再現されている。

教会を建てた移民たちは、自分たちがせっせと働いたサトウキビ畑を一望する小山に設けられた教会墓地で永遠の眠りについている。

教会は、ハイウェイ56と50の分岐点のわずか西のフーマナ・ロードHoomana Rdを0.25マイル（約0.4km）ほど上がった所にある。

ワイルアの滝
Wailua Falls

ワイルアの滝はリフエの少し北にある、高さ80フィート（約24m）の壮観な滝だ。リフエからここへ向かうには、ハイウェイ56に乗って北方向へ走り、左折してマアロ・ロードMaalo Rd（ハイウェイ583）へ入る。細い舗装道路がサトウキビ畑を縫って通るように敷かれている。道路はハイウェイの標識が執拗に示しているとおり、正確に3.94マイル（約6.34km）行った先の滝で行き止まりだ。

ワイルアは「2本の水」という意味で、通常2本の滝に見える。しかし、大雨の後は1つの幅の広い激流の滝となり、文字通り、驚異的な水の流れの中から魚が投げ出され、真下の川へと空中降下する様子が見られる。

ここは上部から臨めるような滝ではない。駐車場の閉鎖された道のそばに掲げられている注意書きにはっきりと、「滝の上の岩は滑ります。ここで命を落とした人がいます。」とある。岩から滑り落ちた人についての話はもろもろで、奇跡的にも木の根っこにつかまって

イースト・サイド－セントラル・リフエ

セントラル・リフエ

地図注記:
- To Wailua (7mi) & Kapaa (10mi)
- Ahukini Rd
- 570
- To Lihue Airport (1mi)
- Kuhio Hwy
- 56
- Uluhui St
- Palai St
- リフエ公立図書館 Lihue Public Library
- Akahi St
- Elua St
- Umi St
- Kaana St
- Hardy St
- Pualoke St
- To Poipu (10mi) & Waimea (24mi)
- リフエ・シビック・センター
- 州庁舎 State Offices
- 警察署 Police Station
- Eiwa St
- Rice St
- Lihue Civic Center
- Kauai Museum
- Old County Building
- 旧郡庁舎
- 野球場 Baseball Park
- Lihue Sugar Mill
- リフエ製糖工場
- Haleko Rd
- カウアイ博物館
- 公園 Park
- コンベンション・ホール Convention Hall
- Kalena St
- Kress St
- Rice St
- To Nawiliwili Bay (1mi)

宿泊 & 食事
1 Tip Top Motel
2 Maria's
3 Hawaiian Classic Desserts
10 Lihue Barbecue Inn
11 Hamura Saimin
12 Motel Lani

その他
4 ハワイ銀行
5 郵便局
6 ガソリンスタンド
7 モキハナ・トラベル
8 カウアイ観光局
9 ライス・ショッピング・センター、リフエ・コインランドリー、ロブズ・グッド・タイム・グリル

カウアイ島

助けられた人もいれば、それほど幸運ではなかった人もいる。

道路が行き止まりになる0.3マイル（約0.5km）手前に、広い未舗装の道路脇の停車スペースから滝つぼへ向かう、侵食が進んだ散策道が出ている。この道は危険が大きいため一般の人は立ち入りできないが、停車スペースから南東に2本目の滝が見え、景観はすばらしい。

道路脇にイバラがあるので探してみよう。明るい黄色の花で形はアサガオに似ている。この花の種が入っているサヤは、よくドライフラワーのアレンジメントに使われる。花をつけるツルはワイルア滝の0.5マイル（約0.8km）南にある橋の辺りでもっともよく伸びている。

ハナマウル
Hanamaulu

ハナマウルはリフエとワイルアの間にある小さな村で、ハイウェイ56沿いにある。この村は技能優秀な戦士で槍投げのチャンピオンとして民話に登場するカウアイの伝説的英雄カウェロの生まれ故郷として、ハワイの言い伝えによく出てくる。今日のハナマウルは、小さな郵便局と売切れ次第閉店のドーナツ屋など、店が何軒かあるだけのさびれた村だ。

村の中心から0.75マイル（約1.2km）の所にハナマウル湾内に設けられた**ハナマウル・ビーチ・パーク Hanamaulu Beach Park**がある。この湾は深く入り込んでいて、丸石の防波堤が湾口を横切ることによって外部から守られた湾だ。公園にはすべての設備が整ったキャンプ場があるが、観光客が立ち寄る場所というよりは地元の人間がよく来る場所といえる。時々汚染が原因で入水禁止になることがある。キャンプ許可証を得るための情報については、本章前出の「宿泊」の「キャンプ」を参照。

ハイウェイ56からハナマウル・ビーチ・パークへ向かうには、セブン・イレブンの所でマカイ（海）側へ曲がってハナマウル・ロード Hanamaulu Rdに乗る。0.25マイル（約0.4km）ほど進んだ所で右折すると、ヘリ・ロードHeli Rdに出る。公園に入ると、最初にハイウェイの橋の下をくぐり、それから放棄された鉄橋のアーチ状の構脚をくぐる。

アフキニ・ランディング
Ahukini Landing

飛行機搭乗まで少し暇つぶしをという場合、ハイウェイ570の終わりまで走り、空港の1.5マイル（約2.4km）向こうにあるアフキニ・ランディングを見学に行くという手がある。道路は野放しのサトウキビ畑を通り抜け、かつてランディングまでサトウキビを運ぶのに利用された一連の狭軌鉄道線路を渡る。愛らしい黄色のイリマ（自生の地被植物）とピンク色のアサヒカズラの花が鉄道沿いにたくさん咲いている。

ハイウェイの終わりにある**アフキニ州立リクレーション桟橋 Ahukini State Recreation Pier**にはセメントの柱と朽ちた古い桟橋の骨組みが残っている。木材の通路が桟橋を横切っており、釣りに最適な場所となっている。湾の向こう側にハナマウル・ビーチ・パークの砂浜が見える。

ニニニ・ポイント
Ninini Point

ニニニ・ポイントにある灯台は海岸の上、高さ100フィート（約30m）の所にあり、ナウィリウィリ湾の北口玄関となっている。灯台への道路はハイウェイ51の脇から出ていて、脇道はハイウェイ51と570との分岐点から南へ0.5マイル（約0.8km）強の所にある。海岸へ出るには監視ゲートを越え、カウアイ・ラグーンズ・ゴルフ・コースの所有地を横切らなければならないが、観光客は自由に出入りできる。

門番小屋から灯台までの2.5マイル（約4km）のドライブは空港のフェンスとゴルフコースの間を抜ける。2マイル（約3km）先で舗道は途切れ、その後未舗装の道が続いている。場合によっては車高が低い車での走行は困難なこともあり、残りは10分ほど歩かなければならないかもしれない。

灯台から絶景を眺められるばかりでなく、近くには、この地域では数少ない行き来が容易な海岸がある。ここでは、現地のハワイ人が昔からしてきたように、今も魚釣りが可能で、オピヒ（軟体動物の一種）を拾い、リム（食用海藻）を集めることができる。

カラパキ・ビーチ
Kalapaki Beach

ナウィリウィリ湾の岬と防波堤によって外部から守られている広い砂浜が続くカラパキ・ビーチはリフエで最高の海水浴場である。ハイウェイ51から脇へ入った所にあるこのビーチは、カウアイ・マリオットの正面に位置し、しばしばマリオットのプライベートビーチだと思われているが、一般人にも開放されている。

嵐で荒れでもしない限り、海水浴は通常冬場でも良好。ここのビーチ小屋ではシュノーケリング用具、サーフボード、カヤックのレンタルを行っている。

ホテルの北側に、海に近く無料の公共海水浴場駐車場がある。

ナウィリウィリ・ビーチ・パーク
Nawiliwili Beach Park

ナウィリウィリ・ビーチ・パークはほとんど海洋擁壁に面した駐車場といっていい。ここから反対側にあるククイ・ポイントKukui Pointの灯台の明かりを見ることができ、駐車場の端からは、さらに遠いニニニ・ポイントの灯台も見える。

ナウィリウィリ・ビーチ・パークには海水浴場はないが、ナウィリウィリ川Nawiliwili Streamを横切ってカラパキ・ビーチKalapaki Beachへと続く歩道橋がある。

アイアンウッド（硬質の木で鉄木又はアメリカシデと呼ばれている）の根元にある小川の河口右に「パイン・ツリー・アップタウンPine Tree Uptown」という木の看板を掲げた簡素な小屋がある。ここは間に合わせの近隣住民向け野外バーのようだ。老人たちは日中ここに集まって、アイスボックスの中の冷えたビールを飲みながら、きままな話に花を咲かせ、音楽を奏でる。

ナウィリウィリ港
Nawiliwili Harbor

ナウィリウィリ港には深い、大規模な商業用港と、それに隣接した小型船用の港の両方がある。何隻かの遠洋漁船が小型船用港を基地にしていて美しい景観のハウプ・リッジHaupu Ridge（白髪頭の尾根）をバックになんともいえない風情を醸し出している。

ワアパ・ロードWaapa Rdが南西に走り、港を通り越しメネフネ養魚池Menehune Fishpondを見下ろすフレマル・ロードHulemalu Rdへと続いている。

メネフネ養魚池展望所
Menehune Fishpond Overlook

フレマル・ロードを0.5マイル（約0.8km）ほど進んだ所、左に展望所があり通称養魚池として知られる、アレココ養魚池Alakoko Fishpondを見わたせる。背景には霞のかかったハウプ・リッジが広がっている。

フレイア川Huleia Streamの曲がりに沿って築かれた石垣で囲まれた養魚池は、カウアイの伝説的メネフネの人たちによって1晩で完成されたといわれている。この石垣には、今ではマングローブの木々が一列に青々と茂っている。午後になると太陽が正面に来るので、養魚池を眺めるのは朝方が1番。

フレイア川北側には**フレイア国立自然保護区 Huleia National Wildlife Refuge**がある。かつてタロイモとコメを栽培していたこの地区は、今では水鳥の繁殖地・えさ場になっている。保護区には一般人は出入りできない。

養魚池展望所を過ぎ1マイル（約1.6km）ほど先へ進み、そこで右折してプヒ・ロードPuhi Rdへ入ると、カウアイ・コミュニティ・カレッジKauai Community College向かい側のハイウェイ50に出る。

グローブ農場屋敷
Grove Farm Homestead

グローブ農場屋敷プランテーション博物館 The Grove Farm Homestead Plantation Museum（☎245-3202 ♠Nawiliwili Rd 🈳大人＄5、12歳未満＄2）はワアパ・ロードから1.75マイル（約2.8km）の所にある。宣教師アブナー・ウィルコックスと妻ルーシーの息子であるジョージ・ウィルコックスが1864年に建てた農家風家屋が保存されている。少々かび臭く、数々の思い出の品が置かれている。ここは、どことなく知り合いのおばさんの家のような雰囲気を持っている。屋根で覆われた玄関ポーチにはロッキングチェアーが置かれ、中には壁を覆う本棚にぎっしりと家庭文庫が並んでいる部屋がある。一角に置かれたトランプ用テーブルは4人がテーブルを囲みクリベッジ（トランプゲーム）を始めるのを待っているかのようだ。

所要時間2時間の見学ツアーが月・水・木曜日の10:00と13:00に出発する。予約が必要で、時によってはツアーの1週間前くらいから予約がいっぱいになることもある。

キロハナ・プランテーション
Kilohana Plantation

リフエの1.5マイル（約2.4km）西にあるキロハナ（☎245-5608 ♠Hwy 50 🈳月〜土 9:30〜21:30、日 9:30〜17:00）は、過去のグローブ農場屋敷の所有者だったゲイロード・パーク・ウィルコックスが築いた1930年代のサトウキビプランテーション地所だ。ウィルコックスによって建築されたチューダー様式の大邸宅は、当時カウアイでもっとも有名な家屋だった。

この家屋は丹精に修復され、部屋のほとんどは美術作品、アンティーク、手工芸品などの店に改装されている。年代ものの家屋を保存するにはぴったりで、観光客も入場無料で屋内を見学できる。

来訪者はアンティークがあふれる部屋の数々を自由に見て回れる。廊下のケースにはポイ用の杵、コアボウル、および数種類のハワイアン工芸品がずらりと並んでいて、硬材の床は東洋の敷物で覆われ優雅に演出されている。おなかがすいてきたらここにあるレストラン、ゲイローズGaylord'sへ立ち寄ってみてはどうだろう（後出の「食事」を参照）。レストランは芝生を囲むU字型の中庭にある。

島にあるギャラリーの多くがキロハナのスペースを借りていて、カウアイでもっとも幅広い美術・工芸品の展示を誇っている。1階の元控え室は現在、ニイハウの貝殻を巧みに連ねて作ったレイや細工物を販売するハワイアン・コレクション・ルームとなっている。

見えているのは誰の顔？

ヨーロッパ人がハウプ・リッジのぼんやりと岩面に浮かぶ横顔がビクトリア女王の顔に見えると言い出すずっと前から、ハワイ人にはこれに関する逸話があって、彼らはこの岩をヒナ・イ・ウカと呼んだ。

昔、オアフの姫ペレウラが、ハワイでもっとも容姿端麗な男性がいるという噂を確かめに船でカウアイ島までやって来た。カウアイの姫、ヒナは宮廷式の晩餐でオアフからの来賓をもてなした。晩餐にはキラウエアの若首長カヒリが同席し、両方の姫に見初められた。彼の気を引こうと、姫たちはフラを披露した。ペレウラの踊りは見事なものだったが、カウアイ特産であるモキハナの果実の香りをまとったヒナの魅力が勝り、彼女がカヒリの恋人に選ばれた。カウアイの民がその後ハウプ山脈の片側の尾根を彫って、ヒナがほかの島から来る女たちに近寄るなと警告する姿を表現したというわけだ。

2階の寝室も同様に店に改装され、作品はバスルームやクローゼットの中にまで展示されている。作品にはジュエリーや人形、クジラやイルカの木彫り、地元の芸術家による現代絵画のほかキロハナ・クレイワーク陶器店Kilohana Clayworks pottery shopがあり、陶芸家がろくろ台に粘土を乗せる作業風景を見学できる。

35エーカー（約14ヘクタール）の土地は、今でも経営している農場の一部である。クライズデール馬が引く昔流の馬車に乗っての20分間ツアーに、大人は＄10、12歳未満の子供は＄5で参加でき、毎日11:00〜17:00まで行っている。

ビクトリア女王の横顔
Queen Victoria's Profile

ハウプ・リッジの一部である岩面に浮かぶビクトリア女王の横顔は、プヒPuhiの町内、ハイウェイ50沿いのカウアイ・コミュニティー・カレッジ正面にある「風景眺望scenic view」という標識が立つ道路脇の停車スペースから見ることができる。

少々想像力を試すことになるが、見つけ方は以下のとおりである。停車スペースの中間に、南の山々に向かって立つ。ハイウェイの向こう側の電柱に視線をやり、それからその後の右手にある金属の街灯柱へ視線を移す。右上に王冠、左下にあごがくる、王冠をかぶった女王の顔が該当のアーチの下に見える。

女王は細く、とがった人差し指を、想像上のウィリアムに向かって振りかざし、「ナ（ノー）、ウィリー、ウィリー」といっていると想像され

イースト・サイドーセントラル・リフエ

ていることから、こうして港の呼び名となった。

宿泊

モーテル・ラニ
Motel Lani
☎245-2965
🏠4240 Rice St
客室 スタンダード＄35 デラックス＄55

リフエの低料金宿泊施設では1番だが、交通量の多い分岐点に位置する家族経営の宿。シンダーブロックの建物内にある6つの客室はいたって簡素だが、清潔で専用のバス、エアコンとミニ冷蔵庫が付いている。モーテルのほうにも、2つの「デラックス」客室があり、こちらは広々としていてテレビが付いている。最低2泊、または追加料金＄2という条件付き。

ティップ・トップ・モーテル
Tip Top Motel
☎245-2333 📠246-8988
📧tiptop@aloha.net
🏠3173 Akahi St
客室 ＄45

2階建てシンダーブロックの建物内に24のモーテル室がある。客室はツインベッド、エアコン、よろい窓がある程度の簡素な造りだが、テレビと専用バスが付いている。

ガーデン・アイランド・イン
Garden Island Inn
☎245-7227、800-648-0154
📧info@gardenislandinn.com
🏠3445 Wilcox Rd
客室 1階＄65 2階＄95

上記の施設よりも古い3階建てのホテルで、21室ある客室は小さめながら、整頓され近代的。テレビ、天井ファン、ミニ冷蔵庫、電子レンジ、コーヒーメーカーを完備。2階にある客室にはエアコンと小さなラナイが付いている。ホテルは工業地区のそばで、交通量の多い道路沿いに建っているので、多少の騒音は覚悟しておくこと。ここのメリットは、カラパキ・ビーチまで歩いていける距離という点だ。

バニヤン・ハーバー・リゾート
Banyan Harbor Resort
☎245-7333、800-422-6926 📠246-4776
📧banyan@aloha.net
🏠2411 Wilcox Rd
1ベッドルーム＄125、2ベッドルーム＄150

ガーデン・アイランド・インに隣接する大規模コンドミニアムコンプレックス。近代的な客室で、それぞれにキッチン、リビングルームにはソファーベッド、1室ないし2室の小さなベッドルーム、および洗濯機・乾燥機が完備されている。ほとんどのコンドミニアムとは異なり、1室に泊まれる人数の制限がない。最高4人までは1ベッドルームの客室に快適に泊まれる。6人家族はベッドルームが2部屋ある客室なら大丈夫かもしれない。ここにはテニスコートとプールもある。

ラディソン・カウアイ・ビーチ・リゾート
Radisson Kauai Beach Resort
☎245-1955、888-245-7717 📠246-9085
📧info@radissonkauai.com
🏠4331 Kauai Beach Dr
客室 マウンテンビュー＄209、オーシャンビュー＄269

リフエの中心街から数マイル北にある宿。全345室の近代的な客室にはふかふかの掛け布団、データポート、27インチテレビ、テニスコートや大きな自由造形プールなど、高級チェーンに備わっているそのほかの設備が完備されている。

アストン・カウアイ・ビーチ・ヴィラ
Aston Kauai Beach Villas
☎245-7711、800-922-7866
🌐www.aston-hotels.com
🏠4330 Kauai Beach Dr
客室 1ベッドルーム＄230・2ベッドルーム＄325、オーシャンビュー客室 1ベッドルーム＄315・2ベッドルーム＄385

ラディソンと同じビーチフロントの物件にあるこのホテルには、4人まで泊まれる近代的な1ベッドルームのコンドミニアムと、6人まで泊まれる2ベッドルームの客室がある。料金は閑散期になると15％ほど安くなる。

カウアイ・マリオット
Kauai Marriott
☎245-5050、800-228-9290 📠241-6025
📧jogle@hawaiian.net
🏠Kalapaki Beach
客室 ガーデンビュー＄299、オーシャンビュー＄415

全356室の、おもしろい歴史を持つ高級ホテル。初めカウアイ・サーフKauai Surfとして建てられたこのホテルは島で初めての高層リゾートで、カウアイの新しい建物に対して高さ制限を設ける発端となったホテルでもある。現在では、新築するホテルはヤシの木よりも高くてはいけないという決まりになっている。1980年代末にこのリゾートは数百万ドルにおよぶ美術品や大理石のロビー、さらにエキゾチックな野生動植物を移植した人工ラグーンなどで、高級ホテルへと変身を遂げた。ハリケーン・イニキによる大被害を受けたのち、以前よりも規模を縮小したリゾートとして再オープンしたが、それでも噴水がある高級なプール、ヘルススパ、テニスコート、ゴルフコース、レストランが揃っている。通常、割引キャンペーンがある。

イースト・サイド―セントラル・リフエ

食事

フィッシュ・エキスプレス
Fish Express
🏠 3343 Kuhio Hwy
🕐 月～土 10:00～19:00、日 10:00～17:00

ウィルコックス・メモリアル病院Wilcox Memorial Hospitalの少し南にあるこの店は、最高に新鮮な魚を使ったランチのテイクアウトをやっている。月～金曜の10:00～15:00まで日替わりの魚をパッションオレンジソースをつけて焼く、または、グアババジルをまぶして黒焼きにするなど、数種類の調理方法にライスと野菜サラダ付きで＄7.25だ。これ以外にも、フィッシュサンドイッチとフライドポテト、またはおいしいフィッシュタコスは＄6で味わえる。ランチタイム以外の時間でも、デリカテッセンのケースの中から購入できる。大盛りの刺身が1皿＄5、ほかにはおいしいポケ(生魚のマリネ)はポンド単位で売られている。

ハムラ・サイミン
Hamura Saimin
🏠 2956 Kress St
🕐 10:00～22:00

リフエの中心にあり、サイミン(麺入りスープ)を＄4で出し、うまい串刺し鶏のバーベキューを1本＄1で食べられる。この3代にわたる家族経営の小さい店は昔のカウアイに戻ったかのようだ。店にはテーブルがなく、ただ曲がりくねったカウンターがあるだけで、観光客と隣に座った地元の客とがひじをこすり合わせながら湯気が立ち上がるサイミンをすすり上げている。

ビーチ・ハット
Beach Hut
🏠 3474 Rice St
💰 スナック＄4～7
🕐 7:00～19:00

カウアイ・マリオット近くの人気ファーストフードレストランだ。1階の窓口から注文し、出来上がった食事を持って2階へ上がり海を見ながら食事にありつく。パンケーキ、オムレツ、そのほかの標準的な朝食メニューは10:30までオーダーできる。2種類の大好評ランチはベーコンチェダーバーガーとフィッシュサンドイッチ。

カウアイ・チョップ・スイ
Kauai Chop Suey
🏠 3501 Rice St
💰 ランチ＄7、ディナー＄7～10
🕐 火～土 11:00～14:00、火～日 16:30～21:00

ハーバー・モールHarbor Mall内にあるカウアイで1番の広東料理の店。種類豊富なメニューには、チキンの甘酢あんかけからブラックマッシュルーム入り豆腐炒めまで、定番料理は何で もある。麺類を注文するなら、うれしくなるほどカリカリのかた焼きそばがおすすめの1品。

ハワイアン・クラッシック・デザート
Hawaiian Classic Desserts
🏠 4491 Rice St
💰 デザート＄3～5、メイン＄7～10
🕐 月～土 7:00～15:00

リフエ・シビック・センター向かいにあり、デザート以外のものも扱っている(が、チョコレートデカデンスケーキは一度食べたら忘れられないおいしさだ)。この高級なカフェの裏には静かな戸外デッキがあり、そこで11:00まで通常の朝食とランチタイムにはバーガー、サンドイッチに各種のサラダを堪能できる。値段は少々高めだが、時間にゆとりがあるときにゆっくりと食事を楽しむのに適した場所である。

リフエ・バーベキュー・イン
Lihue Barbecue Inn
🏠 2982 Kress St
💰 食事＄7～12
🕐 月～金 11:00～14:00

昼休みの会社員が大勢押しかける場所。この古典的な、小さく仕切られた部屋が1列に並ぶ地元の飲食店はスープ、飲み物、メインコースにデザートを含んだフルセットの食事を出している。メイン料理にはハンバーガーから鮮魚、バーベキューリブなどすべて揃えてあり、デザートのクリームパイはどこにも引けを取らない。

マリアズ
Maria's
☎ 246-9122
🏠 3142 Kuhio Hwy
💰 アラカルト＄4～8、1品＄12～13
🕐 月～土 11:00～21:00

小さな居心地の良い店で、伝統的なメキシコ料理と陽気な接客が特徴だ。ここではブリトー、トスタード、エンチラーダ、タコス、ケサディアスなどをいろいろな具で味わえ、さらにライスとビーンズ付きで12種類以上のセットメニューの中からオーダーできる。

カフェ・ポルトフィーノ
Cafe Portofino
☎ 245-2121
🏠 3501 Rice St
💰 前菜＄8～10、メイン＄14～26
🕐 17:00～22:00

ハーバー・モールHarbor Mall内の本格イタリア料理の店で、近年多数の称賛を集めた。ここでのおすすめは、チーズラビオリにバジルクリームソースがかかった1品。毎晩ハープ奏者による生の演奏が食事にロマンチックな雰囲気を添えている。

デュークス・カヌー・クラブ
Duke's Canoe Club
☎246-9599
メイン＄15～25
17:00～22:00

カウアイ・マリオットの敷地内で営業している、おすすめのビーチサイドレストランだ。店内は感じの良い雰囲気で、各種揃った鮮魚を6種類の方法で調理してくれるほか、チキン、パスタ、ステーキ料理もある。種類豊富なサラダバーはすべてのメイン料理に付いている。車で来る場合は、ビーチ・ハットの裏にある駐車場が便利で、そこの歩道橋を渡るとデュークスまで行ける。

ゲイローズ
Gaylord's
☎245-9593
ランチ＄8～11、ディナー＄19～29
月～土 11:00～15:00、毎日 17:00～

キロハナ・プランテーションにあり、魅力的な戸外の栽培地を思わせる設定だが、食事そのものに関しては雰囲気たっぷりというよりもありきたりだ。ランチメニューには各種サンドイッチおよび特製サラダがある。ディナーはチキン料理からラムのあばら肉までいろいろだ。

エンターテインメント

デュークス・カヌー・クラブ
Duke's Canoe Club
☎246-9599

カウアイ・マリオットにあり、木・金曜の16:00～18:00には生のハワイアン音楽が演奏され、金・土曜の21:00～23:00はロックバンドが出演する。週末に出かけるには良い場所。

ロブズ・グッド・タイム・グリル
Rob's Good Times Grill
☎246-0311
☎4303 Rice St

ライス・ショッピング・センター内にあり、ここに来る客は地元の人間がほとんどだが、リフエで踊りたいときはここに来るのが1番だ。日によってかかる音楽が異なる。この店には大画面のテレビでスポーツ中継も流れ、ビリヤードテーブルと割引のハッピーアワー（サービス・タイム）ドリンクがある。

毎週、月曜の夕方に**ラディソン・カウアイ・ビーチ・リゾート Radisson Kauai Beach Resort**（☎335-5828 ☎4331 Kauai Beach Dr 大人＄55 子供＄25）で、また火・木曜の夕方には**キロハナ・プランテーション Kilohana Plantation**（☎245-9593 ☎Hwy 50 大人＄58 子供＄30）でルアウが催される。

映画を見たいときは、ククイ・グローブ・センターにある4館の**ククイ・グローブ・シネマ Kukui Grove Cinema**（☎245-5055 ☎3-2600 Kaumualii Hwy）シネマコンプレックスでどうぞ。

ワイルア
WAILUA

クヒオ・ハイウェイ Kuhio Hwy（ハイウェイ56）のワイルアからカパアまでの3マイル（約5km）の区域にはショッピングセンター、レストラン、ホテル、コンドミニアムが点在している。ワイルアには中心街といえるような場所がない。ほとんどの名所がワイルア川周辺に集中している。

その昔、ワイルアはカウアイ王族の宮廷であり、ワイルア川河口からワイアレアレ山 Mt Waialeale の頂上まで「聖なる7つのヘイアウ（神殿）Seven Sacred Heiaus」が建ち並んでいた。ヘイアウの6つは河口から1マイル（約1.6km）以内の場所にある。5つは見えていて、6つめはワイルア川の北側にある畑に放棄されている。すべてのヘイアウはその歴史をタヒチ人の定住初期までさかのぼり、典型的な熱帯地方の建築様式だと考えられている。

ワイルア州立公園 Wailua River State Parkはヘイアウがある場所のほとんどとワイルア川の一部、さらにシダの洞窟と川船河港、そのうえ公共のボートランプ（斜路）まで含む、ごちゃ混ぜの公園だ。

推定で全長11.75マイル（約18.90km）といわれるワイルア川はハワイで唯一の船が通れる川だ。そのため、以前から川船を利用してのパッケージツアー客はもちろん、地元のウォータースキーヤーに人気があり、最近ではカヤック愛好家がどっと押し寄せている。

リドゲート・ビーチ・パーク
Lydgate Beach Park

家族用ビーチとして人気があるリドゲート・ビーチ・パークでは、石垣で囲んで作った広い海水プールの中で安心して海水浴を楽しめる。島で年間を通してもっとも安全に泳げる場所で、子供が思い切り楽しめるだけでなく、大人も満足できるだけの深さがある。驚くことに、シュノーケリングに適した場所もここにはあり、サンゴはないにしても、大きなテングハギやニザダイなど、かなりいろいろな種類の熱帯魚が見られる。

警告しておくが、プールの外はしばしば潮の流れがきつく、リドゲートの少し北になるワイルア川河口の両脇でおぼれた人がたくさんいる。公園は、ホリデー・インHoliday Innそばのレホ・ドライブLeho Drにあり、救助員、更衣室、トイレ、シャワー、

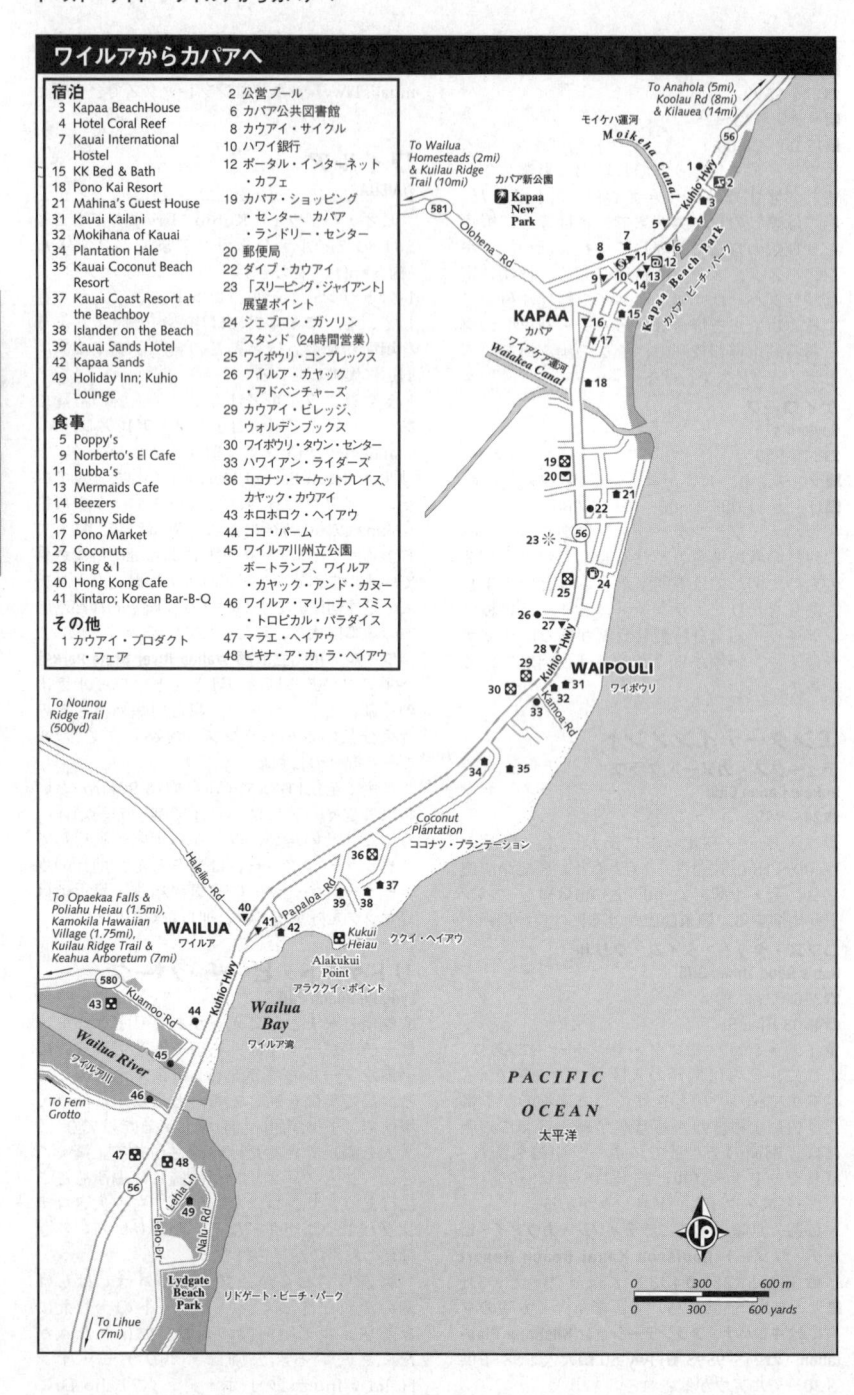

ワイルアからカパアへ

宿泊
- 3 Kapaa BeachHouse
- 4 Hotel Coral Reef
- 7 Kauai International Hostel
- 15 KK Bed & Bath
- 16 Pono Kai Resort
- 21 Mahina's Guest House
- 31 Kauai Kailani
- 32 Mokihana of Kauai
- 34 Plantation Hale
- 35 Kauai Coconut Beach Resort
- 37 Kauai Coast Resort at the Beachboy
- 38 Islander on the Beach
- 39 Kauai Sands Hotel
- 42 Kapaa Sands
- 49 Holiday Inn; Kuhio Lounge

食事
- 5 Poppy's
- 9 Norberto's El Cafe
- 11 Bubba's
- 13 Mermaids Cafe
- 14 Beezers
- 16 Sunny Side
- 17 Pono Market
- 27 Coconuts
- 28 King & I
- 40 Hong Kong Cafe
- 41 Kintaro; Korean Bar-B-Q

その他
- 1 カウアイ・プロダクト・フェア
- 2 公営プール
- 6 カパア公共図書館
- 8 カウアイ・サイクル
- 10 ハワイ銀行
- 12 ポータル・インターネット・カフェ
- 19 カパア・ショッピング・センター、カパア・ランドリー・センター
- 20 郵便局
- 22 ダイブ・カウアイ
- 23 「スリーピング・ジャイアント」展望ポイント
- 24 シェブロン・ガソリンスタンド（24時間営業）
- 25 ワイポウリ・コンプレックス
- 26 ワイルア・カヤック・アドベンチャーズ
- 29 カウアイ・ビレッジ、ウォルデンブックス
- 30 ワイポウリ・タウン・センター
- 33 ハワイアン・ライダーズ
- 36 ココナツ・マーケットプレイス、カヤック・カウアイ
- 43 ホロホロク・ヘイアウ
- 44 ココ・パーム
- 45 ワイルア川州立公園ボートランプ、ワイルア・カヤック・アンド・カヌー
- 46 ワイルア・マリーナ、スミス・トロピカル・パラダイス
- 47 マラエ・ヘイアウ
- 48 ヒキナ・ア・カ・ラ・ヘイアウ

ヒキナ・ア・カ・ラ・ヘイアウ Hikina A Ka La Heiau

リドゲート・ビーチ駐車場の向こう端に位置するこの細長いヘイアウは、北から南へと真っすぐに延びている。ヒキナ・ア・カ・レとは「太陽が昇る」という意味である。

ヘイアウは西暦1200年頃の建築物だと考えられている。丸石が今でもヘイアウをかたどっているので建物の大きさを想像できるが、石のほとんどはかなり前に移動された。

ヘイアウの北端の大きな石の上にブロンズの銘板があり、そこには「ハウオラ、避難者の街Hauola, City of Refuge」と書かれている。銘板のうしろにある盛り上がった草に覆われた一角が、昔カプ（タブー）を破った者たちの駆け込み場所の名残だ。

銘板の10フィート（約3m）左にボウル型のくぼみのある石があり、これは手斧の砥石だ。簡単にわかるがこの石は必ずしもこの縦向きの状態で置かれていたわけではない。きちんと刃先を研ぐには平らに置く必要があったはずだ。ここには2つの平らな塩釜も地面に置かれている。

ワイルア湾に向かって真っすぐ視線を向けると、アラククイ・ポイントAlakukui Pointにあるククイ・ヘイアウ跡が見える。そこのヘイアウはコンドミニアムの芝生が一面を覆うように上から緑化されたので土台の石だけが見分けられる。古代においては夜になるとアウトリガーカヌーを誘導するため、岬にたいまつがともされた。

アラククイ・ポイントのほうを向いてビーチまで真っすぐ歩いて下ると、岩にペトログリフ（岩面陰刻）が刻まれた古代の石を見つけられるかもしれないが、通常は砂が舞って岩を覆っている。

マラエ・ヘイアウ
Malae Heiau

野放しのサトウキビ畑の淵に茂る木々に紛れて建つマラエ・ヘイアウは、ホリデー・インからハイウェイを渡った所の、ほんの40フィート（約12m）内陸にある。ここは島最大のヘイアウで、2エーカー（約0.8ヘクタール）の土地に広がっている。雑草やジャワ産セイヨウスモモの木がうっそうと茂り、ヘイアウへ行くのは不可能だ。

1830年代に宣教師が最後のカウアイ女王であるデボラ・カプレをキリスト教に改宗させ、女王はマラエ・ヘイアウ内を牛小屋に変えてしまった。それ以外は、人を寄せ付けないほどの茂みのおかげで比較的よく保存されている。祭壇を囲む石造りの壁は高さ10フィート（約3m）まで届き、幅も8フィート（約2m）ある。

このヘイアウは州の所有地内にあり、将来ここをワイルア川州立公園に含めるという計画が進められている。

シダの洞窟
Fern Grotto

カウアイでもっとも観光客に人気があるのは、川船に乗ってワイルア川をさかのぼり、シダの洞窟へと向かう水上ツアーだ。ありきたりのジョークとエルビスの歌、「ハワイアン・ウェディング・ソング」までごていねいにサービスしてくれる。

大きく幅広で、平らな船底の川船はシンプルな屋根付き荷船のようだ。中には、観光客を詰め込む前からこのボートのことを牛運搬用ボートと比較する人もいる。表面をシダで覆われた岩の下にある大きなかび臭い洞窟は十分見栄えするが、必見というほどの場所ではない。

スミス・モーター・ボート・サービス Smith's Motor Boat Service（☎821-6892）および**ワイアレアレ・ボート・ツアー Waialeale Boat Tours**（☎822-4908）の両社とも大人＄15、12歳未満＄7.50で水上ツアーを提供し、毎日9:00～15:00の間は30分おきにどちらかが出発する。

スミス・トロピカル・パラダイス
Smith's Tropical Paradise

スミス・トロピカル・パラダイス（☎821-6895　🏠Wailua Marina　🅿大人＄5.25、12歳未満＄2.50　🕗8:30～16:00）にはワイルア・マリーナのうしろにテーマ別庭園を通り抜ける環状の散策コースがある。1週間に3日間、夕方にルアウとポリネシアンショーを行う。詳しくは後出「エンターテインメント」参照。

ココ・パーム
Coco Palm

カウアイで最初のリゾートホテルであるココ・パームはカウアイの古代王族宮廷地に建設され、歴史的な45エーカー（約18.2ヘクタール）のココナツの木立の真ん中にある。この「トロピカル・テーマ」のホテルにはラグーンや藁葺きのコテージ、たいまつがともされた小道などがあり、映画のセットのようであった。事実、ホテルの野外チャペルはもともと1954年にリタ・ヘイワース主演の映画「雨に濡れた欲情 Sadie Thompson」用に建てられたものだ。ココ・パームで行われたウェディングの中でももっとも有名だったのは「ブルー・ハワイ Blue Hawaii」の中でエルビス・プレスリーとジョアン・ブラックマンによる挙式だ。その後、アメリカ本土のカップルがココ・パームで結婚の

イースト・サイド―ワイルア

誓いを立てようと殺到した。

このリゾートはハリケーン・イニキによる大きな痛手を受け、今もなお未修復の状態が続いているが、それでもカウアイのランドマークとしての座を保ち、道路からもうかがえ見ることができる。

ハイウェイ580
Highway 580

クアモオ・ロードKuamoo Rdの別名でも知られるハイウェイ580は、ココ・パームが建つハイウェイ56の信号から始まる。この道路は2本の未開拓地の散策コースが始まるケアフア植物園Keahua Arboretumへ行くまでに各ヘイアウ、歴史的名所、オパエカアの滝およびワイルア農業地区Wailua Homesteadを通る。

ホロホロク・ヘイアウ Holoholoku Heiau ルアキニ・ヘイアウluakini heiau（人間を生け贄に捧げる神殿）であるホロホロクはハイウェイ580を0.25マイル（約0.4km）進んだ所の左にある。すべてのワイルアにあるヘイアウと同じく、ここも囲い込みの構造で、段をつけた土台の上にではなく直接地上に石造りの壁が築かれている。

ここ全域がかつて王族の所有地であり、領域西側に当たる裏が平らになった出産石にもたれて女王が未来の王を出産した。この石の銘板には「ポハク・ホオハナウPohaku Hoohanau」と書かれている。数ヤード離れた別の石には「ポハク・ピコPohaku Piko」とあり、赤ん坊のピコ（へその緒）を置き去った場所だ。

ハワイの王族が生まれたこの神殿の上方にある階段は丘の上の墓地へと続き、後の日本人労働者が永眠している。

ポリアフ・ヘイアウ Poliahu Heiau 丘の上高くにあり、曲がりくねったワイルア川を一望する場所にあるポリアフ・ヘイアウは、ペレの姉妹の1人、雪の女神ポリアフの名にちなんでつけられた。比較的保存状態の良いこのヘイアウは、ルアキニ・ヘイアウだと思われていた。

ポリアフ・ヘイアウはオパエカワの滝展望台のすぐ手前、道路向かいにある。

ベルストーン Bellstone ポリアフ・ヘイアウのすぐ南、ハイウェイ580の同じ側に「落石注意 Falling Rocks」の標識が立っているので見落とさないようにしよう。この標識は、ベルストーン（鐘石）へと続く短い、わだちになった未舗装道路の位置を示している。道路の角度からして、ポリアフから坂を下ってくるほうが入りやすい。

昔のハワイでは、ワイルア川は海軍が入港する場所だったので、この展望台にあるベルストーンは見張りの兵が攻撃の危機が迫ったとき、または王族の出産を知らせるために使用されたと考えられている。

実際には道路の突き当たりに2つの石があり、1つには作成された年代を疑わせるやけに完璧なペトログリフ（岩石彫刻）が刻まれている。考古学者たちは、一体どちらがベルストーンだったのか疑問に思っている。石にへこみがあるのがわかるが、近年、人々が響き具合を確かめるためにたたいたことで、へこんだのかもしれない。

岩がある場所から短い道が出ていて川の風景が広がる場所へと続いており、牛が下の土手で草を食む様子が見られ、川船のスピーカーから流れるナレーションが聞こえてくる。

オパエカアの滝 Opaekaa Falls 高く、幅広の滝で2本の小滝として通常は流れているが、大雨の後は両側の滝が一体になる。マカレハ山脈Makaleha Mountainsの山頂が背景をなし、シラオネッタイチョウが滝の下の渓谷で羽ばたいている。

ここは楽に見物できる滝で、道路からでも見える。標識が立っている横道への入口はワイルアからハイウェイ580を1.5マイル（約2.4km）ほどいった所にある。最適な角度は駐車場を過ぎた所の歩道を歩いて登り、橋へと向かう。

カモキラ・ハワイアン・ビレッジ Kamokila Hawaiian Village ワイルア川の川岸に沿って再現されたこのハワイアン・ビレッジ（☎823-0559 ◎月～土 9:00～17:00）は、草でできた小屋や集会用の家、女衆の家、そのほかの先住民集落でよく使われていたいろいろな建物からなる。ここはハワイ人家族によって小規模の気取らない運営がされている。

ガイドが各建物の機能を解説し、地面に生えている原生植物の伝統的利用法について説明してくれる。フラのデモンストレーション、センネンボクの葉を編んで作るブレスレットやココナツの殻から飲むココナツジュースを、訪れた客全員に（たった＄5の寄付で）サービスしてくれる。1時間のツアーはほかの大規模事業者の多くが失ったアロハの心意気を提供してくれる。

カモキラはハイウェイ580の南側、オパエカアの滝の反対側、狭い0.5マイル（約0.8km）の舗装道路突き当たりにある。カモキラではカヤックをレンタルすることもできる。詳細は、本章前出「アクティビティ」の「カヤック」を参照。

クイラウ・リッジ・トレイル Kuilau Ridge Trail

苦労するだけの甲斐あって、クイラウ・リッジ・トレイルは島でもっともすばらしい景観が臨める散策コースの1つだ。標識が立っているコースの始点はハイウェイ580と581の分岐点から4マイル（約6km）先のハイウェイ580がケアフア植物園の小川を横切る所の少し前、右側にある。車の中には貴重品を置かないように。

散策コースは初め、馬やたまに非常識なダートバイク乗りにも利用される幅の広い未舗装の道になっている。途中野鳥の鳴き声がコアの木、オヒア・レフアやセンネンボクのやぶなど、密集した現地の植物の中から聞こえてくる。コースを登っていくと、上のほうに青々と茂ったシダに覆われた丘の斜面があり、一面に広がる山の風景を楽しませてくれる。グアバの木や野生のクロミキイチゴが道に沿って生えている。

コースを登ると幅の広い山の背へ着き、両側にある渓谷から海岸まではっきりと見わたせる。東にはカパアが見え、西には島の自然そのものの中央地域が広がる。1.25マイル（約2km）の距離の尾根の上にある草の生えた開拓地まで40分ほどかかり、そこには2つのピクニックテーブルが置かれ、ワイアレアレ山の景色を見ることができる。

開拓地の向こう、ピクニックエリアを過ぎた所の右から、クイラウ・リッジ・トレイルは細い小道として続き、よりすばらしい絶景が臨める。このコースは1マイル（約1.6km）先のモアレペ・トレイルMoalepe Trailで終わりとなる。もしそこまで足を延ばすのがいやであれば、そこから0.5マイル（約0.8km）の間に絶景があるので、せめてもう少しだけ先へ行ってみることをおすすめする。

モアレペ・トレイルとのつなぎ目を左に行くと、10分ほどして回りを見わたせる地点へ達する。モアレペの右へ行くと2.25マイル（約3.6km）進んだ所で、ワイルア農業地区のオロヘナ・ロードOlohena Rdに出る。

ワイルア農業地
Wailua Homesteads

スリーピング・ジャイアントSleeping Giantマウンテン西側にあるワイルア農業地は、かつて政府がここで農業経営を希望するものに160エーカー（約64.7ヘクタール）の土地を与えた場所である。一時ドール社がここにパイナップルを栽培したが、農業地の当初は、ほとんどの土地を家畜用牧草地として利用していた。今日、ワイルア農業地は大部分が広々とした住宅地区とオランダ系ペンシルバニアの農村地帯を思わせる田園地区で構成されている。

主要の道路はハイウェイ581（カマル・ロードKamalu Rd）で、南端ではハイウェイ580に、北端ではオロヘナ・ロードOlohena Rdにつながっている。カマル・ロードとオロヘナ・ロードの両方が一緒になってハイウェイ581を形成している。

ノウノウ・リッジ・トレイル
Nounou Ridge Trail

ノウノウ・リッジ・トレイルはちょうどスリーピング・ジャイアントの胸の辺りになる頂上まで登り、イーストコーストと山地渓谷の両方を一望できる。よく手入れされたコースは1時間半から2時間かけて1周できるようになっている。どちらかというと急なコースなので結構な運動になる。

コース始点が2カ所あり、どちらも標識が立っている。西側のコースは日陰で、背の高い木々と苔で覆われた石が続く森林のコースになっている。東側のコースは、西側よりも開けていて、多少距離が長く、ワイルア住宅区域にあるハレイリオ・ロードHaleilio Rdを1マイル（約1.6km）進んだ所の駐車場から始まる。

山の西側を回るコースは住宅（No 1068）近くのカマル・ロード（ハイウェイ581）から始まる。林業交通権優先と明記されている金属のゲートを通り抜け、小さな牧草地の坂を登っていくとコースの始点がある。車で来る場合、始点には駐車できないが、ロケラニ・ロードLokelani Rdの突き当たりであれば駐車でき、コースにも行ける。ロケラニ・ロードはカマル・ロードをそれた所の少し北にある。ここからコースへ入った場合は、同じ牧草地のより森林に近い場所に出る。

このコースへは早朝の比較的涼しいときに出かけるのが最善で、日光が下の渓谷一面に広がる光景に出会える。頻繁に利用されるコースは濡れていると滑ることがあるので、ハイキング好きな人がたまにトレイルの始点に置いて帰るステッキがないか探してみよう。

始点にあるユーカリの木立はすぐに資源保存市民部隊Civilian Conservation Corps (CCC)が1930年代に植えたシマナンヨウスギの深い森に取って代わられる。シマナンヨウスギが始まる所から森林を中へ5分ほど行くと二股に道が分かれているので、左の横に大きな岩がある道を進む。

コースは15フィート（約5m）の高さまで成長する深く茂ったストロベリーグアバの低木の中を通る。場所によってグアバは天蓋のトンネルのような効果を生み出している。ストロベリーグアバは小さくて赤い実で丸ごと食べられ、グアバ全種の中で一番甘い。

山頂まで数分という辺りの山の背で、東側と西側の両コースが合流する。そのままハラ

(パンダナス) の木を通り過ぎ右へ進む。頂上にはピクニックテーブルのある山小屋があり、もしものときには雨宿りができる。にわか雨が降った後には、渓谷に虹がかかり感動的な光景を目の当たりにできる。西側には、ワイルアとマカレハ山脈の景観が180度見わたせる。

眼下には、東にカパア、ココ・パームとワイルア川が見える。川船埠頭の右とホリデー・イン内陸側に、野放しのサトウキビ畑の真ん中に青々した四角となって浮かぶマラエ・ヘイアウが見える。

ピクニックエリアを横切って南へ行くと、コースが先へと延びている。5分ほど登った所に岩でごつごつした場所に出るので、腰掛けて風景を満喫できる。尾根はスリーピング・ジャイアントSleeping Giant (後出の「スリーピング・ジャイアント」参照) のあごまで続いている。行ってみようかという衝動に駆られた場合は、慎重に状況判断をすること。先は険しく、崩れやすい岩と断層がある。

ココナツ・プランテーション
Coconut Plantation

ハイウェイ56にあるココナツ・プランテーションは、この地区の主要リゾート開発地で4つのホテル、1カ所のコンドミニアム、およびショッピングセンターがある。正面には0.5マイル (約0.8km) のビーチが広がり、一部アイアンウッドの木陰で覆われている。

低い溶岩棚が海水浴場のほぼ全域にわたり、その向こうには流れのきつい海流が走っているため、ウォーターアクティビティは制限されている。海水浴にもっとも適した場所は、溶岩棚が途切れているカウアイ・サンズ・ホテルKauai Sands Hotel前だ。

水質は並みである一方、ビーチは散歩を楽しむのによく、時たま海岸でモンクアザラシが日向ぼっこをしているのを見かけられることもある。カウアイ・ココナツ・ビーチ・リゾートと、ビーチボーイBeachboyにあるカウアイ・コースト・リゾートKauai Coast Resortの間に広がる広大な原野はムナグロやほかの渡り鳥に人気の場所だ。

リゾートのショッピングセンターである**ココナツ・マーケットプレイスCoconut Marketplace**には、無数のブティック、アートギャラリーやギフトショップがある。どこも営業時間は、月～土曜9:00～21:00、日曜は10:00～18:00までとなっている。

宿泊

ベッド＆ブレックファスト・コテージ ビーチの近くでなくてもまったく構わないという人は、以下に挙げるワイルアの宿泊施設がカウアイ島でもっともお得な宿のうちの何軒かだ。このリストにある宿泊施設はすべて、海岸から3マイル (約5km) ほど離れた田舎風なたたずまいのワイルア農業地にある。どこもハイウェイ581と580の分岐点から1マイル (約1.6km) 域内にある。

ローズウッドB&B
Rosewood B&B
☎822-5216 FAX822-5478
✉rosewood@aloha.net
🏠872 Kamalu Rd
🛏客室＄40～85、ワンルーム型コテージ＄85、2ベッドルームコテージ＄115

美しく修復された築100年のプランテーション家屋で、ローズマリーとノーバート・スミスが所有している。家屋の2階はキングサイズのベッド、埋め込み式浴槽のタイル張りバスルームというスタイリッシュな客室があり、窓から山の風景が臨める。

その他に2つの魅力的なコテージもある。ビクトリアン・コテージVictorian Cottageは気分が弾む広々としたコテージで天井が高く、床はオーク材のフローリングで、天井ファン、設備の整ったキッチン、キングサイズのベッドのあるメインベッドルームがある。2階のベッドルームには2組のツインベッドがある。藁葺きコテージThatched Cottageはハワイ風デザインのワンルーム型で、屋根の上にココヤシの葉が並べられ、全部の窓が網戸つきで、小鳥の鳴き声が飛び交う庭側にある。キングサイズのベッドがあり、簡易キッチン、天井ファン、屋内トイレ、屋外温水シャワーおよびバーベキュー用グリルがある。

3番目の建物であるバンクハウスには、飾り気はないが確実に快適な客室が3室あり、低料金の旅行者をターゲットにしている。それぞれの客室には流し台、コーヒーメーカー、電子レンジ、トースター、冷蔵庫、バーベキュー用グリルがある。宿泊客は共同で屋内のトイレと庭にある囲い付きの屋外シャワーを利用する。料金は2つの最小客室が特別割引といえる＄40で、そのうち1つにはシングルベッドが2台、もう1つにはクイーンサイズのベッドが1台ある。最大の客室は＄50でキングサイズのベッドがロフトにあり、下にはソファーベッドが置かれている。どの宿泊施設も禁煙。宿泊客はインターネットに接続されたコンピュータの使用可能。

ハウス・オブ・アレバ
House of Aleva
☎822-4606
🏠5509 Kuamoo Rd
🛏S＄40 W＄55

ココ・パームから2マイル (約3km) ほど上

へ進んだ所のハイウェイ580上にある、アーネスト・ペリーと妻のアニータが自宅をB&Bとして開放している。アーネストは退職した商船員だ。アニータは退職した看護婦で、手相を見たり、ハワイアン陶磁器の彫刻をしたりしている。2階にある2室の客室は共同でバスを利用するが、個々にクイーンサイズのベッド、電話、テレビ、ミニ冷蔵庫および電子レンジが付いている。1階の少し小さめの客室にはツインベッドがあり、シングルルームとして貸している。

マジック・サンライズ・ハワイ
Magic Sunrise Hawaii
☎821-9847 ℻823-8542
📧aloha@magicsunrisehawaii.com
🏠139 Royal Dr
🛏客室$50〜60、コテージ$85〜100

明らかにニューエイジの空気が漂う宿で、スイス人の母親と娘が主にヨーロッパ系の旅行者を相手に経営。ここは、竹製のベッド、羽の壁掛け、インド綿などで色とりどりに装飾され、うれしくなるほど落ち着いた場所である。母屋には客室が2室ほどあり、1ベッドルームの客室で、山を一望できるバルコニーがある部屋と、ベッドルームが2つあるコテージで5人は楽に泊まれる。個々の宿泊客はキッチンに出入りすることが可能で、プールもある。

ヘンピーズ・ガーデン・アイランド
Hempey's Garden Island
☎822-0478 ℻822-4399
📧ph@hawaiianbedandbreakfast.com
🏠6078 Kolopua Rd
🛏客室$55 スタジオ$65

ダン・ヘンピーと妻のパトリスが自宅をB&Bとして観光客に開放している。ここには3室のくつろげる客室があり、それぞれに専用バスが付いている。明るい色で塗られたワンルーム型客室は別玄関で、簡易キッチン、リビングルーム、インターネットができるコンピュータがある。弁護士のダンは、たくさんのリベラル（自由主義）訴訟を担当してきた。その中には医療調査研究室から犬を救済するという訴訟もあり、救済された犬の中には、現在夫妻と暮らしている犬も含まれている。ブラジル出身のパトリスはポルトガル語、スペイン語、フランス語、イタリア語を話す。

イン・パラダイス
Inn Paradise
☎822-2542
📧mcinch@aloha.net
🏠6381 Makana Rd
🛏客室$70〜100

3つの客室があり、ペルシャじゅうたん、籐製品の家具、ハワイアンの壁柄など趣味の良い工夫がなされている。それぞれの客室には、テレビ、冷蔵庫、電子レンジ、トースター、コーヒーメーカー、専用玄関がある。ラナイは全客室共有で、牧草地と山の風景を臨める。一番安いプリンス・クヒオPrince Kuhioという客室にはキングサイズのベッドがある。クイーン・カプレQueen Kapuleというスイートには、キングサイズのベッドと、収納ベッド付きリビングルームがある。キング・カウムアリKing Kaumualiiという客室は、小さな家のような造りで、2つあるベッドルームのうち、1つにはキングサイズのベッドが置かれ、もう1つにはツインベッドが2台置かれている。また、設備の整ったキッチンがあり、4人まで泊まれる。2泊から受け付ける。

レインボー・エンド
Rainbows End
☎823-0066 ℻823-0071
📧rainbowsend@lava.net
🏠6470 Kipapa Rd
🛏$115

山の渓谷に隠れた静かな道路沿いにある愛らしい小さなコテージ。小さいが、家庭的でリビングルームにはフトン式ソファーベッドと小型簡易キッチンがある。バスルームの浴槽は脚付のジャグジータイプで、その上クイーンサイズのベッド、天井ファン、ステンドグラスの窓がある快適なベッドルームがある。ここには、内陸マホガニー材のフローリング、創作美術作品、熱帯の果物と植物でいっぱいの庭など、たくさんのすてきな演出がある。

コンドミニアム・ホテル

カウアイ・サンズ・ホテル
Kauai Sands Hotel
☎822-4951、800-560-5553
📧info@sand-seaside.com
🏠420 Papaloa Rd
🛏客室$98、簡易キッチン付き$130

ハワイ人が所有するサンズ・アンド・シーサイドホテルチェーンの一部で、ほとんどの部分が芝生とプールに囲まれる2階建ての建物がひと続きに並んでいる。近くのホテルと比べると少々簡素だが、それでもリゾートホテルにある快適さを求めるための設備はすべて揃っている。加えて、このホテルはしばしば気前のいい割引を行うことがある。現在の「ファン・イン・ザ・サンFun in the Sun」割引だとホテル利用状況によるが、料金が$65まで割り引きされることもある。全室広々としていて、ダブルベッドが2台、エアコン、テレビ、ミニ冷蔵庫、ラナイがある。

カパア・サンズ
Kapaa Sands
☎822-4901、800-222-4901 ℻822-1556

e ksresort@gte.net
🏠 380 Papaloa Rd
🛏 ワンルーム型 $117、2ベッドルーム $134、オーシャンビュー2ベッドルーム $152

20の2層または4層構造のコンドミニアム客室がある。全客室にキッチン、ラナイ、そよ風が吹き抜けるよろい窓があり、どこからも海が、少なくとも部分的には見える。この集合地はほかよりも古いものだが、改築済みで、楽に4人が泊まれる2ベッドルームの客室は2組のカップルが一緒に旅行をしている場合、比較的お得な宿泊施設といえる。ひまな時期は最低3泊、冬期は最低7泊という規定。

アイランダー・オン・ザ・ビーチ
Islander on the Beach
☎ 822-7417、800-922-7866　FAX 822-1947
e info@aston-hotels.com
🏠 484 Kuhio Hwy
🛏 客室 ガーデンビュー $145、オーシャンビュー $178

感じの良いホテルで、全195室が6棟の3階建ての建物の中にある。すべての客室にキングサイズのベッド1台またはダブルベッドが2台、冷蔵庫、コーヒーメーカー、エアコン、テレビ、金庫、ラナイがある。プールサイドバーあり。

カウアイ・コースト・リゾート・アット・ビーチボーイ
Kauai Coast Resort at the Beachboy
☎ 822-3441
FAX 822-0843
e kbb@aloha.net
🏠 484 Kuhio Hwy
🛏 客室 $120、コンドミニアム 1ベッドルーム $185、2ベッドルーム $245

ビーチフロントに建っている最近改築されたばかりの宿泊施設。ここにはホテル式の、小さい冷蔵庫とコーヒーメーカーが置いてある客室と、装備の整ったキッチン、洗濯機・乾燥機が揃ったコンドミニアム客室がある。すべての客室にスタイリッシュな家具、エアコン、ラナイ、テレビ、金庫がある。快適設備にはテニスコート、プール、フィットネス各種がある。

ホリデー・イン
Holiday Inn
☎ 823-6000、800-823-5111　FAX 823-6666
e info@holidayinn-kauai.com
🏠 3-5920 Kuhio Hwy
🛏 客室 ガーデンビュー $198、オーシャンビュー $231

リドゲート・ビーチ・パークに隣接している。ホテルの客室は近代的で快適だが、客室によって広さにかなり違いがある。ほかよりも広く、2台のクイーンサイズのベッドと大画面テレビ、机、冷蔵庫があるピカケ・ウィングの客室へ案内してもらうのが良い。ホテルでは、上記料金の最高40％引きになる「グレート・レート'Great Rate'」割引などよくキャンペーンを実施している。予約するときに割引を行っているかどうか聞いてみると良い。

プランテーション・ハレ
Plantation Hale
☎ 822-4941、800-775-4253
FAX 822-5599
e ph@aloha.net
🏠 484 Kuhio Hwy
🛏 客室 $145～165

ココナツ・プランテーションのハイウェイ側にあり、ベスト・ウェスタン Best Western チェーンのメンバーである。コンプレックスには160の広々とした近代的な1ベッドルームの客室があり、それぞれのベッドルームにはダブルベッド2台、またはキングサイズのベッド1台が、リビングルームにはクイーンサイズのソファーベッドが置かれている。装備の整ったキッチン、エアコン、天井ファン、テレビ2台が全室に設置されている。2カ所にプールがある。上記の料金は4人まで泊まった場合の例。

カウアイ・ココナツ・ビーチ・リゾート
Kauai Coconut Beach Resort
☎ 822-3455、800-760-8555
FAX 822-1830
e info@kcb.com
🏠 484 Kuhio Hwy
🛏 客室 $165、オーシャンビュー $215

元シェラトンだったこのリゾートは、全312室のビーチサイドホテルでココナツ・プランテーションの静かな北の端に位置する。ロビーとそのほかの共有スペースはとっくに改装すべき状態といえるが、ダブルベッドが2台、またはキングサイズのベッドが1台の部屋に、テレビ、金庫、ミニ冷蔵庫、コーヒーメーカー、それにとても小さいけれどラナイが客室についてるのは快適だ。高い天井で部屋が広く感じる4階にある客室が、もっとも良い。プールもある。提示の料金は高めだが、各種割引が用意されており、宿泊客があまりいないときは、ウォークイン（予約なし）価格で $75 まで下がることがある。

食事

ココナツ・マーケットプレイス Coconut Marketplace（🏠 484 Kuhio Hwy）には安い食べ物を売っているキオスクが数軒ある。良質で手頃なカルツォーネやピザが食べられる**アロハ・ピザ Aloha Pizza** はおすすめ。中でも $6 のアーティチョークガーリック味がおいしい。また、**フィッシュ・ハット Fish Hut** ではフィッシュアンドチップスが $7、**ハーリーズ・リブズ・アンド・チキン**

Harley's Ribs-N-Chickenでも＄7でおいしいレモンペッパーチキン付きシーザーサラダが食べられる。ココナツ・マーケットプレイスには座って食事ができるレストランが2軒スナックとアルコール類を置いている小さなコンビニが1軒ある。どこも少なくとも11:00～20:00まで営業している。

香港カフェ
Hong Kong Cafe
🏠4-361 Kuhio Hwy
🕐月～金 10:30～21:30、土・日 14:30～21:30
カジュアルな場所で手頃な価格の中華料理を出している。レモンチキン、バーベキューダックまたは照り焼きビーフなど、皿に盛られたランチはたったの＄4～6だ。

コリアン・バーベキュー
Korean Bar-B-Q
🏠4-356 Kuhio Hwy
🕐水～月 10:00～21:00、火 16:30～21:00
良質の韓国料理を正当な料金で提供。2杯のライスと4種の野菜つけ合わせが付いたコンビネーションメニューは、バーベキューチキンが＄6、またはビーフとチキンの組み合せなら＄6.50。

金太郎
Kintaro
☎822-3341
🏠4-370 Kuhio Hwy
食事＄14～20
🕐月～土 17:30～21:30
コリアン・バーベキューに隣接した、島で一番の日本料理レストラン。上等な寿司バーや楽しい鉄板焼きの部屋があり、ここでシェフが鉄板のグリルで食事を料理してくれる。苦心して創り出される料理の見事な包丁さばきは見もの。食事にはスープ、ライス、およびお茶が付いているので、料金に加算が必要となるものはない。金太郎は、高級レストランでは最高にお得な店だ。

エンターテインメント

ホリデー・インにある**クヒオ・ラウンジ Kuhio Lounge**（☎823-6000 🏠3-5920 Kuhio Hwy）は、夜ならいつでも1杯やるのにいい場所だ。金曜の夜にはこの地区のもっともホットなダンススポットに変身する。

カウアイ・ココナツ・ビーチ・リゾート
Kauai Coconut Beach Resort
☎822-3455
🏠Coconut Plantation
ルアウ 大人＄55、12～17歳＄33、3～11歳＄23
毎晩18:00からオープンバー、ディナー、ポリネシアレビューのルアウを行っている。ホテルの駐車場からお祭り騒ぎの様子をほんの少し垣間見ることができる。イム*imu*（地中オーブン）の準備に興味があるなら、中に熱い岩を詰めて、ブタを埋める作業を10:45に見ることができる。

スミス・トロピカル・パラダイス
Smith's Tropical Paradise
☎821-6895
🏠Wailua Marina
ルアウ 大人＄56、7～13歳＄28.50、3～6歳＄18.75
カクテルとディナーにミュージカルショーが揃ったルアウを月・水・金曜の17:00に行っている。

無料のフラショーは**ココナツ・マーケットプレイス Coconut Marketplace**（☎822-3641）で毎日17:00に行っている。ここにある**ココナツ・マーケットプレイス・シネマ Coconut Marketplace Cinemas**（☎821-2324）にはスクリーンが2つあり、封切り映画を上演している。

ワイポウリ
WAIPOULI

ワイポウリはココナツ・プランテーションとカパア間の1マイル（約1.6km）にわたる細長い商業区域だ。ここはいろいろなショッピングセンターが集まっているのが一番の魅力で、この地区最大というだけでなく、食事をするにもカウアイ島の中で最高の場所だ。

ワイポウリ最大のショッピングセンター、カウアイ・ビレッジKauai Villageの中には**カウアイ文化遺産センター Kauai Heritage Center**がある。ここには手作りの木彫品、羽でできたレイ、竹製の横笛、そのほかハワイの伝統工芸品が展示してある。センターではもっと学びたい人たちのために工芸の1日講習会も行っている。

インフォメーション

アメリカン・セービング・バンク
American Savings Bank
☎822-0529
🏠4-771 Kuhio Hwy
🕐月～金 10:00～20:00、土・日 10:00～16:00
ワイポウリ・タウン・センターWaipouli Town Center内のフードランド・スーパーマーケットFoodland supermarketの中にある。

郵便局 post office（☎800-275-8777 🏠4-1101 Kuhio Hwy 🕐月～金 8:00～16:00、土 9:00～14:00）はカパア・ショッピング・センターKapaa Shopping Center内にある。

衣類の洗濯はカパア・ショッピング・センター内にある**カパア・ランドリー・センター Kapaa Laundry Center**（☎822-3113 🏠4-1101 Kuhio Hwy 🕐7:30～21:30）で、できる。

イースト・サイドーワイポウリ

スリーピング・ジャイアント
Sleeping Giant

ワイポウリ・コンプレックスWaipouli Complexのちょうど北にある印のついた地点からノウノウ嶺Nounou Ridge頂上のスリーピング・ジャイアントの輪郭を目で追ってみよう。

　次のような伝説がある。人なつっこい巨人がルアウでポイを食べ過ぎて山のふもとで眠ってしまった。巨人の助けを必要としたメネフネの友人たちが、巨人に向けてたくさん石を投げて起こそうとしたが、石はどれも巨人のいっぱいになった腹に当たって跳ね返り、それが開いた口に入ってしまった。石は巨人の喉にひっかかっり彼は眠ったまま死んで岩になった。今では、巨人は頭をワイルアに置き足をカパアに置いて尾根に手足を伸ばし、永遠の眠りについている。

　ハイキング用トレイルが尾根を横切り、ワイルア住宅地区Wailua Houselotsとワイルア農業地区を結んでいる（前出「ワイルア」参照）。海抜1241フィート（約378m）の尾根の一番高いところが巨人の額となっている。

宿泊

モキハナ・オブ・カウアイ
Mokihana of Kauai
☎822-3971
🏠796 Kuhio Hwy
🛏客室 $65

利用しやすいようにメンバー以外にも部屋を貸す、タイムシェア方式のリゾートコンプレックスだ。ビーチにワンルーム型の客室が79室あり、非常にすっきりしているが値段からいえば格安である。各部屋にツインベッド、ホットプレート、冷蔵庫、オーシャンビューのベランダがついている。電子レンジやオーブンはないが、プールのそばにバーベキュー用グリルが2つある。

カウアイ・カイラニ
Kauai Kailani
🛏客室 $65〜75

近くにあるモキハナ・オブ・ハワイの姉妹館。タイムシェア方式の2ベッドルームが58室あり、モキハナのフロントで取り扱っている。これらの客室には片方の部屋に設備の整ったキッチンとツインベッドが2台、もう一方の部屋にクイーンサイズベッドが1台ある。上記料金は4人まで泊まった場合。

　モキハナ・オブ・カウアイとカウアイ・カイラニの事前予約は**ハワイ・カイラニ** Hawaii Kailani（☎360-676-1434 📠360-676-1435 🏠1201 11th St, Suite 100, Bellingham, WA 98225）を通じてもできる。

ハレ・マカニ
Hale Makani
☎822-5216 📠822-5478
🏠321 Makani Rd
🛏ハウス $150

スリーピング・ジャイアントの山のふもとの静かな地域にあるきれいで近代的なハウス。ベッドルーム3つとバスが2つあり、家族や小グループでの旅行者にとっては打ってつけだろう。マスターベッドルームにはキングサイズベッドが1台あり、セカンドルームにはクイーンサイズベッドが1台、サードルームにはツインベッドが2台ある。床は硬材製で、梁がむき出しの高い天井、洗濯機・乾燥機やシーリングファンがあり、設備の整ったキッチンおよびステレオやテレビ、ビデオのあるリビングルーム1室となっている。バーベキュー用グリル1つの付いたオーシャンビューのデッキが前面にある。マスタールーム外のデッキにはホットタブがあり山が眺められる。

食事

パパイヤズ・ナチュラル・フーズ
Papaya's Natural Foods
🕐デリカテッセン 9:00〜19:00、ストア9:00〜20:00

カウアイ・ビレッジ・ショッピング・センターにある優良な健康食品店で、体にいいサラダやサンドイッチ、軽食などを出す。野菜バーガーは$5、ブラウンライスとサラダの付いたフィッシュタコスのようにお得なセットになっている食事はだいたい$8ぐらいだ。テイクアウト方式だが、中庭にはテーブルもあり、リラックスして食事ができる。

パンダ・ガーデン
Panda Garden
🍽1品 $7〜12、ランチ $6〜9
🕐木〜火 10:30〜14:00、毎日 16:00〜21:30

カウアイ・ビレッジ・ショッピング・センターにあり、カウアイで一番の四川料理がある。メニューは幅広く、何十種類もの海鮮、ダック、肉料理のほかベジタリアン向けの料理もある。1品料理に加え、$13〜16という手頃な値段で選べる4品セットのディナーも何種類かある。

キング・アンド・アイ
King & I
🏠4-901 Kuhio Hwy
🕐16:30〜21:30

ワイポウリ・プラザ内にあり、家族経営のフレンドリーなタイ料理店だ。フレッシュバジル、ライムの葉、レモングラスから出た色がすがすがしいグリーンカレーがおいしい。カレーは各種ミートが$8、シュリンプまたはフィッシュが$10で、メニューにあるそれ以外の料理も

ほとんど同じくらいの値段だ。どの料理も甘口、中辛　辛口が選べる。チリオイルで調理した風味のあるナスと豆腐の1品（＄8）など、ベジタリアン用の料理も幾つかある。

ココナッツ
Coconuts
☎823-9777
🏠4-919 Kuhio Hwy
🍴前菜＄6～10、メイン＄10～22
🕐月～土 16:00～22:00

島のこちら側でもっともトレンディーで新しいレストランだ。この店はにぎやかでトロピカルな室内装飾とともに、パイナップルチャツネ入りアヒ・ツナ（クロマグロ）やリリコイ・ココナッツ（パッションフルーツ）で照り焼きにしたサーモン、タイカレーのパスタなど常に島の感性を生かしたおいしい料理が自慢だ。実際にはメニューにある料理はほとんど辛く、水を口にしてしまう。席を確保するには直接行ってテーブルに着くしかない。というのも、ココナッツでは5名以上のグループでないと予約は受け付けていないからだ。18:00以前に店内に入ればほかの人たちに先んじることができる。

ア・パシフィック・カフェ
A Pacific Cafe
☎822-0013
🍴前菜＄8～11、メイン＄19～25
🕐17:30～21:30

カウアイ・ビレッジにあるおいしいパシフィック・リム料理を出す、忙しくも活気にあふれたレストラン。フランス人シェフのジャン・マリー・ジョセランがココナッツカレースープやゴマをたっぷりふりかけたマヒマヒ（シイラ）のジンジャーソースあえなど創作的なメニューを提供する。凝った演出と細やかなサービスの高級レストラン。とっておきの一夜を過ごすならぴったりの場所だ。予約をしていくのが望ましい。

ワイポウリのクヒオ・ハイウェイのグルメが集まる場所の反対側にはファーストフードレストランが多い。本土でよく見かけるハンバーガーやピザのチェーン店もある。

ファーストフードの代わりにカウアイ・ビレッジの24時間営業の**セーフウェイ Safeway**スーパーマーケットもいい。デリカテッセンカウンターにはフライドチキンやサラダ、ベーカリーには極上のレモンドーナツ、フィッシュカウンターには最高のセサミ・アヒ・ポキ（ゴマを使ったマグロのマリネ）がある。さらに手頃な価格のよいワインが揃っている。しかし、毎週のお買得品を探す労をいとわないなら、島で一番安いアルコール類は近くの**ロングズ・ドラッグズ Longs Drugs**にある。

カパア
KAPAA

カパアは地元住民と旅行者の両方を対象とした小さな商業区域がある昔のプランテーションの町だ。見たところあまり目立つ町ではないが、島でもっとも大きい町の1つで、人口は9500人で、住宅地も中心部にあるため、メイン通りを10分歩けば着く。

カパアの歴史的な建物はハリケーン・イニキにより破壊されてしまったが、再建はカパア南部で大勢を占めているショッピングモールに合わせるのでなく、ほとんどが元の街並みと調和している。このような魅力もあって、街の中心部（地元の人からはカパア・タウンと呼ばれている）はインターネットカフェや小さなおしゃれなレストラン、ナチュラルフードストアなどの新しいビジネスで旅行者をを引き寄せている。カパアには数ヵ所の低料金の宿泊施設もある。

手工芸品を集めるのが好きなら、**カウアイ・プロダクト・フェア Kauai Products Fair**に行くといい。街の北側にあり、木～日曜まで多くの露店が出て、島の人たちが陶器やアクセサリー、ろうけつ染めの衣類などを売っている。

インフォメーション
ハワイ銀行 Bank of Hawaii（☎822-3471 🏠4-1407 Kuhio Hwy 🕐月～木 8:30～16:00、金 8:30～18:00）は街の中心に支店がある。

街の中心に**ポータル・インターネット・カフェ Portal Internet Cafe**（☎822-7678 🏠4-1388 Kuhio Hwy）がある。インターネットに接続したコンピュータ数台があり、料金は5分につき＄1で最低基本料金はない。

ブッバズ Bubba's（☎823-0069 🏠4-1421Kuhio Hwy）は隣接するハンバーガーレストランで、客には無料でメールチェックをさせてくれるが、コンピュータは1台しかないので長く待たされる。

同じく街の中心に**カパア公共図書館 Kapaa Public Library**（☎821-4422 🏠4-1464 Kuhio Hwy 🕐月・水・金9:00～17:00、火・木12:00～20:00）がある。

カパア・ビーチ・パーク
Kapaa Beach Park

この公園はカパアの北側から広がっており、野球場、ピクニックテーブル、公営プールがある。ビーチは南に約1マイル（約1.6km）続いている。ポノ・カイ・リゾート Pono Kai Resortに面する区域は質のいい砂浜だ。ビーチをずっと先に進むと海岸線が途切れ、自転車道があり昔のサトウキビ鉄道の線路に沿って古い橋が2つ

渡っている。この地区に滞在するなら、ハイウェイを街まで歩いて行ったり来たりするより、この道を行くのもいいだろう。

宿泊

カウアイ・インターナショナル・ホステル
Kauai International Hostel
☎823-6142
Ⓦwww.hostels.com/kauaihostel
🏠4532 Lehua St
💲ドミトリーベッド＄20、客室＄50

カジュアルな私営のユースホステルで、カパア中心地の便利な場所にある。約30台のドミトリーベッドがあり1部屋4〜6人。ダブルベッドの簡素なプライベートルームが5室ある。プライベートルームを含む全室、共同バス。このユースホステルには共同使用のダイニングルーム、キッチン、ビリヤード、テレビルーム、コインランドリーがある。ここは長年浮き沈みが激しく評判の良し悪しは半々なので、前金をポンと払う前に注意して調べること。

カパア・ビーチハウス
Kapaa BeachHouse
☎822-3424
Ⓦwww.kauai-blue-lagoon.com
🏠1552 Kuhio Hwy
💲S＄20、W＄35、個室＄45

オーシャンフロントの古い建物で、徐々にユースホステル式のゲストハウスに改装しつつある。地元のカイロプラクティック（整体）が本業のオーナーがサイドビジネスで営業している。海岸のすばらしいロケーションながら工事が進行中で、とても洗練された宿というわけではない。ドミトリーには作りつけベッドが8台あり、それぞれダブルマットレスとある程度のプライバシーを守るカーテンが付いている。宿泊客はキッチンの設備と洗濯機、オーシャンビューのデッキを使用できる。

KKベッド・アンド・バス
KK Bed & Bath
☎822-7348、800-615-6211内線32
Ⓦwww.kkbedbath.com
🏠4486 Kauwila St
💲S＄35 W＄50 トリプル＄60

街の中心の便利な場所にあり、海岸まで歩いてすぐ。オーナーのリチャード・スギヤマの自宅裏の倉庫を改築した建物内にある2つの客室からなる。リチャードは低料金が売り物と言うが、客室は快適でそれぞれクイーンサイズベッド、専用バス、冷蔵庫、テレビ、電話、小テーブル、シーリングファンがある。持ち運び可能なバーベキューグリルもある。ここは車椅子の人にとっても利用しやすい。

マヒナズ・ゲスト・ハウス
Mahina's Guest House
☎823-9364
📧mahinas@hawaiian.net
🏠4433 Panihi Rd
💲S＄35〜60、W＄55〜80

カパアの南側のビーチ近くにあり、カジュアルな感じのベッドルームが3つ。女性の旅行者に部屋を貸している。1つの部屋は共同のドミトリースタイルでシングルベッド2台付き。ベッド1台につき＄35。もう1つの部屋はクイーンサイズベッド付きで、3つ目の部屋はキングサイズのベッドと壁で囲んだベランダにダブルベッドが1台ある。宿泊客はキッチン、バスルーム、洗濯設備を共同で使用できる。オーナーのシャロン・ゴンザルブスはアレルゲン低下に努めており、ペットの持ち込みと喫煙は禁止されている。

ホテル・コーラル・リーフ
Hotel Coral Reef
☎822-4481、800-843-4659 📠822-7705
🏠1516 Kuhio Hwy
💲客室＄65〜99

2館からなる小さな家族経営のホテル。本館にはバスとテレビ付きの部屋が幾つかあり、クイーンサイズのベッド、ダブルベッド、ツインベッドのいずれかが付いている。海岸側の建物にはやや広めの部屋があり、海を見下ろすベランダが付いている。ロビーでの朝食では無料のコーヒーと自家製パンが楽しめる。プールはないが、ビーチがすぐそばにある。

ポノ・カイ・リゾート
Pono Kai Resort
☎822-9831、800-535-0085
Ⓦwww.marcresorts.com
🏠4-1250 Kuhio Hwy
💲1ベッドルーム ガーデンビュー＄145、オーシャンビュー＄190、2ベッドルーム ガーデンビュー＄190、オーシャンビュー＄235

カパアの南側にあるビーチに面したコンドミニアムで219室の快適な客室があり、街の中心から徒歩で行くことができる。各部屋は広々として、食器洗浄器、電子レンジまである設備の整ったキッチン、クイーンサイズのソファーベッド付きリビングルームと十分だ。さらにエアコン、シーリングファン、ケーブルテレビ、ベランダなどの快適な設備も完備。外にはテニスコート、プール、ビーチもある。

食事

以下の軽食堂はそれぞれ歩いて行ける範囲で、オロヘナ・ロードとの交差点付近のクヒオ・ハイウェイ（ハイウェイ56）に面している。

ポノ・マーケット
Pono Market
🏠4-1300 Kuhio Hwy
🕐月〜土 7:00〜19:00

デリカテッセンコーナーのある小さな食料品店。伝統的ハワイ料理を含むおいしいテイクアウトの食べ物などが買える。地元の人たちと一緒に並んでテリヤキチキン、スシ、ロミ（生サイコロサーモンのトマト・玉ねぎマリネ）、ポキなど、いろいろな種類のプレートランチ（＄6）を買おう。新鮮な果物や野菜はポノ・マーケットの向かい側の大きな農家直売の露店**サニー・サイド Sunny Side**で売っている。

ブッバズ
Bubba's
🏠4-1421 Kuhio Hwy
💴スナック＄3〜5
🕐10:30〜20:00

チリドッグ、フィッシュアンドチップス、ベジタリアンバーガーやフィッシュバーガーなどさまざまな種類のハンバーガーがある。

ポピーズ
Poppy's
🏠4-1495 Kuhio Hwy
💴スナック＄3〜6
🕐8:00〜20:00

カパアの北側にある小さくてこぎれいなナチュラルフードストアで、カリフォルニアのサンタクルズから来た2人のヨガ指導者が経営。健康的なベジタリアン・デリカテッセンからいろいろ選んでみよう。野菜スープ、"フェイクベーコンBLT"サンドイッチ、オーガニックサラダ、フレッシュフルーツスムージーほか、いろいろある。

ビーザーズ
Beezers
🏠4-1380 Kuhio Hwy
💴1品＄3〜8
🕐11:00〜22:00

懐かしい1960年代の飾り付けでいっぱいのレトロなアイスクリームショップ。サンデー類にはペパーミントツイストとかムスタング・サリーといった名前が付いている。メニューの中には今風な品（ホットドッグ、パストラミサンドイッチ、アイスクリームソーダなど）はあまりない。

マーメイド・カフェ
Mermaids Cafe
🏠4-1384 Kuhio Hwy
💴メイン＄7〜10
🕐11:00〜21:00

小さいがすばらしいオーナーが経営している店で最高の食べ物がある。キッチンと歩道に出した数個のカフェテーブルしかないが、メニューはカウアイ最高のレストランに劣らない。料理は豆腐またはチキンのサテイ（インドネシア風串刺し）のせライス、アヒのあぶり焼き付きオーガニックサラダ、アボカドと野菜のフォカッチャサンドイッチなどがある。

ノルベルトズ・エル・カフェ
Norberto's El Cafe
🏠4-1373 Kuhio Hwy
🕐月〜土 17:30〜21:00

カウアイで最初のメキシコ料理レストラン。心の込もったちゃんとしたメキシコ料理を出す。どの料理にもラードは使用していない。フルコースにはスープ、ライスとビーンズが付いて＄13〜16、ミニコースはそれより数ドル安くなる。食べた料理が押し流されてしまうほどマルガリータやメキシコビールをガブガブ飲んでしまうかも。

カパアからキラウエアへ
KAPAA TO KILAUEA

カパアから北に向かって車を走らせると、サトウキビ畑を抜けたその向こうにアナホラ山脈Anahola Mountainsのギザギザの尾根が雲の行く手をさえぎっている。反対の方角にはきらきら光る青い海と遠くの湾がチラッと見える。

カパアのちょうど北に2カ所、見晴らしの良い場所があり景色を楽しむことができる。干潮時の日没が特にすばらしく、波が浅瀬に押し寄せ、漁師が投げ網を持って漁に出ている。

10マイルマーカーの所にある長く美しいビーチは**ケアリア・ビーチ Kealia Beach**だ。満潮へと変わっていく間はサーフィンにふさわしい場所になる。

暴風雨のあとには、ビーチの南側に注いでいるケアリア川Kealia Streamから流れてきた木の枝でいっぱいになる。

ドンキー・ビーチ
Donkey Beach

ドンキー・ビーチは長い間カウアイ島の主要なヌーディストビーチとして知られてきた。ビーチはさまざまな人を引きつけ、ヌードの人もそうでない人も日光浴に利用しているが、主にゲイの人たちがよく訪れる。この風に吹きさらされた砂のビーチは道路からは見えず、少し歩かなくてはならない。

道路と海岸の間のカエアリア・カイKaelia Kai住宅地の新規開発工事のため、ドンキー・ビーチへの道は最近変わった。今では新開発によってできた案内標識のある真っすぐな歩道がパブリックビーチへ続いている。

ビーチへ行くには、ハイウェイ56の海側にある舗装された駐車場に車を停めること。この駐車場は11マイルと12マイルマーカーのだいたい中間にある。「パブリックビーチ入口 Public Shoreline Access」という小さな看板が出ているのでわかるだろう。ここからはただ道に沿って行くだけだが、だいたい歩いて20分だ。

この海岸はヌードで日光浴をする人達に人気があるというのは事実だが、裸でいることはカウアイ島では違法で、警察が時々取り締まりに来て裸の人物を見つけたら捕まえていく。2002年の取り締まり以降、当局にとっては好ましくない不評が広まったので取り締まりから手を引いていたが、この寛大な方針は風と共に再び変わる可能性があるので注意が必要だ。

風といえば、ドンキー・ビーチの海岸では風がとても強くなることがある。硬いアイアンウッドがすべて海岸側から傾き、特に浜辺に生えている木は強風に吹きさらされ、まるで低木のように見える。これは強風が続くことによる影響だ。ナウパカとイリマは地面を這うこの地の自生植物で、日陰のない浜の砂に生えてわずかな色を添えている。10月から5月にかけては、よく波が高くなり激流となる危険性があるので注意すること。

アナホラ
Anahola

アナホラは家が散在する小さな村で、村の大部分はアナホラ湾Anahola Bayに沿って広がっている。この広い湾の周辺はよい砂浜で、昔はサーフィンのポイントがあり、今でもなおそこのブレイクはサーファーに人気がある。

アナホラ・ビーチ・パーク Anahola Beach Parkはハワイアン・ホーム・ランドHawaiian Home Landsにある郡立公園で、湾の南側にある。ここに行くにはハイウェイ56の13マイルマーカーからククイハレ・ロードKukuihale Rdに入って、1マイル(約1.6km)下り、未舗装の海岸道路に入る。ビーチパークでのキャンプ許可証の取り方についての情報は前出「宿泊」の「キャンプ場」を参照。

アナホラの小さな商業センターは、アナホラ郵便局、ハンバーガー屋1軒、小さな雑貨店1軒からなり、ハイウェイ56脇の14マイルマーカーのすぐ南側に集まっている。

食事 この島一番といえるハンバーガーを**オノ・チャー・バーガー Ono Char Burger**(⌂Hwy 56 ▣スナック$2~7 ◑月~土 10:00~18:00、日11:00~18:00)で売っている。ハンバーガーはすべて0.25ポンド(約114g)で、レタスとトマトが付いている。一番人気はローカル・ボーイ($5.65)でチェダーチーズ、パイナップルがのってテリヤキソース味。フレンチフライやオニオンリングもおいしい。屋外のピクニックテーブルでも食べることができる。

ホエーラーズ・ジェネラル・ストア
Whalers General Store
◑6:30~21:30
ハンバーガー屋の隣で、ゆで卵25¢、ホットドッグ$1のほか、冷たいビールもある。

ホール・イン・ザ・マウンテン
Hole in the Mountain

この山の中の穴はかつてはひと目で分かったが、ほとんどが地すべりで埋まってしまい、今では点にしか見えない。15マイルマーカーの少し北で、山を振り返ってみると頂上の右下に岩の表面の小さな割れ目からチラチラと光が通り抜けているのが見える。

伝説によると、大男が山に槍を投げつけて穴ができ、そのため山の内部にたまった水が滝となって流れ落ちてきたということだ。

コオラウ・ロード
Koolau Road

コオラウ・ロードはシラサギやまばらに生えている鮮明な色の野生の花がある緑豊かな牧草地を通る平和なドライブ道だ。ハイウェイから外れた景色のいい環状道路、またはモロアア・ビーチMoloaa Beachやラーセンズ・ビーチLarsens Beachへの道として通ってみよう。道路もビーチも通常の観光ルートからかなり外れている。どちらのビーチにも何の設備もない。

コオラウ・ロードは16マイルマーカーの北0.5マイル(約0.8km)の所でハイウェイ56に合流分岐し、さらに20マイルマーカーの0.1マイル(約0.16km)南で再び合流している。

モロアア・ビーチ Moloaa Beach 南からモロアア・ビーチに行くには、右折してコオラウ・ロードに入り1.25マイル(約2km)進んだのち、右折してモロアア・ロードに入る。道路は0.75マイル(約1.21km)先にある数軒のビーチハウスの前まで続いているが、ビーチ周辺では道が狭いので駐車スペースを見つけるのは難しいかもしれない。

モロアアは田舎で、馬が三日月形の湾の上の丘で草を食んでいるような場所だ。ビーチ北端の露出している岩の前は、そんなに深くはないが泳げるよう保護されている。湾全体では波が荒いときには潮の流れが速くなることがある。

ラーセンズ・ビーチ Larsens Beach

ここは長い金色の砂のビーチで、1人で散歩したり浜辺のものを拾って歩いたりするのにいい。泳ぐにはやや浅いが、海が非常に穏やかであればシュノーケリングするのもいい。だが、たいていは夏だけに限られる。ビーチに沿って西へ流れ、岸礁の流床へ入り込んでいる潮流に気をつけること。

ビーチの上の丘で草を食む牛が唯一、出会う仲間ということもしょっちゅうだ。しかし、干潮のときは岩礁の外側でリム・コフと呼ばれる食用海草を拾っているハワイ人の家族を見かけることもある。ラーセンズで採れる海草はハワイ諸島の中でも最高品の1つとされている。

ラーセンズ・ビーチへの入口はコオラウ・ロードにある。コオラウ・ロードとハイウェイ56との交差点の北1マイル（約1.6km）ちょっと下った所か、またはモロアア・ロードとコオラウ・ロードの交差点から1マイル強行ったところだ。そこで未舗装の道路を海側へ曲がり、すぐに左折する。駐車場まで1マイルで、そこから徒歩で5分ほど丘を下るとビーチに着く。

ノース・ショア
North Shore

カウアイのノース・ショアはゆったりとしたペースと信じられないほど美しい景色を享受している。ここには山の深い峡谷、起伏の緩やかな牧草地、昔のタロイモ畑、白砂のビーチ、のこぎりの歯のようなナ・パリ・コーストNa Pali Coastがある。

ノース・ショアは緑豊かでたいてい湿度が高い。つまり、冬には数日間続けて雨が降ることもあるが、夏はたいてい短いにわか雨のあとに虹が出るこ とを意味する。満月の時には月の虹が見えるかもしれない。月の虹とは、月光によって色がついた虹のことだ。

雨の日はほとんど夢のようだろう。山々の頂上は、次々とわき出て漂う雲に覆い隠され、ときたま、その雲の間から山を流れ落ちる滝が見える。

ノース・ショア沿いのドライブとしては、キラウエアにある海鳥のサンクチュアリを通り、2つの小さな海岸の村を過ぎ、コンドミニアムとゴルフコースのあるリゾート地、プリンスビルの街に到着する。

しかしノース・ショアのスピリットが一番よく表れているのは、そこからさらに向こうのハナレイ橋Hanalei Bridgeからケエ・ビーチまでの間だ。ここはこれまでずっと大型観光事業に反対し、開発を控えてきたハワイの一部だ。人間にとっての快適さではなく美しい自然美が人気を呼んでいる。

キラウエア
KILAUEA

キラウエアはかつてのサトウキビプランテーションの町で、キラウエア・ポイントにある絵のような灯台と海鳥サンクチュアリが主な名所。このサンクチュアリはノース・ショアではもっとも多くの人が訪れる場所で必見だ。

コロ・ロードKolo Rdはキラウエアへ入る主要な道路で、ハイウェイ56の23マイルマーカーから3分の1マイル（約0.5km）行った所にある。コロ・ロードではガソリンスタンド、ミニマート、エピスコパル教会Episcopal Church（監督派教会）が近くに並んでいる。キラウエア・ロードKilauea Rdは教会の向かい側から始まり、キラウエア・ポイントの2マイル（約3km）先で終わる。

エピスコパル教会
Episcopal Church

この小さなキリスト・メモリアル・エピスコパル教会は目立つ溶岩の建造物が注目を集める。1941年に建てられたが、教会の庭にある興味深い溶岩の礎石はそれよりずっと古く、この地に最初のハワイ会衆派教会が建ったときにまでさかのぼる。

キラウエア湾
Kilauea Bay

もしどこか新しい探検場所を探しているなら、キラウエア湾にあるロック・クウォーリー・ビーチRock Quarry Beach（採石場の浜）にトライしてもいいかもしれない。カヒリ・ビーチという名でも知られ、良質の砂浜で、もう使われていない採石場と汽船の陸揚げ場があった場所だ。この辺ぴな場所にある浜はほとんど地元の漁師が利用しているが、波がいつになく高いと、サーファーもここの海にやって来る。波が高いときに泳ぐ場合は、海岸近くの強い潮流に気をつけること。一般的な行き方はワイラパ・ロードWailapa Rd経由で、この道はハイウェイ56の21マイルと22マイルマーカーの真ん中から始まっている。ハイウェイ56からワイラパ・ロードを北に0.5マイル（約0.8km）行き、左折して明るい黄色の水調節バルブの所から始まる標識なしの未舗装道路に入る。この道はビーチまで0.5マイル続き、状態も良く車での通行も可能だ。

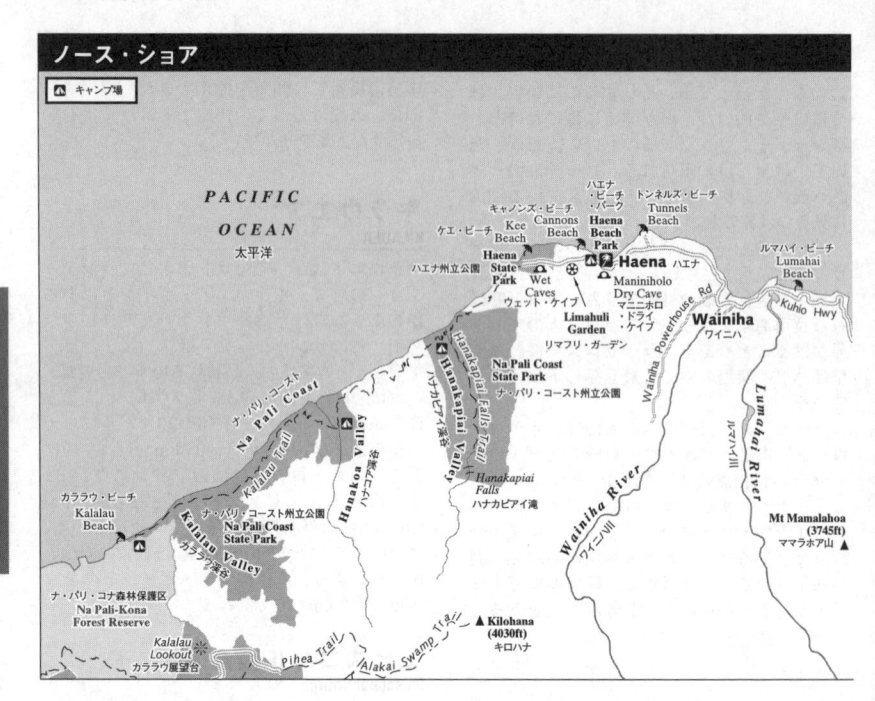

キラウエア・ポイント
Kilauea Point

国定野生動物保護区のキラウエア・ポイント（☎828-1413 大人＄3、16歳未満無料 10:00〜16:00 国の祝日は休み）は、ハワイ諸島の居住地としては最北端の岬。頂上には1913年に建てられた灯台があり、よく絵はがきにもなっている。

4種の鳥が巣作りのためにキラウエアに渡って来る。これらの鳥のほとんどがヒナの成長後に岬を離れる。一番よく見かけるのはアカアシカツオドリで、岬の東の崖に多い。この鳥は木の上に小枝で大きな巣を作る。2月から9月にかけて巣につき、春には産卵のピークを迎える。

くさび形の尾をもつミズナギドリは4月までにやって来て11月まで留まり、キラウエア・ポイントに掘った穴に巣ごもる。もう1種のあちこちにいる鳥は赤い尾のネッタイチョウで、3月から10月にかけて崖のふちに沿って巣を作る。運が良ければ、つがいが輪を描きながら飛び求愛儀式をする様子を見ることができる。

コアホウドリは11月から7月までキラウエアにいる。岬の先端の真下にあるモクアエアエ岩Mokuaeae Rockに巣を作るものもいる。そのほかのアホウドリはキラウエア・ポイント西の草地の開けたところに巣を作る。この草原の向こうを見ると、シークレット・ビーチSecret Beachが見えることもある。このビーチは溶岩の流れた筋によって3つの扇形をした入り江に分かれている。

オオグンカンドリはカウアイ島ではなく北西ハワイ諸島に巣を作るが、この空飛ぶ海賊はほかの鳥の食べ物を奪いにキラウエア・ポイントにまでやって来る。この鳥は一年中、キラウエア・ポイント上空で輪を描いて飛ぶ姿が見られる。しかし、オスがメスに求愛するときの独特の喉の赤い風船のような膨らみを見ることはできない。というのもオオグンカンドリはここでは求愛しないからだ。両翼を広げた長さは7フィート（約2m）で、独特の二股に分かれた尾を持ち、心を奪うような優美さで空を舞う。

カウアイ島におよそ100羽いるといわれるネネ鳥（1982年、カウアイに再び持ち込まれた絶滅危惧種のハワイのガチョウ）もこの保護区で見られる。

キラウエア・ポイントでは確かに鳥が主要な呼びものだが、幸運なら崖のふもとの入り江でウミガメが泳いでいるのが見えるかもしれない。冬の間は岬のそばをクジラが通り過ぎるのを見ることもまれではない。

保護区ではボランティアの人たちが質問に答えてくれるし、もっと深く知りたいなら、

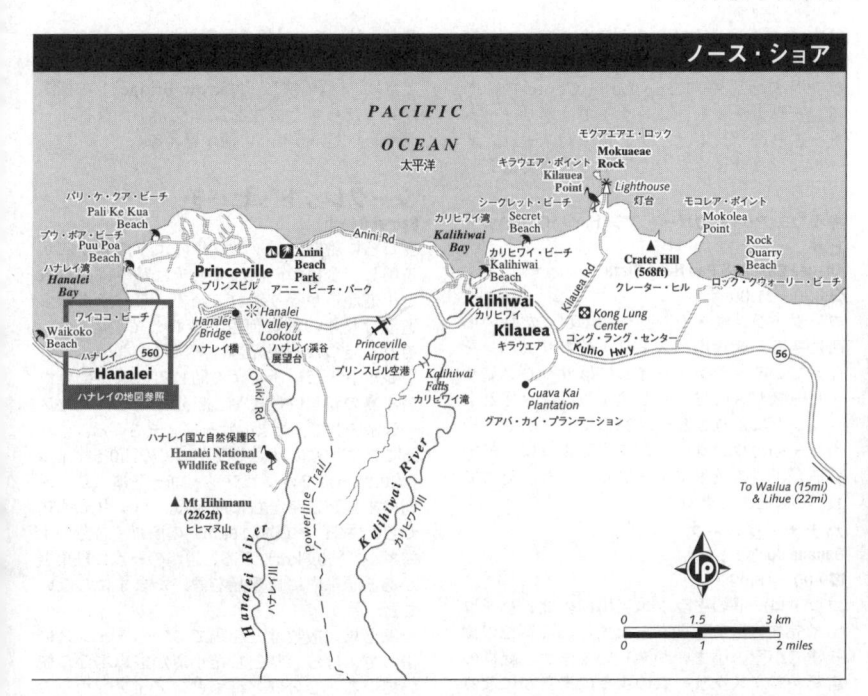

ビジターセンターで動植物相に関する本の全集を売っている。

保護区が閉鎖されているときでも、灯台や岬の絵のような光景を見にキラウエア・ロードの端までドライブする価値はある。

グアバ・カイ・プランテーション
Guava Kai Plantation

この農園（☎828-6121 ☖Kuawa Rd ◉9:00〜17:00）はオーシャン・スプレー社やそのほかのジュース会社用に、グアバを480エーカー（約194ヘクタール）の土地に栽培している。ビジターセンターでは来訪者にグアバジュースのサンプルをくれ、グアバ製品も販売している。熱帯の花が植えてある庭を通り抜ける小道もあり、短いがすばらしい散歩となるだろう。

ここに行くには、ハイウェイ56から23マイルマーカーのちょうど北、コロ・ロードKolo Rdのキラウエア出口の0.25マイル（0.4km）南を内陸側へ曲がってクアワ・ロードKuawa Rdに入る。ビジターセンターはハイウェイから約1マイル（約1.6km）のところにある。

グアバの木の列を通り過ぎて道路を進んで行くと、ここのグアバの果実が島のほかのところで生育している野生種のものに比べてあまりにも大きいと思えるかもしれない。実際、これらのグアバの木は果実が0.5ポンド（約228g）、普通の2倍にもなる交配種だ。

宿泊

アロハ・プランテーション・カウアイ
Aloha Plantation Kauai

☎828-6872、877-658-6977
✉alohaplantation@hawaiian.net
☖4481 Malulani Rd, Kilauea, HI 96754
客室 $55〜65

ゲストルームが2つある1920年代のプランテーションハウス。凝ってはいないが、素朴な特徴がいっぱいある。客室は快適でオーナー一家は気さくだ。どちらの客室にも専用バスがあり、昔ながらのハワイ風装飾が施してある。値段が安いほうの部屋にはダブルベッドが1台、高いほうにはダブルベッドが2台ある。新鮮な果物とペストリーの朝食が付き、ゲストは冷蔵庫とバーベキューを利用できる。

食事

ファーマーズ・マーケット
Farmer's Market

デリカテッセン1品 $4〜7
ストア 8:30〜20:30、デリカテッセン 10:00〜14:00

おいしいデリカテッセンコーナーのある食料

品店。ハイウェイ56からキラウエア・ロードへ0.5マイル（約0.8km）行った所のコング・ラング・センターKong Lung Center内にある。デリカテッセンコーナーではボリュームたっぷりのサンドイッチ、自家製スープ、オーガニックサラダなどを手頃な価格で販売している。

キラウエア・ベーカリー・アンド・パウ・ハナ・ピザ
Kilauea Bakery & Pau Hana Pizza
◉6:30〜21:00

コング・ラング・センター裏の目立たない場所にある。朝食用ペストリーやピザ、パンを売っている。ランチタイムにはサラダとピザ1ピースが＄6.25。ピザ全1枚は大きさとトッピングにより＄8〜＄25まで。どれもベーカリーのカウンターで注文するようになっているが、外の芝生にテーブルがあり、そこで食べることもできる。

バナナ・ジョーズ
Banana Joe's
◉9:00〜18:00

コロ・ロードのキラウエア出口の北、ハイウェイ56を内陸側に曲がった所にある黄色の掘っ建て小屋。小さいが楽しいオーナー経営の店だ。アイスクリームのように滑らかになるまでプロセッサーにかけた、冷凍フルーツだけでできたフルーツフロスティーは＄2.50で、パパイヤかパイナップル味が最高だ。ドライバナナチップスや隣接する6エーカー（約2.4ヘクタール）の土地で栽培されている新鮮なフルーツも買える。

カリヒワイ
KALIHIWAI

カリヒワイ・ロードKalihiwai Rdは、1957年に津波がカリヒワイ川橋Kalihiwai River bridgeを押し流してしまうまでは、カヒリワイ・ビーチを通ってハイウェイに2カ所で接続する環状道路だった。その橋は再建されることなく、現在は川の両側に1本ずつ、2本のカリヒワイ・ロードが存在している。

キラウエアのちょうど0.5マイル（約0.8km）西のカリヒワイ・ロードの部分は**カリヒワイ・ビーチ Kalihiwai Beach**に続いている。道路の先端にはかつて橋を支えていた支柱が今でもまだ見える。川は広く深い湾へ注ぎ込んでいる。この広い砂浜はピクニック、水泳、ブギーボード、ボディサーフィンなどのあらゆるアクティビティの人気スポットだ。北西の大きな波が押し寄せるときには向こう見ずなサーファーが湾の東端で崖に沿ってサーフィンをする。川はカヤックを楽しむ人たちに人気があるが、ビーチには何の設備もない。

カリヒワイ・ロードをハイウェイまで戻るときに、「橋幅狭し‘Narrow Bridge'」の標識が見えたらすぐに左を見よう。小さな谷に一部が隠れている美しい滝が見える。

シークレット・ビーチ
Secret Beach

うしろに絶壁とジャングルのような森が広がる美しい金色の砂浜。ビーチは踏み固められた小道からかなり離れていて、ビーチまでの道筋は長年の間に何度も変わっているため、それを見つける観光客はあまりいない。シークレット・ビーチをよく訪れるのは主にカウアイ島の新しい住民や、日光浴をしに来たヌーディストで、たまにサーファーもいる。

ここに行くには、キラウエアの西0.5マイル（約0.8km）でカリヒワイ・ロードに入り、最初の未舗装道路を右に曲がる。ハイウェイ56から0.1マイル（約0.16km）の所だ。3分の1マイル（約0.5km）下ると道路の終点に駐車場がある。車内に貴重品を置いたままにしないこと。

森と馬の放牧地とを隔てているフェンスに沿って、はっきりとした小道が駐車場から続いている。2分ほど行くと、アイアンウッド（アメリカシデ）などの木や植物が生えたジャングルの茂みを通って下り坂になる。だいたいこの道を10分ぐらい行くと、長い砂浜の西端に着く。

ビーチのこの辺りはとてものどかだが、散歩をしたいとかもっと人のいないところがいいと思うなら、キラウエア灯台Kilauea Lighthouseのほうに向かってビーチ沿いに歩いて行ってもいい。

ビーチは外海に面していて、冬は波が高く10月から5月にかけては潮の流れが危険になる。夏は海の状態がずっと穏やかになり、水泳にもシュノーケリングにもよいだろう。

アニニ
ANINI

アニニとして知られるこのエリアは前面に広大な岩礁の浅瀬が広がる美しいビーチで、うしろにはビーチパークがある。ここに行くには、カリヒワイ橋を渡り、第2カリヒワイ・ロードに入り進路を左にとり、アニニ・ロードに入る。ハイウェイからビーチまで約1.5マイル（約2.4km）だ。

長年にわたり、プリンスビルとアニニを直接海岸道路で結ぼうという話があったが、この計画に地元が反対し、道路は湾までとなっている。今のところ、アニニのこの行き止ま

クレーター・ヒルへのハイキング

568フィート（約173m）のクレーター・ヒルCrater Hillはキラウエア・ポイントの野生動物保護区のちょうど東側にある海鳥の保護営巣区域で、USフィッシュ・アンド・ワイルドライフ・サービス US Fish and Wildlife Serviceのボランティアに案内されていくハイキング以外では近づくことができない。クレーター・ヒルは10年前、保護区により取得された100エーカー（約0.4km²）の崖側の区域で、すばらしい景色とごく間近に見える自然が楽しめる。山の頂上に行く道は約1.25マイル（約2km）で、ほどほどの坂道だ。ガイドは道に沿って見られる動植物相について教えてくれるし、たくさんのアカアシカツオドリの巣の下を通ることもある。良いウォーキングシューズを履き、鳥の糞から身を守るために帽子を持っていくこと。頂上ではノース・ショアのすばらしい景色が楽しめる。

ハイキングは毎日10:00にビジターセンターを出発し、約2時間半かかる。参加者の人数は15人までに限られている。保護区の入場料＄3以外、費用はかからない。予約が必要で（☎828-0168）、ハイキングはたいてい2、3日から1週間前には予約がいっぱいになるので、電話は早ければ早いほど良い。

りの通りはほとんど交通もなく、エリア内はせかせかしていなくて静かだ。

しかし、アニニは発展中で、近年高級住宅が多く建設されている。その中にはハリウッドの関係者たちの住宅もある。

アニニ・ビーチ・パーク
Anini Beach Park

1マイル（約1.6km）以上も海岸線と境を接するアニニ・ビーチ・パークは1日利用、ウインドサーフィン、キャンプの各エリアに分かれている。木陰を作っているトロピカル・アーモンドの木がそよ風がとても気持ちのいい場所だ。トイレ、シャワー、更衣室、飲料水、ピクニック用の屋根付き休憩所、バーベキュー用グリルなどの設備がある。

アニニには木陰のキャンプサイトをもつ素朴で美しいキャンプ場がある。地元の家族連れがやって来る週末ともなるとキャンプエリアはやや人が多くなるが、ビーチパークとしては比較的広いほうだ。キャンプ許可証を得るための情報は本章前出の「宿泊」を参照。

1日利用エリアおよびキャンプエリア前では、泳いだりシュノーケリングができる。コンディションは満潮時がベストだ。カウアイ・ポロ・クラブKauai Polo Clubのフェンス中間辺りの向かい側はかなりいい場所だ。

パーク西端の向こうにアニニ海峡Anini Channelがあり、岩礁を横切っている。海が穏やかなときにこの海峡をさまざまな海のアクティビティに利用する人もいるが、岩礁から沖へ流れていく潮は海峡では危険な激流となる。波をよけた環礁内部では海の状態はより安全だ。

アニニの一番端では、人々がアニニ・フラットAnini Flatsの浅い岩礁の上に歩いて出てオピヒ（トコブシのような貝）をとったり、魚を網で捕ったり、タコを捕まえたりしているのを見かけることもある。

プリンスビル
PRINCEVILLE

カウアイでもっとも発展した場所、プリンスビルのルーツはスコットランド人の医者ロバート・ワイリーで、のちにカメハメハ4世の外務大臣になった人物にまでさかのぼる。19世紀中ごろに、ワイリーはハナレイの広大なコーヒー農園を買い、サトウキビの栽培を始めた。

エマ王妃とカメハメハ4世が1860年に訪問したとき、ワイリーは彼らの幼い息子、アルバート王子に敬意を表して、農園とそのまわりの土地をプリンスビルと名づけた。農園は後に牛の牧場となり、1968年、プリンスビル・リゾート開発のために整地された。

今日、プリンスビルはアニニ・ビーチ・パークとハナレイ湾の間の岬に広がる1万1000エーカー（約44.5km²）以上の計画的な町だ。12のコンドミニアムコンプレックス、1軒の豪華ホテル、何百軒もの個人の家、2つのチャンピオンシップゴルフコース、レストラン、テニスコート、ショッピングセンター、町営の小さい飛行場である。

プリンスビルはノース・ショアでは場違いに見えるかもしれないし、確かに向こうにある自由な精神のコミュニティとは非常に対照的だが、短く刈り込まれた敷地は広々とし、コンドミニアムは高層ではなく、開発もほかの島々のライバルと比べるとまばらであることは明らかだ。

クヒオ・ハイウェイはプリンスビルの手前の28マイルマーカーでハイウェイ56からハイウェイ560に変わる。ここから道路終点のケエ・ビーチまで10マイル（約16km）の距離は、ハワイ全体でももっとも美しい景色の1つだ。

インフォメーション

プリンスビル・センターPrinceville Centerはプリンスビルの入口にあるショッピングセンターで、小さな診療所や銀行、図書館、店などノース・ショアのさまざまな施設がある。

ハワイ銀行 Bank of Hawaii (☎826-6761 ◯月~木 8:30~16:30、金 8:30~18:00)はプリンスビル・センター内にある。

郵便局 post office (☎800-275-8777 ◯月~金 10:30~15:30、土 10:30~12:30)はプリンスビル・センターのハワイ銀行の向かい側にある。

アカマイ・コンピュータ・センター Akamai Computer Center (☎826-1042 ◯月~金 10:00~17:00)はプリンスビル・センターのハワイ銀行の上階にあり、インターネットが1時間$12で利用できる。

同じくプリンスビル・センター内には**プリンスビル・シェブロン・ガソリンスタンド Princeville Chevron gas station** (◯月~土 6:00~22:00、日 6:00~21:00)がある。西に向かって道路終点のケエ・ビーチまで車で行くなら、ここは給油できる最後の場所となるので、出発前にガソリンメーターをチェックすること。

プリンスビル・ホテル
Princeville Hotel

プリンスビル・ホテルからはハナレイ湾やバリ・ハイBali Haiの山々のすばらしい景色が楽しめる。この豪華なホテルは1985年、さまざまな論争が巻き起こる最中に建設された。地元の人々は愛する夕日の名所の1つを失うことに腹を立て、この崖のそばの建物に「監獄」とあだ名をつけた。当時のホテルは実際、暗く内向的な感じだった。まわりにうまく溶け込むことができなかったので、オーナーは1989年にホテルを閉鎖した。その後2年間でホテルは内部がぼろぼろになり、実質上建て替えられた。現在のプリンスビル・ホテルには、180度バリ・ハイを見渡せる床から天井までの窓がついたロビーがある。ホテルの床は大理石で、家具は豪華。流れる水のプールがあり、わずかだがアンティークや美術品もある。しかし、本当の呼びものはここからの眺めだ。

アレキサンダー要塞
Fort Alexander

アレキサンダー要塞は一時的に(1816年)ロシアの基地が置かれた所で、ホテル北西側の草が茂った塚の上の辺り。小屋の中の説明板には、かつて要塞の礎石であった2個の石を示しているが、その時代がわかるものはほかにはほとんどない。

ビーチ

プリンスビルのビーチはあまり知られていないが、ほどよい大きさのビーチ、**プウ・ポア・ビーチ Puu Poa Beach**がプリンスビル・ホテルとハナレイ川の河口の間にある。ホテルの反対側、プウ・ポア・コンドミニアムの下のほうには**パリ・ケ・クア Pali Ke Kua** (またはハイドアウェイズHideawaysとも呼ばれる)がある。ここは人目につかない入り江の砂浜で、波が穏やかなときには水泳にもシュノーケリングにも適している。どちらのビーチも冬にはたいてい波が高く、危険な潮流が起こることがある。

パワーライン・トレイル
Powerline Trail

1930年代に送電線が山並みに沿って設置され、現在パワーライン・トレイルとして知られる13マイル(約21km)の整備道が建設された。たまにこの道をプリンスビルとワイルアを結ぶ本物の内陸道にしようという話が出るが、環境に対する関心が高まっており、今すぐにということはないようだ。

このトレイルの始点へは、プリンスビルランチ厩舎Princeville Ranch Stableから山に登る舗装道路を行き、ハイウェイ56の27マイルマーカーを過ぎて3分の1マイル(約0.5km)だ。1.75マイル(約2.8km)上の貯水タンクの所で舗装道路が終わる。たとえこの道をハイキングしようと計画していなくても、ここのドライブは山の眺めやハナレイ湾の眺めがすばらしいので楽しいものになる。

トレイルは舗装道路の終点から、主にハンターや電力会社が使用する4WD車によるわだちが多い未舗装道路に沿って続いている。ケアフア植物園にあるトレイルの終点まで丸1日で歩けるが、乾燥した天気のときだけにすることをおすすめする。

宿泊

プリンスビルのコンドミニアムコンプレックスには崖の上や、ゴルフコースのそばにあるものもある。コンドミニアムにはすべて、バケーションレンタル用の客室も用意してあるが、ほかの多くの客室は通年住居用として使用されている。

コンドミニアムやホームの居住者がベッドルームを1日$50ぐらいで貸し出しているのを見つけることもある。こういった人のほとんどが賃貸の部屋のリストをプリンスビル・センター内のフードランド・スーパーマーケットの掲示板に張り出している。時々、島の新聞に広告を出す人もいる。

ほとんどのコンドミニアムコンプレックスは数多くのさまざまな賃貸業者が代行している。業者はたいていフロントで直接契約するより安い値段を提示するが、部屋の清掃代金や最低滞在期間、そのほかの規制があるので、契約する前にすべての詳細を知る必要がある。

以下の代理店はプリンスビルのさまざまなタイプの賃貸リストを持っている。

オーシャンフロント・リアリティー Oceanfront Realty
（☎826-6585、800-222-5541 ℻826-6478 ✉rentals@oceanfrontrealty.com ⌂PO Box 223190, Princeville, HI 96722）

センチュリー21オール・アイランズ Century 21 All Islands（☎828-1111、800-828-1442 ℻828-1113 ✉lori@kauai-allislands.com ⌂PO Box 223700, Princeville, HI 96722）

ノース・ショア・プロパティーズ North Shore Properties（☎826-9622、800-488-3336 ℻826-1188 ✉hnsp@aloha.net ⌂PO Box 607, Hanalei, HI 96714）

シーロッジ Sealodge（1ベッドルーム＄100）はプリンスビルの比較的古いコンドミニアムの1つ。部屋はやや狭いかもしれないが、崖の上の高い場所にあり、86ある客室の多くでは広大なアニニのサンゴ礁の向こうに沈むすばらしい夕日が眺められる。窓を開けっ放しにしておけば、きっと船に乗っているような夢を見ることだろう。客室は前出の賃貸代理店を通じて予約できる。

クリフス・アット・プリンスビル
Cliffs at Princeville
☎826-6219、800-622-6219 ℻826-2140
⌂3811 Edward Rd
客室＄120～150
ここもまた比較的古いコンドミニアムで、ごく普通の設備となっているが、各客室は改築され、値段が高いプリンスビルの中では比較的安い料金を維持している。さらに、客室は広く、ベッドルームが1つ、バスルームが2つ、前と後にベランダがあり、一般的なコンドミニアム用設備はすべて揃っている。クリフスはゴルフコースに隣接し、プールもある。

パリ・ケ・クア Pali Ke Kuaはプリンスビル・ホテルの近くにある快適な高級物件で、**マーク・リゾート Marc Resorts**（☎826-9066、800-535-0085 ℻826-4159 ✉marc@aloha.net）1ベッドルーム＄200、2ベッドルーム＄240）を通じて契約できる。パリ・ケ・クアのコンプレックスにオフィスを構えており、近くの**ハレ・モイ Hale Moi**コンプレックスのほとんどの客室は長期滞在者が使用しているが、比較的質素な2室も＄125で同じくここのオフィスで取り扱っている。ここではとってもお得な最高50％まで値引きできるさまざまな割引設定を提示してくれる。

ハナレイ・ベイ・リゾート
Hanalei Bay Resort
☎826-6522、800-827-4427 ℻826-6680

✉hbr@hawaiian.net
⌂5380 Honoiki Rd
客室＄185～275、ワンルーム型＄215～240、1ベッドルームコンドミニアム＄350～390
ホテル形式の客室とコンドミニアム形式の客室の両方がある。料金の高い客室はオーシャンビューになっている。客室は快適で敷地内にはプールが2カ所（1つはちょっと変わった形の大きいプール）と、テニスコートが8面あり、ハナレイ湾のすばらしい景色が眺められる。クインタス・リゾートQuintus Resortsがフロント業務を管理し、280ある客室のほとんどを扱っている。

プリンスビル・ホテル
Princeville Hotel
☎826-9644、800-325-3589 ℻826-1166
🅦www.princeville.com
⌂5520 Ka Haku Rd
客室 ガーデンビュー＄405、オーシャンビュー＄615、スイート＄705～4500
シェラトンの所有で252室の豪華な客室を備えている。客室にはキングサイズのベッド、大理石の浴室、調光装置付きスポットライトがあたっている油絵の原画から、ベッドルームと浴室を隔てているスイッチ1つで半透明から透明になる液晶ガラスの窓まで、現代のアメニティ設備はすべて揃っている。概して言えばこのホテルは贅沢の実例だ。

食事

フードランド・スーパーマーケット
Foodland supermarket
◐6:00～23:00
プリンスビル・センターにあり、値段の安いペストリーを売るベーカリーコーナーとテイクアウトの商品を扱うデリカテッセンコーナーがある。デリカテッセンの鶏胸肉のフライドチキンは味もよく、この地区一番のお買得で＄1.29だ。フルーツジュース缶と一緒に食べれば安い昼食になる。

パラダイス・バー・アンド・グリル
Paradise Bar & Grill
スナック＄6～7
◐11:00～23:00
プリンスビル・センター内にあるカジュアルなカフェスタイルの店。ハンバーガーとサンドイッチの専門店で、すべてビーフ、バッファロー、チキン、魚、野菜いずれかのフライ付きだ。

チャックス・ステーキ・ハウス
Chuck's Steak House
ランチ＄5～10、ディナー＄18~29
◐月～金 11:30～14:30、毎日 18:00～21:30
プリンスビル・センターにあり、ランチ時に

はハンバーガーやサンドイッチ、サラダなどスタンダードなメニューだ。ディナーのメニューには照り焼きチキン、ステーキ、高級リブや魚などがある。ディナーにはすべてサラダバーが付いている。

プリンスビル・レストラン・アンド・バー
Princeville Restaurant & Bar
■朝食$6～9、ランチ$6～10
◎月～土 8:00～15:00、日 8:00～14:00
プリンスビル空港の0.5マイル（約0.8km）西のプリンス・ゴルフ・コースPrince Golf Courseにある。眺めのよいカントリークラブハウスで、値段も手頃。朝食は11:00までで、フレッシュ・フルーツとホイップクリームをトッピングしたベルギーワッフルやバナナとマカデミアナッツのパンケーキ・ベーコン添えなどがある。ランチ時にはフレッシュフィッシュサンドイッチ、おいしいアヒサラダ、いろいろな本日のスペシャルなどがある。

バリ・ハイ・レストラン
Bali Hai Restaurant
☎826-6522
■朝食・ランチ$7～12、ディナー前菜$7～14、メイン$17～32
◎7:00～11:00、11:30～14:00、17:30～21:30
ハナレイ・ベイ・リゾートHanalei Bay Resort内にあり、ハナレイ湾やバリ・ハイの山々の美しい景色が眺められるオープンエアのダイニングがある。朝食時のおすすめは「タロ・パッチ・ブレックファスト」で、これは2個のフライドエッグとポルトガルソーセージ、ポイのパンケーキ、タロイモのハッシュブラウンを組み合わせた地元ならではの料理だ。ランチは主にフライを添えたサンドイッチで、ディナーはステーキやラム、シーフード料理が売りだ。

カフェ・ハナレイ
Cafe Hanalei
☎826-2760
■朝食ビュッフェ$23
◎月～土 6:30～10:30、日 6:30～9:30
プリンスビル・ホテルの朝食会場。ビュッフェが終了してもまだここに残りたければ、ここでハナレイ湾のすばらしい景色を楽しめるが、別料金を払うことになる。ビュッフェは悪くないが、特別すばらしいというわけではなく、ワッフルとオムレツのコーナー、ペストリー、フルーツ、エッグベネディクトや魚のソテーなどの温かい料理がある。

ラ・カスカータ
La Cascata
☎826-2761
■前菜$8～17、メイン$24～35
◎18:00～22:00

同じくプリンスビル・ホテル内にあり、バリ・ハイの美しい景色が楽しめる。高級イタリア料理が専門で、パスタ、新鮮なシーフード、ラムやビーフのいろいろな料理がある。

エンターテインメント

ザ・リビング・ルーム
The Living Room
☎826-2764
プリンスビル・ホテルにあるハナレイ湾のすばらしい景色を臨むラウンジ。夕日を眺めながらお酒を飲むのにふさわしい場所だ。毎晩19:00～23:00までライブショーを行っている。

ハッピー・トーク Happy Talk（☎826-6522）はハッピー・ベイ・リゾートのラウンジ。日曜の15:00～19:00にはジャズの生演奏、そのほかの晩はたいてい18:30～21:30までハワイアンミュージックの生演奏を行っている。

プリンスビル・ホテル Princeville Hotel（☎826-2788 ■ルアウ 大人$62.50 子供6～12歳$30）では月曜と木曜の18:00からルアウを行っている。料金にはイムセレモニー、ハワイアンフード、音楽とダンスのライブショーが含まれている。

ハナレイ渓谷
HANALEI VALLEY

プリンスビルPrincevilleを過ぎるとすぐに、**ハナレイ渓谷展望台 the Hanalei Valley Lookout**がある。ここでは、川が曲がりくねりタロイモ畑が点在するすばらしい鳥瞰図が眼下に広がり、楽しめる。本当にすばらしい風景なので、何をおいても決して見逃すことのないようにしたい。

ハナレイ国立自然保護区 Hanalei National Wildlife Refugeは渓谷の917エーカー（約3.7km²）を占め、ハナレイ川Hanalei Riverの両岸に広がっている。保護区内にある湿地のタロイモ農場は、ハワイ全体の3分の2を占める商業用ポイ・タロの生産地であり、絶滅の危機に瀕している水鳥の生息地ともなっている。

西洋との接触が始まるまでは、この渓谷ではタロイモが栽培されていた。しかし1800年代半ば、サトウキビ畑で働く中国人労働者のために米作が導入された。米はたいそうよく成育し、1880年代までに主要輸出穀物となった。米の需要は少しずつ減り、近年では再びタロイモが優勢となっている。

展望台から右下のほうに橋が見える。これはノース・ショアNorth Shoreで最初の1車線の橋で、1912年に開通した。南にはヒヒマヌHihimanuの2つの峰が臨める。ヒヒマヌとは、ハワイ語で「美しい」という意味だ。

ハナレイ橋
Hanalei Bridge

ハナレイ川と道路終点の間にあるハナレイ橋とそのほかの6本の1車線の橋は、ノース・ショアのこちら側と島の残りの部分を結んでいるだけでなく、ここを急速な開発から守る役割も果たしている。セメントや重い建築資材を積んだ大型トラックは橋の許容重量を超えるし、ツアー客を乗せた大型バスも通行が許されない。

何年もの間、開発者たちはハナレイ川に2車線の橋をかけるよう、何度も提案してきたが、ノース・ショアの住民たちはそれらを拒絶し続けてきた。

頻繁におこることではないが、珍しく大雨が降ると、タロイモ畑と川の間の道路が水浸しになり、水が引くまでハナレイ・ブリッジは通行止めになることがある。

オヒキ・ロード
Ohiki Road

ハナレイ渓谷を目指すなら、ハナレイ・ブリッジを過ぎたらすぐ左折し、オヒキ・ロードに入ること。ハナレイ国立自然保護区を通りぬけるこの風光明媚な道路は、ハナレイ川に沿って走っている。最初はタロイモ畑、次にバナナの林、竹林、ハウの林、シダや野生のジンジャーの茂みを通り過ぎる。2マイル（約3km）走ると行き止まりになる。

ここはバードウォッチングに最適な場所だ。道路脇から、雪のように白いシラサギ、ゴイサギなどを普通に見ることができる。ハワイアンクート、ハワイアンセイタカシギ、ハワイアンダック、クートに似た鮮やかなくちばしをもつハワイアンバンなど、この渓谷を生息地にしている絶滅の危機に瀕した水鳥も見ることができる。

さらに渓谷をもっとよく見てみたいなら、0.25マイル（約0.4km）の気持ちのいいループトレイルがある。これは15分ほどで歩けるコースで、すばらしいパノラマを楽しめる。トレイル用の駐車場は、オヒキ・ロードを0.75マイル（約1.2km）走った左側にある。駐車場から道路を渡った所から標識の立ったトレイルが始まっている。

道路の規則

ノース・ショアには1車線の橋がたくさんあるので、道路に関しては特別な規則がある。空いている1車線の橋を2台の車が両側から渡ろうとしているとき、あとから橋に来た車は、反対側の列の車すべてに道を譲らなければならない。双方が交互に1台ずつ進むわけではないのだ。

ハナレイ
HANALEI

ハナレイ・ブリッジを過ぎると、クヒオ・ハイウェイKuhio Hwy（ハイウェイ560）はハナレイ川に平行に走るようになる。ハナレイ渓谷までの道のりは、タロイモ畑と牧草地が広がるのどかな風景だ。開発された地域というものはまったくないし、建物もまったく見られない。電柱やアスファルトの道路もまったくなく、それがこの地域が何世紀も見せてきた風景だ。

高くそびえたつ山々のふもとにあって美しい湾に面しているハナレイには、おもしろい控えめなビレッジセンターがある。この村はハリケーン・イニキで甚大な被害を受け、古い木造の建物の多くが失われた。幸運なことに、再建された建物の多くは以前の村の雰囲気を思わせるようなものとなっている。

ハナレイは親しみやすい気さくな町で、時間の流れもゆっくりしている。もし急いでいるのなら、間違った場所に来てしまったということになる。

インフォメーション

プリンスビルの西には銀行がないが、**ハワイ銀行のATM**が、チン・ヤン・ビレッジ・ショッピングセンターChing Young Village shopping center内のフードランド・マーケットFoodland marketの中に設置されている。

郵便局（☎800-275-8777 ⌂5-5226 Kuhio Hwy ◯月～金 7:30～16:00、土 9:00～12:00）はビレッジセンターにある。

ハナレイには、アウトドアスポーツのための店が数軒ある。カヤック・カウアイKayak Kauaiはカヤックのレンタルとツアーを行っている。自転車、キャンプ用品、サーフボード、シュノーケル用具のレンタルもできる。ペダル・アンド・パドルPedal & Paddleはチン・ヤン・ビレッジChing Young Villageにあり、カヤック、自転車、キャンピング用品、シュノーケル用具のレンタルができる。ハナレイ・センターHanalei Centerにあるハナレイ・サーフ・カンパニーHanalei Surf Companyでは、サーフボード、ブギーボード、シュノーケル用具のレンタルができる。

チン・ヤン・ビレッジ
Ching Young Village

旧チング・ヤン・ストアChing Young Storeは、19世紀後半から続くノース・ショアの主要な雑貨店だったが、大規模なチン・ヤン・ビレッジ・ショッピングセンターにリニューアルした。元の古いチン・ヤン・ストアの建

物は、現在はイボルブ・ラブEvolve Loveという手描きの絹製品、ジュエリー、絵画、木彫、そのほかの地元の職人たちによる工芸品のギャラリーとなっている。

チン・ヤン・ビレッジの向かい側は、もとのハナレイ小学校Hanalei elementary schoolで、現在は改築してハナレイ・センター・コンプレックスHanalei Center complexになっていて、レストランや店舗が数軒入っている。築100年近くになるこの建物は、ハワイの史跡に指定されている。

ワイオリ・フイイア教会
Waioli Huiia Church

ハナレイの最初の宣教師であるウィリアム・アレキサンダー宣教師夫妻は、1834年に双胴カヌーでここへやって来た。宣教師堂と宣教師の住居からなる彼らの教会は町の真ん中にあり、美しい山を背景にして手入れの行き届いた広い芝生の上に建っている。彼らはどこに土地を決めればよいか十分よくわかっていたのだ。

絵のように美しいワイオリ・フイイア教会は、地元の水彩画家たちに題材として好まれている。緑色の木造の教会は、外に向かって開かれている大きな窓と高い天井とが特徴で、太平洋沿岸の雰囲気を残している。入口は日中いつも開かれたままになっていて、訪れる人はいつでも中へ入ることができる。1868年にハワイ語で書かれた聖書が古いオルガンの上に展示されている。島で一番すばらしいと言われるワイオリ教会聖歌隊Waioli Church Choirが午前10時の日曜礼拝で、ハワイ語の賛美歌を歌ってくれる。

ワイオリ宣教師堂Waioli Mission Hallは教会の右隣にある。1836年に建造され、当初は教会として使われていた。ハナレイの激しい雨に耐えられるように、屋根には非常に急な勾配があり、サンゴの石灰石と石膏で造られていた。そばには古い墓地がある。

ワイオリ・ミッション・ハウス博物館
Waioli Mission House Museum

ワイオリ・ミッション・ハウス博物館（☎245-3202 入場料は任意（寄付） 火・木・土 9:00〜15:00）は教会とホールの裏側にある。アレキサンダー宣教師夫妻は、最初の3年間をこの土地に建てた草の小屋で過ごしたが、彼らはハワイアンスタイルで生活することに適応できず、この大きなニューイングランド式の家を建てたのだった。この建物は何年もの間、そのほかの宣教師たちの住居となっていた。その中でもっとも有名な宣教師は、アブナー／ルーシー・ウィルコックス夫妻だった。彼らの家族は、この島で1番の土地所有者となった。

1837年に建てられたその家の主要部分には、編んだラグ、ランタン、つむぎ車、背もたれが真っすぐな簡素な椅子などの年代物の家具が備わっている。

この家には波打っている古い窓ガラスやすてきな木彫、興味深い建築上の特徴がある。たとえば、2階のポーチのスロープは安定感を得るためでなく、この渓谷によく降る土砂降りの雨水を流すためのものだ。

駐車場は教会を少し過ぎた所にあるがわかりにくい。ハナレイ小学校の少し前で内陸部の方へ曲がると、給水栓の向かい側の舗装されていない車道の左側にある。

ハナレイ湾
Hanalei Bay

ハナレイは「三日月形の湾」という意味で、確かにその名の通り大きくて完全な三日月形をしている。ハワイ中でもっとも景色のよい場所の1つだ。ワイオリ川Waioli Streamとハナレイ川Hanalei Riverの間を湾に沿って1マイル（約1.6km）走るウェケ・ロードWeke Rdへは、アク・ロードAku Rdでハイウェイ560から下りればよい。

アク・ロードからウェケ・ロードへ右折してすぐ公営のビーチがあり、ピクニックパビリオンが建っている。もっと有名なハナレイ・ビーチ・パークHanalei Beach Parkは半マイルほど（約0.8km）先、ウェケ・ロードの終点にある。パインツリーズ・ビーチ・パークPinetrees Beach Parkは反対方向にある。

3つのビーチにはそれぞれ、トイレ、シャワー、水飲み場、ピクニックテーブル、グリルがある。夕日を見るには、バリ・ハイBali Haiを臨めるハナレイ・ビーチ・パークが最高の場所だ。ここは、夏にはヨットの停泊地としても人気がある。

道路の反対側、パビリオンとハナレイ・ビーチ・パークとのちょうど中間くらいに、広角型のポーチのある大きな茶色の建物がある。旧ウィルコックス・ホーム Wilcox Homeで、そのルーツは初期のハワイ宣教師アブナー・ルーシー・ウィルコックス夫妻にさかのぼる。

ところで、通りの名前に聞き覚えがあったとしたら、それはハワイの魚の名前を覚え始めたことを意味する。ビーチ沿いの通りはそれぞれ、別々の魚の名前をとってつけられているからだ。

ハナレイ・ビーチ・パーク Hanalei Beach Park

ノース・ショアでもっとも頻繁に人が訪れるビーチパークの1つ。芝生に覆われ、アイアンウッドが日陰をつくる長いビーチがある。

ハナレイ

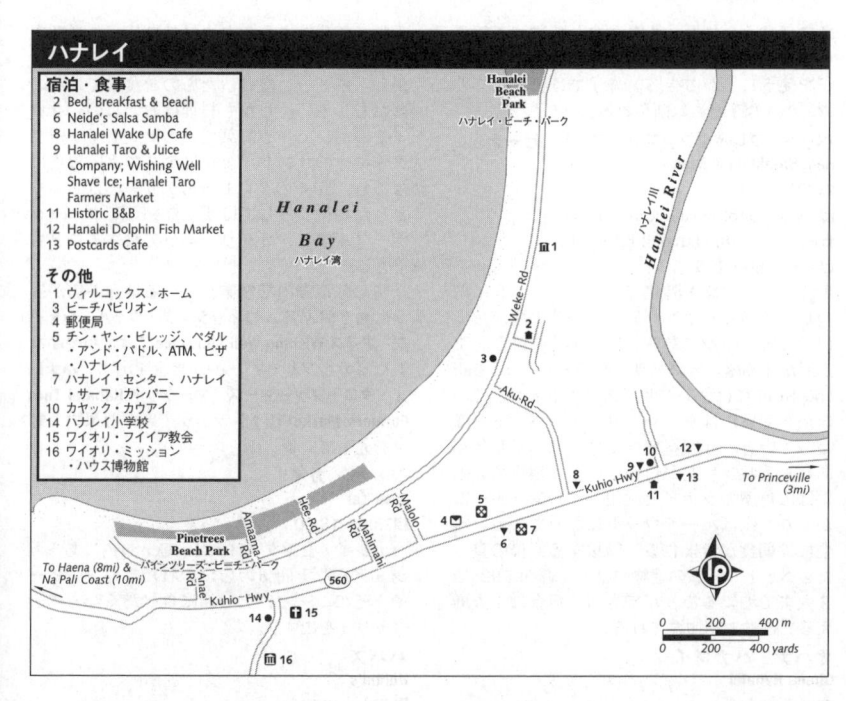

宿泊・食事
- 2 Bed, Breakfast & Beach
- 5 Neide's Salsa Samba
- 8 Hanalei Wake Up Cafe
- 9 Hanalei Taro & Juice Company; Wishing Well Shave Ice; Hanalei Taro Farmers Market
- 11 Historic B&B
- 12 Hanalei Dolphin Fish Market
- 13 Postcards Cafe

その他
- 1 ウィルコックス・ホーム
- 3 ビーチパビリオン
- 4 郵便局
- 5 チン・ヤン・ビレッジ、ペダル・アンド・パドル、ATM、ピザ・ハナレイ
- 7 ハナレイ・センター、ハナレイ・サーフ・カンパニー
- 10 カヤック・カウアイ
- 14 ハナレイ小学校
- 15 ワイオリ・フイイア教会
- 16 ワイオリ・ミッション・ハウス博物館

ビーチは海底が砂地で少しずつ深くなっているが、高波の間は危険な波や速い離岸流が発生する。海が穏やかなときは、冬場はサーフィン、夏場は水泳とシュノーケリングに適している。

湾に向かって突き出す長い桟橋には、今も100年前ハナレイ米の運搬に使われていた狭軌鉄道の跡が続いている。

公園の東端にはハナレイ川の河口と小さなボート用スロープがある。ビーチのこの辺りは、地元の釣り人がそこでちょっとした料理をするのに使った大きな鉄製鍋を引っ掛けていたことにちなんで、ブラック・ポットBlack Potと呼ばれている。郡の許可を得れば、金、土曜、祝日にはキャンプができる。許可についての情報は、本章前出の「宿泊」の「キャンプ」を参照のこと。

パインツリーズ・ビーチ・パーク Pinetrees Beach Park サーファーによって名づけられたこのビーチは、実際はアイアンウッドの陰になっている。

ウェケ・ロードからは、より大きな駐車場があるヒエ・ロードHee Rdを入っても、トイレとシャワーのあるアマアマ・ロードAmaama Rdを入ってもよい。ビーチのこの辺りは、地元ではトイレット・ボウルズToilet Bowlsとしても知られている。パインツリーズは、この湾でもっとも高い冬の波の幾つかがとらえられる所で、さまざまなサーフィンのコンテストが開催されている。もっとも興味深いのは、パインツリーズ・ロングボード・クラシックPinetrees Longboard Classicで、4月の終わり頃開催される。このコンテストには、古いタイプの木製ボードに乗る年配のサーファーたちが参加する。ファイバーグラス製のボードが出回るまでは、木製ボードが使われていた。

宿泊

ヒストリックB&B
Historic B&B
☎826-4622
www.historicbnb.com
PO Box 1684, Hanalei, HI 96714
客室 $80

カウアイで最古の仏教寺院だった建物を使ったB&B。この寺院は、1901年にリフエに建てられ、1985年にハナレイの中心部に移されたものだ。ケリー／ユチ・サトウ夫妻によって経営されている感じのよい小さな宿で、落ち着いた日本式の装飾が施されている。障子がある部屋が3部屋あり、2部屋はクイーンサイズのベッド、1部屋にはキングサイズのベッドがある。ユチはプロのシェフで、料金に

はアメリカンスタイルと和食から選べる朝食も含まれている。宿泊客は冷蔵庫と電子レンジを使うことができる。障子では音が響くので、小さな子どもは断られる。

ベッド・ブレックファスト・アンド・ビーチ
Bed, Breakfast & Beach
☎826-6111
www.bestofhawaii.com/hanalei
PO Box 748, Hanalei, HI 96714
客室 $80〜135

現代風の大きな3階建ての建物。ハナレイ湾のビーチパビリオンが建っている場所から歩いて2分の距離にある。感じよく装飾された部屋が4部屋。広いバリ・ハイ・スイートBali Hai Suiteにはキングサイズのベッドが、そのほか3部屋にはクイーンサイズのベッドが備わっている。4部屋すべてにバスとテレビがあり、天井ファンが付いている。建物の2階には広角型のラナイと共用のリビングルームがあり、床はハードウッドになっている。料金には朝食が含まれる。隣接する設備の整った2ベッドルームの建物には、1週間$925で2人まで泊まることができる。料金は1人増えるごとに$70加算される。

オハナ・ハナレイ
Ohana Hanalei
☎826-4116
mdbc@aloha.net
PO Box 720, Hanalei, HI 96714
ワンルーム型 $80

ベッド・ブレックファスト・アンド・ビーチから通りを隔てた所にある。メアリー・アンド・デイブ・カニングズ・ホームMary and Dave Cunning's homeの脇に付属している気持ちのいいワンルーム型客室。客室には独立したエントランスがあり、バス、キングサイズのベッド、冷蔵庫、電子レンジ、コーヒーメーカー、ケーブルテレビ、市内通話無料の電話が備わっている。

ノース・ショア・プロパティーズ
North Shore Properties
☎826-9622、800-488-3336 ＦＡＸ826-1188
www.kauai-vacation-rentals.com
PO Box 607, Hanalei, HI 96714
1軒 1週間 $800〜5000

森の中にかたまって建っている小さな家から、ビーチフロントの優雅な家まで、ノース・ショアの家を数多く扱っている。

食事

カヤック・カウアイKayak Kauaiに隣接した駐車場内のパンで**ハナレイ・タロ・アンド・ジュース・カンパニー Hanalei Taro & Juice Company**（火〜日 10:00〜17:00）は営業しており、ハナレイで栽培されたタロイモを使った料理を出す。地元の商売を支えていることを感じながら、ちょっと変わったものを食べてみるのはおもしろい。しかも料理はおいしい。タロイモのパンで作る野菜だけのサンドイッチとターキーのサンドイッチは$6でよい食事になるし、50¢のタロモチのデザートはちょっとしたおやつとしてはずせない。ピクニックテーブルが2、3あり、座って食べることもできる。

同じ駐車場内で営業している地元の店がほかにも2軒ある。**ウィッシング・ウェル・シェーブ・アイス Wishing Well Shave Ice**ではさわやかなトロピカルフレーバーのかき氷を出す。**ハナレイ・タロ・ファーマーズ・マーケット Hanalei Taro Farmers Market**ではトラックで新鮮な果物と野菜を売っている。

ジャバ・カイ
Java Kai
7:00〜18:00

ハナレイ・センターHanalei Center内にあるカジュアルな雰囲気の店。いれたてのコーヒーや、そのコーヒーと一緒に食べたくなるペーストリーを出す店。

ババズ
Bubba's
スナック $2〜6
10:30〜20:00

ハナレイ・センターHanalei Center内にある。低価格のホットドッグ、ハンバーガー、フィッシュサンドイッチが食べられる。

ハナレイ・ウエイク・アップ・カフェ
Hanalei Wake Up Cafe
Aku Rd
ブレックファスト $5〜7
6:00〜

サーファーや早起きの人たちに人気の店。オムレツ、パンケーキ、フレンチトーストなど。

ハナレイ・ドルフィン・フィッシュ・マーケット
Hanalei Dolphin Fish Market
11:00〜17:00

村の東端、ハナレイ・ドルフィン・レストランHanalei Dolphin restaurantの裏にある。新鮮な魚とすぐ食べられるテイクアウト料理を売っている。大きなアヒスシロール（$6）もあり、それだけで食事になる。

ピザ・ハナレイ
Pizza Hanalei
☎826-9494
11:00〜21:00

チン・ヤン・ビレッジ内にある店で、おいしいピザを手頃な価格で出す。オーソドックスなホワイトクラスト、ゴマ入り全粒小麦粉のクラスト、どちらも10インチ1トッピングで

＄12。スパイシーなカルゾーネタイプの「ピッツァリットスpizzarittos」は＄5.50で、チーズと野菜がのっていて十分な食事になる。ランチタイムには、チーズピザやペペロニピザも1切れ＄3で食べられる。

ハナレイ・ヘルス・フード・アンド・アロハ・ジュース・バー
Hanalei Health Food & Aloha Juice Bar
◎8:30～20:00
チン・ヤン・ビレッジ内、ピザ・ハナレイの隣にある。搾り立てのフレッシュジュース、有機栽培の野菜、ビタミン剤、そのほかの健康食品を売っている。

ビッグ・セイブ
Big Save
◎7:00～21:00
チン・ヤン・ビレッジChing Young Village内にあるこの地域で唯一の食料雑貨のスーパーマーケット。

ネイデズ・サルサ・サンバ
Neide's Salsa Samba
☎826-1851
▯1品＄8～14
◎11:30～14:30、17:30～21:00
ハナレイ・センターの西。静かなベランダで、すばらしいメキシカンやブラジリアンの食事をゆったり楽しむ。オーナーシェフの小さなレストランで、本格的な料理を出す。ブリトーやエンチェラーダといった普通のメキシカンのほか、パンケーラ（かぼちゃの入ったクレープ）のようなおいしいブラジル料理も食べられる。パッションフルーツのマルガリータもとても美味だ。

ハナレイ・グルメ
Hanalei Gourmet
☎826-2524
▯1品＄15～23
◎8:00～22:30
ハナレイ・センター内にあり、ジンジャーチキン、シュリンプスキャンピ、新鮮な魚などのアイランドスタイルの料理を出す。どれもスープかサラダがついている。食べ応えのあるサンドイッチ（＄7）もあってパンを選べる。ピクニック用にテイクアウトしたいときは、脇のデリカテッセンのカウンターでパスタサラダやパン、ミートサンドイッチが買える。

ポストカーズ・カフェ
Postcards Cafe
☎826-1191
▯朝食＄6～10、ディナー＄15～25
◎8:00～11:00、18:00～21:30
値段は少し高いが、店内の装飾は感じがよく料理もおいしい。新鮮な魚で健康的な食材を重視し、たくさんの有機野菜を使っている。

シーフードを出すが、それ以外はベジタリアンメニューで、アジアンテイストと地元のテイスト両方がうまく調和している。オムレツ、マカデミアナッツのパンケーキなどのブレックファストは比較的普通の値段。ディナーは、タイのテンペ付きココナツカレーや、パイナップル・セージ・フィッシュ、シェリーソースのシーフードパスタなどの創作的な料理が豊富だ。

エンターテインメント
スシ・アンド・ブルース
Sushi & Blues
☎826-9701
チン・ヤン・ビレッジ内。ダンスフロアがあり、毎晩ブルースとジャズのライブ演奏がある。

ハナレイ・グルメ
Hanalei Gourmet
☎826-2524
ハナレイ・センター内にあり、毎晩ジャズ、ロック、そのほかの流行曲のライブ演奏を楽しめる。

ハナレイからワイニハへ
HANALEI TO WAINIHA

ワイココ・ビーチ
Waikoko Beach
ハナレイ湾の西側の部分はワイココ・ビーチと呼ばれる。海底は砂地になっており、回りは岩礁で囲まれている。ハナレイ湾の中央部に比べて浅く、波も穏やかだ。4マイルマーカー周辺のアイアンウッドの下にビーチの駐車場があるが、施設は何もない。

　マカホア・ポイントMakahoa Point沖は、冬期のサーフィンに適している。ここは湾の西のポイントで、サーファーからはワイココスWaikokosと呼ばれている。

ルマハイ・ビーチ
Lumahai Beach
ルマハイは1マイル（約1.6km）続くゴージャスなビーチで、1958年のミュージカル映画、「南太平洋South Pacific」でミッチー・ゲイナーが「髪の毛から彼を洗い流すわ」と約束したあの場面のビーチだ。幅の広い白砂のビーチで、一方には草の生い茂るジャングルのような茂みがあり、もう一方は荒々しい海になっている。

　ここはウォーキングと探検に適している。溶岩の突出部周辺では、物を含んだかんらん石からなる緑の砂が見られる。

　ルマハイへ下りるのには2つのルートがあ

る。1つめは景色のよい徒歩で3分ほどの遊歩道だ。4マイルマーカーを過ぎて0.75マイル（約1.2km）行くと石の擁壁に沿った駐車スペースから始まっている。チケットを切られないように車の流れの方向に停めること。ビーチを示す看板があるので、ビーチへの道はすぐわかる。その坂を少し下って左へ行けばよい。

ビーチ東端にある溶岩が、プリンスビルの方向から吹いてくることの多い風を防いでくれる。これらの岩は日光浴や写真撮影のポイントとしてかなり人気がある所だが、場所を決めるときは十分注意すること。高波や強い潮流で流されるという事故が起っている。

ルマハイでは危険な高波があるので、海を背に立ってはいけない。一年中潮流は強いが、特に冬期は不安定なので危険。何年にもわたっておぼれる人が後を絶たないので、地元の人たちからはルマハイではなくルマ・ダイ（死を意味する）と呼ばれている。

道路の方に戻ると、ルマハイを見下ろす景色のよいポイントが幾つかある。1つめは5マイルマーカーの所にあるが、2つめは湾曲部に突き出た所にあり、こちらのほうが景色がよい。

ルマハイ・ビーチへ下りるもう1つのルートは、ルマハイ川ブリッジLumahai River Bridgeを渡る直前、ビーチ西端にある海面と同じ高さを走る道路を行けばよい。西端のビーチ沿いにはアイアンウッドが植えられている。道路を隔てた所にはルマハイ渓谷Lumahai Valleyがあり、広々とした平地で馬が草を食んでいる。

ワイニハ
Waniha

ワイニハの村には小さな**食料雑貨店**（◉10:00〜19:00）がある。この店を逃すと、道路の終点まで食料、雑貨、ビールを買える所はない。

古代の住居跡、ヘイアウ跡、古いタロイモ畑がワイニハ渓谷奥深くまで広がっている。この渓谷は幅が狭く、切り立った緑の壁に囲まれており、メネフネ族の最後の隠れ家だったと言われている。事実、19世紀半ばまで国勢調査でメネフネ族として公式に帳簿に載っている人が65人いた！

古代のハワイを見ようと思ったら、**ワイニハ・パワーハウス・ロード Waniha Powerhouse Rd**にちょっと立ち寄ってみるとよい。7マイルマーカーの直前、ハイウェイ560が終わった所から始まり、ワイニハ渓谷へ向かって曲がっている。この狭い道路沿いにはトタン屋根の簡単な家が並んでいて、さびた古い貨物トラックが置いてあったり、犬が寝そべっていたりする。1.5マイル（約2.4km）行くと、突然、敷地に冷たい青い小川がくねくねと流れているような、周囲の風景と不釣合いなほど手入れの行き届いた建物が見えてくる。すぐに、ワイニハ水力発電所Wainiha hydroelectric plantに到着する。1906年、マックブライデ砂糖製造会社により建造されたもので、現在も電力を産出している。発電所を過ぎると道路は荒れてきて、より私道といった感じになってくる。

ハエナ
HAENA

ハエナには、高床式の家、ビーチフロントの小さなコテージ、数軒のバケーションホーム、YMCAキャンプ、大きな洞窟、キャンプ場、美しい砂浜がある。ハナレイを過ぎるとホテルはここにしかない。

トンネルズ・ビーチ
Tunnels Beach

トンネルズは大きな馬蹄形をした岩礁で、波が穏やかなときにはダイビングとシュノーケリングの格好のポイントとなる。ただし、それは通常夏場に限られている。より深い所に潜っていくと潮流がある。コンディションがいいときには、東のポイント近くからシュノーケリングを始めて、潮流の流れに身を任せて西の方に流れていくことができる。ケエ・ビーチKee Beachよりも危険が多いが、サンゴが美しい。

トンネルズは、洞窟や水中の壁にあるそのほかのクレバス（割れ目）から名づけられたのではなく、岩礁の外端にたつ冬場に管状にできるサーフブレイクから名づけられた。このビーチはウインドサーファーにもボードサーファーにも人気があるが、10月から5月にかけて危険な激しい離岸流が発生するので、この時期は上級者にしか適さない。

ここへ行くには、道路脇の駐車スペースを探そう。ビーチへ行く道路の反対側にある8マイルマーカーと9マイルマーカーの中間辺りに144番の電柱があり、その近くの道路脇に車が数台停めてある。あるいは、ハエナ・ビーチ・パークHaena Beach Parkで駐車し、そこからビーチ沿いにトンネルズへ歩いて行ってもよい。

ハエナ・ビーチ・パーク
Haena Beach Park

ハエナ・ビーチは白砂の美しいカーブを描いたビーチだ。右を見ると、馬蹄形をしたトンネルズが白い波で縁取られて見える。左の方向、ずっと向こうには、よいダイビングスポットであるキャノンズCannonsが見える。ハナエ

自体は岩礁で守られていないので、10月から5月にかけては、非常に強い離岸流と大きなショアブレイクが発生する。

この群立ビーチパークにはキャンプ場があり、ピクニックテーブルやトイレ、シャワーなどが整っている。カララウ・トレイルKalalau Trailからやって来る多くのハイカーたちはここでキャンプし、トレイルをスタート前のベースとしている。トレイルヘッドまでは1マイル（約1.6km）ちょっとあり、カララウへ行くつもりなら道路の終点よりもここに駐車するほうがより安全だ。

キャンプ許可を得るための情報は、本章前出の「宿泊」の「キャンプ」を参照のこと。

マニニホロ・ドライ・ケイブ
Maniniholo Dry Cave

何千年も前に海岸線の一部をなしていた3つの大きな海の洞窟。ハエナ・ビーチとケエ・ビーチの間にある道路の内陸側にある。1つは乾燥していて、あとの2つは底部に水たまりがあって湿っている。

伝説によれば、女神ペレが家と呼べる場所をカウアイのノース・ショアで探すために、山を掘っていったときにこれらの洞窟ができたとされている。

マニニホロ・ドライ・ケイブは、ハエナ・ビーチ・パークから道路を隔てた所にあり、深くて広いので歩いて中へ入ることができる。ドライという言葉は相対的な言葉で、ここでも洞窟の壁面から常に染み出している水がぽたぽたと落ち、マニニホロの内部を湿った状態にしている。

リマフリ・ガーデン
Limahuli Garden

リマフリは、ナ・パリ・コーストNa Pali Coastに一番近い渓谷で、いまだに草が生い茂り手つかずのまま残っている森林だ。非営利団体の国立熱帯植物園National Tropical Botanical Gardenが珍しい原生の植物を保護し、栽培している。リマフリ渓谷の1000エーカー（約4km²）の土地を占め、その一部を観光客に公開している。

リマフリ・ガーデン Limahuli Garden（☎826-1053　入場＄10　火〜金、日 9:30〜16:00）ではハワイ固有の植物や薬草、そのほか絶滅の危機に瀕している原生種も栽培されている。タロイモが植えられた古代の石のテラスもある。固有の木の中には、絶滅の危機に瀕している、ハイビスカスに似た花を咲かせるコキオ・ハウヘレウラや、同じように美しい花だがもう少しよく見かける、オヒア・レフアなどがある。全長0.75マイル（約1.2km）

のループトレイルが園のもっとも興味深い所を回っているので、入場料を支払えばそのトレイルを自分で歩き回ることができる。

園にはハエナ州立公園Haena State Parkの敷地を示す小川に行く直前、ハイウェイの内陸側の舗装された小道から入れる。

ウェット・ケイブ
Wet Caves

ハエナ州立公園内にはウェット・ケイブ（洞窟）が2つとケエ・ビーチがある。2つの洞窟は近接していて、道路の終点からも0.25マイル（約0.4km）も離れていない。1つめの洞窟、ワイカパラエ・ウェット・ケイブWaikapalae Wet Caveは、主要道路から山側に数分歩いた所にある。観光客が多い駐車場の反対側のわだちがついた土の小道沿いだ。2つめの洞窟、ワイカナロア・ウェット・ケイブWaikanaloa Wet Caveは主要道路の南側にあり、より見つけやすい。

どちらの洞窟も大きくて深い。非常に冷たい水たまりがあり、暗くて水がぽたぽたと落ちている。ダイバーがこの中を探検することもあるが、洞窟は危険なこともあるので、ベテランの地元ダイバーと一緒に潜るのがもっとも確実だ。

ケエ・ビーチ
Kee Beach

ケエ・ビーチは、一般的に「道路終点のビーチ」と呼ばれている。ここは歴史豊かな絵のように美しい場所だ。

ビーチ左側には特徴的な1280フィート（約390m）の崖がそびえ立っている。この崖はナ・パリ・コーストNa Pali Coastの始まりとなっている。ほとんど誰もが、その崖を映画、

ノース・ショアの伝承

ケエ・ビーチを15分ほど北東に向かって歩くと小さな流れがあり、テイラー・キャンプTaylor Camp跡に出る。

1960年代後半、女優のエリザベス・テイラーの兄弟によって所有されていた土地に、テントや木造の家からなる小さな村ができた。ドラッグや乱交パーティー、真夜中にパイプオルガンの音などが報告され、ついに当局がそのキャンプを取り締まった。公衆衛生の見地から、州の役人が全員を立ち退かせようとしたが、キャンパーたちは公有地定着者の権利を主張して法廷で争った。「公有地定着者squatters」が結局は敗れ、その土地は州の公園の中に組み込まれることとなった。テイラー・キャンプはノース・ショアの伝承の中には生きているが、実際はもう目にすることはできない。

南太平洋の中で呼ばれていた名前でバリ・ハイBali Haiと呼んでいる。ハワイの古代の人々には、マカナとして知られていた。マカナとは「贈り物」という意味だ。ヘイアウと元のフラ学校の敷地がそのふもとにある。

ケエ・ビーチには、さまざまな種類の熱帯魚がいて、シュノーケリングが楽しめる。岩礁が入り江の右側を守っているので、高い波の日を除いてはたいてい海は穏やかだ。入り江の左側は開けていて、特に冬期には強い潮流がある。

本当に波が穏やかなときには（たいてい夏にしかないが）、シュノーケラーは岩礁を超えて外海に出られる。そこは透明度が非常に高く、大きな魚やすばらしいサンゴの柱、時にはウミガメも見ることができる。そこにいると湾内は子供の遊び場に思えるが、高波や強い潮流が危険な状態を生み出すことがあるので十分に注意しなければならない。

潮が一番引いているときは、足をぬらすことなく岩礁のずっと先のほうまで歩いていくことができ、タイドプール（干潮時に見られる水たまり）をのぞき込むこともできる。

シャワー、水飲み場、トイレ、公衆電話が駐車場裏の茂みの中にそろっている。

ケエ・ビーチからナ・パリ・コーストを見下ろす方法は幾つかある。1つは、カララウ・トレイルの最初の30分を歩く方法（詳しくは、後出のナ・パリ・コーストを参照のこと）。ビーチの左側、ヘイアウに向かって少し歩き回る方法もある。

あるいは、単純にビーチへ下りて行って右の方向へ2、3分歩き、崖が次々に広がっていく様子を振り返って見るという方法もある。

カウル・パオア・ヘイアウ Kaulu Paoa Heiau

カウル・パオア・ヘイアウに出るには、ビーチ西側の小道を5分ほど歩けばよい。その小道はアーモンドの木の陰になっており、ナッツが落ちてきて食べることもできる。上り坂で曲がる道なりに石壁に沿って行けば、まもなくヘイアウに着く。

丘のふもとに木が茂った区画があり、ヘイアウの1つが手つかずの状態で残ってはいるが、そこで止まっていてはいけない。もう少し歩き続けて、テラスを崖の正面まで上がって行くとよい。下方に波が砕け散り、上方には崖が切り立っているこの場所は、神々を礼拝するのにすばらしい場所だ。

崖の正面の下には長い平坦な岩棚ができていて、草で覆われている。かつて、ここにわら葺き屋根のハラウ（フラ学校として使われていた共同住宅）が岩棚の幅を全部使って建っていた。フラの女神であるラカへ捧げるダンスが舞われたのはこの場所であった。古代のハワイでは、ここはカウアイでもっとも神聖なフラ学校で、フラを学びたいと思う生徒たちがハワイの島々からこのカウル・パオアへやって来たのだ。

シダのリースや、ティの葉で包んだ石や、レイ、そのほかのラカへの捧げ物がいまなお、崖の正面のクレバスに供えられている。その場所はハワイ原住民にとって聖なる場所で、敬意をもって扱われなければならない。今でも特別な出来事があれば、フラダンスが夜ここで舞われている。

ロヒアウズ・ハウス・サイト Lohiau's House Site

ケエ・ビーチの駐車場を1分ほど歩いて上っていくと、ロヒアウズ・ハウス・サイトがある。カララウ・トレイルKalalau Trailを示す看板で左折し、かろうじて見分けのつく土の小道を蔦で覆われた岩壁の所まで歩く。この大きな平坦なテラスから断崖まで54フィート（約17m）あり、16世紀の王子であったロヒアウの住居があった場所だと言われている。

伝説によると、火山の女神であるペレがある日、ハワイ島のハラの木の下でうとうとしていると、遠くのドラムの音で魂が目覚めた。彼女の魂は風に乗って音のするほうへ行き、島全体をひとつひとつ見て回った。そしてついにケエ・ビーチに到着し、ヘイアウの上で美しいフラダンサーに囲まれてロヒアウ王子がフラのドラムを叩いているところを見つけた。

ペレは美しい女性の姿になり、ロヒアウ王子の心を捉えた。彼らは愛し合うようになり、この家に移り住んだ。時が流れ、ペレは、彼女を慕うロヒアウを残し、ハワイ島の家に戻らなければならなくなった。彼のペレへの恋心は非常に強く、悲しみのあまりこの場所で死んでしまったという。

宿泊

カウアイYMCAキャンプ・ナウエ
Kauai YMCA-Camp Naue

☎826-6419 📠246-4411
🏠PO Box 1786, Lihue, HI 96766
💰キャンプサイト　1人につき$10、2段ベッド$12

ハエナHaenaに入ると、ハイウェイ560にある8マイルマーカーの直前で、ビーチサイドのシンプルなコテージが見えてくる。それぞれには、スクリーン付き窓、セメントの床、6から14の2段ベッドがある。このキャンプはグループ客用に作られたものだが、個人旅行者も受け入れることもある。ビニールのマットレスの2段ベッドは50ある。シーツと毛布はない。テントを立てることもできる。ホットシャワーがあるが、キッチンは大人数のグ

ループ専用になっている。YMCAは予約を受け付けないので、前もって電話をする必要がある。独特なチェックイン方針があるのは、キャンプが完全に閉められている時期もあるからだ。さらに、夏期とそのほかの祝日期間は、キャンプは通常子供たちのグループで予約がいっぱいになり、その時期には個人客は宿泊できない。キャンプはトンネルズ・ビーチTunnels Beachから歩いて10分の所にある。

ハナレイ・コロニー・リゾート
Hanalei Colony Resort
☎826-6235、800-628-3004 ℻826-9893
📧aloha@hcr.com
📮PO Box 206, Hanalei, HI 96714
🏠ガーデンビュー客室 ローシーズン＄160、ハイシーズン＄185、オーシャンフロント客室ローシーズン＄230、ハイシーズン＄280

ハエナの東側にある、古いが修復されている低層のコンドミニアムコンプレックス。52の客室にはそれぞれ、設備の整ったキッチン、ラナイが付いており、ベッドルームは2部屋ある。ただし、2つのベッドルームのうち1つは、基本的にはツインベッドが2つある多目的な部屋で、リビングルームのほかの部分とはスライドドアで区切るようになっている。コンプレックスはビーチにあり、プールとバーベキューエリアが付いている。波の音を聞くにはよい場所で、テレビ、ラジオ、室内電話はない。料金は4人までは同じで、1週間の滞在で7泊目は無料となる。

ナ・パリ・コースト
NA PALI COAST

ハワイ語では、ナ・パリは、単に「崖」を意味する。実際のところ、ここがハワイの中でもっとも壮大な崖だ。

ナ・パリ・コーストは、北はケエ・ビーチの道路終点から西はポリハレ州立公園Polihale State Park内にある道路の反対の終点まで22マイル（約35km）にわたって広がっている岩だらけの土地で、ハワイでもっとも鋭い溝のついた海岸の断崖だ。

ナ・パリ・コーストには、カララウKalalau、ホノプHonopu、アワアワプヒAwaawapuhi、ヌアロロNualolo、ミロリイMiloliiの5つの主要な渓谷がある。これらの川がつくった深い渓谷には、かつてはかなりの数の移住民が住んでいた。

19世紀の半ば、伝道団がやって来て、もっとも大きな渓谷であるカララウに学校をつくった。その時の記録によると、渓谷の人口は約200人だった。しかし、西洋の生活様式に影響されて人々は次第に町のほうへ引越しを始め、その世紀の終わりまでには渓谷からほとんど人がいなくなってしまった。

交通の便は悪いが肥沃な土地が豊富にあるナ・パリ・コーストは、長い間、さまざまなものから逃れたいと思っている人々の自然の避難地となっていた。クーラウ・ザ・リーパーがもっともよく知られているが（本章後出のコラム参照）、そのほかにも多くの人がいた。

高地地帯のコケエ地域Kokee areaからナ・パリ・コーストに沿って渓谷の底部まで下りてくる危険なトレイルがかつてはあった。足場が崖の上に作られた場所があったり、縄梯子が使われたりする場所もあったりした。今はもうこれらのトレイルは残っていない。

今日では、ハナカピアイHanakapiai、ハナコアHanakoa、カララウKalalauの渓谷のみ歩いていくことができる。道は11マイル（約18km）のカララウ海岸に沿ったトレイルしか残っていない。

カララウ・トレイル
Kalalau Trail

カララウはハワイで最初のトレイルだ。ここではネパールのトレッキングや、マチュピチュMachu Picchu登頂の経験のある人々に出会うことが多い。ナ・パリ・コーストは、ネパールやマチュピチュと同じくらい壮大で並外れた美しさだ。

カララウ・トレイルは基本的には、かつて遠く離れた北海岸の渓谷に住んでいたハワイ人によって使われた古代の道路と同じ道を使っている。このトレイルは海面にそそり立つ高い断崖に沿って進み、湾曲しながら上がり下がりして、緑に覆われた渓谷を渡り、最後に険しいカララウの断崖の下まで行って道が終わる。険しい緑色の崖が輝くようなターコイズの海に向かって落ちていくその景色たるや、息を呑むほど。

準備万全のハイカーなら7時間ほどでその11マイル（約18km）を踏破できるが、途中で休憩して1晩キャンプするほうが楽だろう。

冬期にはカララウ渓谷までハイキングしようとする人は少ないが、夏期には多くの人がこのトレイルを行き来する。観光客だけでなく、地元の人々にも人気のハイキングコースなので、週末には多くの人でにぎわう。

ハイキングはケエ・ビーチからハナカピアイ渓谷まで（2マイル＜約3.2km＞）、ハナカピアイからハナコア渓谷まで（4マイル＜約6.4km＞）、ハナコアからカララウ渓谷まで（5マイル＜約8km＞）の3部分に分けられる。

最初の2マイルは日帰りコースとして人気

がある。ハナカピアイ渓谷までならハイキングの許可も必要ない。

トレイルは、ナ・パリ・コースト州立公園の中にある。一泊するつもりがなくても、ハナカピアイを越えてカララウ・トレイルを行くなら正式な許可が必要だ。1日使えるハイキングの許可は、**州立公園管理局 Division of State Parks** (☎274-3444 ☎3060 Eiwa St, room 306, Lihue, HI 96766) から無料で受けられる。

現在のところ、キャンプはハナカピアイ渓谷とカララウ渓谷で合計5泊までは許可されている。トレイルの3番目の渓谷、ハナコアでは現在はキャンプは許可されていないが、いずれまた許可されることになるだろう。キャンプには州の許可が必要だ。許可を得るための詳細については、本章前出の「宿泊」の「キャンプ」を参照のこと。

ケエ・ビーチからハナカピアイへ Kee Beach to Hanakapiai
ケエ・ビーチからハナカピアイ渓谷への2マイル(約3km)のトレイルは、本当に景色の美しいハイキングコースだ。西へ向かうなら午前中が、東へ向かうなら午後がよい。というのは、太陽を背にして写真によい光が得られるからだ。

このトレイルは、ククイとオヒアの木々の間を縫って進む。うしろには、すばらしい海岸線の風景が開けている。ここには紫色のランや野草があり、また禅の雰囲気を醸し出す小さな滝も途中に2〜3ある。泥の中に埋まっている黒いナッツはククイで、何百というハイキングシューズに踏み固められて滑らかになっている。

0.25マイル(約0.4m)ほど上を見ると、ケエ・ビーチとそれを取り囲む岩礁のすばらしい景色が見える。30分も歩けば、今度はナ・パリ・コーストが見え始める。ハイキングの予定がなくても、ここまで歩いてくるだけの価値は十分ある。

ハナカピアイは夏期には砂浜のビーチになる。冬期には砂は洗い流され、漂れきの海岸となる。その中にはかんらん石の小さな結晶もあって輝いている。ビーチの西側には、水滴のしたたり落ちる小さな洞窟と小規模なシダの洞窟がある。

ここの海は、一年中思いがけない強い離岸流があって危険だ。冬の高波の状態にあるときには特に天候は不安定だが、夏は夏で貿易風が非常に力強い潮流を運んでくる。ハナカピアイ・ビーチは、カウアイではルマハイと並んでおぼれる人の数が多い。

日帰りのハイキングをしていて、もう少し先へ歩いてみたくなったら、海岸沿いのトレイルをさらに2〜3マイル歩き続けるより、渓谷を上がって、ハナカピアイ滝Hanakapiai Fallsまで行くほうがよい。

ハナカピアイ滝 Hanakapiai Falls
ハナカピアイ・ビーチからハナカピアイ滝までの2マイル(約3km)のハイキングコースは、カララウ・トレイルからちょっとはずれた往復2時間半のコースだ。このトレイルは岩が突き出ていて、ケエ・ビーチからハナカピアイ・ビーチへ向かう小道よりも歩きにくい。狭い渓谷では突然氾濫がおこることがあるので、ハイキングは天候のよい日に限られる。

このトレイルそのものは定期的に氾濫で洗い流され、区画の線が何度か引き直されているが、小道は基本的にはハナカピアイ川 Hanakapiai Stream沿いを上っていくので、ずっとそのまま歩いていくことはそれほど難し

コオラウ・ザ・レパー

コオラウはパニオロ(ハワイのカウボーイ)で1893年にハンセン病にかかった。家族から離れ、モロカイ Molokaiのハンセン病者隔離施設に入ることを受け入れないで(それは当時の法に定められたことであったが)、カララウ渓谷に妻と幼い息子とともに隠れ住んだ。まもなく、保安官と副官が逃げたハンセン病患者を渓谷から連れ出すために現れた。コオラウが唯一のハンセン病登録者だった。その夜、満月の明かりの下で、保安官はコオラウの寝込みを襲おうと、静かに渓谷へ近づいた。自己防衛のためにコオラウは保安官を撃った。

その知らせがホノルルに届くと、兵士たちを乗せた船が派遣され、カララウ・ビーチに上陸した。兵士たちが渓谷へ近づくと、コオラウは砲弾を浴びせかけた。2人の兵士が背中を撃たれ、3人目は銃の暴発で死んでしまった。兵士たちは戦略を変えた。夜明け直前に、彼らはコオラウの隠れ家に大砲を撃ち込んだ。彼らはその前夜、コオラウが自分たちの前線を突破して逃げたことを知らなかったのだ。近くの滝から、コオラウは兵士たちが荷物をまとめ、船を出すのを見ていた。兵士たちは二度と戻らなかった。そしてコオラウは、この渓谷で誰にも邪魔されることなく残りの人生を送ったのだった。

そのうちに彼の息子が、そしてその後、コオラウがハンセン病で亡くなった。2人は渓谷の丘の中腹に埋葬されている。コオラウの妻、ピイラニは渓谷を去ってから、コオラウのことがほとんど忘れられているのを知った。10年後、フリーの記者ジョン・シェルドンが彼女の話を聞いて記録した。ジャック・ロンドンが後に「コオラウ・ザ・レパー *Koolau the Leper*」を書いたが、フィクションの記述がかなり多くなっていた。

くない。このトレイルはよく整備されているとは言い難く、木の幹や枝を乗り越えたり、迂回したりしなければならないこともある。

ハナカピアイ川の両岸にトレイルがあるが、主要なルートは川の西側を登っていくほうだ。50ヤード（約46m）ほど上がると、古い石壁とグアバの木がある。グアバの実が熟していたら、仕入れるのにちょうどよい場所だ。道に沿ってはほかにも大きな古いマンゴーの木もあり、実を取ることができるかもしれない。

トレイルヘッドから10分ほど上ると、緑の竹の茂みがあり、ユーカリの木も点在している。このトレイル沿いには古いコーヒー工場の跡もある。今残っているものは煙突の一部だけだが。

25分ほど登った所で、川を渡る5つのポイントのうち最初のポイントに着く。「危険。大雨の時は川から離れるように。突然氾濫することがあります。'Hazardous. Keep away from stream during heavy rainfall. Stream floods suddenly.'」との警告の看板が立てられている。

トレイルの上方は岩が多いので、足元には特に注意しなければならない。滑りやすいコケが薄く覆っていて、ほとんど見えなくなっている岩もある。そんな場所は芝生の上を歩いているような感じだ。

ハナカピアイ滝はすばらしい所で、広く穏やかな深みがあるので泳ぐこともできる。滝の真下は、落ちてくる水の勢いが強くて岩肌近くまで行けないようになっている。上方から岩が落ちてくることもあるので、自然が警告してくれているのだ。

とても穏やかな場所で、黙想しながらしばらく時を過ごすのにいい。信じられないほど谷が険しいので滝近くはあまり日が当たらないが、緑の多い美しい渓谷だ。

ハナカピアイからハナコアへ Hanakapiai to Hanakoa

ハナカピアイ渓谷からハナコア渓谷へ向かってカララウ・トレイルを10分ほど登って行くと、すばらしいハナカピアイ・ビーチが見える。しかし、そこからはトレイルは低木の茂みに入って行くので、次に海岸線が見えるのは1マイル（約1.6km）先になる。ここはトレイルでもっとも景色の悪い場所だ。

ハナコアのキャンプ場は0.5マイル（約0.8km）ほど内陸部に入った渓谷に固まっている。3カ所のキャンプエリアのうち、ハナコアがもっとも湿気が多い。そこはまた、蚊がもっとも多い所でもある。

渓谷はとてもすてきな所で、ハナコア川では泳ぐのにとても適した深みもある。渓谷を3分の1マイル（約0.5km）ほど上がると滝があるが、そこへ行く小道は木で覆われていて大変な道だ。この渓谷には以前はタロイモやコーヒーを栽培する農民たちが住んでいた。タロイモとコーヒーは今も野生で育っている。

ハナコアからカララウへ Hanakoa to Kalalau

この部分がトレイルのもっとも険しい部分だが、美しさは抜群。日が沈む少なくとも3時間前までにここに入ること。

ハナコア渓谷を出て1マイルほど（約1.6km）歩くと、再び海岸線に出て、ナ・パリ端の起伏に富んだすばらしい景観が見え始める。この辺りは非常に狭くて険しいので、用具がきっちりと詰めてあるか確認し、足元にも十分注意しなければならない。トレイルの半分を示す看板を少し過ぎた所に来ると、カララウ渓谷が見下ろせるようになる。

この大きな渓谷にはビーチ、小さな滝、ヘイアウ跡地、数軒の古代の家跡がある。さらに夏期には中で眠れるほど乾燥していることもあるおもしろい洞窟も幾つかある。

歩きやすい2マイル（約3km）のトレイルを進むと渓谷に戻り、カララウ川にある深みにたどり着く。ここには天然のウォータースライドができている。もしすばやい動きができるのなら、この流れに住むエビを捕まえて、運を試してみるのもよい。

1920年までハワイ人たちがタロイモを栽培していた渓谷内の段々畑には、今では苦いジャバプラム、食用グアバ、パッションフルーツの実が大きく育っている。野生のヤギが崩れやすい崖を上ったり下りたり、川で水を飲んだりしている。

カララウ渓谷にはマンゴー、パパイヤ、オレンジ、バナナ、ココナツ、グアバ、マウンテンアップルなどのフルーツの木がある。1960年代と70年代には、現実から逃げ出したい人々が皆カララウに住もうとしてやって来たが、フォレストレンジャーが結局は彼らを送り返してしまった。今日でさえ、レンジャーが時々急にヘリコプターでやって来て、キャンプ許可を取っているかどうか確認している。許可のない人々はすぐに出て行かされる。常習犯の疑いがある人たちはキャンプ用具を没収される。

注意・インフォメーション

カララウ・トレイルは岩だらけの未開の土地へ入っていくハイキングコースなので、十分な準備が必要だ。時には、幅が足幅より少しだけ広いような切り立った崖を歩くこともあり、身のすくむような思いをすることもある。しかし、高地のトレイルに慣れているハイカーなら全体的には楽しめるコースなので、必要以上に危険だと思わなく

てもよい。ハワイのほかのトレイルと同様に、雨が続くとぬかるんで滑りやすくなるので、杖があると心強いだろう。

事故がないわけではない。カララウ・トレイルで起きた事故の大半は、増水した川を浅瀬みたいに渡ったり、崖の端を暗くなってから歩いたり、危険な高波があるときに泳いだりした結果おこったものだ。崖を構成している岩はぐらぐらしていて崩れやすいことを肝に銘じておかなければならない。そして崖を登ろうとしないこと。ヤギが崖を歩いて石が落ちることがよくあるので、崖の真下でのキャンプもやめること。そんな環境でも、十分注意して行くならば、ここは天国のようなハイキングコースと言える。

トレイルでは水に困ることはないが、飲料水にするなら必ず煮沸するか、適切な処置を施すこと。

必要な物は持っていかなければならないが、軽装が好ましい。川を渡るときや、崖の縁を歩くときには余分な重量はないほうがいいだろう。靴には滑り止めがついているほうがよい。寝袋を持って行くのなら軽い物にすること。

リフエLihueの州立公園事務所には、カララウ・トレイルのパンフレットと地図が用意されている。ケエ・ビーチのトレイルヘッドにもインフォメーションが掲示されている。

アクセス

ケエ・ビーチにはトレイルヘッドに駐車場がある。残念なことに、夜間ケエ・ビーチに駐車している車に対する車上荒らしが頻繁に起っている。車の中に何も置かず、ロックしないで置いておくほうが窓を割られずにすむと言う人もいる。一般的に言って、ハエナ・ビーチ・パークのキャンプ場近くに停めるのがより安全だろう。どちらをとるにしても、絶対にロックした車の中に貴重品を置かないように。

ほかには、荷物のすべてをハナレイに置いてトレイルヘッドまでタクシーで行く方法も考えられる。ハナレイにある**カヤック・カウアイ Kayak Kauai**（☎826-9844）は1日＄5で店の駐車場に車を停めさせてくれ、＄4でバックパックやスーツケースも預かってくれる。**ノース・ショア・キャブ North Shore Cab**（☎639-7829）は、ハナレイからケエ・ビーチまで約＄20でタクシーを運行してくれる。

宿泊している所に、要らない荷物を預けることもできる。そのほかには、ケエ・ビーチに行く途中にあるワイニハWainihaの**ワイニハ・ジェネラル・ストア Wainiha General Store**（☎826-6251）が1日＄3で荷物を預かってくれる。

ノース・ショアからナ・パリ・コーストに行くほかに、コケエ州立公園からナ・パリ渓谷を見下ろすこともできる。この公園にはカララウ渓谷の端に展望台があり、そこまで車で行ける。また断崖の頂上まで続くかなりハードなハイキングコースもある。そこからはアワアワプヒ渓谷とヌアロロ渓谷Awaawapuhi and Nualolo Valleysのすばらしい景色を見下ろすことができる（詳細は、本章後出の「ウエスト・サイド」の「コケエ州立公園」を参照のこと）。

サウス・ショア
South Shore

ポイプPoipuはカウアイ島の主要なリゾートビーチだ。一年中、冬さえも典型的な良い天気が続き海は穏やかで、水泳やシュノーケリングには絶好だ。夏の間は打ち寄せる波が高く、サーファーたちがよくやって来る。

コロアKoloaの村はポイプから3マイル（約5km）内陸にあり、ハワイに最初のサトウキビプランテーションができた土地だ。この眠ったような村は、ドッジ・シティDodge Cityと同様の田舎町だったが、今やポイプの人気に追いついてきた。この村のほとんどの店は観光客向けの店となり、近隣のポイプから流れて来る旅行者を受け入れている。

ポイプとコロアはリフエの南およそ10マイル（約16km）にある。リフエからはハイウェイ50（カウムアリイ・ハイウェイKaumualii Hwy）に乗って、それからハイウェイ520（マルヒア・ロードMaluhia Rd）に入る。

ツリー・トンネル
Tree Tunnel

マルヒア・ロードを曲がると、ツリー・トンネルが現れる。ツリー・トンネルは1マイル（約1.6km）にもわたる、ユーカリの一種であるスワンプガムがうっそうと茂る道だ。もともとの木のトンネルは倍の長さがあったが、ハイウェイ50が南にルート変更された時にかなりの木が切られた。

マルヒア・ロードを約1マイル（1.6km）下ると溶岩の山がある。そこがプウオヘワPuu o Hewaだ。古代のハワイ人たちはその頂上からはホルア（木のそり）を使って、滑りやすいピリの草で覆われた小道を競争して下った。この人気のスポーツをもっとエキサイティングに観せるために、ソリの通る道2本を山の中腹で交差させた。目をこらすと山の斜面で幅約5フィート（約1.5m）道がX字型に交差しているのが見える。

ヘワとは「正しくない」とか「間違った

コロア

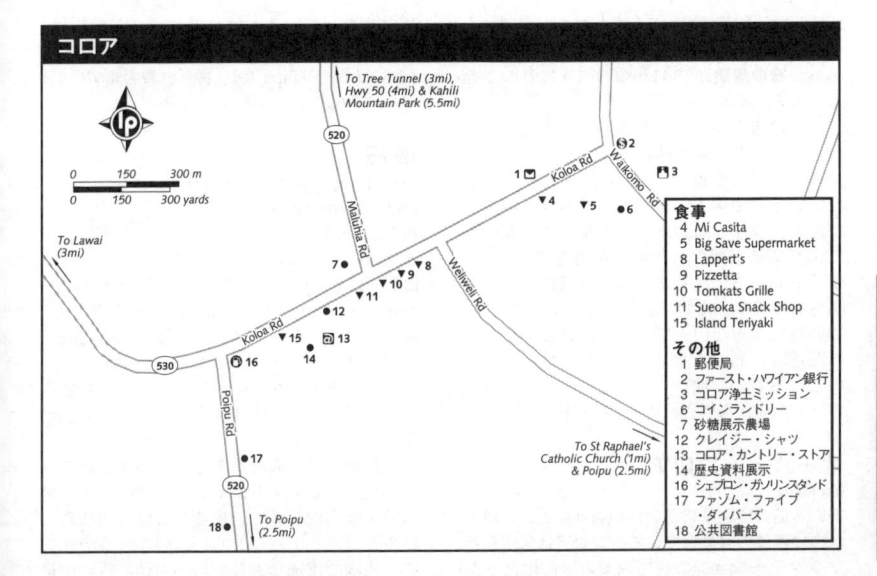

食事
4 Mi Casita
5 Big Save Supermarket
8 Lappert's
9 Pizzetta
10 Tomkats Grille
11 Sueoka Snack Shop
15 Island Teriyaki

その他
1 郵便局
2 ファースト・ハワイアン銀行
3 コロア浄土ミッション
6 コインランドリー
7 砂糖展示農場
12 クレイジー・シャツ
13 コロア・カントリー・ストア
14 歴史資料展示
16 シェブロン・ガソリンスタンド
17 ファゾム・ファイブ・ダイバーズ
18 公共図書館

と言う意味だ。ある時、地図測量者が作りかけの地図に「プウオヘワ」（間違った山）とメモし、それがそのまま印刷に回された。

道路の左側の草の茂った2つの山はマウナ・カリカMauna Kalika、または絹の山として知られている。1830年代、ハワイに絹産業をおこそうと考えた2人のアメリカ人企業家がこの地に中国の蚕を持ち込んだ。しかし、すぐに気候が蚕には合っていないことが分かった。その後、この山は周囲の地域と同様にサトウキビプランテーションとなった。

コロア
KOLOA

ハワイの最初のサトウキビプランテーションは1835年にコロアで始まった。サトウキビ自体がハワイに渡って来たのはそのずっと以前で、ポリネシアからやって来た人々が運んできた。中国からの移民により小規模な精製法が伝えられた。大規模生産は24歳の進取の気性に富んだウイリアム・フーバーがボストンからカウアイ島にやって来て、アリイ（首長）と一戦交えた時から始まった。

フーバーはホノルルの実業家から経済的な援助を受け、当時の王からもコロアに土地を借りて、アリイにお金を払い、島の人たちをそれまでの労働義務から解放した。フーバーはハワイの人々を賃金労働者として雇った。コロアはハワイの最初のサトウキビプランテーションとなった。

コロア・ロードKoloa Rd（ハイウェイ530）はコロアとラワイLawaiの間を結ぶ道路で、コロアを出て西に向かうのなら一番おすすめの道だ。草地やサトウキビ畑を抜け、快適なドライブが楽しめる。

インフォメーション

ファースト・ハワイアン銀行 The First Hawaiian Bank（☎742-1642 ♠3506 Waikomo Rd ◎月～木 8:30～16:00、金 8:30～18:00）は町の東端にある。

郵便局（☎800-275-8777 ♠5485 Koloa Rd ◎月～金 9:00～16:00、土 9:00～11:00）はコロアとポイプが担当地区。

コロア・カントリー・ストア Koloa Country Store（☎742-1255 ♠5356 Koloa Rd ◎月～土 8:00～20:00、日 9:00～17:00）にはコンピュータがあり、30分＄5でインターネットが使える。

コインランドリー（♠Waikomo Rd & Koloa Rd ◎24時間営業）はビッグ・セーブ・スーパーマーケットBig Save supermarketの裏にある。

砂糖展示農場
Sugar Exhibits

砂糖のことを知りたい人は、スエオカ・ストアSueoka Storeの反対側のコロア・ロードにある農場を訪れるとよい。

小さな庭に10数種類の**サトウキビ**が植えてあり、それぞれに消えかかった説明ラベルが付いている。ラベルには収穫高が多いだの、蔗糖が多いだの、また新芽を多く出すだのといった特徴が記載されている。ありとあらゆる種類がごちゃまぜに栽培されているので、いつかはす

らしい新種が生まれるかもしれない。

農場の反対側にはコロアの初期製糖工場にあった**石の煙突**が1841年頃のままに昔の姿をとどめている。

農場のまん中には、農園のために働いた主な外国人たちの**記念碑**がある。ハワイの人はマロ（腰布）を着て、傍らにポイドッグを連れている。中国人、韓国人、日本人、ポルトガル人、フイリピン人やプエルトリコ人も同じようにそれぞれの国の作業着を着ている。壁のプレートにはハオレ（白人監督官）の説明もあるのが、奇妙に思われるかもしれない。この馬に乗った白人プランテーション管理者の記述は、島の人々にとってとうてい受け入れられるものではなく、土壇場になって監督官は記念碑から外されたという経緯がある。

オールド・コロア
Old Koloa

古い木造の建築やまがい物の店舗など、コロアは古い西部の町に似ている。コロアは繁栄したプランテーションの村で商業の中心地だったが、第2次大戦後ほとんどつぶされてしまった。

その歴史は砂糖により支えられてきたが、現在は間違いなく観光だ。以前の魚市場、散髪屋、公衆浴場やビアホールは、今やブティック、ギャラリー、レストランなどになっている。

クレイジー・シャツ Crazy Shirtsの建物は最近までヤマモト・ジェネラル・ストア Yamamoto General Storeだった。通りの向い側の劇場は火事で焼けてしまったが、それまでは映画好きの人たちがクラックシード（ローカルなスナック）とソフトドリンクを求めてヤマモト・ストアに行列したものだった。この店の前の歩道に一対の木彫がある。マウイ芸術家の故リームズ・ミッチェルの作品である。店の裏には、町のホテル跡や小規模な**歴史資料展示 historical display**があり、日本の風呂や年代物の写真が何枚か展示してある。

町の東端には**コロア浄土ミッション Koloa Jodo Mission**があり、1910年頃のたたずまいが残っている。左側の仏教寺院は建築当時のものであるが、その隣に新しく大きな寺院ができて、今ではここで勤行がある。勤行の間は太鼓の音が響き、線香の香りが辺りに漂っている。

聖ラファエロカトリック教会 St Raphael's Catholic Churchはカウアイ島で一番古いカトリック教会でハワイへ移住した最初のポルトガル人の墓が幾つかある。もとの教会は1854年に建てられ溶岩とサンゴのモルタルで壁の厚さは3フィート（約90cm）もある。これは教区教師館の廃虚にも見られる建築様ěョだ。1936年に教会を増築した時、全体がしっくいで固められた。そのため、いまでは外観がよ り白くなっている。コロア・ロードからは、ウェリウェリ・ロードWeliweli Rdへ曲がり、ハパ・ロードHapa Rdへ右折、教会まで0.5マイル（約0.8km）の道のりだ。

宿泊
カヒリ・マウンテン・パーク
Kahili Mountain Park
☎742-9921
🏠PO Box 298, Koloa, HI 96756
💰キャビネット＄45～55、キャビン＄65～75

ハイウェイ50の7マイルマーカーを過ぎて、舗装してない道を1マイル（約1.6km）進む。セブンス・デー・アドベンティスト教会The Seventh Day Adventist Churchのそばを通るとマウント・カヒリMt Kahiliの美しい光景が楽しめる。

4種類の宿泊施設がある。一番奥にある古い小型キャビネットはセメント壁の素朴な構造で、暗く湿っぽい。はるかに魅力的な新しいキャビネットはワンルームの高床コテージで、清潔で風通しも良い。その他に古い田舎風のキャビン8棟と新しいキャビン5棟もある。どのキャビンもゆったりした敷地にある。新しいほうのキャビンは風情のある外観で広々としておりおしゃれで、サブルームとして使える屋根の付いたポーチがある。

どの部屋もキャビネットはベッドシーツ付きで、2台のガスコンロ、鍋類、流し台、冷蔵庫も付いている。トイレ、シャワーは共用で、キャビンには個室のバスルームが付いている。キャビネットは5人用、キャビンは4～6人用である。上記料金は2人までのもので、1人増えるごとに＄15追加になる。静かで田舎の味わいがありながら、20分のドライブでポイプのビーチに行ける便利さだ。カヒリ・マウンテン・パークはハイシーズンにはすぐ予約がいっぱいになるので、前もって予約しておこう。

食事

食事場所は、**ラパーツ・アイスクリーム・ショップ Lappert's** ice-cream shopや以下の店がマルハイ・ロード（ハイウェイ530）とコロア・ロード（ハイウェイ520）の交差点近くにある。

スエオカ・スナック・ショップ
Sueoka Snack Shop
🏠5358 Koloa Rd
🕐火～日 9:00～15:00

テイクアウトの窓口が横にあり、バーガー、サンドイッチ、サイミンなら＄2未満、おいしいプレートランチなら＄4。島で獲れる魚のプレートは美味。

アイランド・テリヤキ
Island Teriyaki

🏠 5330 Koloa Rd
🍴 $4〜8
🕐 月〜土 7:00〜21:00

気取りのない店で値段も手頃である。朝食にはパンケーキ、オムレツや卵の入ったブリトーを注文できる。朝食以外では、トルティーヤラップサンド、サラダ、プレートランチなどいろいろある。

ミ・カシータ
Mi Casita

🏠 5476 Koloa Rd
🍴 食事 $8〜12
🕐 月〜土 11:00〜21:00

ちょっと風変わりな家族経営のレストランで、メキシコの家庭料理を出してくれる。食事にはライスと豆が付いており、タコス、チリリレノス（チーズが詰まったピーマン）や盛り沢山のエンチラーダからお好みのものが選べる。アラカルトメニューからオーダーすることもできる。おいしいチキンのブリトーは$5だ。

ピッツェッタ
Pizzetta

☎ 742-8881
🏠 5408 Koloa Rd
🍴 メイン $7〜23
🕐 11:00〜22:00

小さなピザ料理店だがフルサービスのイタリアンレストランでもある。町で一番古い建物の中にあって、ローカルな雰囲気があり、値段も手頃だ。ホームメードパスタ、ラザニア、チキンのパルメザン焼き、何種類ものピザなどがある。子供用には$5未満で8種類の食事があり、家族連れ向き。

トムカッツ・グリル
Tomkats Grille

☎ 742-8887
🏠 5396 Koloa Rd
🍴 ディナー $11〜19
🕐 11:00〜22:00

人気のあるランチスポットで、戸外の中庭で食事ができる。サンドイッチ類にはポテトフライが付いており、これはおすすめ。野菜バーガー$7からグリルステーキサンドイッチ$10まである。ディナーは魚、チキン、ステーキのグリルが専門で、野菜サラダとパリパリのフランスパンが付く。

ポイプ
POIPU

ポイプはコロアの南のポイプ・ロードを3マイル（約5km）下った所にある。前には美しい黄金色の砂浜があり、うしろはカウアイでもっとも大きなホテルやコンドミニアムが立ち並んでいる。ここに滞在しないなら、ビーチで1日過ごすだけでもすばらしい。

ビーチのほかに人気のある場所は潮吹き穴である。潮吹き穴はポイプ・ロードを進みポイプ・プラザPoipu Pulazaを過ぎてすぐ右折してラワイ・ロードLawai Rdに入り、1.75マイル（約2.8km）行った所にある。

プリンス・クヒオ公園
Prince Kuhio Park

この公園は、ラワイ・ロード0.5マイル（約0.8km）南に下った、ホアイ湾Hoai Bayの向う側にある。ここには**ホアイ・ヘイアウ Hoai Heiau**とジョナ・クヒオ・カラニアナオレ王子の記念碑がある。王子は最初のハワイ自治領のアメリカ議会議員だった。彼はハワイアン・ホームズ委員会法Hawaiian Homes Commission Actの運動の先頭に立った。その法律は原住民ハワイ人の土地を守る法だった。養魚池跡地や古代ハワイ人の家の基礎もある。

ベイビー・ビーチ
Baby Beach

あまり深くない子供用の海水浴場がプリンス・クヒオ公園の東、ホオナ・ロードHoona Rdから入った所にある。ビーチ入口の標識が道路とビーチをつなぐ小道に立っているので探してみよう。大人にはここのビーチから西に下った砂浜のほうがいいかもしれない。そこは岩があまりなく、海もやや深くなっている。

ラワイ・ビーチ
Lawai Beach

プリンス・クヒオ公園の西、ラワイ・ビーチ・リゾートLawai Beach Resortの反対側にある。少し岩がごつごつしているが、冬の間はシュノーケリングにぴったりの場所だ。水はとても澄んでいて、オレンジ色のニザダイ、虹色のブダイ、ラクーンチョウチョウオ、白い斑点のあるフグなどの熱帯魚がたくさん見られる。夏の波が高い時はシュノーケラーは去り、海はサーファーであふれる。

岸辺の向こうにはトイレ、シャワーや、公共の駐車場がある。

ククイウラ湾
Kukuila Bay

潮吹き穴から0.5マイル（約0.8km）西に進むと、州立のボートハーバーであるククイウラ湾がある。ここは主に釣りとダイビングの船に使われる。海岸には岩が多いので、水辺のアクティビティの中ではさお釣りがベスト。

サウス・ショアーポイプ

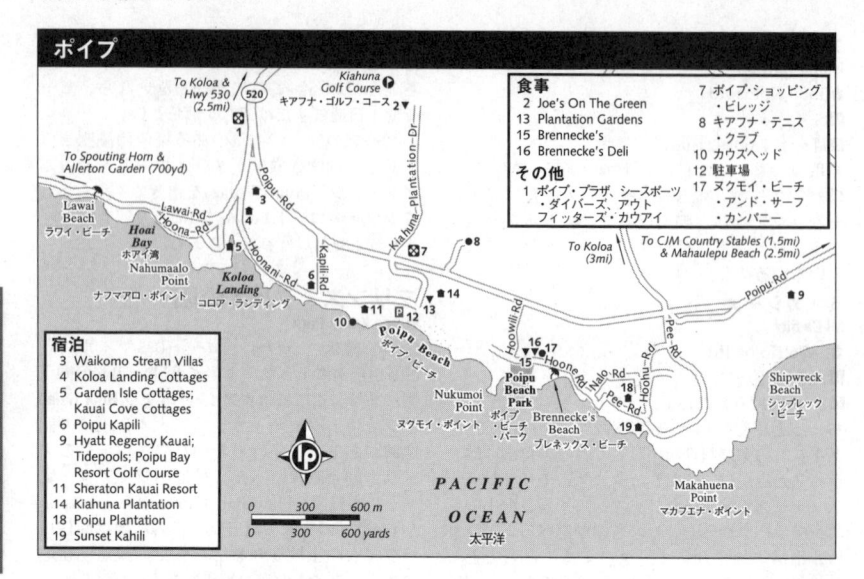

ポイプ

食事
- 2 Joe's On The Green
- 13 Plantation Gardens
- 15 Brennecke's
- 16 Brennecke's Deli

その他
- 1 ポイプ・プラザ、シースポーツ・ダイバーズ、アウトフィッターズ・カウアイ
- 7 ポイプ・ショッピング・ビレッジ
- 8 キアフナ・テニス・クラブ
- 10 カウズヘッド
- 12 駐車場
- 17 ヌクモイ・ビーチ・アンド・サーフ・カンパニー

宿泊
- 3 Waikomo Stream Villas
- 4 Koloa Landing Cottages
- 5 Garden Isle Cottages; Kauai Cove Cottages
- 6 Poipu Kapili
- 9 Hyatt Regency Kauai; Tidepools; Poipu Bay Resort Golf Course
- 11 Sheraton Kauai Resort
- 14 Kiahuna Plantation
- 18 Poipu Plantation
- 19 Sunset Kahili

潮吹き穴ビーチ・パーク
Spouting Horn Beach Park

潮吹き穴からは時おり勢いよく海水が吹き上がる。噴出がない時は静かだ。波と潮と海の全体的な力が溶岩洞に働いて、潮吹き穴から吹き出す海水の量を決める。海水が吹き出る時のシューという低い音を聞いてみよう。まるで、クジラの潮吹きのようだ。

日中は観光バスが駐車場を頻繁に出入りする。カメラのシャッターを切る旅行者の群れもいる。宝石類や装身具の屋台が駐車場から見物地点まで並んでいる。観光バスの群れをさけて夕方訪れてもよい。吹き上がった水しぶきの中に太陽に光る虹を見ることができる絶好のチャンスだ。

アラートン・ガーデン
Allerton Garden

アラートン・ガーデンは潮吹き穴の東、人里離れたラワイ渓谷にある。1870年代にエマ女王がこの地に夏の別荘を建てた。1930年代後半、シカゴの実業家ロバート・アラートンがその敷地を買い、100エーカー（約40ヘクタール）の美しく飾った庭を作った。

1971年ここは国立熱帯植物園の一部になった。ガーデンでは熱帯植物や絶滅の危機に瀕した植物を繁殖させたり、民俗植物学や薬草の研究をしている。アラートン・ガーデンはラワイ渓谷のほとんどを所有しており、潮吹き穴ビーチ・パークの向い側に**ビジターセンター**（☎742-2623、入場無料、月～土8:30～17:00）がある。

ビジターセンターは、その周りの展示庭園をのんびり歩く予定なら、寄ってみる価値がある。ある庭には多様なハワイ原生植物が植えてあり、また別の庭にはプランテーションで働く人々の家の周りにある一般的な果物の木や野菜が展示してある。

ビジターセンターからは2種類のツアーが出発する。**アラートン・ガーデン・ツアーAllerton Garden Tour**（＄30 出発時間 月～土 9:00、10:00、13:00、14:00）はラワイ渓谷の下の部分を巡る2時間半のツアー。ガイド付きのツアーで、アラートンが設計した庭や、「ジュラシック・パークJurassic Park」の撮影が行われたロケ地を訪れる。予約が必要だ。

マックブライド・ガーデン・ツアー McBryde Garden Tour（＄15 トラム電車の出発時間 月～土 9:30～14:30の30分おきに、帰りの便 10:00～16:00の1時間おき）は渓谷の高地に行く約2時間のツアー。自分のペースで巡る。ガイドなし。予約は必要ない。

コロア・ランディング
Koloa Landing

コロア・ランディングはワイコモ川Waikomo Streamの河口にあって、以前はカウアイで最大の港だった。コロア・プランテーションで栽培されたサトウキビを船に積んだり、捕鯨船が食料を積むために停泊した。1850年代には、カウアイで育ったオレンジやサツマイモをカリフォルニアの金鉱労働者に船で輸送するため使われていた。島中に道路網ができてからは、コロア・ランディングの重要性は

失われ、1920年代には廃港になった。小さな郡のボート用のはしけ以外、何も見るものはない。

海の中の話になると、状況は一変する。コロア・ランディングはシュノーケリングやダイビングに人気のあるスポットだ。水位は30フィート（約48m）に維持されている。ときにはコナ風が波を荒くすることもあるが、だいたい1年を通して波は静かだ。この地域には海中トンネルがあり、いろいろなサンゴや魚がいる。ウミガメは普通に見られるし、モンクアザラシも時たま現れる。最高のスポットは、水に入って右端まで泳ぐこと。

モア・ガーデン
Moir Gardens

モア・ポー・ア・ラカ・カクタス・フラワー・ガーデン Moir Pau a Laka Cactus and Flower Garden（☎742-6411 ⌂2253 Poipu Rd 入場料無料 日出〜日没）は、庭を巡る小道や睡蓮の池、エキゾチックな花のある美しい古い庭園だ。この庭には1世紀にわたる歴史がある。ここの土地はかつてはモア・エステートの一部であったが、キアフナ・プランテーション・リゾートに買収された。幸いにもコンドミニアムが境界線付近に建てられており、ハワイで最高のサボテンやそのほかの多肉植物のよく育った庭を守っている。

ガーデンに面した古い溶岩のプランテーションハウスもよく保存されている。今はプランテーション・ガーデン・レストラン（後出の食事参照）になっているプランテーションハウスは、1933年のヘクトールとアレクサンドラ・クヌーセン・モアへの結婚祝いの贈り物であった。土地建物全体はかつてのハワイ最初のサトウキビプランテーションで、アレクサンドラの父が所有していた。

モア一家は熱心な園芸愛好家であった。サボテンの庭を広げ、ゴイサギなどの野生の水鳥のためにスイレンとコイの池を加えた。1948年にブルックリン・ボタニカル・ガーデン Brooklyn Botanical Gardenはモア・ガーデンを世界のサボテンと多肉植物園ベスト10の1つとして評価した。同じような庭にモナコ王立庭園Royal Gardens of Monacoがある。そぞろ歩くには非常に良い所で、エキゾチックな草木やあでやかな花がある。花や木のとげに注意！

ポイプ・ビーチ
Poipu Beach

シェラトン・カウアイ・リゾートSheraton Kauai Resortの東からポイプ・ビーチ・パークPoipu Beach Parkにかけて長く広がる美しい砂浜は、一般にポイプ・ビーチと呼ばれている。実際には、細く延びた岩だらけの岬に区切られた3つの魅力的な三日月形のビーチが並ぶ。ターコイズブルーの海は水泳、ボディサーフィン、ウインドサーフィン、ボードサーフィン、シュノーケリングに最適だ。

カウズヘッド Cowsheadは、シェラトン近くのビーチの西端にある岩の露出する場所で、ポイプ・ビーチで最高のブギーボードとボディサーフィンのブレイクが見られる。サーフィンに最高のスポットは、ポイプ・ビーチの東側にあるワイオハイWaiohaiと、シェラトン前の沖のファースト・ブレイクFirst Breakだ。初心者向きのうねりが緩やかで小さい波はビーチ沿いの岸に近い所に見られる。

ポイプ・ビーチ・パーク
Poipu Beach Park

ポイプ・ロードからホオウィリ・ロードHoowili Rdに入って突き当たりにあるポイプ・ビーチ・パークは最高の多目的ビーチだ。ライフガードステーションもあり、浅瀬で安全に泳げるので、サウス・ショアでは週末の遊び場として家族連れにもっとも人気のスポットとなっている。

公園の西側で海に向かって延びる岬はヌクモイ・ポイントNukumoi Pointと呼ばれる。干潮時には、岬の上を歩いて小魚やウニのいるタイドプールを探検できる。岬の西側はシュノーケリングに最適で、人なつっこい魚の群れが迎えてくれる。

ビーチにはトイレ、シャワー、ピクニックテーブル、かわいい児童公園などの設備がある。通りを挟んだヌクモイ・ビーチ＆サーフ・カンパニーNukumoi Beach & Surf Companyでは、シュノーケルセットやブギーボード、サーフボード、ビーチチェア、パラソルなどを貸し出している。

ブレンネックス・ビーチ
Brennecke's Beach

このビーチでは良質のショアブレイクが見られ、サウス・ショアで最高のボディボードとブギーボード向けのスポットとなっているが、岸のごく近くでブレイクするので上級者向けだ。波が高くなる夏が一般にベストシーズンだが、冬も捨て難い。高波のときの激しいリップ（裂け目）に注意が必要。このビーチは小さなポケット状の砂地で、波が集まってくることがあるからだ。安全のため、フィンやサーフボードは禁止されている。

ブレンネックス・ビーチへ行くには、ホオネ・ロードHoone Rdをポイプ・ビーチ・パークのすぐ東で下りる。

シップレック・ビーチ
Shipwreck Beach

シップレック・ビーチはハイアット・リージェンシー・カウアイHyatt Regency Kauai正面の美しい砂浜で、ボディサーフィンとブギーボードに最適のコンディションが整っている。岸の近くに幾つかの魅力的なサーフブレイクがあり、地元のボードサーファーにも人気が高い。この辺りの海のコンディションは初心者には向かない。強いショアブレイクと高い波のため、ビーチ全域にわたり遊泳には思いのほか危険な場所でもある。

マハウレプ・ビーチ
Mahaulepu Beach

奥まった所にあるマハウレプ・ビーチ（◎冬7:30～18:00、夏 7:30～19:00）は、シップレック・ビーチから約2.5マイル（約4km）離れた所にあり、美しい白砂の浜や、岩にかくわれたような入り江、タイドプール、石化した砂丘、海食崖が見られる。マハウレプでは、1年の折々にサーフィン、ウインドサーフィン、ブギーボード、シュノーケリングが楽しめる。

西洋人が渡来する前、多くの人々が定住したこの地域には、サトウキビ畑や移動する砂浜の下に重要な史跡が埋もれている。夜間、海岸沿いで海から亡霊の一群がやってくるのを目撃したという人がいまだに後を絶たない。

ビーチはグローブ・ファーム社の所有で、日中公開されている（前出の「時間」を参照）。アクセスには、ハイアット・リージェンシー・カウアイを過ぎ、サトウキビ畑の道を1.5マイル（約2.4km）車を走らせる。ゲートの前を右に曲がり、砂利のプラントを通り過ぎ、3分の1マイル（約0.5km）ほど進むと守衛所に着く。そこから道のはずれにあるビーチの駐車場までは半マイル（800m）ほどだ。ビーチに向かう短い小道が駐車場の右側から延びる。人気のウィンドサーフィンスポットはすぐそばで、探検を始めるのにも格好の場所だ。

砂浜に沿って東に10分ほど歩くと眺めのよい**カワイロア湾 Kawailoa Bay**に着く。西側を砂丘に囲まれ、東側を海に突き出す海食崖に守られたこの入り江には美しい浜があり、岸に近い海中で網漁をする地元の人を見かけることも珍しくない。

宿泊一低料金

コロア・ランディング・コテージ Koloa Landing Cottages（☎742-1470、800-779-8773 ℻332-9584 ◉dolfin@aloha.net ⌂2704B Hoonani Rd
▦ワンルーム型＄70、コテージ 2人用＄80、4人用＄120）は簡素だが気持ちのよい宿泊施設。コロア・ランディングKoloa Landingから通りを渡った所に5棟のコテージが並ぶ。全棟テレビ、電話、キッチン付き。ワンルーム型の客室にはクイーンサイズのベッドが、コテージにはクイーンサイズのベッドとツインベッドが備え付けられている。清掃料金としてワンルーム型は＄20、コテージは＄40～60加算される。満室になることも多いので、できるだけ早めに予約しよう。

ポイプ・プランテーション
Poipu Plantation
☎742-6757、800-634-0263 ℻742-8681
◉plantation@poipubeach.com
⌂1792 Pee Rd
▦B&B客室＄100、1ベッドルーム＄105～、2ベッドルーム＄150～

コンドミニアムスタイルの客室が9つと、1930年代風の建物内にB&B（ベッド＆ブレックファスト）客室が3つある。おすすめは南国風の籐家具、エアコン、テレビ、キッチンを備えた現代風で居心地のよいコンドミニアムだ。広くはないもののB&Bも十分快適で、個別のバスと朝食付き。ホットタブ、バーベキュー設備、コイン式の洗濯機と乾燥機あり。

カウアイ・コーブ・コテージ
Kauai Cove Cottages
☎742-2562、800-624-9945
◉info@kauaicove.com
⌂2672 Puuholo Rd
▦客室＄95

ガーデン・アイル・コテージGarden Isle Cottagesの近くで、快適なワンルーム型の客室が3つある。全室が堅木張りフローリング、クイーンサイズのベッド、テレビ、CDプレーヤー、設備の整ったキッチン、電話、天井ファン、ガス式バーベキュー設備のあるパティオを備えていて申し分ない。唯一の難点は道路に近いことだが、比較的静かだ。

ワイコモ・ストリーム・ビラ
Waikomo Stream Villas
☎742-7220、800-325-5701 ℻742-9093
◉info@grantham-resorts.com
⌂2721 Poipu Rd
▦1ベッドルーム＄99～119、2ベッドルーム＄129～159

ポイプのコンドミニアムとして一級品で、もっと上のクラスの宿泊施設にも引けをとらない。敷地内には小川が流れて、客室は現代的で広々としている。全60室にラナイ、キッチン、1または2ベッドルーム、ソファーベッドのある独立したリビングルーム、ケーブルテレビ、ビデオ、ステレオがある。プール、テニスコート、バーベキュー設備もある。最

低4泊から受け付ける。

ガーデン・アイル・コテージ
Garden Isle Cottages
☎742-6717、800-742-6711 FAX742-1933
Email vacation@oceancottages.com
住所 2666 Puuholo Rd
料金 ワンルーム型＄122、アパート式1ベッドルーム＄145

コロア・ランディングを見下ろす場所にあり、快適な客室が7つある居心地のよい宿。海に面したワンルーム型は、ダブルベッドとシングルベッド、冷蔵庫、コーヒーメーカー付き。アパート式1ベッドルームの設備はオーシャンビューのラナイ、クイーンサイズのベッド、キッチン、広々としたリビングルーム。全室にテレビ、天井ファン、オーナーとアーチストのロバート・フリンの手になる抽象画と彫刻が飾られている。各室内には電話はないが、フロントに公衆電話がある。

サンセット・カヒリ
Sunset Kahili
☎742-7434、800-827-6478 FAX742-6058
Email info@sunsetkahili.com
住所 1763 Pee Rd
料金 1ベッドルーム＄125、2ベッドルーム＄225

やや古いが手入れの行き届いた5階建てのコンドミニアム。全36室が海を正面に臨むオーシャンビューで、洗濯機、乾燥機、ケーブルテレビ、ラナイなどの設備を完備。プールあり。最低4泊から受け付ける。

宿泊ー高級

キアフナ・プランテーション Kiahuna Plantation
333室あるコンドミニアムコンプレックスの
（☎742-6411、800-688-7444 FAX742-1698
Email reservations@outrigger.com 住所 2253 Poipu Rd 料金 1ベッドルーム ガーデンビュー＄215、オーシャンフロント 2ベッドルーム＄345～485）は、ポイプ・ロードとポイプ・ビーチの間の静かで緑豊かな広大な敷地内に広がる。全室にソファーベッドと広いラナイ付きのリビングルーム、設備の整ったキッチンがあり快適だ。料金は海までの距離をほぼ反映したものになっている。割安な部屋を予約したいなら、3階の客室をリクエストするとよい。ガーデンビューのカテゴリーだが、少しだけ海が見える。アウトリガー・チェーンの経営で、最大で通常料金の半額になるさまざまなキャンペーン料金が用意されている。

ポイプ・カピリ
Poipu Kapili
☎742-6449、800-443-7714 FAX742-9162
Email aloha@poipukapili.com
住所 2221 Kapili Rd

料金 1ベッドルーム＄245、2ベッドルーム＄280

60室ある高級なコンドミニアムコンプレックス。広々として立派な調度品が整った客室はオーシャンビューで、天井ファン、キッチン、リビングルームにはクイーンサイズのソファーベッドがある。1ベッドルームの客室には、クイーンサイズかキングサイズのベッドが備えられている。典型的な2ベッドルームの客室には、主寝室にキングサイズのベッド、副寝室にツインベッドがある。最低5泊から受け付ける。敷地内にテニスコート2面とスイミングプールもある。

グロリアズ・スパウティング・ホーン・ベッド＆ブレックファスト
Gloria's Spouting Horn Bed & Breakfast
☎742-6995
Web www.gloriasbedandbreakfast.com
住所 4464 Lawai Beach Rd
料金 S＄250、W＄250

すみずみまで贅沢な空間が宿泊客を大金持ちになった気分にさせてくれる。この海辺の高級B&Bは、潮吹き穴から徒歩でほんの数分の所にあり、文字通り水際の裏庭がある。快適な3つの客室はすべて海に面している。各室には冷蔵庫、電子レンジ、電話、テレビ、ビデオ、ゆったりとしたバスタブ付きの浴室、海に臨むバルコニーがある。料金には朝食が含まれる。最低3泊から受け付ける。

シェラトン・カウアイ・リゾート
Sheraton Kauai Resort
☎742-1661、800-782-9488 FAX742-9777
Web www.sheraton-hawaii.com
住所 2440 Hoonani Rd
料金 ガーデンビュー＄300、オーシャンビュー＄440

ポイプ・ビーチに面した大規模なリゾートホテル。414室はラナイをはじめとして、リゾートに期待する設備が完備されている。スイミングプールが2つ、テニスコートが3面にレストランが複数ある。

ハイアット・リージェンシー・カウアイ
Hyatt Regency Kauai
☎742-1234、800-233-1234 FAX742-1557
Web www.kauai-hyatt.com
住所 1571 Poipu Rd
料金 ガーデンビュー＄395、オーシャンビュー＄510、スイート＄1000～3600

ポイプで最高級のホテル。アンティークと蘭の花で飾られた風通しのよいロビーと、オーシャンビューを借景として設計に取り入れた中央の建物は一流にふさわしいたたずまいを見せている。敷地には大規模な人工のラグーンと水路が広がる。ハイアットには、レストラン、スパ、テニスコート、ゴルフコースといった施設もある。

サウス・ショアーポイプ

バケーションレンタル **ポイプ・ビーチ・リゾート・アソシエーション** Poipu Beach Resort Association (☎742-7444 ℻742-7887 W www.poipu-beach.org ✉PO Box 730, Poipu, HI 96756) は、ポイプの宿泊施設のほとんどを掲載したパンフレットを郵送してくれるほか、インターネットで情報を提供している。

以下の賃貸業者はポイプのコンドミニアムや個人宅の予約を取り扱っている。

グランサム・リゾーツ Grantham Resorts (☎742-2000、800-742-1412 ℻742-9093 ✉info@grantham-resorts.com ✉PO Box 983, Poipu, HI 96756)

カウアイ・バケーション・レンタルズ Kauai Vacation Rentals (☎245-8841、800-367-5025 ℻246-1161 ✉aloha@kvrre.com ✉3-3311 Kuhio Hwy, Lihue, HI 96766)

R&Rリアルティ&レンタルズ R&R Realty & Rentals (☎742-7555、800-367-8022 ℻742-1559 ✉randr@r7r.com ✉1661 Pee Rd, Poipu, HI 96756)

スイート・パラダイス Suite Paradise (☎742-7400、800-367-8020 ℻742-9121 ✉mail@suite-paradise.com ✉1941 Poipu Rd, Poipu, HI 96756)

食事

ポイプ・プラザPoipu Plaza内には**テキーラ・ノテイニョス** Taqueria Nortenos (⊙11:00～21:00)があり、手頃な値段のメキシカンフードのテイクアウトが長く人気を維持している。$3の肉抜きのブリートーは試す価値あり。エンチラーダ2個にライスと豆を添えたもので$4.50。凝った料理は期待できないが、値段の割においしい。

ブレネックス・デリ
Brennecke's Deli
✉2100 Hoone Rd
▥スナック$2～5
⊙8:00～21:00

ブレネックスのレストランに隣接するテイクアウトの店で、ポイプ・ビーチ・パークの反対側にある。チリドッグ、サンドイッチ、かき氷など海辺で定番のスナックが買える。

ジョーズ・オン・ザ・グリーン
Joe's On The Green
✉Kiahuna Golf Course Rd
▥ブレックファスト$5～8、ランチ$7～10
⊙11:00～17:30

キアフナ・ゴルフ・コースKiahuna Golf Courseにあり、地元の人に朝食が人気。ヘルシーな自家製グラノーラと新鮮なフルーツのミックスを食べるのもいいし、多彩な卵料理、たとえばエッグベネディクト、ウエボスランチェロス(メキシコ風目玉焼き)、ふわふわのオムレツなどから選ぶのもいい。ランチはサラダ、サンドイッチ、バーガーが中心。

ポイプ・ショッピング・ビレッジPoipu Shopping Village内に**ケオキス・パラダイス** Keoki's Paradise (☎742-7535 ▥ディナー$15～24 ⊙17:30～22:00、バー 11:00～23:30)がある。人工の滝とたいまつの明かりで開放的なポリネシア風の意匠を凝らしている。少々人工的だが、悪くない雰囲気。料理はなかなかよく、ココナツクラストチキン、テリヤキステーキ、数種類の魚介料理などの一品料理はすべてシーザーサラダ付き。バーガー、サンドイッチやスナックといった簡単なカフェメニューがバーの横で買える。おすすめは$5の魚介のタコス。

ブレネックス
Brennecke's
☎742-7588
✉2100 Hoone Rd
▥ランチ$9～14、ディナー$17～25
⊙11:00～22:00

ポイプ・ビーチ・パークの向かいにある旅行者向けレストラン兼バーで、オーシャンビューと新鮮なシーフードが楽しめる。ランチは魚介のサンドイッチ、サラダなど軽食が中心。サラダバーもあるディナーは、ベジタリアンパスタやその日のおすすめから選べる。

プランテーション・ガーデンズ
Plantation Gardens
☎742-2216
▥前菜$8～15、メイン$18～27
⊙17:30～22:00

キアフナ・プランテーションKiahuna Plantationのサボテンの庭園を見わたせる気持ちのよい場所にある。レストランの呼び物は環太平洋料理で、地元のシーフード料理に特に力を入れている。たとえば魚のワンタンのマンゴージンジャーソース、カウアイ産小エビのティの葉蒸し、鴨肉のオレンジ焼きなど。必ずベランダのテーブルをリクエストしよう。きっとムード満点だ。

ロイズ・ポイプ・バー&グリル
Roy's Poipu Bar & Grill
☎742-5050
▥前菜$7～12、メイン$19～25
⊙17:30～21:30

ポイプ・ショッピング・ビレッジにある。ショッピングセンター内というロケーションにはあまりムードはないが、ポイプで最上級の食事を出す。有名なオアフ島のロイズRoy'sの支店で、極上のハワイの郷土料理、絶えず変化する創作料理のメニュー、良質のサービスを提供する。前菜には、小エビとアスパラガスのクレープ、

魚介のサテイサラダなど。人気の高いメイン料理は、魚介のマンゴーバジルソース添え、レモングラス風味のチキン、アジア風鴨のグリルなど。デザートのホットチョコレートスフレは罪つくりなほどおいしい。

タイドプール
Tidepools
☎742-6260
前菜＄9～12、メイン＄23～30
18:00～22:00

ハイアット・リージェンシー・カウアイにあるもっとも興味深いレストラン。草葺き屋根のオープンな建物からはコイのいる池を見わたせてロマンチックな雰囲気だ。メニューはシーフードとステーキにかなり力を入れている。前菜には、パッションフルーツソースのクラブケーキや、キハダマグロの刺身、ムラサキガイの蒸しものなど。店を象徴するメインディッシュは、マヒマヒのマカデミアナッツクラスト包みジンジャーバターソースだ。

エンターテインメント

ハイアット・リージェンシー・カウアイ Hyatt Regency Kauai（☎742-1234）はポイプのエンターテインメントの中心である。**シービュー・テラス Seaview Terrace** はロビーを出てすぐの屋外にあり、18:00から20:00までハワイアンミュージックの演奏が行われる。火・金・土曜にはサンセットトーチセレモニーとフラダンスのショーも催される。ショーは飲み物を除いてすべて無料。早く到着すると前列のテーブルに着ける。

スティーブンソンズ・ライブラリー Stevenson's Libraryはハイアットのラウンジ・バー。21:00から23:00までジャズの生演奏が聴ける。

またハイアットでは、日・木曜の18:00から20:30までハワイ式の宴ルアウ（大人＄65、子供13才以上＄50、子供6～12才＄33）を催している。

ポイプ・ショッピング・ビレッジ Poipu Shopping Village（☎742-2831　火・木 17:00～17:45）の中央のステージでは無料のポリネシアンダンスショーを上演している。

ウエスト・サイド
West Side

カウアイ島のウエスト・サイドは、サトウキビやコーヒーを栽培している起伏した丘陵によって互いに隔てられたひと握りの小さな町が散在している田園地帯だ。ワイメア渓谷Waimea Canyonやコケエ州立公園Kokee State Parkといった壮観な岩山の景色でよく知られているのはカウアイのこちら側である。カウアイを訪れる人には必見の場所だ。

リフエLihueからポリハレ州立公園Polihale State Parkまではカウムアリイ・ハイウェイ Kaumualii Hwy（ハイウェイ50）に沿って38マイル（約61km）、ウエスト・サイドでもっとも速いアクセスポイントである。

カラヘオ
KALAHEO

古い静かなポルトガル人コミュニティであるカラヘオは典型的な地方の趣がある。今でもこの町ではブタ狩りが人気で、そのため裏庭の檻には猟犬が飼われている。

町の主要な店はハイウェイ50とパパリナ・ロードPapalina Rdの交差点周辺に集まっている。数件の食品店や郵便局、カラヘオのレストランがある。

カラヘオは旅行者の主要ルートからは外れているが、手頃な料金の宿泊施設もあり、ポイプ・ビーチPoipu Beachへも車で行ける範囲で、カウアイのウエスト・サイドを観光するには便利な拠点である。

ククイオロノ公園
Kukuiolono Park

ククイオロノ公園（☎332-9151　6:30～18:30）は庭や風光明媚な景色のある気取らない小さなゴルフコース。ククイオロノとは「ロノの明かり」と言う意味で、かつてハワイの人たちが海岸までカヌーを安全に導くためにこの丘に置いた、たいまつを指していた。

ハイウェイ50から左折してカラヘオの中心にあるパパリナ・ロードに入る。1マイル（約1.6km）足らずで右折してプウ・ロードPuu Rdに入り、すぐに右折してから古い石造りのアーチ道をくぐり抜け、公園に至る。整然とした小さな日本庭園が駐車場の向こう側にある。

9ホールのゴルフコースは先着順に一般に開放されている。プレー料金はたった＄7だ。こぢんまりしたクラブハウスは安い軽食店があり、海岸まですばらしい景色もはっきりと見下ろせる。

プウ・ロード・シーニック・ドライブ
Puu Road Scenic Drive

プウ・ロードは小さな牧場や巨大なマンゴーの木々、海岸の景色が楽しめる美しい道路だ。曲がりくねった1車線しかない田舎道で、見通しの悪いカーブもあるが、ゆっくり走れば危なくない。また非常に静かで、ほかの車と

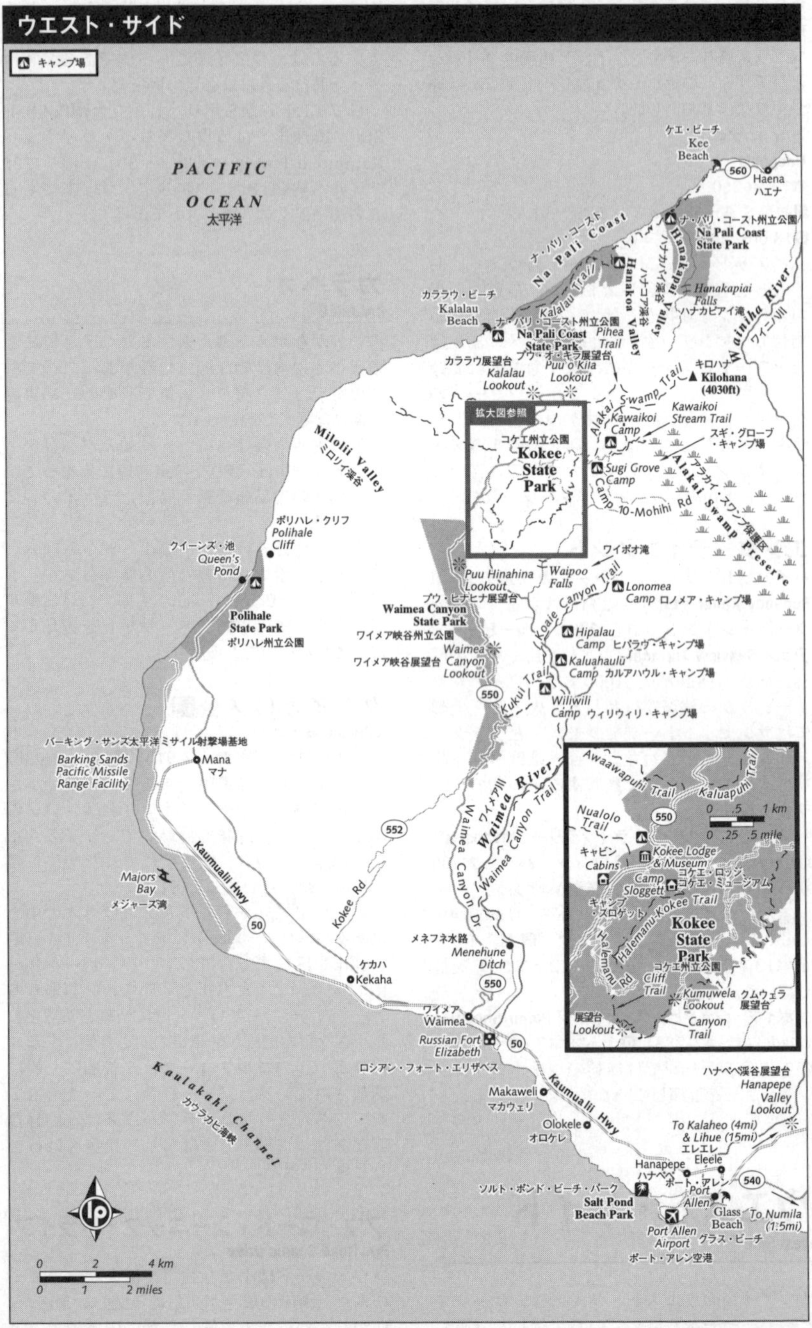
ウエスト・サイド
キャンプ場
PACIFIC OCEAN
太平洋
ケエ・ビーチ
Kee Beach
560
Haena
ハエナ
ナ・パリ・コースト
Na Pali Coast
ナ・パリ・コースト州立公園
Na Pali Coast State Park
Hanakapai Valley
ハナカパイ渓谷
Hanakoa Valley
ハナコア渓谷
Kalalau Trail
Hanakapiai Falls
ハナカピアイ滝
Wainiha River
ワイニハ川
カララウ・ビーチ
Kalalau Beach
Pihea Trail
プウ・オ・キラ展望台
Puu o Kila Lookout
カララウ展望台
Kalalau Lookout
キロハナ
Kilohana (4030ft)
Alakai Swamp Trail
Kawaikoi Camp
Kawaikoi Stream Trail
スギ・グローブ・キャンプ場
Sugi Grove Camp
アラカイ・スワンプ保護区
Alakai Swamp Preserve
拡大図参照
コケエ州立公園
Kokee State Park
Camp 10-Mohihi Rd
Milolii Valley
ミロリイ渓谷
ポリハレ・クリフ
Polihale Cliff
クイーンズ・池
Queen's Pond
ワイポオ滝
Waipoo Falls
Puu Hinahina Lookout
プウ・ヒナヒナ展望台
Koaie Canyon Trail
Lonomea Camp
ロノメア・キャンプ場
Polihale State Park
ポリハレ州立公園
Waimea Canyon State Park
ワイメア峡谷州立公園
Waimea Canyon Lookout
ワイメア峡谷展望台
Hipalau Camp
ヒパラウ・キャンプ場
Kaluahaulu Camp
カルアハウル・キャンプ場
550
Kukui Trail
Wiliwili Camp
ウィリウィリ・キャンプ場
バーキング・サンズ太平洋ミサイル射撃場基地
Barking Sands Pacific Missile Range Facility
Mana
マナ
ワイメア川
Waimea River
Waimea Canyon Trail
Waimea Canyon Dr
552
Kokee Rd
Kaumualii Hwy
Majors Bay
メジャーズ湾
50
メネフネ水路
Menehune Ditch
ケカハ
Kekaha
ワイメア
Waimea
Russian Fort Elizabeth
ロシアン・フォート・エリザベス
Kaulakahi Channel
カウラカヒ海峡
Makaweli
マカウェリ
Olokele
オロケレ
Awaawapuhi Trail
Kaluapuhi Trail
Nualolo Trail
0 .5 1 km
0 .25 .5 mile
キャビン
Cabins
Kokee Lodge & Museum
コケエ・ロッジ、コケエ・ミュージアム
Camp Sloggett
キャンプ・スロゲット
Halemanu-Kokee Trail
Kokee State Park
Halemanu Rd
コケエ州立公園
Cliff Trail
Kumuwela Lookout
クムウェラ展望台
展望台
Lookout
Canyon Trail
ハナペペ渓谷展望台
Hanapepe Valley Lookout
To Kalaheo (4mi) & Lihue (15mi)
エレエレ
Eleele
Hanapepe
ハナペペ
ポート・アレン
Port Allen
540
ソルト・ポンド・ビーチ・パーク
Salt Pond Beach Park
Glass Beach
グラス・ビーチ
To Numila (1.5mi)
Port Allen Airport
ポート・アレン空港
0 2 4 km
0 1 2 miles

すれ違うことさえないかもしれない。

ククイオロノ公園をあとにして、右折してプウ・ロードに入りドライブを始めよう。この道をハイウェイ50に向かって3マイル（約5km）強戻る。半分ほど行くと、ポート・アレンPort Allenのオイルタンクや古い製糖工場のあるヌミラNumilaの町が見下ろせるだろう（本章後出のエレエレEleele、ヌミラ、ポート・アレンPort Allenの項参照）。

道路の西側の斜面下は、コロアKoloaとエレエレの間に植えられた総面積4000エーカー（約16km²）のコーヒー畑の一部である。マックブライド・シュガー・カンパニー所有地のコーヒーは、以前はサトウキビだけを栽培していた土地の穀物の多様化を図るため、この会社が打ち出した大計画の1つである。

宿泊

カラヘオ・イン
Kalaheo Inn
☎332-6023、888-332-6023
e chet@aloha.net
⌂4444 Papalina Rd
¥小型W＄55 大型W＄65、1人追加につき＄10
町のちょうど中心、カラヘオ・ステーキ・ハウスKalaheo Steak House隣。チェット・ハントとティッシュ・ハントが古い地元のモーテルを買い取り全面的に改装して、感じの良い手頃な料金の宿泊施設にした。15室あり、それぞれ、電子レンジ、コーヒーメーカー、トースター、冷蔵庫が完備されたキッチンと、テレビとビデオデッキを備えたリビング、個別のバスルーム、それにクイーンサイズベッド1つあるいは2つのツインベッドのベッドルームからなっている。リビングルームにソファーベッドを備えた部屋もある。1カ月滞在する宿泊客には1日あたり＄40の割引も。

アロハ・エステート
Aloha Estates
☎332-7812
e kalaheo1@gte.net
⌂4579 Puu Wai Rd
¥W＄45〜69
町の中心から徒歩圏内にある魅力的なB＆B（ベッド＆ブレックファスト）。ステンドグラスアーチストであるジェームズ・ハーグレイブズと妻のリー・エンが築75年のプランテーション農家をすてきな宿に仕上げた。6客室あり、それぞれに独立したバスルームとケーブルテレビが付いている。もっとも安いジンジャールームでも、キングサイズベッドとして並べることもできるツインベッドが2つと、冷蔵庫、トースター、電子レンジ、コーヒーメーカーが備え付けられており申し分ない。快適な高級部屋は

マグノリアスイートで、キングサイズベッド、閑静な庭が見下ろせる屋根の付いたラナイ、シャワーとバスタブの両方、それに設備の良い簡易キッチンが付いている。最低でも2泊からか、あるいは＄10の追加料金がかかる。

クラッシック・バケーション・コテージズ
Classic Vacation Cottages
☎332-9201 ℻332-7645
e clascot@hawaiian.net
⌂PO Box 901, Kalaheo, HI 96741
¥ワンルーム型＄50〜65、コテージ＄75、ハウス＄100
ハイウェイ50や町の中心から0.5マイル（約0.8km）の所にある。クリス・ウェブスターとサンディ・ウェブスターが所有する隣接した数カ所の地所からなる。全部で10室ほどの客室があり、それぞれ異なるが、ほとんどが静かで気持ちよく、またすべての部屋にキッチン、ケーブルテレビ、天井ファンがある。建物のうしろにある特別室には、ベッドルームが3つあり7人まで泊まることができる。共に旅をするグループ旅行者には手頃な値段の選択肢となる。宿泊客が無料で借りられる海水浴用クーラーボックス、シュノーケルセットやゴルフクラブでいっぱいのガレージがある。

食事

ブレッド・ボックス
Bread Box
⌂4447 Papalina Rd
◎火〜土 4:00〜12:00前後
小さなベーカリー店で、おいしい焼きたてのパン、＄1.5の味の良いマカデミアナッツロール、おそらくアメリカでもここが最後であろう25¢コーヒーを売っている。パンが売り切れたら閉店する。

カラヘオ・コーヒー・カンパニー＆カフェ
Kalaheo Coffee Co & Cafe
⌂Hwy 50
¥ブレックファスト＄4〜7、ランチ＄5〜8
◎月〜土 6:00〜15:00、日 7:30〜14:00
メネフネ・フード・マートMenehune Food Martの脇にあり、おいしいコーヒーやエスプレッソ、ペストリーがある親しみやすいカフェ。お昼まで利用できる朝食は地元で作ったアナホラ・グラノーラ、パイナップル添えフレンチトーストと独創的なオムレツ。ランチメニューにはサンドイッチ、特製サラダ、ベジタリアントルティーヤ巻きなどがある。

キャンプ・ハウス・グリル
Camp House Grill
⌂Hwy 50
◎6:30〜21:30
町の中心にもう1つある手頃な値段の心地よ

ウエスト・サイド―ハナペペ渓谷展望台

いレストラン。朝食やボリュームのあるサンドイッチは＄5前後、チキンやバーベキューリブはその倍ぐらいの値段。

ブリック・オーブン・ピザ
Brick Oven Pizza
☎332-8561
🏠Hwy 50
🕐火～日 11:00～22:00

値段は少し高めだが、ピザは少なくとも島の標準からするとおいしい。Sサイズ（10インチ＜約25cm＞）のピザは＄10から、Lサイズ（15インチ＜約38cm＞）のピザは＄20から。ピザは好みで全粒小麦粉の生地か精白小麦粉の生地かを選んで作ってもらえる。レストランにはサンドイッチやサラダもある。

カラヘオ・ステーキ・ハウス
Kalaheo Steak House
☎332-9780
🏠4440 Papalina Rd
🍽ディナー＄17～25
🕐18:00～22:00

ハイウェイ50から入った所にあり、一貫して、どんな貪欲な食欲をも満足させる大きさのステーキを出している。牛肉料理は12オンス（約372g）のサーロインからボリュームのある24オンス（約744g）のプライムリブのカットまである。照り焼き風チキンや魚料理、豚肉料理もある。ディナーにはすべて野菜サラダとパンが付いてくる。

ハナペペ渓谷展望台
HANAPEPE VALLEY LOOKOUT

14マイルマーカーを過ぎてすぐに現れる眺めのいい展望台からは、ハナペペ渓谷Hanapepe Valleyの奥に至るまでの景色が見られる。崖の赤い土壁の頂上は、明るい緑のサトウキビに粉砂糖をかけたかのように覆われている。

ニイハウ島を所有しているロビンソン一家が、ハナペペ渓谷深く隠れた土地も含め、実質的にはこの地の所有者でもらってもらえる。

ハナペペ渓谷周辺の景色は古くからの王者であるサトウキビが支配しているようだが、展望台から道路の反対側に目を向けると、カウアイの新しい商品作物であるコーヒー畑が続いている。

エレエレ、ヌミラ＆ポート・アレン
ELEELE, NUMILA & PORT ALLEN

エレエレは主に観光客にとってあまり関心のない居住地区である。16マイルマーカーの所にあるショッピングセンターには、スーパーマーケットや銀行、郵便局、コインランドリー、数件のレストランがある。中でもグリンズ・カフェGrinds Cafeはおすすめのレストランで、おいしいペストリーやサンドイッチを出してくれる。

ハイウェイ540はカラヘオを過ぎてすぐにハイウェイ50をそれ、エレエレEleeleでまたハイウェイ50に合流するもう1つのルートだ。この道はコーヒー畑をくぐり抜け、廃墟となった製糖工場を取り囲んでトタン屋根の木造家が建ち並ぶかつてのサトウキビの町ヌミラNumilaを軽快に走り抜ける。ヌミラの南西端には**カウアイ・コーヒー・カンパニー Kauai Coffee Company**（🏠Hwy 540 🕐9:00～17:00）があり、小さなビジターセンターには、この会社の操業過程の簡単な展示やお土産売り場、コーヒーの無料試飲などがある。

エレエレのすぐ南、ハナペペ湾Hanapepe Bayにあるポート・アレンPort Allenは商業港でもあり、カウアイ島でもっともにぎわうリクレーションボート港の1つでもある。この州立の小さなクラフトハーバーは防波堤で守られており、進水スロープや停泊・係留スペースもある。

グラス・ビーチ
Glass Beach

ポート・アレンのすぐ東、グラス・ビーチは滑らかな丸石状にまですり減った色とりどりのガラスの破片が堆積した入り江である。ガラスは長い歳月放棄されている近くのゴミ捨場からのもので、何十年にもわたる波の作用により風化した。1年のある時期にはガラスは手ですくい上げられるほど深く積もっているが、ほかの時期には大部分が海に流されてしまう。

この小さな入り江に行くには、ポート・アレン商業港に入る直前左でアカウラ・ストリートAkaula Stに入り、燃料貯蔵タンクを通り過ぎ、右に曲がってわだちの付いた埃っぽい道を下ると100ヤード（約91m）でビーチに着く。

ハナペペ
HANAPEPE

ハリケーン・イニキに襲われるまではハナペペはハワイでももっとも保存状態の良い歴史に残る町の1つだった。ハナペペはかつての不毛なオーストラリアの奥地に非常によく似ていたため、人気テレビ連続ドラマの「ソーン・バーズThe Thorn Birds」の一部はここで撮影された。」

町の半数におよぶ古い木造家屋はハリケーンにより壊滅的な損害を受けたが、それでもハナペペには今もなお長居したくなるような人を引きつける魅力とゆったりとした時の流れが残っている。

町のメインストリートであるハナペペ・ロ

ードHanapepe Rdは、小さな地元の商店や何軒かの**アートギャラリー**などがあり、古い時代の面影が残っている。より興味深い2件というと、かつてのボーリング場をギャラリーとし、木工芸品を専門とするコア・ウッド・ギャラリーKoa Wood Galleryと、古地図やキャプテン・クックの探検に関する本などの古文書を集めたカウアイ・ファイン・アーツKauai Fine Artsがある。

ハナペペ川Hanapepe Riverに架かる**スインギング・ブリッジ**は忘れずに渡ろう。道はコア・ウッド・ギャラリーの向かい側から始まる。この橋は一風変わったものであったがハリケーン・イキニにより壊された。1996年に町を挙げての努力が実り、新しい橋が架けられた。

ハナペペに入る脇道はハイウェイ50上に表示されている。

ソルト・ポンド・ビーチ・パーク
Salt Pond Beach Park

カウアイ島は古くからアラエ・ソルト、（鉄分が豊富な土壌が添加された結果ほのかな赤色を帯びた海の塩）で知られている。その塩はソルトパンと呼ばれる浅いたらいに海水を入れ、沸騰させることにより精製される。乾燥させて塩の結晶をこすり取る。ハナペペの南の海岸でハワイの人々が今でもこの方法で塩を作っている。

ソルト・ポンド・ビーチ・パークはこの塩田のすぐ先にある。砂浜、キャンプサイト、日よけの付いたピクニックテーブル、バーベキュー用グリル、シャワーがあり、毎日ライフガードが1人監視している。入り江の水深は10フィート（約3m）。ビーチを横に2往復すると0.5マイル（約0.8km）になるので、水泳のラップを計るのに最適である。入り江の両端は浅いので小さな子供でも安全だ。

キャンプの許可を取るための情報は、本章前出、「宿泊」の「キャンプ」を参照。

ソルト・ポンド・ビーチ・パークに行くには17マイルマーカーを過ぎてすぐに左に曲がりレレ・ロードLele Rdに入り、それから右折してロコカイ・ロードLokokai Rdに入る。ビーチはハイウェイから約1マイル（約1.6km）。

食事

ハナペペ・カフェ
Hanapepe Cafe
☎335-5011
🏠3830 Hanapepe Rd
🍴朝食 $4〜8、ランチ $7〜10
🕐火〜土 9:00〜14:00

町の中心にあり、ベジタリアン食を専門とするカフェスタイルの店。11時までの朝食には、よだれが出そうなホームメイドのスコーンとペストリーのほかにマカデミアナッツと本物のメイプルシロップがトッピングされた雑穀パンケーキかワッフルがある。ランチはボリュームのあるサラダやフォカッチャパンに焼き野菜を乗せた独創的なサンドイッチが中心。

グリーン・ガーデン
Green Garden
☎335-5422
🏠1-3843 Hwy 50
🕐月〜土 10:30〜14:00、日 7:30〜14:00、水〜月 17:00〜21:00
🍴食事 $6〜20、デザート $2.50

この島の西側でもっとも古い名の通ったレストランの1つ。豊富なメニューは$7前後の標準プレートランチから、子羊の首肉やその日獲れたての魚を使ったボリュームたっぷりのフルコース料理まですべて揃っている。デザートが食べたければ、リリコイ（パッションフルーツ）のシフォンパイをお見逃しなく。この店は1950年代からこれらフルーツパイで有名であった。その歳月はレシピを完成させるには十分といえよう！

オロケレ
OLOKELE

オロケレは、カウアイに現存する最後の製糖会社であるオロケレ・シュガー・カンパニーのためにのみ存在している。この会社の220人の従業員（ほとんどが農作業従事者だが）のうち200人がオロケレに住んでいる。

19マイルマーカーの直後に現れる製糖工場に向かう通りは、高い木々に覆われ、クラシックな100年前の電燈が並んでいる。ここにちょっと足を延ばせば、本物のプランテーション生活を垣間見ることができる。すべては周囲のサトウキビ畑と工場から来る赤い土埃で覆われている。多くの家は土埃には無抵抗で、赤褐色に染まったままになっている。

ビジターセンター（☎335-2824 無料 月〜金 8:00〜17:00）がこの通りの突き当たりにある。本来はTシャツや砂糖製品を売っている小さな土産物ショップだが、時代ごとの写真や会社の歴史を物語る幾つかの簡単な展示がある。

マカウェリ
MAKAWELI

マカウェリMakaweliは、ゲイ&ロビンソンGay & Robinson、ニイハウ・ランチNiihau Ranchおよびニイハウ・ヘリコプターズNiihau Helicoptersの本拠地である。これらすべて、ニイハウ島の所有者であるロビンソ

ン一家の企業である。ニイハウ島出身者が少なからずこの地区に住んでおり、その多くがロビンソン企業で働いている。週に1、2度、古い軍上陸用舟艇がニイハウとマカウェリ・ランディングMakaweli Landing間の17マイル（約27km）を航行している。

ワイメア
WAIMEA

ワイメアWaimeaとは「赤茶けた水」という意味で、ハワイ人の祖先が住み着いた場所である。1778年1月19日、キャプテン・クックが初めてハワイ諸島の海岸に上陸したのがワイメアであった。1820年、ハワイへ押し寄せた宣教師の一陣も、上陸地としてワイメアを選んだ。1884年、ワイメア・シュガーが進出し、ワイメアはプランテーションの町に発展した。今や放棄された古い製糖工場が町の西側のハイウェイに沿ってそのままになっている。

今日もなお、ワイメアはこの島の西側において最大の町であり続けている。その一方で魅力的な田舎町の特性を失わずにいる。ワイメアの中心部は見せかけの正面玄関が付いた小さな木造の建物が建ち並ぶ魅力的な場所である。広場のそばの目立つ建物はファースト・ハワイアン銀行First Hawaiian Bankで、1929年に新古典主義様式で建造された。

アール・デコ様式で1938年に建てられ、最近改装されたワイメア・シアターWaimea Theatreは一見の（あるいはさらに、夜に立ち寄って映画を楽しむ）価値のあるもう1つの魅力的建築物だ。

ワイメア・キャニオンWaimea Canyonに行く途中、あるいは日帰りで海岸に出かける途中で、スケジュールに余裕があるなら、1～2泊休憩するのにワイメアは格好の場だ。ウエスト・サイドを探索する拠点として利用するとよい。

ワイメア・キャニオン・ドライブWaimea Canyon Dr（ハイウェイ550）が町からコケエ州立公園Kokee State Parkまで北に向かって走っている。

インフォメーション
ファースト・ハワイアン銀行 First Hawaiian Bank（☎338-1611 ✿4525 Panako Rd ◐月～木 8:30～16:00、金 8:30～17:00）は町中心部の中央広場にある。

ワイメア郵便局Waimea post office（☎800-275-8777 ✿9911 Waimea Rd ◐月～金 9:00～16:00、土 9:00～12:00）は町の中心、銀行の近くにある。

ナ・パリ・エクスプローラー Na Pali Explorer（☎338-9999 ✿Hwy 50 ◐8:00～17:30）では1時間＄6で使えるインターネットに接続されたコンピュータが数台ある。

ワイメア公共図書館 Waimea Public Library（☎338-6848 ✿9750 Hwy 50 ◐月・水 12:00～20:00、火・木 9:00～17:00、金 10:00～17:00）には無料のウォーキングツアー用地図がある。

ロシアン・フォート・エリザベス
Russian Fort Elizabeth

ロシアン・フォート・エリザベス跡はワイメア川東岸の上に位置する。ロシア・アメリカ会社Russian-American Companyの代表者であるゲオルク・アントン・シェーファーの指示のもと、1816年ハワイ人労働者がこの砦の建設を始めた。ロシアとカウアイのカウムアリイ王との間で結ばれた同盟は短命で、ロシア人らは1817年、この砦が完成したその年に追い出された。

カウアイの歴史の中でも興味深いこの時代を短時間で散策することができる。もっとも損なわれることなく残っているのは溶岩でできた外壁で、ところどころ8フィート（約2m）から10フィート（約3m）の高さがあり、ほとんどが低木や色とりどりの野生の花に覆われている。海に面した側は星形に設計されているが、その効果を評価するにはよく観察する必要がある。

砦からはキャプテン・クックが上陸したワイメア川の西岸がよく見える。駐車場を通り過ぎて続いている右下の埃っぽい道を行くと、ワイメア・ピアとニイハウ島が見わたせる河口の上の高台に出る。

ルーシー・ライト・パーク
Lucy Wright Park

キャプテン・クックが上陸した場所は、ワイメア川西岸の特徴のない岩の上に取り付けられた記念プレートで示されている。この記念プレートは、ワイメア・ブリッジWaimea Bridgeを渡ってすぐ、アラ・ワイ・ロードAla Wai Rdのルーシー・ライト・パークLucy Wright Parkの海岸にある。この公立公園には球技場やピクニックテーブル、休憩室、シャワーが完備されている。平らな草地ではキャンプもできるが、町の道路に面しているので、あまり魅力的ではない。キャンプの許可を取るための情報は、本章前出、「宿泊」の「キャンプ」を参照。

キャプテン・クック像
Captain Cook Statue

町の中心にあるキャプテン・クックの銅像は、イギリス、ウィットビーWhitbyにあるジョン・トウィード卿による原銅像のレプリカである。太平洋の偉大な海洋探検家は航海図を

ワイメア

宿泊・食事
6 Waimea Plantation Cottages
7 Waimea Brewing Company
11 Jo-Jo's Shave Ice
14 Waimea Bakery & Deli
18 Inn Waimea
19 Wrangler's; Pacific Pizza
22 Ishihara Market

その他
1 ウエスト・カウアイ・メディカル・センター
2 ギューリック・ロウエル・ハウス
3 ワイメア・フォーレン・ミッション・チャーチ
4 ワイメア高校
5 公営プール
8 ウエスト・カウアイ・テクノロジー&ビジター・センター
9 古い製糖工場
11 ワイメア・シアター
12 ワイメア公共図書館
13 警察署
15 コインランドリー
16 郵便局
17 ワイメア・ハワイアン・チャーチ
20 ガソリンスタンド
21 キャプテン・クック像
23 ファースト・ハワイアン銀行
24 ナ・パリ・エクスプローラー
25 キャプテン・クック上陸地

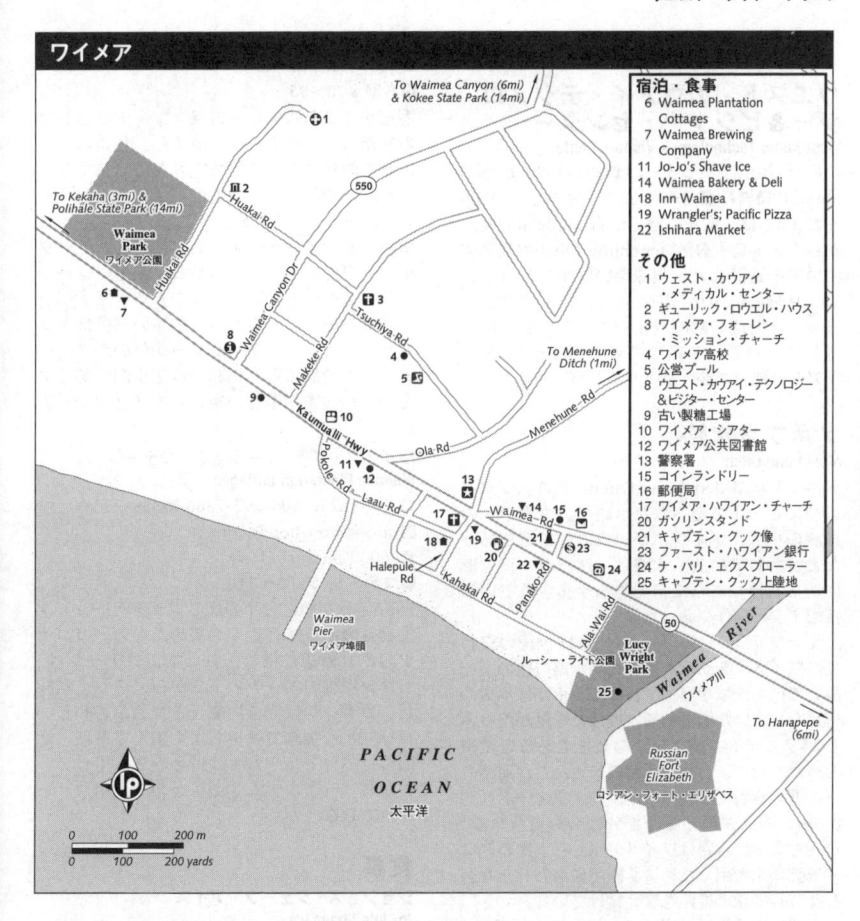

握り締め、最高のキャプテン服を着込んで、今はハイウェイ50の往来を見守っている。

ワイメア・ピア
Waimea Pier

ポート・アレンPort Allenが建設されるまで、ワイメアはこの地帯の主要港としての役割を担っていた。19世紀半ばは捕鯨船や貿易船を呼ぶ重要な港であった。同世紀後半にはプランテーションがワイメアから砂糖を輸出し始めた。

ワイメア・ピアは今、ポコレ・ロードPokole Rdの沖で主にさお釣りやカニ漁、ピクニックに利用されている。

ワイメアの教会
Waimea Chueches

ワイメア・フォーレン・ミッション・チャーチ
Waimea Foreign Mission Church（cnr Huakai & Makeke Rds）はもともとは、ワイメアに来た最初の宣教師であるサミュエル・ホイットニー師によって1826年に建てられたわら葺き造りであった。ホイットニーとその妻は教会墓地に埋葬されている。現在の教会は1858年に別の宣教師、ジョージ・ロウエル師によって砂岩ブロックとサンゴモルタルを使用して造られた。

1865年、ロウエル師は信者の何人かと対立して立ち去り、ハイウェイ50に**ワイメア・ハワイアン・チャーチ Waimea Hawaiian Church**を建てた。1992年のハリケーンで倒れた木造教会はその後建て直されている。日曜の朝8時半に町に居合わせたなら、観光客の礼拝出席は歓迎される。礼拝ではハワイ語の賛美歌が歌われている。

フアカイ・ロードHuakai Rdのつき当りにある**ギューリック・ロウエル・ハウス Gulick-Rowell House**の建設を完成させたのはロウエルであった。建設は1829年に始まった。カウアイに現存するもっとも古い教会堂となっている。2階建ての石ブロック造りの教会堂は現在は個

ウエスト・サイド―ワイメア

人が所有しているため公開されていない。

ウエスト・カウアイ・テクノロジー＆ビジター・センター
West Kauai Technology & Visitors Center

この新しい州立センター（☎338-1332 🏠9565 Hwy 50 ■無料 ◎月～金 9:00～16:00、土 9:00～13:00)は、地元の歴史に関して技術的観点から、メネフネ水路Menehune Ditchの構築についての逸話など、興味深い展示を行っている。月曜の9:30から、ここのボランティアの人々が2時間の町のウォーキングツアーに案内してくれる。予約しておいたほうがよい。ツアーは無料だが、寄付すると喜ばれる。

メネフネ水路
Menehune Ditch

メネフネ水路Menehune Ditchは西洋人が来る以前に石と土で造られた水路だ。カウアイの伝説の小人、メネフネが一夜にして造りあげたと言われている。水路は、注意深く正方形に切られ接合された岩で防水が施されている技術工学の傑作であった。

キャプテン・バンクーバーが18世紀の終わりにワイメアを訪れた際、この水路の壁の上を歩いて川の流域を登って行った。水路は歩道の役目もしていたのである。彼はこの壁がたっぷり24フィート（約7ｍ）の高さであると見積もった。近年、古代の水路のほとんどが道路の下に埋められてしまったが、約2フィート（約0.6ｍ）の高さがある一部分は今も見られる。現在もなお、水路はワイメア川から下方のタロイモ畑に水を引くために、断崖に沿わせたり通したりして水の進路を変え続けている。

水路に行くには、交番で曲がってメネフネ・ロードMenehune Rdに入り、ワイメア川をおよそ1マイル半（約2.4km）上がる。小さな駐車場を過ぎると水路は、道路の左側沿いにある。

水路に車で来たら、左方向の断崖に散在している穴に注意してほしい。それらはハワイ人の墓穴である。ワイメア・シンゴン・ミッションWaimea Shingon Mission（真言宗寺院）の裏手にある7つの墓穴からなる一群は1920年代にビショップ・ミュージアムBishop Museumのウェンデル・ベネットによって調査された。その当時、それぞれの墓穴にはカヌー型の棺やくり抜いた丸太に納められた数多くの遺骨が残っていた。

宿泊

イン・ワイメア
Inn Waimea
☎338-0031 📠338-1814
📧innwaimea.com
🏠4469 Halepule Rd
■客室＄70～95

客室が4つある美しい古風な家。前は宣教師の家だったのをすっかり改装し、見事なまでに歴史的特徴と現代的快適さを併せ持たせている。どの部屋にも個別のバスルームとコーヒーメーカー、冷蔵庫、テレビ、天井ファン、電話、高速インターネットに接続したデータポートが付いている。一番安い部屋にはキングサイズベッドにアレンジできるツインベッドが2つあり、一方もっとも高い部屋はキングサイズベッドとジャクジーが付いたスイートだ。この宿は町の中心から徒歩圏であるにもかかわらず、景色が楽しめるほど海にも近い。

ワイメア・プランテーション・コテージ
Waimea Plantation Cottages
☎338-1625、800-992-7866 📠338-2338
📧info@aston-hotels.com
🏠9600 Kaumualii Hwy
■コテージ ＄205～310

1900年代初頭にさかのぼるプランテーション労働者の家を50件近くも集めたもの。ココナツの木立周辺に集められた木造コテージは、トタン屋根のポーチの下でかわいらしく素朴だ。コテージは完全に復元され、ふさわしいシンプルな装飾で気持ちよく調えてある。宿泊にはベッドルーム1つ付きの2人用コテージからベッドルーム3つ付きの5人用コテージまである。

食事

ジョジョズ・シェーブ・アイス
Jo-Jo's Shave Ice
🏠9740 Hwy 50
■かき氷 ＄2
◎10:00～18:00

食欲をそそる60種類のトロピカル味のとびきりおいしいかき氷を作る。3種類の味を選ぶこともでき、リリコイ・グアバ・マンゴは間違いなく地元の人々がお気に入りの組み合せ。

イシハラ・マーケット
Ishihara Market
🏠9946 Hwy 50
◎月～金 6:00～20:30、土・日 7:00～20:30

おいしいデリカテッセンのある食料品店で、手頃な値段の持ち帰り用寿司や野菜サラダを売っている。ピクニック用ランチに必要なものを調達するにはうってつけの店。

ワイメア・ベーカリー＆デリ
Waimea Bakery & Deli
🏠9875 Waimea Rd
■スナック ＄2～5

◎木～火 6:30～16:00
手頃な値段のサンドイッチや朝食用ブリトー、ペストリーがあり、上品な味のコーヒーも飲める。

パシフィック・ピザ
Pacific Pizza
🏠9850 Hwy 50
◎11:00～21:00
ラングラーズWrangler'sのレストラン隣。カルゾーネとサンドイッチは＄5から、ピザはその倍。

ワイメア・ブリューイング・カンパニー
Waimea Brewing Company
☎338-9733
🏠9600 Hwy 50
🍴1品＄8～12
◎11:00～23:00
ワイメア・プランテーション・コテージWaimea Plantation Cottagesにあり、アメリカでもっとも西にある地ビールメーカー。この人気の高い工場直営の野外パブの代表的ドリンクは少し苦味のある軽い黄金色のビール、ワイアレアレ・エールWaialeale Aleだが、そのほかにもいつも季節ごとに数種類のビールが味わえる。16オンス（約473ml）ジョッキが＄4、4種類のビールの試飲が＄5。フィッシュアンドチップス、サンドイッチやケサディーヤのようなつまみ料理も出している。夕方には生演奏が行われることも多い。

ラングラーズ
Wrangler's
☎338-1218
🏠9852 Hwy 50
🍴ディナー＄18～30
◎月～金 11:00～16:00、月～土 17:00～21:00
ワイメアの中心にあり、種類の豊富な平均的食事を出す店。ランチに、シーザーサラダや牛肉の照り焼きあるいはハンバーガーが＄10未満で食べられる。ディナーには高価な分厚いステーキと新鮮な魚料理があり、メニューを充実させている。ディナーはすべてサラダバー付き。

ケカハ
KEKAHA

ケカハにはすばらしいビーチが幾つかある。いや、1つの輝くばかりのビーチが延々と続いていると言うべきであろう。ハイウェイ50が約2マイル（約3km）にわたってビーチ沿いに走り、その全区間にわたって駐車場が設置されている。ここは外海なので、波が高い時は潮の流れが危険になる恐れがあるが、波がない時は、たいてい泳いでいる人がいる。このビーチからニイハウ島とその沖合のレハウ島が見える。

　目立たないのだが、アラエ・ロードAlae Rdとアマキヒ・ロードAmakihi Rdの間のハイウェイから内陸方面に入ってすぐの所にシャワーがある。トイレやピクニックテーブルもすぐ近くにある。

　ビーチから数ブロック内陸方面に入った所に、ケカハ・ロードKekaha Rdがハイウェイと平行して走っている。この通りには郵便局と店が数件あり、ささやかながらも村のメインストリートになっている。この村でもっとも目立つのは古い製糖工場で、ハイウェイから見ることができる。

　ケカハ・ロードの東端はキキアオラ・スモール・ボート・ハーバーKikiaola Small Boat Harbor近くでハイウェイ50と合流する。このハーバーには進水用スロープと8つの停泊スペースがある。

　ケカハはカウアイの最西端の町だ。ポリハレPolihale方面に進むとのどかな風景となり、内陸部の崖はより険しく、峡谷は深くなっていく。種を採取するために植えられたトウモロコシとヒマワリが道沿いの畑で育ち、牛が牧草地で草を食むそばにはアマサギがいる。

宿泊・食事

ミンディーズ
Mindy's
☎337-9275
📧mindys@hgea.org
🏠8842 Kekaha Rd
🛏S＄55
コケエ周辺に足を延ばすのに便利な拠点。ミンディー／デイブ・ヘリが自分たちの住居の2階を賃貸ししている。居心地の良いアパート式で、広いデッキ、設備の整ったキッチン、ダブルベッドの寝室、ダブルソファ付きのリビングルームなどが揃っている。近代的で快適な宿で、至る所に天井ファンが付けられ、テレビ、電話、ラジオ、そしてバスルームにはシャワーとバスタブが備え付けられている。1泊だけなら10ドル、4人までなら1人追加するごとに5ドルの追加料金となる。無料のフルーツとコーヒー付き。

オブセッションズ
Obsessions
🏠cnr Hwy 552 & Kekaha Rd
🍴スナック＄4～7
◎8:30～18:00
ケカハのメインショッピングセンター、ワイメア・キャニオン・プラザWaimea Canyon Plaza内の小さな店。すべて手作りで、サラダは地元で採れたもの、コーヒーでさえオーナ

一の5エーカー（約2ヘクタール）のコーヒー畑で栽培されたものだ。メニューにはシーザーサラダ、フィッシュアンドチップスなどがあり、フランスパンを使ったマリブチキン胸肉のサンドイッチはとてもおいしい。

同センターには**メネフネ・フード・マート Menehune Food Mart**もあり、種類はそう多くないが食料雑貨とラップサンド、簡単な温かい食べ物などを扱っている。**ワイメア・キャニオン・スナック・ショップ Waimea Canyon Snack Shop**ではラパーツLappert'sのアイスリームを販売している。

バーキング・サンズ
BARKING SANDS

米国海軍基地、**バーキング・サンズ太平洋ミサイル射撃場基地 Barking Sands Pacific Missile Range Facility**（☎335-4229）では、通常1カ所以上の基地所有ビーチを一般公開している。前出の番号に電話すると、録音メッセージで現在の利用方法を知らせている。

バーキング・サンズ（吼える砂）という名前は、よく晴れた日に海からの風に吹かれる砂が犬の鳴き声に似た音をたてることからつけられた。

入口は、32マイルマーカーから半マイル（約0.8km）も行かない地点に「バーキング・サンズ太平洋ミサイル射撃場基地Barking Sands Pacific Missile Range Facility」の標識がある。ゲートで軍職員が運転免許証の提示を求め、立ち入りできる場所を教えてくれる。通常はゲートから2マイル（約3km）のビーチで、地元の人は**メジャーズ湾 Majors Bay**、軍では第3レクリエーション・エリアRecArea No 3と呼んでいる。

ここは広々として、緩やかな曲線を描くすばらしいビーチで、日光浴や散歩に適しているのだが、屋根がなく暑い。ビーチの背後の茂みは影をつくってはくれない。しかしいずれにしても、そのあたりは非武装地帯ラインでビーチ以外は侵入禁止となっている。

冬期は、メジャーズ湾は人気の高いサーフィンスポットであるが、ウエスト・サイドのビーチすべてがそうであるように、海が危険な時もある。設備などはなく、紫がかったニイハウ島を水平線に見ることができる。

バーキング・サンズのミサイル射撃場基地は、陸上で観測できる精巧なソナー網を備えており、太平洋を1000平方マイル（約2590km^2）以上にわたる範囲で探知できる。この基地の水中探知装置は世界最大レベルで、第2次世界大戦中に確立され、その後開発を重ねた。たいへん感度がよく、越冬するザトウクジラの鳴き声を拾い集めることができる。基地が所有する、今までに録音されたザトウクジラのサウンドトラックのコレクションはもっとも広範囲に及ぶものだ。

ポリハレ州立公園
POLIHALE STATE PARK

ポリハレは砂漠のようだ。ほかのどの場所で雨が降っている時でも、ビーチに行くならこだ。

この美しい白砂の長いビーチにはターコイズブルーの波が打ち寄せ、しばしば巨大な大波となって岸を襲う。上級サーファーがポリハレの波に挑戦することがあるが、激流のため海で泳ぐのは危険だ。

ポリハレ州立公園はバーキング・サンズ基地から5マイル（約8km）の所にある。基地入口から0.75マイル（約1.2km）北を左に曲がり、広い砂利道に入ってかつてのサトウキビ畑を通り過ぎる。道はでこぼこだが通り抜けることはできる。ここで走行距離計をゼロにセットしよう。

およそ3.5マイル（約5.6km）行くと、道の真ん中に大きく茂った木があり、脇道に入ると、この周辺で唯一安全な遊泳スポットに行き着く。木を左に曲がって0.25マイル（約0.4km）進み、丘を道なりに上がって右へ行くと砂丘のふもとまで行き着く。ビーチ沿いに北に向かって2～3分歩くと**クイーンズ・ポンド Queen's Pond**に着く。ここは巨大な半円形の岩礁が岸近くまであり、安全なプールのようになっている。海が比較的穏やかな時は、岩礁が潮流をさえぎってくれるからだ。しかし、波が岩礁を越えてプールに打ち寄せると、危険な激流が岩礁の北側の裂け目へと向かう。クイーンズ・ポンド以外のビーチは外海と接しているのだ。

この州立公園の施設に行くには、サトウキビの通りの木まで戻って左に曲がり、1マイル（約1.6km）進む。左の脇道に入るとトイレのあるキャンプ場、野外シャワー、飲用水、ピクニックパビリオンなどがある。さらに行くと、別のキャンプ場がビーチのすぐ上のとげのはえたキアヴェの木に囲まれた砂丘にある。キャンプ許可申請の情報は、本章前出の「宿泊」の「キャンプ」を参照。

ビーチのはずれにあるポリハレ・クリフ Polihale Cliffがナ・パリ・コーストNa Pali Coastの西端である。手つかずの海と広々としたビーチの眺めはすばらしい。ここでの日没は心に深く染み入るだろう。

崖のふもとに向かって段になったヘイアウがある。もともとはビーチ沿いにあったのだ

が、長年移動し続けている砂によってヘイアウと海の間に300フィート（約91m）の緩衝地帯ができたのだ。ヘイアウは広範囲にわたっており、茂みの中にまで及んでいるので全体を見わたすことは本当に難しい。スズメバチも行く手を阻むので、ハチの毒針にアレルギーがある人はここを訪れるのはやめておこう。

ワイメア峡谷
WAIMEA CANYON

ワイメア峡谷は「太平洋のグランドキャニオン」と言われる。誇大な宣伝文句のようだが、なかなか悪くない表現だ。ワイメア峡谷は、有名なアリゾナのキャニオンより規模は小さく、4億年ほど新しいが確かに壮大だ。

　川によって浸食された色とりどりの峡谷は2785フィート（約848m）の深さがある。そこを流れる川、ワイメア・プウマウWaimea-Poomauは19.5マイル（約31.4km）の長さで、カウアイでは最長である。とにかくこれだけ壮大な峡谷がこんなに小さな島に収まっているのは驚くべきことだ。

　峡谷は通常少しかすんで見える。ここを訪れるのに最適なのは、激しく雨が降ったあとの晴れた日で、大地はより深みのある赤色となった峡谷に滝が流れ落ち、ほかに類を見ない光景となる。

ワイメア・キャニオン・ドライブ
Waimea Canyon Drive

ワイメア・キャニオン・ドライブ（ハイウェイ550）はワイメアの町の中心部から始まる。19マイル（約31km）の長さがあり、ナ・パリ・コーストのカララウ渓谷Kalalau Valleyにあるすばらしい眺めの展望台まで続く。

　ワイメアから1マイル（約1.6km）登ったあたりから眺望を楽しむことができ、高く登るほど眺めは良くなっていく。眺めの良い小さな展望台がたくさんあり、車を停めて景色を楽しむことができる。1.75マイル（約2.8km）登った所にある展望台からは、ワイメア川や、メネフネ水路から水を引くタロ芋畑を見下ろすことができる。約2.5マイル（約4km）上がると、ニイハウ島を背後にしたケカハ・ビーチの眺めがすばらしい。ここからはキャニオンの全景を見ることができる。

ワイメア峡谷州立公園
WAIMEA CANYON STATE PARK

ワイメア峡谷州立公園の西端はワイメアから約6マイル（約10km）登った所にあたる。その近くでワイメア・キャニオン・ドライブとコケエ・ロードKokee Rdが合流する。コケエ・ロード（ハイウェイ552）はケカハから上りとなり、すばらしい景観を楽しめるが、峡谷を見ることはできない。

イリアウ・ネイチャー・ループ
Iliau Nature Loop

イリアウ・ネイチャー・ループ入口の標識は9マイルマーカーのすぐ手前にある（ここはより長いククイ・トレイルKukui Trailの入口でもある。後出「ワイメア・キャニオン・トレイル」で説明）。トレイルのスタート地点に景色を楽しめるベンチが置いてあるが、左へ3分ほど歩くと、ワイメア・キャニオンの最高の眺めを最高のアングルで見わたすことができる。激しく雨が降ったあとは、滝の水が切り立った岩壁から峡谷へ爆音をたてて落ちていく。

　ほんの10分歩けばイリアウ・ループに着く。このトレイルの名前は、カウアイのウエスト・サイド特有の植物イリアウからつけられた。イリアウはトレイル沿いに自生しており、茎は10フィート（約3m）の高さにまでなる。同じ仲間の銀剣草と同じく、イリアウも長寿である。そして寿命が尽きる時、いっせいに花を咲かせて枯れていく。

展望台
Scenic Lookouts

このトレイルでもっとも眺めが良いのは**ワイメア・キャニオン展望台 Waimea Canyon Lookout**で、10マイルマーカーから3分の1マイル（約0.5km）北にわかりやすい案内標識がある。この展望台では、3400フィート（1035m）の高台からワイメア・キャニオンを見わたせる。ワイメアの東にそびえるキャニオンはコアイエ・キャニオンKoaie Canyonで、徒歩で登ることができる（後出「ワイメア・キャニオン・トレイル」参照）。

　道を登っていくと、12マイルマーカー手前の幾つかの標識のない小さな展望台と、13マイルマーカー直前のピクニックエリア向かいの展望台から、高さ800フィート（約244m）の**ワイポオ滝 Waipoo Falls**を見ることができる。ピクニックエリアにはバーベキューサイト、トイレ、飲用水、公衆電話が備えてあり、セブンス・デー・アドベンティスト教団Seventh Day Adventistのキャンプ場であるハレ・コア・キャンプ場Camp Hale Koaがある。

　プウ・ヒナヒナ展望台 Puu Hinahina Lookoutは3640フィート（1108m）の高さで、13および14マイルマーカー間の標識が立っている脇道にある。駐車場の近くに2つの展望台がある。1つはワイメア・キャニオンから海岸ま

でがはっきりと見わたせ、もう1つはニイハウ島を見ることができる。

ワイメア・キャニオン・トレイル
Waimea Canyon Trails

本格的なハイカー向きには、ワイメア・キャニオンの奥深く入り込んでいくトレイルがある。**ククイ・トレイル Kukui Trail**への入口は9マイルマーカーのすぐ手前にある。このトレイルは登録ボックスがあるイリアウ・ネイチャー・ループを起点としている。ここからククイ・トレイルはワイメア・キャニオンの西側の急勾配を2000フィート（609m）下り、ワイメア川Waimea Riverまで2.5マイル（約4.0km）の行程だ。このトレイルの終点にはウィリウィリ・キャンプ場Wiliwili Campがある。

コアイエ・キャニオン・トレイル Koaie Canyon Trailはカルアハウル・キャンプ場Kaluahaulu Campを起点とし、ククイ・トレイルの終点からワイメア川沿いに0.5マイル（約0.8km）さかのぼっていく。ここからコアイエ・キャニオンの南側を東に向かって3マイル（約5km）続く。もし、涼みたくなったら、途中と終点の川の中に泳ぐことができるくぼみが幾つかある。このトレイルは突発的な洪水の危険があるため、荒天の時は避けたほうがよい。

キャニオンの肥沃な土壌は、かつて古代ハワイ人が定住する支えとなった。長い間忘れ去られていたヘイアウや住居の跡を今も見ることができる。コアエ・キャニオン・トレイルはヒパラウ・キャンプ場Hipalau Campを通り過ぎ、ロノメア・キャンプ場Lonomea Campまで続いている。

トレイルに接する4つのキャンプ場はすべて森林保護システムが運営している。簡単な屋根のない避難所はあるが設備は整っておらず、川の水は飲む前に処理が必要だ。利用許可の申請については、本章前出の「宿泊」の「キャンプ」を参照。

この周辺の3つ目のトレイルは全長8マイル（約13km）の**ワイメア・キャニオン・トレイル Waimea Canyon Trail**で、ウィリウィリ・キャンプ場の南からワイメアの町に向かい、メネフネ・ロードで終点となる。トレイルのかなりの部分は、水力発電所に向かう4WD用の道に沿っている。このルートに公道はなく、私有地を横切るのでキャンプは許可されていない。このトレイルは数多くの川を渡るので、雨の降らない時期のみが適しているだろう。

週末や祝日は、すべてのトレイルに野豚のハンターが大勢入りこんでいる。

コケエ州立公園
KOKEE STATE PARK

この公園の境界は、プウ・ヒナヒナ展望台の奥から始まっている。15マイルマーカーを越えると、パークキャビン、コケエ・ロッジ Kokee Lodge、ミュージアム、キャンプ場などを次々に通り過ぎる。ちなみに、コケエ・ロッジは宿泊施設ではないが、レストランや周辺のキャビンの持ち主用の駐在所がある。

コケエのレンジャーステーションには何年も人が配備されていないが、コケエ・ミュージアムKokee Museumの職員が現在のトレイルの基本的な情報提供など、多少の援助をしてくれる。ミュージアムの外側に掲示板とトレイルマップがある。

コケエ・ミュージアム
Kokee Museum

カウアイの環境を知るのにコケエ・ミュージアム（☎335-9975 入場料 寄付金＄1 ◐10:00～16:00）はたいへん役に立つ。地域の植物、動物、気候、地質の展示や、詳細な地形地図、ガラスケースに収められたポイの粉引き機、石斧の先端、そのほか歴史的な工芸品などが陳列されている。高品質な手工芸品、広範囲にわたるハワイに関する本、手頃なトレイルマップなどが販売されている。

ミュージアムで奥地の手軽な自然トレイルに関するパンフレットを手に入れよう。無料で借りるか、1.5ドルで買うことができる。このパンフレットは植物や樹木について分類、説明している。その多くがハワイ原産種である。

ところで、ミュージアムの駐車場にたむろするニワトリは、ありふれた種ではなく、モア、つまり野生のニワトリだ。モアは初期のポリネシアの移住者によりハワイに持ち込まれ、かつては主要8島ではありふれた鳥だった。現在ではモアはカウアイにしか残っていない。ここは、地面に巣を作る鳥の卵を捕食する外来種の哺乳類、マングースがいない唯一の島なのだ。

カララウ展望台
Kalalau Lookouts

カララウ渓谷展望台は、道の北端にある海岸を見わたす2つの展望台で、見逃してしまうことはまずないであろう。その眺めはハワイ中でもっともすばらしいものに挙げられる。

最初の**カララウ展望台 Kalalau Lookout**は18マイルマーカー地点にある。4000フィート（1217m）の高さから緑の深い谷が眼下に広がり、海まで真っすぐに延びている。天気に恵まれれば、午後遅くに虹がカララウ渓谷に深

くかかり、その底の部分が内側に曲線を描く。明るい赤色のアパパネ鳥が展望台の柵周辺のオヒア・レフアの花の蜜を吸う。

カララウ渓谷はかつて大規模な入植地で、崖を下る険しいトレイルによってコケエとつなげられた。今日、この渓谷に行く道は、ノース・ショアNorth ShoreのハエナHaenaから海岸沿いに続くカララウ・トレイルKalalau Trailのみである。

渓谷の崖に沿った円錐形の突起は、気をつけの姿勢をした番兵の隊列のように見える。ある伝説によると、雨によって崖が削られ、この山脈に葬られた誇り高い部族長の姿が彫り出されたのだという。

駐車場に戻る途中、丘の上に見えるきのこ形のドームと巨大なパラボラアンテナはコケエ空軍局の一部である。

舗装された道をさらに1マイル（約1.6km）行くと**プウ・オ・キラ展望台 Puu o Kila Lookout**に着き、駐車場がある所でこの道は行き止まりになる。実はこれは計画中止となったコケエ・ハエナ・ハイウェイKokee-Haena Hwyの最後の道だ。コケエとノース・ショアを結び島を1周する道を建設する予定であったのだ。道の終点から崖を見れば、なぜ計画が中止されたかわかるであろう。目前の尾根を登るピヘア・トレイルPihea Trailは、道が建設されるはずであった場所を通っている。

この展望台からはカララウ渓谷のすばらしい眺めも楽しめ、内陸方面にはアカライ・スワンプ保護区Alakai Swamp Preserveを見ることができる。ここにある標識は、地球上でもっとも雨の多いワイアレアレ山Mt Waialealeの方向を示している。

コケエ州立公園トレイル
Kokee State Park Trails

コケエ州立公園は約45マイル（約72km）のトレイルの起点となっている。トレイルの一部は州立公園局に、一部は森林・野生生物局に管理されている。野豚や山羊のハンターたちは狩猟

期にこのトレイルを利用するので、ハイカーは明るい色の服を着るのがよいだろう。

ヌアロロNualolo、アワアワプヒAwaawapuhi、ピヘアPiheaの3つのトレイルからはナ・パリ・コースト沿いの、崖の頂上から谷へ続くすばらしい眺めを堪能できる。アラカイ・スワンプの沼地に入り込むトレイルも2〜3あるが、たいていは易しい自然トレイルだ。

ハレマヌ・ロード・トレイル Halemanu Road Trail　眺めがすばらしいハイキングコースの起点となるハレマル・ロードは14マイルマーカーのすぐ北にある。この道を4WD以外で行けるかどうかは、最近の降水状況しだいである。土の道は濡れるとたいへん滑りやすいことを忘れないように。もし車で行けたとしても、雨が降り始めたら帰って来れるかどうかは別問題だ。

最初のハイキングコースは**クリフ・トレイル Cliff Trail**で、少し歩くとワイメア・キャニオンが見わたせる。ここから**キャニオン・トレイル Canyon Trail**に進み、キャニオンの縁沿いに、険しい1.75マイル（約2.82km）の一方通行の道が続く。ワイプウ・フォールを通り過ぎ、**クムウェラ展望台 Kumuwela Lookout**が終点である。ここからはキャニオンから海までを見下せる。どちらのトレイルでも運がよければ、キャニオンの壁をよじ登る野生のヤギを見ることができる。

ハレマヌ・ロードをもう少し下ると、**ハレマヌ・コケエ・トレイル Halemanu-Kokee Trail**の起点がある。片道1.25マイル（約2km）の易しい自然トレイルで、コアとオヒアの原生林を通過する。コアとオヒアはイイウィ、アパパネ、アマキヒ、エレパイオなど原産の鳥のすみかになっている。このトレイルでよく見られる植物の1つにバナナのポカがある。これはパッションフルーツの仲間で、たいへんやっかいな侵入者だ。美しいピンクの花を咲かせるが、その蔦は森を覆い、繁殖力が弱い原生植物を枯らしてしまう。

ヌアロロ＆アワアワプヒ・トレイル Nualolo & Awaawapuhi Trails　ヌアロロとアワアワプヒ・トレイルはどちらも切り立った崖の縁を進み、ほかには船でしか近づく手段のない谷を眼下に見ることができる。谷の景色はこのうえなく美しい。

ヌアロロ・トレイルとアワアワプヒ・トレイルはヌアロロ・クリフ・トレイルNualolo Cliff Trailを通じてつながっている。3つのトレイルをはしごして、約10マイル（約16km）のタフな日帰りハイキングをすることもでき

草原の精霊

伝説によると、コケエ・ミュージアムの向かいにあるカナロフルフル草原Kanalohuluhulu Meadowは昔、カララウ渓谷に向かう人々を悩ます、邪悪なアクアakua（精霊）の森の隠れ場であった。旅人たちはたいへん困って偉大な神カナロアにアクアから守ってくれるよう懇願した。それに応えてカナロアはすべての木を引き裂き、ここで再び木が育つことはないと宣言し、アクアの隠れ場を撲滅した。現在では草原はとても気持ちよく、子供たちの良い遊び場となっている。

ウエスト・サイド―コケエ州立公園

る。スタート地点に戻るには、残りの2マイル（約3km）をヒッチハイクするか歩かなければならない。

途中に水場はないので、水は十分に持って行くように。トレイル沿いには、ブラックベリー、シンブルベリー、グアバ、パッションフルーツなどの食べられる植物が自生している。

野生のヤギはノース・ショアの谷にたくさん生息しており、崖の壁面に簡単に見つけることができる。ここのヤギは生後5カ月で繁殖可能になり、ハワイに天敵はいないので野放しに増え続け、生態系にかなりの被害をもたらしている。

3.75マイル（約6km）のヌアロロ・トレイルはキャビンとコケエ・ロッジの中間に起点がある。このトレイルは涼しい高原の森林から始まり1500フィート（456m）ほど下る。谷の縁にある展望台、ロロ・ビスタ・ポイントLolo Vista Pointですばらしい眺めを楽しむのがこのトレイルの締めくくりだ。展望台には、USGS測量の、海抜2234フィート（約680m）の標識がある。

アワアワプヒ・トレイルの入口は17マイルマーカーを過ぎてすぐの駐車場にある。このトレイルは1600フィート（約487m）を下る。アワアワプヒ渓谷とヌアロロ渓谷を見わたせる険しく壮観なパリPaliまで3.25マイル（約5.2km）続いている。ハイキングコースはオヒアの森に始まる。トレイルを半マイル（約0.8km）ほど下ると森は降水量が減っていき、コアがオヒアに混じって自生するようになる。アワアワプヒは「ジンジャーの森」という意味で、美しい黄色のジンジャーであるカヒリを道中見ることができる。

2マイル（約3km）のヌアロロ・クリフ・トレイルも眺めがすばらしく、至る所からヌアロロ渓谷を見ることができる。昼休憩をとる場所にはピクニックテーブルが設置してある。ヌアロロ・クリフ・トレイルは3.25マイルマーカーでヌアロロ・トレイルと、3マイルマーカーの少し手前でアワアワプヒ・トレイルとつながっている。

カワイコイ・ストリーム・トレイル Kawaikoi Stream Trail

往復約3マイル（約5km）の山あいの川に沿った景色の良いトレイルだ。スギ・グローブSugi Groveとカワイコイ・キャンプ場の中間にあるキャンプ10‐モヒヒ・ロードCamp 10-Mohihi Rdのはずれに起点がある。最初はカワイコイ・ストリームの南側に沿って進み、その後流れから離れてぐるりと流れの北側に回って、再び南側沿いになる。水位が高い場合は川を横切ってはいけない。

カワイコイ・ストリームはニジマス釣りで人気があり、8月と9月の解禁期間は釣りが許可される。フィッシング・ライセンスが必要だ。

キャンプ10‐モヒヒ・ロードはコケエ・ミュージアムを過ぎた所を右に登っていく。多くのコケエの泥道同様、ぬかるんでいなければ、最悪でも一部の道は普通車で行くことができる。しかし、道がすっかりぬかるんでわだちがついている場合は4WDでさえ走行は困難である。

ピヘア・トレイル Pihea Trail

ピヘア・トレイルは、プウ・オ・キラ展望台から始まり、沿岸とアラカイ自然保護区Alakai wilderness両方の眺めを楽しめる。このトレイルは1950年代に敷かれ、その後、島を1周する道の最後の区間となる計画は中止されることになった。

最初の1マイル（約1.6km）は尾根沿いに進み、カララウ渓谷の美しい景色を眺められる。それから険しい道を登ると、ピヘア展望台に着く。そして内陸部に入って湿地の森を通り抜け、1.75マイル（約2.8km）の地点でアラカイ・スワンプ・トレイルを横切る。ここで左に曲がるとアラカイ・スワンプを抜けてキロハナ展望台Kilohana Lookoutまで2マイル（約3km）の道が続く。曲がらずに真っすぐ行けば約2マイル（約3km）でカワコイ・キャンプ場に着く。

アラカイ・スワンプ・トレイル Alakai Swamp Trail

アラカイ・スワンプ保護区Alakai Swamp Preserveに接近するのはとても困難なので、侵略的な植物でさえこの地方原産の湿地植物を駆逐することはできず、今も原産種の鳥の砦である。

湿地の一部はあまり日光が当たらないので樹木の全面に苔が厚くびっしりと生えている。ここを見学するのはたいていがヘリコプターからだが、アラカイ・スワンプ・トレイルを利用してその一部を歩くことはできる。

この起伏の多い3.5マイル（約5.6km）のトレイルはキャンプ10とモヒヒ・ロード間を起点として熱帯雨林と沼地を通り過ぎ、ワイニハ・パリWainiha Paliの縁に据えられたキロハナ展望台に続く。もしも曇っていなければ（ここが地球でもっとも雨の多い場所であることを考えれば「もしも」の可能性は極めて低いが）ハイカーは北の方向にワイニハ渓谷Wainiha Valleyとハナレイ渓谷Hanalei Valleyの壮大な光景を眺めることができるだろう。トレイルの大部分には広い歩道があるが、それでもとても湿っていて滑りやすく、ところどころ泥の中を苦労して進まなければならな

いだろう。比較的雨の少ない夏季がハイキングに適していることは確かだ。

もし車がキャンプ10‐モヒヒ・ロードを通れなければ、カララウ展望台近くに駐車してピヘア・トレイル経由でアラカイ・スワンプ・トレイルに向かうのが一番良いだろう。

カルアプヒ・トレイル Kaluapuhi Trail　プラムの果樹園に向かう森の中のトレイルで、約2マイル（約3km）の長さ。入口はハイウェイの17マイルマーカーを0.25マイル（約0.4km）過ぎた所にある。真夏には、島の住民が野生のプラムを摘みに大勢やって来る。

宿泊

キャンプ　もっとも行きやすいのは、草地の北側にあるコケエ州立公園のキャンプ場で、コケエ・ロッジから歩いてほんの数分である。このキャンプ場は林のそばの草地で、あまり込んでいない。ピクニックテーブル、飲用水、トイレ、シャワーなどがある。無料で5泊までキャンプできるが、コケエに到着する前に州のキャンプ許可を取得しておかなければならない。

主要路をかなりはずれて、コケエ・ロッジから4マイル（約6km）東に進んだ所にカワイコイ・キャンプ場とスギ・グローブ・キャンプ場がある。これらのキャンプ場は州立公園に隣接する森林保護区内の4WD用のキャンプ10‐モヒヒ・ロードから外れた場所にある。どちらのキャンプ場にも簡易トイレ、ピクニックシェルター、野外炉などがある。水は持ち込むか、川の水を飲用前に処理する必要があるだろう。この森林保護区のキャンプ場は3泊まで宿泊でき、事前にキャンプ許可を取得しなければならない。

コケエのキャンプ場はほぼ海抜4000フィート（1217m）の高さにあり、夜は肌寒い。ここはスリーピングバッグと暖かい服が必要な土地なのだ。

さらに詳しい情報とキャンプ許可は本章前出の「宿泊」の「キャンプ」を参照。

ロッジ　コケエ州立公園の12棟のキャビンは**コケエ・ロッジ** Kokee Lodge（☎335-6061 ✉PO Box 819, Waimea, HI 96796 キャビン$35〜$45）が管理している。もっとも古いキャビンは少々くたびれていて大きな部屋が1つしかないが、手頃な値段だ。新しいものは2ベッドルームのシーダーキャビン。新旧どのキャビンにもダブルベッドが1つ、ツインベッドが4つ、冷蔵庫とオーブン付きのキッチン、シーツ類、毛布、シャワー、薪ストーブなどがある。新しいシーダーキャビンの中で第2号棟レフアは特に快適で車椅子用スロープがある。州立公園の規則により宿泊は5泊までに制限されている。キャビンはしばしば予約で埋まっているが、キャンセルが生じることもあるので、ぎりぎりになってキャビンに宿泊できることもある。

コケエ州立公園にあるYWCAの**キャンプ・スロゲット** Camp Sloggett（キャンプサイト1人$10、2段ベッド$20）は10人泊まれるロッジと、40人泊まれる宿泊所、コンクリート敷きのテントサイトがある。宿泊所では自分の寝具とタオルが必要だが、温水シャワーが使えるバスルームと簡易キッチンがある。テントサイトには料理用のバーベキューサイトがあり、宿泊所のシャワーとトイレが利用できる。宿泊所とテントサイトを利用するには**管理人**（☎335-6060）に電話すること。ロッジは1度に1つのグループに貸し出される。宿泊料金は1人あたり20ドルで、月曜から金曜は最低5人、週末は8人から受け付ける。ロッジの予約は**YWCA**（☎245-5959 ✉3094 Elua St, Lihue, HI 96766）まで。キャンプ・スロゲットは、パーク・ミュージアムを東に向かって、わだちのついた泥道を半マイル（約0.8km）下った所にある。通常、普通車で行くことが可能。

食事

コケエ・ロッジ
Kokee Lodge
☎335-6061
スナック$3〜7
9:00〜15:30

ワイメア北部で唯一食事ができる所。レストランには簡単な朝食、サラダ、スープ、各種サンドイッチなどのメニューがある。加えて、レストラン前の**ギフトショップ**（9:00〜16:00）では、キャンディバー、ポテトチップ、多少の缶詰などが販売されている。

キャビンやキャンプ場に宿泊するつもりなら、必ず十分な食料を持って行くこと。もっとも近い店（それにガソリンスタンド）でも15マイル（約24km）離れたワイメアにしかないので注意しよう。

ニイハウ島

Niihau

ニイハウNiihau島は長い間、外部の人間の立ち入りを拒んできたため、「禁じられた島」とも呼ばれていた。

ハワイのほかのどの場所をとってみてもニイハウ島ほど、変化に背を向け続けることに成功してきた場所はない。ここには舗装された道路も、空港も、島全体への電力供給もない。

ニイハウはハワイ先住民族が保護されてきた島で、ハワイ州で唯一、いまだにハワイ語を第一言語としている。教会を含めた島全体がニイハウ牧場に属しており、ハワイ人ではないロビンソンRobinson一族によって私有されている。そしてロビンソン一族はニイハウの孤立をかたくなに守っている。

ニイハウの約160人の住民のほとんどは、乾燥した島の西側沿岸にあるプウワイPuuwaiという村に住んでいる。この村の家はそれぞれ石塀に囲まれており、草食動物が庭に侵入するのを防いでいる。生活は素朴で、水は貯水池に集めたものが利用され、トイレは屋外に離れのように設置されている。

ニイハウ人は彼ら独自の歌うような調子のハワイ語の方言を話す。ビジネスもハワイ語で行なわれ、日曜日の教会での礼拝も同様ハワイ語だ。ロビンソン一族の牧場を管理する2人の兄弟も、流暢なハワイ語を話すことができる。子供たちは学校で英語を第二言語として学ぶ。ニイハウには2部屋からなる校舎があり、そこでは3名の教師が、幼稚園から高校3年生までの島の50名の生徒達を教えている。小学校4年生までは、授業はすべてハワイ語のみで行なわれる。

島の経済は長い間、羊と肉牛の牧畜に頼ってきたが、これは吹きさらしのニイハウでは常にぎりぎりの営みだった。この数十年間に起きた干ばつによって多くの家畜が犠牲になり、その結果ニイハウは何度か窮乏の時期を経験してきた。

牧場経営はかつて、ニイハウの労働の大部分を占めていたが、今では商業的に存続できる可能性を失っている。現在、ロビンソン一族は収入と雇用の提供源として、連邦政府を有力な候補だと考えている。この数年間、ニイハウは政府に土地を貸し出して、政府はそこをカウアイKauai島のミサイル追跡施設と連結した無人レーダーの設置に利用している。

1999年からは、軍の特殊部隊がニイハウ島南端の非居住地域を利用して定期的な演習を行っている。これらの演習活動の規模は小さく、通常1チーム12人程度の兵隊が模擬救助訓練のようなことを行っている。

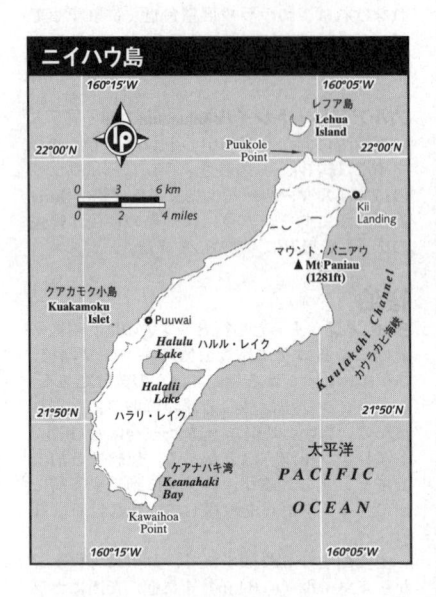

現在、ニイハウの南端地域をより永続的に使用することについて、交渉が進められている。これには、新しいUS弾道ミサイル防衛システムのテストプログラムの一部である、無人標的ミサイルの発射サイトとしての使用も含まれる。ニイハウ島民が望むのは、秘密主義的な入居者である軍がニイハウのそのほかの事情には関与しないことである。

ニイハウ島はカウアイ島から17マイル(約27km)の所にあり、週に一度、2つの島の間を往来する物資供給のためのボートにより結ばれている。物資供給用ボートはニイハウ牧場およびロビンソン一族の拠点である、カウアイ島のマカウェリMakaweliに停泊している。マカウェリもまた、ニイハウよりカウアイに住むことを選ぶニイハウ人にとっての生活基盤になっている。しかし彼らの多くはやはり、ロビンソン一族のもとで働いている。

ニイハウ島は決して、時代に取り残されたハワイ人の生活歴史博物館ではない。ニイハウは過去に片足を残しながらも、現在という時代から必要なものを獲得しているのだ。物資を供給するボートは、物資とともにポイ(タロ芋から作る食物)とソーダポップ(炭酸飲料)も運んでくるし、ニイハウにはアウトリガー付カヌーよりもオフロードバイクの方が多く存在する。

ニイハウ島の住民は自由にカウアイ島に渡

って買い物をしたり、ビールを飲んだりすることができ（ニイハウ自体はアルコール類を禁じている）、特に目的がなくてもカウアイに出入りすることができる。彼らが自由に行えないのは、他島から自分たちの友人などをニイハウに連れて帰ることだ。他島の出身者と結婚したニイハウ人は、ロビンソン一族がニイハウにとって好ましくないとみなす人々と同様に、ニイハウに戻ることを許されることがほとんどない。

しかし、ニイハウ人の多くはそれを現状として受け入れている。ニイハウ島を離れていく人々のなかにはこのような現状に批判的な人もいるが、とどまる人々は変化を求めているようにはみえない。

外部者にとってニイハウ島はまさに謎である。手つかずのハワイ文化が保存された場所として美化する人もいれば、封建的な社会への後戻りであると考える人もいる。

ロビンソン一族はニイハウをプライベートな聖域と捉えており、彼ら自身をその聖域全体の庇護者であると考えている。このような父性的な態度がしばしば、ニイハウ島外に住むハワイ先住民のグループらをいらだたせている。しかしながら、大多数のニイハウ人はそのような感情を共有していない様子で、彼らは外部からの干渉を拒否している。

歴史

キャプテン・クックは彼のハワイ「発見」から2週間後の1778年1月29日にニイハウ島沖にいかりを下ろした。クックは、ニイハウは人口の少ない非常に土地のやせた島であると記録に残している。この表現は現在のニイハウにもあてはまる。クックのニイハウ訪問は短期間だったが、将来にわたる影響を与えた。

ハワイの表情を急速に変えることになった2つのものをクックが最初に持ち込んだのは、この小さなニイハウだった。彼は2頭のヤギをニイハウに残し、それらは現地の動植物を荒廃させる最初の草食動物なった。そして、彼の部下たちは梅毒を持ち込み、梅毒はハワイの多くの人々を死亡させた最初の西洋の病気となった。

1864年、スコットランド人の未亡人エリザベス・シンクレアが、ニュージーランドからバンクーバーに移動する途中、航路から外れてハワイに立ち寄った。彼女はカメハメハ5世王からニイハウを、金1万ドルで購入した。カメハメハ5世王は当初、彼女に「湿地帯」であったワイキキを売ろうとしたが、彼女はそれを断り、かわりに「不毛の島」ニイハウを選んだ。興味深いことに、今日ハワイにおいてこれらの2つの場所ほど、文化的にまたは地価において互いにかけ離れている場所はない。

シンクレア夫人はニュージーランドからニイハウに最初の羊を持ち込み、牧場の経営を開始した。牧場の経営は現在、彼女のひ孫たちによって引き継がれている。

地理

ニイハウは人が住んでいるハワイ諸島の中でもっとも小さな島で、その大きさは長さ18マイル（約29km）、幅6マイル（約10km）、全面積70平方マイル（約181.3km²）。海岸線は45マイル（約72km）で、最高標高はマウント・パニアウMt Paniauの1281フィート（約390m）だ。ニイハウはカウアイ島の風下にあり、半乾燥気候の島である。

ニイハウのハラリ・レイクHalalii Lakeは860エーカー（約3.5km²）の広さがあり、ハワイのなかでもっとも大きい。しかし雨の多い冬の間でも数フィートの深さにしかならない。夏になると干上がって泥沼になることもある。

動植物

約50頭のハワイモンクアザラシが、多くの人が住むハワイ諸島に住み着いているが、そのうちの30頭以上がニイハウに住んでいる。絶滅が危惧されるハワイのオオバン（クイナ科の水鳥）、アラエケオケオの約半数もニイハウを繁殖地としている。

持ち込まれた動物たちもニイハウで増殖している。島には推定で6000頭の、野生化したブタや羊、ヤギ、七面鳥などがいる。

アクセス

外部の人間はニイハウ島への訪問を許可されていないが、ロビンソン一族は料金の高いヘリコプターツアーを提供することにより、少なくとも多少は島を「開放」するようになった。

ニイハウ・ヘリコプター　Niihau Helicopters（☎335-3500）には決まったスケジュールはないので、ツアーを希望する場合は十分に前もって予約する必要がある。ツアーは3時間程度で、カウアイ島のポート・アレンPort Allen空港から出発する。費用は1人＄280。ヘリコプターは島の北端のプウコレ・ポイントPuukole Pointに着陸し、そこで昼食が提供される。乗客は希望すればここで泳ぐこともできる。パイロットはニイハウのほとんどの上空を飛ぶが、住民のいるプウワイ村の上空は避ける。

ヘリコプターは緊急の医療救助のために購入されたもので、ヘリコプターツアーはその支払いを補助する目的で行なわれている。

北西ハワイ諸島

Northwestern Hawaiian Islands

北西ハワイ諸島Northwestern Hawaiian Islandsはリーワード諸島Leeward Islandsとも呼ばれ、カウアイ島から太平洋を北西に向かって、ほとんど一列に1300マイル（約2092km）近く延びている。

火山の噴火によってできたため、これらの島々は現在のハワイ主要8島のように、かつては海面から高く突き出していた。しかし今は、海底の沈下と進行する侵食の力によって、島々はゆっくりと海面下に沈みつつある。過去に山が海上に頭を突き出していた所は、今では水面に浮かんだ花のレイのように見えるサンゴ礁になっている。

全部で10の島群があり、すべて合わせると33の島々が含まれている。その中には、サンゴ礁の上に形成された複数の平らな砂の島が連なった環状島や、単一の岩でできた島々、そしてほとんど水面下に沈んだ岩礁が1つある。

東から西に向かってこれらの島群の名前を挙げると、ニホア島Nihoa Island、ネッカー島Necker Island、フレンチ・フリゲート・ショールズFrench Frigate Shoals、ガードナー・ピナクルズ（尖鋒）Gardner Pinnacles、マロ・リーフMaro Reef、レイサン島Laysan Island、リシアンスキ島Lisianski Island、パール・アンド・ハーミス環礁Pearl and Hermes Atoll、ミッドウェイ諸島Midway Islands、クレ環礁Kure Atollとなる。

北西ハワイ諸島の全面積は5平方マイル（約13km²）弱だが、環状島の礁湖地帯全体の面積はその100倍にもなる。

クレ環礁（ハワイ州の海鳥保護区）とミッドウェイ諸島を除いたすべての島は、ハワイ諸島国立自然保護区に属している。1909年に当時のアメリカ大統領、セオドア・ルーズベルトによって設立されたもので、国立の自然保護区としては現在もっとも歴史が古く、規模も大きい。1988年、ミッドウェイ諸島はミッドウェイ環礁国立自然保護区という別の保護区となった。

ミッドウェイを除いて、北西ハワイ諸島には許可がなければ一般の人が入ることはできない。しかしよほど特別な事情がない限り、そのような許可が与えられることはほとんどないといっていい。人間の活動は、これらの島々の壊れやすい生態系を揺るがす以外の何ものでもないからだ。ハワイ諸島国立自然保護区の中で人

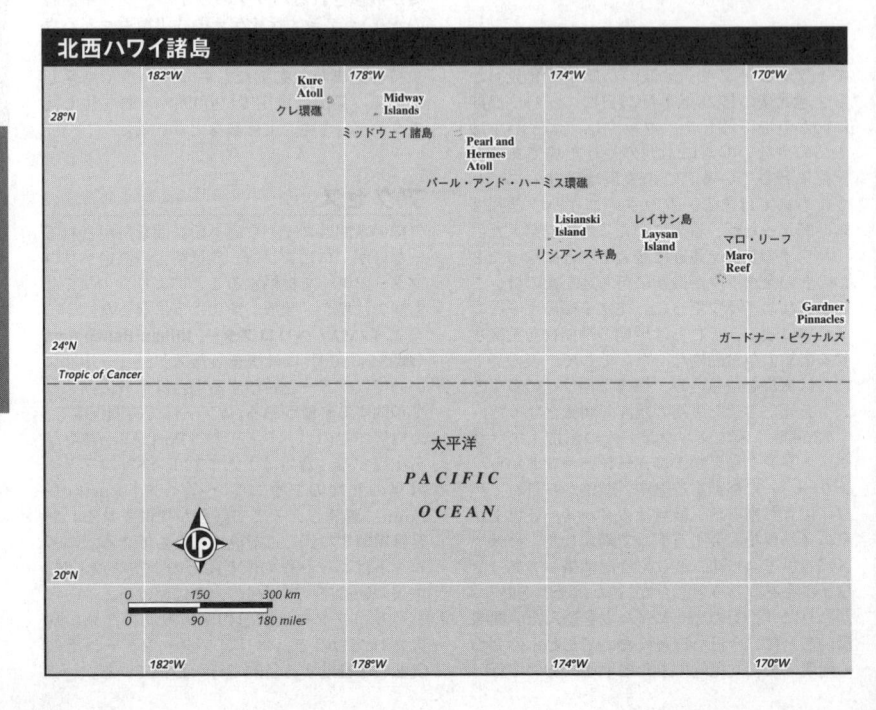

が住んでいるのは、ターン島Tern Islandだけで、それも自然観察を行う研究者のみだ。

北西ハワイ諸島は、ホノルル市および郡の、実際的な管轄下に入ってはいないが政治的な権限下にある。

動物

北西ハワイ諸島には約1500万羽の海鳥が生息している。すべての鳥が、少なくとも片足でなら立つ場所を確保できるという数だ。絶滅が危惧されるハワイモンクアザラシ、アオウミガメ、この地域固有の4種の陸鳥もここに生息している。

海鳥

18種の海鳥がこれらの諸島をすみかにし、水面下に沈んだ岩礁の周りに豊富に生息する魚を餌にしている。生息する鳥類には、グンカンドリ、カツオドリ、アホウドリ、さまざまなアジサシの仲間、ミズナギドリ、ウミツバメ、ネッタイチョウなどがいる。

セグロアジサシの数がもっとも多く、数百万羽にもなる。かん高い声で鳴くこの白黒の鳥も、オアフ島のウインドワードコースとの沖合にある小さな島々に巣を作る。

ミズナギドリとウミツバメは砂地に掘った巣穴の中に卵を産む。巣穴の天井は、もしも人が不注意に踏めば簡単に崩れてしまう。人の立ち入りが禁止される大きな理由の1つはこのためだ。

陸鳥

レイサンガモ、レイサンフィンチ、ニホアフィンチ、ニホアヨシキリは、レイサン島とニホア島のそれぞれに固有の鳥だが、これらのすべてが絶滅の恐れがある、または危機に瀕している種に指定されている。

その理由は、これらの鳥が数のうえで減少しているからではなく、地球上でたった1つの場所にしか生息しないために、新しい病気や天敵の侵入、生息地の破壊などの影響をまともに受けることだ。難破した船からの1匹のネズミの侵入、ハイカーのブーツに付着して持ち込まれる雑草の種、またはオイルタンカーの事故によって海岸が油まみれになることなど、どれもがこれらの種の絶滅を意味するのだ。

モンクアザラシ

絶滅が危惧されるハワイモンクアザラシは、ハワイのみに生息し、クレ環礁、フレンチ・フリゲート・ショールズ、レイサン島、リシアンスキ島、ニホア島、ネッカー島で子育てをする。これらのアザラシも人間と接触する

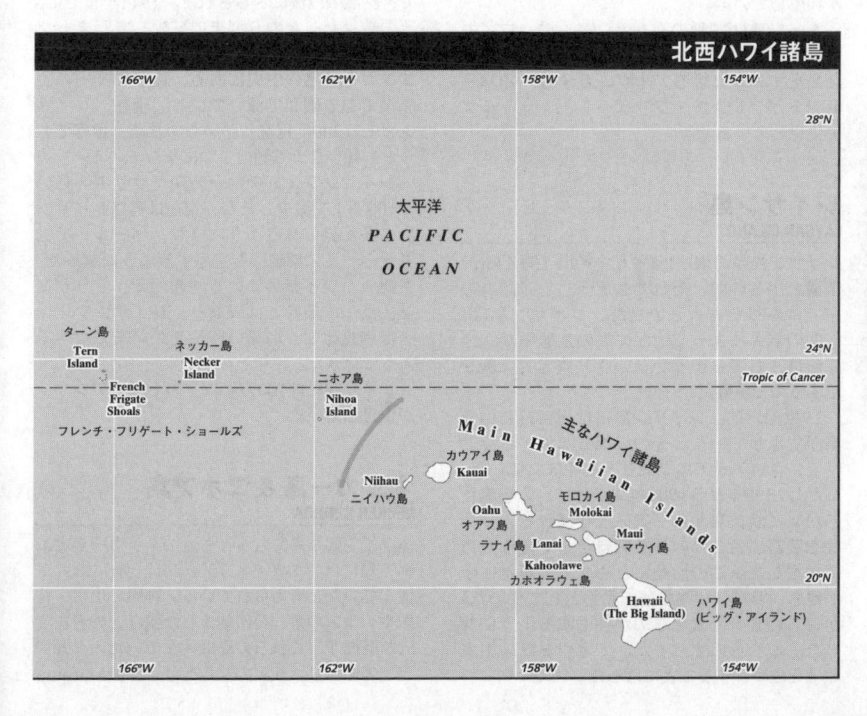

ことによって大きな影響を受ける。

19世紀には、乱獲によってハワイモンクアザラシは絶滅寸前に至った。第2次世界大戦中およびその後にこの地域で行われた軍事活動も、アザラシの数を減少させる原因となった。

毎年産まれるアザラシの子供は200頭未満で、そのうちの多くがサメに襲われて死んでしまう。ハワイモンクアザラシの全頭数は約1300頭と推測されている。

フレンチ・フリゲート・ショールズ
FRENCH FRIGATE SHOALS

フレンチ・フリゲート・ショールズは13の砂の島と、135フィート（約41m）の岩、ラ・ペルーズ・ピナクル（尖鋒）で構成されている。ラ・ペルーズ・ピナクルは、乗っていた船が座礁して難破しかかったフランス人の探検家にちなんで名づけられた。砂の島の1つである、面積37エーカー（約0.15km²）のターン島は、ハワイ諸島国立自然保護区の指揮所となっている。

ターン島の大部分は、合衆国沿岸警備隊が島にローラン（無線ナビゲーションシステム）の基地を設置して以来、飛行場となっている。使われなくなった沿岸警備隊のバラックは、現在、米国内務省魚類野生生物局の保護地区管理者2名と、最大12名のボランティアたちが利用している。

ターン島は17種の海鳥と、多くのハワイモンクアザラシの生息地になっている。ハワイ諸島をすみかにするアオウミガメも、90パーセントがフレンチ・フリゲート・ショールズに生息している。

レイサン島
LAYSAN ISLAND

レイサン島の面積は1.5平方マイル（約4km²）未満と小さいが、それでも北西ハワイ諸島の中ではもっとも大きい島だ。レイサン島は、人間の侵入によっていかに島の生態系が完全に破壊されてしまうかという、典型的な例を示すうえで重要だ。

19世紀以前、レイサン島には何百万という鳥が生息していた。その大部分はコアホウドリで、クロアシアホウドリとも呼ばれていた。しかし1890年から1904年にかけて、入植者たちがレイサン島からグアノと呼ばれる、リン酸を豊富に含む鳥の糞を肥料として使うために採掘した。この活動にともなって新たに家が建ち、ラバ（荷物を運ぶ動物として働いた）が持ち込まれ、大きな船が停泊するようになった。これらのすべてが、アホウドリの生息環境を危うくすることになった。

グアノの採掘に加えて、人々は島の天然資源も搾取した。アホウドリの卵を大量に採集し、写真の現像に使用する物質として卵白を抽出したのだ。1羽のアホウドリは年に1つしか卵を産まないので、大規模な「卵採集」によってその年に孵化するヒナが全滅することもあった。猟師たちもまた多くの鳥の命を奪った。たったの6カ月間で30万羽のアホウドリが羽を採るために殺されたこともあった。帽子職人たちが、上流階級の婦人たちの帽子を作るために使用したからだ。

現在、島には約16万のコアホウドリのつがいがいる。これは依然として世界でもっとも大きな群の1つだ。アホウドリは実際につがいになるまでに、毎年、繁殖の季節に求愛のダンスを踊って5年も過ごすものもいる。そしていったんつがいになると、一生を共に過ごし、30年も生きることもある。

最初は労働者の子供たちのペットとして、そして後には繁殖のためにレイサンに持ち込まれたウサギは、島の植生をめちゃめちゃにした。ウサギが食べ尽くした後には砂嵐が吹き荒れた。食物としていた原産の植物を失った島固有の陸鳥3種は、絶滅に至った。ネズミクイナ、レイサンミツドリ、レイサンヨシキリだ。ウサギは1923年に最終的に駆除された。

レイサンガモはウサギや猟師の狩りが原因で、絶滅の危機にさらされた。1911年までに、その数はたったの6羽まで減少してしまったが、以来、数は徐々に回復しつつある。レイサンガモは島の中央にある、彼らの唯一の生息地である礁湖で泳いでいる。現在、レイサンガモは300羽程度しかいないため、世界でもっとも稀少なカモ類の1つになっている。

レイサンフィンチは一時期、ウサギのせいで100羽まで減少したが、現在は再びレイサン島に多く見られるようになり、パール・アンド・ハーミス環礁にも生息するようになった。主要なハワイ諸島にいる同族のミツドリが蜜を主食にするのとは異なり、レイサンフィンチは肉食化し、海鳥の卵や死がいまで食べるようになった。

レイサンには100万羽以上のセグロアジサシが生息している。

ネッカー島＆ニホア島
NECKER & NIHOA

ハワイ主要8島にもっとも近いネッカー島とニホア島には、おそらく1000年以上前には人が住んでいたと考えられている。神殿の土台、住居やテラスの跡、石に刻まれた絵などの考古学的な証拠が、これらの島に住んでいた人々がフランス領ポリネシアのマルケサス諸島Marquesas Islandsから来たことを物語っている。

ネッカーとニホアはサンゴ環礁島ではなく、ゴツゴツした岩だらけの島で、どちらも面積は0.25平方マイル（約0.65km²）未満だ。ニホアは北西ハワイ諸島のなかでもっとも背の高い島で、切り立った海食崖があり、最高地点の標高は910フィート（約277m）だ。

ほかの地域では見られない2種類の陸鳥が、小さなニホアのみに生息している。

ニホアフィンチはレイサンフィンチと同様に、ほかの鳥の卵を横取りして食べる鳥だが、数千羽がこの場所で生き抜いている。

1967年に生物学者たちが、ニホアにいるフィンチに万が一のことが起きた場合に備えて、もう1つの集団生息地をつくろうと試みた。しかし、フレンチ・フリゲート・ショールズに送られた42羽のフィンチはすべて死んでしまい、この計画は失敗した。

グレーニホアヨシキリは旧大陸のウグイスの仲間で、稀少で、あまり姿を見せない鳥だ。発見されたのは1923年のことである。ミラーモス（蛾の1種）を食べるため、この名前がつけられた。約400羽が生息している。

ミッドウェイ諸島
MIDWAY ISLANDS

第2次世界大戦中に日本とアメリカの海軍が重要な戦いを行ったことでもっともよく知られるミッドウェイ諸島は、北西ハワイ諸島の中で唯一、観光客を受け入れている場所だ。

ミッドウェイは戦後、海軍の飛行場施設として使用され、3000人あまりの職員が従事していたが、冷戦の終結とともに閉鎖された軍の基地の1つになった。1996年、アメリカ軍はミッドウェイの統治権を米国内務省魚類野生生物局に譲渡し、軍の使用によって島に残された汚染物質の撤去と、ミッドウェイ原産でない植物の排除を行う、環境浄化プログラムを開始した。

魚類野生生物局がミッドウェイ諸島を譲り受けたとき、自然保護と自然に配慮した観光とをうまく組み合わせる経営方針を導入した。魚類野生生物局は民間会社に環礁の管理のほとんどを任せて、ミッドウェイについてはあまり干渉しない立場をとった。この民間会社、ミッドウェイ・フェニックス・コーポレーションは、エコツーリズムの提供を目的として島を整備し、かつての海軍将校宿舎をホテルに改造し、ミッドウェイの飛行場を維持した。

2002年の初めまで、ミッドウェイ・フェニックス・コーポレーションは自然主義者やダイバーのためのツアーを提供していた。環境への影響を最小限にするため、ダイビングやそのほかの活動は必ずガイド付きで提供され、ミッドウェイには一度に100人までしか観光客は入れなかった。観光産業が自然に大きな影響を与えることはなかったし、観光によって得られた収入は400万ドルの自然保護活動費用の助けになった。

残念なことに経営費用が予想以上にかかり、ミッドウェイ・フェニックス・コーポレーションは多額の損失がかさんだ後に経営から手を引いた。魚類野生生物局は現在、経営再開の新しい担い手を探している。しかしそれが見つかるまでは、ミッドウェイへの一般観光客のアクセスは中止されたままだ。経営がいつ再開するのか、または再開の機会があるのかどうかは、誰にもわからない状態だ。

ミッドウェイには100万羽を超える海鳥が生息している。その中にはコアホウドリの世界最大の群があり、あまりに数が多いため、11月から7月までの間は陸地を覆ってしまうほどだ。そのほかにも14種の海鳥がミッドウェイを通過する。アカオネッタイチョウ、シロハラミズナギドリ、オナガミズナギドリ、クロアジサシ、ナンヨウマミジロアジサシ、セグロアジサシなどがその中に含まれる。

観光設備のあるサンド・アイランドSand Islandは、3つの島からなるミッドウェイ環礁の中で最大の島で、長さが2マイル（約3km）、幅が1マイル（約1.6km）ある。密度の高い海鳥の群れに加えて、サンド・アイランドには20世紀初頭の遺物、たとえば1903年当時の太平洋横断ケーブル基地や、第2次世界大戦時の避難用の穴や高射砲などが残っている。周辺の海域はサンゴ礁の庭になっていて、珍しい熱帯魚やハシナガイルカの群れが生息している。

アクセス

ミッドウェイ・フェニックス・コーポレーションがミッドウェイへのツアーを行っていたときは、アロハ・エアラインAloha Airlinesがホノルルから、週2回のチャーターフライトを提供していた。島が再び一般観光客に開放されることがあれば、アロハか、または別の航空会社が週2回のフライト提供を再開する可能性は高い。

ミッドウェイの観光が再開されたかどうか調べたい場合は、米国内務省魚類野生生物局 US Fish & Wildlife Service（w midway.fws.gov）からオンラインで最新の情報を得ることができる。

または、サン・フランシスコに拠点を置く、**オーシャニック・ソサエティ・エクスペディションズ Oceanic Society Expeditions**（☎415-441-1106、w www.oceanic-society.org）もミッドウェイへのエコロジーツアーを提供していたので、観光が再開されればまたツアーを行う可能性がある。

ハワイ語の基礎知識

Language

ハワイの統一言語は英語だが、ハワイ語のフレーズ、さまざまな移民の母国語による外来語、ピジン俗語が（簡略化された言葉で、後出の「ピジン語」を参照）多く混ざっている。

ハワイの人々がほかの言語を話しているのを聞くことは珍しくないが、4軒に1軒は主要言語として英語ではなく母国語を使っている。ハワイ語自体は今もなお、およそ9000人の人々によって家庭内で話されており、英語と共にハワイの公用語となっている。

ハワイ語はほかのポリネシア言語と関係が深く、調子が美しく発音が簡単で母音と繰り返しの多い音節が重なっている。

ハワイの全地名の約85％はハワイ語であり、しばしばそれらにちなんだ興味深い翻訳や逸話がある。

1820年代にキリスト教使節団が来島して、話し言葉をローマ字に翻訳するまでは、ハワイ人は書き言葉を持たなかった。

発音

ハワイ語の書き言葉はたったの12文字しかない。発音は簡単で子音が重なることはほとんどない。

5個の母音があり、発音はそれらに相当する英語の母音と似ている。母音にはそれぞれ短音と長音がある。

- a 'father'（ファーザー）と同じ
- e 'egg'（エッグ）と同じ
- i 'ski'（スキー）と同じ
- o 'home'（ホーム）と同じ
- u 'blue'（ブルー）の 'ue' と同じ

ハワイ語には二重母音がある。2つの母音の組み合わせで2つの音を滑らかに続けて発音する。アクセントは第1母音にかかるが、それぞれの母音を別々に発音しても、何の支障もなく理解してもらえる。

子音 w は、i や e の文字のあとに来るときには普通柔らかい英語の 'v' のように発音され（ハレイワHaleiwaの町はハレイヴァHaleivaと発音される）、u や o に続くときは英語の 'w' のように発音される。w が a のあとにくるときは、'v' あるいは 'w' のどちらにも発音されるので、ハワイイ*Hawaii*ともハヴァイイ*Havaii*とも聞こえるだろう。

ほかの子音—h, k, l, m, n, o—はほとんど英語と同様に発音される。

声門閉鎖音記号・長音記号

現在の印刷物ではほとんど省略されているが、ハワイ語の書き言葉では声門閉鎖音記号と長音記号が使われる。

声門閉鎖音記号（'）は2つの母音の間で切ることを示し、英語で 'oh-ohオーオ' と言うのと同様の効果をもたらす。長音記号は、母音上の短い直線であるが、その母音を長めに発音することを示している。

声門閉鎖音記号と長音記号は発音に影響があるだけでなく、単語にまったく異なった意味を持たせることができる。たとえば、発音によっては、アイ*ai*は「性交」という意味にも「食事」という意味にもなり得る。

これらすべてはハワイ語会話を深く学ぶ際には重要になってくる。しかし、たとえば 'this *poi* (mashed kalo) is *ono* (good)'（このマッシュタロイモはおいしい）などのように英語の中でハワイ語を使用するときには問題となるべきことはあまりない。

複合語

ハワイ語は固有名詞が長く、似通っている場合が多いので、実際より難しく思える。多くの言葉が、長い年月を経て単に単語の頭に付けられているだけのものとなった 'the' を意味する*ka*で始まっている。

それぞれの単語を構成部分に分解してみると、幾つかの部分が繰り返しになっていてかなりわかりやすくなる。たとえば、カメハメハ*Kamehameha*はKa-meha-mehaの3つの複合語からなっている。フムフムヌクヌクアプアア*Humuhumunukunukuapuaa*、はハワイの州魚であるが、humu-humu-nuku-nuku-a-pu-a-aに分解できる。

意味を強調するために2回重ねて言う言葉もある。たとえば、ウィキ*wiki*は「速い」という意味だが、ウィキウィキ*wikiwiki*は「とても速い」という意味である。

地名にたびたび見受けられる、わかりやすい複合語もあり、幾つか覚えるのは楽しいだろう。たとえば、ワイ*wai*は「真水」という意味で、ワイキキ*Waikiki*は「噴水」という意味である（かつて真水の泉があったことからそう名づけられた）。また、カイ*kai*は「海水」という意味でカイルア*Kailua*は「2つの海」、ラニ*lani*は「天国のような」という意味でラニカイ*Lanikai*は「天国の海」、ハナ*hana*は「湾」という意味でハナレイ*Hanalei*は「三日月型の湾」である。

代表的なハワイ語

最初に次の単語を覚えよう。毎日の挨拶であるアロハ*aloha*（愛、ようこそ、さようなら）とマ

ハワイ語の基礎知識

シャカを共有する

島民たちは、真ん中の3本の指を手のひらに折り曲げ親指と小指を伸ばして作られるシャカ shaka サインで互いに挨拶を交わす。挨拶の間、普通に手を突き出して左右に動かす。手を振るのと同様、一般的である。

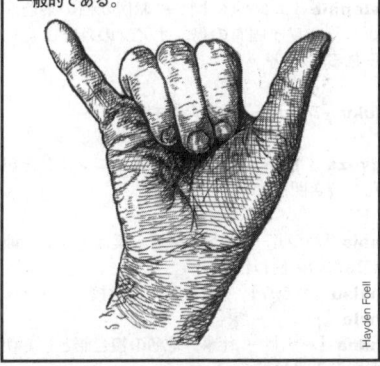

ハロmahalo（ありがとう）、方向を示す際によく使われるマカイmakai（海側）とマウカmauka（山側）、それと化粧室のドアに見られることの多いカネkane（男性）とワヒネwahine（女性）。もっとハワイ語を知りたければ、本書後出の「ハワイ語単語集」を参考にしてほしい。

ピジン語

ハワイの初期の移民たちは互いにピジン語、すなわち簡略化された不完全な形の英語で意思疎通を図っていた。それは必要から生まれ、もっとも必要とされる単語以外はすべて削られた言語である。

現代のピジン語は地元スラングとしてさらに洗練されている。広がりのある言語で、活気があり変化し続けている。会話がすべてピジン語で行われることもあるし、昔ながらの英語の1文の中に1、2語だけ紛れていることもある。

シェークスピアの「十二夜」Twelfth Nightでさえ（地元のコメディアンであるジェームズ・グラント・ベントンによって）トゥエルフ・ナイト・オ・ワテバTwelf Nite O Watevaと翻訳されている。マルヴォリオの台詞である「旦那様方、お気は確かですか？」'My masters, are you mad?' は「旦那方、気でも狂ったのかい、え？」'You buggahs crazy, o wat?' となっている。

短期間の旅行者がピジン語を話そうと試みても、それを使って友達ができることはめったにないだろう。ピジン語のニュアンスが理解できるくらい長くハワイに住んだ者のみ、使用が許されるというのが島内の慣習のようだ。

ピジン語の特徴には、速いスタッカートリズム、2語からなるセンテンス、'th'で始まる単語から弱い 'h' が落ちることがある。これらは、多様な言語（主にハワイ語）からの言葉の使用と、簡単にピジン語の経験の浅さを見分けることができる2重の意味がある。

代表的な単語と表現には下記のものがある。

blalah ブララー
大きなハワイ人

brah ブラー
兄弟、友人。「ねえ君！」'hey you' の意味にも用いられる。

broke da mouth ブローク・ダ・マウス
おいしい

buggah ブッガー
友達

chicken skin チキン・スキン
鳥肌

coconut wireless ココナツ・ワイアレス
口こみ

cockaroach コッカローチ
盗む

da kine ダ・カイン
そのような類のもの、例のあれ、など。言いたい言葉が思いつかないが、聞き手は自分が言おうとしていることを知っているのが分かっているときに用いられる。

gee vem ギー・ベム
頑張れ、やっつけようぜ go for it, beat them

grinds グラインズ
食べ物、食べる。オノ・グラインズono grindsはおいしい食べ物。

haolefied ハオレファイド
ハオレhaole（白人Caucasian）のようになる。

howzit? ハウジット？
どう、元気？ hi, how's it going?

how you stay? ハウ・ユウ・ステイ？
元気？ how are you?

humbug ハンバグ
本当に困ったこと

like beef? ライク・ビーフ？
けんか売る気かい？ wanna fight?

mo' bettah モベッター
ずっと良い、いちばん良い

slippahs スリッパーズ
ゴムぞうり、サンダル

stick スティック
サーフボード

stink eye スティンク・アイ
嫌な目つき、悪意のこもった目つき

talk story トーク・ストーリー
あらゆる種類の会話、話、うわさ話

tanks タンクス
ありがとう thanks タンクス・ブラーtanks brah（ありがとう友よ）のほうが一般的。

tree トゥリー
3 three

ハワイ語単語集

Glossary

aa［アア］－ 粗くゴツゴツした溶岩の種類
ahi［アヒ］－ キハダマグロ
ahinahina［アヒナヒナ］－ 斑点の入った銀色の葉が剣のような植物
ahu［アフ］－ 道標として使用された石塚。祭壇または神を祭る場所
ahupuaa［アフプアア］－ 伝統的な土地の境界線で、一般に山から海に向かって突き出たようなくさび形をしている。
aikane［アイカネ］－ 友人
aina［アイナ］－ 土地
akala［アカラ］－ ハワイキイチゴ
akamai［アカマイ］－ 利口な
akepa［アケパ］－ 絶滅が危惧されているカンムリハワイミツスイ
aku［アク］－ カツオ
akua［アクア］－ 神、霊、偶像
alae-keokeo［アラエケオケオ］－ 絶滅が危惧されているハワイオオバン
alala［アララ］－ ハワイガラス
alii［アリイ］－ 首長、貴族
aloha［アロハ］－ 愛、歓迎、さようならを意味する伝統的な挨拶
aloha aina［アロハアイナ］－ 大地を愛せよ
amaama［アマアマ］－ ボラ
amakihi［アマキヒ］－ 小さな黄緑色の鳥。ハワイでよく見られるハワイ固有の鳥
ao［アオ］－ ニューウェルミズナギドリ（水鳥）
apapane［アパパネ］－ 真っ赤なハワイ固有のハワイミツスイ
au［アウ］－ マカジキ
aumakua［アウマクア］－ 先祖の守り神
auwe［アウウェ］－ おおっ！ あー！
awa［アワ］－ カヴァkava、麻酔効果のある醸造酒にされる。魚のサバヒーのこともある。
awapuhi［アワプヒ］－ 野生のジンヤー

banh hoi［バン・ホイ］－ ベトナム版ファヒータ
banzai［バンザイ］－ あられとナッツ、小魚のミックス
bento［ベント］－ 日本風弁当

chili rellenos［チリレジェノス］－ チーズを詰めたピーマンのメキシコ料理
crack seed［クラックシード］－ スナック。たいていはドライフルーツや種。酸っぱいか、塩辛いか、甘い。

donburi［ドンブリ］－ ごはん茶碗

elepaio［エレパイオ］－ お尻が白い茶色がかったハワイ固有の鳥、オアフの森でよく見られる。

fuku［フク］－ ハワイ式盆栽

gyoza［ギョーザ］－ ひき肉とニンニクを包んだ焼き団子

hala［ハラ］－ パンダヌス。葉はマットや籠を編むのに使われる。
halau［ハラウ］－ フラダンス学校
hale［ハレ］－ 家
hana［ハナ］－ 仕事。地名の複合語として使われるときは湾。
haole［ハオリ］－ 白人。文字通りには「息もしないで」
hapa［ハパ］－ ハーフ、混血
hau［ハウ］－ 自生の低地ハイビスカスで、木はよくカヌーのアウトリガーに使用される。
haupia［ハウピア］－ ココナツプリン
Hawaii nei［ハワイイ・ネイ］- 1つのグループとして考えるハワイのすべての島々
hee［ヘエ］－ タコ。タコ*tako*あるいは「スクィッド（イカ）」とも呼ばれる。
heiau［ヘイアウ］－ 昔の石の神殿。西洋人が来るまではハワイの礼拝の場であった。
Hina［ヒナ］－ ポリネシアの女神（4大神の1人クの妻）
holoholo［ホロホロ］－ 楽しみで歩いたり、ドライブしたり、ぶらぶらしたりすること。
holoku［ホロク］－ ムームーに似たロングドレスだが、もっとぴったりとしている。
holua［ホルア］－ そり、またはそりのコース
honu［ホヌ］－ かめ
hoolaulea［ホオラウレア］－ お祝い、パーティー
hoonanea［ホオナネア］－ 気楽にのんびりと楽しく時を過ごすこと。
huhu［フフ］－ 怒った
hui［フイ］－ 団体、組織
hukilau［フキラウ］－ 集団で行う地引網（大きな網）を使った漁。その後に行われる宴会について言うこともある。
hula［フラ］－ 伝統的なハワイの踊り
hula kahiko［フラ・カヒコ］－ 古いスタイルのフラダンス
hula halau［フラ・ハラウ］- フラダンス学

校あるいは一座
hula ohelo［フラ・オヘロ］― 官能的フラダンス
humuhumunukunukuapuaa［フムフムヌクヌクアプアア］― 四角形のモンガラカワハギ
iiwi［イイウィ］― 森に住む真っ赤な鳥で曲がったサーモンピンクのくちばしがある。
iliahi［イリアヒ］― ハワイのビャクダン
ililii［イリイリ］― 石
ilima［イリマ］― ハワイ固有の植物、繊細な黄橙色の花で覆われた地面
ilio holo kai［イリオホロカイ］― ハワイ修道士の紋章
imi［イミ］― 穴型の土でできたオーブン
imu［イム］― 伝統的なルアウ*luau*料理に用いられる、土でできた地下オーブン
io［イオ］― ハワイタカ

kahili［カヒリ］― 羽飾りの紋、王族のシンボルとして用いられる。
kahuna［カフナ］― ある分野における賢者。一般には聖職者、治療師、魔術師
kahuna nui［カフナヌイ］― 高聖職者
kaiseki ryori［カイセキリョーリ］― 幾つもの小皿料理で構成された日本料理
kaki mochi［カキモチ］― 醤油味のあられ。*pupu*ププ（おつまみ）の一種
kaku［カク］― バラクーダ
kalaipahoa［カライパホア］― 流星として空を漂流する火の神々
kalo［カロ］― タロ*taro*参照
kalua［カルア］― 地下オーブン（*imu*）で焼く伝統的な方法
kamaaina［カマアイナ］― ハワイ生まれの人、長年住んでいる人。文字通りには「土地の子」
kanaka［カナカ］― ハワイ原住民
Kanaloa［カナロア］― 冥界の神
kane/Kane［カネ］― 男。ハワイ4大神の1人の名でもある。
kapa［カパ］― タパ*tapa*参照
kapu［カプー］― タブー。厳しい昔のハワイ社会制度の一部
katsu［カツ］― たっぷりの油で揚げたヒレ肉
kaunaoa［カウナオア］― 寄生蔓植物
kava［カヴァ］― カヴァカヴァ（コショウの一種）の根から作られた弱い麻薬性飲料
keiki［ケイキ］― 子ども、子どもたち
ki［キ］― ティ参照
kiawe［キアヴェ］― 1820年代にハワイに持ち込まれたメスキートの一種で現在は一般的な植物。その枝は尖ったとげで覆われている。
kii［キイ］― 肖像、彫像

kilau［キラウ］- シダの一種
kipuka［キプカ］- 溶岩が流れる際に残された土地の一画。オアシス
ko［コ］― サトウキビ
koa［コア］― 郷土木工工芸品を作るのに使用されるハワイ固有の堅材木。漁業の神を祭る場所
kohola［コホラ］― クジラ
kokio keokeo［コキオ・ケオケオ］― ハワイ固有の白いハイビスカスの木
kokua［コクア］― 助け、協力
kona［コナ］― 風下、順風
konane［コナネ］― チェッカーに似た戦略ゲーム
koolau［コオラウ］― 風上側
Ku［ク］― 戦い、農業、漁業などさまざまな霊魂の現れであるポリネシアの神（ヒナの夫）
kukui［ククイ］― ククイノキのこと。州木。油分を含んだ木の実はかつてランプで燃やされていた。
kuleana［クレアナ］― 個人が所有する土地の一画
kupuna［クプナ］― 祖父母、年長者
kuula［クウラ］― 漁業の神を祭る場所

Laka［ラカ］― フラダンスの女神
lama［ラマ］― ハワイ固有の植物。カキの仲間
lanai［ラナイ］― ベランダ
lau［ラウ］― 葉
lauhala［ラウハラ］― 編むのに用いられるハラ*hala*の葉
laulau［ラウラウ］― 包装されたもの。葉に包んで蒸した塩漬け魚を添えた豚肉あるいは牛肉のかたまり。
lei［レイ］― 花輪、一般的には花でできているが葉や貝殻で作られることもある
li hing mui［リヒングムイ］― 酸っぱいクラックシード
lilikoi［リリコイ］― パッションフルーツ
limu［リム］― 海草
lio［リオ］― 馬
loco moco［ロコモコ］― ご飯の上にハンバーグと目玉焼きとグレービーソースをかけた料理
lolo［ロロ］― まぬけ、ばか
lomi［ロミ］― 擦ることまたは柔らかくすること。ロミサーモン*lomi salmon*とは、トマトとタマネギと一緒にマリネにしたサーモンの刺身。
lomilomi［ロミロミ］― マッサージ
Lono［ロノ］― 収穫、農業、多産および平和のポリネシアの神
loulu［ロウル］― 原生のヤシ

ハワイ語単語集

luakini［ルアキニ］－ 戦いの神クに捧げられ、人間を生け贄にする代わりに使われたヘイアウ*heiau*の一種
luau［ルアウ］－ 伝統的なハワイ式宴会

mahalo［マハロ］－ ありがとう
mahele［マヘレ］－ 分けること。たいてい1848年の宣教師主導の土地分割について言う。
mahimahi［マヒマヒ］－「ドルフィン」とも言うが、実際はこの海の哺乳類（イルカ）とは関係ない魚の一種
mai hookaawale［マイホオカアワレ］－ ハンセン病
maile［マイレ］－ 巻きつく習性のある香りのよい葉の原生植物。よくレイに使われる。
mai tai［マイタイ］－ ラム、グレナデンやレモンとパイナップルジュースから作ったアルコール飲料。
makaainana［マカアイナナ］－ 一般の人々。文字通りには「大地の世話をする人々」
makaha［マカハ］－ 水門、養魚池の水深を調節するのに使われる。
makahiki［マカヒキ］－ 毎年4カ月間にわたって行われたロノに捧げる昔の冬の収穫祭
makai［マカイ］－ 海側
makaku［マカク］－ 創造的、芸術的なマナ*mana*（霊力）
malasada［マラサダ］－ 温めて出される揚げパン、ドーナツに似ている
malihini［マリヒニ］－ よそもの、旅行者
malo［マロ］－ 腰巻
mamane［ママネ］－ シダの一種
mana［マナ］－ 霊力
manini［マニニ］－ シマハギ（サンゴ礁にすむ魚）。何かちっぽけな、あまり重要でないものについて言うこともある。
mano［マノ］－ サメ
mauka［マウカ］－ 山側。内陸
mele［メレ］－ 歌、聖歌
menehune［メネフネ］－ 伝説によると、ハワイの養魚池、ヘイアウ*heiaus*やほかの石造建築物など多数造ったといわれる「小人」
milo［ミロ］－ 美しい堅材を備えたハワイ固有の日よけの木
moa pahee［モアパヘエ］－ 大きな木製の投げ矢を使ったウルマイカ*ulu maika*（昔のハワイのゲーム）に似たゲーム
mochi［モチ］－ 米から作られた噛み応えのあるデザート
mokihana［モキハナ］－ ベリーの一種
monja［モンジャ］－ 日本風カスタードケーキ
mo'o［モオ］－ 水の精、水トカゲあるいは水竜
mu［ム］－ ヘイアウ*heiau*の祭壇に捧げる生け贄を捕らえる「人さらい」
muumuu［ムウムウ］－ 宣教師らによってもたらされた長いゆったりしたドレス

naupaka［ナウパカ］－ 繊細な白い花をつけるハワイ固有の低木
Neighbor Islands［近隣諸島］－ オアフ以外の主なハワイ諸島を言うときに用いられる言葉
nene［ネネ］－ 原生のガチョウ。ハワイの州鳥
nisei［ニセイ］－ 日本人の子孫
niu［ニウ］－ ココヤシの木
noni［ノニ］－ ヤエヤマアオキ。薬に使われる黄色い匂いの強い実
nuku puu［ヌクプウ］－ おなかの下が明るい黄色をしたハワイ固有のハワイミツスイ

ohana［オハナ］－ 家族、親族
ohelo［オヘロ］－ クランベリーと同種の食用の赤い実をつける丈の低いハワイ固有の低木。女神ペレに献じられたと言われている。
ohia lehua［オヒアレフア］－ ふさや羽毛で飾ったボンボンのような花をつけるハワイ固有の木
okole［オコレ］－ おしり
olo［オロ］－ ハワイの王族によって使われたサーフボード
olopua［オロプア］－ オリーブ
onaga［オナガ］－ ハマダイ
one hanau［オネハナウ］－ ハワイ人が埋葬される出生地
ono［オノ］－ おいしい。魚のサワラの意味もある。
ono grinds［オノグリンズ］－ おいしい食べ物
opae［オパエ］－ エビ
opaeula［オパエウラ］－ 真っ赤なエビ
opah［オパー］－ ムーンフィッシュ
opakapaka［オパカパカ］－ ヒメダイ
opelu［オペル］－ アジ
opihi［オピヒ］－ カサガイ

pahoehoe［パホエホエ］－ どろどろで流れやすい溶岩
pakalolo［パカロロ］－ マリファナ。文字通りには「狂った煙」
pali［パリ］－ 崖
palila［パリラ］－ ハワイ固有のミツスイ
palaka［パラカ］－ チェック模様のシャツ
paniolo［パニオロ］－ カウボーイ
panquela［パンクエラ］－ カボチャを詰めたブラジル風クレープ
papio［パピオ］－ カワカマス。ウルア*ulua*としても知られている

ハワイ語単語集

pau [パウ] — 終わった、おしまい
Pele [ペレ] — 火と火山の女神。キラウエア・カルデラKilauea Calderaに住むと言われている。
phat thai [ファトタイ] — 豆腐や野菜、卵、ピーナツと炒めたビーフン
pho [フォー] — ビーフ味のスープと麺、生香草が入ったベトナム風スープ
piko [ピコ] — へそ、へその緒
pili [ピリ] — わら葺き屋根の家に使われるバンチグラス
pilikia [ピリキア] — トラブル
pilo [ピロ] — シダの一種
pipikaula [ピピカウラ] — あぶって出される塩漬け乾燥ビーフ
poha [ポハ] — グズベリー
pohaku [ポハク] — 岩
pohuehue [ポフエフエ] — アサガオ
poi [ポイ] — タロイモの根から作るベタベタのペースト。ハワイ食の中心
poka [ポカ] — パッションフルーツの1種。バナナポカpokaとしても知られている。
poke [ポケ] — 醤油、油、チリペッパーに漬け込んだ生魚のたたき
Poliahu [ポリアフ] — 雪の女神
ponzu [ポンズ] — 日本風柑橘系ソース
poouli [ポオウリ] — 絶滅が危惧されているハワイ固有の黄褐色の鳥
pua aloalo [プアアロアロ] — ハイビスカスの花
pueo [プエオ] — ハワイフクロウ
puhi [プヒ] — うつぼ
puka [プカ] — 穴、開口部。ネックレスにするのに使われる小さな貝殻
pukiawe [プキアヴェ] — 赤と白の実と常緑の葉を持つハワイ固有の植物
pulu [プル] — ハプウ*hapuu*シダの茎を覆う絹のようなふさ
pupu [ププ] — スナック、オードブル。貝殻
puu [プウ] — 丘、噴石丘
puuhonua [プウホヌア] — 避難場所

raku [ラク] — 陶器
rakusen kaiseki [ラクセンカイセキ] — 複数コース料理長試食メニュー
ryokan [リョカン] — 伝統的な日本風宿

saimin [サイミン] — 汁そば

shaka [シャカ] — ハワイ風の手で行う挨拶。
soba [ソバ] — 日本風そば

tabi [タビ] — 日本の岩礁歩き用履物
talk story [トークストーリー] — 会話をすること、おしゃべりをする
tapa [タパ] — コウゾの樹皮をたたいて作られた布で、昔のハワイ人の着物に使われた（ハワイ語でカパ*kapa*）
taro [タロ] — 緑色のハート型をした葉の植物。その根茎は、食べられるのでハワイで栽培されている。つぶしてポイ*poi*にする（ハワイ語でカロ*kalo*）。
teishoku [テイショク] — 決まったメニューの食事を意味する日本語
teppanyaki [テッパンヤキ] — 鉄板を使う日本式料理法
ti [ティ] — 一般的なハワイの固有植物。長くて光沢のある葉は食べ物を包んだり、フラダンス用スカートを作ったりするのに使われる（ハワイ語でキ*ki*）。
tiki [ティキ] — 神の象徴
tsukemono [ツケモノ] — 塩漬け野菜
tutu [トゥトゥ] — おば。尊敬の気持ちから年長の女性に対しても使われる。

uau [ウアウ] — ハワイシロハラミズナギドリ
uhu [ウーウ] — ブダイ
uku [ウク] — ネズミフエダイ
ukulele [ウクレレ] — 1800年代ポルトガルから来た移民によってハワイに紹介されたブラギンハ'braginha' 由来の弦楽器
ula [ウラ] — 伊勢エビ
ulu [ウル] — パンノ木の実
ulu maika [ウルマイカ] — 古代ハワイのゲーム
ume [ウメ] — 梅
unagi [ウナギ] — ウナギ

wahine [ワヒネ] — 女
wana [ワナ] — キタムラサキウニ
wikiwiki [ウィキウィキ] — 急ぐ、速い
wiliwili [ウィリウィリ] — ハワイ固有の木の中でももっとも軽い木

zazen [ザゼン] — 座禅
zendo [ゼンドー] — 公共の座禅堂

情報ありがとう

Thanks

英語原書の前回版を利用して旅をし、ロンリープラネットに有益なヒントやアドバイス、また興味深い逸話を寄せていただいた読者の皆様に感謝いたします。

Ken Acock, Margaret Terry Adler, Robin Adlerblum, Lael Ambrose, Nate Anderson, Jill Andresevic, Nicola Archer, Connie Baker, Magdalena Balcerek, Christopher Ball, Rolf Ballmoos, Anna Banerji, James G Batol, Jane Battersby, Nano Beivi, Daniel Bleaken, Dorinda & Conrad Boerman, Vincent Boisvert, Walter Bono, Hau Boon Lai, Helan Bottrill, David Bowen, Catherine Breen, Ron Brouwer, Dave Brown, S Bruce Warthman, Alexanderq Brucker, Mike Buckley, Rebecca Buckley, Anne Burgess, Anrea Caloini, Peter Camp-Smith, Gayle M Campbell, Edward & Andrea Canapary, Teresa Carpenter, Katherine Carroll, Kerri Carroll, Elizabeth Cary, Deivy Centeio, Stephen Chase, Yee Cheng, Sumeet Chhibber, Danielle Clode, Matt Collier, Katrina Corcoran, John Cornwell, Peter Cross, James Davis, Mark Davis, Richard Davison, Lanaya Deily, Juli Dent, Andre Desjardins, Osa & Sam Detrich, Ins Dietisheim, Ava Dolan, Debbi Dolan, Mark Domroese, Mildred Dumpel-Tromp, Kylie Duthie, John Dyer, Mike Earnest, Juli & Greg Edward, Louise & Andrew Edwards, Ulrike Eglseder, Jesse Elliott, Diana & Erwin van Engelen, Justin Farley, Marietta Fedder, Pam Feinstein, Wendy Fletcher, Craig Foss, Sheila Freita, Phyllis Frey, Mark Fujiwara, Chirag Gandhi, Tom Ganz, Will Garcher, Carla Garcia, Mary Gentleman, Joel Gerwein, Elizabeth Long Goldman, Annemone Goldschmied, Lori Gonder, James Gordon, Henri Grau, Neil Griggs, John Gropp, Alexander Guenther, Nadine Guitton, Dr Goran Gustafsson, L Guzman, Angela Halse, Anja Hansen, C. Harris, Robert Heath, TS Heaton, Lucy Hein, Lucy & Markus Hein, Nicole Henry, Padraig Heochaidh, Linda & Jack Hibbard, Lori Higa, Eva Himmelberg, Colette Hirata, James Holgate, Nancy & Chuck Hooper, Lee Howard, Simon Huang, Martin Jensen, Stig Jepsen, Brian L Jester, Ruth Johnson, Cheryl Jones, Kelly Jones, Liz Jones, Lloyd Jones, Nancy Kamuda, Shella Keilholz, Sarah Kettley, Teresia Kevin, Derek Kiger, Jim Killebrew, Vanina Killebrew, Min Kim, Olliemarie Kingston, Tom & Marge Kinney, Karen Kissileff, Wayne & Georgina Knapton, John Kosowski, Ann Krumboltz, Larry Kwiatkowski, Frances Kwok, Kay Lamier, Karen Latter, Randy & Rosemary Leach, Grace Lee, Penny Lee, Siri Samantha Lia, Robson Lin, Gavin Lock, Barbara Lohoff, Ana Lopez, Christine Lotter, Aaron Lowe, Teresa Maher, Anne Marie McTrowe, Michael Marquardt, Allegra Marshall, Francine Marshall, Heather Martin, Siobhan Marzluft, Volker Maschmann, Jonathan Masters, Akiko Masuda, Simon McHugh, E McRae, Bruno Medeiros, Rosy Meehan, Bill & Joan Meikle, Harry Melts, Tim Merritt, Russ Michaels, Rita Mihaly, Carolyn Miller, Craig F Miller, Ann Miya, Roz Morris, Keith Mostov, Dan Moulthrop, Franklin Murillo, Bruce & Trish Murray, Chris Murray, Christina Nagel, Stend Narti, Julia Neal, Kelly Nevins, Tim Nevins, Paul Newsome, Peter Nietresta, Anja Niewolik, Ken Norris, Sharron O Laughlin, Kevin P O'Connell, Cynthia O'Keefe, Sharyn & David Olive, Johanna Omelia, Douglas Osborne, Kyle Parker, James Parry, Nort Petrovich, Anna Judith Piller, Bill Pollington, Harriet Potts, Daniel Prall, Thomas Rau, Michael Rausch, Barry Raybould, Beki Ries-Montgomery, Michael Riess, Graham Rivers, Forrest Roberts, Kristen Rogers, Andrea Rogge, Herwig Rombauts, Dan Sabath, John Sabo, Ralf Schmitz, Michael

情報ありがとう

Schuette, Janna Scopel, Terri Scott, Kimberly Senior, Dawn Sentance, Ali Shanks, Jacob Siboni, Kristie Sills, Jennifer Simmer, Andrew Sinclair, Christos Siopis, Teresa Sivilli, Colette Slover, Catherine Smith, Dawn Smith, Grant Smith, Ken Smith, Michelle Smith, Sue Smith, Eduardo Spaccasassi, Sacha Spector, Geoff Spradley, Carol J Stadum, Matthew Staley, Sandra Starke, Karin Steinkamp, Alexandra Stern, Eric Stevens, Charlie Stokes, Cindy & Kevan Strube, Tim Sturge, Richard Sugiyama, Tammy Svoboda, Giselle Sweet-Escott, Mike Tailor, Steven Taylor, Jeanne Teleia, Carel Ten Horn, Christobel Thomas, Kathleen Thomas, Eric Thomsen, Karen Thomson, Abe Trenk, David Tsai, Mike Tuggle, Judy Uhart, Daphne Uviller, Anne Vaile, Peter Paul van Reenen, Martin & Maggie Varco, Ian & Amanda Vernalls, Judy Vhart, Michael Waldock, Jim R Walker, Anne-Michelle Wand, Catherine Watkins, Mary Wells, Dante Wendlandt, Mary Weremczuk, Jodie Wesley, Keltie White, Karen White Pettigrew, Andreas Wieser, Ken & Arvis Willetts, Ann Wilson-Wilde, Milse Wolbe, Sandra Wolf, Simon Wood, Christopher Wortley, Bart & Hannah Wright, Wynne Wu, Jane Yamashiro, Traci Young, Kathryn Zajkowski, Alberto Zamboni, Erin Zoski

Index

略語

BI – Big Island ハワイ島
K – Kauai カウアイ島
Kah – Kahoolawe カホオラウェ島
L – Lanai ラナイ島
M – Maui マウイ島
Mol – Molokai モロカイ島
N – Niihau ニイハウ島
NHI – Northwestern Hawaiian Islands 北西ハワイ諸島
O – Oahu オアフ島

本文

あ

アース・ジャスティス法廷闘争資金／Earthjustice Legal Defense Fund 50
アイザック・ハレ・ビーチパーク／Isaac Hale Beach Park (BI) 301
アオウミガメ 232
アカカ滝 (BI)／Akaka Falls (BI) 278
アクティビティ 66
アップカントリー／Upcountry (M) 411
アナエホオマル・ビーチ・パーク／Anaehoomalu Beach Park (BI) 252
アニニ／Anini (K) 522
アニニ・ビーチ・パーク／Anini Beach Park (K) 523
アハラヌイ・ビーチ・パーク／Ahalanui Beach Park (BI) 301
アヒヒ-キナウ自然保護区／Ahihi-Kinau Natural Area Reserve (M) 393
アフキニ・ランディング／Ahukini Landing (K) 500
アラモアナ／Ala Moana (O) 117
アラモアナ・センター／Ala Moana Center (O) 119
アラモアナ・ビーチ／Ala Moana Beach (O) 119
アルコール飲料 63
安全に関する注意事項 51
イアオ渓谷州立公園／Iao Valley State Park (M) 349
イオラニ宮殿／Iolani Palace (O) 109
移民の歴史 19
イモガイの針 52
イリイリオパエ・ヘイアウ／Iliiliopae Heiau (Mol) 443
医療 47, 113
イルカ 31
インターネット 43
インターネット設備 43
ウアラプエ／Ualapue (Mol) 442
ウィッティントン・ビーチ・パーク／Whittington Beach Park 320
ウインドサーフィン 67
　オアフ／Oahu 96
　カウアイ／Kauai 486
　ビッグアイランド／Big Island 207
　マウイ／Maui 333
　モロカイ／Molokai 434
ウオーキング（ハイキングを参照）

ウニ 52
海での注意事項 51, 178
ウルア・ビーチ／Ulua Beach (M) 387
ウルパラクア・ランチ／Ulupalakua Ranch (M) 420
ウルポ・ヘイアウ／Ulupo Heiau (O) 169
AAA（全米自動車協会） 50
映画 45
営業時間 54
HAボールドウィン・ビーチ・パーク／HA Baldwin Beach Park 396
Aベイ／A Bay (BI) 252
エイミー・グリーンウェル民族植物園／Amy Greenwell Ethnobotanical Garden 238
エコロジー 27
エデンの園樹木園／Garden of Eden Arboretum (M) 400
エフカイ・ビーチ・パーク／Ehukai Beach Park (O) 192
エリアコード 42
エレエレ (K) Eleele 550
エンターテインメント（参照ルアウ） 64
オアフ／Oahu 87, 88, 94
オアフ／Oahu 100
オアフ・マーケット／Oahu Market (O) 115
オールド・コナ空港ビーチ・パーク／Old Kona Airport Beach Park 223
お金 40
　ATM 41
　為替レート 40
　通貨 40
オニヅカ国際天文学センター／Onizuka Center for International Astronomy (BI) 279
オネルイ・ビーチ／Onelui Beach (M) 391
オネロア・ビーチ／Oneloa Beach (M) 372
オパエカアの滝／Opaekaa Falls (K) 508
オヘオ峡谷／Oheo Gulch (M) 407
オヘロ・ベリー／ohelo berries 313
オロケレ／Olokele (K) 551
オロワル／Olowalu (M) 351
音楽 153

か

カ・ラエ／Ka Lae (BI) 321
カアアワ／Kaaawa (O) 176

Index

カアナパリ／Kaanapali（M） 364, **365**
カアナパリ・ハナカオオ・ビーチ／Kaanapali Hanakaoo Beach 365
カアフマヌ／Kaahumanu 15
カイアカ・ベイ・ビーチ・パーク／Kaiaka Bay Beach Park 189
カイトボード／kiteboarding 334
カイナリウ／Kainaliu（BI） 237
カイハルル・ビーチ／Kaihalulu Beach（M） 405
カイハルル・ビーチ／Kaihalulu Beach（O） 181
海洋プール 376
カイルア／Kailua（O） 168
カイルア・コナ／Kailua-Kona（BI） 220, **222**
カイルア・ビーチ・パーク／Kailua Beach Park（O） 168
カウ／Kau（BI） 317
カウアイ／Kauai 479, **480**
カウェラ／Kawela（Mol） 441
カウナカカイ／Kaunakakai（Mol） 437, **438**
カウノル／Kaunolu 473
カウプレフ／Kaupulehu（BI） 249
カウポ／Kaupo（M） 410
カウマラパウ港／Kaumalapau Harbor 473
カウル・パオア・ヘイアウ／Kaulu Paoa Heiau（K） 534
カウルラアウ王子／Kaululaau（prince） 461
カエナ・ポイント州立公園／Kaena Point State Park（O） 199
各種教室 57
火山 25
火山（の村）（BI） 314
カツオノエボシ／Portuguese man-of-war 52
カナハ・ビーチ・パーク／Kanaha Beach Park（M） 342
カナロア／Kanaloa 35
カナロフルフル草原／Kanalohuluhulu Meadow（K） 559
カネ／Kane 35
カネアキ・ヘイアウ／Kaneaki Heiau（O） 198
カネオヘ／Kaneohe（O） 173
カパア／Kapaa（K） **506**, 515
カパア・ビーチ・パーク／Kapaa Beach Park（K） 515
カパアウ／Kapaau（BI） 262
カハクロア・ビレッジ／Kahakuloa Village（M） 376
カハナ／Kahana（M） 370
カハナ池／Kanaha Pond（M） 342
カハナモク・ビーチ／Kahanamoku Beach（O） 138
カハナ・バレー／Kahana Valley（O） 177
カハナ・バレー州立公園／Kahana Valley State Park（O） 177
カハヌ・ガーデン／Kahanu Gardens（M） 402
カパルア／Kapalua（M） 372
カパルア・ビーチ／Kapalua Beach（M） 372
カハルウ・ビーチ／Kahaluu Beach（BI） 232

カピオラニ／Kapiolani 109
カピオラニ・ビーチ・パーク／Kapiolani Beach Park（O） 139
カブ／kapus 13, 177
カフク／Kahuku（O） 181
カフルイ／Kahului（M） 341
カヘ・ポイント／Kahe Point（O） 195
カヘキリ・ハイウェイ／Kahekili Highway（M） 375
カヘキリ・ビーチ・パーク／Kahekili Beach Park（M） 366
カホオラウェ／Kahoolawe 475, **476**
カポホ／Kapoho（BI） 300
カポホ・クレーター／Kapoho Crater（BI） 302
カマオレ・ビーチ・パーク／Kamaole Beach Parks（M） 381
カマコウ／Kamakou（Mol） 445
カマロ／Kamalo（Mol） 442
神々 35
カムエラ／Kamuela（BI） 264, **265**
カメ 232
カメハメハ1世／Kamehameha I 16
カメハメハ2世／Kamehameha II 18
カメハメハ3世／Kamehameha III 19
カメハメハ4世／Kamehameha IV 20
カメハメハ5世／Kamehameha V 20
カメハメハ大王／Kamehameha the Great 14, 16, 113, 203, 260, 261
カヤック 68
　オアフ／Oahu 97
　カウアイ／Kauai 488
　ビッグアイランド／Big Island 211, 241
　マウイ／Maui 33
　カウアイ／Kauai 488
カラウパパ半島／Kalaupapa Peninsula（Mol） 451
カラエ／Kalae（Mol） 450
カラカウア／Kalakaua 21
カラパキ・ビーチ／Kalapaki Beach（K） 501
カラパナ／Kalapana（BI） 303
カラヘオ／Kalaheo（K） 547
カラマ・パーク／Kalama Park（M） 381
カラマ・ビーチ／Kalama Beach（O） 169
カリヒワイ／Kalihiwai（K） 522
カルアアハ／Kaluaaha（Mol） 442
カルアコイ・リゾート／Kaluakoi Resort（Mol） 455
カレポレポ・ビーチ・パーク／Kalepolepo Beach Park（M） 379
カロコ・ホノコハウ国立歴史公園／Kaloko-Honokohau National Historical Park 247
カロパ州立レクリエーションエリア／Kalopa State Recreation Area 276
カワイアハオ教会／Kawaiahao Church（O） 112
カワイハエ／Kawaihae（BI） 258
環境団体 27, 50, 69

太字はMAPを示す

577

Index

環境問題 27, 205
慣習・規則 35
汗疹 48
観光案内所 38
気候 26, 37
気球ツアー 214
キパフル／Kipahulu (M) 409
キヘイ／Kihei (M) 377, **378**, 380
キホロ湾／Kiholo Bay (BI) 251
キャビン 59
キャプテン・クック／Captain Cook 15, 241, 552
キャプテン・クック・モニュメント・トレイル／Captain Cook Monument Trail 240
キャプテン・バンクーバー記念碑／Captain Vancouver Monument 240
キャンプ場 58
教育 33
キラウエア／Kilauea (K) 519
キラウエア・イキ・クレーター／Kilauea Iki Crater (BI) 309
キラウエア湾／Kilauea Bay (K) 519
緊急のとき 54
ク／Ku 35, 443
クア湾／Kua Bay (BI) 249
クアラプウ／Kualapuu (Mol) 447
クアロア／Kualoa (O) 176
クイーン・エマ・サマー・パレス／Queen Emma Summer Palace (O) 166
クイリマ入り江／Kuilima Cove (O) 181
ククイウラ湾／Kukuiula Bay (K) 541
ククイハエレ／Kukuihaele (BI) 273
クジラ（ホエールウオッチング・捕鯨も参照） 30, 379
果物 61
クヒオ・ビーチ・パーク／Kuhio Beach Park (O) 139
クラ／Kula (M) 417
グライダー 72, 100
クラゲの針 52
グラス底ビーチ／Glass Beach (K) 550
グラス・ボート (BI) 215
グリーン・サンド・ビーチ／Green Sands Beach (BI) 322
クルーズ 72, 101, 336, 493
クルーズ船 77, 86
グレイズ・ビーチ／Gray's Beach (O) 138
クレーター・リム・ドライブ／Crater Rim Drive (BI) 306
グレート・マヘレ／Great Mahele, The 20
車 83
　オアフ／Oahu 105
　カウアイ／Kauai 497
　ラナイ／Lanai 464
　レンタル 83
クロエリセイタカシギ／black-necked stilt 342

ケアアウ／Keaau (BI) 297
ケアアウ・ビーチ・パーク／Keaau Beach Park (O) 198
ケアイワ・ヘイアウ州立公園／Keaiwa Heiau State Park (O) 159
ケアウホウ／Keauhou (BI) 231
ケアナエ／Keanae 400
ケアナエ植物園／Keanae Arboretum (M) 400
ケアホレ・ポイント／Keahole Point (BI) 248
ケアラケクア／Kealakekua (BI) 238
ケアラケクア湾／Kealakekua Bay (BI) 239
ケアラケクア湾州立歴史公園／Kealakekua Bay State Historical Park (BI) 240
ケアリア池国立自然保護区／Kealia Pond National Wildlife Refuge (M) 350
ケアワカプ・ビーチ／Keawakapu Beach (M) 381
計測単位 47
ゲイの旅行者へ 49, 154
経済 32
芸術 33, 142, 235, 376
ケエ・ビーチ／Kee Beach (K) 533
ケオケア／Keokea (M) 419
ケカハ／Kekaha (K) 555
ケヘナ・ビーチ／Kehena Beach (BI) 302
健康 47, 113, 205
原産のガン 29, 425
現代美術館／Contemporary Museum (O) 122
コオラウ・ザ・レパー／Koolau the Leper 536
国立公園（特定の国立公園を参照） 31
国立太平洋記念基地 (O) 124
交通ルール 83, 527
考慮すべき風習 35
高齢の旅行者へ 50
コケエ州立公園／Kokee State Park (K) 558
ココ・クレーター／Koko Crater (O) 163
ココ・ヘッド地域公園／Koko Head Regional Park (O) 162
ココナツのはがき 449
子供連れの旅 50
ハワイ・チルドレン・ディスカバリー・センター／Hawaii Children's Discovery Center (O) 119
コナ／Kona (BI) 220, **222**, 250
コナ・コースト州立公園／Kona Coast State Park (BI) 248
コナ・コーヒー／Kona coffee 239
コハラ／Kohala (BI) 251, **250**, 260
コハラ・ディッチ／Kohala Ditch 262
ゴルフ 72
　オアフ／Oahu 100
　カウアイ／Kauai 491
　ビッグアイランド／Big Island 213
　マウイ／Maui 336

Index

コレコレ・ビーチ・パーク／Kolekole Beach Park（BI） 277
コロア／Koloa（K） 539
コロア・ランディング／Koloa Landing（K） 542
コンドミニアム 60

さ

サークル・パシフィック・チケット／Circle Pacific tickets 75
サーストン溶岩洞／Thurston Lava Tube（BI） 308
サーフィン／surfing 14, 66
　オアフ／Oahu 95, 192
　カウアイ／Kauai 485
　ノース・ショア・サーフ＆カルチュラル・ミュージアム／North Shore Surf & Cultural Museum 188
　ビッグアイランド／Big Island 207
　マウイ／Maui 333, 350
　モロカイ／Molokai 434
サイエンス・シティ／Science City（M） 424
サイクリング（マウンテンバイクも参照） 71, 85
サウス・ポイント／South Point（BI） 321
魚（ハワイ固有名称） 61
魚の刺し傷 52
雑誌 46
サトウキビ 19, 325, 461, 462, 539
サドル・ロード／Saddle Road（BI） 278
サマーコース事務局／Summer Session office 57
サメ 53
サン・ソウチ・ビーチ／Sans Souci Beach 140
サンゴでの負傷 52
サンセット・ビーチ・パーク／Sunset Beach Park（O） 192
サンディ・ビーチ／Sandy Beach（O） 163
シー・ライフ・パーク／Sea Life Park（O） 164
シークレット・ビーチ／Secret Beach（K） 522
寺院の谷（O） 174
シェーブ・アイス 62, 189
ジェームズ・キャンベル国立自然保護区／James Campbell National Wildlife Refuge 181
シエラ・クラブ／Sierra Club 50
潮吹き穴ビーチ・パーク 542
シグアテラ毒 49
仕事 58
時差 46
地震 315, 322
自然（植物・特定の動物を参照）
シダの洞窟／Fern Grotto（K） 507
シップレック・ビーチ／Shipwreck Beach（K） 544
シップレック・ビーチ／Shipwreck Beach（L） 471
自転車（マウンテンバイクも参照） 70, 85
シャークズ・コーブ／Shark's Cove（O） 191

太字はMAPを示す

ジャガー博物館／Jaggar Museum（BI） 307
写真 46
主権国家運動 24
宗教 35
州庁舎（O） 109
住民 32
州立公園（特定の公園・州立公園局も参照）
州立公園局 59
祝日 54
宿泊 58
　B&B（ベッド＆ブレックファスト） 59
　キャビン 59
　キャンプ場 58
　コンドミニアム 60
　ホテル 60
　ユースホステル 59
シュノーケリング 68
　オアフ／Oahu 97
　カウアイ／Kauai 488
　ビッグアイランド／Big Island 210, 241
　マウイ／Maui 331
　モロカイ／Molokai 434
ショアブレーク 51
ジョギング（ランニングを参照）
障害のある旅行者へ 50
乗馬 72
　オアフ／Oahu 99
　カウアイ／Kauai 491
　ビッグアイランド／Big Island 212
　マウイ／Maui 335
食事 60
食料品店 63
植物（動物、植物、特定の動物を参照） 29
植物園
　エデンの園樹木園／（M） 400
　ケアナエ植物園／（M） 400
　ヒロ植物園／（BI） 289
　ライアン樹木園／Lyon Arboretum（O） 121
女性旅行者へ 49
ショッピング 64, 269
　オアフ／Oahu 103
　カウアイ／Kauai 495
　ビッグアイランド／Big Island 217
　マウイ／Maui 338
　モロカイ／Molokai 436
資料 43
シルバーソード／silversword 426
人口 32
真珠湾記念日／Pearl Harbor Day 57
新聞 46
水泳 66

579

Index

オアフ／Oahu 93
カウアイ／Kauai 485
ビッグアイランド／Big Island 207, 241
マウイ／Maui 329
モロカイ／Molokai 434
水産養殖、養魚池／aquaculture, fishponds 175, 254, 441, 501
水上スポーツ（特定の水上スポーツも参照） 66, 94, 310, 330, 487
真菌感染症 49
スカイダイビング 72
スキー 214
スキューバ、ダイビング・スヌーバ 67, 68
スチューデント・コンサベーション 79
スヌーバ 68
　カウアイ 488
スノーボード 214
スパ（海洋プールを参照）
スプレックスビル・ビーチ／MolokaiSpreckelsville Beach (M) 394
スペンサー・ビーチ公園／MolokaiSpencer Beach Park (BI) 257
スポーツ見物 64
スリー・テーブルズ／MolokaiThree Tables (O) 191
スローターハウス・ビーチ／MolokaiSlaughterhouse Beach (M) 374
世界一周チケット 74
政治 32
税金 41
宣教師団 17
戦艦ミズーリ (O) 157
潜水艦 215
セント・ピータズ教会／MolokaiSt Peter1s Church (BI) 231
セントラル・ワイキキ・ビーチ／MolokaiCentral Waikiki Beach (O) 139
全米自動車協会／American Automobile Association 50
創世神話 24
ソルト・ポンド・ビーチ・パーク／Salt Pond Beach Park 551

た

第1次世界大戦 22
第2次世界大戦 23, 156
大使館 39
滝／waterfalls
　オヘオ峡谷／Oheo Gulch (M) 407
　カヘキリ・ハイウェイ・エリア 375
　パイヒ滝／Paihi Falls (M) 407
　ハナカピアイ・フォール／Hanakapiai Falls 536
　ヒイラウェ滝／Hiilawe Falls (BI) 274
　ペエペエ滝／Peepee Falls (BI) 296
　レインボー滝／Rainbow Falls (BI) 295
　ワイカモイの滝／Waikamoi Falls (M) 400
　ワイルア滝／Wailua Falls 499
ダイビング 67
　オアフ／Oahu 96
　ビッグアイランド／Big Island 207, 241
　マウイ／Maui 331
ダイヤモンドヘッド／Diamond Head (O) 160
ダイヤモンドヘッド・ビーチ／Diamond Head Beach (O) 161
タクシー 86
ダグラス、デービッド／Douglas, David 270
タブー 14, 177
ダミアン神父／Damien, Father 111, 451
　ダミアン神父博物館／Damien Museum (O) 141
タンタラス／Tantalus (O) 121, **122**
チェーン・オブ・クレーターズ・ロード／Chain of Craters Road 309
地質 25
チップ 41
チャイナタウン／Chinatown (O) 114
チャンズ・ビーチ／Chang's Beach (M) 388
ツアー、ヘリコプターツアー 78, 86, 214
通貨 40
通信手段 41
津波 53
釣り 68
　カウアイ／Kauai 489
　ビッグアイランド／Big Island 211
DTフレミング・ビーチ・パーク／DT Fleming Beach Park (M) 374
テイラー・キャンプ／Taylor Camp 533
鉄人トライアスロン 57, 71, 214
テニス 72
　オアフ／Oahu 99
　カウアイ／Kauai 491
　ビッグアイランド／Big Island 213
　マウイ／Maui 335
テレビ 46
電気 46
電話サービス 42
天文観測所 (BI) 280
デング熱 47
トイレ 47
地図 37
茶会 156
中国の風習 114
地理 204
盗難 53
動物 29
　オアフ／Oahu 90
　カウアイ／Kauai 483

Index

ビッグアイランド／Big Island　205
マウイ／Maui　327, 342, 350
モロカイ／Molokai　431
ラナイ／Lanai　462
動物（海洋生物・特定動物を参照）
特別なイベント　54
土地開発　135
土地所有　20, 24
図書館　51
ドール・パイナップル・パビリオン／Dole Pineapple Pavilion　185
ドライブ（車を参照）
トリプル・クラウン（サーフィン）／Triple Crown of Surfing　57
トレッキング（ハイキングを参照）
ドン・ホー（歌手）／Don Ho (musician)　154
ドンキー・ビーチ／Donkey Beach（K）　517
トンネルズ・ビーチ／Tunnels Beach　532

な

ナ・アラ・ヘレ／Na Ala Hele　69
ナ・パリ・コースト／Na Pali Coast（K）　535
ナアレフ／Naalehu（BI）　320
ナウィリウィリ・ビーチ・パーク／Nawiliwili Beach Park　501
ナショナル・パーク・サービス／National Park Service　78
ナタトリアム／Natatorium（O）　140
ナナウエの伝説／Nanaue, legend of　199
ナナクリ／Nanakuli（O）　195
ナニ・マウ・ガーデンズ／Nani Mau Gardens（BI）　296
ナピリ／Napili（M）　371
ニイハウ／Niihau　562
日光浴　48
ニホア島／Nihoa（NHI）　566
ヌウアヌ・パリ街道／Nuuanu Pali Drive（O）　167
ヌウアヌ・パリ展望台／Nuuanu Pali Lookout（O）　167
ヌミラ／Numila（K）　550
ネイチャー・コンサーバンシー・オブ・ハワイ／Nature Conservancy of Hawaii　50
ネッカ島／Necker（NHI）　566
熱射病　48
ネネ／nene　31, 425
ノース・ショア・サーフ＆カルチュラル・ミュージアム／North Shore Surf & Cultural Museum　188
ノニ／noni　246
飲み物　63

は

パーカー・ランチ／Parker Ranch（BI）　266
バーキング・サンズ／Barking Sands（K）　556
パーディーズ・マカデミアナッツ・ファーム／Purdy's Macadamia Nut Farm　448
パール・ハーバー／Pearl Harbor（O）　156, **157**
パイア／Paia（M）　394, **397**
ハイキング　69
　オアフ／Oahu　98
　カウアイ／Kauai　490
　ビッグアイランド／Big Island　211
　マウイ／Maui　334
　モロカイ／Molokai　434
ハイク／Haiku（M）　415
パイナップルプランテーション　22, 461
ドール・パイナップル・パビリオン／Dole Pineapple Pavilion　185
ハイライト　37
パインツリーズ・ビーチ・パーク／Pinetrees Beach Park　529
ハヴィ／Hawi（BI）　261
ハウウラ／Hauula（O）　178
ハエナ・ビーチ・パーク／Haena Beach Park（K）　532
ハカラウ・フォレスト国立野生動物保護区／Hakalau Forest National Wildlife Refuge　269
バス　82
ハナ／Hana（M）　403, 404
ハナ・ビーチ・パーク／Hana Beach Park（M）　405
ハナウマ・ベイ自然保護区／Hanauma Bay Nature Preserve（O）　161
ハナカオオ・ビーチ・パーク／Hanakaoo Beach Park（M）　364
ハナカピア滝／Hanakapiai Falls（K）　536
ハナペペ／Hanapepe（K）　550
ハナペペ渓谷展望台／Hanapepe Valley Lookout（K）　550
ハナマウル／Hanamaulu（K）　500
ハナマウル・ビーチ・パーク／Hanamaulu Beach Park（K）　500
ハナレイ／Hanalei（K）　527
ハナレイ渓谷／Hanalei Valley（K）　526
ハナレイ・ビーチ・パーク／Hanalei Beach Park（K）　528
ハナレイ湾／Hanalei Bay（K）　528
バニヤン・ツリー広場／Banyan Tree Square（M）　354
パハラ／Pahala（BI）　317
ハプナ・ビーチ州立公園／Hapuna Beach State Park（BI）　256
パホア／Pahoa（BI）　298
パポハク・ビーチ／Papohaku Beach（Mol）　457
パポハク・ビーチ・パーク／Papohaku Beach Park（Mol）　457
ハマクア・コースト／Hamakua Coast（BI）　270, 271
パラアウ州立公園／Palaau State Park（Mol）　450
パラウエア・ビーチ／Palauea Beach（M）　388
ハラワ渓谷／Halawa Valley（Mol）　445

太字はMAPを示す

Index

ハラワ・ビーチ・パーク／Halawa Beach Park（Mol） 445
パリ・ハイウェイ／Pali Highway（O） 166
ハリケーン・イニキ／Hurricane Iniki 482
ハレ・オ・カプニ・ヘイアウ／Hale o Kapuni Heiau（BI） 258
ハレ・カヒコ／Hale Kahiko（M） 358
ハレアカラ・クレーター・ロード／Haleakala Crater Road 422
ハレアカラ国立公園／Haleakala National Park（M） 421, 422
ハレアカラの日の出／Haleakala sunrise 423
ハレイワ／Haleiwa（O） 186
ハレイワ・アリイ・ビーチ・パーク／Haleiwa Alii Beach Park 188
ハレイワ・ビーチ・パーク／Haleiwa Beach Park（O） 189
ハレキイ・ピハナ・ヘイアウ州立史跡／Halekii-Pihana Heiau State Monument 344
ハレマウマウ展望台／Halemaumau Overlook（BI） 308
ハワイ、ビッグアイランド／Hawaii (The Big Island) 201
ハワイ・プランテーション・ビレッジ／Hawaii Plantation Village 158
ハワイ・マリタイム・センター／Hawaii Maritime Center（O） 111
ハワイアナ／Hawaiiana（O） 103
ハワイアン・エレクトリック・ビーチ／Hawaiian Electric Beach 195
ハワイアン・ホーム・ランド／Hawaiian Home Lands 4
ハワイ併合 22
ハワイへのアクセス 空から 73
　アメリカ本土 76
　国外 76
　諸島内 73, 80
ハワイモンクアザラシ／Hawaiian monk seals 30, 565
ハワイ火山国立公園／Hawaii Volcanoes National Park（BI） 304, 305
ハワイ州立美術館／Hawaii State Art Museum（O） 107
ハワイ諸島ザトウクジラ国立海洋保護区／Hawaiian Islands Humpback National Marine Sanctuary 379
ハワイ大学マノア校／University of Hawaii at Manoa（O） 57, 120
ハワイ米国軍事博物館／US Army Museum of Hawaii（O） 140
バンクーバー、ジョージ／Vancouver, George 193, 379, 429, 552
バンザイ・パイプライン／Banzai Pipeline 192
パンチボウル／Punchbowl（O） 124
飛行機ツアー 214
ビーチ（特定のビーチも参照）
　オアフ／Oahu 93, 138
　カウアイ／Kauai 485

ビッグアイランド／Big Island, The 207, 245, 289
マウイ／Maui 329
モロカイ／Molokai 434
B&B（ベッド＆ブレックファスト） 59
ヒイラウェ滝／Hiilawe Falls（BI） 274
ピイラニハレ・ヘイアウ／Piilanihale Heiau（M） 402
ヒキアウ・ヘイアウ／Hikiau Heiau（BI） 240
引き波 52
飛行機 217
ビザ 38
ビジュアル・アート 34
ビショップ博物館／Bishop Museum（O） 124
ビッグアイランド（ハワイ島）／Big Island, The 201, 202, 208
ヒッチハイク 85
ビデオ方式 46
日の出鑑賞 423
白檀 16
平等院（O） 174
ヒルトン・ワイコロア・ビレッジ／Hilton Waikoloa Village（BI） 252
ヒロ／Hilo（BI） 283, 284, 288, 296
ヒロ・ハッティ／Hilo Hattie 295
ヒロ植物園／Hilo Arboretum（BI） 289
プアコ／Puako（BI） 256
ハワイ国際映画祭／Hawaii International Film Festival 57
プウ・ウアラカア州立公園／Puu Ualakaa State Park（O） 121
プウ・オ・マフカ・ヘイアウ／Puu o Mahuka Heiau（O） 192
プウ・ケカア／Puu Kekaa（M） 365
プウ・ペヘ／Puu Pehe 469
プウ・ペヘ・コーブ／Puu Pehe Cove（L） 470
プウ・ロア・ペトログリフ／Puu Loa Petroglyphs（BI） 310
プウコホラ・ヘイアウ／Puukohola Heiau（BI） 257
プウホヌア・オ・ホナウナウ国立歴史公園／Puuhonua O Honaunau National Historical Park（BI） 244
フェスティバル 54
フェリー 85
フォート・デラシー・ビーチ／Fort DeRussy Beach（O） 138
フォート・デラシー軍用地／Fort DeRussy Military Reservation 140
フォスター植物園／Foster Botanical Garden（O） 116
プカラニ／Pukalani（M） 416
ブギーボード 67
　オアフ／Oahu 95
　カウアイ／Kauai 486
プコオ／Pukoo（Mol） 443
プナ／Puna（BI） 297, 298
プナルウ／Punaluu（BI） 319

Index

ブナルウ／Punaluu（O） 178
ブプケア・ビーチ・パーク／Pupukea Beach Park（O） 191
フラ／hula 33, 154
　ビッグアイランド／Big Island 229
ブラック・ロック／Black Rock（M） 365
フリヘエ宮殿／Hulihee Palace（BI） 221
プリンスビル／Princeville（K） 523
フレンチ・フリゲート・ショール／French Frigate Shoals 566
ブレネックス・ビーチ／Brennecke's Beach（K） 543
プロテア／proteas 418
フロポエ・ビーチ／Hulopoe Beach（L） 469
文学（本を参照） 410
ヘイアウ／heiaus 14
ベイビー・ビーチ／Baby Beach（K） 541
ベイリー・ハウス博物館／Bailey House Museum（M） 345
ヘエイア州立公園／Heeia State Park（O） 174
ヘキナ・ア・カ・ラ・ヘイアウ／Hikina A Ka La Heiau（K） 507
ペトログリフ／petroglyphs 13
ペヘ／Pehe 469
ヘリコプターツアー 214, 336, 492
ペレ（女神）／Pele(goddess) 26, 283, 301, 302, 331
ペレウラ／Peleula 502
ベロウズ・フィールド・ビーチ・パーク／Bellows Field Beach Park（O） 165
ポイプ／Poipu（K） 541
ポイプ・ビーチ／Poipu Beach（K） 543
ポイプ・ビーチ・パーク／Poipu Beach Park（K） 543
法律 54
ホエールウオッチング（クジラ・捕鯨も参照） 69, 327, 337, 379
ホエラーズ・ビレッジ・ミュージアム／Whalers Village Museum 365
ホオキパ・ビーチ・パーク／Hookipa Beach Park（M） 396
ホオケナ／Hookena（BI） 245
ボート 77, 85
ポート・アレン／Port Allen（K） 550
ホオマルヒア植物園／Hoomaluhia Botanical Garden（O） 173
ボールドウィン・ハウス／Baldwin House（M） 354
ホオレフア／Hoolehua（Mol） 448
ポカイ湾ビーチ・パーク／Pokai Bay Beach Park（O） 196
北西ハワイ諸島 564
保険 39
捕鯨（ホエールウオッチング・クジラも参照） 18, 325

太字はMAPを示す

ボディサーフィン／bodysurfing 67, 95
ホテル 60
墓地 112
ホナウナウ／Honaunau（BI） 243
ホナロ／Honalo（BI） 236
ホノカア／Honokaa（BI） 270
ホノカフア埋葬地／Honokahua burial ground（M） 373
ホノコハウ港／Honokohau Harbor（BI） 246
ホノコハウ・ビーチ／Honokohau Beach（BI） 247
ホノカワイ／Honokowai（M） 369
ホノマヌ湾／Honomu Bay（M） 400
ホノム／Honomanu（BI） 277
ホノリイ・ビーチ・パーク／Honolii Beach Park（BI） 296
ホノルア湾／Honolua Bay（M） 374
ホノルル／Honolulu 92, 106, **108**
　アトラクション 107
　エンターテインメント 133
　宿泊 125
　食事 127
ホノルル・マラソン／Honolulu Marathon 57
ホノルル国際空港／Honolulu International Airport（O） 103
ホノルル動物園／Honolulu Zoo（O） 142
ホノルル美術館／Honolulu Academy of Arts（O） 111
ポポイア島／Popoia Island（O） 169
ボランティア・イン・パーク 78
ボランティア・プログラム 78
ポリアフ／Poliahu 283
ポリアフ・ヘイアウ／Poliahu Heiau（K） 508
ポリネシア文化センター／Polynesian Cultural Center（O） 179
ポリハレ州立公園／Polihale State Park（K） 556
ポリポリ・スプリング・ステート・レクリエーション・エリア／Polipoli Spring State Recreation Area 419
ホルアレース／holua races 14
ホルアロア／Holualoa 234, **236**
ポロ・ビーチ／Polo Beach（M） 388
ホロホロク・ヘイアウ／Holoholoku Heiau（K） 508
ポロル渓谷／Pololu Valley（BI） 264
ホワイト・サンド・ビーチ・パーク／White Sands Beach Park（BI） 223
本 43

ま

マアラエア・パイプライン／Maalaea Pipeline（M） 350
マアラエア湾／Maalaea Bay（M） 350
マイ・ポイナ・オエ・イアウ・ビーチ／Mai Poina Oe Iau Beach Park（M） 379
マイレキニ・ヘイアウ／Mailekini Heiau（BI） 258
マウイ／Maui 324, **326**, 330

583

Index

マウイ（半神半人）／Maui (demigod)　324, 366
マウイ・オーシャン・センター／Maui Ocean Center（M）　350
マウイ芸術文化センター／Maui Arts & Cultural Center（M）　343
マウナ・ケア／Mauna Kea（BI）　279
マウナ・ケア・リゾート／Mauna Kea Resort（BI）　257
マウナ・ラニ・リゾート／Mauna Lani Resort（BI）　254
マウナ・ロア・マカデミアナッツ・ビジターセンター／Mauna Loa Macadamia-Nut Visitor Center（BI）　297
マウナ・ロア・ロード／Mauna Loa Road（BI）　311
マウナロア／Maunaloa（Mol）　454
マウンテンバイク　71
　　カウアイ／Kauai　490
　　ビッグアイランド／Big Island　212
　　マウイ／Maui　334
　　モロカイ／Molokai　434
マカウェリ／Makaweli（K）　551
マカデミアナッツ／macadamia nuts　273
　　パーディーズ・マカデミアナッツ・ファーム／Purdy's Macadamia Nut Farm　448
　　マウナ・ロア・マカデミアナッツ・ビジターセンター／Mauna Loa Macadamia-Nut Visitor Center　297
マカハ／Makaha（O）　196
マカハ・ビーチ・パーク／Makaha Beach Park（O）　196
マカパラ／Makapala（BI）　263
マカハ渓谷／Makaha Valley（O）　196
マカヒキ／Makahiki　14, 54
マカプウ・ビーチ・パーク／Makapuu Beach Park（O）　164
マカプウ・ポイント／Makapuu Point（O）　164
マカワオ／Makawao（M）　413
マキキ渓谷／Makiki Valley（O）　121, 122
マケナ／Makena（M）　390, 386
マケナ湾／Makena Bay（M）　391
マケナ湾ラ・ペルーズ州立公園／Makena Bay-La Perouse State Park（M）　391
魔術　454
マヌカ州立ウェイサイド・パーク／Manuka State Wayside Park　323
マネレ港／Manele Harbor　469
マハウレプ・ビーチ／Mahaulepu Beach（K）　544
マフコナ・ビーチ公園／Mahukona Beach Park（BI）　259
マラエ・ヘイアウ／Malae Heiau（K）　507
マラエカハナ州立レクリエーション・エリア／Malaekahana State Recreation Area　180
マルアカ・ビーチ／Maluaka Beach（M）　391
マロ、デイビッド／Malo, David　376
マンタ・レイ／manta rays　233, 257
マンローの道／Munro Trail　473
ミズーリ／Missouri（O）　156
ミッドウェー諸島／Midway Islands（NHI）　567
ミュージアム（特定のミュージアムを参照）
ミュール・ライド　453
ミロリイ／Milolii（BI）　245
メー・デー／May Day　55
メネフネ水路／Menehune Ditch（K）　554
メリー・モナーク・フェスティバル／Merrie Monarch Festival　55
モーペッド・オートバイ　82
モオキニ・ヘイアウ／Mookini Heiau（BI）　260
モオモミ・ビーチ／Moomomi Beach（Mol）　449
モカプ・ビーチ／Mokapu Beach（M）　387
モクレイア／Mokuleia（O）　186
モクレイア・アーミー・ビーチ／Mokuleia Army Beach（O）　186
モクレイア・ビーチ・パーク／Mokuleia Beach Park（O）　186
モルモン教徒／Mormons　460
モロアア・ビーチ／Moloaa Beach（K）　518
モロカイ／Molokai　429, **432**
モンクアザラシ／monk seals　30, **565**

や

ヤエヤマアオキ／Indian mulberry　246
USSアリゾナ記念館／USS Arizona Memorial（O）　156
USSボウフィン潜水艦博物館・公園／USS Bowfin Submarine Museum & Park　157
USSミズーリ／USS Missouri（O）　157
郵便　41
　　ココナツのはがき　449
ユースホステル　59
養魚池　175, 254, 441, 501
ヨット　77

ら

ラ・ペルーズ湾／La Perouse Bay（M）　393
ラーセンズ・ビーチ／Larsens Beach（K）　519
ライアン樹木園／Lyon Arboretum（O）　121
ライエ／Laie（O）　179
ラウパホエホエ／Laupahoehoe（BI）　277
ラウハラ織／lauhala weaving　33
ラジオ　46
ラナイ／Lanai　459, **460**, 466
ラナイ・シティ／Lanai City　465
ラニカイ／Lanikai（O）　170
ラバ　218, 302, 303, 307, 312
ラバ・ツリー・ステート・モニュメント／Lava Tree State Monument　300
ラハイナ／Lahaina（M）　355, **355**
ラハイナ浄土院／Lahaina Jodo Mission（M）　358
ラパカヒ州立歴史公園／Lapakahi State Historical Park

584

Index

（BI） 259
ラ・ペローズ、ジャン・フランソア・ド・ギャルーブ／La Perouse, Jean Francois de Galaup 393
ラワイ・ビーチ／Lawai Beach （K） 541
ランドリー 47
ランニング 70, 98
離岸流 55-56
レイサン島／Laysan Island （NHI） 566
立州化 23
リドゲート・ビーチ・パーク／Lydgate Beach Park （K） 505
リフエ／Lihue （K） 497
リホリホ／Liholiho 18
領事館 39
旅費 41
リリウオカラニ・ガーデン／Liliuokalani Gardens （BI） 287
リリウオカラニ女王／Queen Liliuokalani 21, 109
ルアヒワ・ペトログリフス／Luahiwa Petroglyphs 469
ルアウ／luau 257
　オアフ／Oahu 102
　ビッグアイランド／Big Island 230
ルナリロ王／Lunalilo 20
ルマハイ・ビーチ／Lumahai Beach （K） 531
レイ 35, 56
レイ・デー／Lei Day 56
レインボー滝／Rainbow Falls （BI） 295
歴史 13
　オロワル大虐殺 353
　ヌウアヌの闘い 90
レズビアンの旅行者へ 49, 154
レプトスピロシス病／leptospirosis 47
ロアロア・ヘイアウ／Loaloa Heiau （M） 410
ロイヤル・ステート・モザリアム／Royal State Mausoleum （O） 124
労働組合運動 23
ロノ／Lono 35, 408
ロバ 251
ロヒアウズ・ハウス・サイト／Lohiau's house site （K） 534

わ

ワイアナエ・コースト／Waianae Coast 195, **197**
ワイアナパナパ州立公園／Waianapanapa State Park （M） 402
ワイアホレ／Waiahole （O） 175
ワイアルア／Waialua （Mol） 444
ワイアルア／Waialua （O） 185
ワイエフ／Waiehu （M） 375
ワイオヒヌ／Waiohinu （BI） 320
ワイカネ／Waikane （O） 175
ワイキキ／Waikiki （O） 134, **136**
ワイキキ水族館／Waikiki Aquarium （O） 141
ワイココ・ビーチ／Waikoko Beach （K） 531
ワイコロア・ペトログリフ自然保護地域／Waikoloa Petroglyph Preserve 252
ワイニハ／Wainiha （K） 532
ワイピオ・ビーチ／Waipio Beach （BI） 275
ワイピオ渓谷／Waipio Valley （BI） 274
ワイヘエ／Waihee （M） 375
ワイポウリ／Waipouli （K） 513
ワイマナロ／Waimanalo （O） 165
ワイマナロ・ビーチ・パーク／Waimanalo Beach Park （O） 165
ワイマナロ湾ビーチ・パーク／Waimanalo Bay Beach Park （O） 165
ワイメア／Waimea （K） 552
ワイメア／Waimea （BI） 264, **265**
ワイメア／Waimea （O） 190
ワイメア・ピア／Waimea Pier （K） 553
ワイメア峡谷／Waimea Canyon （K） 557
ワイメア峡谷州立公園／Waimea Canyon State Park 557
ワイメア湾ビーチ・パーク／Waimea Bay Beach Park （O） 191
ワイルア／Wailua 505
ワイルア／Wailua （K） 401, 505
ワイルアの滝／Wailua Falls 499
ワイルア農業地／Wailua Homesteads 509
ワイルク／Wailuku （M） 345, **346**
ワイレア／Wailea （M） 386
ワイレア・ビーチ／Wailea Beach （M） 387
ワイレア・ビーチ・ウォーク／Wailea Beach Walk （M） 387
ワイロア川州立公園／Wailoa River State Park （BI） 287
ワヒアワ／Wahiawa （O） 183, **184**
ワヒアワ植物園／Wahiawa Botanical Garden （O） 183
ワヒクリ・ウェイサイド・ビーチ・パーク／Wahikuli Wayside Beach Park 364
ワワロリ・ビーチ／Wawaloli Beach （BI） 248

太字はMAPを示す

585

Index

コラム

アート・イン・ザ・パーク 142
アオウミガメ 232
怪しげなノニ 246
アロハの気持ちを届けよう 449
癒しのひと時 156
オアフ島の所要運転時間 106
オヘロ・ベリー 313
オロワル大虐殺 353
固くて割れない実 273
漢方の力 113
脆弱な楽園 315
奇襲攻撃？ 158
気ままな日曜日のブランチ 258
キャプテン・ジェームス・クック最期の日々 242
距離と時間 219
キラウエア火山の融解 308
クールなご馳走 189
クレーター・ヒルへのハイキング 523
結婚の障害 48
高層ビルに姿を変えた水田 135
コオラウ・ザ・レパー 536
古代壁画 13
コナコーヒー 239
コハラ・ディッチ 262
御来光の体験 423
娯楽・ゲーム 14
サーファー言葉 66
魚の養殖 175
騒がしい骨 378
サンシャイン・マーケット 495
自分だけのツアーを組んでみよう 105
地元の魚 61
シャークマン・ナナウエ 199
植物界のラクダ 426
神聖な地 177
スイートハート・ロック 469
スルリと逃げ戻る 200
製糖方法のルーツ 462
草原の精霊 559
走行時間 340
ソウルズ・リープ 366
タイニーバブルス 154
注意事項 73

鉄人トライアスロン 71
手荷物は残して 159
デビッド・ダグラスの死 270
電話エリアコード 42
道路の規則 527
飛び込む前に・・・ 186
泥だらけのラナイ島 464
ナ・アラ・ヘレ 69
熱帯の恵み 62
ノース・ショアの伝承 533
農業検疫 76
パーカー・ランチ 266
ハイウェイはどこ？ 83
破壊の1日 322
ハリケーン・イニキ 482
ハワイアン・ホームランド 24
ハワイの新しい宝 110
ハワイの公認データ 31
ハワイの州鳥 425
ハワイのトップコメディエンヌ 295
プウ・ポリアフ 283
ブナ＆ペレ 301
ブラッドストーンズ 443
プロテア 418
噴火による創造 26
ボグ 205
マンタ・レイ 233
見えているのは誰の顔？ 502
目には目を 193
モロカイの黒魔術 454
モロキニ島 331
闇夜の悪霊 461
行方不明になった探険家 393
溶岩の荒れ地？ 218
溶岩のソリ滑り 302
溶岩の用語 307
溶岩流を見に出かけよう 312
養魚池 441
ライトの滅光 282
ロバの横断歩道 251
リトル・トーキョー＆ビッグ・ツナミ 290
ワイレア・ビーチ・ウォーク 387

MAP凡例

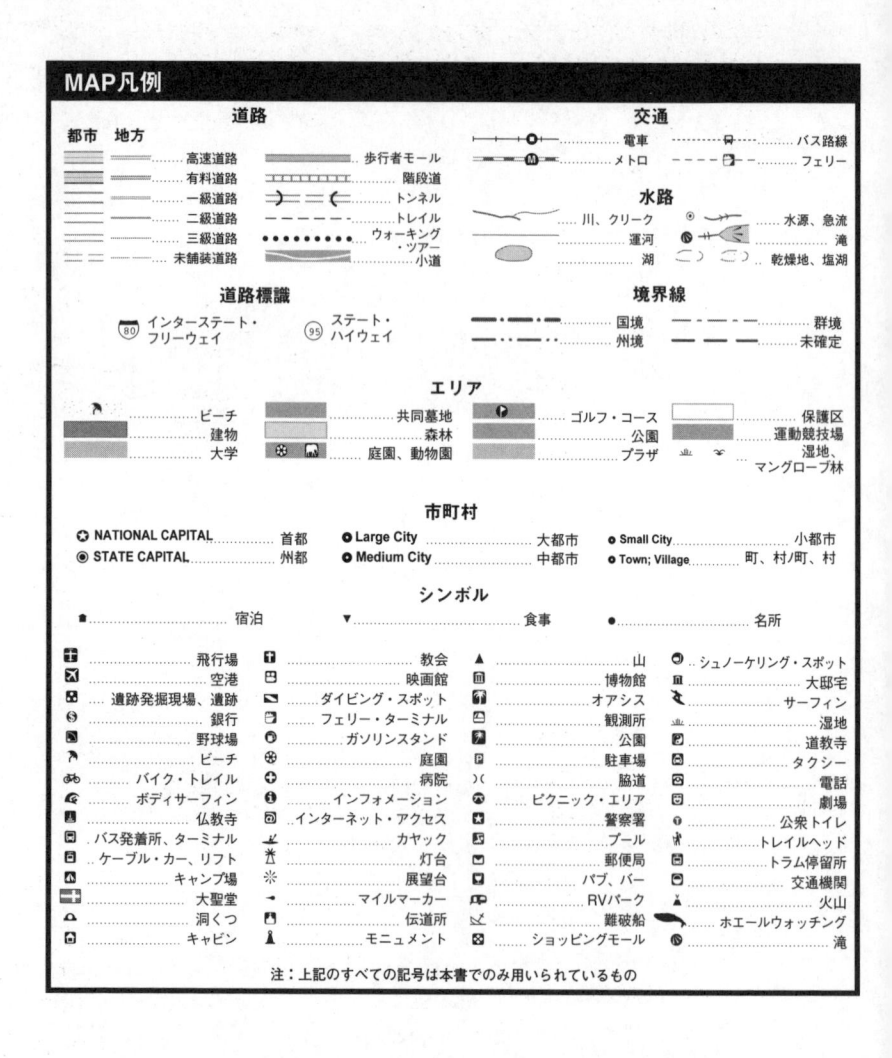

道路

都市	地方		
		高速道路	歩行者モール
		有料道路	階段道
		一級道路	トンネル
		二級道路	トレイル
		三級道路	ウォーキング・ツアー
		未舗装道路	小道

道路標識

- インターステート・フリーウェイ
- ステート・ハイウェイ

交通

- 電車
- バス路線
- メトロ
- フェリー

水路

- 川、クリーク
- 水源、急流
- 運河
- 滝
- 湖
- 乾燥地、塩湖

境界線

- 国境
- 群境
- 州境
- 未確定

エリア

- ビーチ
- 共同墓地
- ゴルフ・コース
- 保護区
- 建物
- 森林
- 公園
- 運動競技場
- 大学
- 庭園、動物園
- プラザ
- 湿地、マングローブ林

市町村

- NATIONAL CAPITAL — 首都
- Large City — 大都市
- Small City — 小都市
- STATE CAPITAL — 州都
- Medium City — 中都市
- Town; Village — 町、村/町、村

シンボル

- 宿泊
- 食事
- 名所

飛行場	教会	山	シュノーケリング・スポット
空港	映画館	博物館	大邸宅
遺跡発掘現場、遺跡	ダイビング・スポット	オアシス	サーフィン
銀行	フェリー・ターミナル	観測所	湿地
野球場	ガソリンスタンド	公園	道教寺
ビーチ	庭園	駐車場	タクシー
バイク・トレイル	病院	脇道	電話
ボディサーフィン	インフォメーション	ピクニック・エリア	劇場
仏教寺	インターネット・アクセス	警察署	公衆トイレ
バス発着所、ターミナル	カヤック	プール	トレイルヘッド
ケーブル・カー、リフト	灯台	郵便局	トラム停留所
キャンプ場	展望台	パブ、バー	交通機関
大聖堂	マイルマーカー	RVパーク	火山
洞くつ	伝道所	難破船	ホエールウォッチング
キャビン	モニュメント	ショッピングモール	滝

注：上記のすべての記号は本書でのみ用いられているもの

メディアファクトリー・ロンリープラネット

株式会社 メディアファクトリー
〒104-0061
東京都中央区銀座8-4-17
Tel: 0570-002-001
Tel: 03-5469-4740（編集部）
w www.mediafactory.co.jp

Lonely Planet Publications Pty Ltd
本社
Locked Bag 1, Footscray
Victoria 3011
Australia
（他にアメリカ、イギリス、フランス支社）
Tel: 61-3-8379-8000 Fax: 61-3-8379-8111
e talk2us@lonelyplanet.com.au
w www.lonelyplanet.com/japan